U0492642

顾问编者

迈克尔·森伯格（Michael Szenberg）
——佩斯大学鲁宾商学院

拉尔·拉姆拉坦（Lall Ramrattan）
——加利福尼亚大学伯克利分校继续教育学院

The Oxford Handbook of
STATE AND LOCAL
GOVERNMENT FINANCE

牛津美国州与地方财政手册

〔美〕罗伯特·D.埃贝尔（Robert D. Ebel）
〔美〕约翰·E.彼得森（John E. Petersen） 主编
首都经济贸易大学财政税务学院 译

中国财经出版传媒集团
经济科学出版社
Economic Science Press

寻求大国财政的另一个样本

（代序）

近日，由牛津大学出版社组织专家编写、首都经济贸易大学财政税务学院组织翻译的《牛津美国州与地方财政手册》由经济科学出版社出版。这是中美财政学界在政府间财政关系这一领域学术交流取得的重要成果，也是国内财政学者在寻求大国财政样本做出的尝试和努力！值得祝贺！

长期以来，我国财政学界较多地关注美国联邦政府的财政状况，对美国地方政府财政的具体运行关注较少，深层次的系统研究更少。而这本书对美国州与地方财政挖掘的内容之广、之深、之细是一般的学术论文和著作所不可比拟的。虽然中国和美国之间政治制度、财政体制不同，但是书中关于美国州与地方政府结构和整体财政框架、财政收入、支出、预算制度及财产税，以及地方政府财务危机等方面的分析，为我国财政学界带来了不可多得的研究素材，对我国完善中央和地方财政关系以及地方财政体制有参考价值。

这本书内容丰富，体系完整，基本上涵盖了美国州与地方财政的方方面面。每章都提供了研究领域的一般性描述、现行政策、实践和研究的主要发展，以及对未来前景的看法。具体来说，共分为四个部分：第一部分是对美国财政面临的经济、政治框架的系统讨论，为理解美国州与地方政府的结构和整体财政架构提供了背景；第二部分讨论了美国州与地方政府的主要税种和政府收费，以及经济危机对它们的影响；第三部分讨论了美国州与地方政府的支出、借款和财务管理，重点讨论了义务教育、社会保障、交通、养老金和住房等重要公共服务提供部门的支出情况、地方政府与金融市场、基础设施私有化、地方政府财务危机以及政府综合财务报告等热点问题；第四部分展望未来，探讨了州与地方政府的预算政策和过程改革、财政紧缩以及财政联邦主义的未来发展、州与地方政府财政可持续性、政府间补助制度等。整本书为我们提供了一个关于美国州与地方财政的全景式描述。

这本书的权威性与强大的作者阵容是分不开的。本书由世界银行的政府间财政关系专家、美国华盛顿哥伦比亚特区政府前副首席财务官罗伯特·埃贝尔和乔治·梅森大学的约翰·彼得森共同担任主编，参与编写的都是从事财税研究的专家，既有高校的资深学者，又有世界银行、美联储等国际和美国政府机构的高级经济学家，还有诸如布鲁金斯等高端智库的专家，以及毕马威等咨询公司的专家和政策分析师等，他们从不同的侧面对美国州与地方财政做了全面的描述和深入的探讨。这一作者阵容，使这本书不仅具备了学术深度，也具有了一般学术著作不可比拟的务实性。因此，这本书的出版，无论对我国的财政理论界，还是对政府财政官员以及相关从业者都有参考价值。

2008年金融危机之后，美国联邦政府与州和地方政府收入连续五个季度下降，全国50个州中的48个出现了财政年度意外赤字。这本书的主要目的就是在总结美国州与地方财政演变的历史的基础上，探究美国财政陷入困境的主要原因和应对措施。在许多财政专家看来，美国财政之所以陷入困境，其根本原因在于美国州与地方政府的财政框架变得"过时"了。

我国在经历了经济的高速增长之后，在世界金融危机的影响下，经济也步入了"新常态"。我国的发展进入了新时代，需要用世界眼光研究美国等国外做法及其中的经验教训，为进一步完善我国的政府间财政关系提供借鉴。

本书英文版序言的作者艾丽斯·里夫林指出，这本书的诸多讨论广泛地反思"财政体制如何帮助美国人从经济上实现公正高效的美国梦"。党的十八届三中全会把财政定位为"国家治理的基础和重要支柱"，在实现中华民族复兴的中国梦的征程上，我们同样需要建立一个有助于国家治理现代化的财政体制，助力实现中华民族伟大复兴的中国梦。从这个意义上来说，财政肩负着实现国家梦、个人梦的使命。在此，衷心希望借着这本书的出版，能够推动中美财政学界的交流不断走向深入，取得更多的成果。

刘尚希
全国政协委员
中国财政学会副会长兼秘书长
中国财政科学研究院党委书记兼院长
2018年9月10日

《牛津美国州与地方财政手册》
中文版序言

自20世纪90年代初开始，政策分析人员已经认识到美国州与地方体制的重要方面正在面临"财政过时"，其原因在于中央（联邦）和州的政策制定者们不能适应人口统计、经济、公共机构和技术安排方面的变化，这些安排是支出和税收政策"财政上层建筑"的基本架构。另外还有一个共识就是，尽管实现州与地方政府财政现代化还没有答案，但是已经有了应对变化的知识基础。在这个国家的历史上，曾经有过"重新思考联邦制"的时期，并且已经做了必要的调整。正如艾丽斯·里夫林在她为本书所写的序言中所说，历史证明，美国财政联邦制是一种富有弹性的财政体制。

然而，从整个20世纪90年代到21世纪初，当经济运行良好的时候，"什么使财政有意义"这个需要21世纪的州或地方部门来思考的问题被搁置在了一旁。在之后的一段时间才为人们所关注。

随着2007～2009年大衰退到来，"财政过时"问题也从原来将要被讨论的行列转移至最优先行列。正是在这种背景下，本书的两位主编组织了54位美国顶级的公共财政专家，来探讨政府间财政的四个重要方面的问题。这四个方面的问题依次是：（1）国家长期发展趋势与政府间财政体制之间相互作用的技术性质；（2）州/地方收入系统和财政管理实践与新的财政体制相适应程度的分析；（3）州/地方支出、借贷和财政管理实践与新的财政体制相适应程度的分析；（4）财政改革进程。本书35篇文章作者的写作任务是：为21世纪20年代的美国财政政策提供目标、方向和建议。虽然本书于2012年出版，书中的许多数据已经变得陈旧，但是其中确定的关键问题和分析未来十年"具有财政意义"的方法仍然与今天的政策对话最为相关。

正如本书中明确指出的那样，州与地方政府发展程度关系到国家利益。正是州和地方为政府在教育、公共安全、公共福利、保健和医院、保障性住房以及基础设施领域的公共产品和服务提供了大部分的资金。州和地方政府也充当了联邦政府通过地方向人民提供健康和营养方案的代理商。除此之外，主要由于市政府信贷市场的纪律，州和地方政府将资本与经常预算分开，以平衡它的年度预算。

相比之下，联邦政府推行了减税和增支的财政政策，这一政策不仅缩小了应对下一次衰退的财政空间，同时还导致了目前公众持有的联邦债务水平，几乎是过去50年平均水平的两倍。这一政策一定会限制联邦政府应对下一次财政危机和支持促进经济增长的非国防开支的能力。

不断累积的债务只是正在演变的联邦预算内容的一部分。经济趋势正在趋于一致，如果这个问题没有得到解决，中央政府的财政灵活性必将进一步降低。这些趋势包括：（1）经济活动向服务业和低薪工作转变，这将降低个人所得税和社会保障税的自然增长率。这两种税现在占到了联邦收入的4/5。（2）不平等指数的不断恶化。（3）第二次世界大战后婴儿潮一代的退休将推动福利支出（社会保障和医疗保障）增速高于整体经济增长。

因此，尽管为了"调整"联邦债务发展趋势以及应对上述三大经济发展趋势，联邦财政和财政规划发生了巨大的变化，但是美国还是必须关注州和地方政府，以确保未来经济增长有宽广的基础，以及稳定的财政。总之，对于国家和地方政府财政的研究不仅重要，而且非常重要。

这一切都说明，为什么中国的财政学专家会对美国的财政联邦制度，特别是这本书的内容感兴趣。

有两个原因揭示了中美就政府间财政问题进行强有力对话的价值。第一个原因是根本性的：公共财政的管理人员可以从不同国家如何解决公共部门普遍关心的宏观经济稳定、公共部门与私营部门之间资源配置以及收入与财富分配等问题中获益良多。第二个原因是尽管中美两国在财政实践方面有很多不同，但在政府间财政关系方面，中美在财政治理的重要问题上有很多的共同之处。

请注意一些重要的差异：中国是单一制国家，而美国是联邦制国家（然而，在美国，各州是拥有财政主权的实体政府，而地方政府则是其所在州的附属机构）。此外还有两国州（省）政府规模大小的差异。中国的预算管理体制更多地体现为中央和地方财政分权，而美国州和地方预算管理具有高度的自治权。因此，中美两国存在财政上的差异，但是，也要考虑相似之处。

从财政管理的角度来看，最重要的一点是，目前中国和美国，以及欧盟，就总购买力而论，都是全球化时代至关重要的参与者。这是一个事实，世界赋予了我们两国有效管理各自公共财政的巨大责任。对于两个国家来说，"校正"政府间财政体制都有很高的回报。

此外，还有类似的"级别"和"层级"治理，中国有五级政府，美国有三级政府。仔细研究这些政府间安排可以发现许多相似之处：扮演关键角色的中间层级政府，从中间层级政府到地方基层政府的层级财政制度，以及由城市、市、县、镇等组成的地方政府，每级政府都有自己独享或者共享的收入以及独自承担或者共担的支出责任。此外，两个国家的州（省）和地方政府正在迅速从"旧"的公共财政过渡到"新"的公共财政，其特点是加速流动的劳动力，区分收入和财富创造的实际存在和经济存在的需要，以及从地理边界到网络空间转变的公共经济学。

总之，在未来的几十年里，关于政府间财政体制如何为财政政策的制定提供信息方面，中美两国可以相互借鉴的空间很大。出版这本手册中文版的目的就是要促进这种对话。

最后，需要补充说明的是，在英文版出版后不久，本书的另一位主编、我的同事和朋友约翰·E. 彼得森教授就因心脏病去世了。回顾他的职业生涯时，一个服务于整个州与地方政府财务领域的著名的市政债券市场的资讯媒体——《债务购买者》（Bond Buyer）的专家们均认为，作为"分析市政债券市场的主要经济学家"，在建设美国市政金融的过程中，"约翰是一个巨人"。约翰也是最初提出编写这部手册的人，我和约翰的家人，都为主编《牛津美国州与地方财政书册》这本书而倍感荣幸——约翰一定也会这样想。

罗伯特·D. 埃贝尔

客座高级研究员

佐治亚州立大学

安德鲁·扬政策研究学院

美国华盛顿哥伦比亚特区政府前副首席财务官

兼特区政府收入分析办公室首席经济学家

华盛顿哥伦比亚特区

美国

2018 年 7 月

Preface to the Chinese Language Edition of *the Oxford Handbook of State and Local Government Finance*

Since the early 1990s policy analysts have recognized that key aspects of the US state and local system were becoming "fiscally obsolete" due to a failure of central (federal) and state policymakers alike to adapt to changes in demographic, economic, institutional and technological arrangements that frame the "fiscal architecture" of spending and tax policies. There is also a consensus that although there are no easy answers to modernizing state and local government finance (modernize), there is a knowledge base that provides the foundation for change. Such periods of "rethinking federalism" have occurred throughout the country's history and needed adjustments have been made. As Alice Rivlin notes in her Foreword to this *Handbook* on State and Local Government Finance, history attests that the US system of fiscal federalism in one of proven resiliency.

However, throughout 1990s and into the 2000s when the economy was performing well, the question of "what makes fiscal sense" for a 21st century state/local sector was set aside as a topic to be addressed at a later time.

Then came the Great Recession (2007—2009) and with that the question of fiscal obsolescence moved from a problem-to-be-discussed to high priority. It was in this context that the editors of this book brought together 54 of the nation's top public finance experts to examine four key aspects of intergovernmental finance. In sequence these are (i) the technical nature of the interplay between the long term trends that are occurring in the nation and the intergovernmental fiscal system; analysis of the extent to which state/local (ii) revenue systems and (iii) spending, borrowing, and financial management practices "fit" with the new fiscal architecture; and (iv) the process of fiscal reform. The assignment given to each of the authors of the 35 essays of the *Handbook* was to provide goals, directions, and recommendations for fiscal policy to guide the nation into and through the 2020s. Although many of the numbers in the 2012 publication are becoming dated, the identification of the key issues and the method of analysis regarding what "makes fiscal sense" for the decade ahead remain most relevant to today's policy dialogue.

As the *Handbook* makes quite clear, there is a high national interest in what happens with the state and local sector. It is the state and local sector that provides the bulk of funding for government services of education, public safety, public welfare, health and hospitals, social housing, and all types of physical infrastructure services. State and local governments also act as agents for the delivery of federal transfers from places to people for health and nutrition programs. Moreover, due largely to the discipline of the municipal credit markets, state and local governments separate capital from operating budgets, and typically balance their annual or biannual current services budgets.

In contrast, the federal government has pursued a policy of tax cuts and spending increases that have not only narrowed its fiscal space to respond to the next recession, but also has led to a level of the federal debt held by the public that is now nearly twice the average of the last 50 years. This is a policy sure to limit the central government's ability to not only address the next fiscal crisis, but also support growth-generating non-defense spending.

The accumulating debt is only part of the emerging federal budget story. Economic trends are converging that if not addressed promise to further reduce the central government fiscal flexibility. These trends include (i) a shift in the mix of economic activity toward services and lower wage jobs that will reduce the natural rate of growth of personal income social security taxes, which together now account for four-fifths of federal revenues; (ii) worsening of the index of inequality; and (iii) retirement of the post WWII baby boom generation that will drive up entitlement spending (social security and health care) faster than overall economic growth.

As a result, even if there is a dramatic change in central government finance and financial planning to "right-size" it's federal debt trajectory and respond to broad trends such as the three identified above, the US must turn to its state and local to secure a future of broad based economic growth and fiscal stability. In short, the study of state and local government finance not only matters, but matters very much.

This all said, why should the Chinese finance expert have an interest in the US system of fiscal federalism generally and, specifically, in the contents of this *Handbook*?

There are two reasons, both which reveal the merits of a robust Chinese and US dialogue on intergovernmental finance. The first is fundamental: practitioners of public financial management have much to gain from learning about how different countries address the common public sector concerns of macroeconomic stabilization, public vs. private allocation of resources, and income and wealth distribution. The second is that although there are many fiscal practice dissimilarities, when it comes to intergovernmental finance China and the US have important aspects of financial governance in common.

To note some of the key differences: China is unitary and the US federal (however, in the US whereas the states are sovereign fiscal entities, the local governments are subsidiary to their state). Plus there is the difference in size of sub-national jurisdiction. Budget administration in China is more a shared central/local responsibility than in the US where there is a high degree of state and local autonomy.

So, there are fiscal dissimilarities. But, too, consider the similarities. One of the most important from a financial management perspective is that, along with the European Union, China and the US are in terms of total purchasing power by far the most important players in an era of globalization. This is a reality that confers on both our countries a huge responsibility to efficiently manage their public finances. For both countries, there is a high payoff for "getting right" its system of intergovernmental finance.

In addition, there are similar "levels" or "tiers" of governance: five in the People's Republic of China and three United States. A close look at these intergovernmental arrangements reveal many similarities: a key role for middle-tier governments, a middle-to-local fiscal hierarchy, and local governments organized as cities, municipalities, counties, towns, townships and special purpose districts, each having a mix of own vs. shared revenues and expenditure responsibilities. Moreover, the sub-national systems in both countries are rapidly transitioning from an "old" to "new" world of public finance that is characterized by a growing mobile workforce; the need to distinguish between physical presence and economic presence of income and wealth creation, and a shift from the public finance economics of geographical boundaries to cyberspace.

In short, there much to be gained for China and the US to learn from one another regarding how each others system of intergovernmental fiscal relations can inform fiscal policy making in the decades ahead. The purpose of this Chinese language version of the *Handbook* is to further that dialogue.

A last word. Soon after the publication of the English edition, my co-editor, colleague, and friend, Professor John E. Petersen, died of a heart attack. In reviewing his professional life, experts with the *Bond Buyer*, a prestigious municipal bond market daily trade and data resource that serves the entire state and local finance community, observed that "John was a giant" in shaping US municipal finance as "the leading economist analyzing the municipal market". John was also the person who initially proposed this volume. I join John's family in saying that we all are, as John would surely be, so very highly honored with this edition of *the Oxford Handbook of State and Local Government Finance*.

Robert D. Ebel
Affiliated Senior Research Associate
Andrew Young School of Policy Studies
Georgia State University, and

Former Deputy Chief Financial Officer, Revenue Analysis and
Chief Economist for the Washington, DC government Office of Revenue Analysis

Washington, DC
United States of America
July 2018

目　　录

序言 1
前言 1
致谢 1
撰稿人 1

第 1 章　导论：美国州与地方财政 1

第 1 篇　经济、人口与制度框架

第 2 章　州与地方财政的宪法框架 35
第 3 章　联邦制的趋势、压力与展望 63
第 4 章　州与地方财政：重要性分析 81
第 5 章　州、地方政府与国民经济 107
第 6 章　州与地方财政结构演进 123
第 7 章　地方财政简介 137
第 8 章　收入自主权的联邦优先 156
第 9 章　州政府间拨款项目 167
第 10 章　衰退与复苏中的州与地方财政制度 192

第 2 篇　收入结构与制度

第 11 章　财产税 215
第 12 章　州个人所得税 243
第 13 章　州公司所得税 271
第 14 章　企业经营实体税 287
第 15 章　联邦增值税对州与地方政府的影响 308
第 16 章　商品零售及使用税 330
第 17 章　地方收入的多样化：使用费、销售税和所得税 349

| 第 18 章 | 州税务管理：待解决的七个问题 | 380 |
| 第 19 章 | 收入估计 | 408 |

第 3 篇　支出、借贷与财务管理

第 20 章	学前班到 12 年级教育的提供与筹资	429
第 21 章	社会安全网、医疗保健和经济大衰退	448
第 22 章	交通财政	494
第 23 章	住房政策：演进中的州与地方角色	519
第 24 章	资本预算和支出	548
第 25 章	金融市场与州和地方政府	568
第 26 章	新世纪的基础设施私有化	604
第 27 章	财务危机：违约和破产	629
第 28 章	政府财务报告标准：回顾过去、审视现在、预测未来	649
第 29 章	回调管理：财政压力下的州政府预算	673
第 30 章	公共雇员养老金及其投资	695

第 4 篇　展望未来：改革与重塑

第 31 章	完成州预算政策及其流程改革	719
第 32 章	财政紧缩与联邦制的未来	737
第 33 章	实现州与地方财政的可持续性	756
第 34 章	政府间补助制度	774
第 35 章	步入而立之年的社区协会：各种选择的考虑	793

| 索引 | 813 |
| 译后记 | 900 |

序　言

虽然人们深切关注其所在州或地方政府的税收和支出政策，但除非是在危机中，否则州与地方财政的一般性问题并不能引起公众的广泛兴趣。财政联邦主义的学者们很少成为媒体明星。但如今，两个危机汇集起来将州与地方财政置于混乱境地，事实上联邦政府和全国所有的州与地方辖区将会重新审视已被长期接受的政策。一个危机是大衰退，它削弱了州与地方政府的收入，与此同时把州与地方政府的支出责任推升到远大于近期衰退的地步。另一个危机是联邦债务的不可持续性。如果没有实质性的政策变化，即使伴随经济复苏，联邦债务的增长在未来年份仍将快于经济增长。把联邦支出预期降低和增加收入结合起来对联邦财政的稳定性很有必要，但二者也会在可预见的未来增加州与地方政府的财政压力。这两个危机的结果是否会削弱州与地方财政的活力——联邦补助更少、授权更多、联邦对财源优先权的增加和服务质量的下降，或者财政压力是否会强化联邦对州与地方政府的作用并增强其有效性。本书各章将从长期、中期和短期视角解答这些问题。

大衰退凸显了州与地方面临经济衰退时的脆弱性，因为对所得税和其他对经济周期敏感的收入来源的依赖性伴随着支出责任的增加而增加。同时，它显示出联邦财政政策在面对逆周期的州与地方支出削减时稳定经济的困难性，由于受到来自州与地方政府的财政拖累，巨额联邦刺激归于无效。随着消费者支出从商品转向更不容易课税的服务，网络销售增多和反税收情绪把收入限制在不切实际的水平上，大衰退进一步暴露了州与地方财政中令人忧虑的结构性弱点。如果经济很快就能强劲增长，这些压力也许被淡忘，因为已经过了后危机时期；但是快速复苏在崩溃的房地产市场和联邦债务危机面前是极不可能的。此外，即将到来的退休潮和医疗保健成本的不断增长结合在一起将继续推升医疗保险、医疗补助和社会保障支出，即使重大改革会降低这些项目当前的预期增长水平。联邦收入将不得不提高以部分地抵销联邦债务的增长，利率也很有可能随之提高。预期所有这些因素都将提高州与地方政府的借款成本，为增收带来更大阻力，并且国会将倾向于通过减少联邦对州与地方政府的补助和采取耗资巨大的无资金支持的支出授权政策等推动联邦赤字的"降低"。

努力解决迫在眉睫的联邦债务问题也暴露了对于联邦支出的公众矛盾心理和对适宜的联邦政府角色的巨大困惑。政客们泛泛谴责联邦支出或华盛顿"手伸得太长"

常常受到称赞,但如果他们提出的具体削减开支的规模大到足以引起公众注意时则会阻力重重。问题部分地在于多年来联邦支出项目伴随需求变化和特定利益集团的压力而激增。公众对于联邦政府实际做什么、完成了哪些具体活动和花费了多少成本等往往没有一个清晰的认识。这不仅在国内方面是事实,而且在国家安全方面也如此,不断变化的威胁已经遗留下耗资巨大、过时而根深蒂固的项目,但是公众却并不知道它们对国家安全的贡献和成本。联邦预算数字往往很庞大且令人迷惑,因此一厢情愿的思考者们很容易寄希望于减少"浪费和欺骗"、"福利"或"外国援助"以大幅降低联邦支出和平衡预算,而不必触动那些深受欢迎的项目如社会保障和医疗保险,也不会影响筹集更多的收入。

几十年来很多人认为应该更清晰地划分联邦政府与州和地方政府的职责以便明晰责任。联邦政府可以在国家安全、外事、空中交通管制、跨州问题(空气和水污染)、社会保障和健康保险筹资方面承担明确的责任,而把需要适应当地条件、公民投入和社区支持等职能下放给州及地方政府。这种政府间支出责任和收入权力的更清晰划分将减轻联邦纳税人的支出压力,同样也能帮助公民了解各个类型的政府需要做什么以及对谁承担责任。这也会迫使政客们解释其税收和支出计划而非含糊地谈论联邦越权并回避艰难的选择。

如果认识到需要加强一个合作型的联邦主义,则新的联邦收入结构不仅可以降低联邦债务和稳定州与地方政府收入,并且会减少明显以招商为目的的竞争性的州和地方税收减免("竞争到底")。例如,国家消费税,有如增值税,可以一种既保护州的收入自治权同时又提供资金以缩小州际间固有财政差异的方式进行协调。州际间分享碳税可以促使减少温室气体的排放并同时增加收入。一个统一的共享所得税税基可以产生新的收入、减少跨州公司的税收博弈、降低纳税人遵从成本和收入管理成本。

正如《牛津美国州与地方财政手册》谈到的,大衰退及其后果已经对联邦、州与地方政府的财政构成了巨大冲击。但历史也证明,美国的财政联邦主义制度被证明是有弹性的,一次又一次在面对此类冲击中进行调整,从而对实现国家的财政稳健、增长和稳定等广泛目标以及恢复收入和财富的公平分配等方面发挥了重要作用。尽管有其现实存在的、深层的负面影响,但大衰退也带来了一个做出明智决策的契机,为许多财政联邦主义的创新提供了可能。然而面对反复发生的危机,保留诸多关于如何征税和支出、职责分工和税收结构的现行做法是一个坏的选择。拒绝采取措施将会使政府角色继续混乱并恶化政府的服务水平。

本书写给从业者和学者,提供了一个关于美国政府间关系及其财政安排、州与地方政府财政政策和实践的现状及其发展趋势的全面而及时的知识库。它也明确了政策和管理变化的选择,从具体项目和税制结构的调整到全面反思公共财政制度如何才能有助于实现一个经济上既公平又高效的愿景。书中传递的信息是乐观的并且迫切需要采取行动。乐观源于一个信息公开的政治制度能够产生人们理解并予以支持的公平而高效的财政制度的观点。紧迫性在于现在是制定财政政策的时候，需要做出艰难而必要的选择，以使美国公共部门的筹资得以提振并合理化。

艾丽斯·M. 里夫林

布鲁金斯学会和乔治城大学

两党政策中心削减债务工作组联合主席

2011年11月

前　言

本书成于2010年1月一个晴朗的日子，而非"漆黑的风雨之夜"，之前的一场冬雪留下了厚厚一层明亮的新雪。这样的日子激励人们重新审视事物。州与地方政府财政很有必要重新评价，这是因为几十年来相对愉悦的财政时代在较大的经济不确定性和一个不稳定的、深度分割的政治体制中趋于结束。本书的两位主编勾勒出本书所应包含的内容，并且邀请了他们在州与地方财政领域不同方向工作的同事们作为撰稿人。极其庞大而迥异的州与地方政府部门在第二次世界大战后的近60年里经历了跌宕起伏的增长，间或也有某些城市和州经历了极其困难的时期。然而很明显的是现在已不同往昔。这一次并非偶然的困难。

显然，选民所想要并且愿意支付的是政府提供更多的学校、道路和改善公共服务和设施。然而经济和政治周期却不断地改变这一缓慢而稳定的扩张模式。早期遗留的州与地方财政制度在应对现今美国经济、人口和制度结构方面的变化时已变得日趋脆弱。但支出和税收决策尚未更好地适应条件的改变。在许多专家学者看来，州与地方政府部门的财政架构正趋于"过时"。实际上，2008～2009年发生的巨大的金融和经济下滑（大衰退）连同政治环境的改变证明是"规则的改变者"，因为其影响最终影响州与地方政府。因此，在本书中我们将不同的题目分配给熟悉它们的专家，要求他们提供各自领域的最新信息并预测改变将会如何影响未来的政策和实践。

2008～2009年的大衰退相继损害了州与地方政府的收入，而政府收入在多年来处于低位徘徊的增长状态。房地产价值的激增和与建筑、装修、为新建筑融资相关的交易和收入的增长是很好的例证。加之在立法上缩小了税基并提高了适用的税率，从而使其对于经济环境的变化非常敏感。大衰退导致了连续五个季度州收入的下降，并且前所未有地引发了美国50个州当中48个州的预算在2009年出现了意外的赤字。随着对州政府收入侵蚀的不断累积，许多州政府用于救急的应急基金和其他储备很快消耗殆尽。

州政府刚开始并非完全缺少帮助。在2009年春季，之前对财政部门已经给予帮助的联邦政府启动了一项7870亿美元的救市计划，包括给州的1800亿美元财政援助，援助的大部分在2010～2011年拨付。这些众多计划中的许多项目是用于刺激州政府增加在医疗救助、教育和资本方面的支出。刺激方案提供了较大支持并且帮助填补州政府的预算缺口，抑制了产出和就业的下降。尽管如此，这一刺激计划在政治上仍富有争议，因为联邦政府支出的增加是在财政收入减少的情况下进行的，从而进一步增加了赤字。因此，刺激性支出对于州政府而言只能是一个解决危机的权宜之计。

2010年有两件大事：2010年11月的选举和关于联邦政府赤字问题的两份报告的发布。两个事件都削弱了州与地方政府以及与联邦政府之间的重要的财政与政治纽带关系。首先，11月的选举终结了民主党对众议院的控制并增加了美国参议院中共和党的人数。压倒性的选举结果使许多新的共和党人士上任并增加了共和党对州立法的控制。新当选的官员们反映了希望将控制税收作为长期政治策略的一部分以减小美国人生活中公共部门规模的增长。并且，一些新当选的州长和多数立法者开始在州预算方面进行富有争议的斗争，经常是同那些维护自身权利、组织起来共同为诸多退休和医疗待遇进行讨价还价的州政府雇员们。虽然并不是每个州都火药味十足，但是两方的立法机构和两党的执政者仍不得不应付长期紧缩的新常态。

从地方政府来看，收入筹集一直都与财产价值和房地产交易相关活动紧密相连。然而，整个国家房产市场的持续萧条，表现为房价的持续下跌和大规模的取消抵押品赎回权，已经严重侵蚀了税基。同时，随着州对地方政府提供的补助数额下降，州与地方政府的财政问题掺杂在一起。截至2011年，州与地方政府的困境已加剧了经济衰退并阻碍了经济复苏，导致就业减少了60万，相对于2009年初就业的最高水平下降了3.2%。

关于联邦政府赤字问题的两份报告主要聚焦于对联邦预算赤字的日益不满和快速增长的联邦债务的后果。首先，2010年11月，两党政策中心削减债务工作组发布"重建美国未来"的建议。在此之后的12月，由总统任命的国家财政责任与改革委员会也发布了一份报告。这些文件在细节上有差异，但是在研究成果的基本实质和即时性方面却是一致的，具体阐述了解决目前和未来联邦失衡所应采取的措施。此外，各种平衡预算的计划表明了解决联邦政府财政赤字和债务问题可能意味着未来州与地方政府将紧缩财政，不仅联邦补助会减少，而且在收入发生时联邦税征收者之间的竞争会加剧。

2011年初，困扰美国国会的联邦政府预算斗争在夏天争论提高联邦政府债务限制会面临政府关门或违约威胁时达到高潮。避免这些结果的权宜之策已设计出来，但是问题的实质——重构联邦政府法定项目的支出可能超过人们的支付意愿——仍未得以解决。同时，伴随着高失业、消费者信心和投资需求低迷以及证券市场的不稳定，经济依然疲软。国会僵局的一个受害者是美国政府债务评级，首次被标准普尔评级公司从最高级（AAA）调低。而且，许多州与地方政府的AAA级债务都被穆迪认为是"负面观察"。"政治风险"在美国政府信用评级方面已经成为一个日益重要的因素，而这是一个新的令人不安的发展。

由于本前言完成于2011年末，因此这个国家财政的未来往好了说是不明确的，往差了说是黯淡的。大衰退及其后续影响超出了我们的预期演变为大紧缩，失业居高不下，预期经济增长率不足以快速填补实际的国民收入和产出与充分就业水平之间的缺口。此外，州与地方政府的财政前途不仅与国内经济有紧密联系，并且也日益具有全球性。目前，欧洲经济受其本身财政危机的困扰，正在争取实现平衡，虽然美国也受到了较大的影响，但是看起来对产出的影响在减小。

未来的时代将是艰难的，需要做出抉择。我们希望各章的内容可以有助于理解各种选择，以发现公众对公共服务需求和提供这些服务所需资源的意愿之间的可持续的平衡。没有一个人可以回答所有这些问题，但是每个专家都为手头的问题贡献了各自的观点、经验和分析。鉴于经验和理性在如今喧嚣的公共论坛上占有一席之地，这些文章有助于决定应该采取哪些措施来恢复经济活力和公众信心。这正是撰写本书的目的所在。

致　　谢

首先我们要感谢所有为这部著作作出贡献的作者。他们在时间紧和快速变化的环境下努力按照主编的要求完成各章。并且我们每一步都得到了哈·T. T. 乌（Ha T. T. Vu）的帮助，她对涉及近60位撰稿人的35篇文章进行组织和结构安排。在帮助我们完成本书的过程中，她完成了其在乔治·梅森大学的博士论文并与我们合著了介绍性章节。

我们同样要感谢牛津大学出版社的编辑团队，他们在整个过程中表现得既专业又有组织性，并为这部著作按时出版付出辛勤劳动。我们特别要感谢牛津大学出版社的特里·沃恩（Terry Vaughn）、凯瑟琳·雷（Catherine Rae）和埃米·惠特默（Amy Whitmer）；技术编辑克里斯廷·达林（Christine Dahlin）；莫莉·莫里森（Molly Morrison）及其团队。

最后我们还要感谢莱斯莉·斯蒂恩（Leslie Steen）和玛丽·彼得森（Mary Petersen）夫妇多年来的慷慨支持。我们期待未来他们能继续给予鼓励及宽容。

2011年12月

撰 稿 人

○ 迈克尔·E. 贝尔（Michael E. Bell）乔治·华盛顿大学公共政策研究所的研究教授

○ 卡罗琳·布尔多（Carolyn Bourdeaux）佐治亚州立大学安德鲁·扬政策研究学院副教授、财政研究中心副主任

○ 唐纳德·博伊德（Donald Boyd）纽约州立大学奥尔巴尼分校纳尔逊·A. 洛克菲勒政府研究所高级研究员

○ 安德鲁·布里斯托（Andrew Bristle）密歇根州立大学经济系助理研究员

○ 戴维·布鲁诺里（David Brunori）乔治·华盛顿大学研究教授和《州税务评论》特约编辑

○ 罗伯特·M. 巴克利（Robert M. Buckley）新学院大学米拉诺国际事务、管理和城市政策学院高级研究员

○ 理查德·奇卡罗内（Richard Ciccarone）伊利诺伊州芝加哥麦克唐奈投资管理有限责任公司研究总监和总经理

○ 李·考克瑞诺斯（Lee Cokorinos）马里兰州银泉民主战略有限责任公司负责人

○ 蒂莫西·J. 康兰（Timothy J. Conlan）乔治·梅森大学政府学教授

○ 约瑟夫·J. 科德斯（Joseph J. Cordes）乔治·华盛顿大学经济学教授

○ 露西·达达扬（Lucy Dadayan）纽约州立大学奥尔巴尼分校纳尔逊·A. 洛克菲勒政府研究所高级政策分析师

○ 伯纳德·达夫隆（Bernard Dafflon）瑞士弗里堡大学政治经济系财政与政策方向教授

○ 埃伦·丹宁（Ellen Dannin）宾夕法尼亚州立大学迪金森法学院范妮·韦斯杰出学者和法学教授

○ 哈利·邓肯（Harley Duncan）毕马威有限合伙企业的税务经理

○ 小詹姆斯·R. 伊兹（James R. Eads, Jr.）得克萨斯州奥斯汀瑞安有限公司公共事务经理

○ 罗伯特·D. 埃贝尔（Robert D. Ebel）哥伦比亚特区大学经济与公共管理学教授*

---

* 罗伯特·D. 埃贝尔现在担任佐治亚州立大学安德鲁·扬政策研究学院客座高级研究员——译者注。

○ 罗纳德·C. 费雪（Ronald C. Fisher）密歇根州立大学经济学教授和中南财经政法大学客座教授

○ 威廉·F. 福克斯（William F. Fox）田纳西大学商业与经济研究中心主任和威廉·B. 斯托克利（William B. Stokely）杰出经济学教授

○ 诺顿·弗朗西斯（Norton Francis）哥伦比亚特区首席财务官办公室收入估测与研究主任

○ 罗伯特·J. 弗里曼（Robert J. Freeman）得克萨斯理工大学罗尔斯商学院会计学名誉教授

○ 托马斯·加伊什（Thomas Gais）纽约州立大学奥尔巴尼分校纳尔逊·A. 洛克菲勒政府研究所主任

○ 乔纳森·吉福德（Jonathan Gifford）乔治·梅森大学公共政策学院教授

○ 崔西·M. 戈登（Tracy M. Gordon）布鲁金斯学会经济研究员

○ 亚当·格林韦德（Adam Greenwade）科罗拉多大学丹佛分校公共事务学院助理研究员

○ 比利·C. 汉密尔顿（Billy C. Hamilton）任职于汉密尔顿咨询公司，系得克萨斯州公共账户的前副审计长

○ W. 巴特利·希尔德雷思（W. Bartley Hildreth）佐治亚州立大学安德鲁·扬政策研究学院教授

○ 贾森·N. 朱弗里斯（Jason N. Juffras）乔治·华盛顿大学特拉亨伯格公共政策和公共管理学院副研究员

○ 达夫妮·A. 凯尼恩（Daphne A. Kenyon）林肯土地政策研究院访问学者

○ 约翰·金凯德（John Kincaid）拉斐特学院政府与公共服务方向罗伯特·B. 迈纳与海伦·S. 迈纳教席教授、迈纳中心州与地方政府研究中心主任

○ 艾里斯·J. 拉夫（Iris J. Lav）约翰·霍普金斯大学高级政府研究中心讲师

○ 辛娜·利斯托金－史密斯（Siona Listokin-Smith）乔治·梅森大学公共政策学院助教

○ 利恩·卢纳（LeAnn Luna）田纳西大学商业与经济研究中心会计与信息管理系会计学副教授

○ 贾斯汀·马洛（Justin Marlowe）华盛顿大学丹尼尔·J. 埃文斯公共事务学院助教

○ 克里斯廷·R. 马特利（Christine R. Martell）科罗拉多大学丹佛分校公共事务学院副教授

○ 理查德·H. 马顿（Richard H. Mattoon）芝加哥联邦储备银行高级经济师和经济顾问

- 莱斯利·麦格拉纳汉（Leslie McGranahan）芝加哥联邦储备银行高级经济师
- 马修·N. 默里（Matthew N. Murray）田纳西大学经济学教授
- 罗伯特·H. 纳尔逊（Robert H. Nelson）马里兰大学公共政策学院教授
- 鲁道夫·G. 彭纳（Rudolph G. Penner）城市研究院研究员
- 约翰·E. 彼得森（John E. Petersen）乔治·梅森大学公共政策学院财政与公共政策教授
- 保罗·L. 波斯纳（Paul L. Posner）乔治·梅森大学公共与国际事务学院教授
- 艾丽斯·M. 里夫林（Alice M. Rivlin）乔治城大学公共政策学教授和布鲁金斯学会经济研究高级研究员
- 雷蒙德·舍帕赫（Raymond Scheppach）弗吉尼亚大学弗兰克·巴滕领导力和公共政策学院的实践教授、米勒公共事务中心研究员
- 亚历克斯·F. 施瓦茨（Alex F. Schwartz）新学院大学米拉诺国际事务、管理和城市政策学院副教授、城市政策分析与管理研究生项目主席
- 克雷格·D. 舒尔德斯（Craig D. Shoulders）北卡罗来纳大学彭布罗克分校会计和信息技术系教授、主任
- 戴维·L. 舍奎斯特（David L. Sjoquist）佐治亚州立大学安德鲁·扬政策研究学院教育和社区政策的经济学教授和丹·E. 斯韦特杰出主席
- 詹姆斯·E. 斯皮奥托（James E. Spiotto）伊利诺伊州芝加哥查普曼和卡特勒事务所合伙人
- 雷娜·斯托伊切娃（Rayna Stoycheva）迈阿密大学经济系讲师
- 弗朗索瓦·瓦扬古（François Vaillancourt）蒙特利尔大学西拉诺研究中心研究员、名誉教授
- 哈·T. T. 乌（Ha T. T. Vu）世界银行经济学家
- 萨莉·华莱士（Sally Wallace）佐治亚州立大学安德鲁·扬政策研究学院财政研究中心主任和经济学系教授、主任
- 罗伯特·B. 沃德（Robert B. Ward）纽约州立大学奥尔巴尼分校纳尔逊·A. 洛克菲勒政府研究所财政研究室副主任
- 杨舟（Zhou Yang）罗伯特·莫里斯大学经济学助教
- 谢尔达尔·耶尔马兹（Serdar Yilmaz）世界银行高级经济学家

第 1 章　导论：美国州与地方财政

罗伯特·D. 埃贝尔（Robert D. Ebel）
约翰·E. 彼得森（John E. Petersen）
哈·T. T. 乌（Ha T. T. Vu）
姚东旭　译　李林君　朱红伟　校

美国州与地方财政正呈现四个重要发展特点，这将重新构架未来十年甚至更长一段时间内州与地方的治理实践。第一，由于州与地方政府在日常基本公共服务提供方面所起的主导作用，因此保持州与地方政府在财政上的健康是与国家利益相一致的。第二，面对经济衰退和国民经济增长放缓，州与地方财政体制变得愈加脆弱。第三，州与地方财政结构的"过时与老化"反映出州与地方政策制定者们在适应日益全球化过程中对于经济结构、人口趋势、制度和技术安排上的屡屡失败。第四，一个从"合作"趋向"强制"的联邦主义制度引发了人们对亚历山大·汉密尔顿（Alexander Hamilton）所坚信的人们"总是注意保护在联邦和州政府之间的宪法均衡"的持续有效性的反思。①

这些趋势将使政府在面临它们不能直接掌控的经济和政治冲击时，将低优先级"需要解决的问题"变成紧迫、高优先级。在 21 世纪初发生的金融危机就是这样一个冲击，它引发了一个被称为"大衰退"（2007～2009 年）的影响范围广、持续时间长的经济低迷状态。对包括就业率、工资、个人收入、国内生产总值（GDP）、居民消费者价格指数、标准普尔 500 指数在内的六项关键经济指标的考查显示，2007 年开始的经济紧缩与低迷是过去 60 年最严重的，且持续时间长于大萧条（1929～1933 年）以来任何一次。这六项关键经济指标均在 2009 年出现了收缩。而上一次经济低迷发生在 1948～1949 年，持续时间短于大萧条的 18 个月，并且强势的增长很快就到来了。②

虽然类似的外部冲击在整个美国历史中都有发生。但财政联邦主义制度的生命力和内在的灵活性以及州与地方财政系统的稳健性和连续性，总能使这个国家重拾动力，继续前进。是否这种情况在今天依然存在有待商榷。联邦、各州与地方财政明显恶化，这促使思考州与地方财政系统到底出了什么问题，同时如何做能够让财政系统在经济大衰退后走上正轨。

鉴于这种背景，本书汇集了关于州与地方财政理论和实践的现有知识。它系统地叙述了在更广泛的框架下美国联邦政府间关系（财政分权）如何解决问题以及美国联邦系统的历史趋势和前景。它也列出了将 20 世纪州与地方财政系统引入 21 世纪的各种选择。

导论之后的内容将分为4篇。第1篇审视影响州与地方部门财政结构和绩效的经济、政治及制度框架。第2篇概述州与地方财政收入系统在最近的大衰退中的已表现出（或正在表现出）的状况，同时详细分析和说明了各种形式税收与收费及它们对未来财政收入绩效的影响。第3篇讨论了支出、借贷与财务管理。对于支出，主要集中在"六大"服务提供方面的支出，包括教育、卫生保健、公共事业、交通运输、公共养老金和住房。这部分内容还阐述了州与地方政府的资本支出和金融市场活动。第4篇致力于展望州与地方政府如何调整以适应新环境。

因此，本书将州与地方财政的技术探讨与后"大衰退"时代的"政治经济"演进结合起来。在美国政府系统现有的制度、法律和组织安排下，州与地方政府将在支出需求和收入来源的匹配方面面临历史性挑战。

背　　景

州与地方政府部门概览

对于州与地方部门来说，存在一个占主导地位的国家利益，它被路易斯·布兰代斯（Louis Brandeis）大法官称为"实验室"联邦制。③此外，理论和实践表明，一个享受财政自主权的、设计优良的分权式财政系统（包括联邦、州、地方政府在内）有助于提高国家对稀缺资源的配置，以及在地方公共产品的提供、经济增长、宏观经济稳定和社会凝聚力等方面的经济效率这一广泛目标的实现。

美国的50个州及其下属的9万个地方政府的支出（按最终支出测算）占GDP比重超过了12%，是包括国防在内的联邦部门支出规模的1.5倍。而仅考虑联邦非国防开支时，它是联邦政府支出的4.5倍。④不同于联邦部门，州与地方政府的预算往往（但不总是）会为GDP作出贡献。此外，综合起来看，州与地方政府雇用了1/8的工人；提供由个人与公司来消费的基本公共服务，如教育、公共安全、公共工程；也提供大部分国内消费的联邦政府服务，包括给个人和组织的联邦转移支付。

在过去的十年里，联邦政府推行了减税和增加开支的政策，导致了大量债务。美国政府现在的税收占GDP比重是自1950年以来最低的，并且也是世界工业化国家中最低的。国家已经在发动战争上花费了大量资金，且已经制定了新的国内项目，包括一个给医疗保险受助者处方药物项目和两个衰退经济刺激项目，所有这些都靠发行债务来支付。国会预算办公室（CBO）预测2013～2021年，在现行法律框架之下美国联邦政府将积累7万亿美元额外债务。⑤

因此，正如许多专家警告那样，处在财政不可持续道路上的联邦政府可能会通过"强制性联邦制"的管理规定、无拨款命令和对州收入的优先权等形式来"推动降低赤字"，以部分解决州和地方政府面临的财政困境。但另一个结果可能是联邦政府失去有效管理所需的资源和权力，并逐渐丧失其重要性，从而逐渐把原属国家治理的领域和事项最终交由各州自行决定和自筹资金。

财政脆弱性的凸显

对于州与地方税收可持续性和增长的担忧已经存在很长一段时间，但这在大萧条之前被忽略了。第二次世界大战以后，州与地方部门的复兴是以与国家在经济、人口、制度安排方面的转变的偏离为特征。20世纪80年代结束时，各州财政表现强劲，其中大部分州在80年代初经济衰退之后经历了税收收入增加。1991~1992年相对短暂的经济衰退导致税收收入的相对减少，被视为一个周期性的事件，基本上不影响长期的政府支出。地方政府必须调整政策以适应由于房地产价格下滑导致地产价值增速放缓，但影响是短暂的。通常，住房建设很快就能恢复并且跟上经济发展的节奏。到1993年，各州与地方政府（连同联邦政府一起）随着整个国民经济增长进入了一个长期的经济繁荣和持续的增长阶段。其中最相关的就是经历长期下滑的制造业的就业问题。总体来看，因为个人收入和企业利润的增长，国家开始经历盈余，尤其是90年代后期。这个阶段的一个现象就是持续的国家政策导致了永久性的税率降低。由于充分就业和低通胀的原因，对税收的需求不断减少。但是，随着90年代的结束，接踵而至的是2001年的经济衰退，这一年国家财政困难且出现了未曾预料的事件。观察人士指出了这次冲击的严重性，并且意识到人口结构的转变和健康医疗费用越来越重要，开始对财政长期前景感到担忧。⑥

2001年经济衰退

20世纪90年代末期，强劲的经济和飙升的股市大大地促进了政府税收的增长，这使各州与地方政府能够减税、增加新项目、增加现有活动开支，同时还积累了较高水平的储备。⑦但是2000年的股市暴跌和2001年开始的相对温和的经济低迷极大地减缓了政府收入增长且提升了各州增加预算赤字的预期，这就要求采取补救措施。尽管大部分州针对一般预算资金平衡方面都有相关宪法或法令上的要求，但这些要求可能会非常宽松，允许使用临时来源的资金。面对迫切的预算资金短缺问题，各州采取了各种应对行为。起初，各州的应对手段是通过使用累积的储备金以及开发其他临时性的资金来源来应对收入的减少。

由于降低了总需求的增长，各州与地方政府的预算行为可能对联邦政府刺激政策起到了略微的抵消作用。2003年的联邦减税政策包括连续在2003和2004两个财政年度对各州政府总额大约200亿美元的经济援助，这对提升各州财政状况起到了帮助作用。总的来说，直到21世纪初，各州与地方政府在预算平衡方面的波动远低于联邦政府。

州与地方财政的困难主要是由于收入方面的增长速度的降低超过了开支增长速度的降低综合的结果。贯穿整个20世纪90年代大部分时期，州与地方政府的总支出相对于GDP上升了，但收入的增长速度更快，这样就造成了盈余的不断增加。在90年代后期，政府开支增长的速度开始超过收入增长的速度，但直到2001年经济衰退之始的这段时间，各州与地方政府的财政盈余状况都没有停止。由于经济衰退，财政收入的增长大幅放缓，但与此同时开支的增长并没有足够及时地减下来以避免赤字的出现。

2001年的经济衰退带来了一些思考，即20世纪90年代结构变化的结果对于州和地方政府财政意味着什么。一些专家对于经济基础的改变对各州与地方收入系统可行性的影响表示了长期的担忧。⑧这其中包括，对各州持续地缩减销售税税基或由于不能适应经济变化所带来的销售税税基的缩减的担忧。更多的情况是，各州已经在所得税上做出了永久性减税的决定，而且不愿改变主体税种，却倾向于征收对经济条件敏感的各类收费。

国内一直有这样一种政治气氛，即通过减税来促进经济增长。因为理论显示减税之后会带来更多的盈余。此外，在那些几乎免除销售税的行业将迎来最快的经济增长，具体来说，这些行业大多集中在专业化服务、邮购、网上销售等部门。另外，行业越来越自由的特点带来了各州之间在就业岗位方面的竞争，由于采取的是各种各样的减税激励政策，这不仅破坏了各州间的合作而且侵蚀了地方的财产税税基。另外，不动产在商业和工业使用中的角色正在下降，从而实际上将更多的负担转移到了住宅财产上。

大约在同一时期，金融市场的崩盘缓解了另一个正在累积的长期性问题，即各州与地方政府公共养老金计划的状况。过去几年的计划已经基本上从现收现付制转变到为其债务预筹基金。它们也大举投资股市，随着股市的增长获得了丰厚回报。结果，这个系统到20世纪90年代末期处在正常良好状态，且开始超过雇主缴款并用所获盈余增加福利。然而，2000年早期的股市崩溃（经济泡沫破灭）导致投资组合价值的普遍亏损，并意味着基金不得不增加缴款来维持其在精算上的稳健性。这或许会导致重新考虑用以计算基金偿付责任的收益率假设。多数基金仍认为，它们的投资将获得史上最高回报率，20世纪国家经济金融市场的壮观景象将持续到21世纪。

21世纪初各州经济缓慢恢复以后，由于房地产税和住宅建筑活动，各州政府相对未受影响。但是这样的复苏基础证明是不稳固的、稍纵即逝的。2000年，各州盈余和应急储备在增长。2006年，国家储备结余达到峰值690亿美元。⑨鉴于从2008年开始出现的赤字规模，这些储备能提供的保护已经很少了。

2007~2009年的大衰退

2007年底的"大衰退"是从住房和消费需求的减弱开始的，从而引发金融崩盘导致的第一轮关联效应显露出来。随着失业率的迅速上升和消费支出的暴跌，这场危机在2008年迅速蔓延，并在2009年达到了最低谷。由于低利率在住房部门累积起来的天量杠杆，使得住房部门的困境迅速殃及整个金融系统。随着去杠杆化大幅度地进行，家庭和商业企业的资产负债表中资本价值的巨大泡沫迅速被蒸发殆尽。

在本书中的其他单独章节阐述了金融危机的细节及实体经济收缩的详细情况。鉴于资本市场崩溃和随之而来的经济下滑的严重性，州与地方财政以及政府间关系的所有方面都受到影响，在全国范围内都得以感知。由于许多州存在着持续的结构性赤字，使得州与地方税收系统的高敏感性缓解。

表1.1通过将此次大衰退与1991～1992年和2001年两次全国的经济衰退进行对比，呈现了此次大衰退的严重程度。正如经常指出的那样，当涉及州与地方部门时，经济衰退的影响往往具有效应的滞后性，这是由于在经济衰退已经正式开始和结束之后的一段时间，政府收入和支出会受到一些主要的影响。当观察国家预算赤字占GDP的百分比时，2001～2002年经济衰退的影响是1991～1992年的4倍左右。在始于2007年第四季度止于2009年第二季度的经济衰退中，这些情况又进一步放大，缺口相当于2001～2002年的两倍。2010财年州缺口已达1910亿美元，估计占GDP的1.3%。经济衰退对国家预算赤字缺口的影响并不是说州和地方政府开支已变得相对重要，而是说它们的收入对经济上的变化越来越敏感。

表1.1　　　　　　　　经济衰退对国家预算赤字缺口的影响

财年（10亿美元）	州赤字缺口（10亿美元）	国内生产总值（10亿美元）	州赤字缺口占国内生产总值比重（%）	州赤字占州和地方支出比重（%）
1990～1991年的衰退				
1991	-8	5896	-0.14	-1.16
1992	-13	6167	-0.21	-1.79
2001～2002年的衰退				
2002	-40	10464	-0.28	-3.15
2003	-75	10892	-0.69	-5.64
2004	-80	11506	-0.70	-5.79
2005	-45	12254	-0.37	-3.10
2007～2009年的大衰退				
2008		14215		
2009	-110	14244	-0.77	6.16
2010	-191	14390	-1.33	-10.73
2011	-130	14930	-0.87	-7.25
2012	-112	15500	-0.725	-6.20

资料来源：Estimated deficits: 1991-1992 (NASBO surveys), 2002-2005 and 2009-2012 (est) (CBPP) GDP (Bureau of Econoic Analysis, National income Accounts, Table 1.15); Estimated for Fiscal Years by using average of adjacent calendar years。

州财政困难的情况已引起相当大的关注和专门研究分析。加利福尼亚州的问题一直是关注的核心。即使在2010年左右经济复苏的情况下，该州依然遭受持续赤字，十年中平衡预算只有一次。

陷入混乱的各州：加利福尼亚州以外

2009年末，皮尤研究中心分析了10个州，它们与那些导致加利福尼亚州持续财政赤字的情况相似。⑩分析显示财政绩效由基础经济和财政系统相互作用决定。它本身就是受政治结构、大众文化、国家财政机构的影响。

例如，加利福尼亚州、内华达州、亚利桑那州和佛罗里达州都是以持续经济增长模型导向的收入系统，特别是持续的房地产市场繁荣。这些州都受到了因房产危机造成的抵押品赎回权丧失增加，以及房地产价格大跌的打击。再就是那些工业化历史较长的州（如新泽西州、罗得岛州、伊利诺伊州、密歇根州、俄亥俄州和威斯康星州），由于其制造业基地深度亏损而正在经历长期的调整过程。另外这些州也是公共部门工会化组织很高以及收入体制不平衡的州。俄勒冈州几乎完全依赖于个人所得税，税收收益波动很敏感。财政机构制度的建立也很重要。几个州要求"超级多数票"通过税收或批准预算，加利福尼亚州是一个典型的例子，一直无法通过，即使在表现不错的年份。⑪最后一个因素是"资金管理业绩"，这是一种国家计划或实施其财政事务的逻辑和方式（通常与潜在的政治文化和政府结构有关）。

州与地方的财政挑战

尽管大衰退导致上述问题得以显现，但各州持续性的财政困难不是一个系统功能失调的结果。在过去的一二十年，由于强烈的反政府和反税收情绪，税收改革的环境恶劣。即使在支出扩张的情况下，20世纪90年代长达十年的持续减税，使得财政中性的改革难以实现（这意味着总收入没有变化）。就政府应做些什么来说，有着深刻的意识形态分歧。在2003~2007年初的经济缓慢复苏中，掩盖了许多财政弱点。2007年经济的急剧下滑导致的2008年和2009年的深度衰退才使这些问题暴露。目前，在政府雇员工资和福利方面存在着巨大的争论。州和地方的就业萎缩。截至2011年4月，从2008年以来州政府和地方政府削减了70万个就业岗位，而这一数字在过去却是一直处于稳步增长状态。⑫

由于不能适应不断变化的经济和政治环境，税收体系越来越变得不合时宜。这主要有以下几个方面的原因：（1）对政府间援助具有高度依赖，而这种政府间援助不仅增长缓慢和可靠性不足，而且主要是针对个人的（如医疗救助）；（2）州和地方的自有税基相对于经济而言有所下降；（3）不同管辖区之间的竞争日益增加，特别是通过税收优惠来保留或吸引就业，这已经制约了税基的增长；收入体系的压力，主要来自在医疗救助和员工福利方面快速上涨的医疗保健费用。

一些州将注意力只放在单一的主要收入来源也是一个重大问题。其中5个州不征收销售税，11个州不征收任何所得税。这使得在收入来源方面进行权衡取舍变得困难，而不得不把竞争的压力放在税率方面。地方财产税仍是地方的主体税（占自有收入近40%）。曾经作为稳定税源的房地产业目前处于风雨飘摇。虽然存在滞后和不严格的联系，这一基础的估值最终还是由市场决定的，并且目前正处于长期下跌的过程。这是因为房地产税已经成为一个为了获取资产和经济发展上表面收益，而进行税收减免的便利工具。另外，经济的变化弱化了工业在财产税税基方面的作用，并增加了住宅物业的分量。现在企业价值更多的是体现在无形资产上（如专利、数据库、知识产权）。

消费支出正从有形商品转移到各种无形的服务上。而后者往往是免税或享受税收优惠的。销售税具有顺周期性，但总体上讲，其税基占GDP比重一直处于下降趋势。无论是否减税，销售税税基一直都是在不断收窄。由于涉及大型电器和建材的购买，销售税不成比例地受到房屋建设和搬迁活动的影响。由于缴税的商品具有较低的通货膨胀率，因此其价格往往相对较低，这也影响了税收收入的增长。另一方面，对食品和药物等医疗必需品的免税也使得税基进一步萎缩。

由于美国最高法院对网上购物销售税征收的干涉（而国会未能纠正这一问题），销售税收入损失不断增加，并对实体经济（如小书店）造成不利影响。

尽管税收竞争程度的提高可以提升效率，但是也并非多多益善。劳动力不断流失的压力，将迫使各州进行大规模的减税和削减税基，而最终结果是公共产品提供方面的减少。公司所得税是一个主要损失。这些税深受联邦减税政策的影响。1990年和2000年，个人所得税占财政收入的比重有所增加，但越来越呈现一种周期性。目前公司向州缴纳的税额占利润的比重与个人税额占个人收入的比重一样（3.5%）。为了吸引商机和增加就业，公司税收正在遭受税收减免政策的侵蚀。

没有轻而易举的替代方案，我们需要认识到目标之间存在的竞争，还需要考虑政策方面的权衡取舍。对服务征收的新税可能增加税收的累退性。销售税税率的提高会导致企业兼并，从而打击小企业。联邦政府可能通过争夺零售税税基以及在计算联邦税额时不允许扣减州和地方税收来影响州和地方的征税行为。州政府的其他选择：根据公司"表现"来决定公司减税或者完全放弃公司利润税，代之以总收入税或是增值税。

本章的其余部分简短归纳了一些关键信息，即每一章节的"标题概述"。正如读者所见，许多章节被放在一些重要部分集中讨论，这些部分分别讨论了以下内容的制度架构：税源、支出、借贷和财务管理、州与地方的财政前景。除非另有所指，每篇的引用直接来自正在讨论的章节。

第1篇 经济、人口与制度框架

第2章：州与地方财政的宪法框架

在当今世界最古老的联邦制国家中，美国国家权力既分立又统一。美国国家（联邦）政府拥有联邦宪法赋予的各项主权，同时50个州政府保有未让渡的各项主权，其中包括宪法所赋予的对全国89526个（2007年）地方政府的管辖权。在第2章中，约翰·金凯德（John Kincaid）阐述了《美利坚合众国宪法》和50个州宪法所确立的财政框架。其中提道"无论是联邦政府还是各个州政府都没有完全独立的财政控制权"。金凯德完整地阐述了宪法和符合宪法的法律中的错综复杂的美国财政条款。因为美国宪法所说的关于财政联邦主义的实践在很大程度上（无论过去还是现在）是由联邦法院来决定的（从表面上来看，它取决于联邦主义的法律制定者）。金凯德在第2章的开头概述了关于联邦和州财政权力的联邦主义（"尽管在美国宪法中，相对稀少地会涉及财政，但是一个国家由邦联制向联邦制转型时，其税收权力一直是国家财政中的主要议题"）。他紧接着提出了联邦宪法中核心的财政条款：直接税收和分配，联邦税收、开支、借贷权力和限制（尽管法院并不总是遵从这些条款），以及州和地方权力的性质（"只要美国宪法或者州宪法没有明令禁止，每个州都拥有与生俱来的权力来做自己乐意做的事"，而"地方政府仅当州授予其权力时享有……"）。金凯德话锋一转，又强调美国宪法与其他联邦宪法的主要区别在于美国宪法在细节上的缺失，因此美国宪法缺乏对联邦和州政府权力的重要限制。

第2章最后讨论了州财政的宪法框架（美国宪法批准生效时，18个州的宪法已经制定完成）。一些州宪法几乎没有谈及州政府的财政权力，其他州的宪法却包含详细的条款。与此同时，金凯德明确指出，虽然没有联邦—州的财政层级（即州不是宪法层面上较低一级的政府），但是在州宪法中存在州和地方的财政层级。

第3章：联邦制的趋势、压力与展望

第3章由蒂莫西·康兰（Timothy Conlan）和保罗·波斯纳（Paul Posner）详细介绍了自18世纪60年代以来美国联邦系统的发展。他们主张如果要了解这个国家的历史，那么必须要了解联邦制，而且还要了解这一制度为美国公共财政政策和管理的未来选择设置了初始条件。围绕这一主题，康兰和波斯纳介绍了联邦制的发展阶段：从持续到19世纪60年代的"二元联邦制"，在此期间联邦和各州政府几乎没有重叠的职能和责任，然后到后内战时期的集权化冲动时期，目的是转变内战以前国家政府的弱势地位。20世纪初建立了作为政府间体系一部分的众多机构（例如，美国联邦储备系统和个人所得税修正案，为后续联邦部门的扩张奠定了财政基础）。随之建立的是联邦和各州政府以合作方式共担责任的所谓"合作联邦主义"的治理模式。

接下来的是大萧条阶段。州和地方财政的崩溃，使得在新政时代州政府开始转向求助于联邦政府。即使新政（1933~1936年）存在的"集中趋势"，仍然有"合作"联邦制的存在，但随着林登·B.约翰逊（Lyndon B. Johnson）"伟大社会"改革的启动（尽管在尼克松和里根执政期间权力下放运动广受欢迎），合作联邦主义还是为一个持续扩张"更具强制性的监管工具"让路。这包括新的联邦对州支出的强制性规定、通过新的政府间章程和州管理自主权的优先。根据作者观点，我们今天就处于"当代联邦主义从合作型向强制型"的转型过程。

那未来呢？康兰和波斯纳阐明了两件事情。首先，维护一个有活力的分权化联邦制度，对于实现如经济增长、宏观经济稳定、公共部门创新等更广泛的国家社会目标是必不可少的。其次,他们提出一个问题,即为了提供必要的活力,"联邦制度是否还能保留其历史上所具有的适应性和灵活性的能力"。若答案为"是"的话,作者认为,如果州政府传统的应变能力和其长期作为政策实验室的角色与"国家的政治和政策僵局"相抵触的话,则公民有可能再次转向州和地方以寻求的新的政策思路和改革。然而,若答案为"否"的话,作者指出了几股正在侵蚀州和地方地位的力量,如存在着这样一种政治文化,正在将新一代的国家层面的官员从州和地方政党的"使者"的角色变为国家层面的规划和立法的"独立政治企业家"。此外,随着企业部门的日益全球化,企业已经从一个"传统的分权政策的支持者"转变为寻求通过"国家立法来规范、限制或禁止各州行为"的支持者。

对此,康兰和波斯纳提供了有条件的答案。如果美国要想继续应对多元化社会在需要和优先事项方面独特性的话,那么它有必要向着保持州与地方政府的灵活性方面转变。

第4章:州与地方财政:重要性分析

对于州与地方政府为何如此重要,谢尔达尔·耶尔马兹(Serdar Yilmaz)、弗朗索瓦·瓦扬古(François Vaillancourt)和伯纳德·达夫隆(Bernard Dafflon)提出了经济学家们的看法。为了建立这一经济框架,作者系统地梳理了保罗·萨缪尔森(Paul Samuelson)关于公共部门在资源分配效率上的重要作用方面所做的开创性理论贡献;查尔斯·蒂布特(Charles Tiebout)关于国家和地方公共产品存在差异的思想;理查德·马斯格雷夫(Richard Musgrave)对分权化联邦制度下财政的分类;华莱士·奥茨(Wallace Oates)的分权定理,该定理认为,相对于分权化的服务提供方式,对于地方公共产品和服务的水平进行集中统一的决策会导致一个较低的社会福利水平。[13]

以此为基础,耶尔马兹、瓦扬古和达夫隆指出了一个多元化政府社会(如美国财政联邦制)所要解决的三个基本财政政策问题:(1)对不同类型的政府间支出责任("支出分配")的分类;(2)何种类型的政府应使用何种类型的收入("收入分配")的问题;(3)对于许多州和地方政府而言,当所分配的支出责任成本超过州/地方"自有"的收入("政府间转移支付"的作用)时会发生什么。通过一个简单的理论分析表明,财政分权具有两方面的福利收益:不同的辖区对地方公共产品和服务在需求或成本方面存在着差异。在确立了财政分权这一背景下,作者提出了对"自有"收入、支出需求以及政府间补助安排各异下的分权体制中的概念框架。

第5章:州、地方政府与国民经济

瑞克·马顿(Rick Mattoon)和莱斯利·麦格拉纳汉(Leslie McGranahan)在第5章中对州与地方政府部门在国家经济中的角色做了一个较长时期的考察。在过去的40年里,政府部门已在国民经济中扮演一个相当恒定且主要的角色,如政府购买为GDP做出了贡献。部门支出和收入组成也有着重要的变化。社会福利支出已经占据了越来越大的份额（尤其是医疗救助），并已经越来越依赖联邦政府作为资金来源。各州对个人所得税的依赖性在上升，州的税收收入对经济状况的敏感性也在增强。对于州政府，收入变得更加不可靠，而消费支出一直是相对不受不断变化的经济条件影响的。尽管地方政府及其资金来源呈现出较为稳定的态势，但州政府变化日益影响到地方政府，因为地方政府从州政府得到的转移支付将近其财政收入的1/3。

作者认为，尽管州和地方政府的角色在持续地变化，但在如何更好地平衡收入和支出方面的压力越来越大。人口老龄化和医疗支出上升意味着，医疗救助和其他医疗卫生项目在州预算中的份额将不断增长。在收入方面，个人所得税很可能继续在地方政府的资金来源方面居于主体地位，尽管对经济周期具有敏感性。财产税是大多数地方政府财政收入的支柱，由于受到应税财产价值下降以及在提高税率方面遭受大范围的抵制，而可能在长期内遭到侵蚀。

在结论部分，作者对各州减缓其收入周期性波动的方式做了评价。通常为了缓解衰退时期收入的波动，各州要么通过提高主要税基（销售和收入）的税率这一历来经常采用的方式，要么采取重组和拓宽税基的方式。其他自助性的选项是，要么节约和建立储备（应急基金），要么逐步削减开支以缩小预算缺口。最后一个选择是依靠联邦政府的帮助，其中最明显也是最近的例子就是大衰退期间出台的《美国复苏与再投资法案》（ARRA）。这一战略存在的一个问题是，由于联邦政府自身还受到长期性财政问题的困扰，因此这种"解困"是"难以指靠的事情"。事实上，财政困境是向下转移的：在通过削减支出和增加收入来解决联邦赤字问题的同时，势必加剧州与地方政府的财政压力。

第6章：州与地方财政结构演进

萨莉·华莱士（Sally Wallace）讨论了随着美国走出经济大衰退，"州与地方政府所面临的基本趋势和压力"对州和地方预算的影响。注意到衰退总是具有周期性的，复苏终会到来，她将注意力放在"作为美国州和地方财政体制最根本挑战的财政联邦制的可持续性"这一问题上。她关注的是，来自人口、经济和制度的趋势所决定的支出需要以及收入来源的要求，但后者在很大程度上超出了州和地方决策者的控制。

人口统计特征包括人口增长的变化率，它的年龄和民族构成，以及跨区域迁移流动和家庭组成的变化。经济趋势的重要性，主要指经济结构和产出（如保健和社会服务业与制造业的就业）。制度变迁不仅涉及税收、行政管理、预算编制和执行，也涉及许多法律规章，正如联邦政府强加给州财政的收入自主权，以及各州强加给地方政府的。因此，举例来说，在支出方面，在人口老龄化、地方公共产品（基于健康支出）需求的组成以及州和地方的劳动力成本之间，存在关联。在收入方面，老龄人口数量相对增加（尽管可以进行资产调查，但大多数州全部或部分豁免了养老金收入的个人所得税)、对移动经济中一些快速增长的部门(如专业化服务)的销售进行征税的可行性,以及能否对财产税和一般营业税予以调整使其适应财富和收入的变化。

未来十年,对于财政架构是如何塑造的认识,是了解州与地方政府税收和支出政策"财政意义"的基础。正如华莱士所说,即使趋势本身在很大程度上是超越了州与地方决策者和管理者的控制,"具有前瞻性的政府可以在开支预测中,把握这些变化的影响",调整其收入系统从而降低对预算的负面影响,并从财政结构的变动中获取潜在的财政利益。趋势可能超出政策制定者的控制,但在21世纪,州与地方财政收入体系必将过时"并非既成事实"。

第7章:地方财政简介

克里斯廷·R. 马特利(Christine R. Martell)和亚当·格林韦德(Adam Greenwade)提供了地方政府融资结构和多样性的轮廓。在美国,近9万的地方政府提供了大部分的公共服务。地方政府是如此多样化的部门,以至于没有一套标准的政治或财政安排。美国地方政府的规模和复杂性在世界范围内是独一无二的。

地方政府的主要收入来源是在辖区内筹集的自有收入(包括财产税、销售税、个人所得税、使用费和收费收入)和来自州政府和联邦政府的转移支付。地方政府自有的收入来源是由各州决定,虽然当地辖区通常有一些税率设置和豁免的权利。马特利和格林韦德发现,人均地方政府的财政收入已在1980~2008年增长了70%,其中大部分可归因于地方自有收入的增长。值得注意的是,财产税和销售税的收入在自有总收入的百分比有所下降,与此同时,规费收入提高了其相对的贡献。尽管如此,财产税的收入一般仍然是当地政府自有收入的最大来源。尽管财产价值在上升,但由于发展激励和税收限制使评估达到了上限,所以财产税税基一直在下降。1980~2008年,联邦收入中转移到地方政府的份额在下降,这和州财政收入的转移有关。

马特利和格林韦德发现,地方政府之间的支出安排差异较大,包括一般性政府支出、公共安全、中小学教育、社区学院、公共工程、规划、公园和娱乐、经济发展和公共健康与福利。然而,在过去的30年里,当地政府支出功能却始终保持一致。地方政府最大的单项开支是教育(39%),其次是公共福利开支(11%)、环境(10%)和公共安全(9%)。按人均计算,地方政府支出增长缓慢但稳定,而且当地政府开支的所有主要类别在过去的30年中,以相似的速度增长。

当地政府受到大衰退的压力,大衰退使财产税税基缩小、消费支出放缓、失业增加、贷款渠道受阻。这场衰退也导致州援助的下降。同时,员工的养老金和医疗保健费用也随之增加。地方政府通过实施提高收入和减少开支的策略,来应对严峻的经济气候。它们提高收费水平、财产税或销售税税率,增加新的收费和税收,并扩大税基。地方政府已辞退一些人员,取消或推迟基础设施的投资,放弃了特定的城市服务,修改保健福利,并对公众安全和人性化的服务削减开支。

第8章：收入自主权的联邦优先

从《联邦党人文集》第30篇"关于税收"开始，亚历山大·汉密尔顿用7篇文章阐述联邦和州征税权的话题。⑬作为一个强大的国家政府的倡导者，汉密尔顿认为，联邦政府应该拥有税收权力，不仅为了"向国家军队提供支持"，而且为了"向国家公共项目提供资金"。然后，汉密尔顿（第32篇）转向"公正的推理，要求各个州应该拥有一个独立的和不受控制的权力，以筹集收入满足自己所需"，"唯一例外是进出口关税"，各州应该"在最绝对的和无限制的意义上保留自治权，联邦政府若试图剥夺该权力的行使，这将是一个暴力擅权，无任何宪法条文的依据"。

汉密尔顿的这个观点与金凯德在第2章中指出的"二元联邦制下州和联邦政府独立地征税、支出和借款的意图"契合得很好。事实上，纵观美国成立之初的两个世纪，联邦政府相当不错地恪守不侵犯州和地方税收权力的政策。一个值得注意的例外是麦卡洛克诉马里兰州案，美国最高法院提出，依据优先条款，马里兰州无权对美国第二银行征税。然而，正如人们日益注意到的，这一决定是关于联邦政府的州税收，而非关于对州和地方就私人活动课税的联邦优先权的争论。⑮

然而，正如詹姆斯·R. 伊兹（James R. Eads）在他关于州财政收入的自主权的章节中写道，"在过去的25年里，存在日益令人困扰的放弃'联邦—州—地方'伙伴关系的美国联邦主义这一历史概念的趋势，在伙伴关系的美国联邦主义中，国会在制定国家政策中对州和地方政府表示极大的尊重，目前转而趋向于一个强制型的联邦主义"，其尤以"对州和地方收入自主权的优先"为特点。为了例证州和地方政府税收权力不断受到限制，伊兹对州和地方的税收权力的联邦优先（自1969年开始，其中一半以上已公布）进行了分类，包括了从涉及联邦政府的执行机构和联邦雇员的待遇（包括服务成员）到州际通信和就业等事宜。

他的结论是：尽管"有选择性的联邦优先州政府税基的情形是可以的"但"一个同样重要的问题是联邦政府管理权限过大"。通过引用美国政府间关系咨询委员会的成果，伊兹提出了一系列避免亚历山大·汉密尔顿可能会认为的"宪法未许可的侵权"⑯行为的指导方针。

第9章：州政府间拨款项目

虽然大多数关于州与地方拨款的文献关注的是联邦对州和地方政府的援助，但大部分拨款政策和实践其实来自州对地方的转移支付，其在绝对量和相对量上都比联邦政府的拨款程度要大。此外，对于那些想要了解美国对发展中国家和转型国家可以提供哪些经验的人们而言，罗纳德·C. 费雪（Ronald C. Fisher）和安德鲁·布里斯托（Andrew Bristle）所考察的"州拨款"方面的实践会是相关的内容。

从效率的角度，费雪和安德鲁论证和说明了一个精心设计的财政分权系统之所以采用政府间转移支付的道理。他们的讨论由州—地方政府拨款总额纵向失衡的细节展开。

随后作者将注意力转向另一个几乎永远位于每一个州和地方立法议题前列的话题。这个议题是关于对一般目的的地方政府（县、市和镇）财政支持水平和结构方面的话题。作者的调查结果显示，只有大约一半的州提供真正意义上的一般性收入共享拨款给地方政府（即援助不受限制地使用），对于那些提供无限制支持的州而言，金额也相对比较小（补助超过地方财政收入10%的只有10个州）。

作者随后探讨了州政府拨款分配的不同途径。例如，对于运输，大多数州主要从燃油税和车辆税费取得收入，即使州政府与地方政府之间的运输责任分工差异很大。这种税收专款专用，一般符合传统意义上使用者和使用费相匹配的原则。确实如此吗？当费雪和布里斯托深入分析细节因素，如州与地方道路的所有权和提高燃料效率，事实证明，人均分配正在成为越来越多地被作为交通拨款以及一般用途资金分配的因素。然而，作者的结论是，人口往往不是一个适当的依据，应该形成能够更好地反映各州不同的经济和体制情况的州政府拨款分配机制。

第10章：衰退与复苏中的州与地方财政制度

崔西·M. 戈登（Tracy M. Gordon）分析了近年推动审视州的作用和财政制度的预算挑战，包括平衡预算规则、税收和支出限制、债务限制、预算稳定基金等。一些评论家认为，加强财政规则可以帮助避免2008~2011年（还在继续）的州和地方政府预算危机。其他人则认为，现行规则都加剧了对大萧条的影响，继续目前的结构将不仅使财政复苏更加困难，也将削弱各州在联邦系统中的传统角色。对于一个机构如何将一个州从财政稳定和健康带入濒临破产，加利福尼亚州是一个具有戏剧性的示范案例，尤其是对于那些持有以下观点的评论家：立法机构将会导致尤为严重的意想不到的后果，包括加强商业周期的敏感性。相反，戈登指出，立法实施机构，如果设计得好，可能会增加公共和社会责任。

在本章，戈登首先找到了具有广泛性的问题，即"为什么立法机构可能采取制定限制性的财政机构去约束自己"。原因包括：与中间选民模型的相关性、各州对于"它们的"地方政府有关政策的担忧、司法裁决、对"限制反对……因素"的政治回应。承认各州行为的多样性，戈登认为，严格执行平衡预算规则的州，往往有较大的盈余，并能更快地通过经常削减开支而不是加税来调整赤字冲击。税收和支出都有限制的州不太可能增税，但它们也不会比其他州更易削减支出，因为它们更倾向于其他非税资金来源，包括费用和收费。一些对一般责任债券有限制的州发现这些规则可能会加速特殊目的实体的扩散，通常在没有选民批准的情况下发行债券。关于预算稳定基金，迫切程度取决于存取款规则和基金规模。某些情况下（如纽约、哥伦比亚特区），资金补给和还款的规则可以抑制其使用。

戈登这样总结，更严格规则的支持者和反对者有可能夸大了它们在最近财政危机中对州和地方的保护作用。她提供了一个解决方案：借用国际上关于周期性调整或"克服周期"的多年预算目标的经验，在保持长期预算规则的前提下，允许在经济衰退期间实行更积极的财政政策。

第 2 篇　收入结构与制度

第 11 章：财产税

讨论美国州与地方收入制度最好从州和地方最大的自有收入来源——财产税开始。迈克尔·E. 贝尔（Michael E. Bell）首先比较了用以考察税收趋势的传统措施，然后分析和评估该税种近年来和经历大衰退的变化情况，最后展望了财政的未来。

今天的财产税仍然是地方政府收入的"中流砥柱"，97％的财产税收入归地方政府所有。然而，在过去的 40 年里，财产税作为地方政府收入的一部分，占地方一般收入比例（由 1968 年的 43％降到 2008 年的 28％）和占当地自有收入的比例（由 1968 年的 56％降到 2008 年的 45％）两方面的相对重要性都已经有所下降。

与所有反映总体趋势的数据一样，数字掩盖了在州与地方系统中广泛存在的多样性（存在较大的差异）。本章中所给出的数据呈现一个明确的区域性特征。2008 年，财产税占自有收入比例排名前六的州都在东北地区：康涅狄格州、缅因州、马萨诸塞州、新罕布什尔州、新泽西州和罗得岛州。财产税依赖程度最低的三个州集中在东南部：亚拉巴马州、阿肯色州和路易斯安那州。财产税率也同样存在差异，有效税率从密歇根州底特律市的 3.26％，到夏威夷州火奴鲁鲁的 0.28％不等。

有几个关于不动产税的"故事"。贝尔之所以给予这三方面特别重要的关注，是因为它们为财产税的未来搭建了舞台。首先，基于评估一个收入系统的传统标准（收入充足性、中立性和高效性、简洁性和公平性），地方的财产税明显成为地方财政收入的一个非常稳妥的来源。相比地方税收收入潜在来源的其他税种，财产税具有特别的吸引力。

其次，与传统经济中以商业和工业为基础相比，居住性资产在不动产税税基中的相对重要性在长期来看，呈现了日益增长的趋势。各州实行了各种各样的税收减免措施，以降低住宅业主的负担。贝尔认为，由于这样的政策，财产税越来越远离其理想，这是因为其目标越来越狭隘，这些政策造成在土地利用类型方面的私人决策的扭曲，以及税收管理的扭曲。随着一些特定条款的不断增多，范围广大的财产税税基在不断萎缩和被破坏，财产税变得越来越缺少统一和公平性。

最后，尽管在过去 30 年里，其税基已被特殊利益侵蚀，财产税仍帮助地方政府避免了一些大衰退期间的困难，这是收入稳定方面的好消息。也就是说，这可能仅仅是赢得了一些时间。正如贝尔指出的，地方政府正在经历大衰退后财产税征收的大幅下降，出于同样的原因，正是税收的反应迟缓为政府在经济衰退中赢得了一些时间。

第 12 章：州个人所得税

在第 12 章，约瑟夫·J. 科德斯（Joseph J. Cordes）和贾森·N. 朱弗里斯（Jason N. Juffras)研究了关于个人所得税（PIT）的经济学。该税仅次于财产税，是州和地方政府的第二大自有收入来源。从州的角度来看（91%的个人所得税由州收取），个人所得税是最大的自有收入来源，规模超过了一般销售税（个人所得税占26%，一般销售税占23%）。因为各州决策者是根据各自的经济、人口和制度环境下做出税收选择的，所以在运用上就有很强的多样性：41个州和哥伦比亚特区以工资和资本收入为税基征税，而其他两个州只对利息和股息收入征税。不征收个人所得税的7个州通常有很大的税收替代基础，如消费或采掘业。

描述了各州的关键法规后，基于收入弹性、公平、效率和管理四个标准，科德斯和朱弗里斯评估了个人所得税的运行情况。个人所得税在大衰退期间的运行情况记录是不清晰的。尽管在经济衰退期间个人收入显著下降，强烈依赖个人所得税的州不仅没有出现"大衰退期间出现大量收入损失的危机"，而且也没有因为与联邦所得税相一致而导致收入上的急剧下降（事实上，服从联邦社会保障措施的各州显示出更高的稳定性）。

在立法方面的反应上，许多东北和西部各州为应对大衰退，创建了新的更高税率的高收入税框架，以至于作者建议摆脱大衰退之前二十年所实行的单一税率，向更大程度的累进税迈进。各州通过采用收入税收抵免，使得其所得税制度具有更多的累进性。目前，大多数对"宽税基"征收个人所得税的州都存在个人所得税税收抵免。但是各州政府没有协调努力来扩大个人所得税的税基或遏制税式支出。这种模式也许会让某些州别无选择，只能维持更高的税率。

科德斯和朱弗里斯分析了支持早期研究结果的长短期收入弹性，发现在经济衰退期间，经济和税基都缩减的情况下，长期弹性（个人所得税的弹性较高）和短期收入波动之间没有必然的联系。他们同样确认了华莱士的警告（第6章）——除非各州采取措施来应对由于美国人口老龄化带来的个人所得税税基侵蚀，否则州个人所得税的税基就会岌岌可危。

第13章：州公司所得税

在介绍州公司所得税（CIT）时，戴维·布鲁诺里（David Brunori）立即提出各州"是否能够挽救州公司所得税面临的无足轻重"的问题。虽然这项税收在45个州和哥伦比亚特区都实行了（只有内华达州、俄亥俄州、南达科他州、华盛顿州和怀俄明州对公司净收益不征任何税），但它已经从1997年占财政收入9.5%下降到目前的不足5%。除了单纯的扩大税基目的外，实施公司所得税主要基于两点理由：第一，作为对不动产税的补充（不动产税忽略了无形财产投入带来的收益）；第二，对与州个人所得税相统一的机制需求（针对特定类型的企业组织，保证某种程度的中立性）。同时，他主要驳斥了州公司所得税增加公共财政制度累进性这一被频繁引用的理由，并指出依据市场性质，税收只能通过提高价格的形式前向转嫁给消费者，或后向转嫁给生产要素的提供者，如劳动者——就如它以降低租金的方式转嫁给土地所有者和减少股东股本回报的方式转嫁给股票持有者一样。

他的主要观点是"公司所得税迫切需要改革，如果它想再次成为州财政收入体系的一个可行部分"。布鲁诺里探讨了公司所得税税基被侵蚀而导致其重要性下降的四个原因：（1）过去 30 年对"经济发展"激励的增加；（2）对跨州业务收入分配的统一性的放弃；（3）公司所得税筹划者通过将业务收入转换为非业务收入，而将其分配到低税或无所得税的州；（4）1995 年联邦法律的变化迎来了如有限责任公司（LLCs）和有限责任合伙企业（LLPs）这样的中间实体的大量出现。当各州都效法联邦法律在税务上将有限责任公司和有限责任合伙企业作为合作伙伴时，有限责任合伙企业可以使纳税人从传统"C"类公司的地位，切换转嫁实体结构。

为了"拯救"公司所得税，布鲁诺里讨论若干政策措施：（1）规定合并申报（一个正在迎头赶上的趋势，将近一半的州有这样一个地方性法规）；（2）返回到传统的三要素方式（"统一性是根本的"，在众多不完美选项中该方式是一个公平、有效的解决方案）；（3）使用更积极的"追溯"（直至未纳税的原初状态）和"免税"（在销售收入中减除没有指定给任何州的部分）规则；（4）削减给予企业的税收优惠政策。有了这些举措，在财政压力的后经济衰退时代，政策制定者就可以考虑这种形式的税基侵蚀的"整体无效"问题。

第 14 章：企业经营实体税

接着上述布鲁诺里所讨论的在各州日益显著的州税在企业净收益影响不大的趋势，勒昂·卢纳（LeAnn Luna）、马修·N. 默里（Matthew N. Murray）和杨舟（Zhou Yang）在第 14 章中指出，一些州通过引入"商业活动"或"实体"税作为对公司所得税的补充，这是一种基于毛收入的总收入税（GRT）或者州增值税（VAT）的一般性商业税。目前，10 个州对总收入采取了一些形式的宽税基征税或"混合"增值为税基的税收，其中 3 个州依赖于一个实体的方法，如替代性最低税案。

本章首先介绍了州一般经营活动税各种变化形式，指出选择的范围可以看作是一个连续选择。选择上的差别主要体现在税基所允许的扣除额不同。连续选择的一个极端是对公司所得税采取以收入为基础的窄税基课税。连续选择的另一极端是以纯总收入或者说是纯"营业额"为基础的征税，即计税时不允许在毛收入中有任何扣除。这种技术导致税收呈金字塔状。处于总收入税和公司所得税之间的是增值税，该税种既可以通过"减法"计算——企业毛收入减去公司间的采购成本，又可以通过"加法"计算——对各生产要素的支付总额，即生产用地（租金）、劳动（工资）、资金使用（利息）和企业家（利润）。在实际中，虽然连续选择的税种并不"纯粹"，但是，经营活动税的优点在于将商业企业均纳入税基而不论其盈利水平如何。

在对于描述了各类实体税是如何运作，以及目前经营活动税效益情况的几个案例之后，作者接着对两种形式的实体税与现行税（公司所得税和零售税）进行了评价。评价采用的是以下传统的规范性标准：（1）商业税的正当性和纳税人的公平性；（2）效率（组织形式、在进出口方面的中性、在州内外的中性）；（3）收入效益（即产量、弹性、增长性、稳定性和周期性);(4)纳税遵从的成本和税收管理的难易程度。

第 15 章:联邦增值税对州与地方政府的影响

哈利·T. 邓肯(Harley T. Duncan)探讨了美国是否可能像许多其他中央政府那样制定一个全国性的增值税的问题,在第 15 章他认为这个问题有讨论的迫切需要。联邦增值税的想法由来已久,其最终的运作很可能像一个国家的零售税。邓肯点评了州和地方目前的零售税制度的表现,将其比作一个"精心设计"的消费税(税基全面性,中间产品和服务的税收最小化,目的地课税,遵从成本和管理成本)。他得出的结论是,州零售税不仅仅"远远不能"满足这些政策目标,而且其缺陷也不太可能得到纠正。

联邦增值税有两个有力的支持理由:满足国家政府对资金的需要,并且具有随着经济增长而增长的较好潜力。虽然州零售税不会从政府间税收制度中消失,但它不能像以前那样,计入州财政收入的支柱项目。但联邦和各州的消费税(增值税和零售税)能否将在不损失州财政收入自主性,和不导致政府间税收制度过于复杂与烦琐,这两个选项之间协调起来吗?邓肯的回答是,联邦增值税可以适应并满足州和地方政府需要。然而,为了判断其是"正确的",就需要将联邦增值税可能采取的各种替代形式进行彻底分选。在这一过程中,邓肯带领我们一个接一个地对国家增值税的各种形式以及它们对联邦系统的意义进行了描述和评价。他的结论是:尽管联邦政府采用增值税对州和地方政府来说是一个具有重要意义的问题和挑战,但是国家增值税的构建可以在保持州和地方较高程度的收入自主权的同时,还可以为州和地方税收制度"期待已久的现代化"问题的解决提供基础。

第 16 章:商品零售及使用税

当讨论到州和地方税收在 21 世纪经济中日益显现的"不合时宜性"问题时,有两个州税种排在前列:公司所得税和零售税。威廉·F. 福克斯(William F. Fox)探讨了一般零售税问题。20 世纪 90 年代至 2000 年,这项税是州政府最重要的收入来源,然而现在排在州个人所得税后面。福克斯首先介绍了税收简史,之后探索了其收敛的因素来解释其重要性下降的原因。

福克斯指出三个因素促成了销售税税基收缩。第一个因素是一系列的州法定免税。范围从旨在减轻税收对低收入家庭影响的特定豁免,到"销售税假期"以鼓励商贸活动的特定豁免。第二个因素是决策者未能紧跟不断变化的经济而导致的失败。即潜在税基的组合已经从一个主要以有形商品为取向,转为以与日俱增的服务为取向,特别是专业服务。第三个因素是补偿性使用税的操作弱点。邮购和基于互联网的销售成为特别的问题。46 个州和哥伦比亚特区电子商务销售税流失总额超过 120 亿美元(2012 年)。

接下来福克斯通过对经济效率方面的考察(即理想的税收应该是最小限度的干

预或"扭曲"私人消费、劳动力和生产者决策），来评估零售税的所有主要方面。注意到在根本上对目的地征税与原产地征税进行比较的讨论的重要性，福克斯探讨了零售目的地税基豁免的优点和缺点，以及生产过程中的中间投入的税务处理问题，并主张把销售税扩大到范围广泛的服务领域，以及对远程交易的税收扩展问题。

总的结论是，销售税的"过时"大多在本质上是制度上的而不是经济或人口的原因。因此，销售税仍是州税收制度的一个重要组成部分。然而，至于州或美国国会是否将采取所需的行动，福克斯总结为"过去的十年几乎没有证据证明"销售税政策得以改进。

第17章：地方收入的多样化：使用费、销售税和所得税

从宽税基的销售税、所得税和工薪税，到学校午餐、医疗设备、停车场、港口维护、实验室测试、露营场地、污水管渠接驳、救护车服务、超市塑料袋、车道、虚假火灾警报等的收费，很少研究能够像研究地方收入多样性这样可以涉及公共经济学的诸多领域。在第17章中，戴维·L. 舍奎斯特（David L. Sjoquist）和雷娜·斯托伊切娃（Rayna Stoycheva）对这一主题进行深入研究，利用新的数据和新的证据围绕各州收入多样性程度的测度问题进行了讨论。

舍奎斯特和斯托伊切娃从一套衡量各类型政府收入多元化水平与程度的增长情况入手，在此基础上，回答以下问题：多元化的理由是什么，何种情况下多元化能够运作良好，相反，何种情况下会导致意想不到的负面结果。他们从根本命题入手，即不同地方有不同的收入筹集能力，正如不同的国家和州一样，提出了数个地方财政收入多元化的正当理由。但也认识到论证的"另一面"，比如多样化不仅是指不同的收入工具，也是指不同的服务和政府类型，所以不能对其效率一概而论。"收费应该反映公共产品或服务的边际成本"，这条指南需要"谨慎使用"，因为它可能会导致"公共服务太少"或"行政成本高于财政收入"。

在此基础上，舍奎斯特和斯托伊切娃仔细观察了美国州和地方收费的实践，并与地方销售税和所得税的应用进行了对比。他们进一步报告了收费的应用情况，回应了2008年的财政危机，指出尽管"绝大多数地方政府转向费用和收费来支撑其收入"，对于许多地方政府来说，来自使用费方面的未开发的潜在收入可能仍然很大。在所有制度（包括管理制度）的、经济的税基变量都仍在发挥作用的前提下，得到一个"正确的"收入多元化政策是一个非常复杂的任务。

第18章：州税务管理：待解决的七个问题

预算盈余的稳定时期能够隐藏一些只有在财政捉襟见肘时才能揭示出来的系统性问题，这些问题在稳定时期很少得到有效关注。这是比利·汉密尔顿（Billy Hamilton）在本章关于州的税务管理的内容中所说明的情况。在过去的25年里，州的税务管理运行很顺畅。

在未受重大干扰的增长过程中，存在的一个问题是，尽管这些过程在"好时期"

年复一年运行正常，但在一到"坏时期"就不一定可靠了。因此，大衰退"并没有给州的税务管理创造太多新问题，这些暴露出的问题早已对该领域构成挑战，只是现在才引起注意而已"。以管理者和学者经常谈论的"税收缺口"相关文献为线索，汉密尔顿整理出了七个主要的"给税收管理造成重大挑战的缺口"，作为州在经济衰退之后几年内处理（或至少应该解决）的问题。这七个缺口包括：数据（"本"州的数据挖掘和多州共同的努力）；资源（在立法者看来充足的财政收入，在税务机构方面却是执行中投入资源不足）；税（典型的三"U"问题：未返还、未申报、未足缴）；知识（如工资与私营部门的实践不同步，包括避税的实践）；技术（许多技术进步处于领先的州，但一些机构仍然使用着过时的电脑）；政策（税收征收制度往往反映了"税收系统建立时所针对的当前已经不存在的经济税收结构"）；政治（"有毒的混合体……反征税的愤怒和对政府的不信任"，已成功地怂恿了一些决策者来阻碍管理者的工作）。

虽然这些缺口"在不同程度上是相互关联的，但要找到一个解决方案，既要分别说明，也要作为一个整体加以解释"。如果存在一个大衰退后的政府间财政关系的建构，则问题有可能得到解决（或许也不可能解决）。

第 19 章：收入估计

在第 19 章中，诺顿·弗朗西斯（Norton Francis）提出了三个问题："预测模型的问题出在哪？谁对预测误差负责？如何改善州和地方收入估计？"为了回答这三个问题，他首先研究了 2007~2009 年经济衰退到底有多么严重，然后对过去 80 年里第二长的商业周期紧缩如何影响收入评估模型的五个特点进行了实证检验。

这次大衰退（18 个月，高峰到低谷）是大萧条（历时 43 个月）以来最严重的衰退。诺顿仔细研究了州财政收入预测者所观察的每个关键指标，他指出，大衰退不仅是急剧性下跌（"上次是在 1948~1949 年六项关键经济指标都出现下跌，持续时间较短"），而且，它还"与先前衰退相比非常不同"。

分析揭示了一些结果和经验。最根本的是，因为一系列可解释的和理解性的技术方面的原因，即使是最复杂的预测估算模型也没能解决商业周期急剧性转折点的问题。无论是从字面上看还是从其含义上看，"大衰退"都是一个未知的领域。收入估计运用了太多衰退前的数据，所以这个时间序列数据"不包含衰退发生时的信息"。本章并不是为社区的收入估计模型表现不佳而辩解。相反，它对模型的错误给出了明确的解释，这也就是为什么几乎所有的州都不得不应对意外收入不足的原因所在。这章吸取了之前的经验，并对下一代的收入估计模型提出改进建议，以便能够更好地为下一个剧烈的紧缩做好准备。

除了从州和地方的收入估算方法和技术中吸取经验教训，诺顿也提醒我们，在长期经济增长的时代，政策制定者是如何忘记了假定经济周期能够被熨平而带来的危险，从而轻易地做出了短期决策，而忽略了难以逆转的长期后果。

第3篇 支出、借贷与财务管理

第20章：学前班到12年级教育的提供与筹资

K-12，即公立小学和中学教育方面的支出，其占州和地方政府总支出中最大的部分（约25%）。如果把教育看成一个整体（包括社区学院和州立大学），那么教育占的份额是36%。即使存在私人替代品，在美国，开展教学的主要场所是州和地方的公立学校。在目前大约6000万K-12的中小学生中，86%在公立学校，11%在私立学校，3%在家接受教育。

公共教育部门是复杂的，它所呈现出的各种相互交织的制度和财政问题的背后反映了政府间关系的性质。州政府负责制定标准和提供一定份额的资金，地方政府负责服务提供，并负担大部分的资金。达夫妮·凯尼恩（Daphne Kenyon）勾画出美国公立学校系统是如何运作的多位图景，并指出这个将近横跨1.4万个学区的"系统"在州和州之间的多种变化。

从美国联邦制度的历史来看，法院对于中小学教育的干预是近期的事（"自20世纪60年代以来……有45个州已经处理过这类诉讼"）。凯尼恩认为，几乎所有的情况都以州而不是美国宪法为理由依据，并且，这种诉讼的依据已经发生了变化，从原来的基于公平和平等，到现在更频繁强调"更加注重教育成果"才是充足的诉讼理由。

本章然后转向公共教育融资的话题。凯尼恩认识到州之间的差异，她探讨了在为学校提供资金问题上政府间如何划分。在这个过程中，她以房产税的发展及其地位以及州援助水平和方式作为开场。

接下来，凯尼恩转向了对当前和未来教育服务的提供和融资所面临各类挑战的讨论：老龄化的"人口挑战"以及人口的种族构成"可能会产生最巨大的压力"。她认为，即使对于国家的经济增长和竞争力来说，"初等和中等教育变得更加重要"，但是，财政压力使得人们"很难对教育的未来持乐观态度"。

第21章：社会安全网、医疗保健和经济大衰退

由托马斯·加伊什（Thomas Gais）、唐纳德·博伊德（Donald Boyd）和露西·达达扬（Lucy Dadayan）在第21章所界定的安全网计划，是用来帮助那些难以满足基本需要如食物、衣服、住房和医疗的人以及那些难以找到工作的人。这些困难可能因为年龄、疾病、残疾，或者由事件引起，如经济衰退或自然灾难。所涉及资金规模是巨大的。总体而言，2008年，联邦、州和地方政府的安全网计划（除养老保险和医疗保险）的开支总额达7000亿元，相当于国家近5%的国内生产总值。其中，2/3的金额是由联邦政府提供，剩余的1/3（2350亿美元）由州和地方政府的收入支持。

这些款项在联邦政府应对大衰退时被迅速推高。其刺激的规模是"惊人的"，

廊，以及资本预算过程中的指导原则。然后，他考虑了资本支出水平和预算编制过程是如何受"大衰退"影响的。经济衰退前迅速增长的州和地方资本支出在"大衰退"开始后增速大幅放缓。虽然联邦的援助减轻了"大衰退"的影响，但随着很多辖区使用完联邦给予的资金，资本性支出开始下降。贾斯汀·马洛发现的"大衰退"对资本支出的影响，与以往的经济衰退的影响是一致的，但他警告说，这种令人沮丧的影响将持续数年。因此，当"大衰退"的余震发挥出来时，很可能会导致州和地方政府资本支出前所未有的减少，以及公共资本存量的缩减。

然而，紧缩政策可能带来州和地方资本预算实践的改善。各辖区面临用更少的资金做更多的事，将重新设计资本预算流程，以达到把资本支出和地方目标紧密联系的目的。根据调查，贾斯汀·马洛发现，地方政府也会将资源从用于新建项目转向用于对现有基础设施更有效地维护。伴随着资源的不断减少，各辖区正在考虑实施全面的资本预算方法，即基于透明标准和可量化效益的全面分析。

"大衰退"使政府间在资本预算支出方面的关系更为紧张。为加强地方资本支出而设计的政府转移支付，确实起到了维持地方支出的作用。但是，它们也重构了资本预算，这种重构可能是通过阻碍而非促进未来政府间合作的方式产生的。随着经济增长前景的暗淡，对有限资源的竞争可能导致更谨慎的资本支出，并且加剧谋求更多资源的竞争。

第25章：金融市场与州和地方政府

正如约翰·E. 彼得森（John E. Petersen）和理查德·奇卡罗内（Richard Ciccarone）描述的那样，在金融市场中地方政府是重要的参与者，无论是为基础设施融资的债券发行人，还是在私募市场投资的投资者，都是为满足其现金管理和雇员退休制度的需要。

2000年以后，金融市场发生了巨大的变化，同时这些变化影响到了州和地方政府。在对州和地方政府的总资产负债表研究之后，作者给出一个简短描述：21世纪初期，金融市场获得了发展，随后在2007年和2008年发生了危机，州和地方政府受到了影响。金融体系崩溃后，整体经济的真实状况是全面的经济下滑，这对州和地方政府的收入有不同程度的影响。经济大衰退时，财务压力的日益增长导致了市政债券市场的重大变化。这主要集中在债券保险机构的倒闭和相关信用评级体系的瓦解。一个关键的问题是单个政府可持续的信誉。它们应对金融市场日益复杂需求的能力将受到持续的关注。

信贷评级对州和地方债券具有特殊的重要性。信用评级的缺陷和受损对作为债务人的州和地方政府而言，有举足轻重的影响。此外，单纯的发行方对外部金融体系的剧烈冲击知之甚少，而这一冲击却给政府带来了巨大损失。作为联邦刺激政策的一部分，短暂的联邦资助计划对市政债券市场有很大的影响，即会降低利率和促进交易量的增加。由于同样的原因，在2010年和2011年初，随着政府状况受到异乎寻常的关注，给州和地方政府债券违约的普遍恐惧带来了市场波动。

彼得森和奇卡罗内详细分析了 2010 年通过的联邦《金融改革法案》的影响，这一法案带来了更多的联邦管制活动。正如本章所述，改革仍然存在争议，而且新监管计划的内容是不确定的。此外，联邦支出削减和税制改革可能会对州和地方政府财政产生不利影响。许多问题源自长期的结构性失衡，这些问题会削弱州和地方政府财政状况，继而影响它们持续进入私人金融市场。

第 26 章：新世纪的基础设施私有化

从传统意义上来说，州和地方政府的基础设施资金，是通过州和地方政府税费、政府间转移支付、向免税市政债券市场借款等获得。20 世纪后半期，联邦政府成为基础设施提供和融资的主要参与者。但是，伴随着各种需求之间的竞争和纳税积极性的缺乏，国家面临着基础设施日益恶化的问题。在第 26 章，埃伦·丹宁（Ellen Dannin）和李·考克瑞诺斯（Lee Cokorinos）发现一种替代性办法来获得基础设施建设资金，其中包括各种涉及私有权和公共设施运营的技术。他们的重点是高速公路项目，这是私有化建议的主要领域，并可能涉及大型项目。

作者概述了关于基础设施由私人提供的许多技术和合同问题，回顾了迄今已完成的大型项目，并指出私有化在美国实施的时间很短，但这段时间足以提出一些重要的政策问题。在融资、建设、运营、基础设施维护方面，基础设施私有化一直被视为一种创新。然而，用来保护投资者的收益担保措施——各种不利行动或稳定条款——可能与公众利益相悖。

美国可以从国内和国际的经验中获益。它可能想效仿英国的决策机构，即通过网络提供监督和指导来提供基础设施。此外，美国需要国家立法来解决综合交通运输需求，并为更广泛的公共利益提供有力的保障。高速公路的筹资机制已被使用 50 年，并变得过时，故必须加以改进和更新。提供高质量的基础设施最经济的方式，是通过精心设计的税收，而不是依靠私人投资者和复杂的长达数十年的合约。

最后，随着各种特许权和相关合同的合法性受到指控，私有化计划留下一笔意外的诉讼遗产。这样的诉讼会堆积法院多年，因为经常涉及外国公司，其中混杂了复杂的法律和政治问题。正如作者在结论中指出的，金融创新，如基础设施的私有化，尽管往往引人注目，但随着时间的推移和为人们所熟知而丧失其魅力。

第 27 章：财务危机：违约和破产

对"大衰退"及其后果的担心主要集中于州和地方政府可能会出现债务违约。许多人担心，州和地方政府在资本市场获得长期低廉贷款的历史会结束。由于支出方面的需要占用了大量的资源，寻找更容易的解决公共债务的出路而不是偿还这些债务可能会成为政治时尚。詹姆斯·斯皮奥托（James Spiotto）在本章解释和评估了多种机制，它们可以用于处理美国州和地方政府的债务违约和破产问题。

他首先探讨次主权债券重组的历史基础，提供了美国成功和失败的案例。在美国现有的《破产法》框架下（第 9 章）考察了 20 世纪 30 年代的大萧条及其之前的时代，并讨论了各州的主权债务及其解决方法。他的结论是，这些方案是痛苦的、昂贵的，并且有很大的不确定性。从长期来看，最终花费纳税人的钱比纳税人自己节省的更多。

斯皮奥托认为，目前的财政危机应激发各州和地方政府采取新的和创新性的方式去偿还债务。一种方法是增加使用第9章中提出的办法，以及创建州的破产法院。但是，他指出，破产法院不提供过渡性融资或临时提供基本服务："破产几乎会影响所有选民、纳税人、政府工作人员和供应商，以及必要的服务，这是一个昂贵的、费时的、破坏性的过程，只有在没有可行的替代方案时使用。"更好的选择需要被考虑，并在灾难来临之前落实到位。

理想的情况下，新一代债务解决机制应加强监督、援助和再融资机构的更多立法，把某些公共服务转移给特定实体，这些都是很好的过渡性融资办法，如果需要的话，可以增加新税源。这些机制应像手术治疗一样，精确聚焦于所出现的问题。斯皮奥托认为，费城、克利夫兰、纽约市和其他财政状况欠佳的各州经验，为未来缓解地方财政困难的机制提供了有用框架。

第28章：政府财务报告标准：回顾过去、审视现在、预测未来

财务报告不但是一个晦涩难懂的领域，而且也伴随着在责任与控制（每一分钱如何花）和效率与效果（投入的支出将取得什么结果）之间取得平衡的困难。现实情况进一步加剧了上述困难，即政府活动和相关记录分散在成千上万个政府项目上，从垃圾收集到运行高科技医疗设施。制定标准的工作是由政府会计准则委员会（GASB）负责的。正如克雷格·D. 舒尔德斯（Craig D. Shoulders）和罗伯特·J. 弗里曼（Robert J. Freeman）所讨论的那样，对关键的财务信息进行准确的筛选、编制和及时报告是艰巨和常引起争议的任务。

对政府会计准则的基础（以及它们是如何设置的）进行简要说明后，作者阐述了为解决长期存在的和新出现的问题而正在做的努力。一个主要问题是如何量身定做来满足不同用户群体，如政府管理者、公众和债券市场投资者的需求，同时保持整体财务报表的完整性。对单个政府而言，复杂性之一在于各种各样的独立自平衡基金的报告。审计范围和数目会影响资金成本和时间成本，也是制约和影响财务报告公开速度的因素。证券领域的潜在规则可能会导致剧烈的变化。从行业本身的演变来看，另一个重大的压力，就是促使政府逐步采用私人部门的以权责发生制为基础的会计概念（和相关的准则），以更好地符合国际标准。

舒尔德斯和弗里曼的结论认为，对未来GASB引导政府财务报告的决策最有影响的决定因素可能将是债券市场的参与者。这些持有资金的用户需要依靠经过审计的以基金为基础的财务信息。他们对于每项基金的具体细节和确保数字符合标准的需要可能会使财务报告继续保持以基金为基础的结构。

第29章：回调管理：财政压力下的州政府预算

卡罗琳·布尔多（Carolyn Bourdeaux）和W. 巴特利·希尔德雷思（W. Bartley

Hildreth)分析了国家预算在财政收入大幅下降时期所面临的挑战。大多数公共财政教材把预算编制过程描述成一个审批、执行和评估的有序周期。当政府税收"经历一个稳步增长或只有边际下降",如在过去的20年(1989~2009年),很容易看到政府预算官员如何变得习惯于墨守成规的"惯常节奏"。因此,当"大衰退"来临,一系列的月度和季度的收入不足影响了几乎所有的州预算。结果是,在几乎没有预警和准备的情况下,政策制定者面临年中预算赤字。

布尔多和希尔德雷思研究了年中预算调整管理。首先回顾了州长和议员们的制度性工具(如分配、分摊、预算、截留、专项资金转移、基金扣缴和休假),作者对于五个州如何平衡其2009~2010年的预算,这几个州的反应可以得知的教训,以及如何处理下一个财政危机等问题进行了研究。

这五个州提供了一系列连续的案例,从州长拥有"几乎无限制的权力"进行中期调整到州长几乎没有权力扣留或移动任何资金。在这两个极端之间是一个代表中间范围的三个州,有一个更复杂的行政、立法预算权力分享制度。

对于每个案例的研究,作者勾勒出最初的财政状况和对州经济和财政的外部冲击类型。然后他们考察了州政府官员年中预算选项的范围和最终采取的措施——在各案例中作为解决平衡预算短期目标手段的措施。布尔多和希尔德雷思总结评论了从中得到的经验教训,以及这些经验如何使学者们和政策执行者们思考下一次对各州预算的外部冲击(当然,将会有别于先前的冲击)。

第30章:公共雇员养老金及其投资

州和地方的退休制度系统覆盖了1900万公共雇员。这些基金在2010年总共拥有3.2万亿美元的资产。但这些并不够多,因为系统也有高达3万亿美元无准备金的债务。公共退休系统严重依赖投资收益来支付未来的福利,正如辛娜·利斯托金—史密斯(Siona Listokin-Smith)报告的,过去10年的投资回报很低。因此,州和地方政府如果支付承诺的福利就需要迅速提高对养老基金的贡献度。影响养老基金背后的力量(包括人口结构的变动、公共雇员相对于退休人员的数量下降)已经显而易见地存在很长时间了。此外,会计规则的改变也强调了退休医疗福利的相关责任。

利斯托金—史密斯调查了州和地方退休系统的情况,也提出了一系列的政策思想和担忧。平均来看,公共养老基金陷入了困境,而且无准备金的债务使公共预算局面变得紧张。但并不是所有的系统都有困难:"任何公共养老基金改革的描述必须要区分这些面临着严重的融资问题和那些一直能够尽责管理好其退休金系统的州和地方政府基金。"总的来说,前方还有很多困难。我们需要的是更现实的精确假设,设定缴款底线,缩减养老金给付和更多地与雇员共同分摊成本。面临着养老基金严重不足的政府需要进行大刀阔斧的改革。养老金只是一部分问题,其他加剧财政危机的退休后津贴(特别是那些涉及健康医疗)是最严重的困难。作者指出,面对严重融资问题的政府也面对着吃力的选择。他们应该假设更低的投资回报率。他们还需要强制缴纳机制以为所需的养老金筹款。雇员和雇主供款率必须提高，同时政府应该限制未来的给付水平的提高，尽量增加雇员缴款或明确要求纳税人同意。最后，政府需要转向对新员工的固定缴款计划，如果雇员还未参与的话，他们应参加社会保险。这些都很艰难，但却使诸多公共雇员基金避免财政末日、减轻退休人员及纳税人痛苦的良药。

第4篇 展望未来

第31章：完成州预算政策及其流程改革

艾里斯·拉夫（Iris Lav）在这一章中旨在解决一个经常被谈论但近来少有人做的问题：州的综合预算改革。在非常严重的结构性赤字情况下，改革既需要能够维持各州和地方政府所提供项目的当前水平，又不能依靠当前的收入政策来支撑下去。当前的"改革"主要集中在削减开支和税收。尽管如此，作者认为，与之相反，如果给予人们选择的话，他们愿意用投票的方式来为他们所愿望的服务付费。

作者指出，近年来，很少有税收改革能成功的国家。但她指出，需要用现代化税收系统来缓解结构性赤字。制度上缺乏远见是一部分问题：当提案可能在长期中导致预算问题时，多期预算的改进能够使政策制定者有所警觉。需要对侵蚀税基、引发税制不公平和低效的税式支出（抵免、减免和扣除）的滥用进行改革。开支计划或税法的变更有时是为了在初始年度有一个适度的预算影响，但最终，它们在以后年度会产生更大影响。这些附加成本连同今年的紧缩计划预算将会导致未来预算失衡。周期性低迷将会加剧当匆忙采取过度减税扼杀未来收入和降低公共服务水平带来的长期问题。

通过严格规定和界限限制整体支出或收入将会扭曲预算，降低灵活性。和直接支出总额一样，多期预算编制方法能够估算计划成本，记录税收变动的影响，可以帮助避免长期不匹配的收入和支出。把问题讲清楚就是，各州需要使用"现收现付"的方法使当前支出的变动与收入的变动相匹配。无论是繁荣时期还是萧条时期，更多的公开和纪律约束会或多或少地对各州有所帮助。

第32章：财政紧缩与联邦制的未来

联邦、州和地方政府之间的财政关系将在未来发生显著的改变。正如鲁道夫·G. 彭纳（Rudolph G. Penner）在报告中所阐述的，联邦政府背负着不可持续的税收和支出政策，恢复财政稳定性的必要改变要远远大于自第二次世界大战以来的任何变革。在自身结构性问题的困扰下，州和地方政府将不得不作出调整并共同分担财政紧缩的新局面。

国内联邦支出最严重的问题在于社会保障、医疗保险和医疗补助。所有这三个法定项目的增长速度要高于支撑它们的经济和税收的增长。在过去的50年里，除了11个年份之外，整体联邦税收负担非常稳定，始终保持在占GDP的17%～19%范围内。然而,"大衰退"在2010财政年度导致联邦税负占GDP的比重低于15%,这是自1950年以来的最低水平。

联邦预算政策必须进行改革,彭纳提出一系列削减成本以及提高收入的提案,并讨论了其对州和地方政府部门的影响。如果联邦赤字问题通过增加税收来解决,那么州政府和地方政府增加各自的税收就变得越来越困难。例如,根据自身的设计,联邦消费税(增值税)可与州形成税收竞争。对于州和地方税来说,取消联邦所得税税前扣除将增加这些税的税负。取消对州和地方政府债券利息收入的税收豁免将使这种形式的借贷变得更加昂贵。

联邦税收的增加可能会减轻预算支出方面的一些压力,但它很可能使政府间的拨款被削减。但也存在着一丝希望,联邦预算压力可能会导致更强有力的医疗成本控制和促进医保项目效率的提高,从而减轻对州的负担。虽然联邦政府试图将一些活动的责任"下放"到州政府,但无法实施,因联邦官员们享受控制这些活动的权力,并禁止无经费支持的授权。

对各级地方政府的影响将取决于联邦预算改革的进程。一个经过仔细审议过程后被否定的综合提案需要更多的时间来设计和在长远改革中逐步完善。但是如果金融危机(或政治动荡)驱动改革,迅速执行削减开支和增加税收将可能引人注意并带来混乱。

彭纳总结,州和地方政府应该是联邦预算改革的强大推动力。如果改革来自一个深思熟虑、审慎协商的过程,而不是由于经济或政治危机的推动,这将使它们自身的利益更容易得到保护。

第33章:实现州与地方财政的可持续性

在过去的10年中,州和地方财政的观察者已经被一个新出现的长期结构失衡局面所震惊。罗伯特·B. 沃德(Robert B. Ward)在本章探讨了财政可持续性的概念构想,并解释说,它本质上意味着将开支限制在现有收入以内。他探讨了为何在理论层面上可行的财政可持续性,却在实践中难以实现。接下来他依次考察了预算失衡的各种根源,其中首当其冲的是法定项目的激增。在过去的40年里,州和地方预算的增加反映了在空前繁荣时期的经济实力。同时,一系列推动支出增长的法定项目越来越受到政治、人口和制度力量的影响,每一个项目都有各自利益上的支持者。当收入没有跟上支出模式的变化时,这就使调整更加困难。此外,与退休金和医疗补助的情况一样,公共雇员补助成本没有充分理由地被允许螺旋式上升。同时,收入系统被允许削减,使其在政治上被认可但对于不断变化的经济环境则更为敏感。

沃德把州和地方"预算文化"的衰退视为实现可持续发展的一个主要问题。当文化不再能推动预算进程,预算支出和税收方面将失去联系。从或大或小的政府看,这是一个独立的问题。"我们可以争论政府预算的适当规模和性质。这些问题应该独立于既定的收支政策是否是可持续的问题。通常,最受欢迎的支出和税收政策是不可持续的。事实上,财政可持续性问题的提出恰恰是因为当选的领导人已经越来越不遗余力地顺应选民的愿望不增加税收而增加支出。"

沃德指出，具有讽刺意味的是，美国州政府和地方政府所面临的最深层问题可能源于国家的成功。财政可持续性概念本身就是公共产品。它意味着由公众共同受益，但个人受益不明显。援引自曼瑟尔·奥尔森（Mancur Olson），沃德担心，受益于州和地方项目以及税收政策，国家的长期政治稳定和繁荣已经产生强大的特殊利益团体。因此，它们会经营自己的利益（对少数人可见），从而会妨碍整体经济和国家政府的效率（对多数人不可见）。

第34章：政府间补助制度

正如雷蒙德·C. 舍帕赫（Raymond C. Scheppach）预测，2009年和2010年两年将在历史上成为联邦—州—地方财政关系的分水岭。源源不断的援助（大约1500亿美元《美国复苏与再投资法案》资金和1000亿美元的其他补助）帮助各州在大衰退时期避免削减开支的以及增加税收的情形发生。作为州总收入的一部分，联邦补助金占比显著增加，从26%增加到了35%。70%的联邦补助金被用于健康和教育，因此未来定会有财政救援政策。但联邦政府提供的救助刺激是暂时的。预期收入路径的"新常态"意味着各州将继续进行全方位的精简。

卫生保健支出是关键。现有的卫生项目，加上如果全面实施新的《患者保护与平价医疗法案》，将意味着有1300万个人将向州政府寻求帮助，或至少能控制医疗保健开支。从未来的情况看，各州所面对的这项任务是困难的和高成本的。由于在新的国家医疗改革法案中医疗补助项目的增长和覆盖面的扩大，联邦政府拨款将成为州政府和地方政府总收入一个显著较大的部分。由于医疗保健占州预算支出的份额越来越大，教育、培训、社会服务和运输则注定占较小的预算份额。随之而来的教育、培训和公共基础设施支出的减少会降低国家的长远竞争力、生产率和经济增长以及减少公民的实际工资和实际收入。

舍帕赫不无遗憾地得出结论，这些趋势没有一个对国家而言是积极的。联邦医疗支出项目的增长将会减少在人力和基础设施资本上的公共投资。医疗保健成本控制是国家的第一要务。但是要想使人们直面这一日益严重的问题，可能需要国家再次经历一场金融危机才行。

第35章：步入而立之年的社区协会：各种选择的考虑

第35章，罗伯特·H. 纳尔逊（Robert H. Nelson）通过调查发现在过去半个世纪，美国住房和地方治理一直处于领先地位：这就是社区协会的迅速崛起。这些半政府机构通常是由土地开发商创建，随着新社区的开发，逐步演变成业主所拥有的自治实体，并提供了一系列广泛的地方服务。2010年，有超过30万社区协会，6000多万美国人居住在其中，占美国人口的20%。这与美国约90000个地方政府形成相比，这些团体发展非常迅速，1980～2000年，美国的一半新建住房是在社区协会的组织管理下建造。大多数增加的社区协会是在西部和南部的阳光和沙滩地带。

在许多方面，协会或者成为传统地方政府替代品，或者补充了后者的服务。关键问题是它们财务的可行性、稳定性和持久性以及所提供的管理类型。本章内容集中在社区协会的老熟问题，如社区的老化、房屋所有权主的变化，以及社区的遗弃问题。近期住房价格暴跌和随后的丧失抵押品赎回权，尤其是在那些社区协会蓬勃发展的州，加剧了如何重组或通过破产进行终止的问题。纳尔逊研究了这些选择，从协会的金融重建到法律终止，以及采取这些举措所需的州的法律支持问题。

虽然社区协会面临盛年时期的挑战，但对传统地方政府的压力可能促使更多地采用"社区政府"的理念和类似的特殊目的、自治、服务提供等名目的组织。这一模式可能会扩展到国家的老旧地区。纳尔逊认为，可以允许"改进"的社区协会在现有的社区行使新的法律授权。因此，目前为较大的政治辖区所管理的老社区可以选举自己的"私人政府"，提供适合自己需要的服务。如果地方政府以能够负担得起的税收价格提供适当服务的能力在削弱，则社区协会可能会成为一个越来越诱人的选项。

注释

约翰·彼得森（John Petersen）的观点只是他的个人观点，并不代表他目前所在的市政证券规则制定委员会的观点。

①金凯德（本书）。
②National Bureau of Economic Research（2011）.
③布兰迪斯（Brandeis，1932）："一个勇敢的国家，如果它的公民愿意，可以充当一个实验室，这是联邦制度中令人高兴的事件之一；并尝试新的社会和经济实验，而不会给其他国家带来风险。"
④Economic Report of the President（2011）.
⑤CBO（2011）.
⑥华莱士（本书）。
⑦Snell et al.（2003）.
⑧Tannenwald（2001）；Snell（2004）.
⑨National Conference of State Budget Officers（2010）.
⑩PEW（2009）.
⑪*Economist*（2011）.
⑫Petersen（2011）.
⑬奥茨（Oates，1998）和伯德（Bird，2005）的许多经典著作对财政联邦制进行了论述。
⑭Carey and McClellan（2001）。《联邦党人文集》的第85篇文章都由"普布利乌斯"署名的，"普布利乌斯"是一位罗马政治家（公元前6世纪），他是共和政府的坚定支持者。这些短文写于1787～1788年，作者是亚历山大·汉密尔顿（Alexander Hamilton）、詹姆斯·麦迪逊（James Madison）和约翰·杰伊（John Jay）。
⑮*McCulloch v. Maryland*（1819）.
⑯Carey and McClellan（2001），*Federalist* No. 33.

参考文献

Bird, Richard（2005）. "Fiscal Federalism." In Joseph J. Cordes, Robert D. Ebel, and Jane G.

Gravelle (Eds.), *The Encyclopedia of Taxation and Tax Policy*. Washington, DC: Urban Institute Press. 146-149.

Brandeis, Louis (1932). *Dissent: New Ice Co. v. Liebmann*, 285 U.S. 262, 52 S.CT. 371, 76 L. ED 747.

Carey, George W., and James McClellan (Eds.) (2001). *The Federalist: Gideon Edition* by Alexander Hamilton, John Jay, and James Madison (2nd ed.). Indianapolis: The Liberty Fund.

CBO, United States Congress (2011). "The Budget and Economic Outlook: Fiscal Years 2010 to 2020." Washington, DC. January 2011. www.cbo.gov.

Economic Report of the President (2011). Washington, DC: US Government Printing Office. Table B-1.

Economist (2011, April 23). "The People's Will: A Special Report on Democracy in California."

National Bureau of Economic Research (NBER) (2011). www.nber.org.

National Conference of State Budget Officers (2010). *Fiscal Survey of the States*. Washington, DC: National Conference of State Budget Officers.

McCulloch v. Maryland, 17 U.S. 316 (1819).

Oates, Wallace E. (Ed.) (1998). *The Economics of Fiscal Federalism and Local Finance*, Cheltenham, UK: Edward Elgar.

Petersen, John E. (2011) "Who's the First to Go?" *Governing* (July).

Pew Center for the Study of the States (2009). "Beyond California." Washington, DC: Pew Foundation.

Snell, Ronald (2004). "New Realities in State Finance." Presentation. Denver: National Conference of State Legislatures.

Snell, Ronald K, Corina Eckl, and Graham Williams (2003). "State Spending in the 1990s." Presentation. Denver: National Conference of State Legislatures.

Tannenwald, Robert (2001). "Are State and Local Revenue Systems Becoming Obsolete?" *New England Economic Review*, 27-43.

第 1 篇

经济、人口与制度框架

第 2 章 州与地方财政的宪法框架

约翰·金凯德（John Kincaid）
史兴旺 译　吴园林 校

美国联邦和各州都没有独立的财政宪法，对政府财政（主要有税收、支出和借款）的规定包含于美国宪法和 50 个州宪法的不同条款中。美国宪法并无单独的章节讨论公共财政，提及财政的地方也不多。相比之下，多数其他联邦国家的宪法有着详细的财政条款，如德国（第 X 条）、印度（第 XII 部分）和瑞士（第 126 条至第 135 条）。鉴于现代成文宪法诞生于美国，1780 年马萨诸塞州宪法是现今依然有效的世界上最早的成文宪法，而美国宪法又是最早的国家宪法，因此美国宪法在内容安排上不同于随后的联邦文献，第二次世界大战后，一些州宪法在特征上则更符合当代理念。

与其他联邦国家的宪法不同，美国宪法不包含面向联邦和州政府的详细税收分配。它只是授予联邦政府专有权力去对外国进口征税和同等权力（即与州分享）去征收其他未指明的税收。宪法没有为州指定某种税收，因为州已拥有固有、充分的税收权力。立宪者还构思了一种双重财政结构，其中联邦和州政府可独立征税、支出和借款。因此，这里没必要规定其他多数联邦宪法中常见的详细财政规定。即使在通过后的两百多年中，财政条款也只经历过一次重大修订（即 1913 年第 16 条修正案，授权征收联邦所得税）。尽管没有税收分配，但还是有一些非正式的划分。联邦政府严重依赖于个人所得税和工资税，而州政府主要依赖于所得税和销售税，地方政府则显著依赖于财产税和使用费。

美国宪法中的权力授予和州宪法中的权力限制

联邦宪法和州宪法有着根本性差别。美国宪法是授予权力，通过它，各州人民将特别权力授予联邦政府，所有未授予的权力保留在州或人民手中，如宪法第 10 条修正案所重申。严格讲，联邦政府没有固有的权力，它只拥有有限的列举权力，尽管美国最高法院认为国会事实上拥有一些固有的权力，包括宣布其纸币为偿还债务的法定货币的权力。①基本上，联邦政府只能做美国宪法允许它做的事情，但是，"必要且适当条款"（第 1 条第 8 款第 18 项）允许国会很宽泛地解释其列举权力。这条隐性权力条款很快便因笼统或弹性条款而广为人知。

在州宪法中，人民限制而非授予权力，因为各州的主权人民拥有固有的权力，先于《邦联条例》(1781年）和《美利坚合众国宪法》(1789年)，本身即是充分的。各州拥有固有的权力去做它想做的任何事情，只要美国宪法或州宪法不禁止。因此，联邦政府只能做宪法允许其做的事情，而州政府可做其不为宪法所禁止的任何事情（地方政府不拥有任何固有权力，它们的权力只是由其各自的州所授予。在许多州，法院使用迪龙规则②来严格、狭义地解释地方权力)。

因此，州政府可征收任何可能的税收，为任何目的支出，无限制借款，除非为联邦宪法或其州宪法所禁止。为此，各州的人民在州宪法中针对税收、支出和借款安排了各种限制。

联邦宪法则没有这些限制，因为许多立宪者预料到联邦政府会被限制在规定的（授予它的）权力范围内。由于相信联邦政府缺乏固有的权力，联邦宪法中唯一的明确财政限制是对联邦政府税收权力的公平限制。支出权力则只有隐性限制，即预期联邦政府的支出只适用于行使其列举权力。联邦宪法中并无针对借款的法律限制。

然而，自1788年宪法批准之后各种争论就从未停止过，关于立宪者们的意图也是看法各异。一些观察者主张宪法授予美国国会权力非常广泛，③甚至"完全"④的税收权力，以及广泛的支出和借款权力。其他人则争论认为立宪者们和随后数代人都一直狭义地解释宪法和联邦政府的财政权力，因此一直到20世纪20年代末，联邦支出仍只占美国国民生产总值的2.6%。20世纪30年代的新政抛弃了这个财政宪法，因此放任各届国会"编写自己的财政宪法，只受限于拨款必须服务于模糊的公共目的概念"。⑤

无论立宪者们的真实意图到底是什么，后一种观点自新政之后都开始大行其道。政治上，联邦政府拥有几乎无限的权力去征税、支出和借款。与此同时，联邦政府限制了州的税收权力，尤其是通过联邦宪法的商业条款（第1条第8款第3项）将某些对象从州课税范围内隔离出来。美国历史上的税法结构被翻转过来，联邦政府具有了主导财政权力，而州则只有次要（甚至实际上处于依赖地位）财政权力。

《联邦党人文集》论联邦及州的财政权力

尽管美国宪法中对于公共财政的提及相对较少，但税收权力却是推动国家在1787~1788年间从邦联制（confederation）转向联邦制（federation）的主要问题之一。税收的重要性充分体现在《联邦党人文集》中，其中后任美国第一位财政部长的亚历山大·汉密尔顿（Alexander Hamilton）贡献了七篇关于税收的文章（编号30至编号36）。该书的作者们⑥对税收给予了较宪法任何其他政策题目更多的关注，汉密尔顿称税收是"提议授予联盟的最重要的权力"。⑦

在制定美国宪法时，立宪者们通过扩展"联盟的权力至作为公民的个人"，⑧因此授予宪法创建的新"中央"政府面向个人制定法律（如征收税款、管理贸易、征兵入伍、监禁个人和执行条约)，从而发明了现代联邦制。这一宪法的基础特征将古代的联邦制概念（作为联盟）转变为现代的联邦制概念（作为一种治理模式，其中至少两个政府治理同一地域，在其各自权力范围内为公民独立立法）。《邦联条例》（1781~1789 年）反映了古代的联邦制理念，因为联盟政府缺乏权力去面向个人立法。汉密尔顿指出，这是"邦联制最大最根本的缺点"。[9]

立宪者们对古代联邦制的改造需要他们授权新的中央政府独立于各州获得自己的收入。他们不希望新的联盟政府（像邦联政府）依赖于州的财政资助，而这种资助离邦联政府所需要的数额远远不够。这种财政安排将邦联政府置于州的控制之下，让邦联政府只有一个独立财政来源——借款。然而，债权人借款的意愿又会因政府缺乏税收权力而受限。

在独立战争期间，大陆会议及其后的邦联国会发行了约 241552780 美元的纸币，[10]称为"大陆元"。大陆元贬值非常快，以至于 1779 年乔治·华盛顿（George Washington）抱怨说"一马车钱也买不来一马车粮食"。[11]英国大量伪造的货币加速了大陆元的贬值。在新宪法生效后，大陆元只能按其面值的 1% 来购买美国国债。本杰明·富兰克林（Benjamin Franklin）发现货币的贬值事实上是一种帮助独立战争融资的税收。[12]

因此，授权新的联盟政府征收税收是一次重大改革，在宪法的反对者中引发大量的恐慌，也触发了汉密尔顿在《联邦党人文集》中对税收的特别关注。他写道："货币被恰当地看作国家的重大要素……因此，在社会资源容许的范围内，有足够的权力获得经常而充分的货币供应，被认为是每种政体所不可缺少的要素。"[13]在尽力为联邦政府"不适当"和"无限的宪法征税权力"而辩护的同时，汉密尔顿还向读者保证"各州在新宪法下面会保留一种独立而不受拘束的权力，它可以在自身迫切需要的范围内，通过各种税收（进出口关税除外）筹措收入"。[14]

在税收问题上，《联邦党人文集》为一些最容易被模糊解释的宪法条款（第 6 条第 2 项）辩护：必要且适当条款和至上条款。若没有至上条款，联邦的税收权力就没有意义。与此同时，汉密尔顿向读者保证联邦政府的"构成和结构"将防止它利用必要且适当条款来篡夺州税收，并且无论何时，人民都应经常"留心维护联邦政府与州政府之间合乎宪法的平衡"。[15]

汉密尔顿强调对进出口商品以外的一切商品的征税权是合众国和各州"共有的彼此平等的权力"。[16]他主张，这种共有对于确保联邦和州政府获得充足的收入以满足各自需要和一级政府不会在财政上控制另一级政府是非常必要的。他承认"全国和州的财政制度的具体政策，也许会经常不一致"，[17]当两级政府都对同一商品征税时会对公民造成一定"不便"。但是，他认为，"一种有效手段"将使两级政府"相互避开对方可能首先依靠的那些对象。由于任何一方都不能控制对方，各方在这种互相容忍中都会有一种明显而感觉得到的利益"。[18]正因如此，汉密尔顿倡议联邦政府和州政府在税收问题上展开合作与协调。

汉密尔顿还主张无限的联邦税收权力的主要原因是让它能"维护公众安全防止国内外的暴力行为"，[19]因为战争和叛乱不会考虑预定的财政限制，"未来的意外事件……是无限的",联邦税收权力也应该不考虑任何限制。汉密尔顿认为,战争和叛乱将主要造成"联邦支出对象和各州支出对象之间必然经常会有一个极大的不均衡",因此支持无限的联邦税收权力。相比之下,即使考虑州政府可能面临的"所有紧急情况",各州所需的收入总量也"不应超出"每年200000英镑。因此,州不必担心联邦政府将获取尽可能多的收入,从而削弱各州相对节制的内部治理税收需要。此外,汉密尔顿建议"当各州知道联邦不通过它们的中介也能自给自足时,对各州的独立运行将是一种强有力的推动",因此暗示一种政府间的税基竞争。

汉密尔顿与当时许多财政理论家的观点不同,他反对将特定税收分配给联邦政府,认为这种分配会导致"比例不当的公共负担落到这些对象身上的情况就会自然发生",这些税因此还会导致不平等的课税负担。"最富于成效的财政制度,往往会是负担最轻的财政制度"。汉密尔顿还坚持认为,合众国众议院可充分代表人民利益去限制繁重的税收。他主张没有立法机关能简单反映人口的构成,选举程序本身经常将"地主、商人和专业人士"带入立法机关,立法机关在此与选民建立"强有力的情感纽带"。这些选举出来的代表最可能理解税收的原则,"对那些把原理理解得最透彻的人,似乎最不可能采用高压手段,或牺牲任一个阶级的公民来获得税收"。

汉密尔顿主张,在某些税收中,例如"房屋和土地",联邦政府不应建立自己的体制,因为地方的情形是如此多变。相反,它应该"使用该州内的州体制"。"可能性是合众国或者完全避开预先被用于地方需要的对象",或者如果它必须侵占此类税收税基时,"利用州官员和州的规定征收"此类税。汉密尔顿还力图缓解人民的忧虑,即"两套税务官,双重税收造成他们的双重负担,以及可恨的、强迫性的人头税的各种可怕形式"。他建议,总体上联邦税收应主要落在贸易上,后者在新宪法之下将极大地扩张,从而防止联邦税变得过于繁重。宪法的一个关键目标就是建立相对自由的国内贸易,同时减少各州壁垒以促进经济增长。

美国宪法中的公共财政条款

在宪法的规定中,国会的税收权力仅受限于一个例外和两个公平限制。国会不能对从任何州出口的商品课税。直接税必须按人口在各州间分摊,且必须全国统一。否则,税收权力"将覆盖所有对象,并可能随意行使"。宪法还将国会置于"财政操控者"的位置。只有国会可以征税,只有国会拥有"钱袋子权力",因为"除了依照法律的规定拨款之外,不得从国库中支取任何款项"(第1条第9款第7项),该条款是"宪法对总统权力最重要的单项制约"。

代议制下的征税

按照独立战争的口号"无代表,不纳税",宪法要求有关征税的所有法案应在众议院而非参议院中提出(第1条第7款第1项),因为前者是人民的议院,后者是州的议院。此外，人口更多的州在众议院有更大权重，而人口更少的州在参议院有更大权重。众议院曾主张该条款也适用于拨款和税法的废除。

该条款与宪法推动的联邦制转型相一致，后者允许联邦政府面向个人立法。该条款还照搬了要求由众议院发起的州宪法规定，后者则来源于英国实践，即让税收提案发起于下议院。尽管，从现实来看，这种程序限制对于税收权力的影响是无关紧要的，因为参议院可修改任何众议院提出的收入提案。

本条款还包含总统否决程序。尽管此处并未涉及财政事项，但值得指出的是，与大多数州长不同，总统无单项否决权。

直接税和分配

联邦宪法中首次提及税收是与代议制、奴隶和印第安人一同出现的。

众议员人数及直接税税额，应按联邦所辖各州的人口数目比例分配，此项人口数目的计算法，应是全体自由人民，即包括订有契约的短期仆役，但不包括未被课税的印第安人，以及再加上其他人口，全部的3/5（第1条第2款第3项）。

（该条款应与下面的条款放在一起理解）除非按本宪法所规定的人口调查或统计之比例，不得征收任何人口税或其他直接税（第1条第9款第4项）。

前一条款限制直接（如按人头）联邦税，要求它们按人口在各州分配。该条款包含不光彩的妥协，即奴隶在直接税和众议院代表计算中只算3/5人。这一妥协被第13条修正案（1865年）废止了，后者废除了奴隶制。该条款还承认印第安人生活在联邦政府的税收管辖区之外。这一条款被1924年《印第安人公民法案》废止了，后者授予所有印第安人公民权，不论他们想要与否。

直接税的含义很模糊，尽管人们认为联邦政府仅可在紧急情形中征收此类税。在其有关制宪会议的记录中，詹姆斯·麦迪逊（James Madison）写道："金先生询问什么是直接税的准确含义？无人回答。"③即使如此，该词被广泛认为包含人头税（在汉密尔顿看来是可憎的）和基于土地与不动产价值的税。因此，围绕如何评估奴隶的财产价值出现激烈的辩论。按人口在各州分配财产税是非常困难的，但是联邦政府的确在1798年征收过一次性财产税以应对战争可能性，并在1813年、1815年和1861年再次征收以应对战争紧急情况。④2012年之后，2010年的《患者保护与平价医疗法案》对高收入家庭卖房者（其房屋出售利润超过某一阈值）征收3.8%的医疗保险税，但显然没被理解为是一项直接税。另外，1796年合众国最高法院裁决一项16美元的运输税（实际上是一项奢侈税）是一项消费税，而非直接税。⑤这种分配要求的历史作用就是将财产税留给了州和地方政府。

核心的联邦税收、支出和借款权力

第1条第8款对核心的联邦财政权力的描述是：

国会有权规定并征收关税、消费税等税收，用以偿付国债并为国家的共同防御和全民福利提供经费；但是各种税收在国内应统一征收；以国家的信用举债。

关税是对通过关境的进出口货物课征的一种税。消费税是对商品和服务的生产、销售或使用以及某些经营的特权征收的一种税。税收包含关税和消费税。统一规则指的是各地区保持一致。例如，一件商品或房屋在缅因州的税率为7%，那么它在其他州也必须按7%课税。但是，如果某些联邦税因州法律的原因在各州有着不同的影响，那么不构成对统一规则的违反。再如，合众国最高法院裁决允许对州遗产税进行扣除的联邦遗产税法不违反统一规则，只因为一些州不征收遗产税。[36]

此处规定的征税权力曾得到最广泛的解释，以至于"包含了每一种能想到的征税权"。[37]不过，合众国最高法院在过去的几个世纪里不断向联邦税收权力添加和移除限制。例如，20世纪20年代最高法院判决，对联邦法官征收联邦所得税违反了宪法禁止在任期内降低法官薪水的禁令，然后在1939年又自己推翻了这一判决。最高法院还判决，国会不能使用其税收权力来违反合众国《人权法案》（如国会不能对演讲或自由宗教活动进行课税）或第14条修正案（1868年）的正当程序条款和平等保护条款。

另一个涉及政府间税收豁免的问题见于麦卡洛克诉马里兰州案（1819年）。当时首席大法官约翰·马歇尔（John Marshall）认为："征税的权力是事关毁灭的权力。"本案确立了先例，从联邦制作为两种主权复合的特殊本质推导得出，州不得对联邦政府的机构课税，联邦政府也不得对州政府的机构课税。[38]然而，自1928年开始，最高法院已限制了州对联邦税收的豁免权。例如，1939年，最高法院推翻了一项1871年的判决，即州法官的薪水免于征收联邦所得税，尽管最高法院确实寻求维持联邦税收权力不得在运用中损坏州主权的原则。[39]1939年，最高法院试着确立两个豁免准则：（1）"对于州政府维持必不可少"的各种活动；（2）联邦税不会"为在大体上或完全由个人承担"的各种活动。[40]

然而，最高法院有时会在此类问题上发生分歧。1946年，关于一项支持对纽约州政府所拥有和运营的工厂所生产的矿泉水在销售中征收联邦税的判决，两个法官表示异议，他们争辩说最高法院将"主权州置于与私人公民同等的地位"并迫使它们"为行使宪法所保障的主权权力而向联邦政府付钱"。[41]首席大法官认为对于联邦税收应保持豁免的是"州的议会大厦、州议院、州公共学校校舍、公园、州来自税收或学校用地的收入"。[42]主权豁免理论在财政领域主要涉及的是对于多数州和地方债券所得利息的联邦收入税豁免，但这后来也被加以限制了。1988年，最高法院裁定某些类型债券上的联邦税不违反政府间豁免理论或第10条修正案。[43]

除政府间关系问题之外，最高法院还认定国会可通过税收调节或抑制活动，对一项活动课税而无论其是否由联邦或州法律授权（如非法赌博和贩卖毒品，只要这种税不违反对于自认犯罪的宪法保护），以及利用税收（如保护性关税）来推动想实现的经济目标。保护性关税是新国会在1789年通过的第二件法律，部分是因为它是一项重要的联邦收入来源。

当前的争议涉及 2010 年的《患者保护与平价医疗法案》中包含的"个人强制令"。该条款要求没有保险的美国公民和合法居民在 2014 年以前购买联邦批准的医疗保险，如果他们没有从强制令中排除的话（如宗教原因）。没有购买此类保险的个人将不得不向美国财政部支付每年 695 美元的罚款或其年收入的 2.5%（以较高者为准）。当国会讨论该项法律时，总统说这种罚款"绝对"不是税或加税，但是当 2010~2011 年 28 个州在联邦法院挑战该强制令时，美国司法部辩护说强制令是国会"开征税收权力"㊹的正当行使。

支出权力最初被一些国父视为税收权力的资格。托马斯·杰斐逊（Thomas Jefferson）坚持说国会只能因偿还债务和提升公共福利而征税，国会不得随心所欲提供公共福利。然而，自联邦同盟创立之初，对支出权力的解释就广泛参照了汉密尔顿的观点，而非杰斐逊和麦迪逊的观点，后者也认为联邦政府的财政权力只可用于执行其列举权力。1936 年，合众国最高法院站在汉密尔顿的一边，认为"国会出于公共目的批准公款支出的权力不受宪法中立法权力直接授予的限制"。㊺最高法院还认定公民或州均无权针对所谓的联邦资金违宪拨款申请司法救济。只有第 14 条修正案和《人权法案》对于支出权力提出施加的隐性限制（如国会不能花钱建立宗教）。

政治上，对支出权力的广义观点部分来源于州对联邦支出的宽容，因为各州经常受益于这种支出。在 1790 年共和国创立伊始，汉密尔顿说服国会接手各州在独立战争中所欠剩余债务的清偿责任。这一举措引发了广泛争议，许多反对者认为这是联邦权力相对于州的显著增强，但是这种措施取得了很大的成功。自 1790 年以后，各州已很少抱怨联邦代表它们所做的支出。相比之下，加拿大的一些省份，特别是魁北克，不断质疑渥太华的支出权力，为了保护自己免受联邦权力的侵入。

在回应对于 1935 年《社会保障法案》失业部分条款的质疑中，最高法院裁定这些条款不是"强制的武器，摧毁或损坏州的自主权"，失业救济是一项针对公共福利的合法开支。㊻最高法院还支持了联邦在养老救助和面向州与地方政府的贷款和补助金方面的支出。㊼国会还可将某种税收所得指定用于特定用途。

在 1969 年一次对资助越南战争的质疑中，原告争辩说这种资助并没有符合清偿国家债务或提供共同防卫和公共福利的宪法标准。然而，一个上诉法院裁定，"国会的战争拨款是在'招募和支持军队'与'提供和维持一支海军'的权力下做出的"，而非基于"公共福利"条款。㊽

不过，对于支出权力的质疑仍在继续，保守主义者对于支出条款尤其主张狭义理解的麦迪逊观点。例如，2010 年，合众国当选参议员麦克·李（Mike Lee）宣称："宪法并没有赋予国会重新分配我们财富的权力。"㊾尽管废除主要联邦福利计划的呼吁不一定会成功，但联邦政府预计的财政问题将引发政治和法律努力去限制联邦的支出权力。2010 年，美国政府问责办公室（GAO）预测在当前的政策下，人口变化（主要是增长的老年人口）、攀升的医疗保健支出及赤字支出，将需要联邦政府的主要福利计划（加上净利息支付）到 2030 年花费"联邦收入每 1 美元中的

93 美分"。⑩

此类质疑将会显著影响州和地方政府，因为各州已开始依赖于联邦资助资金，后者平均占州一般支出的四分之一还多。最高法院已一再认定联邦政府可对资助资金附加条件（即各种规定）。例如，要求各州执行《哈奇法案》（Hatch Act）、降低酒驾的血液酒精浓度标准到 0.08，以及将购买酒精饮料的法定年龄减到 21 岁，否则将扣减州的高速公路补助金。南达科他州质疑 1984 年饮酒年龄条件，理由之一是国会无权强制规定饮酒年龄，因为第 21 条修正案（1933 年）将酒精饮料管理权留给州。最高法院驳反这一质疑，认定此类条件只要足够清晰，提供"公共福利"，有关"联邦在特定全国项目或计划中的利益"，即可通过合宪审查，不允许为宪法中的另一条款所独立禁止。㉛通过裁决第 21 条修正案对于支出权力的限制不禁止国会间接实现联邦目标，最高法院允许国会使用拨款资金来做它本身缺乏宪法权力直接去做的任何事情。

偿还债务的权力也已得到了广义的解释，包括联邦政府有权在其债务人的财产分配中赋予自己优先权。㉜值得注意的是宪法第 6 条规定："合众国政府于本宪法被批准之前所积欠之债务及所签订之条约，于本宪法通过后，具有和在邦联政府时同等的效力。"这条看似无关的条款因两项原因而非常重要。它是向债权人至关重要的保证，即新的联盟政府将不会放弃过去债务责任。它还确认合众国在 1781 年成立，新宪法创建了"一个更为完善的联盟"（序文），而不是一个新联盟。在内战期间（1861～1865 年），亚伯拉罕·林肯（Abraham Lincoln）总统就很重视联盟先于宪法的概念。

借款权力按汉密尔顿的广义观点进行解释，不受宪法任何限制。此处唯一的限制是"合众国的信誉"。虽然，国会可能不会修订未偿付合众国债务的条款而不对此类债务的持有人就修改所造成的"实际损失"进行补偿。㉝然而，最高法院已认定第 15 条修正案的征用条款不保护美国债务持有人免受因通货膨胀财政政策所引发的价值下降。

在宪法的初始草稿中，借款条款表述如下："以合众国的信誉为担保借钱和发行凭证。"在以 9∶2 的比例被否决之后，立宪会议删除了"发行凭证"。不过，1871 年，最高法院裁决国会可发行国库券，使它们成为清偿债务的法定货币。

概括地说，以上条款构成了联邦政府财政构成的核心。这一财政宪法的广义解释已允许联邦政府（比如说）建立国家银行并让它们免征州税、发行纸币作为债务的法定货币、改变合众国硬币的金属含量和价值、对 1865 年不复存在的州银行票据征税、创建联邦储备系统，以及创建像农场信贷银行、联邦国民抵押贷款协会（房利美）和联邦住房贷款抵押公司（房地美）这样的实体。

造币和防伪

联邦宪法还授权国会"铸造货币，调议其价值，并厘定外币价值……制定对伪造合众国证券和货币的惩罚条例"（第 1 条第 8 款第 5 项、第 6 项）。这些条款的广义解释,为国会授予针对货币近乎所有方面的权力。立宪者们显然看中的是金币和银币,但是在内战期间,国会批准了纸币,后者在 20 世纪扩展到包含不可赎回黄金或白银的纸币,换句话说,不可兑换的货币。

有人说防伪条款"是多余的。国会没有它也有这种权力,在"必要条款下。㊾甚至最高法院也裁决这项条款为非必须和非独有。州也可惩罚硬币伪造。

对联邦财政权力的限制

宪法中一个经常被忽视的联邦政府财政限制就是"征集陆军并供应给养,但每次拨充该项费用的款项,其有效期不得超过两年"(第 1 条第 8 款第 12 项)。该条款反映了立宪者们非常担心常备军会对人民和州造成过于沉重的负担或拖垮联邦政府或州政府。该条款用作对于总统能力的潜在限制,这种能力包括进行一场不得人心的战争或在叛乱之后维持一支很大的力量超过两年拨款限制——尽管在历史上,它从未发挥过这种作用。该条款不适用于海军或(按之后的解读)空军,两者的建造计划都长于两年。该条款基本上形同虚设。

第 1 条第 9 款开头批准了一项临时的现已废除的联邦税,也就是对每个进口的奴隶课税不超过 10 美元。该条款是宪法在奴隶问题上的多处妥协之一。它在一定程度上通过允许国会对奴隶交易课税而取悦了奴隶制的反对者,同时它也通过防止国会使用其宽泛的关税权力对直到 1808 年(当时国会可在该条款的第一部分下禁止奴隶贸易)才消失的奴隶贸易进行课税而讨好了奴隶制的支持者。因此,从政治角度来看,该条款既是联邦进口课税权力的保留,也是一种限制。

第 9 款禁止国会颁布追溯法律,但是最高法院已认定这只适用于刑法。因此,国会可在年中颁布一项税法,使其条款可追溯到该纳税年度的开始。

本款还规定:"对各州出口之货物,不得课税。任何有关商务或纳税的条例,均不得赋予某一州的港口以优惠待遇;亦不得强迫任何开往或来自某一州的船舶,驶入或驶出另一州,或向另一州纳税。"

"出口"一词指代出口到外国的商品,禁令是因为出口。条款并非阻止对于所有商品征税,包括那些注定要出口的商品。最高法院还认定该条款未禁止对用于出口的烟草征收面向出口防伪印花税。

港口条款禁止对于不同州的港口歧视对待,但并非单个港口之间。在贸易条款(第 1 条第 8 款第 3 项)的覆盖下,国会可建立进口港、构建和运营灯塔、改善海港和河流,以及提供设施处理港口吞吐量。事实上,港口拨款已成为美国历史上政治拨款支出的经典案例。

除了要求支出必须依法做出(如上所述)之外,该款第 7 项规定:"一切公款收支的报告和账目,应经常公布。"尽管这看似是一条次要条款,但此类透明度对于民主责任制极其重要,先于美国宪法的 18 个州宪法中已有一些有类似规定。在许多国家,财政透明度并不存在。

第9款最后一句禁止授予贵族爵位，禁止联邦公务人员不得"从任何国王、王子或外国"接受任何礼物、薪酬、职务或爵位。在含义上，该条款还阻止了对特定类别公民给予有利财政待遇，防范联邦公务人员从外国统治者和国家接受或给予后者有利财政待遇。这种性质的条款存在于多数州宪法，包括一些先于美国宪法的州宪法。

对州财政权力的限制

第1条第10款规定："各州……不得铸造货币；不得发行纸币；不得指定金银币以外的物品作为偿还债务的法定货币；不得通过……损害契约义务的法律；也不得颁发任何贵族爵位。"除了宪法条款之外，本句中的限制在美国历史上没有引发激烈争论，在很大程度上也是没有实际意义的，因为州发行的纸币已在1865年被国会取消。严格来说，宪法规定的条款并非财政条款，尽管它有一定的财政含义。因此，该句在美国历史上经历了大量的诉讼。该条款列入宪法主要为阻止州修改财政合同以减轻其作为债务人的责任。该条款对于确保与破产条款一致也是必需的（第1条第8款第4项）。

第10款第2项规定：

未经国会同意，各州不得对进口货物或出口货物征收任何税款，但为了执行该州的检查法律而有绝对的必要时，不在此限；任何州对于进出口货物所征的税，其净收益应归合众国国库使用；所有这一类的检查法律，国会对之有修正和监督之权。

该项规定阻止拥有大型港口的州借助对通过其港口的商品征税而对其他州造成不利。它还加强了联邦政府在征收关税上的唯一权威，关税被认为是联邦收入的主要来源。

根据合众国最高法院的意见，该项只适用于从外国进口或向外国出口的商品，主要针对进出口行为。一旦进口商品打开包装并进入国内贸易市场，就适用于非歧视的州税收。最高法院还认定该项规定阻止各州其他一些行为。例如，要求进口商购买许可以销售进口商品，对参与进口的外国公司征收特许税，并对原装进口商品的经纪人和拍卖商的销售行为征税。然而，各州可向进口商征收引航费并对销售毛收入课税。关于检查，最高法院定义了州检查法律的可接受元素为"商品质量、形状、容量、尺寸、包装重量、摆放方式，以及各类标识和品牌"。⑤

第10款最后一项禁止州未经国会同意，征收"船舶吨位税"。该禁止涵盖了所有因进入港口和在港口内交易和停泊而收取的费用（无论是否按船舶吨位衡量）。然而，它并不禁止对船舶服务收费，即使按吨位衡量，如引航、拖曳和停泊、装载和卸载货物，以及存储商品。

总统和司法条款

有趣的是，宪法第2条对于总统目前在预算过程中的显要角色，其在扩张拨款基金中的职责，或者在美国财政部的建立上都未置一词。相反，宪法明确了总统一般职责，后者参考了一些州宪法中的州长条款。换句话说，总统在合众国军队和各州民团奉召为合众国执行任务时担任统帅，"注意使法律切实执行"，以及向国会报告联邦的情况。宪法没有提及总统具体的财政角色，总统的否决权可作为一种财政武器，但是受单项否决权的缺失而被弱化。

预算流程最终由国会主导。总统在每年预算提交中扮演主要角色，因为标志性的 1921 年《预算与会计法案》授权他如此行事，并批准成立今天称为管理与预算办公室（OMB）的白宫机构。1974 年，国会颁布《预算与截留控制法案》，用以控制某些总统权力滥用，如因与国会政策分歧而拒绝支出拨款资金。该法案还重组了国会预算过程并创建了半独立的国会预算办公室（CBO），后者部分承担对管理与预算办公室的信息审查。

关于最高法院的第 3 条对于公共财政也未做规定。然而，伴随自 1789 年之后的联邦权力扩展，最高法院在公共财政中扮演了重要角色，特别在对联邦政府在宪法上的财政权力之宽泛解释的合法化以及在州财政权力限制方面上。

机构统一和权力分立的财政保障

联邦宪法还包含财政相关限制，帮助保护联邦政府的机构统一和权力分立。这包括要求国会议员的薪金由联邦政府支付（第 1 条第 6 款第 1 项），而非如《邦联条例》规定之下由其州支付，并禁止国会议员在其国会任期内投票提高某公务机关的薪金，然后再被分派到该机关（第 1 条第 6 款第 2 项）。第 2 条第 7 项规定总统的俸金（现在为每年 40 万美元）并禁止国会在其任期内提高或降低总统的俸金。关于州长和其他独立选举行政官员（如检察长）的类似规定存在于一些州宪法中。此类通过阻止立法机关收买或处罚行政官员（以确保其遵从立法机关的意志）而强化了权力分立。总统也被禁止从合众国或邦联的任何一州接受额外薪酬。许多州宪法还禁止州行政官员接受来自其他来源的额外薪酬。

关于最高法院的第 3 条第 1 款规定法官"接受俸给作为其服务之报酬，在其继续任职期间，该项俸给不得削减"。鉴于法官实际上终身任职（除非他们辞职或被弹劾而退出），所以有必要允许为他们提高俸给，但是国会降低他们俸给的权力将危害司法独立。这一宪法保护措施已被扩张到 12 个联邦巡回上诉法院和 94 个区法院的所有法官。考虑到多数州法官受直接或留任选举而服务固定任期，一些州宪法禁止在任何既定固定任期内提高或降低法官的薪资。

宪法修正案

只有三个美国宪法修正案明确涉及财政问题。最重要的是第 16 条修正案（1913年），该修正案授权联邦政府"对任何来源的收入规定和征收所得税，不必在各州按比例分配"。这是一个广泛的权力授予。在许多观察者眼中，该修正案比其他任何宪法修改都更多助长了20世纪联邦支配地位的崛起（第一个推出所得税的州是威斯康星州，1911年）。

1895年最高法院的一项裁决使得这项修正案成为必要。该裁决推翻了国会于1894年颁布的对于4000美元以上收入征收2%单一所得税的法规。联邦所得税得到民主党人、进步党人、平民主义者和社会主义者的强烈支持。此时，联邦政府依赖于消费税和关税，其负担主要落在不太富裕人群身上。拥护者还在所得税中看到了让富裕阶层承担更多政府支出、从富人向穷人再分配收入，以及防止土地税实施（将沉重打击农民）的可能。1912年四位总统候选人⑥都支持所得税。修正案所获得的支持在以农业为主的南部和西部最多，而在城市—工业化的东北部最少。

今天，联邦政府45%的收入来源于个人收入税，36%的收入来源于工资税（即社会保障和医疗保险），12%的收入来源于公司所得税，3%的收入来源于销售税。

第24条修正案（1964年）废除了联邦选举的人头税。这些税是各州（主要是南部州）对选举人征收的税。个人必须缴税才能投票（尽管亚拉巴马州宪法将这些收入指定用于教育事业）。征收这些税的州主要使用这些税来压制黑人公民和低收入白人公民投票。该修正案得到了20世纪50年代末出现的民权运动的支持。

第27条修正案（1992年）规定："变更参众议员服务报酬之法律，在众议员经过改选之前不得生效。"该修正案最早作为《权利法案》的一部分于1789年提出，但当时未获批准。得克萨斯州的一名大学生在1982年将其重新提出来，并获得写入宪法所需的足够数量的州批准。该修正案参考了一些州宪法中的条款，后者要求立法者在为自己提议加薪之后和立法机关在下次议会中通过加薪方案之前进行一次选举。这种安排为选民提供了一个机会去罢免那些支持加薪的立法者。然而，这项修正案没有多大意义，因为在1989年，国会已建立自动每年生活成本上调机制，不需要投票表决。联邦法院随后裁定此类上调不违反该修正案。

第3条修正案包含在《权利法案》中，也是参考同类州宪法保护措施而创设的。修正案禁止一项隐性税收，即未经房主同意，士兵不得在民房驻扎。这部分是针对英国的做法而设的，后者要求殖民地居民为其士兵提供食宿。

第5条修正案规定私有财产"不给予公平赔偿，不得充作公用"。该条款同样见于一些州宪法中，限制政府通过运用其土地征用权力间接征税的能力。它还规定政府有责任说明为何不应支付公平赔偿。最高法院将这种保护扩展到包含某些管制性征用（如当政府法规严重降低了财产的价值以至于构成一种事实上的征用）。然而，该条款变得充满争议，特别是自2005年最高法院裁决支持地方政府有权出于经济开发目的将财产从一个所有者征用并出售给另一个私人组织。⑦

第8条修正案禁止过多保释金和罚款，保护个人免于承受过度的政府财政负担并限制此类罚款作为政府的收入来源。一些州宪法也提供这种保护。罚款通常按违反程度设定统一标准（如超出高速公路速度限制的英里时速），这一点不同于其他一些联邦国家，如瑞士，2010年一位驾驶者因超速被罚款290000美元，因为瑞士的罚款是按速度和驾驶者财富计量的。

第 14 条修正案（1868 年）的第 4 款支持联邦政府因进行内战而举债的有效性，但认定"因援助对合众国的作乱或反叛而产生的"债务无效。一些当代观察者认为，该条款允许总统无须国会同意即可提高联邦债务上限，但是至今还没有总统这么做。

总　结

经过 223 年的解释过程，宪法向联邦政府授予了近乎充分的税收、支出和借款权力。与此同时，宪法塑造了一种双重公共财政体制，其中每个政府（即联邦和州）独立行事。与其他联邦宪法相比，美国宪法的一个显著特征是细节和对联邦与州政府显著制约的缺失。这里不存在对州和地方政府联邦拨款的授权，不要求联邦政府参与税收分享或财政平等，对于州和地方政府借款也无规定，也没有提及对这些政府的硬性或软性预算约束，此外也没有条款要求平衡的联邦预算或建立联邦运营与资本预算。

公共财政的州宪法框架

不过，联邦政府在合众国历史的前 145 年中一直有节制地使用其权力。其间，合众国成为一个世界强国，而公共职能主要由地方财产税资助。从 1789 年至大约 1842 年，州扮演了主要财政角色。它们拿从运河通航税、银行股本利息和土地出售中获得的收入以及一些间接营业税来资助基础设施建设、项目开发和政府运营。到 1841 年，州债务达到 1.93 亿美元，相比之下，地方政府为 2500 万美元，联邦政府为 500 万美元。从 1842 年到 20 世纪 30 年代中期，地方政府扮演了主要财政角色，严重依赖于财产税。到 1902 年，财产税在所有联邦、州和地方收入中占比 42%。甚至到了 1932 年，地方政府仍在所有政府收入中占比超过一半。在 1932 年的联邦支出中，22% 用于退伍军人福利，19% 用于邮政系统，17% 用于国防，5% 用于州和地方援助。只有在 20 世纪 30 年代中期之后，联邦政府才上升到财政支配地位，严重依赖于所得税。

州和地方政府之所以长期扮演主要的财政角色，部分因为州拥有固有的财政权力，联邦宪法也没有显著限制这些权力。相反，限制主要来源于人民。尤其自 19 世纪 40 年代以后，当时一些州因过度的债务而濒临破产，于是人民对州税收、支出和借款的各方面提出了一些宪法限制。因此，全国 50 个州的宪法各不相同，篇幅也从 8565 字（佛蒙特州）至 367000 字（亚拉巴马州）不等，因为一些州通过其宪法处理许多事务，而其他州多数依赖于法令。因此，所有州可能都有同样的特定财政规则，但不一定见于每一部州宪法中。许多早期的宪法（如康涅狄格州、新罕布什尔州和佛蒙特州）关于公共财政表述寥寥，一些则只有简单提及。因此，这使得对于公共财政的州宪法框架进行一般综述非常困难。

历史渊源

州发明了现代成文宪法，最初 8 个州在 1776 年即颁布了其首部宪法。18 个州的宪法是在 1788 年美国宪法批准之前通过的。自 1776 年，各州总计有 144 部宪法。这些宪法很大程度上起源于不断演变的殖民地宪章和可追溯到 1620 年《五月花号公约》的自治契约。有史可查的首部"宪法"是公布于 1647 年的《马萨诸塞殖民地自由权法典》，这是英裔美国人历史上首部发布的法典。法典中第 8 条题为"公共收费"，规定按法律程序对"个人和财产"定期评估。税收很重要，因为英国给了殖民地实质自治权力。殖民地政府为自治目的而收税，也为英国政府代收税款。在独立伊始，各州多数将历史税收实践（减去英国政府的税）包含在其新宪法中，所有都规定按代表课税（taxation with representation）。

超过半数的州宪法包含关于税收和收入的条款，少数也有关于债务的条款，但是财政问题也见于立法条款、修正案和一些其他条款。然而，除了关于财产税和债务的详细条款之外，多数税收、支出和借款事务留给了立法机关，因为税收是一项固有的权力。阿肯色州宪法对此表述得非常明确："州的古老的土地征用权力和税收权力在此被完全和明确地出让"（第 2 条第 23 款）。因此，多数州征收的大量税收在宪法中都没有提及。所以这些文献无助于我们了解州的财政制度。相反，值得注意的是对于制度建构的侧重分析，如权力分立、制度程序（如立法表决规则）以及全民公投作为限制州政府行使其固有的财政和非财政权力的关键手段。人民对于这些机制的希望表述在佛蒙特州的《权利宣言》中，即"制定任何旨在提高税赋的法律之前，立法机关应当能够明显地认识到，提高税赋的目的相较于如果不征收提高的那部分税赋应能为社会共同体提供更多的服务"（第 1 章第 9 条）。北卡罗来纳州宪章规定"税收权只能为公共目的以一种公正和公平的方式行使"（第 1 条第 2 款）。

州宪法解决了一些财政公平问题，但是它们没有就效率、规模效益、外部性或支付能力对收益税做哲学上的探讨，相反，财政条款通常反映州的政治文化以及历史政治的冲突与妥协。事实上，美国州宪法与世界多数宪法（瑞士除外）相比的一个特殊特征是人民为自己直接行使州的一些财政权力（如倡议程序）及制约州的财政权力行使（如公民投票）而保留的角色。

关于州财政权力的一般州宪法规定及其限制

如上所述，权力没有授予给州，相反，人民通过宪法来限制州的固有权力，尽管少数宪法寻求通过如下规定来确保立法机关尽其本分："立法机关应按法律供给年度税，足以支付州在每财年的预计开支"（内华达州，第 9 条第 2 款）。俄克拉何马州的宪法规定以下权力：

> 立法机关应有权规定许可税、特许税、毛收入税、销售税、所得税、旁系和直系遗

产税、累进遗赠和继承税，以及印花税、注册税、生产或其他特定税的征收（第10条第12款）。

《权利宣言》

州权力的固有属性是为什么49个州宪法的第一部分都是《权利宣言》的原因。这些宣言对于州财政权力提出了与美国《权利法案》对联邦政府同样的限制，但是它们也提出了许多不同且更为严格的限制。例如，许多州宪法对宗教学校的税收、支出或借款提出了详尽的限制。大约11个宣言声明没有人民或其选举的立法机关的同意，不得对人民征税。马里兰州的宣言说"乞丐应无须评估即可获得政府支持"（第15条）。北卡罗来纳州宪法禁止州和地方政府征收任何"人头税"。多数州的宣言禁止任何特权、特许或豁免、终身年金、长子继承权、限定继承或垄断、专属公共薪俸或特权、或继承薪俸、特权或权力的不可撤销的授予。几乎所有宣言都禁止债务监禁，一些宪法扩展了征用原则，禁止私人财产"被征用或出售以偿还市政公司的公司债"。[61]

《纳税人权利法案》

1992年，科罗拉多州将一项《纳税人权利法案》（TABOR）加入其宪法中（第10条第20款）。其他州没有效仿，一些州的选民则干脆否决。[62]

TABOR最初禁止州和地方政府在未获选民批准的情况下提高税率，如果收入超过了通货膨胀率和人口增长率，政府需要获得选民批准才能动用通过当前批准税率征收到的税金。超出TABOR限制的收入必须返回纳税人，除非选民批准收入抵消。然而，TABOR并未考虑生产率提升和经济衰退。这会一年又一年阻止州和地方政府征收额外的收入，由于"棘轮效应"，其中收入在某一年跌到TABOR界限以下将拉低下一年界限，使其低于如果前一年收入达到或超过界限将对应的水平。

TABOR在选民于2000年批准第23条修正案后有所弱化。该修正案是对因TABOR导致中小学教育经费减少的回应。该修正案要求生均教育经费至少以通货膨胀率加1个百分点的速率增长10年，之后按通货膨胀率增长。为此，州和地方政府削减了许多其他服务经费以资助教育，这导致TABOR的支持度下滑。2005年，选民批准州可在未来5年（到2009~2010财年）动用TABOR限制对应的所有收入。其后，州的支出可超出TABOR到某一上限，后者可比前一年上限有所提高，从而消除"棘轮效应"。超出TABOR界限但低于新上限的收入必须花在教育、医疗、警察和消防员养老金，以及交通等优先事务上。

其他税收和支出限制

超过30个州有某种类型的税收和支出限制，尽管只有少数写进了宪法。例如，北卡罗来纳州宪法规定："州议会或任何县、市或镇，或其他征税单位均不得征收人头税"（第5条第1款）。特拉华州宪法规定："按本州法律所创建公司的股本当由州外个人或公司所持有时，不应按任何现有或未来法律进行征税"（第9条第6款）。

亚利桑那州宪法规定："立法机关对任何财年的州收入拨款不能超过经济评估委员会确定的当财年总个人收入的7%"（第9条第17［3］款）。阿肯色州立法机关在任何财年的征税不得总计超过州资产评估价值的1%（第16条第8款）。在密歇根州，"除非选民批准，否则财产税和其他地方税及州税与支出的增长不得超过此处规定的限值"（第9条第25款）。

尽管本身不是一个限制，夏威夷州宪法规定每五年指定一个税收审查委员会以评估"州的税收结构并建议收入与税收政策"（第7条第3款）。

公共目的规则

许多州宪法（通常在《权利宣言》中）要求征税和支出或借款只能用于公共目的。当然，"公共目的"的含义是有争议的。最终仲裁者通常是州的高级法院，虽然法院经常会听从立法机关关于"公共目的"的定义。在决定某税是否满足公共目的时，法院还需要考虑司法判例，选民是否批准该税，从该税衍生出来的一般公共利益，是否大量或广泛的人会从中受益，对该税的需要，该税与公共产品的私人部门供应的竞争程度。一个历史上充满争议的领域就是为经济发展目的借款以帮助私人企业。这有时带来了宪法修正案以允许或禁止此类借款。

相关权利保障禁止将任何税收权力授权私人公司或协会，并禁止通过某些授予或合同暂停对公司和法人财产的征税。一些宪法（如明尼苏达州）有着与北卡罗来纳州相似的规定："税收权只能为公共目的以一种公正和公平的方式行使，永远不能让与、暂停或放弃"（第5条第2款）。

一致性和平等规则

多数州宪法（通常在《权利宣言》中）要求一些税或所有税必须统一。平等保护条款提出了额外的平等要求。一位学者区分出十二类一致性条款。⑥例如，特拉华州宪法有一条大体规则"所有税种应在征税机构的管辖范围内就同类对象保持一致"（第8条第1款）。然而，该规则主要频繁应用于财产税。基本上，相同的人必须相同地课税，类似情形的人应类似地课税。内布拉斯加州宪法创设了一个税收平等与审查委员会，该委员会有权"审查和平衡征税目的的财产评估"（第4条第28款）。少数宪法还规定对属于州外居民的州内财产征税不得高于对本州居民所拥有的州内财产课税（虽然美国宪法已实际上隐性禁止此类歧视课税）。

一个围绕统一性的争议是某些人或活动是否可从某项税收中免除，如处方药和某些食物从销售税免除、养老金收入从所得税免除，以及让某些资产所有者受益的特别分摊。显然，在存在大量免除的情况下，满足这一规则是立法和司法解释的问题。另一个争议在于州是否或如何以不同税率课税，如累进所得税、许可税和总收入税的不同税率，以及财产税减除和上限条款。此类差异化税率有无数例子。立法机关通常通过对个人、对象和活动进行分类来管理这些差异。只要某一分类的所有对象被一致课税，这种分类就是合理的和非歧视的，即可通过合宪审查。

动议和公投规则

许多州宪法的不寻常特征在于其动议和公投规则。最重要的是18个州宪法（如加利福尼亚州、科罗拉多州和俄亥俄州）允许公民绕过立法机关，直接将涉及财政和非财政领域的宪法修正案带到选票上由选民决定。如同科罗拉多州的《纳税人权利法案》，动议对于州财政也能产生巨大的影响。随着时间流逝，选民动议也能得出相冲突的结果，大大限制立法机关的财政自主权，并将大笔的税收收入用于特定目的。例如，一些观察者就认为加利福尼亚州的动议主要极大地加剧了该州的财政危机。

为解决这一问题，亚利桑那州宪法要求：

一项动议或公投提案针对任何目的的州收入强制性开支、设立针对任何特定目的的基金或为任何特定目的的分配资金，都必须提供增加的收入源以足够支持提案的即时和未来成本。增加的收入不得来自州一般基金或导致一般基金收入的减少（第9条第23款）。

在除了特拉华州之外的所有州，宪法修正案必须由选民审批，因此，他们可以否决任何动议或立法机关提议的不需要的财政修正案。许多宪法还要求某些州和（特别是）地方财政政策提议（多数为一般责任借款）提交公投。例如，2010年，28个州的选民批准了41项税收措施中的25项，21项债券和债务措施中的19项，以及22项预算措施中的15项。

投票和程序规则

许多州（如特拉华州和新罕布什尔州）要求收入提案由州众议院发起。这项规则部分是因为以前许多州具备准联邦特征，其中州参议院的代表性基于镇和县。

与国会相比，一条适用于几乎所有州立法机关的限制规则是，票数是基于众参两院的全体人员，而非法定人数。此外，大约15个州宪法规定，提高某些税或所有税需要获得绝大多数赞成。"除非由议会提出，并获得两院所有议员3/5人数的赞成，否则不得征收任何税或许可费"（特拉华州，第8条第11［a］款）。同样的规则也应用于俄亥俄州宪法（第4条第25［2］款）。在亚利桑那州，州收入的净增长需要立法机关所有议员2/3人数的赞成。如果州长否决该措施，那么必须有3/4的议员批准方可通过（第9条第22［A］款）。2010年，加利福尼亚州选民废除一项要求，即州预算需立法机关2/3的选票通过，但是要求州和地方收费需要2/3的立法投票才能通过，以便阻止立法者将税收伪装为收费。同年，华盛顿州选民批准一项规则，要求立法机关2/3的选票或人民多数票以批准州税增加。

阿拉斯加州的宪法很复杂：

除了阿拉斯加永久基金红利拨款，收入债券收益拨款、支付一般责任债务本金和利息所需的拨款、从面向特定目的的非本州来源所获得资金的拨款，某财年所做的拨款不得超过25亿美元加上自1981年7月1日以后的人口和通货膨胀累积变动（按法律规定由联邦指数推导得出）。在这一限制内，至少1/3的收入应留作资本项目和贷款拨款。立法机关可以在阿拉斯加永久基金的拨款提案和资本项目拨款提案中超过这一限制。如果每项提案都被州长批准或在否决或单项否决后由立法机关3/4的赞成票而通过，或不经州长签名成为法律，也将获得选民的批准。各项超过限制的资本项目拨款提案应仅限于同类型的资本项目，选民应（按法律规定）被告知资本项目的运营和维护成本。超出本限制的其他拨款不得获批，除非为州长所宣布的灾难状态所需（第9条第15款）。

亚拉巴马州宪法禁止任何收入提案在立法会议期最后五天内获得通过。亚利桑那州宪章规定："所有征收、继续或恢复某项税收的法律应清楚说明该税和其所适用的对象，引用任何其他针对此类税收或对象的法律是不够的"（第9条第9款）。

一些州（如亚拉巴马州和宾夕法尼亚州）有这样的规则：

一般拨款提案只应包含针对州的执行部门、立法部门和司法部门的日常开销的拨款、公债利息拨款以及公共学校拨款。政府官员或雇员的薪资不应在此类提案中增加，此处也不得就任何官员或雇员进行拨款，除非其薪资额已由法律规定。所有其他拨款应在单独提案中提出，各自只包含一个主题（亚拉巴马州，第4条第7款）

州—地方财政的宪法条款及其具体方面的限制

多数州宪法包含关于特定税和其他财政问题的条款。

财产税

财产（或从价）税长期以来都是州和地方收入系统的主要支柱。这些税在所有州适用于不动产（如土地）、土地改良（如住宅）和商业资产，在少数州还适用于个人资产（如汽车）。财产税的计算一般为财产的评估值乘以某个评估率（即财产值应税比例）再乘以税率。尽管州也征收某些财产税，尤其在如铁路和电力线等公共设施上，但是财产税的大部分在19世纪被授予地方政府（如在县、市、镇、独立学区，以及防洪区征收）。一些宪法（如内布拉斯加州、北达科他州和得克萨斯州）禁止州为自己的目的征收财产税。

鉴于财产税对地方政府的历史重要性和该税完全覆盖所有土地拥有者，因此它经常引发纳税人的不满。最经常受到抨击的就是税率。财产税税率限制在19世纪末开始出现在宪法中。如亚拉巴马州，当时地方政府使用该税来资助道路、街道、下水道和其他基础工程建设以及清偿债务。在大萧条时期（1929~1938年），选民对于高财产税税率开始进行反抗。或许最著名的财产税反抗就是第13号提案，后者在1978年修正了加利福尼亚州的宪法。该提案将财产税估值从当时市值退回到购置价值。它将税收增长限制为每年2%（除非财产已出售），并要求2/3的多数票以批准州法令和地方公投来提高其他税收。许多观察者认为第13号提案引发了全国范围的反税运动，帮助罗纳德·里根（Ronald Reagan，1967~1975年任加利福尼亚州州长）在1981年入主白宫，虽然支持这种说法的实际证据很有限。

2010年，印第安纳州选民批准一项宪法修正案，对财产税施以上限。一些州限制从财产税得到的收入总量或收入增长，因此如果通货膨胀提高了评估价值（会导致收入超出上限），那么税率就需要下调。许多限制免除了专用于债务偿还的税收增长，但一些（如第13号提案）不允许例外。

许多宪法就农业财产有特殊规定，通常要求按当前农业用途估值，而非更高价值的替代用途（如购物中心）。华盛顿州宪法允许立法机关将这一原则扩张到"建筑用材和用材林地，以及其他用于景观或自然风光娱乐或享受的开放空间土地"（第7条第11款）。

宪法可能要求财产按"公平市值""公平现金价值""真正和完全现值估值"或"公正估值"课税。一些宪法禁止地方政府就人行道、街道铺路、下水道以及类似改良在超出财产所有者从此类改良中所享受增值的水平上对财产所有者进行估值。

多数州要求评估的一致性，一些要求评估定期进行。鉴于财产评估的重要性和主观性，22个州要求有民选的地方评估人，14个州允许地方选举或任命评估人，10个州要求任命评估人。[65]

所有州宪法均允许财产税免除。这些免除可能包括宗教、慈善、教育、公墓、文化、历史和水利设施，加上联邦、州和地方政府财产。免除也适用于寡妇、年老公民、退伍军人和残障人士，虽然这些免除通常通过法令颁布。上限条款通常也通过法令规定。近半数州宪法规定住宅免除，其中住宅价值的一定比例（如3000美元）从计税中免除。一些宪法（如阿肯色州宪法第27条修正案）批准财产税免除或扣减以吸引贸易公司。至少两个州（新墨西哥州和俄克拉何马州）免除通过州"进入州际贸易"的财产（包括商业物资），即使它被置于某个仓库，"财产在此组合、合并、连接、处理、拆散、分开、切割、打散、重新贴标签或重新包装"。犹他州有一条超出财产税的宽泛条款："宪法中任何条款均不构成阻止立法机关通过法令规定财产税之外的税，以及规定这些其他税的扣减、免除和抵消。"

销售税和消费税

45个州征收销售税，所有州都征收消费税（如在烟草和酒精饮料上），尽管多数征收并没有宪法依据。[66]州宪法很少涉及这类税种。蒙大拿州宪法只是将销售税率限制在4%，密歇根州宪章将税率限制在4%，但允许2%的提升以资助教育。密歇根州进一步要求，来自4%税率的收入中的15%"必须专门用于"援助"镇、地市和村，按人口基数"（第9条第10款）。加利福尼亚州限制对食品的销售课税。内华达州宪法免除"单个家庭所使用和某家庭成员所拥有的所有家庭用品和家具"和"供人们消费的食物"，但并不免除"供即时消费的预制食品"或酒精饮料（第10条第3款）。俄亥俄州宪法（第12条第13款）有一项复杂规定，禁止对食品、原料和包装从批发到零售购买的课税。科罗拉多州宪法（第10条第20款）特别批准烟草税以求减少吸烟。

所有州都征收燃油税，几乎所有都是通过法令颁布的。然而，一些宪法要求此类税收专用于高速公路项目。亚利桑那州的规定是指示性的："从与车辆的注册、运行或在公共高速公路或街道上使用相关或与车辆在公共高速公路或街道上行驶所用燃油或其他任何能源相关的使用费、消费税或许可税中得到的全部收入不得扩展用于除高速公路和街道目的之外的其他目的，包括州高速公路系统的管理支出"（第9条第14款）。马萨诸塞州修改了其宪法，允许此类收入用于支持大众交通（第104条）。

所得税

43个州对全部或部分个人收入征收的所得税也主要由法令颁布。只有少数宪法（如印第安纳州和堪萨斯州）授权立法机关制定个人或公司所得税。俄亥俄州有着最为广泛的规定："各种所得课税以及此税的税率或者一致或者累进，并且可适用于法律规定的免除"（第12条第3款）。一些宪法（如堪萨斯州）授权立法机关将州所得税结合到联邦所得税法上。

另外，一些宪法包含限制。特拉华州禁止所得税增长从其制定日期起回溯所得（第8条）。伊利诺伊州宪法规定："就所得或按所得征收的税应有一个非累进税率。任何时候，州只能为本身目的对个人和公司征收一个此类税。在任何对公司征收的此类税中，税率与个人税率的比率不得超过8∶5"（第9条第3 [a] 款）。密歇根州宪法规定"州或其任何分部不得征收在税率或税基上累进的所得税"（第9条第7款）。犹他州将所得税收入专用于公立学校。新泽西州宪法的1975年修正案（第8条第1款第6段）要求所有个人所得税收入置于一个永久的财产税救济基金中，每年拨出以降低或抵消财产税。

没有宪法明确禁止所得税，但是佛罗里达州宪章实际上阻止了个人所得税的通过。得克萨斯州宪法规定也有同样功效，要求立法机关制定的任何所得税必须由本州选民的多数批准才能生效（第8条第24款）。

遗产税

亚拉巴马州和俄亥俄州开征遗产税，一些宪法授予征收"追补税"（pick-up tax），借以让州税等同于允许的联邦遗产税抵免。然而，南达科他州宪法禁止任何继承税（第11条第15款）。其他宪法没有提及遗产税。

开采税

40个州在自然资源上征收开采税。只有俄亥俄州宪法明确批准征收。内华达州将税率限制在不超过净收益的5%（第10条第5款）。一些州对部分开采税收入有特别安排。北达科他州规定，"从煤炭开采所征税收的不少于15%应置于一项永久信托基金……由大学和学校土地局管理，后者可全权投资上述信托基金……也可从基金借钱给政治分部"（第10条第21款）。

公司税

尽管许多州宪法有关于公司特许和治理的条款，但公司课税主要通过法令规定，只有一些杂项条款出现在其他文本中。例如,纽约州宪章规定:"在州有权力对依据合众国法律成立的公司课税的情形中,不得对在州内行使相似功能和从事相似业务的其他公司之间就税率和课税方式歧视对待"(第35条第4款)。

专用税款

2010年,艾奥瓦州选民批准一项宪法修正案,要求当立法机关下次提高销售税时,新收入的3/8应存于一个新的永久性自然资源与户外休闲信托基金。如上所述,所有州都将燃油税收入指定用于高速公路项目,但是各种其他特定税收收入(如对烟草和酒精饮料课税的收入)以及彩票收入的指定专用可见于一些宪法中。

公共教育

所有州宪法都有关于公共教育的规定,通常指导立法机关提供免费的公立学校(K-12)。在一些情形中,宪法可能规定学校的结构,将某些州收入指定用于公共教育。最近数十年的趋势是州承担更多教育支出责任,此外围绕州宪法中的教育和同等保护条款的相关诉讼,要求州促进区域或学生之间教育经费的均衡。

竞选融资

州范围竞选活动的公共融资在缅因州于1996年获得选民批准,在亚利桑那州于1998年获得批准。⑰其他一些州存在部分计划,但几乎所有都是法令性的。夏威夷的宪法规定,立法机关建立竞选基金以供用于州公职及其政治分部竞选的部分公共融资(第2条第5款)。然而,许多宪法对竞选融资涉及很少,只有偶尔规定,如"不得收取费用而将任何候选人的名字写在任何选举或初选的官方选票上"(亚利桑那州,第7条第14款)。⑱

应急基金

47个州有一个或多个预算稳定基金。此类基金在12个州获得宪法授权(即亚拉巴马州、阿拉斯加州、加利福尼亚州、特拉华州、路易斯安那州、密苏里州、俄克拉何马州、俄勒冈州、南卡罗来纳州、得克萨斯州、弗吉尼亚州和华盛顿州)。宪法授权通常指定定期存入基金的收入比例以及基金支取和补充程序。

信托基金和其他基金

一些宪法建立永久信托基金和其他特殊目的基金,如得克萨斯州的退伍军人土地基金和水力开发基金。这是美国人民所坚持的另一种形式的收入专用。存入基金的收入通常来自特别来源(如特别税、土地收益或矿产石油税)。一些基金可以借钱。

2010年,北达科他州批准一项宪法修正案,建立一个州遗产基金,其资金来自某些石油和天然气税收。新墨西哥州有一项"开采税永久基金",立法机关可"为了人民的利益"从中拨款（第8条第A款）。或许最知名的是阿拉斯加永久基金。该基金于1976年创建，资金来源于石油天然气税收，每年将钱分给所有居民。每个居民获得相同的金额，因为合众国最高法院裁定按阿拉斯加州居住年限来计算金额违反了美国宪法中跨州迁移的权利。⑩

借款和债务限制

州宪法最初对于借款和债务涉及很少。州被假设拥有固有的借款权力，它们很少在和平时期使用借款权力，直到纽约州在1817年从资助伊利运河的建设中获利。此后，其他州也开始借款以资助基础设施建设，但是1837年的经济大恐慌将许多州推向破产，当时约有10个州出现债券违约，联邦政府拒绝出钱帮这些州摆脱困境。这次财政危机触发了改革，这种改革自19世纪40年代以后使多数宪法进行了调整。

一些宪法（如康涅狄格州、新罕布什尔州和佛蒙特州）无具体的债务条款。最经常的限制是需要公投来审批州一般责任债务，除了战争、叛乱、自然灾难和债务再融资情形，一些州（如佛罗里达州）将再融资限制为只能用于降低利息支付。

另一个通常限制是借债需要立法投票绝对多数通过。特拉华州需要每个立法会议3/4的多数才能批准一般责任债务，除了战争、叛乱、债务再融资情形（第8条第3款）。许多州宪法（如亚利桑那州）建立了一般责任借款的债务限制。一个典型例子是密西西比州宪法规定："州或其任何直属机关，不包括政治分部和其他地方辖区，其债务不得超过其在之前四个财年中任一财年（无论哪年收入更高）中为任何目的而征收的所有收入总数的1.5倍"（第4条第115款）。夏威夷州还确立了一个限制，但是如果州长宣布进入紧急情况，且获得各立法院2/3票数批准，债务可以超过限制。

多数州宪法仅允许出于公共目的的借款。一些宪法（如阿拉斯加州和特拉华州）另外要求对债务原因给出解释并要求所借的钱只能用于这些解释的原因。多数州宪法还禁止州提供或出借其信用以援助任何个人、协会或公司，尽管马萨诸塞州宪法虽然有此限制，但如果获得各立法机关法定人数2/3选票批准，仍然允许州"给予、借出或抵押其信用"（第84条）。

然而，公共目的的规则和其他债务限制通常并不适用于收入债券，尽管少数州宪法（如佛罗里达州和内布拉斯加州）从债券限制措施中明确排除所有或特殊种类收入债券。

许多州宪法还有这样的规定："州或任何县、学区、市、特别区，或其机关，不得成为任何公司、协会、合伙企业或个人的共同所有人或股东"（佛罗里达州，第7条第10款）。

一些州宪法规定债务金额上限（如内布拉斯加州为10万美元，第13条第1款），但是允许为宪法中所列明特定目标（如基础设施）而举债，如果获得立法机关绝对多数的批准。

州预算

最显著的预算特征之一是44个州宪法要求某种类型的年度平衡运营预算。多数州宪法还要求公共基金的所有拨款和支出必须依照法律规定进行，少数州宪法规定每年或每两年编制州预算并指定财年（通常为7月1日至次年6月30日）；多数州宪法允许州长提议州预算，所有州宪法都允许州长否决拨款提案（44个州允许单项否决）；一些州宪法规定必须任命或选举财务官员，如州财长、审计员和审计官。一些州宪法（如宾夕法尼亚州）特别禁止向不在州绝对控制之下的慈善和教育机构、任何教派机构、公司或协会的拨款。密苏里州宪法要求所有收入归入州国库，然后由立法机关按以下优先级次序拨出：（1）偿债基金和州债务的支付；（2）公共教育；（3）评估和征收州收入的成本；（4）公务人员薪酬支付；（5）施舍机构和其他州机构的支持；（6）公共卫生和福利；（7）所有其他州的目的；（8）议会的费用（第3条第36款）。

州和地方关系

鉴于地方政府是州的法律创造物，多数州宪法有关于地方政府财政的条款，不过一些州（如新罕布什尔州和佛蒙特州）对地方政府的管理未做规定。相比之下，俄克拉何马州宪法有超长的条款，包括全州77个县的边界划定。许多影响地方政府的条款（如财产税规则）已在上面讨论。

一些州宪法（如加利福尼亚州和科罗拉多州）禁止州立法机关为本地目的而征税，但允许向地方政府授予特别税收权力。通常，按狄龙规则，州和地方政府不能征收其特许状中未明确授权的税或费。在地方自治的州、市和（有时）县有一定的收入灵活性，并且与它们州法律不矛盾。伊利诺伊州宪法（第7条第6〔g〕款）允许立法机关以3/5的票数否定或限制税收权力，并限制自治单元的债务。亚拉巴马州宪法的多项修正案授权允许特别单位征收特别地方税，只要地方的选民批准这些税。多数州宪法禁止立法机关颁布适用于特定县或市的法律，相反却要求一般法律适用于各类地方政府（如按人口规模）。一些还禁止立法机构就某些地方议题颁布特别法律，如修正宪章、管理公共事务、创建地方办公室或规定地方办公室职责的法律。

通常，所有适用于州公共财政的一般宪法规则也适用于地方政府。然而，许多州宪法对地方政府提出了额外的税率和税级限制，以及债务限制。密歇根州宪法规定："财产税和其他地方税与州税收和支出若无直接选民批准则不能超出此处规定的限制"（第9条第25款）。一些州宪法还包含特别限制。一项亚利桑那州宪法修正案规定任何地方管辖区"有权征收任何税、费、印花要求或其他分摊，不应直接或间接对2007年以后的不动产利益的销售、购买、授予、指派、转让、接收或输送征收任何新的税、费、印花要求或其他分摊"（第9条第24款）。债务限制可以为财产税应税地方财产估值的固定比例（如在亚利桑那州为6%），也可以为一个固定限值，如地方当年收入，或者地方公投要求。许多州宪法禁止州承担地方债务责任。一些州宪法还规定了会计、审计和其他规则以最大限度减少地方财政腐败。

在少数州，宪法规定了与地方政府共享的某些收入。俄亥俄州宪章规定："州所征收的所得税、遗产税和继承税中不少于50％的部分应返回这些税所来自的县、学区、地市、村或镇，或返回任何相同去处，如法律可能规定的"（第12条第9款）。最为特殊的，肯塔基州宪法要求每个县设一个财政法院，后者是县的立法机关。

然而，地方官员面临的一个大问题就是无财源支持的州命令。一些州宪法（如缅因州和密歇根州）禁止各种形式无财源支持的命令。密歇根州《海德里修正案》（Headlee Amendment，1978年）规定如下："禁止州要求地方政府在无充分州资助的情况下采取新的或扩展的活动，降低以地方政府援助形式提供的州支出比例，或将税收负担转移到地方政府"（第9条第25款）。地方官员的一个常见抱怨就是立法机关总是找各种方法绕过此类命令限制，如在密歇根州的情形中。

总　结

一般说来，相比联邦宪法，州宪法包含了更为详细和具体的税收、支出和借款限制，然而总的来说多数州宪法并没有过分限制州的财政权力。不过本章并未尝试评估这些条款的实际影响，这些影响已在其他地方讨论。⑳

州财政权力的联邦法定和司法限制

今天，一些最重要的州税收权力限制（虽然对州支出和借款权力限制较少）来源于联邦法令和法院判决。即使联邦宪法没有对州税收权力提出明显限制，国会和法院已利用宪法贸易条款、进出口条款和特权与豁免条款，以及第14条修正案的正当程序与平等保护条款来限制州税收。这些联邦限制的增加伴随着联邦权力的扩张而出现，尤其是在20世纪60年代后。㉑增加的联邦限制也起因于美国（今天已是全球）经济的繁荣，其中如此多的应税活动涉及州际和国外贸易。今天各州最关心的是联邦禁止州就其居民通过互联网、电话和邮购进行的多数州外购买征收销售税，这导致各州每年约180亿美元的销售税收入流失。一个相关的问题就是1998年《互联网免税法案》，其在2007年被延长到2014年。该法案禁止联邦、州和地方对互联网接入课税，以及征收宽带税、比特税和电子邮件税等互联网税。

尽管联邦政府并未在大体上控制州和地方的支出，但无数政策、指导和命令影响着州和地方支出。举例来说，联邦法院的命令可能需要支出数十亿，使州和地方进行收入体制改革。如学校种族融合和监狱改良，联邦拨款的配套规定要求州和地方为联邦看好的政策提供资助，无财源支持的命令则会要求州和地方在特定联邦目标上进行支出（如环境保护）。全美州议会联合会估计，在2004～2008财年国会向州转移了大约1300亿美元的无财源支持支出。㉒

与之相比，联邦政府也已通过允许纳税人从其联邦所得税责任中扣除从许多州和地方债券上挣得的利息而补贴州和地方借款。这使州和地方政府可以相对较低的利息率借款。2009年联邦经济刺激法案设立了应税建设美国债券，联邦政府能借此补贴地方政府向投资人支付的利息，将债券收益提高35%。到2010年末，州总计发行了大约1740亿美元的建设美国债券。然而，批评者认为建设美国债券只鼓励了州和地方政府积累更多债务。该计划已于2010年末到期。

结论

汉密尔顿所构想的联邦—州税收协调从未发生。政治限制在最初的145年间将联邦政府挡在州和地方税收事务之外，但是在20世纪30年代，联邦政府开始单方面限制和侵入州和地方税务。联邦税收法律的变动很少与州和地方官员协商，联邦销售税或增值税的通过（按某些人所提议）会挤压州的销售税。不过，联邦—州问题的充分讨论已超出本章范畴。

致谢

我要感谢得克萨斯大学阿灵顿分校的理查德·L. 科尔（Richard L. Cole）、杨百翰大学夏威夷分校的特洛伊·E. 史密斯（Troy E. Smith）和坦普尔大学的康拉德·维勒（Conrad Weiler）对本书所做的有益评论。

注释

① *Juillard v. Greenman* (1884) 110 US 421.
② 艾奥瓦最高法院法官约翰·狄龙（John Dillon）1868年明确提出的规则认为，市政府只拥有州立法机关明确授予的权力。尽管它们也可以行使那些所授予权力必然隐含的权力以及对市政府的存在和运作必不可少的权力。然而，立法权力授予的模糊性应被解释为对市政权力的否定。
③ Dam (1977).
④ Chase and Ducat (1973), 33.
⑤ Niskanen (1992), 14.
⑥ 其他两位作者是詹姆斯·麦迪逊（James Madison）和约翰·杰伊（John Jay）。
⑦ Cooke (1961), 205.
⑧ 同上，95。
⑨ 同上，93。
⑩ Newman (1976), 13.
⑪ Stahr (2005), 105.
⑫ Newman (1976), 17.
⑬ Cooke (1961), 188.
⑭ 同上，208。
⑮ 同上，198。
⑯ 同上，201。

⑰同上，202。
⑱同上，227。
⑲同上，195。
⑳同上，211。
㉑同上，213。
㉒同上，227。
㉓Kincaid（1991）.
㉔Shah（2007），19-21.
㉕Cooke（1961），216.
㉖同上，222。
㉗同上，221-222。
㉘同上，226。
㉙同上，227。
㉚同上。
㉛*License Tax Cases*（1866），462.
㉜Chase and Ducat（1973），101.
㉝Farrand（1966），Ⅱ：350.
㉞*Pollock v. Farmers' Loan & Trust Co.*（1895）572-573.
㉟*Hylton v. United States*（1796）171.
㊱*Florida v. Mellon*（1927）12.
㊲*Brushaber v. Union Pacific R. Co.*（1916）12.
㊳然而，国会也可能允许对联邦财产征收州和地方税。US ACIR（1981—1982）。
㊴*Collector v. Day*（1871）113.
㊵*Helvering v. Gerhardt*（1938）419-420.
㊶*New York v. United States*（1946）596.
㊷同上，587-588。
㊸*South Carolina v. Baker*（1988）505.
㊹Blackwell and Klukowski（2010），A19.
㊺*United States v. Butler*（1936）66.
㊻*Steward Machine Co. v. Davis*（1937）591.
㊼*Massachusetts v. Mellon*（1923）.
㊽Chase and Ducat（1973），38.
㊾Rosen（2010），34.
㊿US Government Accountability Office（2010），6.
(51)*South Dakota v. Dole*（1987）.
(52)*United States v. Fisher*（1805）.
(53)*Perry v. United States*（1935）.
(54)Chase and Ducat（1973），74.
(55)*Turner v. Maryland*（1883）55.
(56)尤金·V. 德布斯（Eugene V. Debs，社会主义者），西奥多·罗斯福（Theodore Roosevelt，共和党人），威廉·霍华德·塔夫脱（William Howard Taft，共和党人），伍德罗·威尔逊

（Woodrow Wilson，民主党人）。
㊸*Kelo v. City of New London*（2005）469.
㊹BBC News Europe（2010）.
㊺Wallis（2000），67.
㊻同上，70。
㊼Colorado Constitution，Art. X，Sec. 14.
㊽戈登（本书）。
㊾Newhouse（1984），16-18.
㊿贝尔（本书）。
㉕Bell（2005），307.
㉖阿拉斯加州、特拉华州、蒙大拿州、新罕布什尔州和俄勒冈州没有征收销售税。
㉗美国最高法院推翻了亚利桑那州法律的一项关键条款，见 *Arizona Free Enterprise Club's Freedom PAC v. Bennett*（2011）。
㉘有关州竞选的财政法律见 Campaign Finance Institute at http://www.cfinst.org。
㉙*Zobel v. Williams*（1982）55.
㉚Rose（2010）.
㉛Kincaid（1993）.
㉜National Conference of State Legislatures（2010），1.

参考文献

BBC News Europe（2010，August 12）. "Swede Faces World-Record $1 Million Speeding Penalty," http://www.bbc.co.uk/news/world-europe-10960230，accessed December 2，2010.

Bell，Michael（2005）. "Property Tax Assessment." In *The Encyclopedia of Taxation & Tax Policy*，edited by Joseph J. Cordes，Robert D. Ebel，and Jane G. Gravelle. Washington，DC：Urban Institute Press. 307-310.

Blackwell，J. Kenneth，and Kenneth A. Klukowski（2010，July 22）. "Why the Obama-Care Tax Penalty Is Unconstitutional." *Wall Street Journal*，A19.

Brushaber v. Union Pacific R. Co.（1916）240 US 1.

Chase，Harold W.，and Craig R. Ducat（1973）*Edward S. Corwin's The Constitution and What It Means Today*. Princeton：Princeton University Press.

Collector v. Day（1871）11 Wall.（78 US）113.

Cooke，Jacob E.（Ed.）（1961）. *The Federalist*. Middletown，CT：Wesleyan University Press.

Dam，Kenneth W.（1977）. "The American Fiscal Constitution." *University of Chicago Law Review* 44：2（Winter 1977）：271-320.

Farrand，Max（Ed.）（1966）. *The Records of the Federal Convention of 1787*. Vol. 2. New Haven：Yale University Press.

Florida v. Mellon（1927）273 US 12.

Helvering v. Gerhardt（1938）304 US 405.

Hylton v. United States（1796）3 US 171.

Juillard v. Greenman（1884）110 US 421.

Kelo v. City of New London（2005）545 US 469.

Kincaid, John (1991). "The Competitive Challenge to Cooperative Federalism." In *Competition among States and Local Governments: Efficiency and Equity in American Federalism*, edited by Daphne A. Kenyon and John Kincaid. Washington, DC: Urban Institute Press. 87-114.

Kincaid, John (1993). "From Cooperation to Coercion in American Federalism: Housing, Fragmentation, and Preemption, 1780-1992," *Journal of Law and Politics* 9 (Winter): 333-433.

License Tax Cases (1866) 72 US (5 Wall.) 462.

Massachusetts v. Mellon (1923) 262 US 447.

National Conference of State Legislatures (2010) *Mandate Monitor* 7: 1 (January 4, 2010) 1-2.

New York v. United States (1946) 326 US 572.

Newhouse, Wade J. (1984). *Constitutional Uniformity and Equality in State Taxation*. 2nd ed. Buffalo, NY: W. S. Hein.

Newman, Eric P. (1976). *The Early Paper Money of America*. Racine, WI: Western Publishing.

Niskanen, William A. (1992). "The Case for a New Fiscal Constitution." *Journal of Economic Perspectives* 6: 2 (Spring): 13-24.

Perry v. United States (1935) 294 US 330.

Pollock v. Farmers' Loan & Trust Co. (1895) 157 US 429.

Rose, Shanna (2010). "Institutions and Fiscal Sustainability." *National Tax Journal* 63: 4 (December): 807-837.

Rosen, Jeffrey (2010, November 28). "Radical Constitutionalism." *New York Times Magazine*, 34, 36.

Shah, Anwar (2007). "Introduction: Principles of Fiscal Federalism." In *The Practice of Fiscal Federalism: Comparative Perspectives*, edited by Anwar Shah. Montreal: McGill-Queen's University Press. 3-42.

South Carolina v. Baker (1988) 485 US 505.

South Dakota v. Dole (1987) 483 US 203.

Stahr, Walter (2005). *John Jay: Founding Father*. New York: Hambledon Continuum.

Steward Machine Co. v. Davis (1937) 301 US 548.

Turner v. Maryland (1883) 107 US 38.

United States v. Butler (1936) 297 US 1.

United States v. Fisher (1805) 6 US (2 Cr.) 358.

US Advisory Commission on Intergovernmental Relations (ACIR) (1982). *Payments in Lieu of Taxes on Federal Real Property*. Report A-90. Washington, DC: ACIR.

US Government Accountability Office (2010). *The Federal Government's Long-Term Fiscal Outlook: January 2010 Update*. GAO-10-468SP. Washington, DC: GAO.

Wallis, John Joseph (2000). "American Government Finance in the Long Run: 1790 to 1990." *Journal of Economic Perspectives* 14: 1 (Winter): 61-82.

Zobel v. Williams (1982) 457 US 55.

第3章 联邦制的趋势、压力与展望

蒂莫西·J. 康兰（Timothy J. Conlan）
保罗·L. 波斯纳（Paul L. Posner）
张立彦 译

美国联邦制的建立

联邦制是在两个或更多层级政府间划分职权的一种政府体制，每一层级政府直接对民众负责并享受某种程度的特定法律保护。①现代联邦制最早出现于美国宪法。宪法制定者们寻求设计一种政府体制，既能克服邦联制的弱点又依然确保相当程度的分权和对个人自由的保护。《邦联条例》（1781~1788年）本质上是分散而独立的各州之间的条约，中央政府几乎完全依赖各州获取收入并在非常有限的联邦职责范围内实施政策。相反，《美利坚合众国宪法》（1789年）是基于人民主权原则，权力的最终来源是美国人民而非各州自身。通过宪法，人民建立了州政府和联邦政府以实施其特有的公共责任。②

与《邦联条例》的规定相比，新的联邦政府被赋予了更广泛的权力，包括征税权、公共福利的支出权、国防和外交的责任、各州之间以及与外国之间的贸易管理权。为监督这一更强大的国家级政府，其权力被限于宪法第8条第1款列示的内容。但措辞的模糊性和解释的差异给这些权力的实际范围留下很大的不确定性。各州保留了所有没有让渡给联邦政府的权力，确保了这一制度中相当程度的分权和州的自治权；通过在参议院的平等的州代表、州在总统选举中的作用（通过选举人团）和在第17条修正案以前美国参议员的州立法选举等，各州的利益被认为得到进一步的保护。

历史与发展

直到19世纪60年代，美国联邦制在实践上效仿所谓的"二元联邦制"。在"二元联邦制"下，联邦政府和州政府的职能和责任很少重叠。各级政府拥有各自很大程度上独立的职责范围。③在这一制度中，联邦政府集中于国防、外交、开发西部地区和通过利用关税以及"内部完善"来促进美国工业和贸易。州政府对司法管理、公共教育、福利和大多数公共设施几乎负全部责任。

在这一公认的责任划分中，依然有相当多的关于政府规模和范围的政治争论，特别是关于联邦政府方面。支持一个大而积极的联邦政府的人们倾向广义地阐释宪法赋予国会的权力。在不同时期通过联邦制的拥护者、辉格党和共和党表达他们自己的观点，他们支持诸如建立国家银行管理公共债务、通过国家公路和水运项目促进经济发展、在照顾盲人和贫困者方面对州政府给予补助、征收高关税以保护国内工业等政策。相反，民主党的追随者认为应狭义地解读宪法第 8 条第 1 款，以保持一个小的联邦政府并限制其职责。这些分歧的政治观点被奴隶制的政治经济影响和北方与南方间的不同经济现代化模式所强化。南方寻求保护奴隶制而在工业发展中落后。相反，北方经历了人口的迅速增长和工业与农业生产力的显著扩张。

这些潜在的经济和社会因素加剧了关于美国联邦制性质的政治分歧，最终导致了南方的退出和内战。北方的胜利增强了联邦政府的法律和政治权力。宪法第 14 条修正案通过保证所有公民的正当法律程序和提供同等法律保护、禁止州侵犯这些权利以及经由联邦立法赋予国会实施平等保护和正当程序的权利等，加强了国会相对于各州的权力。此外，内战时期共和党通过形形色色的新方案，如《莫里尔赠地法案》、创建州际铁路、建立农业部和（临时）教育部、建立第一个联邦所得税、救助新获自由的奴隶和照顾残疾军人及其抚养者和遗属等，扩展了联邦政策积极主义的范围，从而为未来的政策扩张奠定了基础。

内战后，伴随着向"合作型"联邦主义的首次尝试，政府支出经历了一个长期逐渐扩张的过程。随着国家经济的扩张，州政府经济管理的局限性暴露出来。各州曾尝试但最终无法有效管理发展中的国家铁路系统、食品加工业、采矿业和重工业。④它们的管辖权所及范围与国家的各个市场和工业产生的经济外部性的地理范围不相适应。因此，19 世纪末 20 世纪初逐步产生了联邦铁路管理法规、反垄断立法、食品药品安全立法，并建立了联邦储备银行体系。⑤同期也首次出现了联邦对州的大额现金拨款，这些拨款用于农业科研、林业、职业教育和公路建设。所有这些拨款为未来联邦和州之间的更大合作奠定了基础。⑥

最高法院延缓了这一集中趋势，但无法完全阻止。法院对宪法的限制性解读推翻了 19 世纪 90 年代的联邦个人所得税和 20 世纪早期的联邦童工和最低工资等法律（认为这些法律超出了国会管理州际贸易的权力范围、干预了私人合同并侵犯了州的政策领域）。⑦另一方面，法院支持联邦法律管理或阻止有害品以及在州际贸易方面的实践，包括伪劣食品和药品、彩票和卖淫，支持国会对联邦拨款附加条件的权力。⑧

联邦个人所得税随着 1913 年第 16 条修正案的通过而得以恢复，为联邦支出的随后扩张奠定了基础。也是在 1913 年，第 17 条修正案实施，通过用美国参议员普选制代替州立法机构选举进一步加强了联邦的权力。同时收缩了州对国家政策制定的影响力，并通过增进民主合法性加强了参议院的权力。

19 世纪末 20 世纪初联邦政府作用的增长伴随着多级政府的发展复杂化。20 世纪初，主要城市在国内治理的许多方面都扮演主要角色，到目前为止花掉政府支出的最大份额并提供国内服务的主要部分。它们也是政府改革措施的焦点，通常引领公共部门管理的创新。尽管不是全部，但许多州政府也是"进步时代"富有改革精神的政策制定者。而实际上所有的州都受制于不适当的收入制度和数量不足且往往很不专业的雇员们。⑨

后一问题通过合作性的联邦拨款项目逐渐得以改善。联邦拨款经常要求在州政府机构方面加以改进。它们通过要求州给联邦款项提供通常对等的配套资金,促进了州发展服务和开辟新财源。1916年通过的联邦公路拨款的首个主要项目是重要案例。它要求各州建立"单一的州机构"实施公路计划,由一名土木工程专家管理,并要求各州提供配套资金。在此过程中,它帮助启动了在全国范围发展专业化的州公路机构。

不可避免地,这种联邦政府和州政府以一种合作方式分担责任的合作型联邦模式在20世纪30年代以后日趋成熟。"新政"如内战一样,深刻地调整了联邦制度在权力与操作实践层面之间的平衡。随着税收的收缩和服务需求的上升,州和地方政府财政在大萧条的压力下崩溃了。结果是州和地方政府日益转为向联邦政府寻求帮助。⑩

联邦政府最初通过大量就业和救济计划、限制工农业生产以提高价格和抑制通缩、建立证券和银行业的新规则以及大规模的赤字性支出加以应对。最初的农业和工业政策被最高法院推翻,认为它们超越了宪法规定的国会权限。但法院最终接受了联邦责任的扩张,采纳州际贸易权力的广义解释和允许联邦政府通过联邦拨款对州的职责进行广泛干预。⑪国会随之通过了对老年人的救助、失业保险、现金性福利救助、联邦工资和小时法以及公共住房等法律。

到1936年,政府支出占经济的份额已经翻番,并且联邦公共支出的份额首次在和平时期等于州和地方政府支出的总额。⑫因为联邦政府依赖各州和城市去实施许多新项目,也有利于州政府的现代化和专业化以及促进国内职能部门间的更广泛共享与合作。许多州也进行了财政与制度的现代化,包括实施州的所得税和销售税。

这一合作型联邦制以各类型政府在大多数国内职能上的共享为标志,成为20世纪50年代美国政府治理的规范。它在20世纪60年代随着林登·B. 约翰逊(Lyndon B. Johnson)总统的"伟大社会"计划而得以大幅扩张。几百个新的联邦拨款项目被采纳,总数增长了两倍,从1960年的132个增加到1969年的397个。⑬许多这些新项目,如用于城市重建的"示范城市"项目,绕开州政府直接给予了地方政府。在其他情况下,联邦政府的干预深入扩展到传统上为州和地方政府的领域,如初、中等教育和地方法律实施以及对贫困者的医疗保障等新职能。一些今天最大的和最重要的联邦拨款项目,如对贫困儿童的教育拨款和医疗补助,就于这个时期建立。一个旨在反贫困的重点项目也被联邦政府采纳,作为联邦授权的新形式和管理的其他形式影响着州和地方政府。

新的联邦支出项目的激增和由联邦政府对贫困和政府改革的新焦点所引起的争论,产生了一个政治上的反作用以及尼克松和里根政府时期政府间的政策变化。⑭理查德·M. 尼克松(Richard M. Nixon)总统发起了一个"新联邦主义"的倡议,以寻求减少对联邦拨款项目的限制和下放决策权。尽管没能实施提出的全部改革,尼克松总统在就获取国会同意"一般性收入分享",即一个数十亿美元的、很大程度上不附带条件的对州和地方政府的拨款项目,和对社区发展、就业和培训项目有很大弹性的分类拨款项目方面都取得成功。但尼克松也通过在空气和水污染、职业安全和濒危物种保护等领域采用主要的新联邦指令,持续扩展了更为强制性的管理性工具。

罗纳德·里根(Ronald Reagan)总统也通过削减联邦支出(和税收)以及通过把较小的、控制较严的联邦拨款项目合并为更有弹性的分类拨款以期减少联邦的权力和影响。尽管这很大程度上预示着向政府权力下放的转变,但他也帮助了监管型联邦主义的进一步发展,对于国会在通过的新政府间法规和给予州管理当局的优先权等方面予以支持或默许。

当代联邦主义的挑战

在进入 21 世纪第二个十年之际,我们的联邦制度依然是一个被国家、州和地方官员用以满足需求和不断扩张目标的中心工具。无论是国土安全、医疗保险,还是环境政策,国家的决策者们已经日益把州和地方政府作为主要的承担者。州和地方政府增加新措施以解决健康、安全、教育和基础设施方面的需要,尽管过去几十年它们已经在做。联邦措施已改变了州和地方政府的政策议程,正如自下而上的政策创新已经影响了联邦决策者们的优先事项和选择。

在我们的制度中,各个类型政府的财政和政策变迁在过去几十年里已经日益紧密地结合在一起。在国民已日益需要联邦政府发挥作用和许多领域已经国有化的同时,也伴随着对州和地方政府执行国家目标的日益依赖。这些安排带来益处——联邦政府得到宝贵的政治和财政伙伴,州和地方政府得到在国家目标、不同的州和地方、利益之间达成平衡的机会。

但是,我们的制度内政府间不断增长的联系也增添了让人烦恼的管理问题。州和地方政府面临解决自身特殊需要的挑战,与此同时承担着不断增加的国家所需的管理工作。联邦政府在与其推行国家事务的责任和对取得全国性成果的控制之间的差距进行斗争。公众面对的是当这么多只手介入公共政策时搞清谁对结果负责的窘境。

目前,政府间制度面临一系列短期和长期挑战。如从国土安全到教育等领域,联邦、州和地方政府在管理涉及政府内外多个角色的项目时遭遇困难。并且,一个联邦制度的唯一优点——在一个国家对地方特有需求进行反应的弹性和能力——受到跨越州界甚至国界的长期技术和信息进步趋势的威胁,激发了对持续的国家乃至国际管理以及税收政策的需求。

最严峻的制度挑战是发生在所有政府中的严重的支出和收入压力。短期内,最近的经济衰退和股票市场的下滑已经引起收入下降,而其他方面的发展,如医疗费用上升,已经大大增加了各级政府的支出需求。长期趋势如人口老龄化,会继续推动所有政府的支出需要，而其他趋势，如全球化和技术进步，将通过侵蚀税基影响政府收入的传统来源。⑮所有政府所面临的财政考验危及以往支撑合作型联邦主义并使各方为满足公众期望提高而共同扩大公共服务的财政基础。处于这种境地，联邦制度的财政未来会以政府间冲突的加剧为特征，美国各级政府都有增加收入、转移成本以及解决财政赤字的困难抉择的责任。

政策议程的国家化

当就国家化问题和解决方案达成广泛一致时就预示着联邦政策制度问题扩展到更加广泛的范围。关于联邦作用的合法性的质疑——一度是政党制度分裂的最有争议的问题之一——已在很大程度上得以解决。保守的共和党、温和的民主党和自由的民主制度都已肯定了通过联邦制度对出现的问题给予强有力的国家和政府间回应的世俗偏好。公众也很难注意到联邦设计的结构性制约，支持从社区警务到教育责任的国家干预。

州和地方政府对制度的政治影响力的削弱为政策议程和解决办法的国家化创造了条件。主要的政治力量已经侵蚀了支撑联邦制度几十年的州和地方政府影响力的传统堡垒。全国性政党获得影响力的同时，州和地方的政党组织衰落了。随着20世纪60年代以后华盛顿利益集团的涌现，国会政治的个体化进一步减弱了州和地方对政治制度的影响力。⑯

我们政治制度的其他变化促进了政策议程和政治的国家化。随着记者们日益为州和地方的问题与解决寻求国家视角及其运用，聚焦于华盛顿的国家媒体机构的增加为那些希望国家化的集团创造了有力的资源。游说的出现代表广泛的、分散的利益，所谓的公共利益集团已经表达了对国家政策的拥护，因为许多这样的集团已经驻扎在华盛顿特区而非其他州。也许利益集团明显而很少被人注意到的最重要发展是工商业集团从州的支持者转变为拥护由联邦机构进行国家管理的支持者。这一趋势显示了经济的国有化和全球化对联邦制度的影响。随着企业日益在一个全球化环境中运转，应对50个独立州的管理制度被一些人视为有碍经济效率和竞争。

这一长期趋势在乔治·W.布什（George W. Bush）在任期间经受了考验。一些人预期一个由前州长领导的保守的共和党政府和近50年来首次由共和党控制的国会，能阻止或扭转联邦作用的扩大以及国家治理日益政府间化的历史轨迹。但布什政府增强了利用州和地方政府推进国家目标的常见模式。实际上，布什政府以及共和党控制的国会非但没有放慢政策事务的国家化，而且在几个政策领域加速了国家化并进一步植入确保联邦应对的新理念。不管是《不让一个孩子掉队法案》还是《真实身份法案》，布什总统和国会都遵循一个有力的国内政策安排，依赖于联邦对州和地方的授权和优先权以实施国家的政策重点。⑰

2008年大选时巴拉克·奥巴马（Barack Obama）总统寻求一套大胆而艰巨的国家政策目标。如其前任们一样，虽然在大选中从未明确一个联邦主义的目标，但新政府发现它将不得不站在州和地方政府的肩膀上去取得经济复苏、改革金融市场和推行其艰巨的新医保改革计划。奥巴马政府拥有前任政府使用的所有工具，如优先权、授权、拨款和税式支出。实际上，它运用各州的授权和优先权把医疗保险扩展到无保险者并建立一个新的管理架构来管理以前由州管理的医疗保险。但衰退的深度也使联邦合法化地大幅扩大对州和地方的拨款以减轻危机影响。因此，奥巴马政府已在自林登·约翰逊的"伟大社会"以来所未见的水平上使用联邦拨款工具箱。2009年《美国复苏与再投资法案》（ARRA）包括2850亿美元对90多个联邦拨款项目的扩大的临时性基金，这些项目包括增加医疗补助的配套资金、教育的高度机动基金和对教育、高速铁路以及能源储备等刺激性援助项目的支持。因此，联邦拨款从2008年的4610亿美元增加到2010年的6540亿美元，占联邦财政支出总额的比重上升到17.6％，达历史最高水平。[18]

从合作型到强制型的当代联邦主义

在许多方面，过去50年美国政府的特点是联邦在为政府间制度制定议程中的作用不断增长。但是，这些政策通过合作型联邦主义的制度产生而实施。早期的合作型模式在扩展联邦作用的同时强化了州和地方的基础作用。认识到强大的州和地方部门对委托联邦政府发挥作用的兴趣在增长，联邦政府在合作型时代向州和地方伙伴们提供了财政帮助和能力建设以增强其活力和能力。州和地方政府保有与国家领导者们谈判的重要能力，因为它们至少可以威胁对联邦项目的成功不给予至关重要的合作。[19]

这一时期大多数关于联邦政策动因的研究显示，拨款通常是整个政府间制度中用以激发兴趣和采纳的最初工具，随着联邦作用的日益合法化和执行中分歧接受度的日益下降，才继而使用越来越多的强制性授权。[20]尽管长期以来努力把联邦拨款项目交给州政府去做，但联邦拨款依然数额巨大，2010财年联邦支出中拨款总额为6540亿美元，占州和地方支出的25%以上（见图3.1）。[21]大多数联邦拨款在资金性质上依然是分类拨款。根据国会研究所提供的数据，联邦拨款项目有950多个。[22]其中只有25个是一揽子拨款，反映了联邦政府一直偏向支持高度具体的项目以及解决这些项目在设计和实施中的实际困难。[23]

上述拨款设计中的政治因素导致拨款制度常常与经济学家们提出的理论见解不一致。在公共财政理论中，拨款被解释为用以矫正"低层级"政府没有完全获得的外部效益和成本问题。相应地，由于效益和成本的不匹配，公共服务的提供达不到理想状态，有必要通过联邦拨款矫正这些外部性。拨款还被解释为用以矫正州和地方依赖于累退税所导致的分配影响，实现低收入和高收入地区之间的财政均等化。[24]

一个开放式的分类配套拨款通过改变接受每一服务的边际增量的价格，成为克服外部性的最适合方式。配套的要求应反映外部效益与内部效益的比率。但如爱德华·格兰姆里奇（Edward Gramlich）和其他人注意到的，这一原理在拨款的设计中很少被遵循。几乎所有的拨款性质上都是封闭式的。大多数拨款的主要封闭式性质表明国会想要资助每个州最低水平服务的花费，即通过固定的基金限制予以实施，

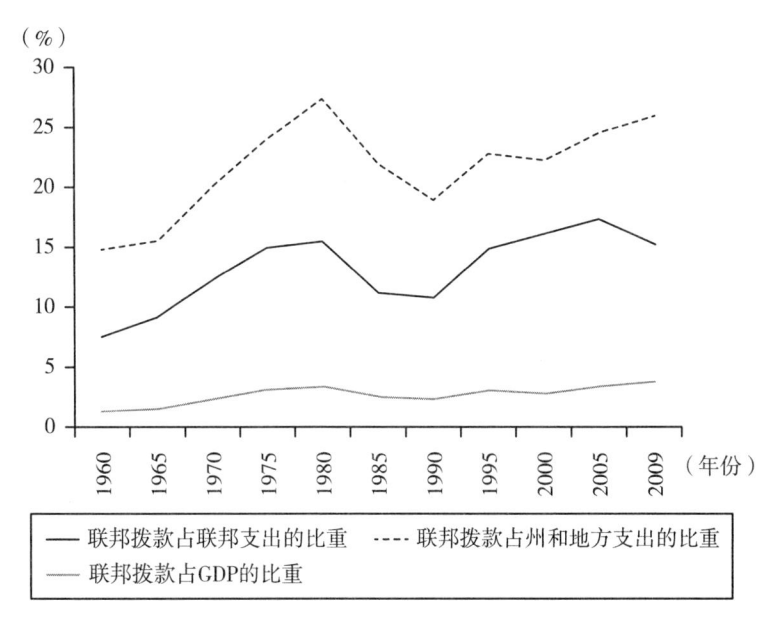

图 3.1 联邦拨款占联邦支出、州和地方支出及 GDP 的比重

资料来源：US Office of Management and Budget。

而非通过一个缺乏控制的和有可能惹麻烦的边际成本—匹配公式。

国会也拒绝了经济学家们就再分配性拨款提出的建议。由于需求和财政能力间的不匹配导致公共服务存在明显差异。对这一问题提出的解决方案是一般性的均等化拨款。而一般性收入分享的短暂而坎坷的命运显示一般性拨款就国会对项目成果的需要来讲缺乏政治吸引力。尽管也可以通过按需要和能力比例分配联邦分类拨款来寻求再分配的目标，但研究结果通常表明基于这些标准的拨款无法很好地瞄准目标。例如，政府问责办公室（GAO）发现，1996 年 97 个最大的拨款项目中只有 23 个项目的公式中包括了财政能力。这反映了拨款项目背后的公式在巩固政治同盟中所起的作用，政府问责办公室的分析中解释拨款分配的最重要变量是因明显的政治因素而提供给财政规模小的州的最低拨款水平。

大量的联邦政府分类拨款不仅满足联邦官员们要求成果的需要，而且满足委托人和坚持从特定拨款项目中获取额外资源和支持的州与地方官员之间的更广泛同盟的需要。拨款的设计和管理通常反映了对项目背后的同盟进行加强和拓展的需要。公式设计条款、报告的要求、受益人保护和保持财政努力以及配套条款经常是取得受益者利益集团和地方执行者支持的谈判筹码。

这样合作型联邦主义趋向于在各类型政府间产生一个"栅栏"式的项目专家结构。政府间关系通过"纵向的职能独裁"（vertical functional autocracies）上下流动，穿过我们多层级联邦制度的横向治理结构。建立联邦制度"栅栏"的具体技术包括人员资格标准、单一的州机构的要求和对咨询委员会的要求，增进在州政府中这类专业人士所起的作用。这些起作用的"大礼帽们"（stovepipes）成为联邦拨款和其他合作型政府间关系的渠道，他们规定了政府间谈判和磋商的空间。在许多方面政府间的专家证明如果给予充分的时间，协商的合作型政府间关系是良好的。㉚这些关系以谈判为特征，因为不管是州政府还是联邦政府都没有足够的力量采取单边行动。

由于不管是联邦政府还是州政府都没有足够的力量采取单边行动，因此对自身利益而言，各自不得不满足于次优的影响力水平和结果。从联邦的角度，对于项目存续而言，获得参与比实现目标在政治上更加重要。要求受让者遵守过于死板和费力的要求会冒失去他们参与和支持的风险，这对于项目的存续如此重要。例如，多年来存在的长期趋势是减少或放弃联邦拨款中的配套资金。如1935年以前，大多数的拨款有配套要求，几乎所有拨款都有50%的非联邦配套。政府问责办公室研究发现1978年所有拨款项目中只有9%要求50%或以上的配套，37%的拨款不要求配套。㉛到1995年，有50%的拨款没有配套要求。㉜

从州和地方的角度来看，联邦拨款对于优先事项的确定和州与地方对其民众特有需要的反应能力具有累积效应。约瑟夫·齐默尔曼（Joseph Zimmerman）列出对联邦拨款条款的16条批评清单，包括减少州和地方的自由裁量权，为满足国家委托和配套要求而扭曲了州和地方的优先事项，以及州官员虽获得更大的独立性但失去其名义、政治上应负责的上级。㉝尽管每个联邦项目要求自身的合理性，但该文更多地关注于拨款对州和地方治理及其责任的总体影响。㉞

通过审视联邦对州和地方财政拨款的预算影响可以解释对州和地方的决策进行拨款的集中后果。一方面，如果拨款能被用于替代现有州和地方对拨款项目的资金，则联邦拨款为州和地方的成本节约提供了潜在机会。研究提出对于州和地方政府已有大量投资的具有广泛基础的项目值得考虑财力替代。此外，没有维持联邦投入的条款也会有利于财力替代。

相反，在开放式项目中联邦配套资金的提供对州和地方支出产生了激励，扭曲了州和地方预算重点。财政紧缩的研究已发现州和地方政府通过维持其配套和财政努力以保护联邦拨款，放弃纯粹由州和地方筹资的项目。联邦拨款对州支出的最明显效应尤其产生于联邦医疗补助项目的配套要求。一个40.57%的中等非联邦配套使得各州的医疗补助份额已经上升为与教育相匹敌的州支出的首要重点。㉟

强制型的联邦主义

近些年，我们已经见证了从以拨款为特点的合作型联邦主义向一个更强制型的模式转变。与早期合作型模式相比，联邦官员越来越被迫通过更加集权的和国家化的政策行动及工具来应对国家问题的大量议程，不管是以授权还是多种形式的优先权。看来没有什么国内治理问题能离开国家政策层面，不管多小或多么具有局部性。

政府间治理可通过联邦法规对州和地方政府直接命令或间接通过其他独立的联邦政策迫使州和地方政府做出改变，如关于地方健康诊所的联邦移民政策。美国政府间关系咨询委员会（ACIR）有效界定了一个"联邦引致成本"的概念，提出联邦政府可采取不相关联的政策措施增加州和地方的成本。㊳

这些政策措施可包括州和地方政府对一个政策问题采取行动的明确的责任义务——也许通常被称为一个"授权"——或一个约束性的阻止或优先的特定行动。虽然在概念上有区别，但在政府间的影响上很类似。也可引申出许多其他的不同——一些联邦治理措施同等地影响公共和私人部门，如公平劳动标准，而其他如选举或教育要求尤为影响州和地方政府。

这样，强制型联邦主义的工具远远超越了"无经费授权"的通行概念。当国会1995年通过《无经费授权改革法案》（UMRA），使这一概念成为正式使用的概念。虽然这一法案的通过确实标志着尝试推翻或至少阻止政府间治理或强制型联邦主义的发展，但实际上《无经费授权改革法案》首先解决了这些政策工具之一，即法定的直接命令。包含在《无经费授权改革法案》中的相对狭窄的定义已经限制了这项改革在影响这些政策决策方面的潜在有效性。

共和党和民主党政府以及民主党和共和党国会已经面临趋向一个更强制型和集权的联邦主义的长期态势。尼克松政府虽然在建立一揽子拨款和收入分享上遵循了原则性的联邦主义方法，但主导了对联邦主义有重要影响的联邦治理的大扩张。㊴尽管里根政府主要的政策建议旨在在联邦制度中重新平衡联邦的作用，但被发现其支持包括环境保护、公路安全、医疗保险和社会福利政策等领域的新联邦授权。㊵这种趋势在整个20世纪90年代和21世纪得以延续。

近来的集权化措施成功推翻演变发展了多年的合作型联邦主义框架。在布什和奥巴马政府时期的例子包括了许多传统上州和地方的责任范围——教育改革、选举管理、地方紧急通信，州驾照的发放㊶在布什时代成为被新的联邦授权和优先权所覆盖的新领域。奥巴马政府增加了医改——通过扩展的新医疗补助范围授权和新的医疗互换（health exchange），州已成为被用以将医疗保险范围扩展至无保险的人的首要工具，州将在严格的联邦监督和标准之下进行管理。具有讽刺意味的是，由那些更为合作型的先驱者们所提供的政治支持可更好地为强制型的联邦主义继任者们铺平道路。

由于联邦通过支出授权增加了政府间财政负担，并同时限制了州和地方政府的收入以便为大量的联邦政策计划筹集资金，从而恶化了政府间的紧张局势。最近的联邦税收政策措施在限制州收入方面有所创新。在遗产税领域，2001年取消了始于1924年的鼓励各州通过联邦抵免延续自身遗产税的联邦—州分享制度。2001年削减联邦遗产税通过以前，允许州从联邦遗产税收入中提取一定份额来征收一个遗产税。州"提取"的遗产税不增加遗产的总遗产税额，因为纳税人得到一个从其联邦遗产税额中的"等额"抵免。2001年减税结束了联邦遗产税和先于联邦税四年到期的州抵免额。尽管有这一变化，2010年有21个州从联邦税法中分离出来继续征收其自己的遗产税。㊷

并且，近年来加速了州和地方法律中联邦优先权的步伐。早在1985年，国会采取措施阻止州对有限关联的州外企业征收营业税。最高法院的决定强化了这一措施，禁止州对远程卖方生产的货物销售征收销售税，尽管法院为国会通过法律废除这一优先权敞开大门。㊶国会没有对这一要求采取行动，以使各州可将销售税扩展至无固定区域的销售活动，尽管多数州努力通过"简化销售税项目"实行更加统一的销售税税基。国会对州税收的优先权比法院的裁定更进了一步。2007 年，国会将对州当局的优先权扩展至网络课税，根据国会预算办公室（CBO）的数据，这一措施每年至少减少州和地方收入 8000 万美元。㊷

政府间应对变化的能力正在经受强制的联邦主义的考验。早先讨论的政党、媒体和利益集团的变化使得政府间制度置身于越来越快速的外生政策变化中。在福利、教育、国土安全和选举改革方面的坚定的国家政策是源于外在的专业子系统的危机、事件或政治议程，这些专业子系统在过去合作型联邦主义模式下塑造了政策和执行方面的管理。

美国联邦主义中的州和地方部门：有弹性而守旧

联邦制度已经越来越复杂、易变和冲突。在日益相互依赖的背景下，依然存在联邦制度是否有能力保有其适应性和灵活性的问题。在一个历史上对联邦政府的权力和规模怀有矛盾态度的文化里，州的参与有助于新项目的合法化并使其适应全国的不同条件和重点。此外，州为国家本身提供了极其重要的实验室，以了解应对紧急问题和挑战的不同方法所产生的效力。

州的弹性传统

在这一点上，长期以来在我们的制度中各州保持并增强了作为创新性政策实验室的作用。不管是全球变暖或是对无保险者的医疗保险覆盖，州保持着在我们制度中作为政策实验室的传统作用。虽然对国家政治和政策僵局感到沮丧，但许多集团正在发现州成为新的政策思想和改革的殷切捍卫者。㊸有理由相信近年来正加速依靠州来产生出国家政策方面的思想。

不仅在各州而且在其他政府间安排中也发现了美国政府间的制度引导和捍卫政策的能力。东北部各州执行的《区域温室气体计划》是在面临联邦政治僵局时各州如何组织成地区性集团以在就国际政策问题中发挥带头作用的例子。

州和地方政府传统上被认为是主要的拨款接受者的角色，即使在如优先权这样更为强制性的工具下，联邦官员经常被迫依赖州和地方的管理制度来补充微不足道的人员规模和增加更多的政治支持。例如，部分的优先权策略给州提供了参与联邦管理执行制度时超越联邦管理标准的重要机会。也许看不到联邦拨款的合作型伙伴关系，但是由于州在执行联邦标准和公布标准时所起的关键作用，使得州在推动分权化程度方面起到重大作用。

即使在直接的命令式授权下，各州共同显示出一种弹性，加大了对由国家资本孵化的集权化项目的更大抵制。授权有一个通过时集权、执行时分权的政治生命周期。在最初通过的过程中，州和地方政府官员很可能是有分歧的、矛盾的和实际上的目的性。但是，这些政治动力在执行过程中被颠覆了。随着成本和项目设计的挑战对于全国官员而言越来越重要，州和地方日益团结；毫不奇怪，州、地方及联邦官员的目标和重点之间的冲突在这一阶段也增强了。例如州和地方官员几乎没有反对《不让一个孩子掉队法案》的最初通过，但是许多州和地方官员通过联合教师工会对项目的标准和限制发起强烈反对，包括试图取得法院的禁令以对抗计划的最为棘手的授权。大多数州拒绝通过为了符合2005年联邦《真实身份法案》而对驾照程序大幅变更，迫使联邦政府让步并与州领导人寻求妥协。㊽新兴的保守州首席检察官联盟联合起来挑战奥巴马的医保改革，集中表现于由几乎半数州的首席检察官们提起的诉讼。

联邦制下州与地方政府的地位正在被侵蚀

虽然在我们的联邦制中州保有相当大的影响力，但近年来它们达成自己特定公共政策目标的弹性和能力已被削弱。两个起作用的力量——国家政治经济制度的日益集权化和州与地方预算正被侵蚀的财政基础——已经逐渐削弱了州和地方政府表达和捍卫其特有政策重点和权力的声音和能力。

具有讽刺意味的是，在集权化力量面前，更强的州政策激进主义导致了更大的联邦政策野心。不仅没有克制，联邦官员反而日益利用以州为基础的改革建立更加集权化的联邦项目。虽然许多这些项目给重压下的州提供联邦资金，但经常随之而来的还有集权化和强制的联邦政策。

州的提案被国家采纳是州的推动和国家拉动的结果。在一项最新的州政策的国家化研究中，州官员们的支持拥护是州政策改革被国家层面采纳的最重要推动因素。㊺在州政策存在外部效益或成本的地方，牵头州的倡议经常因其他州的不作为或反对而被破坏了。例如，有严格控枪法律的州无法有效保护其边界安全，因为其管理制度被那些管理较弱的州购进枪支所逐渐削弱了。类似地，那些有强有力的管理气候变化项目的州面临的可能是企业迁往那些管理较弱的州。相应地，州政策的领导者经常寻求联邦政策行动来为来自其他州的竞争设置底部限制。

随着州成为政策创新的更丰富源泉，国家政治制度的转变确保了国家官员利用州的提案来增进自己的政策和政治利益。政党制度的根本性变化已经把国家政治官员从州和地方政治官员的代表转变为独立的通过发起国家项目和立法博得选民好感的政治企业家。在一个有着"一周7天，一天24小时"新闻周期和在华盛顿特区有几千个利益集团的国家中，州的问题经常快速地被列入国家领导者的政治议程。州的动议频繁地被用于解释新政策是：（1）可行的；（2）有效的；（3）受欢迎的。有些情况下，州的政策提案到达"临界点"，政策的受益构成一个最低的国家标准。㊻企业作为一个促进州政策国家化的力量尤其值得注意。随着企业更加全球化，它们已经从传统上支持对州的政策分权化的立场转向寻求国家立法以规范、限制甚至实际上阻挠州的提案。㊼财政上，全球化的技术经济逐渐削弱着州和地方的财政基础。一个重要例子是零售销售税，大多数州收入制度的支柱受到向服务经济转变和网上交易增加的威胁。㊽并且，投资、就业和人口的日益流动性也压缩了其他的收入来源，以避免高边际税率引起竞争、经济衰退或探底。在支出方面，一个老龄化社会将把更多的需求加诸于州和地方部门，来为医疗保险和其雇员的养老金筹集资金，并且作为财政伙伴为老龄人口提供国家的长期关怀。㊾州对医疗补助分担的部分也成为其预算中最大的支出项目，日益挤占其他州和地方需要的支出重点。政府问责办公室总结到，在下个40年，很大程度上被医疗保险费用的指数化增长所驱动，州和地方政府财政前景将恶化（见图3.2）。㊿

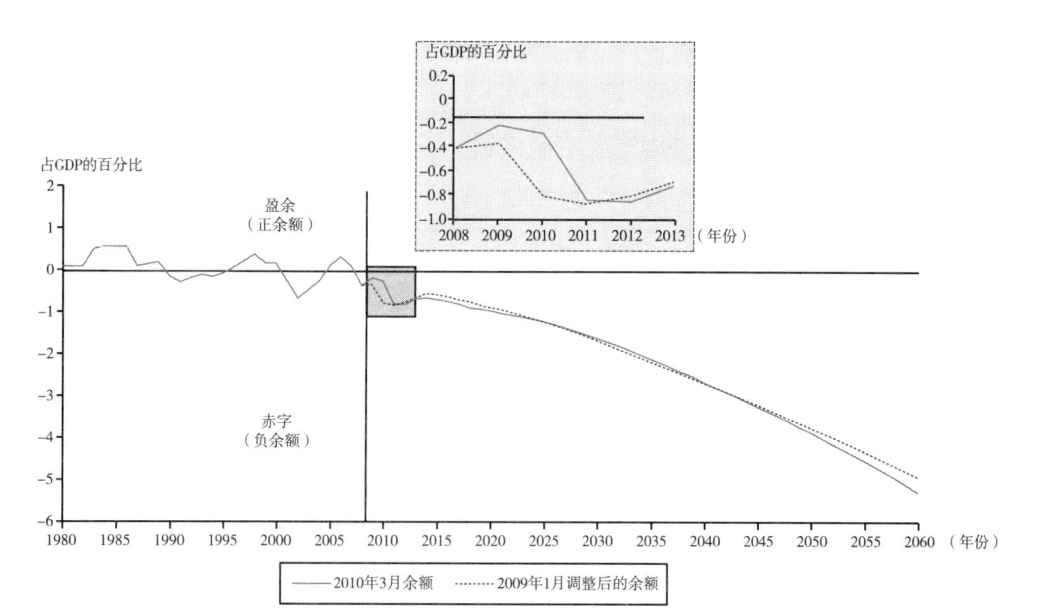

图 3.2 1980～2060 年州和地方财政趋势与展望

注：历史数据来自经济分析局1980～2008年的国民收入和产品账户。2009年数据由政府问责办公室根据发布的数据估计。政府问责办公室模拟是从2010～2060年，利用国会预算办公室的诸多预测和假设，尤其是下个十年的。估计是基于当前的政策。"2009年1月调整"是指政府问责办公室GAO 09320R的结果，我们已进行调整以反映石油价格降低对部门支出的影响。"2010年3月"是指我们最近在GAO-10-358中的模拟结果。

资料来源：CBO（2007）。

老龄化人口、增长的医保费用和经济性质的转变对于任何政府而言都是短期内难以逆转的长期力量。这些力量正在加剧我们制度中的纵向财政失衡。由于国家级政府享有较好的筹集收入的基础，公共财政传统上主张国家级政府处于帮助州和地方的最佳位置。但恰恰是侵蚀州和地方财政能力的同样力量导致联邦政府受长期财政赤字的困扰。近来联邦政府向州和地方提供短期的反衰退援助，短期和长期中逐步升级的赤字将会逐渐削弱联邦政府的灵活性和能力，以至于难以发挥其确立已久的公共财政均衡器的作用。

结论：财政的未来

美国联邦制度正处于十字路口。不管是否做好准备，制度已经成为实施所有形式复杂的国家政策措施的主要手段。对于参与其中的各方，政府间制度趋于更富有争议、难以管理且不太令人满意。各类政府必须在由众多竞争方和利益间的不稳定以及脆弱的妥协所构成的复杂环境中追求相互冲突的目标。公众本身难以就这一制度的结果确定责任——这是一个在长期中侵蚀政府信任的问题。

难怪在20世纪80年代认真地努力整顿和"疏通"制度，希望能明确并简化职能和责任。一个常见方法是重新思考国家级政府和州之间的根本性责任安排。艾丽斯·里夫林（Alice Rivlin）和保罗·彼得森（Paul Peterson）所做的工作以及其他人提出建议把分配性项目如交通和教育的责任下移的同时集中再分配项目如医疗保险的责任。[51]

但这些努力因大量的政治反对而破产了，因为在诸如福利、医疗补助、食品券和其他项目上应该做什么和谁应该做，政治家们之间存在分歧。除此以外，趋于明显的是在集中需要国家提供资金与控制的福利和健康项目的同时，联邦或州的官员们不愿放弃对于艾丽斯·里夫林等经济学家们所坚持的应该由地方提供的项目的控制。[52]

难以想象的一种未来情形是联邦政府通过整顿职能或避免政府间交涉来应对财政约束。相反，在这样的时代更可能需要分担费用和责任的伙伴。最终，只要令人烦恼的和新的问题继续摆在联邦面前，政府间制度依然是解决复合共和政体中复杂问题的最佳方法。政府间制度最适合的政策领域是：（1）目标和目的的冲突阻碍了纯国家项目的发展；（2）需要广泛的资源配置和能力以解决特定问题或目标。最终，政府间制度很好地适应美国今天面对的很多"糟糕"问题——概念和角度具有争议且没有固定边界的问题。

随着联邦官员们继续依赖于联邦制度，日益重要的是理解此制度达成国家目标的能力。什么是州和地方达成国家目标的共同能力和以什么样的成本实现其他的重点和目标？何种权力配置和分配模式对政府间项目会适用以及它们在政策领域间如何变化？随着问题的国家化，由州引领的什么改革能够影响联邦的新方案？在寻找这些国家问题的答案中，同样重要的是理解国家项目对于州和地方政府在解决国家多样性地区间的特有需要和重点方面的弹性和能力的影响。

具有讽刺意味的是，随着政策事务和财政更加紧密地相互联系和政府间化，我们回答这些问题和监督联邦制度的国家能力已退化了。15年以前，政府间关系咨询委员会消失了。虽然政府问责办公室和国会预算办公室保有政府间的分析能力，但国会本身没有继续保有重要的旨在处理政府间关系的小组委员会。管理与预算办公室和财政部不再有专门负责政府间拨款和财政联邦主义的部门和办公室。对于前方的艰难时刻，要保持一个健康的联邦制，至关重要的是恢复对联邦制度进行分析的组织能力。

注释

101 ①Bird（2005）；金凯德（本书）。

②*Federalist* No. 46.

③见 Corwin（1950）and Scheiber（1975），相反的观点强调更大程度上的政府间合作和分享，见 Elazar（1962）。

④Beer（1975）.

⑤Walker（1998）.

⑥Johnson（2006）.

⑦*Pollock v. Farmers' Loan & Trust Company*（1895），*Adkins v. Children's Hospital*（1923），and *Hammer v. Dagenhart*（1918）.

⑧*Hipolite Egg Co. v. United States*（1911），*Hoke v. United States*（1913），and *Massachusetts v. Mellon*（1923）.

⑨Derthick（2001）.

⑩Leuchtenburg（1963）；Patterson（1981）.

⑪*United States v. Darby*（1941）；*United States v. Butler*（1936）；*Wickard v. Filburn*（1942）.

⑫Wallis（2006）.

⑬Walker（1998），17.

⑭Conlan（1998）.

⑮Scheppach and Shafroth（2008）.

⑯US Advisory Commission on Intergovernmental Relations（1986）.

⑰伊兹（本书）。

⑱Conlan and Posner（forthcoming）.

⑲Derthick（1970）.

⑳US Advisory Commission on Intergovernmental Relations（1984）；Kincaid（1990）；Posner（1998）.

㉑US Office of Management and Budget（2010），246.

㉒Dilger（2009），6.

㉓Reischauer（1977）.

㉔Break（1980），chapter 3.

㉕Beam（1980）.

㉖Yilmaz and Zahradnik（2008）.

㉗US Government Accountability Office（1997），27.

㉘Ingram（1977），509.

㉙Seidman（1997）.

㉚Peterson，Rabe，and Wong（1986）.

㉛US Government Accountability Office（1981），17.

㉜US Advisory Commission on Intergovernmental Relations（1995），18.

㉝Zimmerman（1992）119.

㉞Walker（1998）.

㉟Kaiser Family Foundation（2011）。2009～2010 财年，联邦医疗补助配套比率暂时提高了 6.2 个

百分点，从而使该年州配套比率的中间值降至刚过 30%。

㊱US Advisory Commission on Intergovernmental Relations (1994).

㊲US Advisory Commission on Intergovernmental Relations (1984).

㊳Posner (1998).

㊴真实身份——在发行州驾照中要求额外的安全条款的一项联邦法律，在近三分之二的州表示反 **102**
对或阻止其参与的行动后，被国土安全部推迟实施。"Real ID Postponed by the Department of Homeland Security," *Government Technology News*, December 18, 2009。

㊵McNichol (2010).

㊶ *National Bellas Hess Inc. v. Illinois Department of Revenue*, 386 US 753 (1967); *Quill Corporation, Petitioner v. North Dakota, by and through its Tax Commissioner, Heidi Heitkamp*, 504 US 298 (1992).

㊷CBO report on HR 3778, Internet Tax Freedom Act Amendments of 2007.

㊸Nathan (2008).

㊹ "Real ID Postponed by the Department of Homeland Security," *Government Technology News*, December 18, 2009.

㊺Aulisi, Larsen, Pershing, and Posner (2007).

㊻Posner (1998).

㊼Posner (2008).

㊽Scheppach and Shafroth (2008).

㊾华莱士（本书）。

㊿US Government Accountability Office (2007).

(51)Peterson, Rabe, and Wong (1986); Rivlin (1992).

(52)Rivlin (1992).

参考文献

Adkins v. Children's Hospital, 261 US 525 (1923).

Aulisi, Andrew, John Larsen, Jonathan Pershing, and Paul Posner (2007). *Climate Policy in the State Laboratory: How States Influence Federal Regulation and the Implications for Climate Change Policy in the United States*. Washington, DC: World Resources Institute.

Beam, David R. (1980). Economic Theory as Policy Prescription: Pessimistic Findings on "Optimizing" Grants. In Helen Ingram and Dean Mann (Eds.), *Why Policies Succeed or Fail*. Beverly Hills, CA: Sage Publications.

Beer, Samuel. H. (1973). The Modernization of American Federalism. *Publius: The Journal of Federalism*, 349-396.

Bird, Richard. M. (2005). Fiscal Federalism. In Joseph J. Cordes, Robert D. Ebel, and Jane G. Gravelle (Eds.), *The Encyclopedia of Taxation and Tax Policy, Second Edition*. Washington, DC: Urban Institute Press. 146-149.

Break, George. (1980). *Financing Government in a Federal System*. Washington, DC: Brookings Institution.

Conlan, Timothy J. (1998). *From New Federalism to Devolution: Twenty-five Years of Intergovernmental Reform*. Washington, DC: Brookings Institution.

Conlan, Timothy J., and Paul L. Posner (2011). Inflection Point? Federalism and the Obama Administration. *Publius: The Journal of Federalism*, 41, 421-446.

Corwin, Edwin S. (1950). The Passing of Dual Federalism. *Virginia Law Review*, 36, 1-22.

Derthick, Martha (2001). *Keeping the Compound Republic: Essays on American Federalism*. Washington, DC: Brookings Institution.

Derthick, Martha (1970). *The Influence of Federal Grants*, Cambridge, MA: Harvard University Press.

Dilger, Robert J. (2009). *Federal Grants in Aid: An Historical Perspective on Contemporary Issues*. Washington, DC: Congressional Research Service.

Elazar, Daniel J. (1962). *The American Partnership: Intergovernmental Cooperation in the United States*. Chicago: University of Chicago Press.

Hammer v. Dagenhart, 247 US 251 (1918).

Hipolite Egg Co. v. United States, 220 US 45 (1911).

Hoke v. United States, 227 US 308 (1913).

Ingram, Helen (1977). Policy Implementation through Bargaining: The Case of Federal Grants-in-Aid. *Public Policy*, 25, 499-526.

Johnson, Kimberly (2006). *Governing the American State: Congress and the New Federalism*. Princeton, NJ: Princeton University Press.

Kaiser Family Foundation. (2011). *Federal Medical Assistance Percentage [FMAP] for Medicaid and Multiplier*. Retrieved January 28, 2011, from www.statehealthfacts.org/comparetable.jsp?ind=184&cat=4

Kincaid, John (1990, May). From Cooperative to Coercive Federalism. *Annals of the American Academy of Political and Social Science*, 509, 139-152.

Leuchtenburg, William E. (1963). *Franklin D. Roosevelt and the New Deal*, 1932-1940. New York: Harper & Row.

Massachusetts v. Mellon, 262 US 447 (1923).

McNichol, Elizabeth (2010). State Taxes on Inherited Wealth Remain Common. Washington, DC: Center for Budget and Policy Priorities.

Nathan, Richard. P. (2008). Updating Theories of American Federalism. In Timothy J. Conlan and Paul L. Posner (Eds.), *Intergovernmental Management in the 21st Century*. Washington, DC: Brookings Institution. 13-25.

National Bellas Hess Inc. v. Illinois Department of Revenue, 386 US 753 (1967).

Patterson, James T. (1981). *The New Deal and the States; Federalism in Transition*. San Francisco: Greenwood Press.

Peterson, Paul E., Rabe, Barry, & Wong, Kenneth (1986). *Making Federalism Work*. Washington, DC: Brookings Institution.

Pollock v. Farmers' Loan & Trust Company, 157 US 429 (1895).

Posner, Paul L. (1998). *The Politics of Federal Mandates: Whither Federalism?* Washington, DC: Georgetown University Press.

Posner, Paul L. (2008). Mandates: The Politics of Coercive Federalism. In T. Conlan and P. L. Posner, *Intergovernmental Management for the 21st Century*. Washington, DC: Brookings

Institution. 286-309.

Quill Corporation, Petitioner v. North Dakota, by and through its Tax Commissioner, Heidi Heitkamp, 504 US 298 (1992).

Reischauer, Robert. D. (1977). Government Diversity: Bame of the Grants Strategy in the United States. In Wallace E. Oates (Ed.), *The Political Economy of Fiscal Federalism*. Lexington, MA: D. C. Heath. 115-128.

Rivlin, Alice (1992). *Reviving the American Dream: The Economy, the States and the Federal Government*. Washington, DC: Brookings Institution.

Scheiber, Harry N. (1975). Federalism and the American Economic Order, 1789-1910. *Law and Society Review*, 57-118.

Scheppach, Raymond C., and Shafroth, Frank (2008). Intergovernmental Finance in the New Global Economy: An Integrated Approach. In Timothy J. Conlan and Paul Posner (Eds.), *Intergovernmental Management for the 21st Century*. Washington, DC: Brookings Institution. 42-76.

Seidman, Harold (1997). *Politics, Position and Power* (5th ed.). New York: Oxford University Press.

United States v. Butler, 297 US1 (1936).

United States v. Darby Lumber Co., 312 US 100 (1941).

US Advisory Commission on Intergovernmental Relations. (1995). *Characteristics of Federal Grant-in-Aid Programs to State and Local Governments*, M-195. Washington, DC: US ACIR.

US Advisory Commission on Intergovernmental Relations. (1994). *Federally Induced Costs Affecting State and Local Governments*, M-193. Washington, DC: US ACIR.

US Advisory Commission on Intergovernental Relations. (1986). *The Transformation in American Politics: Implications for Federalism*, A-106. Washington, DC: US ACIR.

US Advisory Commission on Intergovernmental Relations. (1984). *Regulatory Federalism: Policy, Process, Impact and Reform*, A-95. Washington, DC: US ACIR.

US Government Accountability Office. (1997). *Federal Grants: Design Improvements Could Help Federal Resources Go Further*, GAO/AIMD-97-7. Washington, DC: GAO.

US Government Accountability Office. (1981). *Proposed Changes in Federal Matching and Maintenance of Effort Requirements for State and Local Governments*, GGD-81-7. Washington, DC: GAO.

US Government Accountability Office. (2007). *State and Local Governments: Persistent Fiscal Challenges Will Likely Emerge Within the Next Decade*, GAO-07-1080SP. Washington, DC: GAO.

US Office of Management and Budget (2010). *Analytical Perspectives, Budget of the United States Government, Fiscal Year* 2009. Washington, DC: OMB.

Walker, David B. (1998). *The Rebirth of Federalism: Slouching toward Washington*. Chatham, NJ: Chatham House.

Wallis, John J. (2006). Government Finance and Employment. In Susan B. Carter (Ed.), *Historical Statistics of the United States, Earliest Times to the Present*. New York: Cambridge University Press. 5-11.

Wickard v. Filburn, 317 US 111 (1942).

Yilmaz, Yesim, and Robert Zahradnik (2008). Measuring the Fiscal Capacity of the District of Columbia: A Comparison of Revenue Capacity and Expenditure Need, FY 2005. Washington, DC: National Tax Association.

Zimmerman, Joseph F. (1992). *Contemporary American Federalism: The Growth of National Power*. Westport, CT: Praeger.

第 4 章　州与地方财政：重要性分析

谢尔达尔·耶尔马兹（Serdar Yilmaz）
弗朗索瓦·瓦扬古（François Vaillancourt）
伯纳德·达夫隆（Bernard Dafflon）
蔡秀云 译　李林君 校

政府间关系改革已经成为了全球范围内众多国家公共部门改革的中心问题。实际上，世界银行发布的名为《进入21世纪》的世界发展报告中就已强调，在21世纪前叶，有两种力量会对国家发展政策产生深远影响，即全球化的力量（国家间持续不断整合的趋势）和本土化的力量（自由裁量和权力下放）。①本土化，在国际文献中也被称为"分权化"，即公共权力在各级政府（中央政府、州政府和地方政府）之间的分解。本土化的改革，不仅发生在联邦制国家，单一制的国家也正在不断推行着这一改革。

政治经济学中已有的理论就已经表明，分权可以促进行政效率的提高，并获取问责效益。产生这两种收益的源泉，主要在于：设计良好的体制机制形成的溢出效应内在化，②信息不对称影响的缓解，拉近委托人和代理人距离以形成更加高效的问责机制，③改进服务交付质量，以及改善税收政策以减少地方政府之间的财政竞争。④

通过陈述美国现行的"财政分权"原则，本章将对美国的财政联邦主义政策进行论述，这些原则不仅适用于当今的美国，对世界其他许多国家也有同样的指导意义。本章首先介绍各级别政府的"分配角色"（assignment role）或功能角色，并介绍分权治理的理论案例。其次，由于设计良好的不同级别政府功能角色体系会导致横向和纵向的财政失衡，所以本章结尾进行一项概念性的检验，以表明政府间转移支付对于维持政府间财政正常运行的重要作用。

不同级别政府间的职能分配

对政府间职能分配理论的建立做出开创性贡献的理查德·马斯格雷夫（Richard Musgrave），曾在他的著作《公共财政理论》⑤一书中指出，公共部门的三项主要职能为：(1) 宏观经济稳定；(2) 收入再分配；(3) 资源的有效配置。总的来说，中央政府（在美国称为"联邦政府"）在宏观经济稳定和收入再分配两个方面负有最基本的职责。为实现宏观经济稳定的目标，有两种工具可以利用，即财政政策工具和货币政策工具。对于财政政策工具的使用，通常有三项假设前提：⑥（1）地方经济是开放性经济，因此，在某一地区施行的稳定经济财政政策，不会仅在这一地区产生影响；（2）在（1）的前提下，各地方政府倾向于少作为或不作为（do-little-or-nothing strategy），而是通过其他地方政府施行稳定经济财政政策产生的溢出效应以实现本地的目标；（3）在金融市场发挥效用不完全的情况下，限制地方财政赤字和地方政府债务是更有利的选择。⑦在第（3）点上，不同学者持有不同的观点，分别是"预算纪律观"（budget discipline）和"预算问责观"（budget accountability）。⑧

对于后一种稳定经济工具——货币政策工具，其使用权限则很明显地仅由中央银行拥有（在美国是由美联储掌握的）。因此，宏观经济稳定职能，应当属于中央政府的固有职责。

在马斯格雷夫的模型中，经济调控政策主要用来调整国家所得与财富在个人和家庭间的分配。因此，分配职能也应属于中央政府职能。这是由于，如果由地方政府承担分配职能，那么高收入群体和低收入群体在一个国家各个地区间的流动，无论是低收入群体的流入（低收入群体的流入会使地方财政支出压力增大，从而加大税负），还是高收入人群的流出（高收入群体的流出会造成地方财政收入的减少），或是两者同时发生，都会使得地方政府难以制定宽松的针对低收入阶层的救济政策。各级地方政府均有制定有利于高收入群体的政策，从而刺激低收入群体流出其所辖地区的倾向，但若从整体资源配置的角度来看，这样做并不可取。这种政策可以使某一区域中各群体间相互分离，并使得群体交叉带来的外部性明显减少。⑨但是，群体流动也同样是需要成本的。在一些小国家（如比利时），种族、语言、宗教等方面的差异，使得不同地区的公民流动性有所减小。而在一些大国，即便没有这些障碍，两地之间遥远的路程及与其相关的交通成本也会阻碍群体的流动。因此，制定各级地方政府的收入分配政策才是解决这一问题的可行之道。

将这些职能集中于中央政府又引发了对于效率问题的担忧，因为从传统意义上说，地方政府是权责分配的产物，其存在的价值也在于分权带来的效率。但是，这并不是说，只有依靠地方政府才能有效地提供公共产品，而实际上也并非如此。因为，有一部分公共产品产生的效益是全国性的（如国防、公共医疗体系中的部分服务、司法系统等），而另一些公共产品产生的效益则只能影响某一区域（如路灯、水资源分布、公共安全服务、消防设施等）。

而且，责任的分配是一种政府责任，这一原则不仅适用于各级政府在公共服务供给中的责任分配，也同样适用于在某一种公共服务中各级政府的责任分配。基础教育供给就是一个很好的例子。就国家总体而言，地方政府与中央政府一样，对高知人群具有极大的兴趣。当和利益归宿的空间限制结合起来时，这种事实揭示了教育责任可以分成几个不同的地方教育功能。基础教育供给责任分配的例子可以表明：当责任的分工与利益归属的地域限制相结合时，基础教育供给责任就可以分解为若干部分（如资金供给，属于地方政府的基本责任，尤其在资本支出方面；课程设置，属于地方政府责任，比如国家核心课程的选择；教师资格认证，中央政府则希望设定最低的标准；员工的聘任、解聘及工资水平的设定，教材的选用等）。

政府职能的分配

政府间职能分配理论方面的另一位突出性贡献者——华莱士·奥茨（Wallace Oates），提出了划分政府职能的四个标准：⑩

（1）规模经济水平。不同商品和服务的规模经济水平是不同的。例如，规模经济效应在广播业中是非常显著的，当不考虑受众增加而导致的广播设施需求上升的影响时，广播节目受众人数增加一倍，则广播业的单位成本会下降到原来一半的水平。但是规模经济效应在个性化的医疗服务的供给中却是不显著的，如对病人的手术治疗。当某一种公共产品或公共服务存在显著的规模经济时，中央政府或地方政府则应当承担供给的责任。

（2）公民的偏好和生活环境。生活在同一国家不同地区的群体会对公共服务的需求呈现出不同的偏好，也处于不同的生存环境，如气候、地形等。由此，他们会对公共服务的数量、质量（在相同数量下）、提供公共服务时所使用的语言等方面的需求，表现出明显的差异。而分权则是满足这一公民需求特点的有效手段。⑪

（3）正外部性和负外部性。如果某一地区的政府活动对其他地区的个人或实体经济有很强的外部效应，那么这些活动的开展则将会在受影响的政府间进行协调与整合。

（4）政府竞赛（emulation）。政府竞赛，也称为"政府竞争"，即两个以上政府组织在同一政府活动中的竞争，它的存在可以提高政府行政水平。这也是政府分权理论的一个理论支撑点。

总体上说，政府有三种机制实现其职能：通过财政预算实现的功能性支出、私人部门活动的监管和税式支出。其中，应用最为普遍的是功能性支出预算，它是政府行政的成本和政府会计的财务计划。⑫法规监管是财政预算的补充和替代手段，典型表现为要求私人部门代理政府责任项目的支出，或者要求他们去修正自身的行为，而并不直接向其收取费用。例如，通常会要求企业自己处置排放的固体垃圾，并通过法律法规设定对违法违规行为的惩罚措施。由企业或家庭承担这些支出，并不表明财政预算支出就会因此而减少。但是，法规监管是否有效，要视其是否可以将私人部门生产成本和私人部门生产造成的外部成本进行内部化，以及在低人口密度地区私人部门供给成本是否相对于公共部门供给成本更为低廉。⑬因此，在某一辖区内（无论高人口密度地区还是低人口密度地区），要求居民配备化粪池则可以替代要求居民安装下水系统。另外，中央政府监管和地方政府监管的区别是相对的，噪声污染的监管无疑应当属于地方政府监管的范畴，而温室气体的监管则应属于中央政府监管的范畴。

第三种机制是税式支出，这种方法往往不太透明。该机制会导致财政收入来源的损失，它通过设定税收优惠政策，或减轻纳税人税负以鼓励纳税人的某类行为，或对一些特殊境况下的纳税人提供资助。税式支出采取这几种形式中的一种，但通常很难衡量，也不能通过定期预算审查来评价其公共财政管理的水平。⑭

通过上述三种机制，政府向社会提供了私人部门由于种种原因不能有效供给的公共产品和公共服务。

地方公共产品供给情况案例研究

政府提供的不同类型公共产品和公共服务，其受益地区的广度也有所不同。如国防、环境保护等既定的公共产品和公共服务，其受益范围可以由国界、合同义务、显式协议或隐式协议来确定。这些公共产品和公共服务的受益范围通常是整个国家，甚至是跨越国家范围的。其他公共产品和公共服务，如路灯、垃圾回收等，其受益范围则仅限于某一辖区；这种公共产品和公共服务，被称为地方公共产品，即其受益范围要小于国家范围，也可以称之为区域性公共产品和公共服务。⑮

虽然公共产品理论的提出源于保罗·萨缪尔森（Paul Samuelson），但他本人并没有对国防这种受益范围较大的公共产品和公共服务，与治安巡查这样的与国防具有类似效应但受益范围更有地域性特点的公共产品和公共服务进行区分。⑯随后，查尔斯·蒂布特（Charles Tiebout）对此进行了区分，并对国家公共产品和地方公共产品的差异进行了检验。⑰蒂布特指出，如果公民对地方公共产品具有不同的个人偏好，且其支付与此相对应的税收的能力存在差异，那么公民将会从一个辖区转移到另一个辖区，直到达到其个人效用的最大化。⑱

虽然在理论上，国家公共产品和地方公共产品具有非常直观的差异，但事实上却很难如此清晰地划分。最关键的问题在于，到底哪些服务属于地方公共产品，哪些服务属于国家公共产品？一个典型的例子就是路灯和国防的区别。路灯属于地方公共产品，具有明确的受益范围，而国防属于国家公共产品，因为其受益范围可以覆盖整个国家，甚至可至其盟国。然而，需要指出的是，对公共产品进行的大类划分可能是具有误导性的。比如，在公共卫生方面，接种疫苗和食品检验具有国家层面的影响，而救护车的提供却仅在地方层面产生影响（但这三项公共产品却一并被划分在"公共卫生"这一个大类之下）。

国家公共产品和地方公共产品及其监管在受益范围上的不同，导致了其供给的分散化。分散化公共产品供给的效益主要源于改善资源分配而产生的福利效益。分权化使得地方政府可以按照其辖区内公民特定的偏好和所生存的具体环境，提供最适合的公共服务。地方政府与辖区内公民的距离更近，也更了解其偏好。将权力下放给地方政府是有其存在的意义的，只不过地方政府提供的公共产品和公共服务的受益范围仅限于其辖区内而已。由于同一公共产品的有效供给水平（包括数量及与之相关的其他特征）在不同地区之间存在差异，因此，分散化供给就可以增加整体的经济福利。地方政府通过向辖区公民提供特定偏好和适应特定环境的公共服务，使得其供给的公共服务和公共产品所带来的经济福利水平超过由国家按照统一标准供给公共服务所带来的经济福利。另外，公共服务供给的单位成本地区差异也使得分散化供给提高了整体经济福利水平。

因此，地区间公共产品和公共服务的偏好差异以及供给成本，是分权化带来的两项主要经济福利来源。

1. 地方公共产品和服务的需求分歧

图 4.1 描述了辖区 1 和辖区 2 每个家庭的地方公共服务需求曲线，分别表示为 D_1 和 D_2。如果我们假设每单位的地方公共产品和服务的供给成本保持在一个固定的值 MC，在没有区域间溢出效应的前提下，辖区 1 的最优产出是 Q_1，辖区 2 的最优产出是 Q_2。而如果由中央政府决定公共产品和服务的供给水平，由于法规的限制，中央政府只愿意或者只能在统一的水平上进行公共产品和服务的供给，那么公共产品和服务在所有地区都将会维持在 Q_C 的水平。[19] 如果中央政府以 Q_C 的供给水平，替代辖区 1 的自主供给水平 Q_1 和辖区 2 的自主供给水平 Q_2，那么由于集中供给所带来的社会福利的损失，就是辖区 1 的△ABC 的面积和辖区 2 的△DCE 的面积之和。[20] 与各地方政府制定各辖区最适合的公共产品与服务供给水平相比，由中央政府决定的统一的公共产品和服务供给水平导致了更低水平的社会福利。这就是分权理论。[21] 而且，D_1 和 D_2 的差异越大，即辖区内公民需求越为多样化，△ABC 和△DCE 的面积越大，从分权中获得的福利收益也越大。而如果仅按 Q_1 水平或者 Q_2 水平进行公共产品和服务的供给，那么其中一个三角形的面积将会减小至 0，而另一个三角形的面积则会增大。

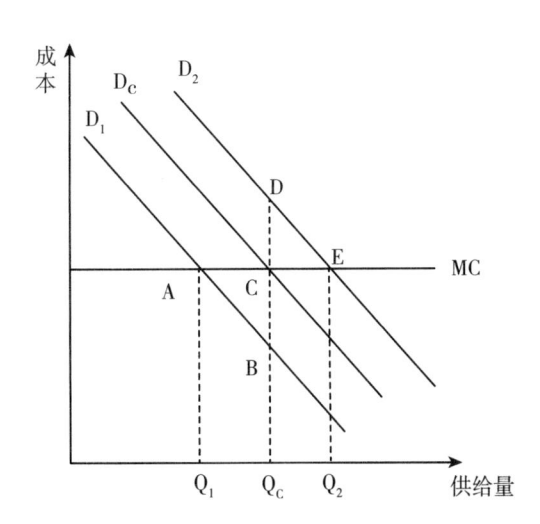

图 4.1 分权化理论：对地方公共品的差异性需求

资料来源：Otates（1997）。

在蒂布特均衡中，公民会选择居住在那些可以通过当地政府提供的公共产品和服务来满足其需求的辖区；因此，某一地区的公民对公共产品和服务的需求就会表现出一致的特征。在蒂布特模型中，公民会采取"用脚投票"的方式，来选择那些提供的"财政包"（包括财政收入和财政支出）可以满足其偏好和需求的辖区居住。因此，分散化公共产品和服务供给就显得非常重要，地方公共产品的需求和供给在不同辖区间也将会变得更加多样化。而在那些公共产品和服务需求和偏好相对一致的地区，分散化公共产品和服务供给所产生的潜在福利收益则会越来越小。

改编自奥茨（1997）的表4.1描述了蒂布特模型中的移民影响。假设在某国家中有3个辖区（Ⅰ、Ⅱ、Ⅲ），并规定只允许提供地方公共服务 S_1 或者 S_2。这个国家中共有71位居民，他们既是受益者又是投票者。在中央政府统一供给公共产品的情况下，占多数的36个人选择了 S_2，也就是说，占少数的35个人的需求无法得到满足；在分散化供给的情况下，辖区Ⅰ和Ⅲ选择提供公共产品 S_1，辖区Ⅱ选择提供公共产品 S_2。在没有辖区居住选择权的情况下，将会有25个人的需求无法得到满足。此二者的差别，就可以通过图4.1加以反应（即 D_C 供给量与 D_1、D_2 供给量的差异）。而在蒂布特模型中，少数需求没有得到满足的人，则可以移至可以满足他们偏好的辖区中。在本例中，辖区Ⅰ和Ⅲ中的少数人可以选择移动到辖区Ⅱ中。在这种情况下，没有人会被强迫选择自己不需要的地方公共服务。当然，移民的成本也应该被考虑进去；而且，在提供相同公共服务的辖区Ⅰ和辖区Ⅲ，也需要考虑在提供 S_1 时的规模经济的可能性。[22]

表4.1　　　　　　　　　　蒂布特模型

辖区 蒂布特模型中 分散化辖区	中央提供		无移民的分权提供		蒂布特模型		
	S_1	S_2	大多数人的选择	少数人的选择	选择	用脚投票的移民	
						移动人口	最终人口
Ⅰ	10	8	10-S_1	8	S_1	8人到Ⅱ	10+5=15
Ⅱ	5	16	16-S_2	5	S_2	5人到Ⅰ	16+8+12=36
Ⅲ	20	12	20-S_1	12	S_1	12人到Ⅱ	20
多数人		36	46				36和35
未得到满足	35			25			0
供给特征	中央政府指令		专业化 尊重少数需求 创新性供给 更符合公民需求		专业化 尊重少数需求 更符合公民需求 财政竞争		

资料来源：作者自制。

2. 地方政府公共产品和服务供给的成本差异

地方政府间公共服务供给成本的差异，也是财政分权产生福利收益的主要原因之一。图4.2揭示了这样一种情况，D_C 仍代表地方公共服务供给的需求曲线，但辖区1和辖区2的公共服务供给的边际成本存在差异。MC_1 是辖区1公共服务供给的边际成本，MC_2 是辖区2公共服务供给的边际成本。图4.2中，达到帕累托最优的公共服务供给量分别为 Q_1 和 Q_2。在这种情况下，中央政府统一提供公共服务的均衡水平应该位于平均边际成本 MC_2 上，其供给量为 Q_C。这会导致在辖区1产生△ABC的福利损失，在辖区2产生△BDE的福利损失。由此，福利损失的大小与辖区间公共服务供给的边际成本的差距（即 MC_1 和 MC_2 的差异）有紧密联系。而且，

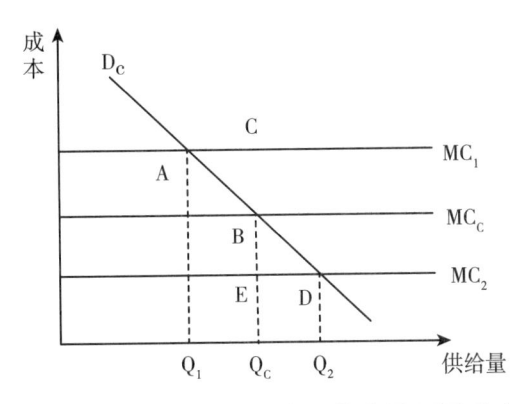

图 4.2　分权定理：地方公共产品不同成本

资料来源：Otates（1997）。

公民对地方公共服务的价格需求弹性越大，分权的福利收益也就越大。

财政收入

公共服务供给的责任确定之后，另外一个需要确定的问题，就是如何向地方政府分配财权以实现其公共服务供给职责。在一个高效的地方政府体系中，地方政府必须要对部分财政收入拥有控制权。而缺乏独立财政资源的地方政府是无法享有财政自由的，因为他们可能在未来，或是在当前，受到来自中央政府的财政压制。可见，合理的财权分配，有助于使各级政府掌握自己的财政命运。

其中，一个重要的问题是：哪些财政资源可以并且应该划分给哪一级别的政府。这一问题，通常也可以归结为对税收资源分配的研究。[23]财权的分配与其支出责任的分配是紧密相关的，这一方面体现了赋税受益原理的重要性，另一方面则是因为地方政府支出需要必要的财政收入来负担提供地方公共服务的支出。适当的财权分配体系，可以使每一级政府在公共支出的水平上做出自主的选择。

各级政府均应被授予一定的税收权力，以负担政府提供服务并获得收益的成本支出（即公共财政的"配比原则"）。因此，对于税收权力的适当划分，要取决于本级政府公共服务供给责任产生的收益。换言之，地方政府公共服务应当在最大程度上向其使用者或受益者收取费用。这对于鼓励负责任地使用经济资源的行为无疑是公平的和有效的。[24]然而，与公共支出相关的使用费、税收等很可能退化，因此，这些收费不太可能减少税收的不平等。[25]因而，出于公平和效率的目的，税率应该反映公共服务的成本和效益。例如，向汽车及汽车燃料征收的税收收入应当是与纳税人享受的公共服务相关联的，并且，由此而来的税收收入可用于道路的建设和维护。此外，此类税收收入还可以用于治理道路拥堵和环境污染，或是在考虑给纳税人提供利益和纳税人使用汽车及燃料给社会造成的损害的前提下，将税收收入同时应用于以上两个方面。

在税收工作中，权力下放原则是指对于某一具体税种，"应当由与公民距离最近

的机构(以及切实可行的机构)实施"。㉖并且,贯彻权力下放原则对于改善政府纵向的失衡也具有很重要的意义。㉗

设计政府间财政体制的另一个指导原则,是地方政府必须要有足够的"自己"的收入,以负担其所提供的公共服务开支。㉘尽管地方政府需要依靠中央政府的补贴,但如果补贴是通过客观的方法确定的,并由宪法或长期有效的法律加以保障,那么这部分收入在短期内也同样可以被视为地方政府"自己"的财政收入,如限定期限内的转移支付准则。但是,这部分收入不能由地方政府参与决定过程,因为地方政府并没有这种活动的决定权,也就是说可以将这种收入视为一种所有权不完整的财政收入,与对湿地所有权私人化类似。相反,如果完全由提供财政补贴的政府确定补贴的数量,那么这种决定可能会存在不公平性、任意性、不可预测性,甚至有可能需要在一个财年内重新协商确定,导致地方政府财政收入短缺。在这两种极端情况之间,可以由某一层级的政府(如一般为地方政府)征收某一税种及其附加费,而由另外一个层级的政府(如州政府)征收同一种税,从而实现税基的共享和税权独立。如果这些措施不会给地方财政收入的增长带来潜在的风险,那么这些收入都可以看作地方政府"自己"的收入。

如果想要实现真正的自治,那么地方政府必须要有自己收入来源的边际,即它们要对其收入拥有一定程度的控制权。㉙如果地方政府拥有立法的权力,㉚征收自行设定的税收,并且可以按照中央政府设定的标准自行选定按税率征收的税收外的附加费,那么地方政府就具备了影响其边际收入的能力,也就是具备了控制"自己"收入的能力。地方政府拥有的财权,即边际收入筹措权(marginal revenue-raising powers),使得其辖区内的公民可以选择他们想要的公共服务水平。

在进行地方政府财权分配决策时,以下四个方面的因素是很重要的:(1)哪一级政府具有税收政策选择权,换句话说,就是谁做出有关税收的政策决定,而这里的税收是地方政府收入来源;(2)哪一级政府定义税基;(3)哪一级政府设置税率;(4)哪一级政府进行管理税收。

• 税收政策:站在公共财政经济学家的角度,税收的目标是支付公民集体性需求的公共产品和服务,以取得资源配置上的效率(如上所述)。站在法学家的角度,如美国大法官奥利弗·温德尔·霍姆斯(Oliver Wendell Holmes)所言,"税收是我们建立文明社会而付出的代价"。㉛至于效率方面的问题,上面已做陈述。税收公平,可以分为横向公平和纵向公平两个方面。横向税收公平,是指对相同情况、具有相同纳税能力的纳税人,赋予相同税负的税收行为;纵向税收公平,则是指对具有不同纳税能力的个人设定与其纳税能力相当的不同税负水平的税收行为。但是,对于如何根据纳税人不同的纳税能力制定税收累进性(progressivity)的标准,目前还没有统一的答案。"税收累进性"的设定取决于一些因素,如社会个体的努力程度,纳税人的潜在避税可能等。但是,鉴于上述收入分配方面提出的问题,地方政府税收在累进程度方面可能会比国家层面弱一些。由此,由哪一级政府掌握税收收入分配权(即哪一级政府征收哪些税种)是非常重要的问题。但是,地方政府在其所征税种的自由裁量权上应当是有限的。例如，出于税收管理和工作效率方面的考虑，地方政府不应被赋予在国际贸易中进口关税的征税权和对跨地区贸易的征税权。②

• 税基：出于效率目的，地方政府应对税基拥有一定的控制权。但对于共享税，从税收管理和税收遵从的角度来说，这部分税基则应由享有的政府共同参与征管。③

• 税率：对于地方政府，税率的设置显然是其财政自主权中最为重要的一个方面。可以说，拥有当地税率设定权（或服务费率、手续费率）的地方政府，就表明其拥有属于"自己"的税收收入。而如果地方政府对税率没有任何控制权（例如，由州或中央政府决定税率），那么这些税收收入就不是地方政府"自己"的收入。④

• 税收管理：将税收征管权下放给哪一级政府，往往需要在征管成本、征收率、征管难度（包括执法难度）以及与取得收入相对应的纳税人遵从成本等方面进行权衡。中央政府税收征管的边际成本会相对较低，但其边际税收可能也会更低，这是因为中央政府税收征管员在征收地方税种时并不具有优势。因此，如想确定究竟由哪一级政府征收当地的税收，就需要对税务系统的机构设置进行全面的考察。也有一些人认为，关于如何分配税收征管权，应综合考虑中央政府和地方政府的征管和税收遵从成本，而不应将两者分开来考虑。⑤地方政府自治可能会导致较高的征收和管理成本，而由中央政府进行征管工作则可能无法达到地方政府自治时的征管水平。在美国很多州，较为典型的具有可操作性的政府间结构安排，是在地方政府决定并管理的税基上施行地方政府设定的税率，以实现其税收上的自治。⑥

上述财政收入权力的四个方面，对于财政收入与公共服务之间的关系具有重要意义。地方政府提供的某些公共服务产生的效益是较为广泛的，无法与受益者所缴税收建立紧密联系。地方政府支出提供的此种效益，与该地区的收入状况和私人消费也没有紧密的联系。⑦在这种情况下，除非有理由使人相信福利水平的提高在某种程度上快于收入或消费的增长，使用固定税率对收入或消费征税以支持公共服务供给才是合理的。如果人们没有在其居住地工作（或没有在居住地以其储蓄进行投资），那么将面临一个重要的税收政策选择问题，即生产或消费（产生收入或形成支出）中的哪一环节可以更好地反映这种广泛的效益。如果生产环节（产生收入环节）较之于消费环节（形成支出环节）与公共支出所获得的收益之间的关系更紧密的话，那么在源头征收增值税和基于就业的工薪税，就要比在目的地征收增值税、零售税和以居住为基础的所得税更为合理。

相反，如果消费环节（形成支出环节）比生产环节（产生收入环节）与公共支出收益的关系更密切，由于税收是为享受公共服务收益而征收的，则以居住为基础的所得税应较基于就业的工薪税更合理，基于目的地（消费地）的销售税比基于原产地（生产地）的销售税更合理。例如，公共教育通常在公民的居住地提供，而非工作地，同样的情况适用于医疗保健和社会援助。就个人所得税来说，如果不由地方征收，要实现上述调整可能就比较困难。在这种情况下，则可以在就业环节征收工薪税（如通过合同），并按纳税人居住地（不同地区纳税人收入占总收入的份额）对工薪税进行分配。

地方政府财政自主权的大小因税收收入向地方政府分配的方法不同而存在差异。在一些国家，如加拿大（省级）、瑞士（市级）、美国（州级），国家宪法（以美国为例）或独立的地方立法和行政部门，赋予了地方政府高度的财政自主权。[38]这些国家的地方政府可以选择征收的税种、定义税基、设定税率并进行税收管理。[39]地方政府有时甚至会进行税收竞争，以吸引投资和经济状况较好的个人。[40]

虽然，税收竞争可以保护公民免受政客和官僚的侵害，但给予地方政府过度的税基定义和税收征管权力，会给税收征管工作造成很多的麻烦和管理负担，以及资源分配的不平等和扭曲。在极端情况下，税收竞争使公共财政体系运行失去连贯性，导致重复的税收征管工作，也使得纳税人的遵从行为和税务部门的征管行为变得非常复杂。如果不同辖区选择完全不同的税种（如加拿大一些地方选择征收一些营业税，而其他地方政府征收增值税）、用不同的方式来界定他们的税基（如美国州企业所得税和零售税的例子）或对相同的税种采用不同的税收管理方式等，那么这些问题就很有可能会发生。[41]

在其他国家（包括美国），地方政府可能（但须经过州政府许可）在州政府税收的基础上征收附加费用或附加税。对于附加费用，其费率是由地方政府设置的，但无论是主要税种还是附加费用，则都是由负责主要税种的政府征收的。对于在已有税种基础之上派生出的附加税，其税率的设定、税款的征收，则都是由地方政府来完成的。因此，附加税是运用纳税人已知的信息计算的不同的税收。[42]在理想情况下，这些国家的政府间财政体系由于地方政府定义税基方式上存在矛盾、使用不同的税收解析公式、税收管理方式存在差异等因素而出现问题的可能性较小。需要注意的是，在附加费用制度中，地方政府虽然没有界定税基和进行税收管理的权限，但却拥有设置费率的权力——这是财政自主权最重要的属性。

如果地方政府的收入基础较为单薄，那么地方政府设定附加费用的权力就为提高其边际收入提供了一个合理的方法。然而，附加费用体制仍存在一个显著问题，即履行征税职责的政府可能仅仅是为了其他部门而进行征税的，而不是为了本部门。这样，当履行征税责任的政府设计很低的甚至是零税率的情况下，集中征税的一致性和高效性的优势将会凸显出来。

分配财权的最后一种手段是税收共享。在税收共享制度下，地方政府以其所辖地区为依据，从国家征收的特定的税款中分取固定比例的收入。在一般情况下，各地方共享比例是保持不变的，但不同税种的共享比例则是不同的。税收共享制度限制了地方政府的财政自主权。虽然地方政府在如何使用共享收入上存在自主权，但在选择其所得的份额方面，地方政府确是没有任何权力的。因此，这些地方政府对于公共支出的控制权是受到限制的。[43]一般说来，应当存在一种决定税源的准则。因此，地方政府财政自主权受限的程度就取决于这种准则通过宪法（如瑞士）、财政法规加以保障，或者作为预算程序的一部分，每年由立法主体决定。

转移支付

政府间转移支付是构成各国地方政府财政收入的一个重要组成部分，是政府间财政分配不可或缺的一部分，[44]其设计对于地方公共服务供给的高效和公平具有重要意义。总体上，政府间转移支付主要有三个目标：（1）实现财政的纵向公平（加强收入保障）；（2）实现财政的横向公平（进行各地区间的收入再分配）；（3）缩小区域间溢出效应（外部效应）。同时，政府间转移支付还可以使并不直接参与公共产品和服务供给的联邦政府参与到决策之中，如美国的公共教育改革《不让一个孩子掉队法案》，加拿大的公共医疗卫生制度（健康补助拨款预算）等。[45]

财政的纵向失衡，主要是源于财政收入来源与地方政府支出需求的失衡。当地方政府财政支出责任与取得财政收入的权力不匹配时，便会导致财政纵向失衡。而当履行同样的职责但财政能力存在差异时，便会发生财政横向失衡。导致财政能力差异的主要因素有：

- 地方政府间财政收入基础、自然资源以及财富分配的不公平。
- 人口的社会经济特质差异。
- 地区间地理环境和气候条件的差异，导致地区间经济发展机会不同或公共产品和服务的供给成本不同。

政府间转移支付的第三个目标是纠正辖区间溢出效应。地方政府的一些公共服务，其受益范围（或成本支出范围）会超出其所管辖的范围，如某些疾病的暴发可能会对其周边地区的整体健康状况产生不良影响。但是，地方政府并不愿意提供适当水平的公共服务，因为它们认为其他辖区内的居民有可能会享受到其所提供的公共服务。为了保证地方政府能够在其意愿水平之上提供这些公共服务，中央政府（如联邦政府）就可能会将一些资源转移给它们。

通常地，转移支付存在两种形式：附条件转移支付和无条件转移支付。对于附条件转移支付，转移支付的提供方会对资金的用途做出严格、详细的规定。这些资金的使用，将会被严格地限制在提供方规定的重要领域中，如教育、医疗卫生、住房、环境保护等。此类转移支付，也被称作为特定目的补贴（specific purpose grants）或分类补贴（categorical grants）。附条件转移支付可分为以下几个类型：

A. 开放式配套转移支付：对于转移支付提供方给付的资金，接受方可以使用这笔资金，并且使用数量没有上限。"开放"是指着转移支付的提供方按资金接受方使用的数量，支付相等数量的资金。

B. 封闭式配套转移支付：与开放式配套转移支付类似，但转移支付提供方会对同步支付数额做出上限规定。

C. 非配套型转移支付：不按转移支付接受者的资金使用数量同步支付资金，而是按照规定向接受方转移固定数量的资金，并规定接受方按照特定用途提供公共产品和服务。

对于无条件转移支付，转移支付提供方不会限制接受方的资金用途。在两类转移支付体系中，转移支付的计算公式中都应将公平这一因素纳入考虑范围。引进公平因素的原因是多方面的，这是因为国家内部、区域间的团结，不能完全通过经济层面加以阐述。联邦制国家或分权制国家各地的发展状况并不完全一致，因此，地方政府设定的不同水平的税收情况，并不足以反映各地区公共服务需求的偏好。地方财政能力取决于地方政府对于税基的可及性以及税基的区域分布状况。当地公共服务需求会因各地区居民的特定偏好不同而不同，也会受到地理环境、人口以及社会经济因素的影响。此外，其数量、特征（数量、质量）还会受到宪法和一般法律要求的影响，还有一些公共服务是属于地方政府必须提供的强制性公共服务。

表4.2回顾了相关文献所叙述的可能造成财政失衡的因素，并按以下两个逻辑，将这些因素进行归类：

（1）对于具有"外部性"的公共产品和服务，其产生的效益超出了政府决策所依据的受益范围。如果其在地方政府间的转移效果非常显著，那么地方政府提供这类公共产品和服务就应当得到补偿，至少是部分的补偿。这就是所谓的"财政失衡"。

（2）对于效益不会超出政府决策依据的受益范围，不具有"外部性"的公共产品和服务，以及地方政府的财政管理职责范围的公共产品和服务，则不应属于公平因素考虑的范畴。这类公共产品和服务，是属于地方自治权和供给职责范围内的，即所谓的"财政差异"。

表4.2　引起地方政府间财政能力不同的五种因素及其与财政公平的关系

属于公平的考察范畴：财政失衡
A. 收入基础（税收、自然资源特许权使用费等）的区域分布存在差异，或人均水平存在差异。这是由禀赋（土地、矿产等）、区位（与海洋或商业路线的距离）的不同，宪法和一般法律限制（如税收禁区）的不同导致的。
B. 由于人口因素（年龄结构、人口流动结构）和地理因素（海岸线、巡查边界的长度）等原因，导致的人均标准化公共服务需求数量的差异。
C. 生产公共服务所需投入的数量和组成不同导致的每单位标准化公共服务的生产成本差异、投入和要素价格差异、物理特征（环境因素）差异，以及服务供给中是否存在规模效应。
不属于公平的考察范畴：财政差异
D. 高于基本数量、质量水平的公共服务供给的偏好，以及阻碍最优化供给的财政自主权。
E. 地方政府对联邦政府转移支付的使用所采取的不同战略行为；地方政府在税收（非直接受益税收）与附加费（直接受益税收）之间的偏好差异，以及税种选择的差异。

资料来源：Dafflon and Mischler（2008），215。

因素 A 是指资源分布的均衡。地方政府的收入来源可能受到以下几个因素的影响：地方政府所辖区域在全国领土中所处区位（毗邻城市、经济中心或位于周边地区），经济活动的类型，通信网络等。在开放市场经济中，地方政府无法对这些特性产生影响，因此这些特质应被视为外生变量。

因素 B 和因素 C 分别包含支出公平的两大决定因素，这两个因素比地方政府税收能力的差异更加值得关注。如果使用简单指标进行测量，地方政府的决策无法对需求不均衡产生影响。但是，必须对特定政策与其结果之间的关系保持警惕，因为可能导致需求失衡的原因是非常值得认真思考的。

精确计量的投入要素成本失衡，通常也不在地方政府决策竞争的范围内。但是，出于测量的目的，投入要素的价格应使用私人部门的价格。解释清楚影响公平的合理因素之后，在下一部分，我们将进一步阐述收入均衡，而收入的均衡是在表 4.2 的因素 A 下证明得出的。

收入均衡

在本部分和下一部分，笔者将分别通过一个图形，对收入均衡和支出均衡进行阐述，并通过文字加以说明。另外，图 4.3 摘自达夫隆和瓦扬古的一本著作，目的是对四个问题中的第一个问题进行阐述。㊼

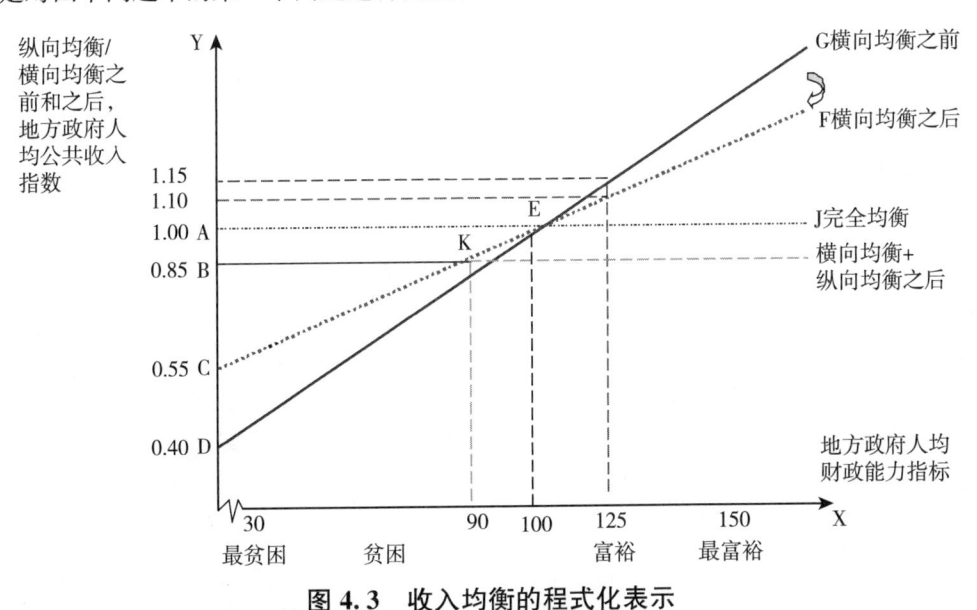

图 4.3 收入均衡的程式化表示

资料来源：Dafflon and Vaillancourt（2003），401。

需要说明的第一个问题是：地方政府为满足当地公民公共需求、实现横向均衡所需要的公共收入水平。纵轴表示按人口的（人均的）地方政府收入。纵轴 Y 的 A 点，表示地方政府按该国对同类辖区的人均收入水平取得地方财政收入，以标准值 1.00 表示。在该种情形下，假定所有收入能够同时满足当地公民的公共需求并实现横向均衡。但是，事实中往往并非如此。例如，自然资源收入的处理方式会大相径庭。

需要说明的第二个问题是：公平性指标要求各辖区根据一些贡献率指标或赋权性指标进行排序。这个问题，可以通过沿横轴 X 轴对不同辖区进行定位来实现。图 4.3 中所表示的是以收入能力为依据进行的排序，因为它是用来研究收入均衡的；而图 4.4 中则是以成本为排序依据的。这个基本收入均衡规则如下：高于平均收入水平的地区应得到较少的转移支付（支出的更多）；低于平均收入水平的地区得到更多的转移支付（支付的更少）。在图 4.3 中，平均收入水平被赋值为 100，为简化描述，对"最贫困"辖区的收入水平赋值为 30，相反对"最富裕"辖区的收入水平赋值为 150。实际上，对地方政府进行排名并不那么容易。可以用于对地方政府进行排序的指标有很多，而且，人们对何为"最佳的"衡量指标见仁见智。⑱

在前两个问题得到合理答案的前提下，第三个需要说明的问题是：均衡标准。为理解这一问题，我们需要对实现均衡"之前"与"之后"进行比较。在为实现均衡和精确识别税收收入来源之前，"贫困"辖区取得的转移支付会低于人均水平，"富裕"地区会取得高于人均水平的转移支付，如图 4.3 中直线 DEG 所示。在任何均衡水平下，"贫困"地区都会得到较未实现均衡水平前更多的财政收入，而"富裕"地区得到的则会较少，如直线 CEF 所示。为实现均衡而付出的努力，受益辖区是通过直线 DE 和直线 CE 之间的距离表现的，支出辖区是通过直线 EG 和直线 EF 之间的距离表现的。举例而言，收入水平为 30 的"最贫困"地区，收入均衡使其人均公共收入水平从 0.40（点 D）上升至 0.55（点 C），但对于收入水平为 125 的地区，收入均衡使其人均公共收入水平从 1.15 下降至 1.10。当然，要实现横向均衡，受益辖区（接受转移支付的数量，由△CDE 的面积表示）和支出辖区（支付转移支付的数量，由 △EFG 的面积所表示）需要相互一致。收入均衡的重要性依靠于均衡标准，这个标准对均衡点 E 进行了定位，并使得均衡直线 CF 围绕均衡点 E 进行旋转。

最后一个需要说明的问题，是均衡策略是否会进一步引入对收入再分配标准的限制。图 4.3 中，E 代表了完全均衡的中性位置：在这一点上的辖区，财政能力和人均税收收入均处于平均水平，不会取得也不会支付任何转移支付。但是，均衡点也并不一定是 E 点，设定其他均衡目标也是有可能的，也通常是富有争议的。其中，有两个特殊问题需要注意。

第一个问题是低于平均财政能力的辖区是否应该从均衡化中受益。有人认为，从财政能力、政治环境、资产水平的角度来说，只有低于某一特定水平时才能从均衡化中获取利益（例如，将财政能力设定为 90）。财政能力的角度可以是一个方面，如在 90 的财政收入水平上，△CDE 等值的部分会缩小一些，这表明富裕辖区的地方政府需要作出的贡献会少一些；但更重要的则是政治因素，把国家分成贫困和富裕的辖区到底有何价值，或者怎样的贫穷才算是特别贫穷？

第二个问题是有关△BCK 的。实现横向均衡标准后，资源就与直线 CE（在 DE 之上）相符合了：辖区越贫穷，就可以得到更多的资源。但是，例子中为实现均衡标准而支付资源，要远高于对贫困的地方政府支付的其所必须支付的水平，如将最贫困辖区的资源水平从全国水平的40%提升到全国水平的55%。这些地区的资源水平应该增加吗？如果是肯定的，那么该怎样设定合理的限制呢？图4.3的例子中，贫困地区收入水平设定为全国水平的85%，即直线BK所示。由于富裕辖区已经为补偿△CDE支付了△EFG的资源（结构上对等），那么为补偿△BCK而支付的财政资源则是来自中央政府的纵向均衡支付。[49]但是，85%的财政能力水平是否合理呢？区域划分、资产水平和激励性动机必须要被考虑在内。但是，在图4.3中，如果将均衡水平设定为全国水平85%以上，并且该地方政府对独立收入与转移支付没有偏好的话，那么受益辖区是没有自我发展的动机的。

图4.3并未囊括收入均衡中需要讨论的所有关键问题，如并没有讨论均衡的资金供应是怎样实现的。哪些收入（税收）资源是可以共享的，具体的决策程序是怎样的？对于这一问题的答案有很多种，每一种答案都有其优点与缺点。以下提到的两个答案是有关纵向均衡的，但这一问题同样适用于横向均衡。

• 资金由中央政府从一般资源中提供，并且通过中央政府年度预算加以保障。这是一个非常灵活的解决方案。但是，它有两个主要的缺点：（1）接受转移支付的政府不确定其在某一年度所得到资源的数量（实际价值）与另一年度具有可比性，使得其难以制定中期预算和跨财年政策；（2）财年预算讨论对特别政治安排是否有效。

• 在宪法或一般法律中，通过对中央政府享有税收或其他收入进行共享的方式，对转移支付数量的计算方式加以明确的阐述（只对中央税这一种收入方式进行共享，会导致中央政府由于需要与地方政府进行税收共享而减弱其税收征收动力，或选择征收抵制更少的税种）。在这种情况下，一旦宪法被修订或者法律得到通过，而不是通过年度财政预算进行确定，关于均等化的政治辩论就会发生。并且，如果税收来源多样化程度较高，这种措施就可以在一定程度上减轻宏观经济周期造成的压力，避免了可用资源的重大变化。而如果不这样做，也可引入均等化基金来解决宏观经济周期的潜在风险，使得均等化支出更加平滑。

支出均衡

这一部分的重点在于讨论支出均衡，即表4.2中B项和C项的内容。图4.4代表了一种典型的支出均衡。读者应该注意到，相对于图4.3，支出均衡的接受者在均衡点的右侧而非左侧。对于图4.4，有四个问题必须讨论。

第一，地方政府执行的税收均衡是什么？在图4.4中，我们假设地方政府所有的支出都符合支出均衡的要求。如果不做这样的假设，那么纵轴Y轴则只能代表符合要求的支出，也就是说，部分甚至所有地方政府的支出都会大于图中显示的支出水平。和图4.3一样，我们设定纵轴表示人均支出水平。

第二，我们如何对地方政府的均衡支出水平进行排序。为了回答这个问题，回忆一下博德（Bird）和瓦扬古的阐述中所提到的，提供公共服务的人均支出差异反映在两个因素上：需求差异（表 4.2 中 B 项所述）和成本差异（表 4.2 中 C 项所述）。[50]

- 需求差异，是指人群对标准化公共服务需求方面的差异，通常是由人口因素差异导致的，如公民的年龄结构、不同年龄段公民参加社会活动的比率等。[51]
- 成本差异，是指每单位标准公共服务的供给成本存在的差异。成本差异可能是由气候条件因素、地理环境因素、人口密度因素、劳动力成本等方面的不同导致的。公共服务供给成本应该以私人部门为取得相同服务所支付的实际支出来计算，而不是根据公共部门的支出来衡量。因为公共部门的支出水平，是对政府政策倾向、相关工会作用的体现。[52]

造成需求差异的影响因素，是不同年龄群体占总人口的比例，如婴儿比例（出生后看护服务）、老龄人口比例（医疗卫生服务）、学龄儿童，以及特殊人群所占的比例（临时性特殊人群，如新移民者对语言技能培训的需求、融入该地区社会的需求；长久性特殊人群，如原住民的需求）。这些指标之间的相关性，与地方政府在公共服务供给中所扮演的角色有紧密联系。例如，在由中央政府和私人部门供给的卫生医疗服务领域中，地方政府的婴儿比例或老龄人口比例与转移支付政策的决定就没有强的相关性。

在上面的论述中，我们已经提及了多种造成成本差异的因素。部分原因是地理环境的差异形成的，如气候环境（多雪、多雨等）、自然灾害发生频率（干旱、地震等）、地貌（山区、沙漠地带等），以及距离因素（与公共服务供给者的距离）。另外一部分原因是人口统计因素差异形成的，如人口密度和城镇化水平。关键问题在于难以以货币单位来衡量每一因素对公共服务供给成本造成的影响。其中，一些因素的影响衡量并不十分困难，如可以利用私人部门每公里的交通成本来测量距离对学生课本递送服务成本的影响。但是，对于仅由公共部门雇用的职员提供除雪服务，如果其工资由各自所属的地方政府来设定（而不是由中央政府统一设定），那么我们如何区分是真实的成本存在差异，还是各地方政府公共部门相关力量对供给成本施加的影响呢？

因此，我们需要用图 4.4 中 X 轴所代表的基于成本的需求指数加以说明。这是什么意思呢？让我们假想一下，有两个收入能力完全相同的地区（图 4.3 中在 Y 轴上位置相同的两个地区）：地区 A 中，占人口总量 10% 的老龄群体对医疗卫生服务具有特殊需求；地区 B 中，这一人口比例为 30%。就需求而言，地区 B 对医疗卫生服务的需求水平更高。如果每 1% 老龄群体对应的供给成本为 1 个货币单位，那么与地区 A 提供的医疗卫生服务相比，如果地区 B 不比地区 A 多征税，地区 B 应额外取得 20 个单位的资源以提供所必需的服务。但是，如果地区 A 比地区 B 山区地形更加明显，地区 A 老年公民取得服务所需的成本要比地区 B 高的话，比如，地区 A 每 1% 老年公民取得公共服务的成本为 1.5 个货币单位，地区 B 每 1% 老年公民取得公共服务的成本仍为 1 个货币单位，那么两地区基于成本的需求差异则仅为 15 个货币单位：$(30 \times 1) - (10 \times 1.5) = 15$。因此，对成本进行调整之后，各地方政府的位置就可以在图 4.4 中 X 轴上表现出来。根据各地方政府原有的位置和成本差异的重要性水平进行调整后,这些地方政府就可以在一个坐标轴上进行排序了。

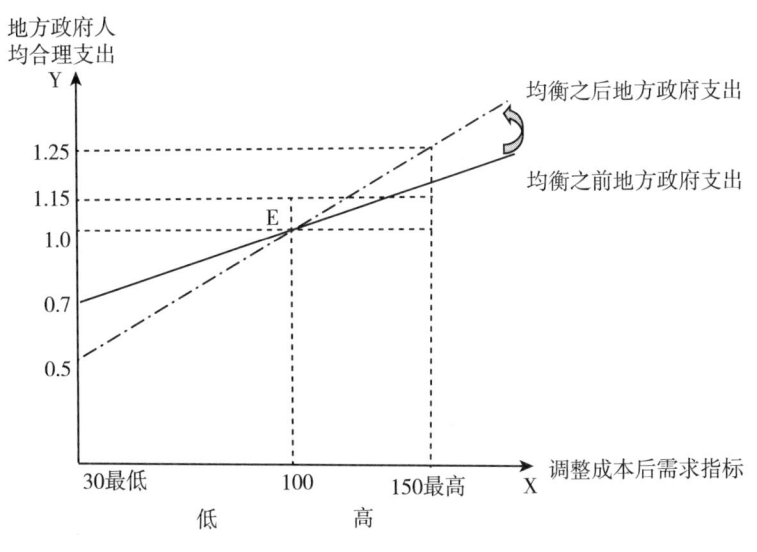

图 4.4　支出均衡的典型表现

资料来源:Dafflon and Vaillancourt(2003)。

第三,均衡标准。为了了解它是如何运行的,我们需要比较均衡"之前"和"之后"两种情况。在均衡没有实现的情况下,E 点右侧"需求旺盛"("needier")的辖区的人均支出水平比均衡条件下要少,而在 E 点左侧"需求不旺盛"("unneedy")的辖区的人均支出水平相对均衡条件要更多。其中,图 4.4 中的人均支出水平是就整个辖区的公民而言的,而不是针对那些被认为有特殊需求的公民(如老年人、外来群体、学龄儿童等)而说的。在该种情况下,横向均衡意味着在均衡实现之后,需求不旺盛地区的地方政府不会将全部资金为当地公民提供公共服务,而是会将部分资金用于为其他辖区的公民提供公共服务。那么,在财政能力相同的条件下,需求旺盛的辖区不必征收更高的税收,就可以更好地满足当地公民的公共服务需求。因此,对于需求旺盛的辖区来说,比如调整成本后的需求指数为 150 的辖区,横向均衡使其人均支出水平从 1.15 上升至 1.25;而对于需求不旺盛的辖区,比如调整成本后的需求指数为 30 的辖区,横向均衡使其人均支出水平从 0.7 下降至 0.5。同图 4.3 一样,横向均衡的实现需要综合考虑收益与成本。均衡水平的重要性是根据均衡标准而制定的,也给定了均衡直线旋转所围绕的 E 点的位置。因此,两条直线的斜率是不一样的。

第四,关于均衡策略是否会进一步引入对收入再分配标准的限制。在图 4.4 中,E 代表了完全均衡的中性位置:在这一点上的辖区,不会取得也不会支付任何转移支付。但是,均衡点也并不一定为 E 点,设定其他均衡目标也是有可能的。同时,有一些问题是存在争议的,如是不是高于平均需求水平的辖区就应该得到均衡的收益。部分人认为,这是使各地区更富效率的障碍,或者是对于需求的测量错误而引起的需求水平高估，因此，应当设定一个5%的缓冲空间。还有人认为，财政条件、政治条件、资产条件在一定水平之上的辖区才有资格享受均衡的收益。

如在表4.2中论述的，虽然财政失衡是需要通过均衡措施进行调节，但是财政差异（因素D、因素E）却不能通过均衡措施来进行调节。我们再次提及此问题，是由于这与支出均衡紧密相关。图4.5说明了真正的财政失衡和地方需求偏好、管理能力差异所导致的支出或成本差异的边界。情景1说明的是地方政府的最佳规模和实现规模经济的能力；情景2分析的是造成生产成本升高的原因，即这些原因是由合理因素引起的，还是由其他未知的低效率因素引起的。

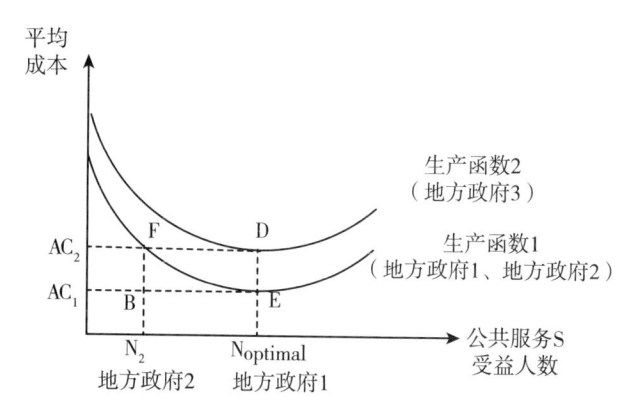

图4.5 地方政府公共支出生产函数

资料来源：Dafflon and Mischler（2008），218。

情景1：不可能的规模经济或非情愿合作。

某辖区面对的是U形的S公共产品生产函数。假设地方政府1按照生产函数1进行生产。居民受益人在支付报偿的基础上享受服务（简化为：居民每享受1单位地方公共服务S，需要交纳1单位税收，即没有溢出效应）。那么，E点即为最有效率的方案，在该方案下，共有$N_{optimal}$数量的公民享受公共服务S。E点表明两个非常重要的结果：最小的平均生产成本AC_1和生产函数1下地方公共支出的最优水平。

对于地方政府2：假设其同样在生产函数1下进行生产，但其当地人口数量只有N_2，那么，其平均成本则为AC_2。为什么会这样呢？有三个答案可以解释：（1）由于社会人口特征，地方政府2所辖地区的S公共服务受益人数较少（如S代表小学教育，而该地区学龄儿童人数很少）；（2）地方政府2所在位置难以与邻近辖区进行合作（如地形原因或距离原因），无法使受益总人数趋近$N_{optimal}$；（3）地方政府2不愿意（如存在不同的偏好、希望保持自主性）与邻近辖区进行合作。在第三种原因下，地方政府2应当承担做出该决策的财政后果，并不能享受由于存在财政差异而进行的均衡措施，因为这并不是由财政失衡引起的差异。

情景2：真正的成本差异和其他低效率因素。

现在，让我们在图4.5中来看一看地方政府3。地方政府3是按照生产函数2进行公共服务生产的，其特点是其在每一产量水平下的生产成本均较高。即使在公共服务受益者数量最优的情况下，地方政府3也无法在相同价格水平上提供同等水平的公共服务S（$N_{optimal}D > N_{optimal}E$）。如果成本差异$AC_1EDAC_2$确实是由财政差异引起的，那么这种情况就需要实施某种均衡措施以实现财政均衡。这样，不仅地方政府3辖区内公民接受的公共服务S的成本会下降，还可以减少由于财政差异引起的人口流动，从而提高效率。[53]

但是，生产函数2真的代表了其真实的生产成本吗？其中会不会有其他的非效率因素的影响呢？如果地方政府1和地方政府3为相同数量的受益者提供公共服务，那么如何解释E点与D点在平均成本上的差异？[54]地方政府3能为较高的成本实施哪些措施呢？

因此，图4.5提出了三种需要检测的情形，以确定是否需要对该地区实施均衡措施，从而在X轴上对各地方政府进行排序和定位。只有可以精确地辨析成本差异的来源时，调整成本的需要才可以被确定。这是一个复杂的过程，这需要精确地测量受益者的数量，以及若干地方政府需要实施均衡措施的每一项公共服务的生产函数，从而在某一合理范围内确定一个标准的生产函数。这样的一些信息并不总是可以轻易获得的。[55]并且，成本的确定，是以单个受益者为基础的，还是以生产确定的受益者群体为基础的呢？例如，对于基础教育服务来说，是以学生人均成本来确定成本，还是按照法规要求，在每个班级最小与最大人数之间设定的班级为单位确定成本呢？又由谁来决定什么情况下地方政府间应进行合并或合作生产，从而降低平均生产成本？对多语言阶层、多宗教信仰阶层，应进行集中管理还是由地方政府实施横向均衡措施？

从这个角度来看，任何基于支出的均衡政策都是一个巨大的挑战。支出需求的均衡是非常复杂的，那么我们是否可以像加拿大某专家小组最近指出的一样，认为应该放弃这样的一种方法呢？[56]或是应该尝试利用不完全的知识、信息和数据来尽可能地设计支出需求的均衡政策呢？[57]

联合均衡

能否将两种类型的均衡措施在一个公式中进行结合呢？答案是肯定的，但是，我们应首先明确我们实施均衡措施的步骤。均衡措施是指在相当的税收水平上提供相当水平的公共服务。因此，为将两种均衡相结合，应当按以下步骤进行。

- 第一，建立需求指数并据此计算每个地方政府正的或负的支出均衡缺口。
- 第二，根据成本差异纠正并建立基于成本调整的需求指数，并据此重新计算每个地方政府正的或负的支出均衡缺口。
- 第三，建立收入能力指数，并据此计算每个地方政府正的或负的收入均衡缺口。
- 第四，将支出、收入均衡缺口相结合，确定总的均衡政策。

横向均衡与纵向均衡

最后一个值得关注的问题，就是均衡应该是横向的还是纵向的。在图4.3中，

△CDE=△EFG 的面积表明，转移支付提供方的地方政府和转移支付接受方的地方政府之间，均衡是横向的；而△CBK 完整或者部分的存在，代表的均衡则是纵向的。在图 4.4 中，一个均衡的解决方案（在 E 点）要求利益相互一致，但是，对于调整成本后的需求水平高于平均水平的辖区（横轴数值为 100 的点），在不与调整成本后的需求水平低于平均水平的辖区合作的情况下，均衡也有可能实现。由此可见，需求均衡应该是横向的，并且应该由中央政府进行资助。

横向均等化是一个典型的"罗宾汉"式的均等化：收入能力强的地方政府直接将公共收入部分转移至某基金，以满足收入能力较弱的地方政府的需要。而这样的做法对于实现支出需求均等化来说，是不太可能的。[58] 这将意味着：支出需求水平、生产成本相对较低的地方政府要征收更高的税负，以资助支出需求较高的地方政府。这会扭曲相关地方政府公共服务的税收价格，并导致人口流动造成的效率低下。

另外两个反对横向支出均等化进一步的论据是：（1）对那些通过向使用者收费来提供资金的公共服务，如果"价格"并不能反映其受益，那么消费者将面临错误的价格信息；（2）当各地方政府无法清晰地分辨其在公共服务偏好、未知的低效率因素以及真正的财政失衡等方面的差异时，它们则会倾向采取使自身受益更多的战略措施（即更高的成本和更多的支出需求）。此时，可用纵向支出需求均等化来制定支出的标准，从而排除地方政府上述的战略导向，但是这会使均等化的实现更加复杂。[59]

结　　论

本章主要阐述了：如果一个社会希望有效分配其稀缺的资源，不仅需要（公共部门）进行公共产品和服务的集中供给，还需要政府在结构体系上实现分权化，也就是说，为实现经济效率，州政府和地方财政均要有在财政上的自主权。

因此，我们通过一个案例，阐述了一个设计合理且能够得到有效执行的政府财政体制，来说明三个方面的问题：（1）哪一级政府（中央政府、州政府、地方政府）应当提供哪一系列的公共产品和服务；（2）为提供这些公共产品和服务，应该进行怎样的财政支持；（3）为实现政府的支出责任与收入权的相互匹配，财政转移支付应当发挥怎样的作用。对于某一政府间体系"正确"的设计，并不一定适用于其他的政府间体系。[60] 虽然这一问题的答案会因所针对政府间体系不同而不同，但解决这一问题的原理，不仅适用于美国的各级政府，也适用于其他国家。同时，这些原理不仅对国家实现更高层次的经济稳定目标和经济发展目标十分重要，也对公共产品和服务的有效供给、收入和财富的公平分配具有重要意义，也为这些决策的制定提供理论指导。纵观历史，美国在保持政府分权化以促进政府运行充满活力方面取得了显著的成绩；实际上，虽然各个国家在学习、效仿过程中要结合各国的实际情况，美国的财政联邦主义结构通常仍是其他国家非常感兴趣的研究对象。但是，美国是否保持财政联邦主义还有待观察。

注释

① World Bank (2000).

② Oates (1972); Mueller (1996).

③ Cremer et al. (1996); Raff and Wilson (1997); Bucovetsky et al. (1998).

④ Tiebout (1956).

⑤ Musgrave (1959).

⑥ Rossi and Dafflon (2002), 20-25.

⑦ 就像联邦或州的"金融控制委员会"那样，该委员会是为重组财政脆弱的地方政府而临时设立的。以美国为例，见 Gandhi, Yilmaz, Zahradnik, and Edwards (2009)。从全球视角来看，见 Ter-Minassian and Craig (1997); Dafflon and Beer-Toth (2009), 337。

⑧ Yilmaz, Beris, and Serrano-Berthet (2010).

⑨ 例如，这类情况可能会出现在学校。

⑩ Oates (1972).

⑪ Bird and Ebel (2007).

⑫ 这里不讨论有关预算编制和预算外决算的技术问题。欲了解相关讨论，见 Wong, Martinez-Vazquez, and Gooptu (2002)。

⑬ 当一个经济行动者（公司或个人）对另一个经济行动者进行具有（净）附加值或成本的行为时，就存在外部性。如果这些价值（正外部性）没有由接受者支付，或者净成本（负外部性）没有由第一行动者支付，这便是低效率的资源配置。

⑭ Gravelle (2005)，这一文献明确了四种变体：(1) 排除、免征、扣除额，以及减少应纳税所得额；(2) 对纳税人部分或者全部收入适用较低税率的优惠税率；(3) 从税收中减去通常计算出的贷项；(4) 由于收入确认延迟而导致的税收延期，这就允许在本年度内扣除可适当归因于未来一年的税款。Levitis, Johnson, and Koulish (2009)。这一文献指出，虽然 41 个州和哥伦比亚特区公布了税式支出报告，但这 42 个州中的很多都有明显的缺陷。然而，也有一些非常全面的税式支出报告（如密歇根州、明尼苏达州、俄勒冈州和华盛顿州）。

⑮ 政府也提供私人产品。事实上，在许多国家，私人产品的供应使预算中公共产品的供应相形见绌。教育服务、大部分医疗服务和一些收入保险/支持计划都是"私人的公共"产品：私人的，因为服务是提供给个人的，因此，消费是竞争性的，通过价格可以实现排他；公共的，因为服务具有外部性，这是集体性质的国家和地方的区别（教育是社会和文化同质性、劳动能力和流动性、健康的关键因素）。提供教育更多的是地方利益，而提供养老金计划更多的是全国性的。

⑯ 萨缪尔森将公共产品（或他所称的"集体消费产品"）定义为"所有人都享有的共同利益，即每个人对某种商品的消费不会导致其他个人对这种商品的消费减少"。

⑰ Tiebout (1956).

⑱ 要了解简洁的解释，见 Oates and Schwab (2005)。

⑲ 我们认为，产出将在两个理想水平之间的妥协，是政治制度的合理结果。

⑳ 对于 Q_c，D_1 组准备支付 B，但需要支付更多的 C；对于价格等于 C 的情况下，D_2 组更愿意得到 Q_2 的量，但只需要通过 Q_c 来满足自己。请注意，这两个司法管辖区可以签订一项合作协定，以较低的成本为每一司法管辖区提供比独立解决方案更多的产出（Buchanan, 1968）。

㉑ Oates (1972).

㉒ 如果他们是邻居，合并可能会被提上日程，因为居民的偏好现在是相同的，至少对公共服务来

㉓Musgrave（1953）。税收分配问题可以看作更大问题的一部分，这些问题可以称为收入分配问题。后者包括政府间拨款的设计和地方政府借款的框架。

㉔由于排除公共支出是困难的或不可取的，严格遵守福利财政是不可行的，然而，这一原则却是有指导意义的。

㉕如果考虑到公共支出和税收负担的好处，这种说法是不完整的。与边际效益密切相关的税收可以为涉及大量边际效益的财政支出提供资金。这些边际效益可能对低收入家庭有特殊价值。显而易见的例子包括提供安全饮用水。许多消费者可能会认为，如果他们能够获得安全的水，他们的生活可能会更好，即使他们不得不为此付费。问题通常是获取，而不是成本。

㉖根据欧洲委员会的欧洲地方自治宪章（1985 年），在《罗马条约》的修订中引入了对欧盟的税收补贴（第 3B 条）。欧洲共同体委员会（1991 年，第 7 页）解释说，辅助性原则要求"成员国应继续自由决定其税务安排，除非这些安排会导致重大的扭曲"。见 Marcou（2007）。

㉗垂直的不平衡可能存在。因为地方政府很难实施所有税收，但是"更高一级"的政府，或者说拥有更大征税范围的政府，几乎可以实施任何"较低级"政府实施的税收。

㉘如果一个地方政府通过立法征收自己的税收，并受到宪法的保护，宪法是有权保障地方政府这样做的，那么，很显然地方政府就有自己的收入来源。

㉙即使地方政府有自己的收入，他们也可能无法影响他们所获得的收入。例如，如果中央政府与地方政府分享某些税收收入，在这种情况下，这些是自己的收入，但不是地方政府的边际收入。

㉚行使国家以下财政自主权的一个重要先决条件是能够选择法定税率。这里的一个问题是，为什么是法定税率，而不是实际税率。如果地方政府可以改变减税、免税等，那么实际税率就会发生变化，这意味着改变税基，而不是税率。这将增加系统的复杂性和在多个司法管辖区运营的公司的合规成本。

㉛Holmes（1927）.

㉜McLure Jr.（1983）.

㉝在加拿大，征收统一销售税（HST）的省份，联邦政府以共同商定的税率（5%的联邦税率加上一个省税率）为该省征收的增值税，其基数与联邦政府基数相比最多可变动 5%。

㉞Jensen（2002）。此外，如果州政府或中央"限制"税率，而地方政府已经达到了这个上限，但不能超过这个上限，一些人认为这不再是"自己的"地方税（Ebel and Taliercio, 2005）。

㉟Mikesell（2003）.

㊱科德斯和朱弗里斯（本书）。

㊲Ebel and Taliercio（2005）.

㊳美国案例见金凯德（本书）。

㊴地方宪法或法律可以限制其中任何一项，但地方政府宪法中自我施加的限制与法律或作为国家宪法一部分从以上施加的限制不同。例如，在瑞士，所得税基数和税收减免由联邦作出，适用于 26 个州。各州可以选择自己的税率表和扣减额（但不能列在联邦名单上）。地方政府部门只能决定在一个税收系统中平衡预算的税收系数。

㊵首先要注意的是，"税收竞争"不同于蒂布特模型：在蒂布特模型中，决定经济行为主体最佳选择的是"当地公共服务和税收篮子"。"财政竞争"是通过标杆和流动性来实现的。在税收竞争中，假定当地一揽子公共服务几乎相同，因此只能考虑税收。布伦南和布坎南（Brennan and Buchanan, 1983）为税收竞争提供了论据（McLure, 1986），这只是故事的一部分，虽然是重

要的一部分。因为那些能够获得公共产品的人不能被排除在享受其福利之外，所以他们几乎没有动机公开他们对这些产品的偏好。因此，存在着一种公共产品供应不足的趋势，税收竞争可能加剧这种趋势。见戈登（Gordon，1983）关于权力下放（包括税收竞争）可能导致的低效的理论分析。收益税有助于解决这一市场失灵的根源（Wildasin，1986）。税收竞争使得地方政府难以对流动企业（资本、受过高等教育或技术工人）征税，从而难以实施累进税收。

㊶ 如果不同地方政府的税收制度不协调，导致税收差距或重叠，就会出现不公平和经济扭曲现象。在一定范围内，这些问题——从税收到税收的重要性各不相同——能够而且应该被容忍，以获得财政分权的好处。通过诸如州际税务委员会等政府间协议，可以在不严重损害政府财政自主权的情况下实现。

㊷ 关于州与联邦税收一致性的讨论见科德斯和朱弗里斯（本书）。

㊸ 虽然所有的地方政府作为一个集团，可以试图影响它们从这些税收中所占的收入份额，但没有任何地方政府可以单方面采取行动，并希望这样做。

㊹ 费雪和布里斯托（本书）；舍帕赫（本书）。

㊺ 凯尼恩（本书）。

㊻ 关于本观点的文献综述见 Dafflon（2007），363-366。

㊼ Dafflon and Vaillancourt（2003）。

㊽ 公共财经济学家提出，用 RTS 方法（代表税收或税收系统）更好地衡量地方政府（SNGs）的收入能力。RTS 衡量的是地方政府的人均税收潜力，而不是实际的税收收益。RTS 方法是由美国政府间关系咨询委员会的塞尔玛·穆什基（Selma Mushkin）和艾丽斯·里夫林（Alice Rivlin）于 1962 年开发的。1990 年，罗伯特·拉富斯（Robert Rafuse）扩展了对"代表性支出"的分析。见 Rafuse（1990）；Kenyon（2005）；Yilmaz and Zahradnik（2008）。

㊾ 如果中央和地方政府的税收能力是相关的，那么地方政府的居民就可以为均衡水平做出贡献。

㊿ Bird and Vaillancourt（2007）。

㈤ 华莱士（本书）。

㈥ Courchene（1998）；Rechovsky（2007），400-409。

㈦ Bird and Vaillancourt（2007），262。

㈧ 以初等教育为例。假设地方政府 1 和地方政府 3 为相同数量的学生购买相同数量的书。地方政府 3 是否会在更高档的书上超支，是否会更努力地跟上新的教学趋势，或者是教授不同的语言群体，从而在其他方面面临更高的单位成本？然而，如果你提到表 4.2 的逻辑，就会出现更多的问题。地方政府 3 选择遵循一种新的教学方式是实验室联邦制，是与其他地方政府协调做出的决定（在这种情况下，均等化是可以接受的），还是根据选民的具体喜好做出的决定（不均等化）？如果语言是不同的，高一级的政府是否关心保护少数民族（平等是可以接受的），或者语言差异不是问题（不平等）？不仅很难将影响成本的变量与表明公共产品偏好差异的变量区分开，而且很难得到答案（例如，实验室联邦制和对少数民族保护的关注）。因此，支出的正当性需要将均衡归入政治领域。

㈨ Dafflon and Mischler（2007），183-185。

㈩ Boothe and Vaillancourt（2007），48。

㊼ Boex and Martinez-Vazquez（2007），291。

㊽ Dafflon（2007），370-371。

㊾ Dafflon and Mischler（2008），235。

㊿ 华莱士（本书）。

参考文献

Bird, Richard M., and Robert D. Ebel (2007). *Fiscal Fragmentation in Decentralized Countries: Subsidiarity, Solidarity, and Asymmetry.* Northampton, MA: Edward Elgar.

Bird, Richard M., and François Vaillancourt (2007). "Expenditure-Based Equalization Transfers." In Jorge Martinez-Vazquez and Bob Searle (Eds.), *Fiscal Equalization: Challenges in the Design of Intergovernmental Transfers.* New York: Springer. 259-284.

Boex, Jameson, and Jorge Martinez-Vazquez (2007). "Designing Intergovernmental Equalization Transfers with Imperfect Data: Concepts, Practices and Lessons." In Jorge Martinez-Vazquez and Bob Searle (Eds.), *Fiscal Equalization: Challenges in the Design of Intergovernmental Transfers.* New York: Springer. 291-344.

Boothe, Paul, and Francois Vaillancourt (2007). "A Fine Canadian Compromise: Perspectives on Equalisation and Territorial Funding Financing." Edmonton and Montréal: Institute for Public Economics and CIRANO, http://www.cirano.qc.ca/pdf/Perequation_07.pdf.

Brennan, Geoffrey, and James Buchanan (1983). "Normative Tax Theory for a Federal Polity: Some Public Choice Preliminaries." In Charles E. McLure Jr. (Ed.), *Tax Assignment in Federal Countries.* Canberra: Centre for Research on Federal Financial Relations. 52-65.

Buchanan, James (1968). *The Supply of Public Goods.* Chicago: Rand McNally.

Bucovetsky, Sam, Maurice Marchand, and Pierre Pestieau (1998). "'Tax Competition and Revelation of Preferences for Public Expenditure.'" *Journal of Urban Economics* 44, 367-390.

Commission of the European Communities (1991). "Removal of Tax Obstacles to the Cross-Frontier Activities of Companies," Supplement 4/91 to the Bulletin of the European Communities, available at http://aei.pitt.edu/5420/1/003921_1.pdf.

Courchene, Thomas (1998). "Renegotiating Equalization: National Polity, Federal State, International Economy." C. D. Howe Institute Commentary 113. Toronto: C. D. Howe Institute.

Cremer, Jacques, Antonio Estache, and Paul Seabright (1996). "Decentralizing Public Services: What Can We Learn from the Theory of the Firm?" *Revue d'Economie Politique* 106, 37-60.

Dafflon, Bernard (2007). "Fiscal Capacity Equalization in Horizontal Fiscal Equalization Programs." In Robin Boadway and Anwar Shah (Eds.), *Intergovernmental Fiscal Transfers: Principles and Practice.* Washington, DC: World Bank. 361-390.

Dafflon, Bernard, and Krisztina Beer-Tóth (2009). "Managing Local Public Debt in Transition Countries: An Issue of Self-Control." *Financial Accountability and Management* 25 (3), 337-365.

Dafflon, Bernard, and Peter Mischler (2007). "Réforme de la péréquation intercommunale dans le canton de Fribourg." Centre d'études en Economie du Secteur Public, série Etudes et Rapports, Fribourg: Universitéde Fribourg.

Dafflon, Bernard, and Peter Mischler (2008). "Expenditure Needs Equalisation at the Local Level: Methods and Practice." In Junghun Kim and Jorgen Lotz (Eds.), *Measuring Local Government Expenditure Needs.* Seoul and Copenhagen: The Korea Institute of Public Finance and the Danish Ministry of Social Welfare. 213-240.

Dafflon, Bernard, and François Vaillancourt (2003). "Problems of Equalization in Federal Countries." In Raoul Blindenbacher and Arnold Koller (Eds.), *Federalism in a Changing World—*

Learning from Each Other. Montreal: McGill-Queen's University Press. 395-411.

Ebel, Robert D., and Robert Taliercio (2005). "Subnational Tax Policy and Administration in Developing Economies." *Tax Notes International*, March 2005.

Gandhi, Natwar, Yesim Yilmaz, Robert Zahradnik, and Marcy Edwards (2009). "Washington, District of Columbia." In Enid Slack and Rupak Chattopadhyay (Eds.), *Finance and Governance of Capital Cities in Federal Systems*. Montreal: McGill-Queens's University Press. 263-291.

Gordon, Roger H. (1983). "An Optimal Taxation Approach to Fiscal Federalism." In Charles E. McLure Jr. (Ed.), *Tax Assignment in Federal Countries*. Canberra: Centre for Research on Federal Financial Relations. 26-42.

Gravelle, Jane G. (2005). "Tax Expenditures." In Joseph C. Cordes, Robert D. Ebel, and Jane G. Gravelle (Eds.), *Encyclopedia of Taxation and Tax Policy*. Washington, DC: Urban Institute Press. 406-408.

Holmes, Oliver Wendell, Jr. (1927). *Compania General de Tobacos de Filipinas v. Collector of Internal Revenue* 275 US 87, 100 (1927).

Jensen, Leif (2002). *Fiscal Design Surveys across Levels of Governments: Tax Policy Studies No 7*. Paris: Organisation for Economic Cooperation and Development.

Kenyon, Daphne (2005). "Tax and Revenue Capacity." In Joseph C. Cordes, Robert D. Ebel, and Jane G. Gravelle (Eds.), *Encyclopedia of Taxation and Tax Policy*. Washington, DC: Urban Institute Press. 389-391.

Levitis, Jason, Nicholas Johnson, and Jeremy Koulish (2009). *Promoting State Budget Accountability through Tax Expenditure Reporting*. Washington, DC: Center on Budget and Policy Priorities.

Marcou, Gerard (2007). "Legal Framework and the European Charter of Local Self Government." In Robert D. Ebel and Gabor Peteri (Eds.), *The Kosovo Decentralization Briefing Book*. Prishtine: Kosovo Foundation for Open Society. 49-59.

McLure, Charles E., Jr. (Ed.) (1983). *Tax Assignment in Federal Countries*. Canberra: Centre for Research on Federal Financial Relations.

McLure, Charles E., Jr. (1986). "Tax Competition: Is What's Good for the Private Goose Also Good for the Public Gander?" *National Tax Journal* 39 (3), 341-348.

Mikesell, John (2003, March). "International Experiences with Administration of Local Taxes: A Review of Practices and Issues." Paper prepared for the World Bank Thematic Group on Taxation and Tax Policy. Washington, DC: World Bank.

Mueller, Dennis C. (1996). *Constitutional Democracy*. Oxford: Oxford University Press.

Musgrave, Richard A. (1959). *The Theory of Public Finance*. New York: McGraw-Hill.

Oates, Wallace E. (1972). *Fiscal Federalism*. New York: Harcourt, Brace and Jovanovic.

Oates, Wallace E. (1997). "On the Welfare Gains from Fiscal Decentralization." *Journal of Public Finance and Public Choice* Vol. 2-3. 83-92.

Oates, Wallace E., and Robert M. Schwab (2005). "Tiebout Model." In Joseph Cordes, Robert D. Ebel, and Jane G. Gravelle (Eds.), *Encyclopedia of Taxation and Tax Policy*. Washington, DC: Urban Institute Press. 437-439.

Raff, Horst, and John D. Wilson (1997). "Income Redistribution with Well-Informed Local Governments." *International Tax and Public Finance* 4, 407-427.

Rafuse, Robert (1990). *Representative Expenditures: Addressing the Neglected Dimension of Fiscal Capacity*. Washington, DC: US Advisory Commission on Intergovernmental Relations.

Rechovsky, Andrew (2007). "Compensating Local Governments for Differences in Expenditure Needs in a Horizontal Fiscal Equalization Program." In Robin Boadway and Anwar Shah (Eds.), *Intergovernmental Fiscal Transfers: Principles and Practice*. Washington, DC: World Bank. 397-429.

Rossi, Sergio, and Bernard Dafflon (2002). "The Theory of Subnational Balanced Budget and Debt Control." In Bernard Dafflon (Ed.), *Local Public Finance in Europe: Balancing the Budget and Controlling Debt*. Cheltenham UK: Edward Elgar. 15-44.

Samuelson, Paul A. (1954). "The Pure Theory of Public Expenditure." *Review of Economics and Statistics* 36 (4), 387-389.

Ter-Minassian, Teresa, and Jon Craig (1997). "Control of Subnational Government Borrowing." In Teresa Ter-Minassian (Ed.), *Fiscal Federalism in Theory and Practice*. Washington, DC: International Monetary Fund.

Tiebout, Charles (1956). "A Pure Theory of Local Expenditures." *Journal of Political Economy* 64, 416-424.

Wildasin, David E. (1986). "Interstate Tax Competition: A Comment." *National Tax Journal* 39 (3), 353-356.

Wong, Christine, Jorge Martinez-Vazquez, and Sudarshan Gooptu (2002). China National Development and Subnational Finance, Report No. 22951-CHA. Washington, DC: World Bank.

World Bank (2000). *Entering the 21st Century: World Development Report*, 1999-2000. Oxford: World Bank and Oxford University Press.

Yilmaz, Serdar, Yakup Beris, and Rodrigo Serrano-Berthet (2010). "Linking Local Government Discretion and Accountability in Decentralisation." *Development Policy Review* 28, 259-293.

Yilmaz, Yesim, and Robert Zahradnik (2008). "Measuring the Fiscal Capacity of the District of Columbia: A Comparison of Revenue Capacity and Expenditure Need, FY 2005." Washington, DC: National Tax Association.

第5章 州、地方政府与国民经济

瑞克·马顿（Rick Mattoon）
莱斯利·麦格拉纳汉（Leslie McGranahan）
王竞达 于扬 译

从2007年开始、到2009年中正式结束的大衰退使美国州与地方政府面临较大的财政压力。尽管经济周期的下行总是给州与地方政府造成压力，但20世纪初头十年里发生的两次衰退——此次大衰退和2001年的那次都是特别具有挑战性的。[①] 本章探讨州政府与地方政府支出和收入模式随着时间推移的变化和相对于国民经济的表现。[②] 特别是重点关注这些政府在国家衰退时期的表现。研究表明，在最近两次经济衰退中，国家和地方支出模式都遵循了它们的传统形态。但是，相比之下，收入形态已经与过去的经验非常不同。国家收入，特别是在所得税方面，已呈现周期性增加，并且联邦拨款的作用被强化。州与地方政府部门在过去40年里的广泛影响是保持其在国民经济中的重要意义和以反周期的行为方式对整体经济变化进行滞后调整。这种行为并非政策制定者有意识的选择，而是政府提供的货物和服务及其依赖的收入来源的产物，其中包括在财政压力时期联邦援助的涌入。然而，州与地方自有来源收入的波动增加可能导致这种行为的改变。

州和地方部门与GDP和就业的关系

我们首先衡量州和地方部门对美国经济的两个广义总体指标——国内生产总值（GDP）和总就业的贡献。[③] 图5.1显示了州和地方消费总支出和总投资占GDP的比重。

最近一个可获得的季度内（2010年第三季度）数据显示，州和地方消费以及总投资支出占国内生产总值的12.1%。图5.2是在拓展了这一定义的基础上，将社会福利和其他转移支出（其中大部分是利息支付）包含在内。图5.1中包含了国民收入和产品账户（NIPA）对国内生产总值贡献的基础数据，图5.2则显示了这些部门正在注入经济体内的资金数额。

这两张图呈现了许多形态。首先，从州和地方政府的直接支出中得到的国民经济产出份额基本持平，自20世纪80年代中期以来略有上升趋势。从图5.2中可见，当社会福利支付纳入国家和地方支出的定义时，这种上升趋势变得更加显著，持续时间更长。社会福利是财富向个人和公司的转移。这些转移支付主要是医疗补助支出，而家庭抚养子女补助计划（AFDC）和贫困家庭临时援助计划（TANF）的奖学金和家庭援助也属于这一类。州和地方的社会福利支出在1970年占国内生产总值的1.6%，这一百分比在2006年前提高到3%，然后在2009年提高到3.5%。因此，虽然该部门的直接支出接近平稳，但社会福利特别是医疗补助金仍显著上升。该部门虽保持了其作为服务的直接提供者的传统作用，但它通过提供服务特别是扮演由其他经济部门提供医疗服务的付款人的角色，在国民经济中提高了其影响力。

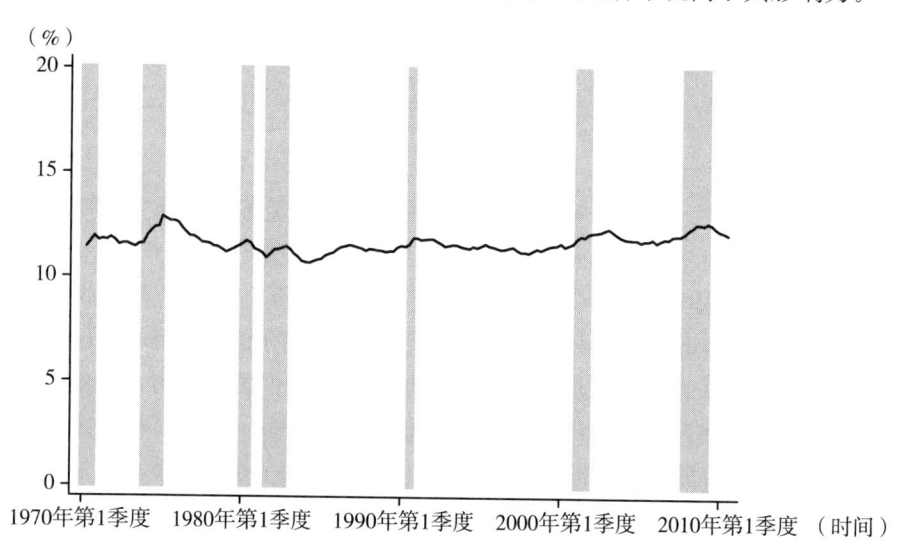

图5.1 国家和地方政府消费和总投资占GDP的比重

资料来源：根据美国统计局、美国经济分析局提供数据由作者计算而得。

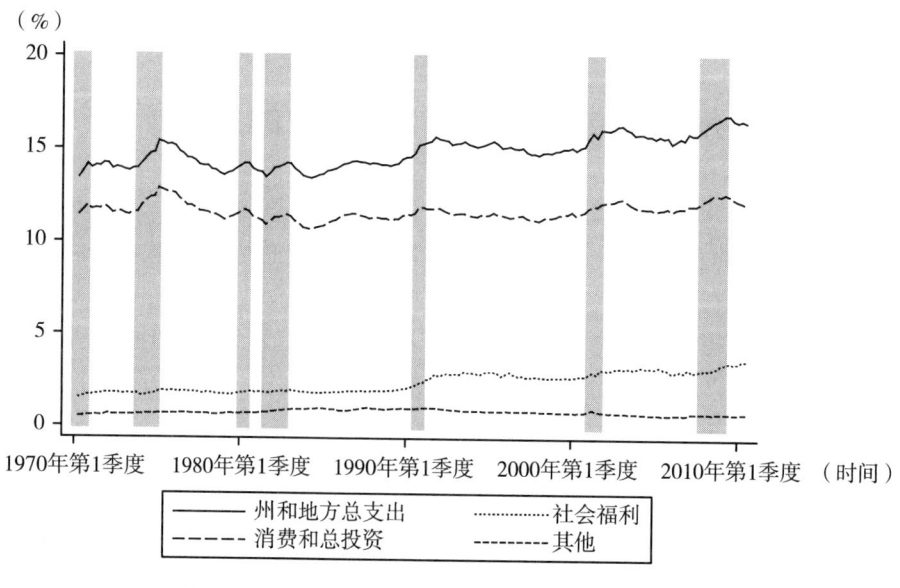

图5.2 州和地方支出加总投资占GDP的比重

资料来源：根据美国统计局、美国经济分析局提供数据由作者计算而得。

图 5.3 说明了在 40 年间，州、地方和州与地方合并就业占非农就业总数的份额。这里的形态与图 5.1 所示的图形形态一致。特别地，国家和地方就业占总就业的份额基本持平。这并不奇怪，因为职工补贴是国家和地方消费支出中最大的一部分。2010 年 11 月，国家和地方政府就业占非农就业总数的 15%。该部门在非农就业中的份额大于其在国内生产总值中的份额。④这一结果的出现是因为教育和其他政府服务的提供相对于其他大多数全国性产出而言是劳动密集型。⑤研究发现，州和地方政府员工的总小时工资相对于私营部门而言都会更高（2008 年，地方政府工人每小时工资 22.15 美元，州政府工人每小时工资 22.17 美元，私营部门工人每小时工资 20.57 美元）。当以州和地方政府工作人员的高教育强度和可比的收入的决定因素来判断时，州和地方政府员工通常比私营部门工作人员工资低。然而，当各种福利（特别是养老金和医疗保健）被添加到工资补贴时，这种差异就会下降甚至被扭转。⑥

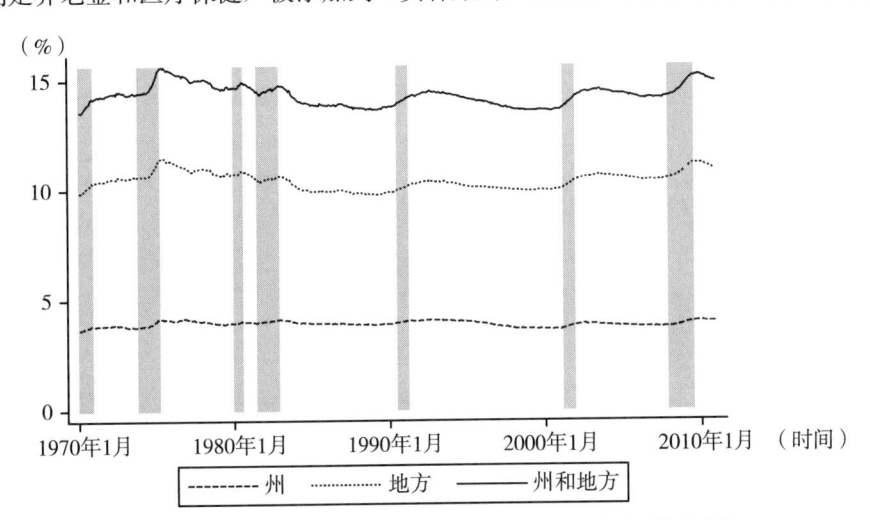

图 5.3　州和地方就业占非农业就业总人数的比例

资料来源：根据美国劳工统计局提供数据由作者计算而得。

在这一时期，地方政府就业是州政府就业的两倍多。在非农就业总量的份额中，地方政府占总就业的 10%～11%，而州政府就业量占比从 3.5% 到略高于 4%。只有不到一半的州和地方政府员工在公立学校或国家高等教育机构工作。

从图 5.1 至图 5.3 中可以看出，州和地方政府在经济发展上除了社会福利增长较快以外，基本上都与总体经济相一致。这一时期整体经济平稳的增长意味着州和地方政府的经济活动水平有所提高，尽管它所代表的比例稳定在 12%。虽然该行业在过去 40 年中对国内生产总值的贡献接近平稳，但如果再向前延长 30 年，那么人们将看到一个显著不同的形态，因为在整个国民经济的 20 世纪 40 至 60 年代，州和地方的经济角色呈现出急速扩张。⑦

循环因子

在过去 40 年中，分别自 1973 年、1980 年、1981 年、1990 年、2001 年和 2007

141 年起发生了六次衰退。总体而言，国家和地方政府支出形态是反周期的，因为在面对经济压力时人们对政府服务的需求增加；而税收收入是顺周期的，因为税收收入与经济活动中的收入和消费等有关。图 5.1 至图 5.3 似乎表明，相对于衰退期间的总体国内生产总值，州和地方政府支出有所增加（图中灰色阴影），而在导致经济衰退的季度，经济活动没有明显的趋势。为了更好地检测衰退期间的州和地方政府支出，我们将数据下移，并在图 5.4 至图 5.6 中使用蜘蛛图来进行说明。为了视觉清晰，这些数字将仅显示 1990 年、2001 年和 2007 年衰退的国家行为（1973 年、1980 年和 1981 年的经济衰退呈现出与 1990 年相似的模式）。我们对数据进行下调，以便调整支出的长期趋势从而更好地隔离周期性模式。蜘蛛图的每一条腿代表一个 1970 年后的衰退。

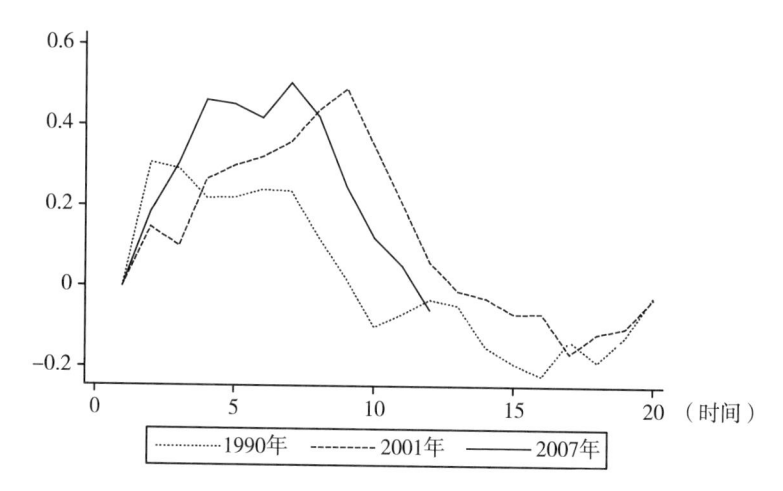

图 5.4 消费和总投资的蜘蛛图（去趋势）

资料来源：根据美国统计局、美国经济分析局提供数据由作者计算而得。

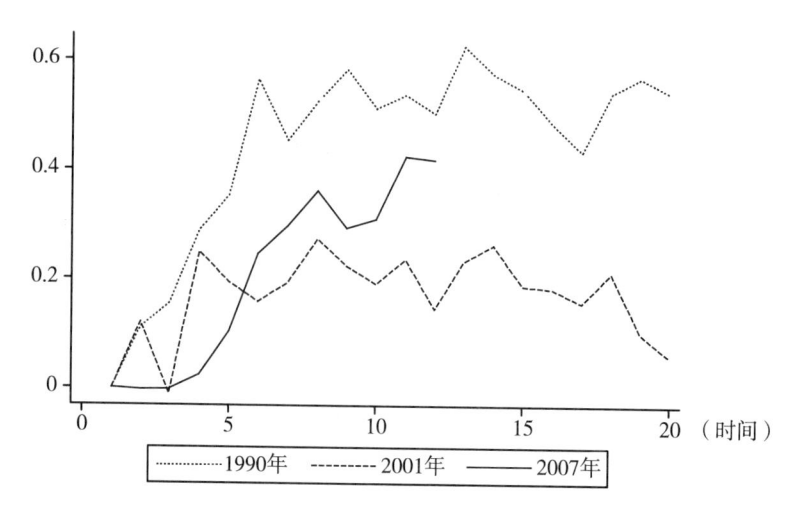

图 5.5 社会效益的蜘蛛图（去趋势）

资料来源：根据美国统计局、美国经济分析局提供数据由作者计算而得。

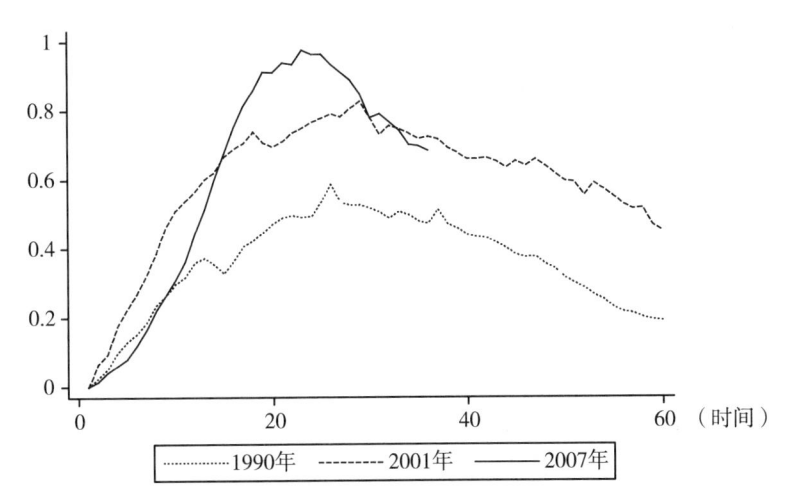

图 5.6 州和地方就业的蜘蛛图（去趋势）

资料来源：根据美国统计局、美国经济分析局提供数据由作者计算而得。

我们的图线开始于 t=0 处，它表示衰退开始的时间段，然后在第一个季度期间跟踪变量相对于其水平变化的形态。自经济衰退起点开始，每条线代表 20 个季度（或 5 年）。2007 年衰退的线较短，因为在这次撰文过程中我们正在考察经济变量的演变和后期的历程将是什么。

图 5.4 显示了（去趋势）州和地方政府消费和投资的衰退占 GDP 百分比的蜘蛛图。横轴上的值表示自衰退开始以来的季度，纵轴上的值表示州和地方的支出相对于经济衰退开始季度时的水平占 GDP 的百分比。在所有衰退期间，州和地方政府支出占 GDP 的百分比在经济衰退开始后的时期都上升。对于所有六次衰退，州和地方政府部门在每次经济衰退开始后的第一季度都经历了增长（相对趋势）。衰退的形态大体相似，在经济衰退开始后的头几年，州和地方政府部门的份额稳步增长。

图 5.5 使用相同的方法来显示社会福利金的模式。⑧ 这里的形态更多样化。1990 年和 2001 年，社会福利普遍上升。2007 年，一个平稳的初始阶段之后是一个上升趋势，从 2008 年初开始，大约四个季度进入经济衰退（大约是《美国复苏与再投资法案》通过的时候）。⑨ 对于这些社会福利支付，对数据进行去趋势是至关重要的，否则，作为 GDP 一部分的支出的长期上升趋势将主导这些数字。图 5.6 说明了州和地方就业的形态。对于就业，由于就业数据按月发布，横轴上的数字表示自经济衰退开始以来的月份。同样，这个图形在每次经济衰退开始后 60 个月（或 5 年）停止。

以上所有三图显示出相同的一般形态。特别地，在经济衰退开始时，州和地方部门在国家产出中所占份额越来越大。即使我们对数据进行去趋势，这些形势仍然存在。当经济开始收缩时，州和地方部门或者继续增长或者收缩比整体经济更慢。换句话说，在衰退的早期阶段，州和地方政府部门以反周期的方式行事，因为它对经济变化的反应比私营部门慢。

这些形态并不奇怪。对许多州和地方政府服务（如教育）的需求不是周期性敏感的。我们甚至可以预计，当经济不景气时这些需求会增加，因为随着经济的恶化，人们将以公共选择替代私人选择。另一点需要注意的是，在最近两次经济衰退（2001年和2007年）期间的支出的反应情况与1990年衰退期间早期经济衰退的反应情况大体相似。

支出详情：衰退期间政府职能的变化

在本部分中，我们研究州和地方支出组成的不断变化。我们对地方政府提供的服务以及这些角色在过去40年中如何变化感兴趣。在表5.1和表5.2中，我们展示了不同级别政府的三个不同年份的直接支出份额。这些数字表明，州政府的作用在这40年期间发生了变化，而地方政府的作用则更加稳定。

表5.1　　　　　按功能划分州政府支出项目所占比例　　　　　单位：%

项　目	1972年	1990年	2008年
交通（含公路）	21	10	7
公共安全	4	6	5
教育	10	19	19
公共福利（不含医疗补助）	23	17	14
医疗补助供应商支付	9	14	23
雇员退休	5	7	12
失业保险	9	6	4
其他	19	21	16

资料来源：根据美国统计局提供数据由作者计算而得。

表5.2　　　　　按功能划分地方政府支出项目所占比例　　　　　单位：%

项　目	1972年	1990年	2008年
交通（含公路）	7	6	6
公共安全	7	9	9
教育	42	38	39
公共福利（不含医疗补助）	15	13	13
医疗补助供应商支付	1	0	0
雇员退休	1	2	2
其他	27	33	31

资料来源：根据美国统计局提供数据由作者计算而得。

州政府支出

州政府直接支出在1972年、1990年和2008年的构成显示在表5.1中。我们注意到数据中的四种形态。第一，交通支出，主要是公路支出，以百分比的形式下降。这一下降幅度在1972～1990年从21%降至10%，然后在1990～2008年继续下降。第二，州教育支出占州政府直接支出的比重从1972年的10%增加到1990年的19%。到2008年，教育在州政府的支出比重保持在19%。教育支出的增长几乎完全归因于高等教育机构（如州立大学）的成本增加。第三，对医疗补助供应商的支付在这一时期显著增长，占直接支出比重从1972年的9%增加到2008年的23%。第四，其他公共福利付款下降。这一下降主要是由于发展了补充安全收入[⑪]计划（20世纪70年代初），该计划在20世纪90年代的福利改革作用下，对为老年人、盲人和残疾人服务的州计划进行联邦化。

总而言之，1972～2008年，州政府的直接支出从主要由公共福利（主要是现金支付）和交通支配，转变为最终由高等教育和医疗补助支出占主导地位。这种转变对于州政府在支出方面适应衰退的能力的影响是不清楚的，因为尽管公共福利和医疗补助对经济条件都很敏感，但是交通和高等教育却不那么敏感。事实上，各州可能在减少后两个领域的资本支出上保有一定的余地以适应预算压力。

地方政府支出

1972年、1990年和2008年按功能划分的地方政府支出构成如表5.2所示。在此期间，地方政府支出份额相对稳定。此外，此表中所显示的大类别支出份额相当平稳。在整个过程中，小学和中学的教育几乎完全主导了地方政府的直接支出。这说明，对这一主要地方政府服务的需求可能完全独立于经济周期。

收入详情

图5.7显示了40年间州和地方当期收入占GDP的百分比。州和地方政府在2010年第三季度以年利率筹集了大约2.15万亿美元。这使得州与地方政府的收入基数略小于联邦政府的收入基数。这些收入的三个主要来源为税收收入（占2010年这一时期总收入的62%）、联邦转移支付（25%）和其他收入（13%）。虽然州和地方通过税收和其他自有来源收入筹集资金，但他们也很大程度上依赖联邦政府的资金。反过来，州和地方实施许多联邦资助的拨款、赞助计划或授权的计划，其中包括医疗补助、失业保险和公共教育。这些州以下级别的政府也在联邦公路和各种其他类别的拨款基金上有所花费。

图5.7表明州和地方政府收入总体上呈上升趋势，从20世纪80年代初期开始，在2007年衰退期间加速，这些收入是GDP的一部分。当我们将这些收入分解为其组成部分时，在图5.8中，我们发现，税收收入相对平稳，而联邦政府的援助金额不断增加。

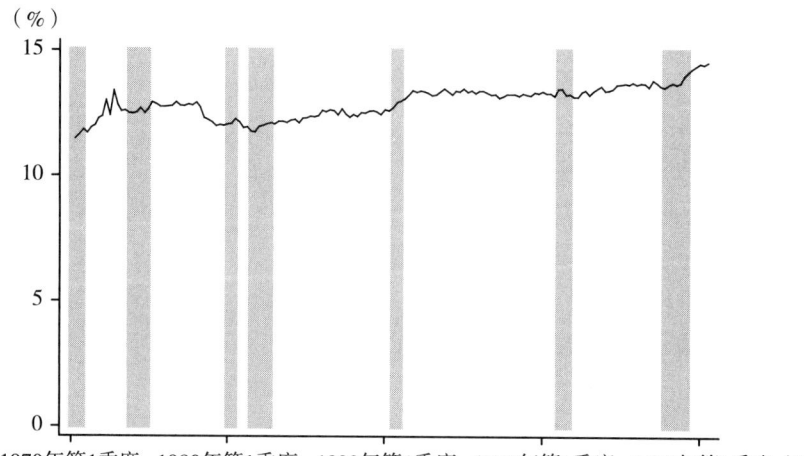

图 5.7　州和地方当期收入占 GDP 的份额

资料来源：根据美国统计局提供数据由作者计算而得。

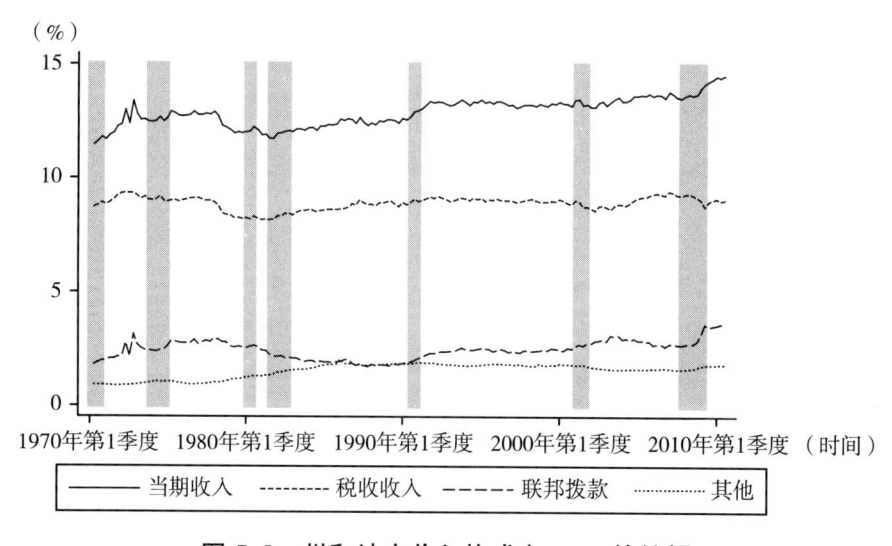

图 5.8　州和地方收入构成占 GDP 的份额

资料来源：根据美国统计局提供数据由作者计算而得。

我们接下来研究州和地方政府收入的经济周期表现。我们对数据进行去趋势，将这些变量处理为占 GDP 的百分比，然后使用蜘蛛图来显示最近三次经济衰退的表现。同样地，为了视觉清晰，我们没有包括 1973 年、1980 年和 1981 年的经济衰退，但这些衰退的形势类似于 1990 年的。图 5.9 显示的是州和地方总收入情况，图 5.10 显示的是州和地方税收收入情况，而联邦拨款如图 5.11 所示。

作为对 1990 年和 2007 年经济衰退的回应，收入在 GDP 中所占份额有所上升，而 2001 年的收入大幅下降。当我们观察图 5.10 中的税收收入表现时，我们看到税收在最近两次经济衰退中的表现不同于之前的经济衰退。

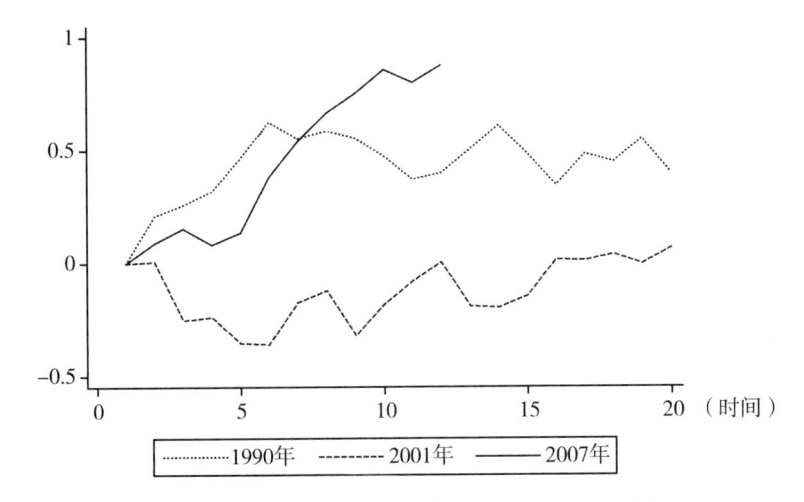

图 5.9 州和地方收入的蜘蛛图（去趋势）

资料来源：根据美国统计局、美国经济分析局提供数据由作者计算而得。

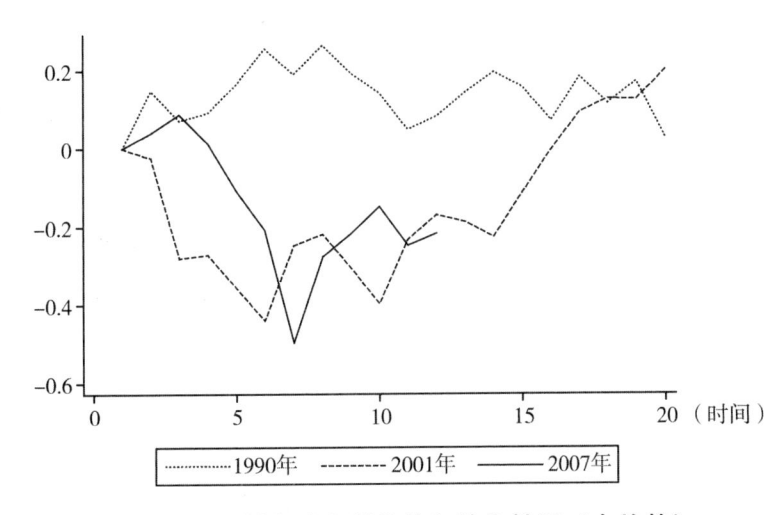

图 5.10 州和地方税收收入的蜘蛛图（去趋势）

资料来源：根据美国统计局、美国经济分析局提供数据由作者计算而得。

特别是，虽然税收收入占GDP的比重在之前阶段或增加或保持稳定，但在近期的2001年和2007年的经济衰退中，收入大幅下降以呼应经济条件的恶化。

在早期的工作中，我们调查了国家税收收入对经济条件的敏感性的反应。[1]这种收入弹性变大的现象既发生在经济衰退期间（如图 5.10 所示），也发生在更好的经济时期。特别是，无论经济发展好与坏，州和地方收入的变化都变得与整体经济更加同步。周期性反应的这种变化大多可归因于个人所得税收入的变化。所得税的这种变化大部分来自两个因素。第一，由于收入波动对资本收益部分的依赖程度越来越大，所以所得税收入对经济条件的敏感度增加。第二，州和地方政策制定者改变了他们的行为以应对经济衰退。虽然在2001年衰退之前，许多国家的税率因应经济衰退而增加以保持收入平稳，但在最近几年中，税率更独立于经济条件。然而，我们无法认为从销售税转向所得税已经成为提高收入响应能力的主要手段。

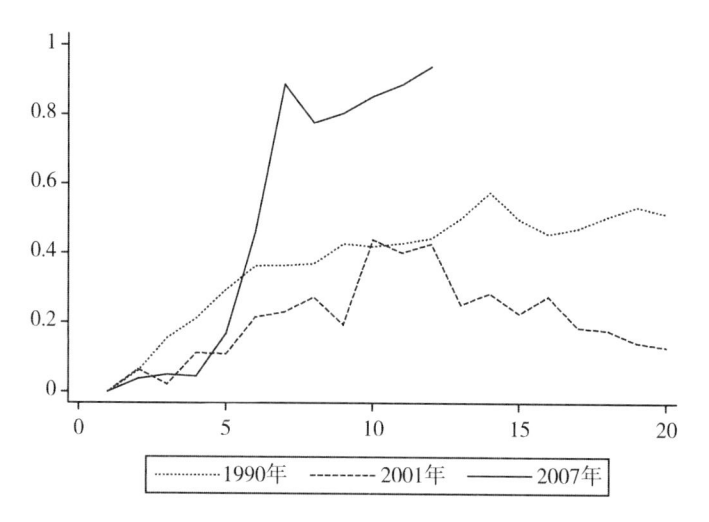

图 5.11　联邦拨款的蜘蛛图（去趋势）

资料来源：根据美国统计局、美国经济分析局提供数据由作者计算而得。

图 5.11 显示的是州和地方政府所收到的来自联邦政府拨款的一张去趋势的蜘蛛图。在这里，我们看到了在最近的衰退期间颁布的主要的反周期援助一揽子计划的证据。人们可以看到联邦刺激计划（如《美国复苏与再投资法案》）产生的好转迹象。将图 5.11 与图 5.9 和图 5.10 进行比较，可以看出，在最近的经济衰退期间，总收入的增加是由于减少的税收被更多的联邦援助所抵消。在下一部分中，我们将更详细地讨论联邦援助的作用。

未知数：反周期的联邦援助

当州政府应对衰退时，一个通常的反应是向华盛顿求助。一般来说，联邦政府的反周期援助是各州在经济衰退期间或之后收入的常见组成部分，尽管援助的水平和条件在不同的衰退期间有所变化。[12] 表 5.3 描述了联邦在最近五次衰退期间提供的援助的类型和水平。只有一次，在 1990～1991 年的衰退期间，联邦政府未能向州和地方政府提供具体的反周期援助。但是，鉴于 1991 年通过了大规模的道路和基础设施项目，这项倡议很可能能够取代任何以经济衰退为目标的援助方案。[13]

表 5.3　联邦、州和地方政府反周期的援助

衰退日期	衰退持续时间	联邦政府的回应
1973～1975 年	16 个月	1976 年启动了三个方案，重点是职工培训、公共就业、公共工程和一般援助。援助总额为 145 亿美元

续表

衰退日期	衰退持续时间	联邦政府的回应
1980年、1981~1983年	1980年：6个月 1981~1983年：16个月	《紧急就业法案》（1983年）通过77个旨在刺激经济和就业增长的联邦项目，共提供90亿美元
1990~1991年	8个月	没有通过特别的联邦计划；但是在1991年通过了1510亿美元的《地面多式联运效率法案》
2001年	8个月	2003年的《就业与经济增长法案》在2003和2004财政年度支付了100亿美元
2007~2009年（估算的）	估算20个月	《美国复苏与再投资法案》（2009年）对州和地方政府有两个组成部分。第一个目标是用2240亿美元维持财政稳定，主要用于教育、保健和失业保险。第二个目标是将2750亿美元用于基础建设。2010年又支付了100亿美元

资料来源：Mattoon, Haleco-Meyer, and Foster (2010)。

关于联邦援助计划及其影响，有几件事情值得注意。首先，联邦援助几乎总是滞后。对于通常只持续一个季度或两个月的经济衰退，大多数计划是在经济衰退的官方结束日期之后获得授权的。只有《美国复苏与再投资法案》，才是在经济衰退时期通过的。这可能很好地反映了在经济衰退时期，州在财政方面所经历的财政压力的滞后，以及国会在设计和批准援助方案时面临的立法滞后。最初，国家税收收入增加，社会福利计划支出只在经济衰退的早期阶段开始扩大。各州和地方有储备资源（如基金结余、应急基金，或获得其他一次性筹资措施）以平衡其预算。因此，直到经济衰退爆发才明白需要联邦援助。其次，除了《美国复苏与再投资法案》之外，大多数联邦援助的范围相对于州和地方政府的规模是适度的。例如，1976年提供的145亿美元的联邦援助只占1975年州和地方政府直接支出的5.5%。⑭

收　　入

我们接下来展示州和地方政府自有来源收入的来源明细，即不包括联邦转移给州和地方政府的收入。随后，我们将展示作为最大的单一收入来源的税收额的明细。

表5.4显示了1972年、1990年和2008年来自税收、收费、政府公用事业（包括酒类商店）和杂项的州政府自有来源收入的份额。尽管州政府基金的最大来源一直是税收，但这种来源不断转向收费和杂项。利息收入、彩票收入和一次性资金

(如来自烟草结算的资金)的增加促进了杂项收入的增加。

表 5.4　　　　　　　　　州政府自有来源收入构成　　　　　　　　单位:%

项目	1972年	1990年	2008年
税收	83	76	72
收费	11	11	14
公用事业和酒类商店	3	2	2
杂项	4	12	12

资料来源:根据美国统计局提供数据由作者计算而得。

表5.5显示了地方政府收入的明细。该表也显示了政府自有收入来源从以税收为主有向收费和杂项转移的趋势。收费收入的增长相当广泛并发生在一系列不同的领域,包括航空运输、公立医院和下水管网系统。此外,与州政府形势一致,利息收入已成为收入增长的重要来源。[15]

表 5.5　　　　　　　　　地方政府自有来源收入构成　　　　　　　　单位:%

项目	1972年	1990年	2008年
税收	68	54	55
收费	15	20	22
公用事业和酒类商店	11	14	12
杂项	6	13	10

资料来源:根据美国统计局提供数据由作者计算而得。

我们现在转向州和地方政府税收来源。表5.6显示了1972年、1990年和2008年州政府税收构成。在此期间,选择性销售税收入不断向个人所得税倾斜。在选择性销售税中,汽车燃料税从1972年占州税收收入的13%下降到2008年的不到5%。与此同时,个人所得税从1972年的占州税收收入的22%增长到2008年的36%。这一增长与有州新加入采取个人所得税无关,因为自1972年以来只有一个州增加了所得税(1976年的新泽西州)。相反,这种增长是在那些已经征收所得税的州对所得税的依赖性增加的结果。由于转向所得税,各州和联邦政府现在越来越多地依靠相同的基础作为其主要资金来源。虽然个人所得税是1950年以来联邦政府的最大收入来源,但它在1998年首次成为州政府的最大收入来源。

表 5.6　　　　　　　　　州政府税收构成　　　　　　　　单位:%

项目	1972年	1990年	2008年
财产税	2	2	2
一般销售税	29	33	31

续表

项目	1972 年	1990 年	2008 年
选择性销售税	26	16	15
执照税	9	6	6
个人所得税	22	32	36
公司所得税	7	7	6
其他	4	4	4

资料来源：根据美国统计局提供数据由作者计算而得。

在表 5.7 中，我们按税基显示地方政府税收收入份额。在这三年中，财产税占地方税收的大部分份额。⑩同时，财产税收入的份额一直在稳步下降。地方政府来自一般销售税的税收收入一直在增加。这一增长是由于一些州开始实行地方销售税，以及在许多州销售税所扮演的角色扩张的作用。这也反映了经济增长对那些强调使用销售税的地区的重要性。

表 5.7　　　　　　　　　　地方政府税收构成　　　　　　　　单位：%

项目	1972 年	1990 年	2008 年
财产税	84	75	73
一般销售税	5	11	12
选择性销售税	3	5	5
执照税	1	0	3
个人所得税和公司所得税	4	5	6
其他	2	4	2

资料来源：根据美国统计局提供数据由作者计算而得。

结论：应对经济周期的政策选择

我们检验了过去 40 年中州和地方政府部门在总体经济中的发展趋势。在这一时期，地方政府在国民经济中保持相当稳定和重要的作用。这 40 年的特点是社会福利（特别是医疗补助）的支出份额越来越大，越来越依赖联邦政府作为资金来源。州对个人所得税的依赖程度越来越高，州税收对经济状况的响应能力也越来越强。但是，支出的响应能力却没有发生类似的变化。与联邦政府不同，几乎所有州和市政府都至少需要在书面上制定平衡的预算。因此，收入越来越不稳定而支出不受经济状况变化的影响，州将如何适应这种变化成为一个问题。虽然地方政府的角色及其资金来源更加稳定，但州一级的变化也与地方有关，因为大约 1/3 的地方政府收入是来自州的转移支付。

州和地方政府的作用将可能继续演变，虽然许多形势可能会继续，但推动其变化的压力越来越大。特别是，人口老龄化和医疗费用的增加很可能导致医疗补助计划继续成为州预算的一部分。在收入方面，所得税很可能继续成为一种主要且周期性敏感的资金来源。财产税一直是大多数地方政府税收制度的支柱，由于住宅和商业地产价值下降，税率的增长在很大程度上遭到反对，因此其税基可能受到长期侵蚀。

各州可能想找到方法来适应其收入基础增加的周期性。[17]各州试图通过恢复对主要税基（销售和收入）提高税率的历史做法在经济不景气时期平衡自己的收入来源，或通过重组州的税制来减轻其波动。后一种行动可以通过扩大税基来纳入周期性敏感度较低的收入和销售形式。例如，州可以取消食品和衣服等物品的免税额，或扩大其税基，将一些基本服务涵盖在内。也可以通过减少对在许多州税法中被视为普通收入的所得税资本利得的依赖来实现。虽然通过使用资产特别是创收型资产销售在不利时期创造收入的短期行为有争议，但各州仍可以依靠这种方式来平衡收入波动。各州还可以通过增加对雨天基金的依赖，在衰退期间获得额外资金。鉴于投资相关收益在产生波动中的作用，各州可以有专门的雨天基金，明确与资本收益所得税收入相关联。另一种策略是更积极地调整支出。这种方法假定收入总是不稳定的，因此会迫使预算差距因支出方面更快的变化而关闭。还有一种选择是简单地允许州赤字运作。一个州不考虑经济状况而每年必须有一个平衡的预算的想法可能是一个时代错误。最后一个选择是寻求联邦政府的帮助。这种情况最近发生在2009年的《美国复苏与再投资法案》；为应对州和地方的衰退提供反周期援助还发生在2003年和1975年。但是这种策略的问题是联邦政府自己长期财政问题也要面对的，所以这种援助不是一个确定的事情。事实上，解决联邦赤字问题的行动可能会对州和地方政府的财政造成更大的压力。

注释

本章仅为作者观点，并不代表芝加哥联邦储备银行或美联储的意见。
① Maag and Merriman (2003).
② 另一种用于衡量州和地方政府对国民经济周期的财政反应方法，是用一种将州政府反应分解成周期性和结构性的就业预算结构。此内容见福利特、库斯卡和卢茨（Follette, kuska and Lutz, 2008)。
③ 有关州和地方政府经济活动信息的两个主要来源分别是统计局的数据和经济分析局的数据。统计局公布五年期政府统计（以全面普查为基础）的年度财政活动数据以及相关的政府财政年度调查（基于统计抽样）。该来源不仅提供了关于州、地方和州与地方合并的收入、支出和债务的详细数据，还可以为每个州单独提供数据。统计局还按收入来源提供关于州、地方和州与地方合并税收的季度数据。另一方面，经济分析局发布州和地方政府经济活动的季度数据，作为国民收入和产品账户（NIPAs）季度数据的一部分。这些数据将州和地方政府部门作为一个整体。在本章中，这两个数据源我们都有用到。当我们对州和地区之间的差异感兴趣时，我们使用统计局的数据。当我们关注经济周期表现时，我们使用来自NIPAs的数据，因为我们更倾向于使用季度数据。在NIPAs和统计局政府财政（GF）系列中，州与地方政府收入和支出的处

理存在重大差异。NIPAs基于GF系列，但是随后会对其数据进行调整以符合国民收入核算标准。特别是，NIPAs承认最终需求发生的部门的活动。因此，由政府提供的服务被记录在购买服务的部门中。例如，政府企业（如公用事业）的消费被视为个人或商业消费，而GF系列的规定则包括这些企业的收入和支出。此外，员工养老基金的大多数交易都包括在NIPAs个人部门。NIPAs还将失业保险作为联邦部门的一部分，而它在GF数据属于州部门的一部分。NIPAs中的表3.19详细说明了用直接源自GF数据和源自NIPAs的数据进行比对之间的关系。

④这是因为排除了农业部门的就业，农业部门就业不到总就业的2%，所以它不能解释这个差距。

⑤US Bureau of Economic Analysis（2010）。

⑥最近有关使用可比性措施的州、地方政府和私营部门薪酬与福利趋势的讨论见Bender and Heywood（2010）。

⑦20世纪40年代至70年代，州和地方政府的扩张部分是由于1965年制定的医疗补助计划以及随着婴儿潮一代进入公共教育系统而扩大的教育资金引发的。Penner（1998），这一文献对这些驱动力做出了简要描述。

⑧因为NIPAs将失业保险计划纳入联邦部门，所以失业保险计划不包括在内。如果包括失业保险计划，我们将观察到回应经济衰退的更大的社会福利增长。

⑨ARRA http：//www.recovery.gov/About/Pages/The_Act.aspx。《美国复苏与再投资法案》计划主要通过增加联邦政府支付的医疗补助金部分来影响州和地方政府的社会保险。《美国复苏与再投资法案》还包括贫困家庭临时救助计划和增加就业与培训计划的拨款。此外，《美国复苏与再投资法案》增加了失业保险支出，但这笔支出被视为NIPAs联邦部门的一部分。

⑩http：//www.ssa.gov/ssi/text-understanding-ssi.htm。

⑪Mattoon and McGranahan（2008）。

⑫Mattoon，Haleco-Meyer，and Foster（2010）。

⑬http：//ntl.bts.gov/DOCS/istea.html。

⑭Mattoon，Haleco-Meyer，and Foster（2010）。

⑮利息收入的大部分增长可能是由于私人目的导致的公共债务利息的变化。如果我们排除利息收入，来自杂项来源的州自有来源收入的份额从1972年的2%增加到2008年的8%。来自杂项来源的地方自有来源收入的份额从1972年的4%增加到2008年的6%。

⑯关于财产税税收收入在经济周期表现的讨论见Lutz（2008）。

⑰Mattoon and McGranahan（2008）。

参考文献

American Recovery and Reinvestment Act（ARRA）of 2009. http：//frwebgate.access.gpo.gov/cgi-bin/getdoc.cgi?dbname=111_cong_bills&docid=f：h1enr.pdf.

Bender, Keith A., and John S. Heywood（2010）. "Out of Balance? Comparing Public and Private Sector Compensation over 20 Years," National Institute on Retirement Security and Center for State Local Government Excellence, April 2010. http：//www.slge.org/vertical/Sites/%7BA260E1DF-5AEE-459D-84C4-876EFE1E4032%7D/uploads/%7B03E820E8-F0F9-472F-98E2-F0AE1166D116%7D.PDF.

Boyd, Donald J.,（2009, February 19）. "What Will Happen to State Budgets When the Money Runs Out," Nelson A. Rockefeller Institute of Government, *Fiscal Features*.

Follette, Glenn, Andrea Kuska, and Byron F. Lutz（2008）. "State and Local Finances and the Macroeconomy: The High-Employment Budget and Fiscal Impetus," *National Tax Journal* LXI（3），

531-545.

Fox, William F. (2003). "Three Characteristics of Tax Structures Have Contributed to the Current State Fiscal Crises," *State Tax Notes*, 30 (5), 369-378.

Lutz, Byron F. (2008). "The Connection between House Price Appreciation and Property Tax Revenues," *National Tax Journal*, LXI (3), 555-572.

Maag, Elaine, and David Merriman (2003). "Tax Policy Responses to Revenue Shortfalls," *State Tax Notes*, 30 (5), 393-404.

Mattoon, Richard, Vanessa Haleco-Meyer, and Taft Foster (2010). "Improving the Impact of Federal Aid to the States," *Economic Perspectives* (Third and Fourth Quarter 2010) Federal Reserve Bank of Chicago, 66-92.

Mattoon, Richard, and Leslie McGranahan (2008). "Structural Deficits and Revenue Bubbles: What's a State to Do?" Federal Reserve Bank of Chicago, Working Paper WP2008-15.

McGranahan, Leslie, and Richard Mattoon (2010). "Revenue Cyclicality and State Policy Options," unpublished manuscript.

Penner, Rudolph G. (1998, October). "A Brief History of State and Local Fiscal Policy," The Urban Institute, No A-27.

Ross, Casey (2009, June 17). "Lawmakers Look to Capital Gains Tax to Bolster Savings," *Boston Globe*.

Sjoquist, David, and Sally Wallace (2003). "Capital Gains: Its Recent, Varied and Growing (?) Impact on State Revenues," *State Tax Notes*, 30 (5), 423-432.

US Bureau of Economic Analysis, National Income and Product Accounts, Gross Domestic Product, various years, http://www.bea.gov/national/nipaweb/index.asp, http://www.bea.gov/national/index.htm#gdp.

US Census Bureau, state government finances, various years, http://www.census.gov/govs/www/state.html.

第 6 章　州与地方财政结构演进

萨莉·华莱士（Sally Wallace）

张立彦 译

人口、经济和制度的发展趋势决定了州与地方政府的"财政结构"。这些趋势的变化很大程度上超出政府的控制，但是它们给州和地方政府的支出和财源带来压力并可能限制财政改革的选择。这些趋势包括人口变化（如人口增长和年龄构成、家庭规模和平均寿命）和影响州经济结构的经济变动（如就业水平、收入分配和部门结构）。制度和组织的变化也限制和塑造着收支压力的性质与选择（如公民之间关于政府事宜进行沟通的方式以及政府如何沟通并对其公民负责）、以支出命令和收入优先权形式的联邦政府干预、联邦（和处于这快速全球化时代的其他国家）财政政策的政府间影响。[①]

因此，州和地方政府能做什么和不能做什么是基于这样一个事实：各个政府单位的财政结构和所有政府都只是充满活力的联邦和全球经济的一部分。比如，随着全球化世界市场的打开，一些州也许想征收进口税，但宪法上禁止它们这样做，因为进口税收是在联邦政府权限范围内的。或者州和/或其下级政府也许想修改给学校的最低资金，但联邦（和对地方及州）的管理规则可阻止其这样做。否则，州至少必须确定设计此类政府间转移支付的条件。对州而言，对资本课税看来也许是一个好想法，但资本的全球流动性使得税收难以管理。还有医疗补助等权益性项目的规则和规章以限制联邦和州政府面对人口快速老龄化调整支出的能力。

目的和范围

本章分析美国 21 世纪第一个十年末州和地方政府财政结构现状，以及州和地方政府有效处理所面对的经济和人口变化的潜在压力和选择。分析不意味着是修正主义，而是要设计一个框架，以期提出改变财政结构、提升州和地方财政在下个 25 年的可持续性，即在变动的人口、经济和制度趋势下，我们需要关注何种选择对可持续的州和地方部门以及相应的充满活力和可持续性的财政联邦主义制度是有"财政意义"的。2007~2009 年经济衰退的背景难以被忽略，但本章重点不在于特定的财政危机，而是在于州和地方政府过去 20 年和将来的基本趋势和矛盾。

相应地，本章作如下编排。第二部分展示经济和人口变化与美国州和地方政府财政结构间的逻辑关系。第三部分通过数据分析 1980 年至今收入和支出的趋势，重点是当前的 10 年。第四部分概述已经并于下个 10 年继续影响州和地方政府财政选择的重要的经济和人口变化。第五部分对这些影响进行定量分析，最后一部分总结州和地方政府应对这些变化的选择。

财政结构与经济、人口和制度因素的联系

效率要求财政结构反映公民对公共产品和服务的需求。但多半是政府花费时间适应新的需求并改变它们"收入业务"的方式。经济、人口和制度变化与财政结构之间的关系很简单。几个简单的例子可以说明。

支出的影响因素

州和地方政府提供的公共产品和服务由所服务的人口需要所驱动。[②] 公共支出和人口因素之间的基本关系如下：

$$\text{Exp}_i = Q_g \times C_g \quad (1)$$
$$Q_g = f(\text{服务的人口}) \quad (2)$$
$$d\text{Exp}_i = dQ_g \times C_g + Q_g \times dC_g \quad (3)$$

其中，Q_g 是公共品产出，C_g 是单位成本。[③]

支出是需求"Q"和生产价格"C"的函数。需求的变化［等式（3）］由人口变化和生产成本变化引起。服务对象人口的变化可包括人口特征（如老龄人口、学龄人口）、经济基础的变化（对基础设施提出不同的需求）和其他因素。生产成本的变化与投入成本（如工资、材料、租金）相联系。人口变化能影响支出计算的成本和需求要素，如人口年龄分布的变化。如果人口开始日益老龄化，这会增加退休和医疗方面的支出需要。[④] 但随之可能发生的劳动力短缺使劳动力投入成本上升，这一趋势也将影响提供这些服务的直接成本。

收入

收入的关系可近似地用如下的纳税人口（"pop"）、税率和税基的函数来表示。

$$\text{Rev}_i = (\text{税基}_i \times \text{税率}_i) \times \text{pop}_i \quad (4)$$
$$d\text{Rev}_i = d\text{税基}_i \times \text{税率}_i \times \text{pop}_i + \text{税基}_i \times d\text{税率}_i \times \text{pop}_i + \text{税基}_i \times \text{税率}_i \times d\text{pop}_i \quad (5)$$

在收入方面，税基取决于特定收入来源管辖地的税收法规和经济活动，税率由相关立法机构和行政机构决定。[⑤] pop_i 是既定收入来源的纳税人数。对于个人所得税，税基可能是用单位应税收入进行衡量的，人口可能是有应税收入的个人数量。税收遵从与管理也可以在这一关系里描述，但在此不进行讨论。

经济和人口变化将直接影响税基和相关人口。例如，对以消费为基础的收入来源而言，人口的规模将影响总体的潜在应税消费，人口的年龄分布将影响消费类型。各州和地方政府的税基范围将决定这些人口变化会导致收入波动多少。例如，如果一州或地方政府课征个人收入范围宽广，则将较少受到收入构成变化的影响。税率

外生于这些人口和经济变化,是一个可用来弥补税基变化的政策变量。

这些收支之间的简单关系和其组成部分证明,如果整体结构不调整,经济和人口变动趋势将通过多种方式影响州和地方政府财政。此分析中还有一个重要的因素,即财政结构建立在许多制度因素的基础上。例如,美国宪法为联邦和州政府之间的收入分配仅提供最基本的安排,而州宪法通常明确地方收入管辖权的性质(和限制)。⑥州政府相应地规定了地方的收入来源。以收入分享和非任意支配的支出项目为形式的政府间关系占美国公共财政一个较大比重。这些连同许多其他制度的变动将潜在地影响整个联邦—州—地方的财政结构,与人口和经济特点的变动将直接影响政府的财政选择一样。

当前的财政结构

过去 30 年,州和地方政府的财政结构经历了一些变化。⑦突出这些过去的趋势对更好地理解州和地方政府当前和未来的财政结构有重要意义。

州和地方政府收入占个人收入总值的份额从 1980 年的 19.7% 上升到 2007 年的 25.9%,在 2008 年随着衰退下降到 21.8%。按人均计算,收入增长稳定,2002 年和 2008 年有所下降。州和地方收入分别表现出类似的增长态势。在这一时期,政府间收入规模有些变动。政府间收入占个人收入总值的份额最高为 2004 年的 4.3%,最低为 1988~1989 年的 2.8%。联邦对地方政府的直接转移支付依然起相对小的作用(1980 年实际人均 244 美元,2008 年为 191 美元)。联邦对州政府转移支付从 1980 年的 716 美元(实际人均数)增加到 2008 年的 1363 美元。相应地州对地方政府的转移支付从 1980 年的 958 美元增加到 2008 年的 1533 美元(均为实际人均数)。

图 6.1 的数据显示人均总收入的上升趋势在最近的衰退中(2001 年和 2007 年至

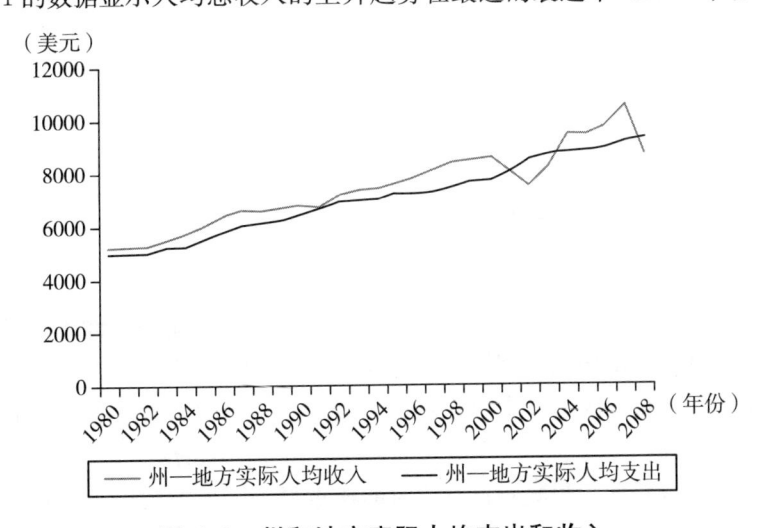

图 6.1 州和地方实际人均支出和收入

资料来源:State and Local Government Finance Data Query System, http://www.taxpolicycenter.org/slf-dqs/pages.cfm。

今）受到很大影响。这些总趋势说明在过去30年里收入确实受到经济下滑的影响，但没有告诉我们基本经济结构、经济社会和人口变化是如何影响收入结构和规模的。

总体来看1980年和2008年实际人均支出也呈现一个总体增长态势。与收入相比，支出对这一时期经济下降的反应更为滞后，受到的影响不太明显。

有必要更具体地看待州和地方政府收入，以有助于理解人口和其他因素变动对美国州和地方政府财政结构的影响。依据美国统计局的分类，表6.1的数据概括了主要类别收支规模的如下趋势：

总收入＝一般性收入＋公用事业收入＋酒的专卖收入＋社会保险信托收入

表6.1　　　　　　　　　收入和支出分配　　　　　　　单位：%

	收入 1980~2008年平均 （最小/最大）			支出 1980~2008年平均 （最小/最大）	
占一般性收入百分比	州	地方	占一般性支出百分比	州	地方
税收	55.2 (49.4/59.5)	38.3 (36.7/39.8)	政府间	29.8 (27.5/32.8)	1.0 (0.6/1.2)
政府间	27.8 (24.0/33.0)	38.9 (37.0/44.1)	直接一般性支出	57.9 (55.0/59.3)	85.7 (83.8/86.8)
收费	17.0 (13.8/18.9)	22.7 (18.8/23.7)	公用事业和酒	1.7 (1.2/2.0)	11.5 (10.1/13.7)
公用事业和酒	1.3 (0.9/1.8)	9.7 (8.6/11.0)	保险	9.4 (7.6/11.5)	1.8 (1.5/2.1)
保险信托	20.9 (1.7/35.7)	3.1 (0/5.6)			

资料来源：State and Local Government Finance Data Query System, http: /www.taxpolicycenter.org/slf-dqs/pages.cfm。

一般性收入进一步分为税收、政府间收入、收费和其他一般性收入。总支出由政府间支出和直接支出构成。直接支出进一步分为直接一般性支出、公用事业支出、酒的专卖支出和社会保险信托支出。直接一般性支出由包括教育、医疗和交通等多个功能的支出构成。

从表6.1可以看到，州政府自有税收的比重最大，地方政府来自自有税收和政府间收入的份额不相上下。税收收入的变化具有周期性（正如所预期的），但整体趋势显示州税收收入的集中度下降。州和地方政府使用者收费的重要性都有所上升，而政府间收入占一般性收入的份额对地方政府而言有所下降，对州政府而言有所上升。总体而言，州和地方政府的社会保险信托收入（大多专门用于支付退休金）均上升——显示出老龄化人口影响的迹象。在支出方面，高水平的支出总额显示了长期以来的趋势。对于州和地方政府，直接一般性支出在公共财政体系中占首要地位。

表 6.2 的数据提供了税收收入和一般性支出构成的更多细节，可更清楚地显示总趋势。表中列出的税收占到州税收收入的大约 90% 和地方税收收入的 95%。⑧ 值得关注的州政府的收入趋势是公司所得税和一般销售税的重要性下降，个人所得税上升。对于地方政府，财产税的集中度下降和一般销售税收入上升是引人注目的趋势。

表 6.2　　　　　　　　　　收入和支出的具体分配　　　　　　　单位：%

税收收入 （1980~2008 年）			支出 （1980~2008 年）		
占税收总收入百分比	州	地方	占一般性支出百分比	州	地方
个人所得税	27.1 35.6	5.8 4.8	教育	24.5 22.7	43.8 43.2
公司所得税	9.7 6.5	0.0 1.3	医疗卫生	10.9 9.0	7.4 8.5
一般销售税	49.5 45.9	14.0 16.4	公共福利	23.1 34.6	5.5 3.7
财产税	2.1 1.6	76.0 72.3	矫正	2.9 4.6	1.0 1.9
			公路	14.4 8.8	5.7 4.6

注：表中上行数据代表 1980 年数值，下行数据代表 2008 年数值。
资料来源：State and Local Government Finance Data Query System, http：/www. taxpolicy-center. org/slf-dqs/pages. cfm。

在预算支出方面，特定部门的支出集中度有所变化。州政府经历了一般性支出中公共福利（包括医疗补助服务在内的对卖方支付是公共福利项目中的最大份额）份额的上升。对于地方政府，教育支出占一般性支出将近 44%。这一比例在此期间内没有变化。这些支出选择是与指定用途支出相关的联邦授权的一项功能，也是来自选民人口的需求。

这些趋势显示了在此期间州和地方政府的财政结构改变相当缓慢。存在的问题是：这种迟缓是否符合人口和经济的潜在变化以及是否会加大未来州和地方政府的财政脆弱性。为分析这些问题，需先分析将对财政发生影响并应通过州和地方政府财政结构调整予以消除的人口和经济的潜在变化。

经济和人口趋势

美国人口虽正在老龄化，但不像日本，依然有儿童数量的良好增长支持劳动力的增加。⑨国家已经历了从国家东北和中西部向南部和西部地区的长期人口迁移。拉美裔人数增长较多。《经济学人》(*The Economist*) 很正确地指出，人口变动在国家分布不均衡会使事情更加复杂化。⑩其中提到的一个具体例子是缅因州老龄人口比例目前超过了佛罗里达州。

本部分着重分析一些主要经济和人口趋势及预测。分析不是很深入，但这里所分析的因素是影响州和地方财政并且在促进州和地方财政健康的改革中应予以考虑的。

最常被讨论的人口变化是人口老龄化。全国 65 岁及以上人口在增长（见表 6.3），美国人口普查预测未来 20 年这一年龄组人口会继续增长。⑪同时，每一主要年龄组人口的绝对规模预期会增加。这些趋势预示着州和地方政府财政的一些重要矛盾。从支出需求角度，老年人将增加对健康服务的需求，而正在增加的学龄人口的选民们将需要增加教育支出。

表 6.3　　美国人口的分布　　单位：%

年龄组	占全部人口百分比				
	1980 年	1990 年	2000 年	2010 年	2025 年
5～19 岁	24.6	21.3	21.7	20.3	19.8
20～64 岁	56.8	58.7	59.0	59.9	55.8
65 岁及以上	11.3	12.5	12.4	13.0	17.9
80 岁及以上	2.3	2.8	3.3	3.7	4.2

资料来源：US Census International Database, http://www.census.gov/ipc/www/idb/informationGateway.php。

财产税中对老年人豁免部分的增长趋势标志着与学校筹资相关的财政压力加大。我们没有美国这些财产税豁免价值的数据，但有这些州税式支出的估计。在佐治亚州，相对于超过 75 亿美元的财产税收入，2007 年与老年人豁免（宅地）相关的税式支出估计达 2.07 亿美元。⑫

由表 6.4 中的数据可清楚看到美国东北部人口老龄化相对较快。统计局预测显示，东北部 18 岁以下的最小年龄组占人口的比例将从 2000 年的 24.3% 下降到 2020 年的 22%。东北部人口中 65 岁及以上人口比例将从 2000 年的 13.8% 大幅上升到 2020 年的 17.3%。刻画与老龄化相关的财政难题的便捷途径是追踪"老龄抚养率"（DR），即 65 岁及以上人口与 20～64 岁人口的比率。若其他条件不变，随着这一比率上升，有越来越少的工作年龄人口支持那些接近或已退休者。对于州和地方预算，这一比率提高暗示着更少的工资收入和税收来支持公共养老金制度。在美国所有地区，预期 2000~2020 年比率将提高 6.4~8.4 个百分点。预期 2020 年东北部比率最高（29.7%），但西部各州比率增长最快（从 2000 年的 18.5% 增长到 2020 年的 26.9%）。

表 6.4　　　　　　　不同地区各年龄组人口占总人口的比重　　　　　　单位：%

地区	2000 年	2020 年
18 岁以下		
东北部	24.3	22.0
中西部	25.9	23.8
南部	25.5	24.3
西部	26.9	24.7
18~64 岁		
东北部	61.9	60.7
中西部	61.3	59.9
南部	62.1	59.3
西部	62.1	59.9
65 岁及以上		
东北部	13.8	17.3
中西部	12.8	16.3
南部	12.4	16.3
西部	11.0	15.4

资料来源：US Census International Database，http://www.census.gov/population/www/projections/regdvpyramid.html.

人口老龄化对州和地方政府财政结构影响的具体例子可以通过公共养老金来说明。许多公共养老金通过一般性税收收入（或联邦政府的工薪税）以及其他形式的缴款和资本收益来筹集资金。许多州所得税（包括一大部分一般性基金收入）豁免了不同部分的退休收入，因此提高了退休金制度对于工作者的负担。如果对正在工作者的课税筹资部分是 α，其余通过其他方式融资是 $1-\alpha$，现收现付制退休金融资的一个简单表达式可表示如下：[13]

$$P_b \times B = \alpha \times t \times P_w \times w + (1-\alpha) \times Rev_j \tag{6}$$

其中，P_b 为领取退休金的人数，B 是每个退休金领取人的平均养老金。t 是对工资课征的所得税率，P_w 是工作者的人数，w 是每个工作者的平均课税工资，Rev_j 是来自非所得税的收入。对（6）式稍加整理得到如下表达式：

$$t = (P_b/P_w) \times (B/\alpha w)(1-\alpha) \times Rev_j \tag{7}$$

公式右边第一项是老龄抚养率——退休金领取者与工作者人数之比，第二项是替代率——平均养老金与为养老金制度筹资的工资（需用α加权）之比，表达式的第二部分$(1-\alpha) \times Rev_j$是由其他方式筹资的养老金部分。[14] 随着受益者人数相对于那些支付所得税的工作者人数的增加，老年抚养率上升，如果制度没有适当储备，将没有足够的各种收入来源来支持增加的养老金责任。在为州和地方政府养老金提供资金方面，最好做法的标准之一是该制度的成员与养老金领取者的比率为3或更优，但近来针对100多个公共养老金制度的研究表明只有其中6个的比率大于3。[15]

除了对养老金和所得税收入的影响，人口老龄化还将伴随着老年人投票参与的增加，改变对不同产品和劳务的需求。这将继续增加老年人偏好的服务的需求，包括健康、医疗服务、社会保障、交通服务和某些类型的休闲服务。老龄人口消费不同类型的产品，包括大量与健康和医疗相关的产品和服务——而其中的大部分在很大程度上是不课税的。[16]

经济基础的变化（收入构成和生产与就业的部门分布）也将对州和地方政府预算有重要影响。就业数据可作为经济部门变化的最好衡量。30多年来美国经济的趋势是从制造业向服务业生产和就业的转移。根据美国经济分析局（BEA）的研究，这一总趋势在整个2009年依然继续。[17] 有意思的是，BEA数据显示州和地方政府就业人数在1990~2009年间上升，而在同期联邦政府就业人数小幅下降。在除落基山地区以外的所有地区都有这一趋势。但是，经济结构中的"头条新闻"是医疗保险和社会救助部门就业（和产出）集中度的上升。在新英格兰和中东部地区，该部门占私人就业的15%以上——比1990年至少上升了12个百分点。在所有地区，该部门现在占私营就业的10%以上，在全国各地已接近就业最大部门的零售业。而制造业就业和产出持续下滑。在五大湖地区，1990年制造业就业占私人就业的20.9%，到2009年为11.9%。而在东南部地区，从1990年的17.3%降到2009年的8.4%。

相对于制造业，服务业在就业（和产出）方面的变动趋势对财产税有重大影响。服务业部门的有形财产和资本投资少于制造业部门，这将导致应征财产税的机器设备的数额潜在下降。[18] 就个人收入而言，来自转移性支出的收入份额有一个大幅上升。虽然这在经济衰退期肯定是可预见的，但这一趋势在过去20年都存在。表6.5总结了美国个人收入分布的整体情况，这些数据很清楚地显示转移性收入从1990年占个人收入的12.32%大幅上升到2009年的17.52%。资本收入（股息、利息、租金）和所有者收入更为多变，因为多年来其比例不断波动。所涉及的年份表现出同样的总态势，其中最为一致的是转移性收入占个人收入比重的上升。转移性收入大部分由社会保障支出和对个人的其他支付构成，其中很多来自州和地方政府的非课税收入。

表 6.5　　　　　　　美国个人收入构成（1990～2009 年）　　　　　单位：%

项目	1990 年	2000 年	2009 年
工资	56.50	56.39	51.50
股息、利息和租金	20.07	18.41	18.03
转移性收入	12.32	12.66	17.52
所有者收入	7.60	9.59	8.39

资料来源：Bureau of Economic Analysis，http：//www.bea.gov/regional/spi/default.cfm?selTable=summary。

一个相对简单的例子有助于证明收入构成变化对作为州重要收入来源的个人所得税的影响。设想基年的收入构成中工资（应税）占 60%，资本收入和所有者收入（大部分是课税的）占 30%，养老金、转移性支付和其他形式的非课税收入占 10%。如果平均税率是 5%，收入构成不变但随着经济的总体趋势而增长，可以预见征税州的所得税收入保持一个与总体经济增长大致相等的增长率。而如果州的收入构成在 10 年间发生了以下变化，工资降到 57.3%，资本和所有者收入降到 25.5%，养老金和转移性支出增加到 17.2%，则所得税收入的增长无法跟上经济增长。如最开始收入基础是 1000 亿美元，则第 10 年末两种情形之间的收入差异将是所得税收入的 4.3%。鉴于所得税收入在大多数州的财政结构中的重要性，这并非一个无关紧要的收入损失。同时，由于老龄人口和学龄人口增加，州和地方政府将在提供教育和健康等服务方面面临更大的压力。

总之，这些人口和经济部门的变化预示了州和地方政府几个重要收入来源（包括所得税和销售税）弹性的降低和对公共品（包括健康护理）需求的上升。这些趋势大部分在过去的二三十年已被证明，预计在下个 10 年它们会继续强化。在不纳税的所得部分（养老金和社会保障）增加的同时，人口老龄化和退休者人数的增加推升着公共健康支出的压力。老年人也比非老年人消费更大比例的与健康、医疗相关的产品——其中许多是不征税的。基于服务的消费增长（包括网上销售）增加了对销售课税的复杂性和成本。制造业就业和产出的损失和服务经济增长加大了税收管理的复杂性。人口中少数族裔的增加和对公共服务需求（包括在学校里对语言服务的中期需求）的变化以及消费模式的变化也都会影响应税销售额的水平。

在下一部分，将就经济和人口变化对当前州政府财政健康的潜在影响进行经验分析和讨论，以提供这些变化的其他定量证据。

近期影响

2000 年初和 2007 年以来的衰退给州和地方政府财政造成明显的财政紧张，但人口和经济特征的根本变化已经预示了过去的 30 年对州和地方财政制度的压力。在大衰退时期州和地方政府财政状况的恶化几乎是传奇。美国国家预算官员协会

（NASBO）和美国预算与政策重点研究中心（CBPP）报告了最近的人均税收收入的下降、支出的削减和年终基金（应急基金）的缩减。[19]鉴于衰退的深度和长度，这些财政结果完全可以预见到。

但是衰退是周期性的，未来将会有复苏。这对于美国州和地方财政制度——实际上是对财政联邦主义制度的可持续性——更重要的挑战在于是否存在人均收入增长长期下降的证据或与前文提出的经济和人口趋势相关的财政紧张的迹象。[20]在此我们不试图确定这些关系的理论的或完全的结构性模型，而是寻求财政平衡、人均收入和预期影响收入能力的基本经济以及人口变量之间的相关性——尤其是人口老龄化和收入构成的趋势。

州人均个人所得税收入和老年人比例以及个人收入中工资比例之间的相关性提供了一些令人感兴趣的结果。1988~2000年，在个人收入中工资比例与所得税收入之间存在一个正的和统计上显著的相关性，系数相对稳定在0.27。而与老龄人口比重没有显著相关性。2002年以来，工资比重的相关性加强，2002~2008年，量值为0.31~0.38。老龄人口系数依然不显著。人均财政压力标准（用支出减收入再减稳定基金计算）、老年人比例和工资比例之间的相关性也呈现一个显著的形态。1999年以前，压力标准（州政府）和老年人比重及工资比重之间的相关性在符号和强弱上不稳定。自1999年以来，人均压力和老龄人口之间相关性的符号为正，意味着老龄人口比例和财政压力较高之间有一个简单的相关关系。财政压力和工资比例变量之间的相关关系是正的（这一点没有预期到），但通常不显著。[21]

除了这些简单的相关关系，还做了如下OLS回归：

$$\text{Stress\_pc} = \alpha_0 + \alpha_1 \times \text{GDPPC} + \alpha_2 \times \text{PctELD} + \alpha_3 \times \text{PctWAGE} + \alpha_4 \times \text{GrantPC} + \mu \tag{8}$$

其中，GDPPC是人均国内生产总值，PctELD是老年人口比重，PctWAGE是工资占个人收入比重，GrantPC是人均总补助，μ是误差项。对州使用或不使用年度虚拟变量做回归。对于年度间的各种组合，PctELD的系数是正的和显著的，工资的系数通常是正的但不显著。GrantPC的系数均是负的和显著的，但数值上在早年（1988~2000年）和以后年度（2000~2007年）间翻了一番。这些结果表明人口变化（人口老龄化）的影响可能反映在州（乃至地方）财政状况中。正如所预见的，人均补助缓和了这一影响。

这些结果虽远非结论性的，但值得注意，因其揭示了一些人口和经济变量对州和地方政府财政健康的量化影响。此外，一些有限证据显示2000年初衰退后人口变动的影响可能增强了。为充分确定这些关系需要做更多工作。但是至少这些结果增强了政策制定者和专家了解州和地方财政结构与其在联邦制度内的长期财政地位之间的系统性长期关联的必要性。

展望与选择

虽然面对这些挑战州和地方政府财政结构的宪法框架可以保持不变，但收入的集中和对特定服务的需求将会改变。重要的是，从公共财政的视角，本章所涉及的经济和人口压力的可能影响还不是既成事实。有远虑的政府能够在其支出预测中反映出这些变化的影响并调整其收入制度，以此减少其选民的经济基础、收入或人口变化对其收入流的影响。政府可以忽视潜在压力，在这种情况下我们将预见到的是大多数收入来源的增长下降和支出制度的错位，对于政府而言最终导致难以调和的某种认识上的分歧。通过采取积极手段，州和地方政府可调节其财政结构，以在生产变动着的人口所需求的公共品时保持财政平衡。改革税制和改变支出现状是难以实施的政策变动。但是包含本章所提出的经济和人口变化的中长期预算分析和预测可为实施必要的调整争取时间。㉒

对州和地方政府而言应做何选择？在表 6.6 中列出了一系列的压力和选择。此表是说明性的，但它的确突出了对州和地方政府主要公共财政制度的可能压力和潜在影响。总的预期是州和地方政府面对的经济和人口变化将减少大多数主要财源的弹性，包括个人所得税、销售税和财产税。如果定期用很多州已做的官方税式支出预算分析其税式支出，州和地方政府可以提高对这些影响的认识；然后根据这些逐渐削弱——而实际上可能是威胁——州和地方部门财政稳定性的项目制定政治决策。豁免和扣除可能在立法时是必要的，但随着成本上升其价值可能消减。对退休收入的所得税豁免是在国家所有地区税式支出成本将继续上升的一个实例。随着这种税基侵蚀与老年人对健康护理支出需求上升的支出影响汇合在一起，长期的结果是带来更大、而非更小的预算压力，除非为了税收目的把这些当前豁免的收入纳入州和地方收入基础中。另外根据经济和人口变化的挑战，对州和地方政府非常重要的政策建议是，继续合作以使跨管辖边界的销售税税基和征收合理化。例如，考虑由来已久的国会对州和地方政府就消费者网上购物课征的销售税（2012 年估计为 459 亿美元）㉓采取优先权的制度事实和 90% 的 18 岁以上的 Y 代（1981~1999 年出生的一代）定期使用网络（全部人口中有 3/4 人口定期使用网络）的人口因素之间的相互作用。㉔如果联邦政策制定者忽视这样的发展，销售税怎能与时俱进，即适应财政结构的变化？

表 6.6　　经济和人口对州和地方预算的影响与选择矩阵

经济/人口变量	最近与未来趋势	对州和地方政府预算的预期影响	选择
个人收入	整体个人收入的增长。包含转移支付的非工资和薪金的结构性变化。高收入家庭占全部收入的比重上升。20 世纪 80 年代高增长地区（西部和南部部分地区）已显著放慢	收入：应税收入基础缩减最直接影响州和地方个人所得税。高收入家庭收入的相对上升会增加实行累进边际税率的州的所得税收入	拓宽所得税税基可以缓和与退休收入增长相关的一些问题。通常，每年的税式支出评估有助于明确豁免在各个时期的影响

续表

经济/人口变量	最近与未来趋势	对州和地方政府预算的预期影响	选择
人口	未来10~15年人口中老龄人口和学龄儿童比例上升。美国所有地区抚养率上升,西部地区增长最快	收入:对老年人的财产税豁免会扩大。消费模式的改变可能降低老年人应税销售额的增长,种族特点的变化也可能影响销售税税基;支出:对服务的需求增加,尤其是医疗和交通。对改进教育成果的需求增加(以及可能要求增加教育支出来支持人口的多样化)	拓宽销售税和所得税税基将减少消费模式和收入生成变化的影响。进一步研究包括联邦和州政府在内的支持学校筹资的多样化
就业/产出	就业与产出从制造业向服务业的持续转移。电子商务成为日趋增长的经营方式	收入:服务和网络销售的税收管理成本上升。存货、建筑物和其他资本的财产税的潜在减少;支出:对技术扩张和电信设施的需求增长	跨辖区的销售税合作的持续发展对降低网络销售的影响很重要。扩展销售税税基和提高服务经济的税收管理效率可以巩固销售税
消费	过去10年里服务消费的增长。由于人口变化的消费多样化(种族、老龄人口)	收入:大量非税商品的消费增加将降低销售税收入的增长	拓宽销售税税基将有利于缓和消费的变化

虽然原来就有关于扩大税基的建议,但面对诸如此类的挑战它在减缓多种收入来源的下降方面可能会有效。总体上,如表6.6所示,鉴于美国正经历的经济与人口变化,对于州和地方政府而言什么具有"财政意义"有着重要影响。正是认识到在税收政策上对于结构性问题不存在"千篇一律"的解决办法,表中列出一些更多的选择作为政策行动的起点。

因此,例如关于人口老龄化,州政府应该考虑减少退休收入的免税,比如将这类收入与工资收入适用同样的税则。财产税豁免应加以分析并可以重新设计,相对基于年龄的综合豁免,可把收入作为一个公平的指标加以考虑。经济结构的变化要求重新审视对制造业存货和设备(在现存范围内)的差异化财产税待遇和补充对服务业部门的课税重点,包括网上购买。扩大销售税税基使其包括更多服务,考虑扩大使用者付费,以便为随消费的日趋多样化而对特定项目需求的增长提供资金。

对于无法承受滞后于州和地方财政结构变化的州和地方政府而言,可以以表6.6中所考虑到的改革选择为起点。对一些州,改革在政治上可能较难,需要联邦和州采取新的措施，并加强多州之间的制度合作。但如果在我们的财政联邦主义制度中州和地方的作用依然强劲，那么除了行动外别无选择。就此而言，大衰退的周期性影响明显增强了源于收入疲软和对公共部门大量需求所增加的压力，可为联邦、州和地方政策制定者提供空间来审视富有弹性的财政联邦主义制度为什么和如何为作为一个整体的国家而服务。同时，2007年以来的财政危机正迫使我们展望未来，并适应一个已经发生巨大变化的州和地方财政结构。

注释

①伊兹（本书）。
②这一简化没有忽视外部性，但假设它们是受众人口需求的一个要素。
③下标"i"是指某一特定公共产品。
④支出"需要"的概念和衡量方法见 Yilmaz and Zahradnik（2008）。
⑤下标"i"是指某一特定收入来源。
⑥金凯德（本书）。
⑦本部分数据来自 the Urban-Brookings Tax Policy Center State and Local Finance Data Query System (http://slfdqs.taxpolicycenter.org/pages.cfm)。
⑧其余的百分比由多个税种构成，包括遗产和赠与税、开采税和转移支付。这些特定税种中的某些可能对少数州是重要的（如阿拉斯加州的开采税），但平均而言，它们在税收总额中比重很小。
⑨*Economist*（2010）。
⑩同上。
⑪US Census（2010）。
⑫Sjoquist, Winters, and Wallace（2007），24.
⑬这是养老金融资的一个很简单的观点，但这里是强调老龄化对公共养老金部分筹资的影响。Novy-Marx and Rauh（2010a，2010b）提供了州和地方养老金筹资的更多具体讨论，就州养老金而言，缺乏数十亿美元的资金。
⑭"Rev"不是人口老龄化的函数。实践中，它也可能受经济和人口变动的影响。
⑮这些是阿肯色州教师退休制度、内布拉斯加州退休制度、得克萨斯州的郡和地区退休制度、北卡罗来纳州退休制度、佐治亚州雇员退休制度和得克萨斯州的教师退休制度，见 Willoughby（2008），18-21.
⑯Mullins and Wallace（1996，247-254）发现医疗补助、健康、个人和家庭服务的消费对年龄（户主年龄超过65岁）的弹性是正值。大多数州和地方政府不对这些项目课税或对特定项目课税较少。
⑰BEA（2010）。
⑱Fox（1996）。
⑲NASBO（2010），i-iii；CBPP（2010），1-3.
⑳关于美国财政联邦制的更多的观点，见康兰和波斯纳（本书）、拉夫（本书）和彭纳（本书）。
㉑此处假设较高的工资比例将提高所得税的弹性，这样会缓解财政压力。但相反的观点是较高的工资比例可使州政府提供更高水平的支出，相应地依据这种方法财政紧张会加剧。
㉒福克斯（本书）。

㉓同上。
㉔Kiplinger (2010); 伊兹 (本书)。

参考文献

Bureau of Economic Analysis [BEA]. (2010). "Regional Information System." http: //www. bea. gov/regional/docs/footnotes. cfm? tablename=SA25N. Accessed October-November 2010.

Center on Budget and Policy Priorities [CBPP]. (2010, December 9). "States Continue to Feel Recession's Impact." Report, Washington, DC.

Economist. (2010, November 20-26). "One Nation, Divisible." 33-34.

Fox, William. (1996). "Sales Tax: Current Condition and Policy Options." In *Taxation and Economic Development: A Blueprint for Tax Reform in Ohio*, edited by Roy W. Bahl. Columbus, OH: Battelle Press.

Kiplinger (2010, December 17). "Make Way for Generation Y." 1-4.

Mullins, Daniel, and Sally Wallace. (1996). "Changing Demographics and State Fiscal Outlook: The Case of Sales Taxes." *Public Finance Quarterly* 24: 237-262.

National Association of Budget Officers [NASBO]. (2010, June). "The Fiscal Survey of the States." Washington, DC.

Novy-Marx, Robert, and Joshua D. Rauh (2010a). "Policy Options for State Pension Systems and Their Impact on Plan Liabilities." Northwestern University Working Paper.

Novy-Marx, Robert, and Joshua D. Rauh (2010b). "The Crisis in Local Government Pensions in the US." Working Paper: http: //www. kellogg. northwestern. edu/faculty/rauh/research/NMRLocal20101011. pdf. Accessed December 5, 2010.

Sjoquist, David, Jonathan Winters, and Sally Wallace. (2007, September 26). "Selected Fiscal and Economic Implications of Aging." Paper presented at the conference "Georgia's Aging Population: What to Expect and How to Cope," Andrew Young School of Policy Studies, Atlanta, GA.

Urban Institute-Brookings Institution Tax Policy Center. (2010, October-November). Data from US Census Bureau, Annual Survey of State and Local Government Finances, Government Finances, Volume 4, and Census of Governments (1980-2009). State & Local Government Finance Data Query System, http: //www. taxpolicycenter. org/slf-dqs/pages. cfm.

US Census International Data Base. (2010), http: //www. census. gov/ipc/www/idb/information-Gateway. php.

Wallace, Sally (2003). "Changing Times: Demographic and Economic Changes and State and Local Finances." In *State and Local Finance at the Beginning of the 21st Century*, edited by David L. Sjoquist. Northampton, MA: Edward Elgar. 30-59.

Willoughby, Katherine. (2008, April 21). "Financial Management Capacity in US State Governments: Assessing GPP Grades." Presentation at the 40th annual Georgia Fiscal Management Council Conference, Center for Continuing Education, University of Georgia, Athens, Georgia.

Yilmaz, Yesim, and Robert Zahradnik (2008). "Measuring the Fiscal Capacity of the District of Columbia: A Comparison of Revenue Raising Capacity and Expenditure Need." *Proceedings of the Annual Conference of the National Tax Association.* Washington, DC: National Tax Association.

第7章 地方财政简介

克里斯廷·R. 马特利（Christine R. Martell）
亚当·格林韦德（Adam Greenwade）
蔡秀云 译　李林君 校

美国财政联邦制最重要的特征之一就是地方政府部门及其多样性和强大性。它不仅是联邦州地方治理体系的一个重要组成部分，更是市民与公共服务互动的基础，还是该体系的最大组成部分。美国有一个中央联邦政府，50个州政府，一个哥伦比亚特区，还有几个其他的中间层政府（包括联邦、领地以及印第安自治部落）。为了证实地方化的重要性，以2007年为例，全国有89526个地方政府，加上具有一般和特殊目的的公共学校辖区。[①]没有一套可以被称之为标准化的政治或财政理论能够反映出这个国家人口、经济以及制度的多样性。[②]

本章的目的是介绍地方财政的结构和多样性。第一部分介绍地方政府的法定结构和组织机构。第二部分占本章较大篇幅，主要介绍地方政府财政的组成部分和趋势，重点介绍支出安排、收入来源以及政府间转移支付。第三部分强调地方政府财政的当前主题，包括经济衰退后的财政情况、赤字财政的变化角色、逐渐增大的来自没着落的雇员抚恤金的财政压力，以及地方政府自治的变化。最后一部分讨论了地方政府财政的方向和未来，因为这反映着一个持续紧缩的时代。

地方政府法定结构和组织机构

地方政府形式

美国的地方政府部门是一个高度多样化实体体系，为许多辖区内或辖区间提供公共产品及服务。它的规模和复杂性在世界上是独一无二的（见表7.1）。[③]公民被多种形式的地方政府同时服务是很常见的。最基本的划分是把地方政府分为两类：一般目的的政府和特殊目的的政府。一般目的的政府拥有一般征税权力并提供多种公共服务；特殊目的的政府在服务范围和收入来源上受限，通常运行单一职能。

地方政府的数量和组成部分随着时间在改变。尤其是在特定地区和学校地区合并上出现了稳定增长（见表7.1）。

表 7.1　美国所有地方政府类型的数量　　　　单位：个

年份	县	自治市	城镇/镇区	特殊辖区	学区	地方政府合计
1952	3052	16807	17202	12340	67355	116756
1962	3043	17997	17144	18323	34678	91185
1972	3044	18517	16991	23885	15781	78218
1982	3041	19076	16734	28078	14851	81780
1992	3043	19279	16656	31555	14422	84955
1997	3043	19372	16629	34683	13726	87453
2002	3034	19429	16504	35052	13506	87525
2007	3033	19492	16519	37381	13051	89476

资料来源：US Census Bureau（2007）。

一般目的政府主要分为两类：县政府和市政府。①县政府是州行政方面的细分，它们作为地方政府的角色因地区而不同。在早期殖民地地区，主要是东北部，县在地方治理中只能发挥有限功能。相反，县政府在一些地区被认为是地方政府的主要单位，例如南部和西部，在历史上被认为是经济引擎。

市政府一般被认为是由城市、城镇以及镇区组成共同实体，代表国家的存在和延续。它们通过合并产生，按照州立法依据狄龙法则在1868年固定下来。⑤尽管市政府隶属于州，但实际上，市政府是自治的。地方政府活动由州政府授权，以受影响的市民的赞成投票为基础。这是根据地方自治规则的理念，"地方政府处理事务的权力，这些事务具体包括决定组织机构的权力，可发挥的职能，征税和借贷的权力，以及人事部门的数量、类型、雇用条件"。⑥地方政府自治范围在州与州之间不同，这取决于不同州的法定传统。

通常，镇区由当选委员管理，城镇由投票人管理，城市由当选委员会管理。在一些地方如美国东北部和中西部，州中所有土地合并成自治市，这样每个自治市都与其他地区接壤。在其他地方如南部和西部，一些地区仍未合并。后面这些地区不由当地一般目的市政府管理，而是由县政府管理。县可能包含许多相邻的自治市，它由自治市和未合并的地区组成，或者就如在一些城市那样与自治市在地理上吻合。

尽管市政府结构依附于州的规定，自治市之间还是有显著的差别。在市长委员会的形式下，市长作为地方政府的行政首脑是被选举的官员。弱小的市长委员会机制限制市长的否决权和任命权，然而，强大的市长委员会机制使得市长可行使行政决策权。可供选择的还有管理者委员会机制，它力求与伍德罗·威尔逊（Woodrow Wilson）的想法一致，即政策制定与实施分开，分别由立法机构与行政机构分开管理。⑦在城市管理者形式中，委员会负责制定政策指令，管理者是监督实施政策的专业人员。实际上，这两种管理结构都有许多改革。⑧委员会是市管理结构的次要形式，凭借委员发挥立法权、决策权、管理权的统一职能，还凭借城镇会议，公民在城镇会议上可以通过法案，行政委员处理行政管理职能。

特殊辖区作为地方政府的一种形式在美国很常见，尤其在西部。特殊辖区被美国统计局定义为"独立的有限目的的地方政府单位，它作为拥有大量行政管理与财政独立权的法定实体与一般目的政府相区别"。⑨特定目的政府由州授权向特定地区的居民征税或费来提供其他一般目的政府通常不提供的服务。⑩一般特殊辖区在水、公共卫生、防火、图书馆服务以及商业改善方面发挥作用。⑪依照州法，特殊辖区作为各州的机构部门，在不同州发挥作用不同。

在美国，特殊辖区是政府最普遍的形式（见表7.1）。⑫美国特殊辖区的数量在1972~2007年每十年平均增长9%。实际上，特殊辖区数量在20世纪五六十年代增长较快，平均每十年增长40%。1952~2007年总增长203%，意味着新增25000个新特殊辖区。⑬2007年美国特殊辖区的数量（37381）超过了自治市的数量，自治市36011个（包括城镇和镇区）。特殊辖区解释了20世纪末大部分新地方政府增长的原因。伊利诺伊州最多，拥有3145个特殊辖区，其次是加利福尼亚州和得克萨斯州，分别是2830个和2245个。四个州特殊辖区数量的增长占过去50年特殊辖区数量总增长的30%——得克萨斯州为8%，宾夕法尼亚州为8%，伊利诺伊州为7%，加利福尼亚州为6%。

特殊辖区是为了提供城市服务，例如水、公共卫生以及防火，按照一定的地理方式与公民的需求相匹配的。它们通常在提供公共产品方面被证明是有效率的、灵活的、专业的、易感知的。⑭然而，由于导致了分裂和无效率政府、差别待遇、受自身利益驱使以及支持私人利益而不是公共利益，它们受到批评。⑮对于特殊辖区的一个明确的评论是特殊辖区缺少对选举人直接的责任，因为它们在政治上不如一般目的政府明显可见，这会使得特殊辖区很难承担责任并具有积极的参与度。⑯

新英格兰地区的大多数学区是个例外。学区实际上是特殊辖区的一种，承担当地的教育功能，只是把它分别出来。学区也是政府，因为它拥有与市、镇类似的权力，可以向区内征税。学区由学区委员会管治，委员会的成员通常由民众直接普选产生，这意味着通常它们由选举出的学校董事会和委任的监督人管理。⑰

财政自治

由于政府形式不同，收入来源和支出任务也不同。地方政府自有来源收入选择权由州授予，尽管地方管辖权通常拥有设定税率和免税的权力。地方政府通过财产税、销售税、所得税和使用费及附加来筹集自有来源收入。除此之外，地方政府从州和联邦政府获取政府间收入，通常用作特定职能的履行。大多数州授权地方政府筹集3个税基中的1~2个；36个州允许地方征收销售税；14个州允许地方征收所得税。⑱

一般来说，对地方政府而言，财产税是最重要的单一收入来源，它持续产生近75%的自有来源税收收入。⑲财产税是公立学校的主要财政筹资工具，尽管州正在加大教育上的投入（由于学校筹资均等化政策）。

地方政府也经常提供税收激励来吸引商业，目的是刺激经济发展。一个常见形式是税收增量融资，凭借政府收入（通常是财产税，少有销售税）增长的一部分用作偿还融资。⑳其他激励包括税式支出以及多年豁免纳税义务。一些州规范地方用税收激励来促进经济发展以免引起地方间"竞争到底"的零和竞争。㉑

支出任务在不同地方政府、州、地区是不同的。公共服务一般包括公共安全、公立中小学教育、社区学院、公共工作、公园和娱乐、经济发展、公共医疗与福利（通常由州和联邦资助）。㉒

支出和收入的组成和趋势

地方政府支出

地方政府支出数据经常并入"州和地方"支出中。然而支出任务在州与州之间存在差异。

尽管州政府支出主要由公共福利（包括医疗保障支出如医疗补助）组成，但地方政府单一支出最多的是教育。39%的地方政府支出流向教育，11%地方政府支出用于提供公共福利服务，包括医疗援助和公立医院、对贫穷家庭的援助，以及各种各样的社会安全网计划。地方政府支出的其他主要类别包括为环境目标的支出、公共安全服务支出以及运输支出。为环境目标的支出（10%）由自然资源管理、公园和娱乐、污水管道，以及固态垃圾的管理组成。公共安全服务支出（9%）如治安、消防以及矫治。运输支出（6%），由大多数道路维护和地方运输组成。

作为一个整体，美国地方政府在每个主要支出类别上的支出比例在过去 30 年保持惊人的一致。正如图 7.1 表明的，没有一种地方水平的支出占总支出的比例变化超过几个百分点。

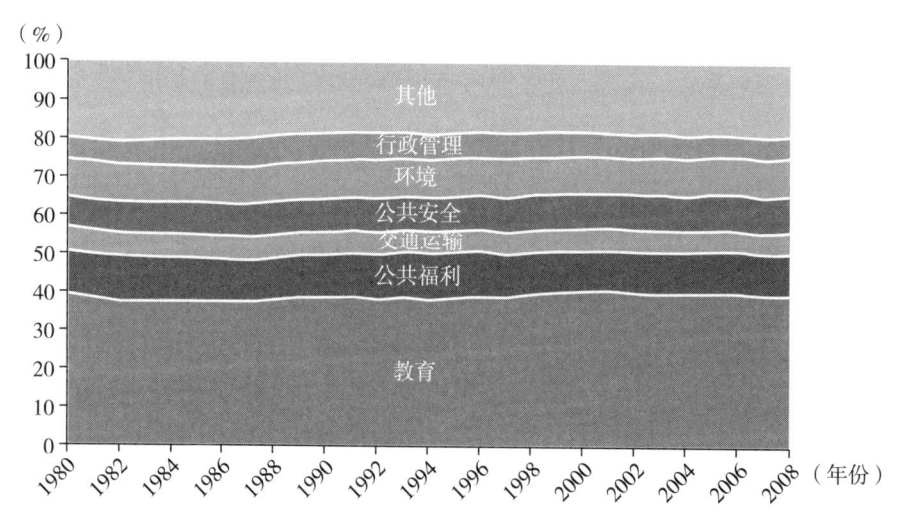

图 7.1 1980～2008 年按功能划分的地方政府支出组成情况

资料来源：U. S. Census Bureau, State and Local Government Finances, 2008。

地方政府支出增长

人均地方政府支出增长缓慢但平稳。③ 1980～2008年，地方政府人均通货膨胀调整支出增长72%，从3000美元增长到5000美元，平均每年增长大约2%，或人均增长75美元，平均每年人均支出2008美元。2008年，美国地方政府总共花费1.6万亿美元，总计每个居民5000美元。

在同一时期，地方政府支出增长比个人收入增长稍快一些，大约快11个~13个百分点。地方政府支出占个人收入的比例从夏威夷的5%到内布拉斯加的17%。

支出增长来源

与图7.1地方政府支出的整体增长相一致，所有主要类别的地方政府支出在过去30年以相似的速度增长（见图7.2）。自从1980年以来，教育在地方政府支出增长中占了最大的份额（39%），人均增长超过800美元，或每年30美元。公共福利支出中增长最快的部分是医疗保健（每年增长5%）。其他类别的增长从每年1.6%（交通运输）到2%（行政管理）。行政管理支出增长最快的部分是一般债务利息（每年3.7%）。

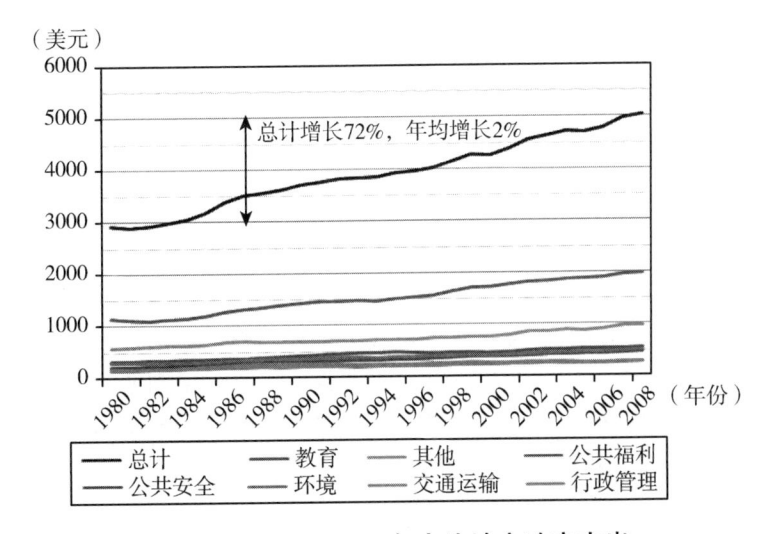

图7.2　1980～2008年人均地方政府支出

资料来源：U.S. Census Bureau, State and Local Government Finances, 2008。

地区间支出的一致性

地方政府支出在州、地区以及不同地方政府类型之间是不同的。但总的来说，美国地区地方政府按功能分类支出是相当一致的。地区间没有一个主要类别的支出变化超过几个百分点。

地方政府收入

地方政府通过大量收入来源来支付它们提供的服务和设施。两个主要收入来源是地方自有来源收入和政府间收入。自有来源收入产生于管辖权,通过使用征税、收费及附加的权力实现。政府间收入由联邦政府和州政府援助组成(见图7.3)。

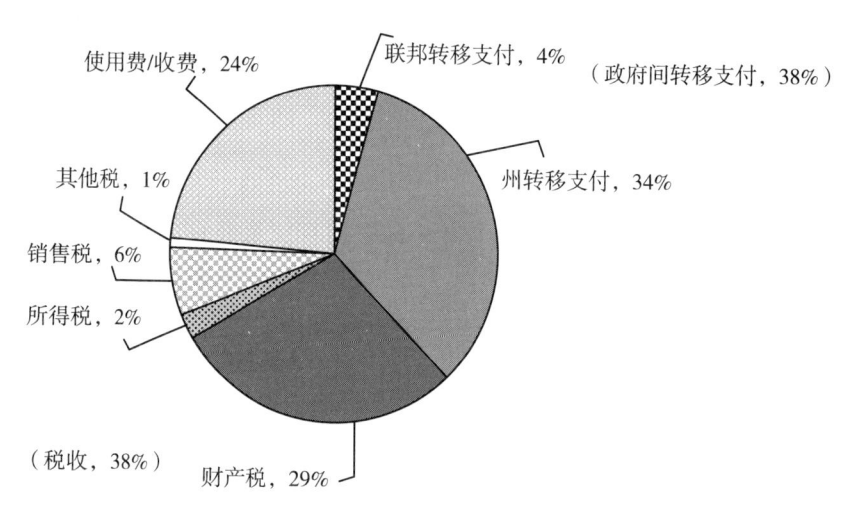

图7.3 2008年地方政府收入来源平均水平

资料来源:U.S. Census Bureau, State and Local Government Finances, 2008。

收入来源

如图7.3所示,大多数地方收入是自有来源收入,来自税、费及附加。地方政府税收收入占美国税收收入的13%。地方政府税收收入主要直接从财富和消费(如财产和零售)中来,不像联邦税收直接对收入征税。财产税构成了地方政府自有来源收入的最大部分,平均占地方政府收入的29%。销售税和所得税分别占6%和2%。费占地方收入的24%,包括公用事业收费、许可证、下水道和垃圾回收的费用、公园票,以及其他各种费用及附加。

地方政府收入增长

考虑通货膨胀因素,1980~2008年,地方政府一般收入人均增长70%,从人均2600美元增长至4600美元。大部分增长(70%)可以归因于自有来源收入的增长,同时政府间转移支付相应下降。税收收入的增加是自有来源收入超过一半(58%)增长的原因,同时费用及附加占了另外42%。在全国范围内,地方自有来源收入占个人收入的比例保持稳定,从1980年低于6%增长到2008年刚刚过7%。

收入增长的来源

地方政府财政的两个显著趋势是：税收收入份额减少，主要是财产税收入的减少；与其相关的费用及附加收入份额增加。[27] 图 7.4 显示这些相反趋势的近似对称性。然而，地方收入主要是财产税收入的份额从 1980 年的 50% 下降到 2008 年的 45%，费用及附加的份额在同一时期从 34% 增长到 37%。财产税收入下降可以解释为税收和支出限制的普及，这是由 1978 年加利福尼亚州 "第 13 号提案" 的抵制财产税以及对教育融资的斗争引起的。[28]

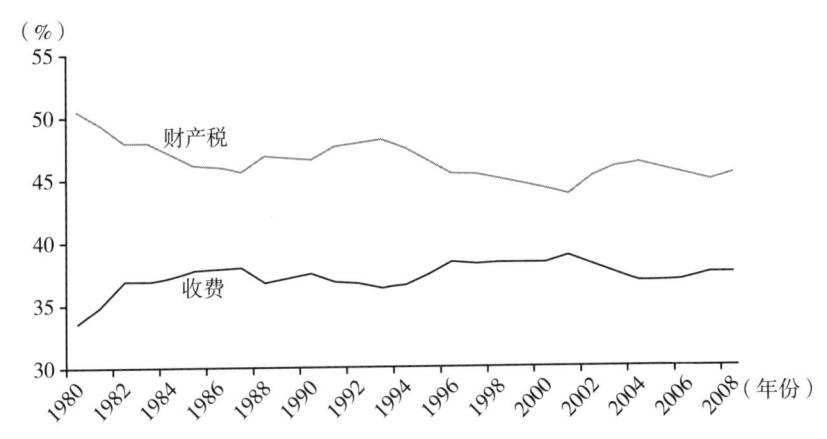

图 7.4 收费和财产税占地方自有收入比重情况

资料来源：U. S. Census Bureau, State and Local Government Finances, 2008。

地方政府收入变化

针对国家不同类型的地方政府和地区，对特定收入来源的依赖也是不同的。图 7.5 展示了城市、县以及特殊辖区的税收收入是如何变化的。财产税根据地方政府类型而变化，具体为不同的法律和政治结构、不同的州法，以及小城市和大城市不同的税收特征。[29] 注意，特殊辖区没有所得税。特殊辖区的大部分自有来源收入来自对服务的收费，如水、防火，其次来自财产税。高水平的政府间收入反映出县政府对州在健康和人性服务计划上的实施程度。

收入来源组成部分在地区上的变化是公平的，部分可由图 7.6 和图 7.7 解释。最显著的是对财产税的依赖。随着时间的推移，地方政府财产税税基一直在减少，这是由于发展激励措施的实施以及限制评估增长的税收限制。[30]

随着时间的推移，以下三个趋势减少了销售税税基：免税（如食品和衣服），非税服务的增加，电子商务的出现和扩大。[31] 自 1980 年以来，尽管总销售税占所有地方税收收入的比例仅仅下降 1%，不同地区对销售税收入的依赖差别还是相当大的（见图 7.7）。

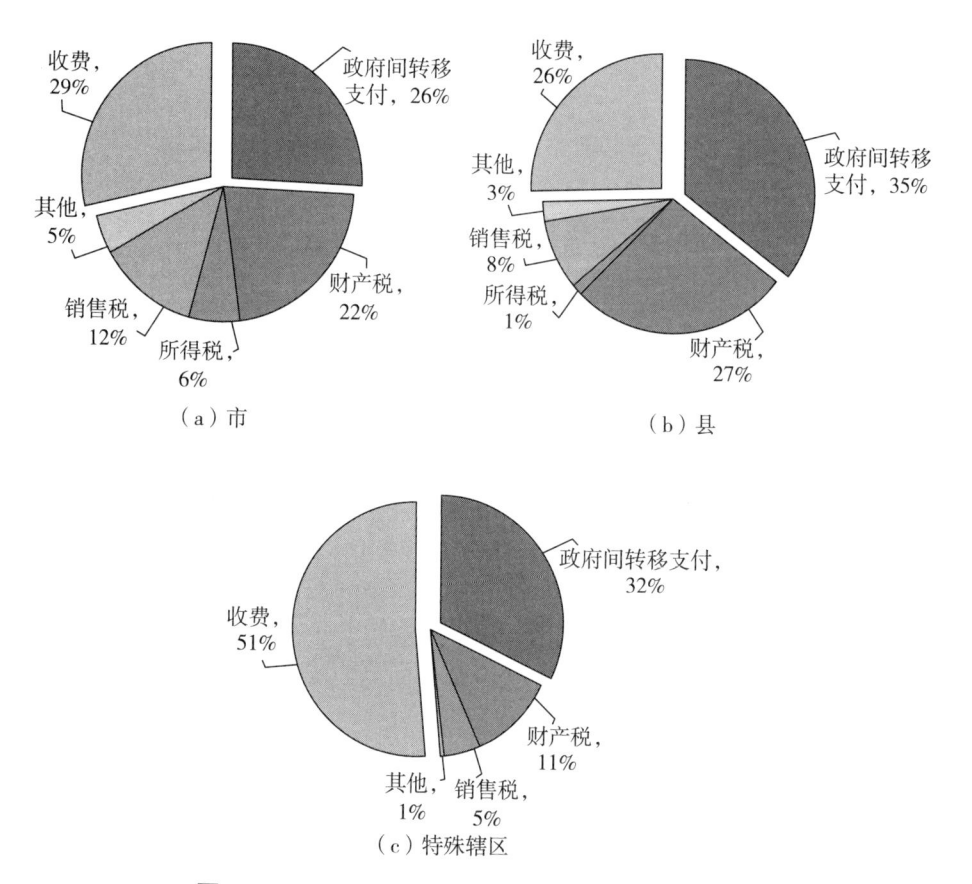

(a) 市
- 收费，29%
- 其他，5%
- 销售税，12%
- 所得税，6%
- 财产税，22%
- 政府间转移支付，26%

(b) 县
- 收费，26%
- 其他，3%
- 销售税，8%
- 所得税，1%
- 财产税，27%
- 政府间转移支付，35%

(c) 特殊辖区
- 收费，51%
- 其他，1%
- 销售税，5%
- 财产税，11%
- 政府间转移支付，32%

图 7.5 2008 年不同类型地方政府收入来源情况

资料来源：U.S. Census Bureau, State and Local Government Finances, 2008。

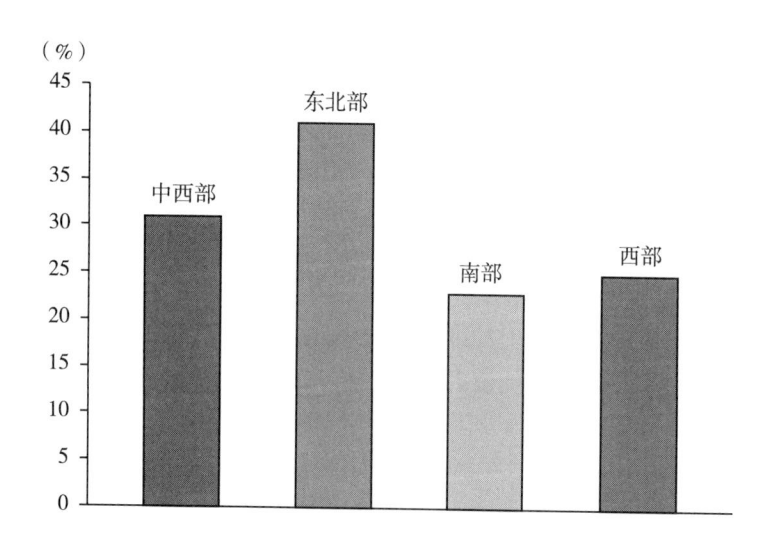

图 7.6 不同地区房产税占地方收入比重情况

资料来源：U.S. Census Bureau, State and Local Government Finances, 2008。

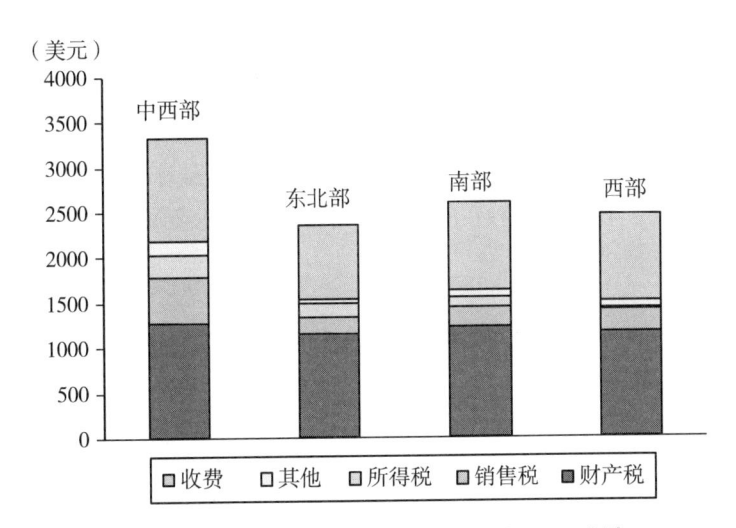

图 7.7　2008 年不同地区地方自有收入组成情况

资料来源：U. S. Census Bureau, State and Local Government Finances, 2008。

特殊目的地区

在过去几十年，特殊目的地区（或特殊辖区）政府收入和支出的增长速度是城市收入和支出的两倍。1980~2007 年，城市收入和支出增长大约 105%，然而特殊辖区收入和支出增长 217%。

政府间收入

除了自有来源收入，地方政府还依赖于政府间转移支付。政府间收入直接从联邦政府给地方政府，或间接地从联邦政府给州政府，再由州政府直接给地方政府。这些收入主要被用来补贴医疗支出、福利和安全计划、交通资本以及教育。

政府间收入平均占地方政府总收入的 38%。政府间收入的增速达到 30%，但它占一般收入的比重从 1980 年的 44% 下降至 2008 年的 37%。

直接从联邦政府得到的政府间收入占地方政府总收入的比例从 1980 年的 9% 下降至 2008 年的 4%。直接从州政府得到的政府间收入占地方政府总收入的比例也下降了，从 1980 年的 35% 下降至 2008 年的 33%。

1980~2002 年，联邦政府直接对地方政府的转移支付名义上增长超过 300%，但是在同一时期，它占地方一般支出的比重下降了 50% 以上。州对地方政府的转移支付的变化在同一时期是小到可以忽略的。

从 2009 年 2 月到 2010 年 9 月，超过 1110 亿美元的美国复苏与投资行动资金已由联邦政府支付给州和地方政府。另外 1390 亿美元被用作了奖励而不是支付。7870 亿美元的资金将近 70%（5360 亿美元）已被分配好了用途，但还没支付。大部分资金会在 2011 年使用。《美国复苏与再投资法案》（ARRA）明确指出，有 1440 亿美元将被直接用作稳固州和地方政府财政，最大限度地避免服务的减少和税收的增加。㊱因此，地方政府税收中直接或间接来自联邦援助的份额将会增加。

从1980年起，州之间的转移支付就对地方政府间收入的增加做出了贡献。㊱从图7.8可以看出，1980～2008年，州转移给地方政府的数量增幅超过60%。同期，联邦转移支付的数量仅减少了20%。然而，随着州政府预算差距的增大，州减少了对地方政府的资助。在2011财政年，14个州已明确表示要减少对地方政府的资助，有些州甚至已经立法。㊲

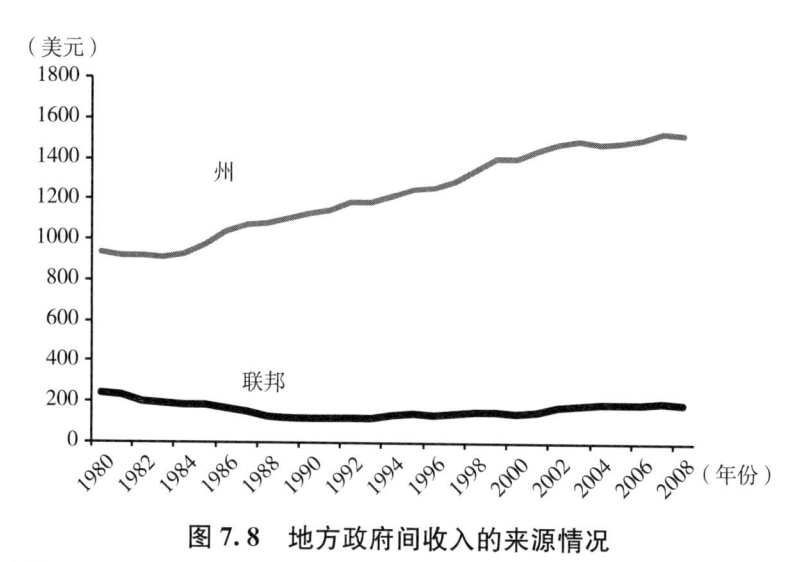

图7.8 地方政府间收入的来源情况

资料来源：U.S. Census Bureau, State and Local Government Finances, 2008。

地方政府财政的新兴议题

地方政府面临着很多财政挑战。在当前财政环境下，地方政府承受着经济衰退和收入减少的压力，它们从混乱的市政信贷市场借款，必须为资金不足的养老金账户和医疗借款提供资金支持，并且受制于不稳定的结构配置，这些结构配置影响着地方政府财政自主权和财政状况。

经济衰退和紧缩

2008年的住房次贷危机导致了一系列的倒退，消费支出减少，失业人员增加，信贷市场受限。这一系列表现在三个方面显著地影响了地方政府：财产税税基以及附属的其他收入减少；非财产税税基减少；以及地方政府借款方式发生改变。

州和地方政府极易受住房危机的影响，因为其比信贷市场紧缩带来的影响更快。㊳随着2007～2009年贷款违约和住房止赎率上升到前所未有的程度，市政府不得不进行调整以适应财产税税基的减少。住房危机还带来了一些其他影响，包括销售和财产转移税的收入减少，建筑活动相关收费减少，以及财产税减少。另外，由于监管闲置土地的成本和承担债务的能力有限，支出不断增长。㊴

地方政府现在所处的环境特征是：收入进一步减少、失业大量增加和财政处境困难。较差的财政管理选择，例如未能解决养老金账户资金不足问题和未能为经济发展提供税收优惠，加重了危机对财政的不利影响。[40]更糟糕的是，国家经济增长缓慢的迹象已经很明显，但地方财政复苏似乎更为落后。[41]确切地说，2008~2010年城市的财政状况都不太好，预计至少这种情况会持续到2012年。

各地都发表文件声明地方财政系统压力不断增大。[42]根据对地方政府的调查显示，87%的城市声明，与2009年相比，2010年更难达到财政收支平衡。至2010年，一般基金收入已连续两年减少，2008~2009年降低了2.5个百分点，而2009~2010年降低了3.2个百分点。[43]主要靠财产税和销售税取得收入的地方政府比主要靠所得税取得收入的地方政府受到的影响要大。销售税收入在2009年和2010年都减少了，而财产税收入仅在2010年才开始减少。地方所得税主要是在收入和薪金基础上征收的，其收入较为稳定，或预计在2010年仅有少量递减，部分是由于一些主要的州提高了所得税税率导致的。另外，经济危机使得投资收入和州的援助都有所减少。[44]2008~2009年的支出基本稳定，但2010年相比2009年降低了2.3个百分点。职工医疗福利、退休金、公共设施和公共安全费用的增加导致了支出需求的增加。并且，地方经济的健康程度和州援助的水平都影响着地方政府所承受的财政压力。[45]

财政状况的恶化很可能要持续到2012年，2010~2012年预期将损失560亿~830亿美元。[46]2010年是实际收入下降的第三年。[47]地方政府的这些情况也使国家卷入其中，主要因为地方政府作为重要的雇主，提供了大城市10%的非农就业岗位。[48]劳工统计局称自2008年秋地方政府就业达到高点后，截至2011年初减少了41.6万个就业职位。[49]

为应对这种经济形势，地方政府采取了一系列增加收入减少支出的措施。[50]增加收入的措施包括提高收入水平、增加新的收费项目和新的税种、提高财产税和销售税税率并扩大税基。为减少地方政府支出，地方政府机构雇用下岗职工人员，取消或延迟了基础设施建设投资，取消了一些城市服务，修改了一些医疗福利，并减少了公共安全和公共服务的开支。[51]另外与职工有关的缩减措施包括薪酬冻结、取消出差和进修的预算、增加员工停职并减少退休金。

2009年的《美国复苏与再投资法案》批准联邦政府从州财政稳定基金拿出480亿美元用于支持地方教育的发展。为刺激经济增长，《美国复苏与再投资法案》要求快速增加基金支出，这将会迅速导致2011年联邦救助的大量减少和地方预算明显亏空。

尽管期末结余占支出的平均比重仍然超过过去25年的比重，2007年这个比重为25.2%，但2010年会再次降至19.9%。"基金承销者将准备金看作是财政责任的指标，它能增加信用等级并减少城市借贷的费用，从而节省资金"。[52]因此，无论是为评级者还是为投资者担保，市政当局更易受到不利的影响。

市政债券融资

通常，市政府通过将债权出售给投资者来进行金融资本融资，那些投资者往往期望本金和利息及时地全部收回。债权可以被笼统地分成两类，一类是完全靠发行单位的信用担保（一般债务债券），另一类是有一个特定的收入来源（收入债券）。由于收入债券是依靠地方政府整个收入系统来支付的，所以被看作是最安全并支付最少利息费用的。收入债券经常用于能够产生确定的收入流的项目，如水使用费或公路收费。作为惯例，"市政"债券市场既包括从州政府借款，也包括从它的下级政府借款（地方政府）。美国市政债券市场的一项原则是大部分债权可以免交联邦或州（通常是来自州）所收取的所得税。这种免税措施使得州和地方政府能以较低的税率借债。虽然大多数辖区并不促销债券，然而其他辖区通过购买保险或流动性支持来使它们发行的债券在市场上更有吸引力或减少利息费用。

住房危机带来了一系列显著的变化，影响了市政信贷市场的结构。最显著的变化包括：浮动利率证券市场的崩溃、从传统券商市场大量提款，以及来自银行增信工具（credit enhancement instruments）的缩减，如备用债券购买协议。这些变化都意味着借贷环境受到了限制以及地方政府借贷费用增加。

很多政府推迟了资本投资，等市场更稳定一些、借贷费用更低一些之后再借贷，这种措施在之前并未实行过。从2008年9月至2009年9月，市政债券发行量降低了14个百分点。在2009年只有将近3300亿美元新免税市政债券发行，是自2002年以来的最低量。但免税债券销售量的降低仅是其中一方面。建设美国债券（Build America Bonds，BABs）是联邦政府出资的一项新措施，这项举措在市政债券发行活动中就占了700亿美元，使得发行总量达到了4000亿美元。

经济倒退、失业和低速增长对信贷质量的影响逐渐清晰：市政信贷质量不被看好。一定程度上由于BABs项目提供的激励债券，大家担心市政府举债过多，这也使得收入减少。进一步的风险是防止支出急剧减少的刺激资金可能在经济恢复到足够产生自有来源收入来替代刺激资金之前就已经用光了。

BABs项目的实施暂时改变了联邦政府对待地方政府投资费用补助的态度，但该项目由于国会未能重新制定，于2010年12月便终结了。由于一些债券免交联邦税和一些地方税，所得税便成为一些地方政府财政的主要来源。但BABs项目的债券并不能免税。然而，如果发行债券的州或地方政府同意应税发行的话，它们将会得到35%的直接补贴。BABs债券深受不用交税的投资者的喜爱并扩大了投资群体。然而，一些人认为BABs资金使得联邦政府以其联邦优先权无视地方投资股份，并给赤字运行的州提供太多的优惠。

养老金和负债

没有资金支持的养老金福利紧缩了地方政府预算。这些长期负债不仅受资产负债表借方的影响，也受贷方的影响。在支出责任方面，关于年老和退休劳动力的人口统计增加了支付养老金福利的需求。医疗福利也包含在内更加重了这一现象，因为医疗支出的增长速度比其他支出都要快。在投资方面，养老基金在金融危机中遭受了巨大损失，高达35%。此外，地方政府已经习惯了经济增长与收入增加，并没有意愿对那些没有资金支持的负债进行财务控制。它们做出改变的能力也受各州规定和州所管理的雇员养老金体系的成员的限制。这就导致了地方政府养老金资产的不足。面对更高的出资要求，地区更倾向于减少出资或将花费转移到职工身上，甚至企图限制养老金福利。

财政自治

地方政府的财政自治是指地方决定为其居民的哪些需求出资的能力。在收入方面，它可以通过很多方面来衡量，包括地方对收入来源、税率和税收限制，支出限制，无资金支持的强制支出（unfunded mandated spending）的控制。[62]地方自治在以下几种情况下会得到加强：辖区控制地方税率并且收入没有特定用途；具有弹性与不具弹性的收入都对财政稳定和财政增长产生影响；地方政府的自由裁量权规定辖区可以将地方收入用于一般目的；有利于均等化的结构良好的州援助；以及地方政府收入不受财产或一般收入的限制。[63]

一直以来，地方政府自治是否影响地方政府资金结构以及地方和州政府的关系都深受关注。一些早期的研究表明地方财政自治的确影响财政预算的结果。[64]限制地方财产税收入的税收限制和支出限制把支出负担转移给了州。[65]传统观点愈发认为州对于地方政府自治的限制，尤其是对税收、支出或借贷的限制，产生了预计不到的后果。但实践对这一观点既有正面支持也有反面支持。[66]

未来的思考

地方政府的规模与类型不同，融资安排也相应不同。不同类型的政府之间或相同类型的政府但在国家的不同区域之间也都不同。但相同的是，地方政府都受大衰退的影响。由于内部发展政策和外部限制，它们的税基都受到了侵蚀。它们从州获得的政府间收入减少，面临着职工养老金和医疗支出的增加以及证券市场前景的不稳定。

关于地方政府如何处理越来越少的财政资金已提出了许多建议。第一条标准的建议是提高财政管理。这条建议是针对地方公共资金几个发展趋势而提出的，如税基侵蚀和无资金准备的负债的增加。由于预算紧张，地方政府在授予减税或免税时需要公开透明，且仔细衡量成本和收益。此外，养老金福利资助需要推迟，并很可能会再议甚至取消。这些关于分配有限资源的艰难的政治决定有一定争论，但却越来越不可避免。

第二条建议是建立更强大的联邦—州—地方合作伙伴关系。[67]穆罗（Muro）和赫内斯（Hoene）建议联邦应在以下几点中发挥更大的作用：（1）向城市提供直接的财政支持；（2）通过公共服务就业项目向城市提供支持；（3）稳定住房市场；（4）投资地方交通工程；（5）提高市政信用。[68]赫纳德（Honadle）建议联邦政府将改进财政管理视为联邦援助的先决条件。[69]鉴于联邦支出的大规模减少已成必然，实施举措的前景并不乐观。很有可能,联邦(和州)援助将会减少,未来市政支出压力更大。

第三条建议是加强财政管理很重要,但近期对政府各方面都不满的人指出了一个潜在的重要问题:公民与政府之间的"社会契约(social compact)"。最近,赫内斯提出了几条增加公民参与度与强调地方政府重塑其在社会契约中的形象的建议。[20] 首先,地方政府应重视创新,尤其是和教育、研究、发展以及新企业孵化有关的创新,而不是像传统经济发展战略那样重视就业本身。[21] 其次,公共部门的薪酬需要重新调整,达到吸引人才的目的,使得在地方政府部门就业成为首选而不是一个不得已的选择。再次,应该减少对税收和支出的关注,增加与公民关于社会契约的公共对话。这些对话将挑战地方政府财政的设想,尤其是关于地方政府应如何选择主要服务的优先顺序。最后,必须强调领导的价值,以鼓励在增长放缓和经济紧缩时对地方政府的发展方向做出艰难的选择。

不论这些建议是否都被采纳,地方政府都不得不改变税收和支出的优先顺序、财政管理计划以及与州和联邦政府的关系。此外,地方政府若想要适应缓慢增长,也许它们应该开始区分经济增长和经济发展,后者对于宜居性和生活质量有着更广泛和也许不那么物质化的观念。无论如何,似乎可以肯定的是,"新常态"暗含着地方政府至少做够(如果不多做的话)而不是少做的观念。

注释

[1] US Census Bureau (2007).
[2] 华莱士(本书)。
[3] Hoene and Pagano (2008).
[4] Miller (2002).
[5] *City of Clinton v. Cedar Rapids and Missouri River Railroad* (24 Iowa 455:1868).
[6] Advisory Commission on Intergovernmental Relations (ACIR) (1987), 1.
[7] Wilson (1887).
[8] Frederickson, Wood, and Logan (2001).
[9] Axelrod (1992), 13.
[10] US Census Bureau (2009).
[11] Scott and Bollens (1950); Bollens (1961).
[12] Berry (2009).
[13] US Census Bureau (2002).
[14] Bish and Ostrom (1973); Cape et al. (1969); Blair (1986); ACIR (1987).
[15] ACIR (1964); Bollens (1961); Burns (1994); Foster (1997).
[16] Savitch and Vogel (2004); Miller (2002); Foster (1997).
[17] 凯尼恩(本书)。
[18] Mikesell (2009); Fox and Slack (2009).
[19] 贝尔(本书)。
[20] Michael (2005), 411-413.

㉑Hoene and Pagano (2008).

㉒耶尔马兹、瓦扬古和达夫隆（本书）。

㉓Brunori et al. (2005).

㉔费雪（本书）。

㉕关于税收的组成和地方自有来源的组成见 Kam (1999) and Jensen (2002)。

㉖NCSL (2009).

㉗舍奎斯特（本书）。

㉘Brunori et al. (2006).

㉙同上。

㉚戈登（本书）。

㉛Tannenwald (2004); Fox and Slack (2009).

㉜舍帕赫（本书）。

㉝Mullins and Pagano (2005).

㉞ARRA (2009); www. recovery. gov.

㉟ARRA (2009), section 3.

㊱费雪（本书）。

㊲NCSL (2009); Greenblatt (2010).

㊳Honadle (2009).

㊴Urban Institute (2008).

㊵Honadle (2009); Bullock (2010); Pew Center on the States (2010). 194

㊶Hoene and Pagano (2010); Temple-West (2010).

㊷Dadayan (2010); Pew Center on the States (2010); Hoene and Pagano (2010).

㊸Hoene and Pagano (2010).

㊹Leech (2009); NCSL (2009); Honadle (2009).

㊺Hoene and Pagano (2010).

㊻Hoene (2009).

㊼Hoene (2010).

㊽Muro and Hoene (2009).

㊾US Department of Labor (2011).

㊿Hoene and Pagano (2010).

(51)同上。

(52)同上，6。

(53)Mikesell (2009), 639.

(54)Martell and Kravchuk (2010).

(55)Honadle (2009); Stone and Youngberg (2009).

(56)Temple-West (2010).

(57)同上。

(58)McGee (2010).

(59)Martell and Kravchuk (2010).

(60)Honadle (2009).

(61)同上。

㉒Hoene and Pagano (2008); Wolman et al. (2009).
㉓Hoene and Pagano (2008).
㉔Wolman et al. (2009).
㉕Skidmore (1999).
㉖Carr (2006); Bollens (1986); Feiock and Carr (2001); Foster (1997); McCabe (2000); Lewis (2000); Bowler and Donovan (2004).
㉗Muro and Hoene (2009).
㉘同上。
㉙Honadle (2009).
㉚同上。
㉛Muro and Hoene (2009).

参考文献

Advisory Commission on Intergovernmental Relations (ACIR) (1964). *The Problem of Special Districts in American Government*. Washington, DC: US Government Printing Office.

Advisory Commission on Intergovernmental Relations (ACIR) (1987). *The Organization of Local Public Economies*. Washington, DC: US Government Printing Office.

American Recovery and Reinvestment Act (ARRA) (2009). Public Law 111-5.

Axelrod, Donald (1992). *Shadow Government: The Hidden World of Public Authorities—And How They Control over $1 Trillion of Your Money*. New York: John Wiley and Sons.

Barbour, Elisa (2007). *State-Local Fiscal Conflicts in California: From Proposition 13 to Proposition 1A*. San Francisco: Public Policy Institute of California.

Berry, C. (2009). *Imperfect Union: Representation and Taxation in Multilevel Governments*. Cambridge, MA: Cambridge University Press.

Bish, Robert L., and Vincent Ostrom (1973). *Understanding Urban Government: Metropolitan Reform Revisited*. Washington, DC: American Enterprise Institute for Public Policy Research.

Blair, G. S. (1986). *Government at the Grassroots*. Pacific Palisades, CA: Palisades Publishers.

Bollens, John (1961). *Special District Governments in the United States*. Westport, CT: Greenwood.

Bollens, Scott A. (1986). "Examining the Link between State Policy and the Creation of Local Special Districts." *State and Local Government Review* 18 (3): 117-124.

Bowler, Shaun, and Todd Donovan (2004). "Evolution in State Governance Structures: Unintended Consequences of State Tax and Expenditure Limitations." *Political Research Quarterly* 57 (2): 189-196.

Boyd, Donald J. (2010). "Recession, Recovery, and State-Local Finances" (presentation). New York: Rockefeller Institute of Government.

Brunori, David, Michael E. Bell, Harold Wolman, Patricia Atkins, Joseph J. Cordes, and Bing Yuan (2005). *State and Local Fiscal Trends and Future Threats*. Prepared for the National Center for Real Estate Research. Washington, DC: George Washington Institute of Public Policy.

Brunori, David, Richard Green, Michael Bell, Chanyung Choi, and Bing Yuan. (2006). *The Property Tax: Its Role and Significance in Funding State and Local Government Services*. Washington, DC: George Washington Institute of Public Policy.

Buettner, Thiess, and David E. Wildasin (2006). "The Dynamics of Municipal Fiscal Adjustment." *Journal of Public Economics* 90 (6-7): 1115-1132.

Bullock, Nicole (2010, February 26). "US States Struggle in the Shadow of Greece." *Financial Times*.

Burns, Nancy (1994). *The Formation of American Local Governments: Private Values in Public Institutions*. New York: Oxford University Press.

Cape, William, Leon Graves, and Burton Michaels (1969). *Government by Special District*. Government Research Series 37. Lawrence: University of Kansas.

Carr, Jered B. (2006). "Local Government Autonomy and State Reliance on Special District Governments: A Reassessment." *Political Research Quarterly* 59 (3): 481-492.

City of Clinton v. Cedar Rapids and Missouri River Railroad (24 Iowa 455: 1868). Dadayan, L. (2010). *State Revenue Flash Report: Final Quarter of 2009 Brought Still More Declines in State Tax Revenue*. Albany, NY: Nelson A. Rockefeller Institute of Government, State University of New York at Albany.

de Kam, Flip (1999). *Taxing Powers of State and Local Governments*. Paris: Organisation of Economic Cooperation and Development.

Feiock, Richard C., and Jered B. Carr (2001). "Incentives, Entrepreneurs, and Boundary Change: A Collective Action Framework." *Urban Affairs Review* 36 (3): 382-405.

Foster, Kathryn A. (1997). *The Political Economy of Special-Purpose Government*. Washington, DC: Georgetown University Press.

Fox, William F., and Enid Slack (2009). "Local Public Finance in North America." Unpublished working paper.

Frederickson, H. George, Curtis Wood, and Brett Logan (2001). "How American City Governments Have Changed: The Evolution of the Model City Charter." *National Civic Review* 90 (1): 3-18.

Greenblatt, Alan (2010). *Local Squeeze*. Washington, DC: National Conference of State Legislatures.

Hildreth, W. Bartley, and C. Kurt Zorn (2005). "The Evolution of the State and Local Government Municipal Debt Market over the Past Quarter Century." *Public Budgeting and Finance* 25 (4): 127-153.

Hoene, Christopher (2009). *City Budget Shortfalls and Responses: Projections for 2010-2012*. Washington, DC: National League of Cities.

Hoene, Christopher. (2010, December 3). "Local Governance in Times of Fiscal Crisis." Buechner Institute of Governance, University of Colorado, Denver.

Hoene, Christopher, and Michael A. Pagano (2008). *Cities and State Fiscal Structure*. Washington, DC: National League of Cities.

Hoene, Christopher, and Michael A. Pagano (2009). *City Fiscal Conditions in 2009*. Washington, DC: National League of Cities.

Hoene, Christopher, and Michael A. Pagano (2010). *City Fiscal Conditions in 2010*. Washington, DC: National League of Cities.

Honadle, Beth Walker (2009). "The Other 'S&L Crisis': A Policy Window for Reform?" *Municipal Finance Journal* 29 (4): 65-76.

Jensen, Leif (2002). *Fiscal Design Surveys across Levels of Government*. Paris: Organisation of Economic Development and Cooperation.

Leech, B. S. (2009). "Holding a Hot Potato? The Credit Crisis and Its Impact on State Cash and Short-Term Investment Portfolios." *Municipal Finance Journal* 29 (4): 125-137.

Lewis, Paul G. (2000). "The Durability of Local Government Structure: Evidence from California." *State and Local Government Review* 32 (1): 34-48.

Martell, Christine R., and Robert S. Kravchuk (2010, November 4-6). "Implications of Current Policy Reverberations of the Municipal Bond Markets." *Association for Public Policy Analysis and Management* annual conference, Boston, MA.

McCabe, Barbara C. (2000). "Special-District Formation among the States." *State and Local Government Review* 32 (2): 121-131.

McFarland, Christina (2010). *State of America's Cities Survey on Jobs and the Economy*. Washington, DC: National League of Cities.

McGee, P. (2010). "Municipalities Are Set to Handle Upcoming Turmoil, Raters Say." *The Bond Buyer*. Retrieved from http://www.bondbuyer.com/issues/119_276/rating-agencies-municipalities-1007316-1.html.

Michael, Joseph (2005). "Tax Increment Financing." In *The Encyclopedia of Taxation and Tax Policy*, edited by Joseph J. Cordes, Robert D. Ebel, and Jane G. Gravelle. Washington, DC: Urban Institute Press. 411-413.

Mikesell, John L. (2009). *Fiscal Administration*. 8th ed. Boston, MA: Wadsworth.

Miller, David Y. (2002). *The Regional Governing of Metropolitan America*. Boulder, CO: Westview.

Mullins, Daniel R. (2004). "Tax and Expenditure Limitations and the Fiscal Response of Local Government: Asymmetric Intra-Local Fiscal Effects." *Public Budgeting & Finance*, Winter, 11-147.

Mullins, Daniel R., and Michael A. Pagano (2005). "Local Budgeting and Finance: 25 Years of Developments." *Public Budgeting and Finance* 25 (4): 3-45.

Muro, Mark, and Christopher W. Hoene (2009). *Fiscal Challenges Facing Cities: Implications for Recovery*. Washington, DC: Metropolitan Policy Program at Brookings.

National Conference of State Legislatures [NCSL] (2009). *State, Federal and Local Taxes*. Retrieved from http://www.ncsl.org/documents/fiscal/StateFederalandLocalTaxes.pdf.

Neiman, Max, and Daniel Krimm (2009). *Perceptions of Local Fiscal Stress during a State Budget Crisis*. San Francisco: Public Policy Institute of California.

Pew Center on the States (2010). *State of the States 2010: How the Recession Might Change States*. Washington DC.

Savitch, H. V., and Ronald K. Vogel. (2004). "The United States: Executive-Centered Politics." In *Comparing Local Governance*, edited by B. Denters and L. E. Rose. New York: Palgrave Macmillan.

Scott, Stanley, and John C. Bollens (1950). "Special Districts in California's Local Government."

Western Political Quarterly 3 (2): 233-243.

Skidmore, Mark (1999). "Tax and Expenditure Limitations and the Fiscal Relationships between State and Local Governments." *Public Choice* 99 (1/2): 77-102.

Stone & Youngberg (2009). *The Municipal Bond Market: One Year Later*. Retrieved from www.syllc.com/userfiles/file/sy_FinMarketsOneYearLater_r8.pdf.

Tannenwald, Robert (2004). "Are State and Local Revenue Systems Becoming Obsolete?" Washington, DC: National League of Cities.

Temple-West, Patrick. (2010). "Governments Facing Slower Recovery and Lower Ratings." *The Bond Buyer*. Retrieved from http://www.bondbuyer.com/issues/119_250/statelocal-governments-1005598-1.html.

Urban Institute (2008, February 26). "The housing crisis and what it means for state and local governments." *Policy Nutshells* No. 7. http://www.urban.org/decisionpoints08/archive/07housingcrisis.cfm.

US Census Bureau (2002). *Census of Governments*, Volume 1, Number 1, Government Organization. GCO 2 (1) -1. Washington, DC: US Government Printing Office. http://www.census.gov/prod/2003pubs/gc021x1.pdf.

US Census Bureau (2007). *County and City Databook: 2007. A Statistical Abstract Supplement*, 14th ed. Washington, DC: US Census Bureau. http://www.census.gov/prod/2008pubs/07ccdb/ccdb-07.pdf.

US Census Bureau (2009). *Population of interest-special districts*. Retrieved from http://www.census.gov/govs/go/special_district_governments.html.

US Census Bureau (2008). State and Local Government Finances. Retrieved from http://www.census.gov/govs/estimate/.

US Census Bureau, Census of Governments, Volume 1, Number 1, Government Organization, Series CG07, www.census/gov/govs/cog/.

US Department Of Labor (2011, April). Bureau of Labor Statistics. Current Employment Statistics, Table 7: Most-Recent Industry Specific Peaks. ftp://ftp.bls.gov/pub/suppl/empsit.tab7.txt.

Ward, Robert B. (2010, April 15). "State Fiscal Trends and the Federal Role." Testimony to the Congressional Subcommittee on Commercial and Administrative Law, Committee on the Judiciary, US House of Representatives.

Wildasin, David E. (2009). *State and Local Government Finance in the Current Crisis: Time for Emergency Federal Relief?* IFIR Working Paper No. 2009-2007. Lexington, KY: Institute for Federalism and Intergovernmental Relations.

Wilson, Woodrow (1887). "The Study of Administration." *Political Science Quarterly* 56 (4): 481-506.

Wolman, Hal, Robert McManmon, Michael Bell, and David Brunori (2008). *Comparing Local Government Autonomy across States*. Washington, DC: George Washington Institute of Public Policy.

第8章 收入自主权的联邦优先

小詹姆斯·R. 伊兹（James R. Eads Jr.）
史兴旺 译　朱红伟　吴园林 校

在过去的四分之一个世纪，一种令人不安的趋势愈演愈烈：历史上作为联邦—州—地方之间合作模式的联邦主义的概念正在被人们抛弃——在这种模式中，国会在制定全国性政策的过程中会尊重州和地方政府；现在转向了强制性的联邦主义，其表现是联邦强加的支出项目和法定授权，以及对州和地方收入自主权的优先设定。①事实上，说全国性权力与州权力之间的划分界限正在消失也并非是毫无理由的。

诸种授权（支出、直接命令、各种规定）业已在别处得以充分讨论。②本章则聚焦于一个相对被忽视但却日渐盛行的维度，即州税权上的联邦优先这一趋势（不是简单的征税权，而是税权，包含立法、执法等一系列的权力）。③本章的一个基本观点是某个政府，无论是联邦政府、州政府，还是地方政府，其最基本的权利之一在于决定自己的财政命运；伴随这种权利的乃是一种义务，即有权向其公民征税的政府应确保所获得的收入用以提供惠及那些公民的产品及服务。这一观点在《联邦党人文集》（以下简称《文集》）中得以清晰阐述。在《文集》第46篇中，*詹姆斯·麦迪逊（James Madison）主张各州政府和全国性政府"事实上是人民的不同代理人和接受委托的单位；它们具有不同的权力"。④在《文集》第28篇中，亚历山大·汉密尔顿（Alexander Hamilton）认为政府应为了公民福利而行使权力："如果人民的权利遭到一方的侵犯，他们就能利用另一方面作为补救的手段。"类似地，詹姆斯·麦迪逊在《文集》第39篇中指出"每个州在批准宪法时被认为是一个主权实体，不受任何其他各州约束"，因此"在这方面，新宪法如果制定的话，将是一部联邦性的宪法，而不是一部国家性的宪法"。⑤

在美国宪法于1789年确立之时，最初的13个州是业已存在的政治实体。美国宪法的确立在很大程度上改变了先前的政府结构（《邦联条例》，1781～1789年）。根据该宪法，联邦政府享有特定的明示权力，即列举权力。这类权力具体载于宪法中，包括征税、宣战和规制州际和对外贸易的权力。此外，"必要且恰当"条款赋予联邦政府默示权力以通过任何"为明示权力之行使所'必要且恰当'的"法律。然

---

* ［美］汉密尔顿、杰伊、麦迪逊：《联邦党人文集》，程逢如等译，商务印书馆1995年版。文中涉及该书之译文均取自该书中译本，特此致谢。——译者注

而，宪法并未授权联邦政府或禁止各州行使的权力，即"保留"权力，被明确规定属于人民或州。⑥

因此，美国联邦政府的权力最终来源于联邦宪法。这部宪法同样包含着对州权的限制。对州和地方政府征税权的宪法限制主要体现在第 1 条的"贸易与进出口条款"（the Commerce and Import-Export Clause）、第 4 条的"特权与豁免权"（the Privileges and Immunities Clause）、第 14 条修正案的"正当程序与平等保护条款"（the Due Process and Equal Protection Clause），以及第 6 条的"至上条款"（the Supremacy Clause）。⑦这些条款的详细阐释及判例法并不在本章讨论范围之内，但此处列出是因为它们是联邦政府对州征税权优先的基础。除了这些宪法规定之外（仅有部分规定是自行实施的），还有许多联邦成文立法会限制这种州权。这些立法之所以能取代州和地方政府的权力，其基本权威源自"至上条款"。

州不得妨碍联邦政府之权。的确，美国最高法院涉及该原则的里程碑式判决就涉及一项州税。首席大法官约翰·马歇尔（John Marshall）的里程碑式意见指出"国会拥有宪法上的权力来创建美国银行，且根据至上条款，马里兰州无权对该银行征税"。⑧

尽管涉及所有形式的优先，而不仅仅是税收权上的，但关于州权上的联邦优先最全面的报告之一，即使不是唯一的，是由美国政府间关系咨询委员会（ACIR）于 1992 年发布的。据该委员会披露，州和地方权力上的联邦优先之速度及范围自 20 世纪 60 年代末开始显著增长。正如彼时美国政府间关系咨询委员会所指出的，在国会自 1789 年以来通过的大约 439 项重要的联邦优先法令中，超过 53％（233 项）是 1969 年之后通过的。⑨在指出优先的这种爆炸性增长的同时，有论者认为"20 世纪 70 年代后的世界骤然不同以至于美国政府集权化的程度翻倍之假设令人难以置信"。⑩

联邦优先法令分类

联邦诸种优先据信基于广泛的理由分为五类：（1）保护合众国政府、机构及其雇员，包括军事人员及其财产；（2）保护州际运输及电信；（3）保护主权州及国家、领地、属地及阿拉斯加原住民基金（Alaska Native Fund）；（4）联邦雇员的非歧视性待遇；（5）与薪酬、退休和杂项相关的待遇。

1. 合众国及其机构上的联邦优先

此类优先与受联邦法律保护而免于州税的特定联邦政府机构相关。

美国政府发行的股票和债券免征所有州和地方税，除了非歧视的特许税、其他非财产税或地产税（美国政府股票及债券，31 USCA§3124（a）*）。⑪

联邦储备银行免征所有州和地方税，除了房地产税（联邦储备银行，12 USCA

---

* 援引自《美国法典诠注》第 31 编第 3124（a）节，以下示例同。——译者注。

§531）。圣路易斯联邦储备银行诉都市中心区（657 F. 2d 183 [8th Cir. 1981]）一案判决联邦储备银行的法定豁免扩展到银行所在城市就城市改造而征收的特种税。该税被认定为并非针对房地产的税种。[12]

以下联邦金融机构以及其附属不动产、收益资产和公司财产免征所有州和地方税，除了统一的房地产税：美国政府国民抵押协会和联邦国民抵押协会，12 USCA §1723（a）；联邦住房贷款抵押公司，12 USCA §1452（e）；联邦住房贷款银行，12 USCA §1433；联邦存款保险公司，12 USCA §1825；储贷机构存款人保护监察委员会和重建信托，12 USCA §1441（a）；联邦农作物保险计划，7 USCA §1511；联邦信贷协会，12 USCA §1768。

2. 州际运输、电信及其他贸易上的联邦优先

对各种州际机构与企业的州税征收适用特别优先规则。以下是一些重要例示。

机构和业务供应商

- 美国铁路公司（Amtrak）和截至1981年10月1日有资格与美国铁路公司签订合约的运输部门可免征铁路服务的州和地方税（美国铁路公司，49 USCA §24301）。

- 东北铁路服务转让税，45 USCA §1106（a）（1）。对于位于东北铁路服务区内的州，就某些东北铁路资产的州和地方税适用特别规则。在这些州，东北铁路资产（无论不动产还是人员）的利益转让免征州和地方税。

- 东北（铁路）走廊改善计划，49 USCA §24908。归属于东北走廊改善计划下的铁路资产的利益转让免征州和地方税。

- 铁路雇员退休，45 USCA 231。全国铁路退休投资信托免征所有州和地方税，包括所得税、销售税、使用税、资产税或其他任何税。

- 《铁路复兴和改革管理法案》，49 USCA §11501。根据该法案，铁路资产的州和地方税税率不得高于周边商业资产。在俄勒冈州税务局诉 ACF 工业案（510 US 332，1994）中，最高法院裁决州可对其他非铁路商业和工业财产免征普遍适用的财产税而不与《铁路复兴和改革管理法案》冲突。在本案中，最高法院认为，比较课税商业财产（而非受豁免的商业财产）与课税铁路财产之间的不同税基是合适的。

- 航空公司人头税，49 USCA §40116。州和地方政府不得对航空商务旅行个人、航空运输销售额、人员或物品的空中运输或从任何航空商业中获得的总收入征税。但是，如果飞机在该州起飞或降落，那么州和地方政府可对商业航空公司和相关服务课税。因此，为了对航空公司准确课税，飞机必须在州或地方政府的税收辖区内起飞或降落。

- 汽车运输公司人头税，49 USCA §14505。与上一条类似，但适用于汽车运输公司。

运输雇员之补偿

- 航空雇员，49 USCA§40116。在多个州工作的航空运输雇员其所得仅应在该雇员所居住的州/市或该雇员在本地挣得薪水所得超50%的州/市课税。该规则同样适用于授权外出情形，即员工收入仅应在该雇员所居住的州/市课税，该雇员通过履行其日常职责，在当地赚得的收入在其薪水中占比超过50%。
- 商船海员，46 USCA§11108（b）。商船海员仅需在所居住州或其他政治分区内为其从商船海员活动中获得的收入缴税。根据该规定，代缴条款仅适用于州和地方税的代缴，不适用于联邦税的代缴。[13]
- 铁路雇员，49 USCA§11502。铁路雇员仅需在所居住州内为其从铁路运输活动中获得的收入缴税，无论他们在何州工作。至于跨辖区工作的雇员，雇主应只在合适的辖区内代缴税。
- 汽车/水运公司，49 USCA§14503。雇主仅需在雇员所居住州内代缴税。

州际电信上的联邦优先

- 互联网接入，47 USCA§151。互联网免税经历了若干变化和一次延期后首次在1998年通过，此后又分别于2001年和2007年进行了两次修订，预计2007年11月1日到期。在最初的规定中，对州和地方政府在互联网接入上加征新税是予以冻结的（一个受限的"祖父条款"允许已经采取措施对接入服务课税的州继续课税）。该冻结规定现已延期至2014年11月1日。[14]
- 购买移动电信服务，4 USCA§117。所有针对被视为由用户家庭服务供应商提供的移动电信服务的收费都需向税收辖区缴纳税收、收费或规费。该辖区范围限制包括用户主要使用地，无论该项移动电信服务从何处发起或经过，任何其他税收辖区不得对此项移动电信服务加征税收、收费或规费。
- 入户卫星服务的州和地方税收，47 USCA§152。入户卫星服务供应商之征收或汇入，抑或两者兼而有之，应免于任何地方性的税收辖区就入户卫星服务的任何税收或规费。
- 通行权收费，47 USCA§253。

(a) 一般：任何州或地方法令或规章或其他州或地方的要求均不能禁止或事实禁止任何实体提供任何州际或州内电信服务的能力。

(b) 州监管部门：本节的任何内容不应影响州政府在竞争中性的基础上基于以下目标设置必要条件的能力：维持和推进普遍服务、保护公共安全和福利、确保电信服务的持久品质和保障消费者权利。

(c) 州和地方政府职权：本节的任何内容不应影响州或地方政府基于竞争中性和非歧视的立场管理公共通行权或就公共通行权的使用从电信服务供应商处要求公平且合理补偿的权力（如果这种补偿被该政府公开披露）。

(d) 优先：如果在公告和征求公众意见之后，联邦通信委员会（FCC）确定某州或地方政府已允许或实施任何违反本节（a）或（b）中的法令、规章或法律要求，那么联邦通信委员会可以在必要时取代此类法令、规章或法律要求以纠正此类违法或冲突行为。

- 州可以就公共通行权的使用对电信服务供应商征税，前提是此类税收对国外和国内服务供应商是非歧视性且竞争中性的。

- 公共服务费，47 USCA§254（f）。州可采用与联邦通信委员会规则不一致的规定以保护和推进公共服务。每家提供州内电信服务的电信服务运营商都应以一种该州决定的方式基于公平且非歧视的立场投入到州的普遍服务的维护和推进上。州可以通过适用这些规定来在州内提出额外的定义和标准以维护和推进普遍服务，只要此类规定采用额外具体的、可预测的和充足的机制以支持此类定义或标准，而不会依赖或加重联邦普遍服务支持机制的负担。

- 电缆通信，47 USCA§542（b）。对任何一个以 12 个月为周期的运营系统，电缆运营商就任何电缆系统而支付的特许费不应超过此运营商在这一阶段通过运营该电缆系统而提供电缆服务总收入的 5%。基于本节的各个目标，12 个月周期应为特许费基于会计目的而采用的相应周期。本节之下的任何内容不应禁止特许部门和有线电视运营商达成协议，即任何此类 12 个月周期依法征收的特许费应预先支付或延期支付；除特许期内支付费用总额可能低于如果按年征收已得到的费用总额，包括货币的时间价值在内。

- 有形个人财产的销售，P. L. 86-272；15 USCA§381。任何州或政治分区均无权就 1959 年 9 月 14 日后截止的纳税年度对任何个人从州际贸易中获得的收入征收净所得税，如果该个人或其代表在该纳税年度中的州内商业活动仅为以下二者或之一：

（a）由该人或其代表在该州就有形个人财产的出售进行的订单询价，这些订单发往州外审批或拒绝，并且如果获批，会通过由州外某地进行发运或交付而得以履行；

（b）由该人或其代表在该州内以潜在客户之名义或为其利益进行的订单询价，如果该客户给该人之订单旨在促进该客户履行从该询价中获得的订单则为（a）中所述订单。

3. 主权州及国家、领地、属地和达拉斯加原住民基金上的联邦优先

美国政府还在主权州、领地及国家的范围内享有优先权。

- 债券和其他金融业务。主权州、国家及领地发行之债券免征美国州税和地方税。但是，如果被允许，主权州或领地的地方税可以在此类债券上加征。这因辖区而异，因此每一种适用之法都应当予以检视。

- 波多黎各，48 USCA§745。波多黎各政府或其机构发行的所有债券免征美国政府，或波多黎各政府或其他任何政治或市政分区，或任何州、领地或属地，或合众国任何州、领地或属地的任何县、市或其他市政分区，或哥伦比亚特区的各种

税款。

- 美属维尔京群岛，48 USCA§1403。维尔京群岛政府或其任何市政府（包括特别利益实体）发行的所有债券免征美国政府，或维尔京群岛政府或其任何政治分区，或任何州、领地或属地，或任何州、领地或属地的任何政治分区，或哥伦比亚特区的各种税款，前提是维尔京群岛政府或其任何市政当局应有义务征收足够的税以支付未清偿债券的利息，即使这些税款要求高于或多于原定税款或估定价值1.25%的税率。

- 对外贸易区，19 USCA§810（e）。从合众国外进口并基于存储、销售、展示、再包装、组装、配送、分类、分级、清理、混合、显示、制造或加工等目的而存放于某一区域之有形个人财产，以及在合众国内生产并基于出口目的而存放于某一区域之有形个人财产，无论是以原始形式或者以经过上述流程改造后的任何形式，均应免征州和地方从价税。对外贸易区由联邦政府指定，处于美国海关管辖范围之外，允许免税交易。此区域内发生之活动视为国家活动，免受贸易区所在辖区各种国内法之约束。

- 大陆架，43 USCA§1333（a）（2）（A）。只要它们可以适用且不与本分章或现行有效或未来采用的联邦法律规章相冲突，临海各州的民法和刑法（现在有效或未来采纳、修订或废止）均为合众国针对该部分外大陆架海床和底土及人造岛屿和其上固定构造（应在州区域内，如果其边界向海扩展到外大陆架的外缘，总统应在《联邦公报》中确定和公布此类向海扩展并定义此类区域的预测线）的法律。[15]所有这些适用法律应由合适的合众国官员和法庭管理和执行。州税法不应适用于外大陆架。

- 注意禁止在大陆架适用州税法并不禁止州政府将从大陆架获得的汲取类活动收入包括在所得税分摊公式中。该措施仅禁止针对大陆架的直接税，如采掘税和生产税。[16]

- 通航水域，33 USCA§5（最初颁布于1884年）。不得基于任何非联邦利益，对任何船舶或其他船只或其乘客或船员征收任何税款、通行费、运营费、使用费或任何其他费用，如果该船舶或船只运行于合众国管辖之下的任何通航水域，或有权自由在这些水域航行，以下情况除外：（i）根据本编第2236节所征收的费用；（ii）在公平公正基础上征收的合理费用，这些费用仅用于支付向船舶或船只所提供服务的成本、增强州际和对外贸易的安全性和效率，且不会对州际或对外贸易造成明显的负担；（iii）船舶或船只的财产税，除了主要从事对外贸易的船舶或船只，如果这些税为合众国宪法所允许。

- 阿拉斯加原住民索赔和解，43 USCA§1620（a）。从阿拉斯加原住民基金产生的收入在由地区合作社、村合作社或原住民个人通过股息分配（即使股息分配的地区合作社或村合作社并未区分从阿拉斯加原住民基金所获收入与其他来源所获收入）或其他任何方式接收时免征任何形式的联邦、州或地方税。这种豁免不适用于此类收入的投资所得。

4. 联邦雇员税务处理上的联邦优先

国会议员属于市民之列

- 联邦雇员税务处理，4 USCA§111。

（a）一般原则——合众国同意对于作为合众国、其领地或属地或政治分区、哥伦比亚特区政府、或前述组织的代理或机构的官员或雇员提供个人服务而获得的支付或补偿课税，税款由一个拥有管辖区的正式组成的税务当局征收，只要这种课税不因支付或补偿来源而对这些官员或雇员有所歧视。

（b）供职于哥伦比亚河联邦水电设施的某些联邦雇员的税务处理：作为供职于为合众国且位于哥伦比亚河（部分在俄勒冈州和华盛顿州）的水电设施的所有合众国雇员提供个人服务而获得的支付或补偿适用于这些雇员所居住州或其任何政府分区的相关纳税规定。

（c）供职于密苏里河联邦水电设施的某些联邦雇员的税务处理：作为供职于合众国且位于密苏里河（部分位于南达科他州和内布拉斯加州）的水电设施的所有合众国雇员提供个人服务而获得的支付或补偿适用于这些雇员所居住州或其任何政府分区的相关纳税规定。

- 国会议员居住身份，4 USCA§113。国会议员为参加国会会议而在此保有一处住所的任何州或其政治分区不应出于任何由该州或其政治分区所征收的所得税（如本编第 110（c）节所定义）目的，将这些议员视作该州或其政治分区的居民或住户，或将合众国支付给该议员的任何补偿作为其在该州或其政治分区内从服务或其他来源所获得的收入，除非该议员代表该州或某一州内区域。

- 《联邦雇员保健福利法案》，5 USCA§8909。不得对任何州、哥伦比亚特区、或波多黎各自治政区或其任何政治分区或其他政府部门所批准的保健福利计划的经营者或承保人或计划管理分包商从该资金所进行的任何支付加征任何税款、费用或其他货币支出。（该项优先）不应用于对某项保健福利计划的经营者、承保人或计划管理分包商对加征、支付或募集的豁免。这种加征、支付或募集的对象是本章中该经营者、承包人或计划管理分包人就经营业务中所累积或实现的净收入或利润，如果该项税款、费用或支付可适用于广泛的商业活动。

- 武装部队人员。作为明示法令优先的另一领域，国会已就武装部队人员征税之管辖及时限通过多项规定。

（1）《服役人员民事救济法案》，50 app. USCA 570 和 571.570（a）。延期纳税—— 在通知美国国内收入署或州或州政治分区的税务机关后，如果服役人员支付该所得税之能力受到兵役的明显影响，该服役人员在服役之前或服役期间就到期收入的所得税之征收应延期至服役期满或解除兵役 180 天之内。

（2）571（a）居所或住所身份。服役人员不应基于个人、个人财产或收入相关之涉税目的，不应基于仅仅因军令而离开或进入合众国的任何辖区之原因，而丧失或获得居所或住所身份。

（3）兵役补偿和个人财产。如果服役人员并非其依据军令服役所在辖区之居民或住户，则其兵役补偿不应被视为在合众国税收辖区内提供服务或其他渊源之所得。类似地，服役人员的个人财产也不应因征税而被视为位于或存在于辅以人员因军令而服役的税收辖区内。该项优先并不禁止税收辖区就贸易或商务中使用或获得的个人财产征税，只要其享有管辖权。根据本分节，个人财产税的免征资格并不取决于该税是否向居住地所在的州缴纳。

（4）配偶。2009年11月，总统签署《军人配偶居住救济法案》（P. L. 111-197 [2009]）让其生效。该法赋予军人配偶与士兵同样的居住规则，但涉及非军事补偿，前提是军人配偶仅居住于军队人员根据军令服役的辖区之内。

5. 薪水、退休和其他事务上的联邦优先

- 退休金收入，4 USCA §114。任何州不得就非本州居民或有住所的个人（依据该州法律的决定）征收退休收入所得税。
- 《雇员退休收入保障法案》，29 USCA §1144。任何州不得就非本州居民的个人征收退休收入所得税。
- 失业税，26 USCA §3304。国务卿必须审批所有使馆失业所得税的州法。根据《联邦失业税收法案》，此类州法上存在各种要求。如果该项州法满足了那些列举要求，则该州法将获批准。
- 食品券计划，7 USCA §2013。受制于资金是否可用，国务卿有权制定和管理补充养老救助计划。根据该计划，在该州机构的请求之下，州内的资格合适家庭将有机会通过食品券的配发和获准的州计划得到更有营养的食物和营养教育，以下情形除外：如果国务卿确定州或地方消费税的州内征收是基于根据本章发起的补贴而去购买食品，那么该州就不能参加补充营养救助计划。此类家庭因此所获补贴仅应用于从零售食品店中购买食品，而该零售食品店也应业已获准参加该补充营养救助计划。简而言之，如果州或地方政府希望参与联邦食品券计划，它必须不得对以食品券进行的食品购买行为征税。
- 农业信贷，7 USCA §1984。在本章中，所有处于合众国留置之下的财产或由国务卿获得或持有的权利（而非用于行政目的之财产）应与其他课税财产一样同等地向州、领地、特区，及地方性政治分区纳税，但前提是不得对任何凭据征税，如果该税基于：

（1）由国务卿持有或转让至国务卿的任何票据或抵押或其他留置凭据的价值；

（2）由其他应当缴纳该税的个人所制作、背书或持有但现已由国务卿管理的任何票据或留置凭据；

（3）任何让与或转让至国务卿的财产之价值。

- 无论是否作为该凭据，及其上的让与、转让或备案之权上的一种税收，未能支付或征收任何此类税收都不应作为拒绝登记或保存此类凭据、或未能发出通知、或在任何州或地方法院组织其规定之实施的理由。

- 任何处于合众国留置之下或其权利已由国务卿获得的财产（如果用于任何非行政目的）均应缴纳正常的州和地方财产税；但是，如果该税基于任何由国务卿所持有的票据或抵押的价值抑或任何被让与或转让至国务卿之财产的价值之上，那么不得对任何凭据征收州和地方税。

- 发电或输电上的征税歧视，15 USCA § 391。任何州或其政治分区不得就发电或输电征收对州外制造商、生产商、批发商、零售商或消费者构成歧视之税。如果某一税种直接或间接导致州际贸易中发电和输电的负担远较州内贸易为重，则该税具有歧视性。

总结性评论

综上所述，当联邦政府开始限制各州开征和管理各自税收的权力时，联邦政府显然并没有犹豫不决。公允而论，在诸种优先之中，树立明确的非歧视性税收的目标确有其价值所在。进一步来看，在过去半个世纪中，美国经济日趋复杂无疑是诸多原因之一——且在某些情形中，也证明了国会介入的正当性——即增加了联邦应如何对待其纳税人、个人或企业的确定性和透明性。州税基上有选择的联邦优先正是如此。

然而，与此同时，一个同等重要的顾虑在于，为了维持一个稳健的联邦制的诸多确切益处，联邦政府可能走得太远。在一个联邦财政日渐紧缩的时代，国会需"有所作为"以诠释其政治角色的政治压力凸显了这一顾虑，尽管有些人并不认同。

此处的问题在于，如何处理下一个十年的优先问题：如果国会继续以其必须保护自己或保护"全国性市场"免受州之干扰为由来论证其对此类限制的干预之正当性，那么何时它会跨越规定透明且非歧视性干涉措施与创建强制性联邦制之间的界线？也即，联邦政府何时应限制州和地方政府征缴和支出必要资金以提供诸种服务之权力？如同对复杂的多种解答一般，答案在于"视情况而定"。

然而，这一回答的复杂性并不能作为回避评价是否要以税基优先进行干预之决策的理由，因而这种税基优先参考了一套关于如何判定"好的"（或"坏的"）优先性活动之标准。设立这样一套标准正是公共财政经济学家惯常且成功采用的方法，旨在判断何者为不同类型的政府构建了一套良性的高效且公平的收入体制。[17]

借鉴美国政府间关系咨询委员会制定的标准[18]及其后续贡献[19]，并开启一项重要且广泛的准则：即假定主权州之上的任何联邦财政优先程度都比较高，且采取此一行动需要深思熟虑，需要联邦政府对州与地方政府的决策及其在解决自身问题上的特权及合法性上的尊重，以及联邦政府对州与地方政府在财政联邦制体系中角色的尊重。正如理查德·内森（Richard Nathan）所提醒的，财政联邦制是一种"诞生于美国"的体制。[20]因此，诸种优先之援用必须仅能出于下述原因。

（1）保护宪法赋予全体公民的基本政治权利和公民权利。

（2）保卫国防和确保外交关系中行为得体。

（3）在明显影响州际贸易流通领域设立统一和最低标准。

（4）在州和地方政府可自由加入的联邦补贴及合同的使用中确保必要的财政统一和规划统一。

（5）确保无财政之弊：涉及州税收权力的立法不应过度削减州的现有收入。在各州削减核心服务以满足预算平衡之要求时，此一原则尤为重要。联邦无资助授权或对州税权的限制措施只会加剧各州当前面临的财政问题。

（6）保留灵活性：财政危机正迫使所有政策制定者重新认识有关政府角色的基本原则。此类所导致的变革将对服务交付、税制现代化和政府问责产生长远且积极的影响。限制州立法权力的联邦立法不应阻碍州对此类改革的追求。

（7）确保透明度：联邦立法，尤其是关于州税方面，应当清晰以约束其模糊性或避免产生对成本高昂且耗时诉讼的需求。

注释

①金凯德（本书）；康兰和波斯纳（本书）。

②全国州立法会议已经确定，2004~2008 财政年度联邦政府对州政府进行了至少 1300 亿美元的转移支付。NCSL（2011）。

③重点是联邦与州的关系，优先权可能意味着地方政府在自治方面的权力会有所限制。关于地方自治的趋势和情况的经验主义分析见 Wolman, McManmon, Bell, and Brunori (2010)；MTC (2003)。

④Carey and McClellan (2001), 242-248.

⑤同上，136-139。

⑥金凯德（本书）。

⑦Hellerstein et al. (2009).

⑧*McCulloch v. Maryland*，17 US (4 Wheat) 316 (1819).

⑨ACIR (1992).

⑩Nivola (2000).

⑪*McCulloch v. Maryland*，17 US 316 (1819)。这一判决认为，为了保持联邦制的原则，联邦债券免征州税。

⑫*United States v. Hartford Co.*，572 F. Supp 238 (D. Md. 1983).

⑬*Henderson v. Sea-Land Service, Inc.*，468 A. 2d 1064 (N. J. 1983).

⑭关于这一话题进一步讨论见福克斯（本书）。

⑮本章对部长的权力的界定具有一致性，以便国会可以继续改变以部长为首的联邦机构的名称。

⑯ *Shell Oil Co. v. Iowa Dept. of Revenue*，488 US 19 (1988)；*Kelly-Springfield Tire Co. v. Iowa State Bd. of Tax Review*，414 N. W. 2d 113 (Iowa 1987).

⑰Watson (2005)；Musgrave (2005)；Hildreth (2005).

⑱ACIR (1992).

⑲Eads (2010).

⑳Nathan (2005).

212 参考文献

ACIR (1992, September). *Federal Statutory Preemption of State and Local Authority: History, Inventory, and Issues*. Report A-121. Washington, DC: US Advisory Commission on Intergovernmental Relations.

Budget and Revenue Standing Committee (2012). *Mandate Monitor*. Denver: National Conference of State Legislatures.

Carey, George W., and James McClellan (Eds.) (2001). *The Federalist: Gideon Edition* by Alexander Hamilton, John Jay, and James Madison (2nd ed.). Indianapolis: The Liberty Fund. 242-248.

Eads, James R., Jr. (2010, April 23). "Federal State Tax Relations in the 21st Century." American Tax Policy Institute Roundtable.

Hellerstein, Walter, Kirk Stark, John Swain, and Joan Youngman (2009). *State and Local Taxation, Cases and Materials* (3rd ed.). St. Paul, MN: West Publishing Co.

Henderson v. Sea-Land Service, Inc., 468 A. 2d 1064 (N. J. 1983).

Hildreth, Bartley (2005). In *The Encyclopedia of Taxation and Tax Policy*, edited by Joseph J. Cordes, Robert D. Ebel, and Jane G. Gravelle. Washington DC: Urban Institute Press. 429-430.

Kelly-Springfield Tire Co. v. Iowa State Bd. of Tax Review, 414 N. W. 2d 113 (Iowa 1987).

Law and Criminal Justice Standing Committee (2012). *Preemption Monitor*. Denver: National Conference of State Legislatures.

McCulloch v. Maryland, 17 US (4 Wheat) 316 (1819).

Multistate Tax Commission. (2003). "Federalism at Risk." Washington, DC: Multistate Tax Commission.

Musgrave, Richard (2005). "Fairness in Taxation." In *The Encyclopedia of Taxation and Tax Policy*, edited by Joseph J. Cordes, Robert D. Ebel, and Jane G. Gravelle. Washington DC: Urban Institute Press. 135-138.

Nathan, Richard (2005). "Updating Theories of American Federalism." In *Intergovernmental Management for the Twenty-First Century*, edited by Timothy J. Conlan and Paul L. Posner. Washington, DC: Brookings Institution Press. 13-25.

Nivola, Pietro (2000, June). "Last Rites for States Rights?" *Brookings Reform Watch No. 1*.

Posner, Paul (1998). "The Politics of Unfunded Mandates." In *American Intergovernmental Relations*, 4th ed., edited by Laurence O'Toole Jr. Washington, DC: CQ Press. 280-292.

Shell Oil Co. v. Iowa Dept. of Revenue, 488 US 19 (1988).

United States v. Hartford Co., 572 F. Supp. 238 (D. Md. 1983).

Watson, Harry (2005). "Excess Burden." In *The Encyclopedia of Taxation and Tax Policy*, edited by Joseph J. Cordes, Robert D. Ebel, and Jane G. Gravelle. Washington DC: Urban Institute Press. 121-122.

Wolman, Harold, Robert McManmon, Michael E. Bell and David Brunori. In *The Property Tax and Local Autonomy*, edited by Michael E. Bell, David Brunori, and Joan Youngman. Cambridge, MA: Lincoln Institute of Land Policy. 69-114.

第9章 州政府间拨款项目

罗纳德·C. 费雪（Ronald C. Fisher）
安德鲁·布里斯托（Andrew Bristle）

张立彦 译

政府间财政资金流动，或政府间资源转移是联邦制度的固有特征。[①]州政府28%的收入来自联邦政府，地方政府4%的收入来自联邦政府，另外34%的收入来自州政府。由于是州政府把资金"传递"给地方政府，因此从州政府有效转移给地方政府的部分收入可以被看作联邦拨款。然而，这两方面是相互依存的，因为尽管联邦和州政府分别为州和地方政府提供大量的财政支持，但同时也需要州和地方政府分别用收到的转移支付提供服务。这个相互依存的第二个方面产生了关于政府间转移支付的公共服务目标和既定目标下拨款项目的适当结构等问题。

联邦政府向州和地方转移支付以医疗拨款为主，主要是医疗补助（Medicaid），占全部联邦拨款的44%。其他类别联邦拨款包括教育（占8%）、公路（占7%）、食品补助（占5%）和收入支持（占4%）等。许多这些联邦转移支付计划的结构和效果已经在别处细节有所体现。[②]

比较而言，州对地方政府的转移支付在绝对额和相对量上都大于联邦对州政府的转移支付，但还没有被广泛研究。州的政府间转移支付尤其令人感兴趣也是因其规模、结构和效应在各个州之间有所不同。州对地方财政的支持并没有一个标准模式。州转移支付与联邦政府转移支付相似之处是：有一个类别占主导地位。学区是大部分州政府转移支付的接受者，占州对地方政府转移支付的55%。州教育拨款也已被广泛研究。[③]

因此，本章目标聚焦于美国州政府对一般目的地方政府的财政支持。我们希望通过以下方式来解决这个问题：（1）细致回顾州对一般目的地方政府的财政支持规模；（2）通过列表对全国范围内的这些项目进行最新总结和比较；（3）找出这些项目的共同特点；（4）考虑这些拨款项目的不同目标；（5）分析这些州拨款项目和规模在各州之间有何不同及其原因。

州政府间拨款的原因

从传统意义上，政府间拨款出于四个目的（或依据）之一：（1）提供地区性资源再分配；（2）允许通过规模经济创收；（3）纠正外部性和溢出效应；（4）促进宏观经济稳定和经济增长。这些潜在的政府间转移支付的每一种原因对于联邦体系内的不同政府可能并不同等适用。一些可能相对适用于联邦与州政府的互动，而另一些则可能更适用于州对地方政府的干预。另外，对不同的州而言和对不同的州与地方的公共服务来说每条理由的重要性不同。相应地每条理由被认为与州对地方政府的潜在支持有所联系。

地区性再分配

首先，拨款能够被用于实现资源在州内的各地区或地方间的再分配，最常见的是出于公平原因。④如果征上来的税收被州政府以"产地"或"出处"以外的任何因素分配给地方政府，那么很可能会出现地方间的再分配。⑤如果州的资金分配与地区的收入或财产价值成反比，这显然会使纳税人从高收入辖区转移到低收入辖区。

从传统意义上说，州政府对地方政府拨款的核心问题是出于地区的教育目的或地方间的资源再分配。⑥至少某种程度上，州政府有意改变部分因地方财产税税基的较大不同所导致的教育支出的巨大差异。然而，资源再分配也是州政府对一般目的地方政府进行拨款的显性或隐性的目的。这对于不受限制或收入分享式的对县和城市的拨款来说经常是事实，在之后章节我们会讨论。

然而，这种形式的收入再分配的影响通常并不清晰，因为辖区间的收入或财富很少完全均等，而且由地方政府决定拨款资金如何使用。即使是那些收入平均水平较低的辖区也可以有高收入居民（在某些情况下后者数目众多）。如果目标是资助低收入个人和家庭，则直接补助给那些个人也许是更好的选择，而非补助给他们居住地的地方政府。此外，如果目标是调节地方政府支出或服务的差异，则对地方政府拨款是合适的选择，然而这些拨款的结构也很重要。

收入征收的效率

拨款也可以用于以一种税收结构替代另一种税收结构，或以一种税收征管方式替代另一种税收管理方式（如在税款征收中运用规模经济）。这在许多州对地方政府的转移支付中是常见情况。政府间拨款能有效地以拨款方政府的税收收入或税收征管替代接受方政府的税收收入或税款征收。⑦如果拨款方政府的税收使用比被替代的政府更有效率，则这种税收替代是拨款提高联邦制度效率的一种方式。

因为地方辖区间的经济流动性比各州之间更大，在州范围内征收一种税可能比一套类似的地方税要有效率。集权化的收入征收也可能产生税款征收和遵从上的规模经济。伴随政府间拨款制度，可能收入发生在州政府，而支出发生在地方政府。这至少是收入共享项目的部分原因。例如，与其制定一套县或市的所得税制，还不如一州提高所得税的税率（或者采取一个州所得税制），然后将收入分配给地方政府。如果收入的分配取决于收入的来源，则不存在地方性再分配，这一安排的唯一目的或好处在于收入集中生成的效率性。然而，如果收入分配是通过其他因素而不是取决于收入来源，则拨款项目既可以提高税款征收的效率也可以出于公平或公共服务原因进行资源再分配。

在美国一些州，收入集中征收是州政府转移支付的一个重要因素，因为州政府负责筹集的州和地方收入的份额要远大于直接提供州和地方公共服务的份额。美国"纵向财政不平衡"的程度反映在表9.1中。对于2008年的州和地方部门，州政府获得了总收入的61%（即一般性收入的62%和税收收入的59%），但是州政府只负责44%的州和地方直接支出（即直接提供公共服务的开支）。因此，由于地方政府的直接支出责任比创收责任更大，因此通过州政府的转移支付弥补差额。

实际上，2008年美国的财政不平衡程度低估了其长期状况，因为2007年的衰退对州政府收入的影响比地方政府更大。比如在受到近期衰退影响之前，2005年和2006年州政府得到了约65%的收入，但只需要负责45%的直接支出责任。这表明美国在州政府和其各自的地方政府之间纵向的财政不平衡平均在20个百分点。

表9.1　　　　　在州和地方部门中州政府的财政相对值　　　　单位：%

年份	州和地方收入中州政府的比重	州和地方一般性收入中州政府的比重	州和地方税收中州政府的比重	州和地方直接性支出中州政府的比重*
2008	60.9	62.4	58.8	44.3
2007	65.1	62.4	59.0	44.2
2006	64.9	63.5	59.7	45.0
2005	65.0	63.5	59.2	45.1
2004	65.2	63.2	58.4	44.9
2003	63.3	63.1	58.5	45.2
2002	60.7	63.1	59.1	44.8
2001	62.4	63.7	61.2	44.1
2000	64.9	63.9	61.9	43.4

注：* 直接性支出由政府提供产品和服务的支出构成；它们被用以衡量政府间转移支付后的支出。

资料来源：U.S. Census Bureau, State and Local Government Finances, various years。

当然，由于经济因素、人口因素和各州之间的制度多样性，各州之间广泛存在着收入和支出责任的差异，如表9.2所示。支出责任在某些州相对更集中一些，有8个州（阿拉斯加州、特拉华州、夏威夷州、肯塔基州、缅因州、罗得岛州、佛蒙特州和西弗吉尼亚州）的州政府对至少60%的直接支出负责。相反，财政不平衡（收支责任间的差额）在阿肯色州、纽约州、北卡罗来纳州、得克萨斯州、佛蒙特州和怀俄明州最大（至少20个百分点）。⑧佛蒙特州是一个有趣的例子，尽管州政府负责将近62%的直接支出，但它产生了约85%的收入。因此，在佛蒙特州收入和支出都相对集中，但依然存在较大的纵向不平衡。由于州之间的财政纵向不平衡的差异，也可想见州对地方政府的拨款在各州之间也有很大差异。

交通资金是一个收入集中的具体例子。很明显，各州选择了集权化的（州）收入征收：通常是由被视为"使用者相关"的税收，即州汽车燃油税和车辆登记费用组成。大多数州将这些收入仅专用于交通目的，其中大部分分配到负有提供交通服务的重要责任的县市。

表9.2　　2008年在州和地方部门中州政府的财政相对值　　单位：%

州名称	州和地方收入中州政府的比重	州和地方一般性收入中州政府的比重	州和地方税收中州政府的比重	州和地方直接性支出中州政府的比重*
亚拉巴马州	57.7	67.7	64.6	47.6
阿拉斯加州	85.3	86.5	86.5	66.9
亚利桑那州	58.1	63.1	59.6	39.1
阿肯色州	76.9	80.2	80.1	55.8
加利福尼亚州	56.8	59.3	63.1	37.2
科罗拉多州	56.3	52.7	49.0	39.0
康涅狄格州	66.6	68.0	63.2	55.0
特拉华州	79.2	83.2	78.9	65.9
佛罗里达州	46.4	49.8	48.9	36.3
佐治亚州	56.3	57.4	53.7	39.6
夏威夷州	77.9	79.8	76.4	78.7
爱达荷州	67.4	67.7	73.9	52.3
伊利诺伊州	56.2	57.9	55.1	42.0
印第安纳州	63.1	66.1	65.9	46.3
艾奥瓦州	63.8	64.9	59.7	48.0
堪萨斯州	59.7	63.3	60.3	45.8
肯塔基州	69.8	73.8	71.0	60.3
路易斯安那州	68.6	70.5	61.3	58.7
缅因州	71.2	72.0	63.8	61.1
马里兰州	62.5	63.8	56.8	49.8
马萨诸塞州	70.4	70.6	64.4	53.7
密歇根州	61.6	67.2	65.8	44.5
明尼苏达州	65.1	68.4	74.1	45.4
密西西比州	68.9	71.6	73.5	53.8
密苏里州	59.8	62.0	55.2	46.9
蒙大拿州	75.1	73.3	71.3	59.4

续表

州名称	州和地方收入中州政府的比重	州和地方一般性收入中州政府的比重	州和地方税收中州政府的比重	州和地方直接性支出中州政府的比重*
内布拉斯加州	47.2	59.2	56.3	35.3
内华达州	52.3	52.2	57.8	32.5
新罕布什尔州	65.2	63.9	45.4	51.7
新泽西州	64.1	63.2	56.9	51.9
新墨西哥州	76.2	79.6	72.9	59.4
纽约州	60.4	58.1	47.3	39.8
北卡罗来纳州	66.6	66.8	68.6	46.0
北达科他州	75.2	75.4	72.8	59.1
俄亥俄州	65.0	62.4	56.0	48.3
俄克拉何马州	69.7	71.5	67.6	55.2
俄勒冈州	59.1	61.2	58.1	48.5
宾夕法尼亚州	64.8	63.3	59.4	48.2
罗得岛州	70.9	71.2	56.7	61.1
南卡罗来纳州	65.3	65.6	60.6	55.0
南达科他州	56.1	63.6	52.9	51.7
田纳西州	53.5	64.2	60.7	40.2
得克萨斯州	60.6	60.3	51.7	39.2
犹他州	67.1	69.6	65.2	50.6
佛蒙特州	84.6	87.3	86.7	61.8
弗吉尼亚州	62.2	63.9	56.3	45.4
华盛顿州	58.0	61.3	62.8	45.8
西弗吉尼亚州	78.2	79.5	75.9	61.9
威斯康星州	61.5	66.6	61.9	45.7
怀俄明州	71.6	69.2	65.1	44.0

注：* 直接性支出由政府提供产品和服务的支出构成；它们被用以衡量政府间转移支付后的支出。

资料来源：U. S. Census Bureau, State and Local Government Finances, various years。

溢出效应

拨款可能是出于刺激接受拨款方政府增加额外的公共支出，或许是为纠正各级地方政府结构中产生的外部性或溢出效应。这是拨款提高财政决策效率的另一种方式。从社会角度来看，辖区间的外部性或溢出效应的存在会使个别地方政府的服务决策是低效的。如果非本地居民受益于地方提供的服务，但其受益并未在服务数量提供的有关决策中加以考虑，则服务提供的社会边际收益就会被低估或太小。在这种情况下，正如效率要求的那样，政府间拨款可用于引导地方政府提供更多的特定服务。[9]另外，由于拨款资金来自州政府征收的税收，那些得益于这些服务的非居民最终还要通过向州政府纳税来支付享受这部分服务的费用。

地方社区之间的个体迁移如果对其他居民增加了成本，这也是一种外部性。[10]个体迁移可能是为了规避地方税收或为了享受服务。然而，如果新居民支付的少于他们消费服务的平均成本，现有的居民会面临或是税收不变、服务减少，或是提高税收来维持服务数量。潜在的移民在决定是否搬迁时不会考虑其迁移增加的其他居民成本，因此人口在地区间的分配可能变得无效。而政府间拨款可被用于解决这一难题。对高税或服务水平较低的地区拨款可能会阻止一些寻求低税收或高服务的迁移，这将有助于形成一个更有效的地方政府结构。这些拨款可能看起来是出于资源再分配的目的，但事实上被视为更准确地促进了效率目标。

稳定性

对各级地方政府部门来说，拨款也被视为宏观经济的稳定机制，但这一论点相较州政府拨款项目而言更适用于联邦拨款。通常，在一国宏观经济低迷时——包括2007年开始的衰退——联邦政府会通过政府间拨款计划向州和地方政府提供更多的财政支持。这里联邦政府是在遵循传统的财政政策目标，即试图通过利用州和地方政府作为支出工具来保持或增加需求（支出）。

然而，州政府对州内地方政府的类似行为并不常见，实际上常常是相反的。在某些情况下，州政府的目标是将特定拨款或特定拨款的组成部分给那些出现"财政窘境"的地方政府。但这种定向拨款并非作为促进一个州整体经济增长和稳定努力的一部分，而经常是为了防止该地方发生财政危机的短期措施。州政府为应对其财政问题，经常降低州政府对地方政府的拨款，特别是对地方的收入共享或对中小学教育的拨款。与通常联邦与州政府的互动相反的是，一个州政府的财政困难经常会转移给那个州的地方政府。

拨款结构

政府间拨款既可采取总额方式，即拨款的数量固定且不会随着接受方政府税收或支出的改变而变化，也可采取配套方式，即要求接受方政府的税收或支出与拨款的数额以某种比率"匹配"。这种情况下，拨款的规模取决于接受方政府用于特定目的的税收或支出的数额。总额拨款和配套拨款的分配既可通过一个公式分配也可以单个项目为基础进行分配，既可是开放式的（对拨款额没有限制）也可是封闭式的（对拨款数额有一定限制，因分配给拨款项目的资金是固定的）。如果用于分配拨款资金所使用的公式运用的是接受方政府不能直接控制的因素，如人口或人均收入，则拨款对其而言属一项纯粹的总额拨款。如果用于分配拨款资金的公式使用的是接受方政府所选择的因素，如税收收入或公共支出，则拨款是一个配套拨款并激励被拨款政府增加税收或支出。最后，拨款可以是针对特定的支出类别，被称为专项拨款，也可以是无条件（或一般性）拨款，允许接受拨款的政府向任何支出或公共服务领域分配拨款资金。

如果拨款目标是增加接受方政府的特定职能或公共服务上的支出，如消除外部性，经济理论认为开放式的分类配套拨款最有效率。配套比例与非居民受益份额相等的配套拨款会通过降低地方税收价格消除辖区间外部性的影响。更低的价格会带来为提高经济效率所需支出的增加。例如，如果增加公路的支出所获得的外部（非居民）收益是总收益的一半，对负责公路建设的政府按照地方资金1∶1进行配套拨款，则会降低政府一半的成本进而提高效率。尽管其他拨款也可以用于提高支出，但一个开放性的配套拨款以可能的最小拨款促使达到理想的支出水平；配套拨款使每美元拨款产生最大的支出效应。

如下部分所阐述，州政府对地方政府绝大部分拨款（除那些对学区的教育拨款）都是根据公式计算的总额拨款。在某些情况下，公式造成了资源的地域间再分配，然而其他情况下，公式仅是将拨款资金返还给州税收收入的来源地。州政府对教育领域以外的配套拨款很少。州政府对一般目的地方政府的拨款通常是针对特定职能，尽管无条件的州政府拨款约占一半。

州政府间拨款的规模与构成

州的政府间拨款数额及其构成

2008年，州政府对地方政府提供了大约4670亿美元的政府间收入，占州支出的27%，占地方政府一般性收入的33%，如图9.1所示。尽管2002～2008年州拨款增长了近31%，但这段时间州对地方拨款支出的实际价值在下降，州拨款对地方预算的重要性和在州政府开支中的份额也在下降。在各州中，州政府间拨款相对于地方一般性收入的重要性从66.7%（佛蒙特州）到23%（科罗拉多州）。[11]当然，其中包含州政府对公立中小学教育提供的大量财政支持，这在佛蒙特州占据了较高比重。

联邦拨款与州和地政府及其与州对地方政府拨款之间的可能关系是一个耐人寻味的问题，而这一问题在学术文献中得到的关注过少。这些潜在的政府间现金流量见表9.3。2008年，州政府从联邦政府得到了4230亿美元，这笔资金占到州政府收入的26%。相应地，州政府将约4670亿美元转移给地方政府，占到地方政府总收入的31%。[12]至少总体上，粗略感觉这些数额之间也许存在关联，因为随着时间推移，来自联邦拨款的州政府收入部分与来自州拨款的地方政府收入部分之间是高度相关的（相关系数是0.73）。

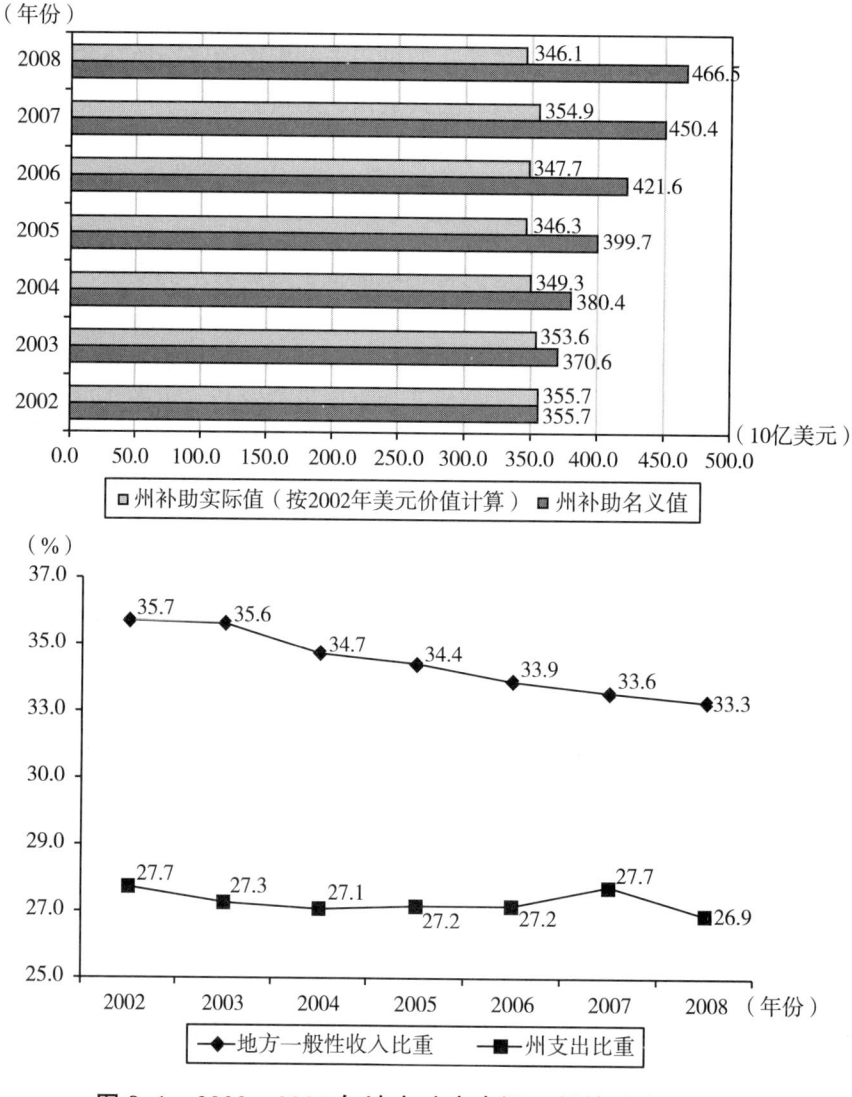

图 9.1 2002~2008 年地方政府来源于州的政府间收入

资料来源：U. S. Census Bureau, Governments Division, State and Local Finances。

然而，联邦对州和州对地方的拨款之间的联系机制并不清晰。联邦对州政府的政府间拨款都是专项拨款，即用于特定目的的拨款。最大的联邦政府专项拨款是用于提供医疗保障，特别是医疗补助和相关项目。仅有少数联邦拨款计划明确要求将拨款转到地方政府。然而，联邦拨款明显增加了州的经济资源，也许更重要的是这些资源由州政府自行支配。还有，如果一个州政府已将来自本州的收入花在了由联邦拨款支持的公共服务项目上，则联邦拨款也许仅是州政府资金的替代，把州政府花费的资源腾出来用于履行其他政府职能。这是一个常见的"资金互换"问题，表明相当一部分专项拨款（无论是总额还是配套）可被转移使用于非名义上的用途。[13] 那些其他职能可能包括为地方政府的特定服务供给提供政府间的拨款。这一选择也许会被"粘蝇纸效应"强化，表明将资金转移到其他公共服务领域比降低州的税收更有可能。联邦对州的拨款和州对地方的拨款之间的关系看起来将是有待进一步研究的课题。

美国的州政府间转移支付对于国家最大的地方政府服务领域——教育特别重要。如图9.2所示，学区是目前为止州拨款的最大接受者：2007年占总额的55%。结果是，地方中小学公共教育机构收入的56%来源于州和联邦政府。比较而言，县政府得到了州政府拨款资金的23%（2007年约1050亿美元），而市和乡镇政府得到了州拨款资金的20%（840亿美元）。

尽管州政府间拨款向市级政府提供收入的20%，向县政府提供收入的30%，但州政府用于为一般目的地方政府提供财政支持的拨款项目结构和这些拨款所针对的公共服务责任在学术和政策文献中都未得到较大关注。相反，州政府对地方公共教育拨款的数量和结构已经得到广泛研究。达芙妮·凯尼恩（Daphne Kenyon）在本书的第20章探讨教育拨款问题。因此，州政府对一般目的地方政府的拨款是本章的重点。

表9.3　　　　　2000～2008年联邦对州和州对地方的援助*

年份	联邦政府对州政府的政府间援助（10亿美元）	州政府对地方政府的政府间援助（10亿美元）	联邦政府对州政府的政府间援助占州政府收入的比重（%）	州政府对地方政府的政府间援助占地方政府收入的比重（%）
2000	259.11	317.06	20.6	31.3
2001	288.31	340.25	24.4	31.9
2002	317.58	355.68	28.9	32.8
2003	343.30	370.65	26.5	32.5
2004	373.51	380.36	23.5	30.5
2005	386.31	399.86	23.5	30.6
2006	398.20	418.42	22.4	29.7
2007	410.18	446.64	20.5	29.0
2008	423.15	466.51	26.1	30.5

注：* 联邦政府也向地方政府提供直接拨款。
资料来源：U. S. Census Bureau, State and Local Government Finances, various years。

在计算时减去州对公共教育的补助和用于公共教育的一般性收入是看似粗糙但可直截了当排除政府对中小学教育支持的方法。由此得到的比率是排除了作为地方一般性收入一部分的公共教育补助和排除了用于初中等教育收入的州政府间补助。这种估计是可行的，因为美国统计局报告数据既包括州的补助，也包括用于包含独立和非独立学校系统的初中级教育收入。[14]

2006年，这种计算显示，除去初、中等公共教育，州政府补助占地方一般性收

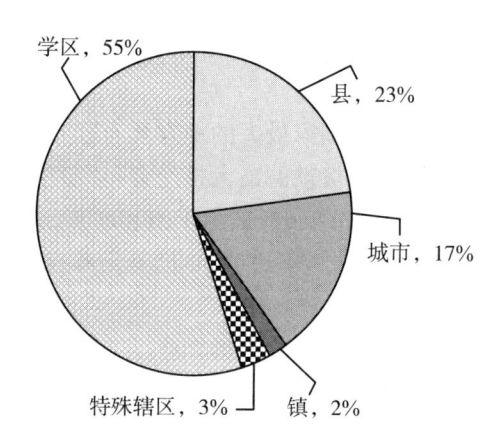

图 9.2　按地方政府类型划分的州援助

注：补助总额为 4467 亿美元。

资料来源：U.S. Census Bureau, Census of Governments, 2007。

入约 24.7%。不含初等和中等公共教育，州政府对地方政府的财政支持从 35.6%（加利福尼亚州）到 6%（阿拉斯加州）。这些估计与州对一般目的地方政府补助的理想测量方法还有一段差距，因为：（1）它们包括对除学区以外的特殊辖区的财力支持；（2）没有提供关于政府间收入支持不同的地方公共服务职能的相对量信息；（3）每个州和地方政府之间关于特定公共服务提供责任的划分对州际比较影响较大；（4）正如美国统计局指出的，在非独立性的学校系统情况下不可能做到完全的财政分离。

州对一般目的地方政府补助的数额和构成

关于州对一般目的地方政府（即不包括学区和其他特殊辖区）补助的最准确和细致的视角在于分别对县、市、镇的财政进行考察，这些有来自政府统计的数据。如表 9.4 所示，总体来看，2007 年县政府收到的州政府补助占其一般性收入的 31.1%，而州给市（城市及乡镇）提供了占一般性收入 19.5% 的补助。与地方收入和州政府支出相比，州对县级和市级补助的相对重要性在 2002～2007 年有所下降。有必要对补助构成进行具体考察，以明确州政府在为一般目的地方政府筹资中发挥的作用，并重点关注补助的特定类别。

表 9.4　2002 年和 2007 年州对县和城市—乡镇的补助

大类与分项	2002 年	2007 年
对县		
总补助（10 亿美元）	86.8	104.99
占州支出的比重（%）	6.7	6.6
占县收入的比重（%）	33.8	31.1
用于县一般性政府补助（10 亿美元）	9.0	10.8
占县收入的比重（%）	3.5	3.2

续表

大类与分项	2002年	2007年
对县		
用于县公路补助（10亿美元）	6.87	8.18
占县收入的比重（%）	2.6	2.4
用于县公共交通补助（10亿美元）	0.39	0.35
占县收入的比重（%）	0.1	0.1
对城市和乡镇		
总补助（10亿美元）	69.2	84.2
占州支出的比重（%）	5.4	5.2
占城市和乡镇收入的比重（%）	21.6	19.5
用于城市和乡镇一般性政府补助（10亿美元）	16.8	20.6
占城市和乡镇收入比重（%）	5.3	4.8
用于城市和乡镇公路补助（10亿美元）	5.50	6.75
占城市和乡镇收入比重（%）	1.7	1.6
用于城市和乡镇公共交通补助（10亿美元）	—	3.65
占城市和乡镇收入比重（%）		0.8

资料来源：U. S. Census Bureau, Census of Governments, 2002 and 2007。

图9.3一方面显示了州对县的按功能分类的补助分配，另一方面显示了州对城市和乡镇按功能分类的补助分配。对县来说，数额最大的州补助是福利（29%）、教育（24.6%）、健康和医院（13.1%）。在很多情况下，福利和健康的数额可能反映了部分贫困家庭临时援助计划和医疗补助项目的支出，而州对县的教育支持可能代表了对县运营的中小学校（所谓的非独立性教育系统）和社区学院的支持。比较而言，州对县的交通（公路和公共交通）补助比例约占总数的8%。

城市及乡镇的情况也是类似的（见图9.3）。教育占到州对市和乡镇补助的32.4%，很大程度上代表着州对非独立性中小学系统的支持，而一般性补助达到25%，占第二位。对城市和乡镇的交通建设补助占州对城市总补助的12%（公路占8%，公共交通占4%）。

再来看表9.4，分别显示了州对地方政府（包括县级和市级）的一般性补助和交通补助的相对重要性水平。平均来看，州的一般性补助略超出县政府收入的3%，约为市政府收入的5%。州的交通补助约占县和市收入的2.5%。因此这两类州补助加起来平均约占一般目的地方政府收入的5%~8%。当然，如我们将要看到的，这些数量在不同的州也有很大区别。

在本章其余部分，将更为详细地考察州的无条件一般性补助（收入共享）和州交通补助的结构。之所以挑选这两类州的政府间补助作进一步考察是因为这两个项目在近年的学术和政策文献分析中很少得到关注，并且这两个项目相对很好界定并容易确定相关补助，因为有关于补助特征的调查信息，也因其在数量和政策影响上的相对重要性。⑮

（a）对县

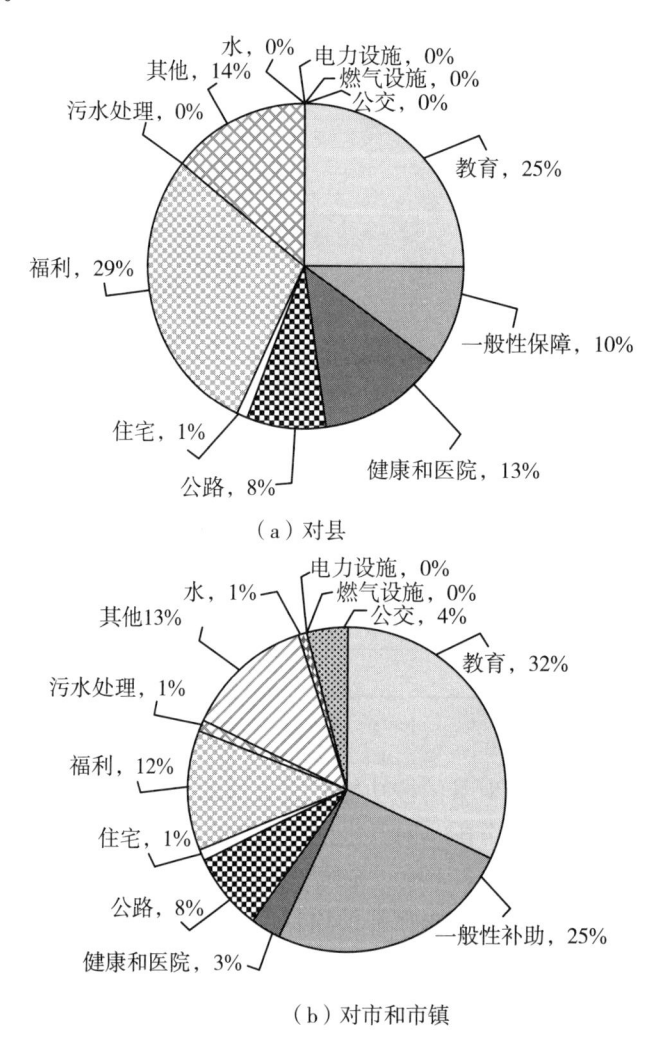

（b）对市和市镇

图 9.3　2007 年州对地方政府补助的构成

资料来源：U. S. Census Bureau, Governments Division, 2007 Census of Governments。

州的一般性或无条件政府拨款

运用政府统计数据衡量，州政府对其各自的地方政府的一般收入共享的有无和结构都有很大不同。只有 13 个州的州对县政府的一般性收入共享至少提供了一般性收入的 5%，而在将近一半的州（24 个），州对县级的一般性支持并不很重要（提供的资金低于收入的 2%）。近似地，据政府统计局测算，仅有 10 个州对市级和乡镇级的一般性补助提供了至少相当于市级和乡镇级一般性收入的 10%，在 20 个州至少是其收入的 5%。州对城市和乡镇的收入共享非常少或不存在的州占一半以上（26 个）。

政府统计数据显示，在很多州，州对市级和乡镇级政府的一般性补助非常少。许多这些小额补助很可能反映了州集中征税然后按其来源分配给地方政府。如，由州政府对酒精饮料或旅馆房间的销售课征的消费税，其收入被分配给销售发生的所在地。另外，一些数额较大的州一般性补助事实上可能源自州筹集的地方税。如，一个地方的可选择性销售税由州征收（与州销售税一起），然后分配给采用地方选择权的地方政府。

显然这样的税收及州的分配有一个重要的语义上或分类上的问题。是它们提供的州收入被用于对地方的补助，还是行政上由州政府征收的地方税？传统上，无论是基于资源还是成本因素的差异，收入共享被认为是要求资源在接受方政府之间再分配。应注意补助是否以再分配为依据进行分配和资金是否被限定于特定用途是相互独立的问题。一些基于来源地的资金被分配用于特定的公共服务职能，而另一些则是被用于一般目的。类似地，一些再分配性质的州补助被分配用于特定目的，而另一些则是无条件的。我们对州政府给予地方政府的无条件一般性补助（"一般性收入共享"）的界定仅包括通过依据公式在地方政府间进行资源再分配的州补助。⑯

为确定用于给县市提供资金的州补助计划的结构，包括收入来源和资金的分配，费雪（Fisher）和普拉萨德（Prasad）考察和收集了来自州的这些项目细节。⑰研究依靠来自州机构（预算、财务或财政部门以及立法机构研究办公室，取决于各州的组织结构）、地方政府协会（市政联盟或县协会）和州政府性研究学会（非营利组织和支出或税收基金会）的现有公开信息。在一些情况下，与这些组织的工作人员直接讨论或者由其他学术研究人员提供建议和信息都有助于澄清对问题的理解。

表 9.5 是依据费雪和普拉萨德的定义（再分配公式），州对县市提供的一般性（无条件）财政支持的列表。如政府统计局报告，每个州名字旁边的数字显示的是州政府间一般性补助收入占地方一般性收入的比例。因此，此表把州一般性收入共享的两种衡量方法结合了起来。

表 9.5　　　　用于一般性地方政府补助的州拨款项目

有用于一般性政府补助的政府间拨款的州（无条件收入分享）*		
对县和市	只对县	只对市
阿肯色州（1.5%，2.5%）	夏威夷州（5.2%）	亚利桑那州（13.8%）
加利福尼亚州（3.3%，7.1%）	艾奥瓦州（3.5%）	缅因州（5.2%）
佛罗里达州（6.3%，6.2%）	路易斯安那州（1.7%）	马萨诸塞州（6.2%）
爱达荷州（5.9%，6.5%）		新泽西州（12.8%）
印第安纳州（7.2%，8.9%）		纽约州（0.6%）
伊利诺伊州（8.9%，19.2%）		罗得岛州（5.4%）

续表

有用于一般性政府补助的政府间拨款的州（无条件收入分享）*		
对县和市	只对县	只对市
堪萨斯州（0.8%，0.8%）		
密歇根州（0.9%，10.7%）		
明尼苏达州（5.3%，8.6%）		
蒙大拿州（4.6%，10.4%）		
内华达州（17.7%，22.3%）		
北卡罗来纳州（0.2%，4.2%）		
北达科他州（6.7%，5.5%）		
俄亥俄州（4.0%，5.7%）		
南卡罗来纳州（6.1%，3.3%）		
田纳西州（0.8%，3.2%）		
威斯康星州（5.7%，16.4%）		
怀俄明州（9.5%，30.3%）		

注：* 括号内数字是拨款占地方一般性收入的比重，依据2007年政府统计局数据。
资料来源：Fisher and Prasad（2009）。

州收入共享的结构

如表9.5所示，对州财源的回顾显示有27个州对县和市提供一般性（无条件）财政补助计划。这27个州中有18个州通过这项计划对县和市都提供财政支持。仅市级政府接受补助的只有6个州（包括一些没有职能县的州），仅有县政府接受补助的有3个州。州实行地方收入分享计划不存在各地许多州通用的基本模式（尽管州收入共享计划似乎在中西部最为普遍）。

对这些州收入共享（无条件补助）计划的考察揭示出其有五个显著特点：第一个特点是人口（人均分配）是迄今为止用于分配州无条件补助资金最常见的分配因素。至少在显示的27个州里有19个使用人口作为分配公式中的一部分，但其中仅把人口作为分配因素的只有两个州。[13]

第二个特点是在很多情况下，州政府无论使用哪种分配公式都会制定特别的限制或约束。根据地方政府的类型，有两个州（亚利桑那州和佛罗里达州）设定了最小补助额，另外的7个州（夏威夷州、密歇根州、明尼苏达州、蒙大拿州、新泽西州、纽约州、罗得岛州）对特定地方政府使用特殊的分配方式。密歇根州和纽约州分别对底特律市和纽约市实行特殊的分配。在明尼苏达州，对很多城市确定特定的补助数额。在新泽西州和罗得岛州，对陷于"财政困难"的城市实施单独的分配。在夏威夷州和蒙大拿州，每个县分配的份额采用具体的固定百分比衡量。

第三个特点是这些州收入共享计划在分配公式中都没有运用成本法。尽管许多州针对"较穷"地区的补助使用传统的"需求"或资源方法，如人均收入或人均财产价值，但没有一个州试图直接分配更多资源给公共服务成本相对较高的地方。甚至这个如人口密度一样简单的成本法从未出现过。这与丰富的学术文献形成反差，学术文献建议考虑成本差异的重要性，不仅是对教育，对一般目的政府也应如此。[19]

第四个特点是当州政府的财政困难导致减少给地方的收入共享分配时，州政府往往暂停使用法定分配公式以利于一些临时调整。重要的是，州似乎很少在财政紧张时期对其收入共享计划做重大结构性调整或重新设计，而是选择对某些类型做临时限制。

第五个特点是对州采用收入共享计划与州的经济财政特征之间的关系分析显示，无论是实行州收入共享的州还是只采用"均等化或需求"分配因素（收入或资产价值）的州都没有一个清晰的模式。对于有收入共享计划的所有州来说，与州的家庭收入、州和地方人均支出和州政府的财政作用之间的可能关系列示在表9.6中。针对每一个特征，大约一半实行收入共享的州在国家标准以上，一半在国家标准以下。

另外，实行收入共享计划的12个州（佛罗里达州、爱达荷州、堪萨斯州、缅因州、马萨诸塞州、密歇根州、明尼苏达州、新泽西州、纽约州、罗得岛州、威斯康星州和怀俄明州）使用地方收入或财产价值等以需求为基础的因素来对地方分配资金。一个类似研究再次显示这些州的收入、州和地方支出或州政府的作用之间没有明显的联系。因此，关于为何一些州采取或延续收入共享为地方政府提供一般性财政支持以及为何这个计划采取了某个特定结构的原因都还没有得以解决，这为未来研究提供了令人感兴趣的课题。

表 9.6　　　　　州的特征与州收入分享之间的关系

实行无条件收入分享的州	2008年中等家庭收入	2007年州和地方人均一般性支出	州和地方直接一般性支出中州政府的比重
亚利桑那州	−	−	−
阿肯色州	−	−	＋
加利福尼亚州	＋	＋	−
佛罗里达州		中位数	
夏威夷州	＋	＋	＋
爱达荷州	−	−	＋
伊利诺伊州	＋	−	−
印第安纳州	−	＋	＋
艾奥瓦州	−	＋	＋
堪萨斯州	−	−	＋

续表

实行无条件收入分享的州	2008年中等家庭收入	2007年州和地方人均一般性支出	州和地方直接一般性支出中州政府的比重
路易斯安那州	−	＋	＋
缅因州	−	＋	＋
马萨诸塞州	＋	＋	＋
密歇根州	−	−	−
明尼苏达州	＋	＋	＋
蒙大拿州	−	−	＋
内华达州	＋	−	−
新泽西州	＋	＋	＋
纽约州			
北卡罗来纳州	−	−	＋
北达科他州	−	＋	＋
俄亥俄州	−	＋	−
罗得岛州	＋	＋	＋
南卡罗来纳州	−	＋	＋
田纳西州	−	−	＋
威斯康星州	＋	＋	−
怀俄明州	＋	＋	−
全国	中值52029美元	中值7311美元	平均值42.70%

资料来源：Fisher and Prasad (2009)。

州的交通补助

州对一般目的地方政府以交通为目的的补助数量和结构与两个重要的制度因素有关。第一，各州的道路所有权和维护责任在州与县或市等地方政府间的划分差异很大。因此，可以预料到，在道路责任方面更多地分配给地方政府的州，州交通收入的较大份额将转移给地方政府。第二，与许多其他用途的政府间补助不同，交通补助来自与交通相关的特定财源并专门用于交通用途。这类专用收入的分配预计能产生地区性的再分配，因为与地方政府共享的这些财源的来源地与其最终分配地可能不同。

公路所有权

在美国联邦制度中，不同类型道路的最终财政责任（即所有权）在不同的政府之间进行划分，并且这种划分在全国并不统一。总体来看，地方政府（主要指县和市）负责美国76%的公共道路里程，州政府的公路部门负责大概19%。[20]

在不同的州，公路所有权在州和地方政府之间的划分源于联邦补助公路和非联邦补助公路的相对重要性差异、一州城市和农村的地理分布。但此外，与国家平均水平比，许多州有改变道路所有权划分的明确政策安排。[21]

相应地，各州道路所有权（依据里程）在州和地方政府之间的划分有很大不同。2008年，地方政府的公路所有权从堪萨斯州的91.8%到西弗吉尼亚州的8.2%不等。其变异系数是0.29，这些州际间的差异的确非常大。甚至对这些数据的快速回顾也表明，由于明确的政府决策带来的差异不亚于州际交通水平或这些州的城乡性质导致的州际间差异。地方政府对公路所有权很高的州包括一些非常乡村化的州（堪萨斯州和艾奥瓦州）和一些相对城市化的州（新泽西州和马萨诸塞州）。类似地，其中一些州（新泽西州）比其他州（威斯康星州）拥有更多的州际交通。因此，一个重要问题是用来对地方政府分配公路资金的公式在注重地方公路所有权的州是否有所不同。

州的交通收入

用于交通建设的与地方政府分享的两项主要州收入是汽车燃油税和机动车牌照税。2008年，州和地方政府从汽车燃油税中筹集的资金约为379亿美元，从机动车牌照税中筹集的资金是213亿美元。2008年这两项来源加在一起将近达到600亿美元，占州和地方政府一般性收入的2.5%。这些主要是州政府的收入而非地方政府的收入；从这两个来源获得的收入95%流入了州政府。自2002年，机动车牌照税收入的增速（约26%）快于汽车燃油税收入增速（约15%）。这可能反映了一个事实，即大部分汽车燃油税是按每加仑征收。随着机动车燃油效率的提高或每辆车的行驶里程的下降，燃油消费和燃油税的增长相对慢于汽车数量的增加。州和地方政府对这两项财源的共享在很大程度上构成了州的交通补助。

州的交通拨款

美国交通部门搜集和报告关于州用以向地方政府分配州燃油税和州机动车辆税费方法的信息。点式信息（the DOT information）是格外详细的，本质上是报告各个州分配法规的主要情况。因此，基于点式信息，费雪和布里斯托总结了四种类型的拨款：向县和市级政府分别分配的汽车燃油税，向县和市级政府分别分配的机动车辆税费，所有这些都是按公式分配的总额拨款。[22]对于每一类拨款，会报告是否使用六个主要的分配因素之一：（1）来源地（资金返还到其筹集地辖区）；（2）均等分享（按照接受地辖区的数量对总额进行分配）；（3）人口（人均）；（4）面积；（5）机动车登记；（6）道路里程。尽管大部分的分配公式容易采用这些分配因素，但少数州使用"其他"类别的专门因素。

对多种分配因素使用频率的概括显示在图9.4（汽车燃油税）和图9.5（机动

辆税费）中。对于燃油税来说，用于向县市分配燃油税收入的最普遍使用的因素是人口和道路里程。相反，按照来源地（税收的筹集地）分配燃油税收入是最少采用的分配方法。这表明州汽车燃油税的分配一般会产生地理上的资源再分配，那些产生燃油税收入最多的县市可能并不必然是燃油税分配中的最大受益者。

重要的是，只有三个州——艾奥瓦州、堪萨斯州和内华达州—— 根据明确的道路使用情况将燃油税收入分配给地方。㉓在艾奥瓦州，"每日机动车行驶里程"是对县的分配公式中的五个因素之一。堪萨斯州对县使用"不包括州际系统的日平均道路行驶里程"，内华达州对城市实行"机动车行驶里程"。㉔没有一个州把考虑地区道路生产或维护成本的差异（投入品价格，如劳动力成本差异）等明确的成本指标包含在分配公式中。当然，州政府经常在道路英里数上采用明显的定量方法，但由于诸如道路使用、天气和土地价格等因素，每公里道路的建造或维护成本在地域间有所不同。这些成本差异的构成一般还未被认识。

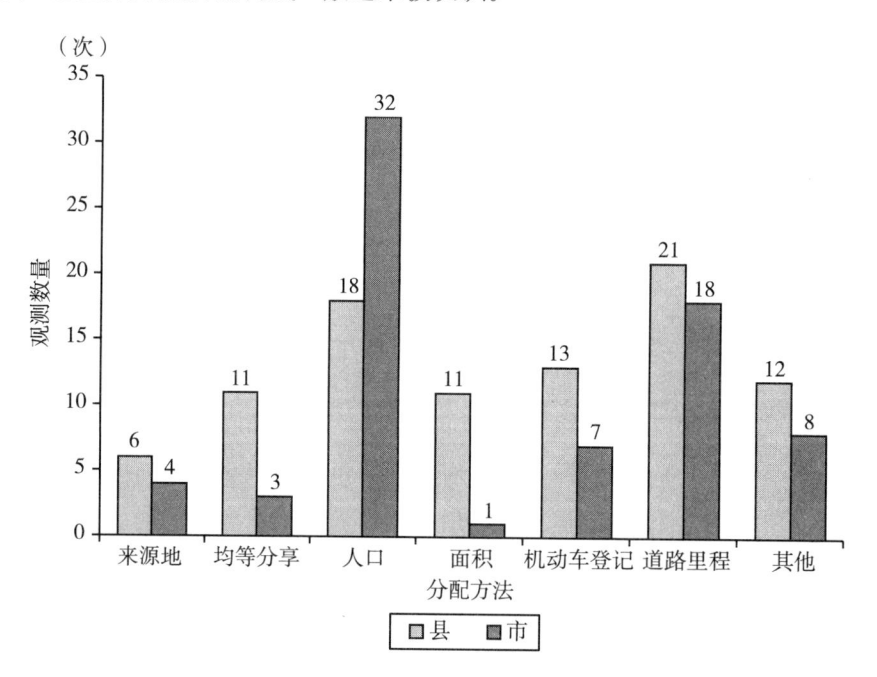

图9.4 汽车燃油税分配方法的频次

资料来源：U. S. Department of Transportation, Federal Highway Administration, 2008。

对于分配机动车辆税费（图9.5所示），来源地（机动车税源所在地）是一个更常用的分配方法，在相对使用频率上与人口或者均等分享等同。在某些情况下，采用来源地分配方法是由于地方政府负责征收机动车辆税费以及简单地保留这些款项。道路里程数也经常被作为机动车辆税费分配的因素。

人口和道路里程对交通财源（燃油税和机动车辆税费）而言都是最常用的分配方法，因为在很多州，机动车辆税费收入和机动车燃油税收入都存入同一个预算基金，所以它们以相同的方式进行分配。在那些机动车辆税费和汽车燃油税收入被分开分配的实例中，最常使用的分配方法是来源地和道路里程。

(次)
50
45
40
35
30
25
20
15
10
5
0

观测数量

来源地 11 17
均等分享 8 0
人口 11 18
面积 3 0
机动车登记 7 1
道路里程 14 12
其他 5 3

分配方法

□ 县 ■ 市

图 9.5　机动车辆税费分配方法的频次

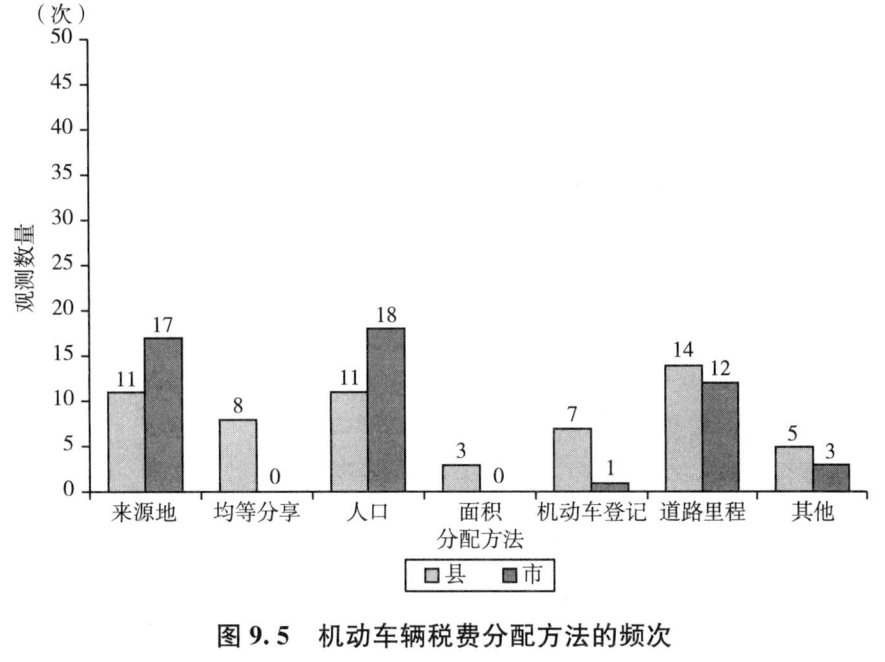

资料来源：U. S. Department of Transportation, Federal Highway Administration, 2008。

因此，对于州如何与地方政府共享燃油税和机动车辆税费并没有唯一的明显或主导的分配机制。即使是运用同样分配因素（比如人口或道路里程）的州也不必然按相同方式对其加以界定、赋予同样的权重或运用于同样的收入份额。为考察各州关于如何共享这些税收的模式选择，费雪和布里斯托选择确定使用（在一定程度上）三种不同分配因素的州的集合：（1）道路里程；（2）人口；（3）机动车登记或道路使用的数据。㉕这些因素令人感兴趣不仅因为它们是最常用的因素，而且因为人口和机动车登记或道路使用能被解释为运输服务需求的代理变量。相反，道路里程的分配方法与传统的成本方法更相关。当然，这种刻画还很不精确，因为所使用的方法是一个简单的（0，1）二分法来区分该因素是否由该州使用。对于各个州来说，使用一个以上的分配因素很普遍，即使是对于相同的税种或同样类型的地方政府而言。

每种分配因素的使用既与州的一般特点（人均收入、人口、土地面积和人口密度）相关，也与州交通融资结构的特点（地方政府对公共道路的所有权、州对县市级交通补助的重要性）相关。表 9.7 列示了这些多种组合之间的相关系数。这个分析只能提供有助于理解州政府关于拨款分配制度选择的有限信息。

该研究主要有以下发现：

第一，对地方政府分配交通资金较多的州更可能使用需求或道路使用代理变量作为一个分配因素。使用机动车登记或道路使用来分配交通资金的州的集合与地方政府拥有公共道路百分比之间的相关系数是 0.30，使用机动车登记或道路使用来分配交通资金的州的集合与市政府收入中交通拨款的比例之间的相关系数是 0.39。

第二，人口相对更密集的州和收入相对较高的州，一定程度上较少于基于人口因素分配州的交通资金。使用人口因素作为分配因素的州的集合与州的人口密度和州人均收入之间的相关系数是−0.26。在州特征和州交通融资安排及州交通拨款分配因素之间的相关性都很小。

第三，基于道路里程而分配拨款的州的集合与州的特征、地方道路所有权或地方收入中州交通拨款的比例之间并没有显著的相关关系。

因此，正如州政府对地方政府的一般性补助（无条件补助），州政府对地方的交通补助似乎缺乏一个一致性的或有说服力的政策或结构基础。现有研究还未明晰州政府的补助项目目标与所形成的补助分配结构之间的关系。

表9.7　　　州的特征与采用特定分配因素的州的相关系数

项目	州交通拨款	分配因素		
		道路里程（29个州）	人口（35个州）	机动车登记和/或道路使用（18个州）
州经济特征	人均收入	−0.04	−0.26	0.06
	人口	0.15	0.09	0.20
	土地面积	−0.02	0.02	−0.01
	（人口）密度	−0.16	−0.26	−0.11
州财政特征	地方公路所有权	0.08	0.07	0.30
	州拨款占县收入的比重	0.02	0.39	0.23
	州拨款占城市收入的比重	0.02	0.13	0.38

资料来源：Fisher and Bristle（2010）。

结　论

美国州政府对地方政府的财政转移支付是源于并界定财政联邦主义多样性的一个典型。这些项目并没有一个"标准的"样板。州拨款计划的数额、结构甚至有无在各州之间差异很大，现有研究很少对为何有这些不同的财政选择进行解答。

2008年，州政府对地方政府提供的4670亿美元政府间收入几乎占到了州政府支出的约27%，占地方政府一般性收入的33%。学区是迄今为止州补助中最大份额的接受者——2007年占总补助的55%——而县政府收到了补助资金的23%、市和乡镇政府仅收到20%。州政府的政府间拨款对县政府提供了31%的一般性收入，对市和乡镇政府提供了20%的收入，其中大部分是用于特定职能，比如教育和福利。

对州补助项目结构的回顾表明仅有一半的州对地方提供了真正的一般性收入共享补助（在地方之间进行资源再分配并且使用不受限制）。在存在州收入共享补助计划的地方，它们通常仅占地方政府收入中相对较小的份额。仅有10个州的州收入共享补助提供10%以上的收入给地方政府。州提供无条件收入共享补助的分配公式也存在广泛差异，表明补助计划的目标在州之间也可能是不同的。

在美国，州政府间拨款对于州和地方交通的提供和融资而言几乎无处不在。州通常选择州政府来筹集收入，主要是与道路使用和受益有关的汽车燃油税和机动车辆税费，大部分情况下仅专门用于拨给交通目的。然而，在州和地方政府公路和道路交通责任如何划分上各州之间有很大差异，因此，州政府转移或提供给地方政府的交通财政补助的数额也有很大区别。当州政府转移其税收收入给地方政府用于交通服务时，并无用以分配这些资源的标准机制和公式，反而在参数和权重运用上有巨大差异。

一个值得注意的发现是人口或人均分配是对地方一般性补助和交通补助分配的最常用因素。相反，几乎没有证据表明适于特定补助目标的其他或特定分配因素被经常使用。用人口因素来分配州补助也会增强人口普查数据的重要性，这个数据还用于分配联邦政府对各级地方政府的拨款。另外，在任何一个州的补助计划里对地理差异形成的成本补助并不常见，因此实际补助数额的分配可能与名义分配额有很大差异。最后，经常会出现对单个地方的特殊分配或州对补助分配的特殊调整。

州政府对一般目的的地方政府拨款结构的变化引发了在地方政府间分配州资金是否存在一个更好方法的问题。是否有一些分配因素或公式优于其他？思考这个问题的一种方式是考虑政府间拨款的传统目的，一般被认为包括地区性再分配、收入产生的规模经济、纠正外部性或宏观经济的稳定性和增长。显然，如果有的话，分配方法也应该取决于所针对的公共服务以及预期的结果。

对于用以支持一般目的的地方政府的州收入共享计划，目标可能要么是州政府税制对地方政府税制的直接替代，要么是地区性的资源再分配。如果目的仅仅是替代税制结构来利用规模经济，则基于来源地分配州的税收是合理的。实际上，这样的例子在美国各州还有很多，尽管这种方法对于税基较窄的税收（如以自然资源、旅游或特定产品的消费为税基）来说相对更常用。如果目标是地区性资源分配，则基于需求参数（比如人均收入或财富）的分配可能更合适。这种分配方法在美国少数州有所运用，但大多数州的收入共享计划，如果有的话，都是基于其他方法来分配资金，尤其是人口。

在费雪和普拉萨德确定的有再分配性州收入共享计划的美国27个州里，20个州分配资金是基于人口，尤其被用于分配税基广泛的州税。[27] 人口的地理分布很有可能与州税款征收的分布不同，因此人口涉及一定程度的地区性再分配。但这种再分配并不是针对低收入居民聚集或生活成本异常高的地方政府。有州收入共享计划的27个州中仅有12个州至少部分地基于收入或财富分配资金。

此外，美国仅有一半的州有州收入共享计划，其中一些在量上很少，这一事实有很多可能的政策影响。州收入共享规模较小可能是很多地方政府持续地高度依赖财产税的一个因素。[28] 如果一个州希望用增长的州税收更多地替代地方税收，目前可能并不存在一种广泛适用的分配州政府税收的州补助分配制度。

在交通拨款的情况下，一种选择是考虑以交通基础设施和服务成本或需求为基础分配交通拨款。"成本"可以仅包括建造、维护和折旧（私人成本）或进一步扩大到包括由于道路质量低劣导致的拥堵及机动车损坏的影响（社会成本）。基于道路里程、道路使用的方法或直接的道路质量的方法进行分配似乎与成本最相关。另一方面，交通"需求"看来最好用直接的道路使用数据，或在更小的范围内用机动车辆税费或机动车燃油税和牌照税的管辖来源地来衡量。的确，如果州机动车燃油税和机动车辆税费是使用者付费，则有人可能会提出基于交通"使用"的分配最有意义。㉙

相比之下，费雪和布里斯托的分析表明州对地方交通方面的资金分配很少基于直接的道路使用数据，而是基于机动车牌照或在相对较少情况下的税收来源地，并且从来不包括基于地理成本因素的成本差异。㉚州对地方交通补助分配最常用的因素——人口或人均分配——并不能作为成本或需求的较好衡量方法。人口相对较少的地区可能有相对较多的道路公里数，然而在拥有较多人口的城市，地方政府可能因通勤者而导致道路使用相对更多（比如很多中心城市或有大型零售中心的城市）。

人口作为州政府向地方政府分配补助的主导性因素引发一个明显问题，即为何人口因素如此常用，它对分配和效率的影响是怎样的。㉛如果地方政府服务生产的规模报酬不变，也就是说，如果提供一单位地方公共服务给一个人的平均成本不变，则总成本与人口是成比例的。在这种情况下，人们可以把人均分配想象为基于平均成本的补偿。㉜但关于人口的不变收益并不是很多地方政府公共服务的预期情况。例如，由于对初中级教育采用了固定的年级结构，学生数下降10％并不能轻易转变为支出数也相应下降10％。㉝其他的地方政府服务被认为是"拥挤性公共品"，因其边际和平均成本会随着人口增加而增加。因此，仅在有限条件下人均分配才会等同于平均成本。人均分配也并不表明对非居民提供地方公共服务的成本。

另一个政策问题是在多大程度上拨款的人均分配会导致资源的再分配？还有如果这样，是以何种形式？如果所分享的州税收收入的产生不仅仅是基于人口，则资源的地区性分配将伴随补助资金的人均分配而发生。例如，可以想象一个州收入增加了，并把更多的收入基于人均基础对地方政府进行分配。显然，人均州所得税在高收入地方预期要高于低收入地方，这样同等的人均分配或许产生地区性的资源再分配。然而，如果分配补助资金是基于需求因素，则再分配的数额会更少，尽管差异的程度取决于该州特定的收入和财富分布。另外，地区性再分配的性质预期会依据州政府的共享收入的来源而变化。

那么也许人均分配之所以被经常使用更多的是因其在州和地方政府财政中的简单和熟稔，而非因其与拨款项目目标相关的分配特点。

这一章的回顾提出了需要进一步进行学术和政策研究的若干领域。在许多情况下，美国的州政府没有明确州转移支付项目的目标。由于目标不清晰和不具体，则这些拨款项目的结构——尤其是它们应该采用配套还是总额以及采用什么参数来分配总额补助——也许是不适当的。因此，政策研究者或许想要进一步考察州转移支付最有意义的特定公共服务领域，帮助地方官员确定各个项目的具体目标。随着目标的确定，经济学家们就能够协助分析各个拨款项目最适宜或有效的结构以达成这些目标。无论如何，关于州政府对一般性地方政府转移支付的课题都值得财政专家们投入远比过去更多的关注。

注释

① Bird（2005）.
② 舍帕赫（本书）。
③ Fisher and Papke（2000）.
④ Ladd（2005）.
⑤ 例外的情况是如果税款支付和补助完全一致，这只会在极其特殊或偶然的情况下发生。
⑥ Kenyon（2007）.
⑦ 汉密尔顿（本书）。
⑧ 夏威夷是一个特例。它的州收入（77.9%）和州支出比例（78.7%）基本相等。在很大程度上，这种现象的发生是因为夏威夷州政府对中小学教育有支出的责任。
⑨ 也可能税收的输出将导致地方低估公共服务的成本，这样提供的数量超过了效率的要求。
⑩ Flatters et al.（1974）.
⑪ 不包括夏威夷，因为夏威夷的数据难以与其他州比较，因为在夏威夷，由州政府提供公共教育。
⑫ 地方政府也从联邦政府收到约 582 亿美元的直接援助。
⑬ 这一问题的讨论见 Fisher（2007），210-212。
⑭ 这样，由城市和县管理的州补助和中小学总收入被加到独立公共学区的补助和收入中。见 US Census Bureau（2008）。
⑮ 相反，更难以考察对县的福利或者健康和医院类别的补助（这两类补助都相对较大，因每种都包括多个补助，其中一些很小）。
⑯ 尽管富有争议且有时难以区分，我们认为州收入共享不只是州征收地方税。
⑰ Fisher and Prasad（2009）.
⑱ 这与 1973 年的情况类似，据政府间关系咨询委员会的报告，13 个大州不受收入分享项目中有 11 个项目部分地按照人口分配资金的限制。
⑲ Ladd and Yinger（1994）；Duncombe and Yinger（1998）。关于衡量财政能力和州的需求的讨论，见 Yilmaz and Zahradnik（2008）。
⑳ 余下的小部分或者是联邦政府的直接支出责任（联邦公园、联邦林地等）或者是其他的州政府机构（包括独立于州公路管理部门的由机构运营的州收费路）的责任。
㉑ 我们不熟悉州和地方政府间公路所有权和责任的演进历史。一个明显的问题是州是如何影响决策以及道路所有权和州的交通补助分配方法是否受同样特点所影响。这些是我们已经开始探索的问题。
㉒ Fisher and Bristle（2010）.
㉓ 在纽约，县、市和镇间的收入划分过去由机动车行驶里程决定，但那时对特别辖区的分配是基于道路里程。
㉔ 各州被要求每年向联邦公路管理局报告机动车在各类道路上的估计行驶里程，这作为一个补助分配因素来提供。
㉕ 密歇根州是一个例外，因为超过一定量的降雪是一个分配因素。

㉖Fisher and Bristle (2010).

㉗Fisher and Prasad (2009).

㉘贝尔（本书）。

㉙重要的是分配的因素如何衡量。"道路里程"有着与"街道里程"非常不同的含义，即使"每天机动车行驶里程"也无法解释机动车的差异。

㉚Fisher and Bristle (2010).

㉛等量的人均分配——特别是生均分配——近年来对于向学区分配州政府资金也已日益普及。在基础补助项目中，按生均分配是常用的方式。

㉜即使在这种情况下，对基于地理因素的价格差异的调整也是有意义的。

㉝如果在一个小学每个年级和班级有20个学生，注册的所有年龄段学生减少10%，每个年级剩下18名学生。不清楚在这种情况下支出如何能削减10%。

参考文献

Bird, Richard M. (2005). "Fiscal Federalism." In *The Encyclopedia of Taxation and Tax Policy*, edited by Joseph J. Cordes, Robert D. Ebel, and Jane G. Gravelle. Washington, DC: Urban Institute Press. 146-149.

Boyer, Kenneth D. (2003). "Michigan's Transportation System and Transportation Policy." In *Michigan at the Millennium*, edited by Charles Ballard, Paul Courant, Douglas Drake, Ronald Fisher, and Elisabeth Gerber. East Lansing: Michigan State University Press, 2003. 323-349.

Boyer, Kenneth D., and Ronald C. Fisher (2005, February 8). "Vital Options Could Drive Up Quality of Michigan's Roads." *Detroit Free Press*.

Bradbury, Katherine L., Helen Ladd, Mark Perrault, Andrew Reschovsky, and John Yinger (1984, June). "State Aid to Offset Fiscal Disparities across Communities." *National Tax Journal*, 37: 151-170.

Citizens Research Council of Michigan (2008, February). "Improving the Efficiency of Michigan's Highway Revenue Sharing Formula." CRC Memorandum, http://www.crcmich.org.

Connolly, Katrina D., David Brunori, and Michael E. Bell (2010). "Are State and Local Finances Becoming More or Less Centralized, and Should We Care?" In *The Property Tax and Local Autonomy*, edited by Michael Bell, David Brunori, and Joan Youngman. Cambridge, MA: Lincoln Institute of Land Policy. 121-160.

Duncombe, William, and John Yinger (1998, June). "School Finance Reform: Aid Formulas and Equity Objectives." *National Tax Journal*, 51: 239-262.

Fisher, Ronald C. (2007). *State and Local Public Finance*. Mason, OH: Thomson South-Western.

Fisher, Ronald C., and Leslie E. Papke (2000, March). "Local Government Responses to Education Grants." *National Tax Journal*, 53: 153-168.

Fisher, Ronald C. and Jeffrey P. Guilfoyle (2003). "Fiscal Relations among the Federal Government, State Government, and Local Governments in Michigan." In *Michigan at the Millennium*, edited by Charles Ballard, Paul Courant, Douglas Drake, Ronald Fisher, and Elisabeth Gerber. East Lansing: Michigan State University Press. 645-665.

Fisher, Ronald C., and Anupama Prasad (2009, November). "An Overview and Analysis of State

Intergovernmental Aid Programs." Working paper presented at the Annual Research Conference, Association for Public Policy and Analysis.

Fisher, Ronald C., and Andrew Bristle (2010, November). "An Overview and Analysis of State Transportation Grant Programs." Working paper presented at the Annual Research Conference, Association for Public Policy and Analysis.

Flatters, Frank, J. Vernon Henderson, and Peter Mieszkowski (1974). "Public Goods, Efficiency, and Regional Fiscal Equalization." *Journal of Public Economics*, 3: 99-112.

Kenyon, Daphne A. (2007). *The Property Tax—School Funding Dilemma*. Cambridge, MA: Lincoln Institute of Land Policy.

Ladd, Helen F (2005). "Fiscal Equalization." In *The Encyclopedia of Taxation and Tax Policy*, edited by Joseph J. Cordes, Robert D. Ebel, and Jane G. Gravelle. Washington, DC: Urban Institute Press. 145-146.

Ladd, Helen F., and John Yinger (1994, March). "The Case for Equalizing Aid." *National Tax Journal*, 47: 211-224.

Pelissero, John P (1985, September). "Targeting State Highway Aid to Needy Cities." *Journal of Urban Affairs*, 7 (4): 29-36.

Reschovsky, Andrew (2004, Spring). "The Impact of State Government Fiscal Crises on Local Governments and Schools." *State and Local Government Review* 36 (2): 86-102.

US Advisory Commission on Intergovernmental Relations (1974). *Significant Features of Fiscal Federalism*: 1974. Washington, DC.

US Census Bureau. *Census of Governments*, 2002 and 2007. Washington, DC.

US Census Bureau (2005). *Finances of County Governments*: 2002. Washington, DC: US Government Printing Office.

US Census Bureau (2005). *Finances of Municipal and Township Governments*: 2002. Washington, DC: US Government Printing Office.

US Census Bureau. *State and Local Government Finances*, various years. Washington, DC.

US Census Bureau (2008). *Public Education Finances*: 2006. Washington, DC.

US Department of Transportation (2008). *Highway Statistics*. Washington, DC.

US Department of Transportation, Federal Highway Administration (2008). "Policy Information, Motor Fuel and Highway Trust Fund 2008." http://www.fhwa.dot.gov/ohim/hwytaxes/2008/index.cfm.

US Department of Transportation, Federal Highway Administration (n.d.). "Policy Information, State Practices Used to Report Local Area Travel." http://www.fhwa.dot.gov/ohim/state-practices.cfm.

Yilmaz, Yesim, and Robert Zahradnik (2008). "Measuring the Fiscal Capacity of the District of Columbia: Comparison of Revenue Capacity and Expenditure Need with the States, FY 2005." In *Proceedings of the National Tax Association*. Washington, DC: The Association.

Yinger, John (1986). "On Fiscal Disparities across Cities." *Journal of Urban Economics* 19 (1986): 316-337.

第 10 章 衰退与复苏中的州与地方财政制度

崔西·M. 戈登（Tracy M. Gordon）

黄芳娜 译

1991 年，已故公共财政专家爱德华·R. 格兰姆里奇（Edward R. Gramlich）评论道："每十年左右，州与地方政府的行为就会变得令人难以捉摸。"[①]尽管他的评论当时针对的是 20 世纪七八十年代，但是也同样适用于今天的州与地方财政。在过去十年间，州与地方政府曾两次累积下大笔的预算盈余，但接下来都以创纪录的赤字收场。

开始于 2007 年 12 月的新一轮经济衰退给州与地方政府造成了严重的冲击。随着医疗补助计划、高等教育计划和其他公共项目注册人数的攀升，各州经历了历史罕见的收入下滑。在地方层面，财政收入相对稳定，但是随着州政府补贴的减少和财产税评估伴随市场价值的萎缩，预计财政收入也将有所减少。

2009 年通过了《美国复苏与再投资法案》（ARRA），联邦政府的决策者向州和地方政府提供了大笔援助。但是，该法案最多覆盖 40% 的州预算差额，而且多数支付将于 2011 年到期。另外，由于再雇用和再投资中政策的时滞性，财政收入预计在未来 2~3 年内难有起色。因此，通常助力美国就业和工业产出的州与地方政府可能会对未来几年的经济增长造成拖累（见图 10.1）。

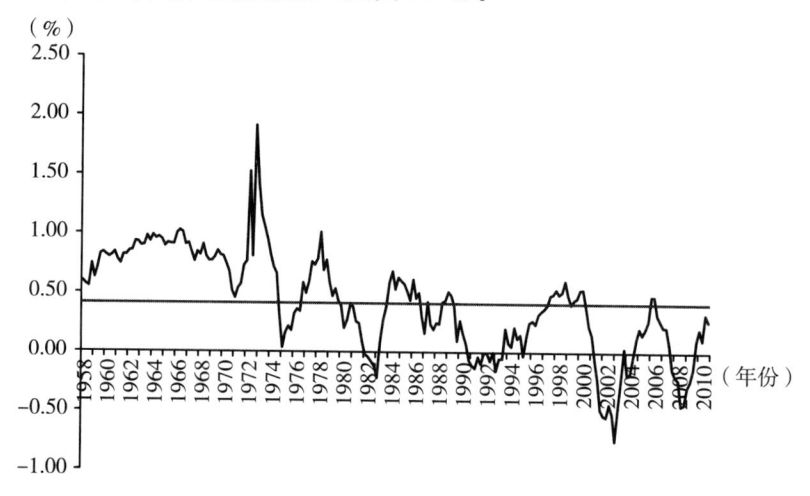

图 10.1 州与地方政府净储蓄占 GDP 比例

资料来源：U. S. Bureau of Economic Analysis, Table 3.3. State and Local Government Current Receipts and Expenditures, downloaded April 28, 2011。

展望未来，州与地方政府还将面临庞大的养老金和退休人员医疗费用缺口，预计总额为1万亿美元，最终可能高达4万亿美元。② 在本次衰退之前，美国政府问责办公室（GAO）预测因为不断增加的医保成本和日益老龄化的人口，州与地方政府将面临重大长期融资挑战。③ 在其最近的预测中，政府问责办公室预估到2060年，州与地方政府的运营缺口将达到GDP的2%~4%。④

鉴于这些困难，一些学者呼吁联邦政府提供更多州与地方援助。⑤ 但也有人警告说如此只会带来道德风险问题或诱使州与地方政府放松财务审慎原则。他们提到了过度低水平政府借款，这些借款已给诸如巴西和阿根廷等联邦国家造成了宏观经济不稳定。⑥

针对道德风险的一个传统解决办法是要求被援助者采取某些措施，这些措施往往代价高昂，对于冒领援助的骗子或那些并非真正需要援助的对象尤为如此。⑦ 举例来说，国际货币基金组织（IMF）就经常要求受援助国以实施结构化改革作为达成稳定协议的条件之一。类似地，美国国会议员也曾提议各州必须采取更严格的养老金会计和信息披露标准才能保持它们发行联邦免税债券的资格。⑧ 另一些人建议各州应制定更严格的税收和支出限制、债务限制和预算稳定基金（BSFs）。⑨

但是，批评者反驳说这些规则在州与地方层面已然存在，并已造成实际影响。即使在有利的经济形势下，过于严格的制度也会迫使做出严重的支出削减。⑩ 在经济衰退时期，这些规则会妨碍在数年内平滑税收和支出调节，从而加重衰退。⑪ 汉森（Hansen）和佩罗夫（Perloff）将这种现象称为"财政反常"。⑫ 有人指出类似的失灵，即未能有效协调国家和地方财政政策，延长了美国20世纪30年代的大萧条和日本在20世纪90年代失去的十年。⑬

尽管此时评价这些制度在最近的经济衰退中所扮演的角色还为时过早，但评估其有效性却正当其时。本章将讨论四项财政制度：平衡预算规则、税收和支出限制、债务限制和预算稳定基金。重点将放在州政府层面，包括州政府对地方政府的限制，尽管有时体现在地方规则当中。⑭ 政治制度不在本章讨论范围之内，如选民倡议或州长任期限制，这些因素也会对预算结果造成影响。⑮

本章中，我们强调对财政规则进行评估并不简单。不同制度在设计和结构上差异极大。一些规则只适用于特定收入或开支类别，一些规则可通过骗局、借贷、资金转移和延期等手段轻松逃避。更重要的是，制度的采用可能出于各种原因，包括变化的政治偏好和先前的州或地方财政表现。这些因素可能会产生各自的影响，从而模糊财政制度的实际效果。

然而，该领域内的大量研究表明"制度很重要"。有着严格平衡预算规则的州一般不会有很大的盈余，对于赤字冲击也能更快速地做出调整——通常通过削减开支。有着约束性税收和支出限制的州往往税收较少，而应急基金则伴随较高的储蓄率。

但是，制度还会带来意料之外的后果。对一般责任债务有限制的州从其他地方借款更多，包括收入担保债券和特殊目的实体。有着税收支出限制的州在地方层面开支更多。而最让人担心的是，有着限制性财政制度的州似乎对商业周期波动更为敏感。

规则与灵活性之间的取舍造成了这种结果。就像在货币政策中，政策制定者希望承诺较低的开支目标，但是宣布之后总面临背弃的诱惑。财政规则可能帮助克服这一承诺问题，但是要伴随牺牲一定的灵活性。对于这种取舍的一个更好的解决办法可能就是更为灵活的规则或周期性调整目标。

本章的其余部分展开如下：首先对州与地方财政制度及其采用情况作简要回顾；接着综述与这些制度有效性相关的实证文献；然后基于政治经济模型和植根于宏观经济与行为公共财政的动态视角分析财政制度存在的原因；最后提出改革方向及建议。

州与地方政府财政制度概述

平衡预算规则

历数时间最久远、流传最广泛的财政制度，平衡预算规则（BBRs）位列其中。在有关联邦政府面向各州援助的讨论中，评论者频繁提及这些规则，强调除佛蒙特州之外的所有州都应遵守宪法或法律规定，必须保持预算平衡。其论点就是不同于联邦政府，各州不得通过借款来弥补赤字。

实际上，各州还有细微差别。许多州的平衡预算规则本质上是前瞻性的。截至2008年，44个州要求州长提交平衡的预算，41个州要求立法机关制定平衡预算。更具限制性的规则是禁止所在州将赤字带入下一财政年度。[16] 2008年，至少38个州有此类回溯性限制。[17]虽然多数平衡预算规则早在19世纪末就已确立，但是更为严格的规则却是在近些年才出现的。

平衡预算规则的力度还取决于它们的宪法或法律地位。宪法型规则通常更有约束力，因为它们需要立法超级多数和/或全民普选才能推翻。举例来说，政府间关系咨询委员会（ACIR）编制的一项严格度指标就给无结转条款的宪法型规则赋予最高分。[18]

然而，即使最严格的平衡预算规则也可能被规避。规则一般适用于运营预算，而非资本基金或养老基金。在经常性支出中，它们只覆盖一般基金，而不覆盖联邦基金或用于特殊目的（如地方政府或运输）的特别基金。因此，平衡预算规则通常只适用于不到75%的州预算。[19]

另外，平衡预算规则一般很少指定执行机制，如自动全面开支削减。[20]它们通常规定处罚措施，包括免职、罚款和刑期——对于未能执行规则的民选官员，但是长期以来并无此类处罚的报道。相关诉讼也很少见，通常涉及各方关心的也只是开支削减的影响，而非缺乏执行。[21]

另一方面，有证据显示债券市场和选民会对未能遵守平衡预算规则的政治人物施以处罚。[22]同样地，遵守平衡预算规则可能是一项政治传统。[23]因此，研究人员就哪些规则真正有约束力得出了不同的结论。举例来说，侯（Hou）和史密斯（Smith）就认为技术与政治的区别（如赤字禁令与提交平衡预算的程序性要求之间的区别）比宪法型规则与法令型规则之间的区别更为重大。㉔

税收和支出限制

税收和支出限制（TELs）将收入或支出的增长限定为固定的数字目标或指数（如人口、通胀或个人收入）。它们出现于19世纪末，当时只适用于地方财产税。更为普遍的税收和支出限制产生于1978年加利福尼州第13号提案所引发的"抗税暴动"。

第13号提案是一项宪法性公民倡议，旨在限制州与地方政府的税收收入。该提案将财产税税率上限定于1%，将财产评估价值退回到1975~1976年的水平，限制未来每年只能增长2%（除非资产出售）。同时，通过任何新的州税要求2/3的立法多数，而通过任何新的地方特别税要求2/3的普选支持。第13号提案的配套措施——第4号提案于1979年通过，主要对州支出加以限制，后来当另一项新提案通过后被修订和显著弱化。这项新法案就是第111号提案，它将支出目标从人口增长加通胀改为更快速增长的个人收入。

第13号提案通过后不久，类似的措施在其他各州陆续推出。据估计，第13号提案将州政府制定税收限制措施的概率从每十年1次提高到每年2次。㉕在马萨诸塞州，居民们在1980年通过了2½提案，将有效财产税税率下调到2.5%，并将未来税收额增长限定在每年2.5%，除非由当地选民投票推翻。

另一轮更为严格的税收和支出限制开始于20世纪90年代，发端于俄勒冈州的第5号提案和科罗拉多州的《纳税人权利法案》（TABOR）。《纳税人权利法案》是当时最具限制性的限制措施，适用于该州所有课税区，任何对税率或评估办法的变更以及新税的采用都必须获得选民的批准。该法案明确禁止某些税项，包括新的或增强的房地产转让税、地方收入税、州财产税和州所得税附加费。

或许最为重要的是，《纳税人权利法案》将一般收入限制为以上一年为基数按人口增长和通胀调整后的水平，这要比个人收入的限制更为严格。它进一步要求将所有超过限制的收入返还纳税人。该法案在其他州催生出类似的提案。举例来说，2005年，23个州的立法机关考虑通过类似《纳税人权利法案》的修正案。但是，在同一年，科罗拉多州公民投票在5年内暂停《纳税人权利法案》，永久性将收入限制重新设定在一个更高的水平。㉖

截至2007年，多数州（30个）拥有至少一项税收和支出限制。许多州（23个）有支出限制，4个州有收入限制，3个州同时有两类限制。㉗此外，36个州对地方政府的收入或支出有限制。尽管许多知名的税收和支出限制是通过公民投票确立的，但多数还是由州立法机关发起。截至2007年，立法机关通过了14项税收和支出限制，提议了10项（最终由选民投票通过）。选民通过投票流程通过了8项税收和支出限制，另两项由宪法惯例衍生得出。㉘

如同平衡预算规则，税收和支出限制在严格度上各不相同。对平衡预算规则来说，宪法性规则通常视为更具约束力。然而，法令性的税收和支出限制也需要立法超级多数或全民投票才能推翻或修订（如 2007 年对 18 项税收和支出限制的修改）。除《纳税人权利法案》规定的措施之外，只有 5 项其他措施依赖于人口与通胀，相比之下，有 19 项基于个人收入。其他严格的税收和支出限制包括强制退税或预算稳定基金存款（如果收入超过限制）与禁止向地方政府转移项目以逃避限制。㉙

与税收和支出限制紧密关联的是新税的确立要有立法超级多数和选民审批的要求。截至 2007 年，16 个州有这种要求，投票门槛在 3/5～3/4 之间。这些要求可适用于所有税项或只针对特别税项，如公司税或销售税。㉚

如前所述，地方财产税限制在首批税收和支出限制当中。财产税限制可适用于税率、评估、征收额（总量），或这三项的组合。单是税率或评估的限制通常认为没有约束力，因为对一个参数的改变可抵消另一个参数的影响。最近，地方税收和支出限制主要关注于一般收入或开支。目前，47 个州有着对地方收入、开支或两者的限制。㉛许多地方政府还有自己的限制。尽管有关地方制度的数据有限，但通过自己的调查，布鲁克斯（Brooks）和菲利普斯（Phillips）认为美国 1/8 的大中型城市有地方税收和支出限制。㉜

债务限制

债务限制是首批州与地方财政制度。它们形成于 1837 年的金融恐慌和随后的广泛违约。㉝在危机之前，州政府通过"无税金融"（taxless finance）提供了铁路、收费公路和运河等基础设施的建设资金。在这种模式下，私营公司承建公共项目并获得独家经营权，州政府则帮忙获得资本基金或自己发行债券，并使用公路收费或红利还本付息。这种模式在当时很受欢迎，促成了许多大型项目的建设，包括纽约州的伊利运河。1841 年，各州已总计借款超过 2 亿美元，占所有联邦、州和地方债务的 86%。㉞

然而，当这些项目未能产生预期的回报时，整个系统开始崩溃。危机在 19 世纪 40 年代的衰退中达到顶点，当时通缩也加重了真实债务负担。因此，8 个州和佛罗里达领地出现违约，5 个州拒付其全部或部分债务，2 个州与债权人重新协商，2 个州延迟但最终偿还其债务。㉟在随后的政治危机中，11 个州起草新宪法，明确禁止州和地方政府借款，印第安纳州更是完全禁止州债务。㊱

今天，多数州（46 个）对于未偿还债务总额有着宪法性或法令性限制，通常不得超过州预算的一定比例或特定金额。除了这些限制，许多州还就债务发行引入程序要求（如需要州立法机关审定公共债务的目的和指定年还本付息成本）。超过某一额度的债务发行可能需要立法超级多数或选民批准。㊲

面对州政府身上的种种限制，地方政府发行了更多的债务。这导致了 19 世纪 70 年代的另一场债务危机。各州采取措施将地方债务限制为一定金额或资产值的某一比例，并引入程序规范其发行。到 1890 年，36 个州或已实施或宣称有权实施这样的限制。如沃利斯（Wallis）和温加斯特（Weingast）所言，这些规则可能造成了特殊目的实体的大量涌现，如供水和排污街区（water and sewer district），它们通常无须选民批准即可发行债券。[38]

预算稳定基金

预算稳定基金是最新且发展最迅速的财政制度之一。尽管少数预算稳定基金可回溯到 20 世纪 40 年代，但多数确立于 20 世纪 80 年代，伴随当时自大萧条之后最严重的经济危机应运而生。预算稳定基金旨在帮助州政府为"雨天"储蓄，从而缓和经济衰退的影响。

截至 2008 年，只有两个州（堪萨斯州和蒙大拿州）没有预算稳定基金，一些州有多项基金。[39] 多数预算稳定基金为宪法性基金，11 个为法令性基金，5 个州两类基金都有。一些预算稳定基金对应特定收入源，如彩票、机动车燃料税。在预算稳定基金之上，许多州还有针对自然灾害和其他非经常性支出的意外事件或突发事件基金。

预算稳定基金的严格性取决于约束其储蓄、提取和规模的规则。作为两个极端，预算稳定基金可以通过立法拨款或自由裁量两种方式储蓄。更严格的规则规定必须留出固定比例的年底结余（如果有的话）。最严格的规则要求每年将某一比例的收入转入预算稳定基金，不论经济或财政状况如何。一些州采用多种因素组合，包括收入、支出和经济增长（由公式指定）。

类似地，提取可通过立法拨款或满足预先规定的预算缺口或财政紧急状态的定义而实现。16 个州进一步要求预算稳定基金提取需要立法超级多数批准。[40] 提款通常必须在指定期限内带息偿还，有时要在当前财年结束之前。[41] 有观察者指出这些规则会妨碍预算稳定基金的使用。举例来说，纽约州立法者在该州 20 年的预算困难时期都未动用其税收稳定储备基金。[42]

最后，多数州规定预算稳定基金的上限低于一般收入或开支的 10%。一条通用的经验法则是开销的 5%，尽管一些分析人士建议提高到 15%。[43] 实际上，在 2000 年和 2006 年经济扩张时期，州基金结余（包括预算稳定基金和年底盈余）经常超过总开支的 10%。[44] 但是，过多的结余也会导致政治风波。例如，20 世纪 70 年代早期庞大的州财政盈余可能就在一定程度上导致了加利福尼亚州的大规模抗税暴动。[45]

财政制度的效果

长期以来，学界一直关注州与地方政府财政制度的研究。世纪之交，政治学者和公共管理学者引领尝试将行政编制预算（executive prepared budget）的概念从市政府引入联邦政府。[46] 最近，经济学家将美国州政府层面的财政制度研究成果运用于联邦平衡预算修正案的设计和欧洲货币联盟的工作当中。[47]

聚焦州与地方政府使得研究人员可以利用丰富的制度差别，同时避免显著的未观察到差异（这种差异会使国际比较变得困难）。[48] 然而，它并不能完全避免未观察到差异的问题。州与地方政府财政制度可能只反映确立这些制度的选民和立法者"凝结的偏好"或之前财政状况的概要统计。[49] 这种内生性可能从两个方向扭曲测量到的效果。例如，财政保守的选民更倾向于确立税收和支出限制，出现违约的州更可能采取债务限制。在两种情形中，就制度和结果之间所观察到的关系就是不真实的。

尽管内生性假设对于债务限制和平衡预算规则这样的长期制度直观上有吸引力，但是有必要指出，政治偏好也会持续很长时间。有着较低赤字的州在新世纪之交或许更可能确立严格的财政制度，那它们今天就可能有着较低的赤字。[50] 维持现有规则不作改变或修正本身就是一个政策选择。

内生性困扰了之前许多关于州与地方政府财政制度的研究。举例来说，政府间关系咨询委员会早期的一份报告发现有着严格平衡预算规则的州有着较低的赤字。艾布拉姆斯（Abrams）和杜根（Dougan）进行的另一项研究却并未在具备和不具备平衡预算规则或债务限制的州之间发现任何差别，尽管他们确实发现有着税收和支出限制的州开销略高。但是，两项研究都是基于数据的单一快照或截面进行的。艾布拉姆斯和杜根提醒此类限制的内生性很可能会模糊其真正的效果。[51]

第二代研究寻求通过加入额外的控制和数据年份来克服内生性。这类研究一般采用包含州固定效应的面板回归来化解持久性政治或文化差异，并使用年份效应来化解短暂的经济或其他冲击。但是，当制度不随时间改变时，州固定效应是不可行的。为了克服这一困难，研究人员试图弄清制度如何调节那些随时间而变的关系，如收入与公共开支之间的关系。作为选择，他们使用一些从理论或制度知识上与相关制度有关但是与财政结果无关的工具变量。

综合来看，本文旨在确认"制度很重要"。[52] 从平衡预算要求开始，冯·哈根（von Hagen）发现1975~1985年的数据显示赤字与严格规则之间并无关系。[53] 阿尔特（Alt）和罗瑞（Lowry）扩展了这一分析，补充考虑了政治的角色。他们基于收入、联邦政府间补贴、因变量的滞后值和基金结余对收入与支出进行建模，然后基于立法和执行方面的党派控制、严格的反赤字规则和地区固定效应来评估独立模型。结果显示，有着更严格平衡预算规则的州会更快速地弥补预算赤字，但前提是有着一致的党派控制。[54]

波特巴（Poterba）关注于1988~1992年意料外赤字的更准确测量。[55] 使用来自全国州商业官员协会（NASBO）的数据，他构建出实际和预测的收入与支出，然后查看两者之间的差别（减去年中税收和开销变化）。像阿尔特和罗瑞，波特巴发现有着更严格平衡预算规则和一致党派控制的州对于赤字冲击能够更快做出调整，后者主要表现为开支削减而非税收增长。

不幸的是，波特巴的数据只覆盖有限的财政年度。波恩（Bohn）和英曼（Inman）通过使用1970~1999年的政府普查数据来研究平衡预算规则的更长期结果。[56] 与阿尔特和罗瑞类似，他们根据收入、失业和政府间补贴以及累积资产、政治控制和州固定效应对一般基金盈余进行建模，然后按平衡预算规则对州固定效应进行回归。波恩和英曼发现宪法性禁止将赤字带入下一财年的州有着更高的盈余，特别是当规则由民选而非任命的最高法院执行时。政治变量在单个和联合两种形式上都不具显著性，这表明阿尔特和罗瑞的结果可能源自其他被忽视的变量。

波恩和英曼进一步研究了严格平衡预算规则对于预算波动的影响。如上所述，对于平衡预算规则和其他财政制度的常见顾虑之一就是它们会妨碍州与地方政府应对经济形势的变化或实施反周期财政政策。举例来说，巴尤米（Bayoumi）和艾臣格林（Eichengreen）发现严格的平衡预算规则限制了州政府对商业周期40%的响应能力。⁵⁷然而，波恩和英曼发现，有着平衡预算规则的州其预算对于收入变化的敏感度较低（但对于失业则不然）。他们还提醒说这些州较高的累积储蓄有助于缓冲冲击影响。

其他研究调查了平衡预算规则与经济波动之间的联系。例如，阿莱西那（Alesina）和巴尤米发现严格的平衡预算规则与1965～1992年州内生产总值的标准差之间存在负面但统计学上并不显著的相关性。⁵⁸但是，他们没有考虑逆向因果或遗漏变量。列文森（Levinson）通过检查预算平衡规则之间的互动和个人收入与人口之间的关系而克服了这些缺点。该模型的一个维持假设是较大的州会经历更温和的收入波动，或许是因为积极的财政政策或经济多样性。列文森猜测平衡预算规则将减弱这一关系，并在以下方面找到了支持，即有着严格平衡预算规则的大州有着更高的收入波动。⁵⁹

与平衡预算规则类似，围绕税收和支出限制的许多早期研究发现政府的规模或增长只存在很小或根本没有影响。⁶⁰也有不同观点，其中就包括克雷恩（Crain）、米勒（Miller）和艾尔德（Elder），他们发现存在税收和支出限制的州有着更低的税收。但是，所有研究都没有明确解决内生性问题。⁶¹此外，因为艾尔德的样本局限于有税收和支出限制的州，唯一可识别的变化就是税收和支出限制的采用率差别。库瑟（Kousser）通过考虑有无税收和支出限制的州在采用前后的差别而弥补了这一遗漏。⁶²然而，他们的准实验性方法仍无法消除随时间变化的不可观察因素的可能性，如偏好的变化，这对税收和支出限制及财政结果都有影响。⁶³

相比之下，工具变量方法检测到显著的税收和支出限制影响。使用公民投票和召回程序的可用性作为工具变量，吕本（Rueben）发现有着严格限制的州（即需要超级多数才能推翻）相对个人收入而言征税和开销都更低。⁶⁴但是，这些州的地方支出也更高。类似地，奈特（Knight）使用直接立法的可用性和修订州宪法的难度作为超级多数税案表决要求的工具变量。他发现有着这些要求的州在1963～1995年相对个人收入有着更高的税率和税额。⁶⁵在他对于财政调节的研究中，波特巴还发现有着税收和支出限制的州不大可能提高税收，但是也不会在赤字冲击下削减开支。⁶⁶

一篇相关的文献检查了州政府对地方税收和支出限制的影响。一般而言，严格的财产税限制（如评估限制加税率限制）会伴随较低的财产税但更高的非税收入，包括使用费、借款和州基金。⁶⁷地方税收和支出限制还可能改变地方政府结构，鼓励更多专门街区的设置。⁶⁸它们还可能压制教育支出和绩效以及政府工资和雇用。⁶⁹

总体而言，在关于地方税收和支出限制对于州层面的研究中发现的内生性问题，学者们关注不多。一个原因可能是数据有限。该约束还阻碍了对地方财政制度的研究，如市政税收和支出限制。一个特例是布鲁克斯和菲利普斯最近进行的一项研究。如上所述，他们调查了大中型规模的美国城市。使用倍差法，他们发现有着税收和支出限制的城市开销较低，但他们也补充说自己无法排除类似偏好变化等其他解释。[70]

256 上面提到的许多研究还检验了债务限制的影响。举例来说，冯·哈根发现有着借款限制的州有着更低的一般债务。但是，这种效果为更高的收入担保债券（无须选民批准）所抵消。邦奇（Bunch）也得到了类似的结果，她发现有着债务限制的州对于公共机关的使用更为广泛，尽管她只查看了数据的单个截面。[71]在他们的面板回归中，波恩和英曼发现债务限制伴随着更低的长期借款，但同时也带来更低的资本投资。

  到目前为止，本节已讨论了平衡预算规则、税收和支出限制、债务限制。如之前所述，对这些制度的主要批评是会妨碍积极的反周期财政政策的应用。相比之下，预算稳定基金可帮助州与地方政府"为雨天储蓄"，因此避免顺周期性的税收增长或开支削减。事实上，有预算稳定基金的州似乎比其他州储蓄更多。使用倍差法，列文森和奈特确定采用预算平衡基金的州按对等金额（dollar-for-dollar）的方式提高了储蓄，但他们也承认无法排除偏好变化或其他随时间而变的遗漏变量。[72]其他研究人员发现了类似的正面但更轻微的影响，表明存在一般基金结余的某种"挤出"效应。[73]

  如果预算稳定基金提高整体储蓄，那会同时减缓预算和基金波动吗？索贝尔（Sobel）和霍尔库姆（Holcombe）发现有着预算稳定基金的州面临较轻的"财政压力"，或税收和支出上背离长期平均水平，特别当基金要求转变为强制而非随意时。[74]正如列文森和奈特所指出的，有着预算稳定基金的州还有着严格的预算平衡规则。[75]列文森发现这些制度的组合效应可缓和商业周期波动，预算稳定基金会抵消预算平衡规则带来的波动性增强。

  法塔斯（Fatas）和米霍夫（Mihov）对这些发现给出了一种有趣的解释。[76]他们建议平衡预算规则与预算稳定基金可能产生两种相互对抗的效应：（1）限制政府对变化的形势做出响应，可能增强经济波动性；（2）减少财政政策的变化，可能减轻经济波动性。与这种解决相一致，研究人员发现当有严格的预算平衡规则时，州支出对于收入的弹性降低，但是这些差别并不会造成更大的经济波动。他们将之解释为财政规则抑制了随意性财政政策中无益的方面。这类政策的来源将在下面探讨。

财政制度的缘由

257 从多数政治经济学研究所基于的中位选民模型的角度来看，财政制度让人困惑。该模型假设只要某些条件不变，处于偏好分布中位的选民将是确定性的。[77]尽管该模型在地方层面的实证检验中使用较好，但是限制性财政制度的存在提出一个重要问题。[22]如果中位选民倾向于小型政府，而其偏好又是确定的，那么为什么还需要财政制度？

一个解释是多数同意结果将是低效的，因为他们没有考虑个人偏好的强度。如果偏好小政府的选民有着更无弹性的需求，而所有选民面临同样的税收价格，那么财政规则将产生福利收益。但是，如果没有一种机制让规则下的受益者补偿受损者，那么这样的规则便无法尽快转化为法律。

另一可能性是财政限制的存在是因为中位选民的偏好发生改变，可能是为响应外部冲击。例如，菲谢尔（Fischel）将加利福尼亚州第13号提案的通过归结于州高等法院的关于学校财政平衡的决定，该决定有效切断了地方财产税与公立学校之间的联系。实施一项新的财政制度可能是比等待下一轮选举更为快速和有效的信号。此外，立法者可能通过确立财政限制来表示他们认识到某些已发生的冲击，虽然预算调整不可避免要滞后。

实践中，中位选民模型的假设也可能打破。[23]举例来说，如果公共服务（如中小学教育）有私营方案替代，偏好可能呈多峰分布。在这些情形中，倾向于减少公共开支的低收入和高收入选民联合可以构成压倒中位选民的获胜联盟。[24]同样地，政策选择经常涉及公共开支之外的多个维度，包括规章制度、意识形态，甚至候选人的个性特征。

另一方面，一些学者从根本上反对中位选民模型，理由是它忽略了政治的供应方，包括利益集团的角色和选举官员与任命官员的动机。根据公共选择学派理论，政府可能寻求最大限度增加其预算而非公共福利，它们会利用自己的议程权力获得较中位选民偏好水平更高的开支，它们可能追求竞选捐献而非理智的选民去提高自己的选举成功概率。[25]此外，选民可能受"财政幻觉"影响，或者他们可能系统性地高估政府的好处而低估其成本。[26]在这种环境下，宪法性规则将是约束利维坦政府的唯一办法。[27]

但是，立法者自己也经常是财政制度的来源。例如，前面提到所有税收和支出限制中有将近一半是由州立法机关发起的。在这些州中，许多州的选民并无公民倡议机会，这意味着并无更具约束性的公民发起措施的威胁。

立法机关为什么自愿放弃自己的权力？新制度经济学的相关研究认为，一个原因是为获得昂贵的信息或行动。[28]具体而言，立法机关可能想要解决一个公共资源问题或当收益相对集中而成本却由所有纳税人承担时就会出现的过度开支倾向。[29]作为一种选择，立法机关可能采用限制性制度以约束其继任者，特别是当它们预料到党派控制权会易手时。[30]

最终，立法机关可能采用限制性财政制度来约束自己。动态不一致性问题在宏观经济政策领域广为人知。在经典情形中，一旦公司已设置自己的工资合同，政府将有动机放弃之前宣布的通胀目标，因为通胀将作为产出收益出现。为此，有远见的理性经济人将不会相信政府公告，除非他们是可信或会自我实施的。赢得可信性

的一个方法是在重复互动中建立信誉，另一个就是通过独立中央银行遵循的规则。⁸⁷

类似地，个人也经常在生活中面临自我控制问题，从个人健康到储蓄行为。⁸⁸有鉴于此，成熟的消费者会采用某种策略来限制自己未来的行为。可能的承诺策略包括为储蓄和消费建立单独的心理账户或积蓄非流动性资产。⁸⁹其成本就是丧失了一定的灵活性。下文将就规则与灵活性之间的取舍探讨替代解决办法。

传统财政制度的替代选择

尽管更常见于货币政策领域，但动态不一致性问题也存在于财政政策领域。开支和收入决定会影响预期，后者反过来又影响未来形势和政策。这种效应会对当前政策构成约束。举例来说，宣布一个较低的开销目标本身便可诱发积极的利益集团游说，后者可能诱使立法者偏离其公告。为此，理性的有远见的经济人将不会相信公告。州与地方政府可能因此被迫支付比原本更高的借款成本。财政制度可以通过锁定当前预期和抬高未来偏离成本而缓解这一问题。的确，阿尔特、罗瑞、波特巴和吕本的研究都显示，有着约束性预算平衡规则的州其借款成本更低。⁹⁰

但是，约束性财政规则也会妨碍政府积极应对形势的变化和采取反周期性财政政策。为克服这一问题，许多国家实施了更为灵活的财政规则。例如，"结构化偏好规则"会针对预测的产出缺口调整目标，而"基于增长的平衡规则"会考虑与长期平均增长趋势的偏离。国际货币基金组织最近的一份报告表明，此类规则有助于对近期的经济危机作出更为灵活的财政政策响应。⁹¹

各州是否应采取类似的规则，风险是它们会削弱财政纪律，特别是当收入和开支预测中有战略操纵或简单随机错误时。例如，在此次危机之前的繁荣年份，多个欧洲国家就常规性地逃避欧盟《稳定与增长公约》中设定的赤字目标，因为它们认为增长将会继续。⁹²另一问题是州政府是否能够和应该采取积极的财政政策。马斯格雷夫（Musgrave）的分类法明确地将宏观经济稳定划入中央政府的职责范围内，理由是地方刺激的收益将外溢到邻近州。⁹³但是，格兰姆里奇对此持反对意见，认为衰退经常呈地域集中，州政府更能有力应对这些冲击。⁹⁴来自最近这次衰退的证据可能对于回答这一争论有所帮助。具体而言，较之前的衰退应对措施，2009年的《美国复苏与再投资法案》向州和地方政府提供了显然更多的资源（2820亿美元），目的是刺激经济、稳定预算和保护弱势群体。⁹⁵

结　　论

州与地方政府财务又一次成为全国关注的焦点。随着经济形势从大萧条之后最为严重的衰退中逐渐恢复，州与地方政府继续面临严峻的预算挑战。从长远来看，它们将面临不断攀升的医保成本和日益老龄化的人口，同样的开支压力也困扰着联邦预算。

这也让州与地方财政制度重获关注。支持者建议更严格的规则有助于保护州与地方政府免受繁荣与萧条的经济周期冲击。批评者争辩认为，现有规则可能在事实上加重了此次危机——阻碍州与地方政府借款或在未来数年内平滑税收增长和开支削减。

事实上，两者观点可能都有所夸大。研究人员的普遍结论是"制度很重要"。但是，其重要程度往往有限并取决于建模选择。此外，制度可能产生意料之外的后果，如增强对于商业周期波动的敏感性。针对这一难题，一个从国际环境中借鉴过来的解决办法就是周期性调整的或"跨周期"的多年预算目标。这些目标允许在衰退中采取更为积极的财政政策，同时维持长期预算纪律。接下来的关键问题就是这类灵活性对于州与地方政府是否可行或合意了。

注释

① Gramlich (1991), 249.
② Pew Center on the States (2010a); Novy-Marx and Rauh (2010a); Novy-Marx and Rauh (2010b).
③ US Government Accountability Office (2007).
④ US Government Accountability Office (2011).
⑤ Shiller (2010).
⑥ Inman (2010).
⑦ Nichols and Zeckhauser (1982).
⑧ Nunes et al. (2011).
⑨ Mitchell (2010); Malaga (2011).
⑩ Lav and Williams (2010).
⑪ Barro (1979).
⑫ Hansen and Perloff (1944).
⑬ Brown (1956); Kuttner and Posen (2001).
⑭ 见本书关于州与地方财政宪法章节由约翰·金凯德撰稿。
⑮ 关于财政和政治制度评述见 Rose (2010); Besley and Case (2003)。
⑯ National Association of State Budget Officers (2008).
⑰ National Conference of State Legislatures (2010). The National Association of State Budget Officers (2008) reports the number at 43.
⑱ Advisory Commission on Intergovernmental Relations (1987).
⑲ Poterba (1995).
⑳ NCSL (2010).
㉑ US General Accounting Office (1993).
㉒ Lowry and Alt (2001); Poterba and Rueben (2001).
㉓ US GAO (1993).
㉔ Hou and Smith (2010).
㉕ Martin (2009).
㉖ McGuire and Rueben (2006).

㉗National Conference of State Legislatures（2007）.
㉘同上。
㉙同上。
㉚同上。
㉛Mullins（2010）；Downes and Figlio（2008）.
㉜Brooks and Phillips（2010）.
㉝Rodriguez-Tejedo and Wallis（2010）.
㉞Wallis and Weingast（2006）.
㉟McGranahan（2010）.
㊱Wallis and Weingast（2006），20.
㊲Rodriguez-Tejedo and Wallis（2010）.
㊳Wallis and Weingast（2006），34.
㊴NASBO（2008）.
㊵Pew Center on the States（2010b）.
㊶同上。
㊷Goodman（2010）.
㊸McNichol and Filipowich（2007）.
㊹NASBO（2010）.
㊺Doerr（2008）.
㊻此前，美国国会"预算报告"总结联邦预算零碎的拨款是"一个提交给立法机构的信息或多或少地被消化"，见 Rabin and Hildreth（2007）。
261 ㊼Poterba（1995）；von Hagen（1991）.
㊽Besley and Case（2003）.
㊾Riker（1980）.
㊿ACIR（1987）.
(51)Abrams and Dougan（1986）.
(52)Poterba（1995）.
(53)von Hagen（1991）.
(54)Alt and Lowry（1994）.
(55)Poterba（1994）.
(56)Bohn and Inman（1996）.
(57)Bayoumi and Eichengreen（1995）.
(58)Alesina and Bayoumi（1996）.
(59)Levinson（1998）.
(60)Kenyon and Benker（1984）；Abrams and Dougan（1986）；Dougan（1988）；Bails（1990）；Joyce and Mullins（1991）；Shadbegian（1996）.
(61)Elder（1992）；Crain and Miller（1990）.
(62)Kousser et al.（2008）.
(63)Besley and Case（2000）.
(64)Rueben（1996）.
(65)Knight（2000 年）。奈特（Knight）指出，克雷恩和米勒（Crain and Miller，1990）获得一致的

结果。相比之下，坦普尔和南宁豪恩（Temple and Nannenhorn，1998）发现没有绝对多数要求的效果。然而，他们控制了州特定的线性时间趋势，这就像州固定效应模型可能无法捕捉选民的态度随时间推移所产生的潜在内生性变化。

66 Poterba (1994).
67 Shadbegian (1999); Joyce and Mullins (1991); Mullins and Joyce (1996); Sokolow (2000); Preston and Ichniowski (1991).
68 Mullins (2004).
69 Downes and Figlio (2007); Poterba and Rueben (1995).
70 Brooks and Phillips (2010).
71 Bunch (1991).
72 Knight and Levinson (1999).
73 Wagner (2003); Hou and Duncombe (2008).
74 Sobel and Holcombe (1996); Douglas and Gaddie (2002); Hou (2004); Knight and Levinson (1999).
75 Knight and Levinson (1999).
76 Fatás and Mihov (2006).
77 条件包括对个人偏好的限制，特别是单峰或对称，以及一维政策空间。
78 Fischel (2001).
79 Dougan (1988).
80 Fischel (1989).
81 Niskanen (1971); Romer and Rosenthal (1979); Stigler (1971).
82 Buchanan and Wagner (1977).
83 Brennan and Buchanan (1980).
84 Weingast and Marshall (1988); Cox and McCubbins (1993).
85 Weingast et al. (1981); Primo and Snyder (2008).
86 Persson and Svensson (1987); Alesina and Tabellini (1990); de Figueiredo (2003).
87 Kydland and Prescott (1977); Barro and Gordon (1983).
88 Thaler and Shefrin (1981).
89 Angletos et al. (2001).
90 Lowry and Alt (2001); Poterba and Rueben (1995).
91 Kumar et al. (2009).
92 Anderson and Minarik (2006).
93 Musgrave (1959).
94 Gramlich (1991).
95 US Office of Management and Budget (2011).

参考文献

Anderson, Barrett, and Joe Minarik (2006). "Design Choices for Fiscal Policy Rules." *OECD Journal on Budgeting* 5 (4): 159-208.

Angletos, George-Marios, David Laibson, Andrea Repetto, Jeremy Tobacman, and Stephen Weinberg (2001). "The Hyperbolic Consumption Model: Calibration, Simulation, and Empirical Evaluation." *Journal of Economic Perspectives* 15 (3): 47-68.

Abrams, Burton A., and William R. Dougan (1986). "The Effects of Constitutional Restraints on Governmental Spending." *Public Choice* 49 (2), 101-116, 111.

Advisory Commission on Intergovernmental Relations (1987, July). *Fiscal Discipline in the Federal System: National Reform and the Experience of the States*. Washington, DC: ACIR.

Alesina, Alberto, and Tamim Bayoumi (1996). "The Costs and Benefits of Fiscal Rules: Evidence from US States," *NBER Working Paper No.* 5614. National Bureau of Economic Research, Cambridge, MA.

Alesina, Alberto, and Guido Tabellini (1990). "A Positive Theory of Fiscal Deficits and Government Debt." *Review of Economic Studies* 57 (3): 403-414.

Alt, James E., and Robert C. Lowry (1994). "Divided Government, Fiscal Institutions, and Budget Deficits: Evidence from the States." *American Political Science Review* 88 (4): 811-828.

Bails, Dale G. (1990). "The Effectiveness of Tax-Expenditure Limitations: A Re-Evaluation: In 19 States They Resulted in Virtually No Success in Limiting Growth in Their Budgets." *American Journal of Economics and Sociology* 49 (2): 223-238.

Bails, Dale G., and Margie A. Tieslau (2000). "The Impact of Fiscal Constitutions on State and Local Expenditures." *Cato Journal* 20 (2): 255-277.

Barro, Robert J. (1979). "On the Determination of the Public Debt." *Journal of Political Economy* 87: 940-971.

Barro, Robert J., and David B. Gordon (1983). "A Positive Theory of Monetary Policy in a Natural Rate Model." *Journal of Political Economy* 91: 589.

Bayoumi, Tamim, and Barry Eichengreen (1995). "Restraining Yourself: The Implications of Fiscal Rules for Economic Stabilization." *International Monetary Fund Staff Papers* 42 (1): 32-48.

Besley, Timothy, and Anne Case (2000). "Unnatural Experiments? Estimating the Incidence of Endogenous Policies." *Economic Journal* 110 (467): F672-F694.

Besley, Timothy, and Anne Case (2003). "Political Institutions and Policy Choices: Evidence from the United States." *Journal of Economic Literature* 41 (1): 7-73.

Bohn, Henning, and Robert P. Inman (1996). "Balanced Budget Rules and Public Deficits: Evidence from the US States." *NBER Working Paper No.* 5533. National Bureau of Economic Research, Cambridge, MA.

Brennan Geoffrey F., and James M. Buchanan (1980). *The Power to Tax: Analytical Foundations of a Fiscal Constitution*. Cambridge University Press.

Brooks, Leah, and Justin Phillips (2010, July). "Constraining the Local Leviathan? The Existence and Effectiveness of Municipally-Imposed Tax and Expenditure Limits." University of Toronto Working Paper.

Brown, E. Cary (1956, December). "Fiscal Policy in the 1930s: A Reappraisal." *American Economic Review* 46: 857-879.

Buchanan, James M., and Wagner, Richard E. (1977). *Democracy in Deficit: The Political Legacy of Lord Keynes*. New York: Academic Press.

Bunch, Beverly S. (1991). "The Effect of Constitutional Debt Limits on State Governments' Use of Public Authorities." *Public Choice* 68 (1-3): 57-69.

Cox, Gary W., and Mathew D. McCubbins (1993). *Legislative Leviathan*. Berkeley: University of California Press.

Crain, W. Mark, and James C. Miller III (1990). "Budget Process and Spending Growth." *William and Mary Law Review* 31 (4): 1021-1046.

de Figueiredo, Rui J. P., Jr. (2003). "Endogenous Budget Institutions and Political Insulation: Why States Adopt the Item Veto." *Journal of Public Economics* 87: 2677.

Doerr, David R. (2008). *California's Tax Machine: A History of Taxing and Spending in the Golden State*. Sacramento: California Taxpayer's Association.

Dougan, William R. (1988). "The Effects of Tax and Expenditure Limits on State Governments." *George G. Stigler Center for Study of Economy and State Paper No.* 54.

Douglas, James W., and Ronald Keith Gaddie (2002). "State Rainy Day Funds and Fiscal Crises: Rainy Day Funds and the 1990-1991 Recession Revisited." *Public Budgeting and Finance* 22 (1): 19-30.

Downes, Thomas, and David Figlio (2008). "Tax and Expenditure Limits: School Finance and School Quality." In *Handbook on Research and Education Finance Policy*, edited by Helen F. Ladd and Edward B. Fiske. New York: Routledge.

Elder, Harold W. (1992). "Exploring the Tax Revolt: An Analysis of the Effects of State Tax and Expenditure Limitation Laws." *Public Finance Quarterly* 20: 47-63.

Fatás, Antonio, and Ilian Mihov (2006). "The Macroeconomic Effects of Fiscal Rules in the US States." *Journal of Public Economics* 90 (1-2): 101-117.

Fischel, William A. (1989) "Did Serrano Cause Proposition 13?" *National Tax Journal* 42 (4): 465-473.

Fischel, William A. (2001). *The Homevoter Hypothesis: How Home Values Influence Local Government Taxation, School Finance, and Land-Use Policies*. Cambridge, MA: Harvard University Press.

Goodman, Josh (2010, November 16). "Why Rainy Day Funds Can't Always Be Used on Rainy Days." *Stateline*. Washington, DC: Pew Center on the States.

Gramlich, Edward M (1991). "The 1991 State and Local Fiscal Crisis." *Brookings Papers on Economic Activity*. Washington, DC: The Brookings Institution, 22: 249-288.

Hansen, Alvin H., and Harvey S. Perloff (1944). *State and Local Finance in the National Economy*. New York: W. W. Norton.

Hou, Yilin (2004). "Budget Stabilization Fund: Structural Features of Enabling Legislation and Balance Levels." *Public Budgeting and Finance* 24 (3): 38-64.

Hou, Yilin, and Daniel Smith (2010). "Do State Balanced Budget Requirements Matter? Testing Two Explanatory Frameworks." *Public Choice* 145: 57-79.

Hou, Yilin, and William Duncombe (2008, Fall). "State Saving Behavior: Effects of Two Fiscal and Budgetary Institutions." *Public Budgeting and Finance* 28 (3): 48-67.

Inman, Robert (2010). "States in Fiscal Distress." Federal Reserve Bank of St. Louis, *Regional Economic Development* 6 (1): 70-80.

Joyce, Philip G., and Daniel R. Mullins (1991). "The Changing Fiscal Structure of the State and Local Public Sector: The Impact of Tax and Expenditure Limitations." *Public Administration Re-

view 51 (3): 240-253.

Kenyon, Daphne A., and Karen M. Benker (1984). "Fiscal Discipline: Lessons from the State Experience." *National Tax Journal* 37 (3): 433-446.

Knight, Brian G. (2000). "Supermajority Voting Requirements for Tax Increases: Evidence from the States." *Journal of Public Economics* 78 (1): 41-67.

Knight, Brian, and Arik Levinson (1999). "Rainy Days Funds and State Government Savings." *National Tax Journal* 52 (3): 459-472.

Kousser, Thad, Matthew D. McCubbins, and Ellen Moule (2008). "For Whom the TEL Tolls: Testing the Effects of State Tax and Expenditure Limitations on Revenues and Expenditures." *State Politics and Policy Quarterly* 8 (4): 331-362.

Kumar, Manmohan, Emanuele Baldacci, Andrea Schaechter, Carlos Caceres, Daehaeng Kim, Xavier Debrun, Julio Escolano, Jiri Jonas, Philippe Karam, Irina Yakadina, and Robert Zymek (2009, December 16). "Fiscal Rules—Anchoring Expectations for Sustainable Public Finances." *IMF Staff Paper*. Washington, DC: International Monetary Fund.

Kuttner, Kenneth N., and Adam S. Posen (2001). "The Great Recession: Lessons for Macroeconomic Policy from Japan." *Brookings Papers on Economic Activity*, Economic Studies Program, The Brookings Institution 32: 93-186.

Kydland, Finn E., and Edward C. Prescott (1977). "Rules Rather Than Discretion: The Inconsistency of Optimal Plans." *Journal of Political Economy* 85: 473.

Lav, Iris J., and Erica Williams (2010, March 15). *A Formula for Decline: Lessons from Colorado for States Considering TABOR*. Washington, DC: Center for Budget and Policy Priorities.

Levinson, Arik (1998). "Balanced Budgets and Business Cycles: Evidence from the States," *National Tax Journal* 51 (4): 715-732.

Lowry, Robert, and James Alt (2001). "A Visible Hand? Bond Markets, Political Parties, Balanced Budget Laws, and State Government Debt." *Economics and Politics* 13 (1): 49-72.

Malaga, Steven (2011, Winter). "State Budget Bunk." *City Journal* 21 (1).

Martin, Isaac William (2009). "Proposition 13 Fever: How California's Tax Limitation Spread." *California Journal of Politics and Policy* 1 (1): 1-28.

McGranahan, Leslie (2010, June). "Measuring State and Local Indebtedness: How Much Is Too Much?" Presentation to the Chicago Federal Reserve Bank.

McGuire, Therese J., and Kim S. Rueben (2006, March). "The Colorado Revenue Limit: The Economic Effects of TABOR." *Economic Policy Institute Briefing Paper*.

McNichol, Elizabeth, and Brian Filipowich (2007, April 16). "Rainy Day Funds: Opportunities for Reform." Washington, DC: Center for Budget and Policy Priorities.

McNichol, Elizabeth, Phil Oliff, and Nicholas Johnson (2010, December 9). *States Continue to Feel Recession's Impact*. Washington, DC: Center for Budget and Policy Priorities.

Mitchell, Matthew (2010, December 10). "How to Control State Spending." *Wall Street Journal*.

Mullins, Daniel R. (2004). "Tax and Expenditure Limitations and the Fiscal Response of Local Government: Asymmetric Intra-local Fiscal Effects." *Public Budgeting & Finance* 24 (4): 111-147.

Mullins, Daniel R. (2010) "Fiscal Limitations on Local Choice." In *State and Local Fiscal Policy*, edited by Sally Wallace. Northampton, MA: Edward Elgar.

Mullins, Daniel R., and Philip G. Joyce (1996). "Tax and Expenditure Limitations and State and Local Fiscal Structure: An Empirical Analysis." *Public Budgeting and Finance* 16 (1): 75-101.

Musgrave, Richard A. (1959). *The Theory of Public Finance*. New York: McGraw-Hill.

National Association of State Budget Officers [NASBO] (2008, Summer). *Budget Processes in the States*. Washington, DC: National Association of State Budget Officers.

National Conference of State Legislatures [NCSL] (2007). *State Tax and Expenditure Limits*. Denver: National Conference of State Legislatures.

National Conference of State Legislatures (2010, November 12). *NCSL Fiscal Brief: State Balanced Budget Provisions*. Washington, DC: National Conference of State Legislatures.

Nichols, Albert L., and Richard J. Zeckhauser (1982). "Targeting Transfers through Restrictions on Recipients." *American Economic Review* 72: 372-377.

Niskanen, W. A. (1971). *Bureaucracy and Representative Government*. Chicago: Aldine-Atherton.

Novy-Marx, Robert, and Joshua Rauh (2010a). "Policy Options for State Pension Systems and Their Impact on Plan Liabilities." *NBER Working Paper* #16453. Cambridge, MA: National Bureau of Economic Research.

Novy-Marx, Robert, and Joshua Rauh (2010b). "The Crisis in Local Government Pensions in the United States." Working paper.

Nunes, the Honorable Representative and Reps. Ryan and Issa (2011). *To amend the Internal Revenue Code of 1986 to provide for reporting and disclosure by State and local public employee retirement pension plans*. 112th Congress 1st Session H. R. ll (January 5).

Persson, Torsten, and Lars O. Svensson (1989, May). "Why a Stubborn Conservative Would Run a Deficit: Policy with Time-Inconsistent Preferences." *Quarterly Journal of Economics* 104: 325.

Pew Center on the States (2010a). *The Trillion Dollar Gap: Underfunded State Retirement Systems and the Road to Reform*. Washington, DC: Pew Charitable Trusts.

Pew Center on the States (2010b). *Budget Stabilization Funds*. Washington, DC: Pew Charitable Trusts.

Poterba, James M. (1994). "State Responses to Fiscal Crises: The Effects of Budgetary Institutions and Politics." *Journal of Political Economy* 102 (4): 799-821.

Poterba, James M. (1995, September). "Balanced Budget Rules and Fiscal Policy: Evidence from the States." *National Tax Journal* 48 (3): 329-336.

Poterba, James M., and Kim Rueben (1995, May). "The Effect of Property-Tax Limits on Wages and Employment in the Local Public Sector." *American Economic Review Papers and Proceedings* 85 (2): 384-389.

Poterba, James M., and Kim Rueben (2001). "Fiscal News, State Budget Rules, and Tax-Exempt Bond Yields." *Journal of Urban Economics* 50: 537-562.

Preston, A. E., and Ichniowski, C. (1991). "A National Perspective on the Nature and Effects of the Local Property Tax Revolt." 1976-1986. *National Tax Journal* 44 (2): 123.

Primo, David M., and James M. Snyder, Jr. (2008, April). "Distributive Politics and the Law of 1/n*." *The Journal of Politics* 70 (2): 477-486.

Rabin, Jack, and W. Bartley Hildreth (2007). *Handbook of Public Administration*. CRC Press. 163.

Riker, William (1980). "Implications for the Disequilibrium of Majority Rule for the Study of Institutions." *American Political Science Review* 74: 432.

Rodriguez-Tejedo, Isabel, and John Wallis (2010). "Lessons for California from the History of Fiscal Constitutions." *California Journal of Politics and Policy* 2 (3): 1-19.

Romer, T. and Rosenthal, H. (1979). "The Elusive Median Voter." *Journal of Public Economics* 12: 143-170.

Rose, Shanna (2010). "Institutions and Fiscal Sustainability." *National Tax Journal* 63 (4, Part 1): 807-838.

Rueben, Kim S. (1996) "Tax Limitations and Government Growth: The Effect of State Tax and Expenditure Limits on State and Local Government." *PPIC Working Paper*.

Shadbegian, Ronald J. (1996). "Do Tax and Expenditure Limitations Affect the Size and Growth of State Government?" *Contemporary Economic Policy* 14 (1): 22-35.

Shadbegian, Ronald J. (1999). "The Effect of Tax and Expenditure Limitations on the Revenue Structure of Local Government, 1962-1987." *National Tax Journal* 52 (2): 221-237.

Shiller, Robert J. (2010, August 28). "The Case for Reviving Revenue Sharing." *New York Times*.

Sobel, Russell S., and Randall G. Holcombe (1996). "The Impact of State Rainy Day Funds in Easing State Fiscal Crises during the 1990-1991 Recession." *Public Budgeting and Finance* 16 (3): 28-48.

Sokolow, Alvin D. (2000, Spring). "The Changing Property Tax in the West: State Centralization of Local Finances." *Public Budgeting and Finance* 20: 85-104.

Stigler, George J. (1971) "The Theory of Economic Regulation." *Bell Journal of Economics and Management Science* 2 (1): 3-21.

Temple, Judy A., and Edward J. Nannenhorn (1998). "State Supermajority Requirements for Tax or Revenue Increases: An Overview." *Proceedings of the 90th Annual Conference of the National Tax Association*.

Thaler, Richard H., and H. M. Shefrin (1981). "An Economic Theory of Self Control." *Journal of Political Economy* 89: 392.

US General Accounting Office (1993). *Balanced Budget Requirements: State Experiences and Implications for the Federal Government*. GAO AFMD-93.58BR. Washington, DC: US Government Printing Office.

US Government Accountability Office (2007, July 18). *State and Local Governments: Persistent Fiscal Challenges Will Likely Emerge within the Next Decade*. Washington DC: US Government Printing Office.

US Government Accountability Office (2010, March). *State and Local Governments' Fiscal Outlook: April 2011 Update GAO-11-495SP*. Washington DC: US Government Printing Office. April 6, 2011.

US Office of Management and Budget (2011). "Aid to State and Local Governments." *Analytical Perspectives, Budget of the United States Government, Fiscal Year* 2012. Washington, DC.

von Hagen, Jürgen (1991). "A Note on the Empirical Effectiveness of Formal Fiscal Restraints." *Journal of Public Economics* 44: 199.

Wagner, Gary A. (2003). "Are State Budget Stabilization Funds Only the Illusion of Savings? Evidence from Stationary Panel Data." *Quarterly Review of Economics and Finance* 43 (2): 213-238.

Wallis, John Joseph, and Barry R. Weingast (2006, February). "Dysfunctional or Optimal Institutions? State Debt Limitations, the Structure of State and Local Governments, and the Finance of American Infrastructure." Working paper: 9.

Weingast, Barry R., and William J. Marshall (1988). "The Industrial Organization of Congress; or, Why Legislatures, Like Firms, Are Not Organized as Markets." *Journal of Political Economy* 96: 132.

Weingast, Barry R., Kevin A. Shepsle, and C. Johnsen (1981). "The Political Economy of Benefits and Costs: A Neoclassical Approach to Distributive Politics." *Journal of Political Economy* 89: 642-664.

第 ② 篇

收入结构与制度

第 11 章 财产税

迈克尔·E. 贝尔（Michael E. Bell）

刘颖 译 陈远燕 校

引 言

对不动产和动产征收的财产税是州或地方最大的自有收入来源。在 2008 财政年度，州和地方政府的财产税达到 4097 亿美元——其中 96.6% 归地方政府。[①]相比而言，州和地方政府的销售税为 3044 亿美元（其中 20.8% 归地方政府），个人所得税收入为 3046 亿美元，其中仅有 8.6% 归地方政府。[②]

尽管这些年来，财产税的相对重要性有所下降，但它仍然是地方政府收入的主要支柱。40 多年前（1968 年），财产税占地方一般性收入的 42.9%，占当地自有收入来源的 56.1%，占地方税收收入的 86.1%。而 2008 年，可比的财产税份额则分别为 28.3%、45.3% 和 72.3%。

据美国统计局数据显示，1968 年财产税在地方收入中达到了 268 亿美元。到 2008 年，财产税在地方政府收入中达 3970 亿美元——财产税的名义收入在这 40 年间增长了 1381%。去除通货膨胀率的影响，这期间财产税的实际收入增长了 101%。[③]

很多衡量指标都用于描述整个财产税收入在地方财政中的作用。例如，1972 年人均财产税为 198.87 美元，2008 年上涨到人均 1305.65 美元，增长率为 557%。图 11.1 展示了其他常用的衡量标准——财产税的筹集与地方一般性收入、自有收入、税收收入和个人所得的比例，证明了财产税在这些年中角色的变化。[④]1972～1982 年，财产税在地方一般收入、自有收入和税收收入中所占份额显著下滑，而财产税在地方一般收入、自有收入和税收收入中所占份额在 1982～2007 年继续略有下降。[⑤]2007～2008 年，地方财产税占地方一般收入、自有收入和税收收入的份额上涨，部分由于经济大萧条对地方收入和销售税收入产生影响所致。

整个财产税作为地方收入的来源，它的相对重要性在不同州之间不尽相同。这种变化体现在不同州之间的州收入、评估标准、财产税税率及个人财产在财产税税基中的相对重要性等因素上。附录 11.1 报告了这些变化的数据，依据 50 个州的地方政府系统中的总体财产税数据。2008 年，4 个州的地方政府得到的 3/4 收入来源于财产税，分别是康涅狄格州（83.4%）、新罕布什尔州（80.7%）、罗得岛州（79.3%）和新泽西州（76.6%）。而在另一极端案例中，7 个州的地方政府不少于

1/3 的收入来源于财产税。⑥当审视财产税在地方税收收入中所处的角色中时，它们的差异不那么大。2008 年，13 个州的地方政府财产税在地方税收收入占比超过 90％，但是只有 3 个州的地方政府的财产税收在地方税收收入中占比少于 50％。

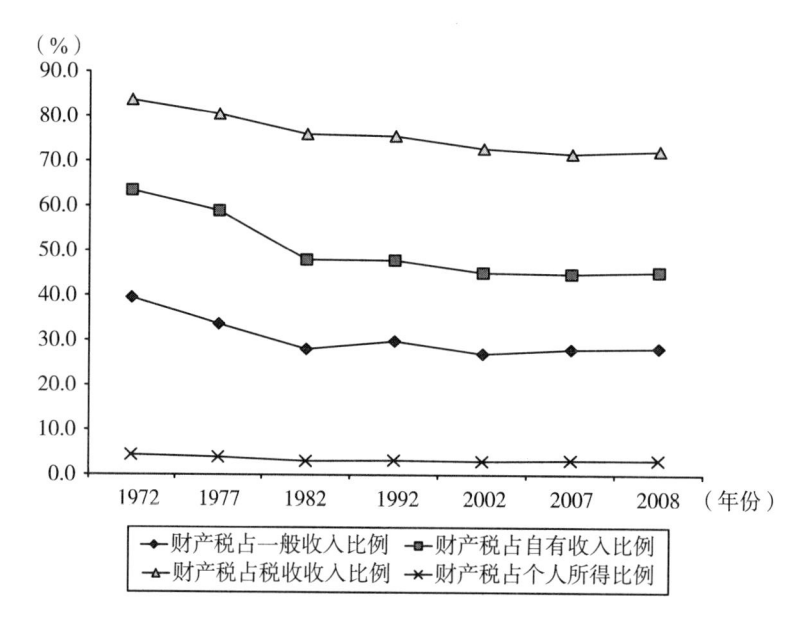

图 11.1 财产税占地方收入的比例

资料来源：Data for 1972，1977and 1982 come from 1982 Census of Governments，Volume 6：Topical Studies，Number 4：Historical Statistics on Government Finances and Employmet，selected tables，GC82（6)-4. Government finance data for 1992，2002 and 2007 come from Census of Government for each year accessed at http：//www.census.gov/govs/. Government finance data for 2008 come from the state and local government finance annual series which can be accessed through the same web site. Data for population and personal income come from the 2010 Statistical Abstract of the United States accessed at http：//www.cansus.gov/compendia/statab/。

2008 年，整体人均财产税达到 1306 美元。人均财产税在 4 个州达到 2000 美元，分别是新泽西州（2615 美元）、康涅狄格州（2378 美元）、新罕布什尔州（2029 美元）和纽约州（2005 美元）。在另一个极端情况下，在其他的 6 个州人均财产税不到 600 美元。⑦

财产税是对财富征税，但是财产税的纳税义务是通过年收入进行支付的。一个通常计量财产税税负的标准为年收入中应支付财产税税负的比例。在个人所得方面，财产税在 1972~1982 年期间下滑了一些，自 1982 年以来相对稳定在占个人所得 3％的水平上（见图 11.1）。

财产税在州收入的占比在不同州之间也不相同。2008 年，平均来说每 1000 美元个人收入中有 32.85 美元的财产税。在 4 个州中，地方的财产税占个人收入超过 45 美元，分别是新泽西州（51.35 美元），罗得岛州（47.87 美元），新罕布什尔州（47.37 美元）和缅因州（45.51 美元）。另外，在其他 8 个州地方财产税占个人收入

1000美元中的不到20美元。⑧

经济学家用于衡量税负的另外一个典型指标为纳税义务与税基（市场价值）的比例或者有效的财产税税率。在表11.1中，贝尔（Bell）和基施纳（Kirschner）阐述了一系列衡量有效财产税税率的方法。

他们总结了最全面的有效财产税的衡量标准是明尼苏达州纳税人协会（MTA）对每个州中最大城市以年计算的税率。⑨附录11.2中展示了来自明尼苏达州纳税人协会对于最大城市有效财产税税率的年度调查数据，即2006年和2009年这些大城市中对中间价位的城市房产征收的最高和最低的有效财产税税率。⑩2009年，具有最高有效财产税税率的5个城市中的4个，同时也是2006年具有最高的有效财产税税率的城市。在这4个城市中有3个城市的中间价位房产价值在大衰退中均有所下降（其中布法罗和纽约是例外）。在4个拥有最高财产税税率的城市中的2个城市在两年中均提高了其有效财产税税率（奥罗拉和费城），另外两个城市则降低了最高有效财产税税率（底特律和布法罗）。

5个城市中的3个城市在2009年是具有最低有效税率的，同样在2006年也是具有最低税率的城市——檀香山、丹佛和波士顿。对于这三个城市来说，有效税率在两个城市降低了（檀香山和波士顿），在丹佛保持不变。换句话说，有效财产税税率在50个州的大城市间变化很明显，而且并没有出现由于大衰退的影响所带来的有效税率之间变化的系统模式。⑪

然而统计资料总结了来自动产和不动产两方面的收入，本章剩余部分将重点落在不动产税上面。当通过常规标准衡量什么是一个"好的"地方税时，不动产税得到了充分的重视肯定：从原则上来讲，它符合了收入筹集和稳定性，因为在地方服务好处的获取和这些服务的支付之间，它基本满足了"配比原则"，并满足了效率和公平的标准。在实践中，财产税却背离着理想的方向越走越远，因为它的关注点越来越狭窄，由于制定的政策给予某种土地使用相对于其他土地使用类型有更大的优惠，进而扭曲了个人决策，并且税收管理部门变得不够统一且不够公平，以及因为"不断积累令人困惑和不清晰的特别规定使财产税的宽税基受到损害"，使税收也变得不那么具有说服力。⑫

表11.1 多种衡量有效税率的特点总结

组织名称	数据来源		比较的基础	有效税率计算的司法管辖权
	财产税	财产价值/财产收入		
美国退休人员联盟	美国社区调查	美国社区调查	收入	州平均
全国住房建筑商协会	美国社区调查	美国社区调查	财产价值	州平均
明尼苏达州纳税人协会	各州计算所得	各州计算所得	财产价值	每个州的大型城市和地方区域
哥伦比亚特区政府	各州计算所得	美国社区调查	财产价值	每个州的大型城市
财政政策研究所	个人财产计算	实际销售数据	财产价值	华盛顿市区的个人管辖权

注：财产税的计算在每个州针对三种群体，全体房主、65岁以下的房主、65岁以上的房主。

本章的目的在于讨论不动产税的宽税基被破坏的趋势,以及这种趋势对其可信性和合法性的影响。

财产税作为一种收入的来源

收入稳定性

如前所述,财产税是地方政府收入的基础。而且,因其基于资产价值而不是年度收入或销售额,它逐渐成为收入的稳定来源。

一种稳定的税种所产生的收入,相对于所得而言,变化较为缓慢,也就是说,这种税收是缺乏收入弹性的(income-inelastic)。由于不动产市场反映了长期的资产价值,相较于销售额、个人工资和利润对于经济活动年度变化的反应而言,财产对其反应更加缓慢,因此,财产税比销售税、个人所得税更加稳定。而且,财产税的税基波动也是适中的,因为很少有税务机关会实行年度评估测试来评定不动产价值的变化。因此,财产税被视作一种相对稳定的收入来源——特别是与其他潜在的地方税收收入来源相比(地方个人所得税和地方销售税)。

财产税相对的稳定性减缓了经济下行期对地方财政预算的影响。举例来说,图11.2

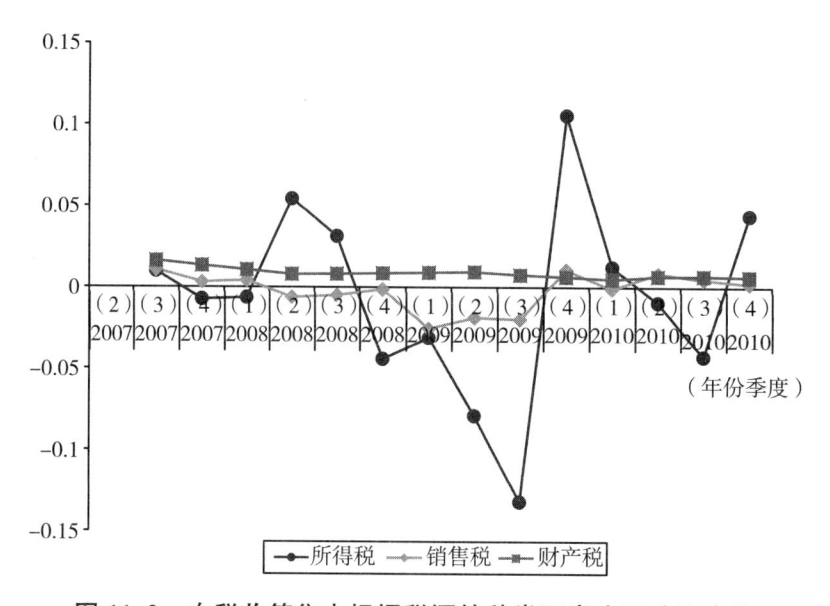

图 11.2 在税收筹集中根据税源的种类而发生百分比变化

注:括号内数字代表季度。

资料来源:Author's calculations based on Bureau of Economic Analysis, National Income and Product Account Tables, Table 3-3 State and Local Current Government Receipts and Expenditures, found at http://www.bea.gov/national/nipaweb/TableView.asp?SelectedTable=88&ViewSeries=NO&Java=no&Request3Place=N&3Place=N&FromView=YES&Freq=Qtr&FirstYear=2007&LastYear=2010&3Place=N&Update=Update&JavaBox=no。

证明了财产税收入从 2008 年第一季度开始到 2009 年第二个季度持续上涨,而所得税和销售税收入则在此时期显著下降。

财产税展示了其对于地方政府收入的关键性作用。在近期关于大衰退对于地方收入的一般影响研究中,尤其是财产税,阿尔姆(Alm)、布希曼(Buschman)和舍奎斯特(Sjoquist)总结道:

> 地方政府对于财产税的依赖明显多于对更富有弹性收入来源的依赖,如所得税、销售税和消费税——至少,从某种程度上——帮助了地方政府避免像其他政府那样在当今的经济环境中经历的严重困难。[13]

吉尔慈(Giertz)证明了当所得税及销售税收入下降时,财产税收入的增长具有类似的稳定性。虽然由于 2000 年股票市场下跌和 2001 年萧条而不太明显。[14]

税收中性/效率

税收中性,或是效率,要求税收应减少对私人经济决策的影响。导致纳税人调整其行为而最终使税负转移至其他人,或者做到完全避税,是尽量避免的或者减少的。从这个意义上讲,当经济行为人能调整他们的经济行为从而转移或规避税款,这种税就扭曲了私人经济决策,使经济走向低效率、低福利水平的情形。[15]作为一般的规律,这种无效率状态是最容易被拥有宽税基(如允许少部分的税收豁免、扣除和抵免)和低税率相结合的税制所避免。[16]

在这种情况下,理想的不动产税应该是宽税基的,它包括了所有形式的不动产(即土地、居住和商业建筑物,还有农业用地和政府所有的财产,非营利组织也同样如此)。另外,由于财产税的评估基于不动产,这在短期来说,是固定不变的,业主很难做到避税。因此,短期内税收的作用将对他们的经济决策影响很小。在这方面,财产税扭曲私人经济决策的现象将少于其他地方税——特别是当税基被选定为越广泛越好。

简便

如果税收是复杂的又是不易管理的,税收会在分配经济资源时产生扭曲。在这种情况下,纳税人或许不得不花费大量的人力物力去遵从税法,地方税务机关也会花费大量的人力物力用于征管。

财产税被普遍认为是被动纳税人(taxpayer-passive)的税种,因为纳税人面对最低的遵从成本。从另一个角度来说,财产税被认为给地方政府带来了很高的征管成本——这涉及准备及保存税收记录,每年评估财产税税基[17]、制作和上交税单、筹集税收收入,和当不及时缴纳税款时加强财产税的征缴管理工作。与其他年度现金流量必须被监控和核实的潜在的地方税源和税基(同时给纳税人和政府带来高昂的遵从成本)相比,财产税相对来说易于管理且对于纳税人有较低的遵从成本,除了会给纳税人和政府带来较高遵从成本的商业和工业财产外。[18]

从政府角度来看,财产税的另一个价值就是纳税人不能那么轻易地隐匿或移动不动产。因此，与所得税和销售税不同的是，不动产税是很难规避的。而且，财产保证了纳税义务的履行。如果财产所有者没能支付税收，则税务机关可对该项财产实施留置权。这种留置权防止财产被所有人出售或者被抵押，直到纳税义务被完全履行。如果税款未能征收，地方政府可以扣押和出售资产。地方政府扣除税收拖欠、罚款、应计利息、管理成本后，给予所有者剩余部分。然而财产税的出售是地方政府最后的手段，这一手段促进了纳税人依法纳税。

最后，财产税展示了对纳税人来说具有吸引力的遵从效益。大多数房产拥有者面对最低的遵从成本。不像繁重的（从遵从角度来说）联邦及州所得税那样，缴纳财产税不需要填写任何表格，一般来说也不需要有任何的计算。事实上政府计算财产税，而纳税人的角色开始和结束均在税款支付时。这样就不需要个人财产所有者在缴纳财产税时，产生专业税务咨询方面的费用（即会计师、律师），即使估定价值被上诉（除非终止在法庭上，这一般也是很少见的）。

公平

财产税资助了公共服务的提供。这些服务的成本是怎样在财产中分配的取决于财产税的公平性。在这个方面，财产税同时符合纳税的量能支付与受益原则。

不动产税中量能支付原则是基于以下两种原因。第一，一般的共识是房产的收益年流量（或者是商业和工业财产产生的类似收益年流量）在如今的所得税中将不被征收。[19] 换句话说，达成一致共识的是，所得税一般而言是不完美的，因为它不能包括全部的消费（或者没有实现的资产所得，如股票、债券和其他无形资产）。正如前面所讨论的，为了减少由于税收产生的个人决策的扭曲，所得税应该是全面的。这需要对所有形式的收入而言——无论是现金形式的收入、估算的收入、净财富的变化，或者以不动产形式如房产、住房服务的年流量——应该被计入税基中。

从这种角度来看，收益的年流量规避了纳税，公平与效率问题要求对资产征税。例如，对于住房，资产的价值是收到的住房利润年现金流资本化了的价值。这样，财产税，特别是对住宅和农业财产征税，是对不完美的所得税的必要补充。

第二，财产税是否符合支付能力取决于最终的经济影响如何（或者影响范围），财产税对于不同纳税人来说是不同的。大多数经济学家认为，财产税最终的影响范围取决于全部资本。据阿龙（Aaron）的研究，财产税影响的"新"观点认为"所有资产拥有者应承担财产税"，在很大程度上因为对所有土地的和资产商品的统一税将会减少资本拥有者回报率。[20] 因为财产和其他类型的资本，都集中于高收入阶层中，普遍认为财产税是累进税。

此外，财产税普遍认为是符合受益原则（benefits-received）的税种。因为财产税为公共服务提供资金——比如，警察、消防、道路养护——这些基于地点的定向服务的水平和质量有利于财产所有者，并增加了他们财产的价值。这些论点含蓄地假设了公共服务的效益是通过财产的市场价值比例来分配的。反过来，这隐含着支出的效益可以资本化于财产的价值中。

那么财产税,在某种程度上同时符合受益原则和量能支付的基本原则。然而,从根本上说,被实施的税收制度是通过对不动产价值界定、基于财富的纳税义务。因此,为了促进公平,必须评估在财产使用的类别里或者跨越财产使用的类别的全部财产价值。

此外,财产税的税基并不是每年观察得到的,而是评估得到的。为了对地方公共服务的融资达到合理分配责任的目的,财产应该根据税收目的统一评估。埃克特(Eckert)认为,不同财产税内部或各类型之间的统一,涉及对个人财产的公平、平等的待遇。估价的统一性要求在不同群体间对个人财产公平地对待(利用分类,居民区等)和在群体与群体之间也如此。当个人财产评估在市场价值同一比例下时,他们多数认为这是公平的。而且,最终的政策目标,应该是以100%的市场价值,对全部财产使用种类征收统一的财产税,这样才能促进透明度。[21]

统一的概念意味着财产税对待类似境地的纳税人是一样的,类似的不动产价值应该同等纳税。税收公平真正差异在于不同的待遇,削弱了纳税人对财产税税制的信心。试想一下房屋所有者发现,由于评估的限制,以及为实现税收目的的评估价格是基于购置价值时,他的邻居即使拥有基本上相同的房子,但仅仅由于他居住时间更长而支付很少的财产税。这种情况不仅滋长了对税收体制的讽刺与不信任,而且对政府的态度也同样如此。

至少从某种角度上说,财产税不能完美的代表支付能力,统一性要求高价值的财产应该比价值低的财产支付更多的财产税。换句话说,纳税人拥有的财产价值不同带来的税收差异应当与其财产潜在市场价值的差异成正比。

总体来说,基于传统标准评价税收体系,地方财产税的出现成为地方收入强有力的来源。当与其他潜在的当地税收收入相比,财产税是尤其具有吸引力的。

然而大多数的经济学家支持传统观点,由于立法工作努力的结果限制了地方政府利用财产税增加收入的能力,这种传统观点是被重新评估的。财产税的管理方式极大地影响了它的收入量、中立性、简便和公平。巴尔(Bahl)等认为,"不利的实践已经取代了很多对财产征税的潜在好处……在美国,这些年的投票者更倾向于在交易中采取公平的财产税,因为收入增长受到限制"。[22]

吉尔慈更直接地表明:

> 相对于广泛的税基来说,低税率对于一切形式的不动产都是一致的,在多数州的税收都有如下特点,一系列令人眼花缭乱的约束和优惠,包括分类税基、税率限制和收入限制,评估豁免、冻结和上限,熔断机制和商业的特殊刺激等。[23]

安德森(Anderson)总结认为,州立法机关通过评估限制、非年度评估、收入评估或是税率的限制等破坏了财产税的纵向和横向的公平,从而限制了个人财产税纳税义务的波动性。[24]

这些问题,以及这些年来与其相关的不动产税税基的腐蚀,将会在下面的章节进行详细的阐释。

不动产税税基的趋势

不动产税是这样的一种机制，它分担为社会群体提供地方公共物品和服务所产生的成本。它通过社会群体与财产税税基组成部分的关系分担这些成本。因此，这种趋势对财产税税基组成部分的影响是决定性的，在为社会群体成员提供商品和服务时，获得一个公平分配纳税义务的责任。

财产税在实质上可以是一般性的或是选择性的。一般性的财产税广泛应用于所有类型的财产，并对个人类型的财产一视同仁。相应的，一个有选择性的财产税的特点是面对不同类型的财产采取不同的税收制度。不同体现在很多方面，包括某些财产种类在税基中完全剔除，面对不同财产类型采取区别的税收待遇，或者两者相结合。

因此，一般的财产税应该对各类财产，如土地、附属于土地之上的改进部分、机器、日用商品、汽车和商业存货——以一种统一的方式征收，而无论财产的本质、它的用途或是归属权是怎样的。通常，一般从价财产税的税基是每种财产的市场评估价值。财产税的纳税义务取决于统一采取以财产的市场评估价值作为税基，并以单一法定税率进行征收。

反之，选择性财产税是对所有财产类别中定义明确的部分征收的，通常基于资产的类型、它的用途或者归属权。根据这些特点，一些财产可能会被完全或部分地剔除在财产税税基之外（比如商业机器、存货和宅基地产权）。

美国的财产税最初是一种选择性的财产税，对那些易定义的农耕经济的特定财产类型征税（如土地、附属于土地之上的改进部分和牲畜）。㉔税率普遍对物权而言（即按每单位多少美分征税，而不是像现在财产税一样按价值的百分比征收）。早在19世纪，有形资产的种类增加，无形资产的地位更加显著。结果，财产税在19世纪中期逐渐形成了一种更为一般的从价财产税，从而更加统一地应用于更为广泛的无论何种类型的资产集合之上。㉕

财产有两大分类——不动产和动产，不动产有两大组成部分——土地加任何永久性的附属于土地之上的改进部分。动产是除了不动产之外其他类型的资产，包括两大组成部分：有形资产和无形资产。有形资产包括诸如能看得见摸得着或是可移动的存货。它还包括如汽车、游艇、办公用品和机器等资产。相对地，无形资产没有任何物理特性，而是一些资格证书或是账户代表着资产的价值。设备是有形的动产还是不动产，取决于它们是否可以被移动，而不破坏所依附的不动产。

在过去几十年，财产税在美国又回到选择性财产税税制，侧重于一般的不动产上，尤其是房地产。动产税依旧存在着，但相对的重要性在降低。地方财产评估方面，动产税从1956年地方总体评估价值的17.2%下降到1986年仅存的9.8%。㉖根据国际估税官协会近期的研究显示，动产的重要性持续下降，2009年只有12个州对存货征税（而相比1999年有15个州），38个州对机器和设备征税（相对1999年

的 35 个州有略微的提升），7 个州对无形动产征税（相对 1999 年 10 个州征税来说是下降了）。㉘

与日俱增的住宅房地产的重要性

财产税税基的组成部分的重要趋势就是住宅房地产重要性的提升和商业与工业财产重要性的相对下降。根据统计数据显示，1956 年住宅房地产占总评估价值的 54.1%，而 1986 年占比上升至 61.2%。在同一时期，总评估价值中商业财产占比略微增加，从 1956 年的 16.6% 升至 1986 年的 17.3%。然而工业财产占比从 1956 年的 10.8% 下降至 1986 年的 7%。在同一时期，动产的相对重要性从 1956 年占总评估价值的 17.2% 下降至 1986 年的 9.8%。㉙但是，这些调查数据应予以谨慎对待。例如，数据展示了总体评估价值，并没有反映出部分豁免。这导致了这些数据可能夸大了住宅房地产的相对重要性。㉚

统计局 1987 年停止收集类似的数据，但是来自各州的实例研究表明，这种趋势是持续不减弱的。例如，吉尔慈证明了从 1982~2002 年，伊利诺伊州的房地产对于财产税税基的重要性日益增长（1982 年不到税基的 50%，而 2002 年超过税基的 60%）。这种趋势是在各州中住宅房地产价值稳定增长和不动产密集型制造业重要性减小的结果。㉛

鲍曼（Bowman）提供了选中的几个州内，住宅房地产在财产税税基中重要性日益增强的事实证据。

- 1978 年，政府统计局评估了弗吉尼亚州非农独栋住宅的房地产占不动产税税基的 60.6%，而来自弗吉尼亚大学的估计这个比例在 2005 年达到 71%。㉜
- 1987 年，政府统计局估计所有的俄亥俄州住宅房地产占不动产税基的 67.7%，而州数据估算这个比例在 2004 年达到 72.9%。㉝

格拉韦尔（Gravelle）和华莱士（Wallace）达成了共识，认为住宅房地产价值占当地财产税税基比例的重要性逐渐增加。对于评估价值的比例的估计可归因于住宅和商业、工业财产在 1981~2004 年各州数据得以按种类分解，他们总结道这些年房地产在样本州中的评估价值的份额占总体样本比例从 52% 增加到 64%。㉞

导致房地产份额占不动产税税基增加的因素

知识经济

高科技、服务业和知识经济都消极地影响着地方财产税税基。当重工业领导着美国经济，财产税税基的大部分都被认为是商业用地、工厂和设备。工厂和重型设备，以及大量的商业所有土地，在 20 世纪的大部分时间中用财产税收入填补了地方政府的资金。

然而，现代商业更加依赖于电脑和科技，更少的工厂和设备与大型制造企业相联系。㉟这些商业没有非常多的不动产，由于缺少所有权导致商业方面财产税收入的减少。㊱实际上，整体经济中均出现明显的资本劳务比的下降，这抑制了一些类型应税资产的增长。㊲这使得财产税税负从商业转移到住宅资产。㊳

另外，新经济使财产税产生了其他问题。资本密集型的公司（即那些拥有相对大量的工厂和设备）现在与高科技或以服务为中心的企业对比来说，承担了更大份额的商业和工业财产税的纳税义务。㊴这种不公平性破坏了税基，尤其是在商界中。这种不公平可能会为了地方政府增加就业而引起资本密集型公司低税负的要求。

就业竞争

2000~2009年，美国并没有净新增就业增长。因此，一些州和地方政府对此做出反应，增加了过多的表面上所谓的财产税创新，以此来刺激经济增长和工作进步。

沃斯默（Wassmer）把各州之间财产税对商业的创新带来的增长记录在册。㊵沃斯默采取"独立的财产减税计划"（SAPTAPs）的分类方法：（1）允许为指定的制造业、商业或是零售业，实行完全或是部分的财产税义务的减除；（2）施加减除的时间限制；（3）除减轻财产税负外有明确的目标；（4）不需要与其他州或地方经济发展项目一同实施。沃斯默在1963年确定了14个州的这些项目，㊶在2007年确定了35个州的这些项目。2007年，6个其他州有财产税减除的项目，但并不符合SAPTAP的定义。他总结说，对于州、地方而言，理论和实践证据表明减除作用很小，但耗尽了整个财产税税基。㊷

特惠待遇

以土地类型为基础，大多数州提供多样化的项目扩大了特惠待遇范围，包括多种财产。附录11.3表明所有50个州都提供对于农田的优惠待遇，30个州为林地提供优惠待遇，23个州对空地提供优惠待遇，11个州为历史性建筑保护提供优惠待遇。这种优惠待遇可能会包含基于所有权和使用类型对特定财产的全部的计税价值的减免；或可能通过特惠评估减少此类财产的计税价值。另外，多数州提供了对于非营利组织财产税的优惠，通过免除非营利组织不动产的财产税。

一般来说非营利组织所拥有的财产，当然也不总是会被免除财产税的。利用联邦储备金监察小组账户的现金流数据，鲍曼和其他人一起评估了非营利组织的不动产价值，从2000年12335亿美元增加到2005年17928亿美元——5年来产生了45%的增长率。㊸

另外，所有50个州都有项目提供农田的特惠评估。通常，农田以及在很多州的林地和空地，以其使用价值而不是市场价值来衡量纳税价值。多数的州不会评价项目对于财产税税基的影响，但是一些税式支出预算中会估计由于这些特惠待遇而减少财产税税收收入。例如，明尼苏达州估计2006年他们的绿色土地项目使财产税收入减少了4280万美元，他们的空地项目使财产税减少了510万美元；2006年农田的特惠待遇使内布拉斯加州损失了1.459亿美元的财产税收入。2005~2007年，

俄勒冈州地方政府失去了 1.81 亿美元的财产税收入，得克萨斯州地方政府也少了 16 亿美元的财产税收入。㊹

格林（Green）和韦斯（Weiss）估计威斯康星州的农田特惠待遇减少了农用土地计税价值的 44%。堪萨斯州特惠待遇的影响尤为显著，据估计农用土地的市场价值是计税价值的 5 倍。㊺

对住宅不动产日益增长的重要性的反应

由于住宅不动产所有者承担的财产税纳税义务的比例不断加大，立法者和当地竞选的官员致力于出台政策减轻这种负担也就不足为奇了。这种朝着限制不动产财产税的趋势愈演愈烈，直到财产税逐渐变得不受欢迎。

历经 20 年的时间，政府间关系咨询委员会进行了关于税收与政府的公共关系的调查。1972（调查的第一年）～1979 年，财产税被视为是最差的，或最不公平的税种，紧接着是联邦所得税。1979～1993 年（调查的最后一年）财产税被视为是倒数第二差或最不公平的税种，排在联邦所得税之后。

将近 10 年之后，财产税依旧被认为是最差的税种，22% 的调查者这样认为，相对比来说 30% 的调查者认为联邦所得税是略失公平的税种。㊻最近，盖洛普、美国有线电视新闻网以及《今日美国》的民意调查显示在 2003 年 4 月，38% 的美国人认为地方财产税是最差的税种，相比之下 21% 的人认为联邦所得税是最差的税种。这种情况使得更多的人倾向于完全消除财产税。㊼

在某种程度上，财产税在纳税人中间并不受欢迎，是因为这是一种基于财富缴纳的税款，必须以当前收入进行支付。当房地产价格的市场价值比收入有更大的增长，人们感到越来越大的财产税责任的压力。事实上，州政府在考虑减少财产税时的一个共同的主题是纳税义务的增长速度，特别是房主（即投票人），这就产生了所谓的"月支付问题"（monthly payment problem）。㊽

在过去的几十年中，出现了很多为房地产所有者提供直接和间接财产税优惠的尝试。直接财产税优惠减少了个人财产所有者的纳税义务。间接财产税优惠则通过为地方政府提供可选择的自有资源收入或是更多地依赖于政府补助，减少了财产税。阿尔姆（Alm）、斯韦特（Sweat）和斯托伊切娃（Stoycheva）在他们的书中探索收入多元化的问题——通过增加对用户收费与地方销售税和所得税的依赖。这里的重点在于用于减轻直接财产税的方式。

财产税税率和征税限制

根据附录 11.4 的数据可知，36 个州施加了对于财产税率的限制，征税权在地方政府。多数税率被立法所限，但是有些包含在州的宪法中。一些税率被限制不能有任何的增加，然而在一些特定的情况下才能够改变。例如，亚拉巴马州、俄亥俄州和密歇根州，允许在多数选民的支持下提高税率，而俄勒冈州和内布拉斯加州需要绝对多数投票选民赞成方可。⑭

附录11.4的数据表明，34个州的地方政府施加对财产税征收的限制。在一些州，财产税收入的年增长率受到限制。在其他情况下，这种限制允许增长反映人口增长和通货膨胀的总和。在多数州，征税的限制可以被选民或是税务管辖权的立法机关撤销。⑮

根据附录11.4的数据，25个州都有财产税税率和征税限制，然而其他7个州没有。

这种财产税税率和征税限制局限了地方政府通过财产税增加收入的能力。然而，这种优惠，对于所有财产所有者来说都是同样有利的。因此，通过保持财产税管理的均衡性和不产生税制扭曲的方式，财产税税率和征税限制阻碍了财产税纳税义务的增长。

分类

州立法者和当地决策者试图对不同使用类型的土地施加不同的影响。例如，财产分类的明确政策目标在于引进不同且有效的财产税税率——税收是不同比例的市场价值——根据不同的土地用途。⑯一般分类的财产税有两种实现方式。多数州采取分类的财产税系统，通过对不同的土地利用种类采取不同评估价值来实现预期目标。或者，很多州通过实行差别税率，而对所有种类的财产统一估值，来实现目标。

塞克斯顿（Sexton）认为25个州有某种形式的分类财产税系统。有份名单显示19个州根据土地利用类型的不同改变估值比率来改变有效税率；6个州根据土地使用类型提供了差异税率，改变有效税率。⑰鲍曼认为如果包括对那些分类有地方选择权的州，以及有些州在不动产税收与其他财产税收比例方面有一定历史上的持续性，那么这类州的数量则将近30个——这就是戈德（Gold）所称的多样化分类。⑱

评估限制

分类的财产税系统通过对土地使用分类，采取不同的有效税率，实现将住宅不动产的纳税义务部分向商业和工业财产转化的目的。而评估限制则更进一步地在同一土地使用类型，或是不同的土地使用类别之间制定不同的有效税率。这种规定限制破坏了财产税管理中统一性的概念，从而渐渐破坏了财产税的效率和公平。

泰瑞·A. 塞克斯顿（Terri A. Sexton）认为19个州和哥伦比亚特区拥有对评估价值增长某种形式的限制。⑲根据塞克斯顿的研究，19个州中的15个是遍及全州的、统一的评估限制，3个州（康涅狄格州、佐治亚州和伊利诺伊州）提供了评估限制作为地方的选择，纽约州授权评估限制在纽约市和纳苏郡。10个州——阿肯色州、加利福尼亚、科罗拉多州、佛罗里达州、佐治亚州、密歇根州、俄克拉何马州、俄勒冈州、南卡罗来纳州和得克萨斯州——将评估限制写入宪法修正案。

评估限制随州的不同而变化，从加利福尼亚州的2%到明尼苏达州的15%。其他州的评估限制主要有：佛罗里达州、俄勒冈州和新墨西哥州的3%，南卡罗来纳州五年间的15%，阿肯色州、密歇根州和俄克拉何马州的5%，纽约市在6%~8%之间浮动，伊利诺伊州库克郡的7%，亚利桑那州、哥伦比亚特区、马里兰州及得克萨斯州的10%。佐治亚州提供了评估冻结的地方选择权利，159个郡（县）中的19个已经冻结了住宅的价值。不像其他州，艾奥瓦州对财产的分类实施了4%的评估限制（住宅的、农业的和商业的）而不是针对个人的物品。科罗拉多州也实施了一个综合性的覆盖，限制住宅部分的税基达到税基总量的45%。⑤

多数州对于评估价值的限制有一个规定叫作"购置价值特征"，在财产易主的状况下，它重新校准了评估的价值以反映市场价值。只有三个州——亚利桑那州、明尼苏达州和俄勒冈州——没有采用在18个州中实行的"购置价值特征"，限制个人宗地的评估价值的增加。⑥

当财产被出售时，重新设定价格反映市场价值破坏了横向公平。财产税系的横向公平意味着类似的财产承担类似的税收负担。在购置价值功能的系统下，长期所有者比那些拥有类似价值的新的财产所有者税收负担少一些。⑦奥沙利文（O'Sullivan）、塞克斯顿和谢夫林（Sheffrin）计算了一个洛杉矶新财产所有者1991年出售财产将比一个自1975年就住在那儿的同样财产所有者多交5倍多的税款，评估价值基础将以每年2%的比例增长。⑧在对4个地区的研究中（阿拉梅达、洛杉矶、圣贝纳迪诺和圣马特奥），奥沙利文、塞克斯顿和谢夫林发现加利福尼亚州的"购置价值"系统一般来说相对于其他房主，更有利于低收入房主和老人，因为他们移动的没那么频繁。⑨

购置价值特征产生了对人们迁移的反激励作用，因为一旦财产所有者出售或购买一处新房的时候，他们会损失税额优惠。所有者持有的时间越长，他们所获得的税收好处越多。即使居民搬到一个相同或更少价值的住处，财产税责任也会急剧增加。面对财产税的大幅增加，越来越多的家庭可能将不会搬到一个更大的房子里，这样将为初级房地产市场增加压力。年长者可能不会搬到一个更小的房子里。房主可能不会重置一份工作并适应更长的上下班时间。这种不鼓励移动就是所谓的锁住效应（lock-in effect）。⑩

加利福尼亚在1986年通过"第60号提案"，这允许55岁或更年长的房主转移他们之前房屋的评估价值到相同或是更少的并位于同一郡（县）的新房中。这种可转移的特点允许在一生中只有一次。1988年的"第90号提案"允许在经过郡（县）同意的情况下，年长的房主可以转移评估价值到处于不同郡（县）的新房中。⑪

塞克斯顿认为购置价值财产税带来了另一个转移的交易成本。⑫它在经济福利中由于"次优的住房消费"产生了损失，低效的劳动市场产出，更长的通勤附加环境和拥挤的成本，为年轻和年老的住房购买者提供较少的住房供给，并减少对房主"用脚投票"的鼓励，因此阻碍了当地公共产品有效的供给。⑬

评估限制一般来说被认为是最无效且最不公平的，也是对于减轻财产税最没有效率的方式。评估限制对那些财产增长速度很快的情况来说，减轻了财产税税负。

这种限制导致财产在不同类别间和同类财产中大量的财产税税负转移和有效财产税税率差异的产生。简而言之，它们是最具有破坏性的减少财产税的工具，因为它们慢慢破坏了当地财产税的适当性、效率和公平。

财产税的未来

财产税是地方财政的主要支柱，它为政府提供了相对稳定的收入来源，尤其是在经济大衰退的2007~2009年那些对财产税有依赖的政府。但是按照所公认的标准进行评估，不动产税在地方收入方面表现得没那么好，因为威特（Witte）说过："随着财产税宽税基被破坏，令人困惑和不清晰混杂的特别规定不断积累。"[64]

接下来的挑战就在于，如何使财产税重新成为宽税基、低税率的税种，以保持并加强房产税在资助关键的地方政府服务提供方面的作用。

戴伊（Dye）考虑了未来财产税的形式和什么会代替财产税成为地方收入的来源。他总结了考虑到州和地方政府现有的预算负担与财产税在地方财政方面的重要作用，很难想象财产税收入的急剧减少能够持续。[65]

戴伊提出了四条未来促进财产税的建议：

• 关注财产税限制的特征，并确保存在被选民所推翻的合理条件，从而保证地方控制；

• 考虑用其他的方式扩大财产税限制；

• 为财产税税负的纵向分布提供良好的教育，改善信息和策划如何才能扩大受众群体；

• 为财政变化提供更好的信息，这是州和地方政府面对人口老龄化现象亟须解决的问题，因此需要更加关注财产税在州和地方财政方面的重要作用。[66]

这种考虑被布鲁诺里（Brunori）重复强调，他指出重建财产税最重要的第一步就是，教育大众关于这种特殊收入来源相对于潜在的地方收入来源的优点。这需要让大众意识到很多对税收制度的政府改革，在很大程度上是对公众关心的回应。[67]

一部分的问题是用于描述纳税人对纳税账单增长的速度比收入还快的失望的术语。年轻人认为，"多数情况下，'累进'只是一个税收不公平的戏剧化说法"，一系列的计划通过教育纳税人和政策制定者，增强了财产税的作用。政策制定者和分析者需要做更多努力，以解释纳税累退性的问题。在热烈的讨论中，伴随着低收入者们的税负不成比例地降低，财产税被视为是递减的。然而，在理论上和实践中，税额却都不是递减的。

怎样做才能证明财产税是公平的？很多事情看上去都是有条不紊的。首先，政策制定者应该以评估的一致性为目标，但是这些年都摒弃了这一目标，从而导致税收不公平显而易见。其次，只要一致性目标恢复了，那就要考虑一系列不同类型的税收免除，以及它们的成本和效益。这将是财产税税式支出预算中的一部分。

费雪（Fisher）表达了这样的观点：财产税主要的关注点在于他所说的"按月支付问题"（monthly payment problem）。在这方面，政策制定者应该避免对所有纳税人提供财产税的减免，并把这种减免侧重于那些与现实收入相联系的高财产税税负纳税人。用于解决这一问题的合适的政策工具是"熔断机制"。

蓬波（Pomp）提供了一系列的建议，虽然都算合理但是很难实际应用。特别是，他提出财产只能被经地方政府批准的免税机构购置，限制土地资格的豁免数量，设置免除财产数量的金额限制，对免税机构征收使用费（或是对税收留置权的支付），以及由于政府行为要求国家补偿地方政府过去的收入。

在对减少理想与现实财产税系统的差距的解决方法的研究中，威特建议增强财产税系统的透明度有助于明确各种财产税项目中居民的成本与效益。他提到这两个工具增强了总体的透明度：首先，实体税法给予了投票人更多关于财产税和财产税税率的信息。纳税人需要更多的与个人房屋所有者日益增长的财产税纳税义务相关因素的信息。财产税的增加究竟是源于财产价值的上涨，还是地方决策制定者增加了财产税税率？当纳税人被充分告知财产税收入的变化和相应的财产税税率的变化时，透明度和责任都得到了提高。

其次，有人认为，税式支出的预算决定了公共政策，而这些公共政策剥夺了地方政府的财产税收入，并最终导致税收合法性的扭曲。然而税式支出不应该仅仅被看作政府会计和报告系统。萨里（Surrey）认为在税法中这些特别规定相当于对任一纳税人按全税率征税，之后通过纳税人补贴活动给予纳税人优惠待遇。因此，税式支出不应该被看作收入政策，而是支出计划。

似乎是税收改革问题转变为支出改革问题，税式支出的定式思维涉及了探寻与支出项目相关联的不同问题集合：项目的目的是什么，怎样的方法达到成本效益，什么是项目的分配的结果，以及项目应该被直接支出项目所取代么？

地方财产税的税式支出预算应该包括以下信息类型：
- 每种财产税减免机制的描述；
- 每种财产税减免机制的成本与同一财政年度所减少的收入；
- 每种财产税减免机制未来几年的评估成本，允许与其他提出的支出相对比；
- 每种财产税减免机制的相关法律依据和制定年度；
- 那些纳税人从每种财产税减免机制中有收益的详情。

为地方财产税制定这样一种税式支出预算会带来以下收益：
- 出于对每种财产税救济减免机制的成本和效益的考虑，提高透明度是预算过程中很明确的一部分；
- 通过要求州和地方的政策制定者每年考虑和同意与每种财产税减免机制相关的成本和收益分配来鼓励纳税责任；
- 财产税的减免被当作一种更加明智的方式，因此这种减免应侧重在最需要的方面在州和地方政府所预知收入的最低总成本的水平上；
- 提升纳税的效率，通过扩大财产税税基和降低税率，需要增加一定量的税收收入。

提升财产税的税式支出预算会形成这样的环境：那就是财产税的减免目标设定在最需要的方面，而减少或是消除那些不必要的减免，从而才能扩大税基。

附录

附录11.1　2008年总财产税收入依赖度（不动产和动产）

名称	占一般收入百分比（%）	占自有收入百分比（%）	占税收收入百分比（%）	人均财产税（美元）	每一千美元个人所得中财产税数额（美元）
美国	28.30	45.30	72.30	1306	32.85
亚拉巴马州	11.60	19.80	40.30	430	12.78
阿拉斯加州	26.20	44.40	75.30	1438	33.19
亚利桑那州	22.70	38.70	62.50	893	27.09
阿肯色州	9.90	22.90	41.60	273	8.74
加利福尼亚州	22.30	39.50	73.50	1373	32.17
科罗拉多州	26.70	36.20	61.20	1241	29.29
康涅狄格州	56.70	83.40	97.70	2378	42.27
特拉华州	23.20	45.80	77.40	693	16.96
哥伦比亚特区	17.20	24.60	32.00	2920	44.93
佛罗里达州	33.50	46.60	80.70	1651	42.26
佐治亚州	26.40	38.60	65.10	1047	30.81
夏威夷州	47.90	57.90	78.90	973	24.03
爱达荷州	22.30	37.90	91.70	775	24.11
伊利诺伊州	37.20	56.40	81.90	1646	38.82
印第安纳州	29.90	46.90	88.40	1086	31.86
艾奥瓦州	29.80	46.80	80.00	1239	33.77
堪萨斯州	30.80	47.30	76.50	1288	33.91
肯塔基州	19.10	32.50	55.50	533	16.75
路易斯安那州	15.20	24.20	40.20	633	17.45
缅因州	48.50	74.50	98.70	1610	45.51
马里兰州	25.10	38.20	50.10	1062	22.07
马萨诸塞州	43.00	72.20	96.50	1795	35.37
密歇根州	28.10	52.80	92.20	1186	33.59
明尼苏达州	24.50	45.10	92.50	1134	26.52

续表

名称	占一般收入百分比（%）	占自有收入百分比（%）	占税收收入百分比（%）	人均财产税（美元）	每一千美元个人所得中财产税数额（美元）
密西西比州	20.30	37.00	92.10	765	25.88
密苏里州	26.50	38.40	61.20	922	26.18
蒙大拿州	30.10	52.40	96.40	987	28.81
内布拉斯加州	32.10	44.80	75.70	1392	36.9
内华达州	22.50	36.80	67.60	1163	28.82
新罕布什尔州	55.00	80.70	98.40	2029	47.37
新泽西州	53.70	76.60	98.00	2615	51.35
新墨西哥州	14.10	32.20	50.80	537	16.75
纽约州	26.00	40.00	53.60	2005	41.7
北卡罗来纳州	23.00	39.50	75.50	853	24.78
北达科他州	32.60	52.90	85.60	1151	29.26
俄亥俄州	26.10	43.50	66.10	1182	33.28
俄克拉何马州	18.60	30.70	53.00	580	15.72
俄勒冈州	26.60	44.50	80.60	1118	31.08
宾夕法尼亚州	28.10	47.90	70.40	1243	30.88
罗得岛州	52.50	79.30	97.60	1963	47.87
南卡罗来纳州	26.40	39.80	82.80	958	30.03
南达科他州	32.70	48.00	72.90	1068	28.57
田纳西州	23.20	34.60	62.60	751	21.89
得克萨斯州	34.90	51.00	80.40	1379	35.74
犹他州	25.00	41.20	68.00	811	26.76
佛蒙特州	17.30	56.40	93.80	591	15.19
弗吉尼亚州	33.80	53.10	73.80	1358	31.66
华盛顿州	20.00	31.30	57.10	926	21.87
西弗吉尼亚州	25.60	46.40	79.70	680	22.04
威斯康星州	36.10	63.70	93.80	1547	41.45
怀俄明州	22.70	38.00	76.10	1842	37.05

资料来源：US Bureau of Census, Statistical Abstract of the US (2010), selected tables; US Bureau of Census, Government Finances (2008)。

附录 11.2　财产税的有效税率（2006 年和 2009 年）

分类	中等价位的城市住房							
	2006 年				2009 年			
	州名称	城市	中间值（美元）	有效税率（%）	州名称	城市	中间值（美元）	有效税率（%）
最高的5个有效税率	密歇根	底特律	156200	3.33	密歇根	底特律	10735	3.26
	纽约	布法罗	99800	2.46	康涅狄格	布里奇波特	380200	2.71
	宾夕法尼亚	费城	215100	2.43	伊利诺伊	奥罗拉	204300	2.69
	伊利诺伊	奥罗拉	265600	2.40	宾夕法尼亚	费城	211000	2.62
	威斯康星	密尔沃基	214900	2.32	纽约	布法罗	115400	2.39
最低的5个有效税率	夏威夷	檀香山	620000	0.34	夏威夷	檀香山	569500	0.28
	科罗拉多	丹佛	247500	0.53	科罗拉多	丹佛	223700	0.53
	纽约	纽约市	454100	0.59	南卡罗来纳	哥伦比亚	137900	0.54
	怀俄明	夏延	165000	0.65	马萨诸塞	波士顿	336100	0.55
	马萨诸塞	波士顿	379500	0.65	亚利桑那	凤凰城	131000	0.59

资料来源：Minnesota Taxpayers Association (2010)。

附录 11.3　财产税的显著特征：财产的特惠待遇（2008 年）

州名称	农田	林地	遗址*	空地
亚拉巴马州	×		×	
阿拉斯加州	×			
亚利桑那州	×			×
阿肯色州	×	×		
加利福尼亚州	×	×	×	×
科罗拉多州	×	×		×
康涅狄格州	×	×		×
特拉华州	×	×		
哥伦比亚特区			×	
佛罗里达州	×		×	×

续表

州名称	农田	林地	遗址*	空地
佐治亚州	×	×	×	×
夏威夷州	×		×	
爱达荷州	×	×		
伊利诺伊州	×	×	×	×
印第安纳州	×	×		
艾奥瓦州	×		×	
堪萨斯州	×			
肯塔基州	×			
路易斯安那州	×			
缅因州	×	×		×
马里兰州	×			
马萨诸塞州	×	×		×
密歇根州	×	×		×
明尼苏达州	×	×		×
密西西比州	×			
密苏里州	×	×		
蒙大拿州	×	×		
内布拉斯加州	×			
内华达州	×			×
新罕布什尔州	×	×		×
新泽西州	×			
新墨西哥州	×			
纽约州	×	×		
北卡罗来纳州	×	×	×	
北达科他州	×			×
俄亥俄州	×	×		×
俄克拉何马州	×			
俄勒冈州	×	×	×	×
宾夕法尼亚州	×	×		×
罗得岛州	×	×		×
南卡罗来纳州	×			

续表

州名称	农田	林地	遗址*	空地
南达科他州	×			
田纳西州	×			
得克萨斯州	×	×		×
犹他州	×	×		×
佛蒙特州	×			
弗吉尼亚州	×	×		×
华盛顿州	×	×		×
西弗吉尼亚州	×	×		×
威斯康星州	×	×	×	
怀俄明州	×	×		

注：* 不包括遗址因修缮而价值增加导致的财产税减免。

资料来源：Lincoln Institute of Land Policy and George Washington Institute of Public Policy, "Significant Features of the Property Tax," https://www.lincolninst.edu/subcenters/significantfeatures-property-tax.

附录 11.4　财产税的显著特点：财产税征收的州限制

州名称	征收限制	税率限制
亚拉巴马州		×
阿拉斯加州	×	×
亚利桑那州	×	×
阿肯色州	×	×
加利福尼亚州		×
科罗拉多州	×	×
康涅狄格州		
特拉华州	×	
哥伦比亚特区	×	×
佛罗里达州		×
佐治亚州		×
夏威夷州		
爱达荷州	×	×
伊利诺伊州	×	×
印第安纳州	×	×
艾奥瓦州		×
堪萨斯州		

续表

州名称	征收限制	税率限制
肯塔基州	×	×
路易斯安那州	×	×
缅因州	×	
马里兰州		
马萨诸塞州	×	×
密歇根州	×	×
明尼苏达州	×	×
密西西比州	×	
密苏里州		×
蒙大拿州	×	×
内布拉斯加州	×	×
内华达州	×	×
新罕布什尔州		
新泽西州	×	
新墨西哥州	×	×
纽约州	×	×
北卡罗来纳州		×
北达科他州	×	×
俄亥俄州	×	×
俄克拉何马州		×
俄勒冈州		×
宾夕法尼亚州	×	×
罗得岛州	×	
南卡罗来纳州	×	
南达科他州	×	×
田纳西州		
得克萨斯州	×	×
犹他州		×
佛蒙特州		
弗吉尼亚州	×	
华盛顿州	×	×

续表

州名称	征收限制	税率限制
西弗吉尼亚州	×	×
威斯康星州	×	×
怀俄明州	×	

资料来源：Lincoln Institute of Land Policy and George Washington Institute of Public Policy, "Significant Features of the Property Tax," https：//www.lincolninst.edu/subcenters/significant-features-property-tax。

注释

① 美国统计局收集和出版的关于州和地方财产税收入的信息。报告的收入数据包括不动产和动产的税收收入。

② 美国统计局（2006）定义了财产税收入，包括来自不动产的一般财产税收入（如土地和建筑物）还有个人财产，可能是有形财产（如汽车和游艇）或是无形财产（如银行账户、股票、债券）。一般销售税收入包括对适用于全部类型的应收货物和服务或是所有的收入总额征税，无论是单一税率还是分类税率；还包括销售使用税。个人所得税是对个人净收入所得，和对特殊类型收入征收的税（如利息、股息、无形资产的所得等）。对于地方政府来说，个人所得税包括工资、奖金和其他补助，居民和非居民所得均应成为政府征税来源。

③ 州和地方政府用平减物价指数来调整通货膨胀。它调整州和地方政府的工资和奖金，也包括整个范围政府购买的估计。平减指数在 2005 年等于 100，能够在以下网址找到 http：//www.bea.gov/national/nipaweb/tableview.asprselectedtable＝13&viewseries＝no&java＝no&request3place＝n&3place＝n&fromview＝yes&freq＝year&firstyear＝1972&lastyear＝2008&3place＝n&update＝update&javabox＝no。

④ 公共部门的一般收入有四种类型：税收、政府间收入、现行的收费和一般杂项收入。税收是政府以公共目的强制征收的款项，不同于雇员和雇主评估并缴纳的退休与社会保险系统中的款项。税收收入包括所征收的所有税（含利息和罚款）减去同一时期保护性支出和已退的数量。它包括了全部政府征收的税收，无论是政府亲自征纳的税款还是依赖于其他部门作为一个征纳机构征收的税款。见美国统计局（2006）。

⑤ 1972 年、1997 年和 1982 年的数据来自 1982 Census of Governments，Volume 6：Topical Studies，Number 4：Historical Statistics on Government Finances and Employmet，selected tables，GC82（6)-4。1992 年、2002 年和 2007 年政府财政数据来自每年 Census of Governments，可以从以下地址获取 http：//www.census.gov/govs。2008 年政府财政数据来自州和地方政府财政年度系列数据，也从同样的地址获取。人口和个人收入的数据来自 2010 年美国数据摘要，获取地址 http：//www.census.gov/compendia/statab/。

⑥ 肯塔基州（32.5%），新墨西哥州（32.2%），华盛顿州（31.3%），俄克拉荷马州（30.7%），路易斯安那州（24.2%），阿肯色州（22.9%）和亚拉巴马州（19.8%）。

⑦ 佛蒙特州（591 美元），俄克拉荷马州（580 美元），新墨西哥州（537 美元），肯塔基州（533 美元），亚拉巴马州（430 美元）和阿肯色州（273 美元）。

⑧ 路易斯安那州（17.45 美元），特拉华州（16.96 美元），肯塔基州（16.75 美元），新墨西哥州

(16.75 美元),俄克拉何马州 (15.72 美元),佛蒙特州 (15.19 美元),亚拉巴马州 (12.78 美元) 和阿肯色州 (8.74 美元)。

⑨ Bell and Kirschner (2009).

⑩ 明尼苏达州纳税人协会确定的有效财产税税率,假设财产税计算包括五个不同组成部分:"真正"的市场价值 (TMV);地方评估/销售率 (SR);法定分类税率,决定了评估者预计的市场价值份额是应税的 (CR);总体地方财产税税率 (TR);适用的财产税抵扣 (C)。这种净财产税=TMV×SR×CR×TR-C。个人净财产税税额与真正的市场价值相比,从而确定有效财产税税率。

⑪ Minnesota Taxpayers Association (2010).

⑫ Witte (2009), 314.

⑬ Alm et al. (2010), 23.

⑭ Giertz (2006).

⑮ Fisher (1996), 303.

⑯ NCSL (1992).

⑰ 财产税与其他的州和地方税不同,因为税基、评估的市场价值,都必须由政府决定。财产税是对财富征的税,股票并不是每年都要变动。相比来说,个人所得税或一般销售税的税基是基于每年的经济流而确定的。

⑱ Bowman (1998), 132; Brunori (2007), 48-50.

⑲ Stiglitz (1988), 545-546.

⑳ Aaron (1975), 38-55.

㉑ Eckert (1990), 516.

㉒ Bahl et al. (2010), 14.

㉓ Giertz (2006), 695.

㉔ Anderson (2006), 692-693.

㉕ Lynn (1969).

㉖ Wallis (2001) 描述了财产税如何由 19 世纪固定数量的农业用地演化到一个从价税,因为从价税可以使财产税更加公平。

㉗ Bowman (1995), 8, table 1.3.

㉘ Dornfest et al. (2010), 12, table 8.

㉙ Bowman (1995), 8, table 1.3.

㉚ Cornia (1995), 26-27.

㉛ Giertz (2006), 697-698.

㉜ Bowman (2007), 32.

㉝ 同上。

㉞ Gravelle and Wallace (2009), 37.

㉟ Bonnet (1998).

㊱ Strauss (2001).

㊲ Gravelle and Wallace (2009), 26.

㊳ Strauss (2001).

㊴ Green, Chevrin, and Lippard (2002).

㊵ Wassmer (2009).

㊶Johnson（1962），table 1，and Bridges（1965），table 1.
㊷Wassmer（2009），249.
㊸Bowman，Cordes，and Metcalf（2009），274，table 9.1.
㊹同上，table 9.3。
㊺Green and Weiss（2009），64-65.
㊻Kincaid and Cole（2001），207.
㊼Fisher et al.（2010）.
㊽同上，197。
㊾Yuan et al.（2009），155.
㊿同上，155-156.
51关于财产税分类讨论见 Bowman（2009，1998）。
52Sexton（2003）.
53Bowman（2009），93-94.
54Sexton（2009），table 5.1.
55Haveman and Sexton（2008），8，12-15；Sexton（2009），table 5.1.
56Haveman and Sexton（2008），14.
57同上，26。
58O'Sullivan，Sexton，and Sheffrin（1995）.
59O'Sullivan et al.（1994）.
60Sexton（2008）.
61同上。
62同上。
63同上；O'Sullivan et al.（1995）。
64Witte（2009），314.
65Dye（2010），231.
66同上，232-235。
67Brunori（2007），124-125.
68Fisher（2009）.
69对于不同类型减免额项目的讨论，见 Bowman（2009）；Bowman，Kenyon，Langley and Paquin（2009）。
70Pomp（2002），389；Brunori（2007），130.
71Witte（2009），332-333.
72Gravelle（2005），406-408；Ladd（1994），50-51.

参考文献

Aaron, Henry J. (1975). *Who Pays the Property Tax: A New View*. Washington DC: The Brookings Institution.

Alm, James, Robert Buschman, and David L. Sjoquist (2011). "Rethinking Local Government Reliance on the Property Tax." *Regional Science and Urban Economics* 41 (4): 320-331.

Anderson, Nathan B. (2006, September). "Property Tax Limitations: An Interpretive Review." *National Tax Journal* 59 (3): 685-694.

Augustine, Nancy, Michael E. Bell, David Brunori, and Joan M. Youngman (Eds.) (2009). *Erosion of the Property Tax Base: Trends, Causes and Consequences*. Cambridge, MA: Lincoln Institute of Land Policy.

Bahl, Roy, Jorge Martinez-Vazquez, and Joan Youngman (2010). "Whither the Property Tax: New Perspectives on a Fiscal Mainstay." In *Challenging the Conventional Wisdom on the Property Tax*, edited by Roy Bahl, Jorge Martinez-Vazquez, and Joan Youngman. Cambridge: Lincoln Institute of Land Policy. 3-14.

Bell, Michael E., David Brunori, and Joan M. Youngman (Eds.) (2010). *The Property Tax and Local Autonomy*. Cambridge, MA: Lincoln Institute of Land Policy.

Bell, Michael E., and Charlotte Kirschner (2009). "A Reconnaissance of Alternative Measures of Effective Tax Rates." *Public Budgeting and Finance* 29 (2): 111-136.

Bonnet, Thomas W. (1998). *Is the New Global Economy Leaving State and Local Tax Structures Behind?* Washington, DC: National League of Cities.

Bowman, John H. (1995). "Taxation of Business Property: Overview." In *Taxation of Business Property: Is Uniformity Still a Valid Norm?* edited by John H. Bowman. Westport, CT: Praeger. 1-23.

Bowman, John H. (1998). "Real Property Taxation." In *Taxing Simply, Taxing Fairly: District of Columbia Tax Revision Commission*. Washington DC: Greater Washington Research Center. 119-201.

Bowman, John H. (2007). *Issues in State and Local Finance: Questions and Answers on Selected Topics with an Emphasis on Property Taxes*, unpublished manuscript prepared for the Lincoln Institute of Land Policy, Cambridge, MA.

Bowman, John H. (2009). "Residential Property Tax Relief Measures: A Review and Assessment." In *Erosion of the Property Tax Base: Trends, Causes and Consequences*, edited by Augustine et al. Cambridge, MA: Lincoln Institute of Land Policy. 73-110.

Bowman, John H., Daphne A. Kenyon, Adam Langley, and Bethany P. Paquin (2009). *Property Tax Circuit Breakers: Fair and Cost-Effective Relief for Taxpayers*. Policy Focus Report, Cambridge, MA: Lincoln Institute of Land Policy.

Bowman, Woods, Joseph Cordes, and Lori Metcalf (2009). "Preferential Tax Treatment of Property Used for Social Purposes: Fiscal Impacts and Public Policy Implications." In *Erosion of the Property Tax Base: Trends, Causes and Consequences*, edited by Augustine et al. Cambridge, MA: Lincoln Institute of Land Policy. 269-294.

Bridges, Benjamin (1965). "State and Local Inducements for Industry." *National Tax Journal* 18: 1-14.

Brunori, David (2007). *Local Tax Policy: A Federalist Perspective*. 2nd ed. Washington DC: Urban Institute Press.

Cornia, Gary C. (1995). "Perspectives on the Business Property Tax Base." In *Taxation of Business Property: Is Uniformity Still a Valid Norm?* edited by John H. Bowman. Westport, CT: Praeger. 25-44.

Dornfest, Alan S., Steve Van Sant, Rick Anderson, and Ronald Brown (2010). *State and Provincial Property Tax Policies and Administrative Practices (PTAPP): Compilation and Report*,

Kansas City, MO: International Association of Assessing Officers, at http://www.iaao.org/sitePages.cfm?Page=442.

Dye, Richard F. (2010). "What Will the Future Property Tax Look Like, and What Will Take Its Place?" In *The Property Tax and Local Autonomy*, edited by Bell et al. Cambridge, MA: Lincoln Institute of Land Policy. 211-238.

Eckert, Joseph K., with Robert J. Gloudemans and Richard R. Almy (1990). *Property Appraisal and Assessment Administration*. Chicago: International Association of Assessing Officers.

Fisher, Ronald C. (1996). *State and Local Public Finance*. 2nd ed. Chicago: Irwin.

Fisher, Ronald C. (2009). *Property Taxes for Local Finance: Research Results and Policy Perspectives (Reconsidering Property Taxes: Perhaps Not So Bad after All)*. Working Paper WP09RF1, Lincoln Institute of Land Policy, Department of Valuation and Taxation.

Fisher, Ronald C., Andrew Bristle, and Anupama Prasad (2010). "An Overview of the Implications of Eliminating the Property Tax: What Do Recent State Debates and Priori State Experience Tell Us?" In *The Property Tax and Local Autonomy*, edited by Bell et al. Cambridge, MA: Lincoln Institute of Land Policy. 165-202.

Giertz, J. Fred (2006, September). "The Property Tax Bound." *National Tax Journal* 59 (3): 695-705.

Gravelle, Jane (2005). "Tax Expenditures." In *The Encyclopedia of Taxation and Tax Policy*, edited by Joseph J. Cordes, Robert D. Ebel, and Jane J. Gravelle. Washington, DC: Urban Institute Press.

Gravelle, Jennifer, and Sally Wallace (2009). "Overview of the Trends in Property Tax Base Erosion." In *Erosion of the Property Tax Base: Trends, Causes and Consequences*, edited by Augustine et al. Cambridge, MA: Lincoln Institute of Land Policy. 17-46.

Green, Harry A., Stan Chevrin, and Cliff Lippard (2002, May 27). "The Local Property Tax in Tennessee." *State Tax Notes*: 851-877.

Green, Richard K., and Elaine Weiss (2009). "Property Tax Expenditures, Revenues, and Equity: Some Lessons from Wisconsin." In *Erosion of the Property Tax Base: Trends, Causes and Consequences*, edited by Augustine et al. Cambridge, MA: Lincoln Institute of Land Policy. 51-68.

Haveman, Mark, and Terri A. Sexton (2008). "Property Tax Assessment Limits: Lessons from Thirty Years of Experience." Policy Focus Report, Cambridge, MA: Lincoln Institute of Land Policy.

Johnson, William A. (1962). "Industrial Tax Exemptions: Sound Investment of Foolish Giveaway?" *Proceedings of the 55th Annual Conference on Taxation*. Washington, DC: National Tax Association. 421-437.

Kincaid, John, and Richard L. Cole (2001). "Changing Public Attitudes on Power and Taxation in the American Federal System." *Publius: The Journal of Federalism* 31 (3): 205-214.

Ladd, Helen (1994). "The Tax Expenditure Concept after 25 Years." Presidential address to the National Tax Association 86th Annual Conference on Taxation, Charleston, SC. Washington, DC: National Tax Association. 50-57.

Lynn, Arthur D. Jr. (1969). "Property-Tax Development: Selected Historical Perspectives." In *Property Taxation USA*, edited by Richard W. Lindholm. Madison: University of Wisconsin

Press. 7-19.

McGuire, Therese J. (2001). "Alternatives to Property Taxation for Local Governments." In *Property Taxation and Local Government Finance*, edited by Wallace Oates. Cambridge, MA: Lincoln Institute of Land Policy. 301-314.

Minnesota Taxpayers Association (2010). *50-State Property Tax Comparison Study: Payable Year 2009*.

National Conference of State Legislatures (1992). *Principles of a High-Quality State Revenue System*. 2nd ed. Washington, DC: NCSL.

Oates, Wallace (2001). "Property Taxation and Local Government Finance." In *Property Taxation and Local Government Finance*, edited by Wallace Oates. Cambridge, MA: Lincoln Institute of Land Policy. 21-31.

O'Sullivan, Arthur, Terri A. Sexton, and Steven M. Sheffrin(1994). "Differential Burdens from the Assessment Provisions of Proposition 13." *National Tax Journal* XLVII (4): 721-729.

O'Sullivan, Arthur, Terri A. Sexton, and Steven M. Sheffrin(1995). *Property Taxes and Tax Revolts: The Legacy of Proposition 13*. New York: Cambridge University Press.

Pomp, Richard. (2002). "The Collision between Nonprofits and Cities over the Property Tax: Possible Solutions." In *Property Tax Exemption for Charities*, edited by Evelyn Brody. Washington, DC: Urban Institute Press. 383-391.

Sexton, Terri. (2003). *Property Tax Systems in the United States: The Tax Base, Exemptions, Incentives, and Relief*. Center for State and Local Taxation, Institute for Governmental Affairs, University of California-Davis, unpublished report, http://iga.ucdavis.edu/Research/CSLT/Publications/PropTaxUS.pdf.

Sexton, Terri A. (2008, October 6). "Proposition 13 and Residential Mobility." *State Tax Notes*: 29.

Sexton, Terri A. (2009). "Assessment Limits as a Means of Limiting Homeowner Property Taxes." In *Erosion of the Property Tax Base: Trends, Causes and Consequences*, edited by Augustine et al. Cambridge, MA: Lincoln Institute of Land Policy. 117-142.

Sexton, Terri, and Steven M. Sheffrin (1995, December 18). "Five Lessons from the Tax Revolts." *State Tax Notes*: 1763-1768.

Sheffrin, Steven (1999, December 14). "Interview: Steven M. Sheffrin on the Worst Tax, Local Options and Proposition 13." *State Tax Notes*: 1721-1723.

Sokolow, Alvin D. (1998). "The Changing Property Tax and State and Local Relations." *Publius: The Journal of Federalism* 28 (Winter): 165-187.

Stiglitz, Joseph E. (1988). *Economics of the Public Sector*. 2nd ed. New York: W. W. Norton.

Strauss, Robert (2001, June 4). "Pennsylvania's Local Property Tax." *State Tax Notes*: 1963-1983.

Tannenwald, Robert (2002, September). "Are State and Local Revenue Systems Becoming Obsolete?" *National Tax Journal* 55 (3): 467-489.

US Census Bureau (2006). *Federal, State, and Local Governments*, 2006 *Government Finance and Employment Classification Manual: Part 2. Government Finance Statistics*.

Wallis, John Joseph (2001). "A History of the Property Tax in America." In *Property Taxation and Local Government Finance*, edited by Wallace Oates. Cambridge, MA: Lincoln Institute of

Land Policy. 123-147.

Wassmer, Robert W. (2009). "Property Tax Abatement as a Means of Promoting State and Local Economic Activity." In *Property Taxation and Local Government Finance*, edited by Augustine et al. Cambridge, MA: Lincoln Institute of Land Policy. 221-259.

Witte, John F. (2009). "The Politics of the Property Tax Base." In *Property Taxation and Local Government Finance*, edited by Augustine et al. Cambridge, MA: Lincoln Institute of Land Policy. 307-334.

Wolman, Harold, Robert McManmon, Michael E. Bell, and David Brunori (2010). "Comparing Local Government Autonomy across States." In *The Property Tax and Local Autonomy*, edited by Bell et al. Cambridge, MA: Lincoln Institute of Land Policy. 69-119.

Yuan, Bing, Joseph Cordes, David Brunori, and Michael E. Bell (2009). "Tax and Expenditure Limitations and Local Public Finances." In *Property Taxation and Local Government Finance*, edited by Augustine et al. Cambridge, MA: Lincoln Institute of Land Policy. 149-191.

第12章 州个人所得税

约瑟夫·J. 科德斯（Joseph J. Cordes）
贾森·N. 朱弗里斯（Jason N. Juffras）
刘颖 译　陈远燕 校

个人所得税在美国已有101年的历史。1911年，威斯康星州成为美国第一个立法征收个人所得税的州。由于税基宽（涉及工资薪金、股息红利、利息和其他收入等），个人所得税在2008年为州和地方财政实现了3046亿美元的收入，占到了州和地方政府自有收入的15.7%。财产税是美国州和地方政府最重要的收入来源（2008年，财产税收入为4097亿美元，占到了州和地方政府自有收入的23.1%）。[①]2008年，个人所得税收入略高于一般销售税收入，列第二位。一般销售税则为州和地方政府实现了3044亿美元（占州和地方政府自有收入的15.7%）的税收收入，列第三位。公司所得税的收入则较少，在2008年仅为州和地方政府实现了578亿美元（占州和地方政府自有收入的3%）的税收收入。[②]

州政府的财政支柱

作为美国州和地方政府财政收入的组成部分，个人所得税收入是州和地方财政收入最主要的来源。2008年（有可比数据的最近时点），个人所得税的税收收入占到了州和地方政府全部税收收入的91%（2784亿美元）。个人所得税的税收收入超过税收收入为2410亿美元的一般销售税（22.6%），成为州自有收入的最大组成部分（占到了26.1%）。[③]

目前，宽税基的个人所得税在41个州实行。在其余9个州中，新罕布什尔州和田纳西州仅对利息和股息红利所得征收个人所得税，还有7个州（阿拉斯加州、佛罗里达州、内华达州、南达科他州、得克萨斯州、华盛顿州、怀俄明州）不征收个人所得税。执行州和地方政府行政职能的哥伦比亚特区，也征收个人所得税，但美国统计局在调研政府财政时把哥伦比亚特区归类于地方政府。[④]

2008年，在所有征收个人所得税的州中，个人所得税的税收收入占州自有收入的比重最低为9.3%（北达科他州），最高为42.3%（康涅狄格州和纽约州），详见表12.1。

表 12.1　　2008 年各州个人所得税收入占其自有收入的比例情况　　单位：%

州名称	个人所得税占比	州名称	个人所得税占比
亚拉巴马州	21.6	蒙大拿州	24.4
阿拉斯加州	0.0	内布拉斯加州	29.8
亚利桑那州	18.7	内华达州	0.0
阿肯色州	22.9	新罕布什尔州	3.0
加利福尼亚州	39.2	新泽西州	31.4
科罗拉多州	34.6	新墨西哥州	12.9
康涅狄格州	42.3	纽约州	42.3
特拉华州	19.3	北卡罗来纳州	37.3
佛罗里达州	0.0	北达科他州	9.3
佐治亚州	37.5	俄亥俄州	26.4
夏威夷州	21.4	俄克拉何马州	23.0
爱达荷州	30.2	俄勒冈州	42.1
伊利诺伊州	25.5	宾夕法尼亚州	23.3
印第安纳州	23.2	罗得岛州	25.4
艾奥瓦州	27.4	南卡罗来纳州	21.2
堪萨斯州	29.4	南达科他州	0.0
肯塔基州	24.5	田纳西州	1.7
路易斯安那州	20.2	得克萨斯州	0.0
缅因州	29.9	犹他州	26.6
马里兰州	32.6	佛蒙特州	18.1
马萨诸塞州	39.6	弗吉尼亚州	35.2
密歇根州	20.1	华盛顿州	0.0
明尼苏达州	34.7	西弗吉尼亚州	20.3
密西西比州	17.6	威斯康星州	31.7
密苏里州	32.6	怀俄明州	0.0

资料来源：US Bureau of the Census (2010)。

地方政府财政收入的配角

2008 年，个人所得税仅为地方政府贡献了 263 亿的税收收入，少于州个人所得税收入的 1/10，仅为地方政府自有收入的 3%。⑤对于地方政府来说，财产税是最重要的收入来源（2008 年，财产税税收收入为 3970 亿美元）。之后依次为手续费和使用费收入（2227亿美元）、销售和总收入税收入（902亿美元），以及其他税收收入（267亿美元）。⑥实际上，在2008年，仅有12个州的地方政府征收了个人所得税。⑦

地方政府征收个人所得税的税率通常较低，一般在1%～2%。⑧2008年，在美国12个征收地方个人所得税的州以及哥伦比亚特区中，地方个人所得税收入占其自有收入的比例最低为0.1%（俄勒冈州），最高为27.1%（马里兰州），见表12.2。虽然有超过4000个地方政府征收了个人所得税，但接近2/3的地方政府位于宾夕法尼亚州。⑨

表12.2　2008年地方个人所得税收入占其自有收入的比例情况

州名称	地方个人所得税收入占比（%）
亚拉巴马州	1.1
特拉华州	4.3
哥伦比亚特区	19.3
印第安纳州	3.7
艾奥瓦州	1.0
肯塔基州	15.0
马里兰州	27.1
密歇根州	2.1
密苏里州	2.5
纽约州	10.1
俄亥俄州	13.4
俄勒冈州	0.1
宾夕法尼亚州	12.1

注：12个开征地方个人所得税的州以及哥伦比亚特区。
资料来源：US Bureau of the Census (2010)。

除了学区和部分州的县，大部分城市（如克里夫兰市和费城）以及镇也征收个人所得税。⑩有些地方政府征收的个人所得税是州个人所得税的附加税（如马里兰州的部分县），还有的地方仅对个人的当地收入征税（如费耶特维尔市以及肯塔基州的杰斐逊县）。在计算税基时，有一部分地方政府不把毛所得或工薪税计入其中，如洛杉矶、旧金山和新泽西州的纽瓦克，原因是毛所得和工薪税作为工资的一部分，是由雇主支付的，而不是雇员个人支付的。⑪

长期稳定的收入来源

20世纪六七十年代，作为州收入来源的个人所得税，其税收收入持续稳定增长。这主要是由各个州陆续开征个人所得税导致的，如密歇根州和内布拉斯加州

(1967年)，伊利诺伊州和缅因州（1969年），俄亥俄州、宾夕法尼亚州以及罗得岛州（1971年），新泽西州（1976年）。从20世纪80年代开始，个人所得税收入被各个州政府视为长期稳定的收入来源。康涅狄格州（1991年）是唯一一个从1976年就开始实行宽税基的个人所得税的州。纵观最近的三次经济衰退周期，个人所得税收入从1992年州自有收入的23.9%，增长至2002年的25.5%，再至2008年的26.1%。⑫然而，对于地方政府而言，个人所得税收入在其自有收入中所占比例一直不大（1992年为2.9%，2008年为3%）。⑬

州个人所得税机制

为了方便管理，大部分州把联邦个人所得税作为计算州个人所得税的基础。在征个人所得税的州中，28个州以及哥伦比亚特区，把联邦确定的调整后毛收入（AGI）作为计算州个人所得税的起点。⑭调整后毛收入减除了大部分非货币性所得（如雇主提供的非货币性福利、未实现资本利得、自有房屋的推定收入），也减除了一些货币性收入，如福利金和州与地方政府债权利息。另外的8个州把联邦个人所得税应纳税所得额（调整后毛收入减去个人免征额以及符合相应条件的扣除额）作为计算州个人所得税税负的起点。对于把联邦个人所得税调整后毛收入或应纳税所得额作为计算州个人所得税起点的州来说，虽然联邦政府决定个人所得税税收制度，但各个州通常会对所得额进行调整。此外，还有另外5个州自行定义应纳税所得以及允许的税收调整项目。⑮

在计算应纳税所得额之后，纳税人要运用适用的边际税率，并减去抵免额，从而得到其应纳税额。各个州既要符合税法的规定，又要符合联邦政府对于调整后毛收入或应纳税所得额的定义。无论是管理者还是纳税人都从简便的规定中获益，这不仅提高了纳税遵从度，也提高了征税效率。但是如果联邦税法的变动自动反映在州的税法中，则各个州便会失去一些政策选择和收入。因此，从过去的10年来看，许多州"脱离"联邦税法的规定，从而避免了遵从联邦法律规定而导致税收收入减少的状况。⑯

2010年，34个州以及哥伦比亚特区采用了累进的个人所得税税制结构（税率随着所得的增加而提高）；只有7个州对全部所得采用单一税率征收个人所得税。⑰在采用累进税率的州中，各个州实行的累进税率也有所不同。在一些州，从很低的所得水平开始便使用最高税率，意味着几乎对全部的所得都采用单一的比例税率，如亚拉巴马州，单身的申报者年所得额超过3000美元的部分便适用5%的最高税率。然而，在加利福尼亚州，年所得超过100万美元的部分才会适用10.3%的最高税率。正如以下所提及的，近些年，很多州把个人所得税的税率改为累进税率，对高收入的户主采用新的更高的税率。

税收原则

从判断收入来源的传统标准来看，尽管个人所得税在某些方面毁誉参半，但总体上情况不错。这些重要的标准包括收入弹性、公平、效率和行政管理。

收入弹性。目前，美国个人年收入总额为 13 万亿美元。[18]这就形成了一个强大的税基，以便个人所得税的扣除、减免和抵免。此外，在税率累进的情况下，税收提供了一个弹性的收入来源，随着经济增长和收入增加，纳税人将适用更高的税率。美国政府问责办公室（GAO）发现，1977~2007 年，除了 4 个州之外，其他州的州个人所得税增速要高于联邦个人所得税增速。[19]

然而，个人所得税弹性在经济衰退时是把双刃剑，因为税收产出比经济活动降速要快，尤其是当资本性收入占州税基比例较大的时候。戴维·舍奎斯特（David Sjoquist）、安德鲁·史蒂芬森（Andrew Stephenson）和萨莉·华莱士（Sally Wallace）把 1996 年以来州个人所得税收入年增长率不断上升的原因归于资本利得收入的增加。资本利得在个人所得中占的比例几乎是以三倍的速度上升，从 1996 年的 5.3% 增长到 2000 年的 15%，其间在互联网不再繁荣时所占比例急剧下降，随后又在经济复苏时急剧上升。[20]

公平。与销售税、消费税相比，个人所得税本质上不是累退的。所得被认为是衡量一个人收入水平较好的标准，个人所得税直接纳入了支付能力的概念，促进了横向公平（同一收入水平的纳税人税收待遇相同）和纵向公平（不同收入水平的纳税人税收待遇不同）。宽税基的个人所得税不仅具有累进性（如增加对集中在富裕家庭的资本所得的征税），而且其税率结构可抵消其他联邦税（如对消费支出征税的税种）的递减性。

效率。因为个人所得税是针对个体征收的税，所以它更容易随着个体和家庭情况的变化而变化。[21]然而，尽管多数证据表明税收对劳动力供给的影响不大，[22]但较高边际税率会打消个人对工作、储蓄、投资的积极性。

行政管理。因为个人所得税税款的征收主要依靠雇主代扣代缴和纳税人自主申报，因此，个人所得税的管理和遵从成本不是很高。不过，个人需要花费一些成本保存必要的记录和计算应交税款（或者雇用专业的税务代理）。州个人所得税的管理和遵从成本可以通过以联邦个人所得税为计算基础来降低，但之前讨论过，此方法有利有弊。另外，执行成本会随着税制的复杂和相关的扣除、抵免和减免的增加而增加。

由于个人所得税是州收入来源的重要部分，且可以作为州稳定的财政收入来源，个人所得税会继续在州和地方公共财政中扮演重要角色。因此，这一章剩下的部分重点介绍：(1) 在 2007~2009 年大衰退期间，依赖个人所得税收入的州如何渡过经济和财政危机？(2) 为了应对危机，这些州在个人所得税方面作了哪些改革？(3) 在未来几十年，个人所得税将面对哪些挑战？

大衰退期间州收入情况

对州个人所得税依赖较大是否使各州在 2007 年 12 月至 2009 年 6 月的大衰退中

陷入收入剧减的危险？问题的答案是无法确定的。唐纳德·布鲁斯（Donald Bruce）、威廉·F. 福克斯（William F. Fox）和 M. H. 塔特尔（M. H. Tuttle）研究发现，州个人所得税有一个值为 1.832 的长期平均弹性，是州销售税的 2 倍多（销售税是州税收收入的另一主要来源）。[23]这表明，在经济紧缩时，州个人所得税会使得州面临巨大的收入损失风险。然而，布鲁斯、福克斯和塔特尔也指出，短期模式可能有别于长期趋势。他们发现，当税基下降到长期的"趋势水平"时，各个税种的短期弹性非常相似。[24]所以，他们做出了如下判断："不要对销售税和个人所得税哪个更具波动性给出一个肯定的结论，这个结论依赖于对波动性的定义。个人所得税的长期弹性比较大，但是……很少提及增长路径是否波动。"[25]

对于 2008~2009 年州收入下降百分比和由个人所得税引起的州收入上升百分比的实证研究表明，个人所得税的依赖程度和州收入下降的严重程度之间没有系统关系。这意味着，在经济衰退时，对个人所得税收入依赖程度较大的州政府，并不会因此陷入整体税收大幅下降的危险之中。[26]

改变州政策以应对经济衰退

征收个人所得税的州如何应对经济衰退时收入突然下滑造成的财政压力？对个人所得税的依赖使各州做出调整到什么程度或无法调整到什么程度？作为大衰退以来时间最长、影响最深的经济低迷期，这次经济衰退为研究经济衰退中的个人所得税提供很好的机会。这次衰退造成的失业人数是之前四次衰退造成的失业人数总和的近 3 倍。[27]在 2009 年第二季度，州个人所得税收入相比上年下降了 28%。[28]

2007 年 12 月大衰退开始时，州政府便开始减少支出、增加税收、提取储备——这是州政府直至 2011 年早期实行的持续紧缩政策。然而，在 2008 年，有几个州（如新墨西哥州、俄亥俄州）根据之前制定的政策，逐步开始减少征收个人所得税，还有几个州通过了新的减少征收个人所得税的决议。[29]而马里兰州则制定了针对高收入家庭采用更高税率，以及针对百万富豪采用临时最高税率的政策，它是唯一一个在 2008 年提高个人所得税税率的州。由于减税法案相继出台，2008 年各个州的个人所得税收入总计减少 2.543 亿美元，收入减少程度大幅超过其他税种。[30]

随着预算赤字的扩大和收支失衡，州个人所得税政策在 2009 年变得更加严格。2009 年第二季度，各个州政府税收收入总计比上年下降了将近 17%。[31]为此，州政府计划将个人所得税收入提高 1140 亿美元，这意味着 2009 年实现税收收入增长 40%。[32]各州的个人所得税法的变化主要有：包括康涅狄格州、特拉华州、夏威夷州、新泽西州、纽约州、北卡罗来纳州、俄勒冈州、威斯康星州在内的 8 个州对高收入群体征更多的税，而加利福尼亚州则制定了针对所有纳税人增税政策，俄亥俄州则暂停了 2005 年通过的最后一轮税收减少政策。这些州的税率增长情况详见表 12.3（只有马里兰州 2008 年才开始实施增税政策）。

表 12.3　　自 2007 年以来州个人所得税税率增长情况

州名称	税法变化
加利福尼亚州	只在 2009 年和 2010 年两个纳税年度每个税级增加 0.25%
康涅狄格州	6.5% 的最高税率适用于收入 500001 美元以上的单身申报者和收入在 1000001 美元以上的联合申报者 先前 5% 的最高税率适用于 10001 美元以上的单身申报者和收入在 20001 美元以上的联合申报者
特拉华州	适用于收入超过 60000 美元的最高税率从 5.99% 增加为 6.95%
夏威夷州	新的三个最高税率将在 2015 年实施。对于联合申报者来说，收入在 300001～350000 美元的最高税率为 9%；收入在 350001～400000 美元的最高税率为 10%；收入在 400001 美元以上的最高税率为 11%。 之前对于收入在 48000 美元以上的联合申报者最高税率是 8.25%
马里兰州	2008～2010 年收入在 100 万美元以上的新的最高税率是 6.25%。马里兰州也增加了 3 个新的暂时税率。对于联合申报者，收入在 200001～350000 美元的新税率是 5%；收入在 350001～500000 美元的新税率是 5.25%；收入在 500001～1000000 美元的新税率是 5.5%。 之前收入 3000 美元以上的最高税率是 4.75%
新泽西州	2009 年收入在 500001～1000000 美元的新的最高税率是 10.25%；收入超过 1000000 美元的为 10.75%。纳税人收入在 400001～500000 美元的税率从 6.37% 提高到 8%。新泽西州在 2010 年废除了最高税率，恢复了适用于收入 500000 美元以上的最高税率 8.97%。第二个最高税率 6.37% 适用于收入 75001～500000 美元
纽约州	两个新的高税率会在 2011 年实施。收入 200000 美元以上的单身申报者和收入 300000 美元以上的联合申报者税率是 7.85%，收入 500000 美元以上的所有申报者最高税率为 8.97%。 之前，收入 20000 美元以上的单身申报者和 40000 美元以上的联合申报者最高税率为 6.85%
北卡罗来纳州	2009 年和 2010 年对高收入纳税者征收暂时的附加费。收入 60001～150000 美元的单身申报者和收入 100001～250000 美元的联合申报者加收 2% 的附加费。收入 150000 美元以上的单身申报者和收入 250000 美元以上的联合申报者加收 3% 的附加费。由于附加费的存在使得最高边际税率为 7.98%
俄勒冈州	两个新的高税率在 2010 年和 2011 年实施。收入 250001～500000 美元的联合申报者税率为 10.8%，收入 500000 美元以上的联合申报者税率为 11%。2011 年之后，收入 250000 美元以上的纳税人最高税率会降低到 9.9%。 之前收入 15200 美元以上的最高税率为 9%
威斯康星州	新的最高税率 7.75% 将适用于收入 225000 美元以上的单身申报者和收入 300000 美元以上的联合申报者

资料来源：National Conference of State Legislatures (2009)；National Conference of State Legislatures (2010)；National Conference of State Legislatures (2011a)；Wisconsin Legislative Fiscal Bureau (2011)。

2008～2009 年税收政策的变化表明州政府在增加个人所得税收入之前更倾向于增加其他税种的收入——这也许是由于个人所得税这一税种具有可见性。但是，当预算赤字继续存在或恶化时，对于州政府来说增加个人所得税收入也就成了他们最有效的应对手段。全美州议会联合会（NCSL）发现，议员们之所以在经济衰退时推迟税收增长，是因为他们认为调高税收会：（1）损害消费者和企业，他们已经预见经济衰退带来的实际收入减少；（2）政策制定者对选民的经济困境变得不敏感；（3）如果衰退是短暂的或者马上就会进入复苏期，那么调高税收会显得过早。③

正如表 12.4 所示，2008 年州政府税收增长主要依靠公司所得税，公司所得税增长 230 亿美元（占总增长的 62%），全部税收收入总增长为 380 亿美元。④ 但是，公司所得税税基太小，以至于不能使州财政收入在 2009 年达到预期的增长幅度。所以，州政策制定者为了缩小财政赤字，转向了两个拥有最大税基的税种——个人所得税和一般销售税。2010 年，当州的净税收收入再次大幅下降时，州政府决定减少个人所得税 6.564 亿美元，同时增加其他税的收入。这种模式和全美州议会联合会所认为的长期趋势是一致的，即"在经济衰退时，提高个人所得税收入的效果比提高销售税收入的效果明显，且时间越长提高个人所得税的效果越明显"。⑤

表 12.4　　　　2008～2010 年立法行动带来的净收入变化

税种	2008 年		2009 年		2010 年	
	变化额（百万美元）	所占比例（%）	变化额（百万美元）	所占比例（%）	变化额（百万美元）	所占比例（%）
个人所得税	-254.3	-6.6	11406.1	39.9	-656.4	-16.6
公司所得税	2347.0	61.7	2014.5	7.0	494.3	12.5
销售和使用费	688.9	18.1	7236.5	25.3	1736.1	43.9
医疗保健费	237.2	6.2	2535.4	8.9	1298.1	32.8
烟税	464.0	12.2	1898.2	6.6	602.7	15.2
酒精饮料税	141.1	3.7	192.6	0.7	34.2	0.9
汽油/消费税	35.4	0.9	1871.2	6.5	48.2	1.2
其他	144.1	3.8	1434.1	5.0	401.8	10.1
总和	3803.4	100.0	28588.2	100.0	3959.4	100.0

资料来源：National Conference of State Legislatures (2009), 3; National Conference of State Legislatures (2010), 3; and National Conference of State Legislatures (2011a), 3.

朝着更加累进税制的转变

2008～2009 年，东北部各州（康涅狄格州、特拉华州、马里兰州、新泽西州、纽约州）和西部各州（加利福尼亚州、夏威夷州、俄勒冈州）的个人所得税收入大幅增长，各州开始向更加具有累进性的税制结构转变。1988～2008年，州个人所得税税制变得单一：14个州和哥伦比亚特区降低了最高税率，同时犹他州用单一税替代了分级所得税。在某些州中，税率的减少是非常急剧的：康涅狄格州将最高税率从12%降低至5%，蒙大拿州将最高税率从11%降低至6.9%，北达科他州将最高税率12%大幅削减至5.54%。现在情况似乎开始回转。其中的一个原因是：联邦的个人所得税税额允许在计算州和地方个人所得税时进行列举扣除，从而达到补贴州个人所得税的目的；对于一些纳税人来说，联邦政府的这一扣除项目减少了州政府由于计算联邦应纳税所得额而产生的实际成本。

2007年，没有州超出最高税率的10%的界限；到了2011年，3个州突破了这个界限：加利福尼亚州（10.55%）、夏威夷州（11%）、俄勒冈州（11%）。俄勒冈州的最高税率预计将在2011税收年度后回落至9.9%，夏威夷州的最高税率预计将在2015税收年度后恢复为8.25%，但是各州可能会发现很难把所得税率调回原有高度。就像下文所讨论的，如果很大比例的退休收入被排除在税基之外，政策制定者继续使用不予课征、免税、抵免和其他税收优惠作为调节经济的政策，联邦个人所得税的压力将在未来几年增加。如果不扩大税基，各州可能要保持最高税率较高的累进税率（新泽西州却提供了一个反例。2010年，新泽西州的政策制定者允许临时最高税率10.75%作废，并尽最大努力扩展税基。因此，最高税率回落到原先8.97%的税率）。

值得注意的是，有些州已在更高的收入水平设立新的税级。2000年，只有2个州（亚利桑那州和俄亥俄州）对收入高于100000美元施行最高边际税率。到2011年，有12个州加入了亚利桑那州和俄亥俄州的阵营（加利福尼亚、康涅狄格、夏威夷、马里兰、新泽西、纽约、北卡罗来纳、北达科他、俄勒冈、罗得岛、佛蒙特和威斯康星）。这些数值的增长来自通胀和经济增长，并且大多的改变呈指数型增长。各州最高税级都从100000美元开始，表12.5给出了部分州在2007年和2011年最高税级的变化情况。

表12.5　部分州2007年和2011年最高税级起征点情况表　　单位：美元

州名称	2007年起征点	2011年起征点
亚利桑那州	150000	150000
加利福尼亚州	1000000	1000000
康涅狄格州	10000	500000
夏威夷州	48000	200000
马里兰州	3000	500000
新泽西州	500000	500000
纽约州	20000	500000
北卡罗来纳州	120000	150000
北达科他州	336550	379150

续表

州名称	2007年起征点	2011年起征点
俄亥俄州	200000	201800
俄勒冈州	6850	250000
罗得岛州	336550	125000
佛蒙特州	336550	379150
威斯康星州	137410	224210

资料来源：Urban-Brookings Tax Policy Center (2011b); Tax Foundation (2011)。

工作所得收入抵免（EITC）的增加

各州个人所得税制的另一个累进性体现在工作所得收入抵免。它通常提供给低收入或中等收入家庭，作为联邦工作所得收入抵免的一部分。工作所得收入抵免的数额随收入上升而增加，直到达到最高值，然后工作所得收入抵免在收入环节就停止调整，这样用来调整不同规模家庭的收入（抵免额还根据家庭规模判断收入级次逐级递减的）。[39] 自罗得岛州1986年颁布了第一部工作所得收入抵免法案，实施工作所得收入抵免的州就稳步增加。2005年，只有15个州和哥伦比亚特区实施了这项法案，[40] 目前，有23个州以及哥伦比亚特区实行这一政策。[41] 现在，大多数实行宽税基的个人所得税的州都执行该政策。

各州工作所得收入抵免在最近经济衰退中普遍具有较强的政治支持。实际上，公民选举出的政治家有时利用扩大工作所得收入抵免的范围来缓解税收增加对低收入家庭的影响，从而使他们的税收计划更加诱人。[42] 印第安纳州、堪萨斯州、新墨西哥州和北卡罗来纳州增加了现有的抵免额。虽然密歇根州和威斯康星州在2011年缩减了他们的工作所得收入抵免额，但康涅狄格州批准了州的工作所得收入抵免额等同于25%的联邦抵免额。还有一些地区，包括丹佛、纽约、旧金山和马里兰州蒙哥马利县也实行了工作所得收入抵免。

表12.6说明了部分州工作所得收入抵免的具体数额，以及是否可退还的情况。几乎所有的工作所得收入抵免都是可完全退还的（联邦工作所得收入抵免也一样）。抵免的比例非常广，从路易斯安那州的3.5%到哥伦比亚特区的40%

尽管工作所得收入抵免稳步增长，但是各州采用的模式依然不等，大多数中西部州和东北部州提供工作所得收入抵免（中西部有艾奥瓦州、伊利诺伊州、印第安纳州、堪萨斯州、密歇根州、明尼苏达州、内布拉斯加州和威斯康星州；东北部有康涅狄格州、缅因州、马萨诸塞州、新泽西州、纽约州、罗得岛州和佛蒙特州），然而新墨西哥州、路易斯安那州、北卡罗来纳州和南部的弗吉尼亚州就没有采用工作所得收入抵免这项政策。在南部各州工作所得收入抵免政策不是比例很小就是不可退还（路易斯安那州的比例为3%~5%，北卡罗来纳州的比例为5%，弗吉尼亚州不予退还）。

表 12.6　　部分州 2011 年工作所得收入抵免

州名称	联邦抵免比例（％）	是否可退还
康涅狄格州	25	可退还
特拉华州	20	不可退还
哥伦比亚特区	40	可退还
伊利诺伊州	5	可退还
印第安纳州	9	可退还
艾奥瓦州	7	可退还
堪萨斯州	18	可退还
路易斯安那州	3.5	可退还
缅因州	5	不可退还
马里兰州	25	可退还
马萨诸塞州	15	可退还
密歇根州	6（2012.1.1）	可退还
明尼苏达州	33（平均）	可退还
内布拉斯加州	10	可退还
新泽西州	20	可退还
新墨西哥州	10	可退还
纽约州	30	可退还
北卡罗来纳州	5	可退还
俄克拉何马州	5	可退还
俄勒冈州	6	可退还
罗得岛州	25	部分可退还
佛蒙特州	32	可退还
弗吉尼亚州	20	不可退还
威斯康星州	1 个小孩（4） 2 个小孩（11） 3 个小孩（34）	可退还

注：艾奥瓦州已与 2009 年《美国复苏与再投资法案》所包括的联邦 EITC 政策变化脱钩。这些规定为有三个或更多儿童的家庭增加了第三个福利计划，增加了已婚夫妇与子女的福利。因此，艾奥瓦州使用 "2009 年前" 联邦 EITC 结构来计算国家 EITC 提供的福利。马里兰允许纳税人在 25％ 的可退还信贷和 50％ 退款信贷之间做出选择。罗得岛州退还 EITC 超过应纳税收入金额的 15％。

资料来源：Tax Credits for Working Families (2011); Williams, Johnson, and Shure (2010); Internet sites of state departments of revenue.

税基的持续压力：税式支出

为了回应税基的缩小，税收收入增长的另一种选择就是拓宽征税的广度。在大衰退期间，当一些州提高个人所得税税率时（特别是针对高收入的纳税人），它们并没有尽力扩大收入的定义范围或者缩小税式支出。税式支出为税收优惠造成的财政收入减少，可以认为是特殊的不征税项目、免税项目、扣除项目、抵扣项目，或者递延项目。简·格拉韦尔（Jane Gravelle）注意到"事实上，税式支出可能被看成是一种在税制运行时产生的支出项目"。[43]

大多数州定期发行的税式支出报告表明决策者依靠这些优惠继续作为经济和社会政策的工具。[44]俄勒冈州的税式支出报告十分详细。报告中说明，该政府已经识别出由联邦或州法律造成的184个个人所得税支出项目。在2011～2013财政年度期间，其造成的收入损失可能超过100亿美元。[45]同样地，哥伦比亚特区已逐项列出102个由联邦政府税法导致的个人所得税税式支出项目，以及26个由地方法律导致的税式支出项目。[46]在2010财年期间，哥伦比亚特区承受了大约7亿美元的由联邦法律造成的税式支出，以及9000万美元的由地方法律造成的税式支出。[47]在总成本中，由于各个条款相互作用，税式支出的估计总是不可避免的。据《21世纪经济》报道，加州委员会估计大约所有的个人所得税税式支出相当于个人所得税征收总额的60%。[48]

从2007年起，罗得岛单独实施个人所得税改革。在2011纳税年度开始生效的新个人所得税的税级从五级变为三级，并把最高税率（适用于应纳税所得额超过125000美元的部分）从9.9%降至5.99%。罗得岛达到了通过扩大税基，以降低其个人所得税的目的。决策者取消了列举扣除项目，并废除了几个抵免项目。此外，罗得岛还将资本利得作为普通收入，不管该资产已经持有多久。[49]罗得岛虽然提高了扣除标准，但是现在收入扣除额依然超过了175000美元。

在全国范围内，如下文所述，扩大个人所得税税基所带来的效果几乎被不征税项目、扣除项目、抵免项目范围的扩大而抵消。一些州通过运用脱离联邦税收减免、减少资本利得不征税项目、限定扣除项目金额、对合法赌博项目征税等方法，扩大其应纳税所得额的范围，并遏制税式支出，但这些效果并不明显。表12.7介绍了2008～2010年一些州为扩宽税基而实施的政策情况。

虽然州政府税收收入大幅度减少，一些州仍继续建立和扩大税收补贴，特别是针对医疗保险、军饷、退休收入和节约能源等方面。表12.8总结了一些州2008～2010年制定的减免税政策。

表12.7　　　　2008～2010年扩大个人所得税基数的州政策选择

政策	各州做法
联邦解耦	亚拉巴马州——与2008年的《联邦经济刺激法案》中奖金折旧和第179条费用条款脱钩； 俄克拉荷马州——与2008年《联邦经济刺激法案》中的奖金折旧和第179条费用支出条款脱钩，与2009年《美国复苏与再投资法案》中的净营业损失、机动车辆消费税减免和增加的失业救济金豁免脱钩； 俄勒冈州——与2009年《美国复苏与再投资法案》第179条商业费用条款脱钩； 佛蒙特州——与2008年《联邦经济刺激法案》中的奖金折旧条款脱钩

续表

政策	各州做法
免税限制	夏威夷州——根据联邦逐步取消的规定，针对高收入纳税人的税收减免是有限度的； 纽约州——针对高收入纳税人的明细项目扣除； 俄勒冈州——逐步取消州和地方税收扣除额； 佛蒙特州——州和地方税收减免的上限为5000美元
资本利得	罗得岛州——将资本利得作为普通收入征税； 佛蒙特州——将资本利得扣除限制在联邦应纳税收入的40%以内； 威斯康星州——将资本收益从净长期收益的60%减少到30%
合法化的赌博税项	特拉华州——对彩票奖金征税； 新罕布什尔州——对赌博所得征税； 新泽西州——对彩票奖金超过1万美元征收所得税

资料来源：National Conference of State Legislatures (2009)；National Conference of State Legislatures (2010)；National Conference of State Legislatures (2011a)；Internet sites of state revenue departments。

表12.8　　2008~2010年为扩大税收优惠而制定的各州政策

政策	各州做法
医疗保障	亚拉巴马州——允许小企业扣除50%的医疗保险费，支付给每年收入少于5万美元的职员，并允许那些每年赚取少于5万美元的职员扣除50%的医疗保险费； 佐治亚州——高免赔额健康储蓄账户保费的授权扣除； 犹他州——对于那些没有雇主为自己或家人提供保险的人，为医疗储蓄账户和保险支付的某些金额提供了不可退还的信贷
军事支出	明尼苏达州——为服役20年的退伍军人或与服务有关的全部和永久性残疾的退伍军人设立了不可退还的信贷；将战区现役军人每月可偿还的信贷从59美元增加到120美元；并批准了一项对军队工资的减支，但这一减支并没有得到豁免； 俄亥俄州——免收军队为幸存配偶提供的补助； 俄克拉何马州——为现役军人的工资提供了100%的扣除； 威斯康星州——为退伍军人和幸存配偶提供财产税抵免（通过所得税）的扩大资格
退休金	堪萨斯州——设立了一项所得税抵免，以抵消某些低收入老年人的财产税； 俄亥俄州——退伍军人免缴所得税； 威斯康星州——在联邦政府所得低于1.5万美元（单身）或3万美元（联合）的情况下，为纳税人免除社会保障福利的税收，并授权从合格退休计划或个人退休账户中扣除至多5000美元的收入
能源与环境	亚利桑那州——设立可再生能源公司的可抵免项目； 佐治亚州——为运营清洁能源设备和系统的公司设立抵免政策； 艾奥瓦州——为提供风能产品提供税收抵免； 南加利福尼亚——对替代燃料的生产和分配设立25%的不可退还的抵免政策

续表

政策	各州做法
工作所得收入抵免	印第安纳州——废除工作所得收入抵免的限制日期，可抵免的比例从6%增加至9%； 堪萨斯州——2010~2012年，将工作所得收入抵免的比例从17%增加到18%； 新泽西州——2007~2008年将工作所得收入抵免的比例从20%提高到22.5%，并且在2009年达到25%； 新墨西哥州——将工作所得收入抵免的比例从8%提高到10%； 北加利福尼亚——将工作所得收入抵免的比例从3.5%增加到5%

资料来源：National Conference of State Legislatures (2009); National Conference of State Legislatures (2010); National Conference of State Legislatures (2011a); Internet sites of state revenue departments.

人口老龄化对税基的影响

州政府目前还没有针对人口老龄化对现行个人所得税制进行调整。事实上，大量证据证明：州政府按照人口年龄结构去调整政策将使税收制度面临更大的税收收入流失的风险。[50]不断增长的老年人口将需要州政府提供更多的公共服务，特别是医疗卫生服务。但与此同时，大量的收入也涌向老年人，这些收入不仅包括社会保障收入还包括行政服务和私人养老金收入，而且这些收入很可能是免税收入。

美国统计局预计：2010~2030年，美国65岁及以上人口比例将有近一半的增长，届时该比例将从13%增长到19.3%。[51]婴儿潮时代出生的那批人也将使老年人口比例增长近一倍（指年龄在85岁及以上的老年人口），2030~2050年，该年龄段人口比例将从2.3%增长到4%。[52]

在2006年，艾奥瓦州税务部门做了一项人口老龄化对税收制度影响的研究。该部门总结道："随着州人口的老龄化，州政府征收的个人所得税收入数量预期将会下降……如果未来纳税人有着和2003年同年龄纳税人相似的个人所得税负担，那么，大约在2015年，来源于个人所得税的税收收入将达到极限。"[53]

两个因素可以解释这个结论。首先，随着年龄增长人们的平均收入水平在不断下降，导致老年人只能产生较低的税收收入。在艾奥瓦州，55~64岁的纳税人在2003年的平均总收入从人均77019美元，平稳地下降到65~74岁人均50379美元，再下降到75~84岁人均41940美元，最终降到85岁及以上人均32002美元。[54]其次，年长的艾奥瓦人其收入来源从工资所得转变为利息、股息、资本利得、私人养老金和社会保障收入所得，而后者的收入形式往往更可能是免税收入。艾奥瓦州税务部门发现：55~64岁纳税人申报收入仅有10%属于免税收入，而65~74岁纳税人申报的收入有37.2%是免税收入。[55]

随着人口老龄化，由于社会保障优惠待遇和其他一些退休收入的普遍存在，绝大多数州都面临着相似的挑战。罗纳德·斯内尔（Ronald Snell）认同州政府对养老金税务处理的两种主要方法：一些州对一些特殊形式的养老金（如行政服务与军人抚恤金）提供特殊免税规定；与此同时，其他一些州提供一概免税政策，不仅对公共服务和私人养老金免税，对一些情况下获得的社会保障收入也免税。在那些个人所得税税基广泛的州中，10个州将联邦、州和地方政府发放的养老金给予免税优惠，11个州和哥伦比亚特区提供部分免税优惠。此外，20个州提供固定金额免税优惠，适用于多种退休收入来源所得。⑯一些州对不同年龄的纳税人提供级次免税优惠，例如，55~64岁纳税人有一级优惠规定，65岁以上纳税人有另一级优惠规定。虽然有16个州对私人养老金收入没有免税规定，但是密西西比州和宾夕法尼亚州却允许全额免除。

大部分州都将社会保障收益免税，这背离于联邦政策。联邦政策规定，根据"暂时收入"规定计量，社会保障收益的85%应计入计税基础。⑰在个人所得税税基广泛的41个州中，27个州将社会保障收益全额免税（哥伦比亚特区也如此规定）。与此同时，只有7个州遵循联邦政府的规定。其他7个州制定了本州对社会保障收益征税的规定。在这7个州中，至少有6个州规定的可税前扣除的收入金额高于联邦政府的规定。⑱对社会保障收入免税意味着州政府将按照联邦政府规定计量的多达1681亿美元（2008年数据）应计税的社会保障收益免于了征税。⑲

尽管在所有年龄组中，老龄人口数和老年人群中的贫困人口数都是最低的，但是州政府仍在继续扩大对老年人的优惠待遇。最近的一个例子就是，威斯康星州决定从2008税务年度起对个人所得税中的所有社会保障收益进行免税。在这之前，威斯康星州对社会保障收益的50%进行征税。从2009税务年度起，威斯康星州还将允许低收入的居民将私人养老金收入在税前进行扣除。密苏里州和艾奥瓦州也在逐步停止对社会保障收益进行征税，密苏里州决定从2012税务年度起对全部社会保障收益进行免税，艾奥瓦州决定从2014税务年度起进行免税。

佐治亚州的例子说明了对老年人（或其他人群）税收优惠的扩张是如何缓慢但平稳地在侵蚀个人所得税的税基。佐治亚州立大学研究者估算：2000~2010年，对老年人实施免税优惠使得流失的税收收入有近十倍的增长，2000年流失的税收收入是1580万美元，2010年流失的税收收入是1.654亿美元。这一结果主要归因于同期州政府把个人退休收入免税金额从13000美元提升到了35000美元。⑳芭芭拉·爱德华兹（Barbara Edwards）和萨莉·华莱士预计：2005~2015年，美国最大的10个州因对老年人的税收优惠将导致个人所得税收入每年减少0.11%~4.81%。㉑虽然失去的税收收入显得相对较少，但是收入能力的下降使得州政府应对经济困难时期将捉襟见肘，并且随着时间的逝去，流失的收入将不断增多。

州政府对资本利得收入的处理

美国大约2/3个人所得税税基广泛的州（27个州和哥伦比亚特区）遵循联邦政府对资本利得收益的规定，将其视为普通所得。只有少数一些州对本州及本州相关产业投资所取得的资本利得有较少的免税特殊规定。然而，有些州对资本利得给予税收优惠，最为显著的是阿肯色州和北达科他州（将长期资本利得收益的30%给予免税），此外还有南卡罗来纳州（将长期资本利得收益的44%给予免税）。州政府对资本利得收益处理的改变被认为将会对州个人所得税税基大小产生重要影响,这是因为,尽管资本利得具有强烈的短期波动性,但是从长期来看,资本利得在总收入中占有较大份额。1981~2005年,工资、薪金收入(大约占联邦调整后毛收入的2/3)以每年2.4%的速度增长,与此同时资本利得收入以每年6.3%的速度增长。[62]

资本利得税对发挥税收分配职能具有重要意义。正如资本利得和股息所得占联邦调整后毛收入(在缺乏关于各州税基构成要素的综合性数据的情况下,可将其视为州个人所得税全部税基)比例所显示的,资本利得和股息所得(总额为50000美元至99999美元)从占调整后纳税人总收益的1.7%,上升到占调整后毛收入为500000美元至999999美元纳税人总收益的12.9%,最终上升到占调整后毛收入为10000000美元及以上纳税人总收益的47.5%。[63]这组数据表明,对资本利得的优惠减弱了州个人所得税制整体的累进性。

联邦与州个人所得税一致性的意义

正如人们早先认识到的,州政府在决定个人所得税税基方面有着绝对的弹性。随着时间流逝,许多州在决定税基时都全部或者部分地遵循了联邦政府对所得税税基的规定。"自动相符"意味着无需任何司法和行政措施,州政府自动采纳美国《国内税收法典》(IRC)中的规定。"固定相符"意味着州政府在特定日期采纳美国《国内税收法典》中的规定。固定相符性要求州政府必须定期通过司法措施将州税收法规与美国《国内税收法典》相匹配。最后,"选择相符"意味着州政府只采纳美国《国内税收法典》中规定的州政府必须采纳的规定。各州所得税规定与联邦个人所得税规定一致性比较,如表12.9所示。

表12.9　　　　州个人所得税税基与联邦所得税税基的一致性

规定(类型)	社会保障收入	私人养老金收入免税规定	资本利得收入
联邦政府规定	两级制度:单身且年个人所得25000美元以上,婚后且年个人所得32000美元以上部分的50%要征税;单身且年个人所得34000美元以上,婚后且年个人所得44000美元以上部分的85%要征税	州政府不得对铁路工作者的退休收入征税,但是对其他私人养老金收入均应征税	对持有资本一年以上获得的资本利得收益,对应边际税率为25%及以上的所得按15%征税,对应边际税率为10%~15%的所得按0%征税。可税前扣除的净资本损失最多为每年3000美元,未使用资本损失可比照前款扣除

续表

规定（类型）		社会保障收入	私人养老金收入免税规定	资本利得收入
各州政府规定	与联邦相符类型	社会保障收入	私人养老金收入免税规定	资本利得收入
亚拉巴马州	自动相符	免税	对保费支付免税	对联邦规定有所调整⑧
亚利桑那州	固定相符	免税	无免税规定	遵照联邦规定
阿肯色州	选择相符	免税	税前可扣除6000美元	对联邦规定有所调整⑨
加利福尼亚州	选择相符	免税	无免税规定	遵照联邦规定
科罗拉多州	自动相符	对联邦规定有所调整①	55～64岁纳税人税前可扣除20000美元；65岁以上纳税人税前可扣除24000美元	遵照联邦规定⑩
康涅狄格州	自动相符	对联邦规定有所调整②	无免税规定	遵照联邦规定⑩
特拉华州	自动相符	免税	60岁以下纳税人税前可扣除2000美元；60岁以上纳税人税前可扣除12500美元	遵照联邦规定
哥伦比亚特区	自动相符	免税	无免税规定	遵照联邦规定
佐治亚州	固定相符	免税	税前可扣除35000美元	遵照联邦规定
夏威夷州	固定相符	免税	雇主提供基金免税	遵照本州规定⑪
爱达荷州	固定相符	免税	无免税规定	遵照联邦规定⑩
伊利诺伊州	自动相符	免税	对雇主提供基金或个体经营计划免税	遵照联邦规定
印第安纳州	固定相符	免税	无免税规定	遵照联邦规定
艾奥瓦州	固定相符	对联邦规定有所调整③	单独申报税前可扣除6000美元，联合申报税前可扣除12000美元	对联邦规定有所调整⑫
堪萨斯州	自动相符	对联邦规定有所调整④	无免税规定	遵照联邦规定⑩
肯塔基州	固定相符	免税	税前可扣除41110美元	遵照联邦规定⑩
路易斯安那州	自动相符	免税	税前可扣除6000美元	遵照联邦规定
缅因州	固定相符	免税	税前可扣除6000美元（减去社会保障收入和铁路退休收入）	遵照联邦规定⑩
马里兰州	自动相符	免税	税前可扣除24500美元	遵照联邦规定

续表

规定（类型）		社会保障收入	私人养老金收入免税规定	资本利得收入
各州政府规定	与联邦相符类型	社会保障收入	私人养老金收入免税规定	资本利得收入
马萨诸塞州	自动相符	免税	无免税规定	遵照本州规定[13]
密歇根州	固定相符	免税	单独申报税前可扣除45120美元，联合申报税前可扣除90240美元	对联邦规定有所调整[14]
明尼苏达州	固定相符	遵照联邦规定	无免税规定	遵照联邦规定[10]
密西西比州	选择相符	免税	免税	遵照联邦规定
密苏里州	自动相符	对联邦规定有所调整[5]	税前可扣去6000美元	对联邦规定有所调整[15]
蒙大拿州	自动相符	对联邦规定有所调整[6]	收入小于30000美元的纳税人税前可扣除3600美元	对联邦规定有所调整[16]
内布拉斯加州	自动相符	遵照联邦规定	无免税规定	遵照联邦规定
新泽西州	选择相符	免税	单独申报税前可扣除15000美元，联合申报税前可扣除25000美元	遵照联邦规定[10]
新墨西哥州	自动相符	遵照联邦规定	无免税规定	对联邦规定有所调整[17]
纽约州	自动相符	免税	税前可扣除20000美元	遵照联邦规定
北卡罗来纳州	固定相符	免税	税前可扣除2000美元	遵照联邦规定[10]
北达科他州	自动相符	遵照联邦规定	免税	对联邦规定有所调整[18]
俄亥俄州	固定相符	免税	可以抵免200美元	遵照联邦规定[10]
俄克拉何马州	自动相符	免税	税前可扣除10000美元	遵照联邦规定[10]
俄勒冈州	固定相符	免税	对低收入纳税人允许9%的抵免	遵照联邦规定[10]
宾夕法尼亚州	选择相符	免税	免税	对联邦规定有所调整[19]
罗得岛州	自动相符	遵照联邦规定	无免税规定	遵照联邦规定
南卡罗来纳州	固定相符	免税	65岁以下纳税人税前可扣除3000美元；65岁以上纳税人税前可扣除10000美元	对联邦规定有所调整[20]
犹他州	自动相符	对联邦规定有所调整[7]	450美元退休抵免（依据收入测试）	遵照联邦规定[10]
佛蒙特州	固定相符	遵照联邦规定	无免税规定	对联邦规定有所调整[21]
弗吉尼亚州	固定相符	免税	无免税规定	遵照联邦规定[10]
西弗吉尼亚州	固定相符	遵照联邦规定	无免税规定	遵照联邦规定

续表

规定（类型）		社会保障收入	私人养老金收入免税规定	资本利得收入
各州政府规定	与联邦相符类型	社会保障收入	私人养老金收入免税规定	资本利得收入
威斯康星州	固定相符	免税	65岁以上纳税人税前可扣除5000美元（依据收入测试）	对联邦规定有所调整②

注：①科罗拉多州对55~64岁纳税人的联邦应纳税的社会保障收入和养老金收入，规定税前可扣除20000美元，对65岁以上的纳税人可税前扣除24000美元。

②康涅狄格州免除了收入在50000美元以下单独申报纳税人和收入在60000美元以下联合申报纳税人或者按家庭申报纳税人的社会保障收入税；联邦政府的规定适用于在那些临界值以上的个人或家庭。

③艾奥瓦州正在逐渐停止对社会保障收入征税，2014纳税年度起将对社会保障收入免税。在2010纳税年度，艾奥瓦州只对社会保障收入的22.5%征税。

④堪萨斯州对调整后的收入总额少于或者等于75000美元的纳税人不征收社会保障收入税。联邦政府的规定适用于在那些临界值以上的纳税人。

⑤受制于收入限制，密苏里州对联邦应纳税社会保障收入的65%进行了免除。

⑥蒙大拿州对收入在25000美元以上的个人申报纳税人和收入在32000美元以上的联合申报纳税人征收社会保障收入税，但是用不同于联邦政府征收社会保障收入税的收入测量方式计量应纳税所得额。

⑦犹他州为私人养老金收入和社会保障收入规定了一个退休收入税收抵免。这个抵免仅限个人收入在25000美元或者联合收入在32000美元以下纳税人使用。

⑧在亚拉巴马州，所有的资本利得收入都要征税并且所有的资本损失可在发生损失当年扣除。

⑨阿肯色州对长期资本利得收入的30%免除。

⑩州政府遵循联邦政府的规定仅有为数不多的例外情况，如将对本州或本州产业投资取得的所得可进行税前扣除。

⑪夏威夷州对资本利得收入实施可选择的税收制度。

⑫艾奥瓦州对具有资格的商业资产资本利得收入规定可以100%扣除。

⑬马萨诸塞州对资本利得实施差别个人所得税税率，税率从5.3%到12%不等。

⑭密歇根州允许65岁及以上纳税人利息、股息、资本利得收入税前可扣除10058美元。

⑮密苏里州允许低收入纳税人销售房屋所得可扣除25%计税。

⑯蒙大拿州1987年以前就开始对采用分期付款销售的纳税人取得的所得的40%进行免税，并且对纳税人对小企业投资取得的所得进行免税。

⑰新墨西哥州允许纳税人将按照联邦政府规定计算的资本利得应纳税所得额的50%进行扣除，或者税前可扣除1000美元。

⑱北达科他州规定可对长期净利得的30%进行税前扣除。

⑲在宾夕法尼亚州，所有的资本利得均应该纳税，所有的资本损失在发生年度均可税前扣除，对已婚和联合申报的纳税人有着明确的界定。

⑳南卡罗来纳州对长期资本利得（持有一年以上）提供了44%的扣除。

㉑佛蒙特州对纳税人获得的第一笔价值2500美元合法的资本利得免税。

㉒威斯康星州允许对持有1年以上农业资产60%的价值和其他资产30%的价值进行免税；净资产损失只允许扣除500美元；从小公司股票和家族企业销售取得的所得可以免税。

资料来源：Federation of Tax Administrators (2011a); Internet sites of state revenue departments; Wisconsin Legislative Fiscal Bureau (2011).

一些分析家把州政府决定的对州所得税税基的规定完全遵循联邦政府对税基的规定视为一种对税基进行侵蚀的行为，这大概是因为完全采纳联邦政府的规定，则没有考虑州税制中税基的综合性。然而，并没有数据能够证明完全按照联邦政府要求规定本州个人所得税税基的州比未按照联邦政府要求自主规定个人所得税税基的州在所得税收入上有更大的损失。2008~2009年，在那些经历了个人所得税收入下降的州中，表12.9中注明为"自动相符"的州平均下降率为12%，未注明为"自动相符"的州平均下降率为15%。方法上的差异在统计上是不显著的。

州个人所得税的特征和"大衰退"

以下的这些表格简单汇总了在"大衰退"中，个人所得税是如何在我们以上讨论的一些因素的基础上发挥作用的。在每次回归中的因变量都是个人所得税收入变动的百分比。表12.10包含了所有的有广泛税基的个人所得税的州，而表12.11则限定为那些经历了个人所得税收入下降的州。回归分析的主要结果总结如下。

表12.10　2008~2009年执行宽税基的州个人所得税收入的特征和变化

项　目	个人所得税收入下降百分比	个人所得税收入下降百分比	个人所得税收入下降百分比	个人所得税收入下降百分比
个人收入变动百分比	2.529* (2.09)	3.867** (2.95)	3.726** (2.77)	4.162** (2.95)
受联邦税基制度影响的个人收入变动百分比		-3.405* (-2.16)	-3.919* (-2.22)	-3.462 (-1.71)
长期弹性			1.485 (0.70)	1.997 (0.98)
从资本增加中获得的调整后毛收入份额				1.543 (1.18)
从养老金中获得的调整后毛收入份额				4.424** (2.90)
从养老金及养老金免税中获得的调整后毛收入份额				-0.964* (-2.06)
从个人退休账户中获得的调整后毛收入份额				4.728 (1.38)
从社会保障中获得的调整后毛收入份额				-8.850 (-1.71)
从社会保障及社会保障免除中获得的调整后毛收入份额				0.909 (0.63)

续表

项目	个人所得税收入下降百分比	个人所得税收入下降百分比	个人所得税收入下降百分比	个人所得税收入下降百分比
常数	7.136** (3.53)	7.558*** (3.91)	5.283 (1.20)	-18.88 (-1.19)
样本数	41	41	39	39
R^2	0.101	0.199	0.223	0.497
调整后 R^2	0.078	0.157	0.156	0.341

注：相对于解释参数的轻松，在除去 4 个州外的所有州中，个人所得税收入的实际变动百分比是不容乐观的，都需要乘以 -1。这样一个积极的参数意味着每一个变量的整体性变动都会增加个人所得税收入下降的百分比，并使得其他原因持续生效。

资料来源：作者计算。

表 12.11 2008～2009 年执行宽税基、但经历了收入下降的州个人所得税收入的特征和变化

项目	个人所得税收入下降百分比	个人所得税收入下降百分比	个人所得税收入下降百分比	个人所得税收入下降百分比
个人收入变动百分比	2.398* (2.21)	3.243** (2.80)	3.043* (2.53)	3.285** (3.00)
受联邦税基制度影响的个人收入变动百分比		-2.299* (-1.75)	-2.796* (-1.84)	-2.511 (-1.68)
长期弹性			1.306 (-0.75)	0.00118 (0.00)
从资本增加中获得的调整后毛收入份额				2.208* (2.37)
从养老金中获得的调整后毛收入份额				3.354** (3.15)
从养老金及养老金免税中获得的调整后毛收入份额				-1.158* (-3.55)
从个人退休账户中获得的调整后毛收入份额				3.871 (1.62)
从社会保障中获得的调整后毛收入份额				-2.759 (-0.75)

续表

项　目	个人所得税收入下降百分比	个人所得税收入下降百分比	个人所得税收入下降百分比	个人所得税收入下降百分比
从社会保障及社会保障免除中获得的调整后毛收入份额				1.619 (1.62)
常数	9.058*** (5.14)	9.263*** (5.39)	12.31** (3.17)	−20.75 (−1.87)
样本数	37	37	35	35
R^2	0.123	0.195	0.217	0.630
调整后 R^2	0.098	0.148	0.141	0.497

注：相对于解释参数的轻松，在除去4个州外的所有州中，个人所得税收入的实际变动百分比是不容乐观的，都需要乘以−1。这样一个积极的参数意味着每一个变量的整体性变动都会增加个人所得税收入下降的百分比，并使得其他原因持续生效。

资料来源：作者计算。

个人所得税收入的下滑与个人收入紧密相关。正如人们所预测的那样，2008～2009年，个人所得税比例的下降与个人收入的下降有很大的联系。大量的参数表明，对所有存在个人所得税收入的州而言，个人收入每下降一个百分点，个人所得税的收入就要下降2.5～2.8个百分点。当我们限定性地分析那些经历着收入下降的州时，这个比例接近于3个百分点。

主动遵守联邦税基的州并未经历个人所得税收入更加巨大的变动。尽管有人对联邦和各州之间税基一致性程度的影响问题提出了担忧，但是自动遵从联邦税法与一州潜在税基的百分比变动之间的相互作用系数，强有力地驳斥了"一致性程度增加了州易受衰退影响"的假说。实际上，尽管这个系数是在所有回归基础上并不准确地进行估计的，但是结果仍然显示出那些自动遵从联邦税法的州经历更少的个人所得税收入的下降。

当税基低于其长期均衡时，个人所得税会少些变化。当把布鲁斯、福克斯和塔特尔所估计的长期税基弹性作为引发长期波动的"个人所得税结构特征"的代理变量包括在内时，变量在任何回归中都不显著。这些结果与布鲁斯、福克斯和塔特尔的研究结论是一致的。他们发现，州个人所得税在长期里更容易发生波动，当税基并不是处于长期均衡时，在长期变动（通过长期弹性进行测度）和短期收入波动之间，不存在必然的联系。

资本所得增加了个人所得税收入的短期波动。如预期的一样，资本所得的增加是导致个人所得税收入短期变动的原因之一。在那些于2008～2009年经受个人所得税收入下降的州当中，联邦调整后毛收入中资本占比上涨1%时，会导致州个人所得税收入下降接近2%。

退休收入对个人所得税收入变化有不明确的影响。如布鲁斯、福克斯和塔特尔的研究所发现的那样，不同来源的退休收入会使结果的形式变得复杂多样。"调整后毛收入中养老金比例"的系数变量暗示，那些养老金收入在调整后毛收入占更大份额的州承受了个人所得税收入更大比例的下滑（3%～4%）。另一方面，从州中的个人所得税收入中免除全部或部分个人养老金，至少在短期内有着补偿性的作用。这个结果说明从个人退休账户获取的所得会产生一个类似于退休金的效应。尽管预测不十分准确，但是社会保障变量的参数符号与养老金的变量正好相反。

养老金和社会保障的结果有一些令人困惑。养老金在调整后毛收入的占比上升和个人所得税收入减少的百分比之间存在着正相关，这看上去有违常理。有人认为，养老金收入不会变成循环往复。养老金和养老金免税的相互作用中存在着负相关，这会反映出一个事实，那就是在开始时从税基排除一部分收入，能减少短期波动。考虑到社会保障收入的结果，社会保障占调整后毛收入的百分比，或许代表着州内存在的相对富裕的老年人。因为联邦税法规定，对于高收入者，在计算毛收入时最高可包含个人社会保障收益的85%。

各州个人所得税收入中存在的变动依旧难以解释。总体来说，在大衰退期间，相当大比例的个人所得税收入下滑的变动，通过模型中的变量至今也无法解释。例如，某人可能很期望个人收入下降这一变量对个人所得税收入产生较大的影响。用数据来证明这项结论的失败表明个人所得税的易变性是很复杂的，有很多因素在起作用。[64]

归纳与总结

个人所得税是各州政府财政收入稳定且主要的来源。在过去的20年间，占到州政府自有收入的近25%。依靠包括工资、薪金、利息、股息、资产和其他所得在内的宽税基，个人所得税收入在州财政政策中占据了主要位置。这是因为个人所得税筹集收入的能力、对个人环境的适应性和因为基于共同遵循联邦税法而使得管理更加简易。

对大多数州来说，个人所得税比其他主要税种更加灵活，数据分析显示在2007年12月开始的大衰退中，更大程度地依赖个人所得税并没有把各州置于损失更大收入的危险境地之中。当经济低于长期增长时（就像衰退时一样），个人所得税展现出更少的波动。各州对于联邦所得税法法规的遵循也没有把各州置于收入损失的危险之中，那些遵循联邦税法变动的州并没有遭受收入的大幅下降。在一些例子中，遵从联邦会增加州税收收入体系的能力和稳定，例如，联邦政府向所有社保收益的40%征税，[65]而41个州中的27个用宽税基的个人所得税免除了所有社保收入的税费。

作为减少巨大预算缺口（在大衰退中）手段的一部分，一部分集中在东北和西部的州提高了个人所得税税率，8个州通过对高收入者增加高税率来使得税收系统更加具有累进性。特别地，州最高税率有了几何级数的增长。与此同时，州政府的个人工作所得收入抵免，为中低收入工薪家庭（在一些情况下会产生负的税收负担，这是因为抵免额是可退回的）减轻了税收负担。个人所得税抵免额在大部分州与宽税基的个人所得税一道被提供出来。尽管这项推进更先进的个人所得税结构的改革仅仅只能反映最近的波动而不是持续性的变化，但是可能同样成为那些喜爱更先进税收体系的投票人通过州政府颁布的政策来展现他们偏好的手段。联邦所得税政策自2001~2003年间的减税政策通过开始，就强调更低的边际税率。⑯

州个人所得税体系整体的强度和稳定性可能掩盖逐渐增加的压力和税基的侵蚀。各州继续实行不计列项目、扣除项目、免税项目、抵扣项目，与此同时，联邦也为个人所得税体系增加了许多其他的税收优惠。特别是各州将很大一部分退休金收入从个人所得税体系中排除，这些收入随着社会老龄化的加强会成为个人收入中越来越大的一部分。各州也免除了一部分资本利得收入，这也是税基中日渐增加的一部分。如果各州允许税基被继续侵蚀，则它们除了提高税率外别无他法。很少有州政府跟从（或者仔细考虑）其他选择，这在1986年的联邦《税收改革法案》中有着重要的反映。这就是：拓宽对收入的界定、控制税收优惠、降低边际税率。只有这样，才能够提升个人所得税的公平、效率和简易性。

注释

① 自有来源的收入包括税收、费以及其他收入，比如一定数量的公共费用收入、租金和出售收入以及来源于商业企业和利息的收入。
② US Bureau of the Census（2010），table 1：State and Local Government Finances，2007-2008.
③ 同上。
④ 同上。
⑤ 同上。
⑥ 同上。
⑦ 这些州包括亚拉巴马、特拉华、印第安纳、艾奥瓦、肯塔基、马里兰、密歇根、密苏里、纽约、俄亥俄、俄勒冈和宾夕法尼亚。见 US Bureau of the Census，2008 *Annual Surveys of State and Local Government Finances*，tabulated July 7，2010，available at www.census.gov。
⑧ Urban-Brookings Tax Policy Center（2011a）.
⑨ Henchman（2008）.
⑩ 同上。
⑪ US Bureau of the Census（2006）.
⑫ US Bureau of the Census（2001，2005，2010）.
⑬ 同上。
⑭ Federation of Tax Administrators（2011a）.
⑮ 同上。
⑯ 例如，许多州已经开始从红利贬值中获取回报，这已经被联邦政府定期批准。红利贬值允许个人和企业要求在购买机器和设备上获得更大的预先扣除（或者整体的预先扣除）。辛汉姆（Singham）和约翰逊（Johnson）指出，2008年33个州从联邦红利贬值中获得回报，以避免因为收入损失而导致对联邦整体性的损害。见 Singham and Johnson（2011），2。
⑰ Federation of Tax Administrators（2011b）.

⑱US Department of Commerce, Bureau of Economic Analysis. *Relation of Gross Domestic Product, Gross National Product, Net National Product, National Income, and Personal Income*, Data is updated quarterly at www.bea.gov.

⑲US Government Accountability Office (2010), 26-27.

⑳Sjoquist, Stephenson, and Wallace (2010), 1-3, 22。诺顿·弗朗西斯（Norton Francis）在本书中讨论了2007~2009年发生在大衰退中的收入估算问题。

㉑州个人所得税（因税率较低，而在一个较小的比例层面上）效仿了联邦个人所得税的效应。

㉒Slemrod and Bakija (2008), 124-127.

㉓Bruce, Fox, and Tuttle (2006), 323.

㉔同上，330。

㉕同上，331。

㉖通过2008~2009年的失业率变动来测量，控制州经济下滑猛烈趋势的行为并没有改变结果。

㉗Dadayan and Boyd (2011), 18.

㉘Dadayan and Boyd (2011), 4.

㉙路易斯安那州将它的个人所得税税率压低到了2002年的水准。罗得岛则在继续推进它的单一税率的个人所得税，正如2006年法律实行时要求的那样。罗得岛单一税率从2007年的7.5%下降至2008年的7%和2009年的6.5%（单一税率在2010年被废止）。

㉚National Conference of State Legislatures (2009), 3.

㉛Dadayan and Boyd (2011), 4.

㉜National Conference of State Legislatures (2010), 3.

㉝National Conference of State Legislatures (2011a), 4.

㉞National Conference of State Legislatures (2009), 10.

㉟National Conference of State Legislatures (2011a), 6.

㊱National Conference of State Legislatures (2011b), 9-10.

㊲马查尔（Maguire, 2005）、吕本和伯曼（Rueben and Burman, 2005）检验了联邦和地方所得税之间相互作用的含义，包括联邦税基的扩大会侵蚀州和地方税收的可抵扣程度。

㊳Urban-Brookings Tax Policy Center (2010b); Tax Foundation (2011).

㊴2011年，对年收入低于36372美元（一个孩子）、41341美元（两个孩子）或44044美元（三个或更多孩子）的单亲家庭，适用收入工作所得收入抵免政策。收入工作所得收入抵免政策同样适用于收入低于41502美元（一个孩子）、46471美元（两个孩子）或49534美元（三个或更多孩子）的已婚家庭。另外，没有孩子的家庭如果能够证明收入低于16840美元（单身）或21970美元（已婚）也可以适用收入工作所得收入抵免政策。见Williams, Johnson, and Shure (2010), 4-5。

㊵没有征收个人所得税的华盛顿州，同样提供了一份州收入工作所得收入抵免政策，这是州财政部门作为一项抵扣计划予以颁布的。

㊶Holt (2006), 3.

㊷Williams, Johnson, and Shure (2010), 3.

㊸Gravelle (2005), 406.

㊹列维特斯、约翰逊和库利斯（Levitis, Johnson and Koulish, 2009）提供了一份详尽的关于州税式支出的优缺点及适用性的报告（也被称为"税式支出预算"）。

㊺State of Oregon (2011), 5-6.

㊻Government of the District of Columbia (2010), ix-xiii, 107-152.

㊼同上，ix-xiii。

㊽Commission on the 21st Century Economy (2009), 16.

㊾这个变化在2010税收年度生效。

㊿华莱士（本书）。

(51)US Bureau of the Census (2008).

(52)同上。

(53)Iowa Department of Revenue (2006), 4.

(54)同上，3。

(55)同上，4。

(56)Snell (2011), 2-3.

(57)临时收入等于调整后的总收入加上一半的社会保险津贴，另外还有免税利息收入，如免税债券的利息。

(58)Wisconsin Legislative Fiscal Bureau (2011), 14-57.

(59)Bryan (2010), 39.

(60)Landers, Richie, Sjoquist, Wallace, and Viceisza (2005), 17-19.

330 (61)Edwards and Wallace (2004), 17-19.

(62)Institute on Taxation and Economic Policy (2009), 9.

(63)Bryan (2010), 11.

(64)这一结论可见Bruce, Fox, and Tuttle (2006), 337-338。

(65)关于从社保收益中征收联邦税的数据是计算得来，其基础数据来源于Bryan (2009), 39。

(66)US Congress, Economic Growth and Tax Relief Reconciliation Act (2001); US Congress, Jobs and Growth Tax Relief Reconciliation Act (2003).

参考文献

Bruce, Donald, William F. Fox, and M. H. Tuttle (2006). "Tax Base Elasticities: A Multi-State Analysis of Long-Run and Short-Run Dynamics." *Southern Economic Journal* 73 (2): 315-341.

Bryan, Justin (2010). "Individual Income Tax Returns, 2008." *SOI Bulletin* 30 (1): 5-78.

Commission on the 21st Century Economy (2009). *Commission on the 21st Century Economy*. http: //www. cotce. ca. gov.

Dadayan, Lucy, and Donald J. Boyd (2011). "State Tax Revenues Gained New Strength in Fourth Quarter: Every Quarter of 2010 Showed Growth, But Recession's Harsh Impact Will Linger." State Revenue Report, February 2011, No. 82. Albany, NY: The Nelson A. Rockefeller Institute of Government, State University of New York, University at Albany.

Edwards, Barbara, and Sally Wallace (2004). "State Income Tax Treatment of the Elderly." *Public Budgeting and Finance* 24 (2): 1-20.

Federation of Tax Administrators (2011a). "State Personal Income Taxes: Federal Starting Points (as of January 1, 2011)." Washington, DC: Federation of Tax Administrators.

Federation of Tax Administrators (2011b). "State Individual Income Taxes (Tax Rates for Tax Year 2011—as of January 1, 2011)." Washington, DC: Federation of Tax Administrators.

Government of the District of Columbia (2010). *District of Columbia Tax Expenditure Report*.

Washington, DC: District of Columbia Office of the Chief Financial Officer.

Gravelle, Jane G. (2005). "Tax Expenditures." In *The Encyclopedia of Taxation and Tax Policy*, edited by Joseph J. Cordes, Robert D. Ebel, and Jane G. Gravelle. Washington, DC: Urban Institute Press. 406-408.

Henchman, Joseph (2008). "County and City Income Taxes Clustered in States with Poor Tax Climates: Fiscal Fact No. 133." Washington, DC: Tax Foundation.

Holt, Steve (2006). "The Earned Income Tax Credit at Age 30: What We Know." Metropolitan Policy Program Research Brief. Washington, DC: The Brookings Institution. 1-39.

Institute on Taxation and Economic Policy (2009). "A Capital Idea: Repealing Tax Breaks for Capital Gains Would Ease Budget Woes and Improve Tax Fairness." Washington, DC: Institute on Taxation and Economic Policy.

Iowa Department of Revenue (2006). "Issue Paper: State Tax Policy Implications of an Aging Population." Issue paper of the Iowa Department of Revenue.

Landers, Glenn, Clare S. Richie, David Sjoquist, Sally Wallace, and Angelino Viceisza (2005). "Georgia's Aging Population: What to Expect and How to Cope." Atlanta, GA: Healthcare Georgia Foundation.

Levitis, Jason, Nicholas Johnson, and Jeremy Koulish (2009). *Promoting State Budget Accountability through Tax Expenditure Reporting*. Washington, DC: Center on Budget and Policy Priorities. 1-43.

Maguire, Steven (2005). "State and Local Tax Deductibility." In *The Encyclopedia of Taxation and Tax Policy*, edited by Joseph J. Cordes, Robert D. Ebel, and Jane G. Gravelle. Washington, DC: Urban Institute Press. 367-370.

National Conference of State Legislatures (2009). *State Tax Actions*, 2008. Denver: National Conference of State Legislatures.

National Conference of State Legislatures (2010). *State Tax Actions*, 2009. Denver: National Conference of State Legislatures.

National Conference of State Legislatures (2011a). *State Tax Actions*, 2010. Denver: National Conference of State Legislatures.

National Conference of State Legislatures (2011b). "NSCL Fiscal Brief: How State Tax Policy Responds to Economic Recessions." Denver: National Conference of State Legislatures.

Rueben, Kim, and Len Burman (2005). "Deductibility of State and Local Taxes." *Tax Analysts Tax Facts*. http://www.taxpolicycenter.org/taxfacts/index.cfm.

Singham, Ashali, and Nicholas Johnson (2011). "States Can Avert New Revenue Loss by Decoupling from Federal Expensing Provision." Washington, DC: Center on Budget and Policy Priorities.

Sjoquist, David L., Andrew Stephenson, and Sally Wallace (2010, May 14). "The Impact of Tax Revenue from Capital Gains Realizations on State Income Tax Revenue and Budget Conditions." Working paper of the Department of Economics, Andrew Young School of Policy Studies, Georgia State University.

Slemrod, Joel, and Jon Bakija (2008). *Taxing Ourselves: A Citizen's Guide to the Debate over Taxes*. 4th ed. Cambridge, MA: The MIT Press.

Snell, Ronald (2011). "State Personal Income Taxes on Pensions and Retirement Income: Tax Year 2010." Denver, CO: National Conference of State Legislatures.

State of Oregon (2011). *Tax Expenditure Report*, 2011-2013. Salem: Oregon Department of Administrative Services and Oregon Department of Revenue.

Tax Credits for Working Families (2011). "Tax Credits for Working Families." http://www.taxcreditsforworkingfamilies.org./earned_income_tax_credit.

Tax Foundation (2011). "State Individual Income Tax Rates, as of January 1, 2011." http://www.taxfoundation.org/taxdata.

Urban-Brookings Tax Policy Center (2011a). "Individual Local Income Tax Rates 2006." http://www.taxpolicycenter.org/taxfacts/index.cfm.

Urban-Brookings Tax Policy Center (2011b). "Individual State Income Tax Rates, 2000-2010." http://www.taxpolicycenter.org/taxfacts/index.cfm.

US Bureau of the Census (2001). "State and Local Government Finances by Level of Government and State: 1991-1992." Document created March 30, 2001, and last revised on September 9, 2009. http://www.census.gov.

US Bureau of the Census (2005). "State and Local Government Finances by Level of Government and by State: 2001-2002." Document created December 9, 2005. http://www.census.gov.

US Bureau of the Census (2006). *Government Finance and Employment Classification Manual*. Suitland, MD: US Bureau of the Census.

US Bureau of the Census (2008). "Table 3: Percent Distribution of the Projected Population by Selected Age Groups and Sex for the United States: 2010 to 2050." August 14, 2008. http://www.census.gov.

US Bureau of the Census (2010). 2008 *Annual Surveys of State and Local Governments*. Suitland, MD: US Bureau of the Census.

US Congress, Economic Growth and Tax Relief Reconciliation Act of 2001 (Pub. L. 107-116, 115 Stat. 38), June 7, 2001.

US Congress, Jobs and Growth Tax Relief Reconciliation Act of 2003 (Pub. L. 108-127, 117 Stat. 752), May 28, 2003.

US Government Accountability Office (2010). *State and Local Governments: Fiscal Pressures Could Have Implications for Future Delivery of Intergovernmental Programs* (GAO-10-899). Washington, DC: US Government Accountability Office.

Williams, Erica, Nicholas Johnson, and Jon Shure (2010). *State Earned Income Tax Credits: 2010 Legislative Update*. Washington, DC: Center on Budget and Policy Priorities.

Wisconsin Legislative Fiscal Bureau (2011). *Individual Income Tax Provisions in the States*. Madison: Wisconsin Legislative Fiscal Bureau.

第13章 州公司所得税

戴维·布鲁诺里（David Brunori）

赵书博 黄碧蓉 袁紫涵 索硕 译

对营业利润而征收的州公司所得税（CIT）是国家税收体系中最有争议的、最复杂的一部分。这一税种很难管理，其"税收成本"因不同类型的企业而受到影响，变化较大。并且，相对于一般增值税和总收入税这两种可供选择的税种而言，其特点是狭窄的税基和高法定税率。这些特点导致了来自政治和经济方面的质疑。①公式分配（formulary apportionment）、区分经营收入和非经营收入，以及无数个税收筹划的有利机会都在不断地考验着税收从业人员和管理者。税法的制定旨在提高收入、刺激经济增长，并遵守宪法与联邦法律关于州税收权限的限制，但律师和会计师不断挑战这些法律。

45个州对公司净利润征税，其中包括传统意义上反所得税的司法管辖区，如田纳西州、新罕布什尔州和佛罗里达州。2009年，在州税收收入中公司所得税收入约为400亿美元。②只有内华达州、俄亥俄州、华盛顿州、南达科他州和怀俄明州对企业净利润不征收任何税收。③

公司所得税在州财政收入所占比重之小令人吃惊。并且，州公司所得税的相对重要性在几十年来一直稳步下降。州公司所得税占州税收收入的比例从1977年约9.5%的高值，下降到2009年占州税收收入总额的5%左右。进一步看，公司所得税收入占州财政总收入（包括税收和非税收入）不到2%，与个人所得税、消费税所形成的大量的税收收入相比，公司所得税收入的重要性明显要小得多。④然而，过多的资源和知识资本被用于管理和遵从州公司所得税和特许权税。税收评论员和学者已经注意到了征收公司所得税与征收其他税种的行政成本及遵从成本的差异。⑤这种成本与效益失衡的原因在于公司通常都拥有资源来进行税收筹划以及提起税务争议事项。私营部门中训练有素的、高薪的律师和会计师也明显地提高了州公司所得税的管理成本。为了适应公司的治理水平，州必须雇用、培训并留住合格的税务专家。虽然与征收其他税种相比，州所得税只增加了少量的税收收入，但是它占用了大量的税务筹划资源和诉讼资源。

在公司所得税上花费的时间和资源远大于其对州财政的贡献量。即使是那些传统上一直使用累进税制、看起来最依赖税收的州，公司所得税取得的税收收入也是微乎其微的。例如，俄勒冈州是历史上最先运用累进税制的州之一，该州没有销售税，个人所得税在其收入中占有相对高的比重。尽管有实行累进税制的传统，该州

2009年公司所得税的收入也只占总税收收入的3.4%。俄勒冈州来自消费税的税收收入（7.44亿美元）是其公司所得税收入的（2.24亿美元）的两倍。蒙大拿州，另一个累进税制历史悠久的州，在2009年，相比于超过5.29亿美元消费税收入，其公司所得税收入仅有1.64亿美元。

最依赖公司所得税的三个州是阿拉斯加州、新罕布什尔州和特拉华州；在这些州中，公司所得税收入分别占各州税收总额的12.7%、23%和7.4%。然而，应该注意的是，这三个州不征收州销售税。阿拉斯加州和新罕布什尔州也没有对个人所得征税。

公司所得税的历史

自美国建国开始，虽然各州已经对各种商业活动征税，但是现今的企业净所得税可以追溯到1911年的威斯康星州所得税法。该税证明了威斯康星州实施累进税制的成功，它的成功迅速带动其他5个州实行公司所得税制度。至1930年，又有17个州引入公司所得税制度；到1940年，又有另外的7个州开始征收公司所得税。

州公司所得税的相对快速发展可以归因于一些政治和经济因素。20世纪初期，激进主义的政治领导人对公司控制州的现象持怀疑观点。从公司取得税收收入的机会自然地与他们的政治哲学相适应。另外，这些领导人也成功地实施了累进联邦所得税和个人所得税。

公司所得税在20世纪中期的增长，也反映了大多数州税收制度多元化发展的趋势。在整个19世纪期间，州政府通过消费税和某种形式的财产税收入为其运行提供资金。然而，这些财政制度并没有为其筹集到足够的收入，以满足日益增长的公共服务需求。20世纪早期和中叶，在全国采用了个人所得税以及销售和使用税。对公司所得征税扩大税基，是全部税基多元化的一部分。这些关于州如何取得税收收入的基本变化一直持续到21世纪初。

和其他税的征收一样，州公司所得税是在一个与现在完全不同的经济背景下产生的。公司所得税是在大多数公司生产有形动产时期设计出来的。公司所得税被设计出来时州际税收竞争并不像如今这样激烈。虽然以有形动产为主的经济不再占主导地位，但税收结构基本保持不变。

征收公司所得税的理由

有若干理由证明应征收州公司所得税。一个被广泛提出的理由是，它可以弥补财产税的不足。⑥财产税并没有考虑到企业可能需要不同程度的财产投入才可以产生相同水平的利润。因此，一些资本密集型企业（如制造企业）比劳动密集型企业包括知识型企业（如高科技公司）被征收更多的财产税。财产税中评估无形财产的困难性也加剧了这种不平等。与其完全依靠对经营投入征税，各州为了达到更加公平，把对企业征收公司所得税作为其混合税收来源的一部分。

征收公司所得税的另一个常见理由是，它保护了具有重要意义（以收入计）的个人所得税。如果不征收公司所得税，那么纳税人就有动机将个人收入隐匿到公司股份当中。例如，一个为了避免个人所得税的股东将会合并经营业务；公司本身将会积累原本应支付给个人的股息或薪酬。因此，直到他们被支付股息或该公司被出售之前股东都可以逃避这方面的个人所得税。联邦政府已经采用一些规则，目的在于防止企业通过利润积累的方式避免承担个人所得税税负。

公司所得税有助于保护个人所得税的说法从表面上看是有道理的。然而在过去的几十年里，公司所得税收入的下降削弱了它的有效性。在过去10年中，个人所得税收入大幅增长，而在此期间，越来越多的企业开始规避州政府就企业所得征税。在过去的1/4世纪里已经充分证明公司所得税对个人所得税的保护是无效的，很难看出个人所得税如何能得到保护。事实上，如果要想使公司所得税成为国家收入的一个可行的来源，那么急需对其进行改革。

一个有效的公司所得税制度，可能会大幅度增加个人所得税的成功。但是州公司所得税税收制度的缺陷在于它一般不是来自个人试图逃避个人所得税，而是来自公司企图逃避与权益有关的税收。因此，基于历史记录，目前还不确定公司所得税存在的理由，是否是为了保护个人所得税。

对企业所得征税最令人信服的理由是，公司所得税的征收可以补偿各州为企业经营所提供的服务。⑦要求公司支付由社会提供的服务，符合税收的受益原则——也就是说，对公司征税是用以补偿其已得到的利益。⑧

企业与个人以及非法人企业相同，需要由各州提供公共服务。它们获益于各州的交通基础设施建设（公路、铁路、机场、港口）以便获得资源并将产品推向市场。企业也受益于州政府提供的公众安全服务，包括警察、消防、紧急医疗服务等。此外，各州司法制度也保护着企业的合同、知识产权和其他合法权益。公司还依赖于各州的学校教育系统来培养受过教育的劳动力——这在现今这个高度专业化的电子商务时代中起着特别重要的作用。高品质的学校教育系统还有助于吸引合格雇员。

一个企业的成功取决于这些公共服务是否被充分地提供。在许多案例中，经营者反对州减税（或者，较少主张增税）就是为了保护对企业经营至关重要的公共服务。⑨许多研究表明企业关于向哪里扩张（或迁移）的决定大部分基于充足的公共服务的可获得性。⑩

公司所得税反对者通常认为，公司对经济发展的促进作用以及其创造的财富远大于它们从州获得的好处。公司通常为其经营所在的州带来额外的税收收入，这是事实。公司本身，以及公司员工，都要支付财产税和消费税，雇员还应支付个人所得税。但是公司的经营活动对各州税收收入有着很大的影响。当企业和其员工消费时，各州的其他企业（如为企业和员工提供业务的供应商）最终会支付所得税、消费税和财产税。

最后，征收公司所得税的一个常用的理由是，它在一定程度上减轻了各州公共财政系统由于过度依赖消费税而产生的累退性。公司所得税被认为是减轻穷人税负的一个有效措施。

但是整个税收体系累退性的效果取决于税收的影响范围。关于谁来承担企业税收的负担存在许多争论。⑪有研究发现，股东以较低回报率的形式承担成本。但是另一些研究表明消费者以商品价格上涨的形式承担成本。还有研究发现劳动者以低工资的形式承担了成本。⑫如果消费者或劳动者承担企业纳税成本，则税收体系的累进效应将会减少。然而，人们普遍认为公司所得税除了影响到个人所得税，还抵消了销售税和使用税以及由许多州征收的消费税的累退效应。

州公司所得税的危机

州公司所得税向政策制定者提出了众多问题。虽然这些问题大多数在所得税初期就已存在，但是也有一些问题是随着现代经济、技术以及政治的发展而产生的。

对州政府来说，州公司所得税并不是一个特别可靠和稳定的收入来源。公司所得税税收收入占全州税收收入总额的比例在过去20年里持续下降。⑬许多评论员预期这种下降趋势将会继续。⑭

1995~2009年，在所有征税的各州里面，公司所得税占各州税收总额的相对份额持续下降。如上文所述，只有新罕布什尔州的公司所得税收入占州税收总额的比例大于20%。其对公司所得税不同寻常的严重依赖，是因为该州对个人收入和销售不征税。

更重要的是，自1959年起每年公司税基与利润不匹配（不论是全球还是国内）。⑮换言之，当企业取得更多的利润时，相对而言州政府只征收到了少部分的公司所得税。公司所得税下降的主要原因将在接下来讨论。

税收激励

州公司所得税税基不断被侵蚀的一个重要因素是普遍使用有针对性的税收优惠政策。每年，企业数以百计的税收减免被批准以鼓励经济发展。除了销售税和财产税的税收优惠，州政府还提供必要的税收激励政策以留住和吸引企业。公司所得税税收激励大体上包括投资税收抵免、促进就业税收优惠、职工培训税收优惠，以及通过加速折旧扩大扣除额度。这些税式支出的代价是州政府（和纳税人）让渡数十亿美元的收入。政府每年在公司所得税征收中提供上述优惠。尽管这些是无效的，但在过去的30年里税收激励政策已经激增。⑯

最值得注意的案例是梅赛德斯—奔驰案。亚拉巴马州法规的制定是为了吸引并留住德国汽车制造商。根据法律规定，在该州投资额500万美元及以上并且雇用不少于50人的企业可以发行免税债券来为其经营融通资金。企业可以就用于债券债务偿还的部分提出公司所得税抵免。这种规定为梅赛德斯—奔驰提供的税收优惠超过2.5亿美元，大大降低了企业的税负。亚拉巴马州取得的公司所得税收入占税收总额的比例不到 4%，低于平均水平，几乎可以肯定这与为梅赛德斯—奔驰制定的法律是相关的。虽然亚拉巴马州的例子是被引用的最多的例子，但还有成百上千其他类似的案例。

税收激励限制了一个州对公司所得征税的能力。但是问题是这样的激励并不仅限于少数企业。政府自愿提供税收激励会创造一个这样的环境，即鼓励企业寻求提供给其他公司的同类型的税收优惠。企业期望政府提供税收激励，许多企业进行投资决策时都会提出税收优惠要求。通常情况下，这些请求都是在企业已经做出投资和场地决定后才被制定的。一旦政府为一部分企业提供税收激励，那么如果不对其他公司提供类似的激励在政治上就有一定的难度。结果就是公司所得税的税基下降。

统一性的放弃

在运用公司所得税促进经济发展方面，各个州都在尝试运用不被大众所熟知的其他方式。为了促进州际间商业贸易的发展，许多州已经修改了将经营地点设在征收公司所得税州的跨州经营企业的公司所得税计算公式。各州之间不同的分配公式的运用本质上忽视了有效的公司所得税制度需要在各州之间统一这个主张。⑰当公司所得税刚实施时，许多企业只在一个或很少的几个州中进行制造、销售以及设立总机构。那时很少要判断哪个州有公司所得税征税权问题。然而，在现代经济当中，很难发现不进行跨州经营的企业。

为了使州公司所得税更有效地作用于州际商业交易，公司所得税的一致性是必不可少的。⑱统一性原则要求所有州都实施公司所得税，并且运用相同（或相似）的规则来确定怎样征税以及哪些州有权力对企业所得征税。使用统一税法有助于准确确定跨州纳税人的纳税义务，包括税基的公平分配。公司所得税法统一还可以降低纳税人的遵从成本（申报表的准备与提交）。也许最重要的一点，如果每个州都使用三因素公式，那么企业既不会就同样收入被征税两次，也不会全部收入都逃避征税。此外，企业将会没有动力或能力依照企业征税结果来进行经营决策。

对于州政府而言，统一性原则降低了管理成本。统一性原则还确保了在实施公司所得税的各州中经营业务的企业支付公平的税收份额。如果所有州都采纳相同或相似的规则，那么企业将不会出现不需要纳税的情况。

为了成功实施统一性原则，在过去大多数州依赖于平均加权三因素分摊公式，该方法于 1957 年根据出于税收目的《统一分配应税所得法案》（Uniform Division of Income for Tax Purposes Act）实行。三因素公式依据销售、财产以及各州的工资状况这三个因素来确定应纳税所得。这三个因素近似于企业在不同州中经营的增加值。但是，随着州际间的纳税竞争增加，各个州开始采取不同的分配形式以促进经济发展。2010 年，在征收公司所得税的州中只有 13 个州仍使用传统的三因素公式法。实施公司所得税的其他 22 个州都使用双权重销售因素法。5 个州（宾夕法尼亚州、俄勒冈州、俄亥俄州、明尼苏达州和密歇根州）允许使用大于双权重销售因素法确定应税所得。并且，艾奥瓦州、内布拉斯加州、得克萨斯州和伊利诺伊州⑦使用单一销售因素法来决定企业的税负。

在一个州中（用工资和财产来衡量）经营但却将商品和服务销售到其他州的企业，对其适用双权重因素或单一销售因素法的话，会降低其税收成本。事实上，学者发现使用单一销售因素分摊公式时，公司所得税下降10%。[19]实际上，双权重销售因素法对在一个州中拥有大量财产以及工资薪金的企业而言是有益的。因此，许多企业提议使用双权重销售因素公式。[20]

并不是所有的企业都能从双权重因素法或单一销售因素法中得到好处，因为在这种方式下，如果企业将大部分产品在一州销售，而没有在该州进行大规模经营活动的话，税负反而加重。然而，州政策制定者常常承认这种不均衡，以便达到吸引更多投资的目标。企业不愿意只是因为它们的税负只比在本地从事经营活动的企业的税负稍高一些就停止在一州销售产品并获利。

尽管法律制定者相信双权重或单一销售因素法可以鼓励企业扩大经营范围，但没有真实的证据表明偏离了传统的三因素准则可以促进经济增长。[21]政策最终的效果只是缩减州内公司所得税的税基。[22]

税收筹划的机会

现代公司所得税体系的另一个缺陷是大多数州在确定企业纳税义务时没有将分摊因素与关联企业相联系。在这些遵循"独立实体"原则的州中，关联企业在同一项经营中的财产、销售额以及工资薪金均不考虑在内。这样每一个企业单独计算自己的纳税义务，没有考虑到关联方的交易。

作为替代"独立实体"的政策，州政府可以规定如果多个企业共同经营同一业务，那么在计算使用分摊公式时应看作从事"整体商业交易"。这个要求将会消除企业间交易并且在关联企业间组合销售额、财产以及工资薪金等。

未要求企业进行合并报表使得公司所得税的纳税义务与公司集团的组织形式产生直接关联。选择设立子公司或是分公司的形式进行经营将会产生截然不同的纳税结果，即使这两类运营方式没有实质上的经济性区别。公司纳税筹划人一般简单地利用设立分支机构或清算子公司的方式来规避或减少公司的纳税义务。通常，这一行为没有经营或经济上的原因，这样做完全是为了避税。

未要求企业进行合并报表还使得关联企业将利润从较高税收成本地区转移到低税收或不征收公司所得税的州。当关联企业进行单一业务交易时，他们有机会去操控价格，这种做法被称为转移定价。例如，在A州（较高的有效税率）的一个企业将产品以售价远低于市价的价格销售到在B州（较低的有效税率）的一个企业。如果为了税收目的，关联企业的经营没有与原卖方业务相连，那么该企业将会把利润从A州转移到B州，并且降低整体税收负担。对各州而言，转移定价的监管是一个昂贵并困难的尝试。

未要求公司提供合并报表会刺激企业在未实行公司所得税的州建立控股公司，如特拉华州和内华达州。控股公司的建立是为了从关联企业中获得更多的特许权使用费和利息。而特许权使用费和利息会从关联企业的应税收入中扣除,但是通常控股公司的收入不被征税。

潜在税基显示有公司所得税可征,而州却没有征到,蓬普(Pomp)提出了出现这种现象的另一个原因。㉓他的理论认为,部分企业纳税筹划人员的强势为企业逃避税收提供了条件。

与联邦税收实践一样,缴纳州公司所得税的公司也会吸引专业领域最顶尖的会计师和律师。企业纳税筹划和诉讼这方面的资源不断地挑战各州税收收入部门。企业以及它们在法律和会计师事务所中的代表有资源(以及动力)进行复杂的筹划,用以合法地减少纳税义务。过去几十年的发展表明企业已经成功地运用这些资源降低了企业的税收负担。

例如,只有企业的"营业收入"(收入来自同一业务操作的)适用根据销售、工资薪金和财产等因素在各州之间分摊的办法。营业外收入(利息、股息,以及与应税业务无关的收入)不属于分摊的范畴,但是会分配给被认为是收入来源的州。税收筹划者擅长将营业收入改变成为营业外收入并分摊到低税率或无所得税的州。㉔

转嫁实体:"有限责任"实体崛起

州公司所得税税额下降的部分原因是使用转嫁实体开展跨州业务的急剧增加。有限责任公司(LLC)或有限责任合伙公司(LLP)已日益成为众多企业的选择,而不是过去企业选择的传统的"C"公司形式。1995年联邦法律的修改使得从联邦征税角度看,选择有限责任公司和有限责任合伙公司变得很容易。大多数州的法律规定,有限责任公司和有限责任合伙公司依照联邦课税目的被视为合作企业,州公司所得税也以相同的方式处理。

企业以有限责任公司和有限责任合伙公司形式运营的话,州不对实体层级(即企业或合营公司)征公司所得税。相反,应税收入直接转嫁到股东和合伙人身上。这样的安排避免了对公司所得税最老套的投诉(在联邦和州制度内):对股息和利润的双重征税。㉕合伙企业和联邦S类企业一直回避这个陷阱。但是有限责任公司和有限责任合伙公司的好处在于,与传统C类公司一样,股东和合伙人实质上享受到个人纳税义务方面的保护。

州政府收入部门的一个潜在问题是越来越多的企业将选择以有限责任公司和有限责任合伙公司的形式进行运营,进一步缩减公司所得税税基。然而令人关注的是,转嫁实体的运用并未同步增加。㉖采用有限责任公司和有限责任合伙公司形式的企业获取资本不容易,它们也不能够公开发行股票。在一个时刻都有资本需求的经济体中,许多企业将会继续选择传统C类企业的形式进行经营。

尽管如此,研究显示,有限责任公司以及其他转嫁实体的出现,使一些州失去了公司税收收入的1/3。㉗

与联邦公司所得税的关系

实际上,每个州在计算公司所得税时都会参照联邦公司所得税。绝大多数州依据联邦公司所得税报表中报告的收入作为计算州公司所得税的起点。25个州计算州公司所得税的起点是在进行特殊扣除之前的联邦应纳税所得额（表格1120第28行）。20个州计算州公司所得税的起点是联邦应纳税所得额（表格1120第30行）。只有阿肯色州，肯塔基州和哥伦比亚特区不参考联邦应税所得。出于填写纳税申报表的目的，除了得克萨斯州和田纳西州之外的各州均要求将联邦公司所得税申报表1120附在本州公司所得税申报表后面。

在此基础上，通过加和减来计算出每个州公司所得税的税基。典型的加在联邦所得之上的项目是州和地方政府债券利息，减的项目包括企业缴纳的州和地方税，联邦特殊扣除如股息所得，以及购买资产所发生的支出（如果根据州公司所得税法的规定，资产不需计提折旧的话）。典型的减除项目包括联邦债券的利息，州与地方税的退税，以及来自其他州的企业股息所得。

非营业收入也可以从应分摊收入中减除。调整后的联邦应税所得净额应按照分摊公式分摊到各州——如上所述，分摊公式为州内销售额占总销售的加权平均，州内员工薪酬占总薪酬的加权平均，一州财产占总财产的加权平均。最后分摊到州的应税所得应该是经过州可分配收益和亏损调整后的值。

因为州与联邦的公司所得税的制度是相互联系的，联邦税法的任何改变都会对实际上遵从联邦税基的那些州的税收收入影响显著。[28]例如，由于联邦税收政策在2001年和2002年的改革，使得各州在所得税收入上损失了约160亿美元。[29]由于联邦公司所得税制2004年的修改使得各州又损失了13亿美元收入。[30]这些联邦税制改革的内容包括增加折旧和业务抵扣，其缩小了联邦公司所得税税基。因为联邦税基缩小，导致了各州所得税收入的数额直接缩减。

避免大量税收收入损失的唯一途径是各州从联邦企业税法中"脱钩"。也就是说，各州不再使其公司所得税的税基受限于联邦公司所得税的税基。21世纪初，31个州将其税法中受到联邦部分或全部减税条款影响的内容与联邦税制分离开来。[31]这一举措挽救了各州估计130亿美元的收入。2011年，因未能从联邦国内生产扣除政策中成功脱离、耗费了21个州5亿美元。[32]

即使从联邦税制改革中脱离出来是可能的，但是放弃联邦和各州税制体系之间的密切联系仍存在着许多问题。州与联邦的一致性是意图减少纳税人与政府的遵从成本和管理成本。越缺乏一致性，越会导致公司所得税税法变得复杂并且成本昂贵。而且，联邦和地方税制体系虽然可以脱钩，但是它可能是一个艰难的政策选择。如果各州法律不进行改革，那么联邦减税意味着各州减税。

各州是否应对公司所得征税

由于公司所得税相对较少的收入额以及较高的遵从成本和管理成本，各州是否应征收公司所得税这个问题就需要好好考虑一下。该税未能获得证明其应该被征收的许多相关理论。该税也并未起到保护个人所得税的重要作用。考虑到公司所得税带来的微薄收入，很令人怀疑该税对于各州财政体系是存在重大影响的。许多观察者认为公司所得税作为受益税还有许多不足之处。确实，相对于为获得服务付费，相比公司所得税经营实体支付了更多的其他形式的税款。[33] 2009 年，商业企业支付了超过 5900 亿美元的州和地方税，其中只有 8% 是公司所得税收入。

因此，从理论上看，公司所得税既不是有效率的也不是有效果的一种增加州财政收入的方法。这里有许多停止征收公司所得税的理由。这些被争论的相关问题已经伤害到了公司所得税；如果无法得到修正，那么大部分问题很难解决。终止使用公司所得税优惠政策的机会不大。只有很少一部分政治上的支持分开核算营业收入和非营业收入的问题。由公司所得税征收上来的资金数量不能证明管理成本和遵从成本的合理性。

詹姆斯·彼得斯（James Peters），一名曾在加州特许税委员会工作过的全国知名的税收从业者，他提出"几乎没有理论支持公司所得税"。[34] 经济学家佩吉·马斯格雷夫（Peggy Musgrave）注意到"州一级的公司所得税已经与那些传统上把该税看作一个特别低效并且会导致收入结构和体系不平等的经济学家所提出的不应在州一级实施公司所得税的建议背道而驰了"。[35] 早在 1981 年，财政部负责税务分析工作的前副秘书长查尔斯·麦克卢尔（Charles McLure）认为州公司所得税有明显的不足，应取消征收。[36] 麦克卢尔提到"首要原因在于州公司所得税是表面文章且具有政治色彩；在政治上如果企业不纳税，要求个人收入纳税是令人难以接受的"。[37] 并且最近，麦克卢尔表示：

> 州公司所得税几乎没有优点。企业利润是一项很差的衡量政府提供给商家的公共服务利益的标准。因此，公司所得税干扰经济中性并且破坏州的竞争地位。它既不公平也不透明。它最好的一点是作为个人所得税的守卫者，防止可能会通过设立法人组织避税。[38]

2005 年，俄亥俄州是第一个采取措施，正式放弃公司所得税的州。州议会通过并签署法律，即在五年内逐渐取消公司所得税。同时出台新的宽税基、低税率的商业活动税来弥补公司所得税的收入损失，其本质上是一个总收入税。[39] 新法律受到经营实体的支持，但是受到零售商和反税组织的反对。一个杰出的评论者支持撤销公司所得税，他反对用总收入税作为替代，因为该税是累退的、非透明的以及不利于经济增长的。[40]

虽然有著名的批评者的意见和俄亥俄州的新政策，但是还没有普遍的公共或政治上的支持来取消公司所得税。因为由该税产生的收入与税收负担太过微少以致于不会产生严重不满，所以支持者也很少。但原因可能是，尽管存在上述问题，政治领导人和公众真诚地认可对公司所得税征收的理由。如果没有公司所得税，企业（或者更确切地说，它们的股东）为获得的政府提供的服务而支付资金这一借口将会不复存在。

由于目前人们对公司所得税没有强烈反对，州公司所得税无疑将继续存在。然而除非各州十分注重强化公司所得税，否则它仍会是收入来源中的很小一部分。

拯救公司所得税

各州如何拯救州公司所得税，将它从不相干变为更加重要的收入来源？一些政策改革将会强化公司所得税。

要求合并申报

提高公司所得税收入最有效的途径是采用合并申报将其作为一个打击企业避税策略的工具。合并申报是从州公司所得税的角度，将母公司与其大部分或全部子公司作为一个公司。州应该要求所有关联企业实施统一的合并申报。根据这一要求，所有关联公司需要根据单一经营规则分摊各自州的纳税申报数额。合并申报将会很大程度地限制企业的避税能力，限制企业通过各种避税策略人为地将利润转移至无所得税或低税率地区成立的子公司。合并申报同时还会增加数10亿美元的税收收入。[41]

越来越多的人认识到那些没有要求合并申报的州容易受到各种避税策略的打击。在过去的20年里有16个州执行合并申报。佛蒙特州在2004年颁布政策并于2006年生效。[42]纽约州在2007年4月颁布合并申报法，可追溯至该年年初。得克萨斯州和西弗吉尼亚州分别于2008年和2009年实施合并申报。合并申报还包括于2008年生效的"密歇根州的营业税"。截至2009年，共有23个州实施合并申报。

但是一些批评者质疑支持者在倡导合并申报时提出的基本观点。克莱因（Cline）已经确认在几种情况下，合并申报的结果还不如单独申报好。他发现合并申报并不一定能增加额外的收入，相反可能会降低投资并且增加管理成本和遵从成本。[43]

回到三因素公式

州政府可能会回到《统一分配应税所得法案》中的三因素公式，而这个公式被专家们认为是在一系列不完善的选项中相对高效公平的规则。[44]更重要的是，许多公共财政专家认为，使用三因素公式可以额外增加州公司所得税收入，并可以增加厂房场地、设备和就业。

使用这三个因素来决定应纳税所得额的基本原因是企业通过各种方式获益于州政府提供的公共服务，其中包括在州内拥有财产、在州中的销售额以及州内雇员基地。三因素公式确保企业纳税义务正确反映出每种类型的公司所得到的利益。

《统一分配应税所得法案》建议的分摊原则将会成为确认企业所有利润都纳入征税范围的重要步骤。然而，过去的20年里许多州都选择减少财产和工资薪金因素的重要性，并增加销售因素的重要性。多数州都在使用给定的"双权重"销售因素或赋予销售因素更多权重的分摊准则：在公式中，一个企业的州内销售量比其他因素至少要重要两倍。极端情况下，现在十几个州完全依靠销售因素来决定企业纳税义务。这就是"单一销售因素"法。重新恢复更均匀的分摊规则是为了阻止普遍的避税以及确保州公司所得税公平实施的重要的第一步。

使用"追溯"或"舍弃"原则，以应对"无须纳税收入"

各州应考虑到执行"追溯"或"舍弃"原则，以应对"无须纳税收入"。⑥ 理论上，一个企业所有的销售都应归属于其经营所在州，但是，由于各州公司所得税制度不同，事实并非总是如此。在某些情况下，企业的一部分销售并不归属于任何一州，出现这种情况，或是因为这些州不征收公司所得税，或是因为企业在该州的活动不显著因而无须纳税。这意味着企业的这部分利润不纳税，这一现象通常被称为"无须纳税收入"。企业意识到它们可以通过仔细计划纳税义务进而明显降低其税负。这样的纳税筹划经常会导致公司设立拥有较少资产或无资产的子公司，或在低税率或不征税的州进行商业活动。

一个解决"无须纳税收入"问题的补救措施是颁布"追溯"原则，该原则命令在其他不征税州的销售收入将"追溯"回企业经营所在地征税。27个州使用追溯原则。但是以下18个州并不这么征收公司所得税：亚利桑那州、康涅狄格州、特拉华州、佛罗里达州、佐治亚州、艾奥瓦州、肯塔基州、路易斯安那州、马里兰州、马萨诸塞州、明尼苏达州、内布拉斯加州、纽约州、北卡罗来纳州、宾夕法尼亚州、南卡罗来纳州、田纳西州和弗吉尼亚州。

另一个替代"追溯"原则的是"舍弃"原则。与其试图将所有销售额归入企业经营地所在州，倒不如运用舍弃原则从销售系数的分母中排除未分配给任何州的销售额。保持分子不变的同时减少分母，销售额增加并且该部分的应税收入也会增加。只有西弗吉尼亚州和新泽西州是实行"舍弃"原则的，新泽西州的舍弃原则在2011年已废除。

公司积极追求的这种"无须纳税收入"避税策略可以减少他们的州税收负担并使其远远低于他们应该支付的税额——另外也远低于竞争对手支付的税额。允许企业通过策略减少其税收义务，这一行为扭曲了企业所面对的经济激励，致使其他企业处于不利地位，并且使税收收入流失，而流失的这部分税收收入本来可以用于非常重要的长期公共投资项目。"追溯"原则和"舍弃"原则通过确保企业赚取的所有利润在其从事经营的州纳税，可以使企业展开公平竞争，降低州财政压力。

运用税收优惠政策

在过去的25年里，给予企业的税收优惠已经激增。每一个州会对迁入或继续留在其管辖范围内的企业提供不同形式的税收优惠。而且，大多数州对特殊投资提供税收优惠。各州应该减少给予企业的税收优惠。除了放弃大量的收入，这种行为也违反了健全的税收政策，缩减税基，破坏了公平和效率。

大量的研究表明企业税收优惠很大程度上是没有必要的（即使没有税收减免企业也会采取所需的行动）。因此，税收优惠损失了州的大量税收收入。

州政府已经给出企业超过可以在这里列出的更多的税收优惠。但是一些示例说明了税收收入损失的多少。在搬迁设施和外地工作的威胁下，1989～2007 年，花旗集团从纽约州、新泽西州、肯塔基州和得克萨斯州的子公司中获得了至少 285.9 万美元的补贴。[46]评论者得出一个并不令人惊讶的结论"所有证据都指向一个结论：州税收优惠政策并未彻底地被证明可以作为促进经济发展的工具"。[47]

总　结

州公司所得税有一个漫长而有争议的历史。它提高的税收收入相对较少，与它消耗的管理资源和遵从资源不相匹配。税收具有筹集并显著增加收入的潜力。但是，税收阻止经济增长以及放弃州竞争力这一争论已经引起了政治领导人的关注。为了挽救已偏离的公司所得税，政策制定者必须找到强化并实施公司所得税的途径。

本书出版于自大衰退以来州政府面临着最严重的经济危机之时。从 2008 年至今，州政府面临着历史上最高的预算赤字。各州已经提高税收并且系统地大量降低公共服务水平。在这样的环境中，有关公司所得税的争论更加激烈。争论的重点在于该税是否阻止经济发展以及创造就业。这也取决于州对额外收入的迫切需求。经济危机确定了关于是否以及如何在州级别中对企业所得合理长期地征税这一争论。

注释

①卢纳、默里和杨（本书）。
②所有 2009 年公司所得税收入数据来源于 US Census Bureau（2010）。
③华盛顿州营业和开业许可税被视为对商业活动总收入征税。俄亥俄州 2005 年废除企业净利润所得税，改征总收入税。俄亥俄州于 2005 年废止其公司净所得税，以一个总收入税取而代之。所有对非企业净所得征税的州按照特殊业务征税（例如，俄亥俄州对企业应税收入或净资产征收企业特许权税；怀俄明州就总资本、财产，以及其他国有资产和财产之和征税，或是对上述所有四种形式的企业组织费用征税）。CCH（2009）。
④US Census Bureau（2010）.
⑤Pomp（1998）；Brunori（2002）；Brunori（2005）.
⑥Brunori（2011）.
⑦Brunori（1999a）；McLure（2005a）.
⑧卢纳、默里和杨（本书）。
⑨Brunori（2004）；Brunori（1999b）.
⑩Bartik（1991）；Lynch（1996）.
⑪Gravelle（2010）.
⑫Harberger（2006）；Carroll（2009）.
⑬Cornia et al.（2005）；Fox（2003）.
⑭Brunori（1999c）；Brunori（1999d）；Fox（2003）.
⑮Sullivan（2008）；Dubin（1999）.
⑯Brunori（2011）.

⑰Strauss（2005），14-16；Edmiston（2005）；Gordon（1986）.
⑱Brunori（2011）；Brunori（2000）；Pomp（1998）.
⑲Edmiston（2002）.
⑳Pomp（1998）.
㉑Pomp（1987）.
㉒Fox（2003）.
㉓Pomp（1998）.
㉔同上。
㉕Cordes（2005）.
㉖Lee（2000）.
㉗Fox and Luna（2002）.
㉘Brunori（2011）；Fox and Luna（2002）.
㉙Johnson（2003）.
㉚Johnson and McNichol（2005）.
㉛同上。
㉜Johnson and Singham（2010）.
㉝Cline et al.（2010）.
㉞Peters（1995），1404.
㉟Musgrave（1984），51.
㊱McLure（1981），51.
㊲Brunori（1999c），1227.
㊳McLure（2005a），30.
㊴卢纳、默里和杨（本书）。
㊵McLure（2005b）.
㊶Mazerov（2007）.
㊷同上。
㊸Cline（2008）.
㊹Bucks（2005）；Miller and Gravelle（2005）；Edmiston（2005）.
㊺Luna（卢纳，2005）提供了一个关于"追溯"原则的实证研究的综述。
㊻Stecker and Steinberg（2007）.
㊼Enrich（1996），424.

参考文献

Bartik, Timothy (1991). *Who Benefits from State and Local Economic Development Policies?* Kalamazoo, MI: W. E. Upjohn Institute for Employment Research.

Brunori, David (1997, Winter). "Principles of Tax Policy and Targeted Tax Incentives." *State and Local Government Review* 29 (1): 50-61.

Brunori, David (1999a, October 25). "Interview: CBPP's Iris Lav on Fairness, Progressivity, and the Net." *State Tax Notes*: 1103-1108.

Brunori, David (1999b, September 13). "Business Makes Its Case—for Higher Taxes." *State Tax Notes*: 683-686.

Brunori, David (1999c, November 8). "Interview: Charles McLure on Sales Tax, E-Commerce, and the Pros and Cons of a VAT." *State Tax Notes*: 1225-1230.

Brunori, David (1999d, October 18). "Interview: FTA's Harley Duncan on the MTC, Cooperation, E-Commerce." *State Tax Notes*: 1037-1041.

Brunori, David (2000, July 31). "Interview with Dan Bucks of the Multistate Tax Commission." *State Tax Notes*: 303-309.

Brunori, David (2002, July 1). "The Politics of State Taxation: Stop Taxing Corporate Income." *State Tax Notes*: 47-50.

Brunori, David (2004, March 8). "The Politics of State Taxation: Corporate Taxes Are All the Rage." *State Tax Notes*: 811-813.

Brunori, David (2011). State Tax Policy: A Political Perspective. 3nd ed. Washington, DC: Urban Institute Press.

Bucks, Dan (2005). "Multistate Tax Commission." In *The Encyclopedia of Taxation and Tax Policy*, edited by Joseph J. Cordes, Robert D. Ebel, and Jane G. Gravelle. Washington, DC: Urban Institute Press. 14-16.

Carroll, Robert (2009). "The Corporate Income Tax and Workers' Wages: New Evidence from the 50 States." Washington, DC: The Tax Foundation.

Cline, Robert (2008, June 23). "Understanding the Competitive and Revenue Effects of Combined Reporting." *State Tax Notes*: 959-980.

Cline, Robert, Thomas Neubig, Andrew Phillips, and Julia Thayne (2010, April 26). "50-State Total State and Local Business Taxes for 2009." *State Tax Notes*: 275-295.

Commerce Clearing House, CCH (2009). *State Tax Handbook*. Chicago: CCH/Wolters Kluwer.

Cordes, Joseph J. (2005). "Dividends, Double Taxation." In *The Encyclopedia of Taxation and Tax Policy*, edited by Joseph J. Cordes, Robert D. Ebel, and Jane G. Gravelle. Washington, DC: Urban Institute Press. 83-84.

Cornia, Gary, Kelly Edmiston, David Sjoquist, and Sally Wallace (2005). "The Disappearing State Corporate Income Tax." *National Tax Journal* LVIII (1): 115-138.

Dubin, Elliot (1999, July 29). Paper presented to the Multistate Tax Commission Annual Conference, Traverse City, Michigan.

Edmiston, Kelly (2002). "Strategic Apportionment of State Corporate Income Tax." *National Tax Journal* LV (2): 239-260.

Edmiston, Kelly (2005). "State Formula Apportionment." In *The Encyclopedia of Taxation and Tax Policy*, edited by Joseph J. Cordes, Robert D. Ebel, and Jane G. Gravelle. Washington, DC: Urban Institute Press. 370-371.

Ely, Bruce, and Christopher Grissom (2000, July 24). "LLC and LLP Scorecard: An Update." *State Tax Notes*: 235-243.

Enrich, Peter D. (1996, December). "Saving the States from Themselves: Commerce Clause Constraints on State Tax Incentives for Business." *Harvard Law Review* 110: 377.

Fox, William (2003, August 4). "Three Characteristics of Tax Structures Have Contributed to the Current State Fiscal Crisis." *State Tax Notes*: 369-376.

Fox, William F., and LeAnn Luna (2002). "State Corporate Tax Revenue Trends: Causes and

Possible Solutions." *National Tax Journal* 55: 491-508.

Gordon, Roger (1986). "A Critical Look at Formula Apportionment." In *Final Report of the Minnesota Tax Study Commission*, Vol. 2, edited by Robert D. Ebel and Therese J. McGuire. Boston: Butterworth. 209-222.

Gordon, Roger (2003, January 16). "Does the Advent of LLCs Explain Declining State Corporate Tax Revenue?" Working Paper. Knoxville: University of Tennessee.

Gravelle, Jennifer (2010). "Corporate Tax Incidence: Review of the General Equilibrium Estimates and Analysis." Congressional Budget Office Working Paper 2010-2003.

Harberger, Arnold (2006). "Corporate Tax Incidence: Reflections on What Is Known, Unknown, and Unknowable." In *Fundamental Tax Reform: Issues, Choices, and Implications*, edited by John Diamond and George Zodrow. Cambridge, MA: MIT Press. 283-308.

Johnson, Nicholas (2003, June 9). "Federal Tax Changes Likely to Cost States Billions in Coming Years." *State Tax Notes*: 909-912.

Johnson, Nicholas, and Elizabeth McNichol (2005, February 22). "States Can Decouple from the Qualified Production Activities Deduction." *State Tax Notes*: 545-550.

Johnson, Nicholas, and Ashali Singham (2010, January 14). "States Can Opt Out of the Costly and Ineffective Domestic Production Deduction Corporate Tax Break." Center on Budget and Policy Priorities.

Lee, John William, Ⅲ. (2000, May 8). "Choice of Small Business Tax Entity: Fact and Fiction." *State Tax Notes*: 1605-1620.

Luna, LeAnn (2005). "Throwback Rules, Multistate Corporations." In *The Encyclopedia of Taxation and Tax Policy*, edited by Joseph J. Cordes, Robert D. Ebel, and Jane G. Gravelle. Washington, DC: Urban Institute Press. 436-439.

Lynch, Robert (1996). "Do State and Local Tax Incentives Work?" Washington, DC: Economic Policy Institute.

Mazerov, Michael (2007, April 30). "Growing Number of States Consider Combined Reporting." *State Tax Notes*: 335-340.

McLure, Charles (1981, July 13). "Toward Uniformity in Interstate Taxation." *Tax Notes*: 51.

McLure, Charles (2005a, April 4). "How—and How Not to—Tax Business." *State Tax Notes*: 29-34.

McLure, Charles (2005b, April 18). "Why Ohio Should Not Impose a Gross Receipts Tax." *State Tax Notes*: 213-215.

Miller, Ben, and Jane G. Gravelle (2005). "Foreign Corporations, State Taxation of." In *The Encyclopedia of Taxation and Tax Policy*, edited by Joseph Cordes, Robert D. Ebel, and Jane G. Gravelle. Washington, DC: Urban Institute Press. 155-158.

Multistate Tax Commission (2003). "Corporate Tax Sheltering and the Impact on State Corporate Income Tax Revenue Collection." *State Tax Notes*: 237-244.

Musgrave, Peggy (1984). "Principles for Dividing the State Corporate Tax Base." In *The State Corporation Income Tax*, edited by Charles McLure. Palo Alto, CA: Hoover Institution Press. 51.

Peters, James H. (1995, April 3). "The State Corporation Income Tax in the 21st Century." *State*

Tax Notes: 1400-1404.

Pomp, Richard (1987). "Reforming a Corporate Income Tax." *Albany Law Review* 51: 393-409.

Pomp, Richard (1998). "The Future of the State Corporate Income Tax: Reflections (and Confessions) of a State Tax Lawyer." In The Future of State Taxation, edited by David Brunori. Washington, DC: Urban Institute Press. 49-72.

Stecker, Sarah, and Dan Steinberg (2007, June 10). "Pay, or We (Might) Go: How Citigroup Games the States and Cities." *New Jersey Policy Perspective*, www.goodjobsfirst.org/pdf/citigroupplays.pdf.

Strauss, Robert (2005). "Apportionment." In *The Encyclopedia of Taxation and Tax Policy*, edited by Joseph J. Cordes, Robert D. Ebel, and Jane G. Gravelle. Washington, DC: Urban Institute Press. 14-16.

Sullivan, Martin (2008, May 20). "Corporate Reports Show Taxes on Profits Falling." *State Tax Notes*: 527-532.

Swenson, Charles W. (1997, November 3). "Does Your State Overtax Business Income?" *State Tax Notes*: 1129-1135.

US Census Bureau (2010). "Federal, State, and Local Governments: 2009 State Government Finance Data." www.census.gov/govs/www/state09.html.

第 14 章 企业经营实体税

利恩·卢纳（LeAnn Luna）
马修·N. 默里（Matthew N. Murray）
杨舟（Zhou Yang）
蔡秀云 译　陈远燕 校

州政府主要依靠三种税收来源：公司所得税、个人所得税和销售税。近些年这三种税收的课征都面临很大压力。近年来，州和地方政府税收收入大幅减少的主要原因是经济衰退，但是对这些传统税收来说，长期威胁是结构性的，当经济复苏时，只能部分扭转这样的局面。公司所得税的税收收入数年来一直在下降，部分原因是有效的税收筹划，以及努力通过有限责任公司和其他实体公司有效地将营业收入转换为个人所得。[1] 与此同时，美国经济向不征收销售税的服务行业转型，且以电子商务为手段提供货物和服务的新兴市场的兴起，都影响销售税的税基。[2] 很多州对通过电子商务手段销售的商品征收使用税（use tax），但是这种使用税容易并且经常被消费者规避；而通过电子商务提供的服务，法律规定不用交销售税和使用税。此外，公司所得税和销售税税收收入都随经济周期波动上升和下降。通过查补法律漏洞和提高税率的方式试图扭转当下税收颓势也仅仅是部分有效。在现有的税收制度下，实现需要的税收收入，对州政府而言，几乎没有选择余地。

预算压力和结构问题迫使一些州政府考虑补充或代替现有税制的新方法。一个被越来越多的州政府考虑、并被某些州采用的方法是，向营业活动而不是营业利润征收总收入税（GRTs）以及扣除型增值税。立法者希望这些可供选择的税收来源，其中包括所得税和营业税，能比提高税率、增加对公司所得税或营业税的税基这些方式，更加稳定、灵活、利于政策实施。

各州遇到的政策挑战并不新鲜。州公司所得税受到的压力早在1959年国会通过P. L 86-272法案时就已出现，该法被当作临时政策，限制各州向那些在其境内的唯一活动是销售的企业征税。公司所得税近年面临的附加压力来自税收筹划、竞争和政策选择，这些使得税基收紧，税收汲取能力下降。销售税税基侵蚀至少可上溯到1960年，当时很多未征税的服务作为消费的一部分开始明显上升。此外，美国最高法院限制各州向远程销售者（如邮件订购和网络销售）征收销售税，这是基于两个相关裁定——分别是1967年国家贝拉斯·赫斯公司（National Bellas Hess，inc.）诉税务局和1992年奎尔公司（Quill Corp.）诉北达科他州确定。尽管这些压力和其他趋势共同削弱了州的税收效益，但州对经营活动的征税政策即便有基本改变，也还是很少。③

本章重点聚焦营业活动非传统税制的性质、结构及政策内涵。首先介绍各种税收替代方案及可行选择之间的主要区别。接下来讨论不同可能税收工具的评估和比较，主要是总收入税和增值税。我们还比较了公司所得税与零售税的可行征收方法（将可行征收方法与公司所得税和零售税相比较），主要根据四个标准：（1）销售税收的合理性和纳税者的公平；（2）经济效率（税收中性）；（3）税收效益；（4）管理方便和制度遵从。④分析各州现行征税背景下的实体税收很重要，因为不同的税收工具经常被作为政策的替代物。

总收入税和增值税概况

广义营业活动征税的选择被视为一个持续的过程，选择的不同在于（如果有的话）得到税基所允许的扣除额的不同。一端是公司所得税，向分配的公司利润征税，而且，对于一个给定的税收收入总额，它有最小税基和最高税率。另一端是纯总收入税，向总销售额征税（即营业额），按无扣除数计算，向更大的税基以更小的税率征收。扣除型增值税类似于加利福尼亚州计划的营业净收入税，⑤介于公司所得税和总收入税之间。每种税可以以目的地或原产地为基础，取决于用来分配各州间活动的因素。表14.1列举这些替代方法，以及总收入税和增值税的一些变化，以反映出税基的不同。

表14.1　　　　　　　　　　公司税的分类*

税基	举例	税基的描述
一般总收入税	俄亥俄州贸易活动税，华盛顿州营业和开业许可税，特拉华州	总收入，扣除即便有也是很少的
修正一般总收入税	得克萨斯州税基选择 密歇根州	总收入减除工资支出或者总收入的70%，总收入减除有形资产的购买
毛利税	得克萨斯州税基选择 肯塔基州和新泽西州替代性最低税	总收入减除销售商品的成本费用
净收入税/减法方式增值税	加利福尼亚州（提案）	总收入减除源于其他公司的购买支出，产生不完整的边界调整（border adjustments）
发票抵扣型增值税	欧盟的发票抵扣型增值税	总收入减去源于其他公司的购买支出（边界调整后的）
公司所得税	传统的公司所得税在45个州征收；只适用于C类公司	总收入减去工资支出、折旧、利息、源于其他公司的购买支出及其他经营支出

注：*上述资料来自Cline和Neubig（2008）187，并且根据最近的改革对其进行了调整。表中税种的税基自上而下由宽税基向窄税基变化。

总收入税

广义的总收入税来源于营业活动总收益。通常,应税总收入包括所在州内确定商品和服务的所有销售,但常常不含金融交易收入(利息、分红、股票买卖收益)。最新的总收入税是以目的地为依据课税,通过最终消费者的位置定位(即确定来源)州际销售及付出,并且在税基中免除州外的销售来实现。⑥以其最简单的形式,总收入税税基只是按销售因素分配方法中的分子,通常用来为所得税分配跨州营业收入。该数额包括最终消费配给该州的货物,以及定位服务和分配给该州的非营业销售。

华盛顿州和特拉华州多年保留总收入税。⑦近些年(2005~2010 年),密歇根州、俄亥俄州、俄克拉何马州及得克萨斯州增加不同内容的总收入税。⑧新墨西哥州施行一种名为总收入税的销售税,但其运作的高效堪比销售税。⑨基于各种原因,总收入税是代替传统公司所得税不错的选择。因为总收入税是向州内营业活动总收益额征税,其基数很大,导致各州只能以极低的税率征收。而且,总收入税主要适用于广义上的商业活动,而不是公司本身,因此,个人、合作伙伴、有限责任公司都是其征收对象。⑩

作为一种涉及面广的税收,总收入税经常被拿来与零售税相比较,但这两个税种在征税基数方面完全不一样。与零售税计划向全部消费征税相比(这种情况实际不成立),总收入税则向所有交易价值征税。⑪与可以扣除为二次销售购买或纳入生产过程的支出的零售税不一样,总收入税不允许扣除先前已纳税的物品或劳动力购买支出,导致一个产品在生产或分配过程中每次转手时都要追加缴税。有些总收入税体系试图通过扣除部分投入成本、不同销售类别实行差别税率、对生产链环节众多的制造业领域实行较低税率的方式来减轻追加征税产生的负担。⑫净收入税更多的是向某些商业对商业的购买实现扣除,使其更趋向于纯销售税或扣除型增值税。

总收入税主要也向那些通常免征销售税的各种机构组织(如一些政府组织和非营利组织)的服务(各州基本不把它包括在零售税的征税范围内)征税。总收入税可通过扩大纳税人范围而扩大该州营业税收数额。那些在州内活动被关联企业和联邦法律保护的企业也通常应缴总收入税,因为各州宣称特权税的起征点低于销售税和公司所得税(见下文讨论)。⑬

由于计税基数大,总收入税税率比公司所得税税率低不少。大部分总收入税税率低于 1%。因此,在美国各州,公司所得税税率的中位数比标准的总收入税税率至少要高 7 倍。总收入税在不同州有很大差别,其税率取决于计税基数大小、收入需要,以及该税对其他税种是补充还是替代。此外,税率可能随具体公司特有因素的不同而变化,如华盛顿州营业和开业许可税(B&O)要考虑该公司是批发商还是零售商,以及有时需考虑是否是特定行业。总收入税的法定归宿是经营实体(商品或服务的销售者),而不是像在很多州缴纳零售税一样归宿落在消费者。

增值税

增值税历史悠久,最早于 20 世纪 20 年代引入法国。60 年代晚期,增值税逐渐被广泛使用。现在有至少 137 个国家实行不同版本的增值税，主要作为一种国家税收。[14]由于美国各州没有强制的边界，州级范围的增值税比国家税收更被接受且更具可操作性。然而，几乎增值税概念刚从国外引入，经济学家和立法者就立即将该概念采用到州和地方政府。布鲁金斯研究院最早于 1930 年向艾奥瓦州、1932 年向亚拉巴马州推荐州内增值税。1932 年夏威夷州成为美国第一个在其商业消费税中运用增值概念的州政府。

1953 年，在汽车产业的强力支持下，密歇根州成为美国第一个实施增值税即营业活动税（BAT）的州，并替代公司净所得税。作为一种适当的纯起点税，随着时间更替，经营活动税被大量特殊规定改变，1968 年密歇根州恢复对传统的企业利润征税。[15]然而 1975 年，立法者认定密歇根州营业税收体系不够稳定且过于复杂，他们用单一营业税（SBT）取代了企业利润税（带有更多严重损害的税种）。2008 年，单一营业税被密歇根营业税（the MBT）取代，其中包括经修正的总收入税，该税允许减除从其他企业购买部分。1993 年，新罕布什尔州成为第二个实施增值税，即营业企业税（BET）的州政府，该税至今仍适用。[16]

正如其名称，增值税旨在向某种产品或服务从提取、生产过程到产品经销（批发或零售）、服务提供整个生命周期的每种经营增值征税。从概念上看，每个生产环节的增值是产品或服务的销售价格减去具体产品和服务从其他公司购进的成本。购进包括产品销售成本的典型组成部分（不含内部劳动力成本），以及间接成本，如办公耗材、电脑、通信设备。每次产品经过销售者到最终销售环节，都会征增值税。扣除或抵免可用于任何事先已征税活动。生产经销每个环节所付增值税数额之和相当于向最终家庭消费征税。收入型增值税，有时被看作营业增值税（BVT），[17]是一种产品税，在可征税期间内，如一年，向经营活动而不是交易基础征税。美国各州的增值税最接近于营业增值税。

由于扣除通常不适用于特定地域，跨州企业必须像按照公司所得税分配可征税收入一样，分配增值额。增值税可以目的地或来源地为基础，增值额分配取决于所使用的分摊因素。比如，最初的密歇根州营业活动税使用占比重一致的三因素形式，即财产、薪水总额、销售额，这些主要是以来源地为基础征税。使用最终销售分配附加值，则变成以目的地为基础征税。

政府使用三种类型的其中一种计算增值额：发票抵扣法、减法、加法增值税。[18]多国政府（包括欧盟成员）使用发票抵扣方式决定计税基数。发票抵扣增值税类似于零售税，两者都是在最后向消费者销售环节征税。[19]尽管美国学术界有考虑国家税收使用发票抵扣方式，但这种方法尚未形成真正立法。[20]因为美国任何一州都没有认真考虑发票抵扣增值税，我们接下来对增值税的讨论限制于减法和加法增值税这两种方式。

尽管组织形式不同，增值税的加法方式或减法方式常被应用在各种企业中。两种方式的计税基数一致，但方向不同。对加法方式来说，税基等于产生增值额的成本综合、工资、租金、利息以及公司利润。对减法增值税而言，[21]计税基数等于总收入减去符合要求的从其他公司购进数额。可征税总收入特别包括所有确定的商品和服务，但不包括金融交易收益（如利息、分红、金融资产销售获得的收益）。准予扣除数包括，在所得税下构成商品销售成本的原材料和半成品购买（但不包括内部劳动力成本），资本购买的全部成本，办公设备耗材、电脑花费，对整个生产过程必要但不包含在产品内的间接材料花费。

不论哪种方式，立法者都必须根据资本购买处理情况，决定增值税是收入型或消费型。对于收入因素（收入型增值税），资本购买额处理方式类似于所得税，纳税人不断采取折旧扣除并维护存货账户。[22]大多数州政府决定使用消费因素（消费型增值税），资本和财产扣除是在购买时进行，而不是某商品被售出后。这种方法消除了为纳税目的跟踪折旧额和存货水平的需要。

增值税扣除方式同加法方式一样，都是在实体层面上对汇总纳税基础实施的。类似于所得税，但在税基中包括的收入类型和所允许的扣除数上不同于公司所得税。例如，公司所得税基数包括利息和分红收入，这在增值税税基中通常被排除。[23]公司所得税中工资是可以扣除的，但这种扣减方式在增值税中是不被允许的。减法方式的增值税通常允许资本购进支出直接费用化，而公司所得税要求大部分的资本购买支出在一段时间内以折旧方式扣除。然而，为什么增值税不能构建成收入型所得税，却能按照公司所得税的方式处理资本品，这一点没有具体原因。

美国营业活动税现行例子

本部分将探讨各州目前使用的营业活动税例子，并分析它们之间的异同。给这些总收入税、各类非居民税（NTRs）、减法方式增值税等准确地分成几个特定类别并不实际，[24]因为有的税种具有各种特征。

目前，美国有三个州征收总收入税，分别是俄亥俄州贸易活动税（CAT）、华盛顿州营业和开业许可税、特拉华州总收入税。[25]俄亥俄州和华盛顿州的这两个税种都是向拥有应税总收入的公司或个人征收，并且在各自州都有一定的经济影响力。然而，俄亥俄州和特拉华州的总收入税都不对资本收益征税（如利息、分红、资本利润），不过这两个州的个人所得税和公司所得税可以弥补这项收入。华盛顿州没有所得税，但其营业和开业许可税的计税基数中包括资本收益。此外，华盛顿州营业和开业许可税适用于几乎所有经营收入，而且可提供有一定限制的免除、扣减及抵免。特拉华州不允许扣减，但只向超过一定数额的收入征税。大多数企业每月可免除8万美元税款，制造商可免除100万美元税款。近期，密歇根州和得克萨斯州实施的营业活动税实际上是一般总收入税和减法方式增值税的混合体系，有些像各类非居民税。例如，密歇根州营业税允许扣减个人实际收入中从其他企业购买部分。得克萨斯州毛利税允许企业选择扣减商品销售成本或薪酬、赔偿，而且给零售商、批发商、饭店的税率更低。[26]

类似的还有俄克拉何马州新近的营业活动税，该税2010年出台，取代了该州的特许税，结合了总收入税和减法方式增值税的一些特点。[27]尽管被描述成一种对经营活动征收的税种，但该税征收的是"净收益"，允许许多扣减。起初，其计税基数不包括一些类型的收入，如利息、分红、房地产租金、特许权使用费、净资本收益。收入也不包括雇员因为向雇主提供劳务而收到的报酬。日常贸易和营业扣减减少了纳税者的调整收入，一些重要的特例除外。例如，利息、折旧、摊销等不允许扣减。收入和扣减部分不包括的项目仍计入到俄克拉何马州所得税中。

新罕布什尔州征收营业企业税，该税是唯一现在在美国征收的次联邦政府级的增值税。营业企业税是一种加法方式增值税，计税基数包括薪酬、其他补偿款加上利息和分红。通常，加法方式增值税的计税基数包括利润，但由于新罕布什尔州对营业收入的征税有所区别，该税的基数并不将利润包括在内。

一些州并没有仅征收总收入税或非居民税，它们还使用了替代性最低税（AMT）的部分概念。在这些辖区，纳税人缴纳传统所得税或基于总利润或总收入计算的替代税两者中的较高者。例如，新泽西州对总收入征收替代性最低评估税（AMA），从收入200万～2000万美元的纳税者征收0.1389%的税到收入超过7500万美元的纳税者征收0.4%的税，税率不等。总利润税率则从0.2778%至0.8%。肯塔基州确定了一种有限责任实体税，与成员和股东的公司所得税或个人所得税不同，该税以总收入和总利润为基础，计算方式反映最低纳税责任。由于所有替代性最低税有比其补充的所得税的计税基数大、税率低的特点，这些替代性最低税被看作总收入税和增值税的延续，其定位取决于该州这个税种的基数有多大。

替代性营业税评价

对企业经营活动征税的合理性

对企业实体征税主要是以受益原则为前提，企业从州政府得到公共服务或监管和法律利益。一个典型的例子是特权（或特许）税，州政府为某个企业提供准许，并向其征收获得这种特权的税。这种观点的形成遵循受益原则，所付税额与州政府提供的服务大体一致，设立既公平又公正的等价交换。然而，实际上，传统营业税的基数与该州赋予公司的特权或公司从政府获得的服务并不完全相符。有一种更为普遍的观点认为，对经营活动征税是合适的，不仅因为给公司的直接利益还因为归于非居民公司所有者、游客、当地居民和工作者的利益。受益原则为对经营活动课税提供了强有力并且最一般性的论据。

受益原则在州公司所得税中的应用，意味着利润分配代表了企业从政府服务的受益。但极少数州的政策，如按比例分配的规定和追溯条款，并非为使利润和得到的利益相一致，税收筹划行为允许公司根据它们报告的跨州活动的性质和范围得到的其他相似利润来支付极少的税额。另外，非公司实体和有经济地位但没有关联的企业不需支付公司所得税。

相反，以目的地为基础征收的增值税通常被认为是对国内消费征收的税。同样地，受益原则必须运用到提供给消费者的公共服务上，无论他们是否是居民。在这种情况下，公司仅发挥公共部门进行税收处理和收集工具的作用。

对总收入征税，如俄亥俄州贸易活动税被定义为法定归宿为营业实体的特权税。受益原则的应用意味着州内来自指定应税活动的收入（包括任何嵌入的金字塔式课税）应课征受益税。如分配利润，没有理由认为总收入与从州收到的公共服务接近一致。另外，总收入税会根据要素和产品市场条件的不同程度、不同地方市场要素和消费者的差异效应，导致税负前转和后转。因此，必须倡导总受益是一个主张而非一个让总收入税使用合理化的特定交换条件。

实体企业的总收入税，从受益原则这一更宽广的视角来看，由于包括更多的一系列公司的经济活动，拥有很大的吸引力。重要的是，总收入税克服了销售税由于最高法院两个判决的约束。这两个判决要求一些实际存在的形式产生了与销售税关联的纳税义务。同样重要的是，总收入税克服了在征收州公司所得税情况下P.L.86-272法案所产生的障碍。P.L.86-272法案是一项国会的优先权，它保护那些唯一与州有联系的有形货物销售公司免受所得税关联。总收入税不是销售税或净收入税，而是个可以被应用于与经济相关概念一致、范围更广的公司的特权税。相较于公司所得税，总收入税的税收筹划机会很少，因为所有公司的共同结构（与单独个人所得税和公司所得税相反）、更广的关联标准，和州内公司间业务往来按统一方法处理。总收入税可以认为是更公平的，因为用共同税收工具对所有公司内部交易进行征税。

使用政策标准就如同对经营活动征税保持公平公正一样，存在很多问题。最终，是个人作为法定主体负税，而不是企业。公平公正的基本衡量措施类似于横向公平（拥有类似支付能力的得到同等对待）和纵向公平（拥有不同支付能力的得到区别对待），这些都植根于实用主义，并且不适用于经营活动公平分析。关于营业税政策公平性的讨论尽管是老生常谈的话题，并通常集中在法定税负，而不是经济归宿或承担真正纳税负担的主体。

在关于总收入税的争论中，营业税"公平性"的话题已经与受益税观点完全脱离，而且经常要放置在横向和纵向公平以及支付能力的背景下。这并不适合。虽然，关于总营业税的多种替代形式如何适用于不同法律结构、不同规模、不同领域的企业，有着一些合情合理的担忧，但最终企业还是没有与家庭经济体同样意义的支付能力。

对于营业税收政策的改变将怎样重新分配企业的税收负担，确实有不少争论。例如，有人认为，"体量大、盈利少的企业"在缴纳总收入税的情况下可能被迫取消大量的负债，但在公司所得税或增值税的情况下可能只需缴纳较少的税甚至没有。[31]假设的前提是这个体量大、盈利少的企业所获利润很少或者可能短期亏损，因而纳税能力较弱。而且，这种观点认为总收入税，还有公司所得税或增值税，是与其他税种脱离的，而非企业必须免除其他税。例如，企业不论现金流多少、盈利情况如何，必须缴纳财产税、销售税、特许权税等其他税。此外，支付能力和资金流动的争论忽视了纳税义务转向消费者。

采用总收入税将从根本上改变一州税收体系的法定和经济负担。如果减少或消除对公司所得税的依赖，符合规定的企业的法定义务就会减少，而有限责任实体、制造商、服务企业的负担就会增加。减法方式增值税或非居民税可能有类似的影响，但还会将低附加值企业的法定义务转移到高附加值企业身上。[32]经济影响会更加复杂，因为其取决于产品和要素市场的复杂性。

效率或中性

有效或中性的税收不会改变相关价格，因而也不会影响商业决定的制定，包括投资、投入、选址。定义明确的受益税不会造成扭曲，但正如上文提到，税收向服务看齐是有问题的，尤其当"福利"是狭义上的时。实际上，任何商业或实体税都可能造成一定扭曲。

本小节从三个观点衡量总收入税、增值税和公司所得税相对效率。第一是贯穿在不同行业间和行业内部的中性，它通过采选、生产、经销环节影响行业的纵向结构和投入决定。第二是各州之间的中性，包括选址和进出口待遇。第三个中性是关于不同企业组织形式。第一和第三个观点可能涉及州内和多个州的业务，第二个观点主要强调州内经营活动。理想化的分析根据传统的等价代换方法评估不同税收工具。然而，现实中，替代税并不是一直被当作等价代替品。[33]而且，伴随着每个税收工具带来的大量实际扭曲，使严格的次优选择成为必要考虑。下面的分析主要是基于这样的前提，即宽税基和低税率要优于窄税基和高税率。

行业内和跨行业的中性：采选、生产、经销

如表14.1所示，税基随不同税种变化，一般总收入税的税基最广，公司所得税最窄。税基和整体结构的不同决定企业在各种采选、生产、经销环节如何缴税。相比增值税和公司所得税，总收入税最大的缺点是征税对象是企业间供应链的每个环节。例如，以木材作为原材料，加工木料、销售的整体家具以及最终零售品都要征税。这些多重征税导致税收"金字塔"——即对同样的投入和产出多次重复征税——其产生的税基大于税收管辖范围内产出的总价值。不同行业的重复课税程度变化取决于供应链的层次结构（和包括差别税率在内的税种结构差异）。[34]生产环节多的行业，这个问题最严重；生产环节较少的行业，问题就无关紧要。比如，服务领域比制造业的生产环节少。重复课征总收入税会通过使产业、产品的有效税率不同，影响企业最优投入决策，纵向一体化程度，以及最终消费选择。

重复征税程度取决于纵向整合程度。近期的一项研究显示，同一行业内供应商（上游企业）和制造商（下游企业）的技术密集度对纵向整合的可能性有直接影响。[35]总的来说，税收对行业的整体影响跟随企业涉及生产程序的数量而变化。与每个环节生产由不同企业完成相比，将多个程序环节集合到单一实体的企业可减少最终产品所缴纳的整体税款。因此，总收入税可形成对纵向整合的一种刺激。结果是，综合企业的产品比同行业未整合企业的产品更具有竞争力。实际上，大多数总收入

税的低税率，通常是低于销售额的 1%，将减轻对垂直整合的促进作用，以至于除税收以外的其他因素一般能促进转向内部生产的决策。

不尽如人意的是，总收入税对垂直层次整合的影响并没有经验证据来印证。近期的一项理论分析证明了在有些情况下，总收入税可能成为垂直层次整合的促进或遏制因素。㉘该模式设定多种市场结构下企业行为，下游企业能从上游供应商处选购投入品，或者自我供应相同投入品。下游企业用该投入品生产出最终产品销售给消费者。结果显示，总收入税降低了上游供应商的要价，尽管这个价格影响取决于上下游市场各自的竞争力。

举个例子，如果下游市场比上游市场明显有竞争力，总收入税将导致投入价格比上游供应商价格低很多。这会造成下游企业考虑从上游供应商处采购。在这种情况下，供应商很难有能力以高昂的价格转嫁附加税。总收入税这种对垂直层次整合的刺激会根据供应商吸纳该税的程度而减少。因此，下游企业更愿意购买投入品而非自己生产，只要自己生产投入品的边际成本高于上游企业的要价。一般来讲，市场结构影响总收入税降低投入品价格的能力，从而影响企业生产或购买的决策以及追加纳税的程度。

事实上，实行总收入税的各州已经采取各种各样的措施改变税收结构以减少重复课税。华盛顿州估计平均重复纳税在 2.5 倍左右，从许多服务领域的 1.5 倍到一些制造业的 6.7 倍。为了减轻重复课税问题，华盛顿州已在 20 世纪 30 年代，针对营业和开业许可税做了大量改变，包括对已知经常重复缴税的领域实行较低的税率。例如，服务领域的营业和开业许可税税率是 1.8%，制造业的税率低于 0.5%，因为制造业涉及很多生产过程。加利福尼亚州采用营业净收入税，实行不同方式解决重复课征，如通过广泛地允许扣除企业间采购费用，形成一个非常类似于缺少边界调整的增值税的体系。

当重复课征可能随着总收入税不断扩展时，有效的税率将取决该税税率和可征税产业链的环节数量。比如，华盛顿州计算了每个行业的营业和开业许可税的平均实际税率，发现税率在农业、林业、矿业领域总收入的 0.32% 和交通、通信、公用事业领域的 0.93% 之间变化。耐用品和非耐用品的制造的平均实际税率分别是总收入的 0.42% 和 0.41%。然而，大多数行业内和跨产业的总税负差别是由财产税引起，而不是营业和开业许可税。各州总收入税结构和行业特征不同，重复课征的程度和行业实际税率也有所不同。

由于重复课征，总收入税带来的扭曲需要和替代性营业税及其潜在重复课征程度做比较。基于产业供应链的增值税是中性的，除了企业销售（提供）免税产品或服务的情况。因为企业不能从任何与免税销售有关的买卖中免除增值税，重复征税还会发生，尽管由于免税销售的范围受到限制，这种重复可能并不普遍（免税交易和增值税的零税率销售不同，因为后者允许要求归还税款。）公司所得税看来会导致重复课征从而使分配造成价格上涨，尤其是考虑到销售因素，假设税负前转。㉙

其他对经营活动课税也可能导致和重复课征相连的扭曲。最明显的是一个州的销售使用税，其对经营投入的比例明显下降，并对生产链重复征税，导致产品和行业的扭曲。[38] 例如，据估计，40%的州销售税落到商业投入采购上。[39] 重复征税的程度根据生产过程的性质和州提供给商家免除销售税的类型而变化。考虑到销售税税率比总收入税高很多，对于给定市场结构和系列可征税生产环节，销售税比总收入税重复征税更加明显。

进出口中性：州际活动

某个税种对进出口的处理方式，能影响一个州的产品和服务内部市场、一家企业的进出口决策，以及对安置生产设备地点的选择。理论上，为实现目的地基础征税的合理的税收体系，应该按同样的方式对进口和本地产品课税。出口产品应该免税，而在其他州作为进口产品缴税。原产地基础和目的地基础的结合将导致对出口产品重复征税并扭曲生产活动的定位。

一般总收入税不允许扣除投入及部分退还之前生产过程缴纳税额。总收入税倾向于支持进口产品而不是本地制造产品，因为从其他州进口的产品经过较少的应税生产环节，没有总收入税。[40] 如果交易是以目的地为依据，则不会对选址产生扭曲，但销售以原产地为依据则出现扭曲。对在无总收入税的州中的刺激必将和任何有经营投入的销售税产生的原产地基础税收一致。

总收入税对出口同样非中性。重复征税将在生产中间阶段支付的税收嵌入到产品价格中去。生产最终阶段的税收减免减少了扭曲，但是不能说明之前生产阶段所支付的税费。因此，相对于位于不征总收入税的州的企业，位于征收总收入税的州的出口商可能在税收竞争中处于不利地位。而对于来自市场上销售税的任何重复征税，州都会减轻该种不利影响。

国家发票抵扣型增值税采用边界调整税以对进口品征税并减轻出口品税收。在提案中提出的加利福尼亚营业净收入税被设计为接近一个采用销售为基础的分配公式去实现目的地基础税收的减法方式增值税。实际上，这类税的运行作用与所得税相类似，因为他们对公司征税而非对交易征收，这很难把税收归属于州内还是州外。像营业净收入税这样的税种并未完全扣除对出口品征税，因为他们并未完全扣除在生产链之前环节支付的税收。[41] 对价格的影响将根据影响需求价格弹性的市场结构而定。例如，企业在多个不同的州销售一个同质产品也许会发现将税负前转是困难的。

按照单一销售因素分配公式的州公司所得税实现了目的地基础税收，并且减少了来源地基础税收下因生产地点引起的扭曲。然而同样的分配规则能够阻止企业通过择址以及创造关联从而产生不课税的"无归属"收入。[42] 一些州公司所得税仍然使用三因素分配公式在经济活动发生地的州进行利润分配。三因素分配公式将公司所得税变为该公式中三个因素的消费税：销售、财产以及工资薪金。[43] 与销售因素促进目的地基础税收不同，财产和工资薪金因素反映了来源地基础税收。三因素分配公式意味着公司所得税适用于进出口（假定建立了"关联"），尽管虽然特定税收影响会取决于市场结构以及税收前转和后转的程度。

中性与企业组织形式

中性的营业税应当不扭曲企业对组织形式的选择。公司所得税通过对不同结构的企业实体的征税扭曲了组织形式选择。㊹例如，公司也许会选择成为一个有限责任实体如独资企业或有限责任公司以避免潜在高税率和在公司所得税下对分红的双重征税。企业和非企业产品共存情况下，企业所得税会使企业变不同组织形式，同时公司所得税损失很明显。㊺一项运用各州截面数据对零售商的组织形式选择进行的研究表明，相对于个人所得税，公司所得税对企业的实际经济活动份额有显著影响。㊻一项包含所有领域企业的更普遍的研究显示，州税税率和其他税收政策特征影响实体在公司和转嫁企业之间的选择。㊼与公司所得税仅向以企业形式组织成营利商家征税不同，总收入税和增值税包括大多数企业，不论其形式，所以对选择组织形式的影响不大。

总收入税和增值税对不同商业结构有一种更中性的处理方法，减少了对仅考虑税额而有策略地选择商业模式的助推和可能性，有可能通过节省纳税计划的资源消耗、避免滥用，增加效率。例如，企业经常很容易进入全国资本市场，反而降低成本，但所得税制度可促进组织成非法人实体。企业可能选择放弃设立的不征税利润，成为纳税范围的有限责任实体，这是根据两个因素相对重要性来考虑的。缴纳总收入税或增值税，企业在决定实体性质时，可以完全忽视这些缴税因素。企业能够根据市场而非纳税因素制定策略，从而获得效益。

尽管总收入税不太可能影响实体选择，比如选择C类公司还是有限责任公司，组织结构扭曲还是会增加。华盛顿州的商业和开业许可税为此提供了不少例子。㊽有一种情况，华盛顿州的一家制造商在该州以外设立了子公司作为法律上的主要生产商。这个子公司将产品运到华盛顿州，并与华盛顿州企业实体签订协议，把中级产品加工成最终产品。制造商作为加工者根据合同条款支付税款，而不是根据所生产产品的价值。同样，华盛顿州的批发商可以把自己塑造成从制造商处购进货物、再转卖给零售商以换取佣金的采购代理人。批发商就佣金缴税，而非按照零售商收到的货物价值缴税。这些一直存在的组织性问题是企业利用不同的州税收结构的产物。除非各州税收体系相互统一，否则这个问题不会消失。

全面评估

这部分通过对不同行业和开采、生产、分配链条，对进口、出口、公司选址和组织形式的选择的可能产生的影响，来考虑主要州层面的营业税的相对中性。在这三种税中，一个纯理论的增值税是最有效率的，尽管在州之间制定一个适当的边界调整，存在着很多实际问题。总收入税和公司所得税都扭曲了投入选择，而增值税是中性的（除了边界问题）。如果按照目的地税来设计，没有一种税可以扭曲区域选择，但如果按照原产地原理来课税，扭曲就会产生。就企业组织形式而言，总收入税和增值税是中性的，尽管总收入税可以对纵向一体化产生刺激，这有大量的理论和实践上的证据表明州公司所得税扭曲了组织形式的选择。最终，以上没有明确的关于营业税如何扭曲相对价格和最终消费者的消费选择的讨论。一个纯理论的增值税将是中性的，通过不改变相对产品价格（尽管相对于休闲而言，价格可能会被扭曲），然而公司所得税和总收入税都是扭曲的。总收入税的问题由对于不同的生产商和产品重复课征的差异程度引起的，然而公司所得税的扭曲根源于潜在的不同程度的税负前转。

收入绩效

收入的需要和近期以及远期的对于如何向营业部门征税的关心是考虑像总收入税那样的宽税基税种的主要动机。最终，包括收入利润、收入弹性和价格回升、收入平稳性和周期性在内的收入绩效，都是由规定税基和税率的政策选择来决定的。

由于总收入税是公司间的豁免很少的流转税，税基一般是一些州国内生产总值，并且同其他税收工具相比，大幅度提高了收入潜力。例如，麦克赛尔（Mikesell）注意到 2005 年华盛顿州的营业和开业许可税税基是州政府的国内生产总值的 177%。[49] 来自新墨西哥州的证据显示，对收入重复课征的影响相当于总收入税收入的 1/3。[50] 总收入基数的潜在规模加之从家庭视角来看税收的不可见性，增加了对税收可能过度的担心。

总收入税的潜在的收入通过包括在税网中全部的企业和全部的市场交易的容量来进一步提高。一项类似如零售税类的交易税受到从边远供应商取得收入的能力限制，然而州公司所得税不能留住受 P.L.86-272 法案保护的公司。这些限制不适用于总收入税，因为它被认为是一种特权税而非是一种交易税或者净收入税（尽管它仍可能是在税网中运用经济关联的概念留住所有公司的管理上的问题）。同样，总收入税在州政府的税基上包括大量的公司和更多的经济活动。原则上，这包含了全部的企业形式而非只包括公司，并且包括了全部的经济活动而不管是公司是否获得了利润。另外，州销售税通常对非营利性实体的交易和广泛的服务以及其他消费品（如食品和服装）免税以降低税负。可以想象总收入税可以对消费的所有项目课税。

总收入税的收入潜力给政策制定者在如何界定营业税政策和全部州税制上广泛的自由。例如，华盛顿州依靠它长期存在的营业和开业许可税作为唯一基础广泛的税基由州政府强加于企业，在得克萨斯州和俄亥俄州引入的总收入税改革产生了一个类似的结果，因为它们逐渐淘汰了公司特许税和消费税。由于它们具有产生大量收入的能力，然而，总收入税可以被用于支持在一些州政府税收的削减。这正是 2009 年加利福尼亚州提议征收营业净收入税的目的所在，即取消州公司所得税并降低对销售税和个人所得税的依赖。

实际上，行为效应会随着时间起到使税收下降的作用。纵向一体化会减少企业之间适用于收入总额征税的交易范围。俄亥俄州的贸易活动税，企业可能会选择作为一个统一的团体申报以避免公司内部之间交易的税收，在总收入税下，重复课征的存在，可能会导致公司从其他州外的供应商购买投入品，这减少了州内的经济活动和收入。㉛例如特拉华州的小额条款,可能会导致在税收"门槛"以下小企业的激增。但是关于可能缩小有效税基的行为反应的范围,并无经验证据。只要保持低税率,行为不太可能严重损害收入或总收入税的弹性。

政策选择也预计会侵蚀收入成果,与在美国之外的增值税和在美国的州销售税和公司所得税的情形一样。对于经济中的各部门,可能期望出台特殊税率或减免,来保护特殊的产业或者促进经济发展。这个政策响应的可能性会随着更多的州采用总收入税和同一水平的竞争压力上升而增加。消费产品也可能会被给予优惠的税收地位来达到公平目的。通过这些政策在一定程度上选择将会使收入价格回升让步。然而,由于多样化的宽广税基以及把在家庭消费中日益增长的服务消费包括在内,相对于销售税而言,总收入税和增值税的收入弹性应该有所提高。

从美国各州来看,在宽泛的总收入税、消费税和公司所得税的年度间稳定性和由高到低/由低到高的表现等方面尚缺乏经验证据。㉜相对于主要以耐用品为征税对象的州销售税的窄税基而言,一个更加宽广的税基组合应该是增进消费和总收入的稳定性并减少周期性波动。州销售税税基中的建材和耐用消费品不够稳定,把服务纳入税基有利于增强稳定性。有证据显示,个人消费总支出的标准差小于个人消费中任何单项支出的标准差,这一证据标志着拓宽税基有利于增强稳定性。㉝一项把新罕布什尔州的营业企业税与该州营业利润税的稳定性进行比较的评估显示,营业企业税更加稳定。㉞另一项把华盛顿州的总收入税与假想的公司所得税进行的比较显示,1995~2003年,对于所有企业和制造业企业,公司所得税的变异系数较高。㉟

遵从和管理

这部分提供了一个在每一种税中固有的遵从和管理问题的概述,还有一些处理它们的方法。在适当的地方,我们用美国现行州税的例子来强调这些问题。要注意的是金融服务行业,如银行业、保险业、投资业和相关的活动,在总收入税或增值税制度下对其征税本身就具有难度。在几乎每个案例中,州政府在免除了金融部门活动的税收,并征收选择税(经常是一些毛收入税)来替代。例如在密歇根州,代替修正的一般总收入税,保险公司按总直接承保保费征税,金融机构按净资本支付税金。对金融机构部门以外的行业,州政府通常在税基中不包括利息、红利、从金融资产销售所得款项,但是对收入征收所得税或其他替代税。州政府如何对金融服务行业征税的详细的讨论超出了本章范围。

宽税基和少扣除的简单的、明了的税种是低成本管理,并且通过减少错误和滥用的机会来增加遵从度。对总收入税、增值税和公司所得税的遵从和管理成本的比较,取决于施行的税的特殊结构。㊱在美国,总收入税和有紧密联系的减法方式增值税在管理上类似,并且差异在可允许扣除项目的数量和类型上。

在较小程度上,总收入税和净收入税和减法方式增值税,减少了避税的方法和动机。美国州政府通常开始了州内销售的计算,这个金额在辖区间比利润更难转移,但仍受制于潜在的低估。此外,企业经营活动的税收严格限定了允许扣除数,这些允许扣除的（如在密歇根州的营业税情形下原材料的购买），与在公司所得税下企业用于转移利润的费用相比，审计较为简单。例如通常的公司所得税筹划技巧利用公司间交易将费用转移到高税收的管辖区，通常管理成本、利息以及无形资产可作为费用列出。在州现行企业活动税收中，这些费用是不允许的，并且淘汰了一些税收筹划技巧。最终，由于总收入税和增值税经常会有1%或更少的名义利率，总收入税和增值税的收入转移的每美元边际收益会比公司所得税和零售税低。

为了降低纳税人转移收入的动机，总收入税和增值税通常扩大了纳税人范围。首先税收适用于经营活动而非特殊类型的纳税人。因此，不适用于公司所得税的纳税人适用于增值税和总收入税，如个人和有限责任实体。服务提供商经常不用缴纳零售税，但是应缴纳经营活动税收。大量增加的纳税人会增加第一次引入这个制度的纳税人的遵从成本和必须处理更多申报表的政府的管理成本，但是一个州内的纳税人全部遵从成本在很大程度上取决于对经济活动课税的税种是否取代或补充现行税制，如公司所得税和零售税。如果一种增值税或总收入税取代了现行税制，现存的纳税人很可能看到遵从成本的下降，尽管这取决于新体制的复杂性。

减法方式增值税或总收入税的遵从原则相对简单。税基是毛收入，不包括特定的识别项目，如利息或者红利，减去一些有限数量的允许的扣除。正如，概念简单的任何税种经常隐藏着大量的操作上的复杂性，尤其是对涉及多个业务范围的大规模纳税人，并且它忽视了随着时间推移增加税法复杂性的可能性，如政策制定者们对不可避免的政治压力做出的反应是用特定税收优惠和扣除来支持特定业务。因为对新业务活动征税相对较新，立法者不可能预期所有产生的问题，伴随着它们的是规章不完善，经营者、税收专家、收入官员对现存的一些问题和可行的解决方案不熟悉。这些过渡期的遵从和管理会随着经验而消失，因为纳税人开始熟悉新法，管理人员通过扩展的规章和经常处理的问题增长的经验，在认识和处理灰色区域更加专业。许多有争论的问题会随着时间在立法、司法以及执法的修订过程中加以解决。

加法方法的增值税税基，如新罕布什尔州的营业企业税，是一些有限数量的项目的总和，并且表面上很简单。在营业企业税的案例中，税基等于工资、股利和支付的利息减去一些特殊的减除或允许业务发展和激励目的的抵免。然而，理论上加法增值税包括收入的计算，如留存收益或期间收入，要求公司进行类似于传统公司所得税的计算。新罕布什尔州税基中不包括净收入或留存收益在内，但是它保持了一个类似的对应税营业收入课征的企业利润税（一种公司所得税）。在加法增值税税基中计算应税收入或保有一个单独的所得税削弱了关于加法增值税简化了纳税人遵从的观点。

然而一项业务活动税收没有免除和单一税率是可能的，但在美国是不大可能存在的。[⑰]例如，政策制定者一般尝试减少因为对最有可能受到不利影响的工业（如制造业）的业务采用较低税率所产生的连锁效应而产生的扭曲。华盛顿州的营业和开业许可税表明了一些潜在的困难。这种税的课征对不同收入不同税率有28种分类。有多种交易的纳税人必须将他们的收入分到适当的类别中，把每种收入类别分到适当的营业和开业许可税分类中，将每种适当的类别适用正确的税率。这个任务有时很简单，但对将货物和服务归集在一起的许多交易，如购买并安装一项设备，问题立刻变得很明显。一些交易伴随着在有限时段免费的客户服务。在其他情形下，零售商免费给予制造商们出售产品的担保。对这些交易的每一项，纳税人必须首先确定销售价是否必须在各种类别中分配，要是这样，必须选择分配方法。

当州政府在实施新法时对普通的联邦税概念产生歧义，得克萨斯州毛利税对已出售货物成本的扣除为出现的管理和遵从问题提供了一个另外的例子。对于联邦所得税征税目的而言，货物销售成本是一个熟悉的术语，但是得克萨斯州法律将这个术语界定更广（生产或取得货物所需要的成本），包括研发费用及石油和天然气行业的特定成本。这个广义的定义引发了不确定性，纳税人明显利用由于法律制定者未周密考虑的积极课税状况和扣除。如许多服务公司要求扣除已售货物中的成本。结果是从这种税中实际收入远远低于计划，并且当纳税人享受在广义概念中允许的税收节省时，还留下了关于州政府最终到底如何解释这些规则的遐想。⑱

因为增值税在生产过程中的每一阶段都征收，支持者认为这种税比只在最终销售环节征收一次的零售税偷漏税要少。⑲然而，这个结论很大程度上是以欧洲风格的自行实施的抵扣型增值税因素为基础。对美国使用的减法方式增值税，抵扣型增值税的强制机制是缺失的，并且通过生产链条的多环节征税产生了更多的偷税机会，尽管在每个环节的激励和所逃税款比较少。

公司所得税的一个普遍的批评是它的复杂性，因为它既增加了遵从成本又为税收筹划提供了机会，特别是在多州背景下。⑳在州之间做生意的公司同样面临着增值税和总收入税的类似的复杂性问题。辨别州之外的适用这种税的纳税人是第一个障碍。例如 P.L.86-272 法案禁止州政府征收以收入为税基的税，除非纳税人与征税的州有关联。因为这个法案只用于所得税。州政府为了总收入税忽视了 P.L.86-272 法案，反而坚持通过运用不同的标准对公司实行以活动为税基的权利。最近实行的总收入税在更广义的概念下界定"关联"，要求企业有经济上的存在，即一个符合销售水平门槛的标准。㉑因此许多由于 P.L.86-272 法案不适用于所得税的公司将适用于总收入税和减法方式的增值税，尚待解答的问题是在哪个点采用减法方式的增值税，这不同于一个所得税的税前扣除，出于 P.L.86-272 法案的目的被认为是所得税形式的一种。法院仍未解决经济关联标准的法律难题，如俄亥俄州的贸易活动税。

多州的运营必须将收入和成本分配到征税的辖区。对于公司所得税，许多州已经采用联合申报的必要条件，这是为了分配目的将相联系的企业作为是一个独立的实体。采用增值税和总收入税的州也不得不为了这些税考虑联合申报。国家的增值税通过运用边界调整来实现按目的地课税。然而，对于美国的州而言，这种边界调整是行不通的。㉒州政府正在尝试通过运用单一的销售因子分摊原则实现目的地基础，但是在决定目的地州时问题经常出现，特别是对于服务和无形资产。并且，当对包含已纳税投入品的出口商品免税（即返还将很低）和对以前生产环节已在其他辖区纳税的进口品全额征税时（即税款会太高），目的地原则其他的扭曲会出现。

经营活动税收的执行应该通过包括纳税人审计和可能的州之间税收审计这样机制来进行，像那些跨州税收委员会承担对于销售税和公司所得税实施的审计。学术文献已经检验了发票抵扣型增值税的遵从度。然而，不存在为美国的州总收入税和它的变种这些问题的学术研究。

新税法如总收入税或增值税的实施如果将代替公司所得税，大量的过渡问题随之而来。纳税人必须设计并解释税收抵免的结转额、损失和各种税收特性。

结 论

美国州营业税结构长久以来受行为选择、方针政策，以及转轨经济和税基狭窄和收入效益薄弱的企业结构的限制。美国各州已经寻求满足它们自身的收入需要——在一些情况下采纳——多种收入税和减法方式增值税。本章为需要被考虑进去的收入总额和其他营业税的评估这一关键问题提供了总的看法。

对经营实体征税的政策选择是基于总收入税可提供尽可能最宽广的税基，而州公司所得税的税基最窄。每一替代税之间有相当复杂的联系，在依据确定收入的定义和其他收入的扣除额构成的应税基数上，能够很好地理解其差异性。纯总收入税是没有扣除额的流转税，而公司所得税是对分配的利润征税。

总收入税和经济关联的应用，在很大程度上是由受益原则判定的。虽然税收不会与公共服务效益非常好地相契合，但是与总收入税的联系可能会比其他形式的公司税收更近一些。公平性将会取决于纳税人的审视。一个普遍的反对原因，是关于公司不管是否取得利润都将会引起总收入税的负担。但是目前来看，公司不管是否赢利都支付大量的税费，包括财产税和销售税。

营业税是非中性的税收，总收入税也不例外。总收入税造成了重复征税，可能会扭曲经济活动，包括产业、产品输入市场和最终产品市场。未能停止对生产链的各环节征税，相较于进口商品，会将州内供应商置于不利地位。进口购买不能完全免除零售税也许会有相似的效果。总收入税和增值税比公司所得税对于公司组织机构形式的选择有更少的影响。

总收入税、销售税和公司所得税比较起来税收收入和弹性会有所提高。收入会随着公司规模和应税交易的扩大而增大，而弹性将会从税基中包含的服务中受益。总收入税应该通过税基多样化来提高其稳定性。[13]

最后，总收入税可能会导致遵从成本和管理成本的减少，至少在从旧税法向新税法的转换问题处理好之后。遵从成本的提高应该涉及税网中的所有企业，减少收入和费用含糊不清的数目，通过降低税率调和边际逃税动机。

注释

①Fox and Luna（2005）；Luna（2004）.
②Fox and Luna（2002）.
③Wallace（华莱士，2005）提出的诸如"财政机构"等这些频繁出现在文章中的词，解释了人口

统计学、经济学以及公共机构的强制力会如何影响收入的表现形式。

④请分别见第13章、第15章和第16章中对公司收入、增值以及销售税的详细探讨。

⑤加利福尼亚州关于营业净收入税的提案将会使税收总收入减去从其他公司采购货物和服务的扣除，净收入通过单因素销售公式来分摊。营业净收入税是消极所得，而且当前并没有被考虑。

⑥华盛顿州的营业和开业许可税是个例外，它基于销售者的所在地进行征税，是以原产地为基础而征收的税种。

⑦华盛顿州在1933年制定税收，特拉华州的总收入税在1930年以前一直存在。

⑧更多的详细信息请参考以下出版物：密歇根州：McIntyre and Pomp（2009）；俄亥俄州：Church and Hall（2007）；俄克拉何马州：Jones, Sutton, and Yenowitz（2010）；得克萨斯州：Hamilton（2010）。

⑨福克斯（本书）。

⑩缴纳传统公司所得税的州对非公司制实体征收个人所得税。

⑪福克斯（本书）。

⑫本章中"产业链"涉及生产阶段的全过程，包括提取、制造和分配。

⑬在一个州总的销售通常被保护免于缴纳所得税或销售、使用税，因为销售公司与目的地州缺少联系。

⑭Martinez-Vasquez and Bird（2010），2。

⑮Ebel（1972）；Hines（2003）。

⑯更多的有关美国新罕布什尔州营业企业税的信息，见Kenyon（1996）。

⑰Bird（2007）。

⑱见Cnossen（2009），Duncan and Sedon（2009），邓肯（本书）更多关于这三种增值税如何起作用的详细讨论。

⑲见Zodrow（1999）对增值税和零售税很精彩的比较。

⑳见邓肯（本书）对国家增值税的讨论。

㉑减法方法增值税和净收入税都是概念性的对等物（见表14.1）。由于政治上反对将税收作为增值税的一种，当前的国家税收改革和建议将税收列为一种营业转让税或一种企业现金流量税。

㉒Ebel and Kalambokidis（2005）。

㉓通常，利息和股利从增值税税基中扣除并不是逃避征税，而是由其他的营业税来征收。

㉔关于美国州总收入税的特征，见Mikesell（2007），Testa and Mattoon（2007）。

㉕州和地方政府频繁对经济活动中有限的形式征总收入税。例如，州通常把金融企业的收入作为税基对其征；地方对公共事业征收毛收入税。由于这些税收具有的局限性，我们只能局限地讨论经营活动中如何拓宽州层面税基。

㉖得克萨斯州也允许公司选择一个相当于公司70%毛收入的减免。

㉗更多有关于俄克拉何马州经营活动税的介绍，见Jones, Sutton, and Yenowitz（2010）。现行税法是暂时性地只在2010~2012税收年度起作用。

㉘Kenyon（1996）。

㉙Murray（1999）。

㉚营业企业税一直有争议，见Oakland and Testa（1996），Ebel and Taliercio（2005）。支持具体的税收工具的使用也有争议。例如，公司所得税一直被视为个人所得税的"挡弹墙"（布鲁诺里，本书）；增值税一直致力于作为非扭曲性的课税而被倡议（Ebel & Kalambokidis, 1999），总收入税也可以克服本章中所讨论的销售税和州公司所得税的联系障碍。

㉛Church and Hall (2007).

㉜Cline and Neubig (2010).

㉝Cline and Neubig (2008), 187。这一文献表明了对经营活动征收不同类型的税，根据其计税基础的相对比率，利用美国经济数据，得到不同税率可能会筹集同样收入的数额。值得一提的是，文章对总收入税需要 0.28%的税率和纯增值税 1.1% 的税率，以及公司所得税 5.8%的税率进行了比较。

㉞除了重复征税的问题外，其他的税对于不同的产业有不同的影响。比如，财产税对资本密集型产业的影响比对劳动密集型产业的影响更大，又如公共事业和制造业（还有零售和专业服务业）。

㉟Acemoglu, Aghion, Griffith, and Zilibotti (2007).

㊱Yang (2010).

㊲Mieszkowski and Zodrow (1985).

㊳福克斯（本书）。

㊴Ring (1999).

㊵Chamberlain and Fleenor (2006).

㊶McLure (2010).

㊷布鲁诺里（本书）。

㊸McLure (1980).

㊹这是联邦和州的公司所得税的真实情况。见 Ayers, Cloyd, and Robinson (1996); Goolsbee (2004)。

㊺Gravelle and Kotlikoff (1993); Goolsbee (1998).

㊻Goolsbee (2004).

㊼Luna and Murray (2010).

㊽Mikesell (2007).

㊾同上。

㊿del Valle (2005).

(51)从其他州供应商处进货要缴纳总收入税。但是，进口州将会减少一些毛收入税收，破坏进口产品的产业链。

(52)有少量的实证文献着眼于实际和假设的州税基以及短期和长期的收入表现。例如，Bruce, Fox and Tuttle (2006)，这一文献通过使用州级数据的销售税基来检验短期和长期销售税弹性。但实际的州销售税基往往比真实的消费税或增值税以及总收入税要窄得多。Sobel and Holcombe (1996)，这一文献通过使用国家总量来考虑假设的州税基。他们使用公司应税收入作为州企业收入的替代，并表明它在短期内比全国零售销售额稳定得多。然而，零售销售额指标依赖于国家数据，并未包括可能在广泛的消费税下征税的服务范围。

376 (53)Dye and McGuire (1991).

(54)Kenyon (1996).

(55)Wheeler and Senoga (2007).

(56)人们对这些税收的管理和遵从成本知之甚少。欧式增值税与引进美国的加总扣减型增值税有很大的不同，在遵从成本上几乎没有可借鉴的地方。Gupta and Mills (2003)，这一文献以 295 家企业为样本，总结出州公司所得税的遵从成本是销售价格的 0.02%。

(57)Thuronyi (2010), 858。这一文献在国家层面讨论过这个，注意到美国政治运行与其他有增值税的国家有非常大的不同。

(58)Hamilton (2010).

(59)Bloomfield and McLure（1987）.

(60)税收筹划是公司所得税收入作为过去 20 年公司利润分享的最重要的原因之一。见 Fox and Luna（2002），Fox，Luna，and Murray（2005）。

(61)如在俄亥俄州和俄克拉何马州，与开征总收入税意图的联系是建立在企业至少有 50 万美元的国内销售的基础之上的。

(62)McLure（2000）提出替代边界的调整：补偿性增值税（CVAT），依赖于州际销售的统一税率征收。

(63)Agha and Houghton（1996），Keen and Smith（2006）对在发票抵扣型增值税下逃税的问题进行了讨论。我们没有意识到任何有关州公司所得税违规范围问题的经验证据。华盛顿州收入部门（2010）发布了 2006 纳税年度的总税负，销售税是 1%，使用税是 23%，营业和开业许可税是 2.4%。

参考文献

Acemoglu，Daron，Philippe Aghion，Rachel Griffith，and Fabrizio Zilibotti（2007）．“Vertical Integration and Technology：Theory and Evidence.” Institute for Empirical Research in Economics，University of Zurich，Working Paper Series ISSN 1424-0459.

Agha，Ali，and Jonathan Houghton（1996，May）．“Designing VAT Systems：Some Efficiency Considerations.” *Review of Economics and Statistics* 78：303-308.

Ayers，Benjamin C.，C. Bryan Cloyd，and John R. Robinson（1996）．“Organizational Form and Taxes：An Empirical Analysis of Small Businesses.” *Journal of the American Taxation Association* 18（Supplement）：49-67.

Bird，Richard（2007，August）．“Is a State VAT the Answer? What's the Question?” Fiscal Research Center Report No. 162，Georgia State University.

Bloomfield，Mark A.，and Charles E. McLure Jr.（1987）．*The Value-Added Tax：Key to Deficit Reduction?* Washington DC：American Enterprise Institute.

Bruce，Donald，William F. Fox，and Markland H. Tuttle（2006，October）．“Tax Base Elasticities：An Analysis of Long-Run and Short-Run Dynamics.” *Southern Economic Journal* 73：315-341.

Chamberlain，Andrew，and Patrick Fleenor（2006）．“Tax Pyramiding：The Economic Consequences of Gross Receipts Taxes.” Tax Foundation Special Report No. 147.

Church，Frederick，and Christopher Hall.（2007，January 8）．“Ohio Tax Reform：Cuts and Repeals 377
and That Darn CAT.” *State Tax Notes* 43：23-37.

Cline，Robert. and Tom Neubig（2008，January 21）．“Future State Business Tax Reforms：Defend or Replace the Tax Base.” *State Tax Notes* 47：179-192.

Cline，Robert. and Tom Neubig（2010，June 7）．“Five Federal Lessons from California's Near-VAT Experience.” *State Tax Notes*：821-825.

Cnossen，Sijbren（2009，August 17）．“A VAT Primer for Lawyers，Economists，and Accountants.” *Tax Notes* 124：687-698.

del Valle，Manuel（2005，September）．“Pyramiding Transaction Taxes in New Mexico：A Report on the Gross Receipts Tax.” New Mexico Tax Research Institute.

Duncan，Harley，and Jon Sedon（2009，December 21）．“How Different VATs Work.” *Tax Notes：Views on VATs*：1367-1374.

Dye, Richard F., and Therese J. McGuire (1991, March). "Growth and Variability of State Individual Income and General Sales Taxes." *National Tax Journal* 44: 55-66.

Ebel, Robert (1972). *Michigan Business Activities Tax*. East Lansing: Michigan State University Press.

Ebel, Robert, and Laura Kalambokidis (2005). "Value-added Tax, State." In *The Encyclopedia of Taxation and Tax Policy*, edited by Joseph Cordes, Robert Ebel, and Jane Gravelle. Washington, DC: Urban Institute Press: 464-467.

Ebel, Robert, and Robert Taliercio (2005, March 7). "Subnational Tax Policy and Administration in Developing Economies." *Tax Notes International*: 919-936.

Fox, William F., and LeAnn Luna (2002, September). "State Corporate Tax Revenue Trends: Causes and Possible Solutions." *National Tax Journal* 55: 949-956.

Fox, William F., and LeAnn Luna (2005, November). "Do Limited Liability Companies Explain Declining State Tax Revenues?" *Public Finance Review* 33: 690-720.

Fox, William F., LeAnn Luna, and Matthew N. Murray (2005, March). "How Should a Subnational Corporate Income Tax on Multistate Businesses Be Structured?" *National Tax Journal* 53: 139-159.

Goolsbee, Austan (1998, July). "Taxes, Organizational Form and the Deadweight Loss of the Corporate Income Tax." *Journal of Public Economics* 69: 143-152.

Goolsbee, Austan (2004, September). "The Impact of the Corporate Income Tax: Evidence from State Organizational Form Data." *Journal of Public Economics* 88: 2283-2299.

Gravelle, Jane, and Lawrence Kotlikoff (1993, October). "Corporate Tax Incidence and Inefficiency When Corporate and Noncorporate Goods Are Close Substitutes." *Economic Inquiry* 31: 501-516.

Gupta, Sanjay, and Lillian F. Mills (2003, June). "Does Disconformity in State Corporate Tax Systems Affect Compliance Cost Burdens?" *National Tax Journal* 56: 355-372.

Hamilton, Billy (2010, May 24). "This Is Not an Income Tax: Problems with Texas's Margin Tax." *State Tax Notes* 56: 629-633.

Hines, James R., Jr. (2003). "Michigan's Flirtation with the Single Business Tax." In *Michigan at the Millennium*, edited by Charles L. Ballard, Douglas C. Drake, Paul N. Courant, Ronald Fisher, and Elisabeth R. Gerber. East Lansing: Michigan State University Press. 603-628.

Jones, Chuck, Giles Sutton, and Jamie C. Yenowitz (2010, August 23). "Oklahoma's New Business Activity Tax: A Sign of Things to Come?" *State Tax Notes* 57: 495-499.

Keen, Michael, and Stephen Smith (2006, December). "VAT Fraud and Evasion: What Do We Know, and What Can be Done?" *National Tax Journal* 49: 861-887.

Kenyon, Daphne (1996, September). "A New State VAT? Lessons from New Hampshire." *National Tax Journal* 49: 381-399.

Luna, LeAnn (2004, May). "Corporate Tax Avoidance Strategies and States' Efforts to Prevent Abuses." *Journal of MultiState Taxation and Incentives*: 6-17, 46-48.

Luna, LeAnn, and Matthew N. Murray (2010, December). "The Effects of State Tax Structure on Business Organizational Form." *National Tax Journal* 63: 995-1022.

Martinez-Vasquez, Jorge, and Richard Bird (2010, August). "Value Added Tax: Onward and Upward?" International Studies Program Working Paper 10-26, Georgia State University.

McIntyre, Michael J., and Richard D. Pomp (2009, March 2). "Michigan's New Apportioned Value Added Tax." *State Tax Notes*: 673-687.

McLure, Charles E., Jr. (1980). "The State Corporate Income Tax: Lambs in Wolves' Clothing." In *The Economics of Taxation*, edited by H. Aaron and M. Boskin. Washington DC: Brookings Institution: 247-268.

McLure, Charles E., Jr. (2000, December). "Implementing Subnational Value Added Taxes on Internal Trade: The Compensating VAT (CVAT)." *International Tax & Public Finance* 7: 723-740.

McLure, Charles E., Jr. (2010). "The Business Net Receipts Tax: A Dog That Will Not Hunt." http://taxprof.typepad.com/files/mclure.pdf.

Mieszkowski, Peter M., and George R. Zodrow (1985, December). "The Incidence of a Partial State Corporate Income Tax." *National Tax Journal* 38: 489-496.

Mikesell, John L. (2007). "Gross Receipts Taxes in State Government Finances: A Review of Their History and Performance." Background Paper Number 53. Tax Foundation and Council on State Taxation.

Murray, Matthew N. (1999). "The Franchise Tax." In *The Encyclopedia of Taxation and Tax Policy*, edited by Joseph Cordes, Robert Ebel, and Jane Gravelle. Washington, DC: Urban Institute Press. 139-140.

Oakland, William H., and William A. Testa (1996, January/February). "State and Local Business Taxation and the Benefits Principle." *Economic Perspectives* 20: 2-19.

Ring, Raymond J. (1999, March). "Consumers' Share and Producers' Share of the General Sales Tax." *National Tax Journal* 52: 79-90.

Sobel, Russell S., and Randall G. Holcombe (1996, December). "Measuring the Growth and Variability of Tax Bases Over the Business Cycle." *National Tax Journal* 49: 535-552.

Tait, Alan, Robert Ebel, and Tuan Minh Le (2005). "Value-added Tax, National." In *The Encyclopedia of Taxation and Tax Policy*, edited by Joseph Cordes, Robert Ebel, and Jane Gravelle. Washington, DC: Urban Institute Press: 461-464.

Testa, William A., and Richard Mattoon (2007, December). "Is There a Role for Gross Receipts Taxation?" *National Tax Journal* 55: 821-840.

Thuronyi, Victor (2010, August 23). "A VAT for the United States?" *Tax Notes* 128: 856-863.

Wallace, Sally (2005). "Fiscal Architecture." In *The Encyclopedia of Taxation and Tax Policy*, edited by Joseph Cordes, Robert Ebel, and Jane Gravelle. Washington, DC: Urban Institute Press. 141-143

Washington Department of Revenue (2010, August 20). "Department of Revenue Compliance Study." Research Report 2010-2014, Olympia, Washington.

Wheeler, Laura, and Edward Senoga (2007, August 20). "Alternative State Business Tax Systems: A Comparison of State Income and Gross Receipts Taxes." *State Tax Notes* 45: 487-501.

Yang, Zhou (2010). "Essays on Gross Receipts Taxes." PhD diss., University of Tennessee.

Zodrow, George R. (1999, September). "The Sales Tax, the VAT and Taxes in Between—or, Is the Only Good NRST a 'VAT in Drag'?" *National Tax Journal* 52: 429-442.

第 15 章 联邦增值税对州与地方政府的影响

哈利·T. 邓肯（Harley T. Duncan）

赵书博　袁紫涵　索硕 译

受 2008～2009 年的金融危机以及由此导致的联邦政府财政状况严重不景气的影响，大众媒体对美国是否引入增值税（VAT）的讨论不断增加。①同时，探讨增值税能够给美国带来的有利与不利之处，以及在美国实施增值税会引发哪些问题的学术研究和税收政策论文数量也明显增加。②并且，2010 年 11 月，两党政策中心减债工作组建议美国引入增值税（即"减债销售税"）作为"促进增长税收制度"的一部分，以改变目前联邦预算危险的、不可持续的路径。③在美国实施增值税的建议由来已久。在 20 世纪 70 年代，尼克松（Nixon）总统就曾要求政府间关系咨询委员会调查能否运用联邦增值税来降低财产税在中小学教育融资方面的作用。④在 20 世纪 80 年代中期，对于宽税基的消费税也有广泛的讨论。⑤

与当前讨论紧密相关的首先是由美国联邦政府的财政前景引起的。虽然在美国实施增值税将增加联邦的收入，但是同时也会产生一些比其他实施该税的 150 多个国家更为复杂的问题，如财政联邦主义、税收协调以及州自主权等，原因是美国各州和地方政府运用州零售税（RSTs）的程度，以及在该税税制设计中的权限不同。本章检验引发联邦增值税讨论的政治环境，探讨如果采用联邦增值税会引发的政治、政策及实践问题，以及在目前联邦制和对州与地方零售税使用情况不变的情况下与消费税的协调问题。

实施的时间合适吗？看看财政预算赤字

当前关于增值税的激烈讨论，主要是由联邦预算短期与长期前景引起的。正如下面所要进行的讨论，在很多人认为政策是合理的假设下，预计在未来十年内联邦预算赤字平均每年将近 1 万亿美元。另外，随着婴儿潮这一代人（1946～1964 年出生的人）不断退休，联邦政府在社会保障、医疗保险和其他由政府资助的医疗保健上的支出会增加，可能需要税收收入的大幅增加以及减少其他领域的支出，或增加其他收入来源。⑥换言之，大多数观察家认为，如果在未来年度内，想要避免史无前例的债务积累，那么联邦政府就必须对目前的税收和支出政策做出重大改变。

2011年1月，美国国会预算办公室（CBO）发布了关于2011年联邦预算前景的最新调查报告。[7]国会预算办公室使用"基线"预测法进行预测，测算时以现行关于收入和支出的法律为前提条件，也就是将其作为标尺来评估2010年12月颁布的《减税、失业保险重新授权和就业创造法案》，[8]这些法案降低了工薪税，不仅将替代性最低税（AMT）根据2011年的通胀情况进行了指数化调整，而且将税率降低以及将其他2010年到期的减税措施延长到了2011~2012年。[9]以基线预测法为基础，国会预算办公室预计2011~2012财政年度联邦预算赤字将超过1万亿美元。2013~2021财政年度，因为降低税率和其他减税方案即将到期，收入增加，预算赤字平均每年约为650亿美元（约为GDP的3%）。未来十年，联邦政府将积累约7万亿美元的额外债务，在基线预测法情况下，由公众持有的债务数额将达到国内生产总值的75%左右。[10]

由于大多数观察家预期根据基线法预测的情况不会实际发生，国家预算局也计算了在其他可能的情况下会出现的赤字。根据国会预算办公室估计，如果那些计划在2011年和2012年到期的规定都延长至2021年，并做出某些开支的假设，那未来十年积累的债务量将飙升一个额外的5万亿美元，并且每年的赤字将上升至占国内生产总值的6%以上。在这种情况下，由公众持有的债务将接近国内生产总值的100%，为1947年以来的最高水平。[11]

如果这不足以引起停滞，那么在未来30~50年的长期预测中几乎可以肯定的是将会出现停滞情况。长期预算的前景几乎完全由两个因素决定：（1）美国人口的老龄化，这意味着，伴随而来的社会保障和相关的医疗补助的财政支出；（2）总体上保健成本的增长比率。[12]国会预算办公室在2009年联邦财政态势的长期前景报告中总结提出：

根据现行法律，联邦财政预算正处在一个不可持续的轨道上，这意味着从长远看，联邦债务将以远远高于经济增速的速度继续增长。虽然长期财政方案具有巨大的不确定性，但是就现行法律来看，在任何可能的情况下，医疗成本都将上升，另外美国人口的老龄化将导致联邦支出迅速的增加。除非收入以同样迅速增加，否则支出的上升将使预算赤字和债务积累不断增长。控制预算赤字和债务，防止其达到对经济产生持续损害的水平，就需要显著增加财政收入占国内生产总值的百分比，大幅减少预算开支，或者形成两者的某种组合。[13]

两党政策中心减债工作组使用更多的图形术语来描述国家长期的财政命运。通过运用国会预算办公室的数据，工作组发现，如果我们的现行政策没有变化，到2025年，社会保障、医疗保险、医疗救助及债务利息等支出加总起来将消耗掉所有可用的联邦收入，这会导致所有其他服务，包括国防和国土安全支出等被取消或通过使用额外的借贷资金来获得。[14]另外，国会预算办公室资料表明如果美国现行的财政政策没有显著变化的话，到2040年，由公众持有的所有债务的水平将会达到历史平均值的4倍，达到整个GDP的200%，据说这样的情形会导致"增加债务与利息成本……以一种恶性循环的方式彼此作为资金来源"，从而形成"死亡螺旋"。[15]

另外一种看待这个问题的方式被称为"财政缺口"，这是一个数量的计算（相对于国内生产总值)。据此,政府需要"立即以及经常"的增加收入,减少支出,或者是采取二者的组合,目的在于维持债务占 GDP 的比重保持在测量开始时候的水平。⑯最新估计显示,美国政府的财政缺口约占 GDP 的 7%~9%。⑰这种规模的缺口基本上等于目前联邦个人所得税的总额并且被形容为:"难以完全通过修改现有的税收和支出计划去弥补这个缺口。"⑱换句话说,美国老龄化人口的医疗保健和退休的长期成本支出可能需要立即和永久性地将联邦所得税提高一倍,或需要一个新的收入来源,才会潜在地避免政府财政状况的恶化。

当然,政策制定者有多种选择以应对该国面临的财政问题。该国将来是否实施增值税是不确定的。但是,有一样是明确的,正如 2009 年国会预算办公室发布的"尽管选择有一定的难度,但是国会预算办公室的长期预算规划是清晰的,什么都不做是不可行的,最终被采纳的立法必须是提高收入、降低开支或两者兼而有之。此外,延缓行动会加剧这一挑战"。⑲

在美国实行增值税

在美国引入和实施联邦增值税将会产生一系列的问题。其中有许多问题在很大程度上是由联邦政府职权而引起的,如增值税的宏观经济效应,各经济部门的税收待遇,以及税收负担在不同收入群体的分布。这些问题不在本章探讨范围之内。本章讨论的重点是一系列政府之间的问题,包括在州与地方政府对零售税的依赖程度,以及其在税法制定过程中的自主权既定的情况下,如何最好地协调联邦增值税与州和地方消费税。本章更全面地阐述:如何将重叠的州和地方的消费税合理结构化以构建合理的消费税制度,并承认联邦政府和各州的法定职权,与此同时减少销售者纳税的复杂性,避免给纳税人不遵从和欺诈行为的机会。

实现联邦和州消费税制度的协调涉及政治、政策和实践的挑战。在相当大的程度上,政治上的挑战主要来自州政府和地方政府以零售营业税形式使用的税基广泛的消费税,以及目前在设计的零售税能够行使的自主权的程度。政策上的挑战主要是尝试有效利用目前的增值税,通过杠杆效应以提高国家和地方的零售税收入并推进消费税的政策规范使其更被公众认可。实践的挑战主要是围绕着如何实施一个协调的联邦和州之间增值税。其中还涉及防范州及联邦政府的遵从问题、降低销售者负担以及鼓励州政府引入别的联邦制国家已经成功实施的地方政府增值税,⑳其中效果最显著的是加拿大。㉑州和地方政府之间征收销售税形成的收入结构以及州对于设计本州的税收制度的自主权将加大美国联邦实施协调的联邦—州消费税的难度。

联邦政府引入增值税,将使州处于一个尴尬的状态。一方面,它将构成联邦政府进军消费税的一个显著标志,而消费税本来是由州和地方政府征收的。在未来,还可能会限制州和地方政府对于这种税的利用。另一方面,如果州和地方的零售税能够被修改用以模拟和配合精心设计的联邦增值税,㉒则该税作为一个对个人消费的商品和服务征税的综合性的税收,税基将比当前的零售税更广泛,并且不对经营过程中的中间投入品征税，这可以提高它们的可操作性。另外，它还有助于减少销售者所面临的遵从负担，提高遵从度。但是，其他国家的经验表明这在很大程度上是以损失目前州所行使的税收设计和操作的自主权为代价来实现的。

州对联邦增值税的担忧

在相当长的一段时间内，一些州政府的官员已经对联邦增值税表示反对——或者至少是担忧。各州的担忧包括联邦增值税开征，以及与联邦增值税的协调。[23]一个实际问题在于，这可能会迫使各州将其消费税构建成一个依附于联邦增值税的税收。如果税率、税基和税收的征管，还有州与州之间的收入分配是"事实上由国家政府决定"的话，[24]这样的要求会降低州的自主权。在一些实施零售税的州中的临时观察员很快就认识到，州议员和政策官员非常维护他们设立零售税税基和其他税收要素的能力。[25]一个相关的问题是，国家的政策决定可能不会从某个州的最佳利益出发。例如，联邦政府决定对特定项目、行业或活动实行免税或零利率，由于州要遵从联邦税基的规定，这可能会导致一个州失去收入来源。这种情况类似于，联邦政府通过修订联邦所得税来刺激整体经济（如通过额外折旧、增加费用支出），同时各州都在努力平衡它们的预算。这种做法往往导致州从特定的联邦政策中脱钩，从而增加了纳税人纳税的复杂性。[26]

考虑到已经被其他联邦制国家实行的经过协调的增值税的类型，以及其要求联邦与州税基一致的程度，各州都在关心这项改革对其目前自主权（不论如何行使）的限制。[27]正如其他评论家所指出的，州增值税或零售税与联邦增值税不协调的制度不见得是行不通的，但它会显著减少由协调的联邦和州增值税产生的管理优势。[28]

州官员还担心，联邦增值税的实施可能会削弱消费者支出，并导致州财政收入的减少。多数经济学家认为，这种担忧过虑了。[29]虽然如此，但它仍然导致了州对国家实施联邦增值税的阻力。涉及州的联邦增值税很可能产生这样一个后果，即联邦增值税可能开始抑制州对消费税税基的使用。联邦进入消费税领域（传统意义上专属于州的领域）可能会导致产生一个"执行上不能令人满意的"（即逃税将激增）的总税率。[30]从州的角度来看，"值得关注的是，如果联邦改革使历来主要由州主导的税基改为由国家政府主导，它将降低州的财政灵活性，并且破坏政府间体制当前的平衡"。[31]

提高州和地方的零售税的机会

在美国实施协调的联邦和州增值税所包含的政策挑战是复杂的。一方面，州零售税与一个精心设计的联邦增值税相协调可以显著提高州零售税的政策基础。另一方面，已经实施了这种协调的其他国家，在很大程度上是以牺牲地方政府在税基设计方面的自主权为代价的。像美国那样复杂的体制中实施一个协调的联邦和州增值税不是轻而易举的，并且在世界其他地方发展的模式如果不经过大幅度的修改也是无法正常发挥作用。

从税收政策的角度来看，一个"精心设计的"消费税一般有四个特点：（1）税收实质上应适用于所有的个人和家庭的商品与服务消费；（2）企业所进行的对投入品的间接购买不应该缴纳税款；（3）应纳税商品和服务应按照低消费原则征税（即在消费发生时）；（4）遵从和管理成本应该最小化。[32]当前的零售税明显不符合这些政策标准。

商品和服务税。现今的零售税一般主要应用于有形动产的销售，并没有普遍适用于劳务交易。[33]这在很大程度上是起源于20世纪30年代大萧条背景下开征的零售税。然而，即使在今天，有超过一半的州对于安装和劳务不征税，大多数州对私人服务、计算机服务和专业服务不征税。[34]虽然没有理由，但作为一个原则问题，为什么州零售税不能被应用于服务。[35]近期有些州做了修改，其税基包括了更广范围的服务。

企业投入。对企业购买在生产过程中所使用的商品和服务不应该征税，州零售税没有此项规范性条款从而使整个消费税的负担落在个人或家庭消费上。应该避免对企业的投入征税，是因为如果对其征税，税收嵌入在商品或服务的成本中，它会随着生产过程中向下面的环节转移，从而产生重复征税，而这最终会扭曲消费者和生产者的选择。州使用此类技术如"转让转售"或"免除制造业机械设备税收"等方法来缓解落在企业投入品上的税收负担，但没有一个州对企业购买全部免税。[36]事实上，一些研究表明，超过40%的零售税收入来源于企业购买缴纳的税款。[37]州零售税按照联邦增值税的原则使用增值税发票抵扣机制来消除企业购买的税负，可以使各州改进它们的消费税。经营过程中投入品税收负担的减轻，导致在其他国家商业投资明显增加，这表明联邦增值税可能对州经济的影响会有不错的效果。[38]

消费地为基础的税收。目前的零售税一般按消费地原则最终征税。[39]然而，在现行零售税制度中，如此多的出口到其他州或国家的商品中的投入品中包含生产地所在州的零售税，而这种情况在拥有边界调整制度的增值税制度中不会出现。同样，将零售税向设计良好的增值税靠拢，可能会提高作为消费税的零售税的功能。

降低遵从成本。遵从现行的州和地方零售税对于纳税人而言是复杂的。在多个行政管辖区经营的零售商必须清楚每个地区的税基和税率规定，并保留相关的免税销售的文件，妥善和及时地填写纳税申报表及支付税款。[40]有证据表明，征收零售税的平均成本占所征收的税收总额的3%以上，但对于小额卖家成本更高。[41]据估计增值税的遵从负担也占所征收税收收入总额的3%~5%。[42]如果继续实行没有与联邦增值税相协调的零售税，会在不减少零售税税收负担的情况下增加联邦增值税的税收负担。实施州零售税与联邦增值税相协调的税制，取消原有的州零售税制，纳税人将不再需要遵守两套独立的税制。此外，如果州与联邦增值税课税标准达到一致的程度，则零售商不必监控和遵守不同州关于零售税税基的不同规定。

在当前环境下，可能影响州消费税与联邦增值税协调方式的另外两个特征是各州规定的多样化和地方政府所关注的方面。

州的多样性。⑬目前，并非所有的州都开征零售税。⑭同样，即使一些州选择将零售税转换为增值税，也不大可能所有的州都这样做，尤其是在一开始。⑭由此造成的拼凑很可能使得为达到全国均采用统一的制度而实施的协调机制变得不可行。

地方政府的关注。 8000多个地方政府也开征了零售税。⑮虽然其中绝大多数地方政府的零售税随同州零售税的管理一起进行，但如此多的地方政府实施的零售税在确保最终税收是基于消费地原则征收的话，将会成倍增加重复性。换句话说，大量的地方政府的零售税有效地排除了对通常用于产生消费地原则的特定机制的吸收，并且需要进行替代安排。

协调联邦及州消费税

设计一个国家－地方政府层面协调的增值税制度需要考虑的核心问题在联邦制国家更为严格，因为其销售要涉及两个州的管辖权（这里被称为"州际间销售"），或更为特殊的，确保州际间销售按照消费地原则征税。⑯如果销售是在两个国家之间进行的，一方就会依赖于正常的边境税收调整程序⑰进行调整，其中货物出口国对出口的货物实行零税率⑱（销售者将会申请退还其对投入品支付的税款），进口国将通过边境控制机制或者通过进口主体（假设它是一个注册的交易商）按照本国税率对进口商品征税。⑲

然而，对于地方政府而言，传统的边界税收调整程序被认为是不切实际的，也是行不通的。这至少有以下两个原因：首先，没有据以征收进口税的实际上的州边界或者"财政边界"，⑳这就意味着在传统方法下对进口的征税必须反向进行。其次，这导致人们担心会产生潜在的欺诈和不遵从，特别是在美国政府期待的州际贸易量既定的情况下。㉑对不遵从的担心源自两个方面：第一，先征收大量的增值税，然后当供给者将货物从一个管辖区出口到另一个管辖区的时候再退税，这会给虚假的退税申请创造机会。㉒第二，用于州际销售的反向征收机制㉓也为逃税提供了机会，这意味着，货物基本上进入了免税的商贸流通中。也就是说，在反向征收机制下存在一个"增值税链条的断裂"，㉔原因是对于进口的货物不需要支付税收，进口商被要求自行缴税，并且可以立即对相应的投入品进行税收抵免。㉕复杂的骗税方案逐渐引起了欧盟的关注，尤其是利用反向支付来骗税。㉖州际服务的销售规模在扩大，电子商务在发展，特别是其所包含的数字产品和服务不断发展，如果按照传统的边界调整程序调整州际间的增值税的话，在消费地原则下会使纳税人遵从问题明显增加。㉗

州际贸易的途径。 随着对实施地方政府层面增值税意向的增加，不同的学者和从业者已经提出了几种方法来处理可能会对消费地原则产生破坏的地方政府层面的增值税中涉及的州际贸易问题。

收入共享或分税制。 在一些国家（如澳大利亚、奥地利、德国）㉘没有引入一个单独的地方政府层面的增值税,增值税基本上是中央与地方共用同一套税收制度。在这种税收体制下,地方政府或是获得本区域消费税收入的一定比例(税收分成)或是收到按一定公式计算出来的全部增值税收入的一部分(收入共享)。该公式可能反映该国的消费模式,或者它也可能根据其他因素确定,以实现地方政府之间某种程度的财政均衡。⁸收入共享或分税制会使得地方政府对美国联邦财政体制产生背离,因为在联邦体制下,州和地方政府可以自行确定当地的税收、税率。在大量的地方政府存在的情况下,仍然未解决的问题是均等化的税收努力是否是有效的和可行的。⁸

清算机构的运行。欧盟已考虑建立一个清算机构来处理州际贸易问题。根据欧盟的建议,增值税将按照出口州的税率对出口商品征税(对欧盟来讲,是指一个国家),并且购买者将得到其在进口州已经缴纳的投入品的退税。所有的进出口信息将报告给清算机构,由清算机构负责清算一个州拥有的另一个州的净余额。⁸对于由此引致的交易量的担忧以及潜在的遵从问题阻止了欧盟清算机构的设立。因此,欧盟在成员国之间对其交易采用了反向支付的方法。⁸

补偿性增值税。斯坦福大学胡佛研究所高级研究员(名誉)、前美国财政部官员查尔斯·麦克卢尔(Charles McLure)已深入研究了地方增值税,尤其是美国联邦增值税与州和地方零售税之间潜在的协调问题。⁸在以前为巴西提出的建议基础之上,⁸麦克卢尔提出一项由三个层次政府独立征收构成的国家和地方相协调的增值税的建议:国家层面,在全国按照单一税率征收增值税;在辖区内对跨州销售征收地方增值税;对所有州际间交易按统一税率征收补偿性增值税(CVAT)。⁸补偿性增值税是可以完全抵免的,所以它不会产生任何净收入,向个人消费者或未经注册的商号的州际销售除外。⁸向最终消费者的销售将会反映国家增值税和地方政府增值税在消费地管辖权下的组合。⁸补偿性增值税设立是为了避免增值税链条的中断以及过多退税申请的产生。另外,补偿性增值税将由中央政府征收并拥有,从而对于一个清算机构来讲,不会产生净出口税和进口抵免。⁸

可行的综合性的增值税。国际货币基金组织(IMF)经济学家迈克尔·基恩(Michael Keen)和斯蒂芬·史密斯(Stephen Smith)已经提出一个类似补偿性增值税的方法来处理欧盟成员国之间的"州际贸易"问题,欧盟没有一个总体的中央政府增值税。⁸一个统一可行的综合性增值税(VIVAT)的税率应适用于注册贸易商的所有销售,无论销售是完全在单个欧盟成员国之内进行还是在多个成员国的贸易商之间发生。综合性增值税将能够得到完全抵免。对于向最终消费者和未经注册的交易商的销售,单个成员国将自行设计适用税率。⁸像补偿性增值税一样,统一可行的综合性增值税将对跨境销售的注册商统一征收,以避免零税率、税收返还、反向支付所带来的税收遵从问题。一些清算机制有必要重新协调国家之间进出口发生的税收抵免问题,因为在统一可行的综合性增值税下,对中间投入品购买的抵免将被与其上缴的单个成员国税收放在一起来考虑,而不是针对欧盟中央范围内的税收来考虑(与补偿性增值税一起)。⁸

双重增值税。知名公共财政经济学家理查德·伯德（Richard Bird）和皮埃尔－帕斯卡尔·金德伦（Pierre-Pascal Gendron），已经撰写过世界各地关于增值税的文章，但他们的文章主要是关于加拿大的。根据经验，他们认为中央增值税和地方政府增值税不统一征收，而同时有效运作是绝对有可能的，如为了应对跨境贸易而实施的补偿环节增值税或综合性增值税。[⑪]伯德和金德伦假定在双重增值税（联邦增值税和独立的省级增值税）机制下，省际销售适用传统的边界调整机制——优于一个更为复杂的补偿性增值税或统一可行的综合性增值税。他们认为，国家和地方税务机关之间牢固的工作关系可以作为一个有效的执法机制，并且可以避免额外征税如补偿性增值税或综合性增值税的需要。[⑫]

两个重要的注意事项。在几乎所有关于协调国家和地方政府增值税达到最佳模式的讨论中，其基本假设都是国家和地方的税基将大致相同。[⑬]一些国家制定了这样一个机制：在确定税基或者允许税基有轻微的差异时，中央和地方政府共同决策。然而，一般来讲，地方政府对自行建立税基的能力关注度很低。相反，其关注的重点是在自己的管辖范围内，保持地方政府拥有对销售给消费者的行为自行确定税率的能力。[⑭]此外，大家普遍认为，一个税务机关同时管理国家和地方增值税是最有效率的。[⑭]然而，假设在中央政府与州政府之间有有效的信息交换机制以及其他协调与工作联系，坚持持有"由一个单一的主体进行管理是一个协调良好的增值税的先决条件"的观点逐步减少。[⑮]

各州的选择。 并非所有设计出来的用于处理州际贸易地方政府增值税的方法都能适用于美国。例如，收入分成或分税制的方法，与那些希望不开征零售税的州或者其他试图自行设计和管理零售税的州的做法相矛盾。同样，除了是未经测试的模型，看起来补偿性增值税和综合性增值税要依靠所有（或大量）州运用同样的方法。鉴于这些考虑，有些州更倾向于保留一个独立的某种形式的州消费税，而就其他联邦体系的经验来看，[⑯]如果美国政府采用增值税，那似乎有四个选项提供给各州保留或修改其零售税：（1）维持现状，并保留其目前存在的销售税；（2）"协调"零售税与增值税间的关系，将零售税作为联邦增值税的"附加"；（3）采用协调和效仿联邦增值税的州级增值税，由各州分别管理；（4）采用"综合销售税"（IST）——零售税的一种类型，它是依赖于若干增值税技巧且受益于联邦增值税，实现理想的在个人消费方面征税的目标（零售税在后文会更充分地讨论）。由于美国各州的传统和加拿大的经验，我们不应该期望所有州做出同样的选择，我们应该期待一些州可能会随时间的流逝，为响应联邦增值税而改变它们修改（或不修改）零售税的方式。

现状。如果其愿意，某一州为响应联邦增值税的实施，仍可以继续保持零售税并且不改变现行的操作、结构及税收征管。事实上，这是加拿大各省在1991年通过联邦货物和劳务税（GST）之后的主要做法。其中除魁北克省实施省级增值税外，每个省维持其独立的省销售税。在1997年，诺瓦斯科舍省、新不伦瑞克省，纽芬兰省和拉布拉多省采取了货物和劳务税与销售税相协调的机制；[⑰]截至2010年，不列颠哥伦比亚省和安大略省已实施销售税与货物和劳务税相协调的机制超过十年。曼尼托巴省、爱德华王子岛省、萨斯喀彻温省保持单独的省销售税。[78]

在各州的税收结构不变的情况下，维持现状似乎是许多州的最初响应。如此决策产生的影响将主要由美国企业承担，此时它们不仅要遵守联邦增值税，也要遵守被公认为极其复杂的零售税。如果州政府继续征收零售税，会出现一些政策混乱。如此一来，在地方一级将没有税收政策的改进，并且跨州销售的销售者所面临的遵从成本可能会显著增加。

391　　统一销售税（HST）。在政策的另一端，一个州可以选择将自己的销售税与联邦增值税"统一"，或采用在关键方面与统一的销售税类似的制度，目前在加拿大诺瓦斯科舍省、新不伦瑞克省、纽芬兰省、拉布拉多省、不列颠哥伦比亚省和安大略省已经展开。[79]这样的安排，州级税收在本质上是联邦货物和劳务税的附加。从州的角度来看，最相关的统一销售税的特点是与联邦税税基相同（或接近于相同），[80]税收管理由联邦政府代表州来实行，每个州负责建立对来源于本州的货物和劳务销售所征税的比例。[81]在联邦和州税制中，国际出口将实行零税率，将对注册贸易商进口实行反向支付机制，并且隶属于国土安全部下的联邦海关和边境保护局可以对国际进口征收联邦和各州的税收（实行统一销售税的州）。[82]

假定精心设计的联邦增值税—统一销售税被大量的州采纳的话，将会对整个消费税制度产生最大的政策和行政效益。它将会使各州对经营过程中的投入不征税，而是对所有个人消费的货物与劳务征税。它也可以减少纳税人所面临的遵从成本和征管成本，原因是跨州销售者涉及的不同税基的数量减少。[83]最后，如果联邦政府代表参与的州管理统一销售税，统一销售税将会使参与州减轻其零售税的征管成本，这是联邦在安大略省实施统一的销售税的一大"特色"。[84]

实现这些改进也会要求各州向联邦交出大量自主确定税基的权力，以及税收管理权。如果每个州自主定义自己的税基，遵从统一销售税将会变得更加复杂或者很可能将使得单一层次的政府管理税收成为不可能。

税基统一的要求，对税收征管权丧失的担忧，联邦执法的有效性，不能及时将收入分发到各州的方式和实践，使得大多数州选择采纳统一销售税似乎不太可能，尤其在刚开始。[85]正如任何一个研究州零售税的人员所知，各州行使它们权力[86]使得州销售税之间差异很大。[87]通过以下事实可以显现出州官员在确定税基方面热切的保卫自己的权力：简化的销售与使用税协议的一个基本的原则，最影响深远的在州与州之间提升销售税统一性的努力，应该是州自主确定本州的税基。[88]虽然简化的销售和使用税协议中包含对某些产品各州都必须使用的统一的定义，但确定某一项目在州一级是否征税的权力是保留给州立法机关的。[89]如果联邦政府颁布了一项法律，而且该法律影响了共享的统一销售税和增值税税基的话，采用一个统一的销售税也将使州处于潜在的收入波动的境地。[90]

392　　州增值税。如果认为各州采用统一的销售税的做法是有疑问的，那问题就变成了州是否可以通过实行一个州级的增值税，来解决一些对财政自主权的担忧，同时也提升地方政府消费税的政策基础。在国际上，基于消费地原则的地方政府增值税成功的管理主要是魁北克省，该省同时负责管理魁北克销售税（QST）——基于消费地地方政府增值税——和加拿大联邦货物和服务税。[91]

如上面所论述的，处理基于消费地原则对跨州际贸易征税的核心问题，有几种选择可以降低纳税人骗税和不遵从的风险。其中涉及州增值税实际管理的包括补偿性增值税、综合性增值税和双重增值税的方法。麦克卢尔一直致力于研究地方增值税的设计，他得出的结论是，在美国实施这些基于消费地原则的州和地方增值税的方法并不是最佳的，有以下几个原因：[92]首先，据他估计，美国的州际贸易额以及由此对企业之间销售实行零税率导致的增值税退税会产生纳税人骗税和不遵从的重大风险，使得零税率/反向支付机制的双重增值税行不通。[93]其次，如果所有的州都采用综合性增值税或补偿性增值税效果是最好的，但这不太可能发生。再次，综合性增值税要求设立收入清算中心以及双方共同协商确定的综合性增值税的税率，麦克卢尔认为每一个制度的建立都是一个漫长的过程。[94]最后，他发现在美国这种环境下，补偿性增值税的收效不佳，因为它要依赖于联邦政府或各州联盟的管理，并且无法在地方一级政府实行。[95]

综合销售税（IST）。为了解决这些问题，麦克卢尔提出了综合销售税，他认为可以运用该税来实现一个与设计良好的消费税相符合的消费地原则的销售税。[96]综合销售税本质上是使用增值税技术将经营投入排除在征税范围外，且根据消费地原则对个人消费征税的一种理想形式。根据综合销售税制度，注册贸易商之间的所有销售（州际和州内销售）将适用零税率，而向个人消费者和未注册的销售商的销售将适用州制定的正税率。[97]麦克卢尔建议，由州对综合性增值税进行管理，但须与联邦增值税完全统一，尤其是在纳税人登记注册和监测贸易商之间（即企业对企业的销售）的销售方面。[98]麦克卢尔构想，向消费者销售的州销售税的税基应与联邦增值税的税基一致，这将会在一定程度上便于协调管理州和联邦税。[99]

麦克卢尔认为综合销售税对于那些希望修改它们的销售税与联邦增值税相协调的州来说是最好的选择。原因如下：第一，它是符合州征收零售税的传统，同时能够消除目前州零售税对业务投入征税及并不对所有向个人销售的交易征税的缺点。第二，并非所有的州都必须采用综合销售税，可以只是由那些确实需要的州采用。第三，它并不需要联邦税务机构管理州税收以及设立州之间分配资金的清算机构。第四，这将避免在标准的边界税调整过程中产生的退税，以及避免可能出现的欺诈行为。第五，如现有的销售税，可以由地方政府使用。[100]

各州的问题。正如所提出的，综合销售税意味着与目前的零售税相偏离，看起来是将州零售税与已经广为接受的消费税的政策范式相一致。但与此同时，它引发了一些重大问题，各州必须谨慎地评估是否采用综合销售税作为一个载体与联邦增值税相协调。

税率。各州首要考虑的可能就是税率，该税率将被应用于一个新的税基——州内部销售给消费者的销售额，来补偿目前对企业销售的销售额，因为后者在综合销售税下是不被征税的。最近一些研究表明，精心设计的联邦增值税的税基大致应为

GDP 的 60%。根据 2009 年国内生产总值计算，联邦增值税的税基约为 80 万亿美元，这意味着在 2008 年，州综合销售税的平均税率为 3% 的话，各州取得的一般销售税的税收收入大致为 240 亿美元。其中经济合作与发展组织成员国，增值税平均税基约为最终家庭消费的 60%。美国联邦增值税的税基与经合组织的平均水平相当的话，将会产生 600 万亿美元的增值税税基，这意味着州平均约 4% 的税率产生的税收收入与当前州零售税的税收收入大致相当。

税基。麦克卢尔提出，从征管和政策原因看，州级综合销售税的税基应与联邦增值税的税基一致。同样在其他国家，也试图协调国家和地方增值税，无论是统一销售税或加拿大的魁北克销售税，还是目前印度正在考虑的综合货物和劳务税的建议。

在加拿大，一些税基差异通过"当场退税"来调节（销售时向客户支付的退税款）或没有要求销售者进行复杂的遵从的其他各种类型的面向特定纳税人的退税。由于州综合销售税只适用于州内向最终消费者销售的征税，并会由各州管理，有可能在一定程度允许州税基与联邦税基不同，而这并没有使得税收遵从或征管变得过于复杂。按此经验来看，似乎有必要尽量减少这种偏差及各州间的差异。如下讨论，联邦和各州税基的差异也应遵守联邦政府协调执法和税收征管。在一个单一的联邦和州纳税人登记制度需求既定的情况下，当州征收增值税时需要销售方登记并代为收取而联邦增值税则不需要这样做，由此看来州增值税的税基似乎不可能从联邦增值税的税基中偏离出来。同样，对经营投入的征税，将会使协调管理变得更加复杂。

税收遵从。州综合销售税将完全向针对于个人消费者的销售征收。因此，大量注册贸易商之间的贸易不纳税，从而为各州逃税和不遵从创造了机会。这些遵从风险中的一部分可以通过协调综合销售税与联邦增值税来实现。

纳税人注册登记。税收征管协作方法的基石将是一个共同的纳税人注册登记系统，其中联邦政府和州政府将依靠对每一个纳税人的单一的注册程序和为每个纳税人提供一个一对一的注册登记号来进行管理。在综合销售税下，有效的增值税注册号码的持有人在从另外的注册交易商处进行购买的话，有权利享受零税率，在联邦增值税制度下可以获得抵免。共同的登记和识别号码也将促进联邦和各州之间的有意义的信息交流，以便于提高税收遵从度。

建立一个统一的登记制度会产生一些问题。大多数实施增值税的国家使用"起征点"，其中企业年销售额低于一定水平对其销售不征收增值税。虽然起征点的规定会使收入有所减少，但由于取消了许多纳税人缴纳税款的要求，因而它简化了政府和纳税人的征管和遵从成本。在两税运作方式（单一环节的综合销售税与多环节的增值税），以及规模差异既定的情况下，我们应该可以预期各州将支持一个比联邦政府最佳起征点低的起征点。同样，州可能更加有兴趣对大范围的违规纳税人进行比联邦政府更加激进的制裁。对于一个统一的增值税制度，不同利益间的协调是非常必要的。

信息共享。国内收入局和州税务机构之间信息交流的积极安排是州所得税执法的核心，尤其是对个人所得税。[⑪]类似的信息交流，可能有利于州处理税收遵从的问题。尤其是，有关纳税人登记申请的信息、购买、销售和纳税人所纳税款的数据，以及联邦审计的结果和税收遵从活动等信息的共享对州是有利的。[⑫]

　　在综合销售税制度下，不被征税的跨境销售交易量比现行零售税制度下规模更大。此外，在州级申请进项税抵免将不再需要销售记录。然而，联邦政府会得到这些交易的信息，作为审核进项税和销项税的程序的一部分。因此，曾有人建议，无论是州还是联邦政府都应该建立一个注册贸易商间跨境销售的数据库，作为对各州税收遵从的援助。这个数据库将使每个州对货物和劳务流入与流出本州的数量进行监控，以确定向个人消费者出售时相应的税收是否已支付并上缴。[⑬]这项建议与欧洲联盟的增值税信息交换系统（VIES）类似，印度正在考虑将其作为增值税改革的一部分。[⑭]为了使其对各州有很大的帮助，这样的数据库将包括对联邦增值税税收征管不是必要的信息，如最初生产的州和最终销售的州。数据库的建立也需要一个庞大的财政资源做支撑。

　　远程销售。根据现行宪法解释，销售者在某一州没有实际销售场所或与零售税没有必要的"实质性关系"，那对这个州的销售将不会征收零售税。[⑮]虽然各州已经重点关注这个问题有几十年了，可以说在实行综合销售税的州这个问题更加重要，因为该税对任何中间业务的交易不征税，而只对最终销售给个人的交易征税。为了提高综合销售税的税收遵从度以及激励各州从零售税转化为综合销售税，联邦政府可以引入"远程销售规则，"这意味着可以要求超过一定数额的销售者对其所有销售给最终消费者的销售征收综合销售税，即使在那些根据现行法律被视为无征税义务的州也是如此。[⑯]欧盟对在欧洲共同体内向最终消费者提供货物也有类似的法则。[⑰]

　　国际进口税。联邦政府还可以帮助提高综合销售税的税收遵从度，并且当进口商不是注册商时，允许其对进口征税以鼓励他们采纳综合销售税。[⑱]鉴于假定联邦增值税税基和综合销售税税基类似，美国海关和边境保护局需要确认进口商是不是一个注册的交易商以及确认最终销售地相应的税率。

　　地方政府销售税。地方政府销售税，对协调国家和地方的消费税提出了一系列的挑战，但加拿大和其他联邦国家并没有面临这些挑战。在美国，超过30个州的约8000个当地政府都采用了零售税。除亚拉巴马州、亚利桑那州、科罗拉多州和路易斯安那州外，其他州都是由州管理地方税，一般地方零售税的税基与州零售税的税基一致。2007年，地方政府一般销售税的税收收入约为61亿美元，是它们税收总收入的1/5，[⑲]这意味着地方税收问题也很重要。通常认为地方零售税增加了零售税税收征管的复杂性，因为各州一般都没有统一的征收标准，并且地区之间征收的税率也不同。在某些情况下，专用区（如中转区）其边界与通用地方政府的边界不一致，需要被授权来征收销售税。

　　麦克卢尔研究了涉及在地方政府层面实施增值税的问题。他得出以下三个

结论:⑩

1. 在地方一级根据边界调整原则征收传统的增值税是不切合实际的,因为在所涉及的管辖区以及预期的交易数量既定的情况下,会存在潜在的欺诈以及增加复杂程度。

2. 如果由州政府管理增值税,地方增值税问题可以由综合性增值税解决,但是由于各地方的税收模式与税率差异较大增加了税收征管的复杂性。

3. 如果某一州采用综合销售税,地方政府可以在州综合销售税的基础上实行地方税。即使州和地方均采取协调一致的综合销售税,它也会增加销售给最终消费者的贸易商纳税的复杂性,贸易商将被要求确定他们销售所在区域的适当税率。此外,州和地方需要来决定是否根据实际销售(这需要大量的报告与会计记录)来分配地方增值税的税收收入,或者根据某一准则拟复制消费发生地。

总之,地方综合销售税取代地方零售税是可行的,但是也有一些复杂性。

总　结

经济萧条的严重性及其对政府财政各方面的影响,再加上它们所面临的长期结构性问题,可能会引起对联邦政府提供的服务和筹资方式进行一次彻底的评价。这些压力可能会导致对联邦增值税彻底的审查。这一举措将会使州和地方政府面临一些问题和挑战。与此同时,它也可为大幅度提升州消费税制度提供一个平台,即作为促进州和地方期待已久的财政收入结构现代化的重要组成部分。

采用精心设计的联邦增值税可能会通过提高州消费税的政策基础并减少美国纳税人的税收遵从成本,从而获得巨额的回报。当前零售税结构的复杂性和州自主制定零售税自主权的历史,将会阻碍这种协调制度的实现。无论州自行或共同选择何种方法,协调的联邦和州消费税制度的成功实行可能取决于联邦政府增值税税基和州消费税税基之间的一致程度。对许多州的决策者而言,实现一致性是一个来之不易的过程。

注释

在本章中包含的信息是一般性的,并且基于当局的情况有可能发生变化。用于特定的情况时,是需要通过咨询税务顾问来确定的。这一章仅代表笔者的观点。

①Altman (2009); Bartlett (2009); Montgomery (2009).

②Graetz (2008),这一文献认为增值税收入应该用于改革联邦所得税税制,使其税率更低,并且能消除许多低收入和中等收入纳税人的税负;Burman (2009 年),这一文献主张增值税收入应该用于资助和扩大美国医疗保险。2009 年 2 月,在美国税收政策研究院举行的一次会议中,讨论了如何解决在设计和实施美国增值税中的各种问题。在那次会议上提交的论文,其中有几篇在这里引用,并由《税法评论》在 2010 年冬季和春季出版。

③Debt Reduction Task Force (2010), 40-43.

④US Advisory Commission on Intergovernmental Relations (1973).

⑤Bradford（1986）；Aaron, Galper, and Pechman（1988）.
⑥华莱士（本书）。
⑦US Congressional Budget Office（2011）.
⑧111th Congress，P. L. 111-312.
⑨US Congressional Budget Office（2011），1。在支出方面，"基线"反映了目前存在的所有授权、相机抉择项目以及2010年通过的保健改革方案的延续。
⑩同上，2。《2011年预算控制法案》在2011年8月获得通过。该法案对2011～2021年间的某些自由裁量支出设置上限。该上限十几年间将会减少约9450亿美元的支出。该法案还向国会委员会提出应该在超过十年的时间里制定额外的削减1.2万亿美元赤字的建议。国会需要采取措施削减更多的赤字，并可能在任何时候改变支出上限。如果削减赤字的预算控制法案得以实现，这将极大地改变接下来要讨论的长期预算预测。
⑪同上，24。
⑫华莱士（本书）。
⑬US Congressional Budget Office（2009），xi。
⑭Debt Reduction Task Force（2010），25。
⑮同上，12。
⑯同上，15。
⑰Auerbach and Gale（2009），3。
⑱同上。
⑲US Congressional Budget Office（2009），8。
⑳Duncan（2010b），1643。
㉑关于加拿大税收体系的完整讨论见Bird and Gendron（2010）。
㉒通过这一章，假定联邦政府会采取一个精心设计的采用发票扣税法、根据消费地原则对居民最终消费进行征税并且减轻中间投入品任何税收负担的增值税，与不符合这些标准的联邦增值税进行协调的好处可以公开讨论。
㉓US General Accounting Office（1989），44-45。
㉔Fox and Luna（2003），875，878。
㉕关于州行使这种自治的方式而进行尖锐的批评的文献见McLure（2002a，2005b）。
㉖Hellerstein（2000），Sec. 7.02。
㉗Duncan（2010b），1643，1647-53。
㉘Bird and Gendron（2010），517，579-580。
㉙在一个精心设计的增值税制度下，消费的减少（即储蓄的增加）仅仅是推迟纳税，最终储蓄还是会被消费掉。然而，在州预算平衡的原则下，即使是收入暂时性的降低对州的收入也是有影响的。因增值税收入减少对州总收入造成的影响需要通过增加另外的收入来源来弥补。有意思的是，对同样问题的关心引发了一些零售商对潜在的联邦增值税的反对，其反对意见通过美国零售业联合（NRF）会反映出来。
㉚McLure（1988），1517，1530。
㉛Duncan（2005），8。
㉜McLure（2000c；2002b；2005a，35-36）。
㉝福克斯（本书）。
㉞Federation of Tax Administrators（2008）.

㉟Duncan（2010a），717。邓肯指出，佛罗里达州、马萨诸塞州和密歇根州立法机构通过立法，对服务业征收销售税，征税范围比较广泛。但是，税收在开征之前或开征不久之后就废除了。之所有失败，部分原因在于企业购买的部分服务也被征税，这使采购问题变得非常复杂。

㊱Durner and Bui（2010），983。

㊲Phillips，Cline，and Neubig（2008），1；福克斯（本书）。

㊳Bird and Smart（2009），591。

㊴Carlson（2005）。

㊵Duncan（2010a），720-724。

㊶同上。

㊷Holcombe（2010），26。

㊸阿拉斯加州、特拉华州、蒙大拿州、新罕布什尔州和俄勒冈州不征收具有广泛税基的零售税。

㊹加拿大的经验在这里是有启发性的。大多数省份选择保留它们的零售税，联邦政府通过了货物和劳务税。1997年，诺瓦斯科舍省、新不伦瑞克省、纽芬兰省和拉布拉多省采用联邦政府和省统一征收的销售税取代它们自己的零售税。2009年，安大略省和不列颠哥伦比亚省宣布，它们将从2010年7月1日开始，用统一的销售税取代它们自己的零售税。见Sullivan（2010）；Duncan（2010b），1649-1650。

㊺福克斯（本书）。

㊻Duncan（2010b），1644。该讨论的其余部分是假设两个注册的交易商发生州际销售。在开征增值税的情况下（以及在目前美国开征的零售税的情况下），从位于一个税收管辖区的销售者向另一税收管辖区的最终消费者进行销售，会引发税收遵从问题，除非强制要求由销售者来收取消费地所在辖区的税收。在奎尔公司诉北达科他州一案中（504 US 298，1992），最高法院认为，一个州不能要求在某税收管辖区没有实际货物存在的销售者代收其在另一税收管辖区销售货物或服务税款。奎尔公司，或远程销售的问题，会在后面进行进一步的讨论。

㊼Duncan and Sedon（2009），1370-1371。从理论上讲，同样的原则也适用于劳务和无形资产的跨境销售，虽然在这方面的规则并不总是适合它们，并且这只是在最近几年许多州政府试图将其运用到对劳务的征税上。对于欧盟做法的讨论见Hellerstein and Gillis（2010），467-470。

㊽零税率销售是指销售行为在征范围之内（即应该被征税），但适用的税率为0。由于增值税是对销售征税，销售者或供给者有权要求对因购买投入品而产生的进项税额进行抵扣。这与免税不同。免税的含义是，销售者销售取得的收入免于征税，但其购买投入品产生的进项税额也不允许抵扣。有关详细说明，Hellerstein and Duncan（2010），989.991；Duncan and Sedon（2009），1369-1370。

㊾在逆向征税交易中，出口商适用零税率，在出口地的税收管辖区其可以申请进项税额退税。另一方面，进口商对增值税进行自我评估并进行会计记录，确定消费地对其进口征收的增值税，与此同时，进口商记录下一笔会计分录，在其下一个纳税申报表中申请进项税额抵扣。在这种方式下，企业进口环节的增值税就与其不进口而是通过在国内生产或购买货物产生的增值税相同了，但是该进项税额抵扣使进口商不会负担任何税款。Duncan and Sedon（2009），1370-1371。

㊿Hellerstein（2003），61。

㊁Bird and Gendron（2001），5；Ebrill et al.（2001），184-88；McLure（2010），650-652。

㊂Ebrill et al.（2001），188；Keen and Smith（2006），867-870。

㊃假设在联邦制度中不存在实际边界控制是合理的。出于分析问题的需要，一个人仅仅简单地想

象一大串卡车在华盛顿大桥上向西排着队，等待着新泽西税收官员来管理本州消费者购买的、用卡车运往新泽西州的货物应该征收的增值税的情形就可以。类似的情况在欧盟 1993 年取消边境控制之前就存在过。

(54)Keen and Smith（2006），870-872；Cnossen（2010），599-604.

(55)McLure（2010），663-672；Keen and Smith（2006），870-872.

(56)Ebrill et al.（2001），184-188；Keen and Hellerstein（2010），400-406.

(57)Perry（2010），624-625；Bird and Gendron（2001），6-7.

(58)McLure（2000a），628.

(59)耶尔马兹、瓦扬古和达夫隆（本书）。

(60)Ebrill et al.（2001），189-190。在任何实行消费地制度的国家，如果税收对出口商征收并上缴给出口税收管辖区，在进口国进行税收抵扣，一些清算机制都是必要的。如果没有清算机制，出口国会得到来自本管辖区之外的销售行为的税收，进口管辖区会因为抵扣机制而支付税收。

(61)同上，190。清算机构的运行在某些方面类似于由州政府分配其代征的地方政府销售税。这种实体进行的分配必须是及时的、透明的和可验证的，并且不能用来实现政治目的。

(62)McLure（2005a，2010）.

(63)Varsano（1995）.

(64)关于补偿性增值税最早的讨论见 McLure（2000b），725-726。 400

(65)同上，726。注册商将有资格获得所有的国家增值税和地方增值税的进项抵免，这样只有最终的消费者和未注册的商家将承担增值税的负担。

(66)同上。国际出口将是零税率。对国际出口不征收任何国家或地方政府的增值税或补偿性增值税。进口将在一国边界被征收国家增值税和补偿性增值税。

(67)McLure（2000b），732-733.

(68)关于统一可行的综合性增值税最早讨论见 Keen and Smith（1996），进一步讨论见 Keen and Smith（2000）。

(69)Keen and Smith（2000），741.

(70)McLure（2000b），734.

(71)Bird and Gendron（1998，2000，2001）.

(72)同上。补偿性增值税，统一可行的综合性增值税，或双重增值税，到底谁是地方政府在处理跨境贸易征收增值税中最有效的方法的问题一直是一个比较有力的学术辩论的主题。见 McLure（2000b）；Bird and Gendron（2000）；Keen and Smith（2000）.

(73)McLure（2010），645-646；McLure（2000b），724-725。伯德和金德伦认为，联邦与省的税基非常相似，这对税收协调以及利用联邦货物与劳务税来帮助魁北克省增值税是非常重要的。麦克卢尔认为税基相似性是有效税制协调的基本条件。

(74)McLure（2010），645-646.

(75)Bird and Gendron（1998），434；Bird and Gendron（2001），13.

(76)虽然超出了本章的范围，其他联邦国家制度（巴西、印度和加拿大）和欧盟的经验，仍具有指导意义。见 Perry（2010）；Cnossen（2010）；Bird and Gendron（2010）；and Duncan（2010b）。

(77)Bird，Mintz，and Wilson（2006），894.

(78)Duncan（2010b），1647。在 2011 年 8 月，不列颠哥伦比亚省的选民否决采用统一销售税的法律。这样一来，在 2010 年 7 月之前存在的省销售税将在 2013 年恢复。

㉗加拿大研究消费税的学者，都在这一话题上有广泛的著述。对于加拿大联邦货物和劳务税及零售税研究经验丰富，文章思考深入、全面，见 Bird and Gendron（2010）。

㉘在加拿大，一些变化是通过销售网点退税及其他方式退税完成的。见 Bird and Gendron（2010），549-553。

㉛在加拿大，大西洋各省份采用了通过双方协商方式议定相同的统一销售税税率的办法，而不是通过法律来约束税率。根据协议，它们还对各省在提高或降低统一销售税税率方面的权利进行了限制。安大略省和不列颠哥伦比亚省已分别确定了各自的统一销售税税率，诺瓦斯科舍省也已设置了自身的税率，并于 2010 年 7 月 1 日生效。见 Duncan（2010b），1649。

㉜这些规定将实现以消费地为基础征税。它们类似于除了加拿大边境保护局，只对销售给非注册商和最终消费者征收的统一销售税之外那些加拿大省份征收的统一销售税。见 Duncan（2010b），1649。另外一个问题需要考虑的是参与各州的收入分配体系。在加拿大，统一销售税的收入分配是以一个公式为基础的，旨在由省来评估应税消费而不是由各省跟踪和报告销售并征税。在美国使用这种做法似乎是有问题的，在统一销售税中可能包含有大量不同的税率，并考虑到不属于一个州的所有的地方政府都要征收统一销售税。这似乎需要跟踪和报告由州和地方管辖的销售，由于这个特点在美国开征统一销售税比在加拿大要复杂得多。

㉝遵从成本的减少很大程度上是由于假设的统一销售税税基与联邦增值税基本相同。卖方仍需确定适当的州和地方适用税率。确定适当的地方适用税率仍然是存在问题的。减少复杂性的同时也会在某种程度上受到制约，如此就要允许一个州对不同类型的商品和服务使用多个统一销售税税率。

㉞Duncan（2010b），1649-1650。有效的统一销售税税率制度不需要集中管理。

㉟在加拿大，省统一销售税的税基需要具有统一性。它也被设置为印度的邦级增值税的条件。见 Duncan（2010b），1652。

㊱州在建立和实施零售税时必须与美国宪法的要求相符。在确定税基时的主要制约因素是，一州的税收不能歧视州际贸易，不能对美国政府或其机构征收。联邦成文法也在某些方面限制了州销售税的税基，目的在于阻止某些特定联邦营养项目下发生的对购买行为征收销售税。见 7 USC 2011-2025（Food Stamp Act）；42 USC § 1786（Special supplemental nutrition program for women, infants, and children）。

㊲关于州与州之间给予不同产品的不同对待方式的介绍，见 CCH（2009），531-599。除了对产品的免税，各州也对各种类型实物的购买或销售行为免税。而且，对一种产品是否征税是基于它的用途来决定的。见 McLure（2002a，2005b）；Duncan（2010a），721-722。

㊳一个关于简化的销售和使用税协议的完整讨论和描述见 Hellerstein and Swain（2006.2007）。对税基的确定原则可在该协议的第 103 节中找到，请访问网站 www.streamlinedsalestax.org。

㊴一些学者认为，首要关注的不应该是一个州确定税基的能力，重点是维护各州设立税率的权力，因为这是州自治的关键因素——选择支出能力的水平以及如何融资。例如，麦克卢尔（2010，645）认为，"州对税率自治这一事宜应视为公理"。他进一步指出，州并没有明智地把它们的权威用来确定税基，对商业投入的征税以及无数的税收减免，导致了税收小于对全面的个人消费征税的贡献，并且产生了不必要的复杂性，使得工作效率低下，税收受到扭曲。见 McLure（2002a，2005b）。

㊵这当然不可能像在所得税中一样，见 McLure（2010），694-695。

㊶对魁北克销售税和省政府的联邦货物和劳务税的进一步讨论，见 Bird and Gendron（2010）。可能的州级别对联邦增值税的管理在这里没有进一步考虑，这样的做法似乎不太可能被搬到美国

使用，因为许多州不太可能采取增值税并且一些州没有州零售税，更何况还要考虑到允许地方政府对国家税收进行管理和执法的问题。

⑨²McLure（2010），665-672.

⑨³同上，662-663。

⑨⁴同上，668。

⑨⁵同上，669-670。

⑨⁶关于综合销售税的充分解释见 McLure（2010），643, note 20。

⑨⁷对于注册的交易商，如果其销售全部适用零税率，综合销售税引入了增值税的部分机制来达到使其成为"理想"销售税的目的（即，仅仅在货物销售给消费者的单一环节征税，并且对企业的投入不征税）。

⑨⁸McLure（2010），680-681.

⑨⁹同上，685-687。

⑩⁰同上，680-681。在目前的州零售税的制度下，各州可以通过对所有商业－商业的交易进行无限税收减免，而对所有的商业－消费者的交易征税来达到和征收综合销售税同样的结果。然而联邦增值税的存在，被认为是用于加强各州提供公共产品和服务的能力确保其与税收收入相符合。

⑩¹Duncan and Sedon（2009），1372-1373.

⑩²数据来源于 the US Bureau of the Census, State Government Tax Collections in 2008。

⑩³经济合作与发展组织报告的最终家庭消费数据，请访问 http：//stats.oecd.org/Index.aspx?DatasetCode=SNA_TABLE1。

⑩⁴四个州（阿拉斯加州、蒙大拿州、新罕布什尔州、俄勒冈州）的州税率不根据国内生产总值、家庭消费做调整。鉴于这些州的规模，这样的调整将不会明显改变预期的结论。

⑩⁵Duncan（2010b），1647-1652.

⑩⁶McLure（2010），680-684；Duncan（2010a），759-763.

⑩⁷关于信息交换的讨论见 Duncan（2010a），755-759；关于个人所得税各种信息交换的讨论见 Duncan（2010a），730-734。

⑩⁸McLure（2010），682.

⑩⁹州零售税一般没有起征点。起征点带来的税收损失在增值税制度下将会比州零售税制度下要少，因为低于这个起征点的销售者的投入购买是要征税的。见 Duncan（2010a），759-763；McLure（2010），680-681。

⑩Duncan（2010a），762-763.

⑪Duncan（2010a），730-734；Duncan and McLure（1997）.

⑫Duncan（2010a），755-756.

⑬同上，756-757。

⑭Madhavan, Renavikar, and Arawattigi（2010）132.

⑮*Quill Corp. v. North Dakota*，504 US 298（1992）.

⑯McLure（2010），702.703；Duncan（2010a），764。各州通过"简化销售税项目"，一直致力于简化销售税管理，并且鼓励国会对实施州零售税的一些州采取类似的规则。一个联邦增值税的远程销售规则对于州和地方政府的综合销售税而言也可能会被认为更容易接受，一些特定的推定被认为是综合销售税的税基，从使用目的来讲，这和销售商要缴纳的联邦增值税是相同的。

⑰Hellerstein and Gillis（2010），466.

⑱Duncan（2010a），764。加拿大边境保护局为魁北克省和征收统一销售税的省份行使此项职责。
⑲US Bureau of the Census, State and Local Government Finances，2007.
⑳McLure（2010），673-678.

参考文献

Altman, Roger C.（2009, June 30）. "We'll Need to Raise Taxes Soon." *Wall Street Journal*: A15.

Auerbach, Alan J., and William G. Gale（2009, September）. "The Economic Crisis and the Fiscal Crisis: 2009 and Beyond, An Update," http://www.brookings.edu/papers/2009/06_fiscal_crisis_gale.aspx.

Bartlett, Bruce（2009, June 5）. "VAT Time?" http://www.forbes.com/2009/06/04/valueadded-tax-opinions-columnists-bartlett.html.

Bird, Richard M., and Pierre-Pascal Gendron（1998）. "Dual VATs and Cross-Border Trade: Two Problems, One Solution?" *International Tax and Public Finance* 5: 429-442.

Bird, Richard M., and Pierre-Pascal Gendron（2000, December）. "CVAT, VIVAT, and Dual VAT: Vertical 'Sharing' and Interstate Trade." *International Tax and Public Finance* 7: 753-761.

Bird, Richard M., and Pierre-Pascal Gendron（2001）. "VATs in Federal States: International Experience and Emerging Possibilities." Working Paper #01-4. Atlanta: Georgia State University, Andrew Young School of Public Policy Studies.

Bird, Richard M., and Pierre-Pascal Gendron（2010, Spring）. "Sales Taxes in Canada: The GST-HST-QST-RST 'System.'" *Tax Law Review* 63: 517-582.

Bird, Richard M., Jack M. Mintz, and Thomas A. Wilson（2006, December）. "Coordinating Federal and Provincial Sales Taxes: Lessons from the Canadian Experience." *National Tax Journal* 59: 889-903.

Bird, Richard M., and Michael Smart（2009, December）. "The Impact on Investment of Replacing a Retails Sales Tax with a Value-Added Tax: Evidence from Canadian Experience." *National Tax Journal* 62: 591-609.

Bradford, David F.（1986）. *Untangling the Income Tax*. Cambridge, MA: Harvard University Press.

Burman, Leonard E.（2009, Spring）. "A Blueprint for Tax Reform and Health Reform." *Virginia Tax Review* 28: 288-323.

Carlson, George（2005）. "Destination Principle." In *The Encyclopedia of Taxation and Tax Policy*, edited by Joseph J. Cordes, Robert D. Ebel, and Jane G. Gravelle. Washington, DC. Urban Institute Press. 82-83.

Carroll, Robert, Robert Cline, Tom Neubig, John Diamond, and George Zodrow（2010）. *The Macroeconomic Effects of an Add-On Value Added Tax*. Prepared for the National Retail Federation. Washington: Ernst and Young.

CCH（2009）. *State Tax Handbook*—2009. Chicago: CCH.

Cnossen, Sjbren（2010, Spring）. "VAT Coordination in Common Markets and Federations: Lessons from European Experience." *Tax Law Review* 63: 583-622.

Debt Reduction Task Force（2010）. *Restoring America's Future: Reviving the Economy, Cutting

Spending and Debt, and Creating a Simple, Pro-Growth Tax System. Washington: Bipartisan Policy Center.

Duncan, Harley (2005, October 3). "Federal Tax Reform and State Taxes: A Framework for Analysis." In *Federal Tax Reform and the States, Special Supplement*, edited by Harley T. Duncan. *State Tax Notes*: 5-15.

Duncan, Harley (2010a, Spring). "Administrative Mechanisms to Aid in the Coordination of State and Local Retail Sales Taxes with a Federal Value-Added Tax." *Tax Law Review* 63: 713-770.

Duncan, Harley (2010b, March 29). "VATs in a Federal System." *Tax Notes*: 1643-1653.

Duncan, Harley T., and Charles E. McLure, Jr. (1997, February). "Tax Administration in the United States of America: A Decentralized System." *Bulletin for International Fiscal Documentation* 51: 74-85.

Duncan, Harley, and Jon Sedon (2009, December 21). "How Different VATs Work." *Tax Notes*: 1367-1374.

Durner, Leah, and Bobby Bui (2010, February 22). "Comparing Value Added and Retail Sales Taxes." *Tax Notes*: 983-987.

Ebrill, Liam, Michael Keen, Jean-Paul Bodin, and Victoria Summers (2001). *The Modern VAT*. Washington: International Monetary Fund.

Federation of Tax Administrators (2008). "Taxation of Services—Update, July 2008." *By the Numbers*. http://www.taxadmin.org/fta/pub/services/btn/0708.html.

Fox, William F., and LeAnn Luna (2003, March 10). "Subnational Taxing Options: Which Is Preferred, a Retails Sales Tax or a VAT?" *State Tax Notes*: 875-884.

Graetz, Michael J. (2008). *100 Million Unnecessary Returns: A Simple, Fair and Competitive Tax Plan for the United States*. New Haven, CT: Yale University Press.

Hellerstein, Walter (2000). *State Taxation*. 3rd ed. New York: Warren, Gorham & Lamont.

Hellerstein, Walter (2003, Fall). "Jurisdiction to Tax Income and Consumption in the New Economy: A Theoretical and Comparative Perspective." *Georgia Law Review* 38: 3-70.

Hellerstein, Walter, and Harley Duncan (2010, August 30). "VAT Exemptions: Principles and Practice." *Tax Notes*: 989-999.

Hellerstein, Walter, and Timothy H. Gillis (2010, April 26). "The VAT in the European Union." *Tax Notes*: 461-471.

Hellerstein, Walter, and John A. Swain (2006-2007). *Streamlined Sales and Use Tax*. New York: Warren, Gorham and Lamont of RIA.

Holcombe, Randall G. (2010, June). "The Value Added Tax: Too Costly for the U.S." Working Paper No. 10-32. Mercatus Center George Mason University. Available at http://mercatus.org/sites/default/files/publication/VAT.Holcombe.pdf.

Keen, Michael, and Walter Hellerstein (2010, Winter). "Interjurisdictional Issues in the Design of a VAT." *Tax Law Review* 63: 359-408.

Keen, Michael, and Stephen Smith (1996, October). "The Future of the Value Added Tax in the European Union." *Economic Policy* 23: 375-411.

Keen, Michael, and Stephen Smith (2000, December). "Viva VIVAT!" *International Tax and Public Finance* 6: 741-751.

Keen, Michael, and Stephen Smith (2006, December). "VAT Fraud and Evasion: What Do We Know and What Can Be Done?" *National Tax Journal* 59: 861-887.

Madhavan S., Rahul Renavikar, and Praveen William Arawatigi (2010, March-April). "Taxation of Interstate Transactions under the Proposed Indian GST." *International VAT Monitor*: 128-132.

McLure, Charles E., Jr. (1988, March 28). "State and Local Implications of a Federal Value-Added Tax." *Tax Notes*: 1517-1535.

McLure, Charles E., Jr. (2000a, December). "Tax Assignment and Subnational Fiscal Autonomy." *Bulletin for International Fiscal Documentation* 630: 626-635.

McLure, Charles E., Jr. (2000b, December). "Implementing Subnational Value Added Taxes on Internal Trade: The Compensating VAT (CVAT)." *International Tax and Public Finance* 7: 723-740.

McLure, Charles E., Jr. (2000c). "The Taxation of Electronic Commerce: Background and Proposal." In *Public Policy and the Internet: Privacy, Taxes, and Contracts*, edited by Nicholas Imparato. Stanford, CA: Hoover Institution Press. 49-113.

McLure, Charles E., Jr. (2002a, September 16). "The Nuttiness of State and Local Taxes—and the Nuttiness of Responses Thereto." *State Tax Notes*: 841-856.

McLure, Charles E., Jr. (2002b). "Thinking Straight about the Taxation of Electronic Commerce: Tax Principles, Compliance Problems, and Nexus." *Tax Policy and the Economy* 16: 115-140.

McLure, Charles E., Jr. (2005a, October 3). "Coordinating State Sales Taxes with a Federal VAT: Opportunities, Risks, and Challenges." In *Federal Tax Reform and the States*, *Special Supplement*, edited by Harley T. Duncan. *State Tax Notes*: 35-48.

McLure, Charles E., Jr. (2005b, September). "Understanding the Nuttiness of State Tax Policy: When States Have Both Too Much Sovereignty and Not Enough." *National Tax Journal* 58: 565-573.

McLure, Charles E., Jr. (2010, Spring). "How to Coordinate State and Local Sales Taxes with a Federal Value-Added Tax." *Tax Law Review* 63: 639-704.

Montgomery, Lori (2009, May 27). "Once Considered Unthinkable, U.S. Sales Tax Gets Fresh Look." *Washington Post*: A15.

Perry, Victoria J. (2010, Spring). "International Experience in Implementing VATs in Federal Jurisdictions: A Summary." *Tax Law Review* 63: 623-638.

Phillips, Andrew, Robert Cline, and Tom Neubig (2008). *Total State and Local Business Taxes: 50-State Estimates for Fiscal Year* 2007. Washington: Ernst and Young and Council on State Taxation.

Sullivan, Martin A. (2010, May 3). "Economic Analysis: VAT Lessons from Canada." *Tax Notes*: 493-496.

US Advisory Commission on Intergovernmental Relations (1973). *The Value-Added Tax and Alternative Sources of Federal Revenue*. Washington, DC: US Government Printing Office. http://digital.library.unt.edu/ark:/67531/metadc1129/?q=value%20added%20tax.

US Congressional Budget Office (2009). *Long-Term Budget Outlook*, *June* 2009. Washington, DC: Congressional Budget Office. http://www.cbo.gov/doc.cfm?index=10297&zzz=39116.

US Congressional Budget Office (2011). *The Budget and Economic Outlook: Fiscal Years* 2011 *to* 2021. Washington, DC: Congressional Budget Office. http://www.cbo.gov/doc.cfm?index=12039.

US General Accounting Office (1989). *Value-Added Tax Issues for U. S. Policymakers*. Briefing Report to the Joint Committee on Taxation. GAO/GGD-89-125BR. Washington, DC: US General Accounting Office. http://archive.gao.gov/d26t7/139626.pdf.

Varsano, Ricardo (1995). "A Tributação do Comércio Interestadual: ICMS versus ICMS Partilhado" ("Taxation of Interstate Commerce: ICMS versus Shared ICMS"). Instituo de Pesquisa Econômica Aplicada, Brasilia, Texto para Discussão No. 382.

第 16 章　商品零售及使用税

威廉·F. 福克斯（William F. Fox）
赵书博　袁紫涵　索硕 译

销售税倾向于向收入（消费）的分配征税而不是向收入的来源征税（如所得税、财产税或赠与税）。一般销售税适用于对在零售环节销售的商品或劳务征税，税基宽泛。与之相对应，特别销售税是对某个特定的商品征收，比如汽车燃油、烟草、酒。一般销售税和特别销售税收常常被同时使用。

所有征收一般零售税的州也征收某种形式的补偿性使用税。使用税和销售税适用同样的税率，该税对在本州以外制造但在本州内使用的应税项目征收，或者对原本出于免税目的购买的货物转为应税目的后对其进行征收。使用税与销售税是互补的，如果应税销售已经或者将要被征收销售税则不再征收使用税。除非另有说明，下面提到的销售税通常既包括销售税也包括消费税。

本章的讨论集中在州政府对销售税的使用，而这个使用是基于税收是对所有消费征收的假设基础之上的，尽管很难有一个案例证明州政府选择销售税时就清楚地知道他们将对宽税基的消费征税。①本章一开始简单地总结销售税的历史和发展历程。（1）对目前美国税制结构的法定特征进行总结；（2）检验税收的绩效——由于三个原因，销售税的税基相对于经济活动有所下降；（3）将销售税置于可选择消费税以及其他相关税收之中，比如总收入以及增值税；（4）提供一个规范的纳税评估；（5）指出税基的改革方向。结论部分将这些内容放在一起，以保持销售税作为州与地方财政支柱的完整性与重要性。实证文献的关键内容将会贯穿本章。

销售税的历史

销售税有漫长而传奇的历史，对交易的征税可以在许多现代文明中找到。②墓画表明至少公元前 2000 年，埃及就有税吏，并且当时就对个人商品，如食用油征税。据报道埃及、罗马和雅典都曾征收过一般销售税。事实上，人们认为罗马人将销售税带到欧洲的其他地区。后来，西班牙从 1342 年到 18 世纪一直征收国家销售税，税率为 10%～15%。特定商品税在美国内战期间被广泛地征收，以至于如果将所有特定销售税组合起来，几乎形成了一般销售税。

美国的销售税至少可追溯到宾夕法尼亚州 1821 年引入的商业牌照税，虽然该税和其他早期税收的税基并不广泛。比勒（Buehler）将现代州销售税的发展归结于在20世纪30年代的萧条时期23个州首次实施了销售税。③密西西比州也于30年代首次引入销售税（见表16.1）。1969年佛蒙特州开征销售税，是最后一个征收销售税的州。

表 16.1　　　　　　　　　各州引入一般销售税的时间

州名称	年份	州名称	年份
密西西比州	1930	路易斯安那州	1938
亚利桑那州	1933	康涅狄格州	1947
加利福尼亚州	1933	马里兰州	1947
伊利诺伊州	1933	罗得岛州	1947
印第安纳州	1933	田纳西州	1947
艾奥瓦州	1933	哥伦比亚特区	1949
密歇根州	1933	佛罗里达州	1949
新墨西哥州	1933	佐治亚州	1951
北卡罗来纳州	1933	缅因州	1951
俄克拉何马州	1933	南卡罗来纳州	1951
南达科他州	1933	宾夕法尼亚州	1953
犹他州	1933	内华达州	1955
华盛顿州	1933	肯塔基州	1960
西弗吉尼亚州	1933	得克萨斯州	1961
密苏里州	1934	威斯康星州	1961
俄亥俄州	1934	爱达荷州	1965
阿肯色州	1935	纽约州	1965
科罗拉多州	1935	马萨诸塞州	1966
夏威夷州	1935	新泽西州	1966
北达科他州	1935	弗吉尼亚州	1966
怀俄明州	1935	明尼苏达州	1967
亚拉巴马州	1936	内布拉斯加州	1967
堪萨斯州	1936	佛蒙特州	1969

注：没有征收一般销售税的州：阿拉斯加州、特拉华州、新罕布什尔州、蒙大拿州和俄勒冈州。

资料来源：作者整理。

现行销售税结构

45个州和哥伦比亚特区征收一般销售税。④阿拉斯加州、特拉华州、新罕布什尔州、蒙大拿州和俄勒冈州不征收州一般销售税,但是阿拉斯加的一些城市征收地方销售税。另外,约8000个城市、区县征收地方销售税。2010年,销售税收入总额为2857亿美元,其中州销售税为2238亿美元,地方销售税为619亿美元。⑤在经济衰退的2010年,州和地方销售税收入总额比2008年的最高值3069亿美元下降了6.9%。在美国没有统一的销售税制度,而是有46个完全不同的税制。如各州可能规定一个"基本税率",与此同时对某些特定的商品和服务规定更高的税率(如哥伦比亚地区),又如对在自动售货机中销售的有形动产、用于在他处消费的酒、餐馆食物和对停车场以及临时住宿按照零售税率征收附加税。⑥

此外,每个州对销售税的依赖程度大大不同。2009年各个州来自销售税的税收收入占全部税收收入的比重平均为31.9%,⑦但销售税收入至少占到60%的只有3个州(华盛顿州、田纳西州和佛罗里达州)。而佛蒙特州只有12.8%的税收收入来自销售税。至少有34个州征收地方销售税,但通常该税只占税收收入较小的一部分。2008年,地方政府平均有11.6%的税收收入来自销售税,但在阿肯色州和路易斯安那州的地方政府,约一半的税收收入来自销售税。

在征收销售税的州中,基本税率(不包括上面提到的不同的附加税)从最低的科罗拉多州的2.9%到加利福尼亚州的8.25%不等。田纳西州的州与地方销售税的综合税率最高为9.4%。⑧数十年来,销售税的税率一直在提高,尽管经济衰退时期出现的财政危机束缚了税率的提升。在20世纪80年代初的经济衰退中超过30个州提高税率,在90年代的经济衰退中超过20个州也这样做。在2000年的经济衰退中提高税率不太常见,但自2009年以来至少有10个州已经提高了税率。1970年,州税率的中等水平为3.25%,现在已达到6%。

尽管税率呈上升趋势,但税收收入在经济活动中的占比依然是下降的。1996年,州税收收入占到美国国内生产总值(GDP)的1.83%,2009年下降到1.60%。周期性的下滑已经引起了一些收入下降,而且甚至在经济下滑之前,税收收入占GDP的比重仍然大幅下降。如下面所讨论的,在未来持续的10年中,如果美国州与地方政府继续作为美国联邦制的基础,这种缩减税基的政策不仅仅存在是否能够维持的问题,而且存在其是否与国家正在改变的经济结构不相容的问题。⑨

相对于经济活动,税基在缩小,这也解释了税收收入占各州GDP比重下降的原因。州税基占个人所得的比重平均从1979年的53%降至2008年的39%。这再一次粉饰了州之间的巨大差异。夏威夷一般消费税(GET)税基是个人所得的116%,数额比州整体经济都多;而伊利诺伊州该税只占个人所得的24%。税基的构成在一个州中也有不同。例如科罗拉多州,允许各县自主规定自己的税基。各州税基的不同取决于其对消费者支出物品课税的状况。例如,32个州对家庭消费的食物完全免税（然而有 5 个州仍然对其征收地方税），⑩ 另外 7 个州对家庭的食物消费适用低税率。此外，税务管理人员联合会标记并辨认了 168 种服务，其中中等州对其中的 57 项服务课税。⑪ 夏威夷的一般销售税对 160 个税目征税，新墨西哥州对 158 个税目征税，而科罗拉多州对 11 个税目征税，伊利诺伊州则对 17 个税目征税。各州对生产经营中使用的中间物品征税情况也存在差异。对投入品征税的差异难以量化，因为通常是特别规定对某些企业或者行业免税，但大致上州税基宽度的范围表明各州实践有很大差异。税基收缩可以归因于以下三个主要原因。

税基的法定缩小

首先，各州法律对看似连续的税基做了新的免税规定。免税的原因很多，其中包括出于公平的考虑、税收征管的困难以及担心其他州对相同的商品或服务免税，从而使本州失去税基，并且其他经济活动可能因为对其征税而停止。免税条款有效性的不同程度取决于供应商和项目，但底线是，在一个国家改变经济结构的时期，很多设计良好的销售税的实验也应被停止。越来越多的州设定的税收优惠包括：对家庭消费和服装免税，以及规定每一年中的某一个或两个周末为某些特定商品的"免税期"。目前，18 个州对衣服、学习用品和电脑规定有"免税期"。⑫ 已经有学者对销售税免税期的历史和政策含义进行过了全面的分析。⑬

服务消费的增长

其次，人们的消费已经从商品转向了服务。在美国 GDP 收入中服务支出占消费的比重已经从 1979 年的 47.4% 上升到 2007 年的 59.7%。如上所述，对服务业的征税各州千差万别，但平均来讲州对 168 种服务中的 55 种服务征税。由于对服务业征税的可能性小于货物，所以消费行为的改变带来了应税税基的相应规模缩小的结果。

远程贸易

最后，跨境购物不断增长，各州很难对远程交易征税。远程销售可以以很多种形式发生，包括通过电子商务购买，通过邮购，以及消费者在另一个州或国家旅行时亲自购买。在这些形式当中，至少远程贸易在增长。例如，布鲁斯（Bruce）、福克斯（Fox）和卢纳（Luna）估计，2012 年电子商务交易总额将达 4 万亿美元，接近 2005 年的两倍，同时他们预测电子商务的发展速率放缓。⑭

远程和本地商务的区别对财政收入来说非常重要，因为各州对在本州之内经营的卖主实施管辖权的潜在可行性比较大。对交易的征税很少依赖于购买或交付的模式，所以在大多数情况下如果交易发生在州内且被征税的话，远程交易就成了税基的一部分。所有征收销售税的州相应的也征收使用税，当没有支付销售税时，在应税消费品的使用或享有环节征税。所有征收销售税的州都相应地在征收销售税之前对在本州内应纳税购买的使用或服务征收使用税。因此，销售税与使用税的区别在于是否对远程销售征税，而不是是否征收。销售税和使用税的管理机制通常是不同的。销售税有效并可靠的征收通常依赖于销售的供应商,由其收集并上缴。只有极少的供应商接受审计,并且公司的财务账户可以用来识别销售额。对个人来说,对应的购买记录一般不可得。不幸的是,如果供应商与州政府有关联,则基于实际机构标准,其只能被要求提供销售税信息。[15]一般来讲要求购买者上缴使用税是不够可靠的。

使用税的不遵从远远高于供应商对销售税的不遵从,通常有两种情况:第一种情况,公司购买商品时本来想用于免税用途(如转售),后来转变了该商品的用途,比如用于经营。如果公司不报告已经将所购买商品用于应税用途,不主动上缴使用税,则发生了税收的不遵从。第二种情况是,企业和家庭在一个管辖区域内购物商品而在另外一个管辖区域内消费,进而不承担他们的使用税纳税义务。当公司未能上缴本应交的税款时,大量的销售税的不遵从接踵而来。有时供应商从购买者那里代扣代缴,有时却没有这样做。

华盛顿州的一项研究发现,注册了的供应商不遵从销售税的只有1.7%,相比之下,使用税的不遵从比率有25.5%。[16]因此,公司一般缴纳了几乎全部的应交销售税,但是约1/4的使用税他们没有缴纳。华盛顿州的研究关注的是注册了的供应商未能缴纳使用税的情况,而不是所有形式的不遵从。未注册的公司不遵从使用税的可能更大,至少相对而言,比注册公司的可能性更大。进一步地,个人消费者遵从使用税的更少,除了那些必须在州内注册的商品,如汽车。23个州[17]在个人所得税纳税申报表中都有这一项。但是,通过此方法征收的税是非常低的。

州政府积极寻求通过扩大关联方的需求来增加对供应商的征税。如下面所讨论的,一个方法是鼓励国会颁布一个销售税关联标准,允许州要求远程供应商代扣税收。最高法院对奎尔公司诉北达科他州的判决是基于美国宪法的商务条款,这是在国会控制之下的。[18]简化销售税项目(SSTP)一直是州向国会提出问题的重要途径。[19]同时,州试图运用关联关系的标准。例如,许多州已经颁布法律,如果一个企业在某一个州有实际经营场所,则其直接销售给公司的销售网站的话需要代扣销售税。这些法律通常被称为"亚马逊法律",因为它们的目的之一是要求亚马逊公司在对销售者进行大量的远程零售时代扣代缴税收。进一步地,包括科罗拉多州和俄克拉何马州等几个州在内,已经通过要求远程供应商报告在本州之内的销售情况的法律,即使这些公司不需要代扣税收。科罗拉多州的法律由于众多理由在法庭上受到直销商协会的挑战,其中包括违反州际贸易等。

无法代扣税收,造成税基的进一步收缩。大多数电子商务中对购买半成品或不在征税范围内的服务都是免税的。不过,布鲁斯、福克斯和卢纳估计,18.2%的电子商务交易是应税的,如果税收被完全代收上来,国家将在2012年收获459亿美元。许多大型电子商务厂商也有实际存在的经营场所,所以据估计,有46.1%~89.3%的税收来自由大型供应商缴纳的销售税。[20]但大公司只负责大约37%的电子商务销售。[21]在较小的远程供应商生产经营的大多数州,预计将不太可能有实际存在的经营场所,所以使用税的遵从是非常必要的。布鲁斯、福克斯和卢纳估计,由于使用税的不遵从，2012年州政府和地方政府将漏掉约120亿美元收入，约占应收税收的1/4。他们估计，损失来自企业对企业的电子商务模式的邮购销售和旅行时的购物。进一步地，公司位于州边境的一侧可能无法在位于边境另一侧的地区进行税务注册，即使他们有大量的销售，并且派遣推销员、服务代表和其他人进入其他州。

与其他税相关的销售税

销售税、增值税和消费性的所得税是三种不同机制的税收，在对消费征税时有不同的概念。从概念上讲，这三种税可以设计成具有相同的税基。在实践中，差异出现在税收的征管能力上、遵从成本和向特定的人提供激励以及救济的能力等方面。

如果所有向最终消费者的销售都课税的话，则一个综合的销售税的税基等于总消费。可消费的所得税是对单个纳税人征收的，税基是从收入中扣除储蓄，其差额等于消费。如果收入和储蓄能够被正确测量的话，那么计算出来的消费必须等于针对单个纳税人的最终销售。[22]

如果对所有企业的增值都征税的话，增值税的税基等于消费。[23]增值税和销售税的一个主要的区别是如何对待中间产品。发票抵扣法下的增值税是世界各地普遍采用的，允许注册销售商抵扣掉在生产链条早期缴纳的税款；并且销售税允许扣除或免除中间销售税（虽然从原则上来讲销售税仍然构建在抵扣机制上）。根据定义，如果在增值税制度下，投资被立即消费，所有增值之和等于最终销售总额，此时增值税与销售税都是在基于消费地原则征税。[24]

销售税与总收入税也有一些相似之处。[25]事实上，在一些州，如新墨西哥州，把它们的销售税描述为一个总收入税，尽管这些税最好归类为销售税。销售税和总收入税之间的差异在某种程度上是在预期的税基中。销售税试图对消费[26]征税，但总收入税是对所有交易的价值征税。实践中，总收入税一般覆盖于几乎所有行业，而美国的销售税是针对许多商品和相关联的一小部分服务（当然，这是税收最大的弱点之一）征税。进一步地，销售税允许中间环节的购买免税或减税，但是真正的总收入税则不允许。净收入税，如密歇根州和得克萨斯州实施的，允许扣除一定的企业对企业的电子商务模式的购买额，使其更接近销售税。最近颁布的总收入税基于消费地原则进行征收，更像销售税。加利福尼亚州最近引入净收入税，允许扣除所有中间购买环节的税收，按照消费地原则征税。它将更像一个消费税，但边界调整是不完整的。[27]

效率（税收中性）

两个宽泛的规则定义了经济学家们对构建销售税的指导。这两个规则的共同目标是提高税收的中性（效率），即税收的原则应被设计成能最小化干扰（"扭曲"对私人如消费者、劳动者、制作人的经济决策）。首先，为了减少税收的非中性，消费税应为单一税率，对消费征税，建立在广泛的税基之上。[28]其次，中间交易环节应免

征销售税。但如果最终销售不需纳税的话，中间交易应该计入税基。㉙

如果销售税作为一种消费税，则必须以消费地原则进行征收。消费地税收如果完全执行，也消除了政府间潜在的收入竞争，使政府能够更有力地控制收入，因为消费者只能通过不去购买应税商品而避免税收，而不是通过购买其他州的应税商品来避税。㉚

消费地税收和生产地税收对于不同的市场有不同的税收中性。消费地税收在每一个消费市场都保持中性，所以政府不会有动机去降低它们的税率来吸引销售。但税收中性不可能存在于每一个生产市场，因为在一个特定的位置生产的商品可能在出售的时候适用不同的税率。生产地税收在每一个生产市场都创造了税收中性，但不是在消费市场。不同生产市场的税率不同，刺激对收入的竞争并且通过降低税率来刺激生产。㉛

消费地税收会增加纳税人的遵从成本，同样也增加征管成本。企业在遵从方面需要考虑的是，其在进行销售时必须遵守每个州（和潜在的地方政府）的税收结构。公司销售时可能被要求遵从购买者所在地的法律，掌握多个州关于税基、税率、制度和裁定方面的规定。这肯定会比遵守一个州的法规但不需要遵守消费地原则所付出的成本要高昂。㉜消费地税收也带来了更大的管理困难，因为它通常只能对真实存在的公司强制征税（至少，在目前关联限制的情况下是如此）。㉝以生产地为原则构建的税制结构相对消费地原则来讲可能会降低税收遵从成本，因为公司只需要遵守本州的税收结构。当然，生产地和消费地税收都需要了解买方的某些特征，这样企业可以免税（通常通过一个免税证书）。

在实践中，销售税在很多方面背离了由这些规则做支撑的一个好的税收规则，由此产生的偏差对经济效率和税收归宿有重要的影响。实践中，消费税和销售税税基存在广泛的差异。正如上面所提到的，许多服务和越来越多的消费品（用于在家消费的食品、一些服装）被免税，税基变得狭窄。另外，许多中间交易环节被征税。厄恩斯特（Ernst）和扬（Young）估计，州和地方政府在2008年对中间产品的购买环节收了1330亿美元的税收。㉞这是符合43.8%的销售税来自中间交易环节的规律。

被扭曲了的狭窄的销售税税基

一个关键问题是，无论是在州内还是跨州，狭窄的税基和不同的税率在何种程度上扰乱了关于消费的类型和地点的选择。对销售税税收归宿进行评估，尤其是该税最终由谁负担：是由最终消费者通过支付高昂的含税价格负担，还是由企业主、工人或土地所有者通过降低收益负担，是研究这个问题的一个标准。有两篇实证文章提供了一些税收归宿的视角。这两篇研究支持了这样的结论：正像通常假定的那样，销售税是由消费者支付的。贝斯利（Besley）和罗森（Rosen）使用来自155个城市的数据进行试验，他们选择12种具体商品，来研究税收是否导致更高的消费总价格。㉟研究表明税收是向前转嫁给消费者的，在许多情况下，消费者支付的价格是超过税收额度的（即税收是转嫁的）。在另一个关键的研究中，波特巴（Poterba）发现销售税完全转嫁到消费者身上。[36]

结论是消费者支付销售税，然而，用于研究的一系列标准消费品，都可以在当地采购，不一定适用于跨越州界商品或对企业资金投入征税的商品或服务。这项研究表明对企业资金投入征的税不一定由最终消费者承担，只有这最后一环节的销售税是由消费者支付的。[37]因此，征税地区与不征税地区相比，对半成品征税可能会提高征税地区场所和人员的交易成本。

销售税对消费者购买免税商品而非应税商品的影响，以及对消费者行为和税收收入的影响，依消费者对税收归宿价格差异的反应程度而定。这种避税可能以各种方式出现，包括自我供应，改变购货地和转向免税商品。给予免税（或不免税）可能潜在地影响购买决策（如选择一个低/高税收管辖权），何时购买（如在一个销售税免税期）。由消费者支付的较高的含税总价格可以增加税收的超额负担，并且对州的利益造成损害，因为它们扭曲了消费决定。梅里曼（Merriman）和斯基德莫尔（Skidmore）在检验1982~1992年间支出在零售与服务部门之间的分配时，间接研究了不同价格的影响。[38]由于服务通常是免税的，而货物通常是应税的，他们的研究间接检验了销售税对于人们选择购买免税产品与应税产品的效应。梅里曼和斯基德莫尔找到了证据，在销售税税率高的州，零售在经济中的份额下降，服务业比重上升。他们的研究结果表明，不同的税收可以解释零售业多达1/3的相对衰落和在服务行业多达1/8的相对增益。这些结果表明，销售税可以通过增加免税商品的需求量减少应税产品的需求量来改变消费行为。一个更广泛的销售税税基应该减少这种行为带来的扭曲的程度。

霍金斯（Hawkins）检验了消费者对通常情况下免征销售税的几种商品的价格差异（包括销售税税率）的反应。[39]他发现汽油、烟草、家庭消费的食品对税收引致的价格变化反应明显，而公共事业和服务的反应不明显。[40]总的来说，霍金斯发现，销售税的超额负担的增加是随着其税基的变窄产生的。因此，一个对家庭消费的食品、绝大多数服务、汽油，以及公用事业免税的狭窄的税基比对消费广为课税的税基所产生的超额税收负担多38.5%。鲍姆（Baum）还发现，如果拓宽税基——将食品包括在税基之内，超额负担会降低。[41]

鲁索（Russo）使用仿真模型研究一个广税基和一个窄范围的销售税如何影响整体经济活动。[42]他发现，没有证据表明一个国家税基的大小会影响该国经济总量，但似乎宽税基会使税收超额负担有一个小小的降低。一个更广泛的税基，可以通过允许对某些商品采用低税率来减少对购买免税商品的激励，并且通过降低在免税与应税产品之间选择的设置来增加福利效应。宽税基的州从额外的税基扩展中获得的边际收益会比较少（并且由于税基已经很宽广了，其相对机会也比较少），但相反的效应仍然会产生：额外的免税会增加税收的超额负担。应该指出的是，鲁索观察到，如果各州对所有消费课税，同时取消对经营投入征税的话，那么可以获得一个更大的福利方面的收益。

销售税还可以影响消费者购买地点的选择。税收应该对人们在哪里购物没有影响，达到使用税能够实施的程度（实际上意味着消费地原则税收能够被实施）。但对某些实行使用税能力相对较弱的州，家庭和企业就有动机从来自这些州的卖主购买，因为其实行使用税的能力较弱。大量的研究，其中大多数是多年以前进行的研究，已经开展了关于税收差异如何影响人们喜欢在边境哪边进行购物的研究。[43] 研究普遍发现，人们对税收差异非常敏感，一般会在低税率的边境这边进行相对较多的购物，并且跨境购物的价格弹性与边境的距离负相关。

科利特（Corlett）和黑格（Hague）得出结论，在次优世界中，附加于休闲商品上的税收会提高效率。[44] 这表明，在目前的结构下，如果本地商品以休闲商品为主的话就会使得对本地商品征税比对远程货物更有效。如果购买远程商品被看作与当地购买的同样的货物有很大不同，拉姆齐模型的争论也可以被应用。如果当地商品自身的价格弹性低于远程购买的商品，应该优先选择差异化的税收。[45] 佐德罗（Zodrow）通过不同的参数值模拟了当地商品相对于远程购买商品的最优税率，并且得出结论，对远程与当地销售实行统一的税收"更有可能令人满意"。[46]

最近的两项研究调查了销售税对于线上购物偏好的效应。古尔斯比（Goolsbee）研究了对于网络购物者的销售税效应，并且发现较高的销售税税率增加了对网络购物的激励与偏好。[47] 他的分析依赖于1997年的数据，即在网络购买的早期，这就使得我们提出了这样的疑问——目前网络购买的情况如何。[48] 他们认为对于线上销售，如果取消对线下商店所征的销售税，平均来讲线上销售的零售商会减少30%。

鲁索还研究了将销售税扩展到对互联网销售征税时税收的效应。[49] 他发现如果对互联网销售征税，州经济体将略为增大，超额税收负担将变小。[50] 这很可能是因为，通过网络在其他州购买货物达到免税目的这条避税的道路被堵住了。这个结果也与这样的结论一致：对于一个州的经济体来讲，较低的销售税是有利的，因为它降低了对在本州之外进行购买行为的激励。

来自对中间投入品征税的扭曲

由于消费税是对最终消费征税，所以所有中间采购都应免征销售税。每个州都允许对一些中间购买免税，但每个州还对很多中间购买征税。这需要基于买方的特点以及购买的物品将如何被使用来提供豁免。基本上所有州都对成为制造品组成部分的商品免税，并对用于再销售的购买商品免税。在每一个州，还对一系列指定的其他购买免税。但这遗漏了许多应税的投入品。[51] 在对最终消费品征税有困难的情况下，对中间投入品征税是比较有效率的。实际上这意味着，当服务产出的最终销售在税基之外的话，对投入品征税是应该的。布鲁斯、福克斯和默里（Murry）坚决主张，在绝大多数州法令中出现的对中间投入品的征税大体上是与对服务业征收的较高的行业税一致。因此，当出于经营目的购买计算机、汽车、办公设备、收银机、书架、包装物时，这些商品往往是应税的。

对一些经营投入品征税也可能是出于管理方面的原因。免税业务采购将供应商放在这样的位置上：他需要知道买者是谁、购买的用途是什么。对经营性购买全部免除的话，很可能导致大范围的逃税，因为人们可能专门组建公司来利用特殊的税收待遇，并且企业购买商品之后可能用于个人消费。

尽管如此，关于效率的争论，大家一致认为，原则上来讲，所有生产过程中属于中间品的投入物的交易以及分配都应该被免税。实际上，对中间投入品征税的偏好通常是被看作销售税的最大弱点。对中间投入品购买免税的一个显而易见的原因是，销售税的税基是消费，而中间购买不是消费。但是更大的担心是，对投入品征税有可能改变公司的行为，重复征税导致较高的生产价格，进一步扭曲消费决策。有可能产生三种扭曲：首先，对中间投入品的征税能够改变企业的经营管理，因为企业可能会寻求限制自己纳税义务的方法。企业在可能的情况下，能够用非应税的投入品替代应税投入品（比如，使用非应税的劳动来替代应税的需要购买的投入物），而且企业会纵向合并在一个企业内部进行更多的生产。比如，需要从外面购买被征收销售税的印刷服务。纵向合并很可能会造成一些效率损失，因为如果这是最好的经营架构的话，企业将在无税的情况下进行纵向合并。[52]没有证据表明税收在何种程度上扭曲企业的纵向合并的决策，作为对企业间交易进行征税的反应，企业会减少来自自身之外的业务，但与较大的企业相比，小型企业作为一个群体有可能获得更少的利润。

最近的理论已经检验了纵向合并的某些方面。[53]卢纳、默里和扬发现对中间投入品的征税可能会激励企业进行纵向合并，但这将取决于在上游市场上中间产品因需求下降导致定价受影响的程度。[54]如果上游价格对税收的反应具有充分的向下的弹性，销售税可能会阻止纵向合并。另一方面，霍达斯库（Hortacsu）和西弗森（Syverson）认为纵向合并的程度小于人们通常认为的那样。[55]

其次，对投入物征税提高了企业在某个州的生产成本，这会引起企业选择经营性交易税率较低的州作为生产地点。关于这个问题，虽然一些研究已经考虑到较高的销售税税率会影响一个州的经济，但尚没有关于经营性投入品征税对一个州经济影响程度的实证研究。这里的实证结果是有点矛盾的。布鲁斯、德斯金斯（Deskins）和福克斯发现当州提高其销售税税率的时候，州生产总值处于下降状态。[56]此外，他们认为，税收对生产地点的影响在增长，因为技术的发展使得企业在地理位置上将生产地点偏离市场变得越来越容易。卡罗尔（Carroll）和沃西伦科（Wasylenko）可研究一系列财政变量，包括销售税如何影响一个州的总就业和制造业的就业。[57]他们观察到在销售税和总就业之间没有联系，但发现在1967～1983年，在销售税税率较高的州，制造业就业率较低。但当其研究1984～1988年的资料时，销售税对制造业就业效应的影响就不存在了。这表明销售税对经营地点的影响消失了（是与布鲁斯、福克斯和德斯金斯相反的结论）。卡罗尔和沃西伦科的研究完全早于最近的技术以及互联网，可能对现今的更加移动的经济不太适用。

最后，对经营性购买产生重复征税，造成最终产品中所含税收较高。重复征税的程度依靠生产程序的复杂性（提供一项产品或服务需要多少层次）、对各种经营性投入的税收待遇，以及在行业中纵向合并的意愿而定。结果，在不同的经济部门，重复征税的数量是不同的。假设对企业进行的资本设备、通信设备、工具、办公用品等的资本性购买是应税的，霍金斯发现，对投入品所征的销售税相当于电力生产商收入的 14.7%，11.2% 用于企业的收费和招生，46.7% 用于生产者的居住，2.6% 用于加油，11.5% 企业用于提供非居住性的住宿。[58] 德里克（Derrick）和斯科特（Scott）使用投入产出法，通过研究经营性投入品税收（以此来最终检验公平问题），来调查在马里兰州销售税直接落于消费者身上的情况。他们发现通过对投入品征税，加权平均的间接税税率高于对最终产品的直接税（表明比霍金斯的重复征税程度还高）。[59] 对经营性投入品征收的最高的税收（作为占交易支出的比重）出现在以下行业：产出通常是免税的，如公用设施和住房。同样，在那些产出被广为征税的行业，对投入品的征税低于所有行业的平均数。但是它们之间的关系并不如此简单，因为一些行业产出品的税负较低，如教育和家庭经营，投入品税收也较低。

重复征税具有重要的非中性效应，因为它提高了某些商品的相对价格，并且导致人们购买此类商品较少。有趣的是，霍金斯发现与经营性投入品征税造成的重复征税相比，与狭窄的税基相关的超额税收负担是比较低的，因为税收很可能会被免税的行业（如服务业）重复课征。[60] 这表明对于一个州来讲，选择相对狭窄的税基，对所有的经营性交易免税可能不是一个最好的办法，因为对经营性交易征税意味着是对最终消费的征税。

此外，如前所述，对中间产品征税，扩大了销售税的税基，在既定的较大税基的情况下，要取得既定量的收入，一个较低的税率就可以。低税率降低了上述的扭曲，如相对于购买征税项目购买免税物品会更被偏好。特别是在很多情况下，对投入品征税多于对最终消费品的免税。因此，征税业务对一个州的经济净效应取决于从低税率和成本来改变业务行为产生的福利的相对大小。在解决更广范围的效率收益时，对于一个相对于州预算收入的"同等产出"，鲁索发现取消对经营性投入的征税，即使税率会高一些，但也会造成州经济体较小的增长以及超额负担的小额下降。[61] 鲁索关于超额负担的结论与霍金斯不同，但这可能表明对超额负担的影响取决于对特定商品组免税的设定。

销售税改革

在前面讨论的背景下，在当前州销售税环境既定的情况下，政策办法不难找到。最近关于销售税的经验指出，当税率多年以来连续增加并且税基已经变窄的话，税收无效率会增加。[62] 同样也没有令人信服的证据表明对经营性投入品的征税在减少。能够确定对经营性投入品征税的范围在减少，如制造业设备，但另外一些领域进入了纳税范围，如软件。进一步地，许多豁免是针对企业设计的，如作为经济发展政策的一部分，并且不对中间投入提供广泛的豁免。行政和法律改革必须允许州更多的根据消费地原则[63]征收销售税，并且扩大税基，增加对消费的征税，减少对中间投入品的征税，这样的政策变化是合适的。总体结果是，扩大税基，在州想取得的收入既定的情况下，降低税率。

限制州对消费品的新的免税项目

应该避免州进一步扩大对消费品的免税，可能的话，州应该对重复征税的部分免税。商品和服装是明显的例子。税基扩张已经被证明在政治上是困难的，经济效率和纵向公平经常被用来保卫对这些项目免税。在效率背景下，对于税基变窄并伴随着邻州不对该项目征税的争论，如果对于州内购买的税收政策和与之竞争的州外购买不相似，或许不需要远程征税就可使税收收入因州经济而受损，经济发展是同一个道理。例如，在新泽西州服装通常是免税的，在纽约一般是应税的，这就激励消费者在新泽西州购买服装和/或等待纽约服装价格下降时再购买，来抵消全部或部分的税收差异。然而，对跨境购买的研究表明，尽管一些买家会跨越州边界线来利用税收差异，至少沿着边界，效应可能太小，不足以判断税基是否缩小。更重要的是，基于消费地原则，采取更有力的措施来管理销售税，是一个限制州之间税收差异产生的经济扭曲的较好的路径。[64]

关于纵向公平（不同收入阶层所支付税收的分配），家庭消费的食品免税通常试图以这样的理由解释：相对于当前收入来讲，食品的购买是累退的。对消费支出调查[65]的分析证实，对食品购买的征税是累退的，但同样也表明，消费中的大多数项目是累退的，所以很难设计出不累退的销售税。[66]而且，销售税以及对食品征收的特殊的税收，相对于生命周期内的收入来讲，不像与当前收入相比那么累退，所以对于公平的担心不像通常宣称的那么大。而且，绝大多数州能够向低收入消费者提供个人所得税的税收豁免，或者用财政预算以较低的成本帮助低收入者，而不是仅仅盯住宽范围的免税。

扩大服务业的税收

在美国各州经常考虑对服务业征收更多的税。一般来说，对服务广泛征税的州在销售税产生之初就对许多种服务征税了。其他州发现，尽管经常推荐，但扩展销售税的税基在政治上非常困难，而且人们偏好是将一系列相对较小的服务业列入税基。20世纪80年代，佛罗里达将税基扩大到许多服务业，但很快废除了这些法律。得克萨斯州在20世纪90年代也进行了一个相对重要的税基扩张，但很难找到其他的例子。将税基扩展到服务业是非常困难的，因为绝大多数的销售税结构已经确定，于是有形个人财产被广泛地包含在税基之中。免税的商品通常必须明确逐项列出来。服务业通常不被预期在法律中出现并且必须被逐项列出。逐项列举服务以及特别投票确定其是否被征税已经产生了许多政治问题。

对服务业征税的情况并不明确。最终的问题不在于服务是否应该被征税，而是哪一项服务应该属于税基。当某一项服务确定为特定服务时，必须充分考虑权衡每一项服务的优点与缺点。卫生保健、施工服务，以及其他一些专业服务能够提供多大的潜在额外收入，很少被考虑。消费者服务应该放在税基中，以促进横向公平并限制行为扭曲的程度，这两者都是通过降低未被征税的替代物的税率，以及在收入既定的情况下，允许一个较低的销售税税率来实现的。更大的收入弹性可能是扩大服务业税收的另一个优势。布鲁斯、福克斯和塔特尔（Tuttle）发现，对于更为宽泛的税基的销售税，收入弹性更大，但弹性的效应是由包含在税基中的特定服务决定的。[67]医疗保健服务很可能非常具有收入弹性，但许多个人服务可能没有。

一些服务不应包括在税基中，如那些中间投入。许多服务，如法律和会计服务，主要是被企业购买的，将这些服务扩张进税基，会增加中间投入品的税收，除非企业购买被免税。当更多的服务被征税的话，管理和遵从成本可能会上升，因为与货物的提供者相比，相对来说服务提供者的规模更小一些。同时，州可能会选择不对那些在广阔的范围内很容易被销售的服务征税。对远方提供的服务征税将被证明是困难的，增加了为避税而在州外提供服务的机会。

各州不应仅仅规定对更多的服务征税，而是也应将对在跨州边界销售的服务的征税方式与他们对销售商品的征税方式统一起来。实际上，改革意味着销售税结构必须转向对服务业按照消费地原则征税。目前，服务业基本上是按照"生产地原则"课征的，运用的法律语言是"服务业最显著的绩效发生的地点产生纳税义务"。因此，各州通常对州以外提供但在州内消费的服务征收使用税。夏威夷州是一个明显的例外，它于20世纪90年代修改了销售税法律，按照消费地原则征税，并且如果服务在一个州提供和销售的话，就将该地作为纳税地点（尽管在一个州之内也会产生跨越不同地方政府边界的问题）。但随着技术的发展，服务可以远程提供，根据生产地原则课税会产生在税率最低的州进行生产的成本激励。

减少投入品税收

当消费税基扩大时，应减少对投入品的税收。在向生产提供服务的过程中更广泛地对投入品的免税会特别重要，因为目前向生产提供的服务免税项目较少。当然，如果投入品税收降低，而税基没有足够扩张的情况下，比如没有扩张到服务业的时候，为筹集同样的收入，应该提高法定税率。当投入品税收降低为保持同样的收入而实行较高税率的话，可能对于被选举的官员来讲，在政治上会比较困难，但税收结构将更有效。

各州必须在对更多的投入品免税与征管能力之间进行平衡。因为在当前的管理实践中难以确定企业是由什么组成的，会产生显著的逃税。而且，完全保证买主的免税证书完全被用于免税经营的购买进一步增加了管理成本。家庭有进行经营或运用已经存在的企业进行免税购买的动力。相对于增值税来讲，销售税对经营性购买免税的要求经常被批评。免税通常基于卖主对买方证书以及企业合适地使用证书的诚信接受，增值税依靠的是自我实施的抵扣/发票制度，会发生为了逃税而向收入当局提交错误的报告。

远程交易的税务处理

为提高销售税的效率，将征税范围扩大到对远程交易征收是一个关键。税基的萎缩以及对从州外购买的激励这些问题，直到实施消费地原则以后才能得到解决，这种情况只有在卖主代征税款的情况下才能发生。有两种方法能让所有卖主负有代收税款的责任。最终，如果世界各国真的依据消费地原则征收销售税与增值税，两种方法必须依靠州与州，并且很可能需要通过国与国之间的合作才能实现。可以参考最高法院推翻其在奎尔公司诉北达科他州案件中的结论。与当地卖主相比，该结论造成了远程卖主很大的遵从成本，法院的观点是：如果远程卖主被征税的话，州际间的商务会受到损害。各州与商界合作于2000年形成了SSTP，以提供一个机制来减少遵从负担。目前20个州全部参与到协议中而且几乎每一个征收销售税的州都参与了讨论。

该方案实施的统一和简化措施包括：（1）要求州和地方税收都由州政府管理；（2）要求实行相同的州和地方税收税基；（3）在每一个辖区，对食品、电力、处方药税目实行统一税率。该协议还包括一个自愿跨州遵从的机制。即使在缺乏当局要求远程销售商征税的情况下，这些规定中的每一条都提供了显著的遵从优势，并且产生了显著的征收利益。

或者，国会管制州际商务以及有能力要求远程供应商代征销售税，但迄今为止的现实证明各州不愿意这么做。国会承担通过法律的政治成本，但没有任何收入，使得该过程变成一项政治挑战。仍然存在一些技术挑战。有人已经提议小的卖主例外，因此只有那些销售超过一定数额的卖主被要求遵从。关于多大数额作为"门槛"合适，目前尚没有达成一致。各州会产生收入损失，以及潜在的滥用"门槛"的方法会快速增加，因为远程卖主的分配会包括许多相对较小的企业。而且，大家公认的是卖主代为征税的补偿金应该是协议的一部分。目前有25个州允许某种形式的补偿，[⑱]但该协议可能需要所有州都提供补偿，已经提供某种形式补偿的州可能会增加补偿。而且，补偿的可能会远远低于可获得的净收入，因为补偿会适用于所有销售而不仅是适用于远程销售。

非营利组织

许多州允许对非营利组织进行的货物与服务的销售或者购买，或者既不购入也不销售是免税的。一般来讲非营利组织进行的销售是应税的。[⑲]它们的购买应该是免税的，因为这代表的是用于生产或者是用于再销售的投入物的购买。绝大多数州并不明确地要求实体或交易是出于公共利益并且仍然允许免税。而且，看起来几乎不对这些交易实施审计，由此产生了滥用这些条款的机会，可能购买之后用于个人用途。没有关于非营利组织进行的免税销售的强有力的理由存在，因为本意是对消费征税，而非营利组织仅代表州收税。有时免税被看作是对非营利事业的补贴。但是，补贴的针对性太差，其放弃的收入相对于直接提供给企业的同样数额的补贴来讲很可能非常昂贵（由于买主可能从免税中收获较多的好处），并且由于需要依靠企业的销售规模来定，政府提供的补贴数量并不透明。直接向企业提供补贴的话，是在州预算中列为支出，可能会经常受到审查，对于非营利组织来讲，更有针对性，同时不那么昂贵。

结　论

过去的10年里几乎没有证据证明销售税得到了改善。由于更多的州对食物、家庭消费、服装以及有选择的其他消费者购买免税（对于消费税免税期），税基变得更为狭窄。税基在某些方面出现了扩张，但其主要是针对较小的服务业，在绝大多数州，具有更大经济和收入效应的服务业没有被征税。税率连续提高，在过去的10年中，税率增长了34%，中等水平的州税率增长了6%。尽管如此，因为税率的提高不足以弥补税基变窄带来的收入损失，税收收入占国内生产总值比重连续下降。逐步消失的收入使得销售税作为州收入的支柱越来越不可靠，该税占GDP的比重逐步减少。毫不奇怪，已有研究表明，基于一个比较窄的消费份额之上的高税率扭曲了人们买什么，以及在哪里买的决策，因而肯定使经济扭曲更为严重。各州需要维护销售税的地位，为达到该目标的政策已经清晰：(1) 维持对消费品购买的征税；(2) 将税收扩大至适当的服务；(3) 减少对中间投入品所征的税收；(4) 远程购买与当地购买税收的均衡；(5) 依赖自然税基的增长，而不是提高税率来维持收入。

注释

① 舍奎斯特和斯托伊切娃（本书）。
② Buehler (1940); Fox (2004).
③ Gold and Ebel (2005); Snell (2009).
④ 哥伦比亚特区在本章剩下的部分被看作一个州。
⑤ 税收收入基于美国统计局公布的季度数据计算。见 http://www.census.gov/govs/qtax/。
⑥ Due and Mikesell (1994).
⑦ http://www.taxadmin.org/fta/rate/09taxdis.html.
⑧ http://www.taxch.com/STRates.stm.
⑨ 福克斯（Fox，1998a）在其早期的文章中也提出长期可持续发展的问题。
⑩ http://www.taxadmin.org/fta/rate/sales.pdf.
⑪ http://www.taxadmin.org/fta/pub/services/btn/0708.html#table.
⑫ http://www.taxadmin.org/fta/rate/sales_holiday.html.
⑬ Cole (2008); Hawkins and Mikesell (2001); Robyn et al. (2009).
⑭ Bruce, Fox, and Luna (2009).
⑮ 根据奎尔公司诉北达科他州案中美国最高法院的判决，企业只需要在其经营实体所在的州缴税。
⑯ http://dor.wa.gov/Docs/Reports/Compliance_Study/compliance_study_2010.pdf.
⑰ Wisconsin Legislative Fiscal Bureau (2009).
⑱ *Quill Corp. v. North Dakota*, 504 US 298 (1992).
⑲ 国会已经通过了几个版本的互联网免税法案，规定不对互联网开征特别的税收，但这并没有阻止跨州交易被征收销售与使用税。见伊兹（本书）。
⑳ 各州之间差异的出现是因为相比于其他州企业更容易在某些州形成经济实体，并且各州在征税程度方面也有差异。

㉑Bailey（2008）。

㉒技术问题可能导致税基上的差异，如在定义储蓄时耐用消费品是如何处理的。

㉓可能出现细节上的差异，如何处理向公共部门的销售。

㉔Carlson（2005a），82-83。

㉕卢纳、默里和杨（本书）。

㉖州立法的不同在于由谁来承担税收的法律责任。大约1/3的州对购买者征税（即使税收往往是由卖方代缴），约1/3的州对卖方征税，约1/3混合使用这些政策。

㉗Fox（2010），88-101。

㉘在这方面，必须记住，这一结论在理论上只能在特定情况下推导即所有的产品都是互补的（Auerbach & Hines，2002）。一个关于民俗（或政策）定理以及严格理论成果之间区别的有趣的讨论见Slemrod（2003）。

㉙Bruce，Fox，and Murray（2003），25-40。

㉚Kanbur and Keen（1993），877-892。

㉛Carlson（2005b），283-384。

㉜简化销售税项目要求各州在网站上发布关于税率和税基的信息，以帮助减轻跨州消费的税收遵从成本。

㉝Hellerstein（2003），38。

㉞Ernst and Young（2010）。

㉟Besley and Rosen（1999）。

㊱Poterba（1996）。

㊲贝斯利和罗森发现迁移可能是税收在投入上向前转嫁的原因。

㊳Merriman and Skidmore（2000）。

㊴Hawkins（2002）。

㊵过多的负担，也被称为效率成本或无谓损失发生时，税收会干扰纳税人的决定和有效的选择，但对于税务机关来说不产生额外的收益（Watson，2005）。

㊶Baum（1998）。

㊷Russo（2005）。

㊸Fox（1986），387-401；Walsh and Jones（1988），261-265。

㊹Corlett and Hague（1954）。

㊺Goolsbee and Zittrain（1999），413-428。

㊻Zodrow（2006）。

㊼Goolsbee（2000）。

㊽Ellison and Ellison（2006）。

㊾Russo（2005）。

㊿例如，如果将征税范围扩展到对电子商务中的货物征税，并允许投入品抵扣，则州生产总值将大概增加0.5%。

㉛当行业受到规模报酬递减影响时对投入征税的效率可能会提高。见Bruce，Fox，and Murray（2003），25-40。

㉜当然，即使没有税收的激励，纵向整合在公司的一些商业活动中也是最好的商业模式。

㉝研究主要集中在对中间投入的总收入税上。

㉞卢纳、默里和杨（本书）。

(55)Hortacsu and Syverson (2009).

(56)Bruce, Deskins, and Fox (2007).

(57)Carroll and Wasylenko (1994).

(58)Hawkins (2002).

(59)Derrick and Scott (1993).

(60)Hawkins (2002).

(61)Russo (2005).

(62)Snell (2004).

(63)公共选择的观点是同业竞争的损失和以消费地为基础征税会使政府有扩大规模的倾向，从而导致政府的效率低下。

(64)Kanbur and Keen (1993), 877-892。本文献赞成实行最低税率来降低税收竞争的动力，但没有州际之间实行最低税率的机制。

(65)http://www.bls.gov/cex/.

(66)Fox (2006).

(67)Bruce, Fox, and Tuttle (2006).

(68)http://www.taxadmin.org/fta/rate/vendors.pdf.

(69)Fox (1998b).

参考文献

Auerbach, Alan J., and James R Hines, Jr. (2002). "Taxation and Economic Efficiency." In *Handbook of Public Economics: Volume* 3, edited by Alan J. Auerbach and Martin Feldstein. Amsterdam: Elsevier Press. 1347-1421.

Bailey, Joe (2008). "The Long Tail Is Longer Than You Think: The Surprisingly Large Extent of Online Sales by Small Volume Sellers." Unpublished paper, University of Maryland.

Baum, Donald N. (1998). "Economic Effects of Eliminating the Sales Tax Exemption for Food: An Applied General Equilibrium Analysis." *Journal of Economics* 24 (1): 125-148.

Besley, Timothy J., and Harvey S. Rosen (1999, June). "Sales Taxes and Prices: An Empirical Analysis." *National Tax Journal* 52: 157-178.

Bruce, Donald, John Deskins, and William F. Fox (2007). "On the Extent, Growth and Efficiency Consequences of State Business Tax Planning." In *Corporate Income Taxation in the 21st Century*, edited by Alan Auerbach, James Hines, and Joel Slemrod. Cambridge University Press. 226-257.

Bruce, Donald, William F. Fox, and LeAnn Luna (2009, August 16). "State and Local Sales Tax Revenue Losses from E-Commerce." *State Tax Notes* 33: 511-518.

Bruce, Donald, William F. Fox, and Matthew Murray (2003). "To Tax or Not to Tax: The Case of Electronic Commerce." *Contemporary Economic Policy* 21 (1): 25-40.

427 Bruce, Donald, William F. Fox, and Markland Tuttle (2006, October). "Tax Base Elasticities: A Multistate Analysis of Long Run and Short Run Dynamics." *Southern Economic Journal*: 315-341.

Buehler, Alfred G. (1940). *Public Finance*. New York: McGraw-Hill.

Carlson, George (2005a). "Destination Principle." In *The Encyclopedia of Taxation and Tax Policy*, edited by Joseph J. Cordes, Robert D. Ebel, and Jane G. Gravelle. Washington: Urban Institute Press. 82-83.

Carlson, George (2005b). "Origin Principle." In *The Encyclopedia of Taxation and Tax Policy*, edited by Joseph J. Cordes, Robert D. Ebel, and Jane G. Gravelle. Washington: Urban Institute Press. 283-384.

Carroll, Robert, and Michael Wasylenko (1994, March). "Do State Business Climates Still Matter—Evidence of a Structural Change." *National Tax Journal* 47: 19-37.

Cole, Adam J. (2008, March 31). "Sales Tax Holidays, 1997-2007: A History." *State Tax Notes*: 1001-1025.

Corlett, W. J., and D. C. Hague (1954). "Complementarity and the Excess Burden of Taxation." *Review of Economic Studies* 21 (1): 21-30.

Derrick, Frederick W., and Charles E. Scott (1993, April). "Businesses and the Incidence of Sales and Use Taxes." *Public Finance Quarterly* 21: 210-226.

Due, John, and John Mikesell (1994). *Sales Taxation: State and Local Structure and Administration*. 2nd ed. Washington DC: Urban Institute Press.

Ellison, Glen, and Sara Fisher Ellison (2006, May). "Internet Retail Demand: Taxes, Geography, and Online-Offline Competition." NBER Working Paper No. 12242.

Ernst and Young (2010, March). "Total State and Local Business Taxes: State by State Estimates for 2009." Report prepared for the Council of State Taxation.

Fox, William F. (1986, December). "Tax Structure and the Location of Economic Activity along State Borders." *National Tax Journal* 39: 387-401.

Fox, William F. (1998a). "Can the Sales Tax Survive a Future Like Its Past?" In *The Future of State Tax Policy*, edited by David Brunori. Washington, DC: Urban Institute Press. 33-48.

Fox, William F. (1998b). "Sales Taxes in the District of Columbia: Current Conditions and Policy Options." In *Taxing Fairly, Taxing Simply: The Final Report of the District of Columbia Tax Revision Commission*, edited by Philip M. Dearborn. Washington, DC: District of Columbia Government.

Fox, William F. (2004). "History and Economic Impact of the Sales Tax." In *Sales Taxation*, edited by Jerry Janata. Institute for Professionals in Taxation.

Fox, William F. (2006). "Hawaii's General Excise Tax: Should the Base Be Changed?" Report Prepared for the 2005-2007 Hawaii Tax Review Commission.

Fox, William F. (2010). "Can State and Local Governments Rely on Alternative Tax Sources?" Federal Reserve Bank of St. Louis. *Regional Economic Development* 6 (1): 88-101.

Gold, Steven D., and Robert D. Ebel (2005). "Tax Reform, State." In *The Encyclopedia and Taxation and Tax Policy*, edited by Joseph J. Cordes, Robert D. Ebel and Jane G. Gravelle. Washington, DC: Urban Institute Press. 424-427.

Goolsbee, Austan (2000, May). "In a World without Borders: The Impact of Taxes on Internet Commerce." *Quarterly Journal of Economics* 115: 561-576.

Goolsbee, Austan, and Jonathan Zittrain (1999). "Evaluating the Costs and Benefits of Taxing Internet Commerce." *National Tax Journal* 52: 413-428.

Hawkins, Richard (2002, December). "Popular Substitution Effects: Excess Burden Estimates for General Sales Taxes." *National Tax Journal* 55: 755-770.

Hawkins, Richard, and John Mikesell (2001, March 5). "Six Reasons to Hate Your Sales Tax Holiday." *State Tax Notes*: 801-805.

Hellerstein, Walter (2003). "Jurisdiction to Tax Income and Consumption in the New Economy: A Theoretical and Comparative Perspective." In *Symposium on Jurisdiction to Tax in the New Economy: International, National, and Subnational Perspectives* 38. *Georgia Law Review*.

Hortacsu, Ali, and Chad Syverson (2009). "Why Do Firms Own Production Chains?" Unpublished paper, University of Chicago.

Kanbur, Ravi, and M. Keen (1993). "Jeux Sons Frontieres: Tax Competition and Tax Coordination When Countries Differ in Size." *The American Economic Review* 83: 877-892.

Merriman, David, and Mark Skidmore (2000, March). "Did Distortionary Sales Taxation Contribute to the Growth of the Service Sector?" *National Tax Journal* 53: 125-142.

Poterba, James (1996, June). "Retail Price Reactions to Changes in State and Local Sales Taxes." *National Tax Journal* 44: 165-176.

Quill Corp. v. North Dakota, 504 US 298 (1992).

Robyn, Mark, Micah Cohen, and Joseph Henchman (2009, August). "Sales Tax Holidays: Politically Expedient but Poor Tax Policy." *Tax Foundation Special Report*: 171.

Russo, Benjamin (2005). "An Efficiency Analysis of Proposed State and Local Sales Tax Reforms." *Southern Economic Journal* 72: 443-462.

Slemrod, Joel. (2003). "Michigan's Sales and Use Taxes: Portrait and Analysis." In *Michigan at the Millennium*, edited by Charles Ballard, Paul Courant, D. Drake, Ronald Fisher, and E. Gerber. East Lansing: Michigan State University Press: 559-576.

Snell, Ronald K. (2004), *New Realities in State and Local Finance*. Denver: National Conference of State Legislatures.

Snell, Ronald K. (2009). *State Finance in the Great Depression*. Denver: National Conference of State Legislatures.

Walsh, Michael J., and Jonathan D. Jones (1988, June). "More Evidence on the Border Effect—The Case of West Virginia, 1979-1984." *National Tax Journal* 41: 261-265.

Watson, Harry (2005). "Excess Burden." In *The Encyclopedia of Taxation and Tax Policy*, edited by Joseph J. Cordes, Robert D. Ebel, and Jane G. Gravelle. Washington: Urban Institute Press. 107-108.

Wisconsin Legislative Fiscal Bureau (2009, January). "Individual Income Tax Provisions in the States." Informational Paper No. 4.

Zodrow, George R. (2006, March). "Optimal Commodity Taxation of Traditional and Electronic Commerce." *National Tax Journal* 59: 7-31.

第 17 章 地方收入的多样化：使用费、销售税和所得税

戴维·L. 舍奎斯特（David L. Sjoquist）
雷娜·斯托伊切娃（Rayna Stoycheva）
姜明耀 译

与州和地方收入体制有关的备受关注的问题是，美国的经济结构与人口结构已经发生了巨大变化，但州和地方政府的收入体制并没有随之调整。①虽然这一章不是要挑战这一论题，但地方收入的结构与构成确实与过去的 70 年有所不同。尽管财产税仍然是地方政府收入的主要组成部分，但其他收入来源的重要性却有所增加。例如，1942 年，财产税占地方政府税收的比例为 92.2%，占地方政府自有收入的比例为 88.3%。②到 2008 年，财产税占地方税收的比例已经下降到 72.3%，占地方政府自有收入的比例也降为 45.3%。③

财产税的重要性相对下降，至少有两个方面的原因。第一，地方销售税与地方所得税有所增加。1942 年，地方销售税与所得税占税收收入的比重小于 3.4%，但到 2008 年，这一比重提高为 17.6%。第二，对使用者的收费与其他的收入占地方自有收入的比重从 1942 年的 10.5% 提高到 2008 年 37.4%。

正是由于这些变化，地方收入体制开始多元化。这意味着地方开始从更广泛的税源取得收入，收入构成来源也更加均衡。就是说，地方政府更少地依靠单一收入来源。因为州政府对地方政府的税收管理权具有重要决定作用，所以，为了使地方政府收入多样化，就需要州政府要给予地方政府一定权力去选择收入来源及其占地方政府收入的比例。即使地方政府被赋予了使用特定收入来源的权力，州政府仍然可以对这些收入的使用设定某些限制。但是，如果地方政府有权使用一些其他收入，地方政府收入的多样化也同样要求地方政府应有权使用这些权利。

这一章目的是研究地方政府收入的多样化，主要讨论使用费、地方销售税与地方所得税。首先讨论地方政府收入多样化的程度以及支持与反对地方政府收入多样化的代表性观点，然后探讨三种收入来源（使用费、地方销售税与地方所得税）的使用。最后进行简单总结。

收入多样化

多样化的水平

尽管地方政府对财产税的依赖有所增加，但美国地方政府的收入多样性程度却

发生了很大变化。例如，我们可以分析一下 2008 年美国地方政府财产税以外的地方收入比例的变化情况。康涅狄格州是一个极端，该州来自财产税之外的其他项目占地方收入的比例仅为 17.6%；亚拉巴马州是另一个极端，该州来自财产税之外的其他项目占地方收入的比例高达 80.2%。

一个更为严谨的衡量收入多样化的方法是构建赫芬达尔指数（Herfindahl index）。这一指数可以帮助我们衡量地方政府收入构成的多样性。这一指数是每一种来源占地方政府收入比例的平方和。收入来源的种类越多，每种收入来源的占比越平均，收入来源的多样性越大。收入来源的多样性越大，赫芬达尔指数越小。如果地方政府只有一种收入来源，赫芬达尔指数为 1。如果有 9 种收入来源，而每种收入来源占地方政府收入的比例都相同，那么，赫芬达尔指数为 0.11。专栏 17.1 说明了赫芬达尔指数的计算方法。

专栏 17.1　赫芬达尔指数的计算方法

假定有 9 种收入来源，每种来源产生的收入相同，每种收入来源占总收入的比重为 1/9。赫芬达尔指数的计算方法为：第一种情况，先将 1/9 进行平方运算，然后加总 9 种收入，即 $\sum (1/9)^2 = 0.11$。第二种情况，如果收入来源占总收入的 60%，其他 8 种收入各占 5%，则赫芬达尔指数为 0.38。即 $\sum (0.6^2 + 0.05^2 + 0.05^2 + 0.05^2 + 0.05^2 + 0.05^2 + 0.05^2 + 0.05^2 + 0.05^2) = 0.38$。

根据美国统计局提供的政府财政数据中的地方政府收入的 9 种来源，可以计算每一个州的赫芬达尔指数。[④] 图 17.1 显示的是各州赫芬达尔指数的分布情况。美国加总地方政府这一指数为 0.292，而各州非加权平均数为 0.350。这意味着，政府收入来源具有显著的多样性。23 个州的赫芬达尔指数数值在 0.300～0.400 之间，35 个州在 0.250～0.450 之间。这意味着，美国的许多州在地方政府收入多样化方面具有相似的特点。指数最大的 5 个州，也是地方政府收入多样性最小的 5 个州分别是，康涅狄格州（0.708）、新罕布什尔州（0.670）、罗得岛州（0.648）、缅因州（0.593）与新泽西州（0.614）。如果这些州的收入确实没有呈现出多样化的特点，这些州只依靠财产税就不足为奇。例如，康涅狄格州 83.4% 的地方自有收入都是来自财产税。另一方面，那些指数较低的州并没有更多依靠财产税，而是更多依靠了地方销售税与地方所得税。例如，纽约州的赫芬达尔指数为 0.225，财产税只占纽约地方政府自有收入的 40%。新墨西哥州的赫芬达尔指数为 0.236，华盛顿州的赫芬达尔指数为 0.245，财产税占地方政府自有收入的比例分别为 32.2% 与 31.3%。财产税在地方政府自有收入中占比最低的是亚拉巴马州（19.8%），其赫芬达尔指数为 0.292。

地方政府的类型不同，其收入多样化的水平也不同。我们计算了美国不同类型的地方政府 2007 年的赫芬达尔指数。学区的多样化程度很低，这不奇怪。因为，学区的收入基本上完全依靠财产税。自治市的收入多样化水平最高，赫芬达尔指数为

0.191。总体而言,是因为地方销售税与所得税在这样的地方更为普遍。乡村、特殊区域、小镇的赫芬达尔指数分别为 0.278、0.396、0.540。由于特区多样化的特点,这些地方的收入来源较广。一些交通运输集中的区域主要依靠销售税,一些医院聚集区域主要依靠收费,而一些城市主要依靠的是财产税。因此,多数具有个性特点的地方依靠一种收入来源,这一类地方作为一个整体类别时,则其收入来源就具有多样化的特点。

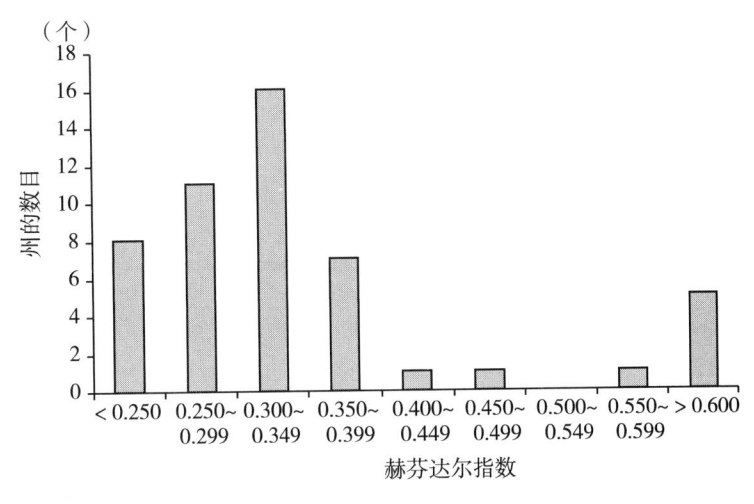

图 17.1　2008 年州赫芬达尔指数

资料来源:作者计算。

多样化的原因

地方政府有责任为一些有益于当地选民的公共服务筹集资金。显然,为了实现这一目标,地方政府需要适当提高收入水平。为了使地方政府支出与收入相匹配,它们也是这样做的。有关地方收入多样化的合理性,有以下五种观点。[⑤]

- 地方收入能力。在不同的地方,某一特定收入来源产生收入的能力不同。因为,产生收入的能力取决于当地的经济与人口环境。[⑥]例如,一个地方的经济主要依靠制造业或者写字楼,那么,所得税会成为其重要的收入来源。如果一个地方的旅游业比较发达,那么,当地的收入将更多来自消费税。同理,如果一个地方的居民主要为老人,那么,这个地方的所得税一般较少,而对消费或资产(如财产税)课税会成为该地的主要收入来源。正是如此,地方政府将具有多样化的潜在收入来源,以满足提供公共服务的需要。

- 对财产税依赖程度的降低。收入多样化第二个被经常引用的原因是,允许地方政府使用财产税以外的收入,地方政府可以减少它们对财产税这一传统收入来源的依赖。赞成增加收入多样性的看法与公民选票有关。[⑦]人们发现,公民不喜欢财产税这样的税收。一个减少公众对财产税抵触的简单方法是,不要更多地使用财产税收入。如前所述,收入多样性的增加与对财产税依赖程度降低有关,但并不是财产税绝对数量的减少。2008年人均缴纳财产税与赫芬达尔指数的相关系数为0.60。即是说，一个州的收入来源越多样化，对财产税的依赖程度越低。但是，一个收入结构多样化的州，可能面临较低的收入水平。尽管赫芬达尔指数与地方政府人均自有收入的相关系数仅有-0.04，这种情况也可能发生。

- 横向公平。有关收入多样性的另一个论据基于以下观点：如果地方政府仅仅依靠一种税收，那么，一些公共服务的受益者可能逃避承担相应的成本。这违背横向公平的基本原则。横向公平原则上要求地方税收应由享受相同公共服务的所有受益者承担。例如，对于某些家庭或企业而言，财产税的税基可能很小，但是，他们却可以从公共服务中获得相同的利益。旅游者或者是经常乘坐公共交通工具的人增加了当地政府的成本，但他们却无须向当地政府缴纳财产税。通过引入其他来源的收入，享受公共服务的这些个人或企业就很难逃避支付相应的成本。

- 收入稳定性。有关收入结构多样性的第四个观点与经济周期中总收入的稳定性有关。正如个人或企业多样化的投资组合可以减少损失的总体风险，多样化的收入结构也可以减少地方政府收入损失的总体风险。多样化投资组合策略是建立在如下假设之上，即某种资产（如某一公司的股票）将减值的可能性不会与其他资产减值的可能性高度相关。但是，如果是所有的资产都与经济条件相关，那么，损失与收益将具有相关性。同样，来自每一种收入来源的收入都出现增长，很可能与国家或州的经济有关。因而，如果来自一种收入来源的收入下降，很可能来自其他来源的收入也将减少。但是，下降的幅度可能不同。因此，与非多样化的收入体制相比，多数多样化的收入体制的降幅可能较小。

在更一般的情况下，支持多样化的收入结构的观点与支持多样化金融投资组合的观点具有类比关系。正如一个投资者制定了一个多样化的投资策略，假定上述观点可以被接受的话，地方政府也会选择一个多样化的收入来源组合。

不同特点的投资有所差异，特别是不同的风险与回报。所以，投资者可以选择不同的投资组合策略以实现他们个人满意的风险与回报。同样，收入来源也有不同的特点。不同收入来源在增长率、经济周期内的稳定性、公平性、管理的简便性、经济效果以及公众的接受程度等方面都有差异。因此，我们可以选择不同的收入来源组合。每一种组合都具有不同特点。有学者讨论了这一观点，估算不同组合的收益与替代关系。[8]

正如投资者对风险与收益有不同的偏好，地方政府也可能对不同的收入特点具有不同的偏好。某一地区的公众可能更倾向于根据受益原则而设定的税收，而另一个地区可能更偏好于对低收入家庭征收更低的税收。因此，如果地方政府能够使用不同的收入工具，那么，地方政府可以选择那些它们满意的收入组合。

- 经济效率。收入多样化的最后一个原因，是通过收取使用费的方式为地方公共服务提供资金，有助于公共服务效率水平的提高。[9] 如果设置得当，费用水平可以反映公共服务的成本，类似私人物品的价格。因为，使用费与服务消费的数量有很大关系。个人可以根据收费金额调整他们的消费数量。另一方面，税收可以根据消费水平与有效的边际成本缴纳。有效的边际成本是指，再多消费一单位的公共服务，个人所支付的成本为零。因此，由税收所支持的公共服务的需求数量将高于社会最优水平。因为，每一个纳税人都会忽略他自己引起的额外成本。

有两个基本的反对收入结构多样化的观点。一个是，一些学者认为，受益税的收入应当由地方政府使用。因为，在劳动和资本具有移动性的前提下，试图对所得或者消费课税，可能导致企业与家庭的融合。而且，理论上认为，财产税是一种受益税，也是地方政府较为理想的税收。

正如布鲁斯·汉密尔顿（Bruce Hamilton）与威廉·菲谢尔（William Fischel）所提出的，地方政府提供可供选择的税收与公共服务政策的组合，家庭在这些地区中选择他们认为最好的组合。[10]因此，所支付的财产税与从当地政府提供的公共服务中所获得的收益是相同的。从这个角度上说，财产税本质上一种价格，它反映的是公众为享受公共服务的必要支付。但也有观点认为，理论上说财产税是受益税的观点并未得到实践证明。[11]一个更为特别的观点是，从公共服务中所得到的收益与个人财产的价值直接相关，这些服务包括警察、火警与市政卫生等。

反对地方政府收入多样化的第二个理由是，如果地方政府可以获得额外的收入，它将增加收入，相应地也会增加支出。结果是，支出水平将超过公众实际的满意水平。有几个理由可以解释这一现象，最主要的观点是建立在政府的利维坦观点之上，这一观点得到詹姆斯·布坎南（James Buchanan）、詹姆斯·布坎南和理查德·瓦格纳（Richard Wagner）的支持。[12]在这一观点下，支出水平是由政府政策的制定者决定，而非投票者决定。而且，政府官僚比公众会更偏好于高水平的公共支出。政府官僚可以增加支出的原因是，更多的收入工具导致了更为复杂的税制结构，使得政府官员操纵更多的投票者。有关收入结构对支出水平影响的实证研究结论并不统一。例如，瓦格纳支持政府的利维坦观点，而海伦·拉德（Helen Ladd）和达娜·韦斯特（Dana Weist）则得到了相反的结论。[13]

下面，我们将主要研究三种非财产税的收入来源：使用费、地方销售税与地方所得税。首先讨论对每一种收入的依赖程度，其次研究这些收入与地方政府多样化的收入结构之间的关系。

州和地方使用费

使用费可以分为两类：一类是与一般公共服务有关的当前收费；另一类与公共设施有关，如水的供给。第一类是下面主要研究的对象，当然，也会涉及第二类收费。

对使用费的依赖

使用费成为州和地方越来越重要的收入来源。如图17.2所示，在过去的20年中，使用费稳定增长。[14]1992～2008年，在州与地方总收入中，使用费大约翻了一倍，从2000亿美元增加到3740亿美元。州的使用费的增速略高于总的地方收入的增速。2008年，地方政府的使用费收入占所有州和地方政府总的使用费收入的比例为59.6%。地方政府收入占州和地方自有收入的45.1%。另一方面，人均使用费的增长没有总收入增长快（见图17.3）。州和地方政府的人均使用费从784美元增加到1240美元，增幅为58.2%。

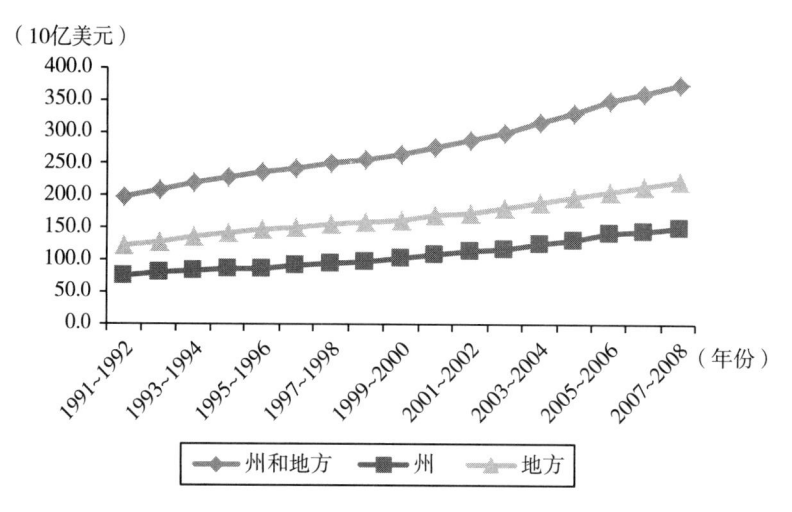

图17.2　1992～2008年的使用费（按2008年美元计价）

资料来源：Bureau of the Census, *Government Finances*：FY 1992-2008。

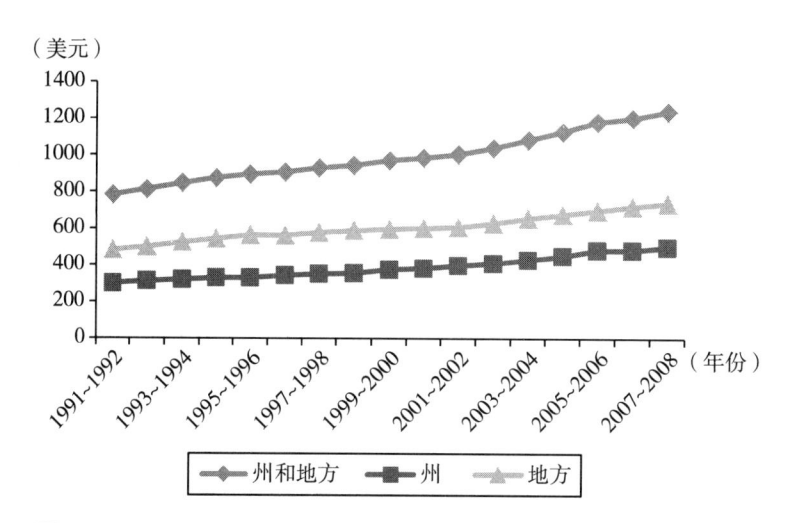

图17.3　1992～2008年的人均使用费（按2008年美元计价）

资料来源：Bureau of the Census, *Government Finances*：FY 2008。

但是，地方自有收入中使用费的相对比例在1992～2008年并没有显著增长（见图17.4）。地方自有收入中使用费的平均比例由1992年的17.3%增加到2008年的19.2%。使用费占州收入比例由12.1%增长到14.1%，占地方政府收入的比例由23.6%增长到25.4%。这些数据反映了地方政府比州政府更加依靠使用费收入。

公共设施（包括水、电、煤气与交通）的收入增长速度比使用费增速要慢，大概增长了60%。在1992财政年度，公共设施收入占总的使用费收入的比例为30.1%，在2008财政年度这一比例降为27.1%。

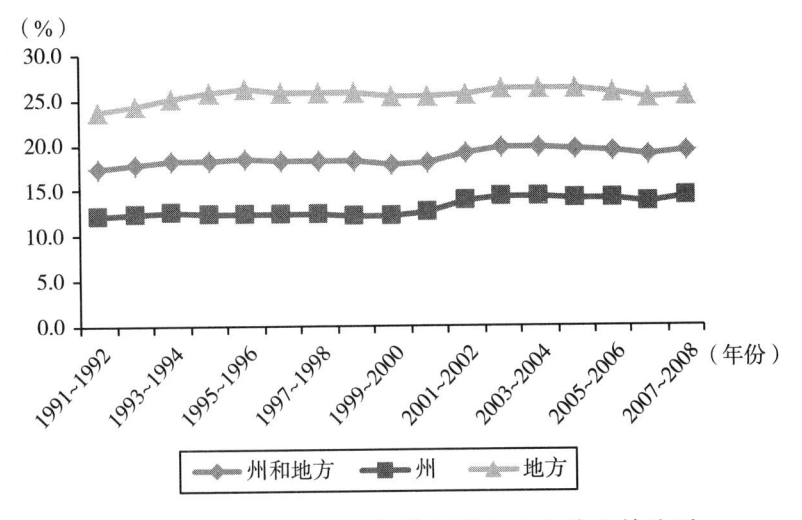

图 17.4　1992～2008 年使用费占自有收入的比重

资料来源：Bureau of the Census，Government Finances：FY 2008。

但是，使用费占自有收入的总体比例并没有发生重要的变化。每个州之间，以及州和地方政府之间的使用费比例都不相同。表 17.1 反映的是 2008 年的情况。使用费占比最小的是阿拉斯加州，为 7%；最大的是南卡罗来纳州，为 34%。阿拉斯加州、哥伦比亚特区、康涅狄格州的使用费的比例最低，而密西西比州、亚拉巴马州与南卡罗来纳州的收入中使用费占到 1/3 左右。在州的层面上，使用费收入的占比在 4%（阿拉斯加州）到 29%（南卡罗来纳州）之间。亚拉巴马州、犹他州和南卡罗来纳州，使用费占州的收入比例都超过 24%。地方政府之间的差距较大，哥伦比亚特区与康涅狄格州使用费占地方收入的比例不足 10%，而亚拉巴马州、南卡罗来纳州、爱达荷州、密西西比州和怀俄明州的这一比例达到或超过了 40%。

表 17.1　2008 年不同类型的政府自有收入中使用费的占比情况　　单位：%

州名称	州和地方	州	地方
亚拉巴马州	30.5	24.4	39.0
阿拉斯加州	7.2	4.1	26.6
亚利桑那州	16.0	9.6	23.8
阿肯色州	21.2	18.9	28.0
加利福尼亚州	20.4	10.5	31.4
科罗拉多州	23.8	19.7	27.3
康涅狄格州	9.6	9.5	9.8
特拉华州	20.7	19.6	25.0
哥伦比亚特区	6.9		6.9
佛罗里达州	21.3	12.6	27.7

续表

州名称	州和地方	州	地方
佐治亚州	22.5	13.8	30.3
夏威夷州	18.0	17.2	20.6
爱达荷州	26.1	12.4	46.9
伊利诺伊州	14.7	10.5	19.2
印第安纳州	22.4	15.9	31.6
艾奥瓦州	26.0	21.0	32.6
堪萨斯州	22.1	19.9	25.0
肯塔基州	22.2	19.5	27.6
路易斯安那州	18.4	12.2	26.8
缅因州	14.5	12.1	18.8
马里兰州	15.1	13.9	16.8
马萨诸塞州	14.3	11.8	19.2
密歇根州	22.4	17.6	30.2
明尼苏达州	18.6	10.0	33.3
密西西比州	29.2	15.8	48.6
密苏里州	20.3	15.4	25.7
蒙大拿州	19.5	14.7	28.8
内布拉斯加州	23.0	15.5	30.8
内华达州	20.4	9.1	30.8
新罕布什尔州	17.0	20.9	12.3
新泽西州	14.0	13.0	15.4
新墨西哥州	15.0	12.5	22.0
纽约州	13.0	9.5	16.2
北卡罗来纳州	23.0	13.1	37.6
北达科他州	20.2	20.6	19.3
俄亥俄州	20.0	18.8	21.4
俄克拉何马州	22.3	17.4	30.9
俄勒冈州	23.4	19.3	28.5
宾夕法尼亚州	17.5	15.8	19.8
罗得岛州	13.7	14.4	12.6
南卡罗来纳州	33.7	29.0	39.6

续表

州名称	州和地方	州	地方
南达科他州	18.5	14.2	23.9
田纳西州	21.9	12.1	34.1
得克萨斯州	19.5	15.5	23.6
犹他州	24.8	24.6	25.0
佛蒙特州	16.6	14.8	26.1
弗吉尼亚州	20.9	22.2	19.0
华盛顿州	23.5	15.4	33.5
西弗吉尼亚州	20.2	17.1	29.0
威斯康星州	19.3	16.8	23.1
怀俄明州	20.3	5.0	40.7

注：自有收入包括一般税收收入、收费与其他一般性收入。自有收入不包括不同政府间的转移收入，以及来自公共设施、酒精饮品售卖店与信托基金。收费来自为公众提供特定服务而向受益者征收的费用，收费与商品和服务的销售有关，与公共设施与酒精饮品售卖店的管理无关。收费（charges）包括费用（fees），维护公共服务评估以及其他服务的赔偿；与提供特定功能相关的商品或服务的租金与销售额；商业企业的总所得等。

资料来源：US Bureau of the Census（2008）。

使用费用来支持哪些服务及其支持的程度

表17.2提供了不同服务类别的使用费收入的比例，使用费分为目前收费与公共设施收费。教育与医院收费占比超过了州和地方目前收费的50%，占州的目前收费的比例略高于80%。对于教育而言，州政府更多依靠收费。这可以从学院与技术学校的学费中得以解释。在地方政府中，医院收费、污水排放费以及其他收费是目前收费最主要的内容。在公共设施收费中，无论是在州政府还是在地方政府层面，电力的收费都是最大的收入来源。州政府的收费中，供水的收费占比很低。专栏17.2说明了与不同公共服务有关的收费类型。

表17.2　　　　　　　　2008年不同类型政府使用费概况　　　　　　　单位：%

类别	州和地方	州	地方
目前收费			
教育	29.57	56.66	11.21
医院	26.03	24.02	27.40
高速公路	2.99	4.25	2.13

续表

类别	州和地方	州	地方
目前收费			
航空运输（机场）	4.76	0.88	7.39
停车设施	0.52	0.01	0.87
海岛港口设施	1.11	0.81	1.31
自然资源	1.07	1.68	0.66
公园与娱乐项目	2.57	1.05	3.60
住宅与社区发展	1.51	0.45	2.23
污水排放	10.19	0.03	17.07
固体废物处理	4.09	0.30	6.65
其他收费	15.59	9.86	19.47
合计	100.00	100.00	100.00
公共设施收费			
供水	32.64	1.45	36.84
电力	52.23	83.90	47.96
供气	6.42	0.10	7.27
运输	8.71	14.55	7.93
合计	100.00	100.00	100.00

资料来源：US Bureau of the Census（2008）。

专栏17.2 收费示例

公共职能	收费
教育——12年义务教育（K-12）	学校提供的午餐，活动费用
高等教育	学费，学生活动费用，交通费
医院	病房费，供给费，医疗设备费
高速公路	汽车牌照费与注册费，货车（超过55000英镑）使用费，过路费
航空运输（机场）	着陆费，乘客设施费，停机与许可收费
停车设施	停车费
海岛港口设施	港口维护费用
自然资源	农业集市的收费，实验室测试收费
公园与娱乐项目	车辆进入费，野营地点收费，娱乐设施租用费

续

公共职能	收费
住宅与社区发展	影响费，雨水费，房屋、管道、供气与供热等项目的许可费
污水排放	资本与分摊费用，按排量（每加仑）征收的费用
固体废物处理	每年征收的固定收集费用，针对丢弃塑料袋的收费
供水	卫生委员会会费，入网费，资本与分摊费用，按排量（每加仑）征收的费用
电力	按计量征收的入网费
供气	按计量征收的入网费
运输	车费
其他收费	救护服务费用，安装警报的许可费，火警出警费，图书馆收费

由于政府服务的显著差异，使用费用来支持相应支出的比例也会有差异。总体而言，电费、燃气费与水费等公共设施收费弥补了这些服务的大部分成本。有些项目可以通过使用费的方式来弥补其主要成本，这些项目包括航空与水路运输、排污与废物处理以及医院项目。停车费收入一般会超过提供这一服务的成本。另一方面，教育、高速公路与公共交通、公园与娱乐项目、住宅与社区发展等项目，其收入与支出的比例较低。相对于地方政府而言，州的教育收入与教育支出的比例更高，原因是，继续教育的学费是州教育收入的重要来源，而地方政府所提供的12年义务教育（K-12）是不收学费的（见表17.3）。

表17.3　　2008年不同类型政府的收费占支出的比重情况　　单位：%

类别	州和地方	州	地方
目前收费			
教育	13.4	36.8	4.2
医院	75.5	69.8	79.3
高速公路	7.3	7.1	7.6
航空运输（机场）	83.6	75.4	84.4
停车设施	122.1	241.5	121.5
海岛港口设施	83.8	81.9	84.6
自然资源	13.4	12.8	14.7
公园与娱乐项目	23.7	28.9	22.8
住宅与社区发展	11.1	6.2	12.4
污水排放	81.5	3.5	83.7

续表

类别	州和地方	州	地方
目前收费			
固体废物处理	64.3	18.7	69.5
其他收费	48.1	37.3	53.5
公共设施收费			
供水	82.3	67.8	82.4
电力	94.8	89.8	96.0
供气	84.8	134.5	84.8
运输	23.8	23.4	23.9

资料来源：US Bureau of the Census (2008)。

我们将提供一些有关使用费在各城市不同使用用途的细节。我们比较了三个小城市在2010~2011年使用费收入的使用情况。三个城市为佐治亚州的士麦那（Smyrna）、北卡罗来纳州的加纳（Garner）与明尼苏达州的拉姆西（Ramsey）。[15] 士麦那与拉姆西根据不同的使用量征收不同比例的水费，士麦那设定的不同级距之间的收费增幅更大。另一方面，加纳根据不同区域以固定比例征收水费。拉姆西的排污费是固定的，而士麦那的这一费用却是根据用水量征收，但收费比例不随使用量的增加而提高。

不同地区的娱乐服务类别及其使用费的使用都有很大区别。士麦那提供了很广泛的娱乐服务，也提供娱乐设备的租赁服务。加纳对娱乐服务的收费基本可以100%的弥补其成本，而其他地区的人们使用这些服务需要格外多付30%的费用。加纳在娱乐服务的收费上，对低收入使用者设置单独条款，并给予一定补助，同时规定了补助比例的最大限额。士麦那不收额外的警察与火警出警费用，如错误报警。加纳对超过3次的错误报警收费，且收费比例随错误报警次数递增。2010年，拉姆西出台了新的规定，对错误报警收费，300美元的煤气管道切断费用，200美元的非法烧毁费用以及针对州外人士的500美元的个人伤害与救援费用。

确定收费水平

如之前所提到的收入多样化的观点一样，如果设置合理，使用费可以反映服务的成本，类似于私人物品的价格。[16] 因为使用费与所消费的服务数量有关，人们可以相应地调整他们的消费数量。

除了弥补提供公共服务的边际成本，当公共服务的需求超过提供能力时，使用费还可以用来减少拥堵。对拥堵的高速公路收费已有过广泛讨论。[17] 收费可以用来限制对公共设施的使用，如周末时段的游泳池与高尔夫课程、夏天的电费以及干旱时期的水费等。

从供给端看，使用费也被用来解决效率问题，防止公共服务的过度提供。根据威廉·尼斯坎南（William Niskanen）的官僚理论，官僚的目标是最大化他们的收入，使得其所提供的公共服务超过最优水平。[18]当公共服务的资金与提供公共服务成本之间的关系不是那么清晰的时候，常见的税收就是这样，我们就很难找到最优的产出水平。

总之，使用费可能也是一种促进公平分担公共服务成本的十分有吸引力的手段。[19]由于收费不涉及分配问题，使用费的方式可以保证受益的个人承担相应费用。这与非当地居民享受当地公共服务有很大关系。因为，他们并没有为这些公共服务而缴纳相应的税收。另一方面，也必须考虑使用费所带来的潜在的纵向公平问题。因为使用费可能是根据边际成本与使用量而设定的。许多公共服务的收费会占有低收入者的收入很大比例。所以，使用费可能是累退的。使用费的累退程度与公共服务的种类有关。例如，高收入者可能消费更多的娱乐项目，如高尔夫课程。所以，通过税收为这类服务提供资金支持，实际上是对高收入者给予了更多的补贴。征收使用费是减少这种累退性的一个方法，通过减征或免征使用费的方式对低收入给予适当补贴。

为了让使用费可以达到有效提供公共服务的目标，使用费的设计需要满足一定条件。

第一个条件，使用费要能够反映额外一个使用者使用相应公共产品与服务的边际成本。[20]假定：为了满足额外增加的一个消费者对公共服务的需求，需要多提供一单位的公共服务。边际成本由两个主要部分构成，建设成本与运行成本。当产出超过一定数量时，建设成本相对固定；而运行成本随产出水平的变化而变化。运行成本更容易被看作使用费，因为它反映了多增加一个使用者的额外成本。建设成本的分布取决于公共服务的受益者是否仅仅是使用者还是所有的当地居民。例如，修建一座大桥可以便于社区内的所有居民出行，尽管不是每个居民都会使用它。因此，建设成本可能通过针对所有居民课税的方式弥补，而维护桥梁的可变成本部分则由使用者通过缴纳使用费的方式负担。

另一个极端的例子，一项公共服务可能由许多人消费，再多增加一个人消费并不会增加公共服务的成本。例如，7月4日的烟火表演。对于这种类型的公共服务而言，多一个家庭看烟花，并不会增加其供给成本。在这种情况下，不应征收使用费。

征收使用费是建立在这样的假设条件之上的，即消费者能够并且也愿意根据不同的价格调整他们的消费。公共服务的需求价格弹性，是衡量公共服务消费数量对使用费变化的一种方法。需求价格弹性越大，消费者对价格越敏感。更重要的是，消费者将因此而减少消费数量。因为没有使用费，公共服务的消费水平将超过有效率的水平。更大的需求弹性也意味着，人们会有其他的选择，而这将降低使用费的纵向公平。

研究使用费的文献集中讨论了不同服务需求的价格弹性。总体而言，研究表明，公众对使用费较为敏感。例如，美国的过桥费、过路费以及隧道收费的价格需求弹性在$-0.10\sim-0.50$之间。[21]根据对公共交通的研究，约翰·霍姆格伦（Johan Holmgren）认为，在美国公共交通的短期价格弹性为-0.59，而长期价格弹性为-0.75。[22]

一般而言，固体废物收集的费用是固定的，与固体废物的数量无关。这样的使用费与提供公共服务的成本无关，与家庭产生的固体废物的大小和数量有关。许多州的固体废物收费都与固体废物的数量有关。特别是，在这些城市，家庭必须购买特殊的垃圾袋，其价格包含了处理固体废物的费用。这种使用费是否减少了固体废物污染呢？托马斯·金纳曼（Thomas Kinnaman）回顾了研究家庭固体废物使用费的相关文献，发现，总体而言，在实施回收计划之后，对每个垃圾袋收 1 美元的费用，可以减少承重 20 磅的垃圾袋的数量为 0.60 个。[23]

第二个条件，有效的使用费需要考虑提供公共服务或产品所带来的额外收益。例如，教育与医疗可以提供超过一个人坐在教室里或者接受疫苗的额外收益。这些服务的社会边际收益要高于个人边际收益。个人在决定消费公共服务数量时，不会考虑额外的社会收益。以边际成本定价的使用费可能产生公共服务供给不足。因此，为了达到公共服务的社会效益水平，应根据额外的边际收益数量而降低使用费的水平。当然，衡量额外的收益是非常困难的。

第三个条件，征收使用费必须在管理上是可行的。由于这一要求，必须能够较为简单地界定公共产品与服务的受益者，并且可以较为便利地排除那些没有缴纳使用费的消费者。尽管界定直接的使用者比较容易，但是，在某些情况下，要想排除直接使用者却需要花费较大成本。以停车费为例，收停车费需要设置有限的入口，并且要安排收费人员。对于那些旅游者较少的停车场而言，停车费的收入可能无法弥补管理成本。如果使用量不会发生太大变化，根据使用情况而征收不同的使用费的方式将导致较高的成本。

使用费的发展趋势

为了应对 2008 年金融危机，地方政府开始大范围征收使用费以提高他们的收入。国际城市管理协会（ICMA）2009 年的一项专业调查显示，在被调查的地方政府中，46% 增加了已有收费，23% 开征了新的使用费。[24]增加的使用费遍及所有类型的服务，包括公共设施、娱乐、卫生、发展及管理服务。一些地方政府通过引入价格指数的方法使使用费自动增加，而另一些地方政府一次性增加了相应收费，增幅在 5%～20% 之间。佐治亚州最近通过立法增加了该州所有的收费水平。科罗拉多州的公园将白天旅游、宿营、住宿的费用提高了 15%。[25]

新增的收费项目也覆盖了众多服务类型，通常集中于循环利用、垃圾回收、公园娱乐、公共设施等项目。另外，地方政府也扩展了娱乐项目，增加了可供租赁的公共场地。加利福尼亚州的图书馆提供了新的服务，包括考试代理与公证服务等收费项目。[26]其他一些城市开始转向非传统的使用费，堪萨斯州的梅森市推出了一种根据企业与房屋所有者产生的交通数量征收的"车道费"。[27]其他非传统的费用包括，向事故方征收 300 美元的费用，用来处理事故车辆。[28]国际城市管理协会的调查还包括一些其他收费的例子，如对非本地居民使用救护车或者误报火警征收额外的费用。有关非传统的公共服务收费所引起的争论可以通过加利福尼亚州公共学院的例子加以说明，该学院因增加收费而面临法律诉讼。[29]

扩大使用费的可能性

根据各城市使用费征收比例的信息与这些城市的差异，1992 年，唐宁（Downing）估计了使用费的重要收入潜力。他发现，使用费为公共服务筹资的比例在城市之间有所不同，这些差异是根据州与地方政府相关数据计算出的平均数所无法显示的。由于一些城市已经高度依赖使用费，其他城市也可以应用类似的方法，挖掘使用费的收入潜力。这种方法可以增加使用费产生收入潜力，根据不同服务的特点实现收入从100%到400%的增长。扩大使用费收入潜力的另一种办法是，改变定价方式，从根据平均成本定价到根据边际成本定价。这将导致一个更高的收费水平。因为，这种方法可以反映资本、土地与其他要素的隐性成本。

尽管我们无法使用不同城市的数据来构建一个更为精确的估算方法，但有理由相信，使用费的收入潜力可能很大。国际城市管理协会的调查显示，许多城市都在向唐宁所揭示的路径（提高使用费）转变。该路径是金融危机的必然后果。事实是，23%的被调查对象增加了新的收费项目，尽管这些新的收费项目可能与其他州的已有的收费项目十分相似。这一事实意味着，许多城市并没有挖掘使用费这一收入来源。对地方政府来说，自20世纪90年代早期以来，使用费占自有收入的总体比例一直没有变化。没有证据表明地方政府更依赖使用费。但从唐宁开始，人们逐渐开始讨论使用费的收入潜力。

也没有什么证据表明，各城市有效使用了边际成本定价的方式。边际成本定价需要适当的计算。因为，一个非固定的收费比率会带来更高的管理成本。当然，并非所有服务都如此。边际成本定价更为重要的挑战与边际成本的计算和使用量的变化有关。例如，在一天当中，根据用电的不同时段，设置一个峰值（收费最高）可能是有效率的，而对所有用户都做这样的计算，在技术上并不可行。同样，对垃圾收费所依据的数量大体上是某些数量的组合（塑料袋和铁罐），而不是垃圾的实际数量。因为，以现有的技术计算垃圾的实际数量要投入大量成本。

正如戴维·达夫（David Duff）所言，最后一个问题是征收使用费在政治上的可行性。尽管使用费可能经济上既有效率又可行，但征收使用费仍然可能面临重要的阻力。这些反对意见可能是基于以下的观点，使用费所针对的服务实际上已经得到了税收的支持，所以，应当明确公共产品中税收支持的比例与使用费支持的比例之间的区别。征收使用费可能遭到政治家与官僚的反对，他们反对的理由是，使用费其本质上与特定的公共服务有关，这将限制政府预算的灵活性。

地方销售税

对地方销售税的依赖

1934年，纽约市成为第一个开征地方销售税的地方政府。此后，地方销售税开始在美国蔓延，到2008年，有33个州开征了地方销售税（见表17.4）。图17.5显示的是地方销售税（和地方所得税）收入占地方总税收收入比重的增长情况。销售税从1970年占地方总税收的5%，增长到2001年的12.4%，2008年这一比例降为11.6%。各州对地方销售税的依赖程度有较大差异；地方销售税占地方总税收收入的比重在0~50%之间浮动（见表17.4）。

表17.4　2008年地方销售税收入占地方税收收入的比例情况　　单位：%

州名称	占比	州名称	占比
路易斯安那州	52.5	阿拉斯加州	16.4
阿肯色州	48.2	加利福尼亚州	13.3
新墨西哥州	38.8	得克萨斯州	13.0
俄克拉何马州	38.0	艾奥瓦州	12.7
亚拉巴马州	37.4	北达科他州	10.7
科罗拉多州	29.4	内布拉斯加州	10.4
亚利桑那州	28.8	俄亥俄州	8.1
田纳西州	26.3	弗吉尼亚州	7.6
佐治亚州	25.5	伊利诺伊州	5.3
南达科他州	23.0	内华达州	4.4
华盛顿州	22.5	佛罗里达州	3.6
密苏里州	20.5	威斯康星州	3.2
犹他州	19.9	南卡罗来纳州	2.4
北卡罗来纳州	18.8	明尼苏达州	1.8
怀俄明州	18.2	佛蒙特州	1.4
堪萨斯州	16.8	宾夕法尼亚州	1.4
纽约州	16.1		

资料来源：US Bureau of the Census（2008）。

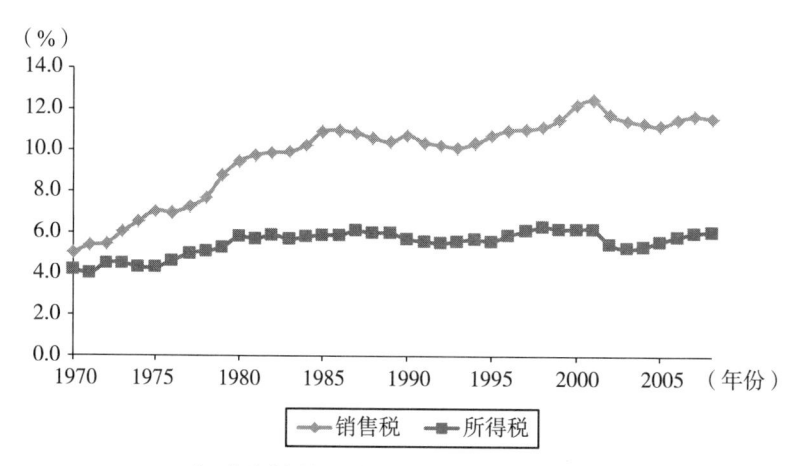

图17.5　1970~2008年地方销售税收入和地方所得税收入占税收总收入的比重

资料来源：Tax Foundation；US Bureau of the Census。

地方销售税是怎样征收的呢？地方销售税的收入又是如何使用的呢？例如，佐治亚州有6种地方销售税。第一种是为亚特兰大市的两个中心区之间的快速交通（亚特兰大城市快速交通局，即MARTA）筹集资金；为了减轻财产税，开征了有一种可选择的地方销售税（LOST），该税的收入经过协商由县、市两级政府分享；来自特殊用途的可选择的地方销售税（SPLOST）的收入被用于中心区域建设；还有一种用于教育的特殊销售税（ESPLOST），其收入主要用于改善学校建设；为了弥补对农庄最高100%的免税，开征了一种特殊销售税（HOST）；在亚特兰大市开征一种市政特殊销售税（MOST），其收入用来为亚特兰大市的排水系统的升级提供资金。最后，2010年，州的议会通过立法，允许使用另一种在特定区域内开征的地方销售税的收入，其收入主要用于改善当地的交通。

佐治亚州所有的地方销售税在全部县的税率都是1%，而且，开征这些销售税必须经过投票。一些税是长期的，而有一些税是临时性的。但是，这些规定都可以通过投票的方式进行变更。佐治亚州地方销售税的平均税率为2.8%，全国的销售税税率为4%。

早在1944年，加利福尼亚州就允许各地自行管理销售税。地方政府可以制定它们自己的销售税条例、税率与免税范围。为了对众多的销售税进行有序管理，1955年，该州建立了一个名为布拉德利—伯恩斯（Bradley-Burns）的统一销售税。布拉德利—伯恩斯税的税率为1%，县级政府享有其收入的25%，其余75%为市或县（根据销售地而定）所有。这些收入最终形成一般性预算。加利福尼亚州所有的县都开征了布拉德利—伯恩斯税。作为布拉德利—伯恩斯税的一个补充，可选择的地方销售税的税率提高为1.5%。税率可由市或县投票的方式加以确定。这些销售税的大部分都是具有特殊用途的，主要是用于交通方面。

在犹他州，1960年，市级政府有权开征地方销售税；税率全州统一，由州立法决定并定期调整。收入共享，50%为销售地所有，50%为县级所有。1975年，市级政府可以通过投票的方式决定是否开征地方销售税来为公共交通筹集资金。近来，通过公众投票，地方政府被授权开征销售税，这些税收收入用于乡村医院、乡村公路及文化产业。另外，在没有进行投票的情况下，为了减轻财产税税负，县级政府可以决定调整地方销售税。

在田纳西州，县级政府可以课征地方销售税，所有的县也是这样做的，税率最高为2.75%。市级政府可以课征一个税率为2.75%与县级销售税税率之差的税收，尽管只有少数城市开征了地方销售税。税收收入的一半用于教育；来自特定商品与服务的销售税收入被用于促进旅游业的发展。

很明显，地方销售税的用途十分广泛，但用途没有统一。总体而言，销售税的管理沿袭了州的销售税的管理办法。虽然遇到了一些管理问题，但是，这些问题波及范围并不广泛。如前所述，地方销售税用于何处，在各州之间有明显差别。

地方销售税的特点

是否使用地方销售税的方式实现地方收入结构的多样化，取决于在收入组合中税收所呈现出的不同特点。本小节将讨论地方销售税的相关特点。

多数州，由州来确定销售税的税率与税基。在这种情况下，地方政府无权决定它们销售税的收入结构。但是，允许地方政府有权独立确定销售税的税基是一项坏的政策。在特定区域，决定是否对某一商品或服务征税会产生较高的遵从成本。不同地区的税率差异已经影响了企业。如果企业再根据哪些商品被课税或者哪些可以免税来做出经营决策的话，会使问题更为复杂。

限制地方销售税的税率意味着地方政府必须在零税率（即没有销售税）与某一税率（如1%）之间做出选择。对某一地方政府来说，收入结构多样化的适当水平可能是使销售税的税率保持在0.5%~1.5%之间。因此，对销售税税率的限制意味着地方政府无法达到实现收入结构多样化的适当水平。但是，销售税的收入可以用来降低财产税的税负，地方销售税并没有给地方政府带来一个自由的收入空间。因此，如果地方政府在未来需要增加额外的收入，而此前又降低过财产税，那么，提高财产税的税率可能不会受到太大阻力。

地方税收入被用于某个或某些特定服务的做法具有典型性。这一做法进一步限制了地方政府自由地实现其收入结构的多样化。这一限制与地方销售税税率的限制的结合将产生两种影响。第一种影响是，如果来自地方销售税的收入超过了提供特定服务所需要的支出，那么，对特定服务的支出将会增加，最终使得支出水平过高而丧失效率；第二种影响是，如果销售税的收入少于当前需要的支出，为了满足特定支出需求，需要挤占来自其他途径取得的收入，这会改变该收入的原有用途，同样会有效率损失。

地方销售税不是一种受益税，即地方销售税与获得公共服务的个人之间没有必然联系。典型的例子是，人们并不一定只在居住地消费。如果一个家庭所居住的区域没有购物中心，就属于这样的情况，他们就不得不去其他区域消费。因此，在个人所支付的地方销售税收入中，有很大比例为销售地当地所有，而非消费者的居住地。但这一比例在不同地区之间有较大差异。因此，属于居住地的销售税收入与公共服务的受益之间没有必然联系。

销售税收入主要来自旅游者、购物者与经常乘坐公交往返的人。这些人需要地方政府提供额外的公共服务，销售税收入可被用于弥补这些额外的支出。但额外的收入不可能正好等于所需要的额外支出。而且，经常乘坐公共交通往返的人可能需要一个更高的公共服务成本，但他们对收入的贡献却可能少于旅游者与购物者。

财产税的税基在短期内不可移动，这也是财产税的优势之一，但销售税却没有这样的特点。尽管有关销售税税基移动性的研究更多将注意力放在了不同税率地区之间的跨区消费问题之上，但仍然有许多文献讨论了销售税税基的移动性。③总体看，这些研究发现，销售税每提高1%，该州边界区域的销售量会减少1%~7%。例如，迈克尔·沃尔什（Michael Walsh）和乔纳森·琼斯（Jonathan Jones）研究了西弗吉尼亚州对杂货店课征的销售税税率的阶段性降低的效果。④销售税税率每减少一个百分点，西弗吉尼亚州边界区域的销售量增加5.9个百分点。如果不是差异很大的话，则一州内部各辖区间的差别销售税税率对消费地点选择的影响是类似的。

也有学者在研究税基的可移动性，他们通过跨州税率的差异估算其经济影响。史蒂芬·马克（Stephen Mark）、特雷泽·麦圭尔（Therese McGaire）和莱斯莉·柏普克（Leslie Papke）检验了哥伦比亚特区的9个不同地区的经济情况，他们发现，销售税税率与经济活动之间有负相关的关系。㉟也有证据表明，地方政府对销售税依赖程度的增加将提高各地零售业的竞争。㊱

与财产税相比，如果考虑纵向公平，当我们以占有收入的百分比为衡量依据时，销售税具有更大的累退性。税收与经济政策研究中心估算了50个州的财产税与销售税的税负。㊲如图17.6所示，以佐治亚州为例，销售税具有较大累退性，比财产税的累退程度要大。对于不同的州，税负的分配有所差异，但形式大概相似。不过，如果使用终生收入来衡量销售税税负的话，销售税的累退性会有所降低，也可能等价于比例税。㊳

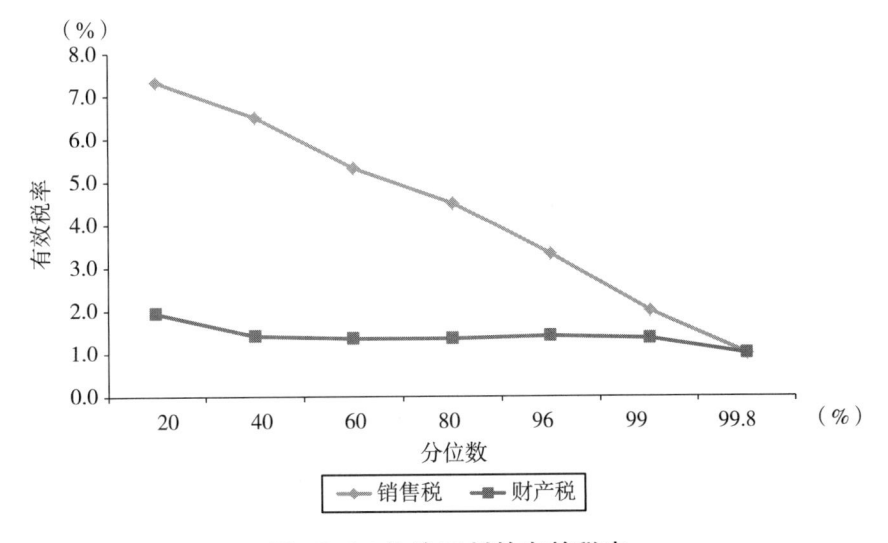

图 17.6 佐治亚州的有效税率

资料来源：Instiule on Taxation & Economic Policy。

某一税种的税基的一个重要特点是周期上的稳定性。有关税基稳定性的许多研究表明，销售税税基的稳定性没有财产税强。㊴财产税收入比财产税税基更加稳定，因为税率是在税基确定之后进行设计的。㊵

销售税的最后一个特点是所谓的不可见性（如一个人很难注意到他在购物时所付出的很少的销售税）。从竞选当局的角度看，这是一种政治收益。该特点削弱了公共支出水平与税收之间的联系。在财产税可见的情况下，投票者会反对增加财产税，当政府更多依赖财产税时，参选官员在预算决定方面一般会表现得更为保守。

地方所得税

对地方所得税的依赖

20世纪40年代末与60年代是美国开征地方所得税的两个重要时期。2008年,地方所得税在33个州开征,包括哥伦比亚特区(见表17.5)。新泽西州与加利福尼亚州开征了地方工薪税,但是统计局并没有将这一税收作为所得税。所以,在所得税的收入中不包含工薪税;表17.5中也没有包括这两个州。[41]在多数具有地方所得税的州,很少有地方政府实际上征收了地方所得税或工薪税;比如说,特拉华州的一个市、密苏里州的两个市、纽约州(包括纽约市)以及俄勒冈州的两个地区开征了地方所得税。专栏17.3提供了每个州的地方所得税与工薪税的概况。

2008年,仅有5个州的地方所得税收入超过税收总收入的10%(见表17.5):宾夕法尼亚州为17.9%,俄亥俄州为21%,纽约为22.2%,肯塔基州为25.6%,马里兰州为35.6%。图17.5显示了地方所得税收入占总税收收入比重的增长情况。自1980年,地方所得税收入占税收收入的比重有小幅增长。2008年,地方所得税收入占地方税收收入的6.1%。多数大城市现在开征的所得税都是1970年设立的。

表17.5　　2008年地方所得税收入占地方税收收入的比例　　单位:%

州名称	占比	州名称	占比
马里兰州	35.6	密苏里州	4.0
肯塔基州	25.6	密歇根州	3.6
纽约州	22.2	亚拉巴马州	2.2
俄亥俄州	21.0	艾奥瓦州	1.8
宾夕法尼亚州	17.9	俄勒冈州	1.4
特拉华州	7.3	堪萨斯州	0.1
印第安纳州	7.0		

资料来源:US Bureau of the Census(2008)。

专栏17.3　2011年地方所得税概况

州名称	地区	税率	税基
亚拉巴马州	贝瑟默市、伯明翰市、加兹登市,杰斐逊县与梅肯县	0.45%~2%	人们从事交易、从业,或者经营的总收入;以工作地为基础
加利福尼亚州	洛杉矶与旧金山对雇主征收工薪税	1.5%	根据来自工作地的工薪课税

续

州名称	地区	税率	税基
特拉华州	威尔明顿市	1.25%	对威尔明顿的居民纳税人或在该地工作的非居民纳税人的收益，包括净利润
印第安纳州	对56个县课征印第安纳州县的调整总所得税（CAGIT）	尽管10个县可以课征超过1%的税率，但被法律认可的税率为0.5%、0.75%或者1.0%；实际税率的范围是0.5%～1.3%；对非居民纳税人的税率为0.25%	县的居民纳税人的应税所得，以及来自开征CAGIT、COIT或者CEDIT的县的非居民纳税人的所得
	对75个县课征印第安纳州县的经济发展税（CEDIT）	法定税率范围是0.1%～0.5%（有个别例外）；实际税率是0.1%～0.56%、与CAGIT和CEDIT的加总税率不能超过1%	县的居民纳税人的应税所得，以及来自开征CAGIT、COIT或者CEDIT的县的非居民纳税人的所得
	对28个县课征印第安纳州县的所得税（COIT）	税率不能超过0.6%，但是，如果公众投票通过，税率可以达到1%	县的居民的应税所得，以及来自开征CAGIT、COIT或者CEDIT的县的非居民纳税人的所得
	对24个县课征印第安纳州的可选择的地方所得税（LOIT）。为了减少财产税税负或者公共安全，将该税种的收入用于降低财产税的税负	最大税率为1%，但是受到征税目的的限制	县的居民的应税所得，以及县的非居民纳税人的所得（其所居住的县应已课征过县级税收）
艾奥瓦州	554个学区与阿珀努斯县	1%～20%	基于州所得税开征的附加税

续

州名称	地区	税率	税基
堪萨斯州	多数自治市与县对无形所得课税	大多数税率被设定为2.25%	对来自无形商品的收入课税
肯塔基州	第一类城市与大的县可能对企业的净利润征收一个开业许可税，并且（或者）对雇员来自该地区的工薪课税。许多地区都已课税	对于人口超过300000的市与县，适用的最大税率是1.25%；对于人口数量超过30000的县，可以征收最大税率为1%的税收。学区适用最大税率0.5%。实际税率范围在0.25%~2.5%之间	根据工作地确定收益。学区的税收不针对非居民纳税人征收。无论是城市，还是县，都征收开业许可税。在部分地方政府，支付给市级政府的开业许可税可以用于抵扣县级政府课征的开业许可税
马里兰州	23个县与巴尔的摩市	税率范围是1.25%~3.20%	马里兰州的应税所得。适用于课征税收的县的居民与非居民纳税人
密歇根州	22个城市	对居民与企业的最大税率为1%；非居民纳税人的税率为居民适用税率的一半。税率较高的有，底特律（2.5%）、海兰帕克（2%）、萨吉诺（1.5%）和大急流城（1.5%）	对居民的所有所得征税，对非居民纳税人来自城市的所得课税。对所得课税时，允许居民抵扣来自所居住的城市之外的所得
密苏里州	堪萨斯市与圣路易斯	1%	适用于居民的收益、城市内非公司交易的净收益以及非居民纳税人来自城市内部的收益
新泽西州	纽瓦克市有一个对雇主征收的工薪税	1%	根据来自工作地的工薪课税

续

州名称	地区	税率	税基
纽约州	纽约市有一个累进的所得税。扬克斯有一个所得的附加税	纽约市的最高税率为3.648%；扬克斯的税率为5%	纽约市：纽约州规定的应税所得；扬克斯：居民的收益（个人的、信托的与房地产的）与非居民纳税人来自市内的收益（个人的、信托的与房地产的）
俄亥俄州	市级所得税在710个自治市开征	如果未通过投票，则最大适用税率为1%。实际税率的变化范围在0.4%～3%之间	工资、薪金与其他报酬加上属于来自自治市的净利润
	在278个学区课征学区所得税	对税率没有限制，但是需要投票通过。实际税率为0.25%～2%	有两个可能的税基。多数地区针对州的应税所得课税。29个区对收入课税
俄勒冈州	三个区的交会地区（波特兰），雷恩县的交会区（尤金与斯普林菲尔德）	波特兰的税率是0.6319%；尤金的税率为0.6%	来自工作地的所有收益
宾夕法尼亚州	对于2621个小镇与城市（包括地方学区）征收所得税	合计税率为2.00%或者更少，以下地区除外：费城（3.98%）、匹兹堡（3%）、雷丁（2.7%）、斯克兰顿（3.4%）和威尔克斯－巴里（2.85%）	收益。居民与非居民纳税人都要纳税。在多数城市，如果非居民纳税人所居住的城市课征了所得税，那么，非居民纳税人可以得到抵扣

资料来源：Henchman（2008）、Lohman（2005）、Advisory Commission on Intergovernmental Relations（1988）和各州税务部门网站。

地方所得税的特点

萨莉·华莱士（Sally Wallace）和芭芭拉·爱德华兹（Barbara Edwards）提供了地方所得税结构的总体概况。在多数情况下，地方所得税是一个相对简单的税收。[12]税率在1%～5%之间（1%是常见情况）；在艾奥瓦州，地方所得税是州所得税的一个百分比。地方所得税针对工资与薪金征税是典型情况，而不是针对资本课税。但是，在堪萨斯州，所得税仅仅针对无形资产的收益征税。一些州的地方所得税在工作地缴纳，而另一些州在居住地缴纳。但底特律是例外，底特律根据居住地与工作地平分所得税。尽管地方所得税在各州之间在一定程度上呈现出相似的特点，但彼此之间的差异更大。与地方销售税一样，地方所得税的管辖权（指税收收入的使用权）有很大差异。

俄亥俄州，地方政府是地方所得税的主要使用者。几乎所有的市级政府都开征了税率为1%～3%的所得税，平均税率为1.3%。市级所得税以工作地点为征税基础。俄亥俄州还有一个针对学区征收的所得税，该税的35%用于学区本身。针对学区征收的所得税的税率一般为1%，学区可以选择以居住地为基础缴纳所得税，也可以选择以工作地为基础缴纳所得税。在艾奥瓦州，地方所得税只有学区适用，82%的地区开征了地方所得税。它是州所得税的一种附加税，税率一般在6%～10%之间。

与地方销售税一样，在多数州，地方所得税的税率可以由州来制定。同样，地方政府对它的收入来源结构也没有实际的控制权。

家庭对地方公共服务需求（边际收益）的程度通常与家庭收入具有正相关性。所得税与收益也有这样的关系。但由于同样收入水平的家庭偏好会有很大差异，所以，对一些家庭来说，所得税与收益之间的相关关系会比另一些家庭更为紧密。而且，不像财产税，有正统的理论认为所得税是受益税。因此，与地方销售税一样，地方所得税是受益税的结论并没有得到严格证明。

12年义务教育可能是一个例外。罗伯特·斯特劳斯（Robert Strauss）认为，与财产税相比，12年义务教育的收益与所得的关系更为密切。[13]他提出，教育产生了社会收益，是社会保障的一种形式；教育应该以宽税基、按能力纳税的税种作为其收入来源。因此，一种宽税基的所得税或消费税可能是筹集教育资金的一种适当方式。在一些州（阿肯色州、艾奥瓦州和俄亥俄州），地方所得税被用来支持学区建设。

与地方销售税相似，如果对在当地工作的人征收地方所得税，该税种将成为非居民纳税人的负担。它所带来的税收收入自然可以用来为非居民纳税人提供地方公共服务。但在许多州，地方所得税主要是对居民纳税人征收的。而且，地方所得税就算可以只对当地工作的人课税，也无法对当地访问者（如旅游者）征税。

许多针对地方所得税税基移动性影响所做的研究，都将焦点集中于费城。因为在费城，所得税税率有差别，这已经使得人们开始在地区间流动。据罗纳德·格里森（Ronald Grieson）估计，1965～1975年，就业人口中大约有14%的工作者是因为当地较高的所得税而离开费城。当时费城的所得税税率是其周边地区的3~4倍。㊹罗伯特·英曼（Robert Inman）与其他研究者发现，对于费城来说，就业与工薪税税率的之间的弹性大概为-0.11~-0.14。也就是说，税率每增加一个百分点，就业将降低1.1个~1.4个百分点。㊺托马斯·卢斯（Thomas Luce）发现，在费城，工薪税税率与就业之间的弹性为-0.6，也就是说，税率每增加10%，就业可能降低6%。㊻

地方所得税通常是单一税率，即使有例外，也是很少的税率档次，因此，尽管地方所得税产生了增加资本与劳动比的激励，该税种仍然具有较好的经济效率。地方所得税也能影响城市规模。戴维·威尔德森（David Wildasin）构建了一个单中心的城市模型，其结论为，在某些条件下，所得税可以促使一个更大且更为分散的城市，而这将损害福利。㊼

地方所得税可能具有轻微累退性。因为，并非所有的收入都被征税，而那些不被征税的收入（主要是资本所得）与高收入家庭密切相关。但是，有关地方所得税公平问题的研究没有定论。那些将地方所得税建立在州的所得税之上的州（如马里兰州），具有一个累进性质的地方所得税。这些州的地方所得税在横向上是比较公平的。因为，绝大部分的收入都被课税。纽约市的所得税更像一个州的所得税，它对绝大多数收入课税，而且设置了累进税率。

结　论

地方政府对财产税的依赖程度有所降低，一些县和大城市的情况更是如此。这些地方政府同时增加了使用费、地方销售税与地方所得税。其结果是，在过去的60年，地方政府收入结构的多样化程度有所增加。尽管在过去20多年里，这种多样化水平没有大幅度增加。从全国范围看，地方政府收入多样化水平在不同地区之间的差异十分明显。一组统计数据表明，康涅狄格州的地方政府收入中仅有17.6%来自除财产税之外的其他收入，而在亚拉巴马州，这一比例高达80.2%。

地方政府收入结构多样化具有许多优点。第一，对不同地区而言，特定收入来源产生收入的能力是不同的。因此，一组多元化的潜在收入来源可以使地方政府以更为有效的方式获得它们所需要的收入。从更广泛的意义上说，如果地方政府可以选择收入工具，那么，地方政府可以选择一个收入组合，以便将诸多合意的特点进行组合。如增长性、稳定性、公平性等。第二，非财产税的收入来源的存在意味着地方政府可以减少它们对财产税的依赖。第三，多样化的收入体系可以减少公共服务的受益者逃避承担相应成本的可能性。第四，多样化的收入来源结构可能会避免商业周期对总收入的影响，增加收入的稳定性。第五，收入多样化的最后一个优点是，通过对使用者收费来为公共服务提供必要资金，这样做有利于提高公共服务的效率。

非财产税收入的主要来源是使用费、地方销售税和地方所得税。2008年，上述三项收入占地方政府自有收入的比例分别为 25.4%、7.2% 和 3.8%。在过去 20 年中，尽管选民普遍反对财产税，但上述比例并没有明显增加。

对用户征收使用费是非常令人满意的。因为，这种方式可以使公共服务的提供水平在经济上更加有效。不过，对许多公共服务而言，无法采用对用户收使用费的方式筹资。也就是说，使用费的这一优势对不同的公共服务来说差异较大。为了应对 2008 年的金融危机，地方政府大范围地征收使用费，以提高其收入。2009 年，国际城市管理协会调查显示，46% 的地方政府增加了已有的收费，23% 的地方政府增加了新的收费项目。⑧

尽管如此，地方政府对使用费的依赖程度仍有很大差异，征收使用费仍然存在操作空间。对于那 23% 引入的新收费项目的地方政府来说，大多数收费项目与其他城市已经存在的收费项目极为相似。但这毕竟意味着，在此之前，还是有许多城市还没有考虑过这一收入来源。

从税收的观点看，销售税与所得税被认为在一些方面优于财产税。但令人感到奇怪的是，来自这两种税的收入并没有明显增加。2008 年，有 33 个州已经开征了地方销售税，其收入占全部地方税收入的 11.6%。地方所得税与工薪税在 15 个州开征，占所有地方税收收入的 6.1%。各州对地方销售税与地方所得税的依赖程度差异较大。

地方销售税与地方所得税也有一些潜在的缺点。第一，与财产税不同，这两种税与地方公共服务的受益者之间没有直接关系。第二，这两种税可能导致某些支出的增加。第三，与财产税相比，这两种税相对而言并不稳定，其税基也更容易移动。

地方政府没有开征地方销售税与地方所得税的一个主要的原因是，州并没有赋予地方政府开征这两种税的权力。而且，在大多数州，法定税率由州来制定，其收入也经常被指定用于支持特定的服务。这削弱了地方政府对这两种税的控制程度。即便在那些被允许开征销售税与所得税的地方，其地方政府也可能选择不开征地方销售税与地方所得税。而且，这些地方也没有过度依赖使用费。因此，只有州政府允许更多的地方政府开征这两种税，并且允许其更为慎重地使用其收入，同时，地方政府愿意应用他们现有的权力征收销售税、所得税，并提高对使用费的依赖程度，地方政府收入来源多样化的程度才会增加。

注释

① Snell（1993）；Tannenwald（2001）；Wallace（2010）。
② US Bureau of the Census（1951）。
③ US Bureau of the Census，State and Local Government Finance（2008）。财产税收入包括对房地产价值与个人财产的征税，无论是有形还是无形资产，也包括对拖欠房产税的罚款与利息，对销售或赎回基金征税而产生的收益。不包括以税收为依据进行的支付。
④ 使用的收入来源包括财产税、一般销售税、特殊销售税、个人所得税、公司所得税（多数州为 0 税率）、汽车牌照税、其他税收、当前收费以及其他多样化的收入。
⑤ Advisory Commission on Intergovernmental Relations（1988）。

⑥Yilmaz and Zahradnik (2008); Wallace (2010).
⑦Cole and Kincaid (2000).
⑧White (1983); Misiolek and Perdue (1987); Dye and McGuire (1991); Harmon and Mallick (1994).
⑨Bierhanzl and Downing (1998); Downing (1999); Duff (2004).
⑩Hamilton (1975); Fischel (2001).
⑪Zodrow (2001).
⑫Buchanan (1967); Buchanan and Wagner (1977).
⑬Wagner (1976); Ladd and Weist (1987)。文献综述可见 Sjoquist, Walker, and Wallace (2005); Sjoquist, Wallace, and Edwards (2004)。
⑭可查询 US Bureau of the Census, *State and Local Government Finances*, 可以获得多年度数据。
⑮Boyd and Jones (2010); Garner, North Carolina (2010); Ramsey, Minnesota (2010).
⑯Bierhanzl and Downing (1998); Downing (1999); Duff (2004).
⑰Gómez-Ibáñez and Small (1994); Small and Gómez-Ibáñez (1998).
⑱Niskanen (1971).
⑲Duff (2004); Fisher (2007).
⑳Fisher (2007); Downing (1999).
㉑Odeck and Brathen (2008).
㉒Holmgren (2007).
㉓Kinnaman (2006).
㉔ICMA (2010).
㉕Finley (2010).
㉖National League of Cities (2009).
㉗Watts (2010).
㉘Leinwand (2010).
㉙Dillon (2010).
㉚Downing (1992).
㉛Duff (2004).
㉜Due and Mikesell (1994).
㉝Mikesell (1971); Mikesell and Zorn (1986); Fisher (1980); Fox (1986); Walsh and Jones (1988); Tosun and Skidmore (2007).
㉞Walsh and Jones (1988).
㉟Mark, McGuire, and Papke (2000).
㊱Lewis (2001).
㊲Institute on Taxation & Economic Policy (2009).
㊳Fullerton and Rogers (1993).
㊴Dye and Merriman (2005).
㊵Matthews (2005); Winters (2007).
㊶美国统计局认为对企业课征的工薪税是营业税,而不是所得税。
㊷Wallace and Edwards (1999).
㊸Strauss (1995).

㊹Grieson (1980).

㊺Inman, Hines, Preston, and Weiss (1987).

㊻Luce (1994).

㊼Wildasin (1985).

㊽ICMA (2010).

参考文献

Advisory Commission on Intergovernmental Relations (ACIR) (1988). *Local Revenue Diversification: Local Sales Taxes*. SR-12. http://www.library.unt.edu/gpo/acir/Reports/staff/SR-12.pdf.

Bierhanzl, Edward J., and Paul B. Downing (1998). "User Charges and Bureaucratic Inefficiency." *Atlantic Economic Journal* 26 (2): 175-189.

Boyd, David A., and Monica J. Jones (2010). *City of Smyrna, Georgia, Schedule of Fees and Charges*, 2010. http://www.smyrnacity.com/Modules/ShowDocument.aspx?documentid=1012. Accessed September 15, 2010.

Buchanan, James M. (1967). *Public Finance in a Democratic Process*. Chapel Hill: University of North Carolina Press.

Buchanan, James M., and Richard Wagner (1977). *Democracy in Deficit: The Political Legacy of Lord Keynes*. New York: Academic Press.

Cole, Richard L., and John Kincaid (2000). "Public Opinion and American Federalism: Perspectives on Taxes, Spending, and Trust—An ACIR Update." *Publius* 30 (1): 189-201.

Dillon, Sam (2010, September 10). "Public Schools Face Lawsuit over Fees." *New York Times*. http://www.nytimes.com/2010/09/10/education/10education.html?_r=1.

Downing, Paul B. (1992). "The Revenue Potential of User Charges in Municipal Finance." *Public Finance Quarterly* 20 (4): 512-527.

Downing, Paul B. (1999). "User Charges, Impact Fees, and Service Charges." In *Handbook on Taxation*, edited by W. Bartley Hildreth. New York: Marcel Dekker. 239-262.

Due, John F., and John L. Mikesell (1994). *Sales Taxation: State and Local Structure and Administration*. 2nd ed. Washington, DC: Urban Institute Press.

Duff, David G. (2004). "Benefit Taxes and User Fees in Theory and Practice." *University of Toronto Law Journal* 54: 391-447.

Dye, Richard F., and Therese J. McGuire (1991). "Growth and Variability of State Individual Income and General Sales Taxes." *National Tax Journal* 44 (1): 55-60.

Dye, Richard F., and David F. Merriman (2005). "State Revenue Stability: Alternative Conceptualizations." *Proceedings of the Ninety-Seventh Annual Conference on Taxation*. Washington, DC: National Tax Association. 258-268.

Finley, Bruce (2010, September 12). "Budget Cuts Leave State Parks Struggling to Handle More Visitors." *Denver Post*. http://www.denverpost.com/news/ci_16053952.

Fischel, William A. (2001). "Municipal Corporations, Homeowners, and the Benefit View of the Property Tax." In *Property Taxation and Local Government Finance*, edited by Wallace E. Oates. Cambridge, MA: Lincoln Institute of Land Policy. 33-77.

Fisher, Ronald C. (1980). "Local Sales Taxes: Tax Rate Differentials, Sales Loss, and Revenue Estimation." *Public Finance Quarterly* 8: 171-188.

Fisher, Ronald C. (2007). "Pricing of Government Goods—User Charges." In *State and Local Public Finance*. Mason, OH: Thomson South-Western. 170-196.

Fox, William F. (1986). "Tax Structure and the Location of Economic Activity along State Borders." *National Tax Journal* 39: 387-401.

Fullerton, Don, and Diane Lim Rogers (1993). *Who Bears The Lifetime Tax Burden?* Washington, DC: The Brookings Institute.

Gómez-Ibáñez, José A. and Kenneth A. Small (1994). *Road Pricing for Congestion Management: A Survey of International Practice*. Washington, DC: Transport Research Board, National Academy Press.

Garner, North Carolina (2010). 2010-2011 *Town of Garner Fees and Charges*. http://www.ci.garner.nc.us/Publications/Administration/FeeSchedule_2010_2011.pdf. Accessed October 24, 2010.

Grieson, Ronald E. (1980). "Theoretical Analysis and Empirical Measurements of the Effects of the Philadelphia Income Tax." *Journal of Urban Economics* 8 (1): 123-137.

Hamilton, Bruce W. (1975). "Zoning and Property Taxation in a System of Local Governments." *Urban Studies* 12: 205-211.

Harmon, Oskar Ragnar, and Rajiv Mallick (1994). "The Optimal State Tax Portfolio Model: An Extension." *National Tax Journal* 47 (2): 395-402.

Holmgren, Johan (2007). "Meta-Analysis of Public Transport Demand." *Transportation Research Part A* 41: 1021-1035.

ICMA (2010). *ICMA State of the Profession Survey Report* 2009. http://icma.org/en/icma/knowledge_network/documents/kn/Document/100267/ICMA_2009_State_of_the_Profession_Survey. Accessed June 2010.

Inman, Robert P., Sally Hines, Jeffrey Preston, and Richard Weiss (1987). "Philadelphia's Fiscal Management of Economic Transition." In *Local Fiscal Issues in the Philadelphia Metropolitan Area*, edited by Thomas F. Luce and Anita A. Summers. Philadelphia: University of Pennsylvania Press. 98-115.

Institute on Taxation & Economic Policy (2009). *Who Pays? A Distributional Analysis of the Tax Systems in All 50 States*. Washington, DC: Institute on Taxation & Economic Policy.

Kinnaman, Thomas C. (2006). "Examining the Justification for Residential Recycling." *Journal of Economic Perspectives* 20 (4): 219-232.

Ladd, Helen F., and Dana R. Weist (1987). "State and Local Tax Systems: Balance among Taxes Versus Balance among Policy Goals." In *The Quest for Balance in State-Local Revenue Structures*, edited by Frederick D. Stocker. Tax Policy Roundtable/Property Tax Papers Series #TRP-16. Cambridge, MA: Lincoln Institute of Land Policy. 39-69.

Leinwand, Donna (2010, March 18). "Cities, States Tack on More User Fees." *USA Today*. http://www.usatoday.com/news/nation/2009-03-17-user-fees_N.htm.

Lewis, Paul G. (2001). "Retail Politics: Local Sales Taxes and the Fiscalization of Land Use." *Economic Development Quarterly* 15 (1): 21-35.

Lohman, Judith (2005). "Local Income Taxes." OLR Research Report 2005-R-08760. http://

www.cga.ct.gov/2005/rpt/2005-r-0860.htm.

Luce Jr., Thomas F. (1994). "Local Taxes, Public Services, and the Intrametropolitan Location of Firms and Households." *Public Finance Quarterly* 22 (2): 139-167.

Mark, Stephen T., Therese J. McGuire, and Leslie E. Papke (2000). "The Influence of Taxes on Employment and Population Growth: Evidence from the Washington, DC Metropolitan Area." *National Tax Journal* 53 (1): 105-123.

Matthews, John (2005). *Tax Revenue Volatility and a State-Wide Education Sales Tax*. FRC Policy Brief No. 109. Atlanta: Fiscal Research Center, Andrew Young School of Policy Studies, Georgia State University.

Mikesell, John L. (1971). "Sales Taxation and the Border County Problem." *Quarterly Review of Economics and Business* 11: 23-29.

Mikesell, John L., and C. Kurt Zorn (1986). "Impact of the Sales Tax Rate on Its Base: Evidence from a Small Town." *Public Finance Quarterly* 14 (3): 329-338.

Misiolek, Walter, and D. Grady Perdue (1987). "The Portfolio Approach to State and Local Tax Structure." *National Tax Journal* 40 (1): 111-114.

National League of Cities (2009). *Alternative Revenue Sources for Cities*. http://www.nlc.org/ASSETS/ABE8C4B51BE744CoBDECB5B81A985F89/CPB%20-%20Alternative%20Revenue%20Sources%20for%20Cities%20Mar09.pdf.

Niskanen, Jr., William A. (1971). *Bureaucracy and Representative Government*. Chicago: Aldine.

Odeck, James, and Svein Brathen (2008). "Travel Demand Elasticities and Users Attitudes: A Case Study of Norwegian Toll Projects." *Transportation Research Part A* 42: 77-94.

Ramsey, Minnesota (2010). *City of Ramsey 2010 Adopted Schedule of Rates, Fees, and Charges*. http://www.ci.ramsey.mn.us/Documents/CMS/finance/rates/2010_Rates,_Fees,_and_Charges%5B1%5D.pdf. Accessed October 24, 2010.

Small, Kenneth A., and José A. Gómez-Ibáñez (1998). "Road Pricing for Congestion Management: The Transition from Theory to Policy." In *Road Pricing, Traffic Congestion and the Environment: Issues of Efficiency and Social Feasibility*, edited by Kenneth J. Button and Erik T. Verhoef. Northampton, MA: Edward Elgar. 213-246.

Sjoquist, David L., Mary Beth Walker, and Sally Wallace (2005). "Estimating Differential Responses to Local Fiscal Conditions: A Mixture Model Analysis." *Public Finance Review* 33 (1): 36-61.

Sjoquist, David L., Sally Wallace, and Barbara Edwards (2004). "What a Tangled Web: Local Property, Income and Sales Taxes." In *City Taxes, City Spending: Essays in Honor of Dick Netzer*, edited by Amy Ellen Schwartz. Northampton, MA: Edward Elgar. 42-70.

Snell, Ronald (1993). *Financing State Government in the 1990s*. Denver: National Conference of State Legislatures.

Strauss, Robert P. (1995). "Reducing New York's Reliance on the School Property Tax." *Journal of Education Finance* 21 (1): 123-164.

Tannenwald, Robert (2001). "Are State and Local Tax Systems Becoming Obsolete?" *New England Economic Review* 4: 27-43.

Tosun, Mehmet S., and Mark L. Skidmore (2007). "Cross-Border Shopping and the Sales Tax: An Examination of Food Purchases in West Virginia." *B.E. Journal of Economic Analysis &*

Policy 7 (1): Art 63. http://www.bepress.com/bejeap/vol7/iss1/art63.

US Bureau of the Census (1951). *US Statistical Abstract*. 72nd ed. Washington, DC: US Printing Office.

US Bureau of the Census (2008). *State and Local Government Finances*. http://www.census.gov/govs/estimateWagner, Richard E. (1976). "Revenue Structure, Fiscal Illusion, and Budgetary Choice." *Public Choice* 25 (Spring): 45-61.

Wallace, Sally (2010). *State and Local Fiscal Policy: Thinking Outside the Box*. Northampton, MA: Edward Elgar.

Wallace, Sally, and Barbara M. Edwards (1999). "Personal Income Tax." In *Handbook on Taxation*, edited by W. Bartley Hildreth and James A. Richardson. New York: Marcel Dekker. 149-190.

Walsh, Michael J., and Jonathan D. Jones (1988). "More Evidence on the 'Burden Tax' Effect: The Case of West Virginia, 1979-1984." *National Tax Journal* 61 (2): 261-265.

Watts, Jim (2010, August 31). "Kansas 'Driveway Tax' Derided." *Bond Buyer*. http://www.bondbuyer.com/issues/119_416/driveway-tax-derided-1016651-1.html.

White, Fred C. (1983). "Trade-Off in Growth and Stability in State Taxes." *National Tax Journal* 36 (1): 103-114.

Wildasin, David E. (1985). "Income Taxes and Urban Spatial Structure." *Journal of Urban Economics* 18 (3): 313-333.

Winters, John V. (2007). *Tax Revenue Stability of Replacing the Property Tax with a Sales Tax*. FRC Policy Brief. http://aysps.gsu.edu/frc/1415.html164. Atlanta: Fiscal Research Center, Andrew Young School of Policy Studies, Georgia State University.

Yilmaz, Yesim, and Robert Zahradnik (2008). "Measuring the Fiscal Capacity of the District of Columbia—A Comparison of Revenue Raising Capacity and Expenditure Need, Fiscal 2005." Washington, DC: National Tax Association.

Zodrow, George R. (2001). "Reflections on the New View and the Benefit View of the Property Tax." In *Property Taxation and Local Government Finance*, edited by Wallace E. Oates. Cambridge, MA: Lincoln Institute of Land Policy. 79-111.

第 18 章　州税务管理：待解决的七个问题

比利·汉密尔顿（Billy Hamilton）

姜明耀　译

与州的税收政策一样，州的税务管理的当今时代始于 20 世纪 70 年代末。今天的州级税务机构的基本形式在 1980 年已基本形成。当时，各州进行了一些结构化的改革，目的是使税收征管更为集中，以提高效率与效果。税务机构的领导者多为任命而非选举产生。多数州将主要税种的管理集中于一个机构。而且，税务部门的组织机构改组不是按照税种而是按照功能进行划分。①

第一代计算机税务系统开始出现，尽管这只是数据处理的早期阶段。那时，因特网还没有面向公众，万维网也是接下来几十年的事，但是一些基本要素发展很快，推动了因特网的革新。大多数人当时并不知道因特网，但因特网的雏形已经形成。1977 年，个人计算机第一次成功地进行了商业化运作。IBM 的个人计算机 1981 年首次面世。

与此同时，因为征收机构运作的外部环境发生了巨大改变，这些因素也开始发挥作用。1978 年，加利福尼亚州通过的"13 号提案"，包括了税收方面的变革，并且最终在全国推开。税收政策成为政治的一个弹球，在 1981～1982 年的衰退时期，人们开始关注公司税。1978 年初到 21 世纪，政府减税、增税到再减税以应对反对税收、经济衰退与经济复苏的综合影响。各州在 20 世纪 80 年代早期开始提供税收减免，增加对企业的税收激励。1981 年末到 1990 年初，至少有 30 个州推行免税计划。②

税收减免除了有潜力创造一种快速收入之外，人们还发现，各州越来越意识到对税法不遵从所带来的挑战。早在 1962 年，国内税务局（Internal Revenue Service）就曾对税收遵从做过详细研究，州政府担心的仅仅是"税收缺口"，20 世纪 70 年代末期，随着一则新闻的发布，这一问题逐渐显现。据新闻报道，在"地下经济"中，存在数十亿美元的不明交易。税收管理仍然滞后。例如，克拉拉·彭尼曼（Clara Penniman）1980 年的研究发现，从 20 世纪 50 年代末开始，所得税的管理已经有所改进，但它仍"无法适应纳税人数量的增长与执法复杂性的增加"。③

彭尼曼的结论今天可能仍然适用。在过去 30 年中，世界发生了根本性变化。税收管理者必须应对这样的改变。但是，今天我们所依赖的管理结构却同 1980 年的管理结构基本相似。可以确定的是，在过去 30 年中，专业领域内有许多革新，革新的趋势更快、更自动化。数据分析与搜集变得更为复杂，审计技术也得到了改善。人们也更关注于"消费者服务"。但税收管理结构本身却与税收改革第一次在全国范围推行时的情况没有什么差异。

尽管一类机构与另一类机构的结构不同，税收管理的核心功能——征收与处理、政策与遵从——却是一样的。纳税人数量的增加与税制所带来的复杂性的增加，对管理机构提出了挑战。无论如何，问题变得越来越明确。实际上，各州正在用20世纪的管理结构来应对21世纪的经济情况。我们也可以说，他们正在努力用20世纪的税收结构来处理21世纪的经济，但总是失败。

2007年末，金融体系的崩溃与其所造成的经济"大衰退"，使得上述问题恶化，对各州预算产生了极大压力。④ 在2007年末到2010年这段时间，几乎没有什么例外，税收收入暴跌，政府不得不采用各种办法来平衡预算。税务机构也不能免于削减预算，正如他们在以往预算危机中所遭遇情况一样。

伴随着收入以一个空前的比例下降，征收机构发现，为了减少预算缺口，它们面临着越来越大的压力，经常需要处理因员工数量减少而带来的问题，因为税务机构人员数量同纳税人数量之间有必然关系。通常是，在没有足够资源的条件下，征管机关要在与税收和其他政策相关的法律方面寻找弥补收入缺口的办法，为了支撑经济的发展，或者以不同的方式维持税制（目标也经常冲突），这些目标总是要同时达到，其政治上的意义远比政策内容本身更为重要。

经济衰退并不仅仅产生了税收管理的新问题，它也对专业化提出了挑战。我们以管理者与学者都关心的"税收缺口"问题为线索，包括税收缺口在内至少有七个"缺口"对税收管理的现状提出了严峻挑战。

数据缺口：我们对我们应知的问题知道得太少了

各州存在多股政治力量。它们所创造的前工业社会留下了一些遗产，如丰富的经验，因此，它们可以不受约束地制定制度。当然，它们也有许多共同特点，但每个州，在州和地方政府的功能与彼此之间关系的问题上，它们都有自己的看法。实际上，很难列举这些不同。一些州行政长官的权力较大，管理结构是内阁式，而另一些州或多或少具有一定的自治特点。在一些州，预算在立法过程中的地位突出，而行政长官的权力较弱。一些州的最高领导集体是选举产生的，而另一些则不是这样。一些州赋予地方政府很大的责任，而另一些州则为地方政府提供很多帮助。这样的例子还有很多。

这种多样性是联邦制度的优势。它们可以根据自身需要，在一定的政治约束下，进行自由改革。但这也并非一个完美的结局。随着时间的推移，某一州会吸取其他州的经验。尽管这是一个积极而广泛的过程，在20世纪末期才得以发展。1908年成立全国性州长联合会，各州议会直到1975年才建立。州预算的全国性联合会在1945年建立。州的两个主要的税收机构协会——美国税务管理者协会（FTA）与跨州税务委员会（MTC）分别成立于 1937 年和 1967 年。

MTC 的成员从未包括所有州，其成立是为了避免联邦政府抢占跨州交易的税收收入，同样也是为了避免联邦政府总是提出比 FTA 更多的限制。FTA 是一个税收管理者的协会，所有州都参与，还包括哥伦比亚特区与纽约市。FTA 是在大萧条时期由北美汽油税会议（NAGTC）、国家税务管理者协会（NATA）与国家烟草税协会（NTTA）组织起来的，而这些独立的组织在 FTA 成立之后很长时间也一直存在。1984 年，这三个组织合并为 NATA。NAGTC 成为 NATA 的一个部门，负责汽车燃油税，NTTA 成为 NATA 负责烟草税的部门。1988 年 6 月，NATA 与 FTA 合并，仍然使用 FTA 的名称。

两个协会的组织结构具有跨州的性质，因而为信息共享提供了许多机会。这可以通过会议、培训以及近来开始的电子信息共享等方式实现。一个管理机构可以向其他管理机构学习，并与其他机构一起合作，以便更有效率地解决它们共同关心的问题。联邦政府有关州的税收改革就是它们经常关注的议题。简化销售税项目（Streamlined Sales Tax Project，SSTP）是近期发生的这种合作的例子。⑤FTA 为各州与国内税务局之间的交流提供了一个平台，同时，已经以改进填报方法与信息共享为由向税收管理者提供了一定奖励。

但是，在提供有关州税务管理的征管信息方面，这些协会的作用是有限的。由于员工数量有限，这些协会必须更关注政策。例如，如何对服务课征销售税，或者在一个既定事件上国会应当做什么——而非税收征管的结构。也有例外，FTA 有单独的部门负责处理有关汽车燃油税与烟草税的征管、技术与收入预测等特定问题。在每年年会上，各州以一种"怎样做"的形式来分享它们的成功案例。在会上，被认为最好的观点可以得到相应奖励。但要清晰理解这些机构内部本身是如何运作的，是比较困难的，这也是这些机构本身多样性所带来的后果。

实际上，为税收征管提供所需要的更多细节是很困难的。20 世纪 90 年代到 21 世纪初这段时间，FTA 决定找到共同的具有核心性质的特点，以便在不同州之间做出比较。FTA 最初由威廉·雷明顿（William Remington）领导。此人随后成为特拉华州财政局税务部门的主管。这项任务被证明是很困难的，最后也没有成功。其部分原因是，对不同特点事物进行定义是比较困难的；另一部分原因是，完成这一任务需要重新组织与规划现有的州系统，以便可以提供信息——而大多数州的职员有其他方面优先权。

缺少共同的数据库，除了一些小问题，很难有效分析当今税收征管所面临的问题。实际上，我们已经意识到，问题是什么以及我们理解的共同特点是什么，但缺乏一个共同的系统来搜集与提供这些信息。针对这一问题，也有一些学者进行了专门的研究，但这些研究受到时间的限制，也受到各州税收管理变化的限制。很少有人能够一年又一年地领导税务部门。尽管许多人在这些机构实际工作的时间已经超过了他们的原定期限，但这样的工作更多属于短期任命。

因此，与个别州管理它们的税收政策的具体做法相比，我们更多掌握的是州的税收政策的选择范围。如果我们以改善税收管理为目标，那么，这一缺口是我们应当努力填补的。但是，这一缺口对于研究者来说，是研究中的一个主要制约条件。通过 FTA，税务机构可以在需要时共享信息。但令人惊奇的是，在一些人们普遍感兴趣的特殊问题上，却无法做到信息共享。在这些问题上，联邦政府具有先天优势，这是一个重要的例子。⑥ 从某种程度上说，税务部门是岛链中的岛屿，每一个都是整体的一个部分，但每一个都很关注它们自己的问题，而非其相邻岛屿的问题。但是，尽管如此，无论你访问哪个岛屿，问题却是十分相似的。在当前经济环境下，为了管理税法，它们从限制资源开始。

资源缺口

在公共管理领域有一个公理：管理者很少能够占有工作所需的所有资源。同其他公共部门一样，州税务管理部门也存在这样的问题。它们必须在许多任务中分配它们的合法收入，在不同任务之间做出适当权衡，如应在增加技术投入还是增加员工方面做出选择。这一选择有一个内在的逻辑，即税务人员与计算机都可以提供，但即便如此，选择起来也不是如此简单。电话征收员与审计员混合的比例是多少才适当？在这种组合中，税收执行的重要性如何？以下哪种目标的优先级别最高：是尽快获得税收信息，扩大审计的覆盖范围还是决定目前征收的税款是否及时入库。没有一个统一的解决范式。每种都很重要，取决于最终的资源条件——主要以预算方式体现。

但人员是一个特别应当给予关注的问题。对于评估、客户服务、审计与执行来说，税收管理关键在人。尽管税务部门在一定程度上开始了私有化（主要任务是征收跨州的税收），任何税务机构一半以上的预算都被用于员工工资与福利。税务管理者抱怨他们养不起专业技术人员——特别是税务审计人员——这些人员正在流向私人部门。对会计事务所这样的财务企业来说，州与地方税收的重要性越来越突出，拥有跨州业务的公司早在 20 世纪 80 年代早期就强调州与地方税收的重要性，这些因素导致了这些公司对来自各州税务部门的具备专业税收知识的人才产生了持续而稳定的需求。使税务部门懊恼的是，它们竟然成为私人部门人才的培训学校。

另外，技术是比较昂贵的，实施新的技术也经常会伴随着风险。浏览任何州财经新闻，你会发现，各州存在大规模的计算机系统工程失败的案例。考虑这一因素，在预算有限的条件下，对于是否在计算机系统上投入数百万美元这样的问题上，立法者往往表现得犹豫不决。因为只有在巨大投入后的多年之后，我们才能判断投入是否有效。

但这些常见问题在 2007～2009 年经济衰退期间变得十分复杂。2007 年 12 月开始的全国范围的经济衰退，给全国所有州的预算带来了前所未有的挑战。"大萧条后的最严重的情况"这样的表述，无论其是否正确，在许多州都可以经常听到这样的说法。作为房地产市场崩溃的后果，一些州早在 2007 年就出现收入下滑的情况。另一些州在 2008 年秋季金融危机爆发之前并没有经历财政上的挑战。一些州，特别是那些能源产业比较发达的州，在金融危机爆发很长时间之后才受到经济衰退的影响。另外，根据《美国复苏与再投资法案》，联邦政府对各州的财政支持大幅度增加，这样的做法有助于降低经济衰退对各州预算的影响，但另一方面，当2011财政年度联邦政府开始撤回资金支持时，各州会面临一个陡峭的预算"悬崖"。

根据华盛顿预算与政策中心的分析，在2008~2010年这一期间，至少有46个州，外加哥伦比亚特区都削减了预算，政府提供的主要服务的预算也被削减了，包括健康医疗、为老年人提供的服务、12年义务教育以及高等教育。⑦没有哪个部门的预算是完全没受影响的，包括税务部门。在过去遇到预算困难时，各州一般会增加对税务部门的预算，希望借此增加收入，帮助政府缩小预算缺口。但在2007~2009年经济衰退及其之后的一段时间，上述结论变得更为含糊。一些州的税务机构保持它们的预算不变，特别是促进税收遵从的领域。其他多数机构经历了下面一种或几种情况：全面的削减预算、有针对性的削减预算、停止增加雇员、暂时解雇员工、提前退休或者裁员，这些做法都是立法者为预算平衡寻找的方法。

不幸的是，我们无法得到有效的信息，无从掌握削减预算的规模、程度以及它们对收入体系的影响。可以提供的只是一些琐碎的数据。但是，将这些我们已知的与预算战略有关的数据进行整合，在21世纪第一个十年将要结束的时候，对许多税收管理者所面临的预算环境有一个大概的了解。

表18.1总结了各州2009~2010财政年度所实施的各种预算内容，这些信息来自州政府预算部门协会、预算与政策中心以及每个州的预算。这些方案涉及的预算内容广泛，从削减服务到增加税收。从税务机构的角度看，预算的效果主要体现在一些变化之中。这些变化是，减少员工的数量、全面或有针对性地削减预算。这些数据表明，实际上，大多数影响是进行临时解雇的结果，多数州都采用了这样的做法。

表18.1　2009~2010财政年度为降低或消除州预算的短期下降而采用的策略

预算项目	州的数量（个）		备　注
	2009年	2010年*	
裁员	19	26	包括削减未录用的岗位与实际裁员
临时解雇	15	22	本质上是给员工不带薪假期
提前退休	6	6	
减薪	9	12	减薪通常用来替代裁员
削减收益	6	9	减少当前与未来的退休金或者医疗保险收益
全面削减预算	29	28	通常是5%~10%
有针对性地削减预算	33	36	主要内容：缩小州提供的基础设施，削减12年义务教育与高等教育（一般来说，规模较大），使用预算支付的旅游，取消增加薪金的原计划，延期支付（如对地方学区的支付）等

续表

预算项目	州的数量（个） 2009年	州的数量（个） 2010年*	备注
减少对地方政府援助	17	22	除了支持地方的学校，有些州还有对地方政府的大规模的援助
机构重组	7	14	通常是稳定或减少管理成本
私有化	3	3	包括邮政部门、州管辖的港口、州专营酒精饮品的商店与彩票站的私有化
为应对困难而保留的基金、储备	26	19	包括用来平衡预算的来自其他的州的基金
扩大博彩范围	1	2	典型做法是增加强力球或者超级百万博彩项目
扩大赌博范围	0	3	并不是很多州采取这种的做法，因为多数州在政治上已经很大程度接受了赌博，且近年来赌博收入降幅明显
一般性地增加税收	29	—	总数量是净增加的。可能包括同时减少一些税收而增加一些其他的税收。无法提供2010财年的数据，因为税收预算被立法机构推迟了。9个州在2009财年的税收收入减少。增加最多的是销售税与个人所得税，主要是因为加利福尼亚州、马萨诸塞州与纽约州的增加
征收使用费	8	15	
更高的教育收入	6	10	提高学费以抵消一般性教育基金比例的降低
与法律相关的收费	5	14	例如，各州会考虑新的超级超速罚款，超过每小时85英里时，增加200美元的罚款
交通汽车的收费	8	11	通常是收取更高的汽车注册收费
与企业相关的收费与税收	3	9	通常是收取更高的执照费
其他	16	23	包括销售与回租各州的财产、举债、债务重组、冻结招聘计划以及使用联邦刺激基金以应对当前问题

注：*截至2010年6月，一些立法仍在进行。

资料来源：National Association of State Budget Officers, Federation of Tax Administrators, Center on Budget and Policy Priorities。

对于税务机构来说，这些政策的影响可以在表18.2中看得更为清楚。表中数据来自FTA对税务机构的一个调查（但不是所有的机构都进行了反馈），这些信息主要涉及预算文档与新账户的情况。该表为经济衰退对税务机构的影响勾画了一个有限的图景（但是，这是可获得的最好的资料）。

表 18.2　2009～2011 财政年度选定的州的税务机构削减预算的方式

州名称	削减预算方式
亚利桑那州	2009 财政年度进行了裁员，2010、2011 与 2012 财政年度采用了临时解雇
加利福尼亚州	临时解雇。从 2010 年末开始州税务局的均等化委员会与税收特许权委员会不再实行这计划
科罗拉多州	2010 财政年度实行临时解雇
康涅狄格州	冻结招聘与临时解雇
佛罗里达州	可以继续雇佣审计人员
佐治亚州	为了增加州的收入而增加了税收审计人员
夏威夷州	需要州长同意才能增加人员。一个月两次临时解雇；裁员政策优先于临时解雇
伊利诺伊州	冻结招聘，但是可以增加审计人员。一个财政年度内，实行 24 天的临时解雇，而监察人员与审计人员自愿选择临时解雇的天数
肯塔基州	冻结招聘与临时解雇
路易斯安那州	冻结招聘，但是税务机构除外，税务机构可以增加 20 个审计人员。在审计部门中，没有临时解雇或裁员。但是税务机构实行了一个避免解雇的办法，即员工只要在 2010 年 8 月 31 日之前选择退休，可以节省大概 6 个月工资支出。税务机构可以保持空位一年时间。53 个员工选择了这一方法，其中也包括一定数量的现场审计人员
缅因州	冻结招聘，在 2010 财政年度实行 10 天的临时解雇，2011 年财政年度增加了 10 天
马萨诸塞州	冻结招聘与临时解雇。也提供了一些激励措施，以鼓励减少现有人员。考虑过裁员，但是 2009 年秋季并没有实行
蒙大拿州	无
内布拉斯加州	在年末收入下降之后，2010 年 7 月实行了 2 天的临时解雇
俄勒冈州	2010～2011 年实行了 10 天的临时解雇
得克萨斯州	税务机构在 2009 年获得了额外的预算用来增加审计人员。在 2010～2011 财政年度，所有机构都被要求减少 5% 的预算，提交的 2012～2013 财政年度预算在现有基础上减少 10%
华盛顿州	临时解雇，税务机构除外
威斯康星州	2009 年 7 月 1 日至 2011 年 6 月 30 日，每个全职岗位实行 16 天的临时解雇。税务机构可以补充办公室审计人员，现场审计人员以及审计监察人员等岗位的空缺
怀俄明州	冻结招聘；减少 4 个岗位

资料来源：Federation of Tax Administrators Survey, summer 2010; survey of individual agency budgets and websites.

根据调查所得结论，各州实行的临时解雇政策对税务部门产生了重要影响。他们发现，各州为了削减预算，必须减少人力成本。因为，与税务机构的情况一样，对于多数州的预算机构而言，在其总预算中工资与福利占了很高的比例。回顾一下有关临时解雇政策的相关新闻标题，可以发现，其目标是在不使员工失业的条件下减少人力成本。我们总是以一种冰冷的基调来谈论失业问题，但是临时解雇政策却被通过了。在该计划下，雇员在一个、两个或更多财政年度中的一些特定天数内是没有工资的。通常情况是，临时解雇的天数被分配在一年当中的不同时间，以免造成无法提供相应服务的情况。例如，这一策略促使了加利福尼亚州的常用词语"临时解雇周末"的诞生，该州的临时解雇政策有两种不同的形式，这样的做法存在一些争议。因此，2011年财政计划中已停止了这样的做法，且已经得到该州法院通过。税务部门已经不在第二轮的临时解雇政策的名单之中。

只有少数几个州的税务机构经历了真正的裁员，但裁员的规模有限。亚利桑那州的税务机构裁员较多，因该州是受此次经济衰退影响最大的州之一。2009年2月，为了削减预算，亚利桑那州的税务部门裁员了200多人，节省了950万美元。在此之前，税务部门已经减少了53个可能招聘的人员。该部门有正式雇员1164人，但从2008年春季开始，在一定程度上不再新增雇员。裁员后，该部门只剩950人。临时解聘也会优先于正式裁员。据报道，税收征管人员与审计人员的裁员比例达到44%。

当然，多数人认为，完整的预算周期总是会对政府机构形成一些约束，与其他企业一样，政府机构也需要节省人力成本。在私人公司面临统一的困难时，它们也会做出这样的决定，这也是合理的。裁减税务部门的人员所带来的问题是，是否因为他们的工作是为了州政府征税就应有所例外。就亚利桑那州的例子来说，有关部门表示，2010财年该州将损失1.74亿美元，这是部分交易与所得未能缴纳公司所得税的结果。但是，立法者很难以一种具体的方式来证明这样规模的可预计损失有多少。这些影响有时是不可预知的。在这样的情况下，亚利桑那州的管理部门表示，由于许多企业在经济衰退时遭受损失，所以税款的征收无论如何也会下降，这意味着征管人员减少的影响不会太大。

在加利福尼亚州，围绕税务部门进行临时解雇的政策，也有许多类似的讨论。州长阿诺德·施瓦辛格（Arnold Schwarzenegger）要求该州多数政府职员从2009年2月开始，有两天不能获得薪水，他也拒绝了本州的税收特许权委员会提出的不适用这一规定的申请。同年7月1日，增加了第三个无薪工作日之后，税务机构5300位员工的工资总计减少了14%。在2010年7月该临时解雇政策结束时，税务局特许权委员会的无薪计划预计共节省了6500万美元。

在加利福尼亚州分支式的管理结构下，还存在一个独立于州政府的主要税收征收机构——均等化委员会。这样做可以避免临时解雇。最后，2010～2011财政年度，尽管当时的税务部门已经在政府的直接管理之外，但法院还是要在法律上明确政府决定临时解雇雇员的范围。法院从其管理职责角度出发，没有在法律上支持临时解雇政策。随后法院也针对特许权委员会与均等化委员会是否适用临时解雇政策进行了投票。

但是，没有了临时解雇也并不意味着税务部门可以逃避压缩预算。以均等化委员会为例，与其他机构一样，该机构拒绝对所有员工实行临时解雇计划。税务部门通过强化管理缩减了14%的工资薪金预算支出。均等化委员会被要求在2009~2010年之间，从其4.65亿美元的预算中减少4150万美元。为了达到预算的要求，委员会暂停了增加新人与晋升的计划。因超过1000人自愿离开，由此也减少了运营预算。总之，按照预算部门所提要求，最终减少了大约4150万美元的预算。

当政府想要在2010年推行一个新的临时解雇政策时，上述两个税务部门并未更新它们的临时解雇政策。新政策并不涉及征收部门，如特许权委员会。但加利福尼亚州参议院监督和结果办公室（CSOOO）于2010年2月发布的一份报告，测算了早期的临时解雇政策对税收征管的损害程度。⑧据这份报告预计，由于临时解雇的职员在没有工资时不会为了征税与审计而努力，特许权委员会将损失4.65亿美元的税收。

报告表明，就临时解雇政策而言，"与特许权委员会相比，在尽可能减少对税收征收产生的影响方面，均等化委员会做得更好。均等化委员会削减了4150万美元预算，其损失的税收收入估计为2.64亿美元"。如果一个州所有员工在一个月内有2~3天的临时解雇，可以省下大约16.6亿美元的预算。综合考虑，两个部门损失的税收收入大概等于16.6亿美元的一半。总之，报告的结论是，在加利福尼亚州，均等化委员会每节省1美元，将损失6.36美元的税收收入，特许权委员会因为临时解雇每节省1美元，会损失7.15美元的税收。

这不意味着州的税收部门应该不必审视它们的运作过程，或者它们应该不被要求节约预算。但政策制定者需要认识到，决定削减税务部门的预算可能会带来严重的后果——对于企业账目有经验的税务审计人员每工作1小时可以带来600美元的税收——这些预算政策可能成为完成预算目标的主要障碍。

当经济衰退遇到预算决策困难时，问题可能被扩大，但对州的商业正常经营来说却是适用的。在过去30年里，伴随着公众对税收的抵抗与某些领域（如公共教育、社会服务、卫生保健）州预算需求的增加，许多州的税收增长压力已然增加。预算问题及其产生的资源缺口成为多数税务机关一直要面临的问题。从税法的管理公平与效率方面考虑，这是一个不幸的结果，它扩大了我们接下来将要讨论的当前税务管理方面的缺口，即属于州的已有税收有多少被征收上来，又有多少流失了。

税收缺口

税收缺口是理论上应当征收的与实际征收的税收之间的差额。两者之间差距不是固定不变的，对联邦政府而言更是如此。国内税务局估计，在过去30年，联邦税收缺口大概占总应收税款的16%～20%，这些税收可能无法征收上来。这也就是说，通过税收努力，本应征收的每5美元中最多可征收1美元。尽管国内税务局尝试了各种努力，仍有相当数量的收入无法得到明确与征收。2005年，国内税务局估计，具有代表性的"总税收缺口"大概为3450亿美元，略多于应征税款的16%。⑨其中的550亿美元最终通过税收执法而被追缴入库，留下的税收缺口大约为2900亿美元。这一估计是可以获得的最新数据，使用的是2001年及之前的数据。显然，这个税收缺口的规模在接下来的时间会有明显增加，因为经济与纳税人人口数量都在增长。

国内税务局认为税收缺口主要由三个部分构成——未纳税的申报、纳税申报但有未报告的与税收相关的收入以及已纳税申报但未缴纳税款。⑩在未报告的收入中，国内税务局进一步明确了所涉及的税种如个人、公司、雇用、房产和消费税。国内税务局的问题——对于州的税务机构也是这样，甚至更严重——是要发现这些未报告的收入。未申报和已申报但未完成缴纳的数量在总税收缺口中不足20%。2001年，个人所得没有报告的比例占总的税收缺口的68%。在个人未报告的税收中，超过60%的部分预计其收入是来自企业或个人提供的服务。在没有严格审计的情况下，国内税务局并没有什么简单的方法可以核实这些收入。在未报告收入引起的税收缺口中，有10.5%与公司所得税有关，1.4%与财产税和消费税有关。在未能报告收入的个人所得税中，54%左右的收入是因为没有报告信息，如私人的船舶。相反，只有不足5%的收入可以明确，如未报告的利息、股息和养老金。同工资的情况类似，当所得既涉及申报信息又涉及税收扣缴时，只有超过1%的所得没有报告。

同样，各州对本州的税收缺口的分析结论差别也很大。表18.3是选定的州或者其他部门在过去10年中对主要税种税收缺口的研究。⑪只有少数州参与了这些研究的起草工作，因为研究所需要的多数数据与它们自己有关，但是，它们的参与也是阶段性的。虽然参与的州所检测的税种有所不同，但都使用了国内税务局税收模型，因此，个人所得税与公司所得税成为它们关注的焦点。威斯康星州的分析也包含烟草税，因为，在某些州烟草税的税率很高。而这些州的烟草产品的产量可观，特别容易通过走私与其他非法途径逃避税款。汽车燃油税也是如此。⑫

表18.3　　　　　　　　选定的州的税收收入缺口的估算

州名称	税收缺口的年度	税种	估算的税收缺口（亿美元）	遵从度（%）
加利福尼亚州	2005～2006	个人所得税与公司所得税	65	85
	2007	销售与使用税	15	
佐治亚州			22.8～28.9	80.15～84.55

续表

州名称	税收缺口的年度	税种	估算的税收缺口（亿美元）	遵从度（%）
爱达荷州	2009	个人所得税与公司所得税；销售税	2.55	82.90
明尼苏达州	1999	销售与使用税	451.1	89.5
蒙大拿州	2006	个人所得税	缺失	78~82
纽约州	2002	个人所得税	23.38	86.10
俄勒冈州	2006	个人所得税	12.48	81.5
威斯康星州	2009	个人所得税与公司所得税；销售税	12	90.0

资料来源：California Legislative Analyst's Office (2005); Borders (2009); Idaho Tax Commission (2009); American Economics Group (2002); Montana Legislative Audit Division (2008); Oregon Department of Revenue (2009); Washington Department of Revenue (2006); Collier and Norman (2010)。

如表 18.3 所示，多数州的不遵从水平都落在国内税务局研究的范围之内，遵从度在 80%~90% 之间。这些数字意味着他们损失了相当数量的税收，各州都将注意力放在了如何缩小税收缺口的问题之上。一些州最初大概意识到存在税收缺口，但是没有真正理解。无论缺口的规模还是成本，甚至从理论上都没有理解。这个问题在亨利·阿龙（Henry Aaron）和乔尔·斯拉姆罗德（Joel Slemrod）合著的《税务管理危机》(*The Crisis in Tax Administration*) 中有明确阐述：

> 多数人缴纳税款。尽管纳税会带来成本，而且遵从税法本身也很复杂，人们仍然纳税，主要是因为两个原因。从正面看，许多人也认为，纳税是公民的责任，而不是成本与收益的计算，即使他们可能并不情愿。从负面看，纳税人知道税法要求他们缴纳税款，逃税是犯罪，可能面临处罚或监禁，即使在很久以后才能被查出来。税务管理的实践问题是，如何投入力量使纳税人保持他们的第二种纳税动机以及如何组织管理资源使每一美元的税收都取得更好的结果。[13]

所有的州都同时进行税收执法与会计审计，通过不同的方法努力去维持或增加自愿遵从。当然，较好的税收遵从策略是避免税收审计与执法过程，而将注意力集中于"软"的征收技术。这些技术以教育和帮助纳税人自愿遵从为基础。对于非故意的不遵从行为，这些技术非常有效，而这恰好是税收缺口的重要部分。

这种非故意的不遵从行为，很大程度上是因为纳税人不了解相关税法知识，或者混淆了税法的规定。由于依靠纳税人自愿搜集信息并填报税收表格，因此，对于简化税收遵从而言，教育与辅导是至关重要的。因为缺少教育与相关信息，许多纳税人正确报税会遇到困难。这些困难包括从设计表格到提供一对一纳税服务的各种活动。现场申报经常要依靠税务代理得以维持，但也不总是这样。近年来，各州开始增加电话服务并加强征收技术，目的是增加覆盖率和减少非故意不遵从。税务机构也会成立工作组，为新纳税人服务；或者当税法发生变化时，该工作组尽可能使所有纳税人了解相关政策。

促进税收遵从的另一个方面的内容是审计。审计也是一个多层次的过程。纳税人申报后，需要有一个审核的过程，确认填报是否正确。这个过程因计算机的引入得到强化。像地址、姓名、社会保障账号等简单的信息，通过与原有信息的比对可以完成审核。审核过程也会有一些计算上的明显错误，发现后会做出相应调整。多数州，在第二道检查时，确认申报数值在法律上或者其他逻辑上是否合理。例如，如果抵扣的限额是 500 美元以下，而申报了 5000 美元，这样的申报将面临人工审核，以便了解更多细节问题。在经历这样初步检查之后，以审计结果为基础进行进一步检查，或者与外部信息进行比较，如国内税务局的 1099 信息台。纳税人会被要求通过提供更多信息来证明申报信息的正确性。

在一些情况下，这些快速、较高自动化的检查是进行深入审计的前提。如果纳税人的申报被认为有重要问题，或者根据规模选择部分纳税人，再或者，在过去被认为怀疑过存在不遵从的问题，各州会选择一些账户进行更深入检查。因为，经验表明，更仔细的检查往往会带来额外的税收收入，尽管事实并不总是如此。自 20 世纪 90 年代开始，一些州开始应用复杂的数据库技术来整合不同来源的信息——州失业信息、州合作的数据、联邦税收与关税，甚至是来自电话局的信息——目的是通过对某一纳税人与给定行业中其他纳税人的比较，在总体纳税人中发现不遵从的特点。对于税收审计人员而言，这些技术总是会产生一些额外收益。

一旦确定，通过审计而选出的案例会通过邮件的方式，要求纳税人提供更多详细的信息。在其他一些例子里，对纳税人申报进行更为深入的检查，可能要求纳税人提供担保，特别是对于那些企业纳税人，它们的交易往往更复杂。驻外地办事处或者本地的审计人员来处理这些复杂的案例，他们会与纳税人或者他们的代表有面对面的沟通。当俄勒冈州总结其他州在这个问题上的做法时，他们发现，"被调查的其他多数州告诉我们，无论是面对面还是通信形式的审计都是有效的，取决于所审计出的问题的严重程度"。[14]

税收遵从链条中的最后一个环节是税收执法。一个简单的例子是，要求未填报的内容应如实申报。电话通知纳税人（有时被称为"电话索税"，但是并不能让所有纳税人与立法者都接到这样的电话）可能解决这些错误中的大多数问题。对于那些没有申报的纳税人，在能获得最佳信息的基础上，一旦申报被认为存在错误，各州会评估税款总额，然后根据所掌握的地址向纳税人发出通知。在纳税人接到通知，了解错误之处以后，他（她）可以重新填报，是否需要缴纳利息与滞纳金，要看最后申报的时间。如果没能正确申报，可能面临一个更为严格的税收执法。各州对此规定有所不同，但是可能包括冻结财产，处置留在银行的抵押物，剥夺进行其他交易的权力（如果可能有这样的情况）以及法院强制执行。一些州还保留了司法队伍，针对蓄意逃税犯罪进行法律诉讼，如烟草与汽油的走私。

尽管技术在革新、"电话力量"与其他促进遵从技术也在增强,税收缺口仍然一直存在。在某种程度上,这与税制变得越来越多、越来越复杂的事实有关。纳税人在纳税时会遇到很多问题。教育与辅助服务,无法延伸至所有纳税人。另外,只要可能,一些纳税人可以轻而易举地逃税,这主要取决于纳税人的绝对规模与逃税人的比例。当经济衰退时,纳税人数量有限,问题变得更加严重,缴税只是一个未支付的账单。避税通常可以很有效。申报可能通过电脑系统进行"检查",纳税人账户实际细节上的审计只占给定年度纳税人中的很小一部分。事实上,许多州只对1%甚至更少的纳税人账户进行审计。税务机构没有这么多资源和人力对更大范围的纳税人进行审计。

当然,有关如何进一步减少税收缺口,也有其他观点。例如,詹姆斯·阿尔姆(James Alm)在学术研究中提出了一些可能的解决方法。他提出了许多"标准的建议",例如,增加审计人员数量,提高审计质量与人员素质,增加对骗税的惩罚。他也提出了一些特别的方法,如允许第三方审核、增加扣缴税款、在州之间共享信息,以这些手段作为减少税收缺口的方法。他认为,这些方式有理论性的,有经验性的,也有实验性的证据,即个人会对如下的这些税收政策做出相应的反应,即使不总是这样。这些政策包括增加审计比例,更"有效"的审计,重复审计,战略审计选择,公共监督,审计信息的公开,增加管理上的处罚,更多使用源泉扣缴,更多专项审计,对遵从给予更多的奖励,使税收与服务之间的关系更为紧密,增加纳税人在小组决策中的参与程度,税收特赦以及增加的复杂性与不确定性。⑮

阿尔姆也建议,将纳税人更多看成客户,而不是潜在的罪犯,这样可以促进遵从。改善税务部门纳税服务的方法包括简化税收缴纳程序、表格与税法本身以及税务机构努力去帮助纳税人完成这样的过程。最终,他提出,加强纳税的规范性,通过借助媒体与其他组织将纳税描绘成的公民责任。一些具有战略眼光的州已经开始采纳这样的建议。他的结论是,"基于执法的战略可能是合理的起点,但是并不是缩小税收缺口的终点"。

如何使这一方法与其他方法有效,是需要思考的问题。税收缺口是一个有争议的论题,这种争议的本质表明,我们对联邦与州的税制下未申报的程度与性质了解甚少。一些观点将税收缺口作为潜在收入的主要来源,在不增加税种的情况下,以此作为减少联邦预算赤字与其他改革的方法。另一些观点认为,通过加强执法增加潜在收入的效果是极其有限的。⑯

总之,为了缩小税收缺口,在州税务管理方面,能够或者说应当有更多作为,但问题仍然存在,特别是经济衰退与衰退之后的一段时间。对于多数机构来说,答案是显然的:增加税收审计人员,税收执法人员,在与征收相关的技术领域投入更多资金以覆盖所有州。正如爱达荷州税收委员会于2009年发布的一份有关税收缺口的研究称,"增加税收遵从度的实际申报情况的最好证明来自我们自己的经验,2003年(该年度的另一个特点是税收收入下降与预算阻力增加),政府通过立法,增加了税收委员用于增强遵从度的预算,金额为9.26万美元。这是可以作为新的促进遵从度的方法，一年当中可以增加 100 亿美元的额外税收收入，超过了前四年的 13∶1 的平均投入回报比例"。⑰税务机构发现，这一结论与其他州的结果十分相似。表 18.4 对此进行了总结。该表比较了不同州的税收遵从度的投入与可获得收益比例，这一结论来自爱达荷州的研究。

表 18.4　　　　　　　　　　选定的州的遵从措施

州名称	年份	成本（美元）	收益（美元）	投资回报比例
爱达荷州	2003	926000	12000000	13∶1
堪萨斯州	2002	6000000	54000000	9∶1
	2005	1440000	15000000	10.4∶1
明尼苏达州	2003	10300000	97200000	9.4∶1
华盛顿州	2009	10700000	67800000	6.3∶1
新墨西哥州	2009	5000000	29000000	6∶1
	2010	5000000	45000000	9∶1
平均投资回报比例				9∶1

资料来源：Idaho Tax Commission, Idaho's Tax Gap, November 2009。

知识缺口

税务管理中一个长期研究的问题是，吸引与留住技术人才，特别是对于特殊的领域更是如此，如税收政策，税收审计以及信息技术。从学校刚毕业的学生无法具备州的税收工作所需要的工作知识，很少能理解个别州的特殊税法。然而，他们需要获得这样信息的技能，需要完全理解税收政策或者一段时期内有效的税法，最好在工作中学习。各州税务机构的培训支出差异较大，但是，税务管理过程本身带来的实际经验是不可替代的。例如，资历较老的税收人员，已经在工作中掌握审计技能，并且有能力处理复杂的税收案例，如对跨国公司的审计。与他们相比，新的审计人员每小时可以带来的征收收入较少。对于执法人员与其他税收政策相关的工作人员来说，情况也是这样。一是要熟读税法，二是要实际理解税法的意思以及如何在特定情况下运用这些条款。

在某种程度上，各州也面临第二个问题：工资水平未能与私人部门给予熟练专业技能人员的工资水平保持同步。由于会计与法律公司在州与地方的业务在逐渐增加，州的税收机构在一定程度上开始向私人公司看齐。另外，信息技术人员也会被私人公司的高薪所吸引，在 20 世纪 90 年代技术快速进步的时期，问题更为突出。这一时期，各州流失了许多技术人员，必须面对从激烈竞争的就业市场中补充相关人员的挑战。

尽管面临这些挑战，许多税务机构还是留住了核心的专业人士。原因有许多，在 20 世纪 90 年代的经济增长之前，也就是七八十年代进入公共部门的这些人，仍然在各州任职，多数税务机构都有许多超过 20 年甚至更多年工作经验的老员工。许多政府机构也是一样。这对维持税务管理的连续性十分重要。但在未来可能成为问题，问题是这些员工的年龄在增加。从联邦政府层面看，问题会更普遍。但这样的结论仍然适用于多数州的管理机构，包括税务机构。

联邦政府的问题更广泛，也是所有层次政府面临的问题的代表。随着婴儿潮出生的那一代人年龄的增加，以及在过去 15 年联邦政府人员规模的缩小，产生了劳动力老龄化的问题，被称为联邦政府退休"海啸"。根据国会研究服务部门提供的报告，在过去 10 年中，联邦政府劳动力年龄显著增加。在联邦政府雇员中，年龄超过 55 岁以上的人员占比从 1998 年的 15％上升到 2008 年的 25％。[18]《华盛顿邮报》称，联邦个人管理办公室认为永久的、全职的联邦雇员中有 20％的人将在 2014 年底前退休。[19]

与其他政府一样，国内税务局也要面临这样的问题。在 2009 年 8 月发布的报告中，财政部税务管理监察长称国内税务局"由于领导人员与技术员工的减少，这可能对国内税务局为纳税人提供他们所需要的服务的能力产生影响"。[20]国内税务局的雇员有 106000 人，包括 9100 人的管理者。其中的一半人超过 50 岁。因为雇员退休的原因，39％的执行部门已经十分精简。为了保持人员不变，在下一个十年，税务机构预计可能要每天多雇用一个管理者。

尽管缺少更详细的调查，州和地方政府也面临相同的挑战。要全面掌握各州所面临问题的程度，困难在于，缺少 50 个州有关劳动力的统一数据来源。实际上这与各州税务机构的情况相似。但是，可获得的研究表明，联邦政府的问题可能相同或更为严重。

在一项有关公共部门就业的研究中，经济学家斯图尔特·格林菲尔德（Stuart Greenfield）认为，基于统计数据，"45.3％的城市劳动力的年龄在 40～61 岁之间。但是，在公共部门中，同样年龄的员工占比更高。在联邦政府就业人口中，64.1％的劳动力在这个年龄范围，州政府的这一比例是 54.3％，地方政府的这一数字为 57.2％"。[21]格雷戈里·刘易斯（Gregory Lewis）和赵云益（Yoon Jik Cho）2009 年的研究发现，州政府的问题可能更为严重："州政府的工作人员的年龄比联邦政府工作人员年龄更大，所以退休'海啸'会很快产生影响。州政府的雇员在老年就业人口中比例最高，在年轻就业人口中比例最低。在新老人员交替时，这些比例可能面临一个最大规模的增长。"[22]

刘易斯和赵研究提供的数据表明，1980 年，州政府的就业人员只比整体就业人口年龄高出 1.7 岁，比地方政府的工作人员年龄小 0.4 年。到 2006 年，在联邦、州与地方三级政府中，州政府的就业年龄最大，30 岁以下就业人口比例最低（10.3％），50 岁及以上年龄的就业人口占比最大（40.4％）。

高龄劳动力的分布并不均匀。一些行业需要专业的技术、训练或者技能。在这些行业中，劳动力年龄较大。这包括医疗保健工作人员、法律专业人士、自然科学家、工程师、教育者、管理者与税务专家。2002年，洛克菲勒（Rockefeller）政府研究所的分析发现，超过一半的政府工作人员属于知识性工作人员，私人部门中这类知识性人员的比例为29%。㉓他们发现，政府中49.3%的知识性工作人员的年龄较大，但是私人部门中年龄较大的知识性工作人员的比例只有34.8%。

同样，与那些个别的例子相比，我们很少可以得到可信的有关州税务机构的雇员年龄分布的数据。例如，国内税务局在2002年会议上发布的数据展示了税收雇员计划在新泽西州的分布情况，这段时间也是公认的税务机构劳动力不足的时期。㉔在这份研究中，分布的情况是，雇员中57%在10年内会达到退休的标准，在一些部门这样比例更高。这些例子有：

- 财产管理部门
    地方评估遵从部门92%
    地方财产税辅助部门81%
    地方财产税政策与计划中心77%
- 审计部门57%
- 调查部门57%
- 特殊程序部门71%
- 遗产税部门77%

我们有理由假定，这些趋势在多数州的税务部门会有差异，也会有例外。一个可能的例外就是审计人员。由于审计人员需要掌握有关州的税制的专业知识，他们经常因他们的技能受雇于私人企业。无论如何，因为一些特征，不同部门雇员中有一部分的年龄会低于平均值。管理者试图保留任何年龄段有经验的员工，尽管事实对他们来说不是那么如意。

由于经济的衰退，联邦与州的劳动力问题已经得到减缓。因为经济的不确定性，许多可以退休的雇员延迟了他们的退休计划。这些数据表明，我们可以从联邦退休人员延迟退休的情况受益。2009年，他们达到了一个长达7年后的低值。大约43600名全职的联邦终身雇员在2009年退休，比个人管理办公室预测的数据低27个百分点，也是自2002年以来的最低值，2002年是经济的另一个周期。但最终即使经济较好，随时间推移，出生于婴儿潮的那一代人终将退休。劳动力退休"海啸"可能被延迟，但是劳动力的根本特点不会消失。

对于州政府而言，这种特殊的缺口也有好的一面，也有不好的一面。一方面，劳动力中老年人的规模意味着，由于这些人离开政府，有关制度的知识很大一部分可能消失。传递与保留这些制度性知识，建立领导机制的技能，改善效率，吸引与留住新人才，以上种种需要从来没有如此重要过。在这一方面，各州最近开始实施一些劳动力接替计划，税收政策与相关技能很难传授。许多州的这种人员交替并不稳定。

另一方面，正确处理好高龄劳动力可以为税务管理创造机会。查尔斯·费伊（Charles Fay）的研究表明，一些行业可能从大规模的退休现象中受益，政府就是其中一个。[25]费伊认为，政府部门，高等教育部门与高度工会化的行业，它们仍然是老资格的人士在运营管理。这些部门或行业可能从大规模的退休浪潮中受益。原因在于，雇用老资格人士的成本较高。总体而言，他们的医疗保障支出更高，工资也高，在劳动密集型行业，他们的生产率更低。但是，这些收益在很长时间以后才能被发觉，州的预算从中获得的收益最大，对税法的有效管理不会有什么益处。

问题是，各州如何才能很好地回应这种人口的变化。[26]这意味着，与过去处理这一问题时的典型做法相比，应当采取一种更为系统化的方法来处理劳动力接替的问题。例如，机构需要开发全面的、核心岗位上的雇员所具备技能的信息。有效评估当前与未来的劳动力需求，需要这样的信息。管理者将需要制定一个招聘战略，这一战略包括对涉及招聘的所有岗位的一个长期规划。这意味着，我们需要一套系统的方法，当老员工退出州的服务系统时，它可以实现系统性知识的转移与培训员工，使新员工具有一定的技能水平。

甚至在经济条件改善后且退休过程又一次加速的时候，州政府劳动力不会立刻发生变化，但迟早还是会变化。对于一般劳动力来说，情况也会如此。婴儿潮出生的一代人所形成的劳动力群体，将在开始平均劳动年龄降低之前的一些年度里，提高多数行业的平均年龄。婴儿潮一代中最年轻的人要到2026年才可能退休。知识的缺口将成为税务管理者必须应对的问题。

技术缺口

税务部门已经尝试通过增加技术投入来解决与预算相关的人员雇用问题。技术可以提高效率。技术可以加速运行过程，这些过程在过去30年间，非常耗时并且浪费纸张。技术的应用是一个适当的战略，它是现代商业运行的需要，无论是在公共部门还是私人部门，人们普遍希望，新的领域的数字化或者电子政务市场的出现可以为多数公民提供便利，也可以使得政府机构的运行更灵活，不像使用标语那样笨拙。实际上，税务机构承诺进行技术改造也不是什么新鲜事。从20世纪五六十年代起，各州至少在税务管理技术方面已进行了相应投资。也是在这个时候，计算机被用于州政府的日常办公。从那时特别是从80年代开始，各州开始了大规模的技术革新，具体见表18.5。

表18.5　　　　　　　　州税务机构的技术革新大事表

时间	事件
20世纪50～70年代	各州第一次开始使用计算机系统
20世纪80年代	早期的文档管理系统出现 电子交易与电子数据交换 第一代集成税收系统得以发展 桌面计算机得以应用 联邦所得税电子填报

续表

时间	事　件
20 世纪 90 年代	互联网出现，首先使用万维网 州的税务机构网站首次出现 各州开始应用电话报税 面向客户的第二代集成税收系统 电子回应，最终发展为电子邮件 联邦与州之间的电子填报 第一次使用了互联网填报 第一次应用了数据仓储计划 各州开始接受信用卡支付 各州开始提供直接的退税 第一次自筹资金收入系统签约 纳税人第一次实现电子纳税 对以编码为基础的纸质报税进行图形化处理
21 世纪头十年	视频会议 纳税人与征管人员之间通过电子邮件进行真实性核实 电子填报延伸为税收表格，包括合作方与公司申报 复杂的数据挖掘与匹配的遵从数据库 第三代集成系统，特点是以互联网接口为基础，以企业数据资源数据为主干 各州开始提供电子服务，如安全的电子通信、账户维护以及线上服务 第一次使用社交媒体

但完全实现这一目标会遇到一定障碍。也就是说，技术缺口仍然会困扰各州的税务管理，包括成本、风险、时间与惯性。大范围的信息技术工程是十分昂贵的，而一些州所尝试的技术创新项目，如整合税务系统、大的数据仓储计划等，许多都是由于资金问题被搁置。在过去十年中，多数州要面临 2002~2003 年、2007~2009 年的经济衰退，由于预算上出现困难，问题将进一步恶化。

由于价格以及需要显著增加立法资金的原因，税务系统现代化是一个很难持续的预算项目。这些资金与其他州的需求相竞争，也可能与税务机构的其他需求相竞争。在税务部门关注的领域，为了能使资金使用得当，立法者经常想要看到一个清晰的投资回报比例。当结果是更有效地处理税收记录或更好地提供客户服务，而不是改进审计行为时，很难显示出一个清晰的投资回报比例。而且，在立法者与机构管理者眼里，法律的使用可能被看作"需要付出的代价"。这是一个标准的 IT 预算内容，因为它们只是成本。成本的大小却是已知的，从这一点上说，它们也是"安全"的。有这样一种看法，现代化工程主要是维持现状，只是在已经运行的系统上增加了额外的成本而已。

但是，有些州的系统与使用这些系统的员工的资历一样老。例如，宾夕法尼亚州的税务机构最近就曾报道过,他们所使用的计算机系统最早安装于1975年。事实上,这些系统在税务部门的时间远远长于它们现在的员工。税务部门利用不同的系统处理不同税种的业务。一个系统仅仅用来处理公司税,一个用来处理所得税,一个处理销售税与雇主扣款,还有一个系统用来处理小的税种,如遗产税等。据报道,最新的税收系统已经有20年的时间了,尽管它们也会根据税法的变化进行更新,并增加新的内容。但是,这些系统是信息的存储器,彼此之间无法进行信息共享。税务局局长C. 丹尼·哈塞尔(C. Daniel Hassell)在2010年7月的一份报告称,他担心这些系统超过预期使用的时间,可能崩溃,最终使税务部门陷入瘫痪。[⑦]在这种情况下,尽管为此要付出1亿美元的代价,也很少有立法者关于要更新系统的需求的争论。

即使机构可以保证主要系统现代化的必要资金的需求,失败的风险仍然存在。这对于税务机构来说,并不唯一。事实上,很少有证据表明,对于州政府而言,这是一个特殊问题,尽管许多州在过去十年中遭遇过一种或另一种主要系统的失败。安装一个复杂的新的系统是非常困难的。无论私人部门还是公共部门,近年来都出现过许多显著(也可能不显著)的大规模系统性的失败案例。一个信息技术研究的公司正在进行一个周期性的调查,在一定范围的行业内调查信息技术工程的成功率。2009年的报告结论是,仅有32%的信息工程是成功的。成功的意思是,在该研究中,这些项目按照规定的时间与预算完成了任务,符合系统设计所要求的特点与功能。[⑧]另外有44%的工程被认为是"具有挑战性"的。"具有挑战性"的意思是,系统交付期限延后,或者预算超标,或者没有完全达到应有的特点或功能。剩下24%的工程是失败的。失败的意思是,这些系统毫无竞争优势,或者即便交付也从未使用。

联邦系统的相关经历可能更糟。管理与预算办公室(OMB)的报告显示,2004~2009年,主要的联邦IT工程数量下降了42%。但是,每个工程的平均预算在这一时期翻了两倍多。2004年的预算为4200万美元,到2009年,预算已升至8700万美元。更重要的是,在2009年,主要的联邦IT工程中有72%的项目名列管理观察清单,该清单上的工程"包含一个或多个设计缺陷"。这些工程已经被认为是容易失败的。

假如机构能够保证为这些需要的变化提供资金,未来技术性投资的压力将会增加。在更广泛的经济中,技术更新的步伐是相当快的,也是无情的。在未来几年,税务机构会有新的需求。税务机构将更多地推广电子文档,使纳税人能更直接地管理他们的税收记录。这些改进反过来会增加新的安全性并增加对隐私方面的关注。

如何在税务管理中整合新的社交媒体,可能是一个最新的挑战。这些新媒体包括推特(Twitte)、脸书(Facebook)和优图(YouTube)。至今,尽管州政府已经开始使用推特和脸书了,但税务机构还很少使用这些社交媒体。美国州首席信息官协会(NASCIO)最新调查显示,"社交媒体工具正在被各州政府积极使用。如同

10年前网络的使用量增加一样,社交媒体的早期使用者主要涉及公共关系领域以及州政府内部的信息。同早期的情况一样,集合已有的调查后可以发现,使用与政策或管理机制之间有一定滞后。甚至是,一些州已经开始大量使用了技术,并在企业政策、方针或标准方面使用了这些技术进行管理"。㉙

根据 NASCIO 的调查显示,各州首席信息官一直关注公共安全领域、服务的法律表述、隐私、记录管理以及被接受的使用。这使得新媒体的应用形式有很大不同。不到 1/4 的被访者表示,他们正在全速向使用这些新媒体的方向前进。极少数被访者为管理好社交媒体工具的使用方式已经构建了相关政策与指引的框架。有一些州在法律上完全禁止使用这些工具。我们可以得出这样的结论:总体而言,州税务部门正在(也是适当的)小心地采用新的社交媒体,直到这些应用在法律与制度上有所明确。

政策缺口

税法为实际管理实践提供了一个基本的框架,在此框架下,管理者与纳税人依法处理涉税事务。一些税收政策从解释税法的管理规则中产生,而另一些税收政策是纳税人在税收复议或诉讼中直接对税法与管理规则提出的挑战。因此,税务管理者不能制定州的所有税收政策,但是他们在这些政策主旨的定位中扮演着重要的角色。而如今,这些问题已经显现。在《治理》杂志上,刊登一份州的慈善信用中心 2008 年 1 月发布的税收报告。在该报告中,凯瑟琳·巴雷特(Katherine Barrett)和理查德·格林(Richard Green)总结了上述问题。他们提道:"孤立的州税收系统并不能产生州的收入需求,这一点人们很久以前就知道。""但今天,我们清楚的是,那些税收系统没有与美国经济的巨大转变保持同步,它们阻碍了经济增长"。㉚

已经明确的问题是,现行税制与 21 世纪的税制应该是什么样子,两者之间有距离。十多年以前,戴维·布鲁诺里(David Brunori)提道:"在过去的半个世纪中,州与地方税收总体上没有发生大的变化。可以确定的是,在征收方面、最高法院针对州的征税权力所做出的阶段性的司法解释方面以及反对财产税运动的影响方面,确实有一些革新。但州与地方的税制结构并没有变化。"㉛ 十年过去了,受到以下两个主要因素的影响,州的税收系统受到冲击。自经济大萧条以来,第二次衰退可能对州政府产生最重要的打击,但实际上,什么变了?

州政府仍然依赖销售税、所得税与营业税的组合,如同 30 年前一样,许多情况在 70 年前也是如此。销售与使用税最初是许多州在大萧条期间解决收入问题的临时举措。在此之前,个人所得税已经实行了数十年。自 1980 年经济衰退以来,州政府也多次谈及税制改革,但是,这些变化是边际上的改革,是碎片式的改革。像MTC、FTA 这样的组织,在各州面临的共同问题上,提出了一些合作意见。这样的努力取得了一定的成绩,主要体现在信息共享领域与重要纳税人的跨州审计方面。为了解决主要的州的税收政策问题,在征收方面进行了努力,并取得了一些成绩。

2000年成立了简化销售税项目。但是，还是对所面临的问题做出大小方面的判断时，没有什么更多的变化。

如今税收政策的问题——管理者所要面临的政策缺口——是现行的税收系统建立时所针对的经济已经不存在了。美国经济在过去30年中发生了巨大的变化，主要是由于新的技术与通信方式，它们可以保证企业在全球范围内瞬间完成交易。许多州的经济已经从以生产行业为主转向了以服务业为主。这些变化客观上要求税收政策应有相应的调整。2000年，汤姆·纽伯格（Tom Neubig）和萨蒂亚·波达尔（Satya Poddar）提出了旧的税制面临新经济的发展问题，这一问题被他们称为"模糊的边界"。他们讨论的是国家的税收政策，但是他们的结论对州政府这一层面同样适用。"世界税制依赖于许多定义。这些定义因为技术的快速变化与金融创新而变得模糊起来。21世纪初，税收政策与税收管理的一个主要问题是，政府能否以必要的速度使他们的税收制度适应新的经济，目的是使因许多被模糊的税收边界而产生的经济扭曲最小化。"②

那些遵守州的税收政策的人们对20世纪与21世纪经济变化所产生的问题十分熟悉。这些问题会从不同角度得以体现，但结论却是相似的。例如，《州税收备忘录》（State Tax Notes）中有一篇犹他州税收委员会委员布鲁斯·约翰逊（Bruce Johnson）的文章。文章提出州的税收政策的两个最大挑战是，各州之间与各国之间商业与无形资产的问题。③他在各州与各国商业上的观点与纽伯格和波达尔提出的"模糊的边界"相一致。简言之，约翰逊认为，"地理边界是州与地方税收管理权划分的基础，但这些边界却与商业行为之间没有相关性。所以，税收征收者与税基之间越来越不匹配"。④为了应对逐渐变化的经济，在无形资产的处理上，州的税收系统也遇到一些相似性的困难。他认为，"无形资产的问题与跨州交易的问题相同。州与地方的税制无法简单的处理这一问题。因为大多数财富以无形资产的形式表现出来，只有很小的比例是可以缴纳财产税的。大多数销售也涉及无形资产的问题，很小比例的销售是缴纳销售税。经济在发生变化，我们的税制被甩在了后面"。

2009年，查尔斯·麦克卢尔（Charles McLure）为加利福尼亚委员会"21世纪经济论坛"致辞中提供了州的两个主要税种问题的清单——他说，清单中的大多数问题与州税制中的一些"多样性"特点联系在一起。⑤

州的销售与使用税有许多特点：⑥

- 许多服务是免税的。
- 接入互联网是免税的。⑦
- 许多企业购买是要纳税的。
- 销售税的"系统"是相当复杂的，很大的原因是不同州之间的税基不同，对生产的界定不同，管理实践也不同，也有地方税收的原因。
- 州不能对卖方征收使用税，除非卖方在该州有实际经营场所。

州的公司所得税中也有这些特点：⑧

- 不是所有的州都能提供统一商业活动的组合。

- 那些能够提供组合的州也不需要以统一的方式定义商业活动。
- 甚至是，当各州使用相同的分配因素来分配跨州的交易收入时，它们也不会为不同的因素都设定相同的权重。
- 除了定义销售行为之外，各州不会对各种分配因素使用统一的定义。
- 在一个州的内部，存在基础销售行为。即使是州政府仅仅根据销售来确定收入，也不意味着存在销售就属于应税内容。㊴

可以同意或不同意麦克卢尔的清单，或者也可以向这份清单中增加内容，但这说明了各州税制所遇到的问题的范围。这种政策缺口会产生严重后果，不仅会对税收管理的公平与效率方面产生影响，也会影响州政府的管理。税制的问题使政府为提供服务筹资问题变得更困难，问题因为经济衰退而更严重，但这一问题可能在经济衰退结束之后消失。

我们可以得出这样的结论，州的税收问题从来没有像今天这样重要，因为各州需要提供更宽或更大范围的服务。布鲁诺里认为，"除了提供传统服务（如州的警察、监狱、高等教育与公路养护）外，各州正在提供许多新的服务，而且其成本基本上由联邦与地方政府承担"。㊵这些涉及州预算的两个重要领域：公共教育与公共救济。税制无法与经济匹配的问题并不简单。这种不匹配也会导致州政府希望提供的服务与提供服务可以使用的资金方面出现不匹配的现象。在政策上没有重要变化的条件下，州政府为了履行职责需要进行多年的斗争——或者，他们很可能被强迫摆脱一些他们已然承担的责任。在这一点上，各州的税务管理中的最终缺口便是接下来要讨论的政治缺口。

政治缺口

税收政策是政治的产物。所以，要全面理解今天税务管理所面临的挑战，就需要对产生这些税收政策的政治环境有一个明确的认识。政治环境很重要，原因如下。最明显的是，由于州的税收结构是政治过程的产物，要弄清楚税制必须明白这个过程。而且，在任何州，税收政治已经对税收管理者面临的其他挑战产生了直接的影响。税收管理者所面对的这些挑战已经讨论过了。立法者创造了统领州的税收政策的基本原则。他们为州的税务机构的运行与监管提供了资金保障，这决定了税收管理者如何成功地为税务人员与新技术提供保障资金：这两个问题总是出现在税务机构想要解决的问题之中。

在税务管理的日常工作中，税收政治也起到重要作用。每次立法会议都会产生新的税法，而且，这些税法必须付诸实践。这样需要我们改变税制、修订税收形式、重写规则、对税务人员进行培训、更新网站以及通知纳税人。最终需要对纳税人的遵从情况进行审计，税务部门相关负责人对不遵从的行为进行处理。立法者可能增加新的激励，延伸已有激励办法，如实行税收减免，增加或降低税率，扩大或缩小税基，或者提供免税期。清单是很长的，所有的这些问题都会影响税务机构。可能发生这样的情况，即由于税制能够成为政治的避雷针，税务机构也可能发现，当事情变坏时，税收问题会成为政治的热门。由于延期支付所得税退税、计算机故障使得一些纳税人无法及时申报所得税，并对一些缴税大户存在偏袒或对关联交易的情况收费，各州税务机关最近受到了不利的政治关注。

除了以上问题之外，如今税务机构运行的政治环境是党派政治的混合物。在这样的环境中，公众存在反对税收的情绪，对政府也不信任。其中，对税收的不满是焦点问题。在多数州，增税是一个极其困难的政治建议。主要的税收变化没有什么错误，但很难落实。与这些变化相关的政治问题将对税制做出合理的检验。这些问题越来越难以解决。

在这样的环境中所蕴含的大多数问题，都可以从中找到反对税收的痕迹。1978年，加利福尼亚州在通过"13号提案"的过程中就发生过大规模反对税收的情况。[41] 反对税收的政治力量对这"13号提案"产生了影响，引发了其他州对税收的反对。公共部门的候选人在竞选时开始将税收作为中心问题。州长与立法机构的候选人在每个州进行选举的时候，会有规律地提出减税计划。这些发展也增加了公民的主动性，促进了公民投票运动。当然，投票也成为公众反对税收的主要形式。[42]

当公众对服务，特别是教育与人力资源服务的需求增加的时候，布鲁诺里提出的所谓"反对税收的政治"限制了州政府相应提高收入的能力。作为这种政治运动的一种影响，一些立法者开始准备削减预算。在当前的经济衰退时期，他们已经削减了一定规模的预算。对于许多州的机构来说，这种情况成为美国政府关系咨询委员会的约翰·香农（John Shannon）提出的所谓"照顾自己的联邦主义"的一种新的解释。只有在这种情况下，我们可以将其解释为"照顾好自己的预算"。为了降低因减少提供相应服务所带来的损失，机构必须提高罚款与收费。高等教育机构必须提高学费，交通系统负债累累，它们可以修建收费的公路或者向私人部门售卖部分公路。然而，由于资金不足，剩下的大部分公路的使用情况会恶化。

在这种动荡的过程中，税务部门处于中心位置，但这个位置却很不舒服，因为它们被寄希望于从现有的税制中"榨取"更多的收入，这促使税务部门总是采用更多激进的方式去征税。这样的做法使它们与纳税人之间产生了不可避免的、无法令人满意的裂痕。纳税人对税制反映出更大的不满。即使是在极其糟糕的预算条件下，纳税人也会抗拒税制变化。对于企业的纳税人来说，他们明显增加了税务代理方面的投入——律师与会计师会帮助他们处理审计问题，并在现行税制下进行筹划。

从这个角度说，在现代的州税收政策背后的政治环境下，我们不应低估企业纳税人的作用。这一点很重要。在立法领域，许多立法者都将创造就业与经济发展看得很重。尽管在与此相关的政治表述中，更多提到的是建立一个更强的教育体系与培养有技能的劳动力，但是，在实际操作中，相关政策更多集中于税收激励与特殊优惠，目的是吸引并留住企业。因此，当经济衰退时，各州开始寻求税收激励，目的是吸引创业者。当然，也是为了吸引个人企业入驻本州。

企业协会的努力不会停留在州的立法方面，它们的努力也会延伸至管理过程。

企业降低成本，而州和地方的税收是它们降低成本时的重要内容。如理查德·蓬普（Richard Pomp）所说，这种趋势始于 1981 年。这一年，许多州缴纳的州公司所得税第一次超过了所缴纳的联邦公司所得税。[43]这种情况从 20 世纪八九十年代开始，到 21 世纪一直存在。结果是，企业纳税人在游说、审计保护、税收筹划以及州的税收诉讼方面投入了大量成本。它们对有关国家层面争论的关注超过了对州的税收政策的关注。一些跨国企业以及与之相关的企业在国会中表现得更为活跃。与它们不喜欢的州的政策相比，它们更关注联邦政府的政策。这种趋势在近期不会改变。通过州的竞争性需求去描述企业关心的内容，企业试图去割断同影响企业运行的州税收政策之间的某种一致性。

然而，在现行州税收政策所产生的州的税制中，这是一种两难困境，即缺口。我们清楚的是，对于选举出来的官员而言，经济衰退与快速变化更加需要对税制进行具有长远考虑的根本性的改革，以便各州能够正常履行教育儿童、保证人民安全与创造就业的职责。但是，政治上并没有进行这样大范围改革的意愿。多数税务部门不会对税制的长期改革进行足够好的规划，但税收管理者很清楚税制的问题在哪。问题是，与任何一个缺口一样，税收政治在现实过程中都会以不同方式呈现——在可以预见的未来，情况可能如此。双重的讽刺是，如果乌云散去，州政府可以自由制定它们的税制，使税制能够更公平、更多地反映出经济发生的新变化，它们是否会考虑未来如何做的问题。

总　结

这一章的标题意味着，在州的税务管理中有七个主要的缺口。这或许说明，可能存在有一个重要的统一的税务管理理论。该理论可以一次性地解释所有的问题（这不是为了让标题更具吸引力）。或许在正确的环境下，这是可能的，但是，这不仅在某一个州是不可能的，甚至对于所有州来说也是不可能的。本章提到的七个问题是独立的。一些是在州税务管理的历史上出现的；另一些是新的，所有的这些都是类似当前经济衰退这样的事件发生后形成的。它们在不同程度上相互关联，但是需要区分解决它们的方法。

这是一个令人胆怯的挑战。正如亨利·阿龙和乔尔·斯拉姆罗德对联邦政府的分析一样，我们需要写出所面对的"税务管理上的危机"。这样的观察很可能是正确的。今天的州税收系统可以运行，却面临许多问题。税收管理者的工作对这个过程非常重要，他们希望的动机与手段遭到怀疑，不仅仅是体现在反对税收的一方；企业也是如此认为，他们怀疑税务机构的兴趣在于征收更多的税收，而不是把税务管理变得更为公平。税收管理者关注逐年增加的纳税人口，但是这种增长并没有同税务机构预算的增长同步。解决七个问题中的任何一个问题似乎都是遥遥无期的。

同样，税收管理者同其他公共部门的管理者一样，总是要在不同程度上遇到一些管理障碍，在资源有限与技术落后的情况下更是如此。记住这一点十分重要。今天所面临的问题只是看起来更明显，压力也更大。原因在于，当前严重的经济衰退，而且州政府要满足新的服务需求，将面临巨大压力。公众想要获得更多的服务，但却不想为此支付更多的成本。

州政府的收入系统所遭遇的政治与经济压力，并没有改变州的税收的基本意图，也没有改变税收管理者的基本责任。州政府需要相应的收入为它们向公众提供的服务提供资金支持。这段时间，政治上对税收与政府支出提出了许多批评。但简单的事实是，州政府提供的许多服务对于本州的经济良好运行是很重要的。缺少适当的资金支持，这些服务无法持续。应该重视本州的税务管理问题，如果不能解决，至少应使问题有所减轻。因为，各州需要一个有效运行的收入系统来保证政府的有效运行。在接下来的五十年，州政府作为一个实体能否正常运行，在很大程度上取决于各州能否解决今天税务管理上出现的缺口。

当布鲁斯·约翰逊被问及如何解决当前税收政策遇到的问题时，他给出的答案是合作："听起来可能很幼稚，但确实存在一个解决这些问题的方法，那就是合作。即纳税人与税收管理者之间的合作，各州之间的合作，州与地方政府之间的合作。如果税收管理者提出一个在高度动态变化的经济中能够既有效果又有效率的新的税制，则需要得到这个经济中的纳税人的理解与支持。纳税人与税收管理者能够设计一个合理的解决问题的方式，这些问题是可能是非常棘手的。"加强税收管理者与立法者之间的合作，似乎是一个好的起点。

注释

①Snavely（1988），903.

②Dubin，Graetz，and Wilde（1992）.

③Penniman（1980），266.

④弗朗西斯（本书）。

⑤福克斯（本书）。

⑥伊兹（本书）。

⑦Johnson，Oliff，and Williams（2010）.

⑧Adkisson，Hill，Korber，and Vogel（2010）.

⑨US Internal Revenue Service（2006）.

⑩George（2007），1.

⑪California Legislative Analyst's Office（2005）；Borders（2009）；Idaho Tax Commission（2009）；American Economics Group（2002）；Montana Legislative Audit Division（2008）；Oregon Department of Revenue（2009）；Washington Department of Revenue（2006）；Collier and Norman（2010）.

⑫Collier and Norman（2010）.

⑬Aaron and Slemrod（2004），1.

⑭Oregon Department of Revenue（2009），10.

⑮Alm（2007），1-2.

⑯Toder（2007）.

⑰Idaho Tax Commission (2009), 11.
⑱Congressional Research Service (2008), 17.
⑲Vogel (2009).
⑳US Department of Treasury, Inspector General—Tax Administration (2009), 2.
㉑Greenfield (n. d.), 1.
㉒Lewis and Yoon (2009), 17.
㉓Abbey and Boyd (2002), 7.
㉔Thompson (2002).
㉕Hennessey (2006).
㉖华莱士(本书)。
㉗Murphy (2010).
㉘Standish Group (2009).
㉙National Association of State Chief Information Officers (2010), 5.
㉚Barrett and Green (2008), 20.
㉛Brunori (1998), 1.
㉜Neubig and Poddar (2000), 1153.
㉝Johnson (2002), 949-951.
㉞Johnson (2002), 950.
㉟McLure (2009).
㊱进一步讨论见福克斯(本书)。
㊲伊兹(本书)。
㊳进一步讨论见布鲁诺里(本书)。
㊴同上。
㊵Brunori (2005), 5.
㊶Schrag (1999).
㊷Brunori (1999), 1635.
㊸Pomp (1998), 47-92.

参考文献

Aaron, Henry J., and Joel Slemrod (Eds.) (2004). *The Crisis in Tax Administration*. Washington DC: The Brookings Institution.

Abbey, Craig W., and Donald J. Boyd (2002, July). "The Aging Government Workforce." Nelson A. Rockefeller Institute of Government. http://www.rockinst.org/pdf/workforce_welfare_and_social_services/2002-07-the_aging_government_workforce.pdf.

Adkisson, John, John Hill, Dorothy Korber, and Nancy Vogel (2010, February 12). "Furloughs at the Franchise Tax Board: Loss Is Seven Times Greater Than the Savings." Senate Office of Oversight and Outcomes, Report to the Senate Rules Committee.

Alm, James (2007, July). *Administrative Options to Close the Tax Gap: Insights from Research*. Atlanta: Georgia State University Andrew Young School for Policy Studies.

American Economics Group (2002, November). *Minnesota Sales and Use Tax Gap Project: Final Report*. Prepared for the Minnesota Department of Revenue.

Barrett, Katherine, and Richard Green (2008, January). "Taxes and Growth." *Governing*. The Pew Charitable Trusts, Center on the States.

Borders, Kyle (2009). "Estimates and Implications of the Georgia Personal Income Tax Gap," Georgia State University, Andrew Young School of Policy Studies.

Brunori, David (Ed.) (1998). *The Future of State Taxation*. Washington, DC: Urban Institute Press.

Brunori, David (1999, May 17). "Initiatives and Referendums Are Here to Stay." *State Tax Notes*: 1635-1637.

Brunori, David (2011). *State Tax Policy: A Political Perspective*, Washington, DC: Urban Institute Press.

California Legislative Analyst's Office (2005, February). *California's Tax Gap*. Sacramento.

Collier, Dennis, and Jack Norman (2010). *Wisconsin's Billion-Dollar Tax Gap How Uncollected Taxes Can Help Fill the State's Budget Hole*. Glendale, WI: Institute for Wisconsin's Future.

Congressional Research Service (2008). "The Federal Workforce: Characteristics and Trends." http://www.policyarchive.org/handle/10207/bitstreams/19381.pdf.

Dubin, Jeffery, Michael J. Graetz, and Louis L. Wilde (1992). "State Income Tax Amnesties: Causes." *Quarterly Journal of Economics* 107 (3): 1057.

George, J. Russell (2007, February 16). Treasury Inspector General for Tax Administration, Hearing before the US House of Representatives, Committee on Budget, "IRS and the Tax Gap."

Greenfield, Stuart (n.d.). *Public Sector Employment: The Current Situation*. Center for State and Local Government Excellence.

Hennessey, Melissa (2006, February 22). "The Retirement Age." *CFO Magazine*. Available at: http://www.cfo.com/article.cfm/5491083/c_10671787.

Idaho Tax Commission (2009, November). *Idaho's Tax Gap: Estimating Idaho's Tax Gap and Developing Strategies to Reduce It*. Boise.

Johnson, Bruce (2002, June 3). "The Greatest Challenge Facing Our State and Local Tax Systems." State Tax Notes: 949-951.

Johnson, Nicholas, Phil Oliff, and Erica Williams (2010, August 4). "An Update on State Budget Cuts." Center on Budget and Policy Priorities. http://www.cbpp.org/files/3-13-08sfp.pdf.

Lewis, Gregory B., and Yoon Jik Cho (2009, September). "The Aging of the State Government Workforce: Trends and Implications." Paper prepared for presentation at the American Political Science Association Annual Meeting. http://papers.ssrn.com/sol3/papers.cfm?abstract_id=1450764.

McLure, Charles (2009, February 12). "How to Improve California's Tax System: The Good (But Infeasible), the Bad, and the Ugly." Testimony to the California Commission on the 21st Century Economy. http://www.cotce.ca.gov/meetings/testimony/documents/1-CHARLES%20McLURE%20-%20COTCE%20paper.pdf.

Montana Legislative Audit Division (2008, December). "Financial-Compliance Audit: Department of Revenue, For the Two Fiscal Years Ended June 30, 2008."

Murphy, Jan (2010, July 31). "Pennsylvania Department of Revenue's $100 Million Computer Upgrade Questioned." Pennlive.com. http://www.pennlive.com/midstate/index.ssf/2010/07/pennsylvania_department_of_rev_.

National Association of State Chief Information Officers (2010). *Friends, Followers and Feeds: A National Survey of Social Media Use in State Government.*

Neubig, Tom, and Satya Poddar (2000, August 28). "Blurred Boundaries: The New Economy's Implications for Tax Policy." *Tax Notes*: 1153-1161.

Oregon Department of Revenue (2009, January 30). 2009 *Report on Personal Income Tax Compliance in Oregon*. Salem, Oregon.

Penniman, Clara. (1980). *State Income Taxation*. Baltimore: Johns Hopkins University Press. 266.

Pomp, Richard (1998). "The Future of the State Corporate Income Tax: Reflections (and Confessions) of a Tax Lawyer." In *The Future of State Taxation*, edited by David Brunori. Washington, DC: Urban Institute Press. 47-92.

Schrag, Peter (1999). *Paradise Lost: California's Experience, America's Future*. Berkeley: University of California Press.

Snavely, Keith (1988). "Innovations in State Tax Administration." *Public Administration Review* 48 (5): 903-910.

Standish Group (2009, April 23). "New Standish Group Report Shows More Project Failing and Less Successful Projects." http://www.standishgroup.com/newsroom/chaos_2009.php.

Thompson, Robert (2002, June 5). New Jersey Division of Taxation, "Taxation's Retirement Planning." Presentation at the Federation of Tax Administrators Annual Conference, Nashville, Tennessee. http://www.taxadmin.org/fta/meet/am02_sum/thompson.pdf.

Toder, Eric (2007, July 3). "Reducing the Tax Gap: The Illusion of Pain-Free Deficit Reduction." Urban Institute and the Brookings Institution. http://www.taxpolicycenter.org/publications/url.cfm?ID=411496.

US Department of Treasury, Inspector General—Tax Administration (2009, August 19). "To Address Its Human Capital Challenge, the Internal Revenue Service Needs to Focus on Four Key Areas." Report 2009-10-118: 2. http://www.treas.gov/tigta/auditre ports/2009reports/200910118fr.pdf.

US Internal Revenue Service (2006, February 14). "IRS Updates Tax Gap Estimates." IR-2006-2028. http://www.irs.gov/newsroom/article/0,, id=154496, 00.html.

Vogel, Steve (2009, January 12). "Federal Workers Delaying Retirement Because of Economic Crisis." Washington Post. http://www.washingtonpost.com/wp-dyn/content/article/2009/01/12/AR2009011202572.html.

Washington Department of Revenue (2006, June 30). "Department of Revenue Compliance Study." Research Report #2006-2.

第 19 章 收入估计

诺顿·弗朗西斯（Norton Francis）

姜明耀 译

2007 年 12 月开始的经济衰退暴露了州和地方决策者所依赖的收入估计模型的局限性。尽管失业率没有上升到大萧条的水平，也没有大萧条持续的时间长，但当前社会和金融的安全网远远强于 20 世纪 30 年代，一些指标的监测值已然说明，经济衰退在多方面都是空前的。尘埃落定，危机减退，每一个州——即州与地方体系——都将进行一次深刻的自我反省。因为，许多州在估计收入时，认为它们做出的"最糟糕"的预测结论已经足够保守了，但下一次的预测又会提出另一份收入前景恶化的报告。

模型哪里错了？错误预测的责任在谁？如何在未来估算中加以改善？我们过去已经问过这些问题了，但此次经济周期有许多新的特点，这次我们很难回答这些问题。本章将着重分析近期收入估算的内容，试图得出一些有关州的收入估计方面的科学结论。图 19.1 显示了州和地方税收每年变化的百分比。

一项关键指标显示，此次经济大衰退已经不同于前几次经济衰退。[①]六项关键指标：就业率、工资、个人收入、国内生产总值（GDP）、居民消费者价格指数（CPI）、标准普尔 500 指数（S&P500）——在 2009 年都有所回落。前两次经济衰退时，最多两个指标（就业和 S&P500）出现下降。

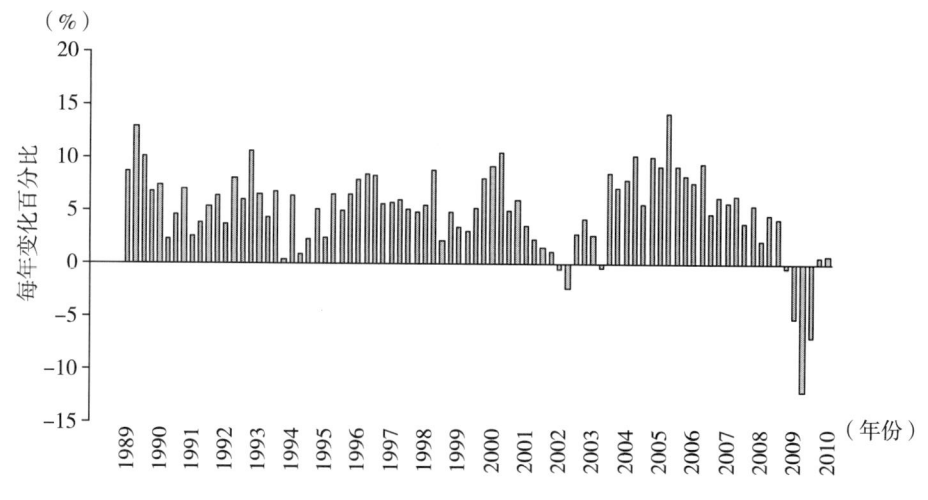

图 19.1 州和地方税收

资料来源：US Census Bureau。

最后一次出现 6 项指标全都下滑是在 1949 年。这对收入估计有重要意义，特别是在经济衰退初期：

- 自 1946 年以来，实际 GDP 降幅最大的年份也没有低于 2%，并且，自 1946 年的经济衰退以来，没有出现一年以上的连续下滑。
- 在 2009 年的经济衰退期间，2008 年实际 GDP 下降了 0.3%，2009 年下降了 3.5%。②
- 大萧条以来，个人消费支出（PCE）从未连续两年下降，自 1980 年，该指标没有出现过下降。
- 在 2009 年的经济衰退中，PCE 连续两年下降，自 1942 年起，该指标下降幅度最大的一年就是 2009 年。③
- 自 1949 年以来个人收入（PI）没有出现过下降，自 1954 年以来工资从未出现过下降。
- 在 2009 年的经济衰退中，从 2007 年的第四季度到 2009 年的第二季度，PI 减少了 1970 亿美元（1.6%），工资减少了 2450 亿美元（3.8%）。④
- 从 1939 年有统计数据以来，总的非农就业只有两次出现连续两年的下降，降幅也从未超过第二次世界大战后 1945 年 3.6% 的降幅。
- 在 2009 年的经济衰退中，2009 年就业降低 4.3%，2007～2010 年，减少了近 800 万私人部门的就业岗位，就业水平回到 2003 年的水平。截至 2010 年，就业率连续 3 年出现下降。⑤
- 即使是 S&P500 这样一个会经常波动的时间序列，已经出现了连续两年的下降，这样的情况比 2001 年 DOT.COM 公司破产时更糟。
- 2007～2009 年，S&P500 下降了 36%，而 2000～2003 年，该指数只下降了 32%。⑥

虽然收入估计者建立了模型，分析了相关数据后，估计了 2009 财年和 2010 财年的收入，但他们所依赖的时间序列数据并未包含可以预示收入将出现下降的信息。

除了影响收入估计的外生变量，已征税款的历史数据也会得到使用。这再一次表明，已征税款的数量对预测州和地方收入的下降没什么帮助。

- 自 1951 年以来，所有州的收入总额只出现过两次下降。2002 年，所有州的收入总额减少了 244 亿美元（4.4%）；2009 年，减少了 660 亿美元（8.5%），⑦并有 45 个州的收入出现下降。
- 与以往较高水平的经济增长相比，大多数收入预测都对 2009 财年夏季到 2010 财年秋季持"悲观"态度，认为会有所下降，但不会是一个大的经济衰退。
- 在新墨西哥州，有人对该州的经济形势提出警告，并预计个人所得税的增长率在 3%～4% 之间，"处于历史低位"。⑧
- 在佛蒙特州，经济前景暗淡，会出现大幅下降，但是不会出现严重衰退，尽管有报告也提醒政策制定者，"最新估计表明，佛蒙特州的实际 GDP 出现连续两年下降的机会高于 50%"。⑨

对所有州的乐观的经济预测终结于 2008 年夏季。大多数州刚刚开始 2009 财年，与此同时，也要对年度收入的最高水平说再见了。[10] 所有州都已从 2001 年的经济衰退中完全恢复，此次经济衰退对各州的预算专家的影响要高于对纳税人和工人的影响。各州已经有了足量的收入储备。[11] 事实上，许多州都已经围绕收入的适当水平进行了讨论，也讨论了州政府是否已经占有太多的收入。州的收入储备从 2003 财年的 3.2% 提高到 2006 财年的 11.5%。[12]

当收入开始转向下行，官方宣布经济衰退时，经验显示还是未能与正确的预测同向。根据表 19.1 可知，2007 年 12 月之前，少数州从未经历过长久的经济衰退。1991 年至 2007 年 12 月，就业率下降（非连续）的月份少于 10 个月的州有 6 个。其中多数州已经历了一到两年的经济衰退。例如，新墨西哥州从 1991 年 1 月年至 2008 年 11 月的 215 个月中，有 1 个月（1991 年 6 月）的收入出现了下降；而 2008 年 12 月年至 2011 年 8 月的 33 个月中，有 31 个月的就业率出现同比下降。2008 年末，第一次有报道称少数几个月的经济出现了下滑，很难想象，这将会是一个连续两年下滑的开始。[13]

表 19.1　2007 年 12 月之前年度就业率下降的月份少于 15 个月的州

区域	1991 年 1 月至 2007 年 11 月（203 个月）	月度百分比（%）	2007 年 12 月至 2011 年 8 月（45 个月）	月度百分比（%）
新墨西哥州	1	0.5	31	68.9
阿拉斯加州	2	1.0	9	20.0
怀俄明州	3	1.5	18	40.0
蒙大拿州	6	3.0	24	53.3
爱达荷州	9	4.4	32	71.1
北达科他州	9	4.4	9	20.0
亚利桑那州	12	5.9	36	80.0
内华达州	13	6.4	40	88.9
南达科他州	13	6.4	18	40.0
内布拉斯加州	14	6.9	23	51.1
平均值	37	18.2	26	57.8

注：数据是周期性调整后的非农就业率出现同比下降（连续或非连续）的月份的个数。
资料来源：根据美国劳工统计局数据由作者计算而得。

与就业相比，个人收入在模型中可能更为常见，因为个人收入与税收收入有着更强的相关性，也更复杂。1970～2007 年底的经济衰退，共计 152 个季度，在此期间，只有 18 个州出现过经济下滑。[14] 从 2007 年第四季度到 2010 年第三季度，只有短短 11 个季度，所有州（50 个）和哥伦比亚特区都出现了个人收入负增长的情况，季度平均值为 4.2（见表 19.2）。

表 19.2　各州与哥伦比亚特区中至少有一个季度出现个人收入下滑的州的个数

衰退结束的时间	州的个数
1975 年	3
1980 年	2
1982 年	3
1991 年	0
2001 年	1
2009 年	51

资料来源：根据美国经济分析局数据由作者计算而得。

所有的主要变量都出现了前所未有的下降，使我们预测未来充满了挑战。皮尤中心（Pew Center）2011 年发布的报告称，2009 年中位数的预测误差超过 10%，此前为 3.5%。该报告的结论是，近年来，收入预测的波动性有所增加，"经济下滑后，紧接着会出现财政危机，在财政危机期间，收入估计的误差越来越大。在 1990～1992 年的收入危机中，25% 的州预测经济收入增长率会低于 5% 或者更高。在 2001～2003 年收入下降时，45% 的州预测经济增长率会超过 5% 或更多。2009 年，70% 的州都认为 5% 或更高水平的增长率会高估收入"。[15]

在 2007 年秋季，皮尤中心对 2009 财年的收入进行了估计，并将这一结果与早期数据相比，其目的是在收入估计的准确性方面，能够发现不利的趋势。但由于个别因素的缺失，增加了问题的复杂性。上面提到的变量与许多其他变量（如住房指标、石油和天然气价格及利率）是在一个相当长的时间内形成的，这些变量是收入估计的基础。

收入估计方法

有多少州就有多少预测收入的方法，但是这些方法有许多共同的特征和步骤：
- 采用国民经济预测。
- 预测州的经济。
- 建模和预测收入时使用历史数据与对适当变量的外生性预测。
- 编辑整理立法的近期变化。
- 测试和评估已完成的预测。

采用国民经济预测

收入估计过程的起点是评估美国经济。各州之间存在关联，就需要我们关注国民经济与全球经济，在州的层面上，也应更关注出口行业的情况。通常，州政府依靠外部承包商提供这样的服务。[16]规模最大的和使用最广泛的是全球产业资讯关键信息服务供应商下属的环球透视（Global Insight，GI）和穆迪分析（Moody's Analytics，Economy.com）。这些供应商提供计量模型中所用的预测数据、前景与风险的相关描述。除了基本面的预测，它们可能提供一些对特定情况的分析及其概率分布。[17]这些供应商在会议上也会进行相关陈述，并提供完整的预测内容，各州的经济学家也会出席这样的会议。[18]

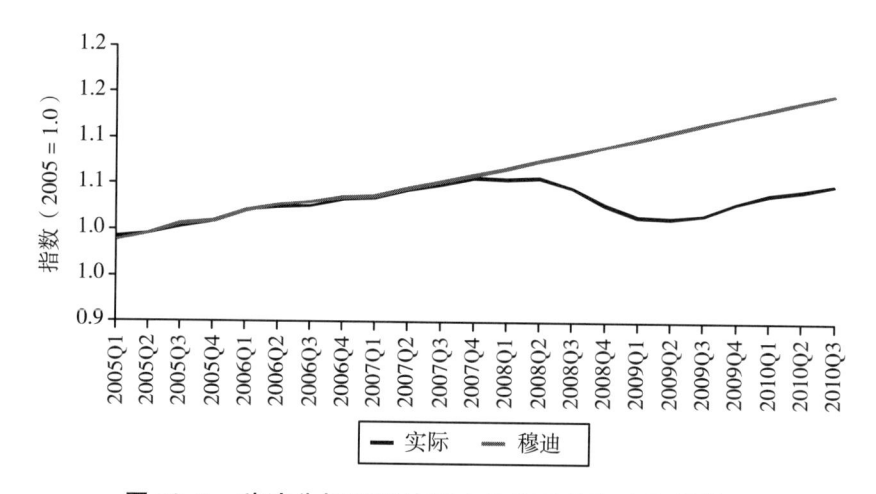

在这些预测中，会有一些预警信号，但无论是穆迪还是GI，它们在2007年所做的基本面的、或貌似可信的预测中都未包含衰退（见图19.2）。[19]2008年秋季，人们预测此次经济衰退的范围会很窄，因为只有住房市场出现衰退。当时的判断是，住房市场出现的危机具有地域特点，对国民经济的影响有限。只有少数经济学家们认为，这将引发金融危机，并揭示出危机背后抵押贷款的网络。[20]

图 19.2　穆迪分析预测的国内生产总值和实际的情况

资料来源：Moody's Analytics，August 2007；US Bureau of Economic Analysis (BEA)。

另一个更为基准的信息来源是负责经济预测的联邦机构，其目的是服务于联邦预算。管理与预算办公室（OMB）和国会预算办公室（CBO）都会对经济进行预测。他们的预测类似于私人部门的预测（见图19.3）。在编制2009年财政年度的预算时，OMB和CBO预计2009财年名义GDP的增长率为4.7%~5.1%。一年之后，预测被调整为零增长，仍然没有预测出实际GDP会下降1.7%。

预测州的经济

国家层面的经济预测接下来会被用于预测州的经济。各州有不同的方法来确定适用于当地经济的最佳预测。各州收入预测意见的统一，通常是以在重要经济变量预测上取得一致意见为起点。一些州建立了咨询小组，负责讨论并达成一致的预测意见。[21]某些州可能要求某一高等教育机构承担预测本州经济的任务。经验与对当地细微差别的研究，可以帮助这些机构定制适用于当地的预测。此外，这些机构中的大多数都与政府机构有联系，其毕业生可以到收入预算办公室工作，经验丰富的政府工作人员也可作为兼职教授或进行一些公共政策方面的特殊课题研究。由于许多同样的原因，大

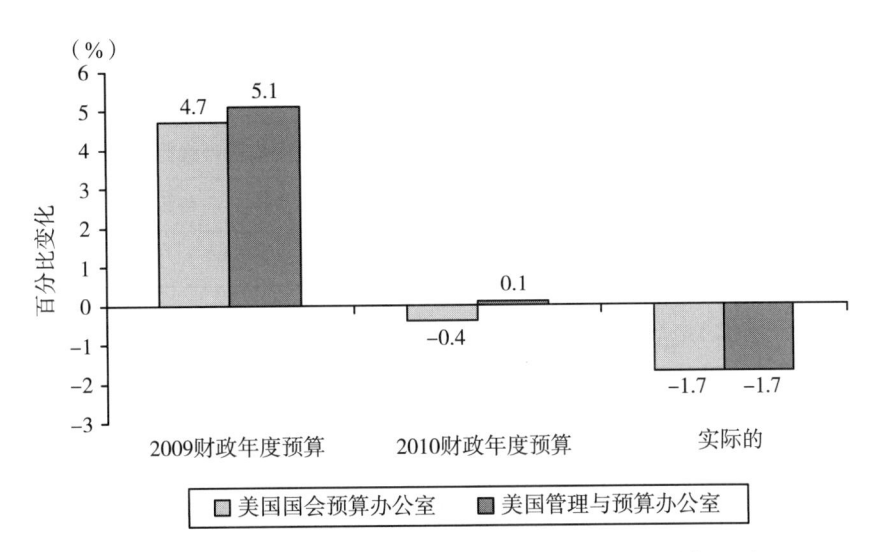

图 19.3　OMB 和 CBO 对 2009 财年名义 GDP 的预测

资料来源：US Office of Management and Budget（OMB）；US Congressional Budget Office（CBO）。

学与私人部门之间也有联系，以全国数据为基础的模型可能无法回答地方经济究竟是如何运行的这样的问题，在这一点上，大学与私人部门的联系可能更为直接。

一些州也使用国家宏观经济预测的供应商，来完成当地经济预测的编辑整理工作。与自己开发一个当地的预测模型相比，这既是一种可供选择的办法，也可被用作官方预测。使用独立性已被认可的权威供应商是有好处的。各地也有许多私人的经济咨询公司，它们专注于特定区域的研究。这些预测可以被某些重要产业所购买，因为常规的经济预测并不能有效反映这些产业的特殊性。对于那些产业结构有很大不同的州而言，它们的情况与全国相比会有很大不同，如密歇根州（汽车）、堪萨斯州（农业）以及怀俄明州（能源）。在这些情况下，官方预测也包括专业预测。[22]

变量选择。不考虑来源，大部分收入估计都依赖于少数的经济变量，综合考虑这些变量，可以捕捉多数应税项目（见表 19.3）。每种收入来源都有一个特别的意义或是一个有用的影响因素。选择变量的第一标准是优良数据的可获得性。有一些模型可能包含一些理想的变量，但是它们却难以搜集，或者发布周期太长、不定时发布，或者难以预计。在州的收入模型中，考虑 GDP 是很有用的，但 GDP 的数据一年发布一次，当发布的时候，数据已经滞后两年了。[23]

表 19.3　预测收入时使用的部分变量

收　入	变　量
PIT（扣缴）	工资和薪金
PIT（非扣缴）	S&P500，个人收入
CIT	S&P500，公司利润
销售税	工资和薪金，全国零售税额

续表

收　入	变　量
汽车消费税	汽车登记数量，就业
汽车燃油税	石油价格，工资和薪金
解雇金（Severance）	井口价，产量

例如，个人所得税的扣缴与工资和薪金或者就业有关，这些变量是支付薪水的直接方式，也是扣缴的源泉。扣缴的部分占个人所得税收入的比例很高。非扣缴的部分由最终税款的支付构成，包括纳税申报、季度预缴和退税。因为最终支付和按季度支付往往同投资活动有关，因此，S&P500 通常被用于模型当中。对证券市场的价格做出准确预测是非常困难的，原因是，在预测所得税时会产生严重误差。作为解释变量，S&P500 的可靠性在 2010 年已经受到质疑。2010 年，S&P500 反弹后超出预期，但非扣缴的部分却持续下降。[24]

销售税历来是一个稳定的收入来源，一般认为，销售税与就业有直接联系。[25] 只要税基足够宽，在不考虑经济条件的情况下，人们持续购物就会带来稳定的销售税收入。在 2007~2009 年中的两次经济衰退时期，销售量的增长率相当低，但并未下降，在经济复苏时期，销售量的增长率又开始回升。[26] 从 2009 年开始，情况发生变化，这一数据整整一年都在下降。传统的预测工具越来越复杂，应税销售的外界环境也在发生变化。以下三种趋势值得我们特别注意：住房市场风险显现、各州由生产商品转向提供服务以及网购越来越多。[27]

• 住房市场风险显现。2007~2009 年的经济衰退最重要的影响之一是，住房市场崩溃带来了巨大的损失。新建住房工程完全停工，使高薪的建筑行业遭受直接损失，建筑材料的支出也立刻减少。前者减少了销售税和所得税，却增加了公共服务的需求，特别是对失业的补偿。后者造成了销售税收入的减少。在住房市场泡沫的顶峰时期，建筑材料和家具的销售额占全社会消费品零售总额（不包括食品服务）的比例达到了 11.7% 的峰值。[28] 自 2000 年以来，这一比例一直稳步增长，零售额增长的贡献越来越大。自 1992 年有相关数据以来，2007 年建筑材料和家具的销售额首次下降，并且是连续三年出现下降。2010 年，建筑材料与家具的销售额占零售贸易的比例不到 10%。这加快了抵押资产的撤出速度，而这些抵押资产同时承担着为住房市场之外的其他消费市场提供资金的角色，如汽车产业和旅游产业。在一个有关预测风险的讨论中，明尼苏达州的财政部门 2007 年 11 月的预测直接面对了收入估计的风险："从历史上看，在其他条件相同的情况下，财富的增加可能导致消费支出小幅增加。但是，当预测人员试图分析当前住房价值的下降对消费的影响时，他们发现自己进入了未知领域。因为，自大萧条以来，还没有出现过住房价值连续一年下降的情况。"[29]

• 服务替代商品。20 世纪 30 年代，个人消费支出中有 55% 用于购买商品。[30] 到 20 世纪 70 年代，情况有所转变，服务占据了消费支出的主要份额，2009 年，商品占比已降为22%（见图19.4）。上述变化，降低了销售税的经济效率，因为许多州对多数或全部服务免税。㉜渐渐地，各州开始将服务纳入销售税的税基。最开始，仅涉及少量的企业之间的服务（这样可以避免重复征税），但事实证明，与增加其他税种的收入一样，是很困难的。㉝美国税务管理者协会（FTA）保留了一个各州应税服务的清单，随着时间推移，各州的税基并没有明显拓宽，㉞但税率却有所增加。在税基不变的条件下，提高税率的做法增加了应税项目的成本。税基的缩小使得依靠销售税增加收入的效率较低。

- 互联网销售。另一种趋势是，互联网上的销售有所增加。这不是一个新问题。对于某一州而言，要想从企业征得税款，这个企业必须与该州有某些联系。㉟互联网上销售与按照商品目录销售具有一定可比性——与按照商品目录销售一样，可能总体上是免销售税的，除非网上销售的企业有固定经营场所。但网上交易所导致的商业份额的增加，对于销售税收入而言，会产生一个重要问题。2003年，统计局开始记录网上交易的数据，调查显示，1.8%的销售是通过电子商务完成的。到2008年，这个比例翻了一倍，达到3.6%（见图19.5）。这些销售中很大的数量是应税的，因为企业存在"实体店"，但也有相当数量的销售是未纳税的。㊱田纳西州立大学商业与经济研究中心的一项研究指出，2012年地方与州政府的总计收入损失为120亿美元。㊲

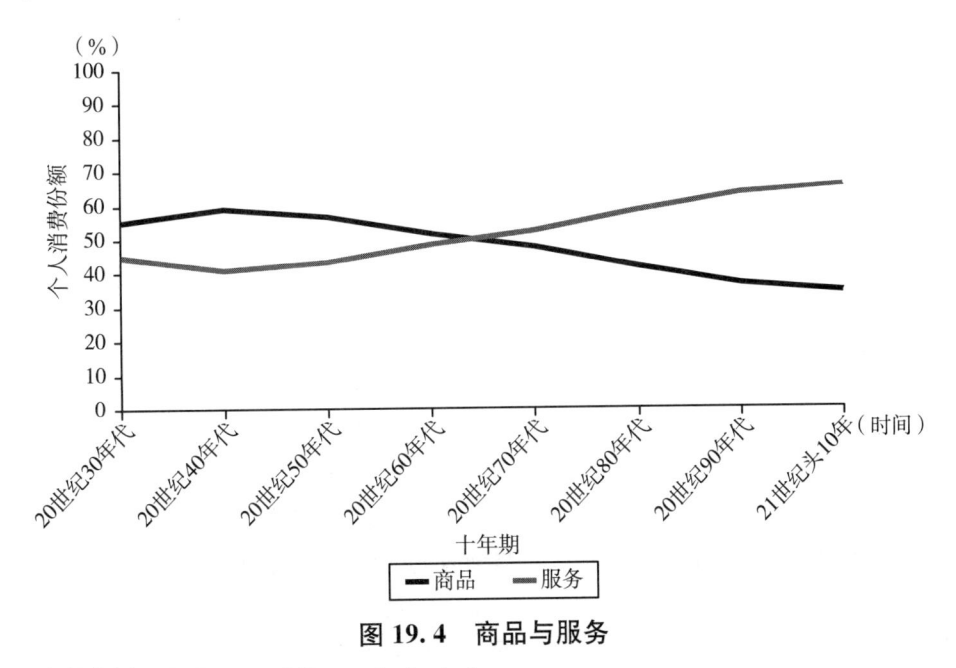

图19.4 商品与服务

资料来源：US Bureau of Economic Analysis。

从收入估计的角度看，人们更关注所得税与销售税的收入，由于这两种税的收入对于总收入相对更重要。税收和非税收入都应被预测，因为非税收入占收入的1/3，如费用、许可费、罚款与服务收费。㊳在许多情况下，预测类似费用和许多许可费这样的收入，不需要外部变量，只用简单模型即可。在有些情况下，对于估计不同收入的合计数也是有用的，可以将合计数作为一个经济变量。建筑许可费和其他与建筑有关的收入就可以形成一个合计数,建模时将其作为一个与建筑相关的变量进行处理,这一变量可以较好地预测收入,也可以根据不同目的加以分解。

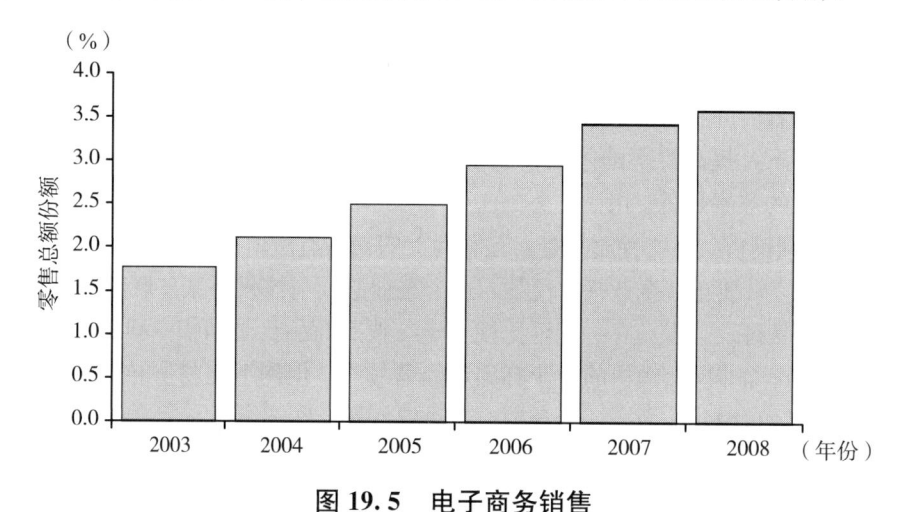

图 19.5 电子商务销售

资料来源:US Census Bureau。

模型的数据

为了使模型中的收入数据适当,建模时就需要已征税款的历史数据。由于一些与征收过程和会计处理过程有关的问题,已征税款的数据往往是"高低不平的",也就是说,已征税款的数据不可能像想象的那样平整。例如,2010 年,在大西洋中部地区有一场巨大的暴风雪,哥伦比亚特区税务部门被迫关闭数日。税收征收被推迟,1月的经营活动(在 2 月申报)似乎被人为压低,2 月的经营活动(在 3 月申报)似乎是为了弥补耽误的进度而被抬高。这两个月的数据被称为"相反的一对异常值",如果模型基于月度数据,则应将这两个月的数据进行平均化处理。大多数预测数据都是季度数据,所以,这个特例可以在月度数据汇总为季度数据时得到纠正。[8]

估计者必须知道税款征收的时间跨度与数据的实际处理过程,以便已征税款的数据与所选择的解释变量之间更匹配,并选择合适的建模频率。由于时滞的原因,我们需要将数据向前追溯。多数地区,当前月份应征的销售税会被要求在下一个月某日之前缴纳,因此,已纳税款的数据与实际的经济活动总是有一个月的滞后。预缴的所得税也有这样的问题,但非预缴的所得税就不存在这样的问题。估计的支付数量是季度性的,尽管它们总是根据特定纳税人的情况变化进行调整,但通常是将全年的已征税款在四个季度中平均分配。因为实际的数据与年度时间序列更为相关——最近一年总的应纳税额——所以,年度模型可能比季度模型更让人满意。

一旦准备好要分析的数据之后,下一步任务就是模型的选择。模型的选择取决于收入的来源。有几种有用的类型,它们的范围从简单的移动平均值和趋势模型到复杂的线性回归和时间序列模型。估计同一收入,可以同时使用简单模型和复杂模型，以便验证结果。模型选择也与收入的重要性有关。换言之，收入的重要性越高，模型越复杂。如前所述，收入可能是一个合计数，与单独建模估计每种收入相比，估计合计数的模型将使用更为复杂的技术。

有一些收入可能需要被更新或使用，如收费与许可费。计算多年平均值的简单模型往往是有效的，可以根据收费比率的增加而进行相应调整。也有一些收入是不稳定的和不可预测的，简单的平均数是最好的或许是唯一适当的办法。如物主不明的财产或房地产税。[39]已纳税款的历史数据将会说明为什么简单的模型是适当的。

当收入呈现一个稳定的趋势时，可以使用趋势模型。它比计算简单的平均值要复杂，因为，趋势模型允许相关变量在预测期内有所增长。考虑人口或通货膨胀因素，收入会相应增加，此时，简单的趋势模型是适当的，趋势模型也可以当作验证其他更为复杂的方法的标尺。在遇到明确的拐点时，趋势模型不再适用。

从理论上说，某些收入与其他变量有一个明确的比例，我们可以据此建模。例如，销售税的税基通常与工资和薪金水平相关。比例模型可以利用以往的比例预测工资，而后预测适当的税率。这种模型将外生性预测作为主要因素。

对于多数重要的收入而言，多数估计依靠的是经济模型。[40]对时间序列的分析，常用的标准形式是原始的最小二乘法（OLS）模型。也有一些修正，包括以自回归的形式来说明序列的相关性，或者使用因变量的滞后期（模型中的税收收入）。有关模型选择的问题，有大量的学术研究，也有无数的方法来处理因变量、自变量或外生变量。[41]大多数估计有相应软件，这些软件负责最常见的检验，并提供基于该领域内"最佳实践"的预测。

模型的形式虽然重要，但变量的选择更为关键。模型必须容易理解，并且要得到有关收入变化的理论的支撑。为了更好地"拟合"现实而进行的数据挖掘工作，可能使一个模型的系数更为稳健，但当模型被用于预测时，就必须考虑变量之间的相互影响。估计者必须能够向公众解释为什么要选择某一特定变量，而不是向经济学家解释。如虚拟变量的使用。虚拟变量是一种解释季节性或制度变动（如引入新税率）的技术。当我们已经十分确定所用数据有所改变的时候（税率增加前后，或冰淇淋的夏季销量），虚拟变量发挥很重要的作用，但是不能用虚拟变量替代其他变量。有时候数据序列中会出现一个可以观察出来的奇异值，对于这个奇异值而言，存在不同的比例，引入虚拟变量可以缓和奇异值对模型的影响。我们使用单期的虚拟变量需要说明理由。微软可以作为一个例子：2004年第4季度，微软进行了股息分配，股息分配金额大到可以影响国家层面的季度数据。[42]在这种情况下，因为它是一次性事件，对于该季度而言，模型应做出相应调整。其他公司也有大规模的股息分配，但它们是规律性的，因此，它们的变化已经包含在基础数据当中。

然而，如上所述，基于数据的对解释变量的预测，建模是非常重要的。预测州的总收入时，我们使用了一个简单模型。该模型以工资和薪金作为主要影响因素，并且具有一个较好的模型应具备的特质：模拟预测值与实际值十分相近（见图19.6）。[43]

图 19.7 比较了使用 2007 年秋季的工资和薪金所做出的预测与实际收入的情况：预测值与实际值之间出现严重背离。此时，解释变量的预测值未能反映出这一下降。

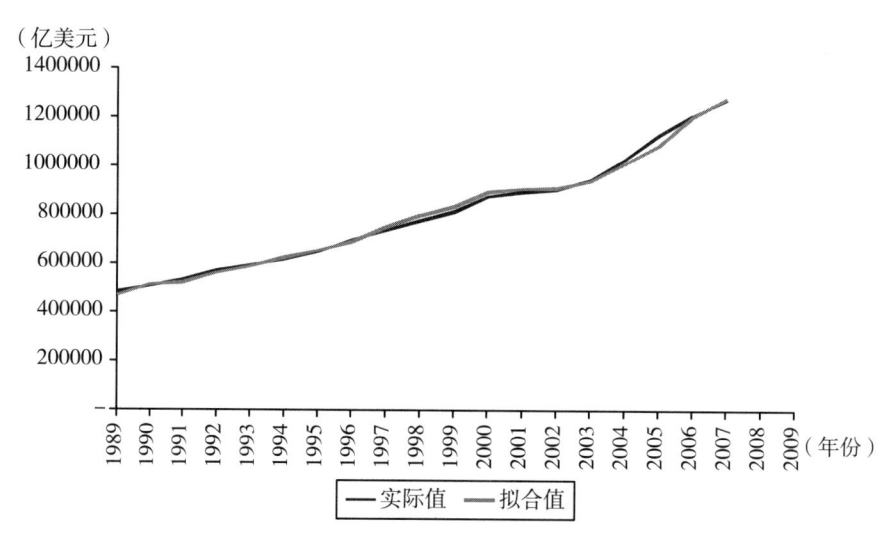

图 19.6　用工资的总收入模型的拟合值与实际值

资料来源：根据美国经济分析局数据由作者计算而得。

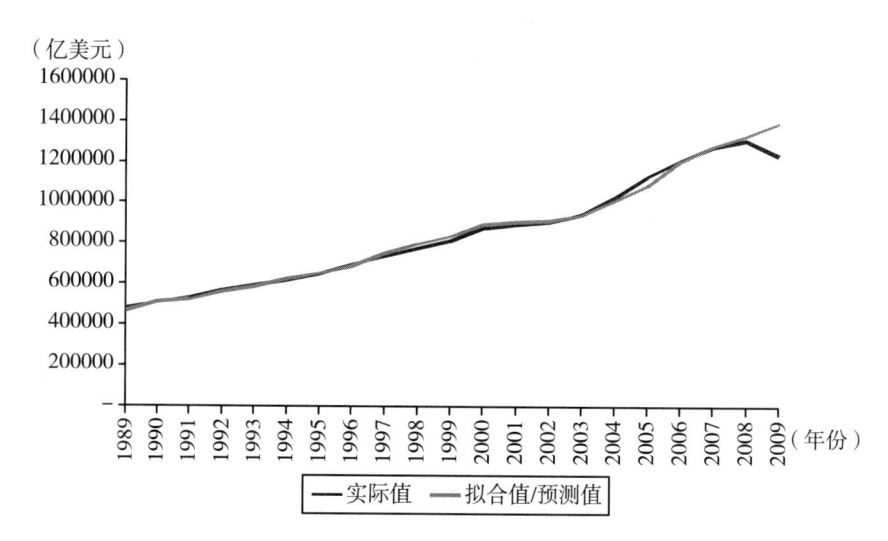

图 19.7　用工资的总收入模型的预测值与实际值

资料来源：根据美国经济分析局数据由作者计算而得。

改变立法、政策和行为

一旦我们选择了变量，并且进行了相关预测，收入的估计者就需要判断他们是否需要调整预测的基础，以便模型可以反映税法、税收政策以及纳税人或税务管理员行为的变化。税法不仅会有当前的变化，也会有一些逐步显现的变化或因某件事而发生的变化，估计者必须关注这些变化。有时，政策制定者不愿意接受某一年某一项特定政策的影响,无论其影响是正面的还是负面的,他们往往是在几年时间里逐步接受这些影响。有关财政的估计经常被计算或报道,随着时间的流逝,这样的估计应当被看作是具有阶段性特点的。主要的改革往往也是分阶段进行,以便给纳税人足够的时间做出相应调整;如其不然,这样的改革可能被淘汰。[44] 危险在于,这些变化在很长时间之后才会在税基中显现,在预测收入时会使用这些税基的数据,这些变化也不总是反映在经济变量中。如果这些影响是基础性的,抑或必须增加或剔除,收入估计者不得不综合所有的政策后才能做决定。例如,销售税税率的变化,立刻就会影响预测的基础,但这些变化不会出现在用于计算估计参数的历史数据中。因此,估计者不得不在产生影响之后增加这一因素,直到收入预测者对其模型满意为止。所谓的满意是指模型可以捕捉税率的变化。为了适应这一特点,可以在模型中增加税基变量,而不再使用已征税款。这样做,任何税率都可以在任何时间在模型中得以体现。

美国州政府预算官员协会(NASBO)发布的年度调查显示,2008 财政年度,各州政府削减了 16 亿美元财政预算,密歇根州除外。[45] 42 个州(包括密歇根州)公布了税收的变化:要么是销售税,要么是个人所得税,总之,全国一半以上的州都出现了税收收入下滑的情况,而税收占各州收入的比例为 2/3。2008 年税收立法情况见表 19.4。

表 19.4 　　　　　　　　　　2008 年税收立法

项目	NASBO 报道的变化(美元)	2008 财年州的税收收入(美元)	份额(%)	税收发生变化的州的数量(个)	
				增加	减少
销售	(716)	241008	-0.30	2	22
个人收入	(1778)	278373	-0.64	4	24
企业收入	275	50759	0.54	9	8
烟草	762	16068	4.74	8	0
其他	(235)	195436	-0.12	18	24
合计	(1692)	781644	-0.22		

资料来源:US National Association of State Budget Officers (NASBO); US Census Bureau。

也有一些其他的政策变化是没有立法的,同样会对收入征收产生影响。通过努力协调税务机构内部各部门遵从的做法可以增加收入,但需要资金支持。遵从方面的创新,如银行账户附件或与税务局的互惠协议,都可能带来更多收入。在一个模型中,征收率要么是隐含的,要么是明确的,此时,增加税率将直接影响收入预测。同样,如果外界环境不鼓励相关部门对纳税人申报进行深入的、综合的审计,可能导致较低的征收率。不过,这些类型的变量很难量化,因此,在收入预测时,它们也不总是能被明确地联系起来。意识到征收行为,这一点很重要,因为最近的已征税款往往是预测中最强有力的因素。

遵从的必然结果是纳税人的行为。美国经济的成功以及有能力为联邦、州与地方政府服务提供资金，得益于主要税种特别是所得税在美国具有较高遵从率。多数所得税要求支付方扣缴税款，很少直接针对雇员。在所得税扣缴的征收方式尚未建立的时候，遵从率总是波动的。因为，在未实行源泉扣缴的方式下，个人同企业一样，纳税时有很大的选择余地。特别是在经济合同的期限内，为了改善现金流，纳税人可以估算应纳税款的数量，减少或延后支付税款，即使这样做可能面临处罚并交纳利息。如果在不支付雇员工资或停工与估计应纳税款之间做选择的话，纳税人可能选择后者，并承担遭受处罚的风险，他们会在环境改善时再支付税款与罚金。

纳税人除了支付税款，也会通过税收筹划、非法逃税或者其他可以替代的行为避免纳税。税法的变化可能会影响高收入的纳税人、个人或企业，同时会使纳税人为了降低应纳税所得额而更注重税收筹划。例如，销售税税基中包括法律服务这样的服务，这会使企业选择雇用律师而不是聘请法律公司，因为这样可以减轻其应纳税款。税法的变化也可能增加税收管理者的审计需求，这将增加纳税人非法逃税的机会。如果没有相应机制来跟踪延期支付的话，纳税人可能会在未提供相关证据的情况下申请延期支付与抵扣。最后，为了避税，纳税人也可能简单地终止应税行为。例如，当销售税增加的时候，人们会增加互联网购买。

测试结果

一旦模型被确定下来并且投入运行，估计的结果必须经过除计量模型本身需要完成的检验之外的其他一系列检验。收入估计者必须完成以下三个方面的检验：合理性，验证（如用不同模型验证估计结果）与估计结果的变化范围。过去几年发生的具有讽刺意味的事情是，2007年秋季所做的正确的收入预测结果，在特定历史数据下，因无法满足上述条件而被拒绝或修正。

合理性。合理性的测试只要求回答下面这样一个简单的问题：在既定的经济前景和政策环境下，这样的结果合理吗？在过去几年中，合理性测试可能使估计者放弃他们估算出来的结果，因为，当经济被认为可能出现持续下滑时，模型希望回归常态。合理性测试也可能与收入的具体特点有关，而这些特点可能无法在模型中得以反映。与其他收入相比，资本利得收入发生这种情况的概率更高。从资本利得的历史数据看，资本利得在出现了一个陡峭的上升之后，往往会经历一段下滑期。在此次经济衰退中，股票市场就是这样。标准普尔500指数在2008年下降30%之后，2010年涨幅超过20%。如果一个模型使用了标准普尔500指数，就会反映出这样一个反弹。当估计者知道有一个异常损失，或者在某一点上股票市场与资本利得不再有联系的时候，他们可能从专业角度做出判断，并拒绝模型的结果。㊻

验证。另一个检验是对估算结果进行验证。如前所述，趋势模型或比例模型通常可用来验证一个复杂模型的估计结果。验证不是要得到精确的结果，而是合理性检验的又一种方式。一个简单的验证可能无法表明特定趋势的大小，但可以指明趋势的方向。如果简单的验证得到的是一个负向趋势，而模型的结果为正向趋势，模型的数据一定存在什么问题，从而改变了收入的路径，必须对其进行解释或修正。比利·汉密尔顿（Billy Hamilton）是《州税收评论》（*State Tax Notes*）长期撰稿人，他使用了一个简单的基准模型来验证其对销售税收入的分析：销售税的增长应该是就业增长的 2～3 倍，因此，任何模型的预测都可以将其估计结果同这个拇指法则进行比较。[47]

结果范围。最后，计量经济模型将提供一个置信区间或点估计的概率。如果担心经济变量的预测结果可能过于乐观，在不放弃模型结果前提下，估计者可以选择较低的区间，也可以有意地将悲观因素纳入模型。对于收入而言，无法做一个区间估计，只能是点估计。这意味着，不确定的区间、置信区间并不总是能够被明确表述和报告的。不幸的是，政策制定者需要的不是一个区间，而是一个特定的收入水平。因此，需要进行点估计。

收入估计过程的最后一步是撰写叙述性报告，回答有关每一种收入来源的一系列问题：

- 什么是预测的主要影响因素？经济前景的讨论中包含这些因素吗？
- 在上一次预测完成后，此次预测做了哪些改变？
- 模型被检验了么？模型能够合理地反映最新数据么？
- 此次预测的风险有哪些？

估计的特点是定义不确定性，因此，找到有关不确定性方向的线索就很重要。回答这些问题将有助于我们撰写报告，为回答政策制定者或公众提出的有关预测的任何问题做好准备。由于需要对预测的准确性进行相关检验，在预测收入的时候，回顾这些问题可以让我们看问题更深刻。2007 年秋季，人们已经预测到住房市场与能源价格中蕴含着许多风险，但 2007 年 12 月之前，金融危机并未爆发，就业也没有下降。

收入估计者是应用经济学家，而不是理论经济学家。收入估计既需要有较强的理论支持，又要得到稳定而有意义的预测结果，估计者需要在两者之间进行权衡。在最终的报告中，收入估计者必须能够解释预测是如何做的。预测使用的技术越复杂，解释起来越困难。收入估计的一个缺点是，虽然它能回避政治影响，但仍然直接暴露在政治环境中，收入估计者也常常被要求在非经济学家参与的公共论坛上对所做估计进行描述和解释。

近年来，出现了一些新的信息。这些信息与历史数据在许多方面都有冲突。预测收入所使用的时间序列被加入了新的极值。在未来进行收入预测时，必须采用这些新的信息，并将这些新信息融入已有模型，或者开发新模型。我们不仅需要理解新出现的低点或萎缩，也需要理解一些新出现的数据，在此之前，这些数据的价值可能并未得到认可。再过几年，住房市场的崩溃无论是将产生一个新趋势，还是会回到泡沫产生前的趋势，居住方式都将与收入的关系更为密切。对于收入估计者而言，变量的选择和预测内容的选择都是很困难的。因为，传统的方法未能捕捉到此次经济大幅衰退。在这样的环境中，估计者将开发新的模型，并引入评价模型的新方法。

注释

① Mier（2009），slide 2。在全国州财政官员协会发布的一份报告中提到，循环资本市场的一个战略家比较了金融市场的条件与《圣经》中埃及十大灾难。

② US Bureau of Economic Analysis（BEA）.

③ 同上。

④ 同上。

⑤ US Bureau of Labor Statistics.

⑥ Yahoo! Finance（finance.yahoo.com）.

⑦ 注意，这并不包含哥伦比亚特区，哥伦比亚特区的数据在地方税收数据中显示该区 2009 年的数据也出现了下降。

⑧ New Mexico Department of Finance and Administration（2007）10.

⑨ Kavet（2008），7.

⑩ 作者计算。2008 年 38 个州与哥伦比亚特区收入最高。

⑪ 尽管不存在预算储备的"理想"数量，但他们认为，一般基金结余与预算储备加起来至少应占州的总支出的 5%。见 Eckl and Klee（2005，327-328）。

⑫ NASBO（2010）.

⑬ 作者是新墨西哥州财经立法委员会的首席经济学家，参与收入预测过程。

⑭ 在个人收入的四个季度的移动平均值中，数据是季度性变化的。

⑮ Urahn and Gais（2011），4.

⑯ 最大的州——加利福尼亚州、纽约州与佛罗里达州——调用了许多资源来完成国民经济的内部预测和外部预测。

⑰ 2007 年秋季，全球产业资讯关键信息服务供应商下属的环球透视调高了悲观预测的可能性。

⑱ 每年秋季，联邦税务管理局都会召开收入预测的会议，与会人员包括各州的税收政策专家、私营部门与联邦政府的专家。在 2007 年的会议上，全球产业资讯关键信息服务供应商下属的环球透视与穆迪公司进行了陈述，它们都淡化了出现衰退的可能性。

⑲ 在联邦税务管理局的会议上，穆迪公司预计，尽管衰退可能避免，但出现衰退的可能性在增加，从最低的 20% 多到自 2001 年经济衰退以来最高的 40%。

⑳ WSJ（2007）。《华尔街日报》关于预测的调查显示，54 个经济学家中仅有 3 人在 2007 年认为美国 GDP 会下降，只有 4 人认为出现下降的可能性超过 50%。

㉑ NASBO（2008）。29 个州设有经济咨询小组，28 个州启动了收入预测的过程。

㉒ 阿拉斯加州、科罗拉多州、新墨西哥州、犹他州与怀俄明州的官方预测报告中都包括石油或其他自然资源价格的预测；西弗吉尼亚州的报告包括了煤炭的预测；堪萨斯州在其预测文本中提到了农业的预测数据。

㉓ 2010 年 11 月，美国经济分析局发布了各州 GDP 的预测。

㉔ 可能的情况是，往年的损失现在正在抵消收益与非预缴的部分。

㉕ 汉密尔顿（本书）。

㉖ 在 2001 年的经济衰退时，销售税增长率为 0.2%，2002 年为是 2.7%。1991 年，这一增长率为 3.5%。最新季度数据见 www.rockinst.org。

㉗ 福克斯（本书）。

㉘ US Census Bureau Monthly Retail Trade（downloaded January 23，2011）.

㉙Minnesota department of Finance（November 2007），forecast，http：//www. mmb. state. mn. un/doc/fu/07/forecast-novo7. pdf.

㉚US Bureau of Economic Analysis（BEA）.

㉛税收效率被定义为，以最小的成本实现足额的收入。一个非常有效率的税种可能有一个最宽的税基。见 Watson（2005），121-122。

㉜对生产过程而非最终销售征税时，会产生重复征税。

㉝www. taxadmin. org.

㉞互联网为传统的实体店销售带来了新问题。各州最近已经解释这一问题，因为线上交易占商业的份额很大。简化销售税项目已经被各州在一定程度上采纳，而这些州都有销售税。这就是一个例子。各州也对诸如亚马逊这样的线上零售商提出了挑战，或者它们正在重新改写法律使税法能够覆盖这些销售商。

㉟例如，从 BestBuy 上购买了商品，可能要缴纳销售税，因为 BestBuy 在每一个州都有固定场所，但多数州对从亚马逊网站上购买的商品免税。

㊱Bruce，Fox and Luna（2009）。他们在文中也提到了这一点，根据政府统计调查显示，2009 年，各州已征的销售税总额下降了 129 亿美元。

㊲舍奎斯特和斯托伊切娃（本书）。

㊳Williams（2008），351.

㊴使用死亡率的模型研究死亡数量是可能的，但是，将其与已故人士的财富结合在一起研究几乎是不可能的。

㊵某些州也有一些针对所得税的微观模拟模型，但是这些模型在估计参数变化所引起的财政影响时更为有用，对于预测没有什么作用。同样，投入产出模型（如 REMI）一般也不被用于预测变量，经常被用于估计财政影响。

㊶Willoughby and Guo（2008），31.

㊷答案见 http：//www. bea. gov/faq/index. cfm？cat_id=o&searchQuery=&start=o。

㊸数据是根据一个简单的 Cochrane-Orcutt 模型而得，使用 GRETL 统计软件对州的总收入与美国工资和薪金进行了回归，这样做只是为了解释。

㊹税务联合委员会发布了一份有关过期的税收条款的年度报告，因为，法规中存在落日条款。

㊺NASBO（2007）。因为预算延期与经济因素有关，密歇根州的税收增加了 16 亿美元。如果分析时包含密歇根州，将会抵消其他州的税收下降。

㊻用模型来描述损失是极其困难的，因为：（a）无法了解有关损失规模的细节；（b）以往的税收申报会被重新修正，或者将以前年度产生的收入会被从当前年度应征税款中剔除；（c）用模型来描述损失的方式是用来说明税收减免的一种常见方式，对于联邦政府更是如此。

㊼汉密尔顿（本书）。

参考文献

Bruce, Donald, William F. Fox, and LeAnn Luna (2009, August). "State and Local Government Sales Tax Revenue Losses from E-Commerce." http：//cber. utk. edu/ecomm. htm. 511-518.

Congressional Budget Office (2008, January). "The Budget and Economic Outlook: Fiscal Years 2008 to 2018."

Congressional Budget Office (2009, January). "The Budget and Economic Outlook: Fiscal Years 2009 to 2018."

Eckl, Cornia, and Jed Klee (2005). "Rainy day funds (budget stabilization, budget reserve funds)"., "In *The Encyclopedia of Taxation and Tax Policy*, edited by Joseph J. Cordes, Robert D. Ebel, and Jane G. Gravelle. Washington, DC: Urban Institute Press. 327-328.

Geweke, John (2007, October 3). "Revenue Predictions," memo from University of Iowa Institute for Economic Research to Revenue Estimating Conference, http://tippie.uiowa.edu/economics/institute/.

Hamilton, Billy (2011, January 24). "Worried Man: Trying to Predict the Turnaround in Tax Revenue." *State Tax Notes* 59: 295-299.

Kavet, Rockler and Associates (2008, January 16). "January 2008 Economic Review and Revenue Forecast Update." Prepared for the State of Vermont Emergency Board and Legislative Joint Fiscal Committee.

Lutz, Byron, Raven Molloy, and Hui Shan (2010). "The Housing Crisis and State and Local Tax Revenue: Five Channels." Federal Reserve Board Finance and Economic Discussion Series, 2010-2049.

Maki, Wilbur R., Carlo del Ninno, and Peter L Stenburg (1980). "Forecasting State Economic Growth in Recession and Recovery." *Journal of Regional Analysis and Policy* 13 (2): 39-50.

Massachusetts Department of Revenue (2007, December 13). "Briefing Book: FY2009 Consensus Revenue Estimate Hearing." Boston: Massachusetts Department of Revenue.

McCullen, Mark (2007, September 17-19). "Regional Economic Fallout." Presentation to annual Federation of Tax Administrators' revenue-estimating conference, Raleigh, North Carolina.

McNichol, Elizabeth, and Kwame Boadi (2011, February 3). "Why and How States Should Strengthen Their Rainy Day Funds." Center on Budget and Policy Priorities.

Mier, Chris (2009, May 12-15). "The Current Environment in Financial Markets." Presentation to the National Association of State Treasurers' 2009 Treasury Management Conference, Atlanta, Georgia.

Minutes of the Delaware Economic and Financial Advisory Council (2008, September 15). Buena Vista.

National Association of State Budget Officers (NASBO) (2008). "Budget Process in the States, Summer 2008." www.nasbo.org.

National Association of State Budget Officers (NASBO) (2010). *Annual Report on Fiscal Survey of the States*. www.nasbo.org.

Nelson A. Rockefeller Institute of Government (current quarterly). State Revenue Report. Albany: State University of New York at Albany. www.rockinst.org.

New Mexico Department of Finance and Administration (2007, October 23). "General Fund Consensus Revenue." Presentation to the New Mexico Legislature.

Office of Management and Budget (OMB) (2008, February 4). "Budget of the United States Government: Fiscal Year 2009."

Urahn, Susan, and Thomas Gais (2011, March). "States' Revenue Estimating: Cracks in the Crystal Ball." Joint Project of Pew Charitable Trusts and Rockefeller Institute.

US Bureau of Economic Analysis (BEA) (monthly and annual) National Income and Products Table. www.bea.gov.

US Bureau of Labor Statistics (BLS) (monthly and annual) Employment Situation.

US Census Bureau (2011). Annual Survey of State Tax Collections. http://www.census.gov/govs/statetax/.

Watson, Harry (2005), "Excess Burden." In *The Encyclopedia of Taxation and Tax Policy*, edited by Joseph J. Cordes, Robert D. Ebel, and Jane G. Gravelle. Washington, DC: Urban Institute Press. 121-122.

Williams, Daniel W (2008). "Preparing Data For Forecasting." In *Government Budget Forecasting*, edited by Jinping Sun and Thomas D. Lynch. Boca Raton, FL: CRC Press. Chapter 14.

Willoughby, Katherine, and Hai Guo (2008, March). "The State of the Art." *Government Budget Forecasting*: 27-42.

WSJ.com (2007). "WSJ Forecasting Survey-December 2007." http://online.wsj.com/public/resources/documents/info-flash08.html?project=EFORECAST07, accessed January 30, 2011.

第 3 篇

支出、借贷与财务管理

第 20 章　学前班到 12 年级教育的提供与筹资

达夫妮·A. 凯尼恩（Daphne A. Kenyon）

郎大鹏 译

初等和中等教育支出是美国州政府以及地方政府最大的单一类别支出，大概占据了全部支出的 1/4。2006 年，州和地方花费在学前班到 12 年级（简称 K-12）教育上的费用总共为 5005 亿美元，几乎占到了 GDP 的 4%。[①] 尽管存在着私立教育，但 2007 年占学校学生总数 86% 约 5060 万孩子进入了公立学校，11% 的孩子进入了私立学校，3% 的孩子在家接受家庭教学。[②]

初等和中等教育的筹资以及质量至关重要，这一点有诸多理由。美国青年的未来取决于他们的教育机会，而教育机会则是很多人获得经济上成功的垫脚石。教育是民主政治体系保持活力的关键。一个有质量保证的教育系统使得个人在工作中更加具有生产效率，从而对经济增长以及增强国家国际竞争力有着重大作用。

美国拥有的教育筹资制度是世界上最分权化的系统之一，尽管美国宪法将教育的直接提供作为州政府职能，但是除夏威夷外，所有州将重要的教育责任给了地方政府。制度中处于核心地位的是给予地方政府的控制以及筹资的长期委托。但是自 1920 年以来，教育的地方筹资份额已经下降，而州政府的地位则逐渐上升（见图 20.1）。

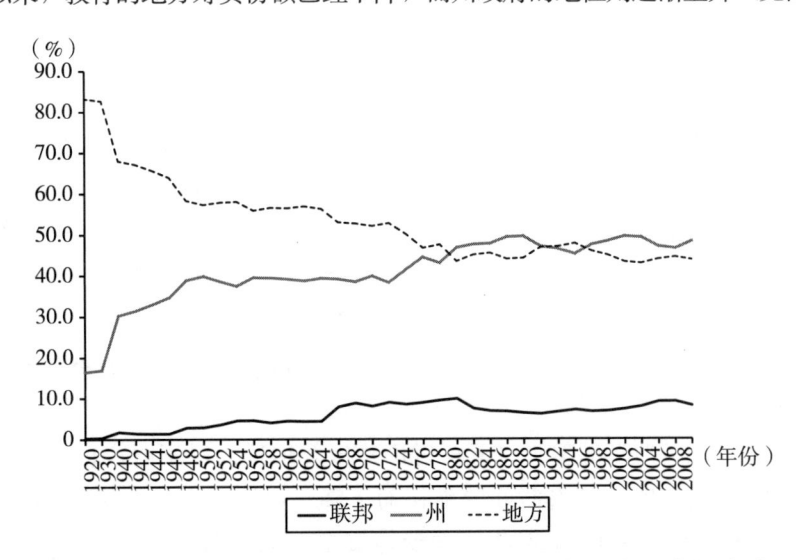

图 20.1　1920～2008 年公共的学前班到 12 年级收入来源占比

资料来源：National Center for Education Statistics（2007）；U. S. Census（2010）。

自20世纪80年代开始，在公共的学前班到12年级的收入中，州政府的贡献首次超过了地方的贡献；自此以后，州以及地方的贡献已经变成几近相等。近几年，联邦在学前班到12年级教育中的角色变得越来越重要，但是联邦政府在总资金的提供中所占份额仍然少于10%。

如今，技术的变迁以及其他力量似乎迫使教育的提供发生重大变化，这一章将重点介绍在教育提供变化背景下的教育筹资。除非另有说明，涉及的教育应该被解释为从学前班到12年级的教育。

教育作为地方政府的职责

美国学前班到12年级的教育提供及筹资传统上被看作地方政府的职责，但是正如地方控制程度不同一样，地方政府参与的性质也多种多样。

教育可以由独立学区或非独立学区提供。在独立学区，选民分别独立地考虑一般功能地方政府和学区的预算。至于非独立学区则被看作更大的一般功能政府的一个部门，如市政当局或郡的一个部门。2007年，在美国有14561个公立学区，其中13051个非独立学区，1510个独立学区，30个州拥有独立学区，4个州则仅拥有非独立学区，[3]15个州同时拥有独立学区和非独立学区。[4]

依据学区数量的不同，各州控制程度有着显著不同。举例来说，在内华达州，学区的建立是由郡（县）组织的，共拥有17个学区，然而新罕布什尔州则是独立学区和非独立学区混合，共有178个学区。新罕布什尔州的人口数量接近内华达州的一半，但拥有10倍于内华达州的学区数量，这就使得其地方控制程度强于内华达州。

地方学区的规模和角色也是有着极大差别的，佛蒙特州拥有全美最为零碎的地方学区系统，它拥有的292个正规学区仅仅服务于90000多名学生，[5]而与之对应的弗吉尼亚州的费尔法克斯县，该地区则形成了一个单独的拥有169000名学生的学区。还有一个更大的反差则是纽约市的教育部门，它是这个国家最大的公立学校系统，拥有1700所学校，容纳着110万的学生。[6]

2007~2008财政年度，联邦政府为公立中小学收入贡献了8个百分点的收入，州政府贡献了48%，地方政府贡献了44%（见图20.2）。地方政府的贡献是由地方财产税（29%）、上级政府转移（接近8%），以及其他地方资源（7%）构成的。然而，大多数上级政府的转移可能来自于财产税。[7]显然财产税是中小学教育收入中主要的地方资源。

同时，由于学校改革的努力（下章讨论）以及纳税人对于财产税的反感，学校资金对于财产税的依赖已随着时间的推移而下降。根据麦圭尔（McGuire）和帕普克（Papke）的研究，在1956年全部学校筹资中，地方财产税占到了47%，直到1972年持续超过40%，但是1982年下降至34%，然后持续下降至29%，[8]接下来将着重讨论依靠财产税来资助学校的利弊。

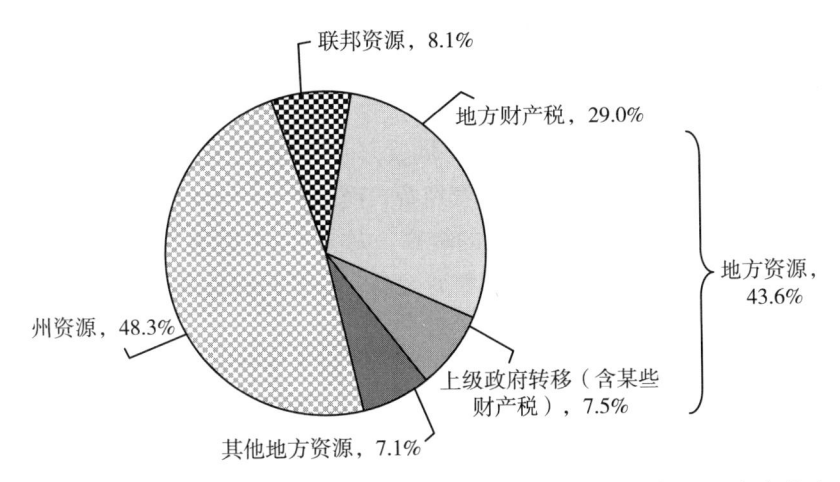

图 20.2　2007～2008 年公共学前班到 12 年级学校的收入百分比分布

资料来源：U. S. Census (2010); Public Education Finances (2008)。

饼图数据：联邦资源，8.1%；地方财产税，29.0%；上级政府转移（含某些财产税），7.5%；其他地方资源，7.1%；州资源，48.3%；地方资源，43.6%。

通过财产税来资助学校的一个最严厉的批评是它将会带来财政差距，那就是在不同学区之间，生均房产价值不同。依赖于财产税为中小学筹资允许一些社区以低税率为高额的生均教育经费筹资，而其他社区则需要以高税率为即使相对数额较少的教育支出筹资。示例来源于 1971 年加利福尼亚州塞拉诺诉普里斯特诉讼案，该案比较了贝弗利山社区和贝尔文公园社区。贝弗利山社区的生均评估财产约为 50885 美元，而贝尔文公园社区的生均评估财产约为 3706 美元。相比贝尔文公园社区，贝弗利山社区可以以一半的税率筹集到超过贝尔文公园社区两倍的生均教育经费，⑨这种依赖于当地财产税资助教育支出导致的财政差距一直以来都是一个痛点。例如，新英格兰地区比其他地区更加依赖于财产税，在评论新英格兰地区的研究中，尼尔·皮尔斯（Neal Pierce）和柯蒂斯·约翰逊（Curtis Johnson）特别批评了这种依赖："高额的财产税——它们创造的负担和反常的激励、它们产生的愤怒、它们加剧城镇间学校基金的不公平——都描绘出了新英格兰地区无止境的噩梦。"⑩

以一种不太引人关注的方式，其他分析者怀疑地方政府包括学区政府，是否需要有地方收入资源？如果它们需要，是否存在比财产税更好的替代物。麦圭尔和帕普克论证得出地方政府的财政授权是很重要的，既能迎合人们对公共产品的不同偏好同时也能推动其财政履职。⑪接着，他们将财产税与两种主要的替代物相比较：地方销售税和地方所得税。由于财产税的收入能力和稳定性等原因，麦圭尔和帕普克倾向于财产税。其他分析者也表示同意。一定程度上，投票者偏爱教育的地方自治和地方参与，地方收入资源是必要的，因为控制力是与供款相联系的。此外，很多人认为财产税是独立地方政府最好的收入来源。例如，美国国家研究委员会（National Research Council）归纳道："地方财产税仍然是为教育筹集地方收入的最好途径。"⑫

日渐增长的州的角色，州学校供款法律诉讼，以及州补助

但是，在20世纪里，州政府在教育供款方面的角色有了明显的转变。1920年，州政府提供不到20%的公共中小学教育经费，而地方政府则提供了超过80%。州政府提供的教育经费的百分比有了显著的提高，乃至自20世纪70年代起，美国州政府和地方政府分别提供了接近50%的教育经费，尽管州和地方供款比率在各州之间也存在着很大差异。

学校供款诉讼。 自20世纪60年代至今，全国范围各类法律诉讼已经挑战了各州的学校筹资体系，45个州已经处理了这样的诉讼案，仅有的没有学校筹资诉讼的州是特拉华、夏威夷、密西西比、内华达和犹他。[13]在一起最初这种案件，麦金尼斯诉夏皮罗（1968年），一件伊利诺伊州的案件中，原告指控州政府未能基于地区需求分配教育；一件类似的法律诉讼在弗吉尼亚提出诉讼——布鲁什诉威尔金森（1969年）。[14]联邦法庭拒绝了每个案子的诉求。例如，弗吉尼亚高等法院辩称："法庭既没有相关知识，也没有手段和调整公共资金的力量来满足整个州学生多样化的需求。"[15]这些早期的以需求为基础的诉讼上诉到美国最高法院也未能成功，这也就使得关心学校筹资平等的律师不得不去寻找新的诉讼方式。

自20世纪60年代末到1973年，所谓的平等诉讼被同时带入了联邦法庭和州法庭。这些诉讼基于学校为每个学生的花费不应依赖于学区财产税理论。在塞拉诺诉普里斯特（1971年）诉讼案中，加利福尼亚州高等法院发现州的学校系统同时违反了联邦和加利福尼亚宪法的平等保护条款，这是这个时代最具标志性的一个决定。[16]但是美国最高法院在圣安东尼奥独立学区诉罗德里格斯诉讼案（1973年）中关闭了通过联邦法庭寻求平等的学校筹资的努力。[17]在这项5票赞成4票反对的判决中，最高法院规定教育并不是基本的权利，同时生均财产财富并不是一个可疑的状况，因此得克萨斯州的学校筹资差距并未违反美国宪法的平等保护条款。

1973～1989年，依靠着平等保护条款和州宪法增加教育的义务的声明，很多学校平等筹资诉讼案在州法庭被提起。这其中包括了加利福尼亚州的塞拉诺Ⅱ号法案（1976年），在这个案件中加利福尼亚州高等法院在州宪法和新泽西州罗宾逊诉卡希尔的诉讼案的基础上重新确认了其发现。[18]但是，原告获胜的比率却很低（在22宗中仅有7宗原告在最终判决中取胜），[19]这也就导致了另一种学校筹资诉讼，基于充足的理由。

第一例关于教育充足性的诉讼是1989年的罗斯诉更好教育有限公司，判决是由肯塔基州的法庭做出的。[20]此类诉讼案典型地以州宪法的教育条款为诉讼依据。在这类诉讼案中，州政府可能被要求去"珍视"教育，就像在新罕布什尔州和马萨诸塞州，通常聚焦在确保该州所有的孩子都有机会去获得充足的教育。在充足性和平等性诉讼中的两个显著不同是充足性诉讼比平等性诉讼更为强调教育产出，同时充足性诉讼倾向于强调孩子们是否能够满足一些教育质量的绝对标准而不是一些相关的平等

标准。

尽管迄今为止，学校筹资诉讼案的历史概览已经成为定论，强调这种简单的分类法的局限性仍然很重要。个别州经常会出现既有平等性又有充足性的诉讼案，学校供款诉讼案的其他一些维度也同样重要，例如是否将关注度集中于资本或运行支出，或者是否主张的问题与所有学区有关或是仅仅与一小部分学区有关，如在新泽西州的艾伯特（Abbot）裁决的贫困学区。[20]在法庭裁决中一个最重要的区别是它们的特殊性。[21]举例来说，马萨诸塞州的麦克达菲（McDuffy）决议案发现州的学校供款体系有违宪法，但没有加以任何补救措施。[22]另一方面，新泽西州的艾伯特裁决强制执行了一份包含特定课程更改的具体改革时间表。[23]

在谈到这些诉讼产生的影响之时，三个启示是很重要的。首先，并不是所有的诉讼都是支持原告的。法庭有时拒绝一些学校供款诉讼案的一个原因是关于公共教育政策的裁决是州立法机构的责任。举例来说，马萨诸塞州高等法院辩解道："关于稀缺的财政资金用在何处将会得到最大效用的决定与价值判断密切相关，那些决定最好还是留给我们选出的代表。"[24]其次，并不是所有的州立法机构都会重新构建学校筹资体系以回应法院的规制。1997年，俄亥俄州的学校筹资体系首先被判定违宪，截至2007年，其立法机构仍然不得不重构其学校供款体系。[25]最后，一些州，例如密歇根州，选择重构其学校筹资系统并不是因为学校供款诉讼。[26]

一个需要回答的问题是学校供款诉讼案对学校支出水平和支出分配有什么影响。科科伦（Corcoran）和埃文斯（Evans）检验了1972~2002年的数据，发现有法庭裁决学校供款的州，其生均支出相比那些没有这项裁决的州上涨了9.2%。[27]他们同时发现，"那些法院裁决需进行筹资改革的州相比没有那些裁决的州，关于州内不平等情况，在1972~2002年下降了15%~19%。"[28]

至于学校筹资改革是否提高了学生成绩这样更重要的问题，证据是混杂的。唐斯（Downes）发现学校财政改革倾向于提高考试分数同时降低辍学率，而贝茨（Betts）的发现却恰恰相反。[29]科科伦和埃文斯回顾了这些文献并推断："对财政改革成就影响的评估取得了多样性的结论，很可能是由于这些改革的多样化特性造成的。"[30]

人们常常声称学校供款诉讼已经导致教育供款对财产税依赖的下降，实验性证据的详细审查导致了一个更加微妙的结论。截至1989年，当平等性诉讼案成为家常便饭，拥有独立学区的各州将它们对财产税的依赖降低到了一个合适的水平，加利福尼亚州是个例外，它大幅降低了对财产税的依赖。在1989年之后，当充足化诉讼变得更加典型，学校供款诉讼对州依赖财产税的水平的影响变得微不足道。麦圭尔和帕普克则认为，转向更多依赖充足性诉讼可能意味着依赖财产税为教育供款的压力会在一定程度上减轻。[31]

州补助。 州政府对学校的补助采取不同形式，包括以下两种类别：一般补助和无条件补助。一般补助通常是构成学校补助的最重要的形式，而无条件补助则是为特殊项目（如运输）或特定的学生（如接受特殊教育的学生）提供资金。

一般补助，依次来说，可以采取四种基本形式：保底赠款、比例赠款、地区权力均衡赠款、完全州基金。目前，保底赠款是最普遍和最为推崇的一般教育赠款形式，它大约被40个州所应用，所以在简要描述了一般补助的其他类型后，它将是本节的重点。

比例赠款是对学校供款方式中赠款的最早形式之一，但是除了作为州政府提供的其他赠款的轻微调整之外，目前各州已经很少使用比例赠款了。比例赠款可以给每个学校、每个教室、每个学生以及每个老师提供一定数量的资金。地区权力均衡赠款是一种均支出差异仍然存在的一种配套赠款形式，但支出存在差异来自反映地方学校偏好的不同税率，而不是分配不均的地方税基。这种类型的赠款是为了确保对于每一个地区税率的给定增长能够筹集相同数量的收入。夏威夷是一个最有名的例子，原因是仅存单独一个学区，而且没有任何来源于财产税的学校供款。尽管没有任何充足的理由来说明为什么一个州组织单独一个学区以便于能够拥有充足的资金供给。一个拥有很多个学区的州可以拥有充足的资金供给，只是需要资金供给基于财政能力和财政需要来决定。

保底赠款是被设计用来确保所有学区生均支出超出某个最低的或基本的数额。本质上，保底赠款给予具有较弱的筹集地方收入能力的学区提供更多的帮助。保底赠款以以下方式实现。首先，设置一个支出的基本水平。这可能简单地等于生均一定数量的资金，它可能包括培养不同学生的多样化成本的调整，以及州范围内多样化生活成本的调整。其次，州政府典型地从基本水平里减去必要的地方供款，地方供款则由某个普通财产税税率乘以学区税基的总价值的积确定。有时，必要的地方供款不单独由财产税收入而是依赖所得税或者销售税收入或者家庭所得确定，即使地方政府没有开征这些地方拥有征税权的税收。各州的保底赠款被设置为等于基本支出水平与必要的地方供款之间的差额。约翰·英杰（John Yinger）认为：

> 州高等法院、政策制定者和学者们似乎已经达成了一项共识：即由一个基于教育充足化的慷慨理念之上的基本水平、一个必要的最低税率以及某种形式的教育成本调整所组成的一项保底计划，构成了一项可接受的州财政教育改革的核心。

英杰提及的教育成本调整反映了这样一个事实，不是所有的学生在教育上都付出了同样高的代价。英语语言学习者、低收入的孩子以及残疾儿童需要额外的资源。州补助方案可以不同的方式将这些成本差异考虑在内。一些州以补充补助项目或无条件补助项目依据经济劣势或特殊教育需要进行分配。其他州给予学生的权重是不同的，一个英语学习者在基本的教育补助公式中可能会被给予一个1.25的权重，表明这样一个学生估计需要比教育一个不是英语学习者的学生大概多25%的资源。

成本问题的调整引发了这样一个问题：公立学校补助是否针对最需要的孩子。美国教育信托基金（Education Trust），一个由美国高等教育协会（the American Association for Higher Education）组织的非营利机构，发表了一个关于全美范围内关于州学校补助项目的定期报告，报告调整了低收入学生或残疾学生的额外教育成本，也将各州的生活成本差异考虑在内。2006年，美国教育信托基金研究发现，对于大多数州而言并没有充分针对极其贫困地区以补偿地方政府资源的不公平状况。

近期，一项关于学校筹资的研究采取进一步分解的方式来分析资金分配的目标。玛格丽特·罗扎（Marguertite Roza）考察了学校而非学区供款的分配后认为，在大多数案例中，供款没有充足的细节供追溯，以使分析者确定是否将更多的资金分配给贫困而不是富有的学校。⑧

各州之间的多样性。在教育筹资中州政府角色的任何回顾必须注意各州范围多样性的广度。图 20.3 说明了州政府在学前班到 12 年级的教育财政方面的角色是怎样在各州之间存在差异的。在一些州，如夏威夷州和佛蒙特州，几乎所有学校的供款都来自州资源（分别为 86.6% 和 86.9%），但是在新墨西哥州（70.1%）、明尼苏达州（69.5%）以及北卡罗来纳州（63.0%），学校筹资也是非常集中的；而且并不是仅仅只有小到中型的州才有高额的州援助比率：加利福尼亚州达到了 60.6%，远高于美国 47.5% 的平均水平。另一方面，在一些州如内华达州（27.9%）和伊利诺伊州（27.1%），学校筹资仍然大部分是地方政府的职责。

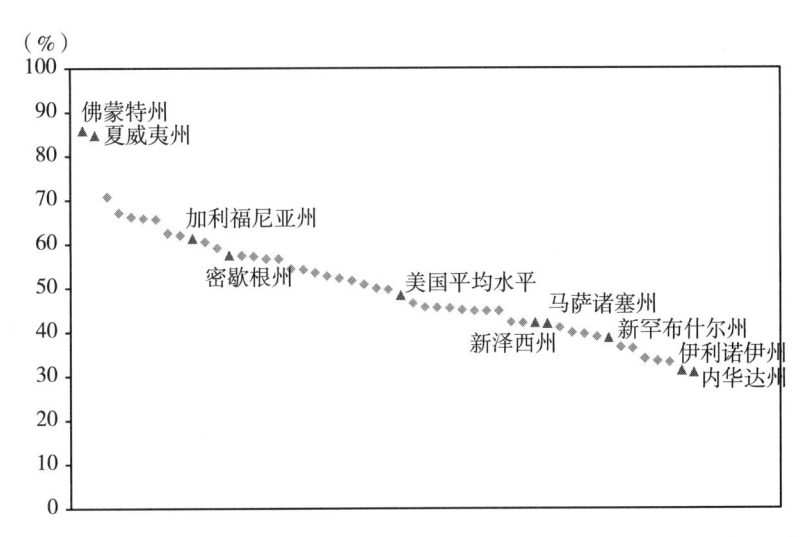

图 20.3　2007～2008 年学前班到 12 年级教育收入中州补助所占百分比

资料来源：National Center for Education Statistics（2020）。

表 20.1 将目光集中在 7 个州的教育以及教育筹资的巨大差异上。各州在人口挑战、学区结构、为学前班到 12 年级教育供款的程度以及各州的产出方面差异巨大。不是以英语为母语的学生、需要特殊教育服务的学生，或者是来自低收入家庭的学生通常比其他学生需要更多的资源。在表 20.1 列出的各州中，加利福尼亚州由于具有高比例（24%）英语水平有限的学生而尤为突出，尤其与新罕布什尔州的 1.8% 相比。需要特殊教育学生的百分比变化并不是很大，但是来自低收入家庭（衡量是否有资格免费或者降低每餐价格的百分比）的学生比重变化幅度从加利福尼亚州的超过 50% 到新罕布什尔州的刚刚超过 20%。在许多学区以及每个学区的众多学生中，各州对每个学生的支出同样存在差异（新泽西州生均支出约为 16000 美元，而加利福尼亚州则少于 9000 美元）。

表 20.1　选定的各州学校筹资情况概览

项　目	加利福尼亚州	马萨诸塞州	密歇根州	新罕布什尔州	新泽西州	夏威夷州	伊利诺伊州
房产税依赖程度，2008年州和地方房产税占州和地方税款的比率（%）；州排名（美国平均为21.1%）	19.5 (27)	24.5 (11)	24.3 (12)	42.5 (1)	45.1 (2)	13.4 (41)	27.3 (6)
2007~2008年州补助占初等和中等教育收入的比率（%）	61.3	41.9	57.5	38.6	42.1	84.8	31.2
2011年生均支出及排名，已根据区域成本差异调整（美元）；州排名	8852 (42)	12559 (11)	10318 (31)	12840 (10)	15598 (3)	12457 (13)	10030 (33)
2008~2009年学区数量（个）	960	352	552	178	616	1	869
2008~2009年学生数量（名）	6322528	958910	1659921	197934	1381420	179478	2119707
2008~2009年学生数/学区	6586	2724	3007	1112	2243	179478	2439
2008~2009年英语水平有限的学生的比率（%）	24.0	5.1	3.7	1.8	0.9	10.3	9.7
2008~2009年特殊教育学生的比率（%）	10.5	17.6	14.0	15.2	16.60	11.2	15.0
2005~2006年符合免费和减免食宿费资格学生的比率（%）	51.7	30.7	41.1	20.5	30.0	41.7	39.3
2011年毕业率（%）；州排名	62.7 (41)	77.3 (10)	77.8 (6)	76.2 (13)	83.3 (1)	65.1 (38)	74.6 (18)
2009年国家教育进展评估测试的达标百分比（%）及州排名							
四年级数学	71.7 (47)	92.4 (1)	78.0 (40)	92.1 (2)	87.5 (8)	77.5 (42)	9.6 (36)
四年级阅读	53.9 (48)	80.1 (1)	64.1 (36)	76.8 (2)	76.1 (3)	56.7 (45)	64.7 (34)
八年级数学	59.1 (48)	85.2 (2)	67.8 (37)	81.6 (6)	80.2 (8)	65.0 (42)	72.6 (32)
八年级阅读	63.6 (49)	83.1 (6)	72.0 (36)	81.4 (10)	83.4 (5)	66.8 (44)	76.5 (28)

注：括号中数据为州排名。

资料来源：U. S. Department of Education (2010a, 2010b, 2010c)；U. S. Census (2010)；Editorial Projects in Education Research Center (2011)。

教育绩效。各州有所不同的一个最重要方面是各州学校的教育绩效。虽然没有任何标准化的测试是完美的,但是,一个最通常援引的绩效度量方法是国家教育进展评估(National Assessment of Educational Progress),以"国家教育报告卡"(Nation's Report Card)为大家所熟知。2001年,被称为"不让一个孩子掉队"的《中小学教育法》(the Elementary and Secondary Education Act)重新授权,规定每两年每个州四年级和八年级在阅读和数学方面参加国家教育进展评估,在一定程度上用来作为一种标识各州评估和问责体系水平的方式。[39]用小学和中学学生的测试分数来标识学校绩效要好于大学招生录取使用的如学术能力评估考试(SAT)之类的成绩测验分数。

高中毕业率是第二个被广泛应用的衡量标准,尽管并不是所有州都拥有良好的数据系统来记录高中学校的学生。因此毕业率可能被以不同的方式来被定义。例如,一些州以学生通过通用教育发展(GED)测试作为高中毕业的标志。至2012年,大部分州预计使用一种更加普遍的概念来衡量毕业率。[40]

在表20.1的七个州中,马萨诸塞州的四年级和八年级成绩在国家教育进展评估中排名居前位,同时也拥有着最高的毕业率,而加利福尼亚州则在这两项数据中均排在后位。马萨诸塞州在全美四年级数学和阅读考试中排名第一;八年级数学排名第二,八年级阅读则排名第六。与此相反,加利福尼亚州则在各项测试中分别排名47~49位。此外,马萨诸塞州在全美高中毕业率排名中排名第10,而加利福尼亚州排名41。然而,需要提醒的是,这些度量考虑了各州人口群体组成等因素。

联邦财政和监管

在学前班到12年级教育中,传统上联邦的角色一直小于州和地方,但随着时间的推移,联邦政府的重要性增加了,它采取三种方式形式:财政、规制以及纲领设定。

正如图20.1显示,20世纪40年代以前,联邦政府在学前班到12年级教育供款上起着微不足道的作用。随后直到1965年,联邦在筹资中的份额逐渐增加,而随着《中小学教育法》中相关文段的出台,联邦在筹资中的份额跃升至接近10%。《中小学教育法》的最大组成部分,即第一条,旨在提高弱势、贫穷孩子的学术成就。通过第一条,联邦政府在各州间和州内资源再分配方面发挥着一定的作用,以学区贫穷孩子的数量以及州内平均学校支出为基础来发放基金,授权基金以表现不佳学生为基金目标。然而,研究表明,州和地方政府通过改变它们的支出行为作为对联邦项目的回应,结果是第一条供款替代了州和地方基金,而不是补充。[41]

在学前班到12年级教育中联邦角色的另一个里程碑是1979年由总统吉米·卡特(Jimmg Carter)创建了教育部。在罗纳德·里根(Ronald Reagan)执政期间,教育部长特雷尔·贝尔(Terrel Bell)创建了关于杰出教育的全国委员会,以探讨美国教育的状态。该委员会提供了有影响力、经常被引用的报告《危急中的国家》（*A Nation in Risk*），报告描绘了一副关于学生学业的悲观画面，呼吁一系列的教育改革，如加强高中毕业课程要求和加强师资培养，这份报告被认为帮助激发了全国教育改革的兴趣。[42]

531　　联邦政府在学前班到12年级教育中的角色并不仅仅被限制在提供资金以及议程设置上，它包含了监管和授权。一个重要的例子是1975年的《残障儿童教育法》，后更名为《残疾人教育法》。这项法规为具有身体残疾和认知障碍的学生提供基金，但是它同时以一些复杂的监管作为提供这些基金的条件。自1975年开始，特殊教育的学生人数不断地增长，并且在总的K-12教育消费中，特殊教育花费占据了重要的组成部分（大约占14%）。[43] 特殊教育的大部分资金来源于州和当地政府，同时各方要求联邦政府提高特殊教育的比重的压力也在不断增加。

　　2001年颁布的"不让一个孩子掉队"的法案，使得K-12教育的规范有了一个重新的更广泛的说明，"相比于之前这项法律对学校及教育的标准要求有了一个更加强烈的影响"。[44] 这主要是缘于与联邦基金来源相关的新的规定。"不让一个孩子掉队"法案的现期目标是逐渐缩小现存在于不同学生之间的学术成绩的差距问题，如存在于特殊教育的学生、缺少经济优势的学生或者其他学生之间的问题。"不让一个孩子掉队"法案的集中思想是责任性，因此它还是需要制定一些要求的。[45]

　　所有的州都被要求采用考试的形式测试3~8年级和高中学生在阅读和数学方面的能力。各州将熟练程度定为选择标准，但是还是要求通过对于种族、家庭收入、是否残疾以及英语熟练受限程度来测验及统计分数。其根本目标是希望在2013~2014年度所有的学生能在阅读及数学方面达到熟练程度。虽然允许各州设定自己的时间表，但是，联邦规则对没有取得足够的年度进步（AYP）的学校设定了处罚。这些处罚的严厉程度，依赖于这所学校是有多少年不能取得足够的年度进步，以及包括提供免学费、允许学校间的选择、必要的学校重建等情况。

　　这项法律的制定为长期存在的学生之间的学术差距的缩小点亮了一盏灯，并且也为鼓励教育者缩小差距提供了更有利的优势。同时，这项法律抨击了那些除阅读和数学仍附加考试的学校，并且也加重了那些不能给予提升学生学术水平的学校的处罚。[46]

国际教育对比

532　　我们的经济正在变得日益全球化。过去的30年里，随着贸易壁垒的减少与更低的交通和运输成本，国际贸易占世界产值的比例在成倍地增加。例如，航空运输的成本从1930年的每英里87美分降低到了2000年的每英里9.5美分。[47] 这也推进了美国的劳动力与世界范围的劳动力进行竞争。很多低技能要求的工作现在已转移到了那些劳动力成本更低的海外国家，这导致了美国国内的低学历的年轻人工作岗位就会相对减少。这意味着有一个日益增长的压力来确保所有美国年轻人获得一个至少高中学历的高质量教育。

要认识到美国是日益增长的全球经济的一部分，其国家的学前班到12年级教育体系（如高中教育）的毕业生必须与全球其他国家的学生去竞争，因此把美国的初级和中等教育结构、资金筹集、成就与其他国家进行比较是非常有用的。而对于经济合作与发展组织（OECD）成员来说一个大范围的、有益的、可比较的数据也是容易得到的。[48]然而比较的时候最好要有几分小心。大多数OECD成员并不是联邦制成员，不像美国那样对教育的融资与提供实质性地分权。而且，许多OECD成员是小国家（如匈牙利的人口和美国密歇根州人口差不多，波兰的人口和加利福尼亚州的人口数相近），相比美国具有更同质化的人口统计数据，在比较美国和其他国家得出充分结论时需要更加小心。此外，学校制度往往有差异，一些国家在小学就开始记录学生的能力，而其他国家如美国只到高中才记录学生的能力。例如，在一些欧洲国家，学生的小学毕业成绩决定了他中学学校的类型和其被允许选择的课程。伴随着这些附加说明，考试成绩被作为比较的首要因素，其次是毕业率、学校结构和学校融资。

自2000年以来，国际学生评估项目（PISA）每三年对世界范围内15周岁的学生在数学、阅读和科学方面进行测试。[49]表20.2列示了美国与其他国家或经济体的学生成绩的比较。在65个比较对象中，美国在阅读方面的成绩排第17位，科学成绩排第23位，数学成绩排第31位。

另一项国际比较是国际数学和科学趋势研究，这项报告的测试来源于36个或者48个国家或经济体的四年级和八年级的学生。[50]2007年，美国在科学方面的四年级学生的成绩在36个比较对象中排第8位，八年级学生的成绩在48个比较对象中排第11位。教育产出的最后一个度量标准是升学率。然而，不同国家对于升学率的定义是不同的。但是需注意的是，2007年，美国的升学率在28个OECD成员中的排名是第20位。

表20.2列示的最后一部分是学校筹资的比较。对于公共和私人初级教育学校的生均教育支出，美国初级教育的生均教育支出在OECD成员中排第二位，在中等教育上的生均支出排第四位。然而，教师的待遇和师生比排名却没有如此之高。

表20.2　　　　　2007～2009年选定的教育指标的国际比较

指　　标	年份	美国	经合组织 平均水平[a]	最高排名国家/ 经济体
评估测试得分和毕业率			
国际学生评估项目数学分数（15岁学生）	2009	487（65个比较对象中排第31位）	496（经合组织和伙伴成员）[b,c]	600（中国上海）
国际学生评估项目阅读分数（15岁学生）	2009	500（65个比较对象中排第17位）	493（经合组织和伙伴成员）	556（中国上海）

续表

指　　标	年份	美国	经合组织平均水平[a]	最高排名国家/经济体
评估测试得分和毕业率				
国际学生评估项目科学分数（15岁学生）	2009	502（65个比较对象中排第23位）	501（经合组织和伙伴成员）	575（中国上海）
国际数学和科学趋势研究：四年级学生	2007	539（36个比较对象中排第8位）	474（非经合组织）	587（新加坡）
国际数学和科学趋势研究：八年级学生	2007	520（48个比较对象中排第11位）	466（非经合组织）[d]	567（新加坡）
毕业率（%）	2007	76.7（28个OECD成员中排第20位）	80	97.2（德国）
注册学生				
在公立学校注册的学生比率（%）：小学（%）	2008	90.3（31个比较对象中排第23位）	89.6	100（荷兰）
在公立学校注册的学生比率（%）：初中（%）	2008	91.1（30个比较对象中排第17位）	83.2	100（荷兰和爱尔兰）
在公立学校注册的学生比率（%）：高中（%）	2008	91.4（31个比较对象中排第9位）	82	100（荷兰）
学校财务				
生均支出（包括公共及私人）：初等教育（美元）	2007	10229（28个比较对象中排第2位）	6741	13985（卢森堡）
生均支出（包括公共及私人）：中等教育（美元）	2007	11301（29个比较对象中排第4位）	8267	17928（卢森堡）
初等及中等教育机构的公共支出占GDP的比率（%）	2007	3.7（29个比较对象中排第7位）	3.3	4.9（冰岛）
生师比（包括公共及私人）：初等教育	2008	14.3（27个比较对象中排第11位）	16.4	10.5（波兰）
生师比（包括公共及私人）：中等教育	2008	15.1（29个比较对象中排第23位）	13.7	7.7（保加利亚）
教师起薪/最少训练：初等教育（美元）	2008	35999（29个比较对象中排第6位）	28949	48793（卢森堡）

指　标	年份	美国	经合组织平均水平[a]	最高排名国家/经济体
学校财务				
教师起薪/最少训练：初中教育（美元）	2008	35915（29 个比较对象中排第 7 位）	30750	71508（卢森堡）
教师起薪/最少训练：高中教育（美元）	2008	36398（28 个比较对象中排第 7 位）	32563	71508（卢森堡）

注：a. 经济合作与发展组织成员国为澳大利亚、奥地利、比利时、加拿大、捷克、丹麦、芬兰、法国、德国、希腊、匈牙利、冰岛、爱尔兰、意大利、日本、韩国、卢森堡、墨西哥、荷兰、新西兰、挪威、波兰、葡萄牙、斯洛伐克、西班牙、瑞典、瑞士、土耳其、英国、美国、智利、爱沙尼亚、以色列、斯洛文尼亚。

b. 经济合作与发展组织伙伴成员包括已经启动加入经济合作与发展组织的国家和经济体以及已经与经济合作与发展组织建立合作关系的非会员。伙伴成员中已经执行国际学生评估项目的有阿尔巴尼亚、阿根廷、阿塞拜疆、保加利亚、哥伦比亚、哥斯达黎加、克罗地亚、格鲁吉亚、印度尼西亚、约旦、哈萨克斯坦、吉尔吉斯斯坦、拉脱维亚、立陶宛、马来西亚、马耳他、毛里求斯、巴拿马、秘鲁、泰国、突尼斯、乌拉圭、阿联酋以及越南。

c. PISA：国际学生评估项目。

d. TIMSS：国际数学和科学趋势研究。

资料来源：OECD（2010a，2010b）；Snyder and Dillow（2010）。

变化中的教育提供

经济结构的变化、政治力量以及技术的更替全都正驱动着教育提供的变化。尽管很多学校的运作仍然跟一个世纪前类似，但改变的压力是巨大的，而大量创新型学校对教育可能如何改进提供了参考。

表 20.3 反映了以选择为基础的教育呈现出了一种增长的趋势。1999～2007 年，更大比例的学前班到 12 年级学生选择了家庭教育，进入了私立学校，或者选择进入了与传统公立学校系统相关的公共特许学校。

表 20.3　1999～2007 年按学校类型分类的学前班到 12 年级学生

项目	1999 年	2003 年	2007 年
公立学校（％）	88.4	87.1	85.6
其中：分配的	74.1	72.1	70.6
选择的（包括特许学校）	14.3	15.0	15.0
私立学校（％）	10.0	10.8	11.4

续表

项目	1999 年	2003 年	2007 年
家庭教育（％）	1.7	2.2	2.9
特许学校注册学生（名）	339678	789470	1012906
拥有特许学校的州（个）	32	35	42

资料来源：U.S. Department of Education, National Center for Education Statistics (1999-2007)。

传统公立学校最常见的替代选择是公立特许学校。2007 年，公立特许学校学生大约占到了学前班到 12 年级学生总数的 15%，高于 1999 年的 14.3%。2010 年，40 个州拥有公立特许学校，这些学校在全国范围内培养了大概一百万的学生。公立特许学校似乎更喜欢在市区落户，它们倾向于拥有比公立学校更小的注册人数以及更加种族多样化的学生。增长最快的选择方向是家庭教育。1999 年，学前班到 12 年级学生总数的 1.7% 选择了家庭教育；2007 年，这个百分比为 2.9%。

如今的孩子是作为数字原生代成长的，从很小就开始舒服地用电脑来探索互联网的娱乐、信息收集资源或者用来维持自己的社交。就像一个学者描述当今儿童和青少年经历所说：

他们整日沉浸在"媒体环境"中，贪婪地看着娱乐、社交等任何形式的电子媒体。他们是精通一心多用的人、社交网络工作者、电子传播者和首先了解任何新技术的一代人。他们生来就被新技术所围绕，随着逝去的岁月，他们为自己的电子节目增加了更多的工具。他们生活在将朋友聚集在一起的如 Facebook、Myspace 以及 Second Life 的社交网络中；他们发信息文本比讲电话更多；黑夜流逝在发推特中，他们常常伴着手机震动入睡。[51]

传统的 20 世纪教育，是基于农历日历、与某些已经被既定的日子、在校园的物理区域内开展的教育，已经日渐不能和这一代的经验同步了。对于这些学生来说，用电脑来完成他们的作业包括接受网络课程，把传统学校日延长至 7 天 24 小时再正常不过了。

技术上的改变将更大量的信息传递到老师和学生的手中。它同样拥有在降低成本的同时改进教育水平的潜力。轻松利用评估手段追踪学生个体的进步可以帮助老师赋予教育个性化，同时也有着提高学生成就的潜力。线上课程变得更加流行，特别是对于乡村学校而言，它们具有扩大课程供给的潜力，而且可以降低成本。

教育和教育财政面临的挑战

近期，也就是经济从大衰退中复苏的时期，学校方面的财政压力似乎变得强烈和日渐增长。联邦政府通过《美国复苏与再投资法案》，[52]增加了对学校的援助。但考虑到巨大的联邦预算赤字以及会增加公众对赤字的担忧，这项针对教育的联邦刺激扩展不太可能。各州本身面临着庞大的预算压力，许多州已经减少了对学校的经济援助，而且更多的州打算这样去做。在 2001 年大衰退的余波中，招收本国学生总数 2/3 的州减少了对教育的实际支持，最近一次经济衰退的情况可能更加严重。[53]

长期来看，人口结构的挑战很可能会对学前班到 12 年级教育产生较大的压力。1980~2005 年，大于 65 岁的人口比例从 11.3% 上升至 18.2%，而符合上学年龄的人口比例却将从 24.8% 下降至 19.6%。这意味着以财产税来资助学校的纳税人越来越少，尽管研究人员不同意这个回应的说服力。这也表明对于家庭护理方面的医疗补助基金需求将会增加，也将会挤出一些学校支出。[54]

同时，那些需要更多资源以及教育关注的有特殊需求的学生数量正在增加，预计将在未来持续增加。这其中包括残疾学生、英语能力有限的学生、家庭背景贫困的学生。例如，现在 1/5 儿童生活在贫困当中，而且这部分孩子的数量预计还会增加。一项预测反映了不断改变的学生人口数量，即如果美国目前的移民趋势继续下去，到 2050 年，大部分的学生将会来自少数族群。[55]

由于初等和中等教育变得越来越必不可少而财政压力却日益增长，我们很难对教育的未来表示出积极的态度。然而，投票人以及政治家清晰地衡量了在教育上的支出，技术和教育改革者也都为众多创新提供了可能。殷切期盼，高水平的公民利益和有用创新的潜力将会对人口和财政挑战有所回应。我们的子辈、孙辈的幸福和我们经济的健康都处于岌岌可危的状态。

注释

感谢贝瑟利·帕奎因（Bethany Paquin）的协助研究和编辑工作，感谢亚当·朗雷（Adam Langley）对初稿的评论。

① National Center for Education Statistics (2009).
② US Department of Education, National Center for Education Statistics (2007).
③ 阿拉斯加、夏威夷、马里兰和北卡罗来纳属于独立学区州，这些州所有学区都是独立的。其他来源可能把康涅狄格、马萨诸塞、罗得岛、田纳西和弗吉尼亚看作独立学区州，因为这些州几乎所有学区都是独立的。
④ US Bureau of the Census (2008).
⑤ Table 2 in Keaton (2010).
⑥ New York City Department of Education, "About Us," http://schools.nyc.gov/AboutUs; and US Department of Education, National Center for Education Statistics, Common Core of Data, "Local Education Agency (School District) Universe Survey," 2008-2009, v. 1.
⑦ McQuire and Papke (2008), 358。例如，对学校来说，市政府是它的上级政府，如果市政府获得部分房产税收入，却没有明确的方式把收入分配给依赖这个上级政府的学校部门。
⑧ 同上，360。
⑨ *Serrano v. Priest*, 5 Cal. 3d 584 (1971); Odden and Picus (2000), 12.
⑩ Pierce and Johnson (2006).
⑪ 耶尔马兹、瓦扬古和达夫隆（本书）为这一观点提供了概念性基础。
⑫ Ladd and Hansen (1999), 232-233.

⑬ACCESS (2011).
⑭*McInnis v. Shapiro*, 293 F. Supp. 327 (ND Ill. 1968); *Burrus v. Wilkerson*, 310 F. Supp. 572 (W. D. Va. 1969), aff'd per curiam, 397 US 44 (1970).
⑮Murray, Nakib, and Rueben (2005), 96.
⑯*Serrano v. Priest*, 5 Cal. 3d 584, 487 P. 2d 1241 (California 1971).
⑰*San Antonio Independent School Dis. v. Rodriguez*, 411 US 1, 93 S. Ct. 1278, 36 L. Ed. 2d 16 (1973).
⑱*Serrano v. Priest*, 18 Cal. 3d 728, 5557 P. 2d 929 (California 1976), *Robinson v. Cahill*, 303 A. 2d 273 (New Jersey 1973).
⑲Koski and Hahnel (2008), 47.
⑳*Rose v. Council for Better Education, Inc.* 790 S. W. 2d 186 (Kentucky 1989).
㉑*Abbott v. Burke* 100 N. J. 269, 495 A. 2d 376 (1985).
㉒*McDuffy v. Secretary of the Executive Office of Education*, 415 Mass. 545, 615 N. E. 2d 516 (1993).
㉓*Abbott v. Burke* 153 N. J. 480, 710 A. 2d 450 (1998).
㉔*Hancock v. Driscoll*, 443 Mass. 428 (2005).
㉕Kenyon (2007), 26-27.
㉖同上，28-29。
㉗Corcoran and Evans (2008), 342.
㉘同上，340。
㉙Downes (2002); Betts (2002).
㉚Corcoran and Evans (2008), 346.
㉛McGuire and Papke (2008).
㉜需要了解州对地方补助资金概况，见费雪和布里斯托（本书）。
㉝Murray, Nakib, and Rueben (2005), 96; Evans, Murray, and Schwab (1997).
㉞2008年，夏威夷州收入占K-12总收入的84.8%。如食品服务、活动安排和暑期学校等来自地方资源的项目收费占K-12收入的3%。夏威夷没有任何来自地方房产税的公共教育收入，剩余的12.21%收入来自联邦补助。近期，由于地方财产税基本变成州税，佛蒙特州K-12收入几乎完全由州提供。这样，佛蒙特州收入占K-12总收入的85.9%。其他7.9%收入来自联邦补助，6.3%收入来自包括地方房产税在内的地方资源。
㉟关于财政能力和支出需要之间差异的讨论，见Kenyon (2005), Yilmaz and Zahradnik (2008)。
㊱Yinger (2004), 46.
㊲Education Trust (2006).
㊳Roza (2010).
㊴No Child Left Behind: Pub. L. 107-110, 115 Stat. 1425, enacted January 8, 2002.
㊵2005年，45位州长和12个全国性组织签订了一份关于州高级中学毕业数据的协议。最终，所有50个州自愿同意并逐步采纳同样的公式来计算各州高级中学毕业率。
㊶Gordon (2008).
㊷Vinovskis (2009), 17.
㊸Harr, Parrish, and Chambers (2008), 574.
㊹Gordon (2008), 305.

㊺关于"不让一个孩子掉队法案"主要要求的一份可读但批判性的说明见 Ravitch（2010），97-98。

㊻Ravitch（2010）。

㊼Taylor and Weerapana（2009）。

㊽美国之外实行联邦制的国家有奥地利、澳大利亚、加拿大、德国和瑞士。关于联邦财政的概览，见 Griffiths（2005）。

㊾国际学生评估项目（PISA）是由经济合作与发展组织发起建立的。第一次 PISA 评估于 2000 年举办，迄今已经超过 70 个国家参与其中。

㊿国际数学和科学趋势研究（TIMSS）成立于 1995 年，是国际教育成就评价协会发起和组织的国际教育评价研究和测评活动。

㉛Rosen（2010），2。

㉜American Recovery and Reinvestment Act（PL 111-5，February 17，2009）。

㉝Donald J. Boyd，state and local financial update，annual meeting of the Government Investment Officers Association，May 18，2011。

㉞华莱士（本书）。

㉟Frey（2011）。

参考文献

ACCESS（2011）. National Access Network, Teachers College, Columbia University. State by State page. www.schoolfunding.info.

Betts, Julian R.（2002）. "Discussion." In *Education in the 21st Century: Meeting the Challenges of a Changing World*, edited by Yolanda K. Kodrzycki. Boston: Federal Reserve Bank of Boston.

Corcoran, Sean P., and William N. Evans（2008）. "Equity, Adequacy and the Evolving State Role in Education Finance." In *The Handbook of Research in Education Finance and Policy*, edited by Helen Ladd and Edward Fiske. New York: Routledge. 332-356.

Downes, Thomas（2002）. "Do State Governments Matter?" In *Education in the 21st Century: Meeting the Challenges of a Changing World*, edited by Yolanda K. Kodrzycki. Boston: Federal Reserve Bank of Boston. 143-164.

Editorial Project in Education Research Center（2011）. Education Counts Database. http://www.edcounts.org/createtable.

Education Trust（2006）. *Funding Gaps*. http://www2.edtrust.org/EdTrust/Press+Room/Funding+Gap+2006.htm.

Evans, William N., Sheila E. Murray, and Robert M. Schwab（1997）. "Toward Increased Centralization in Public School Finance." In *Intergovernmental Fiscal Relations*, edited by Ronald Fisher. Boston: Kluwer Academic.

Frey, William H.（2011）. "A Demographic Tipping Point among America's Three-Year-Olds." State of Metropolitan America, No. 26, Brookings Institution.

Gordon, Nora E.（2008）. "The Changing Federal Role in Education Finance and Governance." In *The Handbook of Research in Education Finance and Policy*, edited by Helen Ladd and Edward Fiske. New York: Routledge. 295-313.

Griffiths, Ann L. (Ed.) (2005). *Handbook of Federal Countries*. Montreal: McGill-Queens University Press.

Harr, Jenifer J., Tom Parrish, and Jay Chambers (2008). "Special Education." In *The Handbook of Research in Education Finance and Policy*, edited by Helen Ladd and Edward Fiske. New York: Routledge. 573-590.

Keaton, P. (2010). "Numbers and Types of Public Elementary and Secondary Education Agencies from the Common Core of Data: School Year 2008-09." NCES 2010-346. National Center of Education Statistics, Institute of Education Sciences, US Department of Education, Washington, DC.

Kenyon, Daphne A. (2005). "Tax and Revenue Capacity and Effort, State and Local." In *The Encyclopedia of Taxation and Tax Policy*, edited by Joseph J. Cordes, Robert D. Ebel, and Jane G. Gravelle. Washington, DC: Urban Institute Press. 389-394.

Kenyon, Daphne A. (2007). *The Property Tax—School Funding Dilemma*. Cambridge, MA: Lincoln Institute of Land Policy.

Koski, William S., and Jesse Hahnel (2008). "The Past, Present, and Possible Future of Educational Finance Reform Litigation." In *The Handbook of Research in Education Finance and Policy*, edited by Helen Ladd and Edward Fiske. New York: Routledge. 42-60.

Ladd, Helen F., and Janet S. Hansen (Eds.) (1999). *Making Money Matter: Financing America's Schools*. Committee on Education Finance, Commission on Behavioral and Social Sciences and Education, National Research Council. Washington, DC: National Academy Press.

McGuire, Therese J., and Leslie E. Papke (2008). "Local Funding of Schools: The Property Tax and Its Alternatives." In *The Handbook of Research in Education Finance and Policy*, edited by Helen Ladd and Edward Fiske. New York: Routledge. 357-372.

Murray, Sheila, Yas Nakib, and Kim Rueben (2005). "Education Financing, State and Local." In *The Encyclopedia of Taxation and Tax Policy*, edited by Joseph J. Cordes, Robert D. Ebel, and Jane G. Gravelle. Washington, DC: Urban Institute Press. 95-100.

National Association of State Boards of Education (2010, October). *No Time to Wait: Creating Contemporary School Structures for All Students Today and Tomorrow*. Arlington, VA: National Association of State Boards of Education.

Odden, Allan R., and Lawrence O. Picus (2000). *School Finance: A Policy Perspective*. 2nd ed. Boston: McGraw-Hill.

Organisation for Economic Co-operation and Development (OECD) (2010a). *Education at a Glance 2010: OECD Indicators*. Paris: Organisation for Economic Cooperation and Development.

Organisation for Economic Co-operation and Development (OECD) (2010b). *PISA 2009 Results: What Students Know and Can Do: Student Performance in Reading, Mathematics and Science*. Vol. I. Paris: Organisation for Economic Cooperation and Development.

Pierce, Neal, and Curtis Johnson (2006, January 1). "Are New England Communities Too Small to be Governed Efficiently?" *The Sunday Telegraph*: E-4.

Ravitch, Diane (2010). *The Death and Life of the Great American School System: How Testing and Choice Are Undermining Education*. New York: Basic Books.

Rosen, Larry D. (2010). *Understanding the iGeneration and the Way They Learn*. New York: Palgrave Macmillan.

Roza, Marguerite (2010). *Educational Economics: Where Do School Funds Go?* Washington, DC: Urban Institute Press.

Siegel, Peggy M. (2010). *Learning, Technology, and the Future: Catalyzing a New Conversation.* Intel/Dell. www.dell.com.

Snyder, T. D., and Dillow, S. A. (2010). *Digest of Education Statistics* 2009 (NCES 2010-013). National Center for Education Statistics, Institute of Education Sciences, US Department of Education. Washington, DC.

Taylor, John B., and Akila Weerapana (2009). *Principles of Macroeconomics.* Boston: Houghton Mifflin.

US Bureau of the Census (2008, February 25). *Census of Governments, Local Governments and Public School Systems by Type and State:* 2007. http://www.census.gov/govs/cog/GovOrgTab03ss.html.

US Census (2010, July 7). *State and Local Government Finances by Level of Government and by State:* 2007-08. http://www.census.gov/govs/estimate/.

US Census. *Census of Governments,* various years.

US Department of Education (2010a). National Center for Education Statistics, Common Core of Data (CCD), National Public Education Financial Survey (NPEFS): Fiscal Year 2008, Version 1a. Washington, DC: Department of Education.

US Department of Education (2010b). National Center for Education Statistics, Common Core of Data (CCD), Local Education Agency Universe Survey: 2008-09, Version 1a. Washington, DC: US Department of Education.

US Department of Education (2010c). National Center for Education Statistics, National Assessment of Educational Progress (NAEP), 2007 and 2009 Mathematics Assessments, NAEP Data Explorer. Washington, DC: US Department of Education.

US Department of Education. National Center for Education Statistics, Parent Survey (Parent: 1999) and Parent and Family Involvement in Education Survey (PFI: 2003 and PFI: 2007) of the National Household Education Surveys. Washington, DC: US Department of Education.

Vinovskis, Maris A. (2009). *From a Nation at Risk to No Child Left Behind: National Education Goals and the Creation of Federal Education Policy.* New York: Teachers College Press.

Yinger, John. (2004). "State Aid and the Pursuit of Educational Equity: An Overview." In *Helping Children Left Behind: State Aid and the Pursuit of Educational Equity*, edited by John Yinger. Cambridge, MA: MIT Press. 3-57.

第21章 社会安全网、医疗保健和经济大衰退

托马斯·加伊什（Thomas Gais）
唐纳德·博伊德（Donald Boyd）
露西·达达扬（Lucy Dadayan）

郎大鹏 译

州政府在国家的社会安全网的实施、筹资和政策制定等方面扮演着关键的角色。而在最近几十年里，作为联邦立法的结果，包括20世纪80年代开始的医疗补助计划的迅速扩大，1996年的福利改革，以及由联邦政府出资、州政府管理的营养援助项目的发展，州政府的角色已经在许多方面发生了改变。2007～2009年的经济大衰退及其余波，起先似乎给后福利时代改革安全网以应对一个广泛而持续的经济低迷期的反应能力带来了第一次真正的考验。但在应对经济衰退，安全网并不是孤军奋战。2009年联邦刺激方案——《美国复苏与再投资法案》（ARRA）——提供了一笔数量前所未有的资金用以加强安全网，并且在中央政府的推动下，努力地尝试影响各州的政策、预算和制度。毫无疑问的是，相比此前，联邦政府的刺激措施促使美国安全网络为更多的人提供了保障。然而，随着这一法案的到期，问题也浮现出来：在各州不得不奋力应对联邦政府锐减的援助和不稳定、被侵蚀的税收体系下的财政计划之际，安全网络又将如何呈现？

社会服务安全网是什么？

我们定义的安全网，包括主要帮助那些在满足基本需求方面，如衣、食、住和医疗护理，以及有很大困难和没有能力找到并维持一份工作的人的项目。这些困难可能是社会经济状况（如年龄、疾病、残疾）或外部冲击（如经济衰退或自然灾害）造成的结果。根据该项目，援助可能是以现金、服务或代金券形式开展的。在这个定义中，包括由联邦或州普通公债提供资金的项目，同时也包括有社会保险因素的项目，如失业保险。

在这种宽泛的定义下，联邦庞大的医疗保险和社会保障可以被视为安全网项目。但由于州政府在管理、筹资或为这些项目制定政策方面实际上不承担任何角色——因为它们适用于所有人，不考虑财产多寡或其他经济状况——我们在分析中排除了这两项。尽管如此，在表21.1中我们列示了医疗保险和社会保障相对于美国其他的

安全网项目的规模。①

2008 财年，联邦、州和地方政府在除了社会保障和医疗保险外的主要安全网项目上花费的总额达到 6970 亿美元（见表 21.1），将近占美国国内生产总值（GDP）的 5%。这笔款项的 2/3 来自联邦政府收入。在"州和地方"这栏中列示的开支则绝大多数由州政府出资。一些地方政府，特别是大的城市和郡县，也为某些安全网项目提供了资金。

表 21.1　　2008 财年联邦和州—地方在主要安全网项目中的支出　　单位：10 亿美元

功能和项目	联邦	州和地方	合计
卫生保健	206.5	154.1	360.7
医疗补助	199.6	151.1	350.7
州儿童健康保险计划（SCHIP）	6.9	3.0	10.0
现金援助和其他现金项目	137.1	55.9	193.1
工薪所得税抵免（联邦 EITC 和州 EITC）	50.7	2.1	52.8
失业保险（UI）	7.9	43.1	51.0
补充性保障收入（SSI）	38.7	4.4	43.0
儿童税收抵免	30.4	—	30.4
贫困家庭临时援助（TANF）——现金援助	5.8	4.2	10.0
儿童支持行政开支	3.6	2.2	5.8
食品与营养	56.6	3.2	59.8
食品券（营养补充援助项目）	37.5	3.2	40.7
儿童营养项目	13.2	—	13.2
妇女、婴孩及儿童营养项目	5.9		5.9
社会服务/工作及培训	32.2	19.5	51.7
寄养照顾、领养协助和社会服务综合补助（SSBG）	9.4	5.9	15.3
贫困家庭临时非现金援助（儿童保育、就业服务、交通援助、娱乐支出）	5.8	9.4	15.2
儿童保育和发展基金（CCDF，包括转移自 TANF 的部分）	8.5	2.4	10.9
儿童早期教育	6.8	1.7	8.5
无家可归者援助	1.2	—	1.2
社区服务综合补助（CSBG）	0.6	—	0
住房	26.1	—	26.1
房租补助	18.5		18.5
公共住房	7.6		7.6

续表

功能和项目	联邦	州和地方	合计
能源	3.1	2.7	5.8
低收入家庭能源补助项目	3.1	2.7	5.8
合计：主要安全网项目（不包括仅由联邦资助的项目）	461.7	235.4	697.1
社会保障和医疗保险（仅由联邦资助的项目）	1086.8	—	1086.8
社会保障	618.6	—	618.6
医疗保险	468.2	—	468.2
总计（包括仅由联邦资助的项目）	1548.5	235.4	1783.9

资料来源：Data collected by the Rockefeller Institute from US Department of Health and Human Services; US Department of Labor; US Treasury Department; US Department of Agriculture; and US Department of Housing and Urban Development.

表 21.1 中所列项目一般是由联邦政府建立或与州政府有关的，如州政府承担了医疗补助项目中的相应支出。这些项目的经费数据可以从中央报告系统或其他主要数据资源中获得。②各州的一些独立项目，由于很难跟踪调查和量化，没有在本表中列述。但我们并不认为本表所示安全网的支出金额是全面的。③虽然没有详尽地对项目进行统计，但之后我们还会在本章中分析来自统计局对州和地方政府财政的年度调查数据，这将使我们对社会服务支出有更完整的认识。

表 21.2 对表 21.1 中主要项目的重要特征进行了简要说明。从表 21.1 中还可以得出以下几点。

- 卫生保健计划占了安全网项目支出的最大份额，包括联邦政府和州政府。医疗补助，这一为需要医疗的穷人资助卫生保健服务的联邦和州政府共同项目，占了安全网支出（除了社会保险和医疗保险中的联邦项目）的一半，差不多是医疗保险——联邦政府为老年人提供的医疗保障计划的 3/4。

- 现金援助是第二大类项目。除了帮助老年人和残疾人，大部分低收入补助金都给了有收入或近期获得工作的人。在美国，最大的现金援助项目中两个是通过联邦税收体系推行的：适用于低收入劳动者家庭的工薪所得税抵免（EITC），及可返还儿童税收抵免，它对低收入和中等收入劳动者中有子女的家庭提供所得税减免和退还，无论他们是否缴纳联邦税。补充性保障收入最初由联邦政府建立和执行，被用于帮助贫困、年老、眼盲或残疾的个人。在州级层面，最大的现金援助项目是失业保险（UI）。被动失业并且有大量工作经验的个人一般都在其适用范围内。州政府用于失业保险的资金来源于对雇主按经验税率征收的税收。贫困家庭临时援助（TANF）是美国传统的针对低收入有子女家庭的福利项目。它是由联邦和州政府共同建立的，但规模比其他低收入补助项目要小得多。另一项联邦和州政府共同建立的项目——儿童抚养援助为确立儿童抚养权提供法律援助。

- 营养补充援助计划（SNAP）领衔的食物与营养项目是接下来的最大类项目，原名"食品券"，许多州现在仍用此名。其待遇支付由联邦筹资，但是由各州管理并且支付营养补充援助计划一半的管理费用。

• 社会服务项目紧随其后。它包括了多种工作方面的支持项目，如就业援助、儿童保育和交通援助，还包括了那些帮助面对贫困、虐待或其他危机的儿童项目。

• 住房和能源补助计划使得对低收入美国人的主要援助体系得以完善。和营养援助项目一样，它们提供了重要而有针对性的收入支持。

表 21.1 显示，大体上，各州投入更多自身的收入到服务项目中去，包括健康和社会服务。在美国，这些通常是需要更多公共管理的项目。相比之下，联邦政府把更多的资源投入收入支持项目（假设我们将食品"代金券"和住房视为收入支持），这通常要求相对小的行政机构来确定资格。

州与地方政府预算下的安全网

表 21.1 和表 21.2 列示的联邦行政部门的数据是理解社会安全网项目组成的有效途径。但作为一种可以将安全网置于州和地方政府支出的总体环境中考察并能追踪趋势的补充信息来源，则是美国统计局对州与地方财政的调查。① 统计调查有几个优点。它提供了一项长期的和几乎不间断的州和地方政府重要公共职能的年度支出数据。这常常被用来归类稳定的公共支出，进行按时间推移的纵向比较，即使联邦和州的项目反反复复。调查还收集关于全资资助和由州或州和地方经营的，与联邦行政数据不同的操作程序的数据。

然而，调查也有局限性。它并不显示所有的美国社会福利支出，只显示通过州或地方政府财政预算运行的那些部分。例如，它不包括联邦工薪所得税抵免（EITC）中的退税部分和大部分的补充性保障收入（SSI）项目。它包括食品券（现在的营养补充援助计划 SNAP）的行政费用，因为那是从各州的预算中支付的。然而，它并不包括由联邦政府支付的食品券或补充营养援助项目福利的费用。

支出普查数据按使用功能进行分类，其中一类是公共福利。公共福利支出（在本章中我们称为社会安全网支出）一般包括对低收入家庭的救助支出项目。为全面跟踪安全网支出上的变化，我们将统计局的公共福利支出数据分为以下三种类型。

• 现金援助。包括贫困家庭临时援助、家庭抚养子女补助、一般援助、家庭救济、难民援助、紧急救援、补充性保障收入。

• 医疗援助。代表低收入或医疗急需人群给私人医疗卫生提供者因医疗援助或卫生保健的支付。这些开支主要包括医疗救济和各州儿童健康保险计划（SCHIP）的支出。

• 社会服务。社会服务范围广泛，包括儿童保健补贴、保育（用以防范虐待、忽视及寄养安置）、寄养和收养补助、残疾人的社会服务、为无家可归者提供临时住所和其他服务、对低收入者提供的服务项目（现金援助及行政费用支出除外）、其他支付提供服务和商品（医疗、医院、健康服务除外）的私人供应商支出。社会服务同时包括其他一些特殊需要的现金或准现金支出，如低收入家庭的能源援助和传统福利机制以外服务机制提供的资助。这些机制包括税收抵免、个人发展账户和为贫困家庭提供常规福利以外的一次性付款等。

2008 财年,在美国所有的州和地方政府,这三种类型的支出总额为 4050 亿美元。其中,医疗援助占比 75%,社会服务占比 21%,现金援助占比 5%。相比于联邦行政的数据(如表 21.1 所示),普查数据中现金援助项目所占比例更小,反映了这样一个事实,即普查数据不包括失业救济支出或税收抵免(如工薪所得税抵免 EITC 和儿童税收抵免),也不包括由联邦政府直接支付的好处,如营养补充援助计划(SNAP)和大部分补充性保障收入(SSI)。

然而,尽管普查数据和联邦行政数据之间存在差异,但两种均显示出共同特征,大部分州和地方政府福利费用支出来源于联邦政府筹集的收入,这些资金通常通过政府间转移支付下拨给州和地方公共机构,如医疗补助、贫困家庭临时援助和儿童健康发展财政拨款(CCDBG)等项目。根据统计数据,2008 年安全网络支出总额的 62%(2460 亿美元)来自联邦政府,州和地方政府以它们自己的收入承担剩余的 38%(1490 亿美元)。

社会福利支出是州与地方财政总预算中重要但并非数额巨大的一部分:2008 年,它占直接总支出的 17%;医疗援助上的支出占州和地方政府所有直接总支出的 12%;社会服务占 4%,而现金援助支出只占全部直接总支出的 1%。

表 21.2　部分的安全网项目的重要特征

项目	主要特征	权利状况	起源	联邦政府的作用	州政府的作用	受益人数
卫生保健						
医疗补助和州儿童健康保险计划(SCHIP)	联邦与州共同项目,为低收入人群和急需救治者支付医疗服务费用,还有小部分补助给了老年人和残疾人	一般的开放式权利	1965 年立法,作为"伟大社会"计划的一部分	建立广泛的规则,允许州和地方自动放弃权利;根据每年情况,支付 55% 的费用;联邦的资助比例在各州间差异很大	监督各州;管理项目;选择要提供的补贴和符合联邦规定的资格标准;开发和评估自动放弃权利及其他变化;支付非联邦负担份额的费用	据科学计量中心(CMC)数据,2008 年有 5820 万受益人
现金援助和其他现金项目						
工薪所得税抵免	权利—退还扣除的税收,针对有收入并有受教育子女的低收入工作者和部分没有子女的低收入工作者	一般的开放式权利	1975 年立法	联邦工薪所得税抵免制度(EITC)通过联邦所得税系统施行	在联邦工薪所得税抵免制度(EITC)中不发挥作用,但 24 个州通过州所得税制度施行自己的 EITC	据美国国内税务局(IRS)数据,2008 年有 2480 万家庭受益

续表

项目	主要特征	权利状况	起源	联邦政府的作用	州政府的作用	受益人数
现金援助和其他现金项目						
失业保险（UI）	对有足够工作经历，无个人过失而被解雇的个人提供有时间限制的补助	一般的开放式权利，但有时间限制	1938年立法	建立一般性规则	管理项目；为规定待遇筹资和分担扩展的福利成本	2010年900万人受益
补充性保障收入（SSI）	需要收入检查、联邦政府管理的现金援助项目，对低收入的老年人、盲人、残疾人，根据个人经济状况提供	是，一般性权利	1972年立法，取代之前的联邦计划	确定福利水平和资格认定规则；为补充性保障收入筹资和管理	州政府能为联邦SSI的福利提高补充	2009年有860万受益者
儿童税收抵免	每个孩子最多1000美元的联邦所得税抵免，收入在100000美元以上的家庭除外	是，一般性权利	1997年立法	完全的联邦项目	无	2010年有3500万家庭受益
贫困家庭临时援助（TANF）	为贫困家庭提供临时援助；为有子女的低收入家庭提供有时限的现金援助	否，有封顶的综合援助资金；受个人生命期限制；明显的分流努力	作为联邦福利改革的一部分，于1996年实施，接替家庭抚养子女补助计划（AFDC）	为综合援助筹资；建立广泛的规则；授权豁免	管理项目；在联邦指导方针内建立规则细节	2010年，190万家庭、400万受益者
食品与营养						
营养补充援助计划（SNAP），原"食品券"	补贴适用于大多数月收入和资产满足联邦财政资格检查要求的家庭	开放式权利	1961年作为一个试点项目通过立法，1975年扩展到全国	为福利筹资；确定资格要求、福利水平和行政规则；监督州政府对项目的管理	在联邦制定的规则内，州政府确定资格，计算福利和按月发放福利	受益者从2007财年的2630万上升到2010财年的4030万

资料来源：Program information collected by the Rockefeller Institute from US Department of Health and Human Services; US Department of Labor; US Treasury Department; US Department of Agriculture。

大衰退之前社会安全网的趋势

美国安全网的一个重要特征就是变动。新的法规、联邦与州预算的变动、联邦执行行动方案、地方官员的主动权、人口变动以及经济危机都对人民获取福利和服务以及筹资方面产生了影响。各种变化贯穿在过去的75年中,但最深刻的变化则要追溯到20世纪30年代。

20世纪70年代的政策扩张

美国的现代社会安全网开始于大萧条期间,伴随着美国总统富兰克林·罗斯福的"第二次新政"和1935年的《社会保障法》的通过而建立。更进一步地,《社会保障法》拨款给各州,作为盲人、残疾人和贫困老年人提供现金援助的项目。它创造了家庭抚养子女补助计划(AFDC),由州政府进行福利设置和管理,为至少缺少一个父母的低收入家庭的孩子提供现金援助。罗斯福政府还在1937年创建了公共住房计划,为建造公共住房提供补贴,由地方公共住房部门拥有和运营。⑤

这些项目在战后早期温和地扩张。但最大的变化是发生在20世纪60年代和70年代早期,即总统林登·约翰逊的"伟大社会"计划。大多数"伟大社会"计划项目以小的覆盖范围和支出数量开始,但因为政治原因,它们扩大了人口覆盖和社会需求的范围。由此,它们为此后数十年的更大扩展奠定了一个项目基础。

"伟大社会"计划中包括了医疗补助计划,它是由联邦与州政府批准的项目,并为包括单亲家庭、盲人、残疾人和年老贫困者在内的人群提供医疗辅助的支付。此外,还包括一个食品券试验项目,这个项目在1975年拓展到整个国家,它为那些低收入家庭提供可以供他们购买食物的优惠券。在家庭抚养子女补助计划的实施下,家庭的福利得到增加,特别是对那些有收入的家庭。另外,计划中还有增加公共住房津贴、建立补充性保障收入项目以及建立和拓展类似社会服务街区补助一类的一些社会服务项目。伴随着美国人口的实质性增长、低收入单亲家庭的增加以及其他人口和经济的变化,直到20世纪70年代中期迅速推高了安全网的开支。

国家支出的趋势

在20世纪70年代末和80年代初,社会安全网的支出结束了它之前快速的增长,特别是当美国低收入人群数量发生对比变化时。如果我们使用州与地方的财政统计调查结果来推断通货膨胀调整后针对每个贫困者的支出趋势,能够得出财政所覆盖的社会安全网的范围在缩减。⑥图21.1为我们呈现了1977~2008年社会安全网对每一个贫困者的真实支出的年度变化,带我们回到了大衰退的第一年。1977~1978年及1982~1983年整个期间对每个贫困者的支出都呈负增长。⑦这样的缩减绝大部分是由于家庭抚养子女补助计划项目福利和对1981年

（正值里根政府执政的第一年）其他社会项目的削减，以及育有孩子的低收入家庭。

然而，在这种缩减形势过后，即使要应对大体上的通货膨胀和大量的穷困者，社会安全网的支出在21世纪初又重新恢复增长。这个增长趋势在2001年后慢了下来并呈相反方向变化，在2005年后开始下降。州与地方对贫困者的支出自1982～1983年以后在2008年时第一次出现了连续三年的下跌。经济大衰退就在州与地方财政对社会保障加大支持力度时开始了，但相对美国低收入家庭的数量而言，州与地方的社会安全网已经失去资源很多年了。

因为社会福利计划的3/4用在了医疗援助上，所以2005年以后社会安全网的支出受到医疗援助支出下降的严重影响。由图21.1和图21.2可见，医疗援助支出在经历了22年的不间断增长后从2006年开始每年都在下降。从某种程度上说，医疗援助类的典型代表是医疗补助项目，这个长期的增长过程包含了几个明显的阶段，在每一阶段都伴有不同的驱动成本力量。[8]然而在这二十年间根本的情况是医疗补助计划的扩展，它由一个最初于20世纪80年代服务家庭福利的计划成为一个服务众多贫困年老者和残疾人以及需要抚养孩子的低收入家庭的计划。其中，这些家庭的范围设定很广，甚至包括那些不在福利范围之列和收入水平高出联邦设定的贫穷标准的家庭。[9]支出的增加还由于有卫生保健总成本增加、医疗补助计划中涵盖的服务范围扩大以及为吸引联邦资金通过卫生保健提供者形成配套资金的州草案安排的驱动。[10]

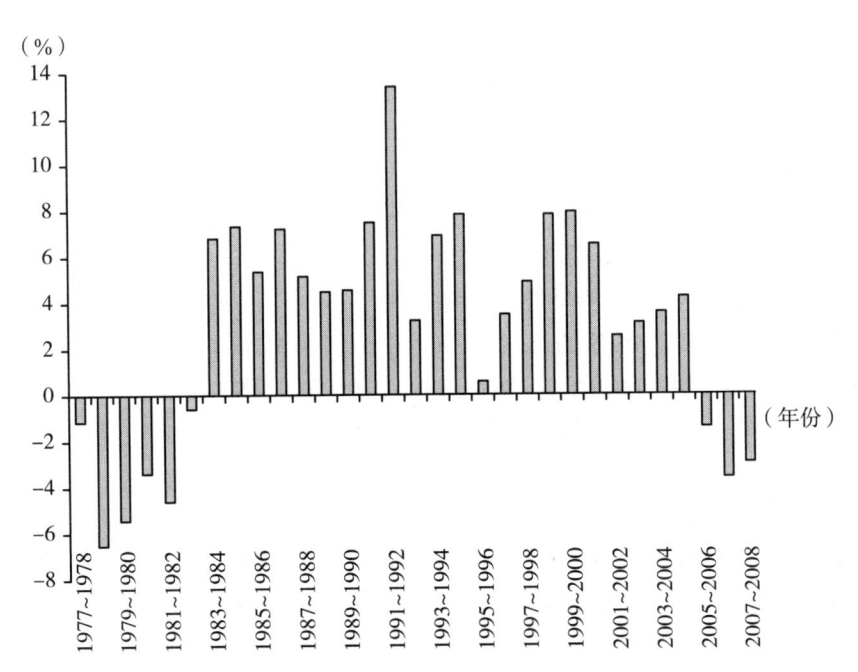

图21.1　1977～2008年通货膨胀调整后州和地方花费在每个贫困者身上的社会福利百分比变化

资料来源：Census Bureau and Bureau of Economic Analysis (GDP price index)。

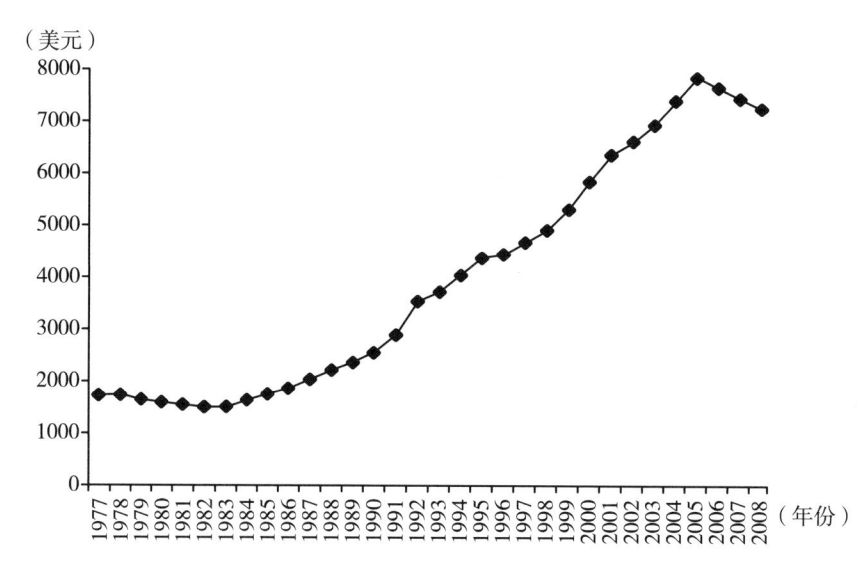

图 21.2 1977～2008 年州和地方花费在每个贫困者身上的医疗援助（以 2008 年美元为准）

资料来源：Census Bureau and Bureau of Economic Analysis (GDP price index)。

2005 年以后医疗援助支出的缩减很大一部分归因于"双重资格者"——这种人既符合医疗补助计划又符合医疗保险——使用的处方药的成本责任承担方由州政府转变到了联邦政府。虽然州通过摆脱部分医疗补助客户的药物负担的责任，但是这样的改变可能也不会使未来医疗补助成本上升速度慢下来。⑪

然而，2002 年以后的社会福利支出的下降和最终的下降并不只受医疗补助计划的影响。图 21.3 显示了在每一个贫困者实际支出中现金援助和社会服务的趋势。20 世纪 70 年代末到 20 世纪 90 年代初，现金援助和社会服务支出呈串联状，1994 年以后现金援助和社会服务支出开始向不同方向移动。现金援助支出在 1995～2008 年持续下滑，直至每一个贫困者都失去了其 60% 的实际价值。相比之下，社会服务的支出则在 1994～2002 年呈增长态势。但是在 2002 年以后，伴随着 21 世纪初经济衰退的结束，社会服务的支出也开始进入一段持续的下滑期。2002～2008 年，它损失了 22% 的实际价值。这样一来，2002 年以后的总社会福利支出的下降是现金援助长期下降和社会服务近期持续下降及医疗补助短期下降共同作用的结果。

社会服务支出在 2002 年的变化点是一个标志，它标志着在 20 世纪 90 年代中期开始的社会福利支出短暂但具转变性质的阶段的结束。即使现金援助对每位贫困者的实际支出在 1993～2002 年减少了 478 美元（40% 的下降），但与社会服务支出的增长（在 1993～2002 年增加了 1043 美元，71% 的增长）和医疗援助的增长（同一时间段增加了 3011 美元，73% 的增长）相比较而言，减少的数量很小。这些变化结合了扩大整个社会福利的支出，和在不同支出种类之间的动态平衡，支出从现金援助转向卫生保健和社会服务。

(美元)

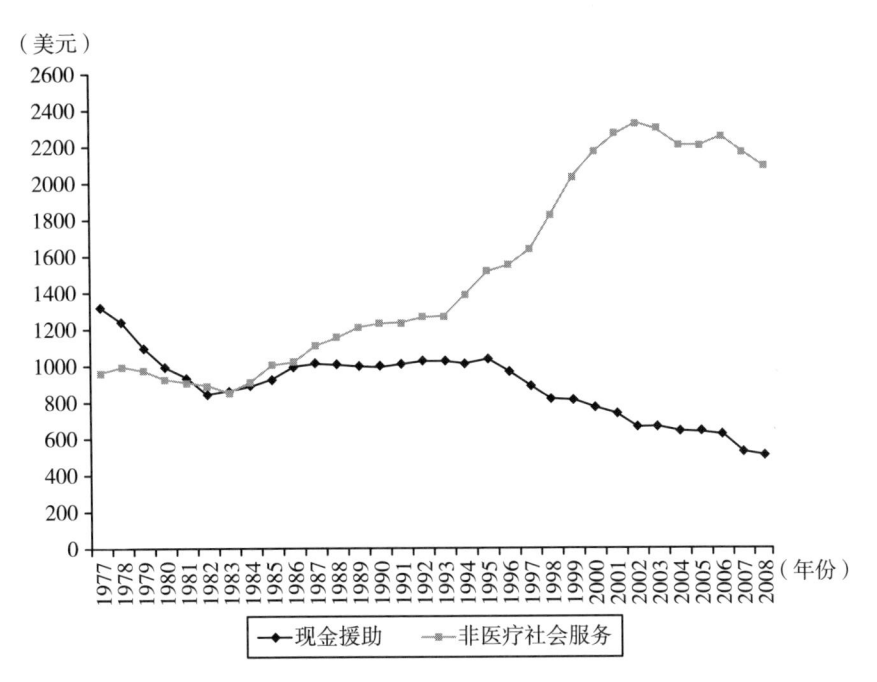

图 21.3　1977～2008 年州和地方花费在每个贫困者身上的现金援助和社会服务（以 2008 年美元为准）

资料来源：Census Bureau and Bureau of Economic Analysis (GDP price index)。

什么原因导致 20 世纪 90 年代的现金援助的下降和社会服务的扩大呢？一个原因便是 20 世纪 90 年代的经济增长。当失业率下降时，现金援助的登记数通常会随之减少。[12] 20 世纪 90 年代工薪所得税抵免的扩展及其增加的价值也降低了福利计划的参与。[13] 相比之下，当失业率低时社会服务趋于增加，可能是因为大多数的服务是自由设定的项目，它们的资金可能会随着州和联邦政府的更多收入而增加。

联邦和州政府的福利改革也是社会服务和现金援助变化的原因。除了联邦政府批准大量增加州政府的儿童保育之外，1996 年的《个人责任和工作机会协调法案》以贫困家庭临时援助计划代替了家庭抚养子女补助计划，而家庭抚养子女补助计划大部分是现金援助计划。贫困家庭临时援助项目拨款结束了对现金援助的特许并且对接收现金援助设定了工作要求和时间限定的限制。这些变化都使现金援助的数量减少。[14]

贫困家庭临时援助计划给予州政府在申请联邦资金时一定的灵活性，并且其要求州政府在为低收入家庭提供服务和其他非援助计划时支出要更多用于鼓励和支持工作方面。"非援助"是指对那些不符合贫困家庭临时援助计划中援助定义的贫困家庭提供所需的服务或福利，这包括现金、支付、代金券，以及其他被设计来满足一个家庭基本生存需要的福利，如食品、衣物、住所和公共事业。[15] 非援助计划可能包括短期转移支付（对那些同意不再申请援助的贫困家庭的非经常性支付）、工作家庭的儿童照顾津贴、可返还的工薪所得税抵免、个案管理和就业服务、交通援助。

大多数的这些服务与福利都是"工作支持",也就是说,设计的福利是用来帮助人们获得并维持工作并且增加收入。因为来自社会福利名单大幅减少带来的财政节约,许多州都发现把资金投资到贫困家庭临时援助下的服务更容易。1997年,即贫困家庭临时援助生效的第二年,在贫困家庭临时援助项下的支出中只有23%流入了非援助类的服务与福利;至2002年,此比例提升至56%。[16]事实上,甚至这个比例变动仍然低估了流向社会服务的资金,因为统计未包括州政府转移给社会服务固定拨款项目或者儿童关怀发展基金的大笔资金。

然而从2002年开始,这个状况就改变了。从2001年末开始的经济下行急剧削减了州政府至少至2003年的收入,并使这类自主性项目像大多数的社会服务项目一样对政府削减开支变得敏感。[17]不但如此,在持续几年的对社会服务的急速增加投入之后,2001年以后贫困家庭临时援助支出保持平稳,此时州政府花掉了20世纪90年代积累起来来自联邦拨款的财政盈余,同时通货膨胀侵蚀掉联邦援助的价值。[18]尽管救济对象在2001~2002年及其以后的一段时间里有所下降,救济对象登记比起90年代下降得更少——因此更少的贫困家庭临时援助的款项可用于工作支持和服务。简而言之,在大衰退的前夕,州与地方支出已经不能满足需要了。

安全网不仅仅是在萎缩,它的组成在大衰退的前几年就已经改变了。截至2008年,州与地方安全网的现金援助已经从2001年的8%降至5%(1982年经济衰退前是26%)。作为对比,2008年医疗援助支出在安全网支出中占了74%,这一数据在2001年是68%(1982年此比例是46%)。社会服务支出占安全网总支出的比例从2001年的24%降至21%。在大衰退冲击的影响之前,州与地方的安全网是由医疗援助支出来主导的,此时进入州管理现金援助项目的支出比例正处于一个历史性的低点。

最后,另外一个衰退前的趋势也值得注意:联邦政府在整个安全网筹资的角色日渐增长。我们能够从上文提及的州与地方的调查数据中发现:2008年,联邦财政拨款支持了大约62%的所有州和地方的安全网支出,较21世纪初有所下降,但自20世纪80年代开始此比例已经有了较大上升,当时联邦财政拨款所占比例是54%~57%。

但是当人们考虑到几个其他的发展时期,对联邦筹资更多依赖的转变甚至更大。营养补充援助计划或实物补偿计划救济金(SNAP/FSP)待支付的项目款和支出在21世纪初开始爬升。全部靠联邦政府财政支持的营养补充援助计划或实物补偿计划救济金福利在2001~2008年从220亿美元上升至370亿美元,即使在调整了通胀因素以后,增速仍达到70%。补充性保障收入应付款和福利(大部分为联邦财政支持)也开始增长,即使在近年来有所放缓,实际支出在2001~2008年间增长了11%。

联邦税收抵免也有了显著增长,因为联邦税收体系成为低收入者增加收入日益重要的渠道。联邦工薪所得税抵免为低收入工作人群提供470亿美元的补助,这些受益人大多数是有孩子的家庭。2008年，这个比例比2001年增长了25%。1997年建立的联邦儿童税收抵免项目给许多拥有劳动所得的低收入家庭提供了返还部分税收的支持。

安全网项目对经济衰退是怎样反应的

不同的安全网项目对同一经济动荡有着不同的反应。有些项目可能因符合资格人群的增长受到强烈的影响，如失业人数或贫困人口，或者丧失医疗保险的人数。其他项目可能会被州财政收入的减少和预算资源竞争的加剧所影响。当然，一些项目可能不会受这些因素的影响，如联邦援助若以固定财政拨款的方式给予。正如我们所发现，这些不同的反应确实出现了，并且这些不同也促使了安全网的重大改变。

四个因素可以增加国家项目对经济周期的反应：

（1）此项目是否是无限制的权利，也就是说，如果此人满足了相关的筛选条件，个人有权利享有此项福利，此项权利和国家支出的总量无关；

（2）此项目的福利是否有价值，被鼓励的（或因行政管理因素或文化歧视原因是不被鼓励的）并且可以快速获取；

（3）此项目涉及的人群是否受短期经济周期的强烈影响；

（4）对政策制定者或实施者来说减少此项福利以应对短期国家财政状况是否不切合实际。

当这些条件应用于失业保险时，此项目预计会对失业的变化非常敏感。非自愿失业的工人和近期持续有找工作经历的人是典型适用于此项目的人群。美国劳工部鼓励失业工人在失业时立即申请失业金。福利的领取通常发生在申请的2～3周内。把失业收入放在有困难家庭的手中后，大部分的福利都会很快地被领取人花掉。事实上，穆迪预测在经济衰退时提高失业福利或扩展失业金的发放范围在所有的刺激性政策中具有第二高的"爆发的危险"。[19]

营养补充援助计划（SNAP）对短期经济变化一直有反应，但是方向相反。它的适用资格主要是财务方面的要求。对于大多数申请者来说，多数时候适用资格并不取决于申请者的行为（如他们对寻找工作的愿望），也不取决于大多数家庭有时间限制的福利（除了无依靠家庭的非残疾人员）。福利是和通货膨胀率挂钩的并且所有州都是统一的。与此同时，适用资格申请程序在过去十年间变得更容易，并且联邦政府给各个州处理福利申请事务定下了时间限制。因为适用资格的关键是家庭收入，"个人预期申请案例数量与福利支出和商务活动周期性的摇摆有强烈的联系"。[20]事实上兹利亚克（Ziliak）发现失业率1个百分点的增加会产生1.3个百分点的"同时期的食品券发放量"的增加，并且一年后此项增加会继续扩大（2.3%），这或许是因为在人们试图找其他支持资源之后申请福利需要时间。[21]

于1996年被贫困家庭临时援助替代的对家庭抚养子女补助计划的支出和案例数量也证实了其与经济转变相对应的反向关系。例如，兹利亚克发现家庭抚养子女补助计划和食品券发放量在联邦福利改革法生效前变化方向相同。[22]鲍威尔（Powers）分析了当福利改革开始时的安全网的周期性并且发现失业率每上升1个百分点，家庭抚养子女补助计划会增加2.5个百分点，食品券项目会增加4.5个百分点。[23]

然而，我们没有理由去预测贫困家庭临时援助会保持这种对经济变化的回应。鲍威尔早先意识到了这种可能性，并提出了暗示。

把供款责任从立法机关转移到各个州的州议会的做法会给各个州带来巨大的周期性压力。随着制定福利的权利的转移，州级法律制定者会针对经济衰退带来的财政紧张制定出紧缩的政策或减少福利，这会把周期性的收入风险传递给普通家庭。如果没有补偿性的其他政策的变化（主要指的是UI），减少支付和减少参与项目的机会会不可避免地使经济下行对最贫困的美国人生活质量的影响更加恶劣。[24]

事实上，在2001年，贫困家庭临时援助施行之后第一个经济下行时期，贫困家庭临时援助项目的案例数量并没有如同家庭抚养子女补助计划惯常的做法一样上升。在某些事例中，如同鲍威尔预测的那样，州级政府用它们的行政手段去减少福利或适用资格人群来减少开支。州政府也采取其他手段去保持福利发放量在较低水平。许多州维持原有工作要求和流程，例如在家庭成员要求福利保障之前，他们会被要求一个集中的工作寻找期。另外，在21世纪初，许多在福利改革生效以来获得福利支持的民众开始抨击联邦政府的五年有效期限制，以及不顾及他们的经济状况取消其获得福利的资格。

虽然和贫困家庭临时援助的原因不同，其他项目也显示出对经济周期较少的反应。鲍威尔发现补充性保障收入，一个联邦政府运作的项目的案例数量没有受到经济周期的很大影响（每1%的失业率的上升可使接收量上升0.39%），正如大家所预料的那样。事实上补充性保障收入的适用资格不仅仅是由收入水平决定的，是否残疾和年龄也是决定性因素。[25]

医疗补助案例数量显示出了对经济周期巨大的反应。鲍威尔发现失业率上升1个百分点，医疗补助案例数量就会上升1.9个百分点。[26]然而，案例数量上升对医疗补助支出的影响是受以下几方面影响的。

首先，大多数的医疗补助支出不是流向有孩子的低收入家庭的，此类家庭的收入水平对周期性变化很敏感，而是流向了残疾和老年接受者，此类人群的收入水平受宏观经济转变影响较小。

其次，尽管获得医疗补助福利是民众的一项权利，州政府仍然可以改变福利涵盖内容或对医疗补助接受者的服务，改变对医疗补助服务提供者的补贴率，甚至剥夺一些民众的适用资格，如果这些人被某个可选的州项目而不是强制性的联邦项目所覆盖的话。

最后，作为对经济下行和紧缩的州预算的反应，许多非健康类服务或福利项目都是由州政府自主决定的也是可以被削减的。州政府可以减少如一些针对儿童福利和儿童关怀补助项目的州配套基金，裁减社会项目的行政费用（包括一些联邦政府项目如食品券、医疗补助和儿童支持行动项目等），大幅减少甚至取消完全由州自身财政收入来支持的项目。因此，对州与地方非健康类社会服务支出进行时间序列分析（使用统计调查数据），发现此类支出与经济形势呈周期性而不是反周期性就不足为奇了。也就是说，失业率的上升是与社会服务支出的下降相关的。⑰

综上，我们可以预见到大衰退会对不同项目的支出和覆盖有着不同的影响。一些项目比其他项目在历史上对日渐增长的经济需要反应更强烈。一些项目——主要是针对低收入有儿童的家庭的现金援助——产生了短期的变化以减少它们对失业或贫穷增加的反应。而其他项目，如食品券，也许会向反方向改变。

2007~2009年经济衰退和社会安全网

大衰退如何影响了社会安全网？从很多方面来说，大衰退扩展和强化了社会安全网。剧烈的、严重的经济下行以及政治控制向全国性政府转变的综合影响，导致以《美国复苏与再投资法案》为形式的对安全网的一个快速的、大范围的，以及大量的联邦资金的注入支持。没有任何一个第二次世界大战以后的衰退获得过如此一个大量、持续地对安全网项目的资金扩张。作为对比，1982年的经济衰退伴随的是联邦政府对社会项目财政支持的缩水。《美国复苏与再投资法案》是短暂存在的——大多数对低收入家庭的支持政策都会在2012年结束——并且其全面影响还不清楚。《美国复苏与再投资法案》的安全网很可能不仅揭示大衰退之前明显的资金缺口，而且还会带来新挑战，因为各州持续的财政压力、长期的高失业率、联邦医疗改革引发的责任增长以及脆弱人群在一些安全网与财政实力脆弱州的不均衡的分布。

大衰退对安全网服务需求的影响

根据国家经济研究局的研究，美国最近的经济衰退开始于2007年12月，结束于2009年6月。这次经济衰退严重：从顶峰到低谷，实际国内生产总值降低了4.1%；比1973年的衰退期降低的3.4%还要多，甚至比起第二次世界大战以后的所有衰退期的平均水平都低。2009年10月，失业率达到了10.1%的顶峰，比起第二次世界大战以后所有衰退期（除1981年衰退期外，失业率顶峰达到10.8%）都严重。2007年12月至2009年10月，失业工人人数增加了790万，直至2011年9月，此数字仍然有630万。

和此次经济衰退紧密联系的失业时间比此前任何一次经济衰退持续都长。2009年，31.5%的失业工人已经持续6个月或以上没有工作了，超过1983年23.9%的失业率，成为64年来最高水平。⑱不仅如此，对许多工人来说，重返他们之前工作岗位的希望很渺茫。此前的经济衰退中，当雇主决定让他的工人临时失业的话，会把增加的这些临时失业作为总失业的一个部分。但是在2009年，第一次打破了43年跨度的这个数据统计，临时失业实际上减少了总失业的一个比例。⑲

除了失业率增加之外,此次的经济衰退还导致了丧失信心的工人数量的大幅增加——丧失信心没有工作的人,在过去的四周内没有找过工作而且没有被看作失业。2007年11月(在经济衰退前夕)直至2010年11月,丧失信心工人的数量增加了93.3万,超过3倍。③

部分因为上升的失业率,贫困人口数也戏剧化地增加。2007~2010年(最新可用数据),贫困率从12.5%上升至15.1%,这是自1993年以来的最高水平。换一个角度,在这个全国人口增长率只有2.3%的期间,贫困人口数增加了23.9%。如表21.3所示,贫困人口增加不成比例地集中在儿童和工作年龄人群中。与此相反,生活在贫困线以下的老年人数降低了。㉛

官方贫困数据并不是衡量经济衰退所造成的压力的完美方式。官方预测计算了现金收入,包括基于现金的可以缓解经济衰退影响的安全网项目,如失业补偿和现金援助。如果没有这些项目,个人和家庭的压力会更大。然而,传统的衡量贫困的方式并没有包括其他福利的价值,如税收返还和食品券。如我们将展示的,这样的福利降低了2009年的失业和收入减少对个人和家庭的影响,虽然一些这样的基于《美国复苏与再投资法案》的福利的影响会很快伴随法案到期而消失。

表21.3   2007年和2010年儿童和工作年龄人群的贫困情况

项目	2007年	2010年	变化	变化的百分比(%)
全部贫困人口数	贫困人口数(千)			23.9
	37376	46180	8904	
儿童(18岁以下)	13324	16401	3077	23.1
工作年龄(18~64岁)	20396	26258	5889	28.9
老年人(65岁以上)	3556	3520	-36	-1.0
总人口	总人口(千)			2.3
	298699	305688	6989	
儿童(18岁以下岁)	73996	74494	498	0.7
工作年龄(18~64岁)	187913	192015	4102	2.2
老年人(65岁以上)	36790	39179	2389	6.5
总体	贫困率(%)			
	12.5	15.1	2.6	
儿童(18岁以下)	18.0	22.0	4.0	
工作年龄(18~64岁)	10.9	13.7	2.8	
老年人(65岁以上)	9.7	9.0	-0.7	

资料来源:Income, Poverty and Health Insurance Coverage in the United States:2010, US Census Bureau。

大衰退对州政府筹资活动能力的影响

在大衰退开始拉紧安全网之前,州支付安全网服务的能力已经千疮百孔。正如图21.4所示,相比衰退前州的税收收入下降幅度大得多,而且远非经济下滑所能解释。2008~2010年,州的税收收入下降了10.8%,按名义价值计算,在50个州中的48个都有所下降。

主流经济预测者预测经济复苏缓慢,同时很多州预计将花费几年时间税收收入才能够恢复到大衰退之前的顶峰。[32]对于各州的金融安全网的筹资能力或其他服务的展望是暗淡的。

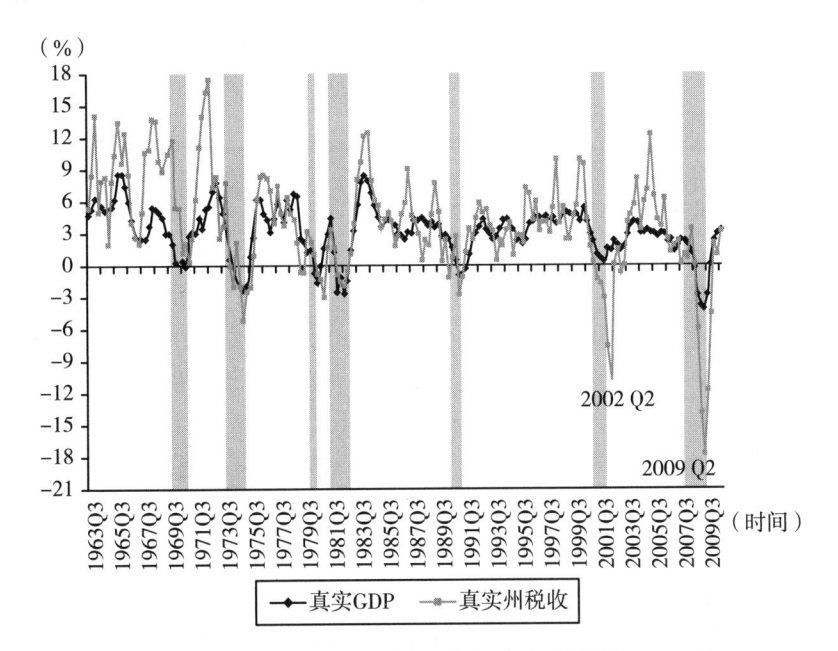

图21.4 1963~2010年州政府真实税收及GDP的百分比变化(季度资料)

注释:(1) 税收收入用 GDP 价格指数调整通货膨胀;(2) 衰退期为阴影部分;(3) Q2 代表第二季度,Q3 代表第三季度。

资料来源:U. S. Census Bureau (taxes and Bureau of Economic Analysis (real GDP and GDP price index)。

《美国复苏与再投资法案》以及联邦对于安全网的改变

巨大的经济衰退促使奥巴马政府和第111届国会实施了美国政府曾经颁布的最大的单一经济刺激计划。2009年2月,《美国复苏与再投资法案》通过并签署成为法律。《美国复苏与再投资法案》被设计为通过减少税负和资本支出项目来对经济提供直接的刺激,为各州提供财政救济从而阻止一些州预算的削减(包括安全网项目的削减），同时创造安全网的直接扩展。最主要的联邦安全网扩展包括以下内容。

- 通过提高联邦医疗援助比例增加了联邦医疗补助拨款，也就是说，增加对州总的医疗补助项目支出的联邦资金比例的支持。然而，各州同意更高的联邦医疗援助比例的同时也要同意它们将不会减少参与医疗补助项目的适用资格或削减某些类型的救济金。
- 失业保险已扩展到超过各州通常的六个月期的福利。联邦政府一般会授权临时扩展，在大衰退期间由联邦收入支付（联邦政府在2010年12月对另一项扩展进行授权，使得失业保险福利直到2011年底都可得到）。
- 联邦政府同时给予各州财政刺激来扩展其失业保险福利的适用资格，这个适用资格一般仅仅覆盖大约1/3工人。兼职以及有中断工作历史的低收入工人一般来说是不符合领取福利条件的。
- 联邦可返还税收抵免政策被创造或扩展。儿童税收抵免金额有所增长，包含低收入家庭的可返还退税。一项新的工作回报抵税额也被包含进了刺激计划中，同时它也被作为一项可返还退税适用于低收入工人。这些扩张的抵免在联邦所得税抵免的数额和覆盖面上分别达到顶点。
- 食品券以及补充性保障收入福利增长：食品券或营养补充援助计划增长是巨大的（13.6%），每个补充性保障收入项目接受者获得了一次性的250美元的支付。
- 一项新的经费来源——紧急基金——通过联邦对州贫困家庭临时援助的固定拨款提供给各州。各州可以动用紧急基金，如果它们承担支持某些类型收入保障的20%，这些收入保障包括基本现金援助、短期转移支付（如用来替代个人或家庭的月度现金支付的一次性现金福利），或对福利对象的补贴工作项目。
- 附加的联邦基金提供了各种各样的联邦拨款以支持一些服务，包括儿童保健、孩童抚育执法项目、对于无家可归的人的保护、社区服务、对于青少年的劳动力投资项目，以及抚养照护和收养援助。

刺激项目的规模是惊人的。2008～2010年，联邦对于州和地方政府的援助从GDP的3.3%上升到了一个空前的4.6%。2008～2010年，联邦援助仅仅在社会项目上——包括健康、收入保障以及教育、就业、社会服务项目——就从GDP的2.6%上升到了3.7%（见图21.5），大多数的增长都是因为增加的医疗补助的联邦配套资金。

然而，《美国复苏与再投资法案》不仅是一项诱导自力发展经济的政府投资。联邦政府用《美国复苏与再投资法案》来刺激经济、维持重要的州与地方项目，同时还利用联邦援助来影响各州的预算、政策以及体制改革。正如我们将看到的，通过刺激杠杆带动政策改变的努力也可能使各州的安全网产生一些重要的差异，因为部分州对嵌入在《美国复苏与再投资法案》的临时资金做出反应进而获得联邦资金，而其他的州则不然。

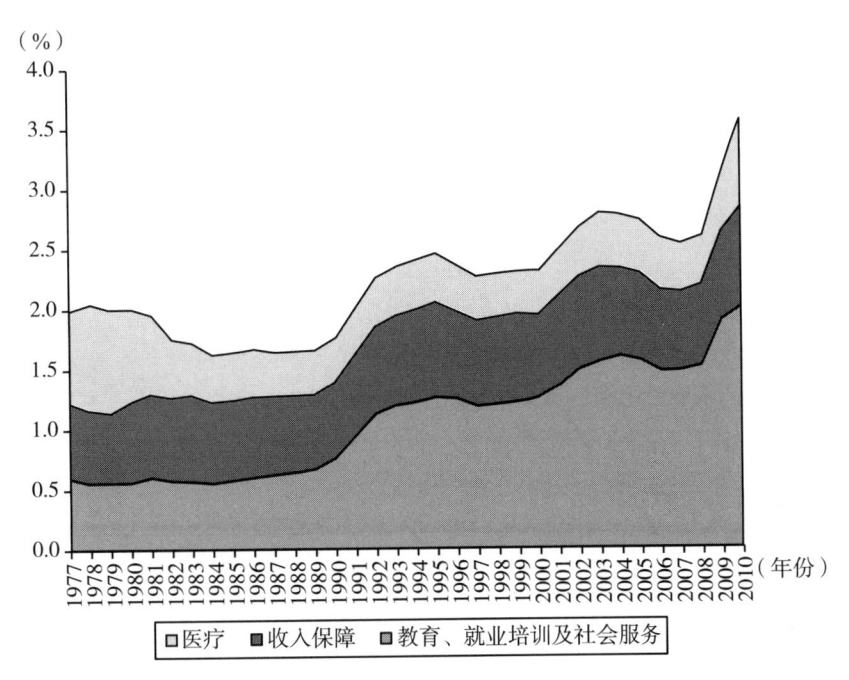

图 21.5 1977~2010 年以所占 GDP 百分比表示的联邦对州和地方的援助

资料来源：Budget of the United states Government and Bureau of Economic Analysis（GDP）。

修改的安全网怎样发挥作用

不出所料，在大衰退期间以及大衰退过后，破碎且不稳定的美国安全网的不同部分表现是有显著差异的。在《美国复苏与再投资法案》的帮助下，这个复杂的项目组满足了一系列庞大的经济需求。但是，一些项目比其他项目反应更加有力，某些人群以及某些需求比其他的得到了更好的满足。

为了从变化中得出启示，图21.6显示了在衰退期间安全网反应的一个压力测试以及几个指标。每一条线代表自经济衰退以来面临失业的个人或家庭以及加入选定的安全网项目的数量变化。失业保险项目申请人、营养补充援助计划/食品券接受家庭，以及医疗补助计划加入者在2007年底之后都有着显著的上升，美国失业人口也成比例地增长。相比之下，贫困家庭临时援助、关联州现金援助项目的参与者，以及加入补充性保障收入的个人或家庭几乎没有增长。这些差异，伴随着《美国复苏与再投资法案》在每一项目中扮演的角色，对安全网的未来发展已经提供了重大的启示。

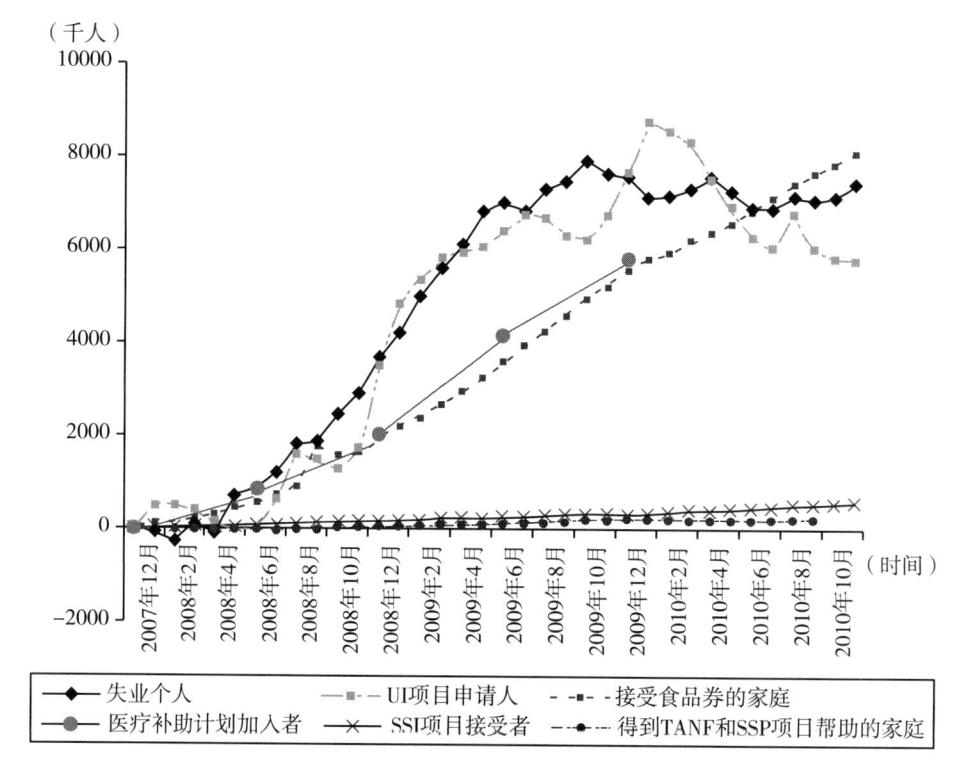

图 21.6　自 2007 年开始的经济大衰退后失业人口数量以及接受安全网福利的人口数量的变化

资料来源：Bureau of Labor Statiscs (Unemployed individual), Department of Labor (UI claimants), Department of Agriculture (Food stamps), Kaiser Family Foundation (Medicaid enrollees), Social Security Administration (SSI recipients), Department of Health & Human Services (TANF & SSp families)。

失业保险

尽管获得联邦政府的巨额援助，联邦—州失业保险项目已经迅速扩展以满足经济的需求。失业保险项目通常为没有自身过错而失业的人们提供救助。各州决定福利的大小、适用标准，以及最长的支付时间。大多数州提供最长达 26 周的福利，而且这些福利倾向于替代失业者工资的 50%，直至封顶线。2009 年，各州失业保险福利仅替代不到 47%的工人工资。③这些福利来源于各州对雇主征收的税款。

在这些州福利用尽的时候，扩展的失业保险福利在州遭受严重的失业时可以得到。扩展的救济金可以再增加 13 周的救济，这些支出由联邦和州政府均摊。联邦政府也可以通过批准临时联邦救济金而将失业保险救济金扩展到用尽所有失业保险救济金的个人。联邦政府支付这些救济金的全部成本。临时联邦救济金最初是作为应对 2008 年 7 月大衰退的措施，在那之后又持续了一段时间，联邦救济金直至 2011 年 12 月都是有效的。

毫无疑问，失业保险项目是大衰退中失业者的主要收入保障。在2007年12月以后，失业保险项目申请者人数比例比实际上失业人数比例增长要快。2010年11月，失业人数增加了740万，增长了97%，而申请失业保险项目的人数则增长了580万，增长了196%。

尽管如此，并不是所有失业者都接受了帮助——甚至不是大多数。接受失业审查的人数在任何时间点都远远低于失业者人数。2007年，大约37%的失业工人接受了失业保险。[34]低收入家庭尤其没有希望来接受失业保险救济金。[35]这样的家庭更可能是部分时间工作；他们的工作经历常常被照顾儿童、照顾老人、家庭暴力以及其他家庭相关问题所中断；一些具有短期工作经历的工人是劳动市场的新近就业者。这些情况使得很多人没有资格领取失业保险救济金。

然而，《美国复苏与再投资法案》中的一项条款为州革新其失业保险项目提供了财政激励，如将人们分类为近期或部分时间工作经历，即由于个人原因离开工作岗位的人，原因包括白天照顾孩子、照顾生病的家庭成员以及与配偶迁移生活地等。[36]大多数州都对联邦对失业保险适用资格扩展的补贴的提供做出回应。截至2011年1月，39个州同意采纳一项被称为"可选的基本期限"的项目，即把多数拥有近期劳动所得的工人纳入失业救济金发放范围；25个州允许临时工作的人领取救济金；18个州将适用资格扩展至由于"不可推脱的家庭原因"而离开工作岗位的个人。[37]在这些不同的选择当中，过去的研究表明，低收入工人最大的收益将是可选的基本期限的采用，即把拥有近期劳动所得的工人纳入失业救济金发放范围。[38]

各州之间失业保险政策的迅速转变可能是《美国复苏与再投资法案》财政刺激力量的证明。然而，并不清楚在对低收入工人覆盖失业保险项目中到底有多少真正的改变发生。美国劳工部监察长办公室发现，截至2011年初，《美国复苏与再投资法案》为失业保险项目革新所提供的70亿美元中仅仅有40亿美元被应用于该项目。同时，大多数的州"都不能提供在新条款下关于申请人福利的数据"。[39]最后，许多在经济大衰退中受到较大创伤的州——包括亚利桑那州、佛罗里达州以及加利福尼亚州——没有选择革新其失业保险政策。

同时，州失业保险项目也经历了严峻的收缩和限制。2009~2012年，普通州失业保险项目在失业人口接受救济金的比例上显示出了一个明显的下降，从40.1%下降到了30.1%。[40]耗尽常规州救济金的失业人口数量最早在2009年8月达到顶峰——达到一个空前的数量（800万人）。此后，扩展的以及临时的联邦救济金项目不得不吸收失业援助所带来的财政负担日益增长的部分。虽然如此，州失业保险项目也遇到了非常严峻以及持续增长的财政问题。净信托基金——全部的可用于失业保险救济金的州基金，减去联邦政府在失业保险项目中的索求超过州基金时应偿付的贷款——将跌至历史的低点。[41]由于州失业保险救济金在很大程度上超过了州立基金账户，各州不得不向联邦政府借款来支付救济金。2011年1月，31个州共计欠联邦政府416亿美元。这些债务是各州必须偿还的债务，通常是通过增加对雇主的税收来解决这一问题。

总而言之，在经济大衰退期间，失业保险项目在帮助失业个人方面起着巨大的作用，但是还不清楚它是否也同样帮助了很多低收入者、年轻人或者兼职工作者。同时，该项目的财政问题越来越多地依赖于联邦政府（见图21.7），无论是通过州向联邦贷款还是通过运用临时联邦扩展救济金。这种联邦对成本的吸收可能预示着在未来的几年中，其在失业保险项目中承担着一个更弱的角色，如联邦政府可能会结束它暂时的扩展，一些州也可能会减少救济金或增加税收以帮助偿还州失业保险信托基金向联邦政府的贷款。

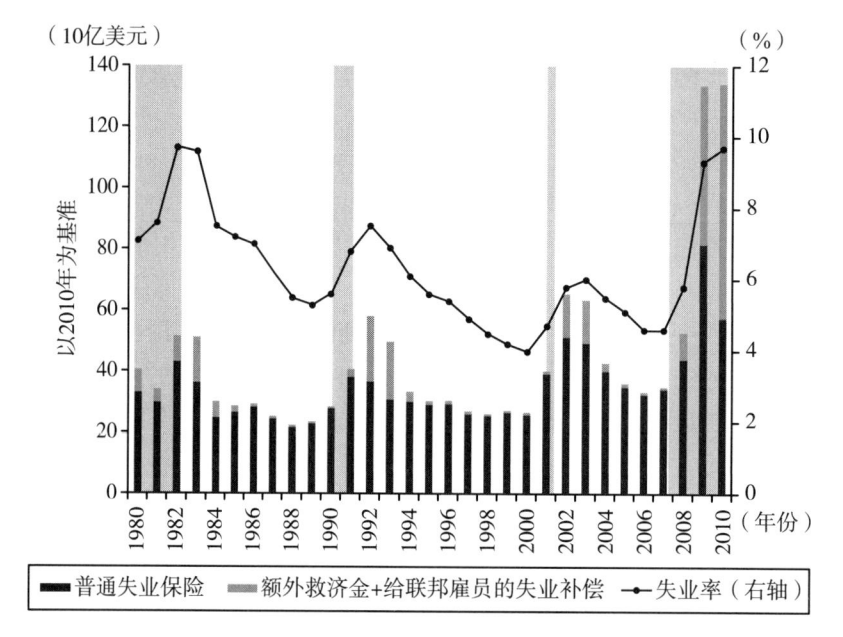

图21.7　1980～2010年按类型区分失业率以及真实失业救济金

注：（1）通货膨胀调整；（2）自然年度；（3）衰退期被遮蔽。

资料来源：Bureau of Labor Statistics (unemployment rate), Department of Labor (unemployment benefits), Bureau of economic Analysis (GDP price index)。

营养补充援助计划或食品券

图21.6同样显示了营养补充援助计划/食品券的福利——全部由联邦政府提供——也是对由失业率代表的不断增长的经济需要的回应。接受食品券的家庭数量在2007年12月至2010年8月间增长了750万，增长了61%。

这个快速的扩张并不惊人，因为它开始于经济大衰退之前。食品券接受量一直显示出一种强大的反周期趋势。营养补充援助计划（SNAP）救济金适用于大多数家庭净收入在联邦贫穷线133%以下的家庭，因此当家庭收入发生变化，带来项目参与的变化是唯一合乎逻辑的。在1990～2001年的衰退期间以及之后的一到两年，接受量大幅上升，然而在经济增长和失业率下降的时期下降，就像20世纪90年代中后期那样。[42]

营养补充援助计划对于低收入人群比失业保险项目更为可及。2009 年，超过 70%的接受援助的家庭被报道没有收入。㊺尽管失业保险项目的覆盖面仅达到了失业人口的 1/3——比失去工作的低收入人群比例则更小——营养补充援助计划则覆盖了约 2/3 符合资格的对象，所有这些人都来自于低收入家庭。㊻营养补充援助计划的可及性自 2002 年起持续增长，那时只有超过一半多一点的符合资格的个人加入了实物补助项目。一个造成这种增长的事件是 2002 年的《联邦农业法案》，这给了各州新的政策选择以使得救济金更加容易取得。某些移民者的适用资格被扩展了，被用于确定资格的标准扣除也放宽了，绩效评估已经转向给予可及性更多的权重，各州被赋予了项目规则简化的选择权，同时电子福利制度也被推广。大多数州对于这些选择权反应强烈，如减少了面对面的访谈和频繁的换发新证需要。㊼伴随着更大的可及性，营养补充援助计划救济金与福利救济金脱节的现象越来越严重；得到营养补充援助计划、实物补偿计划救济金和获得家庭抚养子女补助、贫困家庭临时援助的家庭的百分比从 1996 年的 37%下降到了 2009 年的 10%，同时得到营养补充援助计划帮助的有收入的家庭数量在增加。最后，营养补充援助计划或实物补偿计划救济金在价值上有所增长。它们预示着通货膨胀，而且《美国复苏与再投资法案》在 2009 年下半年将月度最高救济金从 588 美元提升至 688 美元。在 2001～2009 年的财政年度间，平均每户家庭每月领取救济金实际由 202 美元增长至 272 美元。

简言之，营养补充援助计划救济金现在是全美最广泛可及的收入补助项目之一。另外一个重要的角色是它在各州之间的连续性。由于贫困家庭临时援助救济金在价值上以及各州间的可及性方面有着巨大的差异——下文有更多介绍——从全国水平来看，月人均营养补充援助计划福利差异非常小。例如，2008 年平均营养补充援助计划救济金月人均水平为 102 美元，其中只有三个州报告平均救济金水平高于或低于全国平均水平 10 美元。㊽

补充性保障收入

补充性保障收入每月为有残疾儿童、残疾适龄劳动力以及 65 岁及以上老人的低收入家庭提供收入补助。这个项目由社会保障总署所管理，它的救济金在各州之间是相同的。它的救济金数目也是比较大的。尽管救济金达不到人们从营养补充援助计划救济金或税收减免福利的 1/3，但它支付的救济金总额却比以上任一项目都要高。

补充性保障收入援助的案例数量在近几年缓慢增加，且有些快于人口的增速。正如图 21.6 所示，这种趋势自 2007 年后半年经济大衰退开始持续。在经济不景气的大环境下，由于更多的家庭存在失去工作的家庭成员从而使得家庭收入减少，因此我们可能会期望在符合补充性保障收入援助适用资格上有所增加。同时，各州拥有财政激励措施来鼓励没有工作的贫困家庭临时援助计划受助者来抑制他们加入救济金在大多数州都高于贫困家庭临时援助计划的补充性保障收入援助。更为重要的是，补充性保障收入救济金全额由联邦政府付清，而贫困家庭临时援助救济金本质上是由联邦和州政府（以及在少部分州的地方政府）共同支付的。确实在2007年12月至2010年11月间补充性保障收入案例数量有60万左右的增长，约为8%——大多数增长存在于孩子以及非老年人的成年人之间。⁴⁷但是，鉴于以往的研究，大多数这种增长不一定是由宏观经济变化而引起的。⁴⁸补充性保障收入因此仍然是安全网的一个重要组成部分，但它仍旧是为了小部分美国人服务的，而且尚不清楚经济大衰退是否显著地改变了该项目的范围或角色。

税收抵免

除了失业保险以及营养补充援助计划之外，联邦税收抵免也在《美国复苏与再投资法案》中有所扩展——实际上，它们比安全网的其他因素增长都要多。《美国复苏与再投资法案》增加了148亿美元的儿童税收抵免（CTC）以及46亿美元的税收减免。它同时创建了劳有所得税收减免计划（MWP），该计划为纳税人提供了1162亿美元的减免。所有的这些抵免都是可退还的，而且为低收入个人及家庭提供支持即使他们并未欠缴联邦所得税，尽管在儿童税收抵免以及劳有所得税收减免计划中给予低收入人群的数额远远小于以上列出的总数，因为这些抵免主要是针对中等收入纳税申报人的。

除了这些联邦抵免，23个州都拥有工薪所得税抵免项目，其中的20个州都是可退还的。在大衰退期间这些项目中的大多数都还没有被削减。⁴⁹实际上，2007~2009年，贫困家庭临时援助计划支出份额（包括州通过全美残疾儿童教育法案的努力维持条款即MOE支出）有所增长，从12.7%增加到了14.9%。⁵⁰可返还的所得税抵免似乎迎合了持久的政治支持，即使是在州层面。

关于《美国复苏与再投资法案》中税收政策在影响全美低收入人群的效果方面，还不能确定。一方面，税收抵免（尤其是可退还部分）使得各类人群拥有大量可用资金，包括低收入家庭。由于人们收入减少，更多的人拥有工薪所得税抵免项目资格。美国预算和政策优先研究中心的一项研究估计，《美国复苏与再投资法案》中的税收条款（儿童税收抵免以及劳有所得税收减免计划），在2009年使得250万人摆脱贫困，尽管这些是基于很多假设以及插值法进行估计的。⁵¹另一方面，这些抵免只有那些在一个公历年度内工作了某段时间的人才能够得到。在一个严峻且长期的衰退中，税收抵免在覆盖范围以及价值上可能会有所下降。正如图21.8所示，得出大衰退期间工薪所得税抵免项目使用的不同力度的相对强度的结论是困难的。申请工薪所得税抵免的税收返还数量在2008年即大衰退的第一年大幅度减少，但是这个数量却在一年后的2009年回升。

在应用税收抵免作为安全网的一部分的时候一个普遍的缺点是福利金并不常见，很多家庭可能要等待很多月才能够领取联邦税收返还。直到最近，联邦工薪所得税抵免计划才有一个高级工薪所得税抵免项目，其中那些预计符合资格的个人能够从雇主那里得到估计的每月支付。但是极少的税收申报者使用这个项目，以至于这个项目在2010年底被终止。⁵²

（10亿美元） （百万美元）

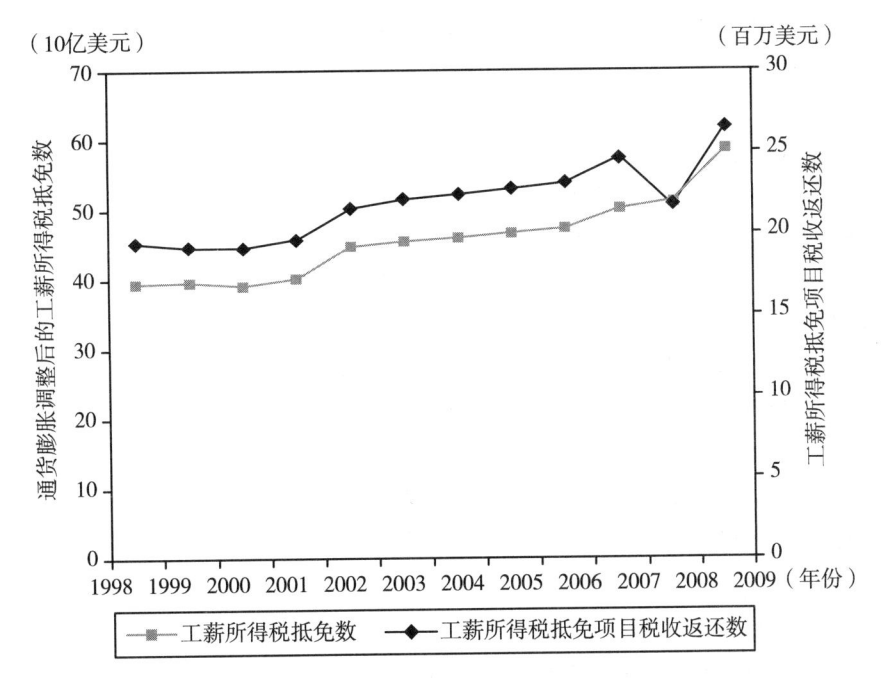

图 21.8　1998～2009 年联邦工薪所得税抵免及返还

资料来源：IRS，Statistics of Income Division，SOI Tax Stats，Table 2—Individual Income and Tax Data。

贫困家庭临时援助（现金援助）

贫困家庭临时援助（TANF）案例数量在 2007 年 12 月至 2010 年 6 月增长了 11％。由于贫困家庭临时援助案例数量在大衰退前收缩至如此低的水平，贫困家庭临时援助项目援助增加的家庭总数少于 20 万。看待大衰退期间贫困家庭临时援助在安全网中的微小贡献的另一种方式，是考虑其在支持贫困儿童方面的作用。尽管贫困儿童数量在 2007～2009 年增长了 210 万，接受贫困家庭临时援助（现金援助）的儿童数量仅增长了 40 万。与此相反，营养补充援助或食品券计划在 2009 年为 1560 万的儿童提供了服务（大多数儿童来自贫困家庭），从 2007 年的 1270 万增加了大概 290 万的儿童，这大约是贫困家庭临时援助支援儿童数量的增长量的 7 倍。

营养补充援助计划或食品券项目不仅比贫困家庭临时援助项目现金援助帮助了更多低收入家庭的儿童，它还提供了更多的资金。2009 年，贫困家庭临时援助项目现金援助约为 108 亿美元，包括贫困家庭临时援助项目授权下州和联邦政府资助的项目。㊾同年，按年计算的营养补充援助计划为有孩子的低收入家庭——贫困家庭临时援助的目标人群——提供的救济金为 357 亿美元，超过贫困家庭临时援助项目和相关州项目支出金额的三倍。㊿而且与营养补充援助计划不同，各州的贫困家庭临时援助救济金在资格规定、工作要求、时间限制、行政方式以及现金援助规模等方面都有着很大的不同。㊿举例来说，在贫困家庭临时援助项目援助下，2009 年一个没有收入的三口之家每月的最高救济金分别为：密西西比州 170 美元，田纳西州 185 美元，阿拉斯加州 923 美元，纽约州 721 美元，加利福尼亚州（需要工作的家庭）694 美元。[56]

是什么导致了贫困家庭临时援助在支持其目标人群——低收入儿童以及其家庭方面——作用微小的呢？与失业保险、营养补充援助计划、补充性保障收入、医疗补助计划以及可返还的税收抵免政策不同，贫困家庭临时援助并不是一种无限制的津贴，可用于所有符合某种资格要求的人。各州每年获得一揽子拨款，首次拨款在 20 世纪 90 年代后期拨付的，甚至在名义价值上基本一直没有变化。结果，自 20 世纪 90 年代以来的通货膨胀和增长的有孩子的贫穷家庭数量已经将联邦提供给各州的贫困家庭临时援助补助金由 2000 年 940 美元的最高值降低至 2009 年的仅为 499 美元，降低了约为 47%。[57]

贫困家庭临时援助项目可以在几个方面限制现金救济金的使用。在大多数州，现金援助是有时间限制的。工作以及类似工作的活动（如寻找工作、加入社区服务或承担某项工作）是大多数家庭所必需的。但是，由于贫困家庭临时援助随着时间的推移在价值方面有所减少，而且在大多数州当一个家庭拥有兼职工作收入时救济金会有所减少，此时接受救济金常常是不划算的。[58]同时，若没有私人部门的工作能找到时，符合参与工作的要求可能会很困难，除非各州能够提供其他的选择。

各州同样有激励来使得现金援助案例数量减少到最小。小规模的案例数量节约了各州的资金，它们可以将这部分资金用于投资多种的服务项目，这是一项在经济衰退期内当州资金匮乏时尤其重要的财政支持资源。各州被要求前 50% 符合要求的家庭参与到一些与工作有关的活动团体中，不然可能会面临被联邦政府削减财政拨款的情况。然而，从这个意义上讲，各州在 2005 年降低了它们的案例数量，各州的"工作参与需求"也降低了。

自 2001 年以后，贫困家庭临时援助案例数量实际下降了。为了避免援助案例数量下降再次发生，《美国复苏与再投资法案》包含了一项条款：（贫困家庭临时援助应急基金）为各州提供扩展的贫困家庭临时援助资金，如果某个州承诺将拨款花费在现金援助、一次性转移现金拨款或者补贴工作上，以及如果州支付了 20% 的费用（当联邦政府提供余下的 80% 时）。尽管各州并没有花费全部的 68 亿美元的应急资金，它们为符合标准的人群带来了 50 亿美元的资金，大概占全部资金的 72%（见表 21.4）。大多数资金被花费在 2010 年财政年度上，而且反映了贫困家庭临时援助下联邦援助的一个较大幅度的提高，该年大概增加了超过全部资金的 20%。

表 21.4　《美国复苏与再投资法案》中 TANF 应急基金下批准的联邦基金

功能	批准金额（美元）	批准的基金比例（%）	批准该功能的州的比例（%）
短期福利	2046898770	41.3	45
基本援助	1592147070	32.1	42

续表

功能	批准金额（美元）	批准的基金比例（%）	批准该功能的州的比例（%）
补贴工作	1314363330	26.5	39
批准总额	4953409170	100.0	49

资料来源：Office of Family Assistance, Administration for Children and Families; US Department of Health and Human Services。

如表 21.4 所示，州得到的短期救济金以及现金援助多于给予补贴工作的。这些项目更容易很快地铺开，而且承诺大部分这些功能的州也更可能将大部分的应急资金用在那些符合条件的人群的人身上。[59]然而，历史上，联邦政府运用应急基金为补贴工作提供的资金是巨大的，13 亿美元的资金被批准用于 39 个州的补贴工作。2006 年贫困家庭临时援助项目下各州花费在工作补贴上的数额是 0.9 亿美元——以前年度最高水平的联邦资金的 15 倍。

补贴工作的选择权似乎也被归于州——如北达科他州、肯塔基州、佛罗里达州、密西西比州、佐治亚州——传统上这些州在贫困家庭临时援助或家庭抚养子女补助计划项目上花费少量的资金。与此相反，各州在贫困家庭临时援助项目下将更大量的救济金提供给各个家庭，家庭抚养子女补助计划项目将更多的联邦资金用于基本援助（如华盛顿州、俄勒冈州、加利福尼亚州）或短期救济金（如纽约州、新泽西州、佛蒙特州、威斯康星州、明尼苏达州）。由于为各州提供了多种多样的选择，伴随着扩张的奖励，贫困家庭临时援助应急资金因此对于很多州都有着吸引力。尽管如此，在 2010 财政年度应急基金项目到期后，这些安全网的暂时扩张多数会关闭。[60]简言之，贫困家庭临时援助对于《美国复苏与再投资法案》表现出一些有趣的反应，但是即使拥有应急基金项目，它对于安全网的贡献在大多数情况下都是微小的。

医疗补助计划

当一次大衰退开始同时失业率上升时，很多人失去了单位医疗保险同时一些人反而满足了医疗补助计划的资格，使得登记人数以及州和联邦支出上升。此外，无偿的医疗服务使得成本上升，其中大部分都是来源于州预算资金的。

在 2009 年的分析当中，霍拉汉（Holahan）和加勒特（Garrett）估计失业率从 4.6% 上升至 10%（大约都发生在 2007~2009 年大衰退期间）将会导致 1320 万人失去雇主提供的保险。他们同时估计更多的 540 万人将会加入医疗补助计划以及国家儿童健康保险计划，每年的医疗补助计划支出将会增加 186 亿美元，同时免费医疗支出将会增长 72 亿美元。[61]他们的期望似乎上了正轨。基于目前的人口调查，雇主提供保险的人口覆盖范围徒然下降，仅在 2008~2009 年（见图 21.9），而 2010 年也在持续下降。

虽然经济力量增加了医疗补助的需求，过去的州预算赤字创造了州削减基金的激励机制，有时会通过资格限制来实现。然而，医疗补助计划在《美国复苏与再投

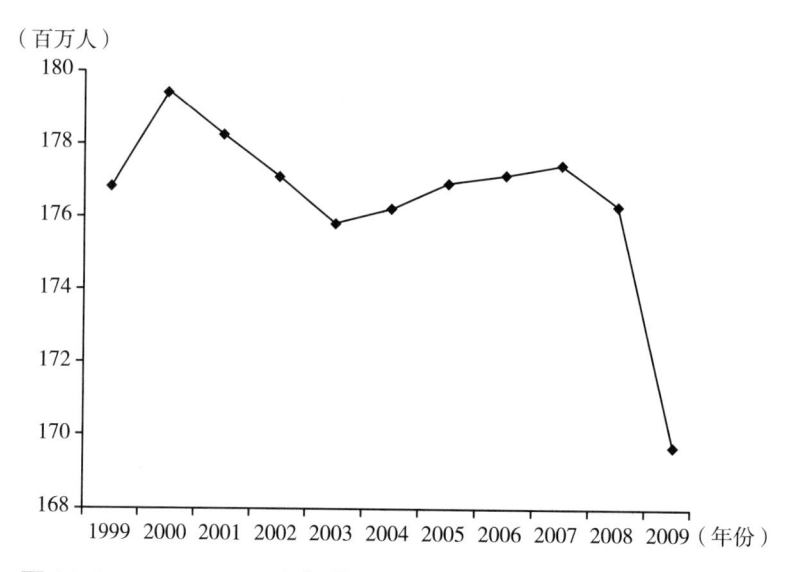

图 21.9　1999~2009 年报告显示以就业为基础的医疗保险人数

资料来源：U.S. Census Bureau, Income, Poverty and Health Insurance Coverage in the United States。

资法案》下有资格去接受的 870 亿美元的援助（加上后来直到 2011 年的扩展）是依各州不同而遇到了资格要求维护方面的问题，包括没有更加严格的标准、方法以及比 2008 年 6 月 1 日更适当的程序。

实际上，联邦策略似乎是有效的。在 2007 年 12 月到 2009 年 12 月（最新可用数据），全部的医疗补助参与者增加了 580 万人，约为 13.6%，这扭转了以往增长放缓的趋势，正如图 21.10 所示。[62] 几乎所有州在 2010 年都有替代或扩展它们的资格以及加入规则的计划，大约 1/3 的州扩张了资格政策更新了过程。[63] 根据政府问责办公室报告，儿童在新增者中占最大份额，非残疾、非老年人的成年人增长比率最高。[64] 报告还显示，医疗补助计划支出在 2010 财年增加了 8.2% 而且将在 2011 财年进一步提高。州基金在联邦基金增加 14.4% 的时候下降了 1%。医疗补助计划及未参保者凯瑟委员会和政府问责办公室均报告，各州优先选择使用联邦医疗援助比率（FMAP）来覆盖增长的参与人员。

每个州的医疗补助参与人数都有所增加，虽然增加的数量有所不同（见表 21.5）。西部州的新增量高于平均水平，而东北部州的新增量则低于平均水平。根据政府问责办公室的分析，在经济衰退时期，西部州普遍有着高于平均水平的失业率和贫困率并且未参保率也比经济衰退前高。田纳西州的低增长率反映出当局的一项政策，此政策允许其重新决定特定人群的适用资格，这导致了医疗补助参加人数减少了 10 万人。

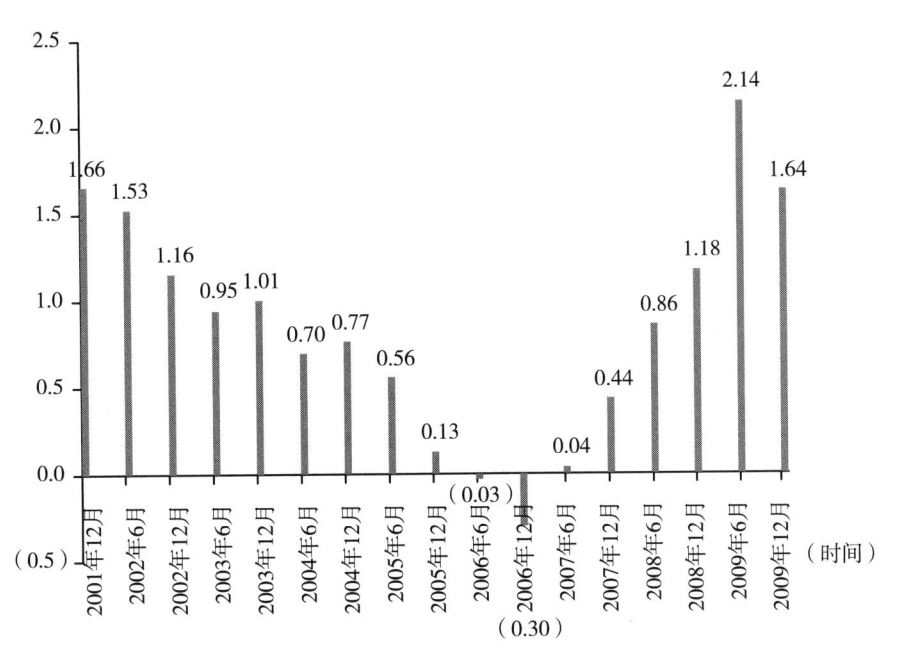

图 21.10　2001 年 12 月～2009 年 12 月医疗补助参加情况变化的半年统计（以每百万参加者统计）

资料来源：Compiled by the Health Management Associates from state Medicaid enrollment reports, for the KCMU.

虽然《美国复苏与再投资法案》防止了几乎所有州缩减医疗补助的适用范围，但其未能阻止这些州减少医疗补助中可选择的服务和福利或减少医疗补助提供方的缴费率。《美国复苏与再投资法案》也不能阻止州政府对服务提供者增税的依赖或者其他筹资机制。根据政府问责办公室的报告，46 个州已经采取行动来控制医疗补助支出。这些行动大多包括改变筹资安排如增加提供者税收和政府间转移支付来获得额外收入，或者减少对服务提供者的支付率。⑥一些州政府减少了其提供的服务。根据全美州政府预算部门协会的州财政调查，在 2011 财年，14 个州有限制福利的计划，包括减少福利覆盖范围和实施申请控制或者限制已存在的福利。⑥

表 21.5　2007～2009 年在大衰退期间的医疗补助计划登记情况

州名	2007 年 12 月的登记数量（千人）	2009 年 12 月的登记数量（千人）	登记数量的变化（千人）	变化百分比（%）
美国	42754	48570	5816	13.6
威斯康星州	687	975	288	41.9
马里兰州	537	714	177	33.0
内华达州	180	239	59	32.6

续表

州名	2007年12月的登记数量（千人）	2009年12月的登记数量（千人）	登记数量的变化（千人）	变化百分比（%）
科罗拉多州	381	495	114	30.0
佛罗里达州	2083	2677	594	28.5
亚利桑那州	944	1204	260	27.5
俄勒冈州	338	427	89	26.3
犹他州	197	247	50	25.1
夏威夷州	184	226	42	23.0
阿拉斯加州	78	94	17	21.4
艾奥瓦州	324	392	68	21.0
北达科他州	52	63	10	19.8
密歇根州	1507	1792	285	18.9
蒙大拿州	81	96	15	18.3
印第安纳州	796	941	145	18.3
特拉华州	149	174	25	17.1
华盛顿州	862	1007	144	16.7
弗吉尼亚州	651	760	109	16.7
俄亥俄州	1604	1871	267	16.7
明尼苏达州	590	687	96	16.3
爱达荷州	170	196	27	15.7
新罕布什尔州	111	128	17	15.7
佐治亚州	1253	1447	195	15.6
怀俄明州	56	64	8	15.1
新墨西哥州	388	446	58	14.9
内布拉斯加州	175	200	25	14.5
密西西比州	521	596	75	14.4
伊利诺伊州	1992	2270	277	13.9
纽约州	4094	4624	530	13.0
俄克拉何马州	522	588	66	12.6
密苏里州	721	810	89	12.3
哥伦比亚特区	128	144	16	12.2

续表

州名	2007年12月的登记数量（千人）	2009年12月的登记数量（千人）	登记数量的变化（千人）	变化百分比（%）
亚拉巴马州	673	749	75	11.2
北卡罗来纳州	1206	1335	130	10.7
佛蒙特州	121	134	13	10.5
新泽西州	767	841	74	9.7
马萨诸塞州	1030	1127	98	9.5
堪萨斯州	252	275	23	9.3
南达科他州	90	98	8	9.2
路易斯安那州	851	928	78	9.1
西弗吉尼亚州	303	330	27	9.0
肯塔基州	702	764	61	8.7
宾夕法尼亚州	1894	2053	159	8.4
得克萨斯州	2864	3100	235	8.2
康涅狄格州	421	455	34	8.0
加利福尼亚州	6436	6927	490	7.6
南卡罗利纳州	619	652	33	5.3
阿肯色州	504	526	22	4.4
缅因州	259	269	9	3.6
罗得岛州	163	166	3	2.1
田纳西州	1244	1248	4	0.3

资料来源：Kaiser Commission on Medicaid and the Uninsured (2010)。

综上，近几十年来，医疗补助在安全网的支出中占据着越来越大的比例，此状况有可能会在大衰退中和大衰退后继续，甚至加剧。这个项目对增加的需求反应快速，几乎所有的州都不像之前的经济衰退中因大量赤字而采用缩减项目适用资格的策略，而是选择接受联邦政府的《美国复苏与再投资法案》基金。但是州政府可以并且已经找到了缩减医疗补助开支的其他方法：整顿可选的服务或者给保健服务提供方的支付。然而，只要《美国复苏与再投资法案》还生效，州政府就必须寻求其他机会来缩减福利和服务。

社会服务（包括贫困家庭临时援助）

如上所述，州和地方的社会服务支出自2002年以来已经持续下降——尤其是对每位贫困者的实际美元。不像经济救助的那种权利型项目，社会服务项目一般是自由发展的，在经济衰退期间它们的价值普遍下降，因为州政府会寻求可以削减开支的项目。即使这些项目没有被取消，它们对于贫困者的实际价值也可能会在经济衰退期降低。另外，州政府会尽其所能地用财政拨款来支持那些传统来说不是由财政拨款来支持的项目，以此来节省一些州级财力。⑰

然而，《美国复苏与再投资法案》会与经济周期效应相反地增加联邦财政支出去支持一些项目，包括劳动力投资行动（40亿美元）、领先项目（21亿美元）、儿童关爱发展基金（20亿美元）、紧急庇护所基金（15亿美元）、社区发展基金（10亿美元）、儿童支持执行项目（10亿美元）和社区服务基金（10亿美元）。

在大衰退开始和之后，非保健类社会服务的清晰状况图是很难获取的。虽然我们没有从州和地方统计局获取我们用来描绘安全网支出历史年份的数据，我们却可以获得州财政在当年支出的数据。表21.6展示了2007～2009年名义上的和调整通胀后的用于社会服务的支出。作为比较，此表也展示了州财政用于医疗和现金援助的支出。由于经济衰退开始于州政府的2008财年预算生效之后的2007年12月，因此2009年的支出才是展示大多数州在大衰退开始后以及《美国复苏与再投资法案》生效后的预算情况。

表21.6也显示出用于社会服务项目的支出在这几年逐年上升。事实上，在州财政负担的所有三类安全网功能中花费上都有所增加。此外，在2008～2009年间这种增加扩大了。社会服务的花费增长十分可观，达到10%（实际美元价格），比医疗援助的增速更快（5%），但较用于现金援助支出的增速低（15%）。

表21.6   2007～2009年州用于安全网的支出
（不包括地方支出）

项目		支出（美元）			变化（%）	
		2007年	2008年	2009年	2007～2008年	2008～2009年
功能	医疗援助（名义）	273530418	288518175	305251109	5.5	5.8
	社会服务（名义）	45171535	47447930	52759701	5.0	11.2
	现金援助（名义）	10774268	11181200	12919729	3.8	15.5
	医疗援助（实际）	282065618	291228064	305251109	3.2	4.8
	社会服务（实际）	46581061	47893582	52759701	2.8	10.2
	现金援助（实际）	11110467	11286219	12919729	1.6	14.5
资金来源	州政府（名义）	95997525	103634401	87611447	8.0	-15.5
	联邦政府（名义）	233478696	243512904	283319092	4.3	16.3
	州政府（实际）	98993017	104607781	87611447	5.7	-16.3
	联邦政府（实际）	240764129	245800084	283319092	2.1	15.3
	总计（实际）	339757146	350407865	370930539	3.1	5.9

资料来源：US Census Bureau。

其他证据也证明了《美国复苏与再投资法案》中的基金支持了这些项目。统计数据把整个公共福利分类成联邦转移支付项目和州政府收入支持项目两类，这些支持资金数目显示在表 21.6 的底部。州级自身收入支持的社会福利支出在 2008～2009 年大幅下降（-16.3%）。全州级安全网项目的资金支持增加了 5.9%。

最后，州政府可能会在 2009 年通过从贫困家庭临时援助得到的固定拨款来支持社会服务。如同图 21.11 所示，州政府用于"非援助类项目"的支出自 2006 年大幅增长；2009 年，贫困家庭临时援助项目下三类州财政支出项目中的两类（包括州级项目维护支出）变更为非援助类支出，如儿童关爱补贴和就业服务。然而，2007～2009 年最大的非援助类支出的增长发生在大的综合"其他"类中。虽然我们没有直接证据，但州政府可能把贫困家庭临时援助的资金用于支持之前不由其支持的一系列社会服务项目上了。

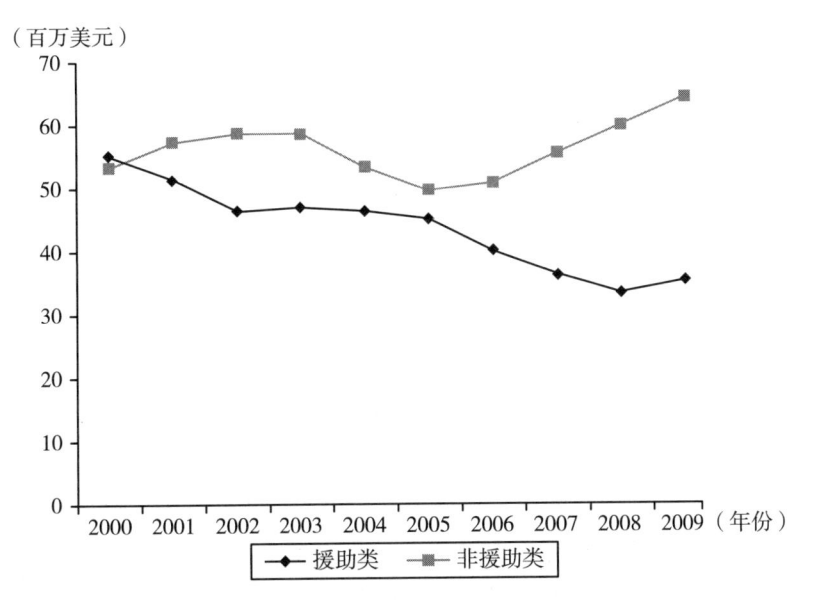

图 21.11　2000～2009 年实际资本进入援助类和非援助类项目的情况

资料来源：U. S. Departmen of Health and Human Services。

虽然国家用于社会服务的支出在 2009 年显示出了增长，但一些州却报告了支出缩减的情况。七个西部和南部的州（亚利桑那、阿肯色、科罗拉多、特拉华、佛罗里达、密西西比和弗吉尼亚）在 2008～2009 年用于社会服务的名义美元的支出有所下降。在 2010 年《美国复苏与再投资法案》支持的基金过期以后，这种对自主项目支出的缩减会变得尤为严重。例如，预算与政策研究中心报告了 2011 财年数个自主项目在州财政预算中支出的缩水情况。在得克萨斯、马萨诸塞和俄亥俄，儿童关爱补贴被删减；加利福尼亚和华盛顿州限制了不再接受现金援助的家庭领取此项补贴。心理健康服务和针对残疾人的服务或收入支持（不通过医疗援助支付的）项目在一些州也被削减，包括亚利桑那、佐治亚、爱达荷、伊利诺伊、堪萨斯、密歇根、明尼苏达、密西西比、新罕布什尔、俄亥俄和华盛顿州。此外，一些州向预算与政策研究中心报告了它们的服务办公室的关闭或在社会项目上的裁员。爱达荷州关闭了 45 个现场办公室中的 9 间，佐治亚州裁掉了处理食品券、医疗援助和现金援助申请的员工。[⑰]因此，虽然《美国复苏与再投资法案》避免了 2009 年大量的社会服务支出缩水，但令人震惊的证据表明支出削减会很快在数量、范围和深度上快速上升。

对贫困的影响

截至本章写作的时候，评估安全网所有改变对贫困的影响为时尚早；最新的可以得到的贫困率数据是 2009 年的。然而，尽管直到 2009 年最后两个季度《美国复苏与再投资法案》才开始实施，但该年的数据却可以为《美国复苏与再投资法案》安全网供款、工薪所得税抵免的增加、营养补充援助计划持续的扩张和其他近期项目变化对贫困的影响提供线索。

为了回答这一问题，我们比较了生活在联邦贫困线之下家庭人口的比例，使用两种收入测量方法：一种方法是包括剔除安全网项目之外的所有明确的收入来源；另一种方法是同时包括了安全网收益。两种贫困率方法的差异是对促使人们脱离贫困安全网角色的一个粗略的估计。为了区分安全网更多细微的影响，我们也对不同年龄人群进行比较：儿童（18 岁以下）、非老龄化成人（18～64 岁）以及 65 岁以上个人。

图 21.12 通过使用不同的收入定义比较了 2005～2009 年低于联邦贫困线人口的比例。该图 21.12（a）根据年龄显示生活在低于联邦贫困线的家庭人口比例，此时，我们剔除了安全网来源之外的收入，主要是税后市场收入和来自非收入调查公共项目的收入。它包括工薪所得、利息收入、租金、儿童补助、健康保险计划的雇主缴款，以及其他非政府来源。它也包括非收入调查公共项目，如社会保障利益、老兵福利以及医疗保险的替代价值。严格地讲，失业保险并非收入调查项目，但它没有包括在这一收入测算方法中。我们把失业保险看作安全网的一部分，作为众多人员失业时的一种关键收入来源。最后，这种收入度量需要进一步税收调节，但其中需要剔除被看作一种安全网项目的工薪所得税抵免。

图 21.12（b）同样根据年龄显示，在增加了收入调查方案（如贫困家庭临时援助的现金援助和辅助型社会保障收入）、工薪所得税抵免或失业保险，以及非现金援助（如营养补充援助和医疗补助）之后，收入低于联邦贫困线下的人口比例。图 21.12（c）显示基于剔除安全网收入和基于包括安全网收入估计的贫困率的差异。

图 21.12（a）显示，在安全网项目计入前的贫困率在老人、儿童和非老龄成人间是显著不同的。老人贫困率最低，儿童则最高；发展趋势也存在差异。儿童的贫困率增长最快，从 2006 年的 17.1% 增长到 2009 年的 20.8%。18～64 岁成人的贫困率一年后开始增加，从 2007 年的 11.3% 增至 2009 年 14.1%。与此相对照，这一

期间剔除安全网项目的老人收入变化很小，虽然其在2007年后轻微下降。如果我们不把社会保障和医疗保险算作收入，老人的贫困率将会更高。这里，我们并不把社会保障和医疗保险项目看作安全网的组成部分，因为人们有资格享受待遇并不基于被证实的需要。

图21.12（b）展示了把安全网待遇考虑进去后的贫困率情况，它显示出截然不同的贫困水平和趋势。当我们把安全网收入包括在内，这一期间的贫困率曲线相对平滑。2007年以后，非老龄成人的贫困有一个轻微的增长，尽管比剔除安全网收入后增长更小。2008~2009年，儿童贫困率实际上有一个轻微的下降，从12.8%下降到12.1%。与基于剔除安全网收入的估计值相比，老人的贫困水平和趋势并无太多差异。

图21.12（c）总结了包括安全网项目对贫困率的影响；在安全网项目前和安全网项目后计算出的贫困率有着一定差异。在所有的年龄层中，安全网项目都降低了贫困率，但目前来看其影响最大的年龄层是儿童，其次是非老龄成年人。此外，2009年安全网对非老龄成年人的贫困率的影响增加了。如上所述，覆盖范围和福利的扩大，如《美国复苏与再投资法案》安全网条款、扩张的工薪所得税抵免项目以及营养援助计划覆盖范围的加速扩展——似乎会对儿童产生特别大的影响，其在安全网前和安全网后的贫困率差为8.7%（20.8%~12.1%）。①

综上，安全网项目减少了所有年龄层人群的贫困率，但2009年，其对于儿童和非老龄成人人群的影响更大。《美国复苏与再投资法案》条款在2010年全年而不是最后两个季度有效时，这些影响会进一步扩大。但是2009年安全网扶贫作用的增加同时也暗示了，《美国复苏与再投资法案》的安全网项目资金在2011年开始消失，当2011年底联邦失业保险补助项目过期后，儿童和非老龄成年人的贫困率会迅速上升（更多关于收入定义的资料，请参考尾注）。②

然而，这些对《美国复苏与再投资法案》详尽预估的效应并不意味着在全国范围内这种影响贫困的刺激是有效的。《美国复苏与再投资法案》经常扩张，但另一方面在给州政府提供财政援助方面留下目前的分配机制。这些机制通常不会产生一个把资源向各州按照其拥有的贫困人口数来平均的再分配结果。其中一个原因是，尽管一些特别的联邦刺激性政策鼓励财政实力较弱的州增加其对项目（如医疗补助和儿童福利）的补助力度，但是，州的财富和收入传统上仍然与更大的州安全网项目资金正相关，这样资金不成比例地投向过去有意愿支持安全网项目的州，而不一定是有最多的目前经济需要的州。如图21.13所示，2009年《美国复苏与再投资法案》下，单个贫困民众获得的联邦资金与州政府的贫困率是负相关的。换句话说，像康涅狄格和新罕布什尔这样低贫困率的州可以获得相对大的《美国复苏与再投资法案》联邦安全网援助资金的注入（根据每个贫困民众个人计算），然而像密西西比和得克萨斯这样高贫困率的州则接收到较少的联邦援助。这种州之间的差距并不是新出现的问题。事实上《美国复苏与再投资法案》对这种州之间的差距的加剧会使《美国复苏与再投资法案》在缩减贫困上的作用减弱。

(a) 联邦贫困线下的人口，不包括安全网的收入
（无失业保险与工薪所得税抵免等收入调查项目）

(b) 在联邦贫困线下的人口，包括了安全网收入，如失业保险、贫困家庭临时援助、工薪所得税抵免、营养补充援助计划、公共住房/租金补助、能源援助和医疗补助的替代价值

(c) 贫困率的差距，不包括安全网和包括安全网收入来源后计算得出

◆ 0~17岁　■ 18~64岁　▲ 65岁以上

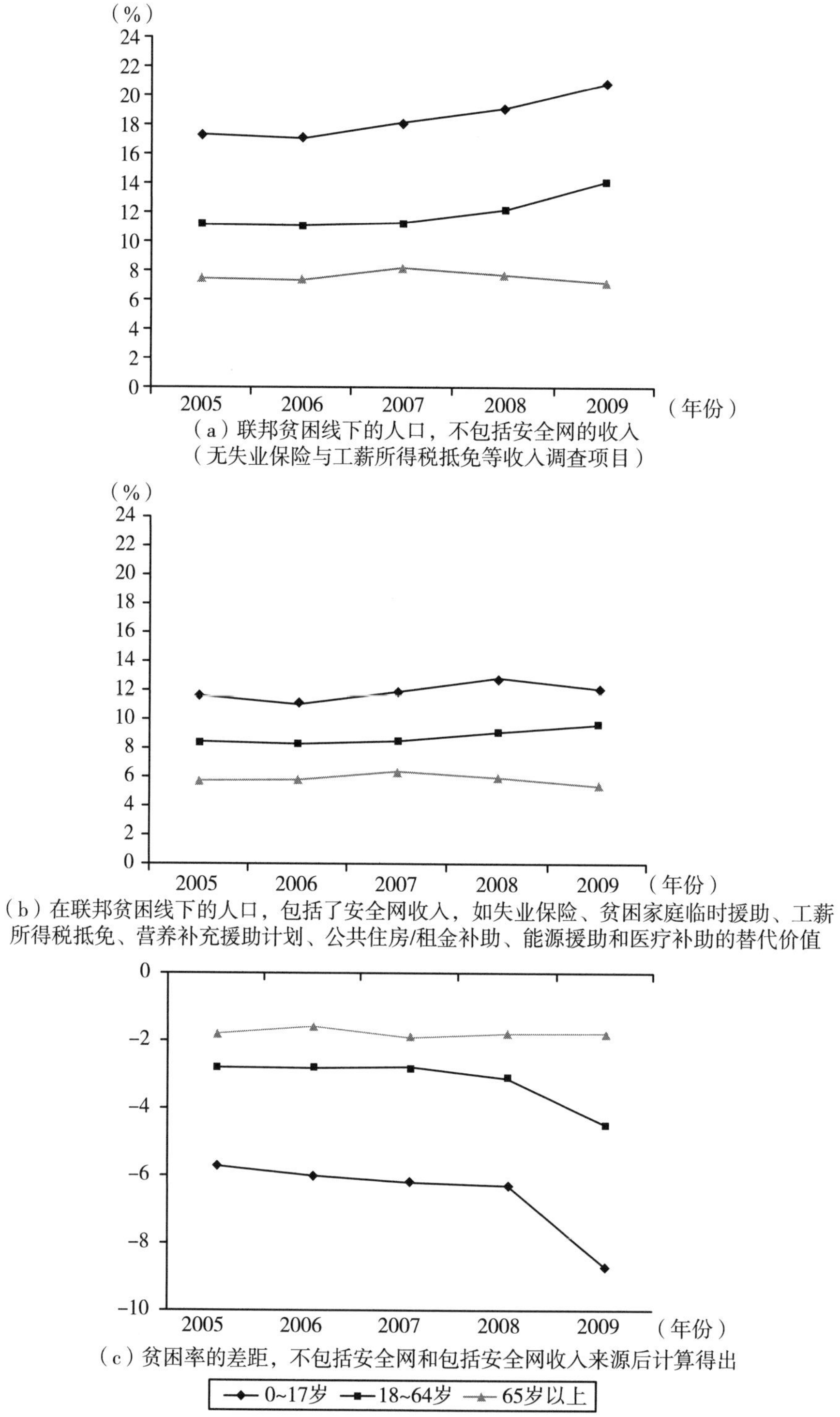

图 21.12　2005~2009 年联邦贫困线下家庭人口的比例

注：根据不包括安全网和包括安全网收入来源后计算得出。

资料来源：U. S. Census Bureau. For More source information and definitions of income, see endnote 72.

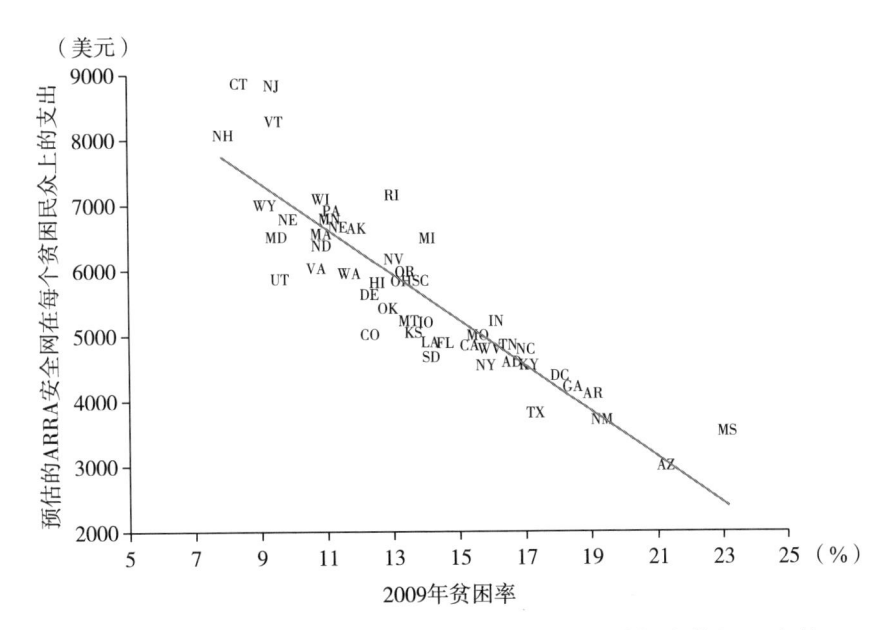

图 21.13　《美国复苏与再投资法案》安全网对每个贫困民众的支出与各个州的贫困率

注：AL，亚拉巴马州；AK，阿拉斯加州；AZ，亚利桑那州；AR，阿肯色州；CA，加利福尼亚州；CO，科罗拉多州；CT，康涅狄格州；DE，特拉华州；FL，佛罗里达州；GA，佐治亚州；HI，夏威夷州；IL，伊利诺伊州；IN，印第安纳州；IA，艾奥瓦州；KS，堪萨斯州；KY，肯塔基州；LA，路易斯安那州；ME，缅因州；MD，马里兰州；MA，马萨诸塞州；MI，密歇根州；MN，明尼苏达州；MS，密西西比州；MO，密苏里州；MT，蒙大拿州；NE，内布拉斯加州；NV，内华达州；NH，新罕布什尔州；NJ，新泽西州；NM，新墨西哥州；NY，纽约州；NC，北卡罗来纳州；ND，北达科他州；OH，俄亥俄州；OK，俄克拉何马州；OR，俄勒冈州；PA，宾夕法尼亚州；RI，罗得岛州；SC，南卡罗来纳州；SD，南达科他州；TN，田纳西州；TX，得克萨斯州；UT，犹他州；VT，佛蒙特州；VA，弗吉尼亚州；WA，华盛顿州；WV，西弗吉尼亚州；WI，威斯康星州；WY，怀俄明州。

资料来源：Census Bureau (poor people & poverty rate) & Center for American Progress (ARRA safety net spending)。

大衰退改变了安全网吗

在大衰退发生之前，大家有充足的理由来关注在大的经济震荡中安全网是否会减弱。州现金援助项目在过去的 15 年间一直在萎缩，部分原因是经济上升和改革可以促成新的工作而不是福利。但改革也会产生使针对无法找到工作的家庭成员的现金援助更难获得（价值也更小）的影响。20 世纪 90 年代开始增长的社会服务支出和工作支持项目在 2002 年以后开始动摇并且在整个大衰退的第一年里也会持续。在很长时间内都无力帮助大多数美国失业民众的失业保险项目在经济衰退前更是几乎没有覆盖任何失业人员。

然而，安全网项目像人们预料的那样很好地坚持住了。联邦食品援助项目，特别是营养补充援助计划和母婴及幼儿营养计划以及学校或每天生活的饮食项目的价值和获得渠道在21世纪早期开始快速提升并且对很多低收入家庭，特别是有孩子的家庭，建立了一系列可应用的支持项目。在经济衰退前期，联邦政府的工薪所得税抵免项目并没有在获得渠道和价值上有所增长，但其仍然继续成为低收入家庭的重要收入支持。补充性保障收入在针对残疾人的项目覆盖上有所扩大，并且支持了一些无法在贫困家庭临时援助项目中达到其工作要求的家庭。

当然，在大衰退中和大衰退后安全网得到支撑最重要的原因是，基于2009年的《美国复苏与再投资法案》以及其他联邦活动制定与实施所产生的大量和快速的联邦援助的注入——直接向民众发放或者通过州政府或地方政府发放。这种刺激性的资金注入到令人惊叹的大范围项目中去，包括许多针对处于经济压力中民众的收入支持和服务项目。在安全网项目中，最大部分的新资金以加强联邦对口拨款的形式注入医疗补助项目。此外，联邦资金也用于税收返还项目、失业福利、营养补充援助计划、补充性保障收入项目中的现金福利以及贫困家庭临时援助项目。不仅如此，《美国复苏与再投资法案》还为很多其他项目提供资金支持，包括住房援助、防止流浪项目、儿童关爱补助、儿童福利以及其他服务。并且，联邦政府通过独立的行动也增加了对工薪所得税抵免项下的福利与儿童健康保险项目的资金注入。

《美国复苏与再投资法案》帮助逆转了州政府用于现金援助和社会服务方面资源下降的趋势，尽管州政府面临着大量的预算赤字，它仍然帮助维持了医疗补助对低收入者的覆盖。这也说明了联邦政府可以实施大型的、长时间的刺激措施来促使经济恢复以及强化安全网项目。这并不是个小举措。之前的刺激措施基本上出现较晚，经常是在经济衰退结束后的几个月，有时是几年才出现，并且没有任何措施提供像《美国复苏与再投资法案》那样对社会安全网如此水平的支持。

然而，《美国复苏与再投资法案》只是暂时的措施。对医疗补助增加的资金在2011年中结束，并且几乎所有的支持都会在2012年终止。也没有任何类似《美国复苏与再投资法案》的项目可能很快重新启动。它是由一个除了司法系统外其他所有机关都被单一政党掌控的全国性政府在经济危机下提出的。它也是被一个新的行政机构所推动的，其不仅仅是为了刺激经济，也是为了支持重要项目以及用财政刺激来改革和影响州政府的政策和预算。这些条件都对《美国复苏与再投资法案》的实施意义重大，然而我们没有理由期望在未来的经济下行时这些条件会同时具备。

一旦《美国复苏与再投资法案》结束，安全网的筹资会变得困难。大多数的州和地方政府会面临严重的预算下降并且此情况会持续很多年。[73]此外，失业率仍然会维持在高水平，而且大多数的预测专家预测直至2014年，失业率将会维持在7%以上。[74]因此，在后《美国复苏与再投资法案》时代的安全网的问题就被提了出来：在《美国复苏与再投资法案》结束后安全网会发生什么事呢？哪里是具有优势的地方，哪里会是比较薄弱或有差距的地方呢？

当《美国复苏与再投资法案》到期后，一些安全网的因素还会保持很坚挺。营养补充援助计划还有其他一些营养项目以及补充性保障收入会增加其价值与参与率。联邦工薪所得税抵免和儿童税收返还项目会继续向大范围的低收入工人提供福利。儿童健康保险项目的资金支持和适用范围的扩张仍会继续，与此同时联邦医疗改革会增加其适用范围以促使医疗补助自2014年起包括所有贫困和接近贫困的民众，达到联邦贫困线的133%。所有的这些项目和扩张计划都高度依赖于联邦财政的持续投入。联邦政府也支付了在国家医疗卫生改革背景下医疗补助扩张所需的超过90%的资金。

在扩大失业保险福利方面，联邦政府也扮演了十分重要的角色，但这些扩大措施会在2011年之后结束。大多数州由于其在自身财力衰竭后自动获得了用于支持失业福利的贷款，因而现在欠有联邦政府的巨额资金。为了偿还联邦政府债务，一些州不仅增加了对雇主的征税而且缩减了失业保险福利。事实上，许多州都革新了它们的失业保险项目以覆盖更广泛的情形，包括阻止低收入者接受福利的许多州。然而有多少（如果确实发生）这些革新会被完全执行并且导致更多的失业保险福利适用，或者这些扩张在联邦刺激手段过期后是否还会存在尚不清楚。

未来最大的问题是严重依赖州或地方资金的非政府强制要求的项目。这样的项目包括一些儿童关爱补助和儿童福利项目（包括领养关怀、收养援助以及保护服务），一般性的援助项目，州级自身服务和福利项目（如为危险青年人服务、放学项目、幼儿园前期项目、家庭拜访项目以及很多针对老年人和残疾人的项目）。此外，许多心理健康、药品滥用、残疾、牙齿健康和其他服务没有在医疗补助中覆盖或强制实施。

在贫困家庭临时援助项目下提供的服务与福利也很脆弱。在过去的经济衰退期间以及衰退结束不久，一些州使用贫困家庭临时援助和全美残疾儿童教育法案的努力维持条款（MOE）的资金去维持一些过去本来不依靠这些资金的项目。这种挪用贫困家庭临时援助资金的做法可能会挤压其他的服务与福利项目，尤其是在过去一直接受财政拨款大力支持的儿童关爱补贴。当财政专项拨款和有关努力维持条款的需要相较于低收入家庭的数量失去了其真实价值时，这种挤压变得变本加厉。

对未来的启示

综上，国家的安全网中的几个主要的项目可能变得更加国有化和集中化。国有化和集中化是紧密联系的。由于自主服务项目被联邦政府和州政府挤压或甚至取消了，因而像医疗补助、营养补充援助计划、补充性保障收入、失业保险和工薪所得税抵免——除了通常的失业保险和医疗补助项目，几乎完全由联邦政府供款——甚至会比现在更加主导整个安全网。特别是当州政府在联邦医疗改革的要求下把它们的适用资格标准调整到单一门槛之后，项目的国家化意味着针对贫困民众的安全网在各个州的差距会消失。

新的安全网也许会在管理上"轻量化"。当我们观察在20世纪90年代从福利到社会服务的转变以及强度更大的监管手段——劳伦斯·米德（Lawrence Mead）称其为"新的家长式管理"——最近的趋势显示出其向着更少的人员需要和更消极的行政管理模式转变。[15]比起组织会议、服务回顾、个案管理以及工作搜寻和参与情况监管——大多数高级贫困家庭临时援助项目的特征——安全网的行政面目会以网页应用、税收表格、电话中心和其他适用资格说明呈现。代替通过监管手段执行工作，安全网项目给正在工作和/或者能够自己寻求支持的低收入民众提供准入和回馈。事实上，如上所述，甚至贫困家庭临时援助项目正在朝着这方面努力，贫困家庭临时援助快速增长的支出部分即将向可返还的工薪所得税抵免等项目转变。

虽然安全网的这种向着更加集中化、国有化和管理上"轻量化"的转变或许有诸多优点，但也有些许漏洞。税收返还或许会给予可观的支持，但这种支持并不能帮助有短期需求的家庭。此外，因为税收福利只针对有收入的民众，而那些就业有很多障碍的民众则无此福利。例如，正在增加的"无依靠单亲母亲"人群会通过频繁的个案管理和拓展获得帮助。[16]然而，贫困家庭临时援助、自主服务和州劳动力项目的缩减会使此类项目在多数州难以实施。[17]更加普遍的是，对自主项目的缩减会使有问题的家庭失去得到解决问题的服务通道，这些问题包括药物滥用、家庭暴力、文盲或其他成为劳动力的基本障碍。安全网的另一个漏洞可能是几乎没有工作经验的年轻人。近年来，此类群体的失业率都长期处于高位，然而他们从失业保险项目中几乎不能获得帮助，即使《美国复苏与再投资法案》的革新努力得以保存并实施。[18]2012年，众多年龄层的长期失业人群将会被排除在失业保险福利覆盖之外，而且他们在营养补充援助计划之外几乎没有资格享受其他项目。[19]

为了维持和修复一个更加平衡的安全网——一个结合了大量的国家收入支持项目，能够满足更多具体需求的服务——需要国家去协调国家和州之间功能和能力日渐增长的分离。对国家政府维持其安全网的财政实力和政治愿望是有疑问的。但这些问题远不如州与地方政府面对的财政问题那样直接和严重，而那些财政问题可能会严重削弱州的行政能力。然而联邦政府不可避免地使用州政府来执行一个平衡的安全网的关键部分。只有州政府和地方政府拥有提供服务的行政机构并且为如同营养补充援助计划的项目提供更加复杂的收入支持，而且几乎没有短期（甚至长期）的针对正不断增加其体量的联邦文职官僚体系的政治展望。由于政府间功能分工的工作机制，联邦政府也不能取代政府间的财政和几乎所有的政策和行政功能。

允许州多样化和灵活性是有价值的，这不仅可以根据在国家不同部分发现的迥然不同的政治文化，以及地理、经济和社区特点来调整总体项目目标，而且给予大量创新和实验的机会，还可以引导国家变革（正如我们在医疗补助和家庭抚养子女补助计划的豁免规定中看到的）。最终，一个纯粹全国性的安全网可以限制接受服务的需要和人群。众多例子中，在设计政策和决定怎样管理建议的项目中给予州一个大的角色一直是很关键的，这有助于美国国会在支持有争议的政策时获得国家层次的妥协。关于这一点，2010年《患者保护与平价医疗法案》立法过程中日渐增长的州角色可以作为证明。[20]

但是，如果许多州不能保持其财政角色，在国家和州政府之间美国对安全网项目能继续有一个责任分担，这并不容易看到。如果联邦政府继续对州提供扩展的和灵活的财务支持以帮助支持其管理和政策角色，这就需要某种责任。过去政府间责任的转移依赖于州配套公式、数据报告、规则，以及绩效举措和要求。然而许多州在应对匹配需求方面遇到挑战，而且贫困家庭临时援助项目短暂的历史没有为评估绩效举措的有效性提供大的希望。过多责任可能将联邦项目限制在少数几个州，从而给这些州以更多的财政资源和更强的官僚体系。目前看来，这将是一个麻烦的前景，因为在低收入儿童数量上最大增长发生的少数州，有更低的财政能力或传统上实施小安全网项目。㉛国家和州政府之间如何在社会福利政策方面建立一个有效伙伴关系——一种伙伴关系，在许多州把联邦财政能力和地方管理相结合，不只在最富裕的州或者有最小贫困人口的州——在当下十年里确实是一个更困难和重要的任务。

注释

① 本表项目以2007~2008联邦财政年度为基础，其支出在此基础上得出。失业保险和补充性保障收入主要基于2008年公历年数据得出，因此公历年也被使用。税收抵免数据基于2008税收年度。

② 例如，本表包括州工薪所得税抵免，数据收集自 the Center on Budget and Policy Priorities。

③ Lewin Group and the Rockefeller Institute of Government（2004）。论文定量分析了选定州的仅由州资助的项目。

④ 美国统计局报告了2008年州与地方政府4046亿美元的公共福利支出及额外41亿美元的社会保险项目管理费，总共大约4087亿美元支出。其中，包括医疗补助和州儿童健康保险计划支出中联邦承担的份额，不包括失业保险和州工薪所得税抵免。如果我们调整表21.6中州与地方支出，即增加联邦医疗补助和州儿童健康保险计划，以及移除州工薪所得税抵免和失业保险，我们得出总共3967亿美元（2354+2065-21-431），这大概与统计局的数据相匹配，量上存在合理差异（大约少了3%）。统计局数据基于不同的收集方法并剔除了时期和口径的影响。毫不怀疑，某些安全网支出以类别来划分，区别于统计局的公共福利分类，但无论怎样，两个不同来源的数据得出的结果大体一致是令人愉悦的。

⑤ Patterson（2010）。

⑥ Gais，Dadayan，and Bae（2009）。所有支出是以2006年生活在贫困线以下人均美元为基准。通胀调整基于经济分析局提供的州与地方政府消费支出和与GDP对应的综合投资价格指数得出。使用贫困人口数量的3年平均数是为了减少年度计算中的度量错误和波动。

⑦ 使用贫困人口作为贫困的度量不是这些项目衡量低收入人口一个完美的方法。例如，许多州医疗补助和州儿童健康保险计划项目覆盖了低收入但非贫困的人群，而家庭抚养子女补助计划或贫困家庭临时援助项目典型地仅给予联邦贫困线以下的家庭提供现金福利。而且，大多数项目只向某些贫困人口提供福利或服务，如有孩子的家庭、无家可归者。无论如何，这项指标是一个对各州贫困人口、项目及期间支出的良好而不同的近似。

⑧ Smith et al.（2008），24；Gruber（2003）。

⑨ US House of Representatives（2004），15-48；Howard（2007），95-98。

⑩ Coughlin et al.（2004）。

⑪ Smith et al.（2008），8。

⑫ Blank（2001）。

⑬Grogger (2004).

⑭Blank (2001); Grogger (2004); Lurie (2006).

⑮US House of Representatives (2004), 5-7.

⑯US Department of Health and Human Services (2009).

⑰Boyd (2008).

⑱Lewin Group and the Rockefeller Institute of Government (2004).

⑲Zandi (2009); Vroman (2010b).

⑳Powers (1996).

㉑Ziliak et al. (2003).

㉒同上。

㉓Powers (1996).

㉔同上。

㉕同上。

㉖同上。

㉗Gais, Dadayan, and Bae (2009).

㉘Vroman (2010a).

㉙同上。

㉚US Bureau Labor Statistics, "Labor Statistics"。我们检测了11月到11月的数据，因为关于丧失信心的工人的周期性调整数据没有被美国劳工统计局公开。

㉛这个下降的显著性可能并不让人满意。

㉜全国州立法会议调查了州关于其项目的看法，它们预期什么时候税收收入将返回顶点水平？大约一半的州基于经济预测和现行税法做了预测。3个州预期在2011财年其税收收入达到先前的顶峰，8个州预期在2012财年，另有8个州预期在2013财年，4个州预期在2014财年，4个州预期在2015财年，1个州预期在2016财年。

㉝US Department of Labor, Employment & Training Administration, "Replacement Rates, US Average."

㉞Stone, Greenstein, and Coven (2007).

㉟Congressional Budget Office (2010).

㊱Lancaster (2010).

㊲US Department of Labor, Employment & Training Administration (2010).

㊳Vroman (1995).

㊴Office of Inspector General (2010).

㊵US Department of Labor, Employment & Training Administration, "US Dept. of Labor Employment."

㊶US Department of Labor, Employment & Training Administration, "Net Trust Fund in State Accounts."

㊷Klerman and Danielson (2010).

㊸US Department of Agriculture (2010a), 64.

㊹Leftin (2010), 11.

㊺获得营养补充援助计划或实物补偿计划救济金资格群体的平均期限，从2002年9.6个月增加到2009年12个月。

㊻US Department of Agriculture (2010b), 6.

㊼Wiseman (2010).

㊽Powers (1996); Mayer (2000).

㊾Williams, Johnson, and Shure (2010).

㊿Administration for Children and Families (2011).

(51)Sherman (2011).

(52)US Government Accountability Office (1992)。关于高级工薪所得税抵免和其有限使用理由的讨论可以看该报告。

(53)贫困家庭临时援助支出数据可以在健康和人口服务部得到。

(54)US Department of Agriculture (2010a), 52.

(55)Rowe, Murphy, and Mon (2010); Gais, Nathan, Lurie, and Kaplan (2001).

(56)Rowe, Murphy, and Mon (2010), 92.

(57)见注释㊾。

(58)Schott and Finch (2010).

(59)超过其他两项功能在基础援助上支出更多的 16 个州，对符合资格者花费了平均为 80%的总应急基金。作为对比，花费最大比例在工作补助上 13 个州，仅支出了它们得到的基金的 56%，剩余把应急基金大多数投入短期福利的 20 个州，则支出了它们得到的基金的 69%。

(60)Schott and Pavetti (2010).

(61)Holahan and Garrett (2009).

(62)Kaiser Commission (2010).

(63)Heberlein et al. (2011). 589

(64)估计与规划在全国州预算官员协会和全国州长协会 2010 年 12 月的州财政调查中被报告。

(65)US Government Accountability Office (2010b), 17.

(66)National Association of State Budget Officers and National Governors Association (2010).

(67)Lewin Group and the Rockefeller Institute of Government (2004).

(68)Johnson, Oliff, and Williams (2010).

(69)在加利福尼亚，州长施瓦辛格对不享受现金援助资格的家庭补贴动用了项目预算否决权，虽然决议被法庭临时停滞。

(70)Johnson, Oliff, and Williams (2010), 7-15.

(71)值得注意的是，这些比较的目的是估计安全网而不是《美国复苏与再投资法案》的效果。当然，老年人从该法案的几个方面获取了福利，如法案增加了对社会保障和老兵福利的支出，但就像上文提到的，我们并没有把这些项目包括在安全网项目中。

(72)数据可从如下网址获得 the US Census Bureau's Current Population Survey Table Creator Ⅱ，在 http://www.census.gov/hhes/www/cpstc_altpov.html。安全网前收入包括被称作“市场收入”的 15 项收入，如工薪收入、利息收入、非政府福利等，排除了 40 (a) “扣除儿童照料（已从收入中扣除）的工作相关支出”的资源。它也包括了社会保障收入、联邦和州所得税（工薪所得税抵免除外，以及上文提到的从收入中扣除所有税收）、社保税、房产税及教育援助（政府与非政府）。最后，安全网前收入包括雇主对卫生保健计划的缴费和医疗保险的替代价值。安全网后收入包括所有上述资源加上失业补偿、公共援助（TANF 和其他租金福利）、补充性保障收入、联邦工薪所得税抵免、营养补充援助、学校免费和降价午餐、低收入家庭能源补贴、公共住房和房租补贴，以及医疗保险的替代价值。

⑦³Dadayan and Boyd (2011); National Conference of State Legislatures (2011); US Government Accountability Office (2010a).

⑦⁴Federal Reserve Bank of Philadelphia (2011).

⑦⁵Mead (1997).

⑦⁶Blank and Kovak (2008).

⑦⁷Boyd and Dadayan (2010).

⑦⁸2011年1月，18～19岁人口中失业率是24.6%，20～24岁人口中失业率是15.2%，见table A-10 in US Department of Labor, Bureau of Labor Statistics (2011)。

⑦⁹2011年早期长期失业维持在高位，2011年1月，失去工作的失业人口周平均数在36.9，大约44%失业人员有27周或更长8时间一直失业，见table A-12 US Department of Labor, Bureau of Labor Statistics (2011)。

⑧⁰需要更多关于州在全国性政策达成共识中的角色，见Gais and Fossett (2005)。

⑧¹1998～2008年，贫困儿童数量上增加最多的州包括印第安纳、堪萨斯、密苏里、科罗拉多、犹他、内华达、北卡罗来纳、佐治亚、威斯康星、得克萨斯和密西西比。

参考文献

Administration for Children and Families, US Department of Health and Human Services (2011). "TANF Financial Data. http://www.acf.hhs.gov/programs/ofs/data/.

Blank, Rebecca (2001). "What Causes Public Assistance Cases to Grow?" *Journal of Human Resources* 36: 85-118.

Blank, Rebecca, and Brian Kovak (2008). "Helping Disconnected Single Mothers." Center on Children and Families, Brookings Institute, CCF Brief 38, http://www.brookings.edu/~/media/Files/rc/papers/2008/05_single_mothers_blank/05_single_mothers_blank.pdf.

Boyd, Donald, with the assistance of Lucy Dadayan (2008). "What Will Happen to State Government Finances in a Recession?" *Rockefeller Institute Fiscal Report*. The Nelson A. Rockefeller Institute of Government.

Boyd, Donald J., and Lucy Dadayan (2010). "State and Local Government Employment Are Down Since the Start of the Recession." *Data Alert* (Albany, NY: Rockefeller Institute). http://www.rockinst.org/newsroom/data_alerts/2010/08-10-govt_employment.aspx.

Congressional Budget Office (2010). "Cost Estimate for the Amendment in the Nature of a Substitute for H. R. 4872, Incorporating a Proposed Manager's Amendment." Made public on March 20, 2010.

Coughlin, Teresa A., Brian K. Bruen, and Jennifer King (2004). "States' Use of Medicaid UPL and DSH Financing Mechanisms." *Health Affairs* 23: 245-257.

Dadayan, Lucy, and Donald J. Boyd (2011). "State Tax Revenues Gained New Strength in Fourth Quarter." *State Revenue Report* No. 82. Albany, NY: Rockefeller Institute.

Elmendorf, Douglas (2009b, October 7). Letter to Honorable Max Baucus, Chairman of Committee on Finance United States Senate, Regarding Impact of Chairman's Mark, Congressional Budget Office.

Federal Reserve Bank of Philadelphia (2011). "First Quarter 2011 Survey of Professional Forecasters." http://www.phil.frb.org/research-and-data/real-time-center/survey-of-professional-forecasters/2011/survq111.cfm.

Gais, Thomas, and James Fossett (2005). "Federalism and the Executive Branch." In *The Executive Branch*, edited by Joel D. Aberbach and Mark A. Peterson. New York: Oxford University Press. 486-584.

Gais, Thomas, Richard Nathan, Irene Lurie, and Thomas Kaplan (2001). "Implementation of the Personal Responsibility Act of 1996." In *The New World of Welfare*, edited by Rebecca M. Blank and Ron Haskins. Washington, DC: Brookings Institution Press, 35-69.

Gais, Thomas, Lucy Dadayan, and Suho Bae (2009, November 19-20). "The Decline of States in Financing the U.S. Safety Net: Retrenchment in State and Local Social Welfare Spending, 1977-2007." Paper presented at "Reducing Poverty: Assessing Recent State Policy Innovations and Strategies," Emory University, Atlanta, Georgia.

Graman, Kevin (2010, November 13). "Cuts Hit Program Funding Childcare." *The Spokesman Review*.

Grogger, Jeffrey (2004). "Welfare Transitions in the 1990s: The Economy, Welfare Policy, and the EITC." *Journal of Policy Analysis and Management* 23: 671-695.

Gruber, Jonathan (2003). "Medicaid." In *Means Tested Transfer Programs in the United States*, edited by Robert A. Moffitt. Chicago: University of Chicago Press, 15-78.

Heberlein, Martha, Tricia Brooks, and Jocelyn Guyer (2011). "Holding Steady, Looking Ahead: Annual Findings of a 50-State Survey of Eligibility Rules, Enrollment and Renewal Procedures, and Cost Sharing Practices in Medicaid and CHIP, 2010-2011." Washington, DC: Kaiser Commission on Medicaid and the Uninsured.

Holahan, John, and Bowen Garrett (2009). "Rising Unemployment, Medicaid and the Uninsured." Washington, DC: The Urban Institute, For Henry J. Kaiser Family Foundation.

Howard, Christopher (2007). *The Welfare State Nobody Knows: Debunking Myths About U.S. Social Policy*. Princeton, NJ: Princeton University Press.

Johnson, Nicholas, Phil Oliff, and Erica Williams (2010). "An Update on State Budget Cuts." Washington, DC: Center on Budget and Policy Priorities. http://www.cbpp.org/files/3-13-08sfp.pdf.

Kaiser Commission on Medicaid and the Uninsured (2010). "Medicaid Enrollment: December 2009 Data Snapshot." http://www.kff.org/medicaid/upload/8050-02.pdf.

Klerman, Jacob, and Caroline Danielson (2010). "The Changing Composition of the Supplemental Nutrition Assistance Program Caseload." Paper presented at the Annual Research Conference of the Association for Public Policy Analysis and Management, Boston, MA.

Lagos, Marisa (2010, December 6). "Democrats Try to Revive Childcare Subsidies." *San Francisco Chronicle*.

Lancaster, Loryn (2010, January). "Changes in Federal and State Unemployment Insurance Legislation in 2009." *Monthly Labor Review*: 37-58.

Leftin, Joshua (2010). "Trends in Supplemental Nutrition Assistance Program Participation Rates: 2001 to 2008." Arlington, VA: US Department of Agriculture, Food and Nutrition Service.

Lewin Group and the Rockefeller Institute of Government (2004). "Spending on Social Welfare Programs in Rich and Poor States." Final Report. Washington, DC: US Department of Health and Human Services, Assistant Secretary for Planning and Evaluation. http://aspe.hhs.gov/hsp/social-welfare-spending04/index. htm.

Lurie, Irene (2006). *At the Front Lines of the Welfare System: A Perspective on the Decline in Welfare Caseloads*. Albany, NY: Rockefeller Institute Press.

Mayer, Susan E. (2000). "Why Welfare Caseloads Fluctuate: A Review of Research on AFDC, SSI, and Food Stamp Program." *Treasury Working Paper*, New Zealand Treasury. http://www. treasury. govt. nz/publications/research-policy/ wp/2000/00-07/.

Mead, Lawrence M. (Ed.) (1997). *The New Paternalism: Supervisory Approaches to Poverty*. Washington, DC: The Brookings Institute.

National Association of State Budget Officers and National Governors Association (2010). "The Fiscal Survey of States." http://www. nasbo. org/LinkClick. aspx? fileticket=C6q1 M3kxaEY%3d&tabid=38.

National Conference of State Legislatures (2011). "Projected State Revenue Growth in FY 2011 and Beyond." *NCSL Fiscal Brief*. Denver, CO: NCSL. http://www. ncsl. org/ documents/fiscal/Projected_Revenue_Growth_in_FY_2011_and_Beyond. pdf.

Office of Inspector General, Employment and Training Administration, US Department of Labor (2010). "Recovery Act: More Than $1.3 Billion in Unemployment Insurance Modernization Incentive Payments Are Unlikely to Be Claimed by States." Report Number 18-10-012-03-315. Washington, D. C. : US Department of Labor.

Patterson, James T. (2010). *America's Struggle against Poverty in the Twentieth Century*. Cambridge, MA: Harvard University Press.

Powers, Elizabeth (1996). "Welfare Reform and the Cyclicality of Welfare Programs." Economic Commentary, Federal Reserve Bank of Cleveland. http://www. clevelandfed. org/research/commentary/1996/0696. htm.

Rowe, Gretchen, Mary Murphy, and Ei Yin Mon (2010). *Welfare Rules Databook*. Washington, DC: Urban Institute.

Schott, Liz, and Ife Finch (2010). "TANF Benefits Are Low and Have Not Kept Pace with Inflation." Report by the Center on Budget and Policy Priorities. http://www. cbpp. org/cms/index. cfm? fa=view&id=3306.

Schott, Liz, and LaDonna Pavetti (2010). "Walking Away from a Win-Win-Win: Subsidized Jobs Slated to End Soon Are Helping Families, Businesses, and Communities Weather the Recession." Center for Budget and Policy Priorities. http://www. cbpp. org/cms/index. cfm? fa=view&id=3274.

Sherman, Arloc (2011). "Despite Deep Recession and High Unemployment, Government Effort—Including the Recovery Act—Prevented Poverty from Rising in 2009, New Census Data Show." Report by the Center for Budget and Policy Priorities. Washington, DC.

Smith, Vernon, Kathleen Gifford, Eileen Ellis, Robin Rudowitz, Molly O'Malley, and Caryn Marks (2008). "Headed for a Crunch: An Update on Medicaid Spending, Coverage and Policy Heading into an Economic Downturn." Washington, DC: Kaiser Commission on Medicaid and the Uninsured. http://www. kff. org/medicaid/upload/7815. pdf.

Stone, Chad, Robert Greenstein, and Martha Coven (2007). "Addressing Longstanding Gaps in Unemployment Insurance Coverage." Center on Budget and Policy Priorities. http://www. cbpp. org/cms/? fa=view&id=517#_ftn1.

US Department of Agriculture. Food and Nutrition Service (2003). "Characteristics of Food Stamp

Households: Fiscal Year 2002." *Nutrition Assistance Program Report Series*. Report No. FSP-03-CHAR02. Alexandria, VA: USDA.

US Department of Agriculture. Food and Nutrition Service (2010a). "Characteristics of Supplemental Nutrition Assistance Program Households: Fiscal Year 2009." *Nutrition Assistance Program Report Series*. Report No. SNAP-10-CHAR. Alexandria, VA: USDA.

US Department of Agriculture. Food and Nutrition Service (2010b). *Supplemental Nutrition Assistance Program State Activity Report: Federal Fiscal Year* 2008. Arlington, VA: USDA.

US Department of Health and Human Services, Administration for Children and Family (2009). "TANF Financial Data." http://www.acf.hhs.gov/programs/ofs/data/index.html.

US Department of Labor, Bureau of Labor Statistics (2011). "The Employment Situation—January 2011." News Release USDL-11-0129. Washington, DC: BLS.

US Department of Labor, Employment & Training Administration (2010). "UI Agreement: UI Modernization Incentive Payments: Information about Approved Applications." http://www.ows.doleta.gov/unemploy/laws.asp#modern.

US House of Representatives. Committee on Ways and Means (2004). 2004 *Green Book*, 108th Congress, 2nd Session. Washington, DC: Government Printing Office.

US Government Accountability Office (2010a). "State and Local Governments Fiscal Outlook: March 2010 Update." *Report to the Congress*. GAO-10-358. Washington, DC: GAO.

US Government Accountability Office (2010b). "Recovery Act: Increased Medicaid Funds Aided Enrollment Growth, and Most States Reported Taking Steps to Sustain Their Programs." GAO-11-58. Washington, DC: GAO.

Vroman, Wayne (1995, January). "The Alternative Base Period in Unemployment Insurance: Final Report." *U.S. Department of Labor Occasional Paper*. Washington, DC: US Department of Labor.

Vroman, Wayne (2010a, January 15). "The Great Recession, Unemployment Insurance and Poverty." Paper prepared for the Georgetown University and Urban Institute Conference on Reducing Poverty and Economic Distress after ARRA.

Vroman, Wayne (2010b, July). "The Role of Unemployment Insurance as an Automatic Stabilizer during a Recession." The Urban Institute for IMPAQ International, LLC.

Williams, Erica, Nicholas Johnson, and Jon Shure (2010). "State Earned Income Tax Credit: 2010 Legislative Update." Center on Budget and Policy Priorities.

Wiseman, Michael (2010, January 15). "Supplemental Security Income for the Second Decade." Paper prepared for the conference "Reducing Poverty and Economic Distress after ARRA: The Most Promising Approaches." Washington, DC.

Zandi, Mark (2009, January 21). "The Economic Impact of the American Recovery and Reinvestment Act." *Moody's Economy.com*.

Ziliak, James P. Craig Gundersen, and David N. Figlio (2003). "Food Stamp Caseloads over the Business Cycle." *Southern Economic Journal* 69 (4): 903-919.

第 22 章 交通财政

乔纳森·L. 吉福德（Jonathan L. Gifford）

张立彦 译

美国交通财政的资金来源和使用令人眼花缭乱。各交通方式间的资金供应在筹集收入的机制类型和国家陆地、航空和水运系统建设及运营的支出责任方面差异都很大。这些收入筹集和支出事务由地方政府、州政府和联邦政府分担。不同层级政府征收的使用费为各交通方式提供了碎片化的支持。例如，燃油税为国家公路建设提供了大部分资金，而在公共交通中，投币箱收入弥补了该方式的小部分成本。各交通方式的其他收入来自政府间转移支付、一般性基金和上缴的财产税、销售税及其他税。美国的交通财政是国家历史发展的副产品，代表政治博弈和经济发展的需要。

今天对多种形式收入的依赖在很大程度上取决于负责为交通设施或服务的政府层级。例如，地方道路多归地方政府管理，因此与基于燃油税的州和国家公路系统相比，地方道路建设更多地依赖于财产税。从这一融资结构中得到的重要经验是，随着政府间责任层级的变化——以及政府间转移支付范围的变化——则收入筹集机制的类型构成也会变化。

为了理解交通财政，本章首先逐一回顾各交通方式的资金筹集和使用。在融资层面，每种方式都有不同，根本原因是各运输系统的基础设施投资和日常运营是为不同类型的交通服务，反映公共和私人部门的不同作用和责任。例如在美国，货运铁路系统主要由私人企业运营，通过与托运人的交易收回运营和资本成本。因此，政府补贴支出和投资支出的水平相对较低。相反，公共交通系统通常不从使用者那里收回全部运营成本，这些收费很少有助于补充资本成本。因此，它们常常获得政府补贴用于运营和资本开支。重要的问题是一个交通运输系统在多大程度上靠使用费自给，在多大程度上依赖政府筹集和分配资金以维持运营所需。在下面的讨论中，先分别介绍公路、公共交通、空运和水运的融资，然后讨论其主要的发展趋势。最后对未来这些交通运输需要如何融资进行展望。

总体情况

在过去的半个世纪里，政府交通运输支出已经增长了两倍多，从 1960 年的 830 亿美元增长到 2010 年的 2860 亿美元（本章中除注明外，均按 2006 年美元价值计算）。自 1980 年以来，纵观所有交通运输方式，地方政府花费最多，其次是州政府，最后是联邦政府。2010 年，地方政府在交通方面花费 1330 亿美元，州政府花费 1020 亿美元，联邦政府花费 980 亿美元。公路和公交的陆上运输得到最多的联邦政府资金支持，其次是空运和水运（见图 22.1 和图 22.2）。

各交通方式的相同点是交通运输支出的政府间合作性质。联邦和州政府给地方政府大量的转移支付用于交通运营和资本性支出。州政府也依次获得大量的联邦资金。有时地方付款给州进行交通运营或投资（见图 22.3）。

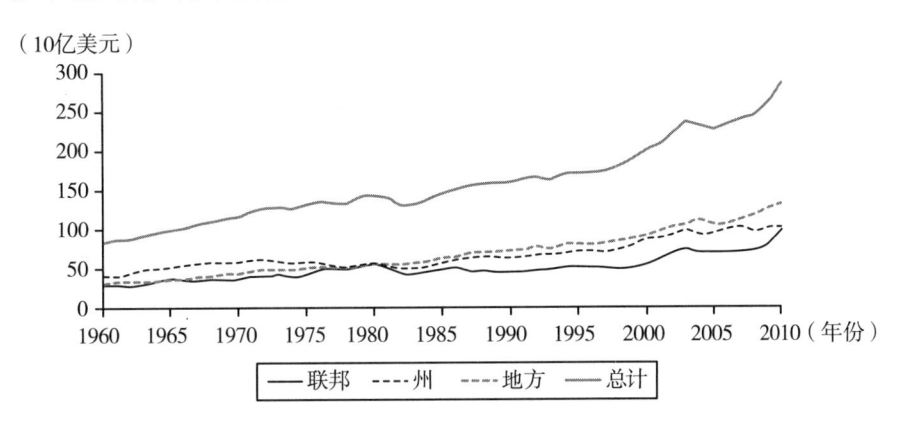

图 22.1　1960～2010 财政年度各级政府交通支出

注：2008 年以前为实际数据；2009～2010 年数据依据劳工局统计报告的 CPI-U 指数进行估计。
资料来源：联邦支出数据来自 Budget of the US Government：Table 3.2；州与地方政府支出数据来自 US Census Bureau State and Local Government Finances。

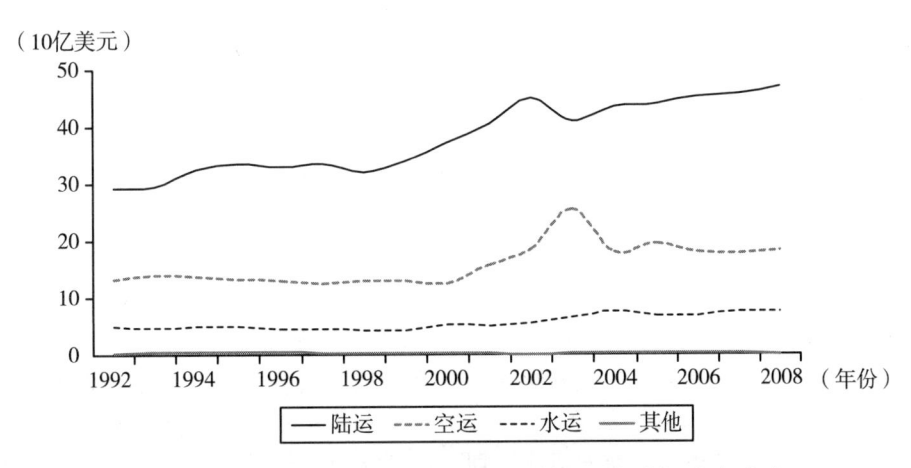

图 22.2　1992～2008 年按交通方式划分的联邦政府支出

注：数据依据劳工局统计报告的 CPI-U 指数进行估计。
资料来源：Budget of the US Government：Table 3.2。

许多这些政府间转移支付通过标准公式进行分配，如从联邦公路信托基金中对州政府的支出。其他联邦和州计划积极规划特定的交通运输目标并授予那些最有利

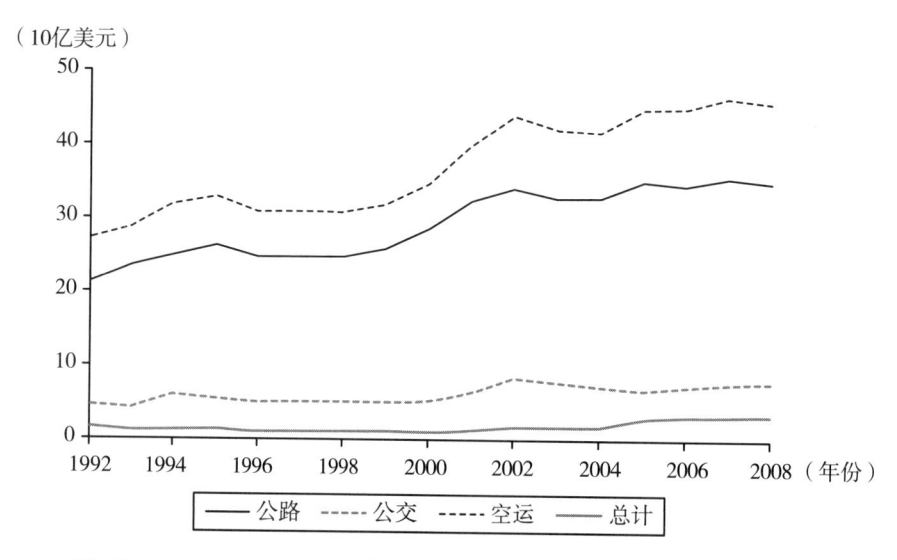

图 22.3　1992～2008 年按交通方式划分的联邦政府间转移支付

注：数据依据劳工局统计报告的 CPI-U 指数进行估计。

资料来源：US Census Bureau State and Local Government Finances；Christopher Chantrill. *Government Spending Details：Federal State Local* 1792-2016. http：//www. usgovernmentspending. com/classic. html♯usgs30260（accessed March 11，2011）。

于实现既定目标的项目和计划。在这些情况下，地方和州政府交通运输官员能够理解较高层级政府青睐何种目标并设计相应的方案。他们也能在很大程度上影响其所将获得的资金。例如，在"新起点"运输项目下，联邦公共交通管理局（FTA）官员依据非常具体的标准对一个新公交系统进行评估和方案选择。

除了通过标准公式和补助进行分配外，立法机构的"拨款"也是一项重要的资金来源。拨款是分配给法定的或立法中的项目的资金。拨款在联邦立法中尤为重要，并具有争议性。国会规定以如下方式界定拨款：

[A]条款或报告是应国会成员的请求，提供、授权或建议特定数额给自由裁量预算当局、信用机构或其他支出机构用于贷款、贷款担保、补助、贷款授权；其他支出或给予某一实体，或针对某一特定州、地方或选举区，不通过法定或管理性的标准公式来分配，而是采取推选或竞争性的授予方式来分配。[①]

在 2010 年国会选举中，作为浪费和政治腐败的一个象征，拨款成为一个争议的焦点，新当选众议院多数党的共和党在给共和党成员的规定中，把禁止拨款请求包含在内作为其改革议程的一部分。[②] 重要的变化是国会对交通运输支出影响力的减弱，议员们不能推动单个的交通运输计划，这可能会削弱议员们对那些无法"赚钱"项目的兴趣。

高速公路、公路和街道

高速公路、公路和街道的投资是美国最大的交通投资，2006 年产生 1660 多亿美元的收入并获得 1610 亿美元的政府投资。在过去 50 年里，公路系统收到 3.45 万亿美元的公共投资（现价）。③很难想象人均年驾驶超过 10000 英里的美国④如果没有这些基础设施会怎样。最著名的两大系统是州际公路系统和国家公路系统，加在一起总共 20 万英里的道路。州和地方公路以及街道构成另外的 200 万英里的道路（见图 22.4）。

自 1980 年以来，公路支出与总行车里程之比大约稳定在每百英里行车里程支出 8 美元。1956 年以后更高的支出水平，反映出了与州际公路系统相关的高支出。

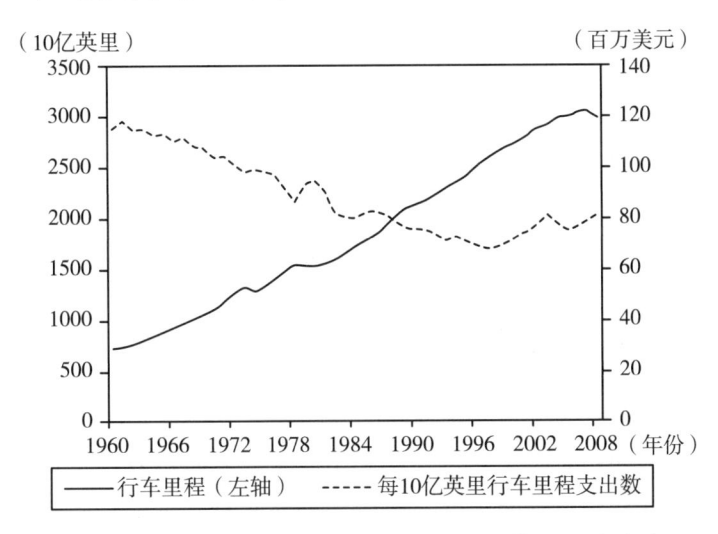

图 22.4　1960～2008 年按行车里程计算的公路支出

资料来源：U.S., National Surface Transportation Infrastructure Financing Commission. *Paying our way: a new framework for transportation finance*. Washington, D. C., February 26, 2009. Page 35. http://financecommission.dot.gov/Documents/NSTIF_Commission_Final_Report_Advance%20Copy_Feb09.pdf。

国家公路网是作为一个综合的整体发挥作用，但一般公路网络被分解为职能系统和管理系统。司机可以从归某一城市所属的地方分支街道起步，行驶在归某一县所有的收费道路，接下来行驶到某一州属高速公路和某一州际公路，可能沿途向一个私人公路运营公司缴费。各系统由不同的政府当局分别管理，经由不同方式筹集资金，依据不同标准运营。

为证明这一点，考虑上文的例子。城市道路的资金筹集可能来自向地方家庭和企业课征的财产税，由城市公共工程部门进行维护。县的公路资金可能大部分来自州政府转移支付，也可能由与县政府签约的某一家私人企业维护。州政府可能使用燃油税收入为其公路融资，连同从联邦政府获得的转移支付款项，支付由州交通运输部门履行的维护职能并由此而产生的费用。最后，州际公路部分地由联邦政府的国家燃油税收入支付，分配给州政府用于实际的项目支出。可能所有公路由私人企业建设，与不同层级的政府签约，资金也许来自其他方面。

职能上的重叠和政府间的交叉使考察实际的融资结构变得复杂化。考虑到公路融资的复杂性，使用具体年度数据将最清楚地说明不同资金来源的分布和数量以及对公路资金最终负责的机构。美国联邦高速公路管理局（FHWA）在其《情况和绩效报告》（两年发布一次报告）中提供了最全面的公路融资数据，最近更新到 2008 年，使用 2006 年的数据。⑤

第一个重要现象是一半以上的公路支出由使用费弥补，2006 年为 930 亿美元。资金来源包括燃油税，2006 年这项费用收入占全部收入的 36%；还有机动车税费，筹集了 15%。数据表明，在联邦政府层面较多依赖使用费（见图 22.5）。但自 2008 年，联邦公路信托基金已经从一般性基金中获取 345 亿美元的"紧急援助"以保持偿付能力（2008 年为 80 亿美元，2009 年为 70 亿美元，2010 年为 195 亿美元，所有数据都按现价计算）。

注意对交通运输方面的使用费与税收进行区别是有益的。对公路而言，使用费是指由公路使用者为建设和维护道路系统而支付的款项。例如，由购买燃油的司机支付的每加仑燃油"税"大体与其使用道路设施的程度成正比。就这点而论，该税是属于通过燃油税筹集的司机总旅行费用的一部分。更直接的使用费是道路通行费。由于通行费与特定时间和地点的道路使用以及成本的最终分配直接相关，支付通行费显然是经济交易，与税收相反。车辆登记和执照付费也是使用费，但由于缺少公路使用与最终支付款项之间的确切联系，使其不具有直接的交易性质。但与来自非使用者的税收收入相比，区别很明显。税收由全体公民在各个税收管辖区缴纳，不管其使用道路的程度。而使用费在某种程度上反映为实际的道路使用支付款项。当道路系统能够通过吸引足够多的司机以一种形式或其他形式的付费来弥补成本时，它们实际上被认为是自筹经费。当我们考察不同的公路系统，可以清楚地看到哪些系统能有效地"自给自足"，哪些依赖于一般性基金的支持。

当通行费收入被用于提供设施而非由支付通行费的个人使用时是通行费作为使用费的一种例外情况。通行费有时被用于其他道路的建设，或在某些情况下用于提供公交服务和设施。例如，弗吉尼亚州杜勒斯收费站的通行费收入被用于建设延长到杜勒斯国际机场及更远地方的一个 23 英里长的重型轨道交通线。完成轨道线路的成本最新估计为 67.5 亿美元，这取决于一些车站位置。⑥可以这样说，当司机们从一个拥挤公路转向公交系统，并由此缓解一些拥堵时，道路的使用者们会受益。

第二个现象是州政府在公路融资中起最大作用。州政府一直在公路系统收入中贡献了最大份额，提供的资金超过所有支出的一半。2006 年为道路支出提供了 809 亿美元的资金，相比较而言联邦政府提供了 363 亿美元，地方政府提供了 438 亿美元。把所有政府间转移支付包括在内，以 2006 年为基准，州在道路支出方面提供了 1001 亿美元，另外转移了 158 亿美元给地方政府（见表 22.1）。

这提出了第三个要点。用于给公路支出提供资金的收入来源通常是政府间的，这意味着筹集收入的该层级政府将其收入转移给另一层级政府用于支出。这一模式

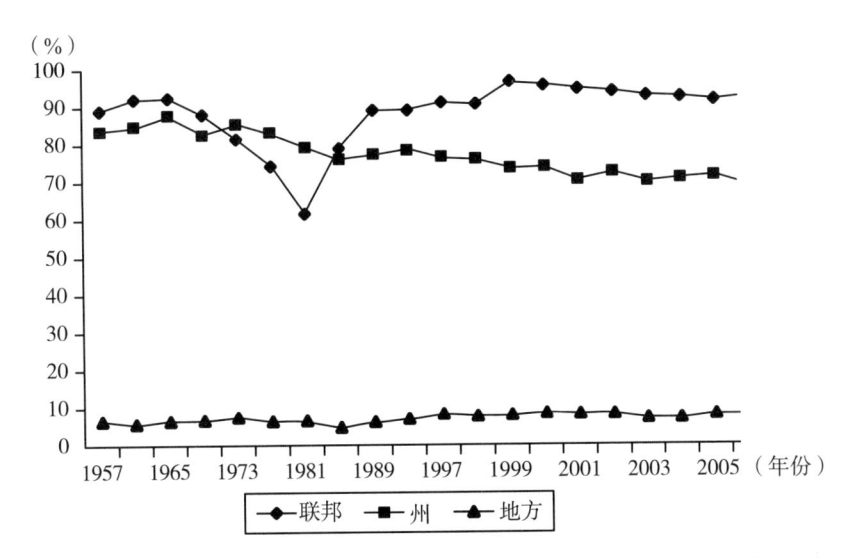

图22.5 1957～2006年各级政府的使用者收费占公路收入的比重

资料来源：U. S. Federal Highway Administration and U. S. Federal Transit Administration. 2008 *status of the nation's highways, bridges, and transit: conditions and performance*. Report to Congress. Washington, D. C., n. d. Page 66, available at http://www.fhwa.dot.gov/policy/2008cpr/pdfs/cp2008.pdf。

对于联邦政府尤为突出，联邦转移其大多数资金给州进行支出。虽然联邦政府为公路筹集了大量收入，但2006年它仅直接支付22亿美元用于提供交通运输产品和服务，把几乎所有收入转移给州政府。结果，2006年州政府用于公路的1000亿美元中，328亿美元来自联邦政府转移支付，651亿美元由州自筹，22亿美元来自地方政府。地方政府显示出了类似的模式，2006年公路支出588亿美元，其中从州政府获得158亿美元。

仔细观察，地方、州和联邦资金来源有许多重要区别。这些区别既包括它们对使用费、来自其他层级政府的转移支付的依赖，也包括它们直接支出的大小。例如，虽然联邦政府几乎所有的公路收入都来自使用费，实际为321亿美元，但地方政府只筹集36亿美元的使用费，非使用费筹集了476亿美元（现价）。州政府介于两者之间，筹集的收入大约2/3依赖于使用费。从这一整体情况看，显然公路融资把最重的一般税收负担加到没有能力更直接地向公路使用者收费的地方政府身上。⑦

表22.1   2006年公路直接支出（按支出机构和类型） 单位：10亿美元，%

项　　目	联邦	州	地方	合计	比重
资本性支出	0.5	59.0	19.2	78.7	48.8
联邦政府提供的资金	0.5	32.8	1.4	34.6	21.5
州和地方政府提供的资金	0.0	26.2	17.9	44.1	27.4

续表

项目	联邦	州	地方	合计	比重
非资本性支出					
维护	0.2	12.6	18.6	31.3	19.4
公路和公交服务	0.0	4.7	4.4	9.1	5.7
管理	1.5	7.1	4.6	13.2	8.2
公路巡逻和安全	0.0	7.7	6.8	14.5	9.0
债务利息	0.0	4.4	2.2	6.6	4.1
小计	1.7	36.5	36.6	74.7	46.4
目前支出合计	2.2	95.4	55.8	153.4	95.3
债务偿还	0.0	4.6	3.0	7.6	4.7
总支出	2.2	100.1	58.8	161.1	100.0
联邦政府提供的资金	*2.2*	*32.8*	*1.4*	*36.3*	*22.6*
州政府提供的资金	*0.0*	*65.1*	*15.8*	*80.9*	*50.2*
地方政府提供的资金	*0.0*	*2.2*	*41.6*	*43.8*	*27.2*

注：斜体的数额不能加到表的其余部分，是按支出机构分类的支出。

资料来源：US Federal Highway Administration and US Federal Transit Administration (2008), 6-7.

每一层级政府有特定类型的基金项目。联邦政府公路融资项目最易理解，因其在整个美国是统一的，并以燃油税为唯一主要的收入来源。2006年在联邦政府筹集的348亿美元收入中，几乎所有都来自使用费，其中大多数是每加仑汽油18.4美分和每加仑柴油24.4美分的国家燃油税。联邦政府仅直接支出了其筹集的全部收入中的22亿美元。联邦资金大部分在各州间依据基于各州州际和国家公路的通路里程、人口、土地面积、归联邦所有的土地以及其他因素的标准公式进行分配。这笔资金在很大程度上限于对公路的资本性支出，占州级所有资本性支出的一半以上。此外，各州负责为公路的运营、维护、管理、公路巡查和其他与公路相关项目提供资金。

为筹集资金，各州也依靠使用费。2006年，各州通过使用费筹集了577亿美元，占全部837亿资金的很大比例，包括机动车税191亿美元，燃油税319亿美元，还征收了共67亿美元的通行费。但为筹集剩下的260亿美元，各州使用了许多其他收入来源方式，包括一般性基金、公债和其他非交通资金。各州拨出49亿美元的一般性基金用于公路建设和维护。它们也比其他层级政府更多地使用公债，2006年通过公债筹集了119亿美元用于公路建设和维护。各种投资性收入和其他税费共筹集了另外的92亿美元用于公路建设和维护。

各州实际上的支出数额大于收入数额，同时，它们大量转移支付给地方政府，突出了政府间转移支付的重要性。使等式平衡的关键是联邦资金的注入。2006年，各州直接支出总计1001亿美元用于公路投资，相比之下它们为该项目筹集的自有资金为837亿美元。在这837亿美元中，各州转移了158亿美元给地方政府。但是联邦政府转移了328亿美元给州政府，把资金增加到1001亿美元的水平，地方政府各自增加了22亿美元支付州的公路服务。公路融资是一个复杂的过程，反映了国家联邦制度的特点。

州公路系统大体上分为乡村和城市两大系统，包含种类繁多的道路类型，包括州际公路，主要的干线公路，较小的干线公路和支路。一半以上州政府支出集中于资本性支出，美国联邦高速公路管理局按照道路类型来汇总支出。城市和乡村系统中较大的道路获得较高水平的州支出。总体上，2006年乡村系统得到总计216亿美元的州政府资本性支出，城市系统获得305亿美元。其中超过3/4用于州际公路和主要的干线公路，少部分用于地方政府范围内的较小的干线公路和支线道路。⑧

地方政府公路融资主要是依赖于使用费以外的收入来源。地方政府依赖财产税、一般性基金收入和借债。其中一个原因是许多州限制地方当局征收交通税费。燃油税在地方上征收也经常进展不顺利，因为居民拥有选择相邻地区中税率较低的加油站的权利。2006年地方只筹集了36亿美元的燃油税、车辆费和通行费，它们通过使用非交通税和借款筹集了剩下的476亿美元。2006年一般性基金拨款贡献了196亿美元。

对地方政府的转移支付在城市和县政府最终的直接支出中起重要作用。州交通预算的很大部分会根据标准公式进行分配转移给地方政府，或安排到特定补助项目。2006年各州对地方转移支付总额为158亿美元，联邦政府添加了另外14亿美元。

在提供地方道路交通中，各州和地方经常以需要高水平配合和影响的合作形式进行工作。州通常在提升公路标准、确保充足的道路容量和保持安全运营方面有强烈兴趣，而地方希望州政府最终负责提供资金以达成这些目标。大多数州根据"狄龙法则"运营，认为地方政府完全是州政府的一个职能部门。⑨结果，大多数地方政府依赖于州政府的立法以发挥其职能。州法律一般允许地方课税权力与州转移支付项目相结合以满足公路投资对资金需求。这些权力有时随双方变幻的政治压力而频繁变动，州议员们可能有浓厚兴趣推动其所代表地区的交通目标。

公共交通

公共交通获得了继公路之后第二大用于交通方面的公共资金分配。2006年，政府把总计309亿美元用于支持公共交通系统的建设和运营。若没有这一公共投资，很少有系统能够保持运营能力。公共交通系统总共获得125亿美元乘客车票款和其他收入，占交通相关收入的14.6%。为筹集剩下的资金，地方政府趋于承担最大的融资责任。地方政府筹集约一半的公共资金用于公共交通，联邦和州政府大致平分支付剩下的一半。2006年地方政府提供了143亿美元,州政府提供了86亿美元,联邦政府提供了80亿美元(见表22.2)。

资金分别用于铁路系统(包括区间铁路、重轨和轻轨)和用于非铁路系统(主要是公共汽车)。对所有这些系统,把资本性资金和营运支出分开是公共交通财政的重要特征。2006年铁路系统收到总计90亿美元的资本性资金,大致在重轨、轻轨和区间铁路系统间平均分配。此外,铁路系统收到96亿美元的营运补贴。在非铁路系统方面,公共汽车系统得到约30亿美元资本性资金,但营运补贴得到超过150亿美元。[⑩]

通过考察这些资金的来源、花费资金的机构和所包含的支出类型,可以得到公共交通融资的总体情况。销售税和一般性基金是州和地方最大的资金来源,财产税、燃油税和所得税等也是州和地方政府的资金来源。2006年,销售税为各州的公共交通支出筹集了24亿美元,为地方筹集了48亿美元。各州从一般性基金中拨款24亿美元,地方拨款30亿美元用于公共交通的投资。对财产、所得或特定货物购买课征的多种税和多种政府的其他收入(大多为借款和投资所得)为公共交通基金提供了另外的86亿美元。

表22.2　　　　　　　2006年公共交通融资的收入来源　　　　单位:百万美元,%

项　目	联邦	州	地方	合计	比重
公共基金	8075.5	8570.8	14261.8	30908.1	71.3
一般性基金	1615.1	2358.3	3014.6	6988.0	16.1
燃油税	6460.6	549.5	159.8	7169.7	16.5
所得税		195.1	70.8	265.9	0.6
销售税		2429.9	4797.6	7227.5	16.7
财产税		0.0	547.3	547.3	1.3
其他专用税		1203.5	1163.6	2367.1	5.5
其他公共基金		1834.5	4508.1	6342.6	14.6
制度性收入				12452.4	28.7
客票费				10461.1	24.1
其他收入				1991.3	4.6
收入来源总计				43360.5	100.0

资料来源:US Federal Highway Administration and US Federal Transit Administration(2008),6-35。

与州和地方收入来源的多样性形成对比,几乎所有联邦的收入都来自从公路信托基金中按一个固定标准公式分配的转移支付。1983年,联邦立法在公路信托基金中建立了公共交通账户,目前购买每加仑汽油收取2.86美分。2006年,这部分燃油税筹集了81亿美元的联邦基金,用于分配给公共交通系统。联邦公共交通管理局管理这笔资金，重点用于支付资本性投资。尽管十年前联邦政府提供所有公共交通系统资本性投资的一半以上，但2006年收到来自联邦政府的资本性基金为55亿美元，仅占该年所有资本性支出的43.5%。

地方政府几乎为公共交通系统提供了所有直接性支出。资金来自的政府级次在很大程度上依赖于支出是用于营运补贴还是资本性支出。联邦政府通常提供不到全部营运成本的10%，但提供公共交通所有资本性支出的40%以上。总体而言，资本性支出约为营运支出规模的1/3。2006年，资本性支出总额为127亿美元，通常不由投币箱收入提供，很大程度依赖于政府的资本性项目。虽然州政府2006年仅提供了11亿美元，但联邦和地方政府提供了55亿美元用于公共交通的资本性项目建设。2006年，营运支出总计306亿美元，系统产生的投币箱收入弥补了约40%的费用。州和地方政府提供了剩余营运资金的大部分。联邦政府2006年提供了25亿美元用于营运补贴，州政府提供了66亿美元，地方政府提供了89亿美元。

机　场

美国拥有一个规模庞大的公共和私人机场系统。美国联邦航空管理局（FAA）规定了符合联邦援助的由3364个机场构成的"国家机场系统"。[11]公共机场通常由各州、地方或特殊机构所有和运营。航空客运绝大部分集中于中心机场。最大的25个中心机场区，包括71个飞机场，运送全部旅客数量的69%。[12]

机场融资依据机场规模和类型有很大不同。商用机场通过营运产生收入，大部分能够通过各种收费弥补运营费用，包括对航空公司就登机门和跑道收取的费用、对旅行者收取的停车费和机场内的特许经营权费。较大的中心机场倾向于更多地从航空公司获取收入。对航空公司收入的依赖随着中心规模的缩小而下降。大中心56%的收入来自航空公司，小中心45%的收入来自航空公司（见图22.6）。

为资本性扩建筹集资金时，机场通常使用未来营运的预期现金流来为债券担保。2001～2005年，机场每年平均支出的130亿美元来源于资本性基金，预计2007～2011年，每年增加到140亿美元。通过销售机场债券筹集的资金占资本性基金支出总额的一半，即每年65亿美元。这些债券或由地方政府当局发行，或直接由机场自己发行，通常要从地方政府取得许可证。第二大资金来源是联邦政府的补助，该补助来自机场和航线信托基金的机场改进项目（AIP）。由于各种航空税费形成该基金的收入，联邦补助可被视为是对机场的一种循环式的资金返还。2001～2005年，该基金的机场改进项目对机场的补助为年均36亿美元。

旅客设施收费（PFC）是第三大主要资金来源。机场有权经由机场通行的每位旅客收取最高至4.5美元的费用。2001～2005年，旅客设施收费每年平均筹集22亿美元。最后，2001～2005年，州和地方提供了年均7亿美元用于机场的资本性开发。其中一半以上用于小型通用航空机场，普通的大型商用航空机场收到不到总额的1/4（见图22.7）。[13]

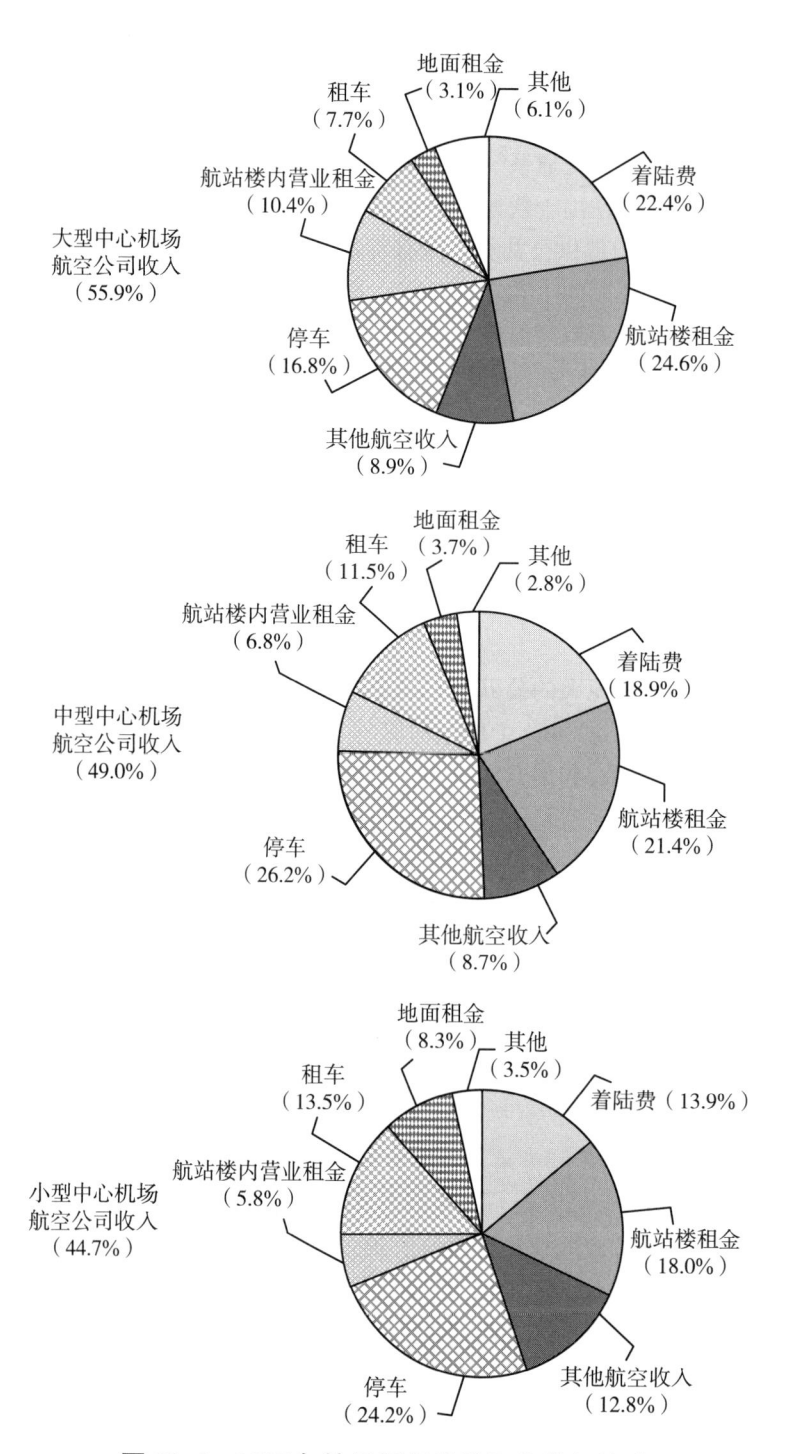

大型中心机场
航空公司收入（55.9%）
- 着陆费（22.4%）
- 航站楼租金（24.6%）
- 其他航空收入（8.9%）
- 停车（16.8%）
- 航站楼内营业租金（10.4%）
- 租车（7.7%）
- 地面租金（3.1%）
- 其他（6.1%）

中型中心机场
航空公司收入（49.0%）
- 着陆费（18.9%）
- 航站楼租金（21.4%）
- 其他航空收入（8.7%）
- 停车（26.2%）
- 航站楼内营业租金（6.8%）
- 租车（11.5%）
- 地面租金（3.7%）
- 其他（2.8%）

小型中心机场
航空公司收入（44.7%）
- 着陆费（13.9%）
- 航站楼租金（18.0%）
- 其他航空收入（12.8%）
- 停车（24.2%）
- 航站楼内营业租金（5.8%）
- 租车（13.5%）
- 地面租金（8.3%）
- 其他（3.5%）

图 22.6　2005 年按机场规模的运营收入构成

资料来源：Nichol，Cindy. *Innovative Finance and Alternative Sources of Revenue for Airports*. Synthesis of Airport Practice. Washington, D.C.：Transportation Research Board, 2007, page 25，http：//onlinepubs.trb.org/onlinepubs/acrp_syn_001.pdf。

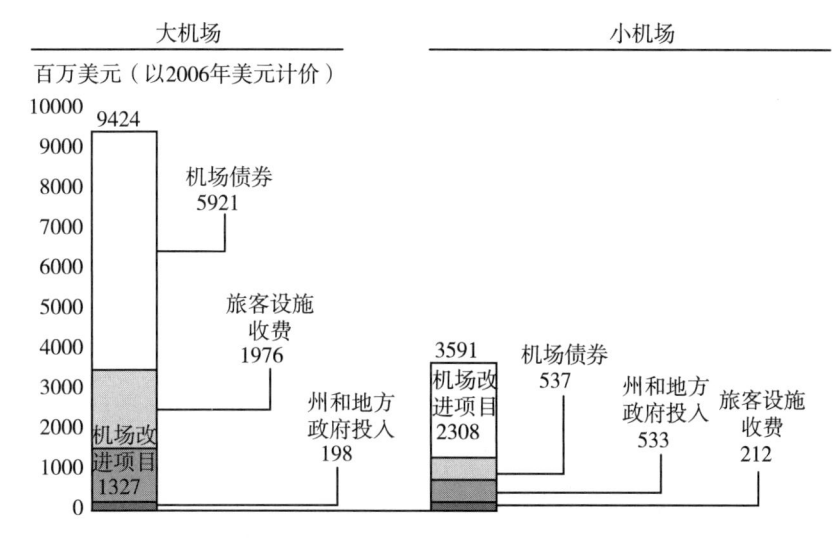

图 22.7　2001～2005 年按机场规模的机场资本性资金来源（年均）

注：由于四舍五入原因，数字加起来可能与总数有出入。

资料来源：U. S. Government Accountability Office. Airport Finance: Observations on Planned *Airport Development Costs and Funding Levels and the Administration's Proposed Changes in the Airport Improvement Program*. Washington D.C., June 2007. Page 9. http://www.gao.gov/new.items/do7886.pdf。

港　口

如机场一样，大多数非军用海港是归州、地方和特殊机构所有和运营的公共设施。集装箱运输主要集中在少数大港口。前三位港口——洛杉矶、长滩和纽约/新泽西——接收入境集装箱货柜 TEU（20 英尺集装箱单位）45％的份额。散装运输不够集中；运货量前五位港口仅占全部份额的 30％（见表 22.3）。

因有能力通过船运公司的营运获得收入，港口获得的公共资金通常相对较少。港口管理当局一般依赖地方政府和州政府的许可证，它们可获取一些公共的资本性投资，但要设法弥补全部费用和获取利润，进而要对资本性支出进行再投资。

表 22.3　2007 年美国按运货量和标准集装箱数量排名的大港口

按货运量	净吨（百万）	按标准集装箱数量	完全标准集装箱（千）
南路易斯安那，路易斯安那州	229.0	洛杉矶，加利福尼亚州	5497
休斯敦，得克萨斯州	216.1	长滩，加利福尼亚州	5131
纽约，纽约州和新泽西州	157.2	纽约州/新泽西州	4047
长滩，加利福尼亚州	85.9	萨凡纳，佐治亚州	1980
博蒙特，得克萨斯州	81.4	诺福克港，弗吉尼亚州	1626

续表

按货运量	净吨（百万）	按标准集装箱数量	完全标准集装箱（千）
科珀斯克里斯蒂，得克萨斯州	81.1	奥克兰，加利福尼亚州	1579
亨廷顿—三州，西弗吉尼亚州—俄亥俄州—宾夕法尼亚州	76.5	西雅图，华盛顿州	1416
新奥尔良，路易斯安那州	76.0	塔科马，华盛顿州	1415
洛杉矶，加利福尼亚州	65.5	休斯敦，得克萨斯州	1400
莫比尔，亚拉巴马州	64.5	查尔斯顿，南卡罗来纳州	1369
莱克查尔斯，路易斯安那州	64.2	火奴鲁鲁，夏威夷州	889
普拉克明，路易斯安那州	58.8	圣胡安，波多黎各	792
得克萨斯城，得克萨斯州	56.8	埃弗格雷斯港，佛罗里达州	676
巴吞鲁日，路易斯安那州	54.6	迈阿密，佛罗里达州	669
坦帕，佛罗里达州	46.9	杰克逊维尔，佛罗里达州	581
德卢斯—苏必利尔，明尼苏达州和威斯康星州	46.5	巴尔的摩，马里兰州	501
巴尔的摩，马里兰州	41.3	安克雷奇，阿拉斯加州	276
诺福克港，弗吉尼亚州	39.7	新奥尔良，路易斯安那州	255
匹兹堡，宾夕法尼亚州	38.1	波特兰，俄勒冈州	213
保罗斯伯罗，新泽西州	38.0	威明顿，特拉华州	179
前 20 名港口合计	1618	前 20 名港口合计	30493
所有港口合计	2564	所有港口合计	32567

注：包括进出口和国内运输。

资料来源：U. S. Bureau of Transportation Statistics. *Pocket Guide to Transportation* 2010. Washington D. C. January 2010. Page 30. http：//www.bts.gov/publications/pocket_guide_to_transportation/2010/pdf/entire.pdf。

虽然港口投资高度地方化和分散化，2009 年美国海洋管理局（MARAD）的报告总结了至 2006 年的港口总支出，并显示了 2007～2011 年的估计支出数目。报告包括对美国海洋管理局的调查进行反馈的作为美国港口协会成员的 85 个港口中 35 个港口的支出。年均港口基础设施总投资为 10 亿～20 亿美元，其中至少 1/3 来自港口收入。其他来源包括政府当局依其税基发行的一般性债券、依未来港口收入发行的收入债券、政府贷款和政府间拨款。但资本性投资总额每年有所变动。例如，2004 年和 2006 年港口资本性投资总额约为 10 亿美元，但 2005 年超过 20 亿美元。同样，虽然 2004 年和 2006 年来自港口收入的资金中不到 1/3 用于投资，但 2005 年用于投资的金额几乎是港口收入资金的 3/4，即 14 亿美元（现价）用于投资。展望未来，研究预计 2007～2011 年港口资本性总支出为 93 亿美元（现价）。[14]

创新性的融资

近年，政府和交通官员已寻求实行新的交通基础设施融资形式。新项目包括增进交通运输投资的许多方法。一些项目授权私人开发商直接投资于基础设施，以获取未来收益或售卖完工项目的权利作为回报。其他项目允许高层级政府为想要即刻投资于交通基础设施的低层级政府债务提供担保，在未来年份偿清。在过去十年，超过200亿美元的投资通过这些新机制提供资金[15]（除另有注释，本章剩余部分引用的美元数为现价）。

创新性融资项目很大程度上是因传统筹资方法不堪重负而产生的。随着基础设施成本和交通需求增长快于用于投资的交通收入，官员们已开始寻找新方法以快速提供和维护重要基础设施，而非无限期地推迟实施。

这些新融资项目要将基础设施投资和使用的两个根本特点作为因素考虑进去。首先，早完成项目受益显著。一个项目完成越早，就越早产生节约时间和增进可信度的好处。其次，一些项目有能力通过通行费、使用费和其他收入来源自筹资金。下面列出的每个项目都把加速完成和增进收入能力结合起来。

公私合作

公私合作（PPPs）是创新性融资项目的最常用类型，指任何政府当局通过订立合同协议，使私人企业在设计、建设、运营或拥有交通基础设施方面起到更积极的作用。州和地方政府发起推进PPPs，首先要求建立一个清晰的法律框架，制定交通基础设施协议的条款。这个步骤一完成，交通运输机构和私人企业确定符合私人介入的项目并从感兴趣的企业征求或生成提议。联邦政府通过消除州发展PPPs的管理性障碍为这些项目提供支持。例如，2004年美国联邦高速公路管理局发起一个称为"第15号特别试验项目"的新程序，旨在确定和消除对于PPPs而言繁重的要求。

基于所有层级政府的努力和私人部门的支持，PPPs近年来日益受欢迎。2008年，美国联邦高速公路管理局确定有30多项已完成或在设计阶段的PPPs。其中大多数涉及公路能力的扩建，或者增加车道，或者建设全新的公路（见表22.4和表22.5）。

表22.4 2005年1月～2008年5月美国现有收费设施运营和维护的PPPs

项 目	地点	特许权成本（亿美元）	类 型
芝加哥航线	伊利诺伊	18	运营和维护芝加哥7.8英里收费路的长期特许权
印第安纳收费路	印第安纳	38	运营和维护北印第安纳157英里收费路的长期特许权

续表

项目	地点	特许权成本（亿美元）	类型
波卡洪塔斯景观路	弗吉尼亚	1.5	运营和维护里士满外14英里收费路和建设里士满机场连接路的长期特许权
西北景观路	科罗拉多	5.43	运营和维护丹佛外11英里收费路的长期特许权和未来扩建的筹资承诺
杜勒斯景观路	弗吉尼亚	6.15	运营和维护利斯堡和杜勒斯国际机场之间14英里收费路的长期特许权的再融资
宾夕法尼亚付费公路	宾夕法尼亚	128	运营和维护531英里收费路的长期特许权（需要立法机构通过）
格林维尔南部连接路	南加利福尼亚	2.19	运营和维护南加利福尼亚格林维尔16英里收费路的长期特许权
鳄鱼道	佛罗里达	3.5～10	运营和维护南佛罗里达78英里收费路的长期特许权

资料来源：US Department of Transportation（2008）。

表22.5　2005年1月～2008年5月美国新建公路和公交设施的PPPs

项目	地点	类型
TTC-35	得克萨斯	特许权获得者负责准备从墨西哥到俄克拉何马约600英里走廊的主要开发计划和部分或所有开发、设计、建设、融资、运营和/或维护
SH-130第5&6段	得克萨斯	设计、建设、融资、运营和维护TTC-35项目第一部分约13亿美元设施的特许权
I-69/TTC	得克萨斯	特许权获得者负责准备从墨西哥到特克萨卡纳/什里夫波特约650英里走廊的主要开发计划和部分或所有开发、设计、建设、融资、运营和/或维护
I-635	得克萨斯	设计、建设、融资、运营和维护在达拉斯/沃思堡地区收费管理道路的特许权
北塔兰特快速路	得克萨斯	设计、建设、融资、运营和维护在北塔兰特县的收费管理道路和一般道路的特许权
DFW连接路	得克萨斯	开发、设计和建设（以及TxDOT的专门选择维护）达拉斯/沃思堡地区SH-114/SH-121走廊的收费管理道路的特许权
首府环路HOT路	弗吉尼亚	设计、建设、融资、运营和维护在北弗吉尼亚I-495的14英里路段高乘载收费路的特许权

续表

项目	地点	类型
I-95/I-395HOT 路	弗吉尼亚	设计、建设、融资、运营和维护在北弗吉尼亚 I-95/I-395 的 56 英里路段高乘载收费路的特许权
美国 460 干线公路	弗吉尼亚	设计、建设、融资、运营和维护在弗吉尼亚东南 460 干线公路的 10 亿～20 亿美元改建的特许权
市中心区走廊隧道	弗吉尼亚	改造现有的连接朴次茅斯和诺福克的隧道，建设新的平行隧道和扩建高速路的特许权
迈阿密港隧道项目	佛罗里达	设计、建设、融资、运营和维护连接迈阿密港和佛罗里达大陆之间的隧道的特许权
改良 I-595	佛罗里达	设计、建设、融资、运营和维护 I-75 和 I-95 之间 I-595 走廊改良的特许权
第一海岸外环路	佛罗里达	设计、建设、融资、运营和维护杰克逊维尔外一个有限收费设施的特许权
西北走廊	佐治亚	开发、设计和建设亚特兰大西北 I-75 和 I-575 快速收费路、BRT 路和 TOT 道的特许权
I-285 西北 TOT 道路	佐治亚	设计、建设、融资、运营和维护在亚特兰大西北和西部 I-285 和 I-20TOT 路的特许权
GA-400 十字路口地区	佐治亚	设计、建设、运营和维护亚特兰大北部 GA-400 上 HOT 路的特许权
I-20 管理性道路	佐治亚	设计、建设、融资、运营和维护在亚特兰大东部 I-20 走廊上两条管理性道路的特许权
密苏里安全和健全的桥梁项目	密苏里	升级、融资、运营和维护密苏里州 800 多架桥梁的特许权
克尼克港湾渡口项目	阿拉斯加	设计、建设、融资、运营和维护连接安克雷奇和马特—苏桥梁的特许权
机场景观路	密西西比	开发、建设、融资、运营和维护从杰克逊市中心到机场的景观路的特许权
奥克兰机场连接路	加利福尼亚	设计、建设、融资、运营和维护奥克兰机场连接路的特许权
丹佛 RTD	科罗拉多	设计、建设、融资、运营和维护丹佛地区东线、Gold 线和区间线路维护设施的特许权
地铁第Ⅱ阶段	得克萨斯	设施提供者将负责民用工程的设计和建造、设备的提供和安装、初始的运营和维护，以及为休斯敦轻轨项目提供融资服务

续表

项目	地点	类型
I-73	南卡罗来纳	设计、建设、融资、运营和维护连接默特尔海滨和北卡罗来纳边界的 I-73 的 80 英里部分的特许权
中柯里塔克桥	北卡罗来纳	科洛拉南部横跨柯里塔克海峡、连接大陆和柯里塔克县外堤的新 7 英里桥梁的特许权

资料来源：US Department of Transportation（2008）。

已开发出实现私人厂商介入的不同模式，证明 PPPs 具有高度灵活性且能够逐个进行项目定制。下面的模式介绍不够详尽，但提供了一个好的关于如何利用 PPPs 的示例范围。⑮

"私人合同—收费服务"——公共机构把某些经常性职能有效地外包给私人企业，如维护、运营或融资。

"设计—建设"——交通部门与企业订立合同，以固定收费设计和建造项目。

"建设—运营—移交/设计—建设—运营—维护"——私人企业与交通当局订立合同并承担交通项目全程责任，包括建设完成后的运营和维护。

"长期租赁协议"——私人企业付款给交通当局，以获取在租期内运营并从收费道路中获取收入的权利。

"设计—建设—融资—运营"——交通机构把将要建设的基础设施项目的较大程度的融资和运营责任授权给私人企业，但机构保留一些控制权。

"建设—拥有—运营"——交通机构授权给私人企业建设新的基础设施项目，行使完全的所有者职责，并用其收取的通行费收入支付给交通机构。

在美国，与交通相关的 PPPs 主要用于两个目的。第一个目的是给交通当局支付一大笔预付款，以获取长期经营公路项目的特许权。为这一目的使用 PPP 协议的公路项目通常是现有成熟的交通设施，有能产生未来通行费收入的稳定的客流，给私人部门提供了便利条件。在这种情况下，公共当局授予私人收费道路运营商行使经营和维护职能的许可权。许可权的预付款可被用于多种目的，如赎回项目债务、为长期储备金账户提供资金和为各种州和地方项目提供资金。芝加哥航线和印第安纳收费路项目属这种类型。

第二个目的可能是为现有项目再融资和帮助所有者填补在项目融资上的空白。有些设施可能刚刚运行了几年，在产生通行费收入方面成效还不明显。这样项目所有者可以用 PPPs 作为债务重组和转移风险的补救办法。这一类型的例子是弗吉尼亚里士满的波卡洪塔斯景观路项目和科罗拉多丹佛的西北景观路项目。

交通官员最终有责任决定私人企业需要何种类型的合同。在交通机构财政能力很弱的情况下，很可能出让给承包商更多的经营和所有权。在其他情况下，机构可仅付费给承包商完成那些机构无法有效提供的服务。正如在公共采购中那样，当交通运输当局考虑 PPPs 时，重要的是它们收到竞争性的投标，以便在项目的公众成本和基础设施改进与经营质量之间取得平衡。

公私合作的利用具有政治因素。总统乔治·W. 布什（George W. Bush）政府尤其倾向于交通PPPs，部分是因为PPP为征税、特别是燃油税，提供了一个融资的替代选择。奥巴马（Obama）政府迄今为止较少倾向于PPPs，尽管其反复陈述反对在衰退期的任何增税。随着2011年11月选举共和党在美国众议院占据多数席位，奥巴马政府已经提出了"善待企业"的立场观点。是否这将转化为政府对PPPs作为一种基础设施融资机制的热情还有待观察。

随着公私合作和其他符合债务融资的交通设施项目的出现，联邦政府开始设计一系列方法以简化公私合作流程和扩大潜在的新融资协议。下面所描述的每一项新的监管变化，为想要扩大利用私人承包和/或更多使用债务融资的交通机构提供了激励。

私人活动债券

私人活动债券对与公共机构订立合同以完成交通工程的私人企业发行的债券给予免税地位。联邦政府的《安全负责、灵活高效的交通权益法案》修订了国内税务局的法规，为交通运输私人活动债券提供最高达150亿美元的税收减免，由交通部长进行分配。[17] 2010年8月，交通部使用超过47亿美元的免税债券分配资金给8个项目。这47亿美元中，已经发行的债券是20亿美元，其余为已经分配但尚未发行。[18]

预期拨款收入债券项目

联邦政府也为州交通当局提供预期拨款收入债券（GARVEEs）。这允许各州通过以未来联邦补助资金作为还款来源为当前借款提供担保。1995年，《国家公路系统法案》通过扩大州用以担保当前借款的未来补助额大大促进了预期拨款收入债券机制的实现。联邦政府把"预期拨款债券"（GANs）提供给各州，各州继而使用这些债券为面向私人筹资的债券提供担保。自该项目启动以来，已经发行了70亿美元的预期拨款债券用于交通项目的融资。通过赋予州政府向能够立即开始设计和建造基础设施的私人企业预付款项的能力，预期拨款收入债券项目已被专门用于支持PPPs。[19]

2011年初，联邦陆上交通项目没有延期，而在短暂展期下运营。情况是各州关于未来联邦补助的分配很不确定，因此依靠这些资金发行债券的能力可能被限制。如果当有关未来资金规模的法案通过时，对预期拨款收入债券的使用也许会反弹。

第129款贷款

1991年开始，联邦政府允许各州把联邦援助公路资金借给建设符合条件的交通项目的实体，而不是直接支出资金。当资金归还时，可被用于其他符合条件的项目。由于1995年《交通基础设施融资和创新法案》项目的创建，第129款贷款的使用是受限的。[20]

《交通基础设施融资和创新法案》项目

最重要的创新性融资项目之一是《交通基础设施融资和创新法案》（TIFIA），该项目建立了联邦和州政府之间为交通项目提供融资的贷款伙伴关系。1990年，国会通过《联邦信用改革法案》（FCRA）建立了这个项目，《安全负责、灵活高效的交通权益法案》承诺2005~2009年每财年拨付1.22亿美元。

TIFIA项目使用直接贷款、贷款担保和备用信贷最高限额给基础设施项目提供预期每年24亿美元的信贷援助。TIFIA项目的年限是35年，贷款从属于项目的其他债务。TIFIA贷款利率远低于市场利率，借款人在项目大体完工后的5年后开始偿还。[21]

各项目要符合TIFIA融资援助设立的几个门槛。首先，只有高于5000万美元或高于州的联邦援助公路拨款30%以上的项目（取较低者），才具有资格。各项目还需列入州的远景交通规划和已经批准的州交通改进项目中。并且，必须有用于还款的收入来源，如通行费、使用费和特别税等。最后，私人资助的项目需要由公共部门列入州的交通规划文件给予支持。

2010年6月，TIFIA在13个州和领地为27个项目提供了财政援助，总额为79亿美元，促成了总额为294亿美元的项目投资。例如2006年TIFIA支持的项目是对895号公路波卡洪塔斯景观路提供1.5亿美元的贷款和对I-495首都环城高乘载收费路项目的5.89亿美元直接贷款。[22]

TIFIA项目如此有吸引力以致供不应求，项目成功获批TIFIA援助的可能性在迅速降低。比如，2010年初，有总额超过130亿美元的39个援助申请，其中只有15亿美元得到TIFIA援助（只从TIFIA中得到了15亿美元的援助）。2011年初，原先于2009年到期的《安全负责、灵活高效的交通权益法案》项目授权，已延期到2011年4月。

州基础设施银行

另一个创新性融资工具是利用州基础设施银行（SIBs）为交通项目提供资金支持。[23]SIB起一个"循环式基金"的作用，贷出资金支持项目并收回贷款，然后可再用于贷给新项目。"循环式基金"的流程显示出用于交通投资的银行制度可以自我维持的优势。首先，与交给州预算的一次性分配相反，用于银行目的的公共资金是为了保持运转。其次，这一资金可以变成更大的授信额度，相应提升了交通投资能力。

在2008年《情况和绩效报告》中，美国联邦高速公路管理局解释道"每个SIB如循环式基金一样运行，可以为各式各样的路面交通项目提供融资。随着贷款偿还，就有了新资金给新的贷款申请者"。[24]一个关于美国SIBs的调查揭示了其运行过程。2008年11月，联邦许可的32个州的SIBs，订立了579个总价值为55.6亿美元的SIB贷款协议。各州通过信贷杠杆提供了额外资金并扩充了资金总量，意味着使用现有资金即可确保对私人债权人的借款。当面临资金约束时，SIBs 提供了扩充有限资金的机会并支持那些自己获取收入的项目。

SIBs 也促进与所在州拥有和运营基础设施的县市之间关系的不断发展，并通过帮助这些实体学习如何获得 SIBs 的资金而增值，这样加速和扩展了各州的基础设施提供。

只依靠州资金运作的 SIB 是 SIB 的变形，即只从州政府而不从联邦政府获得初始资本和/或持续收入。如果 SIB 给没有获得联邦资金的项目贷款，则无附加的联邦"条件"——如劳动力、环境和"购买美国货"等要求。没有这些限制可以大幅降低项目成本并加速项目完成。

SIB 贷款可以在项目融资中发挥很多作用。最简单的，一个 SIB 贷款可以提供项目成本的 100%。一般而言，项目融资可有多种来源，包括项目特别债券、联邦资金、SIB 贷款和来自州的税收和信托基金的款项。在一个项目由贷款融资或由通行费或其他收入担保的范围内，贷款可以采取一些方式"优先"于其他的方式安排，这样它们可以得到优先偿清。一项 SIB 贷款可以"从属于"其他贷款以降低项目成本，因为在其他条件一样的情况下，对优先债的债券市场需求会降低利息率。SIB 贷款可允许延期支付，这样还本付息可以在 5 年以后才开始。

授权代理

地方政府为交通业筹集了数百亿美元。几乎所有城市都控制了它们的内部道路系统，除阿拉斯加、弗吉尼亚、西弗吉尼亚和特拉华外各州的县也是如此。如前面所讨论的，州每年转移数十亿的收入支持这些地方活动。但是当收入不充裕时，或是因为州政府资金的减少，或是因为未获满足的交通需求上升，地方政府可以设法通过扩张其自有财源来寻求替代资金。在大多数州，地方税需要某些形式的州授权，然后地方被允许在州规定的范围内实施征税。州官员们也许把额外的税收授权视为"摆脱困境的办法"，有效地把税收负担加到地方政府身上。反过来，地方官员可能拒绝这些税收授权和进行游说以获得持续的州资金。但是，在许多情况下，地方政府为满足交通需求，会对现有的税收许可进行回应。例如，加利福尼亚的自助县联盟由 19 个县组成，主张利用选民同意的地方税办法实现那些没有其他资金支持的交通项目。

虽然在州和地方政府间资金的互动仅反映了收入责任的转移，地方选择交通税收的明显增加预示着直接筹集地方资金用于交通目的的新趋势。2001 年，加利福尼亚大学伯克利分校的研究人员发现 46 个州使用了地方选择交通税，在过去 35 年几乎所有交通税都被采纳了。在前十年至少 21 个州实行了这种类型的新税收。具体而言，地方选择交通税是指在州内可以有差异的、专门用于交通目的的税收。其中，燃油税，有 15 个州征收；车辆执照或登记税，有 33 个州征收；用于交通的销售税，有 33 个州征收；用于交通的财产税，所有州都在不同程度上征收。[25]

通过拨款和按标准公式进行的联邦分配

联邦政府传统上大量按照标准公式向州政府分配用于交通目的的资金。正如所注意到的,这些标准公式依据各州人口、公路里程的份额和其他人口特征在各州之间分配资金。主要例子是公路信托基金,根据州各自的国家公路里程份额、人口和燃油税以及其他因素,把收取的全部收入分配给各州。虽然这一技术提供了客观的资金分配,但它不承认某些项目明确优于其他项目。为更好地提供资金给最值得的项目,联邦政府最近建立了竞争性的援助项目,根据项目特点对不同的资金需求进行评估。一个例子是"交通投资促进经济复苏"(TIGER)项目,是依据2009年《美国复苏与再投资法案》(ARRA)建立的一个15亿美元的拨款项目。该项目要求地方和州政府寻找资金完成申请,并基于交通部长的评估进行甄选。

之所以从按标准公式分配转向基于优点或绩效的交通投资选择机制,源于政府担心按公式分配项目倾向于使决策和项目选择分散到按标准公式获取分配的政府机构。提供资金的政府层级经常较少对促进广泛社会目标的项目选择和优化进行控制,更不用说满足地区、州或国家的交通需要。[26]

结束语

主要的联邦交通项目处于"十字路口",并对州和地方政府有潜在的深刻影响。在公共交通领域,联邦公路信托基金收入不足以支撑计划项目的支出规模,如2011年1月,项目从一般性基金中得到约400亿美元的"紧急援助"。在专业的交通和政治界,普遍认为联邦陆路交通项目急需重组。问题在于这一重组应采取什么形式还存较大分歧。一方面的建议是简化联邦项目,将其有限资源集中于明显的国家重点问题上,如货运和拥堵。另一方面的建议是扩展项目以支持新目标如"宜居性"——不管如何定义——和大城市的繁荣。[27]

如上所述,目前争论的焦点在于资金分配中的融入责任和绩效标准,而非依赖传统的标准公式进行的分配。实际上,奥巴马总统在2010年国际劳动节讲话时,要求"改革我们基础设施随意的和拼凑式的筹资和维护方式,少把重点放在浪费的拨款和过时的标准公式上,更多用在给我们带来最好回报的竞争和创新上"。[28] 项目按标准公式分配资金这一政策自1916年创建以来已成为联邦公路政策的基础,对于许多联邦公共交通项目也是如此。从基于公式的项目资金分配转向一些其他安排,是逐项的成本效益分析还是根据如"宜居"等其他标准,预示着陆路交通项目在未来政策授权中的重大变化。

在航空运输的问题方面,联邦航空项目授权在本文写作时已经停止超过三年了。美国联邦航空管理局的新一代项目拟升级为美国航空运输控制系统,从20世纪中期的地面雷达技术转向全球定位系统。但是用于新一代开发和部署的多年资金还未从国会得到。

考虑到对联邦预算的超常压力，额外的联邦交通资金的前景都很暗淡。国会和总统看来不想开征新税；医疗保险和社会保障的责任在加大；国家经济看起来从2008~2009年的衰退中回升较慢。当前经济增长缓慢和未来经济增长预期减缓阻碍着采取新的方案。

对于州和地方，联邦支持的削弱既是挑战也是机遇。挑战在于，在不利于开征任何新税的经济和政治环境下要寻找新的收入来源以替代联邦资金的减少，同时要努力解决同样由于衰退所导致的州和地方用于交通的支出减少。

机遇——也许在2011年初写这篇文章时还难以辨明——也许正好存在于州与地方政府为交通基础设施和服务的融资和发展所进行艰难选择和培育创新方法的能力中。可能性包括创新性融资和公私合作、交通维护和运营的重组和外包、增加对使用费的依赖等。不难看出，在财政需要和政治可接受性之间将有越来越多的正面冲突。

致谢

研究生大东允彦（Nobuhiko Daito）、内森·泽布罗夫斯基（Nathen Zebrowski）、陈振华（Zhenhua Chen）和李静（Jing Li）对本章的研究提供了非常宝贵的帮助。本章仅反映作者观点，有任何错漏完全由作者负责。

注释

①关于美国参众两院的规则见 Kirk, Mallett, and Peterman (2011), 3。
②William Mallett, personal communication (January 14, 2011).
③US Federal Highway Administration (2010b).
④US Bureau of Transportation Statistics (2006).
⑤US Federal Highway Administration and US Federal Transit Administration (2008).
⑥Bolden (2010).
⑦US Federal Highway Administration (2010a).
⑧US Federal Highway Administration and US Federal Transit Administration (2008), 6-15.
⑨ "Local Government Authority—Home Rule & Dillon's Rule".
⑩US Federal Highway Administration and US Federal Transit Administration (2008), 6-35.
⑪US Government Accountability Office (2007b) 5.
⑫US Bureau of Transportation Statistics (2010), 2.
⑬同上，8-9。
⑭US Maritime Administration (2009), 1-8.
⑮US Printing Office (2001).
⑯US Federal Highway Administration (2007); US Department of Transportation (2004).
⑰*SAFETEA-LU*, sec. 11143.
⑱US Federal Highway Administration (2011a).
⑲US Printing Office (2001).

⑳US Federal Highway Administration (2011b).
㉑American Association of State Highway and Transportation Officials (2010).
㉒US Federal Highway Administration (2010).
㉓Gifford (2010).
㉔US Federal Highway Administration and US Federal Transit Administration (2008), 6-29.
㉕Goldman, Corrett, and Wachs (2001); Goldman and Wachs (2003).
㉖批评者抱怨联邦补助项目长期以来没有提供适当的激励以在资金使用中促进国家目标实现。见 US Government Accountability Office (2007b)。
㉗Puentes (2008); Poole and Moore (2010); Transportation for America (2009); National Transportation Policy Project (2009); National Surface Transportation Infrastructure Financing Commission (2009); National Surface Transportation Policy and Revenue Study Commission (2008).
㉘Stolberg and Walsh (2010).

参考文献

American Association of State Highway and Transportation Officials (2010). "TIFIA: Transportation Infrastructure Finance and Innovation Act." *AASHTO Center for Excellence in Project Finance—Transportation Funding & Financing—Federal Credit Assistance*. http://www.transportation-finance.org/funding_financing/financing/credit_assistance/tifia.aspx.

Bolden, Michael D. (2010, December 7). "Lawmaker Seeks Auditor for Dulles Rail." *Washington Post*, http://voices.washingtonpost.com/dr-gridlock/2010/12/lawmaker_seeks_auditor_for_dul.html.

Gifford, Jonathan L. (2010, November 24). *State Infrastructure Banks: A Virginia Perspective*. George Mason University School of Public Policy Research Paper no. 2010-2032. ssrn.com/abstract=1714466.

Goldman, Todd, Sam Corrett, and Martin Wachs (2001). *Local Option Transportation Taxes: Part Two*. Berkeley: University of California, Berkeley, Institute of Transportation Studies.

Goldman, Todd, and Martin Wachs (2003, Winter). "A Quiet Revolution in Transportation Finance: The Rise of Local Option Transportation Taxes." *Transportation Quarterly* 57 (1): 19-32.

Kirk, Robert S., William J. Mallett, and David Randall Peterman (2011, January 3). *Transportation Spending Under an Earmark Ban*. Congressional Research Service, http://www.aashtojournal.org/Documents/January2011/earmarks.pdf.

"Local Government Authority—Home Rule & Dillon's Rule" (2010). National League of Cities official website, http://www.nlc.org/about_cities/cities_101/153.aspx.

National Surface Transportation Infrastructure Financing Commission (2009, February 26). *Paying Our Way: A New Framework for Transportation Finance*. Washington, DC. http://financecommission.dot.gov/Documents/NSTIF_Commission_Final_Report_Advance%20Copy_Feb09.pdf.

National Surface Transportation Policy and Revenue Study Commission (US) (2008). *Transportation for Tomorrow: Report of the National Surface Transportation Policy and Revenue Study Commission*. Washington, DC: National Surface Transportation Policy and Revenue Study Commission. http://digitalarchive.oclc.org/request?id%3Doclcnum%3A191092895.

National Transportation Policy Project (2009, June 9). *Performance Driven: A New Vision for U.S. Transportation Policy*. Washington, DC: Bipartisan Policy Center. http://www.bipartisanpolicy. org/sites/default/files/NTPP%20Report. pdf.

Poole, Robert W. , and Adrian T. Moore (2010, August). *Restoring Trust in the Highway Trust Fund*. Reason Foundation.

Puentes, Robert (2008). *A Bridge to Somewhere: Rethinking American Transportation for the 21st Century*. Brookings Institution, Metropolitan Policy Program.

Safe, Accountable, Flexible, Efficient Transportation Equity Act: A Legacy for Users, P. L. 109-59 (2005, August 10).

Stolberg, Sheryl Gay, and Mary Williams Walsh (2010, September 6). "Obama Calls for $50 Billion Public Works Plan." *New York Times*, sec. US/Politics. http://www. nytimes. com/2010/09/07/us/politics/07obama. html?_r=1&scp=10&sq=obama%20 labor%20day& st=cse.

Transportation for America (2009). *The Route to Reform: Blueprint for a 21st Century Federal Transportation Program*. Washington, DC. http://t4america. org/docs/blueprint_full. pdf.

US Bureau of Transportation Statistics (2010, January). *Pocket Guide to Transportation 2010*. Washington, DC. http://www. bts. gov/publications/pocket_guide_to_transportation/2010/pdf/entire. pdf.

US Bureau of Transportation Statistics (2006). "Table 5-3: Highway Vehicle-Miles Traveled (VMT)." http://www. bts. gov/publications/state_transportation_statistics/state_transportation_statistics_2006/html/table_05_03. html.

US Department of Transportation (2004). Report to Congress on Public-Private Partnerships. http://www. fhwa. dot. gov/reports/pppdec2004/index. htm.

US Department of Transportation (2008, July 18). *Innovation Wave: An Update on the Burgeoning Private Sector Role in U. S. Highway and Transit Infrastructure*. Washington, DC. http://www. fhwa. dot. gov/reports/pppwave/ppp_innovation_wave. pdf.

US Federal Highway Administration (2007). "User Guidebook on Implementing Public-Private Partnerships for Transportation Infrastructure Projects in the United States." http://www. fhwa. dot. gov/ipd/pdfs/ppp_user_guidebook_final_7-7-07. pdf.

US Federal Highway Administration (2010a). "Funding for Highways and Disposition of High-way-User Revenues, All Units of Government, 2008 1." *Highway Statistics* 2008 Table HF-10. http://www. fhwa. dot. gov/policyinformation/statistics/2008/ hf10. cfm.

US Federal Highway Administration (2010b). "Total Receipts for Highways, by Function." *Highway Statistics* 2008 *Chart REC-C*. http://www. fhwa. dot. gov/policyinformation/statistics/2008/rec. cfm.

US Federal Highway Administration (2011a). "Private Activity Bonds (PABs)." *FHWA Office of Innovative Program Delivery: Innovative Finance*. http://www. fhwa. dot. gov/ipd/finance/tools_programs/federal_debt_financing/private_activity_bonds/index. htm.

US Federal Highway Administration (2011b). "Section 129 Loans." *FHWA Office of Innovative Program Delivery: Innovative Finance*. http://www. fhwa. dot. gov/ipd/finance/tools_programs/federal_credit_assistance/section_129/index. htm.

US Federal Highway Administration, and US Federal Transit Administration (2008). 2008 *Status of the Nation's Highways, Bridges, and Transit: Conditions and Performance*. Report to Congress. Washington, DC. http://www. fhwa. dot. gov/policy/2008cpr/pdfs/cp2008. pdf.

US Government Accountability Office (2007a, June). *Airport Finance: Observations on Planned Airport*

Development Costs and Funding Levels and the Administration's Proposed Changes in the Airport Improvement Program. Washington, DC, http://www.gao.gov/new.items/d07885.pdf.

US Government Accountability Office (2007b, July). "Surface Transportation Strategies to Make Existing Infrastructure Perform Better." Washington, DC. http://gpo.gov/cgi-bin/getdoc.cgi?dbname=gao&docid=f: d07920.pdf.

US Maritime Administration (2009, February). *U.S. Public Port Development Expenditure Report* (FYs 2006 & 2007-2011). Washington, DC. http://www.marad.dot.gov/documents/2006_port_expenditure_rpt_—_final.pdf.

US Printing Office (2001). *Budget of the United States Government*. http://www.gpo.gov/fdsys/pkg/BUDGET-2001-BUD/html/BUDGET-2001-BUD-8-9.htm.

第 23 章 住房政策：演进中的州与地方角色

罗伯特·M. 巴克利（Robert M. Buckley）
亚历克斯·F. 施瓦茨（Alex F. Schwartz）
何晴 译

本章概括介绍美国的住房政策，重点关注为低收入家庭提供住房补贴的州和地方政府的项目和政策。自 20 世纪 70 年代开始，联邦政府开始放弃其作为住房政策主要参与者的角色，所以有必要对州和地方政府在住房政策中的角色给予特别关注。联邦政府的退出是通过以下措施来实现的：包括高度集中化项目（如公共住房）的缩减、补贴的增加和税收政策的拓展（旨在赋予州和地方政府更大的自由度以设计自己的住房计划），同时日益重视向个人而非向地方提供补贴。此外，如彭纳（Penner）所言，在联邦财政紧缩时期，州和地方政府所发挥的资源配置功能会在未来一段时期内不断增强。①

但是，即便有趋势表明地方各级政府在面向低收入家庭的住房政策中所扮演的角色日趋增强，供应低收入家庭有能力支付的住房仍然高度依赖政府间合作。因此，为了更好地理解州和地方政府在美国住房政策中所扮演的角色，以及这种角色的变化，就必须先理解美国住房政策的本质及其演变。

相应地，本文分为四部分。②第一部分介绍背景信息，我们会总结美国住房市场的主要趋势和发展模式，并描述住房市场的关键特征，包括自住/租赁比率、住房条件和成本方面的数据。我们将对增长的住房成本给予特别关注，因为在援助低收入家庭满足其住房需求方面，这些成本已成为一个日益重要的考虑因素。

第二部分关注美国国家住房政策。首先概述联邦住房援助政策，包括税法对房主和租户的不同补贴方式。我们还将关注那些面向房主的税收补贴政策，该政策使得更多富裕阶层受益而非中等收入阶层受益。其次，本章将逐项分析各类面向低收入阶层的住房补贴政策，这些政策包括低收入阶层住房税收抵免政策（LIHTC），以及政府近期通过"希望之六"（HOPE Ⅵ）计划在改造和重建公共住房的努力，上述政策主要是从供应层面发挥作用。最后，我们还将讨论政府在需求层面所做的努力，即采取租赁券形式来补贴低收入家庭的住房支出，这种补贴形式已经被美国和欧洲各国越来越多的采用。③

第三部分关注州和地方政府设计和实施的住房政策，这些政策的实施通常与非营利组织紧密合作。该部分将讨论州和地方如何使用联邦一揽子拨款和免税债券为住房政策融资，如何使用新的工具，包括住房信托基金和包容性分区，为开发低收入家庭支付能力范围内的住房融资。同时，本部分还简要介绍了社区开发商和其他非营利组织作为州和地方政府的合作伙伴在住房补贴计划中所扮演的角色。

第四部分就美国住房政策的优缺点，以及州和地方政府在住房政策中的角色及其变化，进行总结性评论。

美国住房：概述

很少有什么东西能像住房一样影响生活的方方面面。住房不仅提供了遮挡风雨的避难所，对于一个家庭而言，房屋承载着象征意义。房屋的价值高低由其所处位置、风格、周边学校、公园和其他设施情况而定。④房屋也是房主所拥有的财富形式之一，一般来说，房屋是家庭最重要的单笔财富形式。⑤另一方面，住房条件的恶劣会带来诸多不良后果，如健康风险，住房所处学区的优劣必然影响子女教育质量。此外，居住在犯罪率高发区域的居民遭受犯罪活动侵害的可能性会更高，如贫民窟居民遭受抢劫或者遭袭的风险较大。⑥

住房在经济中的角色。 1975~2008年，房地产业平均每年建造170万套新的住宅。尽管其生产具有周期性，但住宅的供应量在过去20年里几乎每年都在上涨，即便有下降，也只是轻微下降。然而，这项看似不可能打破的纪录被次贷危机和全国住房市场的崩溃所终结。在2007~2009年这三年间，新住宅供应量垂直下跌。2009年全国住宅开工总量仅55400套，较2005年减少了75%，为第二次世界大战以来的最低水平。⑦

在过去的20多年里，住宅产品主要为独户住宅，其在2005年占住宅总量的78%，较1980年有不到56%显著增长。后面将要讨论到，抵押融资体系的变化和联邦所得税法大大削减了住房租赁投入，而对自有住房更加有利。此外，如格莱泽（Glaeser）的研究所示，许多地区的地方性法规对于多户住宅开发有着严格限制，其结果就是多户住宅开工量仍低于20世纪80年代早期的水平。⑧

同时，住宅也开始变得更大、更豪华。自有住宅的平均面积已从1973年的1535平方英尺（约合138.15平方米）增长到2007年的2277平方英尺（约合205平方米），每个美国人平均有将近1000平方英尺（约合90平方米）的居住面积，是英国、法国或德国平均水平的两倍多。⑨多户住宅的户均面积也开始变得更大，但还没有达到独户住宅的面积水平。可以说，美国人的居住条件相当不错，虽然许多人不得不为此承担过高的支出。住宅市场的进步不仅体现在面积上，住宅管道质量差和其他严重住宅质量问题在20世纪中叶还很常见，但现在仅影响极少数的住宅。事实上，2000年美国的住房普查已经不再涉及房屋是否缺少污水和垃圾处理设施的问题，因为在此前的普查中发现仅有1%的住宅存在类似问题。⑩同样，全国的存量住宅的质量问题也得到明显改善，仅有极少比例的住宅存在质量缺陷。

相比 19 世纪末期和 20 世纪早期推出第一部建筑标准和土地使用改革时的情形，目前的状况已经大不相同。富兰克林·D. 罗斯福（Franklin D. Roosevelt）并没有夸张，在他的第二届总统就职演说中，他提到"全国 1/3 的家庭居住条件糟糕"。1940 年，45％的家庭生活在没有完整管道的住房里，特别在农村和南部地区。毫无疑问，住房条件在 20 世纪后半叶得到显著改善。无论按国际标准还是按照历史标准来看，现在美国人的居住条件确实非常好。

自住/租住比例。[①] 直到 20 世纪 40 年代，多数美国人都住在租赁房内。1940～1960 年，美国的自有住房比例从 44％快速飙升至 62％，这种增长源于多项推动力，尤其是在联邦住房与退伍军人管理局的支持下，30 年分期固定利率抵押贷款等金融产品的应用更是推动了自有住房比例的提高。自有住房比例在 2004 年峰值时超过 69％，此后开始掉头向下，折射出住房泡沫期间住宅价格的高涨和 2007 年房地产市场泡沫破裂后房贷断供数量的快速增加。

自住与租住之间的一个根本区别是房主的相对收入上升，以及房主与租户之间收入差距的扩大。2007 年，房主家庭收入的中位数为 61700 美元，是租户的两倍还多，但在 1991 年，这个差距仅为 75％。在财产数量方面的差别更为惊人。2007 年，租户净财产值的中位数为 5300 美元，只是房主净财产值中位数 234200 美元的 2％。

房主和租户在其他许多方面也存在差别。房主更多居住在独立的独户住宅中（比例为 85％），很少住在多户住宅，在有着超过三个单元的民居中，85％的住宅对外租赁。房主更多住在郊区或市中心以外区域，而非中心城区。房主更多是白人，很少来自少数族裔。房主和租户同样可能有 18 岁以下的未成年人，但是房主更多为已婚夫妻，而租户多为单身女性。房主更多是上年纪的老人，但很少单独居住。房主与租户相比，不太可能生活在贫穷之中，住房相关开销在收入中所占比例也很低。几乎所有的房主都有车，而将近 1/5 的租户没有自有车辆。此外，在租户家庭中，居住条件严重不良的人口数量所占的比例，从 1975 年的 11％下降到目前的 3％，即使如此，租户居民所租住的房屋存在中等或者严重的硬件缺陷的概率，仍比自住居民高出两倍多。

负担能力。住房的负担能力是比房屋硬件条件或拥挤程度更重要的关注点。美国所有家庭中，只有不到 2％的家庭所居住的房屋硬件有严重缺陷，不到 4％的家庭居住条件过于拥挤，而相比之下，有超过 16％的家庭将其 50％甚至更多的收入花在住房开销上，其中 24％是租房者。不同于住房的硬件方面，负担能力不完全是住房问题，还关系到收入问题和成本问题。换句话说，居民对住房的负担能力因住房成本或居民收入的变化而变化。美国一般以收入的 30％作为衡量住房负担能力的基本标准。如果一个家庭在住房方面的开销大于其税前收入的 30％，则被认为在住房的负担能力方面存在一定的问题。当住房方面的开销大于收入的 50％时，则被视为其住房负担能力方面存在严重问题。

按这些标准，2007 年超过 30％的房主和超过 45％的租户存在住房负担能力问题。而且，对于他们中的许多人来说，这一问题的严重程度颇高，他们没有得到任何政府补贴：在租房度日并且没有得到任何政府补贴的低收入群体中，有半数将其

50%的收入花费在房屋租金上或居住在硬件有严重缺陷的住房里,这个问题是较高收入家庭所没遇到的。举例来说,如果我们关注最高收入群体和最低收入群体,会发现在住房开支方面面临严重的负担能力不足的人群中,有91%的租户和57%的房主来自收入水平在最低四分位的人群;而相比之下,只有不到1%的租户和16%的房主来自收入水平处于最高两个四分位的人群。

解释负担能力问题。 多种原因可以用来解释贫困租户普遍存在住房负担能力不足的现象,其中最重要的是,住房市场的运行功能与宏观经济趋势(如收入分配格局的变化)之间的相互作用。

至于住房市场运行,最重要的因素很可能是满足低收入家庭住房需求的相关政策的缺失,这种政策缺失与两个因素有关。其一是我们选择的补贴方式,对此奎格利(Quigley)描述为:这套补贴方式鼓励人们去赢得赌金,而不是形成一套程序去鼓励居民更好地寻找住房和鼓励增加房屋供给。其二是住房市场管理的方式限制了市场的运行,因此房屋供应的调整经常较为滞后。⑫当然,租户收入水平下降的一个重要原因是,许多收入相对较高的租户在过去20年购买了住房,因此,高收入租户数量的减少导致租户平均收入水平的降低。但需要注意的是,住房市场的这种变化是在经济不平等现象日益严重的大背景下发生的。⑬

就大趋势而言,日益严重的住房负担能力问题已为迪帕斯奎尔(DiPasquale)和默里(Murray)的研究结果所证明。他们发现,在大都市中,2000~2005年实际租金增长了9%,而租户家庭收入下跌5%;长期趋势显示,租户收入的中位数降低的同时毛租金的中位数有所上涨。⑭

此外,随着处于低收入群体的租户数量的增长,低收入群体能够负担得起的住房的供应量却在不断萎缩。举例来说,1991~2005年,极低收入水平的租户(收入低于本区域家庭收入中位数的30%)增长了近160万个家庭(增长率为18%),而这些租户能够负担得起的住房数量却同时减少了超过40万套(减少6%),这是由于高收入家庭"渗入"低价住房市场,以及从住房存量中拆除或移除了200万套低收入住房。⑮因此,对低定价住房的需求相对增加,从而导致这些住房的租金上涨。与此同时,收入水平较高的租户却享受到相对改善的住房条件,事实上,收入水平高于本区域平均水平73%的租户才能够得到在其承受能力范围内的具有可获得性的住房供应。

类似地,哈佛大学住房研究联合中心的研究发现,低收入家庭可负担的老旧住房的供应出现惊人地减少。1997~2007年,在那些建于1940年之前、租金水平在400美元或更少(以2007年的价格)的住房中,约有30%的住房被拆除或从租房存量转为房主自住或临时使用住房,或者变为更高租赁类别。⑯这些趋势尤其令人担忧,因为老旧住房在美国可负担住房市场中占多数。

造成低收入租户可负担住房量短缺的另一原因是联邦政府补贴住房量的减少。1991~2007年,公共住房存量降低了约25万套(约18%),主要因为老旧住房的大量拆除,许多类似住房被混合收入住宅小区所取代,结果就是补贴住房量的净下降。

此外，随着房主拒绝续签补贴合同，自 1997 年至今，已有超过 15 万套私人拥有但由联邦补贴的住房从市场中消失。[17]

最后，市场未能向低收入租户提供可负担住房的原因部分源自对可建住房的尺寸、质量和密度等加以规制的政府法规。举例来说，建筑规范和划区标准对所有新建住房提出最低面积要求，但是，这些标准与健康和安全之间是否有相关性令人怀疑。此类面积标准会直接导致新住房的定价超出许多低收入家庭的承受范围，例如，低收入家庭仅可负担 500 平方英尺（约合 45 平方米）的住宅，但这样面积的住房可能不符合最低面积要求。

对土地使用的限制也拉高了住房成本。举例来说，大型郊区项目规划提高了单位面积住房的土地成本。格莱泽已证明对于多户住宅的约束严重限制了低成本住房的供应，提高了其成本，并大大降低了它们的可负担性。[18]虽然自 20 世纪 90 年代中期开始，房主住房成本负担为何会快速增长还没有得到很好的解释，但是，可以肯定的是，收入分配政策以及收入分配趋势都对低收入家庭的住房成本产生了不利的影响。

无家可归。 在所有住房问题中，无家可归毫无疑问是最深刻的问题。无家可归意味着将一个人置于亲友的怜悯和善意帮助，以及各类社会福利机构的帮助之下。没有住房，找工作或保持工作都非常困难。无家可归使孩子难以定期上学，使人们更容易遭受疾病、精神健康问题、药物滥用和犯罪问题。与其他住房问题不同，无家可归很难量化。然而，对所有可用数据的认真分析表明，无家可归的主要原因是住房的可获得性和住房成本。[19]研究显示，当住房花销昂贵且住房供应不足时，无家可归者就会增加。简单说来，不管无家可归的实质有多复杂，无家可归——住房与城市发展部估计 2009 年的无家可归者超过 64 万人——是住房可负担问题的另一表现。[20]

美国住房和城市发展部（HUD）自 2005 年开始，每年就全国无家可归者状况统计情况发布一份报告。2009 年报告显示，在 1 月份的一个晚上，超过 64.3 万人无家可归，这包括在收容所和街道上的无家可归者。报告还发现，在 2009 年 9 月 30 日截止的 12 个月期间内，超过 160 万人待在收容所或过渡房中，这个数字还不包括那些无家可归但不在收容所度日的人。[21]

联邦住房计划

考虑到住房问题的复杂性和住房对于基本生活条件的重要影响，政府的住房政策不仅仅包括提供基本庇护就不足为怪了。住房政策自 19 世纪起开始为美国政府采用，政策的发起往往受多重因素影响，这些因素绝不仅是为居民提供体面的和可负担的住房。举例来说，19 世纪晚期和 20 世纪早期的改革对照明、通风、消防和卫生等设立了最低标准，政策的制定源于公众希望阻止传染病传播和抑制反社会行为的要求，以及改善居住环境的愿望。类似地，1937 年，在通过最初的公共住房法规时，国会更关心如何推动建筑行业就业而非给低收入阶层提供住房，这种考虑在一定程度上推动了目前的针对供应方的补贴政策的发展。就计划实施对政府机构的依赖程度而言，各项政策也有很大差别。一些政策，例如公共住房与租赁券政策，几乎完全依赖于政府机构（包括联邦、州和地方政府），其他政策则涉及与营利或非营利开发商的合作。

自20世纪30年代开始，联邦政府创立了首个国家住房计划，到70年代中期，联邦政府设计、资助和实施了几乎所有住房计划。这些计划各自属于某一部门所管，州和地方政府只有最小的自主权。市和县设立了公共住房局（PHA），其职能是开发和管理公共住房，并管理租赁券计划。但是公共住房局只有很低的自主性。公共住房局设立的初衷是因为宪法并没有赋予联邦政府行使土地征用权并为公共政府获取土地的权力。②因此，国会通过具体法案，由地方政府成立公共住房局以获取公共住房土地，然后发行债券为建设住房融资，联邦政府支付债券利息，并就公共住房的租户资格标准、租金水平、建设和设计标准及几乎所有其他方面发布规则和条例。公共住房机构实质上是联邦政府的分支机构。

自20世纪70年代中期开始，州和地方政府在美国住房政策中扮演的角色越来越重要。当时联邦政府首次开始采用一揽子拨款政策，随后政府新的住房计划大多采用这种财政拨款形式，包括社区发展一揽子拨款计划、家庭投资合作关系计划以及面向美国原住民、无家可归者和艾滋病患者的住房一揽子拨款计划等。此外，低收入阶层住房税收抵免、全国最大的针对供应方的租房补贴计划等也采用了一揽子拨款形式。

目前，联邦政府继续资助着大多数政府补贴计划，但是这并不意味这些计划的内容没有变化。州和地方政府现在在很多方面有着更大的话语权，如决定哪类住房应获得补贴、哪类家庭应享受补贴优先权、住房应建在哪里、非营利或营利开发商的参与程度，甚至所提供补贴的类型等。

联邦政府一揽子财政补助形式的采用所带来的后果之一是，除了租赁券项目和一些很小的项目外，由联邦政府直接补贴的住房项目自20世纪70年代起已无明显增长。事实上，联邦住房项目的总存量自20世纪90年代起已逐步减少，这种减少反映出公共住房的拆除和重新开发，以享受联邦补贴的私人住房的减少，这类私人住房的减少主要是由联邦担保抵押贷款的提前偿还和联邦补贴合同的到期等原因导致。③从预算的角度看，2010财年，从过去几十年延续下来的住房项目占住房和城市发展部总预算的1/3以上，租赁券项目占总预算的42%，一揽子补贴项目约占19%。④

接下来特别关注了四种主要的住房补贴项目类型：税收和财政补贴、低收入阶层住房税收抵免、公共住房和租赁住房券，其他的规模较小的项目将忽略不表。⑤

税收和财政补贴。 尽管许多人可能会将美国的住房政策与低收入家庭住房（如公共住房）联系起来，但实际上，联邦政府通过各种自有住房税收优惠的形式为富人提供了数额更大的住房补贴。2008年，大约700万低收入租户受益于联邦住房补贴，但同时，有超过7000万自有住房者在其房屋的推算租金收入上享受免税待遇，其中还有部分自有住房者的联邦所得税获得按揭利息扣除待遇。2008 年，联邦政府在直接住房补贴上的开支总计不到 402 亿美元，与此同时，按揭利息扣除和其他房主的税收优惠合计接近 1850 亿美元。此外，相当大比例的税收优惠的受益者是收入高于 10 万美元的家庭。事实上，波特巴（Poterba）和西奈（Sinai）的研究显示收入超过 25 万美元的家庭每年所获得的补贴是收入在 4 万~7.5 万美元家庭的十倍还多（见表 23.1）。㉖

除了按揭利息扣除，面向自有住房者的其他税式支出还包括财产税支付抵扣、住宅销售减税、来自住房的推算收入免于课税，以及面向首次购房者的低息按揭（由免税债券所资助）。㉗ 租房的主要税收刺激包括低收入群体住房和老旧建筑翻修的税收抵免，以及免税债券资助的低息按揭。简而言之，即使不考虑通过金融系统提供的援助（房利美和房地美，两个政府赞助的信贷机构），住房援助也是主要针对自有住房者，在一定程度上可以说，受益者是富裕家庭。㉘

表 23.1　　　　　　　联邦政府财政支出概览（特定项目）　　　　单位：10 亿美元

2011 财年支出项目	金　额
租赁券	18.3
基于项目的租赁援助	9.3
公共住房	6.7
Hope Ⅵ	0.1
社区开发一揽子拨款	3.3
家庭投资合作计划	1.6
无家可归者援助补贴	1.9
老年人住房	0.4
残疾人住房	0.15
2007 财年税式支出	
自有住房者补贴	152.2
按揭利息纳税扣除	100.8
财产税支出纳税扣除	16.6
资本收益免税	22.8
投资人补贴	29.5
州和地方债券利息减免	1890.0
加速折旧	11.8
低收入阶层住房税收抵免	5.8
被动损失规则豁免	8.8
1997 年后分期付款销售收入递延	1.2

资料来源：National Low Income Housing Coalition (2011); Budget of the US Government.

低收入阶层住房税收抵免。 低收入阶层住房税收抵免是美国税收法律框架下对低收入阶层租房支出的最大补贴项目之一。低收入阶层住房税收抵免，是1986年税制改革法案的一部分，该政策对低收入阶层住房的投资发挥了激励作用，目前该政策已覆盖190万家庭，比公共住房项目覆盖的120万家庭还要多。2009年，美国财政部在此政策上的开支为58亿美元。㉙低收入阶层住房税收抵免允许投资人使用抵税额冲抵其联邦所得税。纳税人可获得10年税收抵免，房屋必须在至少15年内提供给低收入家庭居住。抵免额度取决于住宅项目的成本和位置，以及低收入家庭的入住比例。不同于与房地产有关的其他税收政策，低收入住房税收抵免并非自动授予，税收抵免通常由州住房金融局（HFA）指派给单个住房项目。联邦税收抵免额的总额由州人口决定。2010年，各州可每年每人分配2美元的税收抵免额，总量按通货膨胀率进行调整。开发商向州住房金融局申请税收抵免。州税收抵免额中至少10%的抵免额必须分配到非营利组织开发的住房项目上。税法通常将低收入阶层住房税收抵免的应用范围限制于企业投资者。在某种意义上，税收抵免计划类似于联邦一揽子拨款计划，各州获得固定数额的联邦抵免额，在税收抵免的使用上有相当的裁量权。

如果一个租赁房项目中20%的单元可以提供给收入不高于本市家庭收入中位数50%的家庭租住，或者至少40%的单元可以提供给收入为中位数收入60%的家庭租住，那么该项目就有资格获得税收抵免。许多开发商将税收抵免项目中的多数（经常为全部）单元留给低收入家庭租住，从而最大限度地提高自己可获得的抵免额，然后就可以选择将其他项目出售给收入更高的家庭。最高可负担租金的设定一般根据家庭收入决定，以本区域家庭收入中位数的50%~60%为基础，该基础值的30%即为最高可负担租金，具体租金取决于税收抵免单元在项目中的比例。有必要指出的是，其他联邦住房项目中，租户的租金支出不超过调整后收入的30%，差额部分由政府补贴，而税收抵免项目中，租户则可能会面临高出收入30%的租金，虽然其收入低于项目的最高上限。

关于低收入住房税收抵免项目所资助住房项目的最近一次评估是安永会计事务所所做的一项全国性研究，研究覆盖超过100万套住房单元。㉚该研究追踪了1.4万个住房项目从2000~2005年的财务状况，结果显示运行相对不错。入住率中位数为96%，每住房单元带来240美元的正现金流。但另一方面，研究发现，18%的房屋在2005年的入住率低于90%，34%的房屋资产负债率低于1.0或出现负现金流。然而，研究也指出，不佳表现似乎仅是临时现象，因为只有少数房屋会一直低于标准结果。从入住率方面来看，只有大约2%的房屋在整个研究期间都表现不佳；从资产负债率和现金流方面来看，这一比例只有4%。研究还发现样本中的房屋有着极低的年化止赎率（0.03%）。

低收入阶层住房税收抵免政策避免了其之前项目所遇到的许多问题。它有着充足的灵活性，各州可按各自的需要和优先级制订计划。在长期运行中，该计划没有出现任何丑闻或不正当行为。但是，金融危机带来了新的问题，该计划的可持续性如何？依赖税收抵免和其他激励措施来激励和引导私人投资生产低收入阶层所需住房是否明智？

就低收入阶层住房税收抵免政策效率的疑问来自四个顾虑。第一是政策的复杂性，低收入阶层住房税收抵免政策自政策公布之日起就因其复杂性而饱受批评。例如，迈克尔·斯特格曼（Michael Stegman）曾批评该政策让低收入阶层住房的包销程序变得非常复杂和烦琐。[31]除了复杂之外，该政策还不够灵活，没有为开发商开发混合收入项目提供激励。如之前所提到的，税收抵免只适用于收入低于本区域家庭收入中位数50%~60%的家庭所能承受的住房，而更高收入租户租住的住房没有任何税收抵免。此外，税收抵免的监管要求使得混合收入税收抵免住房项目的管理变得非常繁重。

第二个顾虑关于住房的可负担性。税收抵扣政策适用的住房，其租金是固定的，如果租户的收入下降，那么租金在其收入中所占的比例会增加，这一比例可能会超过30%。因此，虽然政策有效地提升了开发商对开发低收入家庭住房的关注度，但极低收入家庭却很少能负担起税收抵免住房，除非他们获得联邦住房券。

第三，政策无法保证获得补贴住房的长期可持续性。一些税收抵免住房在最初的15年期限到期之后可能会转换为市价出租。更重要的是，此类开发项目缺乏资金来进行公共维修和维护。联邦和州政府已修改税收抵免政策，将最短可负担期限延长至15年以上，州和地方政府也提供了额外资源（包括新的税收抵免政策）以支持资产改良。但实际上如果政策设计有所不同，此类努力实际上并不需要。[32]

第四，此类财政工具的一个传统问题是效率问题。纳税人会比较此类税收优惠政策与其他补贴工具相比带来的好处和付出的成本。一般来说，税收抵免政策给纳税人带来的成本要比直接补贴更高。[33]

无论如何，低收入阶层住房税收抵免政策已经从"深奥"的财政工具演进为美国低收入租赁房最重要的融资来源，它已取代了几乎所有之前的租赁房投资税收刺激政策。毫不奇怪，因为这是一种新颖的、未经检验的税收激励政策，有着不确定的未来，所以投资人最初购买税收抵免住房时能够享受较大的折扣。因此，在政策实施早年，开发商经常被迫四处融资，以补充税收抵免股权资本不足和获得最高额度的抵押贷款。

然而，随着市场逐渐熟悉低收入阶层住房税收抵免政策，以及国会取消该政策的"日落"条款，投资人对税收抵免房屋的支付价格逐渐提升。因此，税收抵免权益已覆盖越来越高比例的总开发成本，对资本缺口的融资需求降低，让这些住房能够真正面向低收入家庭。简而言之，低收入阶层住房税收抵免政策变得更为高效了。更多的税收抵免直接用于实际开发，更少的抵免转移到投资人的财务回报或银团成本，但是这些益处已经部分地为2008~2009年的金融危机所抵消。

2008~2009年的金融危机凸显了政策的其他弱点，危机揭示出政策高度依赖于少数大型金融机构的投资。这些机构对于税收抵免的需求在2008年显著收缩，因为它们在抵押贷款等业务中损失了数十亿美元，一些大型机构则干脆破产或为政府所接管。展望未来，因为大衰退导致企业盈利能力降低，至少在近期内，低收入住房税收抵免政策无法达到危机前的政策效果，虽然该政策不牵涉每年的"拨款大战"，但是由于该政策受商业周期影响明显，这可能意味着开发商将需要更多的财政补贴，以及可能需要收取更高的租金。

公共住房。 公共住房计划创始于1937年，是罗斯福新政期间通过的最后一批重大法案之一。该法案修改了多次，用时数年，才获得国会批准。公共住房计划取代了规模较小的新政计划，后者曾作为支持公共工程开发政策的一部分，用于资助低收入住房的开发。法案授权地方公共住房局发行债券以资助公共住房的开发，联邦政府为这些债券支付利息和本金，公共住房的运营成本来源于租户支付的租金。

然而，在过去的20多年里，更多的资源投入现有公共住房的维护和重建，而非进一步扩大项目规模。公共住房的总量在1994年达到140万套的峰值，到2008年总量已下滑19%，减少近27万套。截至2003年，只有5%的公共住房是在1985年以后建设的，而且其中多数只是对已拆除的老旧公共住房的替代住房。另一方面，2003年所有公共住房中有57%房龄超过30年。㊴显然，该政策比较稳定。

HOPE Ⅵ和公共住房改造。 1993年，国会启动HOPE Ⅵ计划以拆除和重建老旧公共住房。自政策推出之后，全国数以百计的公共住房项目被改造为与公共住房概念相悖的住房开发项目。老旧公共住房被更小规模的混合收入住房所取代，如果回到第二次世界大战后，后者的设计标准一定会被批评为过度浪费。联邦政府也在寻求通过改变租户的资格标准和采取更为严格的迁出政策，来缓解公共住房的贫民窟化和犯罪率高的现象。

在过去的20年里，HOPE Ⅵ计划主导了全国的公共住房改造。它资助了超过15万套老旧公共住房单元的拆除，在247个公共住房项目的重建中共投资61亿美元。在此过程中，它从根本上改变了公共住房的面貌。㊵最初，HOPE Ⅵ关注于公共住房的硬件重建和居民权益，寻求用低密度的项目取代老旧破败的公共住房，并通过吸引收入较低的工薪家庭来实现居民收入阶层的多元化。

该政策的目标很快变得更为广泛和更具雄心，包括"经济融合化和贫穷分散化、'新城市主义'和内城复兴"等。㊶与此同时，传统公共住房的单调外观被装饰有门廊、飘窗和"人字"房顶等点缀的低层建筑结构所取代，而且与以往做法不同，HOPE Ⅵ项目在设计上追求与周围社区的融合性。

为改善安全性，HOPE Ⅵ开发项目通常赋予居民对其房屋外部区域更大的控制权。传统的公共住房一般会有如走廊、停车场和无差别开放空间等公共区域，而这些公共区域往往是犯罪高发区域。HOPE Ⅵ在设计上，将空间分为居民私人空间和半私人空间，将居民无法有效控制的公共空间减到最小。HOPE Ⅵ开发项目还有着较之前公共住房更高的便利性。公寓里通常配有洗碗机、中央空调、洗衣机和烘干机，这类设施在以市场价出租的房屋中很普遍，这些设计上的变化使得HOPE Ⅵ项目更有可能吸引高收入家庭，而高收入家庭与典型的公共住房目标租户群体不同，他们在住房市场上有着更多选择。

为确保项目的可行性，HOPE Ⅵ批准每单元的开发成本可以比之前公共住房所允许的开发水平更高。在一项有关HOPE Ⅵ项目的大型评估中，评估者写道："原则上，这些更高的开发成本在长期内将得到回报，回报不仅体现在更高质量的生活环境上，还体现为更低的维护成本。具体而言，精心设计和建设的住房可以有效减少对房屋的故意损坏，也能够使得房屋可以更好地抵抗正常磨损。"㉜

除了项目融资和设计上的创新之外，HOPE Ⅵ计划还带来了公共住房物业管理上的改变，公共住房机构经常将HOPE Ⅵ项目的管理外包给私人物业管理公司。不同于大多数公共住房所采用的高度集中式物业管理，多数HOPE Ⅵ项目采取独立管理方式，每个单元都有自己的运营预算，运营成本和运营绩效按单元跟踪管理。这种方法在其他多户房产项目中很常见，这种管理方式可以确保私人资本的投资得到充分照顾。HOPE Ⅵ还将公共住房及其居民带入主流社会。它开发了一个新的市场，私人资本和贷款提供者已经将混合收入和混合融资的公共住房视为一项有利可图的投资项目。住房机构也能利用它们与HOPE Ⅵ的合作关系与经验，推进和完善房产项目的管理、运营、设计、维护和杠杆策略等。

没人否认HOPE Ⅵ项目对于其所取代的老旧公共住房是一种显著改进。然而，项目并不一定改善了所有原公共住房居民的生活。这主要有两个方面的原因。第一，通过用规模更小的混合收入项目来取代大型公共住房项目，HOPE Ⅵ项目所包含的公共住房单元数量一般比其所替代的原有项目少。举例来说，项目在1993～2007年间提供的再开发补贴涉及96226个公共住房单元的拆除和11961个单元的翻修，它们将被111059个单元所取代。然而，这些新单元中只有59674套（占再开发单元的45%）所获得的补贴金额可以支持极低收入家庭租住，其他的住房要么获得的补贴金额较少，其所面向的租户并不一定适合公共住房，要么没有任何补贴，面向普通的租房者或者购房者。㉝

针对HOPE Ⅵ的第二个批评则关注那些无法住进新项目的公共住房居民的命运。截至2005年9月，只有24%的原公共住房居民重新住进了完工的HOPE Ⅵ项目（包括17382个家庭），而之前政府机构预测的比例为38%。HOPE Ⅵ计划下再开发公共住房项目的新居民并非全部有资格入住，地方住房机构和物业经理有自主权去设计和执行比一般公共住房项目更严格的资格标准。HOPE Ⅵ项目可能排除那些信用记录不好、有犯罪记录或不具备家庭管理能力的家庭和个人。㉞

这些被迫搬出来的家庭有许多家庭在其他援助计划下获得重新安置。举例来说，HOPE Ⅵ拆除的公共住房的原居民可获得租赁券，他们从平均贫困率61%的区域搬到了平均贫困率27%的区域。在没有搬回原HOPE Ⅵ小区的居民中，大约40%的居民生活在贫困率低于20%的区域。对原公共住房居民的调查显示，他们对于新家和社区质量有相对较高的满意度。另外，这些原公共住房居民继续生活在少数族裔主导的社区。一个研究报告提到，在重新安置的租赁券持有者中，有40%的居民在过去一年里在支付租金和物业费方面有困难（不同于公共住房居民，低收入住房援助项目的对象需自己承担物业费）；约50%的家庭反映他们难以支付足够的食物

开销。㊵

HOPE Ⅵ的未来面临不确定性。项目的资金已从2010财年的1350亿美元缩减到2011财年的998亿美元。在其最高水平时，项目的资金每年超过2000亿美元。奥巴马政府已开始寻求用一个新项目来替代HOPE Ⅵ项目。新计划名为"选择邻里倡议"，初始资金2.5亿美元，它将"利用HOPE Ⅵ项目的经验，通过对老旧公共住房和援助住房的改造性投资，以及与学校改革和学龄前教育的更紧密关联，来帮助复兴高贫困率社区"。㊶

租赁住房券。租赁住房券是美国规模最大的住房补贴项目，支持了约220万个低收入美国家庭，但同时，由于租房券项目不涉及任何具体房产项目，因此也是最不"显眼"的住房政策。低收入住房税收抵扣政策等公共住房和补贴项目一般用于支持特定房产项目的建设，而住房券政策主要支持低收入家庭获得私人市场中已有的住房资源。与基于项目的补贴政策相比，住房券的管理成本更低，覆盖了更为广泛的社区和住房。但是，低收入家庭拥有住房券本身并不能保证家庭能够享受到补贴的好处，低收入家庭所租赁的公寓不能超过政策所允许的最高租金标准，并且符合政策中关于房屋条件的诸项标准，而且房主愿意参与该项目。

尽管租赁券先于1937年公共住房法案最早进入立法辩论程序，也经常在随后的政策讨论中被提出，但它直到20世纪70年代才成为美国政府政策的一部分。1974年住房法案启动了首个全国租赁券项目，随后经多次修改和调整。最初设计中，法案第8节——现有住房项目为收入不高于本地区家庭收入中位数80%的家庭提供资质证明。该资质证明可用于抵消调整后家庭收入的25%（后提高到30%）与公平市场租金（FMR）之间的差额。公平的市场租金每年根据超过2600个住房市场的数据计算得出，不同市场价格差别很大。2009财年，50个州市区两居室公寓的公平市场租金在512~1702美元（康涅狄格州），后者是前者的3倍以上，50个最大城市的两居室公寓公平市场租金的中位数为1007美元。

1983年，政府启动了独立租赁券项目。作为现有住房政策的一种变体，该项目赋予租户家庭更多的选择权，家庭可以将30%的收入，或者更多，或者更少的收入用于租房。项目将弥补收入的30%和"支付标准"（由政府机构确定，可以比公平市场租金更高或更低）之间的差额。项目允许参与者居住在租金超过支付标准的住房内，只要他们自己承担超出部分即可。选择租金低于支付标准的住房的家庭可保留部分结余，因此这些家庭用于租金的收入不到其全部收入的30%。

1998年，住房质量与工作责任法案将资质证明和租赁券项目合并为一个项目，重新命名为住房选择券计划（HCV）。HCV计划保留了租赁券项目的许多内容，法案允许住房机构在同一个市区内设立多种支付标准以反映不同的租金水平，租房价格较高的区域将设定更高的支付标准，租房价格较低的区域将设定更低的支付标准。该法案允许每个参与者将超过30%的收入花在房租上，但是不得超过40%。法案还允许租赁券持有者将其租赁券用于全国任何地方。法案给房主更大的自主权，房主可以决定是否将公寓租给租赁券持有者。法案规定极低收入家庭（收入低于地区家庭收入中位数的 30%）必须在每年发放租赁券的对象中占至少 75% 的比例。

到 2009 年，租赁券项目援助了超过 220 万个家庭，数量超过任何其他联邦住房政策。在住房和城市发展部所援助的家庭总量中，租赁券项目所援助的家庭数所占比例从 1993 年的 34% 提高到 2008 年的 42%。[42]虽然自 20 世纪 90 年代开始，公共住房和其他基于项目的补贴计划援助的家庭数量已开始降低，但是租赁券项目援助的家庭数量却一直在增长。[43]在这一数量增长中，有 1/4 是之前未受到任何联邦住房援助的家庭的数量增长，其余 3/4 来自原接受公共住房和其他基于项目补贴计划援助的家庭向租赁券项目的转换。

租赁券较基于项目的补贴计划有更大的优势，在该项目下，平均每一住房单元上的支出更少，这样使得政府用同样规模的资金援助了更多的家庭。举例来说，在考虑了住房位置和单元面积的差别之后，审计总署预计，HOPE Ⅵ 计划下再开发的公共住房在其 30 年的生命周期中，将比租赁券项目多花费 27% 的成本，而比低收入住房税收抵免项目支持的社区将多花费 15% 的成本。[44]

显然，租赁券比基于项目的补贴计划提供了更多的选择权，资助对象可以自行选择居住的社区，与其他基于项目的计划相比，特别是与公共住房项目相比，在租赁券项目下，居住在贫民窟的居民比例显然更低。但是，租赁券项目无法保证不会出现种族隔离问题，租赁券持有者中的少数族裔通常居住在少数族裔社区。此外，租赁券持有者可以负担得起的住房（按照住房机构的支付标准）的地理分布也限制了这些居民进入中产阶级社区的可能性。如果可负担得起的住房供应短缺，则租赁券的推广价值会大打折扣。

过去 30 多年的经验也凸显了这种方式的局限性：不同类型的家庭通过租赁券计划获得的援助程度是不同的，房屋租赁市场的供需关系也影响政策效果。一般来说，持有租赁券的大家庭、老年人，以及有特殊需求的家庭和个人找到合适住房的概率明显较低，这类家庭在基于项目的补贴政策下受益更多。基于项目的补贴政策能够达到低收入者住进中产阶级社区的目的，这在一定程度上推动了种族融合。此外，在租赁市场供给紧张的地区，基于项目的补贴计划增加了低成本住房的供应。

随着时间的推进，租赁券项目已经逐渐变成一种政治责任。申请住房租赁券的低收入家庭的数量在不断增长，老旧公共住房的拆除、原享受联邦补贴的私人住房的退出等因素都增长了租赁券的需求量，这大大增加了联邦预算中租赁券项目的预算成本。

州和地方住房政策与非营利部门

联邦政府已经不再是美国住房政策的主要决策者。从 20 世纪 70 年代末开始，州和地方政府以及各种非营利组织在住房政策与计划的制定和实施中开始扮演日益重要的角色。联邦政府通过多种形式鼓励这种角色变化，包括将高度集中计划（如公共住房项目）的决策权下放给州和地方政府，联邦政府的补贴采取一揽子形式提供给州和地方政府，以保证其有更多的自主权来设计本辖区的住房政策等。这种转变反映了联邦政府补贴的稀缺性，以及补贴的供应从集中、分类的方式转变为一揽子拨款形式。本部分将探讨州和地方政府住房政策的格局，重点关注一揽子拨款和其他基金的使用形式。同时还将讨论社区开发公司和其他非营利组织作为州和地方政府的合作伙伴，在住房政策中所扮演的角色。

20世纪80年代，里根政府急剧削减联邦住房开支的增长，州和地方政府不得不寻找新的方式来解决其日益增长的住房需求。它们需要找到新的资金来源和制订自己的发展计划。1980年至90年代早期，州政府资助的住房项目数量增加了177项。到2006年，住房方面的州政府开支已增加到51.5亿美元。不过，州政府在住房和社区开发上的总支出仍相对节制，从未达到州总支出的1%。

地方政府住房和社区开发支出的增长比州政府该项支出的增长更快，已接近370亿美元，扣除物价增长因素，2006年，该项支出是1981年的两倍还多。不过，与州政府一样，绝对值的增长并不意味着该项支出在政府总支出中所占比例的增长。1991年以来，住房和社区开发支出在地方政府总支出中所占比例在2.5%左右，较20世纪80年代的2.9%有所下降。

在过去的20多年里，州和地方政府启动了各种形式的住房项目，数量之多，仅一章的篇幅来叙述是远远不够的。事实上，关于州和地方政府的住房政策，已有很多专著问世。[45]本文的目标是介绍这些项目的一些主要特征——重点介绍资金来源、所提供补贴的类型和持续时间、所援助的住房活动的类型、所援助家庭的收入和其他特征，以及它们的优势和限制。

我们将重点关注州和地方政府资助或支持中低收入住房的四种最普遍方式：联邦一揽子拨款、债券融资、住房信托基金和包容性分区。我们还将简略讨论不同类型非营利组织在实施州和地方政府住房政策中所扮演的角色。

联邦一揽子拨款

社区发展一揽子拨款计划。 住房和其他社会福利计划从联邦政府向州和地方政府下放的第一步，伴随1974年社区发展一揽子拨款计划（CDBG）的诞生而迈出，该计划替代了八项联邦计划。这八项计划（包括市区重建与模范城市）要求州和地方政府就获得针对特别项目的联邦资金支持而展开竞争，而且接受资金的州和地方政府在基金的使用上仅享有有限的决策权。相比之下，在联邦资金如何使用方面，社区开发一揽子拨款计划赋予了州和地方政府更多的自主权。

为了获得一揽子拨款，州和地方政府必须准备一份综合计划，说明本地区的住房需求，并设计一套满足这些需求的战略计划，明确该战略所需的资源以及具体如何实施。一揽子拨款计划允许州和地方政府采取多种形式，如不动产的购买、处置或保留，居民和非居民建筑的修复，社会服务以及经济开发等。一揽子拨款计划明确禁止资助的活动包括公共工程（政府建筑、学校、机场和体育场馆），一般政府设施（如园林养护、街道修复）和政治活动等。至少70%的一揽子拨款支出必须惠及中低收入阶层，后者被定义为年收入不超过地区家庭收入中位数的80%。

一揽子拨款计划允许财政资金用于各种形式的住房开发活动，但设置了一个限制：禁止地方政府使用一揽子拨款计划资金建设新的居民建筑，除非这是"最后的选择"。自创立以来，该计划28%的资金用于住房领域，多数用于住房修复。2008财年，一揽子拨款计划住房开支中近3/4用于住房修复。

总体而言，一揽子拨款计划支持了广泛的社区开发项目和活动，其中许多项目涉及住房。它无疑是最灵活的住房与社区开发联邦资金来源，一个对该计划的评估认为它非常有效。[46]同样地，最近关于该计划在17个城市中的社区影响而进行的一项研究发现，当一揽子拨款计划在一个社区中的开支超过最小阈值时，也就是说当一揽子拨款计划针对有限数量的社区时，社区改善最为显著。[47]

对于一揽子拨款计划的主要批评在于资助对象的选择上，该计划将获得资助的收入标准确定为本辖区家庭收入中位数的80%，这一标准的设定使得该计划的惠及范围较大，但惠及对象不一定是低收入居民。此外，如前所述，在一个地区的一揽子拨款计划中，30%的支出根本不需要确定任何受益群体。在这种情况下，一揽子拨款基金的使用甚至可能伤及低收入家庭的利益，如一揽子拨款计划资助的翻新项目要求原居民搬出时。[48]

家庭投资合作关系计划。 1990年，国会批准了第二项一揽子拨款计划，即家庭投资合作关系计划（以下称"HOME计划"）。该计划是全国最大的联邦一揽子拨款计划，专门关注于中低收入家庭的可负担住房。该计划给了州和地方政府广泛的自主权，以保证其可以决定近20亿美元的财政资金如何支配。但是该计划规定，这些财政资金必须花在住房计划和项目上，这些计划和项目的受益人必须是低收入家庭。60%的家庭基金提供给市和其他地方政府，州政府获得另外40%的资金。如同联邦一揽子拨款计划一样，美国住房和城市发展部根据需求情况在各个辖区间分配家庭基金。国会要求所有参与该计划的州和地方政府每年分配不少于15%的家庭基金给社区的非营利组织，即社区住房开发组织（CHDO）。此外，国会还要求州和地方政府按照一定比例配套资金。

到2009年3月，HOME计划已为州和地方政府提供了超过277亿美元的资金，援助了110万个租户和房主。家庭基金中多数资金用于支持低收入租赁房的开发，大约1/4的资金涉及各种购房活动，不到1/5的资金用于自有住房的翻修。

HOME计划还涉及购房者资助，这些计划包括购房咨询、首付和买卖手续费的资助、首次或二次低息抵押贷款，以及补贴房主自住住房的建造。后者涉及的补贴内容是中低收入家庭的新房建造、收购和翻修现有住房以向这些家庭出售。

HOME计划资助项目必须援助其家庭收入不高于本地区收入中位数80%的家庭，在租赁房中，这一比例为家庭收入不高于本地区收入中位数的50%或65%。除了对家庭收入有明确的标准外，HOME计划还要求其援助的住房在最低使用年限内租金保持在可负担水平内。如果没有其他补贴来源，极低收入家庭（收入低于地区中值的30%）很难负担得起HOME计划资助开发的住房。相比公共住房项目和租赁券项目来说，HOME 计划的补贴水平并没有那么高，如公共住房局承担了公共住房租金与租户收入之间的差额。HOME 计划的资金通常用于补贴房地产项目的收购或开发成本，这种补贴实际上提高了租金收入水平，使得支付债务成本和其他运营费用所需的最低租金水平得以下降。HOME 计划与低收入住房税收抵免政策配合使用，直到 2007 年。在所有从 HOME 计划中获得资助的租赁住房项目中，大约 35% 的项目同时也受益于低收入住房税收抵免政策。[49]

总的来说，家庭投资合作关系计划和社区发展一揽子拨款计划为州和地方政府提供了更多的自主权，使得其能够按照自身需求和优先级制定住房政策。这些一揽子拨款计划的主要限制是，它们很少提供规模足够大的补贴为那些最需要住房援助的极低收入家庭提供住所。

债券融资

免税个人活动债券。 州政府发起的首批住房补贴计划是面向首次购房者和多户租赁房开发的免税债券抵押融资。由于发行的免税债券的利息收入免征联邦所得税，因此政府可以向债券投资者支付较低的利率，并使用债券收益来资助低息抵押贷款。免税住房债券一般由州住房金融机构发行，这些机构基本上都在 20 世纪 60 年代至 80 年代之间成立，州住房金融机构还发行与住房相关的债券，并管理联邦低收入住房税收抵免政策和州住房信托基金。

联邦政府对于州政府在一年内所能发行的免税债券（称为个人活动债券）的总量有所限制。除住房之外，免税个人活动债券筹集的资金可用于经济开发、给水和下水道服务、大众交通和学生贷款等多项用途。2009 财年，州政府所能发行的免税个人活动债券的最大总额是根据州居民每人 90 美元计算得到，全国总计为 260 亿美元。2007 年，各州发行债券规模在 2.562 亿美元（最小的州）到 310 亿美元（加利福尼亚州）之间不等。

2008 年开始的金融危机严重影响了免税债券市场，使得住房金融机构很难将债券发行利率继续保持在足够低的水平，以提供低于市场利率的住房贷款。即便 2008 年经济刺激法案为各州提供了容量去发行 110 亿美元的额外住房债券，但经济危机致使这一资源几乎无用，许多住房金融局已被迫显著削减其贷款，一些干脆停止贷款。[50]

抵押收益债券。 抵押收益债券主要用于支持中低收入家庭通过获得低于市场利率的抵押贷款来购买第一套住房。截止到 2007 年，州住房金融机构累计已发行 2340 亿美元的收益债券，资助超过 270 万笔抵押贷款。仅 2007 年一年，住房金融机构发行了 178 亿美元的收益债券，完成超过 12.6 万笔抵押贷款，使用这些抵押贷款的购房者家庭年收入中位数为 36806 美元。[51]

多户住房债券。 虽然大多数多户住房债券免税，但许多州也同时发行应税债券，后者无年度总量限制。举例来说，2007 年，针对新购房和新租赁房开发的免税多户住房债券发行总量为 330 亿美元，应税债券发行总量达 5.55 亿美元。多户住房债券资助开发的租赁房通常还能够获得额外补贴。2007年，多户住房债券资助的租赁房中，77%的项目获得低收入阶层住房税收抵免政策的补贴。㉜其他的补贴方式包括HOME计划、HOPE Ⅵ计划以及多种形式的信用增级等。

联邦条例要求，免税债券所资助的住房中必须留出一定比例住房提供给低收入居民。例如，低收入阶层住房税收抵免政策资助的住房，40%必须提供给收入最高为地区收入中位数60%的家庭，或者20%的住房提供给收入为地区收入中位数的50%或更低的家庭。在2007年入住的3.5万套依靠债券融资建造的住房中，超过82%的住房租给收入为地区收入中位数的60%或更低的家庭，其中28%租给了收入低于中位数50%的家庭。

住房信托基金

住房信托基金通常有专门的资金来源，主要面向中低收入家庭。州和地方政府已建立近600项此类信托基金，每年所提供的各类住房援助超过160亿美元。相对其他的住房政策，信托基金是一种更为灵活的融资形式，以帮助解决地方住房需求。基金依托于州和地方政府控制下的财政收入，因此一般来说，信托基金在使用方面比联邦住房计划（甚至联邦一揽子拨款）有着更少的限制。信托基金通常由政府机关或准政府机构管理，后者通常在监督委员会指导下运营，监督委员会的代表来自银行、房产经纪、营利和非营利住房开发商、咨询组织、工会、服务提供商和低收入居民群体，委员会通常发挥顾问角色，其中一些成员在基金管理上承担正式责任，包括选择合适的资助项目等。首例信托基金创立于20世纪70年代，此后，这类基金的数量已呈指数级增长。㉝

截至2006年，住房信托基金每年的规模大约是160亿美元，其中州信托基金约占80%，市信托基金约占17%。住房信托基金支持多种类型的住房项目，包括新建住房和现有住房的收购与翻修。几乎所有信托基金均面向中低收入家庭，最常见的安排是面向收入为地区收入中位数80%的家庭，近1/4的基金完全关注无家可归者或收入低于地区收入中位数50%的家庭。

虽然住房信托基金在解决地方住房需求方面日趋流行，但也有必要认识到其存在一定的局限性。

- 信托基金所能够提供的补贴的"深度"不及公共住房政策和租赁券政策，因此其无法覆盖所有低收入家庭。
- 尽管多数信托基金要求其所援助住房必须保证最短期限的可负担性，但这些要求通常低于联邦住房计划所提出的要求。
- 信托基金并非无处不在，它们在某些地区要比在其他地区更流行，因此在满足全国住房需求方面具有局限性。
- 当信托基金的资金来源依赖于高度不稳定的地方财政收入源（如契约登记和转移税）时，开发商和政府官员制定系统的住房政策战略的能力将大大受限。例如，如果以不稳定的地方财政收入的峰值为基础，进行证券化融资并投资在建工程，

如果该收入源在经济低迷时突然下降，则信托基金的资金来源将无法保证，这会造成相当严重的后果。㊴

包容性分区

包容性分区正被越来越多的地方政府用于增加"可负担住房"的供应量，该政策要求或鼓励开发商为中低收入家庭留出一定比例的住房。举例来说，一栋100个单元的居民楼，开发商可能需要为中低收入家庭留出20户。包容性分区的吸引力主要来自以下两个方面。

第一，包容性分区可增加可负担住房的供应，并通过支持低收入家庭居住在富裕社区来增加社区的多样性，而且，这种政策形式对公共预算的影响较小。第二，包容性分区政策可以采取多种形式，包括强制要求和自愿诱导等。

不同地区的包容性分区政策不同，政策要求开发商建设的可负担住房的数量、政策目标人群的收入情况、住房维持可负担性的期限要求等诸多方面均有地区差异。截至2004年，大约600个郊区社区实施了包容性分区，但采取的具体形式有所不同。这些社区大多数分布在新泽西州、加利福尼亚州和马萨诸塞州，在这些州，州政府要求市政府解决区域内的部分住房需求，这种住房需求通常依赖包容性分区来满足。之所以选择包容性分区政策，主要是因为该项政策所涉及的直接公共支出较少，但是，此类政策实际上是开发商所承担的一种"隐性税收"。

直到20世纪90年代末期，包容性分区还主要在城郊区域的社区中采用，主要限制在住房市场繁荣的富裕郊区。然而，到了近些年，这种政策已被越来越多的城市采用，成为最流行的可负担住房供应方式之一。它以很少的公共支出提供了中等收入住房，并提高了富裕社区的经济多样性。然而，包容性分区今天的成就还远未达到其最大潜力。据波特（Porter）预估，截至2003年，包容性计划已在全国提供了8万~9万套新住房单元，其中约6.5万套分布在强制要求可负担住房供应的州（如加利福尼亚州和新泽西州）。㊵

总而言之，地方政府正更多地将包容性分区作为帮助其满足可负担住房需求的工具之一。尽管这种政策以最小的直接公共支出提供可负担住房的能力让它很有吸引力，但是多数地方的包容性分区很少能满足较高比例的低成本住房需求。此外，它并非真的免费。包容性分区依赖于隐性税收和服务费，资金来源依赖于有限的税基。而且，包容性分区政策所能够提供的可负担住房的数量，直接取决于市场上的住宅建设量。因此，包容性分区在住房市场繁荣的社区更为适用，但在住房市场容量较小的区域就不太适用。此外，如果想通过包容性分区来给极低收入家庭提供其可负担的住房，其他的补贴形式几乎是必不可缺的。

非营利组织与州和地方计划。 如果要讨论州和地方政府住房政策，必须要提到非营利组织的作用。虽然州和地方政府已设计了多样的住房政策并有多样的资金来源，但是政府很少直接建设或翻修住房或提供其他住房服务，这些内容通常由政府与其他组织合作执行。在许多地方，这些组织经常为非营利性质。政府和非营利住房组织之间的关系非常紧密,正如戈茨(Goetz)所说:"地方公共机关的'成功'与非营利组织的'成功'之间的界限已开始模糊。"[56]

非营利住房开发组织至少在三个方面对州和地方政府很有吸引力。第一,多数非营利住房组织致力于无限期保持其住房对于低收入家庭的可负担性,而且不同于营利性开发商,这些非营利组织并不致力于通过出售或出租房产来获得收益。事实上,它们的非营利身份来自这样的事实:即虽然开发商必须"获利"才能生存,但这些利润按法律规定必须再投入到业务中,而不需向股东分发红利。

第二,非营利组织通常致力于服务最贫穷的家庭,并提供一系列住房之外的支持服务——包括就业咨询、儿童看护、教育及其他。第三,有时候,非营利组织是唯一愿意或有能力在条件最糟糕的社区建设或翻修住房的主体。[57]

实际上,非营利部门的重要性使得多个主要住房计划要求州和地方政府必须分配最低比例的资金给非营利住房组织,而且这一分配比例通常较高。各州必须分配其年度低收入阶层住房税收抵免的10%给非营利组织开发的住房,HOME计划要求州和地方政府分配至少15%的一揽子拨款给非营利组织,许多州和地方住房信托基金通过为前期开发成本、组织能力建设和管理成本提供资金来支持非营利组织的运营。

非营利住房组织的形式相当多样,不同形式的组织在规模和服务范围方面相差甚远,但住房都是其工作核心。非营利组织累计已面向中低收入家庭开发了近150万套住房单元,占所有联邦补贴住房的近1/3。

我们可以大致将非营利住房组织分成三类:第一类,社区开发公司;第二类,大型城市或区域非营利组织;第三类,面向无家可归者和其他有特殊需要群体的支持性住房的非营利提供商。尽管分类间有一定重叠性,但它们覆盖了大部分非营利住房领域。我们在此只讨论第一类,社区开发公司在此类住房供应中占据了最大份额。[58]

社区开发公司(CDC)。这类公司最初建立于20世纪60年代,得到了联邦政府和福特基金会的支持,并在随后30年里快速发展。它们主要关注于单个社区的住房和其他需求。许多机构还涉及经济开发、人力开发,以及各种社会服务。据估计,2005年全国共有4600个CDC在运营。从20世纪60年代到2007年,它们总共建设或翻修了160万套中低收入住房单元。2005~2007年,CDC每年提供超过9.6万套住房单元,相比之下,CDC在1994~1998年总共才提供了6.2万套住房单元。[59]

CDC除住房开发外还从事许多住房相关的业务。在住房领域,许多CDC从事购房者咨询、租户咨询、无家可归者服务、现有住房收购、家居维修,以及购房融资援助等。在住房领域之外,一些最常见的CDC业务包括经济开发、商业地产开发、咨询和社区服务、年轻人计划、工作培训和介绍、无家可归者服务,以及紧急食物援助等。

截至2005年,接近90%的CDC机构从联邦政府获得了至少5万美元补贴,特别是社区发展一揽子拨款计划、HOME计划和低收入阶层住房税收抵免等。1992~

2008年，州和地方政府将HOME计划的一揽子援助资金的21%分配给涉及CDC的项目，这要比规定的最低比例15%更高。同时，在2006年投入使用的享受所得税抵免待遇的所有开发项目中，非营利组织开发的项目占比超过23%，远高于10%的最低要求。

但是，多项研究表明，CDC发展面临多重挑战。[60]

- 需要多重融资来源。多数可负担住房项目需要CDC（和其他开发商）组合多重融资来源来承销一个项目。一项常被引用的CDC赞助住房开发研究发现，一个典型的项目通常从平均8个独立的渠道获得融资。[61]

- 资本不足。与需要多重融资来源紧密关联的是开发项目资本不足的倾向，也就是说以极低的利润承销。拮据的开发预算让长期维持住房更为困难和昂贵。

- 财务不确定性。缺乏长期资本支持，会导致CDC努力获取资金以支持员工薪水和其他运营费用。因为缺少长期资本的支持，CDC依赖于短期补贴、运营费收入和其他收入源。对于运营费收入的依赖尤其危险，因为它要求每年有稳定（如果不是增长）的开发项目流。因此，CDC住房的长期可行性日益引起人们的关注。向低收入家庭提供可负担租赁房的困难，并不随房屋建造结束而停止，有效的物业管理对于住房的长期维持必不可少。

为应对这些挑战，CDC向政府、慈善机构和其他多个部门请求支持。没有这套系统，CDC将难以获得住房开发和管理所需的财务和技术资源。这套支持系统中，最重要的元素是全国中介机构：企业社区合作伙伴（在2006年以前称为企业基金会）、地方发展支持公司（LISC）和美国邻里计划（正式的名称是邻里再投资合作社）。企业基金会和LISC为全国数以百计的CDC提供广泛的金融和技术援助。它们通过综合运用低收入阶层住房税收抵免、贷款、补贴等来支持房产收购和其他开发的前期成本，从而为租赁房开发提供股权融资。此外，它们还提供培训和专业发展方面的服务。

1980年至今，LISC已帮助2400个CDC在超过300个市区和农村社区建设或翻修超过24.4万套中等收入住房单元。2008年，LISC为CDC提供了4950万美元的补贴，并为CDC开发项目筹集了5.29亿美元税收抵免权益。从1981年成立起至2007年，企业基金会已筹资80亿美元，帮助2500个非营利团体建造了超过20万套可负担住房单元。2007年，该组织为非营利社区开发者提供了10亿美元的补助金、贷款和权益，帮助建造和维护超过2.5万套可负担住房单元。

结　论

总而言之，自20世纪80年代起，多数住房政策上的创新都在州和地方政府层面发生的，而且这些创新通常是与非营利部门合作实现的。多数面向中低收入家庭和个人的新建住房单元都从州和地方政府获得政策支持。联邦财政资金大多用于对20世纪80年代中期前建设的住房的维护和租赁券计划，不过，许多由州和地方政府建设和翻修的住房也是由联邦财政资金所资助的，包括联邦一揽子拨款计划（HOME 和 CDBG）、低收入阶层住房税收抵免政策和免税债券等。除了纽约市这个典型的特例外，很少有其他城市使用其自有财政资源（包括一般收入和资本预算）来支持可负担住房的建设或维护。可负担住房的其他融资渠道，通常来自住房信托基金和包容性分区，前者的资金一般来源于与房地产交易有关的收费项目，后者则通常对私人开发商建造可负担住房提供激励措施并制定相关规范。

相比联邦政府，州和地方政府更了解本区域的特定需求和人口状况，所制定的政策规划也能够更灵活地满足当地需求。但是，州和地方政府在住房方面提供的补贴的程度往往不及联邦政府，很难全面覆盖低收入家庭。[62] 此外，州和地方政府政策的可用资源经常依赖于住房市场的景气度，住房信托基金和包容性分区是最典型的例子。通过州和地方政府资助开发的房产项目很难全面覆盖极低收入家庭，除非这些低收入家庭愿意将收入 30% 以上的钱花在租金上。此外，州和地方政策很少能做到当租户收入下降时同步降低租金，但这一点在公共住房和租赁券中能够实现。事实上，极低收入家庭即使住在州和地方政府所资助开发的住房内，他们也需要通过联邦政府租赁券等其他方式获得额外补贴，换言之，如果没有联邦政府的额外补贴，州和地方政府即使在与非营利组织的合作下，也无法满足最贫困的家庭的住房需求。

美国住房政策体系在过去 20 多年里已发现明显的变化，在金融危机后变化更大。州和地方政府以及非营利组织的角色已经从过去从事一些低级别活动，变化为每年提供超过 200 亿美元资金的重要角色。与此同时，美国住房和城市发展部的大部分预算并未花在提供更大的可负担住房上，而是用于维持现有的补贴政策。从很多方面来看，这种角色转变是适当的，其承认了住房市场的高度特殊性，在住房政策上没有"一刀切"。在很大程度上，州和地方政府在住房政策上发挥越来越重要的作用，并没有违背分权体制下财政职能的分配原则。州和地方政府的住房开支中，一大部分是联邦政府向州和地方政府的转移支付。简而言之，在解决贫困阶层住房问题上，美国财政体系进行了大量的创新。

然而，整体的政策环境仍差强人意。最基本的、本地提供的住房援助（不论是否包含联邦一揽子援助计划、税收抵免或地方资助计划）很少能提供针对最贫穷家庭足够的补贴"深度"。很多时候，有幸获得联邦租赁券的低收入家庭只是那些能负担得起州和地方政府所提供住房的家庭。联邦补贴计划只为适合人群的 25% 提供了援助。因此，多数低收入租户在住房上的支出远高于其所能承受水平。与此同时，联邦政府每年在抵押利息抵扣和面向房主（这些人半数以上年收入超过 10 万美元）的其他税收优惠方面提供了超过 1500 亿美元的税收优惠。同时，对土地使用的控制、区划法令和开发多户住房的各种障碍，使得穷人越来越难以负担住房成本。

受这种整体政策环境的影响，虽然全国范围内住房开发量大，但是住房成本同时成为一个日益严重的负担，面向穷人的住房供应极其有限。在降低住房成本和提高穷人住房供应方面，地方政府大有可为。在许多重要政策的实施过程中，州和地方政府在地方层面的行动将是改善目前状况的关键所在。对于许多最重要的政策改变，州和地方政府在地方层面的行动将是改善当前状况的关键。此外，州和地方政府在改善住房补贴方式上也应有所作为。复杂的多层次的住房政策体系应在未来数年内进行调整，尤其是根据近期金融危机和经济衰退所暴露出的问题来进行修正和调整。但是需要注意的是，如果不对全国税收、财政和住房政策的未来走向进行清晰认识，那么，想要厘清州和地方政府住房政策的演进是不可能的。

注释

感谢凯斯·多布森（Skye Dobson）为本章所做的准备工作。
① 彭纳（本书）。
② 更多关于复杂计划和趋势的详情和定量分析见 Schwartz（2010）。
③ 本文并未讨论无家可归者、老年人和其他特殊需求者的住房项目。
④ Van Vliet（1998）.
⑤ 关于发达经济体中该长期和一般条件的最新证据见 Flavin and Yamashia（2002），Joint Center for Housing Studies（2009），13-15。
⑥ Bratt（2000）.
⑦ US Census Bureau（2010），更多关于"大萧条"时期国民经济显著下降的详情见弗朗西斯（本书）。
⑧ Glaeser（2010）.
⑨ 同上。
⑩ 同上。
⑪ 住房特征的统计数据来自 Schwartz（2010）。
⑫ Quigley（2010）.
⑬ Tilly（2006）.
⑭ 1998~2008 年，租房者实际收入降低了 28%，同时，总租金中位数上升了 9%，见 the Joint Center for Housing Studies（2009：25）。
⑮ US Department of Housing and Urban Development（2007），table A-13；Schwartz（2010），35-38。
⑯ Joint Center for Housing Studies（2009），26。
⑰ Schwartz（2010），39。
⑱ Glaeser（2010）.
⑲ Quigley（2001）.
⑳ US Department of Housing and Urban Development（2010）.
㉑ 同上。
㉒ United States v. Certain Lands in the City of Louisville，见 Hays（1995）。
㉓ Schwartz（2010）.
㉔ National Low Income Housing Coalition（2011）.
㉕ 关于这些计划的信息和本处使用实证结果的引用情况见 Schwartz（2010）。
㉖ Poterba and Sinai（2008）.
㉗ 抵押贷款利息税收减免超过 790 亿美元，包括州和地方财产税减免（290 亿美元）、估算收入扣除（270 亿美元）和资本利得减免（230 亿美元）。
㉘ 在 2008 年房地美和房利美发生危机之前，美国住房和城市发展部已经对这些金融机构拥有了

监管权。2009 年，这些机构所发生的涉及数万亿美元的金融危机为联邦政府对房屋拥有者进行援助提供了理由。

㉙Schwartz (2010)，90.

㉚Ernst and Young (2007).

㉛Stegman (1992)，363.

㉜Schwartz and Melendez (2008).

㉝该问题的进一步讨论见 Burman and McFarland (2005)。

㉞Schwartz (2010).

㉟同上。

㊱Popkin et al. (2005) 14；Cisneros and Engdahl (2009).

㊲Popkin et al. (2005)，21.

㊳同上；Kingsley (2009)。

㊴Schwartz (2010).

㊵Popkin et al. (2005)，30.

㊶US Department of Housing and Urban Development (2009).

㊷National Low Income Housing Coalition (2011).

㊸1995~1998 财年，以及 2003~2007 财年，国会没有再给其他的租房券项目提供资金。总体来说，租房券持有者数量自 1995 财年以来已经增长了 63 万人。

㊹US General Accounting Office (2002).

㊺Goetz (1993)；Stegman (1999)；Keating and Krumholz (1999).

㊻Walker et al. (1994).

㊼Galster et al. (2004)；Walker et al. (2002).

㊽Gramlich (1998).

㊾Schwartz (2010).

㊿Thompson (2009).

㊼National Council of State Housing Finance Agencies (2009).

㊼同上。

㊼市政和郡县信托基金通常通过州立法机构设立，根据相关调查报告所称，432 个市政信托基金中有 250 个是在新泽西州设立，这些基金都是在 1992 年州通过立法允许地方政府对私人不动产项目开发收费之后设立的。同样，宾夕法尼亚州 82 个郡县信托基金中的绝大部分，是在 1992 年可选可负担住房信托基金法案通过之后设立的。见 Brooks (2007)，16。

㊼Sexton (2010)；Ebel (2010).

㊼Porter (2004)，241.

㊼Goetz (1993)，130.

㊼Keyes et al. (1996).

㊼对其他两种方法的讨论见 Schwartz (2010)。

㊼National Alliance of Community Economic Development Associations (2010).

㊼Walker (1993)；Goetz (1993)；Stoutland (1999).

㊼Hebert et al. (1993).

㊼Mueller and Schwartz (2008)；Pelletiere, Canzio et al. (2008).

参考文献

Bostic, R. W., and B. L. Robinson (2003). "Do CRA Agreements Influence Lending Patterns?" *Real Estate Economics* 31 (1): 23-51.

Bratt, R. G. (1992). "Federal Constraints and Retrenchment in Housing: The Opportunities and Limits of State and Local Governments." *The Journal of Law and Politics* 8 (4): 651-699.

Bratt, R. G. (2000). "Housing and Family Well-Being." *Housing Studies* 17 (1): 12-26.

Briggs, X. de S. (1998). "Brown Kids in White Suburbs: Housing Mobility and the Many Faces of Social Capital." *Housing Policy Debate* 9 (1): 177-222.

Briggs, X. de S., S. J. Popkin, and J. Goering (2010). *Moving to Opportunity: The Story of an American Experiment to Fight Ghetto Poverty*. New York: Oxford University Press.

Brooks, M. E. (2007). Housing Trust Fund Progress Report 2007. Washington, DC: Center for Community Change. http://www.communitychange.org/our-projects/htf/our-projects/htf/other-media/HTF%2007%20final.pdf.

Burman, Leonard E., and Alastair McFarlane (2005). "Low-Income Housing Credit." In *The Encyclopedia of Taxation and Tax Policy*, edited by Joseph J. Cordes, Robert D. Ebel, and Jane G. Gravelle. 2nd ed. Washington, DC: The Urban Institute Press. 242-244.

Carliner, M. (1998). "Development of Federal Homeownership 'Policy.'" *Housing Policy Debate* 9 (2): 299-321. http://www.mi.vt.edu/data/files/hpd%209 (2) /hpd%209 (2)_carliner.pdf.

Carr, J. H., and N. K. Kutty (Eds.) (2008). *Segregation: The Rising Costs for America*. New York: Routledge.

Case, K. E., and M. Marynchenko (2002). "Home Price Appreciation in Low-and Moderate-Income Markets." In *Low Income Homeownership: Examining the Unexamined Goal*, edited by N. E Retsinas and E. S. Belsky. Washington, DC: Brookings Institution Press. 239-256.

Cisneros, H. G., and L. Engdahl (Eds.) (2009). *From Despair to Hope: Hope VI and the New Promise of Public Housing in America's Cities*. Washington, DC: Brookings Institution.

Committee on Ways and Means, US House of Representatives (2008). 2008 *Greenbook: Background Material and Data on the Programs within the Jurisdiction of the Committee on Ways and Means*. Washington, DC: US Government Printing Office.

Cummings, J. L., and D. DiPasquale (1999). The Low Income Housing Tax Credit: An Analysis of the First 10 Years. *Housing Policy Debate* 10 (2): 251-307.

Davis, J. E. (2006). "Beyond Devolution and the Deep Blue Sea: What's a City or State to Do?" In *A Right to Housing: Foundation for a New Social Agenda*, edited by R. G. Bratt, M. E. Stone, and C. Hartman. Philadelphia: Temple University Press. 364-398.

DiPasquale, D., and J. L. Cummings (1992). "Financing Multifamily Rental Housing: The Changing Role of Lenders and Investors." *Housing Policy Debate* 3 (1): 77-117.

DiPasquale, D., and M. Murray (2009). *The Evolution of Metropolitan Housing Affordability*. Bates College, Lewiston, Maine.

Ebel, Robert D. (2010). "Taxing Property Transactions: Commentary." In *Challenging the Conventional Wisdom on the Property Tax*, edited by Roy Bahl, Jorge Martinez-Vazquez, and Joan

Youngman. Cambridge, MA: Lincoln Institute of Land Policy. 235-239.

Ernst and Young (2007). *Understanding the Dynamics IV: Housing Tax Credit Investment and Performance*. Washington, DC: Ernst and Young.

Flavin, M., and T. Yamashita (2002, March). "Owner-Occupied Housing and the Composition of the Household Portfolio." *American Economic Review* 92 (1): 345-362.

Galster, G. C. (1997). "Comparing Demand-Side and Supply-Side Housing Policies: Submarket and Spatial Perspectives." *Housing Studies* 12 (4): 561-577.

Galster, G., C., Walter, C. Hayes, E Boxall, and J. Johnson (2004). "Measuring the Impact of Community Development Block Grant Spending on Urban Neighborhoods." *Housing Policy Debate* 15 (4): 903-934.

GAO (US General Accounting Office) (1997). "Tax Credits: Opportunities to Improve the Low Income Housing Program." Washington, DC: GAO/GGD/RCED-97-55. http://www.gao.gov/archive/1997/g597055.pdf.

Glaeser, E. (2010). "Rethinking the Federal Bias towards Homeownership." Draft manuscript, Harvard University.

Glaeser, E., and J. Gyourko (2008). *Rethinking Federal Housing Policy: How to Make Housing Plentiful and Affordable*. Washington, DC: American Enterprise Institute.

Goetz, E. G. (1993). *Shelter Burden: Local Politics and Progressive Housing Policy*. Philadelphia: Temple University Press.

Goetz, E. G. (2003). *Clearing the Way: Deconcentrating the Poor in Urban America*. Washington, DC: Urban Institute Press.

Gramlich, E. (1998). "CDBG: An Action Guide to the Community Development Block Grant Program." Washington, DC: Center for Community Change. http://www.communitychange.org/shared/publications/downloads/CDBG.pdf.

Gramlich, E. (2007). *Subprime Mortgages: America's Latest Boom and Bust*. Washington, DC: Urban Institute.

Hays, A. (1995). *The Federal Government and Urban Housing*. 2nd ed. Albany: State University of New York Press.

Hebert, S., K. Heintz, C. Baron, N. Kay, & J. E. Wallace (1993). *Nonprofit Housing: Costs and Benefits. Final Report*. Washington, DC. Report prepared by Abt Associates, Inc., with Aspen Systems, Inc., for U. S. Department of Housing and Urban Development, Office of Policy Development and Research.

Joint Center for Housing Studies of Harvard University (2009). *State of the Nation's Housing 2009*. Cambridge, MA: Author. http://www.jchs.harvard.edu/publications/markets/son2009/son2009.pdf.

Keating, W. D., and N. Krumholz (1999). *Rebuilding Urban Neighborhoods: Achievements, Opportunities, and Limits*. Thousand Oaks, CA: Sage.

Keyes, L., A Schwartz, A. Vidal, and R Bratt (1996). "Networks and Nonprofits: Opportunities and Challenges in an Era of Federal Devolution." *Housing Policy Debate* 7 (2): 201-229.

Khadduri, J., K. Burnett, and D. Rodda (2003). *Targeting Housing Production Subsidies: Literature Review*. Washington, DC: Abt Associates for US Department of Housing and Urban Development, Office of Policy Development and Research. http://www.huduser.org/Publications/pdf/TargetingLitReview.pdf.

Kingsley, G. T. (2009). "Appendix." In *From Despair to Hope: Hope VI and the New Promise of Public Housing in America's Cities*, edited by H. G. Cisneros & L. Engdahl. Washington, DC: Brookings Institution Press. 299-306.

Malpezzi, S. (1990). "Urban Housing and Financial Markets: Some International Comparisons." *Urban Studies* 27: 971-1022.

Mandelker, D. R., and H. A. Ellis (1998). "Exclusionary Zoning." In *The Encyclopedia of Housing*, edited by W. van Vliet. Thousand Oaks, CA: Sage. 160-161.

Marcuse, P. (1986). "Housing Policy and the Myth of the Benevolent State." In *Critical Perspectives on Housing*, edited by R. G. Bratt, C. Hartman, and A. Myerson. Philadelphia: Temple University Press. Chap. 14.

Melendez, E., and L. Servon (2008). "Reassessing the Role of Housing in Community-Based Urban Development." *Housing Policy Debate* 18 (4): 751-783.

Mueller, E. J., and Schwartz, A. (2008) "Reversing the Tide: Will State and Local Governments House the Poor as Federal Direct Subsidies Decline?" *Journal of the American Planning Association* 74 (1): 122-135.

National Alliance of Community Economic Development Associations (2010). *Rising Above: Community Economic Development in a Changing Landscape*. Washington, DC: Author. http://naceda.org/pdfs/census-report-2010.pdf.

National Council of State Housing Finance Agencies (2009). *State HFA Factbook*. Washington, DC: Author.

National Low Income Housing Coalition (2011). "FY11 Budget Chart for Selected HUD Programs." Washington, DC: National Low Income Housing Coalition. http://www.nlihc.org/doc/FY11-Budget-Chart.pdf.

Nelson, K. P. (1992), "Housing Assistance Needs and the Housing Stock." *Journal of the American Planning Association* 58: 85-102.

Nenno, M. K. (1998b). "State Governments." In *The Encyclopedia of Housing*, edited by W. van Vliet. Thousand Oaks, CA: Sage. 556-559.

Newman, S. J. (2008). "Does Housing Matter for Poor Families? A Critical Summary of Research and Issues Still to Be Resolved." *Journal of Policy Analysis and Management* 27 (8): 895-925.

Newman, S. J., and A. B. Schnare (1997). " '…And a Suitable Living Environment': The Failure of Housing Programs to Deliver on Neighborhood Quality." *Housing Policy Debate* 8 (4): 703-741. http://www.mi.vt.edu/data/files/hpd%208 (4) /hpd%208 (4) _newman.pdf.

Olsen, E. O. (1987). "The Demand and Supply of Housing Services: A Critical Review of the Empirical Literature." In *Handbook of Regional and Urban Economics*, vol. 2, edited by E. S. Mills. Amsterdam: Elsevier.

Olsen, E. O. (2001). *Housing Programs for Low-Income Households*. Working Paper 8208. Cambridge, MA: National Bureau of Economic Research.

Pelletiere, D. M. Canizio, M. Hargrave, and S. Crowley (2008). "Housing Assistance for Low Income Households: States Do Not Fill the Gap. Washington, D. C: National Low Income Housing Coalition.

Popkin, S. J., M. K. Cunningham, and M. Burt (2005). "Public Housing Transformation and the Hard to House." *Housing Policy Debate* 16 (1): 1-24.

Porter, D. R. (2004). "The Promise and Practice of Inclusionary Zoning. In *Growth Management and Affordable Housing: Do They Conflict?* edited by A. Downs. Washington, DC: The Brookings Institution. Chap. 6.

Poterba, J., and T. Sinai (2008). "Tax Expenditures for Owner-Occupied Housing: Deductions for Property Taxes and Mortgage Interest and the Exclusion of Imputed Rental Income." *American Economic Review* 98 (2): 84-89.

Quigley, J. (2010, April). "Rental Assistance?" Paper prepared for the HUD Conference on Rental Housing. Washington DC.

Quigley, J. M., and S. Raphael (2004). "Is Housing Unaffordable? Why Isn't It More Affordable?" *Journal of Economic Perspectives* 18 (1): 191-214.

Quigley, J., S. Raphael, and E. Smolensky (2001). "Homelessness in America, Homelessness in California." *Review of Economics and Statistics* 83 (1): 37-51.

Retsinas, N. P., and E. S. Belsky (Eds.) (2002). *Low-Income Homeownership: Examining the Unexamined Goal. Washington*, DC: Brookings Institution Press.

Savage, H. A. (2009). *Who Could Afford to Buy a House in 2004?* Washington, DC: Census Housing Reports, H21/09-1. http://www.census.gov/prod/2009pubs/h121-09-01.pdf.

Schnare, A. B. (2001). "The Impact of Changes in Multifamily Housing Finance on Older Urban Areas." Discussion paper prepared for the Brookings Institution Center on Urban and Metropolitan Policy and the Harvard Joint Center for Housing Studies. http://www.brook.edu/es/urban/schnarefinal.pdf.

Schuetz, J., R. Meltzer, and V. Been (2007, November 19). "The Effects of Inclusionary Zoning on Local Housing Markets: Lessons from the San Francisco, Washington DC and Suburban Boston Areas." Working paper. New York: New York University, Furman Center for Real Estate and Urban Policy. http://www.nhc.org/pdf/pub_chp_iz_08.pdf.

Schwartz, A. 1998. "Bank Lending to Minority and Low-Income Households and Neighborhoods: Do Community Reinvestment Act Agreements Make a Difference?" *Journal of Urban Affairs* 20: 269-301.

Schwartz, A. (2010). *Housing Policy in the United States: 2nd Edition*. New York: Routledge.

Schwartz, A., and E. Melendez (2008). "After Year 15: Challenges to the Preservation of Housing Financed with Low Income Housing Tax Credits." *Housing Policy Debate* 19 (2): 261-294.

Sexton, Terry (2010). "Taxing Property Transactions Versus Taxing Property Ownership." In *Challenging the Conventional Wisdom on the Property Tax*, edited by Roy Bahl, Jorge Martinez-Vazquez, and Joan Youngman. Cambridge, MA: Lincoln Institute of Land Policy. 207-234.

Stegman, M. (1990). "The Role of Public Housing in a Revitalized National Housing Policy." In *Building Foundations: Housing and Federal Policy*, edited by D. DiPasquale and L. C. Keyes. Philadelphia: University of Pennsylvania Press. Chap. 13.

Stegman, M. A. (1992). "The Excessive Costs of Creative Finance: Growing Inefficiencies in the

Production of Low-Income Housing." *Housing Policy Debate* 2 (2): 357-373.

Stegman, M. A. (1999). *State and Local Housing Programs: A Rich Tapestry*. Washington, DC: Urban Land Institute.

Stoutland, S. (1999). Community Development Corporations: Mission, Strategy, and Accomplishments. In Urban Problems and Community Development, edited by R. F. Ferguson and W. T. Dickens. Washington, DC: Brookings Institution Press. Chap. 5.

Terner, I. D., and T. B. Cook (1990). "New Directions for Federal Housing Policy: The Role of the States." In *Building Foundations*, edited by D. DiPasquale and L. C. Keyes. Philadelphia: University of Pennsylvania Press. 13-35.

Thompson, B. (2009, February 3). Letter to U. S. Treasury Secretary Timothy Geithner. http://www.homemeanseverything.org/assets/NCSHALetterSecGeithner.pdf.

Tilly, Chris (2006). "The Economic Environment of Housing: Income Inequality and Insecurity." In *A Right to Housing*, edited by R. Bratt, M. Stone, and C. Hartman. Philadelphia: Temple University Press. 20-37.

Turner, M. A. (1998). "Moving Out of Poverty: Expanding Mobility and Choice through Tenant Based Housing Assistance." *Housing Policy Debate* 9 (2): 373-394.

Turner, M. A., and G. T. Kingsley (2008). *Federal Programs for Addressing Low-Income Housing Needs: A Policy Primer*. Washington, DC: Urban Institute. http://www.urban.org/Uploaded-PDF/411798_low-income_housing.pdf.

US Census Bureau (2010). "New Privately Owned Housing Starts in the United States by Design and Purpose." http://www.census.gov/const/www/newresconstindex.html.

US Department of Housing and Urban Development (2007). *Affordable Housing Needs* 2005: *Report to Congress*. Washington, DC.

US Department of Housing and Urban Development (2009). FY2010 Budget: Road map for transformation. http://www.hud.gov/budgetsummary2010/fy10budget.pdf.

US Department of Housing and Urban Development, (2010). *First Annual Homelessness Assessment Report*. Washington, DC: Author.

US Department of Housing and Urban Development (2011). *Worst Case Housing Needs* 2009: *Report to Congress*. Washington, DC: Author.

US Department of Housing and Urban Development, Office of Community Planning and Development (2010). *The 2009 Annual Homeless Report to Congress*. Washington, DC: Author. http://www.hudhre.info/documents/5thHomelessAssessmentReport.pdf.

US General Accounting Office (2002a). "Federal Housing Assistance: Comparing the Characteristics and Costs of Housing Programs." Washington, DC: GAO-02-76. http://www.gao.gov/new.items/d0276.pdf.

Walker, C. (1993). "Nonprofit Housing Development: Status, Trends, and Prospects." *Housing Policy Debate* 4 (3): 369-414.

Walker, C., P. Dommel, A. Bogdon, H. Hatry, P Boxall, A. Abramson, R. Smith, and J. Silver (1994). "Federal Funds, Local Choices: An Evaluation of the Community Development Block Grant Program." Washington DC. Report prepared by The Urban Institute for the U. S. Department of Housing and Urban Development, Office of Policy Development and Research.

Walker, C., C. Hayes, G. Galster, P. Boxall, & J. Johnson (2002). "The Impact of CDBG Spending on Urban Neighborhoods." Washington, DC. Report prepared by The Urban Institute for the U. S. Department of Housing and Urban Development, Office of Policy Development and Research.

van Vliet, W. (1998). "Editor's Introduction." In *The Encyclopedia of Housing*, edited by W van Vliet. Thousand Oaks, CA: Sage.

Winnick, L. (1995). "The Triumph of Housing Allowance Programs: How a Fundamental Policy Conflict Was Resolved." *Cityscape: A Journal of Policy Development and Research* 1 (3): 95-121.

第 24 章 资本预算和支出

贾斯汀·马洛（Justin Marlowe）

杨全社 刘翔 王誉霖 译

州和地方政府的资本性支出是指为提供公共服务对长期实物资产的投资。政府大部分活动的进行都需要实物资产的支持。例如，政府提供教育这种公共服务需要课桌、教室等设备；发展公共交通实业需要道路、水道、航站楼等设施；居民和企业的生存和发展需要污水厂和固体废物处理设备。之前提到的所有政府活动都需要对长期资本进行规划和投资。这些基础设施投资的数量和质量共同组成了国家经济的核心"硬件"。在每个层面上，公共资本储备都是生产力的主要动力，所以各级政府均应该寻求这类投资收益的最大化。在衰退时期，经济对某项支出需求很旺盛时，增加支出能带来长期的收益，当然这也能刺激短期经济增长。[①]

同时，过度的公共资本投资是没有必要的。公共资本既可以挤出私人资本投资，也能够拉动经济增长。为了实现投资的均衡，不仅要避免投资不足，也要解决投资过度。在公共资本投资中，一个持久的概念性问题就是如何识别"最优的"支出水平，以及如何设计反映这些支出水平的公式。[②]

理论上说，州和地方政府的资本预算应当用来解决资源再分配问题。但在实践中，这些预算程序通常会导致分配中出现特权问题，以及资本资源的无效配置。州和地方政府通常在基础设施建设方面投资不足。[③]它们通常实行顺周期的资本支出管理：在经济衰退时期减少资本性支出，在经济复苏增长阶段再增加资本性支出。尽管政府资本支出是熨平经济周期中收入和消费波动最好的工具，但是政府却显然没有较好地利用这一工具。关于资本支出水平的决策主要来源于政府近期的政治活动，而不是出于对长期的经济生产力发展的考虑。同时，通常认为，很多资本支出增加的计划是独立存在的，并且与完成更大的策略性目标无关。在这种错误的认识下，本领域的中心问题应当是如何改革资本预算和资本支出水平来提高生产效率和生产力。在衰退时期对资本支出改革的呼声最高，因为在衰退时期资本预算的缺点被充分暴露，即由财政紧缩和无效投资计划产生的机会成本越来越多。

基于对过去实践的观察，有学者对资本预算进行了批评并倡议对其进行改革。而且，现在是重建州和地方资本预算实践的最好时机。当前公共资源的紧缺比之前任何一个时期都严重，所以对公共资源进行重新分配就意味着对优先权进行重新设定。为此，这一章主要针对两个问题进行说明。第一，经济危机导致公共资本支出减少了吗?④ 过去经验显示尽管增加资本支出会有益处，但是在通货紧缩时期通常会施行减少支出的策略。第二，经济危机是对资本预算程序进行改革的催化剂吗？整个对比的基础是在衰退结束后资本预算和支出是怎样改变的。在讨论中主要揭示了《美国复苏与再投资法案》（ARRA）对州和地方政府行为的影响。⑤

本章首先介绍了州和地方政府资本支出的本质特征和现状。在建筑物、设备和土地上的支出组成了公共资本储备和相关的花费，这些支出共同保障了公共服务的提供。其次揭示了州和地方政府财政资本支出的实践，并描述了资本预算进程中长期存在的问题和未来的改革方向。然后，我们转向另一个问题，即经济危机是如何影响资本支出的，以及经济危机对投资计划和预算过程的后续影响。最后分析了经济危机如何在资本预算背景下影响政府间关系。本章的重点是通过对过去和现在预算制度的比较来构建未来的制度。

州和地方政府的资本性支出

州和地方政府是国家最大的投资者，投资是指为完成政府职责实现特定政策目标而进行的包括建造建筑物以及购买工厂、设备和土地等在内的行为。在定义层面上，投资包含了建造并保障政府所拥有或使用的设施。鉴于美国国家统计局拥有美国政府部门最全面的数据，我们先通过这些数据大致了解美国政府资本支出的特点和数量。

表 24.1 提供了州和地方政府在 2008 财政年度的资本支出概览。如表 24.1 所示，2008 年州和地方政府部门支出总额为 2.8 万亿美元，其中 3490 亿美元属于资本性支出，2680 亿美元用于建设性支出，而其他的资本支出都是用于购买机器设备以及土地等。资本支出占州和地方政府总支出的 12%。与州政府相比，资本支出对地方政府而言更为重要，因为大部分公共事业支出由地方政府负担。美国国家统计局将政府支出分为一般政府支出和公共事业支出。公共事业支出跟政府直接支出相比更有资本性质。如表 24.2 所示，大约公共事业支出的 21% 用于资本性支出。

资本支出对政府的重要性因其支出的种类而异。如表 24.2 所示，在 2008 年的资本支出中，州和地方政府的教育支出和高速公路建设支出在总支出中所占的比重最大。然而，州政府最大的支出项目是高速公路建设和高等教育，地方政府投资主要集中于小学、初中教育，基本公共建筑和地方公共设施。2/3 左右的资本支出都是由地方政府实现，仅有 1/3 是由州政府实现。然而，地方政府的支出通常会依赖州政府（或联邦政府）的转移支付才能实现。

表 24.1　总支出和资本性支出：2008 财政年度州和地方政府　　单位：10 亿美元

支出项目	州和地方政府	州政府	地方政府
总支出	2839	1734	1593
资本支出	349	113	236
建设支出	268	92	176

续表

支出项目	州和地方政府	州政府	地方政府
其他资本支出	81	21	60
直接一般支出	2400	1025	1376
资本性支出	307	107	200
公共事业支出	193	26	167
资本性支出	41	6	35

资料来源：US Bureau of the Census：Governmental Finances FY 2008。

表 24.2　地方支出的功能分类：2008 财政年度州和地方政府　　单位：10 亿美元

支出项目	州和地方政府	州政府	地方政府
高等教育支出	27.0	22.5	4.5
基础教育和初中教育	70.3	1.6	68.7
医疗	9.0	3.3	5.7
高速公路	88.2	61.7	26.5
违法纠正	3.5	2.0	1.6
自然资源	6.8	3.0	3.7
公园及娱乐	11.7	1.2	10.5
排污	18.8	0.6	18.2
物体废弃物处理	2.4	0.3	2.1
其他政府项目	69.8	10.9	58.9
公共设施差额支出	41.3	5.9	35.4
总　计	348.8	113.0	235.8

资料来源：US Bureau of the Census：Governmental Finances FY 2008。

值得注意的是，这些数字后面的单个项目的规模是不同的。在政府存在支出的背景下，每一个项目的执行都需大量的资金，并且需要几年的时间来规划准备才能完成。这个规划和融资的过程就是资本预算的组成部分，关于这一点我们将会在下一节讨论。

资本预算：理念和实践

预算是政府为满足特定财政时期的需要而配置资源的过程。关于预算，有一个常见的表述是：预算必须平衡，即在"预算约束"下所有资源的使用水平不能超出当前阶段的资源存量水平。对政府来说，这意味着必须编制年度平衡预算。然而，现实情况下资本的需求和用来满足需求的资源往往会出现不对等关系，因为大部分实体项目的执行要么需要借债融资，要么需要得到拨款。这意味着执行预算的资金要以后才能偿还，并且拨款资金使用起来会有很多限制和要求。资本预算指超过一个财政年度的资本项目的支出和收入的计划，包括工程建设支出、土地所有权和设备购买预算。资本预算的不同之处在于它通常会设定一个最小的支出规模和2～3年的预算实现期。另一个特点在于，资本预算中不允许使用借贷资金执行预算支出。

资本预算与其他预算的另一个不同在于它是由一部分当年预算和反映将来的预算构成。因此，政府通常都会有一个资本改善计划。资本改善计划规划了未来5～6年的资本支出，以及列入到当年预算中的资本支出项目。每一年，本年收支列入本年预算部分，而本年以外的预算列入资本改善计划。通常情况下，拨款先满足土木工程建设费用、建筑费用（"软费用"）和购买土地的费用。大概一年以后，预算才开始保障其他费用，这些费用一般通过债务发行和债券等方式来筹资。然而在某些情况下，如果出现技术问题或者有其他项目亟须资金，就可能会中止正在进行的项目。一个大项目也许因此而延续几年，而且年度资金支出预算并没有得到有效的实施。

一般情况下，财政规划周期显得尤为重要。就技术层面讲，资本项目需要对工程进行研究和规划，需要组织协调政府间部门和其他组织，如地方公共事业单位和财产所有者等。资本项目也需要大量的资金来保证必要的支出。最后，在项目开始时或者紧缺资金时，资本预算的执行可能会出现一些变动。总的来说，资本项目的编制和实施通常是一个辖区的"重大事件"，因为执行中发生的变化能够影响未来年度的预算编制。

长期以来，针对州和地方政府预算的批评主要涉及两个方面，但双方都集中在预算执行过程的无效率上。第一，投资不足的倾向，很多级政府都不能为基础设施建设保证充足资金，当然也不排除联邦政府。各级政府要花费更高的边际支出来重建相同的设施，而不是维护已经建设的设施，尽管建设新设施不能带来额外的收益。一个相似的观点认为，公共基础设施不能为潜在经济增长和生产力的最大化提供支持，在能源运输、通信方面投资不足，还有其他能够为"新经济"的发展提供动力的基础设施方面亦然。⑥这些领域比传统公共基础设施领域更需要投资。

第二，更有批评指出，资本支出决策通常是根据一些政治因素制定，而不是出于提高长期经济增长的目的而制定。其结果十分明显，很多经济实体通常倾向于花费大量的资金来建设新的基础设施，尽管通过维护已存在的旧设施可以实现相同的目标并且更加省钱。一些亟须维护的设施通常被忽略，而一些非亟须建设的设施却被极大关注，如修桥、修路等。这些亟须建设的设施通常包括那些虽然远离人口密集中心，但能够提高私人部门经济产量和刺激偏远地区经济发展提供保障的设施。例如，通信设施、公立学校、小企业辅助机构等。

针对资本预算支出中存在的"新设施盲目迷恋"问题产生的原因，存在极大争议。一方面，包括很多小的地方政府在内的经济实体，它们缺乏分析能力以至于无法考虑到资本预算决策所带来的全部结果。过去经验研究显示，大多数地方政府的资本预算执行过程更加偏重于管理过程的方便性，而不是研究的精确性。资本预算过程本身经常是一种结束；一个关于资本项目需求的结构化对话，无论驱动它的信息如何，会带来比特设过程或没有过程更高效的资源配置结果。⑦然而，通过基本程序制定的支出计划很少反映发展相关的战略目标。预算的基本原则和编制目标还尚未确定时，预算就已经编好了。通常执行过程中存在的时间和资源限制问题，这些问题是由缺乏更广泛的预算目标以及政治意愿和管理的敏锐度而导致的。现实情况下，很多小辖区政府的管理者通常没有时间来提高自身能力或与其他机构合作来完善预算过程。⑧

另一方面，有人认为资本预算的无效率反映了选民对短期有形收益的偏好。⑨因为这个原因，很多政府官员通常会优先执行基础设施支出，并在短期获得大量的可见收益，如在新街道、人行道方面的建设支出。而对于对未来经济发展有重要影响的一类项目，如下水道维修，却因为其已经存在的设施，并且维修无法产生可见收益，往往被政府忽视。地方政府的这种做法的原因通常是出于希望得到选票的考虑。州和地方政府支出一直以来都集中于一些可见的、受居民欢迎的项目，如修建社区中心、公共安全设施和偏远地区高速公路等。这些"剪彩"式的项目会得到选民的肯定，但是对于私人部门生产力的发展却未必有好处。但是，也许这些项目会起到提高生产效率的作用，并对未来设备维护工作产生不成比例的需求。

在经济周期中的每个高涨期和低谷期，导致无效性的倾向正在朝着越来越严重的方向发展。那些包含维修支出在内的资本支出被认为是一种可以延缓的支出，因此在经济衰退的时期这类支出可以暂时削减。这种倾向第一次被记录是在州和地方政府对1970年末和1980年初的经济衰退中。⑩平均来说，在经济情势最糟糕的几年中州政府和一些大城市每年减少的资本支出达到30%～50%。这部分支出资金的削减改变了辖区资本支出的趋势，从上升趋势转向明显的下降趋势，对很多美国中西部的州和自治市来说支出还未恢复到经济衰退前的水平。1991～1992年和2001～2002年的经济衰退也造成同样的结果，只是没有20世纪70年代的支出削减的严重。⑪

削减支出是一个应对经济衰退的实用对策，但是如果支出减少没有合理的管理，这可能扰乱资本支出和经济发展目标之间的关系。例如，经济衰退期间资本预算减少会造成资本支出的全盘削减等。这些策略通常在不考虑不同资本项目复杂的现金流或者利率变化对融资的影响和其他支出问题就被采纳了。进一步来讲，项目实施的优先顺序通常是根据现金流考虑来指定的，而不是出于提高长期生产力和经济效率方面的考虑。花费较少的项目通常会先于花费大的项目实施，尽管花费大的项目会刺激地方经济增长。如果某项目通过发债或借款来实施，不管这个项目的规模和潜在经济影响怎样都会按计划实施。富有讽刺意味的是，现实常常不是这样的。在经济增长时期，很多机构会用当期剩余资源以现收现付制来为资本项目筹资，它们也用这些剩余资源去支付设备的维护费。⑫这样会产生众所周知的恶性循环：在花费剩余资源的资金去为新建项目提供资金的同时，随着更多的新设施的建设，维修保养的费用也随之增长，因此政府剩余资源变得越来越紧缺。在随后的经济衰退时期，就没有充足的资金用于维护费和新建项目支出。这些问题加剧了资本预算潜在的无效性。

很多辖区改革了他们的资本预算程序来解决诸如此类的问题。然而，这些改革是如何开始的，是如何筹资的，是什么决定了它们是否能成功实施？在当前情况下，这些问题显得尤为重要。一些辖区政府通过投资提高了自身的技术水平，以更好地预测资本支出和基础设施绩效间的长期关系。例如，有一些州的交通部门设计了特定的分析工具，使高速公路保养和人行道状况的关系实现最优化。[13]这些系统使那些促进私人经济生产力的项目得到了实施的优先权。例如，一些港口单位建立了成本分析框架模型来比较不同项目，决定其实施的顺序。它们主要通过考察这些项目能否促进贸易和地方经济增长来决定其实施顺序。[14]但是对大多数州和自治市来说，通过程序改革、增加的分析能力和更高的透明度可以给资本预算带来益处。

预算和财政管理的一些领域，如政府采购改革[15]或其他内部财政控制[16]，联邦政府给州和地方政府改革实践带来了自上而下的压力。如果缺乏全面的联邦资本预算，在可预见的未来州和地方政府的资本预算改革将产生自下而上的影响。

资本支出水平和优先权

该部分检验了经济危机至今对州和地方资本支出等级和资本项目优先权设定的影响。数据来源有三种：（1）包含在国民收入和生产账户（National Income Product Accounts，NIPA）在内的州和地方政府在特定资产上的支出；（2）2005~2009财政年度几百个辖区经审计的财政数据；（3）对美国30个州和地方政府中从事资本预算和财政工作的职员进行的一系列访谈和邮件通信。选择这30多个辖区主要是出于方便性、可得性和多样性的考虑，尽管这些受访者并没有形成正规的随机样本数据。[17]但是，这些辖区政府职员仍为我们提供了有价值的信息。

对总资本支出的测量

大多数州和自治市在2009~2011财政年度减少了资本性支出。全国城市联盟的"城市财政状况"计划（这是一项在政府财政官员间进行的调查）显示：为了解决预算资金的不足，2010年69%的城市延缓或者取消了资本支出项目。[18]2009年，这个比例仅为62%，而2008年仅为19%。实际上2008年，52%的城市都已经宣布它们的资本支出超过了2007年。[19]全国州政府预算官员协会（National Association of State Budget Officers，NASBO）提供的统计数据显示，在州政府层面类似的情况也在发生，有32个州在2008财政年度资本支出低于2007年的水平。[20]相似地，即使是小规模的调查也揭示了加利福尼亚州35%的郡县在2009~2010财政年度缩减了资本性支出，而两年前的数据仅为29%。[21]尽管对加利福尼亚州的调查并没有具体涉及资本支出减少的数量，但是缩减支出的部门数量显示一大部分的郡县冻结或减少了资本支出。总的来说，调查证据显示减少的资本支出被用于州和自治县去解决经济衰退导致的财政问题。

国民收入和生产账户是经济分析局（Bureau of Economic Analysis，BEA）编制的，其提供了更清晰的指标来计算州和地方政府的资本总支出情况。跟美国统计局的数据和其他数据来源相比，这些数据有两个方面的优势。第一，该数据包含了2009年的数据，但是美国统计局或其他途径提供的数据只包含2007年和2008年。第二，该数据能够实现经济危机期间和最近经济衰退时期（2001～2002年）资本支出的对比。该数据最主要的缺点是定义方面的分歧，其使用的是固定资产支出，也就是经济分析局定义的用于设备、软件和建筑物的支出，包括自建房与州和地方政府拥有的在建房等。固定资产并不等同于资本支出，但是在大多数州和地方，大多数资本支出是用在固定资产投资上的。因此，除了这个缺点，这些数据让我们了解了当前资本支出的趋势。

国民收入和生产账户的数据包括资产的存量指标和流量指标。存量指标为州和地方政府固定资产的总价值之和，流量指标为一年内特定固定资产上的投资量。存量和流量指标是在资产的不同目录中披露的。图24.1列出了数据中最大的5个项目：教育、设备与软件、高速公路、供水和排污、交通，所有的数据都以2009年美元的价值衡量。

如图24.1所示，在经济危机期间的资本支出减少比最近一次经济衰退（2001～2002年）中资本支出减少要严重得多。从2003年开始，也就是2001～2002年经济衰退后的第一年，州和地方所有项目的固定资产总价值增加，而且增加速度最快的项目是高速公路和教育。2008年增长的速度放缓，2009年几个项目的资产总价值开始下降。然而，所有项目的资产总价值却在最近一次经济衰退中有所上升，固定资产投资的趋势也与此类似。2001～2002年经济衰退时，年度投资保持稳定趋势并有所增长，然后2008年起开始下降，2009年发生了大幅度的下滑。上面提到的调查与国民收入和生产账户数据显示：投资在不同服务领域的减少是成比例的和一致的，这个现象和过去经济衰退时呈现相同的趋势。②例如，根据全国州政府预算官员协会的数据，州政府支出水平成比例的缩减主要体现在高等教育、运输、监狱、环境工程、住房和其他领域。

然而，这些数据显示投资水平相对来说还是比较高的。这主要依赖于联邦政府的刺激计划，如果刺激资金耗尽，投资水平可能会出现大幅下降的情况。根据全国州政府预算官员协会数据，2009年34个州的资本性支出会比2008年要多，这主要依赖于《美国复苏与再投资法案》提供的资金。③图24.1显示这些刺激资金是如何影响2008年和2009年固定资产存量和流量的。

相比之下，请看图24.2中显示的趋势。该图显示了国民收入和生产账户政府收入支出数据中的"总投资"情况。与资本资产水平不同，总投资既不指资本资产，也不反映贬值的部分和其他固定资产的消耗，其仅代表在一个特定时期内的投资支出。但是考虑到在大多数州和地方政府投资是投向固定资产，其提供了一个合理的指标来衡量现有资本支出水平。当前可以得到的最新数据是2010年第三季度的数据。图24.2显示了所有州和地方政府从1996年第三季度到2010年第三季度的年度总投资情况。

（10亿美元）
3000
2500
2000
1500
1000
500

1997 1999 2001 2003 2005 2007 2009 （年份）

（a）固定资产存量

（10亿美元）
100
80
60
40
20

1997 1999 2001 2003 2005 2007 2009 （年份）

（b）固定资产流量

—○— 教育　—△— 设备与软件　—×— 高速公路　—□— 供水和排水　—●— 交通

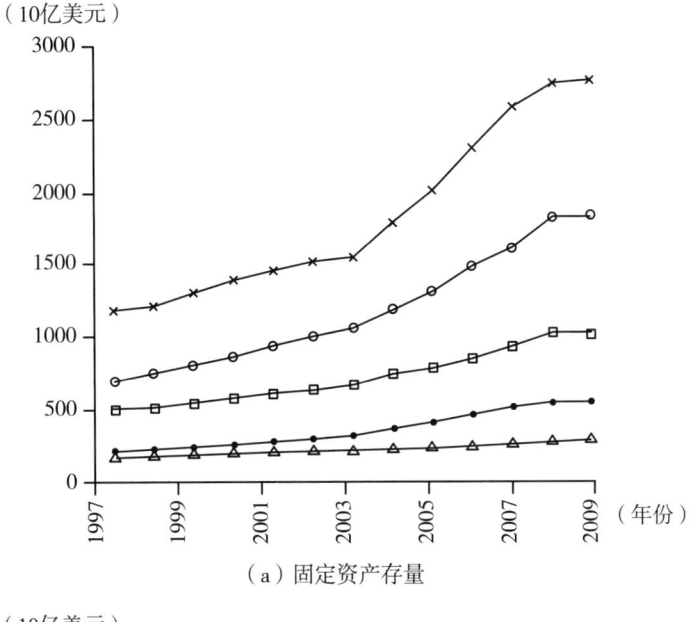

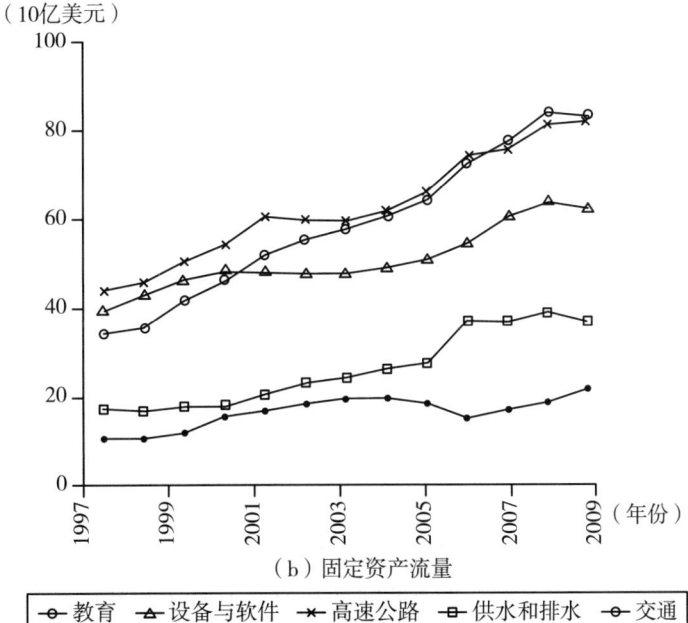

图 24.1　1997～2009 年州和地方政府年度总资本支出

资料来源：Bureau of Economic Analysis, National Income and Product Accounts。

BEA 也分析了《美国复苏与再投资法案》对政府收入和支出中若干项目的影响。这些项目中的两个，即联邦政府"救助金"和联邦政府"资本补助"反映了由《美国复苏与再投资法案》提供资金的州和地方政府资本支出的部分情况。[24] 图 24.2 中实线指的是 1997 年至 2010 年第三季度的总投资水平，虚线代表 2009 年至 2010 年第三季度总投资水平减去《美国复苏与再投资法案》中的"救助金"和"资本补助"的部分。该趋势线显示，2008~2010年，总投资水平下降了1150亿美元，或者说3.5个百分点。若没有《美国复苏与再投资法案》的资金支持，下降水平会接近1170亿美元，也就是说下降5个百分点。当《美国复苏与再投资法案》的资金耗尽时，若经济恢复缓慢，会导致收入增长缓慢，因此州和地方资本支出水平在2010年后可能会接近预期值，也就是州和地方资本支出水平会出现大幅下降。

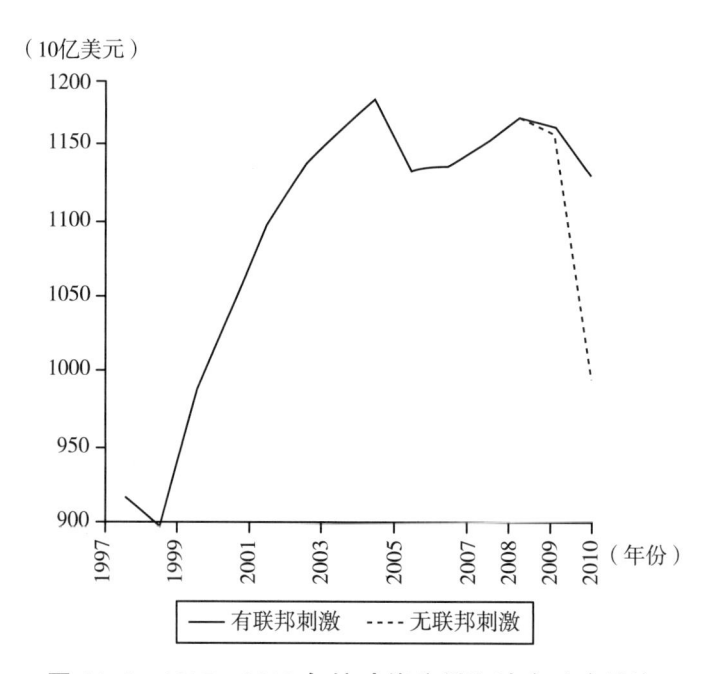

图 24.2　1997~2010年按功能分州和地方政府投资

资料来源：Bureau of Economic Analysis, National Income and Product Accounts。

辖区特定资本支出

前文数据显示，经济危机导致了州和地方资本支出的减少，并有可能使其在未来进一步减少资本支出。这就让人们开始思考，该现象可以归因于哪种特定的支出模型或者如何摆脱这种趋势。不同层级的政府有不同的资本需求。严格监管的基础服务的资本改善，如自来水和下水道系统的升级，通常由州和联邦法律规定，而不能因经济衰退而推迟。相比之下，不属于基础设施的传统的地方政府服务，如公共卫生和选举，本质上具有更大的灵活性，它们可以被延期或取消。因此，鉴于资本支出组成部分的多样性，检验不同层级政府的支出水平是有必要的。

这些细节对支出数据的质量和可用性提出了要求。第一，小型和中型城市有关资本支出的数据来自政府统计报告，但是这些数据只有2007年的可用。第二，州和地方政府资本支出的会计和财务报告存在大量不同统计标准。如一些辖区将资本维护费作为资本性支出，然而另一些辖区将其作为一般性基金或有关资本项目基金中的当前支出。虽然统计部门尽力去修正这些差别，但是误差是不可避免的。

特区和公共机构更具复杂性。一部分将资本支出包含在了一般的政府资本性支出中，而另一部分则编制了独立管辖的资本支出项目。为了更好地理解经济危机对资本支出的影响，而不仅仅停留在对州和地方政府支出水平的了解上，特区和公共机构的支出应该与其他主体的支出分开计量。这就意味着，资本支出数据更好的来源是根据一般通用会计准则（GAAP）做出的财务报表，这样数据的会计处理方法能保持更好的一致性。公共机构要作为一个独立的个体做出财政报告，不应并入一般政府财务报告来阐明资本支出的变化。

幸运的是，在年度财务报告中州、市、县、公共机构的资本支出水平的数据是可得的。这些数据来自于彭博资讯，时间为2005～2009财政年度。[25]其包含了1752个城市、720个县、43个州和558个公共机构的完整数据。

这些数据包括了对资本存量和资本流量的测量。资本存量是一个辖区内财政年度末的资本资产的累计价值，反映的是之前所有资本支出的累计价值。[26]资本流量随着时间变化并改变资本存量。资本流量反映的是一年中主体的资本支出。例如，如果一个主体第一年年末的资本存量是1000万元，第二年年末的资本存量是1100万元，那么它第二年的资本资产流入就是100万元，或者说增长了10%。如果第二年年末的资本存量变为900万元，那么资本就流出了100万元或者说减少了10%。资本存量和流量都把新建项目和现有资产维护费包含在内。

此处的重点在于一种衡量资本存量的特定变量，"投资于资本资产的净资产，相关的净负债"。也就是用辖区资本存量减去所有未偿还的债务——或"杠杆"——被用于资本融资。未偿还的债务通常不计算在资本资产价值中，因为它代表了一种外部责任，减少了所有者权益中的股本。在该条件下，考虑未偿还债务这一因素是非常重要的，因为许多主体用《美国复苏与再投资法案》或以前其他的"现收现付制"的资源为其2008年和2009年资本支出融资。这就使它们资本存量和流量增加，而没有新的债务负担。也就是说，联邦救助避免了债务的增加。

纵观各级政府，把它们辖区内资本支出需求的规模、范围和程度考虑在内，也是非常重要的。也就是说，一个拥有较少资本资产的小辖区的政府，运行一个大的资本项目，将对资金流产生相对较大的影响。反之，一个较大辖区的政府，运行同样的项目，对资金流的影响较小。为了控制各级政府间规模的差异，我们根据它们的总净资产（TNA），将辖区样本进行了分组，并根据这些分组进一步分析。[27]

图24.3显示了样本辖区2005～2009年固定资产的变动情况，结果按照城市、县、州、公共部门四个组别显示。图24.3中的线条代表着2005～2009年财政年度每一种主体资本流量的年平均变动。例如，2005年小型县的资本流入是9%。也就是说，2004～2005财政年度，小型县的资本存量平均增长了9%。2005～2006财政年度，小型县的资本流入平均增长了12%。这就意味着，与2005财政年度相比，2006财政年度该类辖区的资本投入全面提高。[28]这些财政年度变化都是以2009年美元价格为基础来计算的。

这些数据主要揭示了三个结论。第一，资本支出在2008年以前保持着上升的趋势，2009年显著下降，这与前述国民收入和生产账户的数据是一致的。对于诸如小型、中大型的公共部门和小型县来说，支出水平在2008年之前就开始下降了。几乎所有辖区的资本流入自2009年开始减少。2009年之前资本资产价值每年增长8%~12%，在2009年的增长只有3%~5%。

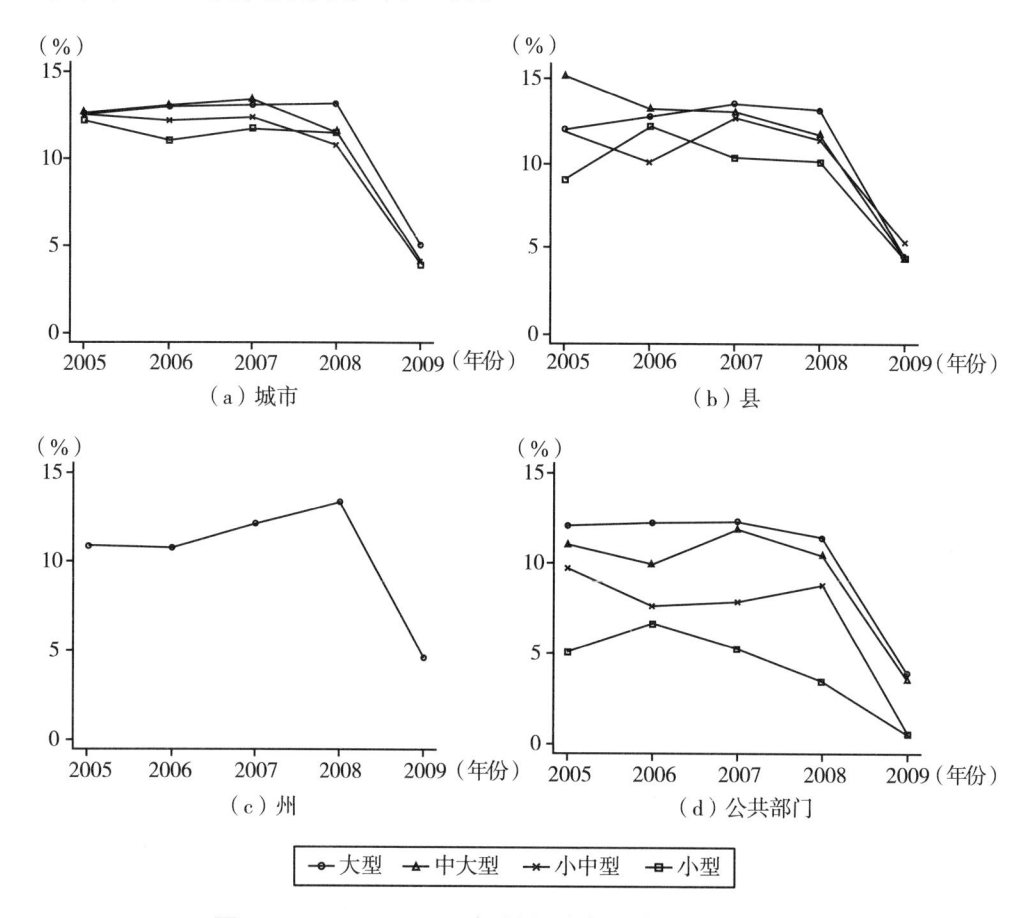

图24.3　2005～2009年州和地方政府固定资产变动

资料来源：Individual Jurisdiction's Comprehensive Annual Financial Reports.

第二，2009年之前资本存量较好地维持原水平，要消耗掉从2005~2009年积累的资本资产价值需要多年的时间。对一些主体来说，如小型公共部门，虽然2009年资本的流入小于1%，但是存量仍然是增加的。鉴于2005~2008年资本的强势增长，要使其回到2005年以前的水平还需很多年的时间。

然而，鉴于很多政府主体资本投入减少的事实，资本支出下降也是很有可能发生的。欧弗兰帕克就是这样一个例子，其是密苏里州堪萨斯城的一个迅速发展的郊区。2000年其人口数量是149080人，到2008年增长到173000人。它实施了一个五年的资本改善计划，该计划在同等规模的城市中是最复杂的。2007~2011年的资本改善计划中资本支出2.28亿美元。随着一系列资本投入的减少，2011~2015资本支出降为1.21亿美元。2008年和2009年资本流入的减少只是其中的一小部分。假设2011～2015年的预算按照计划执行，欧弗兰帕克的资本存量将每年减少10%～12%。这就提供了经济危机是如何在可预见的未来对当地资本产生滞后影响的例子。

第三，一方面，无论城市大小，资本流入变动都是相似的，规模不同的县之间的变动也是相似的，尤其是在2007～2009年。另一方面，规模不同的公共部门的资本流入有着显著的不同。大的公共部门的资本流入比小的公共部门的资本流入增长快5%～7%，中小、中大的公共部门位列中游。虽然存在这些不同，2009年所有公共部门的资本总流入增加了3%～4%。

资本支出优先权

在经济下滑时期，州和地方政府都承受着减少它们行政支出和总资本支出的双重压力。但是，通常来说资本支出是更容易减少的，这类支出经常被视为"可以延缓的"。与行政支出相比，资本支出的延缓会带来更少的短期痛苦。在以前经济衰退时期，政府延缓了新资本项目的投入，并将这部分以现收现付为基础的，并且列入重建资本项目和可贷款计划的资金转投在行政支出上。这种顺周期的行为加剧了经济周期波动对当地的影响，并且对资本预算过程带来了新的无效率。那么，在此次经济危机中资本支出被延缓了么？

对资本预算人员的采访和回复显示，此次资本支出与过去萧条时期相比，既有相同也有不同。相同点是，将减少某些类型的项目投入作为经济衰退的一种最初的应对措施。研究分析发现，大约1/4的政府延缓或取消了之前纳入资金预算的项目，这些项目主要是诸如公园、艺术和文化、动物管理的"非核心"服务。

然而，此次资本支出的不同点在于：强调对当地经济的刺激。地方政府资本支出对私营部门的生产力十分重要。传统的财政学理论几乎没有涉及，地方政府是否应该在经济衰退期间做出稳定当地经济情况的尝试。㉙虽然这种稳定经济的作用可能没有在理论中谈到，但是在实践中，许多政府积极的采用了逆周期的稳定器工具，如雨天资金。到目前为止，关于这些工具所起效果的经验证据是多重的。㉚

作为这种逆周期行为的自然延伸，凯恩斯主义者认为，州和地方政府资本支出也可以刺激当地经济的复苏。这一说法得到了各级政府的认同。超过1/3的辖区加快了资本项目的投入，并且它们这种做法几乎都是为了刺激当地经济的发展。在这些刺激发展的项目中，超过半数都是通过债券或靠经济危机前积累的资金建立起来的。在多数情况下，这些项目都促进了经济的发展，因为预估的项目成本大大降低了。例如，很多地方政府指出，在2008年中标的项目，到2009年只剩预估的50%～60%还在继续进行着。因此，许多辖区认为，与其减少资本项目，不如把还在运行的项目放在资本预算中相对靠前的位置。

一些辖区采取了这一措施，并把资本项目作为全面刺激"本土发展"的核心举措。例如，位于俄勒冈州的波特兰，其160亿美元的资本改善计划创造了5亿美元的价值。最具潜力的项目加速了当地的建设，也加速了就业岗位的创造。加利福尼亚州的特雷西市，进行了更进一步的尝试。它把原本计划4年完成的资本项目压缩到18个月。这一举措创造了大约2700个当地建设的工作岗位，其价值为9千万美元。时间将会告诉我们这一举措或其类似的举措是否成功。如果有证据表明取得成功，它将会激励人们思考，在未来经济衰退时期，各级政府在稳定经济上将发挥更大作用。

资本预算编制改革

在经济危机之后，资本支出水平发生显著变化。一些变化遵循了以前经济衰退时发生变化的模式，维持性支出和高额的资本项目会大范围削减。与之前不同的是，效率成为资本预算编制的关键因素。许多辖区第一次将效率纳入资本支出模型加以考虑。对另一些辖区来说，经济危机提升了效率这一因素的地位，使其在资本预算编制要考虑的众多因素中，上升为核心要素。这种对效率的强调，即使是暂时的，也将影响未来资本预算的编制。迄今为止，有证据表明，许多预算编制的变化都是沿着这个思路进行的。

对许多辖区来说，建立或重新建立效率标准，有益于资本预算和资源配置综合性方法的发展。此处资本预算的综合性是指：该预算包括多年资本改善计划，而资本改善计划要涵盖需求评估、财务状况分析和财政预测；该预算提出很多方法为基础设施筹资，并实施管理，如PPP模式；该预算包含对资本融资策略的明确声明；有一个正式的程序来授权和实施该预算。㉛对许多政府来说，特别是辖区小但是发展迅速的政府，综合性资本预算是不具吸引力的，因为它使对公园、社区中心等面向消费提高生活品质的基础设施的投资，转向对人口膨胀需求导致的更为基本的基础设施的投资。堪萨斯的一个小城市的管理者，解释了这一现象："我们城市从来没有一个设计好的或者正规的程序来制定资本改善计划。起初我完成了目标，创造了300％的工作，然后我就在公共论坛里变成了坏人，我不得不解释为什么下水道系统比秋千更重要。"㉜

但是即使没有增长出现，维持最基本的基础设施也变成了一种更具政治倾向的选择。另一个小城市的官员针对这种情况说："当增长出现的时候，纳税人想要看到这部分增长转换成更好的设施，使他们的社区更舒适。当增长没有出现时，纳税人想让你关心最基础的东西，以便一旦经济开始复苏，你就可以把注意力转回到使他们的社区更舒适上。"㉝

面对缓慢增长或没有增长的经济状况，围绕最基本的基础设施的综合性计划将大有用处。在经济增长出现之前，特别是在经济增长的前景暗淡的时候，许多辖区将继续保持在基础设施上的支出，以支持预期人口或商业的增长。综上所述，经济危机及其之后的时期可能最终导致大范围的、更加谨慎的预算调整。也就是说，少量的资源会使人们更加关心这些资源将如何分配。

关于向着综合性的转变，1/4的受访者说，经济危机导致资本改善计划，变得"更加缜密"和可量化。财政管理文献普遍认为，在资本项目上，公平、精确的分析是可以替代政治决策的。精确的分析有多种形式，其中一种是用正规的评估方法来指导资本改善计划，这种评估方法对项目的成本效率、公共安全收益、经济发展的潜在影响力和其他近期政治愿望潜在的影响因素进行打分。这种精确性也意味着资源分配只能与一些预定的原则相一致，如与战略决策相一致。㉞30个实体中的5个认为，要放弃合并核心观念的想法，以及放弃把当地发展战略变为资本改善计划的想法。在一些情况下，这种联系是抽象的；"保持高品质生活"对基础设施来说不是一个特别有用的标准。但是其他的战略目标，如"新经济产业有针对性的、可持续的发展"，为资本预算决策提供了有益指导。

刺激政策和政府间关系

在经济危机对州和地方资本预算的所有影响中，富有讽刺意味的是，最深远的影响是由《美国复苏与再投资法案》刺激项目的实施带来的。证据表明，《美国复苏与再投资法案》作为一个刺激工具的效果是多重的，这也引起了政界的争论。一些人认为，它既让国家陷入更大的衰退，也要对2009年末脆弱的经济恢复负责。㉟另一些人则认为，这种刺激政策对经济没有影响。㊱还有人认为，现在下结论还为时过早。但是，姑且不论它对宏观经济的影响，《美国复苏与再投资法案》项目确实从很多方面对州和地方资本预算产生了影响。其中一些影响受到了内部组织进程的限制。更重要的是，有关资本预算的政府间关系发生了许多变化。

在2010年夏秋的采访中，很多资本预算人员说，在不同程度上，《美国复苏与再投资法案》重视"万事俱备"的项目，这就意味着要把已有优先资本项目中的投入暂时抽离出来。㊲对一些辖区来说，这种做法的影响是很小的；拥有高度优先权且提前计划好的项目很快就被提上日程，建设过程实际上由两年缩短为一年。但是，对另一些政府来说，这种做法意味着与过去的做法大相径庭。例如，人行道的修缮、高速公路上的告示牌、乡村公路的修建等曾常年不能享有优先权的领域，变成了优先项目，因为它们能被迅速地计划出来并执行。在短期内，这有可能诱导一些辖区改变未来自有的资本资源和债务能力，而忽视这些项目的战略重要性。在这种意义上，代替更多高价值项目的刺激政策，可能会加剧次优生产力结果的不均衡。然而，如果低优先权的项目在提高生产力上更具潜力，那么刺激政策就有利于生产力的发展，但是这种情况只限于低优先权的项目，因为他们缺乏可见性或政治显著性。一个小辖区的财政管理人员说："刺激政策迫使我们思考，联邦政府对资本项目的投资会带来什么样的经济影响，我们自身的资本支出会带来什么样的经济影响。"㊳在这种意义上，刺激政策可能会对州和地方资本预算改革带来自上而下的压力。

大多数受访者认为，经济衰退最深远的影响是在有关资本预算的政府间关系方面，这包括未来资本预算过程中可能出现的一系列潜在问题。

一个极端观点认为，经济危机，特别是《美国复苏与再投资法案》，已经变得有破坏力了。例如，三个不同的受访者认为，《美国复苏与再投资法案》资源的突然涌入加剧了多元政府机构的政治冲突如交通计划委员会、经济发展机构、国土安全协调机构等政府机构间的冲突，这些政府机构都从事基础设施建设计划。这一政策允许一些辖区脱离这些机构，单方面的执行资本项目，但是通常没有如何进行再合作的计划。另一些人则认为，《美国复苏与再投资法案》计划使横向公平更难实现。这主要是由《美国复苏与再投资法案》项目的匹配要求造成的。被访者举例说，如果政府不能提供必备的匹配资源，在《美国复苏与再投资法案》资源或其他政府间共享资源被分配时，资金就会缩减。这让问题变得更加严峻，政府间共享资源被重新分配，有较高财政地位的政府能够得到满足匹配要求的资源。一些资金预算官员把这一变化看成把稀缺的资本资源，从最需要和最具经济潜在影响力的地区转移到了不那么需要的地区。[39]

《美国复苏与再投资法案》资源还对州和地方资本预算带来了替代效应。在宏观层面上，有观点认为，《美国复苏与再投资法案》资源替代了本应由州和地方政府承担的联邦资本贷款。[40]这种效应保护了州和自治市政府为未来项目贷款的能力。接下来一个关键的问题是，这种被保护了的能力如何被分配到未来项目上。

另一个更微小但是更重要的替代效应是，资本预算中出现了新的危机，特别是对小型政府而言。也就是说，潜在的联邦资本项目资源鼓励了一些政府将资本支出由小项目转向大项目，而这些大项目没有明显的资金来源。中西部一个小城市的管理者说，我们城市的委员会打算放弃今明两年道路的重新铺设，而用这部分资金进行我们的废水系统升级工程，我想要告诉他们这可能不会发生，因为州和其他联邦机构不认为这样的工程建设是有必要的，但是我劝说不了他们。[41]

总　结

本章论述了经济危机和它可能带来的后续效应是怎样影响州和地方政府的资本预算和支出的。主要有三个结论。第一，经济危机时期，州和地方政府资本支出明显放缓。整体来说，在经济危机刚出现的时候，资本支出在2008年只有小幅度的下降，但是到了2009年和2010年，资本支出大幅减少。由于很多辖区开始使用《美国复苏与再投资法案》资源并且意识到他们的自有收入在下降，导致资本支出在2010年下降的速度更快了。[42]这种下降没有明确的模式可循。所有层级的政府——州政府、市政府、县政府和公共机构——都削减了类似幅度的资本支出。这就使经济危机对支出水平的影响与以前经济衰退时期大体一致，或许稍稍大一些。另外，调查评估结果显示，资本支出在2011年和2012年将继续减少。如果事实证明如此，此次经济危机将使州和地方资本支出出现前所未有的下降。

第二，虽然经济危机迫使支出水平下降了，但是它也促进了州和地方政府资本预算改革。许多辖区重新设置了预算的编制，加强了资本支出和区域整体目标的联系，如经济发展和公共安全的联系。许多辖区通过战略计划和其他长期政府目标，重新调整了资本改善计划，回应了新资源稀缺性的问题。还有的辖区将资源从新建项目中撤出，转而投向现存的更具效率的基础设施维护上，以便增加未来的资本。一些辖区提高了资本预算精细化分析的水平，以便更好地规划成本和更好地将优先权和资源联系起来。

第三个经济危机潜在的有害影响是，使有关资本预算和支出的政府间关系更加紧张了。简而言之，联邦和州、联邦和地方之间的转移支付本来应增加地方资本支出的，现在仅仅维持了支出。它们虽然通过不同方式重新调整了资本预算，但很可能会抑制而不是促进未来政府间的合作。

经济危机期间资本支出明显放缓，但是联邦救助使它没有减少那么多。如果这种救助失效，州和地方政府资本支出将继续下降，进而基础设施和固定资产的价值也将下降。我们看到了这种下降的速度之快和下降的范围之广。县级政府资本预算官员在通信和采访中提到，希望资本预算改革将更加严密。由于资源的压力，许多辖区第一次考虑综合资本预算，而综合资本预算依靠的是具有透明标准和可量化收益的周密分析。

注释

① Aschauer（1989）；Munnell（1990）；Garcia-Mila and McGuire（1992）。
② Holtz-Eakin（1996）；Holtz-Eakin and Rosen（1989）；Poterba（1996）。
③ Gramlich（1994），1180-1189。
④ 政府将"大衰退"的时间界定为从2007年12月到2009年6月。按照惯例，经济衰退的定义是由国家经济研究局定义的。不过，在现实中，经济衰退更多地与失业率超过"正常"水平的时期联系在一起。如果失业率超过5%或6%则被认为失业率过高（通常情况下是这样），那么在2010年底，失业率接近10%的时候，这个国家仍处于衰退状态。关于衰退的定义，请见国家经济研究局网站（www.nber.org/cycles/recessions.html）。
⑤ http://www.recovery.gov/About/Pages/The_Act.aspx。
⑥ Congressional Budget Office（2010b）。
⑦ Marlowe et al.（2009）。
⑧ 同上，41-43。
⑨ Gramlich（1994），1182-1183。
⑩ Levine et al.（1981）；Forrester（1993）；Bland and Nunn（1992）；MacManus（2004）；Crain and Oakley（1995）。
⑪ Pagano（2002）。
⑫ 同上。
⑬ Carroll et al.（2004）。
⑭ Port of Seattle, WA（2010）。
⑮ Kelman（1995）。
⑯ Jakubowski（1995）。
⑰ 这些辖区包括得克萨斯州的奥斯汀市，俄勒冈州的布鲁金斯市，加利福尼亚州的伯林盖姆市，得克萨斯州的雪松公园，佐治亚州的东点市，俄勒冈州的科泽尔市、克拉马斯福尔斯市，马萨诸塞州的列克星敦市，堪萨斯州的路易斯堡市，内布拉斯加州的奥加拉拉，堪萨斯州的欧弗兰帕克，加利福尼亚州的帕洛阿尔托，宾夕法尼亚州的匹兹堡，得克萨斯州的普莱诺，俄勒冈州

的波特兰，华盛顿州的里奇兰，俄亥俄州的斯托本维尔，加利福尼亚州的特雷西，俄勒冈州的图拉丁和威斯康星州的沃特福德村。它还包括三个县：弗吉尼亚州阿灵顿县、佛罗里达州布里瓦德县、密歇根州马凯特县。公共机构包括华盛顿州的西雅图港、得克萨斯州休斯敦联合学区、芝加哥中途机场。州相关机构包括财务管理办公室（华盛顿州）、预算和政策规划办公室（蒙大拿州）、预算和规划司行政办公室（密苏里州）。在可能的情况下，受访者还分享了他们对公共当局资本预算实践变化的观察。这些司法管辖区并不是一个代表性的样本，而是为资本预算实践的最近变化提供具有广泛代表性的定性见解。

⑱ Hoene and Pagano (2010). See also Hoene and Pagano (2009) for earlier survey comparisons.

⑲ 同上。

⑳ 同上。

㉑ Sun (2010)，9-10.

㉒ National Association of State Budget Officers (2010).

㉓ National Association of State Budget Officers (2009).

㉔ 对州和地方政府的补助包括"与国防、公共安全、经济事务、住房和社区服务、收入保障和失业项目有关"的资金。这笔支出的大部分（但不是全部）都用于资本项目。资本补助包括"公路和公共交通基础设施、建设和恢复"的资金。虽然这笔资金大部分用于资本项目，但其中一部分绕开了州和市。这些数据可以从下面网站获取：http://www.bea.gov/recovery/pdf/arra_impact_table_01.pdf#page=1。

㉕ 自治机构包括城市、县、城镇和乡镇、村庄。公共机构包括学校、医院、大学、公用事业、机场、商业改良区和社区发展区域。彭博资讯从这些机构的年度审计财务报告中收集这些数据。彭博资讯的主要受众是投资者，尤其是市政债券投资者，因此，该样本显然偏向于拥有较高水平未偿债务的大型机构。在排除一些较小的行政区的同时，它明显偏重于那些拥有更广泛的资本预算和金融需求的行政辖区，以使得它适合进行这种分析。彭博社通过其"彭博专业服务"终端发布这些数据。欲获取更多的信息，请参考网站：http://www.bloomberg.com/professional/fixed_income/。

㉖ 累积的价值也被称为"账面价值"或"会计价值"。这个价值通常是由历史成本决定的。历史成本是通过确定在其建设时形成资产的成本来确定的，并将成本调整为现值（以计算货币的时间价值），然后随着时间的推移进行折旧。对资产进行的资本投资，如维护和升级改造，也按成本计价，并进行折旧。非折旧成本是资产的"账面价值"。一种替代人们不太常用的方法，决定了相对于资产维护成本的资产价值。资产的维护成本是相对于某种预先确定的资产状况或性能水平来说的。

㉗ 总净资产（TNA）是辖区政府所有的资本资产和总负债之间的差额。它代表了政府的"股权"，或者是其资产中没有外部索取权的所有权的部分。随着政府机构资本资产的增加，总净资产也会增加。因此它是各辖区之间进行比较的恰当指标。

㉘ 所使用的规模类别如下："小"辖区政府的总净资产不到3200万美元；"小—中"辖区政府的总净资产在3200万～8600万美元之间；"中—大"辖区政府的总净资产在8600万～2.81亿美元之间；"大"辖区政府的总净资产超过了2.81亿美元。对于公共机构来说，这些机构也是基于总净资产的比例来确定的。"小"机构的总净资产不到500万美元（以2009年不变美元计算）；"小—中"机构拥有多于500万美元但小于2700万美元的总净资产；"中—大"机构的总净资产大于2700万美元但小于1.14亿美元；"大"机构的总净资产则大于1.14亿美元。各州没有按规模分组。这里没有报告年度变化的标准偏差，但它们在所有年份和所有类型的辖区政府都是

㉙Gramlich (1979); Gist (1988); Miller and Svara (2009).

㉚Hou (2006); Wagner and Elder (2005); Marlowe (2005).

㉛Marlowe et al. (2009), 19-24.

㉜Marlowe (2010).

㉝同上。

㉞Marlowe et al. (2009), 62-85.

㉟Congressional Budyet Office (2010 a). 国会预算办公室估计,《美国复苏与再投资法案》的政策在 2010 年第二季度完成了以下工作:(1) 实际国内生产总值(经通胀因素调整后)提高了 1.7%～4.5%;(2) 失业率下降了 0.7～1.8 个百分点;(3) 就业人数增加了 140 万～330 万;(4) 与没有这些救助的情形相比,全职等效(FTE)工作岗位数量增加了 200 万～480 万。在 2010 年下半年及以后,随着救助资金耗尽,《美国复苏与再投资法案》对产出和就业的影响预计将会减小。

㊱Cogan and Taylor (2010).

㊲Marlowe (2010). Also, see note 17 above.

㊳Marlowe (2010).

㊴同上。

㊵Cogan and Taylor (2010).

㊶Marlowe (2010).

㊷http://www.recovery.gov/About/Pages/The_Act.aspx.

参考文献

Aschauer, David A. (1989, September/October). "Public Investment and Productivity Growth in the Group of Seven." *Federal Reserve Bank of Chicago Economic Perspectives* 13: 17-25.

Bland, Robert L., and Nunn, Samuel (1992). "The Impact of Capital Spending on Municipal Operating Budgets." *Public Budgeting & Finance* 12 (2): 32-47.

Carroll, Deborah, Rita Cheng, Robert J. Eger, Ⅲ, Lara Grusczynski, Justin Marlowe, Ali Roohanirad, and Hani Titi (2004). *Capital Preventative Maintenance*. Madison, WI: Midwest Regional University Transportation Consortium. http://www.mrutc.org/research/0301/index.htm. 27-30.

Cogan, John, and Taylor, John B. (2010). "What the Government Purchases Multiplier Actually Multiplied in the 2009 Stimulus Package." NBER Working Paper No. w16505.

Congressional Budget Office (2010a, July). " Estimated Impact of the American Recovery and Reinvestment Act on Employment and Economic Output from April 2010 through June 2010." Washington, DC: Congressional Budget Office.

Congressional Budget Office (2010b). *Public Spending on Water and Transportation Infrastructure*. Washington, DC: Congressional Budget Office. http://www.cbo.gov/doc.cfm?index=11940.

Crain, W. Mark, and Oakley, Lisa K. (1995). "The Politics of Infrastructure." *Journal of Law & Economics* 38 (1): 1-17.

Forrester, John P. (1993). "Municipal Capital Budgeting: An Examination." *Public Budgeting & Finance* 13 (2): 85-103.

Garcia-Mila, Teresa, and McGuire, Therese J. (1992). "The Contribution of Publicly Provided Inputs to States' Economies." *Regional Science & Urban Economics* 229.

Gist, John R. (1988). "Fiscal Austerity, Grant Structures, and Local Expenditure Response." *Policy Studies Journal* 16: 687-712.

Gramlich, Edward M. (1979). "Stimulating the Macro Economy through State and Local Governments." *American Economic Review Papers and Proceedings* 69 (2): 180-185.

Gramlich, Edward M. (1994). "Infrastructure Investment: A Review Essay." *Journal of Economic Literature* 32 (3): 1176-1196.

Hoene, Christopher W., and Pagano, Michael A. (2010). "City Fiscal Conditions in 2010." Washington, DC: National League of Cities. http://www.nlc.org/ASSETS/AE26793318A645C795 C9CD11DAB3B39B/RB_CityFiscalConditions2010.pdf.

Hoene, Christopher W., and Pagano, Michael A. (2009). "City Fiscal Conditions in 2009." Washington, DC: National League of Cities. http://www.nlc.org/ASSETS/E0A769A03B464963 A81410F40A0529BF/CityFiscalConditions_09%20(2).pdf.

Holtz-Eakin, Douglas (1996). "Bond Market Conditions and State-Local Capital Spending." *National Tax Journal* 44: 105-120.

Holtz-Eakin, Douglas, and Rosen, Harvey S. (1989). "The 'Rationality' of Municipal Capital Spending: Evidence from New Jersey." *Regional Science & Urban Economics* 19 (3): 517-536.

Hou, Yilin (2006). "Budgeting for Fiscal Stability over the Business Cycle: A Countercyclical Fiscal Policy and the Multiyear Perspective on Budgeting." *Public Administration Review* 66 (5): 730-741.

Jakubowski, Steven (1995). "Reporting on the Control Structures of Local Government under the Single Audit Act of 1984." *Public Budgeting & Finance* 15 (1): 58-71.

Kelman, Steven (1995). *Unleashing Change: A Study of Organizational Renewal in Government.* Washington, DC: Brookings Institution.

Levine, Charles H., Irene S. Rubin, and George G. Wolohojian (1981). *The Politics of Retrenchment: How Local Governments Manage Fiscal Stress.* Beverly Hills, CA: Sage.

MacManus, Susan A. (2004). "'Bricks and Mortar' Politics: How Infrastructure Decisions Defeat Incumbents." *Public Budgeting & Finance* 24 (1): 96-112.

Marlowe, Justin (2005). "Fiscal Slack and Countercyclical Expenditure Stabilization: A First Look at the Local Level." *Public Budgeting & Finance* 25 (3): 48-72.

Marlowe, Justin (2010). "Municipal Capital Spending during the Bust." Working Paper, Evans School of Public Affairs, University of Washington.

Marlowe, Justin, William C. Rivenbark, and A. John Vogt (2009). *Capital Budgeting and Finance: A Guide for Local Governments.* Washington, DC: International City/County Management Association.

Miller, Gerald J., and Svara, James H. (Eds.) (2009). *Navigating the Fiscal Crisis: Tested Strategies for Local Leaders.* Phoenix: Arizona State University, Alliance for Innovation.

Munnell, Alicia H. (1990). "How Does Public Infrastructure Affect Regional Economic Performance?" In *Is There a Shortfall in Public Capital Investment?*, edited by Alicia H. Munnell. Boston: Federal Reserve Bank of Boston. 69-103.

National Association of State Budget Officers (2009). "The Fiscal Survey of the States, Fall 2009." Washington, DC: NASBO. http://www.nasbo.org/LinkClick.aspx?fileticket=d ZSuPt3Slc8%3d&tabid=65.

National Association of State Budget Officers (2010). "The Fiscal Survey of the States, Spring 2010," Washington, DC: NASBO. http://www.nasbo.org/LinkClick.aspx? fileti cket = gxz234BlUbo%3D&tabid=65.

Pagano, Michael (2002). "Municipal Capital Spending during the 'Boom.'" *Public Budgeting & Finance* 22 (2): 1-20.

Port of Seattle, WA (2010). "Budget and Business Plan and Draft Plan of Finance. Ⅲ-7." http://www.portseattle.org/downloads/about/2011_Budget_19_Whole_Budget.pdf.

Poterba, James M. (1996). "Capital Budgets, Borrowing Rules, and State Capital Spending." *Journal of Public Economics* 56 (2): 165-187.

Sun, Jinping (2010). "Budget Strategy: A Survey of California County Governments." *California Journal of Politics and Policy* 2 (1): 9-10. http://www.bepress.com/cjpp/vol2/iss1/3.

Wagner, Gary A., and Elder, Erick M. (2005). "The Role of Budget Stabilization Funds in Smoothing Government Expenditures over the Business Cycle." *Public Finance Review* 33 (4): 439-465.

第 25 章 金融市场与州和地方政府

约翰·E. 彼得森（John E. Petersen）
理查德·奇卡罗内（Richard Ciccarone）
杨全社 刘翔 郭瑞 译

21 世纪头十年给美国金融市场，尤其是数量众多、分布广泛的金融市场的参与者，也就是州和地方政府带来了诸多变革。这些政府一直以来都积极参与金融市场的各项活动，并且从中获益。因此作为金融市场的重要参与者，它们发行债券的同时也对彼此的债券进行投资。这些政府之间的借贷在很大程度上为公共基础设施的积累奠定了基础，从而为日常公共设施、地面交通系统以及政府提供服务所使用到的建筑和设备提供了实体资本。[①]在欠下 2.8 万亿美元金融债务的同时，州和地方政府同时也拥有持有大约 2.2 万亿美元的金融资产。这些基金几乎完全是通过私人金融市场筹集（或投资）得来的。[②]

尽管这些数字看起来很大，但它们却是历史的产物。毫无疑问，这一领域一直以来都是国家金融系统的重要组成部分。但现在的问题是，面对当前和未来可能出现的变革，市场与州和地方政府的良好表现是否是可持续的。换言之，过去几年发生的事件给帮助政府获得数万亿美元融资的以市场为导向的金融体系带来了怎样的改变？而这一问题的关键就在于政府能否一直保持较高的信誉以及它们是否有能力满足市场和监管者日益增加的复杂要求。

本章将会对金融市场本身在各个方面所发生的变化以及其对作为参与者的州和地方政府有何影响进行剖析。我们将首先对州和地方政府的合并资产负债表进行讨论，然后对金融市场在 21 世纪初以及 2007~2008 年的经济衰退中的发展变化进行简要回顾。2007~2008 年的经济衰退给州和地方政府都带来了严重影响。实际上，金融体系的崩溃造成了国家经济大幅下滑，从而给各州和地方政府的收入也造成了不同程度的打击。与此同时，金融压力也带来了市政债券市场的重大变化。主要表现为债券发行和信用评级系统的崩溃。此外，在过去的十年间，人们对一些不为人所熟知，不被不成熟的债券发行方所了解的融资结构进行了猛烈的抨击。而这就给政府带来了不小的损失。

接下来，本章详细探讨了 2010 年通过的联邦金融体系改革及其在联邦政府加强监管措施背景下对政府借贷（及投资活动）所带来的影响。在本章撰写期间，金融改革依旧具有很大的争议性，同时新规的具体细节还不明确。对于州和地方政府的金融状况以及它们与私人金融市场之间的关系来说，这是一个困难重重的时代，因此在本章的最后，我们将就这个时代的主要议题进行勾勒。

州和地方政府：合并资产负债表

州和地方政府规模庞大，所涉及的事务纷繁复杂。在全美国的 50 个州中，共有将近 9 万个地方政府，其中包括 39500 个普通地方政府（如市、县、镇）和 50000 个特别区。这些特别区行使有限的政府职能，如对学区和排水区进行监督。③ 即便是这样庞大的数字也不足以展现州和地方政府的复杂性，因为这些政府可以发行具有特定目的的债务和基金（"专用基金"原则）。因此，要将这些数据都整合起来（在 5 年一次的联邦普查中进行）是一项艰巨的任务。但是，不论是作为借贷方还是投资者，州和地方政府是金融市场的一个重要组成部分。

表 25.1 以一种高度合并的方式向我们展现了州和地方政府资产负债表的总体情况。例如，在 2010 年中，州和地方政府的债务总额达到了 3 万亿美元，其中绝大部分以信贷市场债券的形式存在。尽管应付交易账款的规模达到了 6500 亿美元，但来自联邦政府的贷款数额却非常小（仅为 140 亿美元）。④ 表 25.1 对一组经常被忽略的概念进行了区分，即"市政债券未偿债务"和"州和地方政府债务"。各个层级的州和地方政府项目管理下的非营利机构和私人企业都可以通过（或者代表）州和地方机构以公共目的发行债务，这些债券就被称作"市政债券"。但是负责偿还债务的则是私人机构，如企业、私立医院和私立大学。这类"非政府"债务占到了 2010 年中所有未偿市政债券资金总量的 16.5%。遵循金融市场的惯例，"市政债券"这一表达及其在市场中所占有的特殊位置都表明其包括政府和非政府债务工具。

**表 25.1　　　　2000 年和 2010 年中（第二季度结束）
州和地方政府资产、债务及市政未偿债务情况**

债务分类	2000 年 （10 亿美元）	2010 年① （10 亿美元）	2000 年至 2010 年中 增长率（%）
州和地方政府债务			
州和地方政府债券	1173	2376	103
联邦政府债务	9	14	56
交易应付	333	650	95
州和地方债务分类汇总	1515	3040	101
市政债券未偿债务			
非营利机构债券	132	267	102
私企债券	152	200	32
州和地方政府债券	1173	2376	103

续表

债务分类	2000 年 (10 亿美元)	2010 年① (10 亿美元)	2000 年至 2010 年中 增长率（%）
市政债券分类汇总	1457	2843	95
州和地方政府资产			
政府金融资产	1662	2620	58
政府实体资产（贬值）	4286	8152	90
州和地方政府资产分类汇总	5948	10772	81
州和地方养老金基金			
金融资产	2293	2556	11
养老金债务②	2548	3651	43
未偿债务估值③	-255	-1095	330
项目：美国 GDP	9952	14584	47
美国信贷市场债务总额	27138	52120	92

注：①截至 2010 年第二季度末。
②在假设 2000 年资产与精算债务融资率为 90% 的基础上以及 2010 年融资率为 70% 的基础上进行估算。
③从总资产中减去债务估值。
资料来源：Federal Reserve Board, *Flow of Funds*; US Bureau of Economic Analysis; authors' estimates for retirement fund liabilities and unfunded liabilities。

685   从资产负债表的资产一项来看，州和地方政府合并的资产负债表中都包括金融市场和"实体"资产（即土地、建筑物和设备）。尽管通过公共数据资源可以很好地衡量金融资产的价值，但是实体资产的价值（建筑物、设备和土地的贬值）只能进行粗略估算。在这一前提下，州和地方政府的金融资产（不包括公共退休金基金）大约为 2.6 万亿美元，而实体资产为 8.2 万亿美元。⑤州和地方政府所持有的金融资产需要谨慎评估。其中有大约一半属于限制使用账户（托管账户），即专门用于支付未偿债券或支付债券收益。剩下一半的资产中，大多数都用于满足政府日常活动中的流动性需要以及进行各种各样的信托基金投资（养老金系统除外）。

对州和地方政府而言，我们要区分政府资产和养老金基金。根据表 25.1 中最后一项的内容，在 2010 年中，州和地方政府的养老金基金资产总额达到了 2.6 万亿美元。美联储根据市场对这些资产的价值进行评估，从而反映出它们当前在金融市场中的价值。据估计，目前养老金基金的负债达到了 3.6 万亿美元。正如表注所示，由于养老金基金的精算假设中存在诸多变量，因此总债务的数额只是一个大概的估值。州和地方养老金基金的财政缺口大约为 1.1 万亿美元。在其他分析报告中，这一数值是可以接受的。⑥

表 25.1 的最后一列给我们提供了有关州和地方政府资产负债表中各项在

2000年至2010年中增长情况的数据。为了便于对比，表格在最后一列列出了美国GDP增长情况和信贷市场总未偿债务的增长情况。在这段时间内，州和地方政府债务的增长速度要远远高于GDP的增长速度，但与信贷市场未偿债务总额的增长速度差距不大。从表25.1中我们或许可以看出，州和地方政府养老金基金的负债增长远远快于其资产的增长速度。尽管其中涉及一系列的法律问题，但所缺少的资金大部分都是州和地方政府的债务。不幸的是，未偿养老金基金债务只是欠退休人员债务的一部分，退休后的医疗红利在政府债务中所占的比重也很大。

大缓和时期：危机发生前的时代

通过观察2000~2005年州和地方政府的借贷情况，我们可以看到，这段时期的市场较为稳定，并且呈现出相对繁荣的状态。在2000年前后，州和地方政府曾短暂陷入财政困境。税收收入和支出增长都有所放缓。但是它们很快就走出了困境并且实现了经济的继续增长。在2001年股票市场崩溃，经济短暂陷入衰退后，市政债务以持续、稳定的速度增长，利率也以稳定的速度持续下降。正如图25.1所示，债券买方20债券指数利率与美国国债20年长期债券利率都表明市政债券的利率呈现持续下降趋势。尽管在利率不断下降的大缓和时期，长期市政债券的借贷规模也在迅速扩张，但这也为2008年以后的艰难时局埋下了种子。

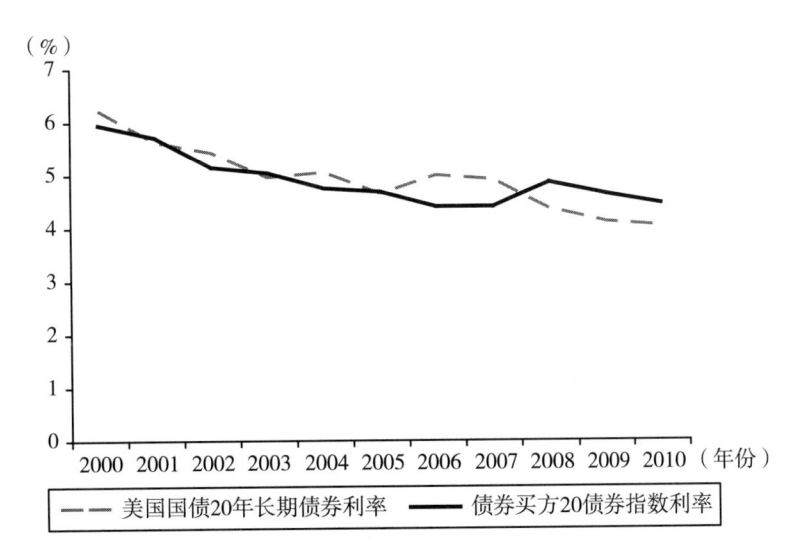

图25.1 2000~2010年美国20年国债和债券买方20债券指数

资料来源：Federal Reserve。

图25.2向我们展示了州和地方政府从2000~2010年每年的长期债券销售量。债券销售通常可以分为一般责任债券（以发行者的税收能力为后盾，包括有较高信用保障的政府债券）和收益债券（债券目的是特定的，如寻求某个特定项目的收益）。从图25.2中我们可以看出，每年的债券销售从2000年的大约2000亿美元增

加到 2007 年的 4300 亿美元。

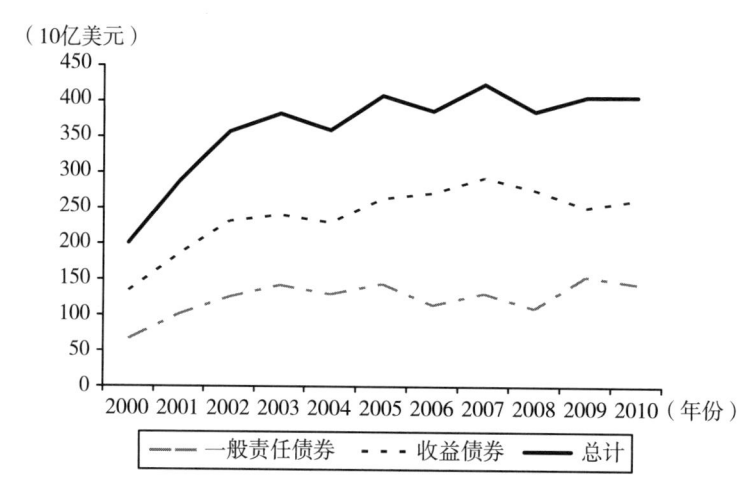

图 25.2　2000～2010 年不同种类的新发行市政债券

资料来源：Securities Industry and Financial Markets Association (SIFMA)。

这个时期有两个非常有趣的特点。首先，州和地方政府充分利用债券市场对未偿债务进行债务延展。其次，从表面上看，免税市场"忙着"将长期债券转换成短期债券。在这十年中，"新资本"债务的发行量基本保持不变，而再融资的规模则出现显著增长（见图 25.3）。对债务进行重新融资有多个原因。但是这一活动最重要的背景就是利率的不断下降，包括免税债券的利率。例如，政府可以利用再融资通过从不断升值的未偿债务中获利从而为其他目的募集资金。由于利率不断下降，包括短期利率的下降，政府也越来越倾向于在短期资本市场进行借贷。银行和债券发行机构通过一系列具有创造性的方式使这一过程成为可能。

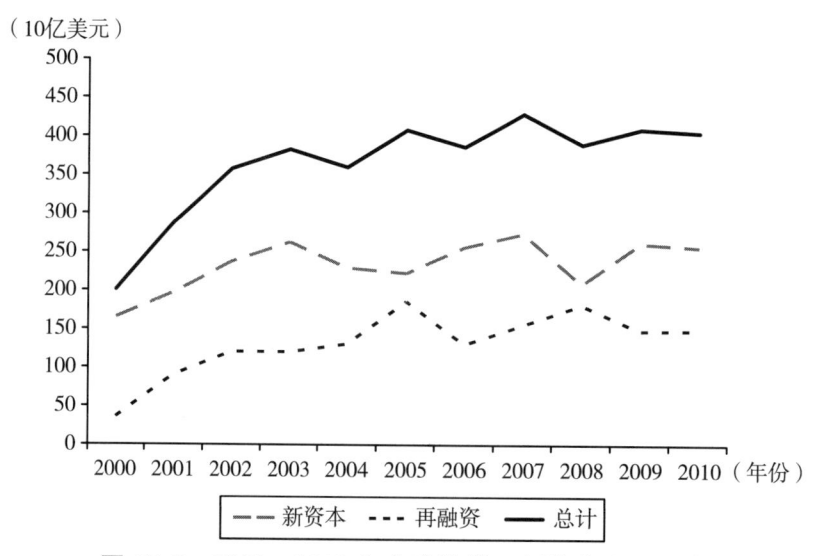

图 25.3　2000～2010 年市政债券：新资本和再融资

资料来源：Securities Industry and Financial Markets Association (SIFMA)。

为长期免税债券寻找买家一直都是一个问题。原因是投资者无法确定自己未来纳税的状况。同样重要的是，如果要在到期前出售手中持有的债券，他们也无法确定可能的买家未来的纳税状况。散户投资者，即直接或者通过基金进行投资的个人，是免税市场的核心。这些投资者的收入较高，并且手中拥有大量财富。但是作为保守的投资者，他们不愿意持有期限超过10年或者15年的债券，并且和所有债券投资者一样，他们也经常担心通胀。

免税投资者对长期债券的需求相对不足，这与政府发行长期债务的意愿产生了冲突。尽管富人们的收入和财富日益增加，但个人所得税边际税率的下降以及其他投资渠道实际税率的降低在21世纪头十年都打击了投资者持有免税债券的积极性。因此，2000~2007年，市政债券融资将主要的关注点放在了解决政府对长期债券融资的需求和投资者对短期债券的青睐之间的矛盾上。为了达到这一目的，出现了一系列不同种类的债券，比如招标期权债券（TOB）和可变利率需求债券（VRDO）以及拍卖利率债券（ARS）。前者可以让投资者从收益率曲线中套利，后两者可以有效地将长期债务变成短期债务（见图25.4）。

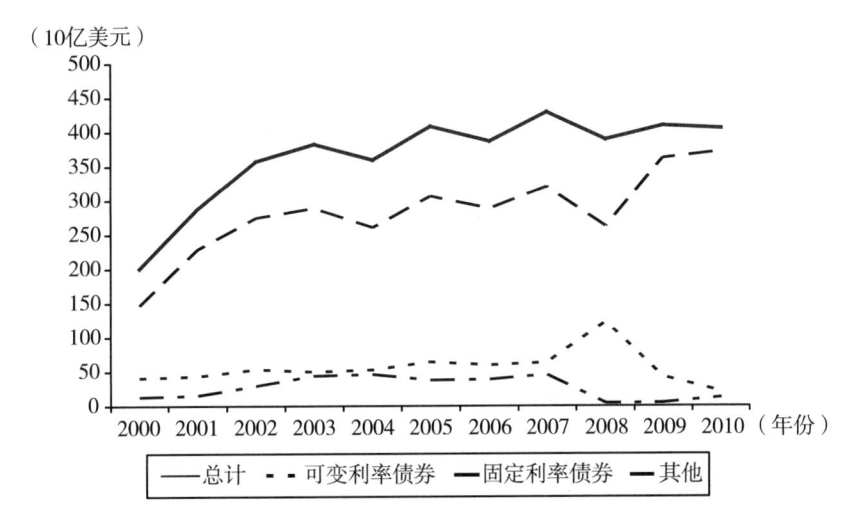

图 25.4　2000~2010年根据利息支付类型划分的市政债券分类

资料来源：Securities Industry and Financial Markets Association（SIFMA）。

TOB、VRDO和ARS市场很快就随着2008年信贷危机的到来而迅速衰落。到了2010年前后，建设美国债券（BAB）作为刺激计划的一部分出现。其目的旨在通过出售由联邦补贴的可征税债券来吸引新的投资者从而为市政债券打开市场。但是2010年12月，BAB在政治力量的支持下昙花一现后，也迅速衰落。

免税收益率曲线通常情况下都比国债收益率曲线的变化幅度更大。尤其是在经济衰退时期，免税债券利率与可征税债券利率的比值会迅速攀升。在20世纪90年代的大部分时间里，免税收益率曲线整体上的变化幅度都要大于国债收益率曲线。但是在21世纪的头十年，这一关系开始出现变化。包括地位越来越重要的对冲基金在内的一批投资者注意到了免税收益率曲线变化更大的事实，并且找到了从中盈利的方式。

利用市政债券市场"效率低下"的特点，这些投资者在不同的收益率曲线之间押宝。通过充分进行举债经营，他们创造了招标期权债券（TOB）。TOB 工具包括在短期内从免税商业票据市场借贷，然后利用从中获取的收益来购买长期免税债券。在这一过程中通常会用到对冲。他们会对可征税利率，比如伦敦银行同业拆借利率（LIBOR）进行坐盘交易，以便能够从变化更为明显的市政债券收益率曲线中获得额外收入。据估计，在 2005 年左右的顶峰时期，TOB 投资组合的规模达到了 3000 亿～5000 亿美元，而且他们购买了每年长期市政债券发行量的 1/4。⑦

短期利率下降的吸引力还体现在其他方面。州和地方政府在短期利率的吸引下，也开始出售拍卖利率债券（ARS）。这些债券在名义上是长期债券，但利率可以通过拍卖定期重新设定。ARS 市场通过由交易者运营的标售，将长期债务转变为短期票据。这一过程的目的仍然是从免税货币市场基金中获利。市政 ARS 市场在 2007 年的规模扩大至将近 2000 亿美元。当 2008 年初投资者忽然从拍卖中消失后，很多借贷者用 VRDO 代替了手中的 ARS。与 ARS 债券类似，VRDO 也是名义上的长期债券工具，但其利率可以定期进行重置。发行方或由其支付来提供流动性便利的银行在推迟重置利率的情况下，有义务从债券持有者手中回购债券。这一特点的一个重要优势就是 VRDO 因此变得对货币市场基金更加具有吸引力。随着 ARS 和 TOB 的衰落，2009 年 VRDO 的未偿债务数额预计达到了 4500 亿美元。图 25.4 所显示的是 2008 年 VRDO 的发行量忽然增加的情况。当时出现这种情况的原因是政府发行方被迫放弃 ARS 固定利率债券，同时作为基金的一个来源，TOB 也离开了长期市政债券市场。

在 TOB、VRDO 和 ARS 的共同作用下，数千亿美元的长期免税债券被杠杆对冲基金所吸收或者被转化为短期票据。2002～2007 年，大约有 30% 的市政借贷不是通过 VRDO 就是通过 ARS 完成。如果再加上 TOB 的作用，或许在所有免税借贷中，有一半都在这种运输带的帮助下从长期债券转变成实际上的短期债券。如果没有这些将债券从长期转变为短期的产品，更多发行的债券将不得不以长期免税债券的形式出现，从而拉高长期利率，使得收益曲线的振幅更大。这些工具使得免税债券收益曲线在 2000 年到金融危机发生前的大部分时间里都和国债收益曲线保持几乎同样平稳的状态。

经济崩溃和衰退冲击市政债券市场

从 2007 年开始，在金融市场崩溃和随之而来的大衰退影响下，一系列事件给市政债券市场带来了巨变。从很多方面讲，在这场金融灾难迅速袭来的时候，市政债券市场是一个旁观者（但并不总是不采取任何行动）。但即便只是受到了连带损失，市政债券市场也遭到了打击。除此之外，金融市场崩溃很快就带来了更严峻的挑战，即大衰退。经济增长迅速下滑，州和地方政府收入跌入谷底。而这反过来又加深了投资者的担忧，即由于政府过度延展债务，从而无法偿还债券，市政债券市场将会被债务违约所击垮。众所周知，包括加利福尼亚、纽约、亚利桑那、伊利诺伊和密歇根在内的几个主要的州以及一些地方政府都面临着巨大的财政困境，这对于当时的情况而言无异于火上浇油。此外，联邦刺激计划的规模迅速缩小，州和地方政府持续面临着预算不足的困境。毫无疑问，对于债券的发行方和投资者而言，时代已经发生了巨变。

债券保险商的破产

2007年，造成通货紧缩的房地产市场泡沫迅速波及到了市政债券保险商。在此之前，他们一直都在市政债券市场中扮演着重要的角色。2007年是所有债券保险商积极包销的最后一年。当时十分活跃的9家公司对新发行的2000亿美元免税债券实施了新的政策（对发行债券总价值的50％以上进行保险）。保险曾被看作提高债券信用度和保证债券质量的一种方式。当时各大公司的信用评级基本上都为3A级，这对于达到各种法律要求和给投资者提供保障都具有至关重要的作用。

简而言之，债券保险商的崩溃是这样发生的。从历史上讲，债券保险公司是从市政债券市场中演化出来的，因此非常容易受到次级贷款债务的影响。2007年底开始，它们的信用评级就开始出现下降。到了2010年，只有一家债券保险公司仍然在积极为新发行的债券进行包销，但只占到了市场份额的6％。⑧很多银行也提供信用提升和流动性便利服务，它们也受到了市场动荡和信用评级下降带来的严重影响。各种各样的债券公司和信用提升机构的信用评级不断下降，这就带来了被保险的标售利率债券和可变利率债券无法进行二次营销。⑨与此相关的是，随后在2008年底发生的货币市场基金崩溃导致了免税商业票据市场的衰落。当流动性提供方被迫撤回无法上市销售的债券时，投资者的流动资产头寸就被留在了低收益的短期债务上，而发行方手中则留下了高额的债务。

市政债券保险商的信用评级普遍出现严重下降，这是房地产市场状况急转直下和由按揭贷款支撑的债券评级下降的结果。到2007年底，有7家债券保险商在所有3家信用评级机构的信用评级都是3A级，而到了2008年底，信用评级为3A级的保险商已经不存在了。我们必须注意到，信用评级的下降并不是由保险商持有的市政债券所导致的，但是评级下降确实意味着对被保险债券进行投资的投资者发现自己手中的债务信用级别出现了下降从而导致其市场价值出现了大幅下跌。⑩

2008年9月雷曼兄弟申请破产，这一爆炸性的消息以及随之而来的市场动荡导致投资者迅速抛售包括市政债券在内的高风险资产或者进行减仓。随着净资产价值的不断下降要求互惠基金出售债券以便能够实现赎回，市政债券市场的衰退进一步加速。由于担保价值下跌，保仓的金融成本急剧上升，利用杠杆对市政债券投资组合进行投资的投资者不得不进行平仓。随着市政债券利率迅速下降，投资者发现自己手中持有的市政债券的市场价值也出现了下跌。

2008年12月，作为主要的市政债券市场利率指数，债券买家20指数（Bond Buyer 20）骤升至5.56%，比3.18%的20年美国国债利率足足高出2.38个百分点。[11]在这一片混乱当中，由于神经紧张的投资者从免税货币市场基金中撤资，短期和可变利率市场最终崩溃。

利率互换状况不佳

在大衰退之前市政债券市场欣欣向荣的那段日子里，投资公司都忙着使用各种方式从市政债券发行方手中赚钱。与标售利率债券的发行和各种特殊投资工具的使用关系密切的是，随着短期利率变得十分具有吸引力，并且出现了诸多利用短期和长期利率之间的差异进行杠杆操作的方法，处理债务和降低利率成本的新方式使得债券的购买量出现了上升。因此利率互换的使用迅速增加。在一个典型的互换协议中，发行方负责发行可变利率债券并且以固定利率支付给银行（或其他发行方），同时获得可变短期利率，以此来降低借贷者的净利率成本。这一市场的规模很大，在金融危机发生的前夜，市政债券利率互换未偿债务就已经达到了5000亿美元。[12]但是到2008年市场崩溃，短期利率下跌的时候，很多发行方发现自己需要向银行支付的金额要远远大于从银行收回的成本。

不幸的是，互换协议在时间上是长期的，而且由于成本原因，要解除协议也是不可能的。与此同时，长期利率下降使得债券发行方十分焦虑，从而急于修改自己的偿债方式并且降低利率成本。市政债券发行方开始通过支付费用的方式来摆脱利率互换，这样他们就可以以更低的长期利率借贷。但是利率的下降意味着发行方要向对方支付的节约费用是一笔天文数字。根据一篇最近的文章，到2010年初，州、地方和非营利发行方大约花费了40亿美元用于解除无法继续下去的互换协议。[13]为解除互换协议支付费用最多的哈佛大学（4.98亿美元）、加利福尼亚水资源局（3.05亿美元）和加利福尼亚湾地区交通管理局（1.05亿美元）。但是，还有数不清的规模较小的发行方也都受到了严重的损失。[14]

市场喘息后更大的不确定性

2009年初，市政债券面临的市场危机就如其爆发时一样在一夜之间忽然平息了下去。造成这一情况的主要原因是联邦政府实施了大规模的金融和经济干预。对州和地方政府来说，最重要的是《美国复苏与再投资法案》（刺激计划）的迅速通过和实施。[15]除此之外，市政债券的投资回报率在最初的几个月中一路攀升，从而吸引了大批投资者。与持续低迷的股市和收益极低的美国政府债券相比，其优势更加显著。

2009年标志着市政债券市场明显出现了积极的转变。投资者需求的增加使市政债券市场的收益率达到了1995年以来的最高水平，同时也高于其他债券市场的同期水平。其中的一个重要因素就是新的建设美国债券的发行。作为联邦政府经济刺激计划的一部分，它的出现出乎人们的意料，从而使得一批新的投资者涌入市政债券市场。这一由联邦补贴的可征税债券使得大批可征税债券代替了免税债务，从而大幅降低了州和地方债券发行方的借贷成本。

2009年市政债券市场恢复平静，刺激计划最终被证明只是昙花一现。到2010年，尽管政府发行方的利率成本相对较低（主要受建设美国债券的影响），市政债券市场还是遭受了一系列打击。这与几家大型政府发行方的财务前景不断恶化有着密切关系。到了春天，有越来越多的迹象显示，州和地方财政正处于拐点，其财政复苏和进一步支持债务的能力都将出现重大变化。地方经济及其税收基础并没有实现复苏，而是继续朝着下行方向发展。全国上下都开始感受到大衰退所带来的影响，并且越来越多的人意识到这场危机必将持续很长时间（或许还会出现二次探底）。这就使得州和地方税收体系失去了活力，提高了福利相关的成本，同时抑制了政府进行资本投资的意愿。

金融市场在21世纪头十年灾难性的表现使得投资者和债券发行方都充满了担忧和抱怨。债券市场的交易越来越复杂，但同时人们对其风险却又缺乏充分的认识，这种情况正日益引起人们的关注。从2007年持续到2009年初的利率波动在很多情况下给市政债券发行方造成了巨大的损失。这些发行方参与的投资计划最终被证明是具有高风险的，尤其是涉及利率互换和通过特殊投资渠道进行的投资。⑯

或许从州和地方财政长期发展的角度来看，最重要的是未偿还的公共雇员退休金债务以及相关的医疗开支。这些债务的规模在很大程度上取决于精算假设的可信度，但是在很多情况下，它们的可信度是值得怀疑的。随着州和地方的财政状况日益恶化，公共部门雇员的退休金债务开始进入债务的计算当中，而它们巨大的数额就给市场敲响了可怕的警钟。债券投资者开始担忧自己所要求支付的款项与公共部门退休员工所要求支付的款项之间的数额差值（公共部门退休员工的退休金资金不足）。⑰

在很多年的时间里，市政债券市场依靠评级机构来签订合同并且为信用等级制定一般标准，从而实现了持续发展。在2007年和2008年发生市场灾难的时候，信用评级机构很快改变了对债券保险商关于市政债券市场偿还能力判断的态度，从而对被保险的交易的信用评级进行统一下调。由于没有了保险商带来的高信用评级，市政债券市场的不确定性进一步增加，从而使得投资者手中的投资组合迅速贬值。信用评级的下调同样意味着在多份债务合同面前，当面对市场困境从而无法让手中的债券重新销售的时候，发行方不得不进行再融资（或者转而依靠成本很高的银行贷款）。

信用评级体系的崩溃

次贷危机的出现最终演变成了一场大型的全球金融（与经济）危机。在次贷危机发生后，信用评级机构也遭到了来自各方的广泛攻击。这场危机在2006年底开始逐渐形成，触发点是美国次贷市场中丧失抵押品赎回权的情况出现了大幅增加。很快，其影响就迅速扩散开来，并且演变为一场全球性危机，进而导致全球信贷短缺，并最终带来了大衰退。尽管这场金融危机涉及诸多方面，但3家主要的信用评级机构在事件的发展中起到了关键性作用。传统上，信用评级机构一直以来都扮演着场"守门员"的角色，而联邦和州的法律以及个人合同又都要求交易过程要有信用评级机构的参与，因此它们的这一角色得以进一步加强。信用评级机构公布的评级结果被当作是信贷质量的最基本和权威的衡量标准，并且在很大程度上决定了债券的相对利率。在金融危机发生后，这些机构遭受批判的最大原因就是它们对资产债券化交易（通常称为"结构性投资"）进行投资级别评级，而这些交易是由次级贷款和其他（通常同样不堪一击）资产所支持的。虽然情况十分复杂，但是给出过于乐观的信用评级在金融市场非常普遍，从而暴露出过分依赖信用评级所带来的系统性风险。随着债务违约的发生，与房地产市场相关的信贷评级出现了大幅下调，从而影响到了市政债券市场。

最初影响市政债券的一个重要因素就是保险公司。它们不仅为很大比例的结构性金融交易提供了保险服务，并且还在2007年之前的几年中为市场上50%的新发行市政债券提供了保险服务。债券保险商基本上将业务建立在保证相对低风险的市政债券上。随着次级结构性债券交易出现崩溃，债券保险商的评级受到了影响，并且开始稳步下调。在这场危机中第一个受到影响的债券保险商是一家利基公司——ACA。它是所有保险公司中规模最小的一个，主要从事低评级市政债券（大部分为BBB级或BB级）和非市政结构性金融债券业务。2007年6月8日，标普因该公司承保的债券拥有稳定的前景而将其评定为A级，但就在同年12月，就将其评级下调至CCC级。在6月的报告中，标普弱化了ACA公司受次贷危机影响的程度，并对该公司做出了如下评价：

> 稳定的前景反映出该公司专业化、低风险的商业计划，坚实的仓位，结构性信贷和债务抵押债券（CDO）资产管理商业线及其充足的资本。这同样也反映出标普的期待，即提高ACA公共财政部门的市场接受度和覆盖度，同时控制由于受次贷抵押品影响而造成的损失。[18]

该保险商在市政债券市场中只是一个不起眼的参与者，并且只有一家机构对其进行了评级，但其失败却对银行和投资银行造成了巨大打击。因为它们的投资组合中，有很大一部分都是ACA保险的债券。随着债券保险商评级的持续下降，债券保险业的崩溃迅速影响到了整体的市政债券市场，从而导致了被保险的信贷促进市政债券出现了大规模的信用评级下降。反过来，借贷成本出现了上升，流动性市场也发展了起来。这类市场所针对的是高度复杂的，与债券保险捆绑的市政债务，包括ARS。此外，投资者需要额外的内部资本来平衡它们手中与次贷相关的仓位，为应对这种需求，银行和经销商公司减少了包销和交易活动，从而使得整体的市政债券交易市场面临更大的压力。作为衍生品和互换市场最活跃的参与者，贝尔斯登和雷曼被迫宣布破产使得情况更加糟糕。2007年底，被保险的市政债券开始接受评级机构的重新评估,并在随后随着相关保险商信用评级的下降而被纷纷下调信用评级。[19] 投资者和评级机构在对信贷进行评估的时候,逐渐开始从过于依赖保险商转变为更加关注市政债券。那些没有被3家评级机构中的任何一家进行评级的信贷产品被当作未评级产品处理,由个人投资者自行判断。

评级机构给出的评级结果很多最终都被证明是过于乐观的,其中一个较早期的例子就是资产支持商业票据。[20] 该商业票据向次级贷款金融池中发行,之后再出售给投资者。2006年底,随着房地产价格开始下跌,丧失抵押品赎回权的现象逐渐增加以及投资组合的利率迅速上升,次贷市场开始冷却下来。商业票据的价格本来就极其容易受到高风险现金流的影响,因此在这种情况下出现了大幅下跌,从而给投资者带来了巨大损失。这种困局很快就延伸到了短期市政债券市场。在市政债券市场中,信用增级机构争相抢夺资金,而经销商开始停止支持市场。免税货币市场基金迅速失去了流动性,利率呈螺旋式上升。

次贷危机以及资产支持债券的大规模崩溃并不是信用评级机构第一次犯错,但其在全球范围内产生的影响在规模和严重性上都是史无前例的。多年来,人们一直都对信用评级机构的行为颇有微词,但此次它们的错误在给投资者带来巨大损失的同时也给它们带来了更大的批评之声。2010年通过的《多德—弗兰克金融改革法案》将信用评级机构置于监管机构的监督管理之下以进行进一步的改革。这项改革,不论最终的结果如何,都必将会对市政债券市场产生显著影响。

信用评级机构是如何运作的

信用评级机构是美国的发明。它首次出现在19世纪60年代的美国。当时亨利·普尔发布了一份手册,对铁路的可信度进行对比。1910年,约翰·穆迪开始对铁路及州和地方政府债务债券进行信用评级。到20世纪30年代,美国通过了州和联邦投资与银行法,规定必须使用信用评级来决定公共机构投资的债务是否合适以及受监管实体的资本是否充足。市政债券市场具有多样化和覆盖广的特点,同时每年发行的小规模债券达到了数千个,这就更加强化了使用信用评级的重要性。[21]

作为私有企业,信用评级机构对债务凭证进行评级。信用评级向所有类型的借方开放。信用评级的使用主要有以下几个原因:(1) 金融机构的监管规定;(2) 在债务协议中使用各种合同"测试";(3) 市场的全球化使得大量借方可以通过一系列投资者募集资金。作为一种切实可行的方法,信用评级被用来对所有实体机构所发行的债务凭证的违约风险进行划分,不论是政府债券、企业债券、银行债券还是非营利组织发行的债券,它们都不可避免地参与到公共资本市场当中。信用评级是一种在全球范围内得到认可的衡量市场基本风险的指标。它们是大多数投资者所接受的基本的评价指标,至少它们给投资者对一家发行商或者一款债券的"可信度"做出预估提供了一个参照。所谓"可信度",从传统上讲指的就是债务违约的可能性。[22]利率的差异是由相对风险决定的，而信用评级普遍被看作衡量风险的最关键因素：一款债券的信用评级越低，其利率就必须越高，以便能弥补其风险较高的缺点，从而吸引贷方。

在日常的投资决策过程中，在参考了利率水平的前提下，信用评级通常被投资者用于决定是否对某一债券进行投资。尽管这一风险概念看起来似乎已经十分直白，金融市场的实际情况却要复杂得多。在实际操作过程中，大部分投资者会根据借方的信用评级来确定一款债券未来的交易价值。但是信用评级机构却坚持称这并不是信用评级的目的：认为信用评级能够衡量交易出现损失的风险是错误的。实际上，它们所衡量的只是出现债务违约的可能性。[23]不幸的是，信用评级的广泛使用（以及人们对它们的解读方式）就为系统性金融灾难的发生埋下了伏笔。当资产支持债券市场的信用评级出现大幅下降时，一系列复杂的连锁反应就开始了。其他市场的信用评级也开始下降。尽管市政债券市场并不是信用评级下降的源头，但是它却受到了这一连锁反应的剧烈冲击。而作为市政融资中的一个重要参与者，债券发行商几乎被市场所抛弃。

信用评级通过简单的字母顺序的排列方式进行发布。3家主要评级机构所使用的符号体系略有不同（见图25.5），但都十分简单易懂。最高级别的投资产品的信用评级为AAA级，然后一路降至C级或D级。最后两个级别通常表明一款债券要么濒临债务违约，要么已经出现违约。从理论上讲，评级机构可以在这一范围内给出各种各样的评级，但通常情况下大多数产品的评级都集中在4个等级中，即从BBB级（或Baa级）到AAA级。AAA级是最高等级，也就是说，一款投资产品几乎没有较大的信用风险。投资者的解读通常是，AAA级债券的价格与其他债券相比通常会更高，但也更加可靠。

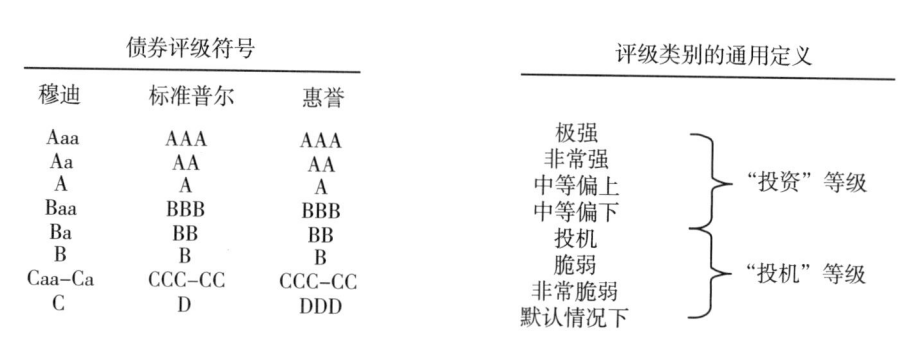

债券评级符号			评级类别的通用定义	
穆迪	标准普尔	惠誉		
Aaa	AAA	AAA	极强	
Aa	AA	AA	非常强	
A	A	A	中等偏上	"投资"等级
Baa	BBB	BBB	中等偏下	
Ba	BB	BB	投机	
B	B	B	脆弱	"投机"等级
Caa–Ca	CCC–CC	CCC–CC	非常脆弱	
C	D	DDD	默认情况下	

图25.5 穆迪、标普和惠誉国际所使用的债券评级符号及通用定义

注：穆迪会给Aa到Caa的评级符号附加数字后缀1、2或3来按顺序排列一个级别范畴中的三个评级。也就是说，一个A-1评级的符号表明该债券位于A级范畴中的较高级。同理，标普和惠誉国际会在一个等级范畴的符号前添加"＋"或"－"来反映在这一等级范畴内借方信用程度的强弱。

资料来源：Moody's, Standard and Poor's, and Fitch Investor Service。

信用评级过去的表现

关于信用评级的一个基本问题就是在预测金融危机、债务违约和破产方面它们的表现如何。从总体上看,在大萧条之后的现代金融市场中,在评级机构给予次贷和其他资产支持债券的评级带来了灾难性的金融危机之前,评级机构确实通过预测金融灾难的发生从而帮助避免了发生系统性灾难。但尽管规模较小,此前也出现过几次金融危机(但都为单一事件)。这其中就包括20世纪70年代宾夕法尼亚中央铁路公司和富兰克林银行的破产。在市政债券市场,20世纪70年代纽约市(以及其他几个大型城市)的危机令人担忧,但并未演变为重大债务违约事件。[24]

大萧条之后,美国首个出现债务违约的政府是加利福尼亚的橘子郡。其在1994年出现债务违约,随后宣布破产。这在当时引起了轩然大波。在宣告破产之际,穆迪和标普给予该郡的信用评级都为AA级。之后橘子郡对信用评级机构提起了诉讼,认为它们给出的评级过高,从而没能及时对郡财政部门投资行为的风险性提出警告。[25]尽管大量的橘子郡债务因为破产而面临违约风险,但是州政府很快就出台了一项援助计划,从而将投资者的实际损失降到了最低。评级机构给出的投资级别评级迅速得以恢复,但是显而易见,在这场危机发生前,橘子郡过高的信用评级显然是不合理的。

在其他著名的市政债券市场债务违约事件中,有两起与政府有关。一个是华盛顿公共电力供应系统(WPPSS)债券,另一个是亚拉巴马州杰弗逊郡下水道建设债券。在1983年6月出现债务违约之前,总计为22.5亿美元的WPPSS债券(第4号和第5号)的信用评级为A1/A+级。之后,华盛顿州高等法院宣布其与市政参与者之间的照付不议合同无效。杰弗逊郡价值32亿美元的下水道建设债券最初被穆迪评为A3级,但是在2008年由于没能按时对涉及其衍生品债务工具的银行进行抵押品支付从而出现了技术性债务违约。我们很难判断评级机构是否原本可以预测到州高等法院会对支持WPPSS债券的债券宣布无效,但是,依靠WPPSS债券第4号和第5号项目债券提供资金支持的大型核电项目是建立在可行性研究基础之上的。该可行性研究对电力需求的增长给出了乐观的预测。在亚拉巴马州杰弗逊郡的例子中,项目的成本可行性与可变利率衍生品工具的使用有密切的关系,这些衍生品工具对债券保险商提供的信用升级有很强的依赖性。

20世纪90年代末,亚洲金融危机爆发。这场危机的影响迅速波及全球。造成系统性灾难的一个重要原因就是信用评级。随着企业破产,各国货币贬值、外汇储备蒸发、银行系统崩溃,公司和主权评级大幅度下降。那些受到严重冲击、缺少外汇、并且被排挤在个人信贷市场之外的国家纷纷前往国际货币基金组织寻求贷款。随着它们手中所持有的外国债券的信用评级出现大规模下降,原本在持有投资级债券方面受到限制的投资基金被迫对其资产进行抛售。尽管因为早期过于乐观,并且在下调信用评级的过程中反应过慢,信用评级机构受到了一定的批评。但是它们几乎相安无事地渡过了亚洲金融危机，并没有对自己的业务模式做出任何改变。实际上，在很多国家，随后出现的银行业疲软使得银行收紧了信贷，同时鼓励了国际信贷市场的发展，进而强化了信用评级的重要性。

在亚洲金融危机发生之后不久，2002 年又出现了另一场信用危机。这一次是在美国，即安然破产事件。在一夜之间，这家大型美国企业倒闭，市值从 623 亿美元迅速蒸发为零。造成这一破产事件的最主要原因是财务造假。造假使得大型财务公司安达信衰败，同时造成数千人失业。但是在这一过程中，人们认为信用评级机构的洞察力不够，并且过于依赖企业具有欺骗性的财务报表。这些企业使用了秘密的、异乎寻常的财务结构。㉖安然丑闻（以及当时涉及企业财务状况的危机）带来了一系列政府调查，并最终推动了 2002 年《萨班斯—奥克斯利法案》的通过。㉗尽管法案中的大部分改革措施的目的旨在进行审计、管理和企业债券市场信息披露，但是它确实给信用评级机构的业务模式、评级对市场的影响以及评级机构商业活动的可信度和可依赖度提供了全新的思考角度。㉘

主要的评级机构处于一种市场准入条件很高的环境中，除了需要在行业内积累较长时间的运营经验外，还要拥有数千名客户及其相关资料。对于新公司来说，在市场准入方面，所面临的最大障碍就在于它们必须获得由美国证监会颁发的NRSRO（全国认定的评级组织）认证。在过去的一些年中，投资和银行业监管机构以一种或另一种方式规定必须使用"全国认定的评级机构"（或类似的表达）。但是直到 1971 年，NRSRO 的概念才得以正式确立。这就要求这样的机构向美国证监会提出申请，并发布"无异议函"，声明公司可以将自己认定为 NRSRO。㉙从证监会获得 NRSRO 认证的过程似乎有些神秘，但最后的结果是到 2007 年之前，只有 3 家公司获得了 NRSRO 认证。随后，国会根据《萨班斯—奥克斯利法案》的规定，采取了相应的行动来纠正这一状况，通过了 2006 年《评级改革法案》。㉚但是三巨头依旧继续控制着评级市场。尽管投资者对这种情况并不满意，但毫无疑问它们也非常需要能有几家知名机构发布一些简单易懂的评级。因此在市场需求的驱动下，债券发行方也愿意支付评级所需的费用。

在 2007~2008 年金融市场危机发生之前，有几项关于评级机构的根本性改革正在推行当中。2006 年《评级改革法案》使得相互竞争的信用评级机构更容易获得NRSRO 认证，并且希望能够通过将 NRSRO 置于美国证监会的部分监管下来提高整个行业的透明度。但接下来发生的事情使得《评级改革法案》所提出的倡议很快就被 2007~2008 年爆发的金融危机所掩盖。

对信用评级机构的批评

多年来，有很多对信用评级机构的批评。很多批评一直只在圈内流传，直到发生 2007~2009 年的大衰退，这些批评流出投资者的圈子，引起公众兴趣。但这说明债券保险公司的评级和命运会引起人们对这些批评的关注。

垄断的观点

全球有多家信用评级机构，但目前只有3家信用评级机构在全球市场上有影响力：穆迪投资者服务公司（Moody's Investor Service），标准普尔公司（S&P）以及惠誉评级（Fitch Ratings）。其中，穆迪和S&P在全球信用评级市场中所占份额大约为80%。加上惠誉评级，这"三大"评级机构能控制全球95%的信用评级市场。可能发生改革的主要动力是竞争，如果不考虑竞争，评级观点集中有很大优势。投资者（和监管者）只需跟踪几个（最多三个）公司的观点，这些观点用简单可比较的符号表示，很好理解。根据少数公司提供的用字母表示的评级，很容易得出市场上常见的比较基准。但缺点是，由于评级机构垄断且缺乏竞争，会促使评级机构采取从众做法，给出"可接受的"评级结果。因此，采取更强硬立场的公司可能要付出巨大代价。

一直有抱怨称，由于"三大"评级机构在评级市场上的实质性垄断，信用评估缺乏竞争。人们指责这些机构垄断价格，美国参议院银行业委员会（Senate Banking Committee）在2007~2008年金融危机爆发前夕进行的一项调查表明，信用评级市场是"一个高度集中，缺乏竞争的行业。"㉛穆迪是3家机构中唯一公开上市且披露其未经稀释的财务业绩的公司，报道称其利润率已经超出50%。㉜

为增加竞争并削弱三大机构的垄断地位，各方需要克服大量困难。至少在"购买评级结果"卷入次贷危机前，三大机构缺乏进行更直接竞争的动力。为了满足对机构投资者的法律要求，很多债券发行至少需要两次独立评级。因此，每家机构都有大量的业务，无须进行价格竞争。另外，信用评级是一个靠信誉立足的行业，新公司面临建立知名度、说服发债方和投资者使用其服务的艰难任务（人们很少关注未经广泛认可的评级结果）。《经济学人》（*The Economist*）杂志预计，可能"信用评级是个自然垄断行业，投资者不会选择新公司提供的信息"。㉝这一"信誉"质量（被大量监管要求强化，更不必说公司债券合同中大量的参考）让评级业务非常接近公共事业，很明显存在规模经济、网络规模和网络经济。

信用评级模型

对特定类型的债权担保结构，特别是结构性融资而言，用于计算评级的评估体系大都采用计算机模型，具有独特性。但是，面对新市场和新工具，这些依赖历史关系的计算机模型可能出现重大问题。对于次贷危机，评级机构使用"在一个优良市场中耗时5年得到的"一组预测。㉞这些预测假设，次级抵押贷款（一个历史较短的金融工具）的违约率将会保持较低水平，但结果大错特错。㉟

例如，对抵押贷款支持的投资进行评级的统计模型，如具有争议的高盛次贷协议（Abacus 2007-AC1），很快被证实存在深层缺陷。根据之前更严格的贷款标准（随后在大规模提供次贷时，贷款标准下调），利率下跌，以及快速上升的房屋价格，该模型确定终止回赎权的历史比例。和很多公司一样，评级机构假设，房屋价格不会下降。它们还假设，与住房贷款有关的复杂投资以全国的资产为基础，属于分散性投资。但这两个假设都是错误的，模型被操纵，全球投资者损失数百亿美元。例如，在 Abacus 投资中，84% 的高级债券在 6 个月内被降级，很多从投资级别下调为违约或接近违约级别。㊱

对于高盛和其他银行，产生的其他冲突似乎对评级产生了不当影响。评级机构的专业分析师受雇于银行家，促成协议。而且，评级机构的模型和程序向理想客户开放。评级机构从银行接到关于可能达成协议的消息，将这些数据输入模型，在这一过程中，华尔街的公司能够更改输入评级机构模型的数据，进而"篡改"评级结果。㊲

监测不力、评级过时

评级行业饱受诟病的是，由于评级机构没有对其评定的债券进行持续监测，因而无法及时下调发债方的债券评级，让投资者陷入绝境。安然公司（Enron，破产前四天，股票评级依然为投资级）、环球电讯（Global Crossing）、帕玛拉特（Parmalat）和其他公司倒闭后，公司债券市场出现这一批评意见。次贷危机发生后，大量批评再次出现。那种情况下，2006 年有报道称，次贷市场深陷危机，但是直到 2007 年夏天，评级机构才开始下调这些投资的评级。对于这一职责，评级机构回应道，评级结果只是"观点"，因此受言论自由的保护。此外，评级机构争辩，评级"只涉及一个话题——信用风险"。它们称，评级结果不是投资建议，因此，如果投资者在投资决定中采用评级结果，评级机构不应对此负责。㊳

固有冲突：发债方付费商业模式

另一个批评是，评级机构与评级对象和支付评级费用的公司关系过于密切。批评家指出，由于存在这些经济关系，银行业者和发债方可以对评级过程产生不当影响。评级机构与借款人的代表以及银行业者见面，就保持或上调信用评级应采取的措施提供建议。另外，这些机构向发债方和银行业者提供咨询建议，说明应如何组织债券以达到预期的评级，这是导致次贷危机的主要问题。这一批评的核心是评级机构如何获得酬劳：评级要足够高，能满足（付费的）客户的要求。如果做不到这一点，客户可以选择其他两家评级机构。

评级机构面临利益冲突，因为它们的大部分收入来源是支付评级费用的借款人，而不是订阅其服务的投资者。换言之，评级机构向发债方收费，对其发行的债券评级，而不是向使用评级结果的投资者收费。技术是导致问题的一个原因：评级机构称，由于目前复印、电子邮件和其他通信技术非常廉价，因此必须向发债方收费。这一主要收入来源，以及评级机构作为咨询者就如何组织新发行债券的结构以达到预期评级提供建议（评级机构通常会对其提供咨询服务的产品进行评级），让评级机构易受到"收费服务"的指责。

容易发生腐败

结构性融资和上文提到的 Abacus 2007-AC1 协议等产品令人担忧，在次贷危机发生后尤其如此。2006 年,结构性融资位于高点,穆迪大约 44% 的收入来自对债务抵押债券的评级。㊴国会的一项调查发现,投资银行和信用评级机构在金融产品上密切合作,可以认为评级机构帮助承销协议。这可能促使愤怒的投资者起诉信用评级机构。另外,由于相当一部分收入来自结构性融资,有证据表明,压力促使评级机构的雇员将这些产品的评级维持在较高水平,以保持收入增加。㊵

金融市场的"社会学"发挥作用。尽管评级机构可以被视为金融市场的守门员,但并未获得收入更高的市场参与者的尊敬。在资产担保债券危机中,这一点显现出来。评级机构受到资金更充足者的影响:银行中工资更高的经纪人和交易员。迈克尔·刘易斯(Michael Lewis)在其作品《大空头》(*The Big Short*)中描述了评级机构雇员相比"挥金如土的"银行业者的社会等级:

> 最终产品的价格由穆迪和标准普尔模型得出的评级确定。这些模型的内在运作是官方秘密:穆迪和标准普尔称不存在任何把戏。但是所有人都知道,那些使用模型的人精于投机:"无法在华尔街找到工作的人都在穆迪上班。"㊶

评级机构,在压力下分析所有新的"产品",过于繁忙无法研究个人住房贷款,而是信赖组成信贷的贷款池的一般特征。可以篡改使用的整体资料,以达到预期结果:"华尔街信贷交易部门,雇员每年挣七位数的钱,打算哄骗每年挣五位数的脑死亡的人(资产抵押分析师)给最糟糕的贷款提供最高的评级。"㊷

私人合约中评级的作用

进一步的批评是,信用评级下降可能给发债方和投资者造成"死亡旋涡"和"悬崖效应"。原因是贷款有时附有"评级触发条款",如果信用评级低于某点,贷款将突然全部到期。由于借款人的资产流动性极少能使其立即支付未偿还贷款,评级下调实质上判处该公司死刑(破产)。评级触发条款是使用信用衍生品或互惠信贷的主要因素。这些合同提供"保险",如果债券评级下调,合约方将会支付全部欠款。大量资产抵押债券和抵押担保债券评级下调会导致信用衍生品选择权的大规模出售,给"保险人"(合约方)造成巨大损失。降低债券评级,尤其是降到次级投资等级,也会严重影响参与新的债券发行的投资者的数量。未能保持投资级别评级或有时存在降到垃圾级别的风险,会使需要额外资本或资金进行再融资的借款人无法进入市场。这一风险在市政债券市场上更明显,市政债券市场上信用增强盛行,有很多"无名的"小型发债方。

市政评级模型:再校准

长期以来,信用评级机构在市政债券市场运行中发挥重要作用,市级债券市场由众多政府发债方组成,其中很多是小规模发债方。例如,2009 年发行了 4100 亿美元的长期市政债券,其中 3970 亿美元的债券由三家主要信用评级机构中的一个进行评级。㊸信用评级发挥主导作用的模式(即三大主要评级机构)已经延续多年,因此大约97%的未偿还市政债券（按票面价值算）都有信用评级。评级对确定投资者对债券的需求至关重要，因此会影响政府支付利率的确定。数千个州和地方借款人非常关心信用评级以及提供信用评级机构的变化。

尽管评级机构通常不会仅依靠一套程序方法确定市政债券的评级，违约历史模型是评级过程的固定组成部分，在过去十年中尤为如此。由于州和地方债务的违约率通常低于其他类型的固定收入部门的违约率，尤其是公司债券，三个评级机构采用"再校准"的形式，让市政债券评级与其他债券的评级保持一致。再校准的依据是各评级机构对历史违约的研究。如表25.2所示，多年来，公司和市政债券的违约率相差极大。差别存在的原因尚不清楚，州和地方政府开始销售应税债券，与国内公司（以及其他课税）债券直接竞争，引发争议。

表25.2　市政债券和公司债券违约率　　单位：%

评级	发债方	标准普尔	穆迪
AAA/Aaa	市政	0.00	0.00
	公司	50	0.69
AA/Aa	市政	3	0.07
	公司	54	1.21
A/A	市政	3	0.11
	公司	2.05	3.34
BBB/Baa	市政	0.16	0.37
	公司	4.85	8.08
投资级别	市政	0.06	0.16
	公司	2.50	4.21

资料来源：Moody's Investor Service (10-year average default record, 1970-2009); Standard and Poor's (15-year cumulative default records, 1986-2008 for municipal and 1981-2008 for corporate bonds)。

2007年，穆迪称将会使用全球级评级（global scale rating）方法对课税市政债券进行评级，在评级风险方面与全球市场的其他债券评级尺度保持一致。穆迪自1970年起研究市政债券违约历史。惠誉根据该公司对1980年后市政债券违约的研究，要求采用类似的方法。同时，21世纪初，标准普尔声明，对评级进行定期审查或新债券审查时，将采用公司的违约研究调整评级结果。信用危机在2008年初全面爆发，市政债券发债方努力处理流动性需求和交易额，收到大量关于评级结果公平性的争议。大量州和地方政府，在加利福尼亚州的影响下，要求评级机构根据它们在其他固定收入债券中优秀的表现，提升一般债务和基本服务评级。[44]

政府借款人欢迎"再校准"市政债券评级，但是依然有反对的声音，主要是来自投资方。投资者反对再校准的主要原因是，自20世纪70年代中期以来，违约率非常低,但不能仅根据这一历史模型确定未来走向。州和地方政府目前的风险是,未来几年内,债务、养老金和其他退休福利的基数快速变化且增长,将成为已经被削弱的课税基础的重担。批评者担心,尽管市政债券中有债券担保抵押,但如果放缓对必要服务、退休福利以及基础设施的投入,将会与及时还本付息相冲突。根据穆迪最初在2007年提出的全球级评级提议,很多一般责任债券的评级可能上调为Aa和Aaa。上一次穆迪将州和地方一般责任债券集中评为最高级别是在1929年。在一项关于大萧条违约的开创性研究中,乔治·H. 亨佩尔(George H. Hempel)发现,1929年在31个人口数量超过3万的城市中,(穆迪给)90%的城市的评级是Aaa,98%的城市评级为Aa或以上级别。[45]研究同时提到,全部违约债务的美元总值中,80%在1929年的评级为Aaa,94.4%的评级为Aa或以上级别。尽管与2008~2009年的大衰退相比,大萧条时期的经济情况和财政支持更糟糕且持续时间更长,亨佩尔的研究表示,评级机构之前没有预料到大萧条"黑天鹅"的严重性,这不仅影响评级的稳定性,还波及当时数百个违约的市政债券。再校准的批评者警告称,现在的违约模型建立在大萧条发生后的发展繁荣时期,可能无法显示未来的危机。

穆迪和惠誉在2008年初宣布对市政债券进行全面再校准,在之后两年按兵不动。在信用危机达到顶峰时,两家公司推迟施行这一政策,为信贷市场和经济提供稳定的机会。2010年春天,两家机构公布了再校准计划。在解释变动时,穆迪认为,"再校准的目的是加强穆迪评级体系中评级的可比较性"。该公司补充道,"穆迪的评级体系会将很多州和地方政府长期市政债券的评级上调2~3个等级。一些部门的变动较小,最显著的是公司领域,该领域已经大致符合全球级评级"。[46]

2010年3月25日,惠誉发布特别报告《美国公共金融评级再校准》(Recalibration of US Public Finance Ratings),称"再校准的目的是提高惠誉全球信用评级组合的可比较性"。尽管再校准的程度取决于市政信贷部门,应当注意到"如果GO评级目前在A到BBB-范围内,州和地方一般责任债务评级和该债务支持的债务(如拨款支持的债务)评级将会上调两个等级,如果GO目前评级为A+或以上,则上调1个等级"。[47]

2010年的改革

《多德—弗兰克金融改革法案》(Dodd-Frank Financial Reform Act,以下简称《金融改革法案》)应该为直接监管NRSRO建立一个新框架。[48]根据该法案,美国国会发现,评级机构实际上是"公共设施","信用评级系统的重要性,个人与机构投资者和金融监管机构依赖信用评级"。NRSRO的活动和表现都"关乎国家公共利益,因为信用评级机构是资本形成、投资者信心以及美国经济高效运转的核心"。[49]

《金融改革法案》对NRSRO提出了新的要求,并提供监管框架支持NRSRO。总的来说,这些要求包括:美国证监会(SEC)拥有更多监管评级行业的权力,拥有更多制定规则和执行的权力，设立新的办公室，即信用评级办公室（Office of Credit Ratings, OCR）以协调活动。通过降低违反证券法的保证要求，增加评级机构的法律责任；取消之前的安全港保护；增加归档要求。此外，该法案有很多关于评级机构的评级过程和管理监督的条款，目的是在信用评级时避免利益冲突。

这一新法案要求评级机构公开披露更多信息，如信用评级的业绩记录，以及信用评级过程中采用的程序和方法。大量对 NRSRO 的法律参考被取消，该法案要求 SEC 和其他联邦机构在管理条例中制定关于有资格接受信用贷款的新标准。到 2010 年中，改革已经在进行中。按照《金融改革法案》的要求，美国联邦存款保险公司（Federal Deposit Insurance Corporation）和美联储以及其他联邦银行机构研究能否在银行资本评估中使用外部采购的信用评级。其中一项是更多地使用信用差价，让监管机构制定自己的风险指标，使用公司现有的内部模型。评估其他方案是个巨大的工程，变动也需要做大量工作。几十年来，监管机构一直依赖信用评级。如果要放弃外部评级，这些机构将不得不采纳"极其特定的"代替体系。[50]

考虑《金融改革法案》时，银行和发债方长期以来选择评级机构对股票债券进行评级的做法受到直接攻击。明尼苏达州参议员艾尔·弗兰肯引用现有模型（评级对象可以选择评级机构并支付费用，这构成利益冲突）后，建议成立一个受 SEC 监管的特别董事会，随机指定评级机构对交易进行评级。[51]参议院调查小组委员会确定了金融危机的根本原因，小组委员会的一项主要发现是华尔街银行和评级机构相互勾结。银行对协议"货比三家"。选择愿意提供最优评级的机构。个人协议为机构赢得数万美元的费用。这种合作的结果令人震惊，尤其在次级住房贷款支持的债券上：2007年发行的3A级债券中，大约91%的债券在2010年被降级为垃圾债券（即低于投资级别）。[52]

《金融改革法案》和市政债券

2010 年 7 月，奥巴马总统签署了《金融改革法案》。该法案要求对美国的债券市场和银行监督机制进行大规模重组，且授予一批监管机构新的监督权力。正如法案中指出的，评级机构是改革的主要对象。市政债券市场和其他的州与地方政府金融活动，尽管不是金融改革的主要对象，也在立法变更带来的"雪崩"中被清理一空。实施法案的新规定需要几年才能彻底到位，各种研究也需要几年时间。但是肯定会产生实质性影响。下文的评论简单总结了该法案对市政债券市场的主要影响。[53]

MSRB 和 SEC 影响扩大

《金融改革法案》扩大了市政债券规则制定委员会（Municipal Securities Rule-making Board, MSRB）这一市政债券行业自我调节机构制定规则的权力。根据 1934 年《证券交易法》（Securities Exchange Act）的 1975 年修正案成立了 MSRB,

该机构隶属于国会，监督市政债券和相关商业活动中经纪交易商的交易。MSRB以前的权力仅限于管理市政证券的经纪人和交易员；政府发债方不在MSRB的监管范围内。因此，通过私营部门市场人员发挥对市政债券市场的监管，这是该市场独有的方法，在过去几年中引发大量争议。[54]

在法案颁布前，MSRB的监管范围仅延伸到交易员和经纪人的市政债券交易。但是，很多市政金融交易中涉及的金融产品本身不符合成为"债券"的法律标准。例如，涉及利率交换、信用衍生品和投资合同的交易不符合"债券"定义。很多衍生品交易介于监管空隙中，颇具争议性，且对政府借款人而言成本很高。《金融改革法案》扩大了MSRB的管辖范围，涵盖了这些与政府或相关实体有关的金融产品。[55]根据法案在SEC内部成立市政债券办公室（Office of Municipal Securities），承担SEC和MSRB的联络工作。市政债券办公室的负责人将会直接向SEC主席报告。

市政财政顾问

新法案在MSRB的监管范畴中引入市政财政顾问，之前顾问不受监管。市政债券市场的财政顾问是协助设计交易、出售初始债券、对债券收益进行投资的公司和个人，包括设计并选择与债券出售相关的金融产品。顾问也可以提供其他服务，如可行性或销售研究。

金融顾问活动的范围具有弹性，边界模糊。顾问可以积极参与设计并发行债券，也可以仅仅"帮助"证券公司和银行争取承销业务（作为寻找交易者）。其他情况下，会计、律师和工程师，除提供专业领域的建议外，还可以参与设计和销售政府的其他金融交易的债券。《金融改革法案》首次要求，市政"顾问"要在SEC注册，注册要求与经纪交易商的注册要求类似。[56]最重要的也许是，该法案要求MSRB制定顾问的受托标准，并授权MSRB制定市政顾问的专业标准，如规定对人员的测试，制定监管规定，确定市政顾问对客户的信托责任。

金融产品

《金融改革法案》授予MSRB新权力，规范市政经济交易商和顾问的市政"金融产品"交易。市政金融产品指的是市政衍生品，担保投资合同以及各种投资策略。过去几年，随着市政债券市场复杂程度增加，这些金融产品已经引发了大量争议（和诉讼）。[57]此外，互惠贷款的使用者仅限于拥有少量资产的政府或需要与银行或经纪人进行交易的政府。而且，政府一定要雇用一名互惠贷款顾问。所有的互惠贷款交易都要上报并存档。[58]

MSRB董事会构成

多年来，人们抱怨MSRB中行业代表过多，无法反映市政债券市场监管中涉及的更广大的公众利益。《金融改革法案》颁布前，董事会的成员中，五人代表经纪交易商，五人代表设立了市政金融部门的商业银行，五人代表广大民众，包括发债方。法案颁布后，MSRB董事会计划拥有八名"公众"成员，独立于所有监管实体，其中至少一人代表机构投资者，至少一人代表市政机构。其他成员将代表市政交易员、银行市政部门以及财政顾问。

要求进行的研究

《金融改革法案》要求开展几项研究，其中包括市政债券市场披露实践、受托标准适用于市政交易员和经纪人的可能性，以及是否需要撤销或修订1975年修正案。该修正案在20世纪70年代早期修订证券法时采纳，指导市政债券市场，将SEC或MSRB的职权限制在管理市政债券发行者领域，禁止SEC或MSRB在债券发行前要求提供文件归档。修正案限制内容的任何变更"都会对市政债券发行者产生显著影响"。[59]人们非常关注对评级机构以及如何监管评级机构的研究。如上文所述，评级机构在市政债券市场的众多领域发挥重要作用。

该法案对市政债券市场的影响似乎意味着对市政债券业务进行更加直接且详细的监管。多年来，SEC因无力直接监管州政府和地方政府借款人的借贷行为而烦恼。[60]一大问题是过去数年中免税范围的扩大，覆盖缺少普通税收支持债务，而是依靠投资"私人活动"获得的收入和投入的资产自行提供资金。例如，税法规定，可以为进行商业和工业开发发行免税债券。[61]不出意料的是，经证实，这一商业支持"市政"债券的风险远高于传统的税收支持的债券或"普通的"政府所有设施债券（如水和下水道债券）。

金融市场的变化

对美国而言，地方政府在金融市场中的作用独一无二。与其他国家不同，州和地方政府可以随意按需求发行债券，并且仅对自己的债务负责。同样，根据宪法，联邦政府只需要对国会特别批准的联邦政府债务负责。联邦政府或州政府不会承担连带负债的责任，尽管联邦政府不时地为特定项目中发行的州和地方债务提供联邦政府担保。尽管如此，各州纳税人都需要承担相应份额的联邦债务。州和地方政府在法律上无权享有联邦政府的主动支援或担保；如果州政府或地方政府发生债务违约，投资者不能期待财政部介入并解决问题。[62]这一责任划分系统在美国历史上大部分时期运行良好，在州和地方政府调整当地需求和意愿，接受不同程度的支持，在向公民提供服务中发挥作用。

联邦政府和州政府共存是美国公共财政联邦制的基础，这要求中央政府和地方政府经济独立。投资者了解到，如果州和地方政府或下属机构未能量力而行，可能发生债券违约，且投资者不能向联邦政府索赔。除少数特殊情况外，这一原则必须要遵循。19世纪，州政府，尤其是南方的州政府，出现债务违约。之后，在20世纪 30 年代的大萧条中，一个州政府和数百个地方政府未能付款，联邦政府并未介入。[63] 然而，在大萧条中，联邦政府实质性地通过重建金融公司（Reconstruction Finance Corporation）直接向州和地方政府提供财政支持。[64]

政府一定要量力而行，核对地方政府的增长以及采纳的有风险的计划。同样，对市政债券市场进行信用分析时，在债券定价中不考虑如果无法偿还本金和利息，联邦政府会援助陷入经济困境的州或地方借款人。联邦政府没有对陷入经济困境的州或地方政府提供救助的预案，这样避免了依赖联邦政府的道德风险，同时从根本上促进市政债券借款人遵守市场规则。多年来，联邦系统中传统的自力更生理念与全国公共利益框架相平衡。从国家角度分析，无法提供基础服务的经济萧条地区应得到援助。这一平衡法案要求将资金从富裕地区向贫困地区转移。财富转移有利有弊，相对权重取决于政治理念。积极的一面是，转移资金用于促进国家的全面发展，建设更强大集中的国家。消极的一面是，联邦支出自主"政治拨款"项目，能否造福国家尚属未知，但是会吸引特殊利益集团。

近几十年中，联邦政府在直接或间接影响州政府和地方政府财务的事务上更加活跃。通过拨款、收入分享和刺激计划等，联邦政府向地方政府和州政府提供补助，用于支持交通、教育、医疗和经济发展，这是实现早期财政联邦制比较灵活的方法。对于市政债务，联邦政府遵守初始理念，让州政府依靠自身信誉，但是并没有像以前那样严格遵守自立原则。2007～2008 年发生的信用危机可能导致大衰退，为了缓解危机造成的严重影响，联邦政府采取强硬措施以遏制冲击，向银行业提供支持防止其倒闭，随后，联邦政府出台了 7870 亿美元的刺激计划。刺激计划中很大一部分，大约 400 亿美元，提供给州和地方政府。受信用危机刺激，联邦政府采取更广泛的措施，在市政债券市场相关事务上发挥积极作用，包括信贷、免税和监管领域。

建设美国债券：应税债券

2009 年的《美国复苏与再投资法案》中的一个创新联邦项目是建设美国债券（Build America Bonds，BAB）这一市政债券项目。这一项目旨在降低州和地方政府的借贷成本，为基础设施提供资金，在用于偿还应税的市政债券本金和利息的联邦补助中是独一无二的。因此，这些应税债券是免税债券的替代品。[65] 应税 BAB 吸引更多的投资者，包括外国投资者和个人退休金账户。由于其税收状况，持有免税市政债券的外国投资者和个人退休金账户能获得很少或不能获得收益。[66]

投资者研究市政债券市场，由于市政债券市场的历史违约率非常低，是公司债券的优质替代品。另外，联邦政府承诺在项目存续期间支付 BAB 35% 的利息，这一做法让联邦政府进一步模糊了历史上的责任划分，即市政债券市场仅依靠州和地方政府作为经费来源。对市场传统主义者而言，联邦补助转变为免税债券进一步侵蚀了宪法第十修正案规定的州政府权力。[67] 自 2009 年 4 月开始发行 BAB，到 2010 年中，发行总额超过 900 亿美元。BAB 销售达到每季度 100 亿美元，占市政债券发行总量大约 30%。⑱ 图 25.6 呈现了 BAB 项目在两年的发行期中产生的影响。

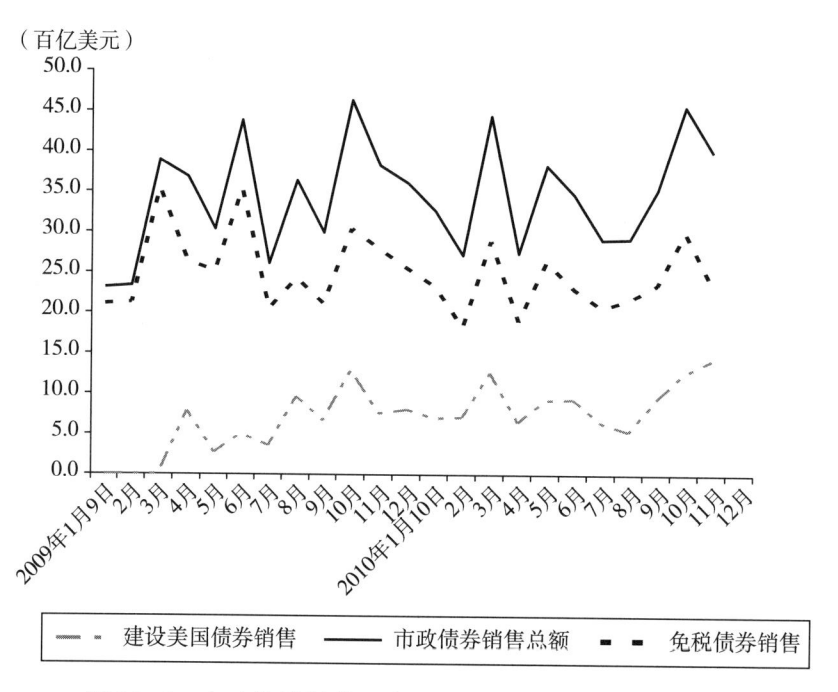

图 25.6 市政债券销售总额、免税债券销售、建设美国债券销售（2009～2010 年每月数据）

资料来源：Securities Industry and Financial Markets Association（SIFMA）。

尽管 BAB 明显鼓励市政债券销售，但依然引发了争议，主要原因是该债券是由承受巨大财政压力的州大量发行，即加利福尼亚、伊利诺伊和纽约。项目公布时规定，BAB 项目在 2010 年底结束，但是很多市场参与者要求延长项目期限。其他人争论说，应结束 BAB 项目，因为联邦政府为州和地方政府偿还债务，这会鼓励债券发行，不当地奖励开销大且负债高的州。⑲

随着 BAB 项目到期日临近，免税市政债券市场的利率增加，因为投资者从免税债券基金中撤资。投资者对免税债券的关注日益增加，背后有多重原因，其中一个重要因素是担忧 BAB 债券项目结束造成的影响。如果 BAB 项目终止，不再从更长期债券中吸收资金，预期免税率将会增加，可能会大幅攀升，波及其他利率。⑳ 由于无法获得再次授权，BAB 应税债券项目在 2010 年 12 月 31 日到期。但是，在短暂的 18 个月的生命中，BAB 项目将 2000 亿美元的州和地方政府借款变为应税债券。

过去十年的市场不确定性

2010 年底，市政债券市场一片混乱。几大因素造成了市场困难，但最根本的原因是不断蔓延的担忧，人们担心市政债券市场良好的还本付息记录将会结束，市政债券的违约记录比私营部门债券好数倍。自 2010 年初欧盟中希腊的困难广为人知，随后担忧蔓延到爱尔兰等其他欧盟国家，州和地方政府可能违约的警告开始发酵。一个重大变化是美国应税州和地方债券（主要是 BAB 债券）已经进入（至少暂时进入）国际市场，可以与欧盟国家的债券进行对比，由此可以比较债券的利率。

总统的国家财政责任和改革委员会提出一系列建议，让免税市政债券市场在 2010 年底受到冲击。[⑦] 联邦预算上一次达到平衡是在 2001 年，此后联邦债务急剧增长，在 GDP 中的比例从 33% 增加到 62%。该委员会在报告中建议，到 2020 年将联邦赤字减少 4 万亿美元，占 GDP 总量 2.3%；目标是在 2023 年将赤字占 GDP 的比例降到 60%，到 2035 年降到 40%。根据该委员会的计划，联邦收入将被控制在 GDP 的 21% 以内，支出将被强制降到 22%，最终降为 21%；[⑫] 减少对州和地方政府的联邦援助，降低或取消州和地方政府享受的大量联邦税收优惠。

结构性问题

考虑到长期恶化的联邦政府财政情况，以及州和地方看似顽固的财政问题，金融市场参与者有足够的理由担忧市政债券市场未来的结构。由于免税债券市场对收入的边际税率非常敏感，具有讽刺意义的是，如果边际联邦税率上升，且竞争税收优惠减少，会增加免税债券的需求，降低免税债券相对其他债券的利率。但是降低州和地方税在联邦所得税中可抵扣程度，取消抵押贷款利息扣除等变化会增加州和地方纳税人的所得税压力，可能会进一步降低房屋价值，房屋价值是当地政府的主要税收来源。

关于未来对长期免税债券需求还有另一个结构性问题。如上文所说，BAB 项目非常成功，在期限较长（超过 10 年）的债券中尤其如此。在推行 BAB 项目前，期限最长的免税债券是广泛使用拍卖利率和可变利率的债券支持的，可以有效地将长期债券转为短期票据。[⑬] 将长期债券调整为更易销售的短期债券能将长期利率保持较低水平。但是，这也掩盖了从 2000 年初到年中长期免税债务市场出现的日渐衰退。[⑭] 随着市场形势在 2007 年和 2008 年恶化，这些工具失效，与美国财政部债券有关的免税债券的利率急剧上升。但是，2008 年初，BAB 向长期市政市场提供援助，凭借 35% 的利率补贴，吸收了长期债券的资金。随着 BAB 在 2010 年底濒临终止，长期免税利率的前景充满威胁。这反映了长期国债收益的激增，BAB 项目到期以及对市政债券信用质量的担忧让形势变得更为严峻，长期市政债券收益也随之上涨。2010 年 11 月，免税和共同债券基金在一周内撤出了接近 50 亿美元（自 2008 年 10 月以来的最大数额）。受到（各级）政府财政事务不确定状态的惊吓，投资者已经预测到，随着免税债券市场失去了 BAB 的支持，债券价格将会下降，利率将会上升。另外，市场悲观主义者预测市政债券即将迎来一波违约潮，令投资者极度恐慌。

州和地方债务会被偿还吗？

2010年底，分析师的疑问是，市政债券市场经历了大量变化，同时各级政府面临长期悲惨的财政困境，这是否会永久改变政府和市场的关系。首要问题是不断逼近的违约，这是过去80年都没有涉及的问题。主要问题不仅是未偿还的公债借款（市场债券），还有政府大量之前的资产负债表上的其他债务。正如本章开篇所说，资金不足的退休福利和各种退休后债务都是投资者担心的问题。所涉及的债务的数量以及债务的法律地位尚未确定：已经承诺支付给政府雇员未来的退休福利会降到什么程度？

在很多州，政府雇员福利的重组以及雇员相对债券持有人的优先索偿权都涉及宪法。[75]而且，估算退休金负债、评估支持退休金资产，以及披露个人基金和行业上述信息都受到质疑。[76]这已经是SEC的问题，SEC已经采取针对新泽西州的行动。[77]康涅狄格州，截至2010年底，尚未偿还的债券债务共计195亿美元，但是州雇员和教师退休金系统中，缺少资金的负债为500亿美元（按市场价对资产进行估价），缺少资金的退休人寿保险和健康福利为276亿美元。[78]因此，如果考虑退休和退休后福利，州债券市场需要偿还的债务仅占负债总额的20%。[79]

2010年底，人们对比了次贷危机引发的市场金融危机和州以及地方的危险财政状况。一些评论者争论称，州和地方开支过大，特别是考虑到大量（可能无限）的养老金和退休福利，它们的债务岌岌可危，类似次贷危机中积累的债务。[80]尤其值得注意的是，联邦刺激基金已经用完，2009~2011年，联邦基金已经向州和地方各部门投入1600亿美元。[81]据预算和政策优先中心（Center for Budget and Policy Priorities）统计，如果没有刺激援助，各州在2012财年面临共计1300亿美元的赤字。[82]为应对日益增长的信贷担忧，2010年底直到2011年初，由于免税率激增，在免税债券市场中，市政债券货币市场基金普遍撤出并平仓。

衰退，而非萧条

《美国复苏与再投资法案》刺激政策带来大量的临时救济，同时，其他联邦计划向州和地方政府提供帮助，度过自2007年底伴随次贷市场崩溃而开始的严重经济低迷。国会在2008年底开始施行联邦问题资产救助计划（TARP）紧急援助方案，向全国金融机构提供支持，在财产税担保的市政债券中（在幕后）发挥重要作用。[83]在20世纪30年代的大萧条中，由于未能向银行提供早期紧急救援方案，地方政府的损失加重，廉价的房地产和无力支付的财产税使得数百个市政借款人无法按时偿还债券。市政借款人按时还本付息严重依赖按时收到的税收和公司效益以及足够的现金结余。

与20世纪30年代的大萧条类似，房价下跌在大衰退中也很常见。2007~2010年，在受影响最严重的州，房屋价格下跌高达44%。[84]通常，如果经济处于衰退的低谷，房产价值下跌对评估价值和财产税的影响会延迟1~3年，因为评估房产和确定利率采用特殊的方法。按时偿付从价财产税担保的市政债券最大的风险是，征收的财产税少于还本付息所需的金额。20世纪30年代发生资金不足，原因是数百家银行在没有合适接班人的情况下关门，或无法通过预付拖欠贷款的财产税保住抵押品。

乔治·亨佩尔在著作《战后州和地方债务质量》（*The Postwar Quality of State and Local Debt*）中写道："1927~1934年，州和地方总收入大约保持相同水平，但是收入的性质有了较大转变。财产税的现金收入在同期总收入中的比例从60%降到48%，下降的主要原因是房产价值下跌，未征收的财产税的比例上升。"亨佩尔进一步说明，"在人口超过五万人的城市中，未征收的财产税的比例由1928年的4.7%提高到1933年的26.3%"。尽管财产税收入在2010年第四季度轻微下调，比2009年同期低3%，大衰退时期的收入依然比20世纪30年代更稳定，大萧条时期出现了急剧下降。

尽管滞后的重新评估过程阻止税单快速下降，这段时期与大萧条最大的区别在于，2007~2010年，地方政府的财产税征收率保持较高水平。征收率显示，与衰退前相比，征收的总百分比只是轻微下降。城市借款人提供的财务报告文件提供了财产税的征收保持相对强劲的证据。这意味着，2007~2009年，总征收率的中位数仅下降了1%（99.5%降到98.7%）。早期提供报告的人负责研究一半的样本抽样，报告称2010财年表明，98.1%的财产税征收率只是略逊。总之，征收率的下降远不是亨佩尔提到的在大萧条早期发生的大幅下跌。

发生金融灾难时，联邦政府有采取行动支持银行系统的政治意愿，体现在2008年信用危机后，税收记录优于大萧条时期的记录。联邦问题资产救助计划（TARP）使大多数银行能维持健康状况，支付财产税，以保留大量次级拖欠贷款的抵押品留置权。但是，如果没有这些支持，很多银行可能无法支付财产税。大萧条时期，联邦政府未采取这种介入行为，保护金融机构。通过调整资本和巩固大量国家大大小小的金融机构，TARP和其他提供流动性的措施和各种保险措施协助维持资产收益表稳定。因此，很多银行和抵押服务商能在丧失抵押品赎回权前，通过支付拖欠抵押贷款的财产税，保住标准以下房屋和商业贷款的抵押品。在那种情况下，贷款被打包到债券化抵押贷款中，通常法律条款会规定，要根据房利美和房地美的要求支付财产税。因此，只要金融机构或其继承者能够保住抵押品，财产税就会得到持续的支付。如果未来金融和经济反弹，不能认为联邦为支持金融系统提供保护是理所当然的。但是，评估州和地方部门信用质量，以及设计未来的救助方案时，应考虑政府对健康金融机构的系统性依赖。

总结性评论

2011年初，随着国家经济逐渐改善，州和地方政府的收入略有恢复。但很明显的是，州和地方政府的长期结构性问题依然存在。根据政府问责办公室的长期预测，在未来几年内，州和地方政府面临稳步增长的运营亏损，因为现有收入系统提供的资源无法满足支出项目中迅速增长的消费需求。⑥关于州政府最大的担忧是医疗支出的负担，以及填补退休金和退休福利中缺少资金的债务。州政府与这些问题斗争的过程中，撞击作用将会导致资本消费、州政府雇员、雇员工资，以及向个人和地方政府转移资金的减少。这些调整将会产生持续性的不足，而非瞬间崩溃。另一解决方案是加税，但似乎很难得到公众支持，而且违背联邦政府增加收入的需求。讨论联邦全面税制改革时，通常计划取消对州和地方政府的税收优惠，瞄准了目前州和地方债券的利息收益免税政策。

地方政府注定要承受住房危机造成的持续后遗症，财产税增加缓慢甚至减少，更直接的是，国家补助减少（大多是联邦政府对各州的补助）。面对这些危机，大部分政府需要增税并征收使用费，减少支出，放弃不再接受州政府或联邦政府补助的项目。一些市将无法或不愿意采取这些措施。对几个市（大多数是专用特区）而言，可能导致随机违约或随时破产（见本书第9章）。但更可能的是，各州将出台一揽子救援计划，特别针对地方政府的一般单位。归根结底，历史为我们提供良好指引，投资者的最终损失将会少于名义违约总值。在这一过程中，债务将会重组，摊销计划将会延期，但最终还要偿还本金。但是，尽管会有损失，银行信贷证明和债券发债方将承担大部分损失，个人债券投资者将受到保护。

尽管日前存在困难和混乱，考虑到州和地方政府的规模与重要性，类似国家的银行系统，不能让这些政府轻易破产。因此，偿还债务以及继续进入金融市场的传统将会继续。⑧还本付息是多数政府年度支出中很小的一部分，州和地方政府无法承担私人市场向其关闭的结果。退休金债务是长期存在的问题，当国家之前承诺中的增长和繁荣与未来形势不符时，整个国家面临按比例缩减这一承诺，一定能在较长时间内找到解决方法。同样，这一新的清醒认识让人们认清事实，只有州和地方政府履行日常政府功能，整个国家才能正常运转。

注释

①US Bureau of Economic Analysis（2010），table 11B。截至2009年底，州和地方政府按折旧价值计算的净实物资本存量为8.2万亿美元，其中2.7万亿美元为街道和公路，1.9万亿美元为教育设施，1万亿美元为供水和下水道设施。见 http：//www.bea.gov/National/FA 2004，table 11B。

②与大多数国家不同的是，美国的地方政府在没有联邦政府担保的情况下，可以自行进入金融市场。

③US Census Bureau（2007 Census of Governments），http：//www.census.gov/govs/cog/GovOrg-Tab03ss.html.

④贸易应付账款是政府欠供应商钱的日常短期应付账款。

⑤US Census Bureau（2010），http：//www.census.gov/govs/estimate/.

⑥The Pew Center on the States（2010）。州和地方政府还面临着其他就业后福利（OPEB）带来的财政压力，其中最典型的是退休人员健康福利。政府会计准则委员会（GASB）要求政府将OPEB的成本计入员工的收益中，而不是在他们获得报酬的时候。但退休人员的健康福利通常

没有得到资助。因此，OPEB 支出责任是没有资金支持的。皮尤中心和美国政府问责办公室都认为，截至 2010 年，OPEB 的债务约为 5500 亿美元。

⑦Seymour（2010）.

⑧Richard and Preston（2010），41.

⑨这些金融工具允许长期金融工具在短期市场上出售，利率不断调整。一旦利率被重新设定，为任何未售出的票据提供流动性工具是一个至关重要的因素。

⑩Brad Gewehr，UBS Risk Watch（March 2，2010），3.

⑪2008 年 12 月，Aaa 级公司债券利率为 5.05%，Baa 公司债券利率为 8.43%（穆迪为美联储理事委员会发布的月度平均数据提供服务）。对于市政债券投资者（债券买家 20 指数的平均评级在 Aa-AA 级附近），2008 年 12 月的收益率相当于一个适用 35% 边际税率 [5.58/(1−35)] 的投资者 8.55% 税前收益率。

⑫IMF（as referenced in Business Week），November 21，2010.

⑬McDonald（2010），83.

⑭同上，84。

⑮《美国复苏与再投资法案》（ARRA）向州政府和地方政府预算提供了大约 1400 亿美元的联邦援助，这些额外支出大部分发生于 2009 年和 2010 年。

⑯Robison，Wechsler，and Braun（2009）.

⑰Pew Center for the States（2010）.

⑱Standard & Poor's，Credit Report，ACA（April 2008）.

⑲"评级观察"指的是评级机构宣布正在评估借款人的信用，并可能改变其评级。

⑳Kripalani（2007）.

㉑有关信用评级行业的广泛历史及其对金融市场和政治政策的影响，见 Sinclair（2005）。

㉒并非所有的违约都是平等的，因为在违约情况下，收回资金的速度和程度可能存在差异。

㉓"Measuring the Measurers"（2007）.

㉔一些分析师认为纽约市的债务重组是一种违约行为，因为投资者被迫等待纽约市延长的某些票据的本金偿付。

㉕见 Sinclair（2005），157-160。该县起诉了债券承销商和评级机构，然后从美林证券获得了 4.67 亿美元的和解金。标准普尔最终决定退还部分评级费用（14 万美元）。该机构成功地利用了"第一修正案"的辩护理由，反驳了该县对其鲁莽疏忽的指控。根据第一修正案的辩护，该机构表示，它在发表评级意见时行使了言论自由的权利。

㉖同上。

㉗其他导致投资者损失的公司丑闻包括 Tyco、Worldcom、Global Crossing 和 Adelphia 公司。

㉘《萨班斯—奥克斯利法案》（Sarbanes-Oxley Act）第 6 章授权对评级机构及其在 NRSRO 地位下的监管进行研究。2007~2008 年的金融灾难发生时，美国证监会正在拟定相关监管规定。随后，美国证监会根据 2010 年的《多德—弗兰克法案》（Dodd-Frank Act），被赋予了新的监管职责和执法权力。

㉙Shorter and Seizinger（2009）.

㉚2006 年的法律简化了企业获得 NRSRO 认证的程序，并要求接受 NRSRO 认证的机构向证监会提交其评级方法。2007 年 9 月 24 日，美国证监会发布了一份新闻稿，称其已授予 7 家信用评级机构 NRSRO 的资格。但到那时，金融危机已经压倒了市场。

㉛USA Today（September 2007）.

㉜US Permanent Subcommittee on Investigation（2010），5。2000～2007年，评级机构以平均53%的营业利润率远远超过其他公司，如微软（36%）和埃克森（17%）。

㉝"Measuring the Measurers"（2007）.

㉞London Telegraph（2007）.

㉟引发2007年信贷危机的次级抵押贷款现象详细研究超出了本章的范围。大致轮廓可以在一些当代的记述中找到。美联储理事爱德华·格拉姆利克（Edward Gramlich）是一个早期预警者，他在2007年初出版了一本简要的书，概述了次贷问题的出现。时运不济，但有些时来运转。关于次贷市场的涨跌，参见Lewis（2010）。

㊱ABACUS交易是一种"合成"CDO（附担保债务），它没有实际抵押贷款支持，而是"参考"了一系列此类债务。

㊲Morgenson and Story（2010），B1.

㊳Sinclair（2005）152-53.

㊴London Telegraph（2007）.

㊵Morgenson and Story（2010年）。作为调查的一部分，参议院小组委员会公布了581页的电子邮件和其他文件，显示评级机构的高管和分析师接受了华尔街的新业务，尽管他们承认自己无法正确分析所有银行产品。这些文件还显示，2006年底，这些机构的工作人员担心他们的评估和使用的模型存在缺陷。他们特别关注的模型是像Abacus那样对债务抵押债券进行评级。

㊶Lewis（2010），98.

㊷同上，99。

㊸并非所有市政债券都由评级机构进行评级，但只有非常小的、通常是一般债券没有评级。在2009年发行的12295只长期市政债券中，有2472只没有评级。但这些未评级债券的平均规模只有520万美元左右，显然是针对当地投资者发行的。

㊹加利福尼亚州财政局局长比尔·洛克耶（Bill Lockyer）指出，市政债券和公司债券的违约率差异很大，评级不一致给加利福尼亚州司法部门带来了约40亿美元的额外偿债负担。CNBC News（2008）。

㊺Hempel（1971）。美国国家经济研究局（National Bureau of Economic Research）在1971年晚些时候重新公布了二战后市政债券的质量，称其为二战后国家和地方债务的质量。

㊻Moody's Investor Service（2010）.

㊼Fitch Investor Service（2010）.

㊽Most provisions concerning the ratings agencies are found under Subtitle C of Title IX of the Dodd-Frank Act.

㊾This analysis is based primarily on Moynihan, Nolan, Pagnano, and Williamson（2010）.

㊿Crittenden（2010）.

㉛Herszenhorn（2010）。弗兰肯（Franken）参议员说，这将允许较小的信用评级公司与三大评级公司竞争。这一想法并没有进入最后阶段，取而代之的是对所提议的随机选择评级方案进行必要的研究。

㉜Blake（2010a）.

㉝根据金融市场的普遍用法，"自治"一词有着广泛的含义，这一术语在法案及其监管范围都会用到。自治机构可以广泛指代任何州、州的政治分支机构或州市政法人机构，包括：（1）州的任何机构、当局、或者实体、政治分支机构、或市政法人机构；（2）由州的任何机构、当局、或者实体、政治分支机构、或市政法人机构赞助或设立的任何计划、项目或资产池；（3）任何

其他市政债权发行人。见 Fippinger，Herrington and Sutcliff LLP（2010）；Anderson and Woods（2010）；Gaffney（2010）。

(54)监管当局对市政债券发行人规则制定的限制体现在所谓的 1975 年修正案中，该修正案禁止对发行人提出注册要求，并禁止向政府直接应用监管机构规则。美国证监会将对该规则进行审查和批准。

(55)可能有“义务方”，它们不是政府债券的发行者，但政府单位可以代表它们借款。这是一种非常常见的“管道”结构，用于各种公共和私人目的的非营利和营利企业。

(56)定义一个“财务顾问”是很困难的。该法将顾问定义为就市政金融产品或市政债券发行向市政实体提供建议的人。该定义具体包括金融顾问、有担保的投资合同经纪人、第三方营销人员、配售代理、律师和掉期供应商。该定义不包括提供法律咨询或提供传统法律性质服务的律师和提供工程咨询的工程师。然而，在不同的政府任职的官员的地位尚不清楚，他们需要支付顾问注册费。

(57)这些金融产品形式和活动的确切定义将体现在法案的技术修正案中。不管定义是什么，美国证监会监管衍生品的新权力将与之重叠。

(58)监管掉期交易的几个细节需要制定出来。不过，这些规定似乎将涵盖州和地方雇员养老金制度。掉期交易将由商品期货交易委员会（CFTC）监管，该委员会将为交易商与州政府和地方政府打交道制定一套“行为准则”。见 Gaffney（2010），79。

(59)Anderson and Woods（2010），2。1975 年修正案旨在限制联邦政府监管州和地方政府债券发行者的权力，其影响是有争议的。一些评论人士认为，尽管修正案限制了市政债券规则制定委员会（一个行业自律监管机构）制定规则的权力，但它对美国证监会没有真正的此类限制。美国证监会根据其一般反欺诈权力，有权为防止市场上的欺诈行为而预先设定发行要求。欺诈的定义本身就存在争议，这取决于该活动是根据证券法的哪一部分进行的。

(60)根据《金融改革法案》，美国证监会将进行一项研究，以确定其关于市政债券发行者的监管权力是否应该增加。

(61)根据资金流量表，2010 年第二季度非金融公司的市政债券债务总额达到了 2000 亿美元。 **723**
Table l-211. Federal Reserve Board of Governors，*Flow of Funds*（September 17，2010).

(62)虽然各州无权印制国家货币，但它们可以发行债券（认股权证），这些债券（认股权证）可以在一个州内发挥类似的作用，用于支付州税和欠国家的其他款项。密歇根州和加利福尼亚州曾偶尔有使用过认证股权。

(63)Hempel (1971).

(64)在大萧条时期，联邦政府在州和地方债务融资方面非常活跃。联邦公司 RFC 在 1932～1937 年向各州和地方提供了 30 亿美元的救济金。这些未偿还的贷款在 1938 年被取消。RFC 活跃于债券市场，参与债券竞标，并于 1941 年购买了阿肯色州（大萧条期间违约的一个州）1.36 亿美元的再融资债券。此外，RFC 还向国家提供贷款以及当地的自清理工程，如桥梁、渡槽和收费公路。宾夕法尼亚收费公路是用 3500 万美元的 RFC 贷款建造的，奥克兰湾大桥（7000 万美元）和新奥尔良密西西比河上的休伊长桥（1700 万美元）也是如此。20 世纪 30 年代，RFC 向州和地方政府提供的约 100 亿美元贷款，按当前美元计算相当于 1600 亿美元（2010 年）。见 Jones and Angly（1951 年）。

(65)Petersen (2010a).

(66)Petersen (2010b).

(67)1983 年美国最高法院的一项裁决（南卡罗来纳州诉贝克案）裁定，市政债券免税是国会法规的

⑱SIFMA Municipal Credit Report (second quarter, 2010).

⑲Wall Street Journal, Review and Outlook, Opinion (December 30, 2010); Malanga (2010).

⑳根据一位市场观察人士的说法，"如果建设美国债券（BAB）不存在，免税的长期收益将大约高出 50 个基点。相对于在免税市场上产生的成本来说，获得 BAB 融资资格的投资者通过发行长期 BAB 要节省近 100 个基点，而不符合 BAB 融资资格的发行人则节省了约 50 个基点"（注：基点为 1 个百分点的 1/100）。Friedlander (2010), 3。

㉑委员会由厄斯金·鲍尔斯（Erskine Bowles）和艾伦·辛普森（Alan Simpson）共同主持。18 名委员会成员中有 11 名于 2010 年 12 月初投票接受该报告。这份报告描绘了美国财政状况的惨淡景象，并警告说，如果不进行重大改革，美国将面临难以承受的巨额赤字。2010 年，联邦支出占 GDP 的近 24%。但由于税收收入占 GDP 的 15%，支出和收入之间的预算赤字缺口占 GDP 的比重仅略低于 9%。

㉒Hume (2010)。

㉓招标期权债券（TOB）要求以短期免税利率借款，并用所得购买长期免税债券，并在应课税利率（如伦敦银行间同业拆借利率）上以相反的头寸进行对冲。对冲基金采用的策略是，通过获取市政债券收益率曲线与应税曲线之间的额外基点，来赚取套利利润。据估计，2007 年初有 3000 亿到 5000 亿美元的 TOB 债券，这大大减少了长期免税债券的供应。见 Seymour (2010)。

㉔需要记住的是，在 21 世纪头十年，边际所得税率以及资本利得和股息的税率都有所降低，而资本利得和股息是相互竞争的投资。

㉕Lav and McNichols (2011)。

㉖Sracke and Narens (2011)。

㉗Scannell and Neuman (2010)。

㉘Cooper and Walsh (2010), 1。

㉙该州的负债总额约为 971 亿美元，另外还有 23 亿美元的其他债务。同上。

㉚同上。

㉛《美国复苏与再投资法案》提供的 1590 亿美元的联邦援助抵消了 2009～2011 年总计 3600 亿美元的州赤字。到 2012 财年，仅有 60 亿美元的援助资金将被闲置，但州赤字估计约为 1400 亿美元。

㉜同上。

㉝Samuelson (2011), 14。在联邦问题资产救助计划批准的 7000 亿美元援助中，仅使用了 4100 亿美元，其中 2450 亿美元分配给了银行。实际上，银行向全国发放的所有援助，到 2011 年初都已得到利息和股息的偿还。尽管如此，这个计划还是很不受公众欢迎，因为它被认为是对银行的救助，对普通民众没有什么帮助。

㉞The Federal Housing Finance Agency All-Transaction Index as cited in Boyd (2011)。

㉟Hempel (1971), 38-39.

㊱US Census Bureau (2011)。

㊲Merritt Research Services (2011)。这些数据来自各城市提交的大约 400 个城市的年度报告（收集总额包括当年的财产税，加上拖欠款项、罚款和止赎收益）。数据截至 2011 年 3 月 11 日。

㊳GAO (2011)。所使用的分析技术是在现有收入制度下，衡量预期的服务成本与收入之间的差额。差额主要用于衡量需要削减多少支出或者增加多少收入，以平衡总预算。

㊴例如，见 Sracke and Narens (2011)。他们和许多其他分析师一样辩称，尽管财政压力很大，但不会导致普遍违约。截至 2011 年年中撰写本章时，情况一直如此。

参考文献

Anderson Ⅲ, Arthur, and McGuire Woods (2010, August 3). "Dodd-Frank Financial Reform Act Will Impact Municipal Securities Market."

Blake, Rich (2010a, May 4). "Franken Targets Rating Agencies". ABC News.

Blake, Rich (2010b, July/August). "Down Graded." Institutional Investor.

Boyd, Donald (2011. March 18). "State and Local Financial Update." Rockefeller Institute of Government.

CNBC News (2008, April 29). "California Treasurer: Bond Raters Costing Us Big Bucks." http://www.cnbc.com/id/24372504.

Cooper, Michelle, and Mary Walsh (2010, December 5). "Mounting Debts by States Stoke Fears of Crisis." New York Times: 1.

Crittenden, Michael (2010, August 9). "Regulators Plan First Steps on Credit Ratings." *Wall Street Journal*. http://online.wsj.com/article/SB10001424052748704268004575417811362825370.

Courtois, Renee (2009, Spring). "Reforming the Raters." Regional Focus. Federal Reserve Bank of Richmond.

Dodd, Randall (2010, June). "Municipal Bombs." *Finance & Development*, Volume 47, Number 2. International Monetary Fund.

Doty, Robert (2010). *From Turmoil to Tomorrow*. American Governmental Financial Services, Sacramento, CA, http://turmoiltotomorrow.com.

Federal Reserve Board of Governors. *Flow of Funds*. Washington, DC (various numbers).

Federal Reserve Board of Governors. *H-15 Release*. Washington, DC (various numbers).

Fippinger, Robert, Orrick Herrington, and Sutcliff LLP (2010, July 16). "The Financial Reform Act of 2010."

Fitch Investor Service (2010, March 25). "Recalibration of US Public Finance Ratings."

Friedlander, George (2010, November 23). "U.S. Rates Special: The Build America Bond Program Is a Classic 'Win-Win' for Federal, State and Local Governments." *CITI Municipals*.

Gaffney, Susan (2010, August). "Financial Reform Act Affects State and Local Governments." *Government Finance Review*.

General Accountancy Office (2010, July). *State and Local Governments' Fiscal Outlook: March 2010 Update*, GAO-10-899. Washington, DC.

General Accountancy Office (2011, April). *State and Local Governments' Fiscal Outlook: March 2010 Update*, GAO-11-495. Washington, DC.

Gramlich, Edward (2007). *Subprime Mortgages: America's Latest Boom and Bust*. Washington DC: Urban Institute Press.

Hempel, George H. (1971). "The Postwar Quality of State and Local Debt." Cambridge, MA: National Bureau of Economic Research.

Hume, Lynn (2010, December 1). "Deficit Commission's Final Report Urges Ending Tax-Exempt Interest on New Munis." *Daily Bond Buyer*: 1.

Jones, Jesse, and Edward Angly (1951). *Fifty Billion Dollars*. New York: Macmillan.

Kripalani, Chandni (2007). "Credit Rating Agencies Raise Concerns Apropos Their Veracity."

http://22dollars.com/2007/09/credit_rating_agencies_raise_concerns_apropos_their_veracity.php.

Herszenhorn, David (2010, June 15). "House-Senate Talks Drop New Credit-Rating Rules." *New York Times*. http://nytimes.com/2010/15.

Lav, Iris, and Elizabeth McNichol (2011, January 21). "Misunderstandings Regarding State Debt, Pensions, and Retirement Health Costs." Center for Budget and Policy Priorities.

Lewis, Michael (2010). *The Big Short*. New York: W. W. Norton.

London Telegraph (2007, August 20). "Fingers Pointed at Credit Rating Agency Monopoly." http://www.telegraph.co.uk/money/main.jhtml?xml=/money/2007/08/19/ccbull519.xml.

Lowenstein, Roger (2000). *When Genius Failed: The Rise and Fall of Long-Term Capital Management*. New York: Random House.

Malanga, Stephen (2010, July 31). "The Muni-Bond Debt Bomb... and How to Dismantle It." *Wall Street Journal*.

Malhotra, Heide, B. (2007, October 21). "Are Rating Agencies to Blame for the Credit Market Crunch?" *The Epoch Times*.

Mathis, H. Sean (2007). Congressional Testimony. US House Financial Services Committee. http://www.house.gov/apps/list/hearing/financialsvcs_dem/ht092707.shtml.

McDonald, Michael (2010, November 15). "A Wall Street Product That Soaks Taxpayers." *Bloomberg Newsweek*.

"Measuring the Measurers." (2007, May 31). *The Economist*. http://www.economist.com/finance/displaystory.cfm?story_id=9267952.

Merritt Research Services LLP (2011). Chicago. Illinois. Unpublished survey data provided to authors as of March 11, 2011.

Moody's Investor Service (2010, March). "Recalibration of Moody's U.S. Municipal Ratings to its Global Rating Scale."

Moynihan, Mary C., Anthony R. G. Nolan, Clair E. Pagnano, and Gwendolyn A. Williamson (2010, July 18). "Financial Reform Bill Strengthens Regulation, Expands Potential Liability of Credit Rating Agencies." K-L Gates Newsstand. http://www.klgates.com/newsstand/Detail.aspx?publication=6563.

Morgenson, Gretchen, and Louise Story (2010, April 23). "Rating Agency Data Helps Wall Street Firms." New York Times: B1.

Munnell, Alicia, Jean-Pierre Aubry, and Laura Quinby (2010, April). *The Funding of State and Local Pensions*: 2009-2013. Center for Retirement Research at Boston College.

Petersen, John (2010a, July). "Sacramento's Socratic Moment." Governing. http://www.governing.com/columns/public-finance/Similarities-Between-Sacramento-Athens.html.

Petersen, John (2010b, June). "Happy Birthday Babs." *Governing*. http://www.governing.com/topics/finance/Build-America-Bonds-Make-a-Mark.html.

Pew Center on the States (2010, February). The Trillion Dollar Gap: Underfunded State Retirement Systems and the Roads to Reform. Washington, DC.

Richard, Christine, and Darrell Preston (2010, September 8). "Ross Goes Where Buffet Fears to Tread." Bloomberg Businessweek: 41.

Robison Peter, Pat Wechsler, and Martin Braun (2009, October 28). "Back-Door Taxes Hit U. S. with Financing in the Dark." Bloomberg.

Samuelson, Robert (2011, April 4). TARP Success Halted Economic Collapse." Washington Post: A14.

Scannell, Kara, and Jeannette Neuman (2010, August 19). "SEC Sues New Jersey as States' Finances Stir Fears." Wall Street Journal.

Sloan, Allan (2007, October 16). "Junk Mortgages under the Microscope." Fortune.

Securities Industry and Financial Markets Association (SIFMA). Municipal Credit Report (various numbers).

Seymour, Dan (2010, November 29). "BABs: The Last Pillar Standing." *Daily Bond Buyer*: 1.

Sinclair, Timothy (2005). The New Masters of Capital. Ithaca: Cornell University Press.

Shorter, Gary, and Michael Seizinger (2009, September 3). "Credit Rating Agencies and Their Regulation." US Congressional Research Service, Washington, DC.

Sracke, Christian, and Joseph Narens (2011). PIMCO Viewpoints: February, 2011. Pacific Investments Management Company, Newport Beach, California.

US Bureau of Economic Analysis (2010, September). National Income Accounts. http://www.bea.gov/national/FA2004.

US Census Bureau (2011). State and Local Government Finance: Quarterly Summary of State and Local Tax Revenue. http://www2.census.gov/govs/qtax/information_sheet.pdf.

US Securities and Exchange Commission (2007). Division of Market Regulation. http://www.sec.gov/divisions/marketreg/ratingagency.htm.

US Senate, Permanent Subcommittee on Investigation (2010, April 23). "Memorandum: Wall Street and the Financial Crisis: The Role of the Credit Rating Agencies."

USA Today "Credit Rating Agencies Defend Track Record" September 26, 2007. http://www.usatoday.com/money/industries/banking/2007-09-26-congress-credit.

Wheeler, Brent (2007). "Would You Credit (Rate) It?" http://www.brentwheeler.com/finance.php?itemid=445.

第 26 章 新世纪的基础设施私有化

埃伦·丹宁（Ellen Dannin）
李·考克瑞诺斯（Lee Cokorinos）
何晴 译

进入 21 世纪后的美国基础设施私有化框架是一个集财政、税收政策、联邦、州和地方法律、政府补贴及不同思路的大杂烩，其明显特征便是超过 50 年期限的长期合同，同时不受类似英国那样的监管。解释这些特性及其影响是本文的重点。美国基础设施的私有化，通常是指将原本由公共部门提供的设施及服务的控制权和运营权转移到私人部门。私有化在法律和财务方面的安排有很大差别。但是，那些所谓的基础设施私有化（public-private partnerships，PPP 或 P3S）在不同类型的基础设施私有化中有着相似的原则和实践措施。出于思路清晰和简明扼要的考虑，本章重点关注高速公路私有化和基础设施私有化的重要特性及动因：（1）财务安排；（2）合同条款；（3）决策；（4）财务和非财务成本。

公共和私营基础设施融资

一个世纪以来，州和地方公共基础设施的主要融资渠道为州和地方政府税收和免税市政债券。但是，20 世纪后半期，联邦政府在提供资金和促成融资方面开始扮演主要角色。[①]1956 年，联邦政府设立机动车燃油税，该税种为美国州际公路系统和地方地面运输基础设施的建设和维护提供资金，资金提供是通过一项政府间支付计划完成的。这种简单的用户付费融资模式自 1993 年（燃油税按通胀调整的最后一年）之后开始瓦解，[②]从 2002 年开始，公路信托基金的支出超过收入，期间的赤字缺口一直通过一般收入的注入来弥补，[③]包括 2008 年 9 月来自财政部一般基金（Treasury's General Fund）的 80 亿美元。因此，虽然公路融资的很大比例已由纳税人提供，但全国的运输基础设施仍长期面临严重的资金不足问题。[④]这些融资渠道的不稳定和不充足，已让地面运输位列政府问责办公室（Government Accountability Office，GAO）的高风险列表上。[⑤]

数十年来未能制定合理的税收政策以满足公共需求，再加上当前的经济危机，所有这些使得全国基础设施状况日趋恶化，包括公路、供水和垃圾处理系统，以及教育。当在介绍 2009 年的《地面交通授权法案》（Surface Transportation Authorization Act）时，众议员詹姆斯·奥伯斯塔（Janmes Oberstar）描绘了这样一场深刻且广泛的交通危机：

"今天，国家公路系统（National Highway System，NHS）所有里程数中有近 61000 英里（37%）处于不佳或一般状态；超过 152000 座桥梁（总数的 1/4）存在结构性缺陷或功能落后；超过 32500 辆公共巴士和货车超过了使用期限。全国最大的公共运输机构需要追加 800 亿美元的维护开支，才能将其轨道系统恢复到完好维护状态，而且在未来 6 年内，美国乡村地区的全部交通车辆（55000 辆）都将需要更换。"⑥

基础设施私有化曾被用于弥补融资缺口。目前，基础设施私有化已经成为一组混合型方案的一部分，这组方案中还包括资助多模式运输形式的国会提案，以及奥巴马政府关于成立国家基础设施银行（National Infrastructure Bank）的倡议。政府预算缺口、私人承包商向州和市政府的大笔预付款，以及升级和维护公共资产的责任转移，所有这些都使得私有化变得很有吸引力。然而，除此之外，公路私有化的根本原因还有很多。

玛丽·彼得斯（Mary Peters）是克林顿和布什政府时期的运输部长（Secretary of Transportation），市场原教旨主义在她的评论中表现得淋漓尽致："公路系统基于市场的改革，允许对于道路收费（特别是拥堵收费），以及更高程度地依赖于私营部门的参与，因此我们提倡公私合作模式，即联邦政府的角色应弱化和重新调整，以容许州和地方层面的自主创新。"⑦ 这种支持包括通过财政资金的大规模注入来开发新的融资方式，以吸引公共基础设施领域的私人投资。目前采用的公私合作融资方式包括：

（1）私人活动债券（Private Activity Bonds，PABs），在 2005 年《安全、负责、灵活、高效的交通运输权益法案》（Safe, Accountable, Flexible, Efficient Transportation Equity Act: A Legacy for Users，SAFETEA-LU）下创建，通过联邦税法优惠来补贴私营实体，允许他们使用免税债券为服务公共目的（如道路）的私营项目进行低成本融资。⑧

（2）通过 1998 年《交通设施融资与创新法案》（Transportation Infrastructure Finance and Innovation Act，TIFIA）融资，该法案可提供贷款、贷款担保和备用信贷额度。⑨

作为奥巴马政府经济恢复与再投资计划的一部分（该计划在信贷市场冻结期内挽救了全国基础设施投资体制免于崩溃），州和地方政府发行了超过 1230 亿美元的建设美国债券（Build America Bonds，BABs）以支持资本开支、创建就业岗位和刺激经济增长。建设美国债券为应税市政债券，为债券发行人或持有者提供了联邦补贴和税收抵免。

尽管不能用于资助公私合作交易，但建设美国债券计划很快获得公共市政债券发行人和代表华尔街公司与行业协会的游说公司的青睐，这些投资者大量涌入华盛顿要求联邦政府积极扩展其角色。⑩ 虽然由公共实体发行，但建设美国债券为参与推动基础设施私有化的华尔街承销商们带来了丰厚的利润。⑪ 建设美国债券计划持续的时间很短，于2010年底被终止。

虽然州和地方资本支出前景依旧暗淡，但是公共资产私有化行业已跳入了这趟浑水。从20世纪90年代中期开始，一个全球产业浮出水面，它们对所有类型公共资产进行货币化，通过在公私合作模式下带来的收入流获利。

最初起始于澳大利亚，麦格理银行（Macquarie Bank）率先尝试了道路、机场和其他重大公共资本资产的长期租赁。接着这种"替代融资"模式在欧洲大行其道，大型投资银行纷纷购买、租赁和建设收费道路。然后这种模式又以私人融资倡议（Private Finance Initiative，PFI）被引进到英国，[12]并通过类似计划登陆加拿大。

随着美国金融泡沫的膨胀和资产价格的攀升，私有化行业开始积极瞄准美国的州和地方政府。它们认为这是一个有待开发的公私合营市场，于是提供大笔预付款以换取收费道路的长期租赁合同，合同期限也从30年延长到99年。许多新的私人基础设施基金如雨后春笋般出现，这些基金计划从预期的私有化激进扩张中大赚一笔。[13]

2008年金融泡沫的破裂，为州和地方政府留下了大批不达标准的基础设施，这些设施在某些情形中是有吸引力的私有化目标。据普华永道会计师事务所分析，"2007年上半年出现的"基础设施的"低定价"是受资产通胀泡沫（在2007年达到了顶峰）期间复杂信贷形式大爆炸所驱动。[14]但是乐观主义很快被绝望情绪所代替，2008年金融市场崩溃在全球范围内给公私合营模式带来了危机。

2009年，全球的公私合营项目经历了自2006年以来最低的年度规模，欧洲下滑44%，全球整体下滑18%。[15]未上市基础设施融资从2007年的448亿美元下滑到2009年上半年的仅78亿美元——跌幅达到83%。[16]花旗集团预估，到2007年中，总计有将近价值8万亿美元的资产被证券化，但是这些快钱随后已消失。[17]绝望的政府面向全球寻求基础设施私有化金融支持，已经顾不上这所带来的巨大风险。[18]在美国，衰退给公共基础设施私有化带来以下三个方面的影响。

第一，联邦政府对于公路私有化交易的更大支持，主要通过提供低息贷款融资和将免税私人活动债券（PABs）的上限提高到150亿美元来实现。私人活动债券允许私人开发商和经营者享受免税债券市场的低利息率，显著降低其借款成本。

第二，私人部门需要政府以某种方式来担保私人资本的回报率，这种方式一般是向私人承包商定期支付租金。因此，近期的私有化交易草案中出现一种变化：从私人承包商承担所有财务责任的全特许模式转向"按可用度付款"模式。在这种模式下，私人承包商根据完成的目标值获得付款。"按可用度付款"模式已用于佛罗里达州劳德代尔堡市I-595公路10.5英里段的升级、迈阿密港隧道出口的建设以及得克萨斯和丹佛的拟议计划等交通项目上。

第三，私人部门愿意进行公私合营项目股权投资，并支付大笔预付款以换取未来收入的意愿明显降低，这就需要公共部门对公私合营项目加大投资。

私有化行业将财务责任从私人部门转向公共部门的努力可能将成为一场艰苦的政治博弈，即便对基础设施的投入以更低的成本（因为项目的建筑承包商之间的竞争加剧）创造出亟须的工作岗位。正如联邦储备委员会主席本·伯南克（Ben Bernanke）所说："在财政和经济困难期间，选民和决策者可能不愿批准新的债券发行和承担额外的债务支付成本，这一点可以理解。"⑲事实上，2010 年选举中科罗拉多州就针对一项旨在削减债券发行的倡议举行投票，其他州可能也会随后进行。

同时也有反对意见。2010 年 4 月 6 日，《欧洲货币》（Euromoney）这样分析美国市场，"美国基础设施市场之所以发展缓慢有五个主要原因：政治、公共认知、工会、市政债券市场和买卖双方之间的差距。每个问题或者正在解决或者已不再成为麻烦"。在诸多举措中，《欧洲货币》提到，银行、基础设施公司和关注美国基础设施的律师们在 2009 年早些时候组成了所谓的"工作小组"，力图让基础设施私人投资市场重现生机。该工作小组的成员包括阿伯蒂斯基建公司、安理国际律师事务所、巴克莱资本、凯雷基础设施伙伴基金、查德本·派克律师事务所、花旗基础设施投资者基金、瑞士信贷、德普律师事务所、富而德律师事务所、富布莱特·贾沃斯律师事务所、美亚博律师事务所、麦肯朗律师事务所、美林证券公司、摩根士丹利投资公司、德意志银行、加拿大皇家银行、丰业资本和瑞士联合银行。作为活动的一部分，工作小组发布了一份题为《私人投资基础设施的益处》（Benefits of Private Investment in Infrastructures）的报告。⑳

其结果就是，希望避免债券公投政治风险的政府官员开始寻求私人融资，即便其财务成本可能比传统免税债券更高。㉑一些官员可能通过基础设施私有化来寻求私人融资，而非提高收费水平。事实上，政府官员将基础设施私有化视作其财政和政治问题的解决办法，因为它不需要公众投票或立法投票，而此时公共债务和预算问题已成为敏感的政治工具。事实上，尽管私人投资者的目标是尽可能转移财务风险，但身处困境的州和地方政府还是觉得私有化很有吸引力，甚至包括"按可用度付款"模式，因为它将举债融资或运营支付的艰难决定留到了未来。但这一问题在长期内只会变得更为复杂。私人投资者现在要求为承担利率或债务成本风险而获得溢价，未来，公私合营模式中更高比例的公共预算和使用费将转移到私人投资者，而非提供公共服务和基础设施。

公私合营形成的债务的证券化，以及公共资产股票和债务二级市场的出现，意味着学校和公共建筑正像小麦期货一样被交易。这使得跟踪这些公共基础设施的实际拥有者，并保证基础设施的质量和运营绩效变得更为困难。因此，州和地方政府将发现自己难以有效规划资本支出计划以及评估和监督其财务安排。更糟糕的是，除了经常出现在每笔交易中的承销商、律师和项目顾问之外，政府官员和公众没有他人可提供咨询意见。㉒正如下面将详细讨论的，这些交易中的顾问经常会按交易成本收取一定比例的费用。顾问们收取的这些"成交费"会带来这样一种风险，即不论竞标过程多么"竞争激烈"，顾问们可能会给出不客观的建议供政府官员参考。㉓

经济危机鼓舞了私有化行业对于公共基础设施的追求，如建筑物、停车场、供水和污水处理设施、监狱和公共垃圾填埋场。仅 2010 年 8 月进行中的 35 笔交易预估就高达"市值 450 亿美元,是两年前 40 亿美元的 10 倍还多",另外还有数百笔交易在筹划之中。㉔急需筹集资金以供运营支出和偿还债务的政府官员日趋倾向于以跳楼价"抛售"公共资产。一位银行家最近说:"削减公共服务带来的政治麻烦一旦超过资产出售所伴随的选票流失,这个市场就将进入蓬勃发展期。"㉕

合同条款、收入、州与地方治理

有关基础设施私有化的多数关注点集中于财务方面。然而,同等重要的私人承包商和投资者的收入、州和地方政府的治理问题却是合同中很少受到审查的一些条款。这些条款一字不差地出现在一个又一个合同中。现在预测这些条款产生的全部影响还为时过早,但这些条款确实有能力在合同有效期内冻结我们的运输系统,除非州和地方政府能够"掏钱赎身"。

税法决定的合同期限

50～99 年的基础设施私有化合同在美国很常见,尽管针对未来使用水平和模式、利率、其他投资表现和技术做出精确预测非常困难。在运输基础设施的情形中,这种预测必须考虑燃油价格、就业和居住模式的影响,以及公共交通或远程办公的趋势。期限较长的合同,其关键公共资产控制权的丧失问题通常会引发强烈的公共关注。虽然这些问题可以通过签订期限更短的合同来消除或缓解,但投资者并无缩短期限的兴趣。

对此的解释源于联邦税法所允许的加速折旧法给投资者带来的价值,当合同期限超过基础设施的使用寿命时,这将赋予投资者资产的"有效所有权",因此从税收角度来说此业务视同销售。㉖当合同期限超过资产的有用经济寿命时,有效所有权就显现出来。"经济分析局估算公路和街道的服务寿命为 45 年,芝加哥高架路和印第安纳州收费公路合同期限各自为 99 年和 75 年……虽然各笔交易的事实和情形将影响其税务处理,但这些安排极有可能被各方视为一次商业买卖,特许协议可能会包含一个条款,专门描述预期的税务处理。"㉗事实上,多数合同以基本类似的语言陈述了合同时效和各方出于税收的考虑是否将交易视为销售。㉘举例来说,2006 年印第安纳州收费公路合同和拟议的 2008 年宾夕法尼亚州收费公路合同的第 2.8 节就使用相似的语言,说各方出于税收目的倾向于将交易视为销售。

新墨西哥州参议员杰夫·宾加曼(Jeff Bingamon)发现,"税收优惠是让这些交易对于私营公司有经济吸引力的关键"。㉙他说道:

"我想说自己非常困惑,对于慷慨的联邦税收优惠的渴望正导致超长的租赁期限。为了利用税法 15 年的成本回收期,出租人必须拥有道路的推定所有权。而推定所有权通常通过超过 45 年期限(即经济分析局所说的道路"使用寿命")的租约而获得。因此,除非这些租约至少持续 45 年(出于谨慎考虑,按税务顾问的建议通常会持续更长时间),否则将无法达成。这样,我们面临的现状就是税收问题牵一发而动全身:签订超长的租约以便能加速收回资本支出。本质上,今天的税法为那些远远超过经济现实所要求期限的公司提供了一种纳税人补贴。

就个人而言,我认为我们应重新考虑税法为此类长期租约带来的不正当激励——这种激励使得全国纳税人承担了一笔相当大的成本。"㉚

谁承担风险?

私有化的支持者争论说,除了提供资金来源,私有化还将未来的财务风险转移至私人承包商,㉛同时转移的还有财务收益。㉜举例来说:

除了收入,少量的风险也是有利的,苏格兰皇家银行北美基础设施金融与咨询业务负责人达纳·利文森(Dana Levenson)说,"最终,如果人们不想在芝加哥市中心建设公园,风险不会落到市政府身上,而会落到投资者身上。投资者承担多数风险,并会向出租人支付预付款"。㉝

然而,通用合同条款,例如,"补偿事件"、非竞争条款和"不利行动"(在许多合同中几乎一字不差)使得公众成为私人承包商预期财务回报的担保者。一些合同明确写明了政府作为担保者的角色。例如,波卡洪塔斯景观路协议要求政府在考虑竞争运输方案时需保护承包商的利益。㉞在弗吉尼亚州,未来40年内"或者在建设方实现利润100万美元之前",如果首都环线的共乘流量超过共乘车道流量的24%,那么州政府必须对承包商进行补偿。因为政府通过免除共乘车辆的通行费而鼓励共乘,所以这些补偿只能来自州预算。㉟其他收入担保条款相对间接。例如,西北大道的承包商反对附近公共交通和道路的改善,"因为这可能对大道造成财务损害"。㊱承包商要求政府采取"流量稳静化"措施,例如,收窄道路、安装信号灯、停车标志、减速带,甚至禁止进入替换路线,这样做并非出于公共需要,只是为了将车流引导至私有化道路。㊲其他合同条款将政府视作入侵者,除非后者申请进入高速路。举例来说,拟议的宾夕法尼亚州收费公路合同第3.7(a)(1)节中提到,联邦政府保留"检查收费公路或确定特许权享有者是否遵从其协议义务或适用法律"的权力,但前提是频次合理和预先通知。政府如果未能满足这些要求,就需向承包商进行补偿。

事实上,甚至政府应对紧急情况的能力也受到了限制。拟议的宾夕法尼亚州收费公路合同第3.7(a)(iii)节允许紧急救援人员进入,但只有联邦政府有理由认为此种情形为紧急情况(如合同中所定义的)才行,而且进入方式必须符合合同其他部分的要求,包括给出"这些情形中可行的"通知。更有甚者,即便私人承包商已违约,政府需要"对收费公路进行必要的修补,执行必要的工作和采取合理的行动",仍需要获得进入许可。㊳

因此,推进公共福利的措施被确保承包商成功的责任㊴和将风险成本转嫁公众的义务所取代。印第安纳州收费公路上的两个事件暴露出两类问题。2006年,在未咨询和通知州与地方政府的情形下,印第安纳州收费公路承包商在转向线放置装满沙子的圆桶以阻止驾驶员使用它们来避免收费路段和造成意外。但是，这些圆桶妨碍了救援人员尽快赶到事故现场。承包商几个月内都拒绝移开这些圆桶，并未能履行其准备收费道路应急响应计划的义务。⑩ 2008年9月，印第安纳州政府掏钱给印第安纳州收费公路私人承包商447000美元，以补偿严重水灾中因紧急疏散而免收的通行费，⑪而非要求该承包商购买针对此类事件的保险或将成本纳入基础设施的价格中。因此，道路私有化使得公众保护自己和自身利益的能力被削弱，如果这些需要与承包商获取利润的权利相冲突的话。⑫实际情况就是，在紧急情况下如果保存性命，紧急疏散可能需要没有应答器或没钱付通行费的个人从字面上分析合同条款，并就道路使用与承包商进行谈判。

私人承包商作为政府的第四分支

"不利行动"使得承包商有权就可能影响其收入的立法、管理、司法和其他决定或行动提出反对或获得补偿，如推广共乘或公共交通以降低市区拥堵或空气污染。举例来说，拟议的宾夕法尼亚州收费公路合同第14款要求，如果有新立法、条例、规则或规程明显影响私人承包商或者私人收费公路经营者，或有理由预测会对基础设施公平市值造成实质性不利影响的话，私人基础设施承包商可以得到补偿。圣迭戈市现已破产的南湾高速公路判例规定，如果州立法机关、州交通局、任何行政机关或选民创立的任何形式的法律、法院判令、判决或裁决可能导致部分道路的所有权转移，对私人承包商的权利造成负面影响，或约束或干涉其收取通行费的权利，那么私人承包商将有权获得补偿。⑬

拟议的宾夕法尼亚州收费公路合同第11.1（b）节，免除了私人承包商的部分义务，该义务是指承包商须遵守联邦公路管理局规则和条例（但不包括法令）。虽然法律等级意味着联邦法律应高于州和地方法律，然而事实上，各州已得到允许将部分州际高速公路系统的控制权让与私人投资者，即使其流量主要为州际运输，其建设和维护主要由联邦财政承担。此处并无任何机制以确保国家利益得到合理关注，也没有关于公共利益的联邦定义或就公共利益的评估指引。⑭在缺乏此类指引的情况下，各州的态度已经显示出，它们很愿意置公共利益于不顾。⑮

为了真正理解"不利行动"条款的含义，我们有必要知道它们是一种"稳定条款"（stabilization clause）的国内形式，这类合同条款最初用于保护公司投资者免于国有化或政府征用的风险。⑯它的作用之一就是保护国际投资者免受法律变更和其他风险。2008年，国际金融委员会和联合国委托进行的一项研究项目发现，除了其他方面，"债权人经常将稳定条款视作投资项目银行可贴现性的必要元素，特别是在新兴市场……它们在涉及'需要长期才能收回成本和实现商业可行性'的情况下尤其有吸引力"。⑰

考虑与政府签订长期合同的企业家应该关注州政府所拥有的公权力对企业的预期利润可能会造成的伤害。但是，免除企业对于国家和国家法律、条约和标准的遵从义务是否就是最佳解决办法？⑱稳定条款的批评者认为，应该在合同达成之前对这些条款进行完全的[49]和实质上的披露，补充说明承包商"应禁止提出任何针对东道国政府或另一方的索赔，如果这一索赔与健康、安全或环境的法律、规章或措施有关"。[50]

国际金融委员会和联合国关于稳定条款的研究发现，经合组织国家与非经合组织国家在稳定条款的使用上存在差别。经合组织国家不免除企业的法律遵从义务或仅有有限免除，而与非经合组织国家签订的合同中多有此类责任免除规则。经合组织国家通常认为，普遍适用性法律"由投资者承担风险"，补偿只适用于对投资者有歧视性意图和影响的新法律。[51]

经合组织国家的合同和交易模式，似乎基于风险分担原则之上，显著限制了稳定条款的范围。投资者被要求遵守所有新法律，并承担与所有一般适用法律相关的遵从成本。他们必须努力将因法律变化所产生的遵从成本降至最低。州政府会就歧视性法律进行补偿，在某些情形下可能会分担针对特定行业或项目的法律风险，或将成本转移到接受服务的用户身上。[52]

这一有争议的条款，在发展中国家应用较多，用于免除公司的法律遵从义务。在美国，这一条款的应用将私人承包商的地位抬高到准政府高度，赋予他们能够超越法律、司法判决、提案、公众投票以及其他政府行动的权力——只要承包商宣称这将影响其收入。

换言之，从根本上来说，基础设施私有化合同不同于简单的特定时间内金钱换产品的双边合同，它们涉及重要且昂贵的基础设施在数十年内的运营与维护。这种区别会影响损失索赔的处理方式。当能够用客观标准衡量损失时，合同违约的补救最为简单。如果面对是未来的可能损失，而且这种损失难以衡量其货币价值，一个标准的补救措施是发布禁令停止损害行为。赔偿的选择承认了禁令是对政府行动的不适当回应，或许，采用货币赔偿去解决可能的未来损失，会产生与禁令一样的不良效果——抑制政府的行动。这些问题之所以存在，是因为以合同的不灵活性来尝试应对未来事件的不确定性，包括收入、支出、关系承诺、过度扩张、经济、自然活动以及遵从成本。

决策流程

基础设施私有化从多个方面影响着政府决策。不幸的是，这些影响被忽视了。举例来说，政府问责办公室已就公路、基础设施及其私有化发布多份报告，但都没有考虑这些合同条款对州和地方政府可能产生的影响。[53]如前所述，不利行动对政府决策有着合同和财务限制，实际上赋予了私人承包商准政府的资格，使其可以高于新法律、司法判决和公共投票通过的提案以及其他政府行动。事实上，此类公私混合模式可能违反"禁止授权原则"（nondelegation doctrine），该原则禁止私人实体行使本质上应属于政府的权力。而这些合同赋予私人承包商以下权力：（1）影响公共利益的决策；（2）通常由公共官员做出的决策；（3）受公共监督、披露和问责的决策（并不适用于私人承包商的监督）。因此，它们赋予承包商以政府的特权，但却没有受到州和联邦宪法与法律针对政府所施加的监督和问责的约束。

有限的决策流程

有关基础设施私有化的决策流程通常不会涉及任何成本效益分析。合同条款，以及其意义和影响，甚至条款概要都很少在合同签署之前向公众公布，公众也没有机会在决策过程中发表意见。甚至是负责对合同进行投票表决的政府官员也不能在决策之前看到合同全文并对其条款进行充分阅读和评估。举例来说，芝加哥城市委员会就被赶着批准了一份超过一百页的复杂协议，将其36000个停车计时器租给一家私人公司，租期75年。委员会在决策前两天才看到合同细节，一般公众则根本没有评估或评论的机会。

在合同签署之后才披露的重要信息显示，交易金额远低于基础设施的合理价值。芝加哥检察长发现，在这份合同中，芝加哥政府以11.5亿美元的价格放弃了现值约21.3亿美元的停车计时器收入，所得不到公允价值的46%。一年后，承包商在面向投资者发布的文件中预测，芝加哥的开车者将在75年合同期内向摩根士丹利、阿布扎比投资局和安联投资集团支付至少116亿美元，大约为2008年租约价格的10倍，预计利润（未计利息、税项、折旧）为95.8亿美元。

而且，芝加哥检察长发现，停车计时器私有化的理由并不成立：（1）芝加哥不需要将决策责任转给私人承包商以提高资费；（2）市政府已在其他情形中证明它有政治决心提高资费；（3）通过做出同样的改良性资本支出，芝加哥政府可从其停车计时器项目中获得与私人经营者同等的收入。事后看来，显然，这一仓促的决定在没有公众参与或充分考虑的情况下，向私人承包商让渡了比计时停车费更多的利益。

在很多基础设施私有化项目中，政府官员压低了基础设施的评估值，以促成项目招投标的成功。

当决定是否向私人公司出售印第安纳收费公路时，印第安纳州政府辩解道，出售行为符合公共利益，因为38亿美元的最高报价远远超出州政府最初估计的20亿美元的收入。芝加哥市政府以同样的方式支持自己向私人实体出售芝加哥高架路的决定，它们将自己对高架路800万~900万美元的估值与18亿美元的中标价格进行对比。除了使用价格来为出售符合公共利益寻找论据外，这两个政府都使用竞标流程来确保根据价格选择中标者，而在决策中忽略了其他无形因素。

即便考虑了更多的信息，许多决策流程仍与决策的严重后果不够相称。

虽然少数州在公共利益判断中使用了除资产估值之外的其他因素，但这些综合决定也几乎只依赖于财务因素。当评估使用公私合营模式建设纽伯格—邓迪旁道的收益时，俄勒冈州政府比较了使用公私合营模式的成本与使用传统采购方式的预估成本……

同样，得克萨斯州也要求该州运输部为两个公私合营项目创建"影子竞标"，从而让州政府能够对从项目竞标者得到的竞标价格与项目作为公共工程实施的长期成本和收益进行比较。在决定承担这些项目是否符合公共利益中,得克萨斯州考虑了除资产估值之外的标准。[61]

不幸的是,价格作为唯一受关注的对象已成为常态。

立法机关、行政部门和司法机构对公众的义务不可避免地被私有化合同所更改,私有化要求州和地方政府在行动中同时考虑其决策可能对私人承包商的收入产生的影响。

基于错误信息的决策

相比没有信息,依据似是而非的信息更为糟糕。负责公共基础设施私有化决策的政府官员也许有能力评估技术信息,但他们没有能力评估这些技术信息的质量。举例来说,作为基础设施私有化定价中的重要组成部分,流量预测就非常不精确。J. P. 摩根证券对14条市区收费道路的研究发现,只有两个项目在运营头4年收入超出预期,剩余10个项目"收入差了20%~75%"。[62]《丹佛邮报》(Denver Post)2006年的一份调查发现,8个州超过75%的收费道路,其流量在头3年未能达到预测的流量,仅为"其运营头一年预测流量的34.5%~67.5%",在第3年仍显著低于预测流量。对于这样的结果,可能的解释就是,负责进行大多数收入预测工作的3家公司,能够从道路建设中获得好处牟取利益。债券评级机构标准普尔公司伦敦公司的分析师罗伯特·贝恩(Robert Bain)长期从事收费道路国际研究,他说:"很多时候,人们会货比三家,直到获得数字上的支持。"[63]在一些情形中,流量研究顾问会得到某种承诺:一旦道路建成,他们会得到有吸引力的岗位或合同。[64]

通常情况下,缺乏专业知识的政府需要雇用顾问,而后者的经验是从为基础设施承包商、投资者和政府的工作中获得的。这种"旋转门关系"引发了实际的或潜在的利益冲突,[65]也为与基础设施私有化交易有关的活动和激励提供了机会。举例来说,美亚博律师事务所曾是宾夕法尼亚邦联在宾州收费公路交易上的顾问,[66]也曾参与芝加哥中途机场、芝加哥高架路、科罗拉多州西北大道、印第安纳州收费公路、芝加哥公共停车系统、南部走廊收费道路、南美区域基础设施一体化倡议南部收费道路和查韦斯国际机场等项目。[67]它还曾作为政府顾问,参与麦格理集团、瑞银环球资产管理公司、伊利诺伊电力[68]的基础设施投资基金成立项目。调查记者揭露,在芝加哥停车计时器案例中,芝加哥市的财务顾问"同时参与另一项数十亿美元的交易,其合作公司就是最后的中标者——摩根士丹利"。尽管这种关系违反了芝加哥的合同签订规则,但仍旧没有妨碍交易的达成。[69]

作为宾夕法尼亚州收费公路的失败竞标者,摩根士丹利[70]后来成为伦德尔(Rendell)州长在该交易上的顾问。[71]在摩根士丹利充当该州政府顾问期间,摩根士丹利基础设施合作伙伴投资基金筹集了超过40亿美元的资金去投资其他交易。[72]2006年10月,该基金和法国承包商LAZ获得芝加哥市中心地下停车场99年的租约。2008年,摩根士丹利参与名为芝加哥停车计时器有限责任公司的财团,租赁了芝加哥停车计时器业务,租期为75年。[73]

这些紧密的交叉关系有助于解释，为什么基础设施私有化合同的条款和措辞如此相似。拟议的宾夕法尼亚州收费公路合同中，许多条款与其他私有化合同一字不差。据美亚博律师事务所说，其在作为印第安纳州收费公路项目中印第安纳州政府的协理律师时，所拟定的租赁协议"在许多方面延续了我们在芝加哥高架路交易中创建的形式"。[73] 在充当伦德尔州长的顾问期间，摩根士丹利有动机创建和保留了一些可能有利于投资者而非公众的合同条款，如不利行动条款。此类激励的存在本身（而非是否付诸实施）就引发了道德问题。宾夕法尼亚州政府从这些条款中所得到的，似乎就是再没有私人承包商愿意接受没有这些条款的合同了。

另一项会带来问题的激励措施是按交易是否达成和交易金额为顾问付费，这一激励措施会影响独立判断和代表公共利益的能力。只在交易达成后才付给顾问"成交费"，是基础设施私有化交易的标准程序。[75] 将费用与交易达成和交易金额挂钩，让顾问有动力通过谈判争取尽可能高的金额，而且顾问会仅关注交易和金额，而忽视其他合同条款对公共利益的影响。换句话说，根据交易成功与否支付费用的方式会扭曲顾问推荐合同的动机，顾问可能并非按照公共利益的最佳选择来推荐合同。[76]

宾夕法尼亚州收费公路交易中的顾问按私有化或债券交易的百分比支付成交费，[77] 因此，摩根士丹利有动机去"推荐规模最大的交易，而非一个可能更平衡地、更划算地服务宾夕法尼亚州及其居民需求的行动方案"。[78]

不幸的是，即使经验丰富的政府官员似乎也未察觉这种支付方式带来的不合理激励。举例来说，宾夕法尼亚州州长伦德尔的办公厅副主任罗伊·基尼茨（Roy Kienitz）这样描述摩根士丹利在该州高速公路私有化项目中所扮演的角色："摩根士丹利不做任何决定。他们没有权力。这座建筑里的人——立法机关和州长——他们将设定条款"。他说州政府的雇用条款中严格限制摩根士丹利不得为任何竞标者工作，也不得参与实际竞标，其报酬按达成交易的金额比例支付，这样公司就有动力为宾夕法尼亚州争取最大的利益。如果支付摩根士丹利固定的费用，它就没有这种动力了。[79]

其他国家认为，政府必须建立自己的专业顾问库，而非依赖行业顾问。因此，它们设立了特别的政府机构负责监督私有化。举例来说，西班牙公共工程部（Ministry of Public Works）会在建设和运营期间监督公私合营项目的执行，包括基础设施的可靠性和相关优惠条件。[80] 在英国，许多永久性的政府机构或准政府性机构负责处理基础设施私有化相关问题，将基础设施私有化作为一种管制垄断来对待。这些机构包括创立于1992年的私人融资倡议和最近成立的英国合伙经营机构、国家审计办公室、公共账目委员会、审计委员会、英国基础设施局、国家基础设施保护中心，以及基础设施规划委员会。[81] 此外，英国财政部发布了标准合同条款（附带解释），其三个主要目标是通过使用"一套没有漫长谈判的标准方法"，推动对于这些项目主要风险的共同理解，确保方法和定价的一致性，以及缩短谈判时间和成本。[82] 除了提供这些结构和指引，其他国家的基础设施私有化合同（特别在欧洲）一般都要比美国的简短得多，其结果就是英国的流程能够在简单筹集现金和提供运输之上保护公共利益。然而，这些准公共机构或受英国和欧洲法律约束的机构在美国运营时，允许不考虑公共利益保护条例。

基础设施私有化合同的成本

对价格的关注让许多州和地方政府看不到那些珍贵但无法定价的东西，它还使我们未注意到基础设施私有化的重要财务和非财务成本。具体包括：（1）政府补贴成本；（2）需要公众就预期的收入损失赔偿承包商的成本；（3）对于公共实体可采取的行动的合同限制。

政府补贴成本

在投资于基础设施私有化的资金中，财政资金占最大比例。联邦资金来源包括私人活动债券，[83]1998年《交通设施融资与创新法案》，通过基础设施投资加速折旧提供的税式支出；对私人承包商就政府行动减少了预期收入的索赔赔偿。针对国会环线项目的资金分析发现，只有不到20%的前期资金来自私人投资者，其余都来自财政资金或政府补贴，包括低息贷款、直接补贴、课税减免和其他财政资金。

在总计19亿美元（还在增加）的资金中，福陆—越城公司（Fluor-Transurban）只贡献了3.49亿美元的私人股本。与此同时，州政府支付了4.09亿美元，联邦公路管理局以低息贷款和补贴债券的形式分别借给福陆—越城公司5.85亿美元和5.86亿美元。同时，未来40年里，纳税人每年还要承担向州财政收取的合乘费支出。[84]

公共投资规模是如此之大，这意味着如果没有大量公共补贴和对公共风险的承担，私人部门对于基础设施私有化将不会有兴趣。

基础设施私有化合同中的承包商赔偿条款（如不利行动和补偿事件）和引导私人投资基础设施的税收补贴，可能不合理地限制了州和地方政府在数十年内提供公共产品的能力。首先，如果建设的是竞争性设施，他们会面临违反合同的风险。其次，他们的预算因投资者的收入（如果没有税收激励，可能投资于应税活动）上的税收流失而紧张。最后，允许基础设施投资采用加速折旧法，使得联邦政府损失了部分税收收入，加上对州政府的转移支付，使得联邦政府进一步陷入财政困境。税收减免政策使得政府未来财政收入面临减少的局面，这有可能进一步恶化政府财政状况，而私有化的初衷恰恰是为了缓解政府财政状况的恶化。

国会预算办公室和税收联合委员会警告道：

"联邦政府采取了税收优惠政策来鼓励私人部门投资于基础设施，在这个过程中格外关注经济效率问题，这是因为，采用税收优惠实际上是将纳税人的财富转移到私人投资者处，但这种转移可能无法获得相应的回报，这种判断主要是与假设没有此类税收优惠就无法提供基础设施服务价值相比来计算的。举例来说，这些基础设施处于私人手中的事实表明，所有者可通过使用费和其他收费获取其所提供服务相当比例的利润。因此，与由政府所有和运营的基础设施所能创造的公共利益相比，这些投资所带来的公共利益较低，这样的话，就很难确定对这些投资合适的补贴程度，甚至确定这些补贴是否有必要。如果私人部门投资在没有补贴的情形下也会发生，那么税收优惠就是将财富从纳税人转移到了私人投资者。因为对于私人部门借款人的税收优惠降低了融资成本，以及投资所需的最低回报率，投资者可能会将资本从盈利项目重新分配至这些原本不会实施的项目，因此可能会潜在的造成经济效率损失"。⑯

下面，我们来分析这些公共投资和私人投资的成本，以及各级政府在此过程中流失的潜在收入。在芝加哥停车计时器案例中，项目预计芝加哥的开车者在未来75年内将向私人承包商支付超过116亿美元的停车费。但事实上，摩根士丹利领导的合伙企业已大幅提高停车费，从每美元预期收入中获得超过80美分的利润，是中途机场特许权所有者2009年每美元4.84美分利润的20倍。⑯芝加哥市政府可能不会把停车费提高这么多，但是在其现有收费标准和合伙企业的新标准之间，它将能够获得稳定的收入流，既不会面对承包商的赔偿要求，还将保留控制权，继续保持对公共利益的关注。

要求公众赔偿承包商预期收入流失的成本

自由市场中竞争者间的选择能够刺激更好的表现和更低的成本。然而，标准基础设施私有化协议禁止竞争，这些合同条款削弱了将基础设施交由私人经营的基本理由。⑯当然，私人承包商会顾虑政府的立法权力可能会减少其收入。⑱这种顾虑并非基础设施私有化所独有，政府决策从许多方面影响人们和公司，公司也会经常游说对己有利的待遇。此处有意思的是，尽管并无征用的历史证据，但合同还是要求承包商应就法律变化的影响获得赔偿，犹如征用已然发生。

美国宪法第5条修正案规定，当私人财产被征用时，政府应支付公平的补偿。政府法规可能影响土地对于其所有者的价值，但是最高法院已允许政府发布或采取一些虽然影响私人财产，但与政府保护公共健康、安全和公共福利而不受补偿义务约束的权力相关的法规和行动。法院还裁定显著影响私人财产的价值，使用的有效政府行动或法规可以构成管制型征用（regulatory taking），在这种情况下，财产的所有者有权获得补偿。要构成需做出补偿的征收，政府行动的效应必须与通过土地征用权程序的实际权力征用功能等同。然而，基础设施私有化合同要求对与征用相去甚远的政府行动予以补偿，它们并不包含同等条款，结果是保护和增强了私人承包商收入的行动。这个问题迫切需要引起关注。或许，与其将提供补偿视为合同问题，我们更应考虑的是，新法律的效应是否实际构成征用，或者只不过是变化随时间显现出来的部分影响，根本不需要予以补偿。

2008年，联邦公路管理局推动一项改革，以收入补偿代替（或补充）非竞争协议，⑲同时不考虑适用于私人投资者的其他可能选择。政府行动可能降低或提高私人收入，但政府之所以采取这些行动，其初衷并非伤害私人承包商收入，而是促进公共利益。针对私人承包商的收入补偿，使得政府难以保护公共利益，包括使得"公共运输机关难以解决高速路和临近街道的安全性与拥堵问题"。⑳

补偿条款使得私人承包商有动机提出索赔以创收。加利福尼亚州交通与住房委员会主席艾伦·洛温塔尔（Alan Lowenthal）在美国国会交通与基础设施委员会面前作证："与私人实体合作是一项有争议的、有可能引发诉讼的工作，因为私人公司可能努力保护其投资而非公共利益。"⑨ 2009 年第一季度，芝加哥市因街道维修和关闭带来的收入损失索赔，使得政府欠停车计时器承包商超过 106000 美元，而且这一金额还将随时间而增长。哥伦比亚广播公司报道："根据合同随附的一份文档，芝加哥室内最贵的停车位沿麦迪逊街分布，共有 68 处。如果它们停用一年，公司预计将收到一笔不小的赔偿。克里斯洛夫（Krislov）预估将为一年 559057 美元，或 8000 美元一处。"⑫

对公共机构行为的合同限制

2008 年，政府问责办公室对地面交通的一份评估中，承认政府正疲于追求许多彼此相互冲突的目标。⑬ 最近的基础设施私有化承包商又在这之上添加了新的目标——让政府成为他们自己的检察总长、代理或说客，或让政府因没有付诸足够的努力来保护承包商免于竞争而掏钱。此类矛盾源于政府提供其他交通模式的努力。举例来说，波卡洪塔斯景观路合同要求政府动用"其在法律、法规和法令之下的裁量权，以阻止任何其他政府或私人实体建设竞争性交通设施，包括但不仅限于州高速路连接"。⑭ 芝加哥停车计时器合同要求市政府"使用其合理努力以反对和质疑任何其他政府当局的行动"。⑮

拟议的 2009 年《地面交通授权法案》承认，我们必须按一个"联合交通"系统而非独立交通模式的集合来解决交通需求。⑯ 然而，联合交通的一个重要障碍就存在于基础设施私有化合同条款中，后者使得现状将冻结数 10 年，迫使公众使用过时的交通系统或昂贵的臃肿交通系统。匈牙利的 M-5 就是这种情况，它对区域规划和整合系统造成私人和地方化障碍。⑰

要求政府为承包商的收入提供保险，使得在合同期限内解决重大公共问题变得复杂甚至无望，包括降低空气污染、环境恶化、市区和郊区拥堵、推进公共健康，以及解决其他与车辆交通有关的问题。来自私有化基础设施的收入，包括高速路、停车计时器和停车场，当然将受以下行动的影响，包括推广公共交通或其他替代出行选择、关闭或收窄街道以提供更多市区绿化空间，以及其他行动，如"规划纽约"计划中列出的那些措施。⑱ 这些合同也直接影响合同期内"高速路运营的全国统一性、州际贸易、低收入家庭流动和交通改道"，⑲ 其效果在合同到期后仍将持续很久。

非竞争条款和不利行动条款还妨碍了公共治理，造成了一种两难困境。政府官员本意是希望通过私有化基础设施以服务公共需求，但他们发现他们被迫去防止或阻止公众使用以保护私人投资者。而公众则可能感觉被其公仆背叛，就像非竞争协议在科罗拉多州和加利福尼亚州被曝光之后那样。⑳

与政府签合同，意味着交易的一方有权改变交易条件，从而直接影响合同对于另一方的价值，而交易的另一方则有义务代表公共利益。基础设施私有化可能会迫使政府在违约和不履行其对市民的义务之间进行选择，这当然不是好的做法，然而这就是芝加哥停车计时器合同在其保留"不利行动"条款时所打算要做的。[101]考虑这些条款是否必要，可能成为使用私有化作为基础设施提供方式优劣与否的重要信号。妨碍进步、对公众造成额外成本，迫使政府做出次优决策的合同条款，对于基础设施融资来说是一笔过高的代价，尤其当有其他筹资选择时。

一个更佳的解决办法可能已经存在。数十年来，联邦燃油税一直是交通基础设施的重要资金来源，其可继续以一种随用随付（pay-as-you-go）模式发挥作用。[102]该税之所以不再能继续满足融资需要是因为以下多种原因：（1）节油车辆的推广拉低了每英里的汽油税收入；[103]（2）联邦燃油税不按通胀率进行调整；（3）自1993年开始该税被限定为每加仑18.4美分。[104]问题是政客们没有意愿将该税设定到一个足以支持国家基础设施维护和建设所需资金要求的水平。州燃油税也没有跟上通货膨胀的速度。联邦和州的组合税率在各州相差极大，从加利福尼亚州的67.4美分和夏威夷的63.4美分到怀俄明州的32.4美分和阿拉斯加州的26.4美分。毫不奇怪，其结果就是燃油税无法带来足够的资金，联邦政府只得从其他项目中抽出资金来弥补收入缺口。因为融资问题和其他挑战，地面交通项目长期保留在政府问责办公室的高风险列表上。[105]当高速公路信托基金使用殆尽之后，国家将无法建设和维护道路，毕竟靠从财政部普通基金账户长期借款来补充高速公路信托基金账户不是真正有效的解决办法。[106]

展望未来

美国在公共基础设施租赁方面的经验积累时间很短，仅限于剧烈变革和短期无望好转的严重经济动荡时期。因此，基础设施的当前运营及未来发展还有着许多有待解决的问题。以下三个例子显示了我们所面临问题的广泛性。

首先，基础设施私有化已被视为基础设施融资、建设、运营和维护领域的创新。然而，逐渐地，我们将看到有着现成有用的经验可供借鉴。正如之前讨论的，收入担保条款、不利行动或稳定条款在征用的语境下可能会被更好地理解。在这种视角和经验下，可能会找到一种更为公平和完美的方法来解决投资者的顾虑并更好地保护公共投资者。我们还可以受益于将不利行动置于特定语境下，重新认识到政府行动和法律意在实现的改变。我们不会因为某人宣称新法律的通过对其有负面影响就提供补偿。法律的变化总有各种负面和正面影响，立法者必须在表决中进行权衡。简而言之，我们有办法更好地理解这些合同，并做出促进公共利益的决策。

其次，我们可受益于国内和国际经验。举例来说，我们可能想模仿英国的决定，通过大量公共基础设施监督和指引公共机构来提供基础设施。我们还可以考虑立法的价值，如拟议的2009年《地面交通授权法案》。该法案有许多很好的特点，既可满足迫切的交通需求，又能保护公共利益。我们还应改进和更新过去50年里所用的融资机制。简单地说，提供高质量基础设施的最经济方法可能就是通过税收，而非依赖私人投资者和复杂的长期合同。

最后,我们需要为当前的法律诉讼以及当前和未来交易中可能发生的诉讼及其影响做好准备。2010年末提出的两起诉讼是南湾高速公路破产和加利福尼亚州政府专业工程师针对普雷西迪奥大道出租决议的诉讼。南湾高速公路赔偿引发开发商、运营商和其他利益相关方的无数索赔和反诉。普雷西迪奥大道诉讼紧随一场反对基础设施出租的运动之后。

这些诉讼将让我们的法院忙上多年,它们呈现出一种法律和政治的复杂混合性。至于法律,在最低限度内,所有权、租赁权、合同安排和国际各方的牵涉意味着,我们可以料到法庭将不得不处理诸如对国际各方的司法权主张等问题。实体法和程序法问题的复杂性将随着时间推移而增长,因为数十年期的合同会层层转包,各种类型的改变都会影响合同的条款和价值。在许多问题中,法院将需要首先弄明白以下问题:谁是负债人?谁是受害人?谁有资格起诉?损害如何计算?是否有充足的披露?公共利益如何保护?很快,政治争论就会出现。对于许多爱批评的人来说,税收和政府是有毒的,而其他人则觉得被背叛了,因为他们的政府将把财政资金出资建设的基础设施交到私人手中。

对于那些参与州与地方财务和治理工作的人们来说,要想解决这些问题,及其他与基础设施私有化有关的问题,绝非易事。

注释

① 关于美国基础设施和基础设施资金的背景见 Orszag(2008);US Government Accountability Office(2006)。
② US PIRG Education Fund(2010),6;Enright(2007)。
③ Mallett(2008),3-4。
④ Government Accountability Office(2009),1,10。
⑤ Government Accountability Office(2010),summary page。
⑥ House Committee on Transportation and Infrastructure(2009b),3。
⑦ Mallett(2008),5。
⑧ Perez and March(2006),14;Joint Committee on Taxation(2008),15-18。私人活动债券使这些项目能够以较低的利率获得贷款,因为债券购买者不用为他们所获得的收入支付联邦税。
⑨ Federal Highway Administration(n. d. -b);California Department of Transportation(n. d)。
⑩ Dutton(2010)。
⑪ Creswell(2010)。
⑫ HM Treasury(n. d.)。
⑬ 斯坦福大学全球项目研究合作研究员瑞安·奥尔(Ryan Orr)认为,仅在2006~2007年间就有72个新基金被创立,共筹集了超过1600亿美元用于基础设施投资(Orr,2007)。另见 Orr and Kennedy(2008)。
⑭ PricewaterhouseCooper(2008)。
⑮ Dealogic(2010),5。
⑯ Preqin(2010),2。

748 ⑰Tett (2010).

⑱Burger, Tyson, Karpowicz, and Coelho (2009).

⑲Bernanke (2010).

⑳Lord (2010); The Working Group (2009).

㉑Enright (2007), 6.

㉒Dannin (2011).

㉓Chancellor and Silva (2007).

㉔Dugan (2010).

㉕Lord (2010).

㉖Perez and March (2006), 14; Joint Committee on Taxation (2008), 15-18; Furst (2005).

㉗Kleinbard (2008); see also Hecker (2008); Joint Committee on Taxation (2008).

㉘Bingaman (2008).

㉙同上。

㉚同上。

㉛Slone (n. d.), 24-25.

㉜Kansas T-Link (2008), 3-32 to 3-33。通过将私人资本引入到收费公路的建设中去，公众不仅可以获益于私人资本的投入，还可以通过私人资本主动分担风险来获益，在这个过程中，私人资本由于对公共利益有所贡献，也能够获得合理回报。

㉝Hamerman (2008), 3.

㉞Federal Highway Administration (2005a).

㉟Weiss (2008), C06; Kattula (2009a, 2009b).

㊱Leib (2008); [City of] Golden, Colorado (2009), 1, 7, 11; US PIRG Education Fund (2009), Appendix A; Pagano (2009), 373-74 (2009); Leib (2006).

㊲THENEWSPAPER. COM (2006, 2007); Sclar (2009).

㊳Pennsylvania Turnpike Contract (Proposed) (2008) § 3. 7 (a) (ii) 42.

㊴MacInnes (2008).

㊵Stowe (2006), B-3; *Chicago Tribune* (2006), 3.

㊶US PIRG Education Fund (2009) 18-19; Associated Press (2008).

㊷Kim (2006).

㊸Pennsylvania Turnpike Contract (Proposed) (2008) § 14. 1, 89-90; Federal Highway Administration (2005b); [Chicago Parking Meter Contract] (2008), § 14. 3 Reserved Powers Adverse Actions.

㊹Hecker (2008), 10-11.

㊺*Washington Times* (2009).

㊻Ayine, Blanco, Cotula, Djiré, Gonzalez, Kotey, Khan, Reyes, Ward, and Yusuf (2005), 5。有关国际基础设施私有化的概述见 Likosky (2006).

㊼Shemberg and Aizawa (2008), vii, 5.

㊽International Bar Association Working Group (2009), 11.

㊾同上，19。

㊿同上，33。

(51)Shemberg and Aizawa (2008), 10, 25.

㊼同上，xi。
㊾Government Accountability Office (2009)；Government Accountability Office (2008b)，35-36.
㊿Dannin (2006).
55 Slone (n. d)，25-27.
56 Office of the Chicago Inspector General (2009)，1-2.
57 同上，23-24。
58 Preston (2010).
59 Office of the Chicago Inspector General (2009)，26-27.
60 Gaffey (2010)，356 n. 28，359-361.
61 同上，360。
62 Congressional Budget Office (1997)，18-19.
63 Plunkett (2006a, 2006b)；Wilson (2010).
64 Plunkett (2006a, 2006b)；Wilson (2010)；Dannin (2011).
65 For examples，see American Bar Association (2010)，Rules 1. 7-1. 9.
66 Crimmins (2009)，10001.
67 Mayer Brown (n. d. -a)；Mayer Brown (n. d. -b).
68 Mayer Brown (n. d. -c).
69 Joravsky and Dumke (2009).
70 Morgan Stanley (n. d.).
71 Nussbaum (2007a).
72 Hamerman (2008)，3；Morgan Stanley (2008)；Holman (2008).
73 Hamerman (2008)；Crimmins (2009).
74 Mayer Brown (n. d. -b).
75 Rendell Press Release (2007)；Crimmins (2009).
76 Barnes (2007)；Joravsky and Dumke (2009).
77 Erdley (2007).
78 Nussbaum (2007b).
79 凯因茨（Keinitz）曾是奥巴马政府的运输部副部长。*TollRoad News* (2007).
80 Gaffey (2010)，363.
81 Gaffey (2010)，361-62；UK Centre for the Protection of National Infrastructure (n. d.)；UK Infrastructure Planning Commission (n. d.).
82 UK Treasury (2007).
83 Perez and March (2006)，14；Joint Committee on Taxation (2008)，15-18；Furst (2005).
84 Kattula (2009a)；Kattula (2009b).
85 Congressional Budget Office and Joint Committee on Taxation (2009).
86 Preston (2010).
87 US PIRG Education Fund (2009).
88 Orr (2007)，11；Orr and Kennedy (2008)，123.
89 Federal Highway Administration (2008)，31，61.
90 Bingaman (2008).
91 Lowenthal (2007)，2.

⑫CBS Broadcasting (2010).

⑬Government Accountability Office (2008b),26-28.

⑭Federal Highway Administration (2005a).

⑮与芝加哥计费停车系统有关的法案是《芝加哥市政法典》第2条、第3条、第9条和第10条，该法案中关于特许经营及租赁协议的相关法条，由2008年12月4日芝加哥市议会特别会议通过。

⑯House Committee on Transportation and Infrastructure (2009a),10.

⑰Siposs (2005).

⑱http：//www.nyc.gov/html/planyc2030/html/home/home.shtml.

⑲Mallett (2008).

⑳Sorid (2005).

㉑[Chicago Parking Meter Contract] (2008)，§14.3.

㉒Kansas Turnpike Authority and Kansas Department of Transportation (2008)，2-11.

㉓Pagano (2009)，358.

㉔Energy Information Administration (2010)，152；Mallett (2008)，3，4.

㉕Government Accountability Office (2010).

㉖Government Accountability Office (2009)，1，10；Federal Highway Administration (n.d.-b).

参考文献

American Bar Association (2010). *Model Rules of Professional Conduct Concerning the Client-Lawyer Relationship*. http：//www.abanet.org/cpr/mrpc/mrpc_toc.html.

Associated Press (2008, September 20). "State to Pay Spanish-Australian Consortium for Waived Fees on Toll Road."

Ayine, Dominic, Hernán Blanco, Lorenzo Cotula, Moussa Djiré, Candy Gonzalez, Nii Ashie Kotey, Shaheen Rafi Khan, Bernardo Reyes, Halina Ward, and Moeed Yusuf (2005, October). *Lifting the Lid on Foreign Investment Contracts：The Real Deal for Sustainable Development*, International Institute for Environment and Development, Sustainable Markets Briefing Paper No.1. http：//www.iied.org/pubs/display.php?o=16007IIED.

Barnes, Tom (2007, May 22). "Turnpike Lease Looks Good on Paper：Rendell Advisers Present a Study Seeing Potential for Big Profits." *Pittsburgh Post-Gazette*. http：//www.post-gazette.com/pg/07142/788007-147.stm.

Bernanke, Ben S. (2010, August 2). "Challenges for the Economy and State Governments." Speech at the Annual Meeting of the Southern Legislative Conference of the Council of State Governments, Charleston, South Carolina.

Bingaman, Jeff (2008, July 28). "Statement." *Hearing on Tax and Financing Aspects of Highway Public-Private Partnerships*.

Burger, Philippe, Justin Tyson, Izabela Karpowicz, and Maria Delgado Coelho (2009, July). "The Effects of the Financial Crisis on Public-Private Partnerships." IMF Working Paper WP/09/144. http：//www.imf.org/external/pubs/ft/wp/2009/wp09144.pdf.

California Department of Transportation (n.d.). "Transportation Infrastructure Finance and Innovation Act (TIFIA) of 1998." http：//www.dot.ca.gov/hq/innovfinance/tifia.htm.

Carlisle, Linda E. (2008, July 24). "Tax and Financing Aspects of Highway Public-Private Partnerships." Testimony before the Subcommittee on Energy, Natural Resources and Infrastructure of the Committee on Finance.

CBS Broadcasting (2010, February 5). "Report: Parking Meter Firm Gets Paid Even When Streets Closed." http://www.wbbm780.com/pages/6296597.php?contentType=4&contentId=5535568.

Chancellor, Edward, and Lauren Silva (2007, June 4). "Macquarie's Secret Recipe: 'Black Box' Valuation Model That Yields Profits for Funds Presents Credibility Problem." *Wall Street Journal*.

[Chicago Parking Meter Contract] (2008, December 4). "Authorization for Execution of Concession and Lease Agreement and Amendment of Titles 2, 3, 9 and 10 of Municipal Code of Chicago in Connection with Chicago Metered Parking System, Passed by the City Council of the City of Chicago in Special Meeting."

Chicago Tribune (2006, September 3). "Transportation—Quick Trips." *Chicago Tribune*.

[City of] Golden, Colorado (2009, July 22). "Letter to Chairman and Transportation Commissioners, Transportation Commission of Colorado."

Congressional Budget Office (1997, February). "Toll Roads: A Review of Recent Experience." http://www.cbo.gov/ftpdocs/40xx/doc4014/1997doc03-Entire.pdf.

Congressional Budget Office and Joint Committee on Taxation (2009, October). "Subsidizing Infrastructure Investment with Tax-Preferred Bonds." http://www.cbo.gov/ftpdocs/106xx/doc10667/10-26-TaxPreferredBonds.pdf.

Creswell, Julie (2010, June 15). "Stimulus Bond Program Has Unforeseen Costs." *The New York Times*.

Crimmins, Jerry (2009, April 21). "Privatization Deals May Be Tougher Now; But Are Not Dead; Lawyer Says." *Chicago Daily Law Bulletin*: 10001.

Dannin, Ellen (2006). "Red Tape or Accountability: Privatization, Public-ization, and Public Values." *Cornell Journal of Law and Public Policy* 15: 1111.

Dannin, Ellen (2011). "Crumbling Infrastructure—Crumbling Democracy Infrastructure Privatization Contracts and Their Effects on State and Local Governance." *Northwestern Journal Law and Social Policy* 5.

Dealogic (2010, January 11). Press Release: Project Finance Review. 5.

Deloitte Research (2007). *Closing America's Infrastructure Gap: The Role of Public-Private Partnerships*. http://www.deloitte.com/assets/Dcom-UnitedStates/Local%20Assets/Documents/us_ps_PPPUS_final%281%29.pdf.

Dugan, Ianthe Jeanne (2010, August 23). "Facing Budget Gaps, Cities Sell Parking, Airports, Zoo." *Wall Street Journal*.

Dutton, Audrey (2010, August 11). "Build America Bonds: Lobbyists Line Up to Push BAB Extension." *The Bond Buyer*.

Energy Information Administration (2010, May). *Petroleum Marketing Monthly*. 152. http://www.eia.doe.gov/pub/oil_gas/petroleum/data_publications/petroleum_marketing_monthly/current/pdf/enote.pdf.

Enright, Dennis J. (2007, June 1). "The Public versus Private Toll Road Choice in the United States."

Address to the Council of State Governments (CSG) Eastern Regional Conference. http://www.csgeast.org/Annual_Meeting/2007/present/budget2.enright.pdf.

Erdley, Debra (2007, April 5). "Wall Street Mobilizes to Cash in on Privatizing Public Assets." *Pittsburgh Tribune-Review*. http://www.pittsburghlive.com/x/pittsburghtrib/s_501218.html.

Federal Highway Administration (2005a, September). "Public Private Partnerships: PPP Agreements (Pocahontas Parkway)." http://www.fhwa.dot.gov/PPP/agreements_pocahontas.htm.

Federal Highway Administration (2005b, September). "Public Private Partnerships: PPP Agreements [South Bay Expressway (SR 125)]." Agreement. http://www.fhwa.dot.gov/PPP/agreements_sr125.htm.

Federal Highway Administration (2008, July 18). "Innovation Wave: An Update on the Burgeoning Private Sector Role in U.S. Highway and Transit Infrastructure." http://www.fhwa.dot.gov/reports/pppwave/ppp_innovation_wave.pdf.

Federal Highway Administration (n.d.-a). "Financing Federal-Aid Highways." http://www.fhwa.dot.gov/reports/fifahiwy/fifahi05.htm.

Federal Highway Administration (n.d.-b). "Innovative Program Delivery: TIFIA." http://www.fhwa.dot.gov/ipd/tifia/.

Furst, Tony (2005, September). "Freight Provisions in SAFETEA-LU." *Federal Highway Administration, U.S. Department of Transportation*. http://www.fhwa.dot.gov/freightplanning/safetea_lu.htm.

Gaffey, David W. (2010). "Outsourcing Infrastructure: Expanding the Use of Public-Private Partnerships in the United States." *Public Contracting Law Journal* 39: 351.

Government Accountability Office (2008a, February). "Highway Public-Private Partnerships: More Rigorous Up-front Analysis Could Better Secure Potential Benefits and Protect the Public Interest, GAO-08-44."

Government Accountability Office (2008b, March). "Surface Transportation: Restructured Federal Approach Needed for More Focused, Performance-Based, and Sustainable Programs GAO-08-400."

Government Accountability Office (2009, June 25). "Highway Trust Fund: Options for Improving Sustainability and Mechanisms to Manage Solvency, GAO-09-845T."

Government Accountability Office (2010, June 30). "Highway Trust Fund: Nearly All States Received More Funding Than They Contributed in Highway Taxes Since 2005, GAO-10-780."

Hamerman, Joshua (2008, December 8). "More Infrastructure Privatization Coming; Latest Chicago Deal Highlights the Growth of a Developed Market for Infrastructure Privatization in the US." *Investment Dealers' Digest* 74.

Hecker, JayEtta Z. (2008, July 24). "Highway Public-Private Partnerships, Securing Potential Benefits, and Protecting the Public Interest Could Result from More Rigorous Up-front Analysis GAO-08-1052T." Testimony Before the Senate Subcommittee on Energy, Natural Resources, and Infrastructure, Committee on Finance.

Hepworth, Annabel, and Jared Owens (2010, September 1). "Clem7 Tunnel Losses Endanger Public-Private Infrastructure." *The Australian*. http://www.theaustralian.com.au/news/nation/

clem7-tunnel-losses-endanger-public-private-infrastructure/story-e6frg6nf-1225912550578.

HM Treasury (n. d.). "Public Private Partnerships." http://www. hm-treasury. gov. uk/ppp_index. htm.

Holman, Kelly (2008, May 12). "Infrastructure Investment Speeds Up—Morgan Stanley and Global Infrastructure Partners Are Latest to Raise Investment Vehicles for the Space." *Investment Dealers Digest.* http://www. iddmagazine. com/news/181743-1. html.

House Committee on Transportation and Infrastructure (2009a, June 18). "The Surface Transportation Authorization Act of 2009: A Blueprint for Investment and Reform."

House Committee on Transportation and Infrastructure (2009b, June 18). "The Surface Transportation Authorization Act of 2009: A Blueprint for Investment and Reform, Executive Summary."

International Bar Association Working Group on the OECD Guidelines for Multinational Enterprises (2009, November 30). "Response to the UK Consultation on the Terms of Reference for an Update of the OECD Guidelines for Multinational Enterprises UK Department for Business, Innovation and Skills." http://oecdwatch. org/publications-en/Publication _ 3290/at _ download/fullfile.

Joint Committee on Taxation (2008, July 8). "Overview of Selected Tax Provisions Relating to the Financing of Surface Transportation Infrastructure (JCX-56-08)."

Joravsky, Ben, and Mick Dumke (2009, June 18). "The Parking Meter Fiasco: Part Ⅲ The Insiders." *Chicago Reader.* http://www. chicagoreader. com/chicago _ parking _ meters _ 3/.

Kansas T-Link (2008, November). "Using Tolls to Support Needed Transportation Projects: A Resource for Kansas Policymakers." http://www. kansastlink. com/downloads/Ⅵ%20Using%20Tolls%20to%20Support%20Needed%20 Transportation%20Projects. pdf.

Kansas Turnpike Authority and Kansas Department of Transportation (2008, January). "Using Tolls to Support Needed Transportation Projects: A Resource for Kansas Policymakers." http://www. kansastlink. com/downloads/Ⅵ%20Using%20Tolls%20 to%20Support%20Needed%20Transportation%20Projects. pdf.

Kattula, Steve (2009a, November 11). "Corporate Welfare and the Beltway HOT Lanes, Part 2: You Better Not Carpool (Too Much)." *Greater Greater Washington.* http://greatergreaterwashington. org/post. cgi?id=4041.

Kattula, Steve (2009b, November 18). "Corporate Welfare and the Beltway Hot Lanes, Part 3: Don't Worry Until It's Too Late." *Greater Greater Washington.* http://greatergreaterwashington. org/post. cgi?id=4102.

Kim, Theodore (2006, October 17). "States Considering Privatizing Highways Can Study Indiana Toll Road Experience." *USA Today:* 10A.

Kleinbard, Edward D. (2008, July 24). "Tax and Financing Aspects of Highway Public-Private Partnerships." Testimony before the Subcommittee on Energy, Natural Resources, and Infrastructure of the Committee on Finance.

Leib, Jeffrey (2006, May 30). "A Fork in C-470: May Sway How State Adds Lanes." *Denver Post.* http://www. denverpost. com/news/ci _ 3878766.

Leib, Jeffrey (2008, July 24). "Toll Firm Objects to Work on W. 160th: The 'Non-Compete' Clause for the Northwest Parkway Raises Legislative Concerns." *Denver Post.* http://www.

denverpost. com/news/ci _ 9976830.

Likosky, Michael B. (2006). *Law, Infrastructure, and Human Rights*. New York: Cambridge University Press.

Lord, Nick (2010, April 6). "Privatization: The Road to Wiping Out the US Deficit." *Euromoney*. http://www. euromoney. com/Print. aspx?ArticleID=2459161.

Lowenthal, Allen (2007, January). "Tolls, User Fees, and Public-Private Partnerships: The Future of Transportation Finance in California?" Information Hearing of the US Senate Transportation and Housing Committee.

MacInnes, Judy (2008, September 11). "Cintra's August Traffic Falls on Main Concessions." *Reuters*. http://uk. reuters. com/article/rbssIndustryMaterialsUtilitiesNews/idUKLB70560420080911.

Mallett, William J. (2008, July 9). "Public-Private Partnerships in Highway and Transit Infrastructure Provision (RL34567)." *Congressional Research Service*.

Mayer Brown (n. d. -a) "Infrastructure Privatization Experience." http://www. mayerbrown. com/infrastructure/index. asp?nid=11539.

Mayer Brown (n. d. -b) "Infrastructure Practice." http://www. mayerbrown. com/infrastructure/.

Mayer Brown (n. d. -c) "Infrastructure Investment Funds." http://www. mayerbrown. com/infrastructure/index. asp?nid=11440.

Morgan Stanley (2008, May 12). "Press Release: Morgan Stanley Closes $4. 0 Billion Global Infrastructure Fund." http://www. morganstanley. com/about/press/articles/193468f4-555c-11dd-adaf-ab43576ea42b. html.

Morgan Stanley (n. d.) http://www. morganstanley. com/index. html.

Nussbaum, Paul (2007a, March 20). "Pa. Turnpike Lease Plans 'Proprietary;' Penndot Is Keeping 48 Firms' Plans for Running the Toll Road Secret from Legislators Even as the Governor Makes His Pitch." *Philadelphia Inquirer*.

Nussbaum, Paul (2007b, May 22). "Turnpike Lease Plan Sent to Pa. Legislature: Gov. Rendell's Proposal to Raise Money for State Transportation Projects Faces Major Opposition." *Philadelphia Inquirer*.

Office of the Chicago Inspector General (2009, June 2). *Report of Inspector General's Findings and Recommendations: An Analysis of the Lease of the City's Parking Meters*.

Orr, Ryan J. (2007). *The Rise of Infrastructure Funds, Global Infrastructure Report* 2007. London: Project Finance International.

Orr, Ryan J., and Jeremy R. Kennedy (2008, April 1). "Highlights of Recent Trends in Global Infrastructure: New Players and Revised Game Rules." *Transnational Corporations*. http://www. allbusiness. com/trade-development/economicdevelopment/11699033-1. html investments.

Orszag, Peter R. (2008, July 10). Statement of Peter R. Orszag, Director of the Congressional Budget Office, Before the United States Senate Committee on Finance, Investing in Infrastructure.

Pagano, Celeste (2009). "Proceed with Caution: Avoiding Hazards in Toll Road Privatizations." *St. John's Law Review* 83: 351.

Pennsylvania Turnpike Contract (Proposed) (2008).

Perez, Benjamin G., and James W. March (2006, August 2-3). "Public-Private Partnerships and the Development of Transport Infrastructure: Trends on Both Sides of the Atlantic." First International Conference on Funding Transportation Infrastructure, Institute of Public Economics at the University of Alberta, Banff Centre, Alberta, Canada. http://financecommission.dot.gov/Documents/Background%20Documents/perez_banff_ppp_final.pdf.

PlaNYC (n. d.). http://www.nyc.gov/html/planyc2030/html/home/home.shtml.

Plunkett, Chuck (2006a, May 28). "Roads to Riches: Paved with Bad Projections." *Denver Post*. http://www.denverpost.com/news/ci_3871773.

Plunkett, Chuck (2006b, May 29). "No 2-Way Street: When Landowners Help Pay the Toll." *Denver Post*. http://www.denverpost.com/news/ci_3876477.

Preqin (2010, July). *Infrastructure Spotlight* 3: 7.

Preston, Darrell (2010, August 12). "A Windfall for Investors, a Loss for Chicago: Critics Say the Windy City Will Lose Billions over the Life of a $1.15 Billion Contract to Run the City's Parking Meters." *BusinessWeek*. http://www.businessweek.com/magazine/content/10_34/b4192044579970.htm.

PricewaterhouseCooper (2008, December). "Infrastructure Finance—Surviving the Credit Crunch."

Rendell Press Release (2007, March 29). "Governor Rendell Announces Selection of Financial Adviser for Transportation Funding Options, Morgan Stanley & Co. To Analyze All Options, Including Turnpike's Proposal." http://www.state.pa.us/papower/cwp/view.asp?A=11&Q=461198.

Sclar, Elliott D. (2009, October 1). "The Political-Economics of Private Infrastructure Finance: The New Sub Prime." Address to the Association of Collegiate Schools of Planning, Crystal City, VA.

Shemberg, Andrea and Motoko Aizawa (2008, March 11). *Stabilization Clauses and Human Rights: A Research Project Conducted for IFC and the United Nations Special Representative to the Secretary General on Business and Human Rights*. http://www.ifc.org/ifcext/enviro.nsf/AttachmentsByTitle/p_StabilizationClausesandHumanRigh ts/$FILE/Stabilization+Paper.pdf.

Siposs, árpád G. (2005, April 11-13). *Tolling on the Hungarian Motorway Network*. Piarc Seminar on Road Pricing with Emphasis on Financing, Regulation and Equity.

Slone, Sean (n. d.). *Transportation and Infrastructure Finance: A CSG National Report*. http://www.csg.org/pubs/Documents/TransportationInfrastructureFinance.pdf.

Sorid, Daniel (2005, August 11). "Colorado Highway 'Slowdown' Sparks Debate on Toll Roads." *Reuters*. http://corridornews.blogspot.com/2005_08_01_archive.html.

Staff of the Joint Committee on Taxation (2008, July 10). "Overview of Selected Tax Provisions Relating to the Financing of Surface Transportation Infrastructure." Before the Senate Committee on Finance. http://www.jct.gov/x-56-08.pdf.

Stowe, Joshua (2006, November 11). "U-Turn Safety Barriers on Toll Road Finished; Emergency Crews Still Training on Median Bypass." *South Bend Tribune* (Indiana): B-3.

Tett, Gillian (2010, June 23). "Collapsed Debt Market Poses Dilemma For G20." *Financial Times*. http://www.ft.com/cms/s/0/7200fb68-7eec-11df-8398-00144feabdc0.html.

The Working Group (2009). *The Benefits of Private Investment in Infrastructure* 2009. http://www2.vlaanderen.be/pps/documenten/benefits_of_private_investment_in_infrastructure.pdf.

THENEWSPAPER.COM (2006, February 3). "Australia: Traffic Lights Modified to Funnel Traffic into Toll Tunnel." *THENEWSPAPER.COM*. http://www.thenewspaper.com/

news/09/936. asp.

THENEWSPAPER. COM (2007, October 19). "Texas: Speed Limit May Be Lowered to Boost Toll Revenue." *THENEWSPAPER. COM.* http://thenewspaper.com/news/20/2025.asp.

TollRoad News (2007, May 21). "Longterm Lease of Turnpike Likely Best Value for Pennsylvania—Gov Rendell Seeking Law for a Concession." *TollRoad News.* http://www.tollroadsnews.com/node/145.

UK Centre for the Protection of National Infrastructure (n. d.). http://www.cpni.gov.uk/.

UK Infrastructure Planning Commission (n. d.) http://infrastructure.independent.gov.uk/.

UK Treasury (2007, March). "Standardisation of PFI Contracts, Version 4." http://www.hm-treasury.gov.uk/d/pfi_sopc4pu101_210307.pdf.

US Government Accountability Office (2006). "Highway Finance: States' Expanding Use of Tolling Illustrates Diverse Challenges and Strategies, GAO-06-554."

US PIRG Education Fund (2009). *Private Roads, Public Costs: The Facts about Toll Road Privatization and How to Protect the Public.* http://www.uspirg.org/uploads/H5/Ql/H5Ql0NcoPVeVJwymwlURRw/Private-Roads-Public-Costs.pdf.

US PIRG Education Fund (2010). *Road Work Ahead: Holding Government Accountable for Fixing America's Crumbling Roads and Bridges.*

Washington Post (n. d.). "Head Count: Tracking Obama's Appointments: Roy Kienitz." http://projects.washingtonpost.com/2009/federal-appointments/person/roy-kienitz/.

Washington Times (2009, July 13). "Editorial: Not So HOT Lanes." http://www.washingtontimes.com/news/2009/jul/13/not-so-hot-lanes/.

Weiss, Eric M. (2008, July 20). "Toll-Lanes Contract Could Cost State-Deal to Allow Free Carpooling on Beltway Project Might Leave Va. Owing Millions." *Washington Post.*

Wilson, Stuart (2010, September 7). "Clem7 Motorway Investors Did Not Get the Whole Picture." *The Australian.* http://www.theaustralian.com.au/business/opinion/clem7-motorway-investors-did-not-get-the-whole-picture/story-e6frg9q6—1225915021261.

第 27 章 财务危机：违约和破产

詹姆斯·E. 斯皮奥托（James E. Spiotto）

何晴 译 朱红伟 校

每次经济衰退都可能威胁州和地方政府现有债务融资规模和基本公共服务的提供。老化的基础设施、飙升的无资金来源的退休金和不断增长的社会事业需求，加上糟糕的大环境（美国房价下跌、大范围丧失抵押品赎回权、"大规模杀伤性"的金融产品，以及对财产税、销售税和所得税收入的悲观预期），所有这些都将州和自治体（municipality）*违约与破产的可能性推到美国国民首要关注位置。在金融市场崩溃和国家政府债务危机（国内和国外）爆发之时，我们必须认真考虑美国现有州和自治体违约和破产处理机制。

在本章中，我将探讨财务危机时期重新调整自治体债务结构的历史基础，我会提供一些美国国内此类努力的成败实例，以及美国自治体破产现有法律框架的优势和劣势，还将讨论面向州政府的主权债务解决机制问题。最后，我将就可供选择的州和地方债务解决机制提出建议。

背景：美国的州和地方政府债务泡沫

到 2009 年底，美国州和地方政府未偿还的债务已从 2000 年的 1.5 万亿美元几乎增长了一倍，达到 2.8 万亿美元。[①]这不包括超过 1 万亿美元的无资金支持的政府雇员养老金缺口和预估 7000 亿美元的无资金支持的退休后医保缺口，[②]也未包括未来五年所需的债务融资（以将基础设施改善到可接受的标准），大约 2.5 万亿美元。[③]虽然总体负债的确切规模相对粗略，但债务泡沫的现实要求我们找到有效办法以处理州和地方政府注定会遇到的财务压力。[④]

美国次主权债务违约的原因和实例

在美国，政府违约的原因包括经济形势恶化、为非必需服务融资、项目和产业可行性问题、欺诈、自治体管理、主观不愿偿还债务，以及自然灾害及人为灾难的

---

* municipality，在美国指的是能自主选举其政府的市、镇或区，本章中我们将其翻译为"自治体"——译者注。

影响。

值得注意的是，经济萧条引发了过去的自治体债券重大违约事件，包括1837年的亚拉巴马州莫比尔市，1843年的康涅狄格州布里奇波特市，1857年的芝加哥市和费城；19世纪60年代，当时13个州拒付重建和战争债务；1873年的莫比尔市（又一次），以及1877年的匹兹堡市。⑤19世纪的违约事件导致对"道义责任"债券（"moral obligation" bond）的放弃，转而构建了许多今天看来理所应当的保护措施，如法定权限、债务限制、债券顾问以及评级机构。⑥导致自治体债违约的非必需服务实例包括失败的医保项目、没有铁路的火车站、地产投机、垃圾焚烧设备（如宾夕法尼亚州哈里斯堡），以及关岛上的大规模住宅开发。在历史上，最大规模的自治体违约往往伴随地产开发（特别在非必需服务区）和医保交易相关项目。涉及必需服务、基础设施或公共安全相关自治体项目的违约非常少。考虑不周的融资安排也会引发违约。缺乏充足可行性研究的项目和产业实例包括宾夕法尼亚州哈里斯堡的垃圾焚化炉和华盛顿公共供电系统（WPPSS）。20世纪90年代初期，加利福尼亚州橘子郡不合理的投资策略已接近欺诈水平。此外，不愿意支付也是19世纪60年代拒付、WPPSS违约和加利福尼亚州橘子郡（美国最为富有的地方政府之一）申请破产的基本原因。导致违约的自然灾害及人为灾难包括南图森市一名雇员的侵权赔偿责任和一场导致20世纪早期得克萨斯州加尔维斯顿大规模违约的飓风。

纵观自治体债券违约历史，根据穆迪投资者服务公司统计，1970～2009年，共有54笔被评级为自治体债券违约，相比之下则有1707笔被评级为公司债违约，其中78%被评级为自治体债券的违约分布在医保和住房项目金融领域。⑦同样，根据标准普尔公司统计，1986～2008年，共有39笔被评级为自治体债券违约，相比之下则有1604笔被评级为公司债违约。⑧根据城市市场顾问公司统计，2009年出现评级和非评级的自治体债券支付违约总数为187个，495个发行机构提出了某种类型的减损通知，如支付违约或储备提取。⑨当前，自治体债券市场规模为2.8万亿美元，涉及大约9万个政府单位。因此，经济环境的变动势必会不时地造成自治体债务违约和陷入财务困境的事件发生。

寻找债务重组机制

政府债务违约的历史清楚表明，债务负担水平具有不可持续性的州和地方政府需要寻求新的开始。当然，问题在于"如何做到这一点"？从过去到现在，如何解决这个难题一直困扰着地方政府。事实上，在过去，希腊人和罗马人将债务清偿和资产的公平清算视作文明社会的必要组成部分。⑩

地方政府之所以存在，是因为这是人们自我组织以共同生活、享受公共安全和基本服务的最基本方式，所以传统的破产清算方法，即通过服务削减而快速偿还违约债务不是一种受欢迎的机制。而在过去，政府债务的拒付（拒绝支付有效债务）

已变得太为常见，不仅发生在处于战争或经济危机时期的欧洲、拉丁美洲和亚洲，也发生在 19 世纪的美国（继公共债务的过度扩张和泛滥发行之后），特别在内战之后的南方地区。虽然某种形式的拒付（而不是破产接收）已成为回避债务支付的常见方式，但它显然是一种短视行为。对有效发行的公共债务的拒付将摧毁发行人的信用评级，造成其以后难以重新回归公债市场。真正的解决方法，需要一个全新开始，既不会损害其未来必要的信用，也不会以财政纪律的名义毁掉陷入债务的自治体。通行的使用"创可贴"来掩盖问题的做法只会导致形势的恶化。大多时候，政府机构只满足于简单进行某些活动，而非彻底解决系统性问题。艰难的决定被留给下一代政府，而官员们总是在支持不足的预算削减、拖延当前负债（如没有资金支持的养老金负担）、借款以支撑当前过高的运营成本，以及承诺既不具有可持续也无法承担的薪资和养老金福利。我们需要设计一套机制以解决州和地方政府与其公民对于流动性的需求，并提供一条路径以通向健康的财务未来；与此同时，满足合法债务整体或部分快速偿还的需要。

处理自治体债券违约

自 1839 年开始，在所有自治体和州政府中总计发生不到 1 万例自治体债券违约事件。在这些违约中，大约半数出现在 1929～1937 年，直接原因就是 1929 年的大萧条。自 1937 年起，[11] 在美国，共有 249 个次级主权实体申请自治体债券调整（由联邦法律立法规定，通常称为"第 9 章"）。正如即将要讨论的，宪法第 10 条修正案阻止国会进行立法，以对单个主权州的资不抵债规定强制行动。

在合众国的早期，违约出现在各种运输项目上，如运河和铁路建设。在这些情形中，政府经常为私人开发商提供援助。如之前所提到的，最近的许多自治体债券违约与医保项目有关，其中自治体债券因为私人业务的失败而遭受损失，或与特别服务区关联，后者同样与私人业务（特别是地产开发）的命运挂钩。[12] 对于美国重大自治体债券违约的简要回顾有助于暴露问题，提醒我们必须考虑进行某种法律安排，以提供自治体债券的调整机制。

纽约和克利夫兰的经验

20 世纪 70 年代末，纽约和克利夫兰都因缺乏可靠的会计和融资控制、市场反应和一般资金开支超过收入的事实而面临重大财务危机。两个城市都通过从各自州政府借款以支付过期债务而避免了财务灾难。纽约市从纽约州自治体援助公司获得了帮助，而克利夫兰则通过向克利夫兰银行出售债券而从俄亥俄州获得一笔贷款。两个城市都没有认真考虑选择自治体破产这一途径。[13]

圣荷西学区和佛罗里达州梅德利市

劳工问题与加利福尼亚州第 13 号提案对于地产税的限制，是圣荷西学区在

1983年申请破产的主要原因。佛罗里达州梅德利市则受制于无数支持债权人的判决和执行令。圣荷西学区和佛罗里达州梅德利市都使用了第9章破产程序发起机制，但是都坚持支付申请前发生的公共债券债务。⑭尽管一般禁止在债务人破产期间支付利息和本金，但是两个案例中的自治体债券持有人都继续获得了支付。圣荷西学区的申请最终被驳回，佛罗里达州梅德利市的调整计划也没有改变或减少债券债务。

华盛顿公共供电系统

1976年，作为西北地区一项涉及多个州的电力设施系统，华盛顿公共供电系统（WPPSS）与88家公共设施公司达成协议，各家参与公司将从计划建设的两个核电站项目（通常称为WPPSS 4&5）购买一定比例的电力。参与协议包含一条"无条件"条款，意味着即便电厂没有建成或运营，债务也必须支付。融资法律意见书中提及，77家参与公司有权采取联合行动，但在其他方面则没有说明。在施工完成之前，项目因电力需求不足而终止。随后的华盛顿高等法院判决认为，某些参与公司无权力签署参与协议（用于资助项目所发债券的本金和利息支付），因此这些公共设施公司不必掏钱。⑮这导致了当时美国历史上最大的自治体债券违约。然而，WPPSS没有导致自治体破产，在花费了高昂的诉讼费之后，债券持有人损失了绝大多数的本金和利息。

科罗拉多州的特别区

在20世纪80年代的地产泡沫中，科罗拉多州设立了多个特别区，这些区当时发行特别估价债券以资助住宅地产开发的公共建设。美国《破产法》将这些特别区界定为市一级下的自治体。鉴于这些特别区的独特本质和有限目的，一旦科罗拉多州地产市场面临严重下滑，清算或破产就是处理债券违约的唯一合理机制。具有讽刺意味的是，这些面积不大的特别区的自治体破产造就了解释联邦自治体破产法律的许多判例。⑯

康涅狄格州布里奇波特市

1991年，康涅狄格州布里奇波特市受市区变迁的影响，申请联邦《破产法》第9章程序，震惊了自治体债务领域。人口超过十万的布里奇波特市是最近首个因自治体债务违约而申请破产的真正意义上的"城市"。它雇用着近4000名符合工会合同要求的雇员，并向15万市民提供服务。康涅狄格州拒绝破产申请，法院对此予以认可，认为财务困难造成的短期内无力清偿不是第9章救济的充足理由。⑰在该案例中，尽管展示了预期的问题，但布里奇波特市在申请时不能证明其资不抵债。因此，自治体破产不能用作工具以允许布里奇波特市以重组方式解决可预期的未来问题。

费城

同样在1991年,费城也遭遇了一场财务危机,但通过宾夕法尼亚州的协助而避免了违约的结果。一项名为《宾夕法尼亚第一类城市政府间合作权法案》的特别法案被确立,该法案允许机构发行证券以偿还城市债务。某些税收被指定用于这些债券的偿还,还设立了一个专门的机构对诱发财务危机的集体谈判和其他预算问题进行监督。

加利福尼亚州橘子郡

1994年,加利福尼亚州橘子郡遭遇了一场毁灭性的流动性危机,源于对金融衍生产品的不当杠杆化投资政策和上升的利率。此外,该郡经历了严重的税收收入短缺,但橘子郡选择自治体破产来避免违约,而并未像纽约、费城和克利夫兰考虑其他措施,如将销售税提高1个百分点,达到与洛杉矶相同的水平。为了借款以付清现有债务,橘子郡承受了10~23个基点的溢价(因为其破产发行人的身份),为此花费超过6000万美元。[18]

加利福尼亚州瓦列霍市

2008年,加利福尼亚州瓦列霍市申请第9章程序,宣称资不抵债,而且政府工作人员未能就薪酬和福利的集体谈判协议达成必要的调整。[19]据报道,公共安全人员的薪酬福利占了瓦列霍市一般资金预算至少80%。在就瓦列霍市申请自治体破产资格的漫长法律争论后,地方法院肯定了法庭对于电力工人集体谈判协议的驳回决定。法庭认为,工资协议难以承受,自治体已尽力与工会达成协议。随后该案件被上诉到上诉法院。但无论结果如何,第9章程序是昂贵和耗时的,并不适于面临劳工问题的自治体作为合适的解决方案。

这些不同的案例揭示出,相对较小的城市倾向于诉诸第9章程序,橘子郡为例外。多数大型城市则在财务危机的应对中获得了州政府的援助——这些危机若任其发展,可能会削弱州政府和其他地方政府(恶化州政府和其他地方政府的财务状况)。宾夕法尼亚州哈里斯堡市在与其垃圾焚化炉扩建项目债券有关的贷款支付上违约,这对城市的信誉造成负面影响。[20]2010年10月,宾夕法尼亚州提供援助以避免该市在一般责任债券的违约,同时该债券的承保人已寻求指定接收人,州政府还与该市合作保障运营资金的筹措。虽然市长已讨论出售自治体资产或提高税收以解决危机,但其他人建议申请第9章程序。同样,罗得岛州森特勒尔福尔斯市最初的解决方案也是寻求州法院指定的接收人接管该市财政,而非诉诸于破产法庭。

《破产法》第9章

第9章起源于大萧条和公民对城市收入显著下滑而无力支付当前债务所引发无

效诉讼成本的厌恶。1934~1937 年，本着既要能够通过宪法审查又要对各州主权给予适当尊重的原则，经过多次立法尝试才使第 9 章得以最终诞生。并非每个政府部门都适用第 9 章。《破产法》详细规定了任何实体成为第 9 章（关于自治体债务的调整）描述下债务人所需的资格。实体必须是一个自治体，其作为债务人要按照州法律的授权，且资不抵债，愿意实行调整计划，并与持有其多数可能遭受损失的债权人达成协议或已尝试真诚协商但是未能实现，或与债权人协商是不现实的，或债权人正尝试获得优先偿付。㉑

只有自治体可能成为《破产法》第 9 章描述下的债务人。而且，只有自治体才可以发起第 9 章程序。根据《破产法》的相关条款，自治体被界定为"州以下的政府分支、公共部门或执行机构"。㉒在美国《破产法》的其他章节中的债务人资格则不能适用于自治体。

第 9 章程序的发起

第 9 章程序的启动不得非自愿发起（即由债务人之外的其他人申请发起），因此只有自治体能发起第 9 章申请。非自愿程序不仅为宪法所禁止，而且非自愿行为也无法律基础。此外，各州具有独立主权，不受联邦破产法律的约束，因而也不具有申请第 9 章的资格。除了自治体是州的机构分部或机构外，申请第 9 章程序还需州政府的特别授权，各州就此项要求有着不同做法。㉓15 个州有特别授权申请的法律规定，9 个州规定申请取决于州政府、选举官员或州实体的进一步行动。还有 3 个州规定有限授权，另两个州禁止申请，其中一个州有禁令例外。剩余的 21 个州要么缺乏明文规定，要么就是没有特别授权规定。㉔第 9 章债务人的资格问题经常是自治体破产案件中决定立案与否的关键问题。㉕虽然某些公私合作关系的性质仍有待讨论，但多数在州法规下成立以执行某些公共服务或提供公共设施的特别服务区仍应视作自治体。由于申请权力这一初始问题会花费较长的法庭时间，尤其是考虑到自治体处于极度的财务困难的条件下，因此，不论宪法如何要求，这一要求显然不利于第 9 章作为紧迫时期重组机制的作用的发挥。

只有资不抵债的自治体可以适用第 9 章

第 9 章要求，自治体只有在具备法律定义的资不抵债条件下才能成为第 9 章规定下的债务人。根据《破产法》，自治体处于以下财务形势则被界定为资不抵债：自治体普遍不偿还其到期债务（除非此类债务涉及善意纠纷）或自治体无力偿还其到期债务。对资不抵债的认定关注申请日期和自治体在当时的财务能力。因此，一些身处困境的城市和城镇无法申请第 9 章程序，因为它们不具备法律定义的资不抵债条件。

举例来说，康涅狄格州布里奇波特市的第 9 章申请被驳回，因为证据只支持认定布里奇波特市可能在未来无法履行其债务责任。㉖换言之，必须确定自治体当时处于资不抵债，而非有关未来潜在收入或缺口的证据。资不抵债问题困扰了瓦列霍市破产案数月，在该案件中，美国第九巡回法院破产上诉法庭驳回了众多工会对于瓦列霍市资不抵债状态的质疑。㉒上诉法庭肯定了破产法院以现金流为依据所做出的资不抵债的判决。它要求瓦列霍市出示其在下一年度内无法偿还其到期债务的证据。部分争论涉及各种自治体特别基金，对此瓦列霍市争辩说这些基金有使用限制，而工会则声称此类基金中的资金可用于支持一般资金债务，而法院愿意接受关于各种州基金使用限制的专家证词。上诉法庭还肯定了破产法院所做出的关于进一步削减公共服务将危及瓦列霍自治体保障市民基本健康和安全的能力，因此不得强制执行的判决。虽然就资不抵债条件的判决允许第9章程序向前推进，但是这时自破产申请提出已过了一年。尽管诉讼当事人有权利提出合理的法律问题，但是瓦列霍市关于资不抵债的争论，凸显了自治体在紧急情形中尝试利用第9章提供救济时所面临的挑战。

维持自治体服务的要求

根据自治体的法定使命，第9章规定法院不能妨碍自治体提供某些必需的和基本的服务。《破产法》第903节特别规定，第9章不应干涉州政府以立法或其他形式控制其自治体的权力。由此，《破产法》第904节限制了法院干涉债务人的政府权力，其中包括债务人的任何财产或收入，或债务人对其产生收入的财产的使用或享用。这与第10条修正案禁止联邦政府干涉州主权权力相一致。同样，除非得到自治体的同意，可能导致自治体处于资不抵债的某些收入和活动也不能受到约束、剥夺或修改。

对处于债务人地位的自治体的雇员的补偿

在法院审理期间，自治体为所雇人员所支付的费用不需要经过法院的审查或批准。虽然这一规定给处于债务人地位的自治体偿付其雇员提供了较大的方便，但第9章中也没有强制资金困难的自治体对其雇员进行偿付。尤其是在特别区破产案中，由于资金紧缺，如果债务人的权益要得到充分的表达，其顾问费的来源必然是一个需要解决的问题。

破产申请后的利益担保、法定留置和特定收入

若非处于第9章程序之中，自治体所发行的一般责任债券被广泛视为是有着自治体充分信誉支持的优质投资品。但在第9章程序下，只有那些受到特定收入担保的收入债券才会受到较好的对待。在公司破产情形中，《破产法》第552节规定，业主或债务人在案件开始后获得的财产不受债务人在案件开始之前达成的担保协议所引发的留置的制约。但是，1988年自治体破产修正案采用之前，曾经考虑过与《破产法》第552(a)节一致的问题，即自治体的收入担保应在第9章申请时即刻终止，自治体的一般债权人可从抵押收入中得到支付。

对此在《破产法》第928节中进行了处理，该节规定第552(a)节不适用于

第 9 章特定收入担保的收入债券。因此，在特定收入情形中，即便此类收入是在第 9 章申请之后接受的，利益担保仍然有效和不可剥夺。另外，如果一般责任债券没有任何特定收入作为担保性收入，破产程序期间也就没有收入必须预留给或支付给一般责任债券持有人，那么此类债券应被视为一般无担保债券。反过来说，收入债券持有人只能从破产后的特定收入中进行支付，而该债券持有人则对非担保资产不具有索取权。作为 1988 年修正案的一部分，第 9 章增加的特定收入概念，目的是确保提供一种不会因第 9 章申请而失去支付来源的融资途径，这一点往往是处于财务困难的自治体所期待的，它们需要保有一种支付有保障的融资途径。

另一种规避第 552（a）节影响的办法是通过破产申请前法定留置所创立的担保来取代利益担保协议。该方法在橘子郡破产案上诉中为地方法院所承认。法院在此认定，依据一项加利福尼亚州法律（授权郡/县政府抵押资产以担保债券）以有保障的税收和稳定收入预期的票据作为留置来提供担保的资产为法定留置。这样一来，留置资产就成为法定的而非保障协议所议定的担保物，所以就不受第 9 章申请的影响了。

特定收入和法定留置的重要性在塞拉金斯医保区（Health Care Health Care District）案例中得到了体现。在本案中，法院判决重申，第 9 章程序不干涉以特定收入或法定留置作为担保的税收或收入对票据、债券或自治体债务进行的支付。具有特殊意义的是，法院首次肯定自治体以从价税作为担保的破产申请后的效力，即后者具有特定收入担保和法定留置的资格。第 9 章程序没有影响到这些债券的按期支付。

自治体债券债务处理

破产申请前的索取权（包括一般责任债券的索取权）是不要求在申请后还能获得支付，除非存在一个安排计划和一个有效的日期。特定收入债券和享受法定收入担保（只得用于支付债券的本金和利息）债券的持有人可得到不同的结果。通常，受年度拨款影响且无法定或约定收入担保的债券依照其条款视作无担保债券。因此，无特定收入担保或拥有特别的法定优先权的一般责任债券的待遇与其他无担保索取权的供货、工作或交易合同的待遇是一样的。表 27.1 汇总了第 9 章程序中关于自治体债务支付的优先顺序。表 27.2 显示的是第 9 章程序中各类债务的总的优先顺序。

表 27.1　　　　　　自治体债券债务在第 9 章程序中处理情况

债券/票据类型	破产造成的影响
一般责任债券	在破产申请提出后，法院可能将无法定留置的一般责任债券作为无担保债务处理，判令对其进行债务重组。在破产程序进行期间债券支付可能将停止。 破产申请提出前，一般责任债券受自治体无限制的课税权力（也就是它的所谓"充分信用"）的支持，并历来受到一些条件的制约，如选民授权、特定目的限制，或自治体在此类负债的数量上被限定在其有权力估值的某个百分比之内

续表

债券/票据类型	破产造成的影响
有抵押收入的一般责任债券	假定一般责任担保是以收入作为实际担保的，并在一定程度上这种收入可被归为法定留置或特定收入，则该担保债券将根据它与州法律的一致程度和授权程度进行处理。根据《破产法》第552节，一项收入担保如果不被认定是法定留置或特定收入的话，其作为有效的持续性破产申请就会遭到质疑。而按照《破产法》第904节，禁止法院不得干涉自治体的政府事务或收入的规定，上述情形也会受到质疑
特定收入债券	特定收入债券抵押将不受破产申请的影响。破产申请前，特定收入债券是一项将自治体的业务收入（减去运营和维护成本后）作为担保并唯一作为偿还来源的债务。对于预想的违约补救通常集中在为了债务能够足额分期偿还应收取多高的费率的约定上。违约的债券持有人一般会让法院出具一个要求自治体借款人提高费率的执行令
作为法定留置的收入	假设担保是依照州法律的授权而成为法定留置，破产法院应尊重其法定留置的地位。因此，只要收入具有法定留置地位，对债券持有人的支付应在破产申请提出后获得保护

资料来源：Spiotto（2010a：77）。

债券持有人的支付地位

为了债券或票据持有者的利益，若债券或者票据属于《破产法》第547节规定有效的范围内，第9章允许权益从债务人向债权人的转移。在第9章之外，第547节规定，处于资不抵债状态的债务人提出破产申请90天之内，为保护债权人的利益而针对先前债务进行的任何转移为无效。虽然该节是有关债券或票据的，但立法历史上还没有支持该条款只限于具有权利的资产工具的观点。第926（b）节的立法意图似乎显然是该节应适用于保护所有类型的自治体债务。[31]

表 27.2　自治体债券债务在第9章程序中何处理情况（支付优先级）

索取权的类型	解　释
1. 以法定留置作为担保的偿债义务，以抵押品的价值作为上限[ab]	根据法令发行的债务（债券、税收与收入预期债券、收入预期债券），法令本身就是一种担保提供抵押（由于自动冻结可能会造成支付延迟，除非冻结移除，但最终还是应予偿还的）

续表

索取权的类型	解　　释
2. 以特定收入作为担保的偿债义务（该收入受此类项目或系统必要的运营开销的影响），以抵押品的价值作为上限。[ab] 这些偿债义务经常是无追索权的，在违约情形中，债券持有人对非抵押资产无索取权	特定收入债券是通过以下任何方式获得担保的债券： （A）从债务人用于或有意用于提供交通、公用事业或其他服务的项目或系统的所有权、运营或处置而派生出来的收入，包括对这些项目或系统融资中取得的出借收益；（B）对特定活动或交易课征的特别消费税；（C）从税收增额融资受益区获得的增额税收进账；（D）从债务人特别职能（不论债务人是否还有其他职能）派生出来的其他收入或进账；（E）为了对一个或多个项目或系统进行融资而征收的特别税，不包括从一般资产和销售中获得的收入，或（除税收增额融资以外）为债务人一般性的目的提供融资而征收的收入税。根据第922（d）节之规定，自动冻结被解除后，此类债务不应延期支付
3. 基于债券发行决议或合同条款的担保留置，但不完全符合破产前申请所要求的法定留置或特定收入的条件，该担保以资产在破产前申请的价值或收入大小为限[c]	按照第522节和第958节的规定，此类抵押物上的留置不应在破产申请后继续有效。在给出资产或收入在申请前置留的价值之后，无担保索取权对自治体或债务人而言具有追索性。债权人可以按照第904节规定的法院不能干扰债务人的资产或收入进行辩解，其中包括了对此类担保的债权人给予的保证
4. 以自治体租赁设施获取的资金进行担保的债务	根据《破产法》第929节之规定，即便交易类型为自治体的租赁，租赁所获得的资金将视为长期债务，其担保的额度以设施价值为限
5. 管理费用（包括第9章案件本身所产生的费用）[d]第9章结合了第507（a）（2）节的内容，后者在其条款中规定了第503（b）节所允许的管理费用的优先级。这些费用包括在第9章案件中发挥重要作用的委员会或契约委托人的费用	根据第943节，所有这些费用不仅必须予以披露而且对确认的调整计划来说是合理的
6. 无担保债务包括： A. 高级无担保索取权享有与（在无须增加税收情况下）可用资金范围内次级债务被偿付时的同等权益，其范围包括以下B、C、D、E项的内容	

续表

索取权的类型	解　释
B. 一般责任债券	以作为债券发行方的自治体"充分信用"作为担保。破产申请后，法院可将无法定留置或特定收入作担保的一般责任债券视作无担保债务，裁令债券重组。在破产程序期间，债券支付可能会停止
C. 交易	商品或服务的提供者、供应商、合同方。对破产申请前提供的商品或服务的支付可能会停止[e]
D. 破产申请前已发生但尚未支付的工资、养老金和其他雇员福利的债务	与第11章不同，这些项目不享受任何优先级[f]
E. 担保债务的无担保部分	
F. 次级无担保索取权	凡是由法令或合同规定从属于其他债务的债务将适当被次级化，只在高级索取权全额支付后才会被支付。高级债务享有能够分配给次级债务同等比例（占无担保债务和次级债务总额的比例）支付份额

注：a. 第9章包含第506（c）节，后者对于抵押物的保留或处置收取附加费。因为自治体不能抵押自治体厅或警察局总部，自治体债券倾向于通过收入流抵押而获得担保。因此，附加费很少收取。但第3项和第4项中采用了《破产法》第364（d）节的规定，从而允许债务人能够获得以先前作为留置但其持有人已经得到充分保护的不动产的高级或平等留置作为担保的申请后信用。

b. 按照第9章不被认定为法定留置或特定收入的抵押物，在《破产法》第552节下可能不被视为在申请后继续有效的留置。

c. 收入抵押。

d. 这些费用严格对应于破产成本。因为破产法庭不得干涉自治体的政府事务，所以自治体的一般运营开支不在法庭的控制之下，需要收取费用，并在得到计划确认或案件驳回之后，将继续由自治体负责。

e. 第503（b）（9）节规定，在申请日期20天内在申请前所提供商品的价值经计划确认具有优先支付权。

f. 第9章没有包含《破产法》第1113节的内容，后者附加了对于集体谈判协议驳回的特别条款（使标准限制性较低，即"损害再安置能力"）。第9章也不包含第507（a）（4）节和第507（a）（5）节的内容，后者将工资、薪水、佣金、假期、离职、病假或养老金计划缴纳（当前为每位员工11725美元）等项目列为优先级（即位于其他无担保索取权之前）。

资料来源：Spiotto (2010b：55)。

合同、租赁和集体谈判协议

1984年2月22日，在国家劳工关系委员会诉比尔迪斯科案中，[⑨] 美国最高法院认定，《破产法》第365（a）节规定，在一定限制之下，债务人可以单方面承担或拒绝包括集体谈判协议在内的债务人待履行合同。该案面临的考验是，如何使债务人既要以不动产来履行协议，又要根据权益平衡的原则来驳回协议的执行问题。工会对于这样的结果很愤怒。国会对于该判决做出的反应就是将《破产法》第1113节加入第11章条款（公司破产），这对在涉及第11章的案件中驳回集体谈判协议设立了更难的考验。此外，第1113节还设定了驳回集体谈判协议必须遵守的详细程序。在第1113节下，法院只在以下情形中批准集体谈判协议的驳回申请，即如果法院发现：(a) 债务人已在审讯之前发起提议修改集体谈判协议，而这对于允许债务人改组是必需的；(b) 雇员的授权代表已无理由拒绝接受此提议；(c) 权益平衡的考虑明显支持协议的驳回。这个更难的测试没有包含在第9章中，尽管在20世纪八九十年代有过这样的努力。虽然工会还在继续此类努力，但比尔迪斯科案标准似乎适用于第9章债务人。但是，正如瓦列霍市案所表明的，虽然对于自治体集体谈判协议的驳回有着更为宽松的考验，但考虑诉讼在情绪和政治上的影响，及其在达成最终判决所需的时间和费用问题，都可能引起自治体对此的高度重视，并花费时日来达成一个结果。

第9章之外其他解决养老金危机的机制

就当前而言，虽然第9章包含了许多受欢迎的针对自治体债券投资人保护的内容，但第9章仍不是处理债务泡沫和公共养老金危机的最佳机制。从自治体债券市场的角度来看尤其如此。解决公共雇员养老金债务的超额负担面临三个障碍。第一，如之前所解释的，第9章程序只能由自治体自己发起，没有非自愿申请一说。因此，第9章只在自治体愿意时提供了一个重组办法。第二，出于宪法原因，破产法院对于自治体政务无控制力。这与第11章程序有天壤之别，后者允许法院事实上可以控制申请后开支和第11章债务人的日常运营以外的开支。在第9章程序中，债务人甚至不需要法院许可就能支出大笔资金。因此，如果重组目标是对自治体的收入和支出加以严格控制，那么第9章根本做不到这一点。第三，第9章允许基于一个比第11章更为宽松的标准而允许对履行中的合同（即集体谈判协议）予以驳回。这对于自治体有吸引力，却对工会工人不利。但是，政治现实和程序延迟都不允许使用第9章快速改写集体谈判协议，从而限制了为自治体提供及时救济的有效性。瓦列霍市案显示，为受困于劳资负担的自治体提供快速援助，第9章能够发挥的作用非常有限。而且，第9章也并没有任何精心的措施来改善自治体扭转局面所必须的收入和资金问题。

因此，面临自治体债务泡沫和无资金支持的养老金危机，我们应探索其他方式来帮助陷入困境中的自治体。如哈里斯堡市案所展示的，经历财务危机的地方政府机构经常得益于来自州政府的援助，当前已有一些州采取法律形式设立专门机构，不同州的专门机构有不同的特征。自治体债券市场将得益于统一的州融资方式和监管机构，后者将提供第9章无法提供的控制力和收入源。监管机构可就预算和开支提供审查和意见，并以准司法的形式确定是否采取调解或仲裁，以及哪些养老金或工资福利是可持续的且可承受的。与第 9 章必须处理所有债务人信用关系的特点不同,机构可专注于影响自治体的特别问题。而且,机构将有权就征收额外税收问题发起地方纳税人公投,或有权提供可增长的税收源。此外,需要对一些特定问题和授权做出准司法决策时,可以预先用一个揽子协议来提出。机构可以将养老金和工资福利水平调整到当前可持续且可承受的水平,以保留政府提供必需的公共服务的能力,从而避免政府的破产。[33]因为州政府自己可以制定这样方面的法律,而不受联邦政府的压力,因而不会触及联邦宪法问题。

财务危机中自治体的监督机构

当自治体无法履行其当前债务责任时,破产法第 9 章并不是唯一的救济手段,经历财务危机的地方政府实体经常可从州政府创建的有着不同控制力的融资和监管机构那里获得帮助。自 1930 年开始,许多州已制定法律,规定当地方政府出现债务违约时,某个州机构或其他方可作为接收人。

举例来说,在宾夕法尼亚州,州法律规定了一套程序来认定陷入困境的自治体。被称为第 47 号法案(Act 47)[34]的宾夕法尼亚州法令要求针对困境中的自治体设计一套财务计划,帮助自治体摆脱困境,并给这些自治体制定自己的财务计划的选择权。第 47 号法案要求当自治体拒绝采纳财务偿债计划时,除了绝对必需的资金外,宾夕法尼亚州应对该自治体暂发其他所有州资金。如果需要,第 47 号法案授权处于困境的自治体申请联邦法律下的自治体债务重新调整。2003 年,匹兹堡市申请采用宾夕法尼亚州第 47 号法案计划,而非立即寻求第 9 章程序的救济。如之前所提到的,费城有单独立法的优势,是宾夕法尼亚州唯一不受第 47 号法案约束的自治体。截至 2010 年,在接受第 47 号法案监督的 26 个自治体中,只有 6 个曾寻求摆脱困境状态,其余则没有正式寻求救济。[35]

如宾夕法尼亚州经验所证明的,鉴于破产的耻辱和第 9 章程序的拖延性,自治体应首先考虑求助于州机关和融资或再融资机构。在许多案例中,这些方法都要比自治体破产更为可取。历史上,州再融资机构和自治体委员会并未调整债务,而是采用补贴或者借款方式提供资金,以维持基本公共服务的提供,这些公共服务的提供可能由其他政府实体来完成,以推动预算平衡。鉴于自治体的负担,各方协定的债务调整可能需要由机构来参与完成。州政府可通过州法令介入,为其自治体提供过渡时期融资或问题债务再融资,将某些服务转移到其他政府机构以减少自治体开支,为自治体补贴资金以帮助其渡过财务危机,或借款给自治体,以及规定使用应付给自治体的州税源来确保必需的自治体服务。

不同于那些烦琐的第 9 章程序,州机构可按特定情形采取措施,自治体和债权人可找到协商办法,而不必引入破产法庭的监督。这种方式有一些先例。例如,负责紧急自治体财务的州机构已阻止多个自治体被迫寻求第 9 章的救济,并让多个问题政府在州政府监督之下解决了各自的问题,同时向债券持有人担保一定会偿还债务。纽约市在1975年和1976年借助自治体援助公司，以及芝加哥市在1980年借助芝加哥学院财务机构取得了成功。这两个实体的存在和运营都在法庭程序中获得了支持。同样，俄亥俄州也有本地财政紧急法案，可供债券持有人在违约事件中调用，并引入一个委员会介入自治体事务。⑤

虽然各州法律各不相同，但过去的经验还是提供了一个成功的自治体财务监督机构的可参考结构。州委员会（可作为再融资机构）的创建有其基本优势，新机构有金融信用，如果它有确定的收入源来支付债务并避免破产和其他信用风险，那么它可从资本市场进行融资。另外，由于不受政治压力的影响，独立机构可以使用各种财政工具对地方政府实施财政纪律约束。机构可提供流动性融资，要求平衡预算，提供财政纪律和报告，以州政府的名义或以独立实体的名义发行债券以获得市场信用和收益，收集信息以了解真正的财务状况，拥有对债务重组进行谈判的权力，审查可转移到其他政府实体的服务或成本，有权拦截税收收入并将其主要用于必需的公共服务和成本，与债权人谈判，制订计划，对自治体债务重组计划有最终采用权。机构将监督重组计划是否得到遵从。如果计划未带来财务状况的好转，那么将考虑可能的联邦破产申请，多半可能依照预先形成的一揽子计划的形式准予按联邦《破产法》破产。图27.1显示了再融资机构可能的架构。

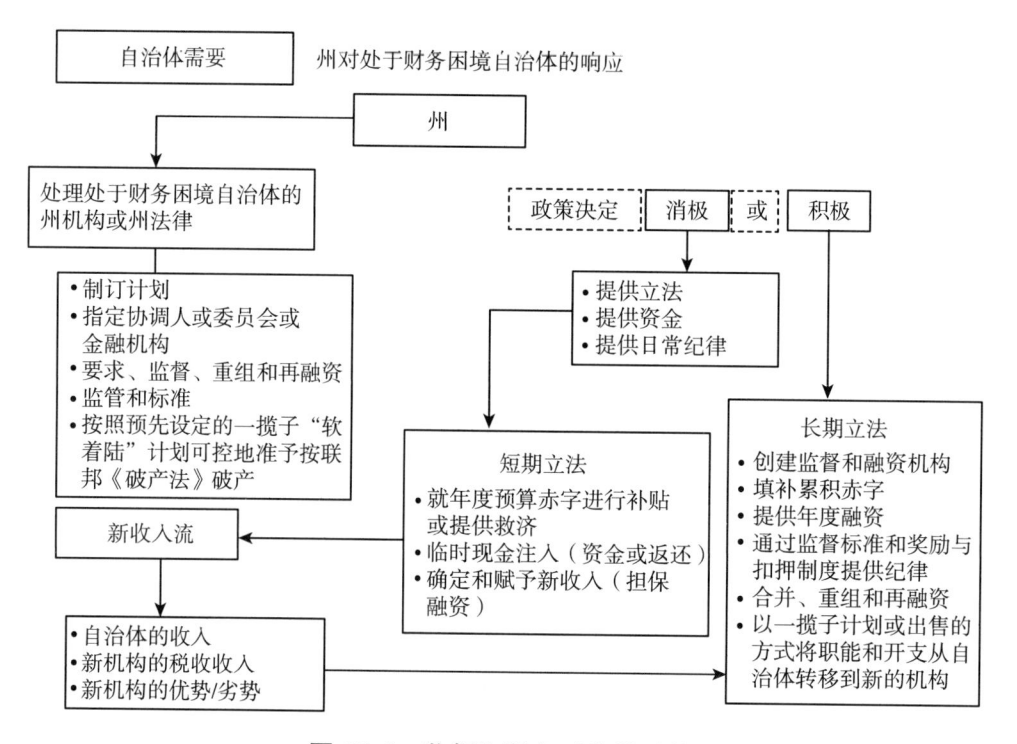

图27.1 监督和紧急融资的结构

资料来源：Spiotto（2010a：100）。

财务困难州面临的两难困境

美国宪法第 10 条修正案作为《人权法案》的一部分,通过规定凡是宪法授予联邦政府或对州进行禁止的权力即属于州政府或人民所有,来体现州主权的本质和宪法的联邦主义原则。国会不能立法对州施加非自愿债券重组程序。州不是法律定义下的自治体,因此不能成为《破产法》第 9 章下的债务人,除非它自己自愿采取此类程序。但是,与其他主权实体一样,州政府可能不堪债务重负和遭遇收入萎缩。具体而言,老化的基础设施、日益增长的养老金负担、工业的外流和税基的萎缩,都正在把许多州逼到财务破产的边缘,而与此同时,并没有统一的法律来彻底解决这一问题。统一的州法律的缺失可能导致债券市场混乱,从而对州债务稳健性的分析变得困难重重。因此,像其他主权单位一样,应该考虑建立一个各州统一的机制以便在出现财务困难时使用。㊲举例来说,在全球范围,希腊和冰岛已从欧洲财政稳定机制中获得紧急资金,后者就是欧盟按类似原则建立起来的。㊳

州政府第 9 章的替代途径

需要探索一个既能用于美国各州,也能被国家所使用的主权债务解决机制(SDRM)。有许多机制可供使用,其中包括几个领先的主权债务解决机制的途径。一个最基本的工作是,应建立一个包括各类债权人的机构。换句话说,就是为债权人建立一个"论坛",让他们在自愿基础上通过集会并对什么可获得偿付,向谁偿付,什么债务应该免除等问题达成共识。

未来的债务融资还可加入一项"集体行动条款",后者在欧洲债务融资中日趋常见。集体行动条款应包括在融资管理内容中,其中合同方(债券持有人)的多数或超级多数有权力将所有持有人约束到一个债务重组和债务免除(如果需要)决定上。这类条款当前在美国资本市场不被接受,后者传统上要求所有持有人必须在破产程序之外就债务本金或利息的修改达成一致。㊴

另一种主权债务解决机制方法是强制在州合同中加入仲裁条款。但其中的一个缺点是仲裁没有专业机构要求的透明性和债权人参与。在商业协议中,大型机构常回避采用仲裁条款,主权债务协议可能也会如此。

在国际金融市场中,债权人常作为非正式小组走到一起,研究如何协助困境中的主权实体处理不可持续的债务。这些小组可作为主权债务解决机制的模式。巴黎俱乐部成员定期在法国聚会,出席者均为世界上富裕国家(包括美国)的代表。巴黎俱乐部在保密基础上考虑来自债务危机国家的请求,其通常会提出一个债务重组计划,以作为债务违约的替代选择。尽管这些决定没有法律约束力但通常会被遵守。伦敦俱乐部成员主要由大型商业银行组成,在需要时临时安排聚会。伦敦俱乐部有着与巴黎俱乐部一样的目标，即进行债务削减而非债务违约。因此，与公共贷款人组成的巴黎俱乐部相比，伦敦俱乐部是私人债权人的非正式组织。

如果俱乐部程序的非正式方法无效，那么面向主权实体的破产法庭就会启动，如在美国主权州债务问题上的应用。这种法庭可在自愿基础上进行构建，以避免《破产法》提出的宪法第10条修正案问题。

最后，可以像主权债务解决机制那样创建一个争议解决论坛，并像主权债务重组法庭或主权债务法庭那样，以独立性、专业性、中立性和可预测性为特征，来核实和调解各类索取权。争议解决程序应尝试在各方之间达成协议。任何重组计划应获得多数债权人的投票支持，并在重组计划未获批准情况下最终让一个主权债务法庭来判断何去何从。

结　　论

美国的州和地方政府的债务融资有着值得骄傲和成功的历史。除了阿肯色州1933年在公路债券上的违约外并很快得到再融资后，各州政府自19世纪初以来没有在其一般债务上违约过。在那个时代，有13个州拒付了内战后由外来管理者过度支出造成的债务。除了少数例外，自治体一般都履行了其基本服务方面的债务责任。这一历史事实并非意外。州和地方政府已严重依赖"低廉融资"，以弥补其不均匀的税收收入，和提供所需的基础设施和必需的公共服务。这种低廉融资让州和地方政府能规划自己的未来，建设和提供适合本地需要的基础设施和公共服务。然而，个人和市场参与者现在质疑这种历史模式能否持续，如果他们想挺过现在的这场危机，此时重新回顾历史先例对于州和地方政府非常必要。关于自治体债券的可靠性，类似的问题和争论在20世纪30年代大萧条时期也出现过，那时自治体因税收收入不足导致的延迟偿付或违约，而面临毁灭性的诉讼。⑩这种情形造就了第9章程序，但第9章不是作为普遍性救济，而是其他措施失败之后的最后手段。

在现代历史上，第9章很少使用，但作为最终安全阀始终存在。州和自治体已尽其所能履行其偿付义务、避免违约和债务拒付。当然，部分原因是需要获得债券市场支持和低廉融资，但是另一个动机则是在履行这些义务时，自治体应确保其市民将继续获得必需的公共服务，如果做不到这一点，将导致灾难性后果。

当前的危机，包括无资金支持的养老金债务、老化的基础设施、日益增长的医保、教育和安全需求，必将带来创新的方式，以支持州和自治体履行其提供必需服务和改善服务，履行实现更加美好的明天的义务。不够创新和相对简单的方法，将是自治体更多地使用第9章和创建面向州政府的破产法院，以缓解当前的财务困境。但是，破产法院不会提供过渡融资，也不会临时提供必需的公共服务，破产几乎影响所有选民、纳税人、政府工作人员、供应商和公共服务，它是一个昂贵、耗时、充满破坏性的程序，只有在没有任何替代选择的情况下，才可能考虑采用这一程序。正如本文已表明的，我们需要考虑更好的选择，在灾难来袭之前准备到位。

我们的未来，部分依赖于我们能否不走捷径而是解决实际问题，同时不去破坏那些在过去和当前仍有效的机制。或许下一代主权债务解决机制将依赖于监督、援助和再融资机构的更多立法，这可将某些繁重的公共服务转移到其他实体，提供过渡融资，以及确定合适的新税源，协调州政府和地方政府的关系以确保问题得到解决，而非将问题转移给他人。新机制应不会影响所有选民，包括那些与问题无关的个人。相反，新机制应是一把手术刀，以一种谨慎的方法，如外科手术般地处理问题，不会对正常机制造成负面影响。这将带来一种新的有效机制，以更低的成本、更小的破坏，更为准确地关注问题所在。这些新的解决机制已在纽约市、克利夫兰市、费城和其他城市初步发挥了作用。本章的目的，不只在于描述已发生的问题、已见效的解决办法及其实现方式，同时还在于指出那些新的创新机制，将帮助减轻财务困境的痛苦，并帮助政府通向财务健康，让所有人拥有一个光明的未来。

注释

① US Census Bureau, Federal, State and Local Governments, State and Local Government Finances (published July 2008), available at http://www.census.gov/compendia/statab/2010/tables/10s0423.pdf.
② Pew Center on the States (2010); Wilshire Consulting (2010); Spiotto (2010b).
③ James Spiotto, *The Government Debt Tsunami* (April 2010), available at http://chapman.com/publications.php.
④ 同上。
⑤ Hillhouse (1936).
⑥ 19世纪，州和地方政府债券经历了拒付时期（13个州拒付美国内战期间发行的债券），自治体铁路债券也同样经历了拒付时期（导致阻止了州政府向所有私营公司的债权人援助拨款），由此债券顾问的角色被建立。各州通过立法程序将道德义务转变为法律义务，确认了州和地方政府发行债务的支付义务不能受主权豁免的保护的基本原则。在1876年，大法官约翰·福雷斯特·狄龙（John Forest Dillon）在《南方法律评论》（*Southern Law Review*）上发表了一篇重要的文章《自治体债券法》（The Law of Municipal Bonds）。在文章中他认为，自治体发行债券的权力应该受制于法院的决定。在此前，作为艾奥瓦州高等法院的首席大法官，狄龙大法官曾发表观点，确定了评估地方政府权力的现代法律原则。他还曾经发表关于自治体公司的专著。自治体债券的购买者（包括背书者）开始关注狄龙法官关于他们所购买的债券的合法性和可执行性的观点。一些律师事务所也开始专门代理此项业务，并最终使得债券顾问这一角色得以出现。
⑦ Moody's Investor Service, *U.S. Municipal Bond Defaults and Recoveries*, 1970-2009; Moody's Investor Service, *Corporate Default and Recovery Rates*, 1920-2009, for a contrast of the 1970-2009 period. See also Citigroup Global Markets Inc., *Municipal Credit Quality in Recessions and Depressions*, January 2009.

⑧Standard and Poor's, 2009 *Global Corporate Default Study and Ratings Transition* (March 17, 2010); Standard and Poor's, *U.S. Municipal Ratings Transition and Defaults*, 1986-2009 (March 11, 2009).

⑨Dunstan McNichol, "Budget Cuts May Avert Any 'Blip' in Muni Bankruptcies," Bloomberg.com (April 29, 2010), available at http://www.bloomberg.com/apps/news?pid=20670001dsid=aysoinVpqDq4.

⑩公元前500年,希腊阿塔纽斯城和阿索斯城拒付欠银行家友布罗(Eubulus)的债务,被迫接受破产接管。直到债务被还清前的数年,由银行家作为城邦接管者,控制了城市的税收收入用于偿还债务,还控制了政府向市民提供的公共服务。在公元前4世纪,阿提卡海事协会(Attic Maritime Association)的10个城邦未能偿还提洛神庙(Delos temple)的借款,这些希腊城邦也遭遇了被破产接管的命运。

⑪1937年,联邦自治体破产法第一次通过宪法审查。自治体破产法的较早版本由于与宪法第10条修正案冲突而被认定违宪。

⑫换句话说,与政府是为了给政府的活动融资而发行债券相比,当债券是私人活动债券或者"管道债务"(债券由政府机构发行,但代表的是其他营利或非营利机构的利益,或者是为了刺激经济发展)时,自治体债券违约更容易发生。

⑬吸取了纽约和克利夫兰经验制定的自治体破产法修正案,允许自治体有能力去借贷资金,而不需要担心与无法偿付有关责任的免除,包括引入"特殊收入"的概念。

⑭加利福尼亚州教育法案第15251节规定了专门为支付本金、利息,并作为债券担保而开征的税种。

⑮1994年,作为华盛顿公共供电系统违约事件的结果之一,证券交易监督委员会通过对第15c2-12条款的修正,引入二级市场披露,开始正式确立持续披露责任。

⑯一个较早的科罗拉多州特别行政区的判例认定,在州法律下法定授权不作为成为第9章要求的债务人的必要条件。随后,1994年破产法修正案要求自治体如果要作为第9章债务人,必须有特别授权,这或许是一般权力足以支持一项自治体破产案这一规定的结果。

⑰*In re City of Bridgeport*, 132 B.R. 85 (Bankr. D. Conn. 1991).

⑱Baldassare (1998); 11 USC § 109 (c).

⑲Andrew Ward, "Is Vallejo Really Broke? Its Unions Want to Know," *The Bond Buyer*, July 25, 2008, p.1.

⑳Michael Cooper, "An Incinerator Becomes Harrisburg's Money Pit," *New York Times*, May 20, 2010, sec.1, p.A14.

㉑11 USC § 109 (c).

㉒11 USC § 101.

㉓除了要求自治体是州的机构外,申请第9章程序还需州政府的特别授权,各州就此项要求有着不同做法。

㉔Spiotto (2010a).

㉕第9章债务人的资格问题经常是自治体破产案件中决定立案与否的关键问题。

㉖*In re City of Bridgeport*, 132 B.R. 85 (Bankr. Conn. 1991).

㉗*In re City of Vallejo*, 408 B.R. 280 (B.A.P. 9th Cir. 2009).

㉘《破产法》第902节将"特定收入"界定为:(a) 由项目的所有权、运营或处置权所衍生的收入应该主要用于或者计划用于提供交通运输、基础设施或其他公共服务,收入包括为给这些项

目融资而获得的借款；（b）对特定活动或交易征收的特殊消费税；（c）在采取附加税融资形式时，从受益区域获得的附加税收入；（d）从债务人的特殊功能衍生的其他收入；（e）税收征收是为了给一个或多个特定项目融资，不包括服务于债务人一般目的的财产税、销售税或所得税（不包含附加税融资）。这一定义被作为 1988 年破产法修正案的一部分纳入第 9 章，国会希望通过此修正来提供一种不受破产负面影响的融资形式。

㉙ *In re County of Orange*，189 B. R. 499（C. D. Ca. 1995）.

㉚ *In re Sierra Kings Health Care District*，Case No. 09-19728（Bankr. E. D. Ca. Sept. 13，2010）.

㉛ S. Rep. No. 506，100th Cong.；2nd Sess. 7（1988）.

㉜ 465 US 513（1984）.

㉝ 机构可以将养老金和工资福利水平调整到可持续且可承受的水平，以保证政府具有提供必需的公共服务的财政能力，从而避免政府的破产。

㉞ 举例来说，在宾夕法尼亚州，州法律规定了一套程序来认定陷入困境的自治体，以及陷入困境的自治体的协调人制度。

㉟ Elizabeth Stelle，"Harrisburg Considers Bankruptcy，Act 47，" *Commonwealth Foundation*，October 27，2010，available at www.commonwealthfoundation.org/policyblog.

㊱ 同样，俄亥俄州也有本地财政紧急法案，可供债券持有人在违约事件中调用，并引入一个委员会来介入自治体事务。

㊲ 因此，像其他主权单位一样，应该考虑建立一个各州统一的机制，以便在出现财政困难时使用。

㊳ Jan Strupczewski and Padraic Halpin，"Ireland in Aid Talks with EU，Rescue Likely，" Reuters，November 12，2010.

㊴ Trust Indenture Act of 1939，Section 316（b）.

㊵ Advisory Committee on Intergovernmental Relations（1973），11-16.

参考文献

Advisory Commission on Intergovernmental Relations（1985）. "Bankruptcies，Defaults and Other Local Government Financial Emergencies." Washington：ACIR.

Advisory Commission on Intergovernmental Relations（1973）. "City Financial Emergencies：The Intergovernmental Dimension." Washington：ACIR.

Baldassare，Mark（1998）. *When Government Fails：The Orange County Bankruptcy*. Berkeley：University of California Press.

Gewehr，Brad（2010，March）. "Municipal Bonds：The Road Ahead." *UBS Risk Watch*. Hempel，George H（1971）. *The Postwar Quality of State and Local Debt*. Cambridge，MA：National Bureau of Economic Research.

Hillhouse，A. M.（1936）. *Municipal Bonds：A Century of Experience*. New York：Prentice Hall.

Leigland，James，and Lamb，Robert（1986）. *Who Is to Blame for the WPPSS Disaster*. Cambridge，MA：Ballinger.

Pew Center on the States（2010）. "The Trillion Dollar Gap：Underfunded State Retirement Systems and the Roads to Reform." Washington，DC.

Spiotto，James（2010a）. "Historical and Legal Strength of State and Local Government Debt Financing." Chapman and Cutler LLP，http：//chapman.com/publications.php.

Spiotto, James (2010b). "Unfunded Pension Obligations: Is Chapter 9 the Ultimate Remedy? Is There a Better Resolution Mechanism?" Chapman and Cutler LLP, http://www.chapman.com/media/news/media.907.pdf.

Wilshire Consulting (2010, March). *Wilshire Report on State Retirement Systems: Funding Levels and Asset Allocation*. Santa Monica, CA.

第 28 章 政府财务报告标准：回顾过去、审视现在、预测未来

克雷格·D. 舒尔德斯（Craig D. Shoulders）
罗伯特·J. 弗里曼（Robert J. Freeman）
杨全社 刘翔 袁泉 译

本章探讨的是地方和州政府在财务报告标准方面的最新变化。对很多人来说，这个领域或许比较神秘；然而，为实现对政府财务状况和运作的准确、及时报告而制定的准则能够产生广泛的影响。落实政府问责制，就必须对政府纷繁复杂的财务活动进行系统、清晰和及时的报告。尽管政府会计准则委员会（GASB）的财务报告要求并没有得到彻底的贯彻，但在过去 30 年里，政府在遵守这些要求方面不断取得进步，未来预计也是如此。在分析财务报告时，需要注意的是，在一个年度中，政府是根据预算来对各项交易进行记账的，而这种记账方式并不仅遵从一般公认会计准则（GAAP）。为了满足财务报告的目的，政府还需在年末将该年度的会计信息转化为基于一般公认会计准则的形式。一般的周期是，基于一般公认会计准则的财务信息由审计人员进行编写、记账和审核，并确保结果符合一般公认会计准则标准（或指出不符合的地方）。

尽管政府会计准则委员会不对预算措施和内部预算报告的实践负有管理责任，但直到最近，预算报告，即通过预算与实际结果的比较，以反映预算的执行情况，也是一般公认会计准则财务报告要求的核心组成部分。按照现行标准，一般基金和特别收入基金的预算报告仍然是必需的，至少是作为补充信息。本章不讨论以管理为目的的预算控制和报告问题，这些问题在很多政府会计教材中均有所涉及。[①]

过去几十年间，各州和地方政府会计和财务报告的主要关注点在落实 1999 年采用的财务报告模式。当年，政府会计准则委员会发布了第 34 号公告，即《州和地方政府的基本财务报表以及管理讨论与分析》。[②] 该模式的采纳，尤其要求编制政府层面财务报告，作为一般公认会计准则要求的基本财务报表的一部分的规定，被认为是政府财务报告演变过程中一个里程碑式的事件。而近期政府会计准则委员会所制定的标准，主要与落实和改进这些政府层面的财务报表所涉及的问题有关，包括退休雇员福利等热点问题。其他关注点还包括对传统财务报表和报告以外的信息进行汇报。[③] 自第 34 号公告发布之后，唯一一个对政府资金财务报表有显著影响的规定就是最近发布的一个标准，它改变了资金收支分类并修改了政府资金的定义。

过去几十年中，其他关键的发展还包括政府会计准则委员会在"框架概念"项目以及实施指南、说明和技术公告的出版方面取得的进步。与此同时，委员会还成立了一项联邦基金，用于稳定其资金来源，以及开展除制定发展标准以外的其他工作，例如与美国证券交易委员会合作，以扩大其在该领域的影响。

我们将对新的财务报告模型的某些方面进行简要分析，以探寻各州和地方政府财务报告的发展趋势。但是我们不会做深入的探讨，因为基本模型已经广为人知。但是，新模型在过去几十年对于财务报告和标准的制定所产生的影响是广泛的。

在本章的开头，我们将探讨政府会计准则委员会职责的拓展，以及政府财务报告模型的显著变化：财务报表的本质和内容，可选择性或建议性财务报告指南的发展以及政府会计准则委员会工作重点的变化。在分析了政府会计准则委员会现在的关注点和影响政府会计与财务报告的诸多因素后，我们讨论了关于新的发展动态对于委员会乃至会计、财务报告学科在未来10~15年的影响。

发挥标准制定者在会计方面的作用

传统上，制定会计标准时主要关注的是按照一般公认会计准则的要求，对财务报表的编写做出指导。然而，最近发布的企业通用目的财务报告目标的概念公告——财务会计准则委员会（FASB）制定，与国际会计准则理事会（IASB）的理念不谋而合，都扩大了财务会计准则委员会在标准制定上的作用。财务会计准则委员会在概念公告中得出以下结论：

与本委员会的职责相一致，财务会计概念体系确立了财务报告目标，不仅仅是财务报表。财务报表是财务报告的核心组成部分，而本委员会所处理的问题大多数也涉及财务报表。尽管财务会计准则委员会第1号概念公告，即《企业财务报告目标》明确的范围是财务报告，但财务会计准则委员会发布的其他概念公告关注的只是财务报表。国际会计准则理事会的前身，在1989年发布的《编制和提供财务报表的框架结构》，所关注的对象也只是财务报表。因此，两个委员会现在都扩大了概念框架的范围。[④]

财务报告的目标比财务报表更加广泛

政府会计标准制定者，尤其是政府会计准则委员会，一直在扩大财务报告的概念范围。政府会计准则委员会在第1号概念公告《财务报告的目标》中指出，委员会认为"政府责任的范围很广，州和地方政府的财务报告目标不限于'提交基本的财务报表、财务报表附注以及相关的补充信息'"[⑤]。事实上，财务报表的另一个目标是"为使用者评估政府机构提供的服务、成本和工作完成情况提供信息"[⑥]。早前，政府会计准则委员会针对服务和工作完成情况发起过一个重点项目，现在正在考虑经济情况报告和前瞻性信息的提供。政府会计准则委员会主席近期表示，政府会计准则委员会应当考虑目前更受欢迎的报告形式，包括以公众为中心的总结报告和服务、工作完成情况汇报等。[⑦]

政府会计准则委员会财务报告指引包括非强制性财务报表

政府财务报告指南一直要求政府发布的综合年度财务报告（CAFR）中包括介绍部分和数据部分。然而，在政府会计准则委员会的前身全国政府会计理事会（NCGA）发布第1号公告前，政府需提交的所有资金的财务报表都在一般公认会计准则要求的范围内。而在全国政府会计理事会第1号公告发布后，政府财务报告出现了新的变化。它指出，政府财务报表的级别不同，并非所有的财务报表都是一般公认会计准则所要求的。很明显，政府会计准则委员会希望超越传统上对于一般公认会计准则范围的理解。

过去40多年中，政府财务报告方面发生了巨大的变化，未来还会有更多变化。而过去这些变化的本质、当前政府会计准则委员会的项目和政府财务环境的变化，都可以为我们了解未来变化的实质和方向提供指导。

政府财务报告模式的变化

针对一些政府活动，如公共安全、教育和公共事业，编制的财务报告模式一直在变化。此前的财务报告主要关注的是预算使用和财政资源的问责。而现在更加贴近政府决策过程，焦点除了财政资源外，还强调对资金运作的问责（预算问责处于次要地位）。⑧传统上，只有商业类型的政府活动的财务报告才要求运作问责，按照政府会计准则委员会的定义，"政府有责任汇报其利用一切资源有效完成经营目标的情况，以及在可预见的未来，能否继续完成目标"。除了更加强调对政府活动在运作上的问责，政府会计准则委员会似乎在扩大关注范围。尽管在成立后的25年中，政府会计准则委员会一直是财务报告改革的主力，但这些改革早在其成在之前就埋下了伏笔。

全国政府会计理事会成立之前

1968～1979年，美国实行的政府会计标准是由几个全国政府会计委员会，即政府财务官员协会（GFOA，前身为市政财务官员协会）多个委员会制定的。这些早期标准的三个主要特征是：

- 强调法律和预算问责，以及预算报告；
- 关注单项基金的财务报告；
- 以修正的权责发生制为基础，报告使用政府性基金或非基金账户组的一般政府活动。

按照一般公认会计准则的要求，对政府财务报表进行独立审计尚未普及。但是，随着地方债券市场的发展成熟，亟须具有可比性的、可信的财务报表。同时，随着联邦政府资助项目的拓展，也越来越需要对各类联邦补助资金进行报告。因此，对于一般公认会计准则财务报表和报表审计的需求不断增加。

20世纪70年代，纽约及其他几个城市发生的财务危机让人们开始重新关注政府财务报告，既包括当时按照汇报标准所要求的财务报表，也包括标准执行不力的问题。⑨政府会计准则委员会后来解决的一些问题在当时都受到关注。当时人们担忧的问题包括：服务成本信息的缺失、报告模式、养老金以及其他退休后福利、政府财务报告主体、服务和工作完成情况报告等。⑩

1979年发布的全国政府会计理事会第1号公告体现了政府财务报告的一项新特征。对之前标准的批评包括缺少覆盖全政府层面的财务报表。为解决这一问题，全国政府会计理事会首次提出要求一套覆盖多项基金的政府财务报表。这种组合式财务报表着眼点在于政府总体的财务状况和财务活动，关注的是资金类型和账户组，而不是单项基金。一项例外的情况是，应当提供一份组合式的预算比较说明，覆盖一般基金和特别收入基金。按照基金类型制定的财务报表，报告的是同一类型下所有资金的总和。例如，按照全国政府会计理事会第1号公告，政府基金及可支出信托基金的收入、支出和基金结余变化的合并报表可以按照以下形式编写进财务报表（见图28.1）。

图 28.1　合并报表

显然，一般基金那一栏报告的是单项基金。然而，其他几栏都可以报告某一类型的基金的综合数据。例如，特殊收入基金就可以是两三种甚至十几种特殊收入基金的总和，取决于政府这一类型基金的种类。

全国政府会计理事会认为，上述合并报表是在单项基金财务报表之外提供的，这一主张也反映在第1号公告里。合并报表应当是处于财务报表金字塔的塔尖位置。在这个金字塔上，在合并每一类型的财务报表时，应当提供单项基金的详细信息。在某些情况下，还需要单项基金财务报表，不允许直接提供合并财务报表。

尽管在全国政府会计理事会第1号公告中明确提出同时需要单项报表和合并报表，但是公告也指出，一般用途财务报表及其附注可以作为年审所需的基本材料。因此，尽管单项基金财务报告仍然是许多州法律所要求的，但是一般公认会计准则已经不再做要求了。因此，按照一般公认会计准则的要求，政府只需提供合并报表和单项基金财务报表其中之一即可，仅仅是一般用途资金财务报表和附注就足够了。这就创下了"选择性一般公认会计准则财务报表"的先例。因此，按照全国政府会计理事会第1号公告的报告模型，综合年度财务报告的财务部分中大多数的财务报表已经不再是一般公认会计准则所要求的了。

尽管从理论上来说，一般公认会计准则对一些财务报表已经不做硬性规定了，但当时，按照法律法规的要求，大多数政府在提供一般公认会计准则财务报表时，仍需提供一份全面的财务报告（或者至少是综合年度财务报告的财务部分）。同样，大多数政府在发布综合年度财务报告时，需要同时审计一般用途资金财务报表以及合并财务报表和单项基金财务报表。这些用于报告的单项财务报表的资金结构，也反映了以内部管理为目的的资金结构，尽管这并不是标准所要求的。随着时间的推移，越来越多的政府，尽管提供综合年度财务报告，而审计却只覆盖一般用途资金财务报表和附注。在这些审计当中，综合年度财务报告中的其他信息，包括合并财务报表和单项基金财务报表，被认为是补充信息。

全国政府会计理事会模型受到批评

然而，这些新的财务报表也未能完全解决 20 世纪 70 年代中期到末期出现的所有问题。尤其是，政府财务报告受到攻击的地方在于，它们不能充分反映代际公平，也就是所谓的跨期公平。这些担忧针对的是财务报表的时间维度。与后代的纳税人相比，本年度的公民很可能享有更好的服务而延迟支付大部分账单，而这种延迟支付并未在财务报表中清楚地反映出来。事实上，当代人未能全额支付所享受到的服务，其实是在向后代人借钱，而这些债务并未得到反映。由此导致的"无资金准备的负债"，例如，职工带薪缺勤、退休金和其他退休福利（主要指医疗福利）等，是已经产生的服务，但按现有标准却未能被报告。尽管试图解决这一问题，从跨期公平的角度来看，全国政府会计理事会第 1 号公告仍然被批评人士认为是无效的（甚至是无用的）。事实上，全国政府会计理事会第 1 号公告中所说的以资金类型为架构的财务报表，被普遍认为是无效的。

政府会计准则委员会第 34 号公告：双重财务报告模型的建立

美国政府会计准则委员会成立于 1984 年，其最主要的职能就是建立更好的财务报告模型。对新模型的一个期待就是，它能够更好地反映跨期（代际）公平。1999 年发布的政府会计准则委员会第 34 号公告是其 15 年所作出努力的一个最好的成果。它指出，基本财务报表应包括以下组成部分。

- 两张政府层面的财务报表：（1）基层政府的报告包括两部分，（一般）政府活动和商业活动；（2）独立于基层政府的政府构成单位（属于政府财务报告主体的独立单位）。政府层面的财务报表还需要包括净资产表和业务表两种报表。
- 三张基金财务报表：政府基金、权益基金和信托代理基金。基金财务报表是按修正的权责发生制基础编制的，是将政府作为各个独立基金的集合，单独提供主体政府的主要基金信息。⑪ 权益基金和信托基金仅按照基金类型进行报告。政府层面财务报告要采用完全的权责发生制。

对于一般用途基金或按年度制定预算的特殊收入基金，其预算报表可被纳入基本财务报表，或作为必要补充信息（RSI）。其他政府基金的预算报表，包括政府的主要基金，不纳入基本财务报表，或作为必要补充信息。

单项非主要基金的财务报表不做要求。如果政府选择出版一份综合年度财务报告，则政府会计准则委员会要求除基本财务报表外，还需提供单项财务报表。这些额外的财务报表必须按照政府会计准则委员会的指导提供，符合综合年度财务报告在结构和内容上的要求。而政府既可以对它们进行审计，也可以不做审计，仅视作补充信息。缺少这些额外的财务报表，不会影响审计部门对于政府基本财务报告的评价。一般公认会计准则不要求提供综合年度财务报告，这使得除三张基金财务报表以外的其他财务报告都成为"可选项"。需要指出的是，在存在未偿付债券的情况下，政府一般需要提供完整的综合年度财务报告，即使其中大部分内容超过了一般公认会计准则的最低要求。

政府会计准则委员会第3号概念公告《包含基本财务报表的一般用途外部财务报表》中，提供了理解"选择性一般公认会计准则要求"的一种方法：

一些调查对象认为，补充信息仍然是监管部门所要求的，尽管从标准制定的角度来看，它们是有自由选择权的，但事实上并非如此。政府会计准则委员会决定从概念公告中删除"自由选择"的说法，并进行说明，尽管政府会计准则委员会不要求提供补充信息，但有关法律法规可能会做要求。各政府需要按照适用的政府会计准则委员会发布的指南提供补充信息。[12]

报告重点的变化

报告标准方面出现了三方面的变化。显然，这些变化反映了问责重点的变化，并将继续改变政府财务报告。（1）政府基本财务报告不再关注预算问责；（2）基金报告的弱化；（3）体现跨期公平成为重点。这样一来，财务报表就成了基于收入和支出的资本保值概念。还有一点，就是之前所提到的，政府会计准则委员会对财务报表的要求不再限于财务报表和附注。

预算报表在基本财务报告中的弱化

在早期的一般公认会计准则正式和非正式指南中，预算报表原本是政府财务报告中唯一要求的一种报表。[13]的确，鉴于依法通过的年度预算在政府决策、管控和问责中发挥的重要作用，而政府提供预算来分配用于各项目的的基金，因此基金财务报告自然是预算财务报告要求的一部分。

恰当的预算报告和问责——包括说明有限的资源被用于有限的目的——这一理念一直贯穿于现代政府财务报告标准，直至政府会计准则委员会第34号公告的发布。事实上，政府会计准则委员会第1号概念公告《财务报告的目标》，认识到了政府对公共财政支出所负的合理解释责任。

按照概念公告，"问责"是财务报告最重要的目的。财务报告的一个用途就是通过"对比实际财务结果与依法通过的预算"来评估"问责"。[14]此外，财务报告的目的还在于"财务报告应当显示资源是否按照预算进行了分配和使用；同时必须符合其财务相关的法律法规的要求"。[15]

尽管概念公告也指出，财务报告的目标不一定都能通过财务报表完成，但是财务报表显然是当时的常态；而委员会也将其认为是实现预算财务报告目标的方法。然而，在政府会计准则委员会第34号公告发布后，大部分政府基金的对比预算报表不再允许作为基本财务报表的一部分。结果是，对比预算报表从每项基金都需要提供（全国政府会计理事会第1号公告前），到一般用途资金和特殊资金需要提供（全国政府会计理事会第1号公告），到只有一般资金和主要特别收入基金需要提供，最后到只对一般用途基金做要求，而对于其他主要特别收入基金只是其基本财务报表的可选部分；对于其他特别收入基金不再作为补充信息。其他政府基金的对比预算报表仍然包含在综合年度财务报告中，一般作为补充信息存在。⑯

基金仅作为内部问责和控制机制

过去20多年的影响对政府财务报告要求的另一个变化就是，基金会计越来越多地被视作仅用于内部问责的目的。在过去那些被要求提供某些版本的基金报告的组织机构中，只有各州和地方政府仍需对外进行基金披露。即便如此，要求提供的报告内容也大大减少。

主要基金披露被认为是全国政府会计理事会第1号公告中规定的基于类型的披露模式的一个进步。但是，在基本财务报表中，除一般基金外，会有一两项独立列示的基金。同样的，不存在某种一般公认会计准则指南，说明何时需要某一单项基金，而不是一般基金用于财务报告。因此，许多政府并不接受关于基金结构的传统看法。例如，传统上认为，一些政府对每一种由某一独立主要债券支持的非经常开支项目独立地进行财务报告；而另外一些政府则将用于内部报告的所有非经常性开支项目汇总到用于外部财务报告的某一类型的非经常性开支项目，即使这一类型的项目是由不同的债券或拨款支持的。这些问题导致一些人认为，只有政府层面的财务报告才具有可比性。

传统上，有权授予本科学位的公立大学和院校发布了基金财务报告，现在仍然可以。但是，按照政府会计准则委员会第35号公告《公立大学的基本财务报告和管理讨论及分析》，这些大学的财务一般以企业活动的形式对外报告。它们大多数仍然采用的是传统的基金会计结构。从这里就可以清楚地看出政府部门中内部和外部基金结构的差异。

跨期公平的出现和演变

如前所述，全国政府会计理事会第1号公告《政府基金财务报告》被指责未能明确告知报告使用者政府通过借债来偿付当期成本，包括索赔、带薪缺勤以及退休福利（当时指养老金）。这种批评主要源于纽约和其他政府在20世纪70年代发生的财政危机。这些债务的绝大部分——被称为"经营性债务"——及其变化在本质上来说是长期性的，主要反映在合并财务报表和财务报表附注中。这种处理方法的依据是全国政府会计理事会第4号公告《索赔与带薪缺勤的会计和财务报告准则》，它被应用于政府基金报告的许多款项,包括养老金和其他退休福利。[17]当时的批评人士认为,这种做法未能恰当地体现跨期公平。

体现跨期公平逐渐成为政府财务报告的一项重要目标。但是,在全国政府会计理事会多次的努力都失败后,面对人们对于当时报告模式的批评,1984年,美国成立了政府会计准则委员会。看一看政府会计准则委员会成立之初的一些文献和项目,会发现该委员会很早就意识到了跨期公平的问题。在最早的概念公告——《财务报告的目标》中,描述了各州财务报告的目标是"必须提供信息,用于判断当年的财政收入是否可以偿付当年的服务支出(跨期公平问题)"。[18]

政府会计准则委员会早期在研究新的财务报告模型时所发布的第1号概念公告中,将跨期公平理解为一个可以通过财务资源信息流实现的目标。的确,政府会计准则委员会最初试图建立一个新的财务报告模式,基于计量核心和政府基金经营收支表的会计标准,并将其视作新模式的基础。这个标准未能发布,它需要政府报告利用财务资源计量核心对资金运作进行汇报。对该标准进行总结,政府会计准则委员会第11号公告《计量核心和会计基础——政府基金经营报表》指出:

> 政府基金经营报表应以财务资源流动性为计量核心。基于此计量核心的运作结果显示的是一段时期获得的财务资源在多大程度上可以偿付当期产生的债务。这种方法以财务资源流动性为计量核心并根据改良的权责发生制原则进行报告。
>
> 这一做法适用于政府环境,也回应了政府财务报告使用者的需求。它基于问责概念,考虑了跨期公平,即当年收入是否足以偿付当年服务支出。同时,它也考虑了政务性活动的绩效目标和标准、预算目的和效果即其他财务控制;并通过基金会计实现合规性,改进财务管理。[19]

在发布第11号公告后,政府会计准则委员会为如何在政府基金资产负债表中应用以财务资源流动性为计量核心的方法进行了研究。政府会计准则委员会开始探讨和研究双重模式。在此模式中,政府会计准则委员会要求针对独立基金编制独立基金报告,取消合并财务报表。政府方面的财务报表需提供财政资金流动和收支的信息,以体现跨期公平。政府会计准则委员会对跨期公平的理解也从财务资源流动的层面转变为财务资本维护的概念,这一点与商业会计不同。这一双重模式在政府会计准则委员会第34号公告中得到确立。

过去,政府会计准则委员会并没有认识到,政府提供服务的实际费用和服务完成情况可以与预算或财务资源信息进行匹配。但是,在1987年政府会计准则委员会第1号概念公告和1999年政府会计准则委员会第34号公告颁布之间的12年时间里,跨期公平的含义发生了巨大的变化。第1号概念公告中,对跨期公平的阐述与预算报告和修正的权责发生制密切相关,如下文:

> 跨期公平的概念在许多州的成文法和地方性法规中反映为平衡预算要求和债务限制。基本上每个州都设有某种类型的平衡预算要求。一些州,举例来说,依法必须"确保财政收入足够支付本财年的支出"。一些州甚至要求,本年的财政赤字须在下一年补足,即多年期预算平衡的概念。[20]

与此同时，公告还指出，一些州的预算法规不符合跨期公平的概念：

某些州的预算要求，例如"非预算资金"的做法，可能导致无法获得真实的平衡预算。举例来说，一个州成文法规定，债券收入可以视作收入来源，允许州长建议一些平衡预算的方法，包括举债、征收新税或提高现有税种的税率等。①

然而，第1号概念公告表示：

本部分所讨论的问责和跨期公平问题适用于政府预算和财务规划过程。例如，实现跨期公平目标的一个方法，是对新开支项目进行预算评估，包括新法律、计划决策和主要非经常性项目开支等。因为这些项目将大大增加纳税人未来几年的负担。可以在立法会会议结束后发布五年期收支预测。②

而在1999年政府会计准则委员会发布第34号公告时，它对于跨期公平的理解有了很明显的变化。的确，与财务问责相比，从经营问责的角度，基于全面的财务资源信息流才是必需的，以说明当期收入在多大程度上可以偿付支出。公告的前言中指出，政府层面的财务报告的优势在于，它有助于使用者"评估政府当年收入是否足以偿付当年所提供的服务"。

现在我们了解的跨期公平是一个经济资源流动（以收支为基础）的概念。这是政府会计准则委员会在探讨财务报告和经济状况时所希望解决的问题。然而，对于非直接费用资助的活动，只能从总和的层面进行考虑，即政府提供的"一揽子"服务所需成本是否可以由当年的收入偿付（包括主要税收和一些主要政府间收入）。该概念指出，如果跨期公平目标实现，那么某一政府的净资产在一年内是不会变化的。

政府会计准则委员会第34号公告具有里程碑意义，因为它首次提出要求州和地方政府提供政府层面的、基于收支的财务报表。政府会计准则委员会第34号公告还包括其他细微的变化。它主要针对的是政府层面和拨款项目的财务报告（使用相同的计量核心和会计基础）。这适用于政府会计准则委员会关键项目，如养老金和其他退休福利、衍生工具、污染修复、无形资产。

政府会计准则委员会目前关注的问题

了解政府会计准则委员会当前的关注点和方向，有助于预测政府财务报告未来10~15年可能发生的变化。新的报告模式确定后，政府会计准则委员会的议事日程主要围绕着影响政府层面财务报表的问题（拨款项目财务报表）和服务成本信息展开。从此以后，政府会计准则委员会针对养老金和其他退休福利、无形资产、固定资产损失、衍生工具、污染修复和解雇补偿制定了标准。按照政府会计准则委员会主席的说法，政府会计准则委员会现在关注的主要是退休福利、经济状况/财政可持续性、电子报表、前瞻性信息和通俗报告等。

退休后雇员福利

退休后雇员福利（目前的工作是养老金福利，以后将关注其他退休福利）在政府会计准则委员会的议事日程中占重要地位，并有可能成为第 34 号公告发表的新模式后对政府财务报告有最重要影响的问题。政府会计准则委员会最初的观点认为，委员会倾向于要求政府在净资产发布中披露按权责发生制的未备资金养老金负债。许多人预计，这种要求最终会得到落实，并将推广到其他退休后福利。关于政府会计准则委员会要求将养老金和其他退休福利负债在政府层面财务报表中披露的预测，也反映在媒体对当下的财务危机中养老福利问题的广泛关注上。专业出版物和大众传媒都表达了对当前养老福利不可持续性的担忧。此外，私营部门福利削减，与政府雇员享受的福利形成鲜明对比。最后，州政府资产报表和补充信息显示，如果建议指南得到落实，许多州政府活动的总净资产或主要政府总净资产会出现负值。

这项要求可能产生的影响是显然的。举例来说，2013 年 3 月 31 日，纽约州政府层面的净资产报表显示，主要政府总净资产为 281 亿美元；补充信息中显示，养老金未纳基金精算负债（基于 2008 年的精算估值）为 568 亿美元。尽管其中一些在政府层面财务报表中已经包含，但如果全部列报，将会导致出现主要政府 200 亿美元的净资产负债。2009 年，一项研究表明，人口最多的几个州中，养老金未纳基金精算负债超过 2500 亿美元。与以往一样的是，政府基金的会计和报告预计不会受到影响。㉓

经济情况/财政可持续性和前瞻性信息

在政府会计准则委员会网站上发布的 2010 年 10 月委员会会议纪要主要讨论了经济情况、财政可持续性和前瞻性信息以及预测。会议纪要指出：

委员会开始讨论：（1）用前瞻性信息对于使用者评估政府机构的财政可持续性是否必要；（2）第 1 号公告《财务报告的目标》中写明的属性特征是否可以应用于前瞻性信息；（3）在评估前三大类相关的前瞻性信息中（产生收入的能力，信守当前服务承诺的能力，以及满足委员会之前会议上暂时通过的财政承担和承诺的能力），研究人员必须要采取的具体方法。具体的措施由研究人员拟定，并根据特别小组成员的反馈确定。委员会暂时达成了共识：前瞻性信息对于使用者评估政府机构的财政可持续性是必要的。㉔

委员会还在 2010 年 10 月就具体措施达成了共识，这些都是在概念上对使用者评估政府财政责任至关重要的措施。包括用来衡量以下政府能力的单项措施：

- 产生收入的能力；
- 信守当前服务承诺的能力；
- 满足委员会之前会议上试图通过的偿债能力。㉕

委员会还说明，它们不打算将服务努力和成就的信息视为此次财政可持续性能力项目的一部分。政府会计准则委员会主席在网站上的财政报告中发表了一篇独立的文章来论证前瞻性信息。他表示，第1号公告考虑了上述这些信息。但是，似乎当时的委员会成员和有关人员没有在制定第1号公告的正当程序中真正的像提议的那样考虑过这些信息。㉕

政府服务绩效

自其设立初期起，政府会计准则委员会就开始研究政府服务绩效评估制度及报告制度。概念公告第2号已经关注到这一议题，政府会计准则委员会最近也开始发布相关操作指引。关于政府会计准则委员会在政府服务绩效评估及报告制度中所扮演的角色，应关注以下几个现状：

- 政府会计准则委员会目前只发布关于政府服务绩效的非强制性报告指引；
- 政府会计准则委员会将继续致力于制定政府服务绩效报告指引；
- 政府会计准则委员会如果认为其任务发生变化，有权将其发布的非强制性指引转化为强制性指引；
- 政府会计准则委员会如果在综合年度财务报告的统计模块或其他报告中要求或建议采用某项政府服务绩效标准，可能需要改变非强制性指引的性质；
- 政府会计准则委员会是公认负责制定州和地方政府会计准则的政府部门，因此其发布的非强制性指引也很受重视。如州或地方政府提交政府服务绩效报告未遵守该非强制性指引且被认定具有误导性，该政府可能就此承担相关"举证责任"。

大部分政府服务绩效数据基于政府服务成本，而政府基金财务报表并不提供政府服务成本数据，因此政府服务绩效数据对政府收入与支出数据的要求比一般政府财务报表更为详尽。

由政府提供服务绩效报告的制度安排一直是政府会计准则委员会工作中备受争议的领域。美国政府财政官员协会及其他几个政府会计与金融领域的国家机构一直强烈反对政府会计准则委员会干涉政府绩效评估与报告。这些机构主要的反对理由是政府业绩评估与报告不在政府会计准则委员会职权范围内。同时，这些机构提出政府绩效评估与报告应限制在预算审核程序中。政府会计准则委员会目前只将其指引设定为非强制性指引，也算是对这些反对声音的一种回应。㉗

电子报告

政府会计准则委员会一直关注并监测（政府网站上的）电子报告，同时也致力于建立一个政府电子报告的范例。虽然由于政府会计准则委员会最近在其他优先级项目上投入更多，政府电子报告方面进展受阻，但政府会计准则委员会主席已表示，考虑到及时提供政府信息的需求，他认为政府会计准则委员会将在推进政府电子报告上投入更多时间和精力。㉘

大众化报告

政府会计准则委员会主席还表示政府会计准则委员会未来将更注重推广大众化报告。多年来，各方在推广大众化报告方面做出了有益的尝试。美国政府会计师协会提出的"面向公民的报告"倡议就是最新的努力。该倡议旨在鼓励报告主体提供"政府财务简报作为常规财务报表的补充"。从 2009 年起，美国政府会计师协会开始设立奖励项目，对在提供面向公民的报告方面的努力与成果给予鼓励与肯定。该奖项的评判标准含有一项要求，那就是在获得无保留意见审计报告后及时公布相关报告：

报告主体财年结束后及时公布报告的要求：

（1）第一年向美国政府会计师协会提交的报告，须在 6 个月内完成，且包括无保留意见审计报告；

（2）第二年向美国政府会计师协会提交的报告，须在 5 个月内完成，且包括无保留意见审计报告；

（3）第三年向美国政府会计师协会提交的报告，须在 4 个月内完成，且包括无保留意见审计报告；

（4）第四年向美国政府会计师协会提交的报告，须在 3 个月内完成，且包括无保留意见审计报告。[29]

评判标准除了内容（包括绩效数据及财务数据）上的要求，还有时间上的要求：财务报表从审计、公布到提交的时间越来越短。这一奖励项目是要求政府尽快公布其经审计的财务报表的呼声之一。

报告时效性

政府报告遵守一般公认会计准则成为共识后，政府财务报告的时效性一直是很多人所担心的问题。多年来，普遍认为政府至少应在财年结束后 6 个月内发布财务报告。[30]现在，有呼声要求电子版报告发布时间应大大缩短。政府会计准则委员会主席、美国政府注册会计师协会总裁兼首席执行官均强烈要求政府报告应及时发布，即应在财年结束后 3~6 个月内发布。他们表示，根据政府会计准则委员会使用者调查结果，报告未及时发布已成为一个重大问题，这个问题对债券分析员来说影响特别大。[31]美国政府财政官员协会曾发布有关提高政府报告时效性的"最佳实践"指南，列出了提高报告时效性的建议。[32]上文提到的美国政府会计师协会的大众化报告奖励项目最终也会要求经审计的财务报表在 3 个月内公布。美国证券交易委员会也认为财年结束后 6 个月才发布财务报表是不合理的。一位美国证券交易委员会委员曾表明"在适当授权范围内，委员会可以要求政府在一定时间段内完成信息披露，保证投资决定做出时相关重要信息已公布。我们严重低估了信息时效性问题对今天的市政债券市场的影响"。[33]

提高财务报告时效性的积极影响显而易见。在某程度上，提高时效性只有两个选择：对报告和审计过程投入更多时间和资源或者降低对政府财务报告内容上的要求。在早期提倡提高政府报告时效性的呼声中，就有人提出只保留提供政府层面财务报表的要求。㉞

概念框架——指标与认可

政府会计准则委员会的概念公告不构成一般公认会计准则。然而，某个概念公告一经发布，必然对未来会计标准产生重大影响。正如政府会计准则委员会主席所说，"政府会计准则委员会发布概念框架的首要目的……为政府会计准则委员会解决会计和财务报告问题制定判断的基本理念和界限"。㉟

政府会计准则委员会当前的概念框架项目与信息指标与认可有关——即信息的披露时间及信息评估指标。对政府会计准则委员会而言，这方面最大的难题在于当前财务资源流动模型。然而，早期迹象表明美国会计委员会对该模型成型未抱积极态度——第 34 号公告将该模型的当前形态称为特定实践的集合，并非概念上连贯一致的模型。这就意味着，政府会计准则委员会制定与当前修正的权责发生制政府基金会计准则吻合的财年公告的可能性较低。那么，未来的会计准则很有可能使政府基金财务报告制度发生重大改变。

其他因素

联邦政府在市政债券市场及财务规则制定中影响力越来越大，统一会计准则的持续呼声等都是对未来政府财务报告制度影响较大的发展因素。

联邦政府影响力渐长

近来，联邦政府对政府财务报告制度的影响力日渐增强，主要体现在以下四个方面：

（1）联邦政府致力撤销托尔修正案，因为该修正案限制了美国市政债券规则制定委员会监管州或地方政府债券发行人信息披露要求的权力；

（2）联邦政府在市政债券市场的影响力及权力日渐增强；

（3）财政危机导致的债券市场波动及越来越多个人投资者活跃在市政债券市场；

（4）《多德—弗兰克法案》规定政府会计准则委员会运行经费由联邦政府承担。

联邦政府（特别是证券交易委员会）认为，为了保护投资者，需要加强其对市政债券市场及市政债券发行人的监管。2007~2009 年经济衰退导致的政府财政压力，如加利福尼亚州瓦列霍市市政府破产，以及更多地方政府申请破产的传闻，加大了证券交易委员会加强监管的决心。联邦政府已经在探索加强证券交易委员会监管的途径，可能会将可行性较高的途径付诸实践。㊱

应否废止托尔修正案

1934 年美国证券交易法的托尔修正案是证券交易委员会增强对州和地方政府财

务报告影响的关键障碍。该修正案规定证券交易委员会及美国市政债券规则制定委员会不得："直接或通过证券购买人或潜在购买人间接要求市政债券发行人，在交易前向证券交易委员会或市政债券规则制定委员会备案任何申请、报告或与证券发行、销售或分销有关的文件。"㊲

《华尔街改革与消费者保护法案》规定，美国政府问责办公室应就市政债券发行人与公司证券发行人的信息披露要求进行对比研究，并就研究结果对市政债券发行人的披露要求提出监管建议，包括回答托尔修正案应否废止这一问题。根据《华尔街改革与消费者保护法案》，还在证券交易委员会下设立了市政债券办公室，专门协调美国市政债券规则制定委员会制定及实施规则方面的工作。

主持 2010~2011 年市政债券市场全国调查的证券交易委员会委员在一次访谈中表示，建立及时、统一的信息披露准则的任务非常重要："我们旨在建立的准则既要尽可能全面，又要侧重于热点议题，尤其是我们所了解到的机构投资者和个人投资者关注的问题。"㊳包括年报在内的发行人二级市场备案文件披露的时效性和质量便是（该委员）计划内的一个热点议题。因为经济衰退给州和地方政府带来了不少财政压力，政府发行人在财年结束 6 个月之后才提交年度财务报告的做法已经带来很大问题。㊴

市政债券市场

财政危机对市政债券市场的影响进一步促使证券交易委员会争取更大的监管权。财政危机前，政府发行人通过 AAA 级债券保险公司发行市政债券是一种普遍的、低成本发行策略。但财政危机之后，这一做法不再可行，经过危机的洗礼，原本为数不多的 AAA 级债券保险公司只剩一家还活跃在市场，而且评级已降到 AAA 级以下。人们越来越担心政府破产风险。个人投资者中，无论是直接投资或通过理财公司间接投资，大部分个人投资者都计划持有市政债券直到债券到期偿付。证券交易委员会已表达了对政府发行人不及时披露财务信息这一问题的担忧。同时，证券交易委员会也提出，为了保护广大投资者，应加大其对政府发行人的监管权。㊵

政府会计准则委员会来自联邦政府的经费

现在，由联邦政府为政府会计准则委员会提供经费，解决政府会计准则委员会长期资金困难问题。这是 2007~2009 年经济衰退及接踵而至的财政危机的另一个间接影响。《多德—弗兰克法案》规定，市政债券发行应向政府会计准则委员会缴纳一定发行费，保证政府会计准则委员会有稳定的收入来源。该法案还规定，证券交易委员会不得直接或间接参与政府会计准则委员会日常工作事项或制定一般公认会计准则。这些规定的初衷是保护州和地方政府制定准则不受联邦政府影响，但历史表明，这些规定的长期效果未能实现其初衷。

统一的会计准则

统一的国际标准是近来会计、审计领域的重要发展趋势。推动统一的国际会计准则的努力也颇有成效。推动财务报告准则国际化的努力及关注都聚焦于私人部门商业标准。某种程度上，这是由于世界经济全球化不断推进、跨国企业间的贸易往来不断深化造成的。证券交易委员会允许总部在国外但在美国证券交易所挂牌的公司采用国际财务报告准则进行财务报告，不需要遵循美国一般公认会计准则。

目前，美国财务会计准则委员会和国际会计准则理事会有多个推动统一会计准则的联合项目，旨在提高统一美国和国际财务报告标准的可能性。同时，证券交易委员会也在研究要求美国上市公司从2015年开始采用国际会计标准的必要性。即便这一要求最终未能实施，未来一定会重回人们的视线。

很多人认为统一的国际商业财务报告标准是必然的发展趋势，美国注册会计师协会也在注册会计师考试中对国际财务报告准则进行一定范围内的测试。然而，最近新的进展表明，统一的国际标准并非必然。国际会计准则委员会受托人主席马索·帕多阿—斯基奥帕（Tommaso Padoa-Shioppa）最近表示："统一的国际标准是否能实现，很大程度上取决于美国是否采用。而美国是否会采用，目前来说是非常不确定的。"[41]

此外，尽管各方都做出巨大努力，美国财务会计准则委员会和国际会计准则理事会对一些关键概念仍未达成共识。一些欧洲国家政府施加了压力，使国际会计准则理事会全面修订某项准则，欧盟也不会理所当然地采用某项准则。如果某套准则的采用在欧盟各国政府的政治或财政压力下变得不确定，美国采用这套准则的可能性就很低。同样，如果美国随后试图利用政治或财政压力影响国际准则制定过程，其他国家很可能不会采用这套准则。

在商业会计准则国际化取得充分的成果前，美国政府会计准则不太可能与国际公共部门会计准则统一。如果统一的国际商业会计准则得以确立，首先是国家政府，其次是地方政府，它们感受到的采用统一的政府会计准则压力就会上升。证券交易委员会和事务所论坛是倡导统一国际会计准则的排头兵。美国政府会计准则委员会和国际公共部门会计准则理事会（IPSASB）在双方共同关注的项目上进行了协调与合作，因为固定资产减值项目导致政府会计准则委员会发布有关固定资产减损会计和财务报告及保险理赔金的准则。政府会计准则委员会也投入大量时间与精力，参与国际公共部门会计准则理事会的准则制定过程，如让其研究室主管加入国际公共部门会计准则理事会。最后，我们应该认识到，要实现美国政府会计准则委员会的财务报告准则与财务会计准则委员会或国际公共部门会计准则理事会的准则的统一，前提是在政府层面采用权责发生制原则。不然，只能对财务会计准则委员会或国际公共部门会计准则理事会的准则进行大刀阔斧的修改和调整，而这样的修改是无法想象的。

政府财务报告的未来

展望10~15年后州和地方政府财务报告制度的状态是一项艰巨的任务。1984

年，几乎没人能预料到仅在15年后政府会计准则委员会会采用第34号公告要求的财务报告模型。在今天的规则制定环境中——更大一部分包含基本财务报表的报告倾向于提供补充信息——我们需要区分同一份财务报表中，哪些是保证获得财务报表符合一般公认会计准则无保留意见所需要的信息，哪些是要求政府选择提供补充信息。但是，畅想当前影响着未来政府财务报告的各种因素的发展趋势，未尝不是个有趣而有益的尝试。

发展趋势

按照上述的思路，我们将列出展望的2011年初的形势。

- 政府财务报告的一般公认会计准则从侧重单个基金转向侧重汇总基金整体情况。
- 反映代际平等现在是而且也将继续是财务报告的基本目标，同时这也必然要求收入与支出（政府服务成本）数据以汇总的形式反映在报告中。
- 政府层面财务报表等高度汇总的财务报告比以基金为单位的报告更能切实满足持续强烈的及时报告的要求。这有可能影响未来哪些基金及具体哪些单元应纳入基本财务报表，哪些信息则归为补充信息的范畴。
- 如果要实现包含经审计的信息的财务报告显著提速，那么，准备有多个独立单元的基本财务报表并获得相关审计信息将会是个额外的挑战。
- 政府是唯一需要准备符合一般公认会计准则的外部财务报告的主体。
- 在其发布的概念公告基础上，政府会计准则委员会很可能建议进一步改革政府基金财务报表。
- 如果政府会计准则委员会希望从根本上改变基金财务报表纳入基本财务报表要求的程度，它就需要采用政府层面现金流量表，建立一套完整的政府层面财务报表。
- 一般基金财务报表是唯一一个目前所有报告准则都要求符合一般公认会计准则的单项基金报表。如果基本财务报表不包含普通基金财务报表，将很难得到广泛的支持。
- 未来，联邦政府（尤其是证券交易委员会）很可能获得对市政债券市场更大的监管权。有人预计，如果短时间内出现大量政府破产，尤其是大量个人投资者利益受损，联邦监管权将迅速扩张。如果这段时间内政府违约和破产增速控制在一定范围，那么，加大证券交易委员会监管权的呼声和对当前财务信息时效性和优先性的批评声音应该会降到最低。加大证券交易委员会监管权意味着及时提供报告的压力将增大，而且很可能由汇总的权责发生制财务报表取代基金财务报表。当然，对于不是整个政府层面的债务而言，财务报告只要提供负有债务的政府的相关债务信息，就能满足证券交易所的要求。
- 养老金及其他离职后福利产生的无资金精算负债肯定要体现在政府层面财务报告中。此举必然使政府层面净资产表中许多基层政府的净资产大幅减少。

- 如果基础财务报表只要求提供政府层面收入支出报表，那么，美国财务会计准则委员会的会计准则与国际公共部门会计准则实现统一的程度可能远超过我们的想象。
- 第 34 号公告削弱了预算报告的重要性。从技术角度而言，政府不提供任何预算报表或附注也能获得无保留审计意见。尽管很多人认为政府不会采取这样的做法。
- 基本财务报表不要求提供当前一般公认会计准则下大部分基金（非主要基金）的单个基金信息。
- 电子报告能方便使用者查询不同层次的财务信息，提高用户浏览财务报告的时效性，是一个便利的查询工具。然而，当前财务报告在财年结束后 4~6 个月才能公布是由多方面因素造成的，而电子报告并不能解决这些问题。
- 如果基本财务报表继续要求提供基金财务报表，那么，几乎不可能实现美国财务会计准则委员会的准则与国际公共部门会计准则理事会的准则的统一。
- 随着大众化报告越来越普遍，政府会计准则委员会发布指引来规范大众化报告的可能性越来越高。大众化报告及时发布经审计的财务信息，更符合汇总财务数据的要求。大众化报告提供政府服务绩效数据，将给政府会计准则委员会带来压力，促使其将非强制性指引转化为强制性指引。
- 财务报告准则范围很可能继续扩张。政府会计准则委员会也很可能要求额外的经济运行状况或财政可持续性信息，包括综合年度财务报表统计模块的预测性信息。

发展的潮流指向何处？

考虑到上述的发展趋势，未来基本财务报表发生根本性的变化也不足为奇。最具争议的变化包括：
- 要求基本财务报表包括政府层面现金流量表；
- 改变修正的权责发生制内容；
- 从基本财务报表中删除绝大部分基金财务报表；
- 从基本财务报表中删除独立的单元数据；
- 扩大统计模块内容，增加经济运行状况或财政可持续性信息内容，包括预测性信息；
- 政府会计准则委员会发布有关政府服务绩效和大众化报告新要求。

推动上述变化发生的力量包括及时发布基本财务报表的压力，证券交易委员会对市政债券交易市场不断扩大的影响力和监管权，以及证券交易委员会和众多从业人员（尤其是在进入政府会计、审计行业前在商业会计、审计领域的从业人员）对汇总的权责发生制财务报表的偏好。汇总的权责发生制财务报表顺应政府会计准则委员会当前财务报告改革的目标，即反映代际平等、服务成本信息、经济运行状况或财政可持续性信息、政府服务绩效信息等，都增加了采用汇总的权责发生制财务报表的说服力。对大众化报告模型的持续诉求将成为另外一个推动因素。

政府层面现金流量表

要求提供政府层面现金流量表是对纳入基本财务报表的基金财务报表进行大幅改革的前提条件。政府层面现金流量表并不是什么新概念。编制完整的政府层面基本财务报表也需要政府层面现金流量表。在发布第9号公告时，政府会计准则委员会就在考虑类似的财务报表，第9号公告为《权益和不可消耗信托基金以及使用权益基金会计的政府主体现金流量报告》。这项公告要求的部分信息分类是基于信息在报告政府层面现金流量的作用。虽然，报告模型并非沿着当时的预期路径发展，但第9号公告的要求将促使要求政府层面现金流量表更容易实现。

修正的权责发生制会计准则改革

政府基金评估重点在未来十年可能会改变。现在很难预测这些改变是否会影响资产负债表和损益表，或两者之中的一个。同样，由于概念公告项目正处于发展初期，现在也很难预测这些改变的幅度。我们希望，项目的成果及其对会计准则的影响都能带来对当前一般公认会计准则的积极改革。

从基本财务报表中删除基金财务报表

要求提供政府现金流量表允许政府会计准则委员会将绝大部分基金财务报表从基本财务报表中转移到综合年度财务报告的补充信息板块中。各方很难就这一转变达成共识——尤其如果这意味着将所有基金财务报表从基本财务报表中移除。普通基金财务报表很可能会继续列示在基本财务报表中的一系列基金财务报表中。普通基金财务报表是每次财务报告制度改革都要求提供的财务报表，普通基金是最重要的政府基金，同时也是最为公民所熟知的政府基金。然而，即便是普通基金财务报表在未来也有可能降格为必要的补充信息。现在可以选择在补充信息中提供普通基金和主要特殊收入基金预算对比信息，可以说为这一变化做了铺垫。

独立的单元数据

除了绝大部分（或全部）基金财务报表可能从基本财务报表中移除外，提高公布经审计的基本财务报表的时效性可能推动了其他变化。很多政府都有多个独立的单元数据——2005年平均每个州政府有16个这样的单元。整合这些独立的单元正是阻碍提高公布基本财务报表时效性的实际障碍。这些独立的单元财务报表信息可能从基本财务报表中移除。除了在基本财务报表中体现这些独立的单元数据所带来的时效性挑战外，政府会计准则委员会长期以来的观点是，这些独立的单元财务报表的主要目的在于报告基层政府的财务状况。如果事实确实如此，这就为将大部分这些单元数据降格为补充信息或必要的补充信息提供论据。阻碍这一变化的一个关键因素在于某些独立的单元数据与相关的基层政府联系非常紧密，导致将这些信息从基本财务报表中移除是不可接受的做法。例如，在某些州，州立学院和大学体现在独立的单元财务报表中。

其他可能的新进展

除了上述的基本财务报表可能发生的变化外，还有一系列其他可能的新进展。

电子报告

根据电子财务报告的目前状况，不难设想某种电子财务报告形式将成为一种范式，而且可能要求政府都提供这种形式的电子报告。一个政府版可扩展商业报告语言（XBRL）或者其他分类法将会被采用。政府会计准则委员可能会尝试使这种分类标准化用于财务报告。

大众化报告

某种类型的大众化报告将会被倡导。这种报告类型将包含广泛的财务信息以及部分政府服务绩效和经济运行状况信息。政府会计准则委员会可能会发布相关指引规范这种报告。然而，很有可能其他优先事项会先实施，导致这一步无法在15年内实现。

前瞻性信息

除其他更为传统的政府财务报告使用方式外，随着政府会计准则委员会继续专注于代际公平、经济运行状况以及财政可持续性，前瞻性信息有可能成为政府会计准则委员会的一项要求。很有可能绝大部分此类信息将成为无须获得审计意见的补充信息的一部分。

阻碍因素

通常来说，总会有一些因素可能会阻碍上述进展，尤其是在未来是否只要求政府层面的财务报告这一议题上，可能存在一些阻碍因素。法律如果没有相应的执行机制，实质上就变成了建议，人们可以选择是否遵守。同样的道理也适用于会计准则。没有实质性执行机制的会计准则，本质上就是建议性质的公告。从过往历史看，政府遵守建议性质的财务报告准则是屈指可数的（即选择性遵守的一般公认会计准则）。

迄今，支撑政府会计准则委员会准则最重要同时也是最普遍的执行机制就是政府需要遵守这些准则来获取财务报告的无保留意见。正如之前所讨论的，现在这个执行机制本质上只支撑基本财务报表及其附注和必要的补充信息。事实上，也有人指出这个机制对必要的补充信息的支撑也是有限的。

当然，在一些情况下，提供额外的财务报表，是为了满足法律法规的要求，满足债券市场的要求，或者可能是政府财政官员协会或全美学校会计主管协会财务报告卓越奖项目的要求。即便在上述情况下，财务报表或基本财务报表及其附注的其他信息也并不要求进行审计。

如果政府会计准则委员会唯一要求遵守一般公认会计准则的是政府层面财务报表（或者是政府层面财务报表和普通基金财务报表），那么，现在要求地方政府提交综合年度财务报告完整财务模块的州，很可能把要求降低到只提供基本财务报表。实际上，由于债券市场或其选民已知的信息需求，如果这些州不这样做的话，会导致公众对政府会计准则委员会通过正当程序获得的结论产生怀疑。

如果政府会计准则委员会将部分财务报表从基本财务报表及其附注中移除（尤其是如果这部分财务报表也从必要的补充信息中移除），经过正当程序得到的结论很明显——是这些报告或者其他信息对财务报告的使用者来说不重要。如果很多州继续要求提供额外的基金财务报表，而且债券市场参与者通过减少的利息成本或增加的市场准入要求或鼓励提供这类信息，这就表示，使用者中的一个关键群体（债券投资者）和一个次要群体（公民）的代表对政府会计准则委员会关于使用者信息需求的结论持有不同意见。这将给那些高度依赖未审计财务报表的使用者带来风险。因此，政府会计准则委员会把越多的信息归入无须经审计的补充信息板块，而不是经审计的基本财务报表，使用者基于误导性信息作出决定的风险就越大。公民、越来越多的债券市场参与者中的一部分人以及其他使用者可能更倾向于认为，一个包含经审计的财务报表的报告中的所有财务报表，都像这个报告中经审计的财务报表一样是值得信赖的——即便审计报告已经明确说明情况并非如此。实际上，这些使用者确实需要这些信息，但是他们并没有多少其他途径来获得这些信息。

最后，政府会计准则委员会能在多大程度上推动政府层面财务报表足以满足一般公认会计准则对财务报告的最低要求，最有影响力的决定因素可能是市政债券市场参与者。之前我们所列出的最极端的可能性有时确实很难理解。这是因为我们通过跟债券分析师以及其他群体讨论获得的经验证据表明，他们发现，基金财务报表和综合年度财务报告的信息更详尽，比政府层面财务报表更有用。这是因为很多债券发行并非一般义务债券发行。在某种程度上，这是因为对于政府活动，一般固定资产和一般长期债务的规模要远大于其他资产和债务。当然还有其他因素。如果债券市场参与者继续依赖基金财务信息，并要求必须提供经审计的信息（而非不需审计的信息），仅这样的要求就能阻碍将基金财务报表从基本财务报表中移除。

注释

①Freeman et al. (2011); See also Wilson et al. (2010); Granof and Khumawala (2011).

②GASB (1999).

③Patton and Freeman (2009), 20-26; Bean (2009), 26-32; Gauthier (2001), 9-11.

④Financial Accounting Standards Board (2010), chapter 1, and chapter 3, para. BC1. 4.

⑤GASB (1987), para. 8.

⑥同上, para. 77c。

⑦Attmore (2009), 20-24.

⑧Freeman and Shoulders (2010), 22-28.

⑨Cockrill et al. (1976), 5.

⑩Hogan and Mottola (1978), 6-7.

⑪主要基金指财务报表是最重要的单项政府基金及单项企业基金。符合这一要求的基金都可以作为主要基金报告（即单独报告）。但是，普通基金通常也是主要基金，一定规模以上的其他政府基金或企业基金也可以作为主要基金报告。在政府层面基金财务报表中，非主要政府基金汇总到一栏中。在权益基金财务报表中，非主要企业基金汇总到一栏中。

⑫GASB (2007), para. 59.

⑬National Committee on Municipal Accounting (1936).

⑭GASB (1987), para. 32.

⑮同上, para. 77b。

⑯关于一般会计准则相关预算报告的发展演变见 Freeman and Shoulders (2010), 22-28。

⑰GASB (2000) for an interpretation of NCGA Statements 1, 4, and 5; NCGA Interpretation 8; and GASB Statements 10, 16, and 18; GASB (1994); GASB (2004); GASB (2006).

⑱GASB (1987), para. 77.

⑲GASB (1990), summary.

⑳GASB (1987), para. 84.

㉑同上。

㉒同上, para. 87。

㉓Ives (2010), 46.

㉔GASB (2010).

㉕这些评估标准包括以下几点。(1) 政府机构产生收入的能力：①主要自营收入基础预测；②主要单项收入预测和总收入预测（附收入，包括一次性收入波动已知原因解释）；③主要单项收入占总收入百分比预测。(2) 政府机构提供当前政府服务的能力：①当前主要政府项目及服务的类型和等级预测；②主要单项支出及总支出预测（附支出波动已知原因解释）；③主要单项支出占总收入百分比预测。(3) 政府机构偿债能力：①未来主要单项债务、总债务（包括养老金、其他离职后福利和长期合同）预测；②政府年度债务清偿预测（本金及利息）；③主要债务指标和重叠债务预测。

㉖Attmore (2010), 8-9.

㉗Government Finance Officers Association (1993, 2002). For a contrary view, see McCall and Klay (2009), 52-57.

㉘Attmore (2009a), 23.

㉙Association of Government Accountants (2010)。其他评判标准包括以下几点。(1) 政府机构的组织/运营情况（考察项目有声明、战略目标等）。(2) 围绕主要任务和服务及/或指定绩效评估标准的完成情况。(3) 收入及支出条形图及/或饼图。(4) 列出类似陈述：已进行独立审计，得到无保留审计意见。完整的财务信息可在 www. xyz. gov 获得。(5) 该实体的未来挑战。(6) 列出类似陈述：我们希望听到您的意见。您认为这份报告怎么样？您认为这份报告还需要披露其他信息吗？请联系×××，让我们了解您的意见。(7) 报告里"没有"专业的财务术语。(8) 报告使用了直观的图片或其他图表。(9) 报告以纸质版形式、网页形式及/或在报纸上刊登等形式发布。

㉚标准普尔公司曾发布关于市政会计及财务报告的政策公告，该公告表示财务报告应在财年结束后6个月内发布。现在评奖标准表明，获得美国政府财政官员协会颁发的财务报告卓越奖有助于得到有利的评级。该奖项要求政府在财年结束后6个月内向主办方提交报告。更多有关评奖标准的信息，请浏览美国政府财政官员协会官网。

㉛Attmore and Melancon (2010)。

㉜Government Finance Officers Association (2008)。

㉝Walter (2009)，21。

㉞Cockrill et al. (1976)，14。

㉟Attmore (2009b)，8。

㊱见美国证券交易委员会委员爱丽丝·B. 沃特尔（Elisse B. Walter）的发言和《华尔街改革与消费者保护法》对托尔修正案研究及对政府会计准则委员会财务报告准则有效性的研究。

㊲Section 15B (d) Securities Exchange Act of 1934。

㊳Ackerman (2010)。

㊴同上。

㊵Rosenstiel (2010)，10-15。

㊶Christodoulou (2010)。

参考文献

Ackerman, Andrew (2010, July 21). "SEC Eyes Regulatory Road Show." *The Bond Buyer*. http://www. bondbuyer. com/issues/119_387/sec_regulatory_road_show-1015011-1. html.

Association of Government Accountants (2010, December 31). "AGA's Certificate of Excellence in Citizen-Centric Reporting." http://agacgfm. org/citizen/award. aspx.

Attmore, Robert H. (2009a, Fall). "A Look Forward from the GASB Chairman." *Journal of Government Financial Management*: 20-24.

Attmore, Robert H. (2009b, Winter). "What Is the Significance of GASB's Conceptual Framework?" *Journal of Government Financial Management*: 8-10.

Attmore, Robert H. (2010, Winter) "Forward-Looking Information: What It Is and Why It Matters." *Journal of Government Financial Management*: 8-9.

Attmore, Robert H., and Barry C. Melancon (2010, July 15). "Trust in Timing: Timely Financial Reporting Can Reap A Government Many Rewards." *Governing*. http://www. governing. com/topics/finance/timely-financial-reporting. html.

Bean, David R. (2009, Fall). "A Look Back at 25 Years of High-Quality Standards-Setting." *Journal of Government Financial Management*: 26-32.

Christodoulou, Mario (2010, July 14). "U. S. Adoption of IFRS Remains Highly Uncertain." *Accountancy Age*. http://www.accountancyage.com/aa/news/1808566/us-adoption-ifrs-remains-highly-uncertain-trustee-warns.

Cockrill, Robert M, Morton Meyerson, James L. Savage, Earl C. Keller, and Michael W. Maher (1976). *Financial Disclosure Practices of the American Cities: A Public Report*. New York: Coopers & Lybrand.

Financial Accounting Standards Board (2010). *Concepts Statement No. 8*. "Conceptual Framework for Financial Reporting, Chapter 1: The Objective of General Purpose Financial Reporting, and Chapter 3: Qualitative Characteristics of Useful Financial Information." Norwalk, CT: FASB. para. BC1.4.

Freeman, Robert J., and Craig D. Shoulders (2010, August 20). "Modified Accrual Accounting: Accountability Centered and Decision Useful." *Government Finance Review*: 22-28.

Freeman, Robert J., Craig D. Shoulders, Gregory S. Allison, Terry K. Patton, and G. Robert Smith (2011). *Governmental and Nonprofit Accounting: Theory and Practice*. Revised 9th ed. Upper Saddle River, NJ: Prentice-Hall.

Gauthier, Stephen J. (2001, June). "Then and Now: 65 Years of the Blue Book." *Government Finance Review*: 9-11.

Government Finance Officers Association (GFOA) (1993). Public Policy Statements. "Service Efforts and Accomplishments Reporting."

Government Finance Officers Association (GFOA) (2002). "Performance Measurement and the Governmental Accounting Standards Board."

Government Finance Officers Association (GFOA) (2008). "Best Practices: Improving the Timeliness of Financial Reports." www.gfoa.org.

Governmental Accounting Standards Board (GASB) (1987). *Concepts Statement No. 1*. "Objectives of Financial Reporting." Norwalk, CT: GASB.

Governmental Accounting Standards Board (GASB) (1990). *Statement No. 11*. "Measurement Focus and Basis of Accounting—Governmental Fund Operating Statements." Norwalk, CT: GASB.

Governmental Accounting Standards Board (GASB) (1994). *Statement No. 27*. "Accounting for Pensions by State and Local Governmental Employers." Norwalk, CT: GASB.

Governmental Accounting Standards Board (GASB) (1999). *Statement No. 34*. "Basic Financial Statements—and Management's Discussion and Analysis—for State and Local Governments." Norwalk, CT: GASB.

Governmental Accounting Standards Board (GASB) (2000). *Interpretation No. 6*. "Recognition and Measurement of Certain Liabilities and Expenditures in Governmental Fund Financial Statements."

Governmental Accounting Standards Board (GASB) (2004). *Statement No. 45*. "Accounting and Financial Reporting by Employers for Postemployment Benefits Other Than Pensions." Norwalk, CT: GASB.

Governmental Accounting Standards Board (GASB) (2006). *Statement No. 49*. "Accounting and Financial Reporting for Pollution Remediation Obligations." Norwalk, CT: GASB.

Governmental Accounting Standards Board (GASB) (2007). *Concepts Statement No. 3*. "Communications in General Purpose External Financial Reports That Contain Basic Financial Statements." Norwalk, CT: GASB.

Governmental Accounting Standards Board (GASB) (2010). Minutes of Meeting, October 25, 26, and 28, 2010. http://www.gasb.org.

Granof, Michael H., and Saleha B. Khumawala (2011). *Government and Not-for-Profit Accounting: Concepts and Practices*. 5th ed. Hoboken, NJ: John Wiley & Sons.

Hogan, James A., and Anthony J. Mottola (1978). *Financial Disclosure Practices of the American Cities II: Closing the Communications Gap*. New York: Coopers & Lybrand.

Ives, Martin (2010, Summer). "Financial Reporting of Retiree Health Care Benefits: An Assessment." *Journal of Government Financial Management*. 42-48.

McCall, Sam M., and William E. Klay (2009, Fall). "Accountability Has Always Been the Cornerstone of Accountability." *Journal of Government Financial Management*: 52-57.

National Committee on Municipal Accounting (1936). Bulletin No. 6. "Municipal Accounting Statements." Chicago: Municipal Finance Officers Association.

Patton, Terry K., and Robert J. Freeman (2009, April). "The GASB Turns 25: A Retrospective." *Government Finance Review*: 20-26.

Rosenstiel, Paul (2010, February). "The New World of Selling Bonds." *Government Finance Review*: 10-15.

Wall Street Reform and Consumer Protection Act (Dodd-Frank Act). July 21, 2010.

Walter, Elisse B. (2009, October 28). "Speech by SEC Commissioner: Regulation of the Municipal Securities Market: Investors Are Not Second-Class Citizens." Speech delivered at the 10th Annual A. A. Sommer Jr. Corporate, Securities and Financial Law Lecture. New York.

Wilson, Earl, Jacqueline Reck, and Susan Kattelus (2010). *Accounting for Governmental and Nonprofit Entities*. 15th ed. New York: McGraw-Hill.

第 29 章　回调管理：财政压力下的州政府预算

卡罗琳·布尔多（Carolyn Bourdeaux）
W. 巴特利·希尔德雷思（W. Bartley Hildreth）
李红霞　陈新宇　译

大多数公共预算和财政学教科书把美国的州预算进程描述为一个由编制、批准、执行和评估组成的，依次进行的循环过程。20 世纪中后期，当美国州政府已经习惯于财政预算的稳定增长或轻微下降时，州政府预算经历的确实就是这种有规律的预算过程。例如，在过去的 20 年里（1989～2009 年），美国的平均年收入增长率为 5%～5.5%[①]且大致与支出增长率相平衡。[②]然而，自然灾害、经济冲击、过于乐观的收入预测，甚至选举和公共政策议程的变更都会中断这一有规律的预算循环过程，使得财政预算需要显著的中期调整。

2008～2010 年发生的金融危机为州政府对中期预算调整的管理提供了重要的机会。2009 财年，24 个州的预算差额超过了原先制定预算的 10%，而 45 个州有大于 5% 的预算缺口。由于州财政部门官员意识到他们已经明显地高估了 2009 财年的财政预期收入，许多人都认为这个缺口的绝大部分都必须在本财政年度内被弥补。[③]例如，2009 财年，佐治亚州一般项目基金收入比原先的预测收入下滑了 17%。该州在财政年度开始前就已经弥补了 2.45 亿美元的预算缺口，还在财政年度期间又弥补了一个总额达 33 亿美元的州一般基金缺口。到 2010 年时，经济前景十分严峻；然而，由于预测人员无法预测出经济衰退何时触底，许多州依然必须去管理它们显著的中期预算缺口。[④]佐治亚州在 2010 财年弥补了 17 亿美元的预算缺口，相当于减去了 10% 的州政府一般基金预算。

为了应对这些下降带来的变化，州预算执行过程已经成为一个持续修订预算的过程。各州严重依赖在国家宪法或州法律规定的年中预算调整机制的规定。本章探讨了州政府对这一情况的反应以及各州政府应对这些年中预算缺口的能力。目前在中期"回调"管理方面的相关文献资料有限，所以下面的分析采用探索性的方式来解释州政府所面临的两难困境。因此，这一分析用 5 个代表了不同的管理年中缺口方法的案例进行研究，这些方法包括有些州将重要的权力交给州长，而有些州的年中决策需要立法机构的参与。

所有的案例都揭示出各州面临着一项协调工作。一方面，州长需要能够对快速下降的财政收入做出迅速的反应，以维持在本财年底的预算平衡，避免现金流出现问题。另一方面，美国宪法的宗旨之一，就是通过预算来建立政策优先次序以应对行政权力与立法权力之间不匹配的冲突。这些案例表明，一位积极行动的行政官员可以通过在回调管理期间获得的特殊权力提高他/她所主张政策的优先性，同时，立法机构参与并不一定会削弱州政府对危机迅速做出反应的能力。这些分析总结了一些州政府在设计对大幅度的和未被预期到的财政收入下降的反应机制时，应该加以考虑的一些标准。

修订已通过预算的相关文献

围绕着修订已通过预算的双重困境是，它受行政和立法两个方面的压力影响。学者们已经普遍地观察到预算案⑤的通过并不意味着预算博弈游戏的结束，一项早期的研究着重强调了通过会计方法、基金间转移、项目间切换、有意低估预算收入这些策略手段，可以在财政年度中修改已被采纳的预算案。⑥然而，大体上，对年中预算修订的实证研究有限。

已被采纳的预算可以以一种或同时以两种方式发生变动。立法机关可以在年中会议上，通过临时委员会授权来进行适当拨款数额的法律调整，行政人员也可利用选择权来拒绝拨付资金，或将资金从储备金或预算账户间转移来解决赤字。

从文献资料中可以观察到，中期的立法活动特别罕见。托马斯·P. 劳斯（Thomas P. Lauth）描述了佐治亚州议会做特别年中拨款调整的过程，并总结，这一过程已经形成了一套为适应州对已通过预算案年中调整而建立的体系。⑦他还观察到，由于立法机关通过了那些不与其他预算项目竞争优先权的项目（尤其是特别项目），这项年中的预算调整过程可能会对到至今为止的盈余年份造成麻烦。⑧米根·M. 乔丹（Meagan M. Jordan）描述了阿肯色州立法机关的预算策略，该策略通过把预算分为三大类，预计了潜在的中期变动。这三大类别按收入的可得性来依次投入资金。⑨

对行政活动的分析会比较宽泛一点。20世纪，学者们观察到，行政部门分支，在国家层面和联邦政府层面，都更加积极地使用其超越预算执行权的行政权力来截留和转移资金。⑩其中一项重要的执行工具就是各州的分配和联邦政府的分配由1906年的《反超支法案》规定（Antideficiency Act）。⑪尽管研究文献把分配作为一种将开支单位全年分配资金划分为月或季的花销分配资金以控制开支的机制，使其在财年终了时不超过法定分配的限额。⑫对资金分配或是为应对急剧下降的财政收入而使用分配资金的相关实证研究依然空白。

在年中调整已通过的预算也被称为"再预算"（rebudgeting）。⑬收入流低于（高于）预算估计和意外支出需求可以逐渐破坏固定的年度预算，因此需要一个或多个中期修正。公共财政研究文献审查了政府预算趋于轻视执行中的年中预算调整的影响，发现它们主要是对技术或经济条件的反应。约翰·P. 福瑞斯特（John P. Forrester）和丹尼尔·R. 姆林斯（Daniel R. Mullins）发现，比起法律或经济环境的意外变化，哪怕是政治问题，也不及因为难以正确估计财政收入和支出更易导致预算再调整。⑭福瑞斯特（1993）对密苏里州得出了同样的结论。⑮一项2000~2001年对政府预算部门人员的调查发现，预算执行官员认为截留权是在财政收入不足时期维持预算平衡的一个关键工具，但不是一个特别有效的推进州长行政政策优先权的手段。⑯

通过对比的方法，对总统使用扣留权的评论显示州长可以更多利用州长截留权来更积极地推进行政优先权。截留权使得总统可以拒绝或减少拨款，在很多案例中，截留权类似于州长拒绝发放分配配额的权力。在20世纪70年代之前，关于截留权的法律框架是比较模糊的，总统可以截留资金并且确实截留过资金，对截留资金也少有限制，但他们谨慎地尽可能少用这一手段。在20世纪70年代早期，理查德·M.尼克松（Richard M. Nixon）总统开始对他认为应该取消的国内计划积极地使用截留权。这一行动激起了国会的集体反对，并使得1974年的《国会预算与截留控制法案》（Congressional Budget and Impoundment Control Act）产生，这不仅限制了行政对资金的截留权而且强化了国会起草和评估预算的机构能力。经过一些修改，该法案最终使总统撤销任何项目都需提交国会批准，甚至连对总统仅只是推迟开支的条件也进行了严格限制。国会进一步赋予总审计长以监控行政开支和向国会报告总统任何未向国会报告而延期或撤销资金的责任。⑰此后，对撤销和截留资金的行政权使用已经下降到乔治·W.布什（George W. Bush）总统在20世纪完全没有使用这个权力的程度，而国会本身变得比总统更容易截留资金。⑱

法律困境

近期在法律期刊上对于州长限制保留权有一些评论，人们对州长"再预算"的权力不太乐观，他们担心州长积极地使用这种权力，对法律部门发展行政权力，来侵犯法律的"权力钱袋子"。⑲基本的法律困境是，法律对预算决策的优先权相对于行政机构在平衡预算框架内执行预算的紧张关系。

法律对预算的控制在盎格鲁-撒克逊民主制度中根基深厚，这一传统可以追溯延到《大宪章》。美国宪法明确指出，"任何人不得从国库中提取任何款项，但可由法律规定而拨款"。这一明确的权力规定折射出了美国的国家宪法制度安排。⑳宪法学者们指出，这种权力可能不是由国会下放，㉑宪法的许多条款往往规定了更严格的禁止授权标准。㉒

另一方面，与联邦政府不同的是，州长们被指控用一种力图避免年终预算赤字的方式来执行州政府预算，这是受信用评级机构资助的资本市场强制执行的外部实际要求。㉓各州法律里对截留和取消拨款的部分经常提到，建立一个没有法律参与的行政机构来限制或转移基金，通常要求平衡预算。如果该行政权力是模糊的，或不是由法律确定的，州长可能会利用这项要求，使自己用行政权力在分配过程中截留资金，从储备基金中或非一般项目基金账户中移动资金，以使弥补财政收入缺口的行为合法化。㉔

最近经济的低迷已经使一些州对行政截留和对制定中期预算调整的合理过程进行了广泛的讨论。在纽约，人们要求副州长增加行政扣留资金的权力。一项分析了用行政权力解决财年的预算差额的研究得出结论："立法和/或宪法修正案可以有效地理清现有州长职责权力的地位。"㉕在新墨西哥州，立法机关下放了一些权力，授权州长采取行动调整中期预算差额。㉖另一方面，州长积极使用权力来截留资金发放已经引起一系列对其的诉讼，包括来自亚利桑那、新泽西、纽约、明尼苏达、康涅狄格、密西西比、新罕布什尔和堪萨斯的诉讼。㉗

现行制度安排

大多数州都允许州长在赤字情况下停止拨付资金，但制度安排也会变化。全国州预算官员协会和全国州立法机构联合会对此提供了一个初始的框架。全国州预算官员协会对行政机构的预算权力的调查采集到州在两个方面的安排：（1）无论州长是否能在没有立法批准的情况下降低制定的预算；（2）无论是否有此权限的限制。2008年的调查记录显示，38个州的州长有能力降低已制定的预算，并且在11个州，这个权力是"不受限制的"，尽管它可能会受一定的百分比约束或是被限制在预算的某些部分里。剩下的州需要某些形式的立法批准，否则就对州长可以减少资金的条件进行了限制。㉘

全国州立法机构联合会大致是按下面的方式来安排行政中期预算调整权的。

- 州长有根据需要截留资金的权力，特别是一些对立法的通知（10个州），州长可以截留资金，但最多只能到既定的百分比或特定的金额限制（6个州）。
- 州长可以截留分配的资金，但只能全面一致平等地截留资金，有时会有例外（10个州）。
- 州长可以扣留分配但不能改变拨款（在法律权力上），特别是制定一些种类的临时扣留安排，直至立法机关进入会议并正式采取减少措施（10个州）。
- 对于一些或全部的预算减少都需要立法批准（20个州）。
- 其他安排（13个州）。㉙

这些不同的制度安排表明，各州对调解执行—立法的紧张局势各有不同的机制，有些州可能更加成功地让一个州既能对财政危机迅速做出反应，又避免了赋予行政机构过多重新组织预算优先性的权力。通过对一系列案例研究的考察，我们探讨了以下问题：（1）州政府在应对经济低迷时面临的挑战是什么？（2）制度安排是怎样影响州政府的反应的？（3）这些制度安排是否会提出行政权力太少还是太多的政策问题？如果是的话，这些困境的政策解决方案是什么？

相关背景和案例研究

选取的案例用来观察在一个范围内的州长权力对州政府保持预算平衡能力的替代性影响。用全国州预算官员协会和全国州立法机构联合会的标准以及对各州环境的了解，从北卡罗来纳，该州州长几乎有无限的权力可以截留资金并将资金从准备金转移到一般预算基金中，到内华达，该州州长几乎没有权力在未经立法批准的情况下，截留或转移资金。处于中间的是明尼苏达、纽约和佐治亚。在明尼苏达，州长有大量的权力可以截留资金，很像北卡罗来纳，但该案例说明了当州长拥有减少基金的激进日程时，可能导致更复杂困难的局面。在佐治亚，州长的权力在技术上是比较有限的，但是，一个积极的州长可以使用可用的权力、模糊的法律语言和被动的立法机关推进政策议程。最后，纽约的州长尽管没有像内华达州长一样受到那么多限制，但仍相对受限于与立法机关的协商。这个案例说明了与不能尽早和有效采取行动来解决财政危机相联系的危险。

两种状态确定了进行连续修改预算的环境：第一，在大多数州，收入预测人员无法预测各州将在何时达到财政危机的最低点，这要求行政机构对像财政收入下降这样的环境变化迅速做出反应；第二，大多数州不得不结束当年的平衡预算（或一些近似值），这意味着各州必须在新的收入预测出来的时候通过提高税收或削减开支来应对财政收入的下降。综合起来，这些因素迫使各州在整个财政年度内不断地重新预算，试图使预算平衡。五个案例涉及每个州的制度背景，预算的下降情况，及预算中为应对预算缺口而采取的主要行政和立法措施。在介绍每个案例时，我们都对那些经验引发出的问题进行了分析。

北卡罗来纳州

制度背景：北卡罗来纳有两年期预算以及每年的年度立法会议。在偶数年，即当处于两年期的中间时，议会将召开简短会议，对即将到来的一年进行预算调整，但一般来说，立法机关不会变动当前财政年度的预算，或只做细微的调整。⑳关于北卡罗来纳州的收入预测，行政和立法机构的财政经济学家们逐渐形成了一个对估计过程的共识。在经济低迷期间，他们为州长和议会作月度更新的财政估计。宪法要求行政部门和立法部门都要采取平衡预算，更重要的是，州的法律要求，要以平衡的预算来结束财政年度，只有1/8的州有这样的年终要求。㉛

尽管通常人们认为该州是"弱州长"的，㉜北卡罗来纳给予了州长应对管理财政低迷下行的重大权力。在北卡罗来纳州的法规中，有"避免赤字的方法"，拨款被明确定义为有条件的"必要性"和"资金的可获得性"："每项拨款都是最高的且是有条件的。只有当支出是有必要的，只有当总收入进入每个两年期财年的基金中，增加到任何无保留且上一财年预算平衡的基金中，每个两年期财年期间的总收入足以支持支出，才应该对该项由基金拨款的开支予以授权"。㉝

一旦州长任命的预算主管认为收入不足以支持州政府预算，预算主管必须通知议会，告知经济下行的情况，并提供给他们一个有着总体轮廓的计划，使预算平衡。预算平衡在2009财年和2010财年，是通过行政命令完成的。此行动后，州长（或扩展到预算主管）有很高的自由度采取行动保持预算平衡。在必要时，州长可以在预算中有差别地截留资金。也有一些例外情况。州长可能只有在及时支付完应兑付的债券和票据的本息后才会做出削减预算的决定。同时，州长可能不会完全以同一水平削减司法预算和州代表地方收取的税收收入。

北卡罗来纳州的州长也解释了他们的权力允许他们从像高速公路信托基金和彩票、烟草储备这样的独立账户中转移资金到一般账户基金。这些基金有一个"特殊的对象"或法规中定义的特殊目的，在一般正常情况下会限制其使用。2002年当州长从高速公路信托基金中转移资金到一般账户基金中弥补财政赤字时，曾经有人质疑过这个权力。2010年，法庭曾在一个非一致性决定中裁决，尽管立法机关可以转移这些资金，但州长无权转移这些资金。然而，现任州长认为由于这一裁决限于特定的2002年诉讼案，这一案件并没有成为一个先例。2009年左右，州长大量地使用这种权力从很多准备金和信托基金中提取资金，其中包括资本改善基金、修理和更新基金、救灾储备基金、彩票储备基金、烟草信托基金、健康和福利信托基金。

2009财年事件：2009财政年度，新任州长上任。前任州长迈克·伊斯莱（Mike Easley），曾通过发布一项行政命令并开始截留2%的分配资金，来为经济下行做一些准备工作。然而，当新任州长北夫·庞都（Bev Perdue）在2009年1月上任时，州经济学家们报告，原先204890亿美元预算中2.5%的缺口已经变成了10%的缺口。新上任的州长颁布了修改后的行政命令，并开始扣留分配资金的7%，禁止购买、旅行和培训活动，停止所有的资本改善项目以及所有的招聘活动。议会通知了这些计划，但并没有征求议会人员的建议。2月，州预算管理办公室（OSBM）开始从准备金和信托基金中转移资金到州的一般基金中，以保持州政府的正常运转。

4月，很明显地，州财政将以高达15%的程度偏离原来的收入预测。行政预算人员形容这段时期接近"禁止令"时期。州预算管理办公室要求各个机构停止购买行为，通知各机构分配的资金只能被用作发放工资、公用事业、金融援助、法律要求的补助费和偿债服务。所有到4月16日未收到订单购买的货物都被取消。这一政策对在财政年度结束时有更高支出的机构造成了不均衡的影响，最显著的是州立大学系统，他们能靠内部储备维持运转。州政府制定了一个等价于减薪0.5%的灵活休假计划。

5月，州立法机构和行政机构的经济学家们再次修订他们的联合预测至176.82亿美元。州预算管理办公室从预算稳定储备基金中提款，其他流经预算的储备金，和最近通过的联邦刺激基金一起最终再次弥补余下的预算缺口，包括预算稳定基金和医疗补助基金。州政府也放缓了出口退税的发放，尽管在2009财年没有因为延迟而引致的罚款产生。到本财年结束时，州政府已经通过了在原先预算上产生的32.2亿美元的预算缺口，或是该财年州基金收入15.4%下降幅度的预算缺口。

2010财年事件：管理2010财年预算比管理2009财年的预算方案更为简单，因为州政府只有大约6.81亿美元的中期预算缺口。尽管州长在努力通过管理来应对2009年的收入下降，州立法机构仍然在努力编制2010～2011的两年财政预算。在考虑预算时，对2010财年的收入预测从188.62亿美元降低到175.16亿美元。经过两次持续的讨论，立法机关在 8 月初达成协议。该计划包括 14 亿美元的增税和 17 亿美元的削减开支。

8 月，预算通过后，州预算管理办公室开始扣留 5% 的分配资金（包括对教育、医疗补助和债务服务的一些调整），为填补潜在的年终缺口做准备。年底，当发现仍然有一个近 2 亿美元的预算缺口时，州预算管理办公室开始用一些意料之外的企业所得税退税和放缓个人所得税退税的发放中获得的储蓄来保持年终时州政府的预算平衡。2010 年，州政府确实最终为那些被延迟了税收返还的纳税人支付了利息。

其他对利率的行动：2010 年，在对 2011 财年的预算做出调整后，议会与州长协商，采取一个额外步骤建立纳入预算的方案清单，以弥补如果国会未能批准对州政府额外的刺激援助计划，而造成的潜在缺口。这些可选的削减项目按优先次序列出。

分析：北卡罗来纳州的过程说明了强大的州长权力，该州在此过程中相对没有冲突。州长能够对 1~4 月财政收入的显著下降进行快速响应，既截留了支出又动用了可用的储备金纳入一般项目基金中。即使退款，州政府也没有将任何一年的大量负债推到未来财政年度里来平衡预算。我们可以看到，其他州都将数十亿美元的债务推到了未来的财政年度里。

尽管立法机构在截留资金的过程中也参加了会议，并且也采取了一些措施，但议会并没有显著对抗州长的行动。北卡罗来纳州的立法机构也可以自行召开会议，并且这一对行政权力挑战的潜在力量可能会对行政选择起到一定的约束作用。这种跨越部门的"礼让"也可能是由于行政与立法机构都是被同一个政党控制的，并且州长没有通过截留政策推进激进的政策议程。然而，州长在北卡罗来纳的权力类似于 1974 年之前的联邦行政权力，总统有重要的截留权却没有积极地使用它。该州的案例表明在北卡罗来纳州州长有更积极地利用这一权力推进政策议程的潜力。

明尼苏达州

像北卡罗来纳州一样，明尼苏达州为州长提供了重要的截留或"不分配"基金的自由裁量权。然而，明尼苏达州的案例表明，当行政人员选择积极利用这一权力推进政策议程时可能发生的冲突。这个案例也说明了为什么学者会关注权力分立。

制度背景：明尼苏达州采用两年期预算，在奇数年拨款。立法机关可以在偶数年举行的会议中做中期预算调整，但立法机关仅限于在两年内最多开会 120 天。行政机构会在 2 月和 11 月发布收入预测。⑩ 收入预测结合了预算，并且法令要求行政和立法部门都要通过一项平衡的预算。尽管州政府没有在年底达到收支平衡，但州政府的管理和预算处处长负责维持整个财政年度的收支平衡。该州关于未分配资金的法律：

> 如果处长认定可能的一般基金收入将低于预期，且在两年期余下的金额将低于需要时，处长在经州长批准的情况下，并在寻求过立法咨询委员会的意见后，应该减少预算准备金账户中的金额，以平衡支出与收入。额外的赤字将会用减少未花费的早先拨款和

转移资金来弥补。尽管与任何其他的法律相反，处长有权推迟或暂停之前的法定义务，而这将阻碍这种削减产生的影响。㊶

州长也有权利用州的储备基金来弥补任何缺口。虽然州长（和通过扩展预算管理专员）不能将其他信托基金及储备列入一般基金，但只要资金偿还在两年期内，委员会有权借入选定的信托基金和储备金以管理一般基金的现金流。行政部门被立法禁止使用下列资金，如债券收益、高速公路基金和联邦基金。㊷

2009 财年事件：2009 财年，州政府用 2.71 亿美元左右适度的未分配资金，整个的预算稳定基金，以及联邦刺激基金，弥补了一个 8.9 亿美元的缺口。41%的未分配资金来自对市、县援助的减少和对当地住宅贷款报销的减少。㊸

2010 财年事件：然而，2010 财年，情况更严重。2009 年 1 月，提姆·波伦帝（Tim Pawlenty）州长提出了一个弥补 48 亿美元缺口的 2010～2011 财年两年期预算，预期有 367 亿美元的服务支出相对于 319 亿美元的收入。在州长的提议中嵌入了新的支出计划，减税和为了补充州政府储备金，增加了 8.6 亿美元的缺口。㊹总体来说，为了弥补缺口，州长提议削减大约 25 亿美元的开支。然而，更重要的是，他还提出了一个 17.7 亿美元的对学校的转移支付，从 2010～2011 财年两年期预算到 2012～2013 财年两年期预算，再加上一个"增加收入"的计划，该计划通过将 19 亿美元的医疗保健储备基金转移出来和终止对未达到获得医疗补助资格的低收入居民的医疗补助项目来增加收入。㊺2009 年 2 月，经济学家们部分基于 2009 年的年终盈余方案，将他们的预测修正为 46 亿美元的缺口。然而，这一预测仍然包括了 12 亿美元收入的额外下滑，这一下滑可被 14 亿美元的联邦刺激基金所抵销。㊻州长提出修订后的预算计划，做出了一些温和的资金修复调整。㊼

尽管立法机关采用了大量的计划，包括延迟支付给学区，立法机关还通过了 9.796 亿万美元的两年期增税，但否决了一些拟议的削减地方援助、财产税救济和医疗保健。2009 年 5 月 9 日，州长否决了包含增税的税收法案，且立法机关随后未能推翻该否决。当月中旬，立法机关通过了将赤字降至 28 亿美元的分配拨款法案。州长在签署时否决了几个单项。5 月 18 日，立法机关通过了另一项收入议案，该议案将可以通过增加税收和将教育基金转移到 2012～2013 财年两年期预算中的授权，来弥补余下的 28 亿美元的赤字。州长否决了该法案，并在 7 月 1 日通知管理和预算处。由管理和预算处告知议会：州政府面临预算缺口。管理和预算处处长随后开始实施由州长在 1 月提出的原预算案中的许多未分配资金项目。㊽那些受到未分配资金项目影响的机构组织对这一行动提起了一场诉讼，指责行政权力越过了立法分配权。

考虑到这件事情，法院于是在 2010 财年的预算中增加了一笔额外的 9.94 亿美元的新预算开支。2010 年 2 月，州长提出了一个修订后的预算补充计划，该计划主要依赖于削减当地援助和联邦刺激基金，还有减税这些措施。当州高等法院在 2010 年 5 月对州长使用截留权做出违法判决时，全体议会仍然在讨论这个提议。㊾尽管法庭维护符合宪法的行政截留权，但它裁定，在这种情况下使用截留权是无效的，因为当拨款法案成为法律时，预测的预算赤字"既不是未知的也不是意料之外的"。㊿

此外,"赋予州长不发放分配资金的权力的意图是为使州长能在一个先前无法预料的预算危机时期拯救州政府,而不是让行政机构用来打破和立法机关进行预算谈判的僵局或重写拨款法案的武器。这一法庭决议使得本财政年度最后一个月的24.3亿美元的不分配政策变得无效。此外,议会没能完全解决9.94亿美元的额外缺口"。[51]

尽管议会对于不分配政策赢得了法律上的胜利,并建立了一个未来的先例,但他们在当前对削减开支的斗争中失败了。到财政年度的这个时点,这些削减已经存在了11个月,且立法机关被迫同意几乎所有的州长原先的不分配计划。[52]

在2010财年,该州也经历了重大的现金流问题,导致预算和管理部门从其他储备基金中借了10亿美元,其中包括州立大学和学院、特别收入基金和医疗保健储备基金。同时,对于2011财年,州长工作团队的工作人员制定了一个包括推迟向地方政府及学区支付资金,推迟对企业返还款项支付的计划。州还建立了6亿美元的信贷额度。

分析:明尼苏达州的案例解释了行政机构提出的三权分立问题。由于行政机构和立法机关受到不同政党的控制,这种冲突在明尼苏达州可能更为明显。虽然在以前州长没有积极地使用不分配的权力,[53]但州长波伦帝对他的议程推进显示了这些法律条款规定的潜在力量。法院通过创造临时边界建立了一些约束机制,即在州长采取行动平衡预算之前必须先通过一项均衡的预算。然而,州长仍然保留着显著的权力,如果收入不足,州长可以在财年早期使用该权力来改变立法机关的优先权。并且更重要的是,由行政部门来决定需要引起这样的行动的收入预测。

这个案例也说明了另一个重要的问题,那就是如果立法机关人员在财年的后期开会,他们可能很难解除行政机构部门在财年初期的行政选择。在2010财年的例子中,诉讼到5月仍未解决,这一两难困境发展到了极端,到本财年为时已晚时才开始取消起始于上年7月的支出削减。

此外,明尼苏达州经历了大量的现金流问题,对地方政府延迟支付,把大量负债推迟到了未来财年,这个糟糕的预算实践,也折射出了该州的问题,引发了增加州长权力的呼声。强大的州长权力本身并不会导致更好的财政实践。另一方面,明尼苏达州预算办公室确实有明确的法定权力,在有必要时使用这些方法。

佐治亚州

虽然人们普遍认为佐治亚州的州长有很大的预算行政权力,[54]从操作上来说,州长调整中期预算的法律权力比起明尼苏达州或北卡罗来纳州要受到更多约束。[55]然而,尽管有限制,如果州长积极地使用该权力,可用的权力也是相当大的。

制度背景:佐治亚州每年有年度预算和年度立法会议。每年,一般议会召开40天的大会(约3个月),修改本年度预算并为下一年编制一份财政年度预算。州长对修改后的年中预算和对随后即将到来的后续预算设定了收入估计值,并且这种收入估计综合考虑了立法通过的预算。如果州长认为州面临年中收入不足,州长可能会一直保留资金直到在1月召开的议会,但他无法改变拨款。法律并不明晰,州长是否必须将提议的缺额或任何对分配截留的改变情况通知给立法机关。在实践中，州长通常会提前通知立法机关的领导。法律的起草者显然设想过议会将能够在1月的立法会议上可以应对任何缺口，并且这将对州长扣留资金的权力提供足够的监督。议会休会后，如果还有额外的缺口，州长可以召开一个特别会议。一般情况下，州长可以在一个选定议题上随时召开特别会议。议会也可以召集议员来开特别会议，但只有在拥有所有议员3/5投票的条件下，才能确认该事务为紧急事务。

佐治亚州有一些其他的重要制度特征。佐治亚州预算资金的来源并非特别分散。虽然高速公路基金和彩票基金受到资金来源限制，但佐治亚州主要是在州一般项目基金的支持下运营，因此，在州长由于预算短缺需要减少或转移资金时，州长控制了州几乎整个的基金预算。最后，州长可以通过设定过高的收入估计以利于使用准备金，获得收入短缺储备金，或者州长可以正式授权从储备金中释放资金并将其纳入他的收入估计。

2009财年：2009财年，佐治亚州的一般基金收入下降了33亿美元，比原先的收入预测低了17%。就像北卡罗来纳州一样，在这一财年中，州政府的计划和预算办公室开始逐步截留分配金。然而，与北卡罗来纳州不同的是，州长优先权反映在早先的这些扣留中。特别是州长桑尼·珀杜（Sonny Perdue）取消了房主税收减免补助（HTRG），这个前任州长建立的项目。这个项目旨在偿付宅基地产权评估价值的减少，然而，州长指责当地政府反而提高了财产税率。佐治亚州已在2009财年为当地偿付设定了4.28亿美元的预算。

由于地方政府开始意识到发生了什么事，地方政府反对已发出的税单，现在它们要么承担州财政收入的损失要么重新发送税单（在那里它们将强调增税是对州议会的尊重这一事实）。毫不奇怪，众议院和参议院站在了地方政府那一边。

1月，州长介绍了他提出的2009财年的预算，包括22亿美元的削减，低于已通过的原预算的11%。3月，他降低了额外5亿美元的收入估计。大多数的州政府机构都承担了8%的支出削减。同时，立法机关关心的是如何取代房主税收减免补助，但立法机关在这时没有多少选择。州政府已经计划在最后一个季度花费大约45亿美元，这意味着议会将要对所有机构一致做出相当于削减额外10%的支出来弥补房主税收减免补助。联邦刺激资金的到来终于打破了行政机构和立法机关的僵局，对房主税收减免补助给予额外一年的资助。

2009财年的好戏尚未结束。6月19日，在议会休会后，州长发表了一项额外减少2.74亿美元收入估计，或者说是一份降低已通过预算0.5%的报告。据推测，州长本来可以要求议会重新召开会议，但他选择再次正式调低收入估计，并行使了州长的权力全面一致地截留最后一个月分配资金的25%。这一权力以前从未被用过，并且它引发了一系列问题。

第一，预算不平衡，或者至少还不清楚是否一个"平衡的预算"意味着支出就是与可获得的收入相一致的，还是意味着支出需要与拨款相一致，这反过来又需要与可用收入相一致。只有议会可以调整拨款。一些机构的财务人员辩称，他们只在法律上必须保持预算与拨款相平衡，而不是与"可用收入"相平衡。州检察长办公室最后发出特别指示，机构只能以限定的方式通过分配途径来花费可用的收入，并且不该把拨款看作"收入"。

第二，一个非官方的观点引起了一些异议，州检察长认为，全面的截留资金计划也适用于立法部门和司法部门。这两个部门都没有被提前通知这项年底的截留政策。司法部门有必须发放职员工资的义务，并且超出了预算，制造了一系列若是发生在行政部门分支机构，预算官员需要承担预算超支个人责任的审计例外。立法部门和司法部门都给州长写信，表达它们虽然尊重财政危机的迫切要求，但不赞同截留资金的法律依据的看法。

虽然法律要求"全面削减"，可获得的刺激资金让州长通过增加不同机构所需联邦资金来避免了责难。州长用这项资金减轻了对财政部门、监狱部门，和其他选定机构的削减。年底，州政府还减缓了所得税退税的处理，导致了微小的罚息。

2010 财年：到了 2010 财年，尽管缺口的规模小一些，但情况仍没有改变，年末有一个 17 亿美元而不是 33 亿美元的缺口。最有趣的变化是，在年底议会结束后，计划和预算办公室再次预测到缺口。然而，计划和预算办公室没有降低收入估计，而是进行非正式的回调，特别是"邀请"各机构降低它们年终预算的 0.5%。这种方法避免了双方在全体议会中的摊牌，并且允许计划和预算办公室根据不同的机构，不同程度地调低收入。州长又再次利用刺激资金的灵活性。州在收支平衡中结束了这一年，但在这一年中遇到了大量的现金流问题，以至于必须推迟给供应商的支付且对所得税的退税处理在最初也不得不放缓。然而，本财年结束时，州预算基本平衡，没有推迟到未来财年的支付且所有退税都已按时交付。

分析：正如佐治亚州的案例所示，州长可以积极地使用哪怕是受限的重新预算的权力，直到州长使议程达到与削减项目或减少政府开支相一致的程度，并可以使用这个工具有效地缩小政府规模。即使在那些全体议会考虑中期预算修改的州，州长也可以利用影响力在财年早期扣留资金，使得项目的资金归位变得更为困难。佐治亚州的案例还强调了立法权力与行政权力的模糊本质。在佐治亚州，拨款是最高金额的（和许多州一样），行政机构和各机构开始对截留资金进行非正式的协议。

纽约州

如果明尼苏达州和佐治亚州是由于行政机构侵占立法机构的财政权而获得的成功，那么纽约州的案例则说明了行政控制太少可能导致的问题。

制度背景：纽约州的立法机构是一个完全"专家化"的法律实体，每年举行许多不限时长的会议。纽约州的预算是年度性的，立法机构能够并且可以对当年的预算进行重复修改，也可以采取其他措施，如减税或增税都可以影响当年的预算。值得注意的是，尽管议会必须通过一项平衡的预算，但是州在年底不一定要达到预算平衡。

州长的预算权力很强大，[56]然而州长截留资金的能力是有限的，并且在法律和宪法中缺乏明确规定。按照传统，州长截留配额的权力被限制在占整个州预算资金总额的 26% 的"州机构操作"以内。在适度范围内，州长有实质性的权力确定在各地不同的截留份额。㊼剩余的预算包括州政府对地方政府的补助、对学区的支付，以及对有法律专用目的不能被随便动用的一组特别收入基金的支付。

2009 财年：纽约州的 2009 财年并不像其他州那样糟糕的部分原因是其财政年度结束得比较早（在 3 月结束），因此 4～6 月影响了其他州的未预料到的急剧财政收入下降，全部进入了纽约州的 2010 财年预算。纽约州像许多其他州一样开始拒绝支付，但 2008 财年至 2009 财年最引人注目的事件可能是由议会对州长赋予的"综合"授权，包括 2008 年对特别收入账户的上至 1 亿美元的资金额度授权，并且该数额在接下来的几年里逐年增加。㊽

2009 财年的问题会在 2010 财年延续，议会的失败在某种程度上，也使得州长在本财年早期做了一些决定。2008 年 10 月，预算部门预计在已通过的 560 亿美元的一般项目基金预算中会有 15 亿美元的缺口，一部分是由于收入下降导致的，一部分是由于一次性基金未能到位。㊾这促使州长大卫·帕特森（David Patterson）在 11 月要求议会召开一个特别会议以求通过削减支出，增加收入，用公共权力使用一次性基金和清理基金。议会虽然召开特别会议但没有按州长提出的建议做出行动。2008 年 12 月，州长提出了 20 亿美元的赤字削减计划，但是这次由于没有时间对许多原先在 11 月提出的议案采取行动，而严重依赖清理基金和其他一次性的资金来源。2009 年 2 月，议会通过了一项赤字削减计划来弥补 22 亿美元的缺口。㊿

2010 财年：州政府在 2010 财年开始时预计收入与它们规划的"当期服务预算"（保持目前服务水平的预算）之间有 180 亿美元的缺口。2009 年 4 月 3 日，州长和立法机构在弥补这个缺口上达成了一项协议。该协议包括一个额外的 60 亿美元的削减计划（2009 财年计划）、52 亿美元的收入增加计划、10 亿美元的一次性基金，以及 50 亿美元的刺激计划。㊿

在 2009 年 7 月第一个季度预算更新时，预算部门估计会有额外 21 亿美元缺口，并再一次推行了全面的州支出削减计划。㊿10 月，这一缺口已经增长到 32 亿美元，州长要求议会 11 月专门召开一次特别会议来削减开支以平衡预算。此时，预算部门开始警告现金流问题的严重性，指出它们将开始从短期投资库中借款，并延迟对州退休计划的支付来管理现金。预算办公室发出警告，政府可能会在 12 月出现现金短缺。㊿

2009 年 12 月 2 日，立法机构批准了一项削减计划，其中包括减少 27 亿美元的储蓄，但留下了 4.14 亿美元的资金缺口。进一步来说，很明显立法机构同意出现的任何额外缺口都将简单地推到 2011 财年中。尽管采取了这些行动，州政府仍然公布了州一般项目基金负的平衡，且由于现金余额不足必须要求预算部门推迟支付学区的学校资金。这一行动引发全州范围的，学校董事会、教师和学校管理人员对此提起的诉讼。尽管州长报告了在本财年剩余月份正在不断升级的缺口，无论是州长还是议会都没有在这个问题上采取行动,并且到年底时,州政府主要通过对学校和地方政府延迟支付,将30亿美元的财政赤字转移到了2011财年。

分析: 一般来说,纽约州的2009财年和2010财年的财政危机管理基本是一个行政机构和立法机构的联合行动。大多数人认为,议会总是未能足额地发布缺口报告,并且导致了行政部门严重的现金流问题和年终超支。这使得副州长和州审计官要求议会赋予给州长更多的权力以管理危机,并通过众议院立法促成这种变化。纽约州案例也说明了早期保留资金的重要性。由于议会推迟了行动,危机升级了,州被迫日益依赖一次性的措施或将支付推迟到未来财年以达到平衡。

内华达州

内华达州提供了一个有限行政权力的例证,但与纽约州不同,该州相对成功地解决了预算危机。

制度背景: 内华达州实行两年期预算和每两年开展一次立法会议。立法机构会在奇数年内举行5~6个月的会议。在此期间,立法机构临时财务委员会授权批准财政转移和一些机构的工作计划的变更。立法机构临时财务委员会不能改变法律规定或来自储备基金和信托基金的转账。州的收入预测是由一个经济学家小组在11月和次年5月做出。州长也可以要求该小组在一年的其他时间做出收入预测。此外,只有州长有权召开特别会议,也只有州长有权为特别会议制定议程。

总体而言,内华达州立法机构和州长都必须处理固有的机构权力薄弱的问题。例如,内华达州的立法机构每两年召开一次会议,而州长没有否决权的权力。此外,州长扣留资金的权力也很有限,虽然在2008年之前,行政部门有解释的权力相当广泛。2008年,这种权力受到了立法机构临时财务委员会的挑战,州检察长发表意见支持立法机构临时财务委员会的观点。

2008~2009财年: 内华达州的财政问题开始的比其他州更早。2007年秋季,预算部门要求机构拨出"储备"的4.5%。2008年初,立法机构临时财务委员会挑战州长吉姆·吉本斯(Jim Gibbons)以这种方式改变机构的工作计划的能力。一位立法者抱怨说,监狱部门正建议关闭其他所在地区的监狱,另一位则担心对学校和公共卫生的影响。所有人都抱怨在州长削减预算的计划中没有征求过他们的意见。一位立法者指出,州长没有行使逐项否决权,但他创造储备的能力实际上可以视为一种开了"后门"的否决权。2008年5月议会裁定,尽管长期以来的实践允许州长命令"储备"的变化,但在机构工作计划中的改变现在需要立法机构临时财务委员会批准。在形势所迫时,州长可以要求加急审批,且立法机构临时财务委员会可能必须在15天以内批准,否则提案将被视为批准。在紧急情况下,行政机构可以单方面采取行动。

在经济下滑时期,州长曾发起4.5%的扣款,但随后立即提交了计划以征求立法机构临时财务委员会的批准。他的建议在很大程度上得到了批准。立法机构临时财务委员会在之前的会议上已经批准的工作计划，包括延迟几乎所有的建筑项目。

5月，州政府预计2008财年有约2.74亿美元的缺口，两年预算中8.98亿美元的缺口，或原先68亿美元的两年期预算13%的缺口。6月，两年期预算的缺口已经增加到10亿美元。州长召开了一次特别会议，废除部分法律规定，如将在2009财年生效的涨工资法案。6月27日，立法机构召开了为期一天的特别会议，批准了州长的大部分变更，但并非全部。州长发表声明表示对会议结果感到满意，但他对决议削减K-12基金有保留意见，也没有批评州的烟草税收入。⑳

2008秋季，随着该州形势的恶化，各机构被要求准备4%的削减，随后又被再次要求削减11%。12月，很明显，该州的赤字增长到了3.9亿美元，两年累计短缺总额为15亿美元，或者说是原预算的22%。预算部门要求各机构为州长提议的即将到来的2010～2011财年预算确定10%～20%的削减。同时在12月召开特别会议来解决另一个2009财年的问题。议会通过采纳州长提议的削减计划弥补了剩余的缺口，将额外的储备金转移到一般账户基金，并对行政管理税费做了调整，允许州财政部门为现金流而向州运营的当地政府投资库中借上限为1.6亿美元的现金，在4年内还款并付息。年底，州的收入额外下降了2.85亿美元，但缺口是通过获得联邦刺激资金弥补的。

2010财年：2008年12月特别会议后仅过去了几个月，开始考虑2010～2011财年的预算。这时，立法机构已由共和党人控制转为民主党人控制，而州长仍是共和党人。新的立法机构对预算进行了大量的削减，包括暂停加薪，通过一月一天的休假临时减薪4.6%，并全面削减日常开销的1.4%。立法机构还通过了13.32亿美元的税收立法，包括增加销售税和工资税。州长否决了这一建议，提供了一个保障烟草税收入和对K-12教育计划的额外削减，但立法机构推翻了总统的否决权并且使增税于7月生效。

12月，很明显，该州不会再对2010财年做预算。经济学家小组预测了2010财年有3.84亿美元的缺口，以及8.88亿美元的两年期缺口。作为回应，州长在次年2月中旬召开了特别会议，并下令立法机构对3月1日拟议的计划做6%、8%和10%的削减。最终，议会通过了修改后的一系列的削减计划的预算，其中包括对许多机构削减10%，对K-12教育计划和高等教育经费削减6.9%。此外，立法机构同意从2011财年到2010财年从激励基金中转移1.64亿美元的资金到一般项目基金。尽管州在2008～2009财年中有效地填补了23亿美元或35%的预算缺口，其仍在该财年内实现了平衡。

分析：内华达州案例提出了一些值得注意的问题，即使内华达州与其他州有同样大的财政缺口，通过立法机构的参与，最终情况得到了实质性的解决。内华达州确实需要耗费召开多个特别会议的成本，但与纽约州不同，立法机构在会议召开之前就解决了问题。由于州宪法可以被解释为替代全体议会作为一个整体而非一个委员会的分配权力，在年中从全体议会到立法机构临时财务委员会的权力下放，有人对州长年中权力下放所产生的问题表示担忧。㉑

州长的资金拒发和截留权

这五个案例表明，强大的州长权力本身并不比强有力的立法权更能带来好的财政实践，强大的立法权力本身也不一定会导致糟糕的财政实践。北卡罗来纳州和内华达州运用行政权力进行相反的操作似乎得到了类似的结果，在极端压力下保持了财政平衡。主要的区别是内华达州需要几个特别会议达成平衡预算，立法机构修改了一些州长的议程。同时，明尼苏达州和纽约州，分别有一个强州长、一个弱州长，相应地，都将大量负债推到了未来的预算中。然而，在明尼苏达州，州长利用自己的扣留权，积极推进他的预算优先权，颠覆立法的预算优先权。尽管在案例研究中几乎没有证据表明某个特定水平的州长权力更有利于良好的财政实践，但有明显的证据表明，某些制度安排更有利于行政权力在预算上侵蚀传统立法权对预算的安排。

州在年中调整过程中面临的根本问题如下：

(1) 允许州政府在整个财政年度中对急剧变化的财政状况做出迅速有效的应对；

(2) 尊重宪法立法机构的预算编制权原则。

基于五个案例的研究，没有证据表明，这两个标准是相互排斥的。各州在财政危机中面临某些实际问题。当财政危机的深度变得明显时，就会需要迅速限制支出，且在这种特殊的危机下，当预测者无法预测经济衰退何时触底时，州政府往往需要多次做出反应。强调速度是因为每天都会有更多的钱被花掉，在财政年度里可以节省的钱更少了。一个与此相关的问题是，随着储备金不断被花掉，预算部门也需要有能力有效地管理现金流，州政府开始以更薄的利润率运转。

反对立法机构更广泛参与预算的主要论点认为：（1）立法机构，如纽约州的立法机构，可能无法应对正在形成着的威胁州政府的赤字危机；（2）立法机构可能需要更长的时间来回应它们的审议程序，因此阻碍了州迅速应对危机的能力。为了回应立法机构不作为的问题，最终，没有任何制度安排可以迫使州立法机构或州长做出明智的决定。州长也可能无法解决财政危机。纽约州的财政问题是先于2008~2010年经济危机产生的。在纽约州的预算过程中发现的问题是：（1）相对较弱的平衡预算要求；[②]（2）不透明的碎片化的预算结构。此外，纽约州预算问题产生的部分原因在于未能在当年早些时候保留足够的资金。[③]一个简单的解决方案可能是允许州长广泛地扣留资金，但在一定时间内进行法律的审查和批准。

对第二个问题的回应，不难想象平衡立法权力的制度安排在预算上会和操作不匹配。大多数州需要在几天内召开特别会议，且大多数的财政危机不同于自然灾害，需要开支但不要求立即得到回应。如上所述，内华达州和纽约州能够很快地召开特别会议。此外，让州长在财政年度（或需要时）提前广泛扣留资金，但可以限制时间范围，如在60天内，使立法机构可以合理地召集人员并完成业务，这样的问题就可以很容易解决。

目前，佐治亚等州允许州长截留资金直至1月州议会召开会议，但在许多情况下，1月对于立法机构实际改变州长的那一年截至6月30日的财政计划为时已晚。在佐治亚州的房主税收减免补助案例中，问题仅仅是无法在年底找到足够多的资金。在其他案例中，执行的削减是完整的：解雇职员、取消合同、关闭监狱、撤销项目。同样的问题在明尼苏达州和内华达州也很明显，尽管得到较迟的立法机构回应，州长们努力在当年早些时候保留资金。

另一个问题可能是在年底，意外的财政短缺可能让立法机构没有足够的时间召集会议。一方面，有几个州的法律要求州政府在年底预算平衡（简单地要求州长介绍情况和议会通过）。[74] 另一方面，与将当前负债推迟到未来财政年度相联系的是严重的现金流问题，鉴于财政平衡的强有力的规范的积极作用，州政府应该考虑年终补救措施。如果真的没有时间召开特别会议（可能在财政年度中只剩下60天的时间），一个选择是允许州长做出紧急声明，如行政机构可能会发布一个自然灾害通知，并采取相应行动。在这个时候，立法优先权在一定程度上是受保护的，因为已经实施了近一年的机构支出计划。

值得注意的是，在佐治亚州和北卡罗来纳州，通过与财政人员的交谈可知，立法机构没有采取特别的行动来解决中期财政缺口。当然，在佐治亚州，采取了错误的行动，立法机构发现自己在房主税收减免补助问题上陷于困境。然而，法律的核心原则之一就是关于权力的分立和建立拨款的立法权，人民将对钱包的权力委托给立法机构，因此，立法机构不能随后将该权力委托给行政机构。认识到有时需要赋权，立法机构应该选择代表，大多数州司法机构需要某种"明确的标准"，来界定在何种条件下可以授权，或者制定激发这种权力的程序。此外，更多的权力下放，应该有更明确的标准。[75]

参照这类确切的标准，明尼苏达州的法院注意到目前的法规没有建立对州长的权力行使的临时边界，也没有明确定义"赤字"，尽管宣布赤字会导致额外行政权力的使用。围绕激发过度行政权力的使用的模糊性问题，也发生在其他州。在佐治亚州，州长被授权采取行动来扣留资金以预防缺口发生，但如果没有必要的"事件"，就可以正式承认缺口。因此，州长可能只是开始截留资金，并不比一般公众或全体议会更聪明。类似的问题也在内华达州[76]和纽约州[77]被提出，一些研究表明这个问题在其他州也存在。[78] 补救措施似乎并不可能，大概那些在收入预测由议会完成的州，一个由经济学家组成的小组，其对收入的估计可能会导致行政截留资金。在那些由州长单方面确定收入估计的州，情况可能会更加困难，但至少州长可以明确界定和公开宣布收入的不足，采取截留资金措施。在有限的时间内截留足够的资金是不可能的，因为立法机构可以迅速再召开会议来解决任何滥用该权力的问题。

在立法机构试图通过限制州长的自由裁量权"全面禁止"或限制什么可以截留，来维护其权力和预算范围的州，经常在解决年中缺口时产生问题。这两种策略都有有限的作用。对于那些设置了百分比或美元价值的州，此限制的实际影响根据金额变化。内华达州限制州长的截留限额为10%，或5万美元（选取较少的一个），一个如此严格的限制有效地要求州长在几乎任何赤字情况下征求立法机构的批准。另一方面，一些限制是如此宽松，并给予州长较多的自由裁量权，以至于对州长的权力几乎没有任何严格的制约。例如，马里兰州的最高削减是任何拨款的25%，虽然弗吉尼亚州在任何机构的拨款上设置了15%的限制。[②]

"全面的"的截留标准也限制了它们的用处，尤其是在严重赤字的情况下，因为可能不是所有机构都能够维持同样的削减幅度。据全国州立法机构联合会的调查，只有10个州需要这类策略，佐治亚州的经验表明，它要么造成重大问题，要么州长会发现绕过它的方法。其他州有类似的标准，如俄勒冈州，只是召集多方会议来协商弥补。

其他模式。另一种模式是立法机构提前制定一个行政机构在遇到意想不到的财政缺口时使用的计划。在阿肯色州，议会每两年设置一次宽泛的优先权，但具体的项目优先性设置留给州长。这些项目的优先性在预算中用"A"、"A1"和"B"来分类，"A"会完全优先于"A1"被资助，如此依次进行。州政府进行收入预测以确定资金水平。例如，如果州长集合了调整预期的官方收入预测，低于足够的金额来完全保证"A"类别项目的支付，那么，就会从该优先类别中的每个项目平等地削减份额。截至2010年6月30日的财政年度，官方2010年5月4日估计，将对"A"类项目的资金支持修改到原先的94.73%。

结　　论

各州在2008～2010财年的经验，提供了一个独特的机会去观察各州在遭遇财政危机时的反应。在大衰退期间，许多国家的财政收入预测者无法察觉经济衰退是否触底，这就造成了一种状况，即州政府官员被迫大幅削减开支，或大量依赖储备以在财政年度内保持预算平衡。根本的经验是创造一种迅速应对不断变化环境压力的机制，尤其是一种行政责任，同时尊重立法机构设置财政优先权的特权。

本章研究的案例表明，尽管在这个领域内需要更多的研究，但不同的州的制度安排可能比其他州更好地调解这种压力。许多州将实质权力委托给了行政部门来调整中期财政预算。而另一些州的州长自行斟酌地使用这种权力，通过对案例的研究，表明了在几种情况下，这些权力可以被积极地使用来推进行政议程，削弱立法机构的财政优先权。另一方面，州政府官员必须能够迅速采取行动，在面对财政收入急剧下降时保留资金。然而，这些案例表明，立法机构可以通过特别会议或委员会授权的行动发展出相关机制来取代行政部门的行动，可以让州政府在面对经济衰退时及时采取应对措施，同时提供一些对行政权力的检查。

注释

① Boyd and Dadayan (2010)，1-2.
② National Governors Association and National Association of State Budget Officers (2009)，8.
③ McNichol and Lav (2009).
④ McNichol，Oliff，and Johnson (2010).

⑤Rubin (1985).

⑥Hale and Douglass (1977).

⑦Lauth (1988).

⑧Lauth (2002).

⑨Jordan (2006).

⑩Schick (1964).

⑪Antideficiency Act, 31 USC sect. 1341 (a) (1) (A).

⑫Mikesell (2011).

⑬Forrester and Mullins (1992).

⑭Douglas and Hoffman (2002).

⑮Forrester (1993).

⑯Douglas and Hoffman (2002).

⑰Keith (2008); McMurtry (1997).

⑱Wlezien (1994); Gibson (2010); Poling (2009).

⑲Siewert (2011); Myers (2010).

⑳同上。

㉑Stith (1988).

㉒Rossi (1999).

㉓Hou and Smith (2006); Hildreth and Zorn (2005).

㉔Siewert (2011). *County of Cabarrus et al. v. Norris L. Tolson*, Secretary of Revenue of the State of North Carolina, 2005. No. COA04-594.

㉕Ward (2010).

㉖Jennings (2010).

㉗Siewert (2011), footnote 99.

㉘National Association of State Budget Officers (2008).

㉙National Conference of State Legislatures (n. d.).

㉚基于对行政和立法人员的采访（2010年8月）而得。

㉛Hou and Smith (2006).

㉜Beyle (2008).

㉝North Carolina Code Section 143C-6-2 (a).

㉞North Carolina State Code Section G. S. 143C-4-1.

㉟Based on North Carolina State Code Section G. S. 143C-6-2; interview with executive budget staff (October 2010).

㊱Staff (2010).

㊲Owens (2009).

㊳根据行政和立法人员采取的措施平衡2009财年预算的实际情况整理而得。

㊴The American Recovery and Reinvestment Act (ARRA) of 2009, Public Law 111-5.

㊵Minnesota Statute 16A. 103.

㊶Minnesota Statute 16A. 152 (subd. 4).

㊷Marx (2010).

㊸Massman (2009).

㊹Office of Governor Tim Pawlenty（2009b）；Fiscal Analysis Department（2009）.
㊺Fiscal Analysis Department（2009）.
㊻Minnesota Department of Management & Budget（2009）.
㊼Office of Governor Tim Pawlenty（2009a）.
㊽Massman（2010）.
㊾同上。
㊿*Deanna Brayton*，*et al*. *v*. *Tim Pawlenty*，*et al*.，781 N. W. 2d 357，9（2010）.
(51)同上。
(52)Massman（2010）.
(53)Siewert（2011）；Minnesota Legislative Reference Library（2010）.
(54)Lauth（2006）.
(55)卡罗琳·布尔多当时曾是佐治亚州参议院预算和评估办公室主任。因此，佐治亚州的案例是根据作者工作经验撰写而成。
(56)Beyle（2008）.
(57)Ward（2010）.
(58)DiNapoli（2010）.
(59)New York Department of the Budget（2008）. 840
(60)New York Department of the Budget（2009a）.
(61)同上。
(62)New York Department of the Budget（2009b）.
(63)New York Department of the Budget（2009c）.
(64)DiNapoli（2010）.
(65)Ward（2010）.
(66)Beyle（2008）.
(67)Fiscal Analysis Division（2008）.
(68)Myers（2010）.
(69)Masto（2008）.
(70)Press Office（2008）.
(71)Myers（2010）.
(72)Bifulco and Duncombe（2010）.
(73)DiNapoli（2010）.
(74)Hou and Smith（2006）.
(75)Siewert（2011）；Rossi（1999）.
(76)Myers（2010）.
(77)Ward（2010）.
(78)Siewert（2011）.
(79)National Association of State Budget Officers（2008）；National Conference of State Legislatures（n. d.）.

参考文献

American Recovery and Reinvestment Act of 2009，Public Law 111-5.

Antideficiency Act，31 USC Sect. 1341（a）（1）（A）.

Beyle, Thad (2008). "Gubernatorial Power." http://www.unc.edu/~beyle/gubnewpwr.html.

Bifulco, Robert, and William Duncombe (2010). "Budget Deficits in the States: New York." *Public Budgeting & Finance* 30 (1): 58-79.

Boyd, Donald, and Lucy Dadayan (2010). "Revenue Declines Less Severe, but State's Fiscal Crisis Is Far from Over." Albany, NY: Nelson A. Rockefeller Institute of Government. *Clintonv. City of New York*, 424 US 417.

Congressional Budget and Impoundment Control Act of 1974, 31 USC Sect. 601-688.

County of Cabarrus et al v. Norris L Tolson, Secretary of Revenue of the State of North Carolina 2005, No. COA04-594.

Deanna Brayton, et al. v. Tim Pawlenty, et al., 781 N.W.2d 357 (2010).

DiNapoli, Thomas P. (2010). "New York's Deficit Shuffle." http://www.osc.state.ny.us.

Douglas, James, and Kim Hoffman (2002). "Impoundment at the State Level: Executive Power and Budget Impact." *American Review of Public Administration* 34 (3): 252-258.

Fiscal Analysis Department (2009). "An Overview of Governor Tim Pawlenty's Fy2010-11 Biennial Budget Recommendations." St. Paul: Minnesota House of Representatives.

Fiscal Analysis Division (2008). "Minutes of the January 24, 2008 Meeting of the Interim Finance Committee." Carson City, NV: Legislative Council Bureau.

Forrester, John P. (1993). "The Rebudgeting Process in State Government: The Case of Missouri." *American Review of Public Administration* 23 (2): 155-178.

Forrester, John P., and Daniel R. Mullins (1992). "Rebudgeting: The Serial Nature of Municipal Budgetary Processes." *Public Administration Review* 52 (5): 467-473.

Gibson, Lynn (2010). "Updated Rescission Statistics, Fiscal Years 1974-2009." Washington, DC: US Government Accountability Office.

Hale, George E., and Scott R. Douglass (1977). "The Politics of Budget Execution: Financial Manipulation in State and Local Government." *Administration & Society* 9 (3): 367-378.

Hildreth, W. Bartley, and Kurt Zorn (2005). "The Evolution of the State and Local Government Debt Market Over the Past Quarter Century." *Public Budgeting & Finance* Special Issue: 127-153.

Hou, Yilin, and Daniel L. Smith (2006). "A Framework for Understanding State Balanced Budget Requirement Systems: Reexamining Distinctive Features and an Operational Definition." *Public Budgeting & Finance* 26 (3): 22-45.

Jennings, Trip (2010, March 1). "Budget Proposal Gives Governor More Power to Cut Spending." *The New Mexico Independent*.

Jordan, Meagan M. (2006). "Arkansas Revenue Stabilization Act: Stabilizing Programmatic Impact through Prioritized Revenue Distribution." *State & Local Government Review* 38 (2): 104-111.

Keith, Robert (2008). *Introduction to the Federal Budget Process*. Washington, DC: Congressional Research Service.

Lauth, Thomas P. (1988). "Mid-Year Appropriations in Georgia: Allocating the 'Surplus.'" *International Journal of Public Administration* 11 (5): 531-550.

Lauth, Thomas P. (2002). "The Midyear Appropriation in Georgia: A Threat to Comprehensiveness." *State & Local Government Review* 34 (3): 198-204.

Lauth, Thomas P. (2006). "Georgia: Shared Power and Fiscal Conservatism." In *Budgeting in the States: Institutions, Processes, and Policies*, edited by Edward Clynch and Thomas Lauth. Westport, CT: Praeger. 33-54.

Marx, Bill (2010). "State General Fund Cash Flow." St. Paul: Fiscal Analysis Department, Minnesota House of Representative.

Massman, Matt (2009). "Governor's Unallotments Fy2008-2009 General Fund Budget." St. Paul: Office of Counsel, Research and Fiscal Analysis, Minnesota Senate.

Massman, Matt (2010). "General Fund Budget Summary 2010 End-of-Session." St. Paul: Office of Counsel, Research and Fiscal Analysis, Minnesota Senate.

Masto, Catherine Cortez (2008). Opinion No. 2008-04. Carson City: State of Nevada, Office of the Attorney General.

McMurtry, Virginia A. (1997). "The Impoundment Control Act of 1974: Restraining or Reviving Presidential Power?" *Public Budgeting & Finance* 17 (3): 39-61.

McNichol, Elizabeth, and Iris Lav (2009). "New Fiscal Year Brings No Relief from Unprecedented State Budget Problems." Washington, DC: Center on Budget and Policy Priorities.

McNichol, Elizabeth, Phil Oliff, and Nicholas Johnson (2010). "States Continue to Feel Recession's Impact." Washington, DC: Center on Budget and Policy Priorities.

Mikesell, John (2011). *Fiscal Administration: Analysis and Applications for the Public Sector*. 8th ed. Boston: Wadsworth.

Minnesota Department of Management & Budget (2009). "Highlights: February Forecast." St. Paul: Minnesota Department of Management & Budget.

Minnesota Legislative Reference Library (2010). "Resources on Minnesota Issues: Unallotment." St. Paul: Minnesota Legislative Reference Library.

Myers, Joanna (2010). "Note: When the Governor Legislates: Post-Enactment Budget Changes and the Separation of Powers in Nevada." *Nevada Law Journal* 10 (229).

National Association of State Budget Officers (2008). "Budget Processes in the States." Washington, DC: National Association of State Budget Officers.

National Conference of State Legislatures (n. d.). "Executive Authority to Cut the Enacted Budget." http://www.ncsl.org/default.aspx?tabid=12589.

National Governors Association and National Association of State Budget Officers (2009). "The Fiscal Survey of States." Washington, DC: National Association of State Budget Officers.

New York Department of the Budget (2008). "2008-09 Financial Plan Mid-Year Update Report." Albany: New York Department of the Budget.

New York Department of the Budget (2009a). "2009-10 Enacted Budget Financial Plan." Albany: New York Department of the Budget.

New York Department of the Budget (2009b). "2009-10 Financial Plan First Quarter Update Report." Albany: New York Department of the Budget.

New York Department of the Budget (2009c). "2009-10 Financial Plan Mid-Year Update Report." Albany: New York Department of the Budget.

Office of Governor Tim Pawlenty (2009a). "Press Release: Governor Pawlenty's Budget Recommendations Maintain Priorities, Position State for Recovery." St. Paul, MN: Office of the Governor.

Office of Governor Tim Pawlenty (2009b). "Press Release: Governor Pawlenty Presents Balanced Budget That Sets Priorities and Positions Minnesota for Success." St. Paul, MN: Office of the Governor.

Owens, Adam (2009, April 9). "Perdue Again Taps Trust Funds for Spending." WRAL. com. http://www.wral.com/news/local/politics/story/4924381/.

Poling, Susan (2009). "Impoundment Control Act: Use and Impact of Rescission Procedures." Washington, DC: Goverment Accountability Office, GAO-10-320T.

Press Office (2008). "The Governor Issued the Following Statement Today after Signing the Bills from the Special Session Balancing the Budget for the Remainder of the Biennium." Carson City, NV: Office of the Governor.

Rossi, Jim (1999). "Institutional Design and the Lingering Legacy of Antifederalist Separation of Powers Ideals in the States." *Vanderbilt Law Review* 52 (1167).

Rubin, Irene (1985). *Shrinking the Government: The Effects of Cutbacks on Five Federal Agencies*. New York: Longman.

Schick, Allen (1964). "Control Patterns in State Budget Execution." *Public Administration Review* 24 (2): 97-106.

Siewert, Tyler J. (2011). "The Cloying Use of Unallotment: Curbing Executive Branch Appropriations Reductions During Fiscal Emergencies." *Minnesota Law Review* 95.

Staff (2010). "Split Supreme Court Means Easley Loses in Highway Trust Fund Dispute." *Carolina Journal Online*.

Stith, Kate (1988). "Congress' Power of the Purse." *Yale Law Journal* 97 (7): 1343-1396.

Ward, Robert (2010). "Gubernatorial Powers to Address Budget Gaps During the Fiscal Year: New York Governors Lack Broad Authority Commonly Found in Other States." Albany: Nelson A. Rockefeller Institute of Government.

Wlezien, Christopher (1994). "The Politics of Impoundments." *Political Research Quarterly* 47 (1): 59-84.

第 30 章 公共雇员养老金及其投资

辛娜·利斯托金—史密斯（Siona Listokin-Smith）

郎大鹏 译

州和地方退休计划覆盖了 1900 万公共雇员。公共养老基金存在于大多数管理层级中，为教师、安全人员、卫生人员、法官、立法人员和公务员以及其他一些职业人员提供退休保障。[①] 这些基金控制了总共 3.2 万亿美元资产，同时也面临着 3 万亿美元的无资金准备的负债。[②] 大的公共雇员退休计划对国家一些最重要机构的法人治理产生影响，同时，在 2008 年金融危机中复杂的投资产品"变味"之后，众多基金也正应对着灾难性的财务损失。众多州和地方目前正面临着迅速增长的年度养老缴费以及医疗保健基金早些年前承诺的福利支付义务。

短期内，有诸多理由说明为什么州和地方公共养老计划的可持续性是一个紧迫的财政、政治和政策问题。自 2007 年以来，当资产价值的下降使得养老筹资成为一个公共关注焦点的时候，影响公共养老基金的潜在力量 20 年来则一直相当稳定：变化的人口统计资料，伴随捉襟见肘的州和地方预算状况——相对于退休员工来说更少的在职雇员。除了这些常量之外，最近变化的会计准则则强调了与退休医疗保健福利相联结的债务。随着财政紧张和老年人口达到顶峰，计划受益人、纳税人和信用市场将继续评估养老计划继续有效担当它们角色的能力。最紧迫的关心是公共养老基金将不足以支付允诺的回报，而且州和地方政府退休政策及基金陈旧的管理方式也为预算埋下了一颗潜在的定时炸弹。

当美国 2000 多个公共养老计划的财务健康存在广泛差异的时候，毫无疑问许多基金管理也面临退休计划带来的严重资金供给难题。即使投资回报跳升到前十年的高点，许多计划还是资金不足；本质上，基金是在向未来借钱，影响着纳税人、公务人员以及未来的公共服务。处理这些缺口的战略包括增加雇主和雇员的缴费率、调整未来雇员的福利（可能还有目前的雇员）、调整财务管理，以及改变这些计划的整体结构。这些战略必须很快实施。

本章提供了美国州和地方公共雇员退休计划的概述。数据的主要来源是美国 2008 年人口普查、劳动统计局、公共基金调查、政府问责办公室、全国州立法中心，以及美国皮尤中心。本章第一部分描述州和地方养老计划的结构、融资和历史。这部分介绍了州和地方退休计划的基本面，展示了 2007～2008 年金融市场崩溃下这些退休计划的现状。第二部分总结了近期关于公共养老计划研究的主要方面，包括医疗保健福利和义务、精算方法和假定、向固定缴费（DC）计划的过渡，以及治理和投资管理。最后一部分概述了近期的财务和财政危机的影响，测试了用来处理无资金准备的负债的步骤。对最近改革的讨论已经太多了，结构调整必须被实施以便对在职雇员允诺的退休和健康保障进行支付，而同时保留在将来有竞争力的雇主。

公共养老计划的结构

公共雇员退休制度向州和地方退休雇员提供退休金和其他福利。不同职业雇员怎样成群积聚存在差异，公共养老制度建构的方式也有差别。大多数基金以固定收益计划（DB）模式建立：84%的州和地方政府雇员进入固定收益计划。③固定收益计划承诺未来将会获取的具体退休福利，通常有最少的服务年限和退休年龄要求。具体退休福利包括了生活成本调整（COLAs）。与此相反，固定缴费计划通过雇员本人的占有权为自身积累资金，雇员靠投资资产获取收益，同时需要忍受资产价格变动的风险。只有三个州——阿拉斯加、密歇根和内布拉斯加——对部分和全部雇员实施强制的固定缴费计划（内布拉斯加的计划是现金平衡的）。④此外，大多数州建立了允许雇员利用储蓄递延纳税的自愿补充固定缴费计划。⑤

或许补偿超过其他任何方面，州和地方养老基金的结构与私人部门的退休安排已经大大偏离。在过去的20年里，进入DB模式退休计划的私人部门雇员比例从32%下降到21%，更多的雇员根本不被雇主提供退休福利。此外，相比私人部门雇员，州和地方政府雇员获得了来自退休福利的更大份额。来自劳动统计局的一份2010年雇员补偿研究显示，公共雇员年度补偿的8%以雇主对退休福利缴费形式取得，总补偿的0.8%依赖于固定缴费计划。而对私人部门雇员来讲，补偿的3.5%来自退休和储蓄，2%依赖于固定缴费计划。⑥

公共雇员退休计划不仅提供退休收入保障。退休福利通常包括养老金支付和退休医疗保健福利。⑦根据2006年劳工经济公司的调查，除内布拉斯加外，所有的州都配合医疗保险提供补充健康保障，而且许多州支付雇员其他费用。所有州向不符合医疗保险要求的退休者提供健康保障。退休人员经常被提供处方药保障、牙医和视力保险以及生活和伤残保险，而在进入其他类型福利中则有更大的差异。⑧

通过使用统计局2008年的数据，表30.1提供了自1995年以来州和地方养老金的基本情况。有2550个不同计划覆盖着1900万在职和退休成员。2008年，几乎800万受益人从计划中获得养老金收益。公共养老计划的基础数据显示，基金目前面临的主要人口和财务问题变得清晰了。在职成员与退休成员的比值（表中加总）从1995年约5∶1下降到2008年3.3∶1。此外，基金对保险福利的年度开支已经从580亿美元大增到1750亿美元。

公共养老计划的历史

自18世纪中期以来，养老金被提供给特定公共雇员人群。实际上，1783年，大陆军军官就以威胁开小差来应对获取薪水和养老承诺的失败。⑨普通民众的养老保障落在军人保障的后面,尽管城市和自治地区是警员和消防员保障的坚实提供者(虽然许多这样的计划是自我筹资的)。⑩1911年,马萨诸塞州为普通雇员创立了第一个州基金,最终由于州对地方学区学校开支的控制,州资助的教师基金成为典范。在1920年《联邦雇员退休法》通过之后,公共部门保障范围更加广泛。

表 30.1　　　　　　　　州与地方养老金计划概览

项目	1995年	2000年	2005年	2008年
计划数量(个)	2284	2209	2656	2550
州	200	218	222	218
地方	2048	1991	2434	2332
成员(百万人)	14.8	16.9	18.0	19.1
州	13.1	15.1	16.2	17.2
地方	1.7	1.8	1.8	1.9
接受支付的受益人(百万人)	5.0	6.3	7.0	7.7
州	4.0	4.8	5.8	6.6
地方	1.0	1.5	1.1	1.1
资产(10亿美元)	1118.3	2168.6	2675.1	3190.1
州	913.9	1798.0	2226.4	2663.8
地方	204.4	370.7	448.8	526.3
支出(10亿美元)	63.6	100.5	156.1	193.8
州	49.5	79.5	126.8	157.4
地方	14.1	21.0	29.3	36.4

资料来源:US Census Bureau(2008)。

1920年以后,公共养老基金结构开始形成其现代形态。基金通常由公共雇员和雇主均等地向退休基金缴费。当1935年社会保障首次被创立的时候,宪法禁止联邦政府向州和地方政府课税,因此州和地方雇员被排除在社会保障覆盖之外。1950年,这种情况发生了变化,关于公共雇员的特别覆盖规定被补充到《社会保障法案》里面,为那些选择加入社保的公共雇员计划提供了便利。⑪不是所有的计划发起人都自愿加入社会保障,而对那些缴纳社保税并被社会保障覆盖的计划来讲,就产生有差异的支付义务和缴款明细表。根据众议院筹款委员会的资料显示,截至1998年,大约3/4的州与地方雇员被社会保障所覆盖。

在1974年《雇员退休收入保障法案》的推动下,联邦立法在州和地方养老基金发展中继续扮演着主要角色。该法仅仅适用私人雇员养老计划,并界定了资格条件和信托责任。许多公共计划对基金管理采纳了《雇员退休收入保障法案》的"谨慎人"标准,并把投资范围扩大到州和地方财政债券之外的更广阔范围的有价证券投资工具上。随着更多比例的基金资产投资于股票,养老金计划的财务状况随着股市上下波动。在20世纪80年代到21世纪头十年的许多年里,这个向股票投资的决策是有利可图的,虽然对基金财务来讲这几十年里市场下跌日益成为主题。无论如何,正如表30.1所示出,1995~2008年,公共养老基金资产呈指数增长,从1.1万亿美元增长到3.2万亿美元;特别是,非政府证券资产从7440亿美元增长到2.4万亿美元。

公共养老计划的资金供给

退休福利,特别是固定收益计划,要求管理基金保留充足的资金以支付未来的承诺。通常,计划发起人和雇员共同按雇员酬劳的一定比例向养老基金缴费,以确保目前和未来义务的适当资金供给。缴费根据支付义务的精算来确定——基于退休年龄、最后的薪资水平和寿命等假定的一笔未来支付义务的贴现。积累的基金被投资,其投资回报增加到资产中。根据基于大量假设条件下的基金绩效,如果在手的基金资产能够覆盖义务,养老基金被认为是完全基金式的。联邦政府对州和地方政府基金的充足资金供给没有任何要求,这些基金往往低于100%资金供给率。这样的话,将需要组合利用更高的未来缴费和增加的投资回报来填补亏空。

养老计划提供具有资金供给信息的审计报告。政府会计准则委员会(GASB)为养老基金建立财务会计标准,过去30年里委员会也发布了公告更新了广为接受的报告准则。公共雇员退休计划对于报告支付义务有标准化的规定。然而,精算评估的其他关键方面对养老假设是开放的。1994年,政府会计准则委员会发布第25号公告和第27号公告,为报告养老义务建立了更加完整的标准。[12]基金之间因未来义务据以折算的比例、期望的薪水增长以及价格水平变动等差异,能够对由精算确定的缴费率产生较大的影响。[13]

精算假定的变动使得评估不同计划的财务状况变得困难。尽管如此,资金供给率通常被用作计划财务状况的标识,经常用于各基金间的比较。根据皮尤中心的研究,2000年各州计划的资金供给率是84%,即2.3万亿美元资产配以2.8万亿美元的长期支付义务。涵盖了州和地方计划的公共基金调查显示,2009财年精算的资金供给率平均为80.9%,其他估计的比率更低,为78%。[14]表30.2包括资金供给率的数据,展示了影响计划的资金供给的其他关键要素。

表30.2 公共养老金计划筹资、投资及结构

项目	普通雇员	教师	公共安全人员	地方雇员	合计
总资产(10亿美元)	1118.5	536.1	132.3	324.3	2111.2
其中:股票(%)	51.8	54.2	50.5	49.1	51.70
国内固定收益证券(%)	27.9	24.8	28.2	32.7	28.10
国际固定收益证券(%)	1.1	1.1	1.1	0.2	0.90
房地产(%)	6.2	7.1	8.9	5.5	6.40

续表

项目	普通雇员	教师	公共安全人员	地方雇员	合计
替代性工具（%）	9.0	9.2	8.6	7.1	8.70
现金（%）	2.4	2.1	2.0	3.2	2.50
其他（%）	1.7	1.8	0.0	2.2	1.70
基金供给率（%）	78.9	76.5	91.3	85.4	80.6
福利乘数（%）	1.98	2.05	2.19	1.94	2.03
缴费比例					
其中：雇员（%）	5.34	7.34	5.94	6.14	6.43
雇主（%）	12.15	11.14	6.24	12.29	11.31

资料来源：Public Fund Survey; data generally dated from June 30, 2009, actuarial valuations。

值得说明的是公共养老计划目标不必要一直是完全的资金供给（100%）。考虑到面对基金支付义务计划发起人的风险控制以及分期付款期限，一个更低的资金供给率可能更有财务利益。⑮实际上，2008年政府问责办公室的一份报告发现，许多对州和地方政府基金有丰富知识和实践经验的官员相信，80%的资金供给率是足够的。⑯

资格和规定

公共养老计划往往根据职业来划分。这种差别允许养老基金应符合不同职业员工的需要。例如，安全人员往往早退休，他们对伤残和遗属抚恤也特别感兴趣。公共基金调查的数据包括了126个州和地方计划，合计资产达2.1万亿美元，覆盖了1330万成员。调查显示，相比其他政府雇员，公共安全人员具有不同的资格条件。当难以协调各计划的正常退休年龄和服务年限的时候，警察和消防人员退休计划往往要求20年服务年限和50岁的正常退休年龄资格条件，明显比其他雇员更低。在一般雇员计划中，其中公共安全人员、普通雇员以及教师被同样制度覆盖，但是退休规定和支付义务条款可能因职业而变化。

相较于大多数私人部门固定收益计划，大多数公共雇员通常按当前工薪一定比率向公共养老基金缴款。⑰值得注意的是，许多州和地方雇员对固定收益计划基金的缴款，不被算作应税收入。⑱当支付义务最终被支付给退休人员时，这些资金包括利息收入会被联邦政府课税。公共基金调查显示，雇员平均缴纳工薪比例为6.4%，公共安全人员通常缴纳更多，以补偿他们更短服务年限的要求。计划发起人需要缴纳必要的资金以覆盖基金运营期间增加的新支付义务，也需要承担一定比例的未付基金义务。2009年，公共雇员平均按11.3%比例向固定收益计划缴费，（见表30.2）。

一般来讲，支付义务通过固定收益计划模式支付义务公式计算得出，公式可能包括工作年限、最后阶段的平均工薪以及一个乘数。在计划之间比较各个乘数是困难的，但公共基金调查显示，乘数往往在工薪的 1.6%～2.5% 之间，许多计划采取分级的乘数。作为支付义务基准的最后阶段工薪需要考虑最后阶段 1～5 年的服务。根据 2006 年人口普查报告，总数达 1517 亿美元养老金被支付给大约 700 万个州和地方政府退休受益人，人均每月为 1700 美元退休金。⑲ 简单对应的是，社会保障金是人均每月 1070 美元。⑳

除了通过公式确定每月退休金，大多数计划还提供生活成本调整。这些支付义务增长可能是自动的，以消费价格指数或其他通胀指标为基础。生活成本调整也可能是特设的，通常由发起人决策机构通过。支付义务按比例变动，如阿肯色州公共雇员退休计划，它有后期退休金自动复合增长 3% 的条款。㉑

由于金融危机带来普遍劳动市场和政府预算的困难，伴随着对养老支付义务特别的审视，公共养老金和私人养老金的差异成为关注的焦点。㉒ 劳动统计局估计，2009 年州和地方雇员平均每小时总补偿是 39.66 美元，其中退休金贡献大约每小时 3.16 美元。对私人部门雇员而言，平均每小时补偿 27.42 美元，其中每小时 0.94 美元来自退休金。其他研究表明，公共部门退休金是私人部门固定收益计划退休金的 2 倍多。㉓

然而，这样的数字可能产生误导，恰当的比较其实并不容易。一方面，相比私人雇员群体，州和地方政府雇员通常年龄更大、受教育更多，这自然使得公共部门雇员补偿更高。㉔ 此外，《国内税收法典》或其他联邦法并不同等对待这些计划。私人计划由《雇员退休收入保障法》规定，它们确定的收益部分地由联邦养老金担保公司担保。另一方面，许多公共部门制度符合该税法 414（h）（2）部分规定，在联邦和市政税被扣除前，允许每年缴费成为税前收入。因为私人养老计划并不具有这样的资格，当这些缴费在税后阶段的时候，私人雇员往往并不缴纳与工薪相匹配的比例。㉕ 退休金常常占据州和地方雇员总补偿的更大比例，这可能扩大公共雇员和私人雇员间的差异。㉖ 最后，一些公共部门提供更高的退休金，其目的是补偿国家社会保障的缺乏。

公共雇员和私人雇员的另一个差别涉及给予公共部门退休人员的待遇保护。因为养老信托基金和待遇保证的属性，宪法相关条款及相关立法对允诺的公共雇员固定收益计划退休收入提供法律保障。㉗ 雇员通常对增加收益有法定权利，他们通过法庭成功捍卫了这些权利。㉘ 实际上，很难来改变目前雇员的退休待遇结构。因此，待遇调整常常只是被应用到新的雇员中。这一点将在本章后文讨论，作为对财务和预算危机的一个回应，许多州正通过调整退休待遇、生活成本以及当下雇员的服务年限要求来检验这些法律保障。

养老金投资

具有 3.2 万亿美元资产的美国州和地方养老系统身处世界最大机构投资者之列，资产最近几十年来一直保持增长。1985 年，公共养老计划拥有总计大约 4000 亿美元资产。1993 年，养老计划的资产总计大约为 1 万亿美元，接下来的 17 年里，这个数额增长了 3 倍。大量增值部分是由于资产投资到股票上的再分配，投入股票的比例由 1980 年占计划资产的 22% 发展到 2009 年的一半。除了股票之外，替代性投资、私人股权以及量子基金的投资也增加了。从历史上看，固定收益证券向股票和其他替代性工具的变动也伴随着高风险和高回报。变化的最好说明是 2008 年金融危机对养老基金资产的影响，在 2007 年 10 月到 2008 年 10 月一年间，总数达 1 万亿美元股票资产价值丧失。㉙

过去 20 多年里，"法定投资标的"影响的终结带来了资产配置的变动，"法定投资标的"意味着州对资产等级和资产的地理多样化设限，以便限制风险和控制投资策略。整个 20 世纪 90 年代，许多州禁止投资股票，尤其是国际证券。许多州仍然对资产配置股票加以限制以降低风险。㉚随着投资政策的变动，预期回报率增加，投资目标变得更有雄心。伴随着大的股票资产配置，一揽子投资标的现在反映了高预期投资回报；接下来将讨论回报率假定对养老金会计的意义。

最近的研究

有众多关于州和地方政府雇员退休制度的问题需要实践者和学者特别注意。在介绍了公共养老基金基本结构和基金现状之后，本章将对近十年来影响养老金计划的问题进行研究，并扩展研究的关键领域。包括其他退休福利、精算方法的变动、养老金管理和固定缴费计划。

其他退休福利

除退休收入外许多养老金计划提供退休人员福利。就成本而言，最实质性的非养老金福利是医疗保健福利，但它也可能包括牙科、生活、残疾和长期护理保险。㉛医疗保健福利包括无医疗保险的健康保险和适用医疗保险资格的健康福利。2004 年，政府会计准则委员会发布了第 43 号公告和第 45 号公告，为计量和报告退休金以外的退休福利建立了标准。2006~2008 年，针对大小不同的养老金计划，声明的规定被分阶段实施，而且准备突破 1994 年政府会计准则委员会关于排除健康福利的声明。公共部门的雇主须提供符合一般公认会计准则（GAAP）的其他退休福利（OPEB）精算报表，报告无资金准备的负债和所需的缴款对获得分期偿还的充足资金供给是必要的。㉜重要的是，政府会计准则委员会对支付义务的资金供给不作要求，计划能够继续使用现收现付模式筹资；成立信托基金为支付义务预先筹资的政府，能够为其他退休福利的精算使用更高的贴现率。㉝

符合新准则的精算报表揭示，各州政府其他退休福利共承担着 5300 亿美元没有资金准备的负债，而地方政府计划没有资金准备的负债也高达 5000 亿美元。㉞其他研究估计，其他退休福利没有资金准备的负债更高，达 1.6 万亿美元。㉟关于州其他退休福利负债的规模有很大的差异。例如，新泽西、夏威夷和康涅狄格没有资金准备的其他退休福利负债大于各州政府预算，而许多州其他退休福利的没有资金准备的负债小于州年度政府预算的2%。一般来讲，支付更大比例健康保险费的州有更大数额没有资金准备的负债。[36] 2008年，14个州要求退休人员承担他们保险费的全部成本，同时也有14个州支付了全部保费金额，[37]其余的州要求退休人员支付部分保费。同时，即使对那些人均负债较大的州而言，目前年度的其他退休福利支付仍然小于退休收入。

然而，未来的支付可能并不易于管理。根据政府问责办公室的研究，公共部门的雇主没有对其他退休福利进行预筹积累，因为当收入首先被提供且健康保险的通货膨胀率可以预见的时候，健康保险的通货膨胀成本不太昂贵。[38]除了成为基本的预算关注之外，这项义务也会影响你的信用评级。到目前为止，对信用评级来讲，政府处理其他退休福利义务的行动计划，比义务的实际大小更加重要。2007年三大评级机构公开发表声明，它们会把政府解决其他退休福利义务的做法以及义务本身的大小，放进分析主要信用因素中来考虑。[39]

对众多管辖区来说，现收现付筹资最终将成为一个重要的年度开支。现在，随着精算确定的没有资金准备的义务需要在会计报表上反映，政府可以考虑为其他退休福利义务预筹积累。为支付义务预筹积累和减少未来义务有许多选项。首先，注意到大多数其他退休福利义务不具有退休金同等的法律保护是重要的；雇主可以调整保健保险待遇和受益人承担的额外保费。改变其他退休福利的性质与考虑支付义务预筹积累的方式并不相互排斥。这很像退休收入，对无资金准备的负债的积累将需要建立一个基金，收缴保费以覆盖当前年度支付及未来的需分期偿还的成本。2001年，11个州已经有其他退休福利信托基金，更多的州依据新的政府会计准则委员会准则正在计划或已经创建基金。[40]信托基金可以从养老基金中分离出来，也可以汇集在一起集中管理。像养老基金一样，其他退休福利基金将使雇主能够发行其他退休福利债券，它提供了与养老责任债券相同的收益和成本。此外，还有各种类型的其他退休福利信托基金符合税法不同条款的资格要求。

精算的假定

正如前文所述，许多讨论集中在公共养老基金的资金状况方面。因此，计算某项计划的支付义务及其资产价值的方法是养老基金的一个重要维度。养老计划普遍按照工薪的比率来规划未来的服务和计算缴费率。对一段时间内投资收益及亏损，计划资产被平滑处理，以避免急剧变化的资金供给水平。此外，州和地方的养老金计划在精算报告中指定支付义务的贴现率，大多数州的养老金计划使用7%~8.5%的贴现率。这种做法已经引起大量的批评，联邦法律禁止私人固定收益退休金计划使用如此高的贴现率。[41]然而，在实践中，政府会计准则委员会第25号公告建议，贴现率应以估计的养老金计划长期投资收益率为基础，结合考虑当前和预期的养老金计划性质和投资组合。[42]根据卡伦协会的一项研究，在过去的25年里公共养老金计划拥有年均9.3%的回报率，但在过去10年中，投资回报率已经下降到3.9%。[43]长期的投资回报率与计划的高折扣率相对应，而且，在基于历史业绩的基础上，投资回报率遵从政府会计准则委员会的指引。

然而,学者和从业者对适当折现率标准的看法存在着差异。[44]一般来说,经济学家确定利率时考虑负债的风险,而不是专用资产基金的预期增长。[45]考虑到众多承诺的退休福利所获得的保护以及未来所获福利的相对安全,养老基金支付本身不可能经历重大变化。适当的贴现率是近似于无风险利息率。因为这个比率被认为是低于8%左右的投资回报率,新计算的支付义务明显高于财务报表的建议。最近的研究估计表明,使用国库券和债券收益率时,州资助养老金计划无资金准备的负债是3.23万亿美元。[46]此外,将支付义务贴现率与投资收益相连接,鼓励有更高的平均回报但风险更大的风险投资战略。

实际贴现率往往要大大高于无风险利率有诸多实际的理由。正如佩斯金(Peskin)的概述,更高的贴现率可以降低养老金计划发起人和纳税人的成本与风险。[47]因为较低的贴现率将提高实际需要的缴款(ARC),该计划的资产将上升,剩余资产(超过资金供给100%的部分)往往被用来增加福利。鉴于预算的黏性,支出到期时养老金计划参与者和办公室工作人员之间相对的议价地位,对支付义务资金供给不足可能符合发起人的最佳利益。当然,对雇主也有直接的利益:使用更高的贴现率,或增加投资资产的风险,可以降低所需的作为工资比例的缴费。

使用设定的投资回报作为贴现率有其他更合理的解释。一项比较了传统的精算方法和"市场价值支付义务"方法的研究表明,使用无风险的债券收益率会导致缴款水平直线变化。[48]在现实的预算编制过程中,相比作为工薪百分比的平滑贡献率,这些波动是不现实的。

最近,存在不同的公共养老基金用于计算其支付义务贴现率的一些努力。在2010年的秋季和冬季,政府会计准则委员会对被考虑了大约四年的建议征求意见。政府会计准则委员会曾考虑过贴现率假定的规范规则。一种可能的贴现率包括假定的投资回报率和无风险利率的混合,其中只有没有资金准备的负债将需要以较低的利率折现。2011年2月,共和党国会议员提交提案,要求没有资金准备的州和地方养老基金只使用无风险利率折现。

存在大量其他重要经济假设的需要,包括未来的通货膨胀率(对有自动生活成本调整的养老金计划尤其重要)和卫生保健的通胀率。此外,人口统计假设并不是全部的标准化程序,这些包括退休年龄、死亡率和致残率、解雇情况。也有不同的精算成本方法被政府会计准则委员会采纳,包括正常的入学年龄、预计单位学分总成本,以及刻板的入学年龄。[49]根据公共基金的调查,2008财年绝大多数养老金计划使用正常入学年龄法(65%),其次是预计单位学分法(13%)。正常入学年龄法以参与者入学年龄为依据,然后基于对未来的预期工资来计算退休金福利;从入学到退休的福利成本按美元数额或个人工资的百分比来计算。相比之下,预计单位学分法使用个人预计的最终薪金来估计福利和调整计入工龄的数量。这两种方法的主要区别是支付义务累积的比率:当使用正常入学年龄法时,正常费用在早期是相当高的。

缴费率的波动

由于精算方法及假设的不同,加上市场力量和通货膨胀率的波动,养老金计划发起人年度供款数量不稳定(员工缴款一般更加稳定)也许并不令人惊讶,这种波动对州和地方政府的预算计划可能会造成困难。使问题变得更为严重的是,养老金计划发起人并不缴纳全部精算所需的款项或者通过不做任何缴款获取一个"养老金假期"。这不仅增加了没有准备的基金支付义务,而且也导致未来年度缴款率变动更多。

图30.1显示了1997~2008财年州和地方政府支付的平均缴费率,数据来自皮尤中心和公共基金的调查。由于投资回报下降和2001年的经济衰退,1997~2002年间缴款减少。到2004财年缴款率增加,在某个时点一年内上升了近30%。从那时起,雇主缴款率周期性上升和下降。在许多情况下,利率的变化反映了股市的(滞后的)变动。然而,在财政充足和紧张的年份,"养老金假期"都发生了。例如,在20世纪90年代中期,当基金从增长的股权投资中获得高回报的时候,新泽西州分别减少了州计划中州和地方15亿美元的缴款。2008年金融危机以后,州通过了关于"养老金假期"的立法,允许发起人免去2009年的缴款以减轻预算压力。[50]据估计,2006年只有一半的州养老金计划缴纳了全部实际需要的缴费率,而新泽西州是一个突出的案例。[51]

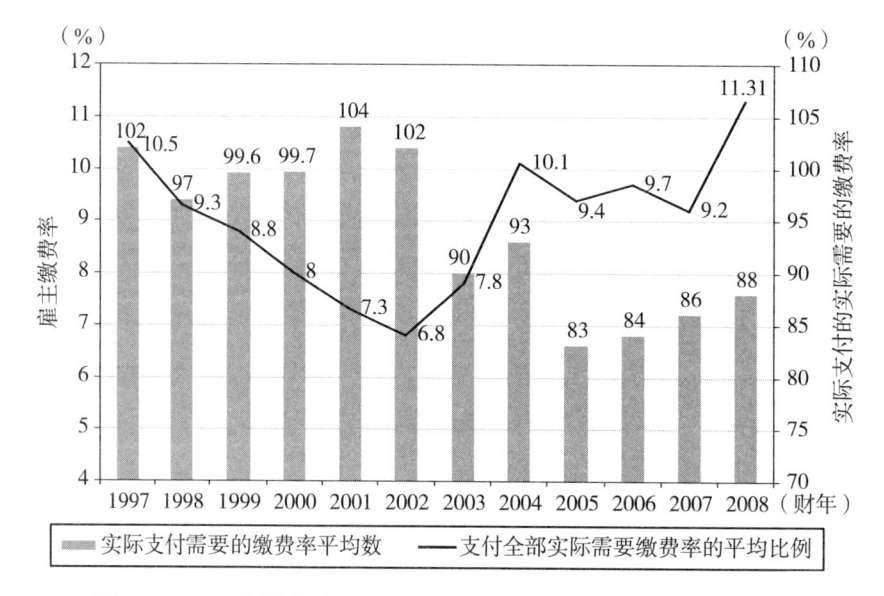

图30.1 平均缴费率和已支付实际需要的缴费率的平均比例

资料来源:1997-2000 Pew Center on the States;2001-2008 Public Fund Survey。

有大量可行的策略来平滑缴款率。第一,养老金计划能够控制退休支付义务的基本方面,特别是福利的增长。这将有助于说明导致雇主供款率波动的一个潜在增长源。从精算方面来看,养老金计划能够检测那些实际需要的缴费率方法,可以平滑超过五年期的基金投资回报以便吸收基金资产的损失与赢利。事实上，在20世纪90年代高回报时期，一些养老金计划的缴款率等于零。㉜平滑的期限可以延长，虽然这会在熊市低估了资金问题。第二，养老金计划能够转而把基金资产分配到波动较小的资产类别，远离股票和替代投资。这将导致较低的平均回报，从而提高总体的雇主供款率；这将使实际需要的缴费率更规则，从而减少预算困难。基金可以设定缴款率底线或规定固定缴款率，为连续性牺牲灵活性——这可能产生其他资金问题。㉝当然，如果养老金计划的发起人没有定期支付实际需要的缴费率，却根据财务可得性来做财政预算，那么这些战略意义不大。

固定缴费

正如前文提到的，大多数公共部门退休计划的固定收益（DB）模式明显不同于私人部门，如果退休福利完全可得，私人部门越来越多地提供固定缴费（DC）计划。这里的讨论主要集中于公共部门DC计划的结构要素和现状，更多的州和地方政府退休计划向DC模式转移的内涵和其他改革将在本章的后面讨论。

DC计划消除资金风险。由于DB计划向退休者承诺确定的退休福利，计划发起人必须适当地评估他们未来支付义务以及用于支付那些义务的资产。根据退休承诺的强度——通常州和地方政府许诺的好处是向一般债务看齐，或受益者是无风险的——州和地方政府必须通过缴款、投资回报或债务为受益人福利预留资金。在任何退休计划中预先安排DB计划所固有的现实问题是增加未来不断积累的支付义务，常常替代更直接的薪水增长。对计划发起人来讲，DC计划通过将重点从未来支付福利转移至目前的缴费率降低这些问题。一旦每年规定的缴款到位，就不会有任何没有资金准备的负债，基金未来表现的风险由受益人承担。

当计划发起人通过DC计划消除资金供给风险的时候，受益人在他们的退休收入中承担更大的风险。DC计划的成员不具有指定的退休福利，相反，他们必须靠就业过程中累积的资产生活。由于资产以变动比率增长，退休人员的收入存在不确定性，相比风险积聚到计划发起人身上的DB计划，DC计划的受益人携带大量风险。此外，属于计划成员的较小资产池不会从投资机会和管理成本的规模经济中获益。对计划成员来讲，DC计划的几个优点之一是福利可携带到其他的州计划或计划之外。㉞

因此，毫不令人惊讶的是，公共部门的员工一直在很大程度上抵制从DB到DC计划的转变。而许多州提供了DC计划作为DB计划的补充，只有阿拉斯加、内布拉斯加和密歇根州对某一确定日期之后雇用的普通州雇员有强制性DC计划；2011年开始，犹他州将为新雇员在一个DC计划和混合计划之间提供一个选择。㉟其他6个州为普通雇员和教师提供可选的DC计划，许多州也向高等教育教师提供DC计划。2002年，加利福尼亚州州长提议该州新的公共雇员转移到一个DC计划。引发的抗议和大量的政治反对终止了这种可能性。其他5个州有一个混合的计划，它们综合了DC和DB计划的元素；一般来讲，雇员缴款进入DC账户而雇主缴款进入DB基金。

养老基金的治理和行动主义

在许多方面，公共养老基金的管理是每个基金管理机构正常的人力资源管理的一项内容。但是，不同于其他涉及公共雇员补偿及纳税人资金的计划，退休制度基金的独特性产生了新的政治和经济环境。由理事会领导的管理机构和公共雇员退休计划的管理者，对期望获得退休福利的计划受益人负有责任，同时通过福利承诺、缴款以及固定资产投资的审慎管理降低一般纳税人的风险。理事会成员较为复杂，人数不一定是奇数，以确保竞争利益被代表。理事会的受托人由养老计划的成员（在职和退休人员）选出，由雇主任命或自然履职；而后者的成员常常通过普选获得其职位。根据 2006 年全国教育协会的调查，一般理事会有 9 个受托人，并由成员选出半数的受托人。⑯

一个争论的问题是治理在多大程度上影响退休计划的关键内容。在一系列的论文中，辛（Hsin）和米切尔（Mitchell）发现由成员选出的受托人的数量与高的雇主缴费率和较低的资金供给水平有关。⑰ 其他论文展示了混合的影响。⑱ 一方面，预期的相关性目前尚不清楚，当选受托人可能对扩大福利和生活成本调整感兴趣，这增加了支付义务，而且可能对投资策略不是特别有见识。另一方面，受益人代表对基金的财务状况有一个既定的股权，有很强的责任意识，更少对卷入普选特殊利益集团政治感兴趣。

从实际情况来看，比养老基金治理效果的定量分析更重要的，是最近对立法者、受托人、工会和资助政策的经济与政治联系的关注。《纽约时报》复查了过去五年超过三十篇的文章——许多放置在头版——这些文章具体讨论了退休福利及/或养老基金与政治的关系（此数不包括主要处理养老保险基金筹资的文章）。2009 年的一项研究同样指出，"20 世纪 80 年代以前，州和地方政府的养老金并不是利益群体关注的重点"，但是在此之后，特殊利益集团活动的可见性已经增长了。⑲ 近几十年来，许多退休金计划的治理结构一直保持不变，而与私人工会相比，公共雇员工会力量的增强以及公共与私人补偿差距的增长，围绕养老计划的政治经济环境正在转变。

一个相关的问题涉及公共养老基金的能动性。由于代理建议、长期持有和影响企业战略的公众努力，作为投资者的公共养老金计划成为最活跃的机构投资者。⑳ 所有权能动性的增加可能部分是上述养老金治理中政治因素的后果；它也是养老金资产投资公司股权日益增长的一个自然的结果。作为大型、长期股东，公共养老金计划可以监控企业的管理以最大限度地提高投资回报。退休计划也可能对不必然与长期回报最大化相联系的社会因素感兴趣，虽然这些愿望可能一致。㉑

公共养老计划行动主义以股东提案、董事提名和与管理层非正式沟通的形式发生。㉒ 尤为突出的例子是开始于 2000 年加利福尼亚州公共雇员退休计划（CALPERS）"双重底线"的倡议。这项倡议是基于社会而不是财务做投资决策，倡议把某些行业企业和那些有差的劳工权利记录的企业排除在外。2010 年 9 月，美国证券交易监督委员会通过了一项提案，批准那些业主资料类似于公共养老计划的机构投资者与代理沟通。美国州退休管理者协会（NASRA）和主要公共养老计划支持更广泛的代理沟通，以增加股东提名董事加入公司董事会的能力。

通过限制对股东公司管理租金的提取，养老基金行动主义能够改善投资回报。但是限制投资组合，或专注于证券的非金融元素会降低整体的回报，相反，大多数公共养老基金董事会实行"谨慎人"标准。当难以估计的活动是否提高了公共养老基金的基金价值的时候，已经出现了几项研究调查了行动主义对股权价值的影响，这也间接度量了这些活动对这些基金产生的金融冲击。证据是混合的。关于加利福尼亚州公共雇员退休计划"双重底线"的一项研究发现，行动主义对目标公司的股价产生了积极影响。⑥考虑了更广泛的公共养老基金所有权样本的其他研究发现，公共养老基金行动主义对股权价值影响是微不足道的或负面的。⑥

州和地方政府养老金计划与公司及股票市场的互动远远超出了对股权价值的影响。作为重要投资者，公共养老金大大受市场影响。鉴于 21 世纪以来的金融衰退，监管层对没有丰富投资经验的受托人运行基金的投资风险程度采取了额外审查。投资风险应该伴随退休年龄、退休雇员与在职雇员的比例和回报假设而有所变化。然而，观察的数据显示，投资于风险证券资产（即美国国债以外的其他资产）的份额有一个相对较小的变化，而且这个变化并不与上面提到的变化因素相关。⑥几乎所有州的基金有 50%～70% 的资产投资于股票，平均 7.4% 的资产投资于私募股权。金融危机也将场外交易衍生工具的基金投资暴露出来，如威斯康星教师基金在抵押债券投资中失去了 2 亿美元。⑥金融危机对养老基金资产累积效应的更多细节将在下文讨论。

金融危机的影响和改革之路

正如本章所阐明的，州和地方养老基金正面对着大量政策问题。再没有比固定收益计划财务状况更大的问题了；伴随着 2007～2008 年金融危机及随之而来的股票价值的下降，以及地方政府的财政前景，这个麻烦甚至更加紧迫。随着投资回报归零到资产的下降，危机的整体情况在接下来的几年里将会被感受到。此外，紧缩的州与地方预算正挤压着对基金的年度缴款，恶化了资金供给问题，威胁着未来削减资金缺口的能力。资产和资金状况的急剧下降已经引发计划发起人的反应，推动一些人尝试改变既定的保障待遇、调整投资配置以及其他改革。然而，值得说明的是，危机之前许多计划就有结构性资金供给不足的问题。

根据人口普查数据，最近的经济衰退中最大的 100 家公共基金丧失了 8350 亿美元价值，导致 2010 财年养老收益支付达到基金总资产的近 8%。2009 年底，58% 的基金资金供给率低于 80%，达到近 15 年来的新低。⑥乐观的经济景象估计，假设缴费率保持稳定，2013 年基金供给率达到平均 76%。

计划发起人正通过几种方式对金融危机做出反应。州已经通过立法建议处理了 2010 和 2011 年度资金供给问题。⑥根据全国州立法机构会议，2011 年州立法机构和州长关于州养老和健康保障的建议范围广泛，包括增加雇员缴款（15 个州）、降低保障待遇或者提高新雇员退休年龄（11个州），以及限制相对于最后阶段薪水突然或人为地增长（6个州）。更极端的是，5个州（伊利诺伊、马萨诸塞、堪萨斯、新罕布什尔、新泽西）建议对现有雇员削减退休待遇或提高退休年龄。当然，建议不等同立法，但是，2010年的行动表明，更多立法机构正采取实质性的改革步骤。根据全国州立法机构会议，自2010年1月以来19个州已经批准了计划的主要调整。2009年和2010年，作为对金融危机和普遍资金供给问题的反应，表30.3列举了一些调整的建议。这些行动可以归为三类：降低未来资金支付需要的调整、增加资金供给比例的调整，以及减轻目前资金需求的调整。通过提升服务要求或者扩展最后阶段的平均工资，大量的州降低了养老保障待遇。2010年，9个州（佛蒙特、密歇根、科罗拉多、犹他、弗吉尼亚、伊利诺伊、密苏里、密西西比、亚利桑那）提高了服务年龄和服务要求；2011年，4个州（新泽西、明尼苏达、艾奥瓦和密苏里）增加了保留退休金权利的条件。路易斯安那是唯一的一个州，通过减少保留退休金权利期间来降低条件。9个州直接降低了提前退休养老待遇；科罗拉多将这一调整扩展到了全职雇员。

表30.3 　　2009～2010财年公共养老金对金融危机的反应

改革/立法	州名称
福利削减	亚利桑那州、科罗拉多州、艾奥瓦州、伊利诺伊州、路易斯安那州、密歇根州、明尼苏达州、密苏里州、密西西比州、新泽西州、内华达州、罗得岛州、南达科他州、得克萨斯州、犹他州、弗吉尼亚州、佛蒙特州
增加雇员缴款	科罗拉多州、艾奥瓦州、路易斯安那州、密歇根州、明尼苏达州、密苏里州、密西西比州、犹他州、弗吉尼亚州、佛蒙特州、怀俄明州
在职雇员缴费增加	科罗拉多州、艾奥瓦州、明尼苏达州、密西西比州、犹他州、怀俄明州
提高服务或退休年龄要求	亚利桑那州、科罗拉多州、伊利诺伊州、密歇根州、密苏里州、密西西比州、内华达州、新墨西哥州、罗得岛州、得克萨斯州、犹他州、弗吉尼亚州、佛蒙特州
扩展最后阶段的平均工资期间	亚利桑那州、艾奥瓦州、伊利诺伊州、路易斯安那州、密歇根州、新泽西州、弗吉尼亚州
减少生活成本调整	科罗拉多州、佐治亚州、伊利诺伊州、路易斯安那州、密歇根州、明尼苏达州、内华达州、罗得岛州、南达科他州、犹他州、弗吉尼亚州
减少当前退休人员生活成本调整	科罗拉多州、明尼苏达州、南达科他州
取消固定收益计划的调整	密歇根州、犹他州

资料来源：2009 and 2010 NCSL Annual Report on State Pension Legislation。

在第二类立法的变化中，2010 年 10 个州增加了雇员缴费，其中 4 个州（密苏里、犹他、弗吉尼亚和怀俄明）第一次为当前在职雇员和未来雇员引进了雇员缴费。或许最极端的变化包括减少退休待遇的增长（通常通过生活成本调整）。8 个州调整了生活成本参数；在明尼苏达、南达科他和科罗拉多，这些调整应用到目前雇员和退休人员身上。考虑到对养老待遇支付的保护条例，诸多决定在法庭上正面临挑战。

各州也采取行动以减轻资金支付压力，通过新的养老责任债券（POBs），暂时减轻雇主缴费，延长分期偿还期限以降低实际需要的缴费率。其他州改变人口和经济假定，华盛顿州推迟采用新的人口死亡率表，降低预期的薪水增长。纽约州把贴现率从 8% 降至 7.5%；犹他州和宾夕法尼亚州于 2008 年和 2009 年分别做了相似的改变。养老责任债券的使用对那些法律上不能推迟缴费或从基金借钱的州有吸引力，或者说，从套利未来股票业绩和减轻资金支付压力来看，养老责任债券被认为是一个谨慎的财务战略。同所有的套利机会一样，时机把握和发行人的细节对养老责任债券的整体表现将有明显的影响。[69]

此外，一些州和地方计划发起人暂时延期和减少费用缴纳。例如，2010 财年弗吉尼亚州退休计划推迟支付 620 亿美元。康涅狄格州州长赖尔（Rell）也推迟向养老计划支付并建议取消对未来雇员养老待遇的保证。加利福尼亚州慎重考虑从该州雇员公共退休计划借入 20 亿美元，而纽约州立法机构同意州与地方政府从养老基金借入 60 亿美元支付每年必需的缴费。[70]

下面的变动意味着短期的修补。对于降低未来资金需求的增长、增加计划发起人和雇员双方缴费的立法调整，是更具可持续和针对性地处理结构性资金问题的办法。令人吃惊的是，衰退和随之而来的无资金准备的负债，并未导致有关公共养老金结构根本改变的更多建议。只有两个州批准了它们退休计划的主要改变。犹他州要求雇员在 DC 计划和混合计划之间选择一个，密歇根州为新雇用教师创立了一个新的混合计划。实质上，更多的州成立委员会调研向 DC 计划转变的改革，但目前为止，并没有任何养老金结构的改革浪潮，部分可能是因为政治现实。许多立法机构正削减开支、岗位和服务；州议员可能没有政治意愿来处理公共雇员退休结构的重大变化。当然，许多当选官员从 21 世纪初加利福尼亚州失败的 DC 提议中观察到了政治余波。更少极端的结构改变，如向目前不够资格参加社会保障的 23% 比例的公共雇员退休金计划开放社会保障资格，近两年内同样地缺乏。

除了应付退休支付义务之外，州和地方政府将不得不处理由政府会计准则委员会发布的第 43 号公告和第 45 号公告要求的其他退休待遇义务。许多州从现收现付模式转向更具战略的计划以便为预估的成本支付。计划发起人发行其他退休福利债券，通过借钱为支付义务提前筹资。而这需要把灵活的负债交换成固定利率债务，新的政府会计准则包括了使这项选择有利可图的会计规则。此外，大量的州正建议在接下来的五年里改变它们的退休健康保险计划。[71] 超过半数的州增加了成本分担，一些州第一次要求雇员缴款。2004 年以来，5 个州压缩了未来退休人员的健康福利，更多退休人员将很可能面对更高的免赔额和共同支付。因为其他雇员福利义务主要依赖于健康保险的通胀率,发起人将需要为渐增的成本预筹资金;不幸的是,似乎大多数州的精算报告使用大约 5% 长期医疗通胀率,远低于目前 10%~14% 正常水平。⑫ 而通胀假定的是即使 1% 的差异可能改变 20% 的无资金准备的负债数量。

展望未来

对州和地方政府雇员退休计划总体所面临问题的调查阐明了大量政策思想和关注点。一般看来,公共养老基金处于麻烦之中,随着福利支付义务的到期,没有资金准备的债务将使已经紧张的公共预算更加捉襟见肘。然而,并非所有计划都存在困难。在面临严重基金供给问题的州与地方基金和一直负责任地处理退休计划的基金之间,公共养老基金改革的描述必须做出区分。同时,声称公共养老基金不存在资金供给危机或声称在最近的市场下跌之前没有危机是错误的。

伴随着 2008 年股票价值下降,对那些具有超过 90% 的精算基金供给率的计划发起人来说,目前的支付义务需要对缴费、投资和假定进行适度的但并非无足轻重的调整。改革可能包括协调 2010 年被采取的立法行动以改善上文描述资金供给状况:使用更实际的精算假定、设定缴款底线、降低待遇结构的慷慨度、与雇员分担成本。甚至这些举措可能对那些表面看上去筹资良好的州也并不足够。犹他州提供了好的例子,负责任资助州计划,但伴随着金融危机它面临日渐显露的所需供款的增加。2008 年,犹他州资金供给率为 96.5%,但预计 2013 年的资金供给率将降至 70.5%。部分原因是在 2008 年计划的资产净值下降了 22%。当被给定 7% 贴现率的时候,犹他州发现缴款将不得不上升 75%。最终,犹他州采纳激进的决定关闭对新员工的 DB 计划,进而提供了一个 DC 计划或混合选择。⑬

在那些面临着严重资金不足的州——随着时间的推移这样的州名单不断变化,但它典型地包括康涅狄格、伊利诺伊、堪萨斯、肯塔基、马萨诸塞、新泽西、俄克拉何马、罗得岛和西弗吉尼亚——更迫切的改革是必要的。提高员工缴费或扩展服务要求将不足以填补正在回归达到 30% 以上的未备基金的缺口。州和地方政府倚重投资回报为支付义务筹资,它们也没有足额支付按精算需要的缴款;因 20 世纪 90 年代末股票表现强劲,留给新泽西州计划 106% 的资金供给率,而在接下来的八个年头,州缴费平均不到按精算需要缴款的一半。⑭ 现在出现麻烦的这些州,通常也在 20 世纪 90 年代和 21 世纪早期提供了更慷慨的福利条款。虽然有关非常规的福利成本增加的综合数据更少能够得到,许多州正在考虑重返工作的退休人员比率(捞双份)以及增加了待遇基数的人为虚高的最终薪金。⑮

未来改革应如何进行?首先,不管政府会计准则委员会的会计准则要求如何——它可能来自于新的会计准则或联邦立法,各个政府必须承诺实事求是地评估它们的养老金义务。这意味着使用较低符合实际水平的投资回报率将降低未来待遇和现实工资增长预期。计划的发起人不用非得选择 3% 或 8% 的投资回报率。相反,存在一个中间地带,保守和消极地反映投资于股票及替代投资的投资组合的预期回报率。例如,公司使用约 6% 的折现率,反映了众多公司可能存在停业的风险。各个政府将需要找到一个执行机制以便在各种市场条件下支付每年所需支付的退休金供款。法律或宪法的要求可以强制执行。在那些具有增加员工缴费率法律空间的州，雇员缴款比率必须增加。雇员的缴款率可以设置为发起人缴费率的一小部分，在福利或资产管理的上任何变动，都会增加员工的利益。最后，政府应该容纳未来福利的增加，把它们与较高的员工缴款和/或需要纳税人批准"绑在一起"。作为一个例子，这一点在旧金山已经实施。

所有上述改革只涉及目前的职工和退休人员的福利承诺。未来的员工没有保证，他们不是有效的特殊利益集团。如果上述改革不能全面实施，政府必须承认，它们不能承诺充当负责任员工退休保障的管理者；这些州应该转向为新员工提供混合计划或DC计划。而这一变化可能会影响未来的人员招聘和保留，改变是财政上负责任的行动，当然，在所有州与地方政府进行这一调整是没有必要的。此外，目前没有获得社会保障资格的23%的计划应该申请资格。

在最近的2010年报告中，皮尤中心认为1万亿美元资金缺口算作"好消息"：没有资金准备的负债的规模已激发了来自全国各地决策者改革的呼声。当然，在威斯康星州和密歇根州，2011年备受瞩目的关于雇员对退休养老金和医疗基金缴款的立法，提高了公众对这一问题的意识，激发了政治新能量来弥补资金缺口。然而，纵览这个国家处于最严重的金融危机中州与地方政府养老金计划，没有出现上文所强调的根本性的改革势头，最经常被引用的修复涉及削减未来员工的福利。当州与地方政府预算紧张时，立法机构必须为伴随着经济衰退而引发的退休金资产急剧损失筹资。与此同时，它们必须考虑情况是更好还是更坏，因为在许多情况下已经导致慷慨而资金没有着落的福利的增加、冒险的投资、草率的会计。伴随着短期内资金供给率的提高，长期来看决策者需要承诺州政府与地方政府的财政可持续性发展。

注释

①US Census Bureau（2008）.

②Novy-Marx and Rauh（2009），3：2；US Census Bureau（2008）.

③Wiatrowski（2009），1.

④Snell（2010），1-3. 现金平衡计划与固定收益计划相似，由雇主承担投资风险，但现金平衡计划基于一次性保费支付而非一个定期的支付。

⑤GAO（2008），5.

⑥Bureau of Labor Statistics（2010）.

⑦GAO（2008），5.

⑧同上。

⑨Stewart（2005），85.

⑩Clark，Craig，and Wilson（2003），167。自我筹资计划基于雇员缴费而非雇主缴费。

⑪Clark，Craig，and Ahmed（2009），239-271.

⑫GAO（2007），62.

⑬Munnell，Haverstick，and Aubry（2008），1-12.

⑭Munnell，Aubry，and Quinby（2010），4.

⑮同上。

⑯GAO（2008），2.

865 ⑰Munnell and Soto（2007），1.

⑱GAO（2008），10.

⑲同上，1。

⑳Social Security Administration（2010），1.

㉑Peng（2008），40.

㉒Edwards（2010）；Bender and Heywood（2010）。伴随着2011年早期在威斯康星州的一场关于公共雇员退休福利的延期预算投票，有大量这个主题的论文发表。

㉓The Pew Center on the States（2007），12-14.

㉔Bender and Heywood（2010）.

㉕GAO（2007），8.

㉖Bender and Heywood（2010）.

㉗GAO（2007），19.

㉘Brown and Wilcox（2009），538-542.

㉙Munnell，Aubry，and Muldoon（2008），1.

㉚Peng（2008）.

㉛ 同上。

㉜Clark（2009），5.

㉝Peng（2008）.

㉞Clark（2009），1.

㉟Edwards and Gokhale（2006）；Zion and Varshney（2007）.

㊱Clark（2009），3.

㊲Robinson et al.（2008），3-11.

㊳GAO（2008），21.

㊴Moran（2007），13.

㊵Wisniewski（2005）.

㊶Waring（2009），32.

㊷Brown and Wilcox（2009），540.

㊸Reilly（2010）.

㊹Brown and Wilcox（2009），538.

㊺Novy-Marx and Rauh（2009），1.

㊻同上。

㊼Peskin（2001）.

㊽Jones，Murphy，and Zorn（2009），1.

㊾Peng（2008）.

㊿Benner（2009）.

(51)Barrett and Greene（2007），1.

(52)Young（2009），75-85.

(53)同上。

(54)Fore（2001）.

㉕Snell (2010a).
㊶Peng (2008).
㊷Hsin and Mitchell (2010).
㊸Munnell, Haverstick, and Aubry (2008).
㊹Almeida, Kenneally, and Madland (2009).
㊿Johnson and Greening (1999); Qui (2003); Romano (1993).
㉑Barber (2009), 271-294.
㉒David, Bloom, and Hillman (2007), 1.
㉓Barber (2009).
㉔Woidtke (2002).
㉕Lucas and Zeldes (2009), 16.
㉖Duhigg and Dougherty (2008).
㉗Munnell, Aubry, and Quinby (2010).
㉘Snell (2010b, 2011).
㉙Munnell et al. (2010), 3.
㊱Hakim (2010).
㊲Kearney et al. (2009).
㊳Clark (2009), 8.
㊴Liljenquist (2010).
㊴值得注意的是, 新泽西州与证监会也卷入了可能是未来退休金诸多问题的预兆性事件。8月, 对州通过误导退休金义务、欺诈交易市政府债券的指控, 新泽西与证监会达成和解。
㊵许多退休金计划允许领取养老金的退休人员重返工作, 同时挣着薪水和退休金（捞双份）。因为退休金待遇根据雇员在最后雇佣年份的薪资计算, 因此, 通过最后工作期间的"顶峰"薪水来增加退休待遇是可能的。

参考文献

Almeida, B., Kenneally, K., and Madland, D. (2009). "The New Intersection on the Road to Retirement: Public Pensions, Economics, Perceptions, Politics, and Interest Groups." In *The Future of Public Employee Retirement Systems*, edited by Olivia Mitchell and Gary Anderson. New York: Oxford University Press. 294.

Barber, B. M. (2009). "Pension Fund Activism: The Double-Edged Sword." In *The Future of Public Employee Retirement Systems*, edited by Olivia Mitchell and Gary Anderson. New York: Oxford University Press. 271.

Barrett, K., and Greene, R. (2007). "The ＄3 Trillion Challenge." *Governing* 21 (1): 26-32.

Bender, K., and Heywood, J. (2010, April). "Out of Balance? Comparing Public and Private Sector Compensation over 20 Years." Center for State and Local Government Excellence.

Benner, K. (2009, May 12). "The Public Pension Bomb." *CNNMoney.com*. Retrieved September 25, 2010, from http://money.cnn.com/2009/05/12/news/economy/benner_pension.fortune/index.htm.

Brown, J. R., and Wilcox, D. W. (2009). "Discounting State and Local Pension Liabilities." *American Economic Review* 99 (2): 538-542.

Bureau of Labor Statistics. (2010, June). "Employer Costs for Employee Compensation— June 2010." US Department of Labor.

Clark, R. L. (2009). "Will Public Sector Retiree Health Benefit Plans Survive? Economic and Policy Implications of Unfunded Liabilities." *American Economic Review* 99 (2): 533-537.

Clark, R. L., Craig, L. A., and Ahmed, N. (2009). "The Evolution of Public Sector Pension Plans in the United States." In *The Future of Public Employee Retirement Systems*, edited by Olivia Mitchell and Gary Anderson. New York: Oxford University Press. 239-271.

Clark, R. L., Craig, L. A., and Wilson, J. W. (2003). *A History of Public Sector Pensions in the United States*. Philadelphia: University of Pennsylvania Press.

David, P., Bloom, M., and Hillman, A. J. (2007). "Investor Activism, Managerial Responsiveness, and Corporate Social Performance." *Strategic Management Journal* 28 (1): 91-100.

Duhigg, Charles, and Carter Dougherty (2008, November 1). "From Midwest to M.T.A., Pain from Global Gamble," *New York Times*. http://www.nytimes.com/2008/11/02/business/02global.html.

Edwards, C. (2010, January). "Employee Compensation in State and Local Governments." Cato Institute.

Edwards, C., and Gokhale, J. (2006). "Unfunded State and Local Health Costs: $1.4 Trillion." *Cato Institute Tax and Budget Bulletin* 40.

Fore, D. (2001). "Going Private in the Public Sector: The Transition from Defined Benefit to Defined Contribution Pension Plans." In *Pensions in the Public Sector*, edited by Olivia S. Mitchell and Edwin C. Hustead. Philadelphia: University of Pennsylvania Press.

GAO (2007, September). "State and Local Government Retiree Benefits: Current Status of Benefit Structures, Protections and Fiscal Outlook for Funding Future Costs." Government Accountability Office.

GAO (2008, January). "State and Local Government Retiree Benefits: Current Funded Status of Pension and Health Benefits." Government Accountability Office.

Hakim, D. (2010, June 11). "State Plan Makes Fund Both Borrower and Lender." *New York Times*: A1.

Hsin, P. L., and Mitchell, O. (2010). "The Political Economy of Public Pensions: Pension Funding, Governance, and Fiscal Stress." *Revista de Analisis Economico-Economic Analysis Review* 9 (1): 151.

Johnson, R. A., and Greening, D. W. (1999). "The Effects of Corporate Governance and Institutional Ownership Types on Corporate Social Performance." *Academy of Management Journal* 42 (5): 564-576.

Jones, N. L., Murphy, B. B., and Zorn, P. (2009, May). "Actuarial Methods and Public Pension Funding Objectives: An Empirical Examination." *Public Pension Finance Symposium* Vol. 2.

Kearney, R. C., Clark, R. L., Coggburn, J. D., Daley, D., and Robinson, C. (2009, July). "At a Crossroads: The Financing and Future of Health Benefits for State and Local Government Retirees." Center for State and Local Government Excellence.

Liljenquist, D. (2010, July 27). "Pension Crisis: The 2010 Utah Response." PowerPoint presentation at the NCSL 2010 Legislative Summit, Louisville, Kentucky. Retrieved from http://www.ncsl.org/?tabid=21105.

Lucas, D. J., and Zeldes, S. P. (2009). "How Should Public Pension Plans Invest?" *American Economic Review* 99 (2): 527-532.

Moran, M. (2007, Summer). "The Trillion Dollar Question: What Is Your GASB Number?" Goldman Sachs Global Markets Institute.

Munnell, A., Aubry, J. P., and Muldoon, D. (2008). "The Financial Crisis and State/Local Defined Benefit Plans." *Issues in Brief*: 8-19.

Munnell, A. H., Aubry, J. P., and Quinby, L. (2010). "The Funding of State and Local Pensions: 2009-2013." *Issues in Brief*.

Munnell, A. H., Calabrese, T., Monk, A., and Aubry, J. P. (2010). "Pension Obligation Bonds: Financial Crisis Exposes Risks." Center for Retirement Research at Boston College.

Munnell, A. H., Haverstick, K., and Aubry, J. P. (2008). "Why Does Funding Status Vary among State and Local Plans?" *Boston College Center for Retirement Research Brief*.

Munnell, A. H., and Soto, M. (2007). "State and Local Pensions Are Different from Private Plans." Center for Retirement Research at Boston College.

Novy-Marx, Robert, and Joshua D. Rauh (2009). "The Liabilities and Risks of State-Sponsored Pension Plans." *Journal of Economic Perspectives* 23 (4): 191-210.

Peng, J. (2008). *State and Local Pension Fund Management*. CRC Press.

Peskin, Michael. (2001). "Asset/Liability Management in the Public Sector." In *Pensions in the Public Sector*, edited by Olivia S. Mitchell and Edwin C. Hustead. Philadelphia: University of Pennsylvania Press. 195-217.

Pew Center on the States. (2007). "Promise with a Price: Public Sector Retirement Benefits." Pew Center on the States.

Qui, L. (2003). "Public Pension Fund Activism and M&A Activity." Yale School of Management, International Center of Finance.

Reilly, D. (2010, September 18). "Pension Gaps Loom Larger." *Wall Street Journal*.

Robinson, C., Kearney, R., Clark, R., Daley, D., and Coggburn, J. (2008, September). "Retiree Health Plans: A National Assessment." Center for State and Local Government Excellence.

Romano, R. (1993). "Public Pension Fund Activism in Corporate Governance Reconsidered." *Columbia Law Review* 93 (795): 801-804.

Snell, R. (2010a, June). "State Defined Contribution and Hybrid Pension Plans." National Conference of State Legislatures.

Snell, R. (2010b, September 1). "Pensions and Retirement Plan Enactments in 2010 State Legislatures." National Conference of State Legislatures.

Snell, R. (2011, March 10). "Selected 2011 State Pension Reform Proposals." National Conference of State Legislatures.

Social Security Administration. (2010, August). "Monthly Statistical Snapshot, August 2010." SSA Research, Statistics and Policy Analysis. Retrieved from http://www.ssa.gov/policy/docs/quickfacts/stat_snapshot/.

Stewart, R. E. (2005). *American Military History: The United States Army and the Forging of a Nation*, 1775-1917. American Military History Vol. 1. Washington, DC: United States Army Center of Military History.

US Census Bureau. (2008). "Finances of Selected State and Local Government Employee Retirement Systems." Retrieved from http://www.census.gov/govs/retire/.

Waring, M. B. (2009, May). "A Pension Rosetta Stone: Reconciling Actuarial Science and Pension Accounting with Economic Values." *Public Pension Finance Symposium, Society of Actuaries*, Vol. 4.

Wiatrowski, W. (2009). "The Structure of State and Local Government Retirement Benefits, 2008." Bureau of Labor Statistics. Retrieved from http://www.bls.gov/opub/cwc/cm20090218ar01p1.htm.

Wisniewski, S. C. (2005). "Potential State Government Practices Impact of the New GASB Accounting Standard for Retiree Health Benefits." *Public Budgeting & Finance* 25 (1): 104-118.

Woidtke, T. (2002). "Agents Watching Agents? Evidence from Pension Fund Ownership and Firm Value." *Journal of Financial Economics* 63 (1): 99-131.

Young, P. (2009). "Public Pensions and State and Local Budgets: Can Contribution Rate Cyclicality Be Better Managed?" In *The Future of Public Employee Retirement Systems*, edited by Olivia Mitchell and Gary Anderson. New York: Oxford University Press. 75-85.

Zion, D., and Varshney, A. (2007). "You Dropped a Bomb on Me, GASB." Credit Suisse.

第4篇

展望未来：改革与重塑

第 31 章 完成州预算政策及其流程改革

艾里斯·J. 拉夫（Iris J. Lav）

李红霞 丁聪 译

州和地方政府奉行着数不胜数的非最优税收与预算政策。大多数政策在过去的 23 年里已经被研究得很透彻。这些政策失灵的根源是 20 世纪中期被采用的政策没有随着世界的发展而及时更新。如果在 21 世纪，人们从头开始建设一个全新的州，这些政策毫无疑问不会被采纳。但是重新去建设一个州只是一个不切实际的幻想。不幸的是，通过从根本上重建州政策来解决州预算问题的方案也同样不切实际。

尽管州被称为"民主实验室"已经成为了陈词滥调，州预算政策，特别是州税收政策，从对改革的抵抗性来看，长期以来都处于深深的保守之中。[①] 在过去的 25 年里，除去一些例外，如康涅狄格州在 20 年前采纳了一项所得税政策，由州制定的政策改革在很大程度上都十分缓和与平稳。考虑到这些历史，通过激进的改革来修复在政策中的失灵问题可能性不大。笔者以为，为了政治上可行，在可预见的未来范围之内要解决州的问题，必须对现有的政策进行改革。当政策调整时，对现有政策的推翻，或者改革方向的激进都要被维持在最小限度内，否则选民将不会接纳这些变革。

为了将州以及地方提供的、在现有财政收入减少以至于逐渐失去支持的项目及服务维持在当前水平，改革是必要的。尽管反面说辞很多，但存在很有力的证据能证明，人们想获得这些服务，而且当他们有机会选择并获得足够多信息的情况下，会投票来维持这些服务。2006~2009 年，科罗拉多州曾经采纳的纳税人权利法案中的税收和支出限制提案，在 20 多个州立法机构被慎重考虑提出但遭到否决。其中，缅因州、内布拉斯加州、俄勒冈州和华盛顿州还经过了选民投票。但在 2009 年，俄勒冈州的选民宁愿投票通过了一项大幅增加税收的政策，也不愿经历主要政府服务项目的削减。民调也频繁地显示在教育、健康、公共安全，或者其他提及的领域有特定的服务项目减少时，人们削减政府服务项目的这种含糊意愿很快就会消失。人们需要并且很看重州以及地方提供的服务。即使 2010 年的选举季表明了人们虽然重视这些服务却不想为之买单，即"免费午餐"综合征，但仍然需要确定的是这到底是一个短暂的现象还是一个根本的改变。因为"免费午餐"是不切实际的，所以人们为了他们所重视的服务买单依旧是可能的。

为了维持州以及地方的服务项目，亟待解决的财务问题主要被归为两大类：周期性和结构性。周期性问题主要来自管辖权之外的力量：经济衰退或者自然灾害会引起财政收入下降、服务需要上升，从而导致赤字，这必须在平衡预算需求的最高管辖权之下才能抵消。结构性问题来自内部的政策和管辖权的实践过程。尤其是很多州的财政系统的发展速度比维持现有服务水平需要的速度慢，这种现象被称为"结构赤字"。显然，相较周期性问题，州政府在处理结构性问题以应对长期充足性方面拥有更多的控制权。本章也会主要着重于这些问题。[②]能够缓解结构性问题，并因此在一定程度上同样对周期性问题起作用的政策以及预算流程改革，都将在本章被考虑。

为了解决结构性问题的政策改革在公共财政界众所周知。其包括扩大销售税范围以囊括更多服务以及远程销售，制定并增收累进的所得税，并保留灵活的财产税。这些改革，其中的一些被专家与政策制定者用于大范围的政治游说；其他的一些政策则更加具有争议。但是，相比找到一个新的方法来寻求问题的解决方案，发展全新政策的需求更低。税收结构的变化，如扩大销售税范围以囊括更多服务抑或是所得税等级以及税率的变化常常会在致力于抵消财政赤字的立法会议上被提及。当这些提案被否决，就像大部分提案的经历一样，这些失败可以被看作改革无法实现的证据。甚至当改革在立法会议之前的州长预算提案中出现时，反对者也经常能得到机会在拥护者调动大家的支持之前散布负面的信息。当大众还没有做好充分的准备之时，改革的建议更容易被厌恶而不是获得支持。

如果要变革，那么需要更好的方法。一个更好方法的核心包括设计简单的大众能理解的改革政策，在制定公众提案之前要在受影响的选区打好基础，采用现代的意向研究以及不同的沟通渠道来帮助设计改革提案与教育公众，调查一个区域内跨州合作改革的可能性。

此外，预算流程在助长以及阻滞结构性问题的发展中所起的作用经常被忽略。当然，有些人会借结构性赤字，或者其他的预算问题作为跳板，提出极端的预算流程变革，如限制财政收入或者支出（税收与支出限制），就像科罗拉多州的纳税人权利法案一样。但是，严格的、公式化的限制并不能解决问题；只会僵化现有问题，阻碍变革，限制一个州在试图满足其居民需求时的灵活性。改革，如基于现有服务项目（基准线）的多年预算，可以让人们对分阶段，多年的减税或者项目扩展这类可以引起结构性问题的做法有进一步的了解。此外，在州级采用类似联邦政府的现收现付政策的机制，也被称为PAYGO，有助于确保新的结构性赤字不会被因政策变更而引起。在PAYGO中，超过基准线的减税或者项目拓展必须通过另一项税收或者项目变更所创造的预算来中和。

结构性问题以及潜在的解决方案

大多数的州都有一个首要的结构性问题，有些时候会有许多不同的表现。最基本的结构性问题是州财政收入每年的增长不足以为支出的增长提供资金，假定财政收入和支出没有法定的变动。理论上，这个最基本的问题可以通过降低支出的增长速度或者增加财政收入的增长速度来解决。

支出

但是在实际情况中，州与地方政府对其支出的增长速度的控制权并没有它们看起来那么大。州政府支出的最大两个方面就是教育与医疗保健。将近 2/3 的州普通基金支出（除去联邦资基金、专有基金、债券收益的支出）用于小学和中学教育（34.5%）、高等教育（11.3%）以及医疗补助（16.3%）。州政府还有其他为公职人员、退休人员医疗保险，以及服刑人员的保健支出。③地方政府在中小学教育上花费自身资金的大约 35%。④

儿童教育是劳动密集型产业。绝大多数家长不希望他们的孩子坐在教室里由电脑教学；他们要求的是有资历的老师以及能让老师有效教学的教室。尽管在更早的年代，因为没有其他工作机会，高素质的女性会从事教师的职业，而现在要吸引有资历的老师需要有竞争力的薪酬补偿。因为这个与其他许多原因，州及地方政府在中小学教育上的支出在过去 20 多年内的增长比经济增长更加迅速，从 1988 年占 GDP 的 3.58% 提高到 2008 年占 GDP 的 4.02%。⑤当人口年龄和教师与学龄儿童数量的比例下降时，这些支出可能将会增长的更快。⑥此外，有证据表明半数的教师将会在未来十年内达到退休年龄，如果薪资不大幅提高，届时教师的质量也将会下降。一份麦肯锡的评估报告认为，将从大学班级前三名中招收的新教师的比例由现在很低的 14% 提高到 68% 的花费大约是 300 亿美元⑦（这份报告展现了如果这么做也将有很大的经济收益）。因此，在大多数州，降低教育支出（不减少招生人数）的增长率，同时不牺牲教育质量的可能性不大。⑧

医疗卫生的支出甚至更加成问题。医疗卫生支出是一个全国性的现象，不是任何一个州可以控制的事情。医疗卫生支出的增长影响医疗补助的花费，公职人员与退休人员的健康保险支出，以及州与地方政府运作的许多其他与健康相关的项目。现阶段，政府问责办公室公布的预测州与地方政府的医疗卫生支出在可预见的未来范围内，会比 GDP 的增速更快。⑨尽管这个增速对联邦政府预算或者州政府预算都是不可持续的，但是对州政府预算而言这是一个更大的挑战，因为州政府财政收入一般比联邦政府的收入增长更慢。政府问责办公室预测，州与地方政府财政收入的增长受其特性影响，会落后于 GDP 的增长，但是医疗卫生的支出增长将会超越 GDP 的增长。这意味着在现阶段，与健康相关项目的支出占州与地方政府预算的比例将会越来越大。控制医疗卫生的支出，阻止这种情况进一步发展，需要全国性的解决方案。但是在近期让医疗卫生费用的增速降低到州政府财政收入增速以下是不太可能的。

在教育和卫生方面，州政府有制定一些有效方案的潜在可能，但是这些变革一般对长期的增长趋势影响不大。举个例子，现在有一个热点是研究如何通过改革退休金以及退休健康保险的范围，来降低教师以及其他雇员的补偿金。鉴于现阶段对雇员退休金的保护政策包含在州宪法以及判例法内，退休金的改革将主要影响从现在开始的二三十年的成本。此外，许多州的退休金计划都资金不足，任何利益的减少都会被将来三十年内增加缴纳的额度以达到全额融资的需要所抵消。⑩相较之下，改革一些不受法律保护的退休医疗保险政策，可以影响短期支出以及当"婴儿潮"出生的人们退休时支出的增长。

也有其他一些更小的预算方面对经济增长有影响（如修正潜在的因子）以降低支出，从而促进经济发展。尽管这些方面也很重要，但是这些领域在州政府预算中并没有占很大比例，因此对长期的增长趋势影响不大。

虽然在预算某些方面，州政府控制潜在的、正在发展的支出增长难度很大，但是州政府确实可以通过立法变革预算增长的途径来获得控制权。通过拓展服务项目或者增加新项目以增加支出或者支出增长率的法定政策改革，在其提案上，州长与立法机关必须达成一致意见。下文将会讨论预算流程。一个很重要的阻止结构性问题发展或恶化的方法就是确保财政收入能够长期支持任何新出现的支出项目。或者用另一种方式来说明，在可预见的未来，需要额外的财政收入来支持额外的支出项目；并且支持支出项目的这部分财政收入的固有增长率应该与支出的固有增长率相同。一个典型的立法违反了这个原则的例子是，用烟草税来支持一个扩大医疗卫生范围的项目（随时间推移，烟草税的增长率很慢甚至降低。因为它是按每包征收的，然而吸烟人口的比例在下降。医疗卫生的支出在持续增长，这样就导致了支出与财政收入的不对等）。以下所阐述的 PAYGO 提案尝试提出一种需要更加设身处地考虑新项目长期支出的机制。

收入

因为控制一些主要的支出成本动因的难度太高，思考如何增加州和地方政府的财政收入与实现这个目标的潜在方案则成为了重要的方面。在州政府一级层面上，立法者与选民在选择的任何基准的服务项目中，财政收入的增长率都是核心问题所在。

销售税

一些州与地方政府财政收入最广为人知的问题都出在销售税中。有两类问题尤其重要。第一，绝大多数州的销售税税基都太窄。销售税是在一个服务业的销售额在总经济中占比很小的时代被设计出台的，绝大多数州都把大部分服务业从税收中除外了。按照美国税务管理联合会的观点，在其对州的实践调查中列出的 168 个潜在可征税的服务项目中，大部分的州征收的项目都少于 1/3。⑪ 45 个州中的 5 个州甚至征税的服务项目少于 20 个。第二，因为 1967 年和 1992⑫ 年的最高法院决议阻止州政府让没有"纽带"，即传统意义上在州内有实体店面的卖家代收代缴税款，故所有征收销售税的州正在流失对居民通过网络以及商品目录购物征收的税收收入。这两类问题需要与以往有不同的解决方案。

将销售税拓展至服务项目

因在销售税税基中遗漏服务项目所导致的问题在20世纪80年代已经被广泛的承认；从那时开始，许多州政府已经开始试图解决这个问题。两个早期失败的试验案例发生在佛罗里达州和马萨诸塞州，两个州政府将它们的销售税拓展到了囊括近乎者所有的服务项目，法规被制定出来但是在生效之前就逐步被废除了，可以说这种错误的示范让其他州都回避去努力用一些可以理解的改革来解决这个问题。

理论上，其他州可以从佛罗里达州和马萨诸塞州所犯的政策错误中吸取教训然后继续前进。佛罗里达州的法规在1986年通过并在1987年生效，废除了包括专业人士、保险、劳务等一切服务项目的免税政策。许多原因导致了这次拓展销售税的失败，最显著的一点是决定用一个公式来计算跨州公司在佛罗里达州所购买服务项目中纳税的份额。这导致了广告收入的纳税额取决于广告在佛罗里达州媒体中出现的数量，这样的安排激发了广告商们利用自身资源鼓动民众对这项税收进行反对。这项税收在准确的信息被广泛宣传之前，就被卷入了谣言与政治斗争之中。詹姆斯·弗朗西斯（James Francis），当时佛罗里达税务局的研究室主任，为其他想继续走这条路的州总结了以下三点教训。

（1）因为政治上的困难就一点一点逐步地征收服务税不是正确的方式，因为如果一点一点征收的话，最重要的举措将永远不会被采纳。

（2）必须找到一个方法让自私的、持反对税收姿态的媒体清楚这个法案到底是什么。一种方法是在常规服务税已经实行且被大众接受之后，在单独的法案中征收广告销售税；另外一种方法是对广告业用一种不同但是仍然符合宪法的方式来征税，如通过废除广告业的税收减免部分，以及所得税的宣传支出部分。

（3）从一开始就需要认定的是，税收支持者在颁布法案之前和之后都必须在拥有一个共识的基础上共同前进。

换句话说，弗朗西斯强调了充分扩张的重要性，但是他也提醒支持者去反对或者找到一种中立的方式。他也强调了建设有效共同联合体来倡导改变。⑬

马萨诸塞州的经验导致了相关的结果。1990年7月，马萨诸塞州实施了许多不同服务的扩张，包括一些但不是全部种类的职业服务。随着春末扩张政策的实施，这项决定也不断推进，只是在实施之前迅速搜集一些纳税人的意见。像佛罗里达州一样，马萨诸塞州想要使用公式分配由不同州和地方消费的服务，目的是反映马萨诸塞州消费的份额。税收专业服务和分配方式的定义在经历修改之后立即诞生。正如佛罗里达州一样，扩张成为一个政治运动问题，以个人所得税服务结束，这项服务在实施两天之后便被废除了。⑭

尽管上文提及的弗朗西斯建议和马萨诸塞州教训来克服服务充分扩张是有可能性的，但是没有州和地方会实施这样的扩张行为。在佛罗里达州和马萨诸塞州之后，州和地方没有遵循弗朗西斯的第一个观点，因为这个观点并不是一个好建议，但是它们尝试增加服务扩张，这竟会导致复杂的结果。许多例子最后是成功的。2006年，新泽西州将大约12项服务纳入销售税的税基。当时该州认为，这项措施每年将为州政府带来超过 4 亿美元的新收入，相当于销售税收收入增加 5％。阿肯色州在 2004 年将大约 15 项服务纳入销售税征收范围，使销售税的收入增加了约 1％。相比之下，2009 年在缅因州实施的一项收入中性扩张计划，计划用 4.4％的销售税收入来作为交换，降低个人所得税的税率。结果在第二年，因通过"人民否决"投票的方式，该计划遭到了废除。最近在马里兰州和密歇根州的扩张也遇到了类似的反对，不得不被取消。此外，由于有组织地反对，包括向保龄球馆和瑜伽课程在内的特定服务征税所做的努力也被叫停。

人们普遍反对将销售税扩大到服务范围，尤其是那些主要由家庭购买的服务，这多少有些令人惊讶。通常情况下，销售税是所有州和地方税收中最受欢迎的，而销售税上调通常不会像其他形式的增税那样引起那么大的反对。反对对服务征税似乎有点超出理性考虑范围。例如，哥伦比亚特区的相对富裕的居民多年来一直在为干洗服务缴纳销售税，但他们为什么强烈反对为瑜伽课的学费缴纳销售税呢？

扩大销售税税基的障碍是政治性的，找到克服这些障碍的方法至关重要。销售税必须现代化，以反映当今的经济。如果销售税要保留下来，作为地方政府的重要收入来源并且也是州两大收入来源之一，它就必须与时俱进来反映当代的经济，以防止销售税收入的增长严重滞后于经济增长。但显而易见的是，将销售税扩展至服务业的想法不会轻易地被公众或企业接受。仅仅将扩张写入州长预算或立法是不够的。有许多方法可以让一项渐进而广泛的销售税扩展到服务业——以及其他改革——有更大的成功机会。下文"现代化进程中的现代方式"将讨论如何以更现代和更激烈的努力进行改革。

如果不可能直接扩大对服务业的征税范围，有一些"后门"方法在一些州可能比扩大零售销售税更有吸引力（尽管不那么可取）。服务可以在经营层面而不是在消费者层面通过总收入税或增值税作为主要营业税或替代公司所得税来征税。如果联邦政府实行增值税，最终在零售层面征收，很多专家建议有必要维持联邦长期债务（尽管在政治上难以制定），各州很可能有机会利用联邦增值税的广泛基础来替代或增加它们自己的销售税。⑮

对远程销售征税

另一个主要的销售税问题就是各州无力对大多数远程销售征税，例如通过互联网或没有实体店的卖家就是提供商品清单进而向本州居民销售商品。这类购买在法律上被称为"使用税"，即从州外进口用于使用的商品征收的税。虽然从法律上讲，用这种方式购买商品的州居民应该缴纳使用税，但很难从个人身上有效地征税。据估计，由于无法征收这些税，2012 年各州和地方政府将损失约 230 亿美元。⑯

针对这个每年给各州造成数十亿美元收入损失的问题，目前有两种改革的方向。其中一种是简化销售税项目。美国各地税率和税基的复杂性，是各州不能要求远程零售商缴税的主要原因，1967 年、1992 年和在互联网时代之前，在这些时间段最高法院据此决定免除了远程卖家缴税义务。简化销售税项目于 1999 年开始鼓励各州简化和调整它们的销售税收，到 2010 年初，已经有 20 个州成为该项目正式成员。它们制定了符合该项目标准的销售税修订案,州委员会也正在处理阻碍其他州加入的一些问题,包括像加利福尼亚、佛罗里达、纽约和得克萨斯这样的大州。[17]这个项目的前提是简化将会鼓励远程零售商自愿参与征收和免除税收,否则将导致国会通过一项法律推翻最高法院的裁决。这方面的立法于2010年在国会提出,但立法的前景尚不确定。

远程销售征税面临着另一个威胁。许多州正在实行一些强制措施去强迫纳税人纳税。2008年,纽约州颁布了一项新的法律来扩大对"关联关系"的解释范围,从而把本州内利用子公司进行销售的企业纳入其中。因此会有许多企业需要缴纳销售税。[18]罗得岛州和北卡罗来纳州在2009年也颁布了类似的法律。2010年,科罗拉多州颁布法律要求所有没有征收和上缴销售税的远程销售者通知他们来自科罗拉多州的顾客,这些顾客可能为他们的购物缴纳一笔销售税,远程销售者还被要求每年向州政府报告每一位消费者购买的商品价格总额——这可能会导致他们缴纳比居民负担更多的使用税税款。网上零售商提供给科罗拉多州的清单在理论上会导致州政府向居民发送应纳税额的账单。

随着各个方面做出的努力,这个问题最终应该会得到解决。因为在今后的几年里,远程销售的总量可能会逐年递增。州政府征收这种税款的能力对于保持一个足以支撑得起财政支出的税收收入增长率而言极为重要。

个人所得税

个人所得税是十分重要的,因为保持强劲的所得税是州和地方全面改善收入增长以匹配必要支出增长的重要手段。州和地方的个人所得税,无论如何设计,在经济情况较好时,其增速快于经济增速,也快于销售税、消费税和州其他收入增速。累进的个人所得税税率会比单一个人所得税税率对收入增长更有明显作用。

许多理论学家和政策制定者考虑到累进的个人所得税会在良好的经济态势下增长更为强劲,而在萧条时期衰退更为明显。尽管在萧条时期,衰退是一个问题,除所得税之外的问题也可以通过"雨天基金"和其他方式进行处理。没有个人所得税增长的强劲势头,绝大多数州和地方将会继续经历全部收入增长比经济增长更慢的情况,易受发展结构性赤字的影响并且将不能满足在健康医疗、教育和其他未来许多方面中的支出义务。

个人所得税渐进式改革的前景喜忧参半。在已经开征个人所得税的州面临着改善所得税的压力,而在没有开征的州则面临着引进所得税的压力。同时,有的州也面临着来自倡议——废除州所得税,只依赖消费税来支持公共服务的政治压力,而这将不可避免地降低公共服务的供给水平。[19]然而,在某些领域改革似乎是可能的。

所得税改革的一个潜在领域是控制税式支出。在大多数州,个人所得税收入,以及潜在的收入增长,被各种各样的税式支出所侵蚀,而这些税式支出很少被重新审查。尽管大多数州都发布了税式支出报告或预算,但这些报告远不够全面,而且缺乏政策制定者在判断税式支出是否值得时所需的信息。在经济大衰退期间，各州对审查其税式支出的价值表现出了新的兴趣。庞大的联邦赤字也激起了联邦层面对这个问题的兴趣；由于大多数州都将个人所得税条款纳入联邦法典，联邦税式支出的减少也可以改善州收入。值得特别关注的州个人所得税支出的一个领域是，各州倾向于向退休人员和老年人提供大量的税收减免；随着人口老龄化，这些费用将越来越难以负担。另一个原因是，各州为企业提供了大量未经审查、效力可疑的税收减免，其中一些企业的组织结构形式是支付个人所得税而非企业所得税的实体。其他税式支出是少数几个州特有的，如允许对缴纳的联邦税款进行扣除。

在下一个十年，缺乏所得税的州可以考虑或者也可以不考虑制定相关法规。有9个州缺乏广泛的个人所得税，包括佛罗里达、得克萨斯、阿拉斯加、新罕布什尔、内华达、南达科他、田纳西（只对股息和利息收入征税）、华盛顿和怀俄明。虽然这些州中的一些可能永远不会采用所得税，至少在新罕布什尔和华盛顿未来十年不会采用。在没有所得税的情况下，这些州在管理自己的支出责任方面有很大困难，这些州内的一些重要力量正在讨论采用某种所得税的可能性。2010年11月，华盛顿州的公民投票否决了一项计划，开征了纯粹针对高收入者征收的所得税，居民个人年收入超过20万美元和联合申报人年收入超过40万美元的按5%征收，个人年收入超过50万美元和联合申报人年收入高于100万美元按9%征收。[20]然而，在不远的将来，一项税率更低、能够扣除某些项目的提案有可能获得通过。

另一个潜在领域是税率改革。有7个州采用单一税率征收个人所得税，还有几个州的税率经过几年调整已经使它们的个人所得税就像是采用单一税率。改进税率结构看起来是促进财政收入增长的一个简单方法，但这就像把销售税征税范围扩大至服务一样难以成功。这种改革需要像那些实行单一税率的州（伊利诺伊州和宾夕法尼亚州）那样做出宪法修订。这个在伊利诺伊州长期存在的财政问题在大萧条时期凸显了出来，这也说明伊利诺伊州也许最终会以这种方式改变它们的税率结构，尽管修改宪法的难度很大。康涅狄格州在2009年将它们几乎单一的税率结构改为了累进税率结构，这显示出这种改革在其他州也是可行的，但是这要求有充分的时间和紧锣密鼓的准备以及下文所描述的教育活动。

财产税

财产税的收入情况与经济增长率的联系不如销售税或者个人所得税那样紧密。在一般经济体系中，财产税的增长率取决于现有家庭房屋价值的增长情况、新房屋的建设情况和购买房屋的增长率或者地方设立的财产税率。财产的评估价值或者税率在不同地方有不同的标准，根据政府平衡预算的需要，浮动税率将会划分不同的等级，这些等级在一定程度上抵消了财产价值增减带来的影响，进而影响到财产税收入的增长。另外，房产价值与经济衰退期并不一定有必然的联系。在2001年经济衰退时期，房产价值稳定增长，但是在2008～2010年经济危机时房产价值却急剧下降，尤其是在亚利桑那州、内华达州和佛罗里达州，在这些州都出现了房地产泡沫破灭的情况。所以财产税对经济敏感的程度不如销售税和个人所得税这些税种，它会受更多因素的影响。

从理论上说，只要税率总能被调整至与实际情况相匹配，财产税收入就会与经济增长密切相关，因为财产价值随着经济的增长而增长。但是，许多州和地方已经对于评估增长、税率或者年度财产税收入的增加额有了宪法或者法律上的限制。如果不是绝大多数的限制都被用于财产价值出现迅速增长且税率没有下调的阶段，那么财产税收入将会迅速增长。但是现在许多限制使财产税收入的增速低于经济增长率，这会使保持教育和其他地方政府服务等一些依靠财产税支持的公共服务变得十分困难。例如，至少7个州的限制条款中要求财产税收入的年度名义增长率最多3%，并且其他地区将这种限制与房地产评估增值或税率的变动相联系，这同样会增加政府提供公共服务的难度。[21]

在一些没有限制条款的州和允许财产税收入随着经济的增长而合理增长的州，地方政府都避免采用限制条款或者收紧现有限制条款的行为。值得提起的是，政府处理财产税最好的方式是提供财产税减免机制，这种机制可以防止房屋所有者和租客支付过高的财产税；尤其重要的是该机制能够保护对于财产税高度敏感的群体，如低收入居民和只有固定收入的老年人。

许多州已经实施了很多不同类型的财产税减免措施。许多住宅豁免办法是从自有住房应纳的财产税中减免了一定数量的财产价值；由于这是第一批减免的财产价值，因此没有侧重于财产税的增长。还有许多形式的地方融资的财产税抵扣。这些需要房屋所有者（或者租客）自行申请抵扣，而其他人可以在州所得税申报表上进行申领。每种方式都有不足之处。如果居民被要求提交特殊的形式来申请减免，他们的参与率会变得相当低。举个例子来说，2006年的一个分析发现，当地方需要特殊的申请形式时，只有41%的缅因州合法居民投了反对票。参与者往往把个人所得税的一部分作为信用的评判标准，但是居民不愿将个人所得税信用与财产税费用挂钩，而情愿把它看作个人所得税的减少。[22]

佛蒙特州尝试着解决这个难题。正如许多地方做的那样，佛蒙特州提供了"熔断器式"（circuit-breaker）财产税救济，也就是说，财产税救济与房屋所有者或者租客的收入相关。在最初的体制中，一个"熔断器式"救济防止财产税超过房屋所有者或者租客收入的一定比例；也就是说这是最有效的财产税救济形式。[23]在佛蒙特州，如果房屋所有者的年收入在9.7万美元以下，房屋所有者可以享受财产税救济，这取决于房屋的价值（租客收入在4.7万美元以下的，可以申请抵免）。申请抵免必须提交一份特殊表格，该表格可以与州所得税表一起提交，也可以与州所得税表分开提交。然而，佛蒙特州项目的独特之处在于，信用凭证是可以在房屋所有者生活中得以支付的，而不是房屋所有者本身。于是，该州通过信用凭证的数量来直接地减少房屋所有者的财产税费用，目的是确保居民将财产税减免与财产税支出相联系，然后获得可靠利益。尽管没有正式评估，居民的认知得到了加强。这是其他州和地方可以考虑的有希望的方向。

改革经验：保持简单并准备充分

近年来，很少有成功的州税制改革解决了税收制度现代化和提高收入增长率以缓解结构性赤字的问题。一些已经颁布的法案，如在路易斯安那州和缅因州，后来被部分或完全废除。并且，其他州和地方的许多努力都以失败告终。从这些经验中可以得出一些重要的教训。

路易斯安那州。2002年11月，路易斯安那州选民同意了"施特利计划"关于取消对必需品（杂货、处方药、公用事业）征收销售税，并且提高个人所得税率的内容。该计划的设计初衷是"收入中性"，但是可以理解的是，与经济增长相比，路易斯安那州的所得税增长速度要快于其他税收，并且在收入增长中，长期的改善是可以预见的。尽管选民通过了"施特利计划"（以很小的优势），并估计这将使税收收入保持不变或者减少87%的单身申请人、92%的户主和74%的联合申请人，这将在地方的政策进程中留下一种"受到鞭打的男孩"（whipping boy）的印象。因为对于个体来说，计算在一年中他们少付多少销售税是十分困难的，但是他们可以发现所得税负债的增长，许多中等收入纳税人认为他们的税收支出在"施特利计划"实施之下增加了。2008年，"施特利计划"关于增加个人所得税的部分被废除。

缅因州。2009年6月，缅因州法院通过一项法案，规定改变地方个人所得税、销售税和财产税救济体制。与路易斯安那州一样，这项改革的目的是保持收入中性，并部分地参照了路易斯安那州"施特利计划"的做法。据测算，缅因州的计划降低了95.6%缅因州家庭的个人所得税，并且地方通过扩大对于更多服务的销售税来设立基金，这些服务包括安装、修理和维修服务，交通和导游服务，个人财产服务，娱乐和制造业服务。并且，这项法案也增加了对储备食物、寄宿和租车业务征收销售税——向游客"出口"部分增加的税收。据估计，合并后的结果将使全州87%的家庭减税。㉔尽管如此，在2010年6月的投票中，有足够多的请愿签名已经对这项改革进行了"否决"。由于40%~60%的选票都没有生效，因此这项改革措施被废除。那些力主废除的人认为这是对平均收入维护者的增税和对富人的减税——这一立场并没有得到分析的支持，但对于一个有几个变动部分的税收改革计划来说，这显然是合理的。

其他地区。佛罗里达州、马萨诸塞州、密歇根州和马里兰州增大服务销售税税基的举措已经在之前提及。另外，值得注意的是在2006~2008年，"交换"销售税和财产税存在减弱的趋势；爱达荷州、南卡罗来纳州和得克萨斯州增加地方销售税，目的是减少一些支持学校的财产税。1993年密歇根州做了相似并且更为复杂的互换。然而，与解决结构性赤字问题相比，各州的财政收入远没有达到所放弃的财产税的数额——其中一部分原因是销售税收入增长比（在密歇根的案例中，烟叶税收入也是）取而代之的财产税收入更慢。但是，对于被告知未来收入充足的选民来说，这种交换是可以接受的。做成这些交换的能力会反映出选民销售税的偏好，而非财产税，对以减少或消除结构性赤字的方式改革税收的能力没有太大影响。

现代化进程中的现代方式

正如国家收入体系需要进入现代化并在 21 世纪实行一样，或许改革方式也应当被认可和支持。以下五个原则可以改善改革的许多方面并获得成功。

第一，保持改革的简单性是重要的。尽管政策分析师或州政府官员可能认为，不同类型的税收相互替代是一种好政策，但是选民对这种做法持怀疑态度（例外的情况是用销售税代替财产税，公众对此应该更加警惕）。就像上面的例子一样，有证据表明倾向于相信复杂的改革对他们来说是不好的——不管实际情况如何。

第二，改革措施应该进行充分准备，减少临时性。立法机构适度扩大销售税税基，以此做最后努力来填补收入缺口和平衡预算是很常见的。这通常会立即导致受影响的行业对此提出批评。而且在给公众对政策的必要性给予清楚的解释，对备选方案的讨论和对方案的内容进行协商之前，通常就会在公众中引起负面反应。这种情况在 2010 年哥伦比亚特区出现过，当时瑜伽工作室赞助的大型抗议活动声称每节课需要多掏一美元，从而导致了最终的预算方案被废除。如果可能的话，政策制定者应该在出台相关立法之前，尝试从受影响的行业获得支持。

第三，改革举措应该被看成是一场竞选活动。改革措施由集中的群体和公众票选决定，举个例子，人们如何察觉出服务的扩大，什么干扰了他们，什么服务在选举中是越界的，还有该怎样最好地讨论这些问题。例如，对草坪服务和割草机征税的公平理由在政策制定者看来是显而易见的；重要的是要知道为什么它经常被一般赞成销售税的公众拒绝。同样地，现代成熟的研究观点能够帮助政策制定者理解，为什么那些经常在民意调查中声称支持对高收入家庭征收更重税收的人在实际改变州所得税时犹豫不决，以及这些条款的组合会让这种改变变得可以接受。对于政策制定者或政治家来说，纸上谈兵来谈改革是有失偏颇的，还需要注意确保迎合选民的需求不会破坏改革的最终目标。

第四，一旦计划被测试和决定，竞选模式需要通过公共教育和信息传递阶段继续下去。改革需要的不仅仅是纳入一项拟议的行政预算或一项立法。首要的步骤是通过人们接收信息、反馈和参与讨论（包括社交媒体）的所有现代方式来传达提案及其正当性。

竞选策略更有可能在那些将改革以投票方式提出的州使用。最近，纳税人权利法案的提案在四个州的投票中失败（缅因州两次，内布拉斯加州、俄勒冈州和华盛顿州各一次），以及俄勒冈州成功地通过投票增加了税收，这些都表明，使用坚实的竞选策略可以起到作用。但是使用竞选模式不应该仅仅局限于选票措施。如果立法机构要考虑改革——这几乎是永远不可能完成的事情，使用这些方法也很重要。

尤其重要的是，使用竞选的方式将考虑在内的收入与人们认为有价值的服务联系起来。通常，选民很难理解这种联系，公共教育在强调这一点上可以发挥重要作用。有趣的是，在缅因州成功实施的改革（如上所述）"民众选举"中，试图保留改革的势力将其定义为减税，而非长期维持或改善公共服务。

第五，可能有必要进行某种程度的区域协调。将销售税扩大到服务业或其他改革措施的提议，往往会引发人们对跨境税收流失的担忧，甚至是对外迁的担忧（通常是不合理的）。改革时，应该好好看看周边的州正在发生的事情。理想情况下，类似或平行的改革应该同时在几个州进行。非营利组织、倡导者或周边州政府以外的其他组织可能成为鼓励和促进这种协调的合作伙伴。

防止结构性赤字

当经常性支出增加而没有充足的收入伴随着支出的增长而增长时，结构性赤字得以扩大或者加深。当税收或者其他收入削减至低于主要支出时，赤字也得到改善或者深化。或者，当税收的设计或组合发生改变，在不降低支出水平或增长率的情况下，降低了总收入的增长率。改善过后的预算体制对于政策制定者和公众来说可以起到警示作用，当已被通过的举措很可能在长期创造或者加深预算问题时，可以允许独立的监管者和媒体将这些信息广泛散布。

在下文探讨的绝大多数潜在改善方式主要是在州和地方采用，但绝不是普遍采用的。改革进程对于州和地方来说是开启变革预算和税收的有效方式，因为这一过程的改变并不一定会在一定程度上使得特定选民失望，从而导致一致的或有组织的反对——就像一些政策变化不可避免的那样。此外，还提出了一种尚未由任何州使用的预算控制的新想法。

混合年度预算

支付体系或者税法中的变化在第一年或者头两年时以一种温和预算影响的方式运作着，但是在接下来的年份有着更大的影响力。政策制定者们例行公事地进行这类积压工作，目的是将最初的平衡预算要求收紧至本年度或者第二年，这将如何平衡未来预算的难题留给立法机关。

如果各州只提供当前预算期间的预算数据，并将其财政影响估计限制在该期间，则很难衡量未来的影响是否可以承受。因此，很少考虑政策变化的长期影响。

据美国国家预算官员协会统计，大约有14个州提供的预算数据超出了当前预算周期4年。⑥然而，正如下文所述，这些州中有许多未能根据有意义的预测来制订这些预算。而另一个极端是，大约有18个州只考虑当前的预算周期或一年以后的预算周期。在理想情况下，各州应在其预算中考虑包括五年的审查。

现有服务

如果任务没有合理完成，混合年度预算将不会达成目标。支出应当基于"现有服务"或者"基本水平线"分析。

一项现有服务分析表明，如何才能保持现有政策和体制，包括未来几年的州与地方服务和收益水平。在这样的分析中,根据需要这些服务和福利的人数的预期变化和人均成本的预期变化,预测本年度的支出。成本通常通过某种价格通胀指标进行调整,通常采用特殊指数来预测成本上升,如在医疗成本方面。联邦国会预算办公室以这种方式预测未来的成本。

根据现有的计划和税收政策,当前的服务分析为政府维持现状的成本设定了一个基准。它没有承诺州继续所有的计划和福利;它只是提供了一个精确的基础,在此基础上考虑所需的各种更改。

只有13个州和地方还有哥伦比亚特区使用当前的服务预算。⑦就其他州进行多年预测而言,它们通常认为名义支出将会保持恒定。因此它们的混合年度预算并不是真实反映未来州和地方财政可持续状况。包括康涅狄格和宾夕法尼亚在内的少数几个州,以目前的服务为基础,制定了详细的多年预算,并将其作为预算的常规组成部分,尽管其他州,如路易斯安那州和堪萨斯州仅仅做了粗略的预算。

收入预测

大部分州是基于经济预测来规划收入预算的。州政府一般都有几种类型的内部预测模型,在有些情况下,这种模型是一种复杂的微观模拟模型,这些模型由政府预算委员会或者立法机构财政委员会来控制。某些州的立法机构和行政机构都有能力做出收入预测,并且两个机构的预测有时会成为政策过程中争论的焦点。如在纽约州,这种情况就很常见。

另外一些州则不进行政府内部收入预测,而是组建一个由经济学家或其他外部人员组成的委员会来进行收入预测。如佛罗里达州就采用这种方法,这种预测一般会被预算辩论各方所接受。不到一半的州采用共识预测方法,这种方法下,由行政机构和立法机构派出代表,这些代表们借助证据资料和外部经济学家、顾问提出的建议就经济和收入预测达成共识。⑧还有一些其他的州依靠经济学家团体来做出预测。按理说,这些是做出收入预测比较好的方式,因为这种方式减少了参与各方"挑剔"方案以选出最有利预测的动机。

财政说明和立法机构财政办公室

政策制定者和公众需要好的工具来评估被提出的预算和税收改革措施。一个重要的工具是财政说明,这是一项立法的一个附件,说明这项立法需要花费或者节省多少。

各个州对财政说明的要求是不同的,如谁负责准备财政说明,以及财政说明所披露信息的彻底性。一些州仅要求财政说明对预算做出初步介绍,而其他州则要求财政说明包含对预算的修订并需要立法机构通过才可生效。不同的州对财政说明所评估的预算影响年度的要求也不同,通常对于一项被提出的预算,财政说明需要包含未来五年的计划。最好的财政说明还包括其他数据,如谁会从中收益(或受损)以及对地方政府的影响。

财政说明可能由州长预算办公室提供，预算办公室由党派性的立法人员组成，或者是无党派人士组成立法机构财政办公室。显然，只有后一种情况可以完全不受政治倾向的影响。立法机构财政办公室（无论是党派的还是无党派的）对于那些希望在立法前进行充分分析的立法者来说也更容易接近。

立法机构财政办公室还执行其他重要的分析职能，它们经常在更广泛的背景下研究政策的效力和成本，而不是仅仅在法律层面，通常对行政部门的预算草案提供独立的分析。然而，良好的财政立法机构只是政策过程中的又一个声音，就其本身而言，它并不能保证政策会得到改善。举个例子，加利福尼亚州和伊利诺伊州都有好的无党派立法机构财政办公室。但这两个州的预算实践却没那么良好。尽管议会预算委员会可以做出高质量的预测，这两个州却依然有着如联邦政府一样大规模的、持续的结构性赤字。

支出保障体系

"税式支出"是税收优惠的一种形式，它的功能与预算支出多少有些类似。举个例子来说，州和地方可以提供补助或代金券给低收入家庭来帮助他们以承担抚养子女的支出，或者可以允许抚养子女支出在个人所得税中进行抵免，许多州上述两种措施都采用了。它们的目标大致相同，但代金券的受益人往往是低收入居民，而税收抵免的受益人往往是中高收入居民。同样地，许多州也为那些从事特定业务，如进行投资或雇用工人的企业提供所得税或销售税优惠，作为对满足特定标准的企业进行预算拨款项目的替代方案。

当类似这样的津贴作为年度或者两年度预算的一部分，就会对它们进行一定程度的审查。特别是在财政紧张时，各州正在寻找削减开支的年度，可能会出现关于现金支出形式的补贴是否有效的讨论。然而，当补贴以税法形式确定提供时，即使是在全面削减赤字和预算的情况下，这种审查都很少发生，税式支出也不会被削减。此外，与直接支出不同，税式支出通常不受限制：如果一项税式支出超过预期，也没有自动阻止财政收入损失的机制；如果财政收入增长缓慢或在经济衰退中下降，而税式支出继续快速增长，结构性赤字可能会加剧。

就由于税法提供的优惠导致的收入损失而言，一些州和地方甚至并不知道它们"花费"了多少。有8个州不编制税式支出预算或报告，其他一些州的报告所载资料极少。㉒很少有哪个州会认真评估其税式支出的有效性。而且，甚至没有一个能够在正常预算的同时制定税式支出预算的州，会以一种与预算外支出相当的方式对待税式支出。也就是说，没有一个州在制定预算时会像它对预算支出项目所做的决定那样是否"重新调整"其税式支出项目，也没有一个州在全面削减支出时将税式支出包括在内。

各州可以通过添加关于税式支出成本的信息、受惠人的类型以及与预算支出类似的产出和结果的证据来改进其税式支出报告。各州还应建立正式机制，定期审查所有税式支出，并确定每一项支出是否有继续下去的意义。

PAYGO 预算

最终，避免结构性赤字将会要求在政策性预算过程中利用这些重要的预算过程改革。

在最近的几十年中，积极主义者和分析师找寻一种预算控制机制来阻止不可靠的地方预算政策的盛行以及结构性赤字的出现，并鼓励做出可靠的预算选择。这个担忧导致了这些年一些州采用了不同种类的税收和支出限制措施。最为严厉的当属是科罗拉多的纳税人权利法案。即使近年来这一地区的许多次尝试都以失败告终，与之相关的讨论和继续采取限制措施的努力却仍然在继续。想要预算控制收紧也会导致许多州采取多数投票规则、条款限制等类似政策。最严格的税收和支出限制将支出和服务条款改变。但是它们没有找到合理的预算政策形式来区分出预算支出、税式支出和收入政策的优先级，去更好地满足州和地方居民的需求。此外加利福尼亚州的绝对多数制要求会明显给地方造成完全机能失调的预算僵局。

一个更好的选择是单项法律的 PAYGO 机制，与联邦政府成功地将其用于 20 世纪 90 年代的历史相似，并且最近重新付诸实施。在 PAYGO 机制之下，任何在现今服务水平底线之上因增加支出或减少税收收入而导致的财政收入减少都会得到通过削减其他项目或者增加收入资源得到补偿。

- 当 PAYGO 机制被广泛运用于 20 世纪 90 年代的联邦政府时，它有效地减少了赤字。联邦 PAYGO 机制的一个重要的好处是使议会更加注重审查税式支出（税法中的重要突破）以抵消税收减免或支出增加。所以，计划增加支出时，可能会减少或者停止执行特定利率所得税优惠政策。在没有 PAYGO 机制的情况下，这样的税式支出会依然执行免税政策而不是被重新审查，正如上面所提及的。

- 更大的好处是，将 PAYGO 机制应用到每一项拨款或者税收改革中，税收和支出限制措施的绝大多数要求不会削减法律的权威，并且也不会剥夺政策制定者的需求。这也会使支持某一项增加支出或者减少税收政策的立法者会对自己行为的后果负责。

- 税收和支出限制措施并不会避免项目扩张或者税收减少——或者必要的收入资源重组。它仅仅是确保它们被正确实施并且在财政领域内被贯彻实施。

目前还没有州采用 PAYGO 式的预算控制机制。明显的是，这种方式只会在实施基线和现行服务预算、质量收入预测和跨年度预算的州施行。这是值得尝试的一种思路。

结　　论

因周期性的经济下滑而逐渐恶化的地方结构性收入问题，很有可能导致公共服务水平的长期减少。除非实施改革，这样的情况将不会出现。但是不至于说未来将无法负担公共服务支出。并且，认为地方财政服务会发生某些彻底的变革的想法也是不太可信的。反而，在结构性赤字背后的问题会被明确发现并且得以解决。

尽管明显证据表明，公众不会想要更少或者更低质量的公共服务，这也变成一种常识，就是为了给高质量公共服务提供资金的必要改革将会不受欢迎。但是，这种常识是基于对历史财政改革措施的不正确认识而形成的。也就是说，问题不在改革本身而是采取的方式。正如税收体系亟须进行现代化改革，进行改革的方法也需要更加现代化。保持改革的简化，在改革推进之前实施充分的准备和咨询工作，使用现代化的观点进行研究以及更新的交流模式可以增加提议成功实施的可能性。

最后，地方预算过程也需要现代化来防止结构性赤字的发展和加深。想要通过僵化的方法和严厉的标准去限制整体支出或财政收入将会扭曲预算制定过程并导致降低灵活性。谨慎而明确地提前进行成本控制以及显示税收政策和直接支出总额变化效果的跨周期预算技术，可以帮助避免加深结构性的长期收入支出错配。各州还应该考虑采取更加新颖的 PAYGO 措施在一个整体均衡的经常性预算体系内来平衡支出和收入变化。

注释

① 与税收政策相比，各州更愿意尝试福利改革或医疗改革等社会政策。

② 本章集中讨论长期充分性的结构问题，并不是要尽量减少其范围之外的其他结构问题的重要性，如收入系统的公平。

③ National Association of State Budget Officers (2009).

④ US Census Bureau (2008).

⑤ 同上。

⑥ 人口普查预计，25 岁至 60 岁的成年人与 6 岁至 17 岁儿童的比例将从 2010 年的 1.5 降至 2030 年的 1.4。见 US Census Bureau, Population Division (2008)。

⑦ Auguste et al. (2010).

⑧ 关于教师的养老金和退休人员健康福利是否过高，是否可以减少的争论越来越多。这些领域的大多数变化，尤其是养老金方面的变化，在未来二十年几乎不会产生什么影响，因为当前退休人员的养老金在很大程度上受到国家宪法和判例法的保护。通过改变退休人员的健康福利可以节省一些开支，而这些福利在大多数州并没有得到很好的保护。但是，有一个问题是，如果各州和地方政府减少递延薪酬，是否必须增加目前的薪酬吸引优秀教师。

⑨ US Government Accountability Office (2010)，11.

⑩ Munnell et al. (2010).

⑪ Federation of Tax Administrators (2008).

⑫ *National Bellas Hess v. Department of Revenue*, 386 US (1967); *Quill Corp. v. North Dakota*, 504 US 298 (1992).

⑬ Francis (1988)，145.

⑭ Bruskin and Parker (1991).

⑮ 然而，联邦增值税可能会对州和地方收入产生一些负面影响。特别是，联邦消费税可能与州和地方零售税相竞争，使得在必要时很难提高销售税。此外，如果一个州希望依靠联邦增值税而不是征收自己的零售税，那么在协调联邦和州的增值税方面就会有很大的复杂性，特别是在地方政府销售税方面。

⑯ 2010年7月13日，在精简后的销售税理事会会议上公布了最近的收入损失估计。田纳西大学商学院教授、该问题主要专家之一威廉·福克斯（William Fox）发现，2012年各州将因在互联网上购物而损失114亿美元的销售税。华盛顿州税务局的一位经济学家洛丽·布朗（Lorrie Brown）估计，其他非互联网远程销售的未收税收导致的收入损失在同年将增加118亿美元，而所有远程销售的损失将达到230亿美元。

⑰ Streamlined Sales Tax Governing Board, Inc., http://www.streamlinedsalestax.org/index.php?page=faqs and https://www.sstregister.org/sellers/SellerFAQs.Aspx.

⑱ Mazerov (2009).

⑲ McNichol and Johnson (2010).

⑳ Ballotpedia (2010).

㉑ Lyons and Lav (2007), 18-19.

㉒ Lyons, Farkas, and Johnson (2007).

㉓ 同上。

㉔ Dan Coyne, "Tax Reform Delivers Benefits to Maine Households," Maine Center for Economic Policy, April 19, 2010.

㉕ Kerstetter (2010).

㉖ National Association of State Budget Officers (2009).

㉗ McNichol and Okwuje (2006)。

㉘ National Conference of State Legislatures (2009).

㉙ Levitis et al. (2009).

㉚ 2010年11月，加利福尼亚州选民通过了第25号提案，这是一项投票倡议，消除了制定预算的绝对多数要求。与此同时，它批准了第26号提案，将提高税收的绝对多数要求扩大到包括增加某些费用。它还改变了收入衡量标准的定义，这一标准要求获得绝对多数同意。以前，任何导致净增税的立法都需要绝对多数通过。根据这项新法律，在加利福尼亚州，任何增加单个纳税人税收的措施都必须获得绝对多数的批准，即使整个税收方案与收入无关。保留和收紧提高税收和费用的绝对多数要求，将继续妨碍立法机构达成预算解决方案的能力，并可能导致持续的僵局。见 California Budget Project, *Proposition 26: Should State and Local Governments Be Required to Meet Higher Voting Thresholds to Raise Revenues?* September 2010, http://www.cbp.org/pdfs/2010/100922_Proposition_％2026.pdf。

㉛ Center on Budget and Policy Priorities (2009).

参考文献

Auguste, Byron, Paul Kihn, and Matt Miller (2010, September). "Closing the Talent Gap: Attracting and Retaining Top-Third Graduates to Careers in Teaching." McKinsey & Company.

Ballotpedia (2010). "Washington Income Tax, Initiative 1098." http://www.ballotpedia.org/wiki/index.php/Washington_Income_Tax,_Initiative_1098_(2010).

Bruskin, Samuel B., and Kathleen King Parker (1991). "State Sales Taxes on Services: Massachusetts as a Case Study." *The Tax Lawyer* 45. Tax Law, 49.

Center on Budget and Policy Priorities (2009, March 5). "Policy Basics: Congress's "Pay-as-You-Go" Budget Rule." http://www.cbpp.org/files/policybasics-paygo.pdf.

Federation of Tax Administrators (2008). "Sales Taxation of Services—2007 Update." http://

www. taxadmin. org/fta/pub/services/btn/0708. html.

Francis, James (1988). "The Florida Sales Tax on Services: What Really Went Wrong." In *The Unfinished Agenda for State Tax Reform*, edited by Steven Gold. Washington, DC: National Conference of State Legislatures.

Kerstetter, Katie (2010, May 6). "Why It Makes Sense to Modernize the Sales Tax-Yes, Even to Include Yoga Studios." Washington, DC: Fiscal Policy Institute. http://www. dcfpi. org/why-it-makes-sense-to-expand-the-sales-tax-%e2%80%93-yes-even-to-yoga-studios.

Levitis, Jason, Nicholas Johnson, and Jeremy Koulish (2009, April). "Promoting State Budget Accountability through Tax Expenditure Reporting." Washington, DC: Center on Budget and Policy Priorities.

Lyons, Karen, and Iris J. Lav (2007, June). *The Problems with Property Tax Revenue Caps*. Washington, DC: Center on Budget and Policy Priorities.

Lyons, Karen, Sarah Farkas, and Nicholas Johnson (2007, March). "The Property Tax Circuit Breaker: An Introductions and Survey of Current Programs." Washington, DC: Center on Budget and Policy Priorities.

Mazerov, Michael (2009, July). "New York's 'Amazon Law': An Important Tool for Collecting Taxes Owed on Internet Purchases." Washington, DC: Center on Budget and Policy Priorities.

McNichol, Elizabeth, and Ifie Okwuje (2006, December). "The Current Services Baseline: A Tool for Making Sensible Budget Choices." Washington, DC: Center on Budget and Policy Priorities.

McNichol, Elizabeth, and Nicholas Johnson (2010, September). "Fair Tax Proposals to Replace State Income and Business Taxes with Expanded Sales Tax Would Create Serious Problems." Washington, DC: Center on Budget and Policy Priorities.

Munnell, Alicia H., Jean-Pierre Aubry, and Laura Quinby (2010, October). "The Impact of Public Pensions on State and Local Budgets." Boston: Center for Retirement Research at Boston College.

National Association of State Budget Officers (2008). "Budget Processes in the States." Washington, DC: NASBO.

National Association of State Budget Officers (2009). "State Expenditure Report, Fiscal Year 2008." Washington, DC: NASBO.

National Bellas Hess v. Department of Revenue, 386 US (1967).

National Conference of State Legislatures (2009, October). "Revenue Forecast." http://www. ncsl. org/default. aspx? tabid=18793.

Quill Corp. v. North Dakota, 504 US 298 (1992).

US Census Bureau, Population Division (2008, August 14). "Projections of the Population by Selected Age Groups and Sex for the United States: 2010 to 2050 (NP2008-T2)."

US Census Bureau (2008). "Annual Survey of State and Local Government Finance."

US Government Accountability Office (2010, March). "State and Local Governments' Fiscal Outlook: March 2010 Update." GAO-10-358.

第 32 章　财政紧缩与联邦制的未来

鲁道夫·G. 彭纳（Rudolph G. Penner）

黄芳娜 译　朱红伟 校

几乎可以肯定地说，联邦、州和地方政府之间的财政关系将在未来有一个显著改变。联邦政府背负着一套不可持续的税收和支出政策，恢复财政稳定所需的政策改变要比美国公众在第二次世界大战后所经历的任何变化都要更为广泛和痛苦。州和地方政府将被迫适应一个新的联邦财政紧缩大环境。

在联邦预算的国内开支方面，最深层次的问题存在于两个领域：社会保障和医疗保健。2007 年，在本次大衰退引发的有关开支激增之前，社会保障、医疗保险（Medicare）和医疗补助（Medicaid）计划占非利息支出的将近 50%。这三项福利计划的增长比经济和税收收入都要更快。同时，联邦税收的影响较为稳定，在过去 50 年里，除了 11 个年份之外，其余年份联邦税收占 GDP 的 17%～19%。部分因为大衰退的原因，联邦税负在 2010 财年降到 GDP 的 15% 以下，为 1950 年以来的最低水平。

财政不稳定性的单个最主要原因是医疗成本的快速飙升。这由两个因素造成：其一，人口的日趋老龄化，这将在 21 世纪二三十年代出现一个高峰，届时婴儿潮时期出生的庞大人口将接近退休年龄，开始有资格享受联邦医疗保险。[①] 随着人们寿命的增加，他们也更可能需要联邦医疗保险来支付长期护理。其二，年龄性别调整后的人均医疗成本的增长速度预计在未来数十年内将每年比人均收入多增长 2 个百分点（如过去 40 年那样）。2010 年颁布的联邦医疗改革法律不可能抑制这一趋势。新法律增加了医疗补助支出，为购买健康保险提供了一项新补贴，但也降低了医疗保险开支的增长。虽然医疗改革的某些元素可能会在一定程度上抑制成本增长，但医疗开支的增长几乎肯定会继续成为头号长期联邦预算问题。即使法律按预期实施，情况也会如此，但是很可能一些成本节约措施，特别是那些削减医疗保险报销的措施，将不得不有所节制。随着医疗补助计划继续其不可阻挡的增长和医疗改革进一步加大州政府在这项严重受困的计划上所担当的责任，医疗成本可能将继续成为各州的重大预算问题。由州政府承担的医疗补助开支已远远超过了州总开支，从 1985 年占州预算的大约 7.5% 增长到 2008 年的 13%。2008 年，全国总医疗补助开支为 3380 亿美元，其中 1920 亿美元来自联邦政府，1460 亿美元来自各州。随着联邦政府尝试将更大份额的医疗成本转移到本期待为自己减负的州政府身上，联邦和州政府的利益注定会发生冲突。② 虽然社会保障支出不像医疗成本那样是巨大的长期问题，但也将带来非常显著的成本上行压力，特别在未来 20 年，随着婴儿潮一代大量退休，这批公民开始在以后数十年领取福利。

如果社会保障和我们的医疗计划不做出重大修改，其他计划也以 GDP 同样的速率增长，且税负影响继续保持过去 50 年的平均水平，那么我们的国家债务将急剧增长。国会预算办公室③的长期预算预测显示联邦债务将在 2023 年达到 GDP 的 100%，到 2037 年达到 GDP 的 200%。这样的预测是在国会预算办公室的"替代财政情况"下做出的，该情境假设采取更为现实的税收和支出政策组合，而非保持当前法律不变。

我们不太可能看到联邦债务攀升到 GDP 的 200% 那么高。因为在这之前，国内外投资者因不放心借钱给美国政府，利率将急剧增长，美元的外汇价值将一落千丈。到那时，我们将没有选择，只得彻底改革支出和税收政策。相比之下，我希望这种改革能通过一个适时、审慎的流程（而非作为金融危机的惊慌反应）得以实现。在最坏的情形中，国家尝试通过通货膨胀来摆摊预算危机。这并非长久之计，④ 随之而来的恶性通货膨胀会给经济⑤和持有货币标价资产的个人造成严重破坏。最终，几乎所有人都将停止使用货币，政府通过继续印钞也得不到多少好处。

长期预算问题在过去几十年里一直很明显，2007~2009 年的大衰退让这一问题的解决变得更迫切。经济滑坡减少了收入，提高了在失业保险和其他社会保障计划方面的支出。它还推动了大型刺激方案（现在预计在 8140 亿美元）的通过，并要求对金融和汽车行业进行紧急援助（旨在阻止崩溃变为灾难）。⑥ 作为结果，公众身上的国家债务从 2008 财年底占 GDP 的 40% 飙升到 2010 年的 62%。

从一些指标来看，大衰退是自第二次世界大战之后最严重的经济滑坡，引起预算赤字爆炸也并不奇怪。⑦ 正常地，在严重衰退之后，随着收入复苏，安全保障支出下降，刺激计划退出，预算赤字将快速收缩。事实上，人们预测在奥巴马政府的预算政策（如 2010 年 2 月所公布）下，预算赤字将从 2010 年占 GPD 的 10%（第二次世界大战后的最高纪录）下降到 2014 年的低于 4%。⑧ 然而，这样的下降不足以阻止国家债务比我们的收入更快速地增长，到 2014 年底，债务将超过 GPD 的 70%。

不幸的是，赤字预计在 2014 年后将继续增长，即便经济有望继续恢复。这种增长在 2018 年后将加速，到 2020 年底，债务预计将达到 GDP 的 77%（按政府预算中的经济和技术假设），使用国会预算办公室的假设，这一数字将大概为 90%。⑨ 毫不奇怪，赤字增长的主要元凶是医疗、利率和社会保障（按重要性排序）。由于债务的大幅增长，利息成本预计在 2010~2020 年将增长 4.5 倍，这还是在利率提升较小的假设下做出的预测。⑩

虽然社会保障和医疗支出代表了联邦预算支出方面最严重的问题，但财政整顿不会只改革这些计划。政客们很喜欢的一种说法（理由也很正当）就是有关预算的税收和开支方面的一切都必须"拿上桌面"。这意味着对于财政补贴将有强烈的下行压力，会努力要求州和地方政府承担更大的公共服务责任，会有联邦要求的州和地方开支增长。因为在预算的开支方面解决整个预算问题根本不可能，所以很可能会增加联邦税收,而这注定会侵蚀州和地方的增收能力。总统的国家财政责任与改革委员会在 2010 年 10 月发布了一套旨在解决长期预算问题的建议,[11]要求从现在到 2020 年,对应收入增长每一美元,削减开支 3 美元,包括利息的下降。事有凑巧,2010 年发布的英国财政紧缩方案宣布同样比率的开支会削减收入增长。[12]显然,这是一种流行的赤字削减方法。

联邦补助金

面向州和地方政府的补助金对于联邦预算和州与地方政府预算都意义非凡。[13] 2008 年,在联邦预算被刺激计划扭曲之前,补助金开支总计为 4613 亿美元,是联邦总开支的 15.5%。这相当于州和地方收入的 20.1%。[14]图 32.1、图 32.2 和图 32.3 描绘了补助金总额对应 GDP、联邦预算和州与地方开支的百分比历史曲线。

按预算功能分类,到目前为止,最大的补助金支出是医疗,占补助金支出的将近一半。医疗补助计划补助金占医疗补助金总额超过 90%。面向收入保障的补助金构成第二重要的预算类别,占补助金总额大约 20%。

医疗补助。联邦医疗补助计划补助金资助了超过一半的医疗补助成本,州政府承担剩余部分。如之前所提到的,该计划给州预算带来严重压力,因为它远远超出了税收收入和其他开支的增长速度。它的成本主要受人均医疗成本增长和人口老龄化推动。与医疗保险不同,医疗补助覆盖长期护理费用。

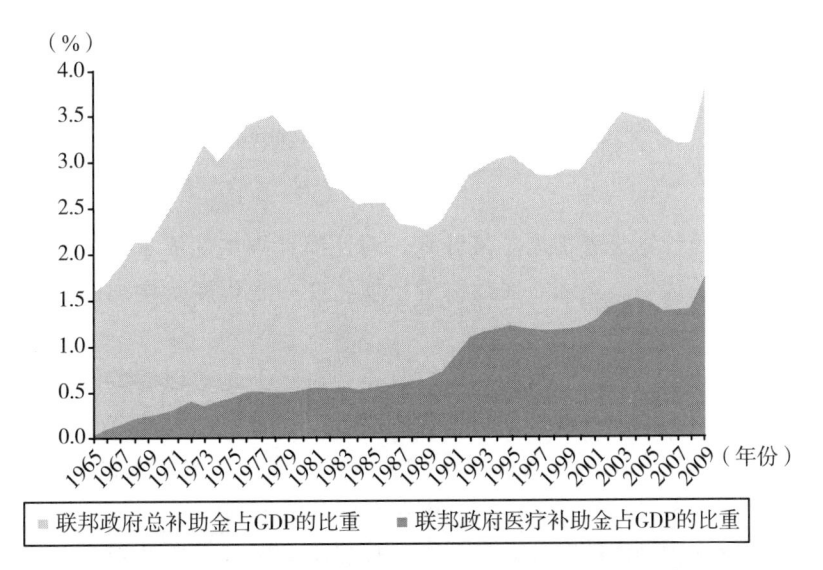

图 32.1 1965~2009 年联邦医疗补助金和联邦对州和地方政府的补助金总额占 GDP 比重

资料来源:Historical Tables, Budget of the U. S. Government, Office of Management and Budget, 2011。

在过去，医疗补助计划增长很快，对其他类型的州支出造成挤出效应。奥巴马总统的前管理与预算办公室主任彼得·奥斯泽格（Peter Orszag）[13]之前曾强调过医疗补助计划对于州高等教育支出的负面影响。如果只观察对联邦补助金的影响，可以说医疗补助金补贴对几乎所有类型的补助金支出都造成了负面影响。如图32.1显示，过去30年，联邦补助金总额相对GDP几乎保持不变，只从1978年的峰值3.5%跌落到2008年的3.2%。然而，这段时期内非医疗补助计划补助金从占GDP的3.0%跌至1.8%，同时医疗补助计划补助金的比重近乎涨了3倍（从占GDP的0.5%提升到1.4%）。

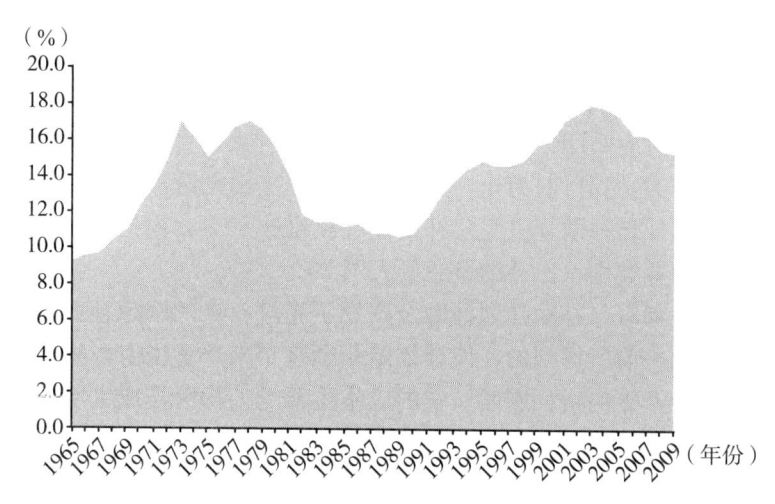

图 32.2　1965～2009年联邦政府面向州和地方政府的补助金占联邦政府支出的比重

资料来源：Historical Tables, Budget of the U.S. Government, Office of Management and Budget, 2011。

新的联邦医疗计划显著扩展了该计划。对比旧计划中的成本分担，新计划下州将承担更小比例的成本。然而，医疗保健扩展将在一定程度上增加医疗补助计划在预算中的难度。[16]

不抑制医疗成本的增长而将联邦预算收于控制之下是难以想象的，推测医疗成本约束可能如何影响医疗补助计划则更为困难。国会预算办公室并未假定此类节省可从新的医疗改革方案中所包含的成本约束获得，但是如果此类措施可有效增强，应可部分缓解医疗补助计划上的压力，因此对州政府有利。

也可以想象更为彻底的改变。今天，医疗保险和医疗补助计划有着基本无限的预算。这些计划规定了谁有资格参加和他们可获得的治疗（只排除了很少的医疗程序），它们为所有参加的人支付医疗费。州政府对医疗补助计划的符合条件和报销比例有一定控制，但是这些只是粗糙的成本控制手段。联邦政府尝试通过利用价格控制系统控制报销来控制医疗补助预算，其复杂性堪比苏联的价格管治。[17]毫无疑问，这是一种非常粗糙的成本控制手段。在拥有国有化医保系统的国家，如加拿大和英

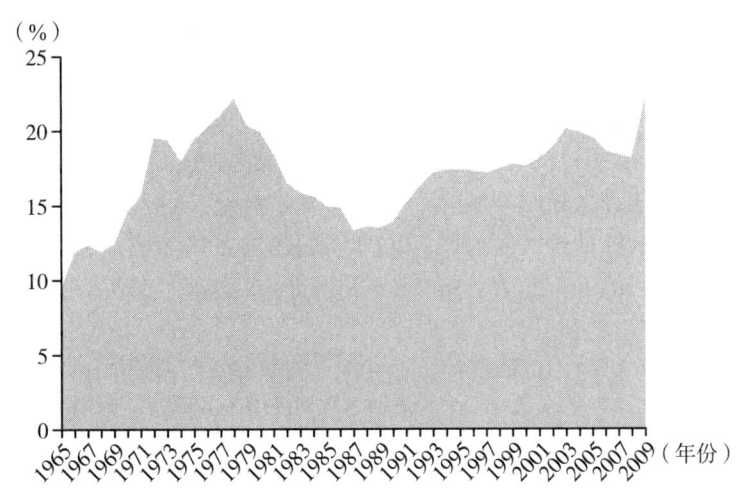

图 32.3　1965～2009 年联邦政府面向州和地方政府的补助金占州和地方政府总支出的比重

资料来源：Table 3.2 and table 3.3，National Income and Product Accounts，Bureau of Economic Analysisi。

国，这些系统有着固定的预算。它们会按预算来定量配给服务，以一种多少不透明的方式。这些国家也有强烈的政治压力要求每年以比 GDP 增长更快的速度提高预算，但至少它们有一个工具可以直接控制成本，而这在美国是没有的。

医疗保险和医疗补助计划可以通过使用某种凭单系统（针对医疗保险）和整笔补助金（针对医疗补助）实行固定预算。凭单的价值与收入和年龄相关。在整笔补助金制度下，州政府将面临巨大的政治压力从而拿自己的钱补充联邦援助。这些制度还会限制州政府与系统博弈的能力，这种博弈人为地提高了联邦政府的成本份额。总统的财政委员会建议将医疗保险和其他医保计划实行固定预算作为一个可能的选择，从而实现政府在 2020 年之后将医疗成本增长限定到 GDP 增长速度加一个百分点的目标。⑱

也可以同时考虑许多其他安排，应让州政府完全承担非老年人的医疗补助，而联邦政府则负责老年人口的医疗补助。考虑人口的持续老龄化和长期护理成本的大幅增长，长期来看，这对于州政府而言算是一笔不错的交易。

未来医疗补助对于州政府财务的影响将在一定程度上取决于联邦预算改革的方向。如果能通过一个合理流程达成类似于 1990 年和 1993 年那样的巨额预算交易，我们将有更多时间用于改善系统的效率。可以通过修改 2010 年通过的医保计划来实现增强那些能带来成本控制希望的特性。联邦财政紧缩当然可以采取一种不那么理想的方式。巨额预算交易可将成本从联邦转移到州和地方政府以及私营部门，而不用考虑医保系统的效率改善。

如果决策者必须响应金融市场中预算引发的危机而改革预算，将成本从联邦政府"向下"转移，州和地方政府以及私营部门的压力将加大，留给提高效率的改革的时间会更少。由于个人和公司在一定程度上承受了更大的负担，他们将反对任何州或地方税增加或福利削减。

即便大部分联邦预算问题已经通过增税而解决，但对医疗补助计划的约束似乎也不可避免。按其当前趋势，医疗开支正接近GDP的100%，税收收入无法以这样的速度跟上，除非每年提高税率，直至经济被拖垮。最终，医疗成本的增长必须相对GDP的增长放慢速度，或者以低于后者的速度增长，在开启一个项目来达到此目的之前，我们已无法等太长时间了。

医疗补助之外的补助金。 随着联邦预算问题的加重，非医疗补助金似乎将不可避免地经历无可阻挡的下行压力。图32.4和图32.5显示了非医疗补助计划补助金占GDP和联邦总支出的百分比波动。

从1965年到20世纪70年代末期，随着"伟大社会"计划的启动，带动了预算扩张，非医疗补助计划补助金占GDP的比例在1978年达到稍高于3%的高点。但是随着通货膨胀高涨和预算赤字成为关注重点，卡特政府开始削减预算。此后便开始了一个漫长的衰退，历经里根总统和老布什总统，或许受到了1985年颁布的《格兰姆—拉德曼—霍林斯法案》的影响，该法案旨在通过设定预算目标推动预算平衡。

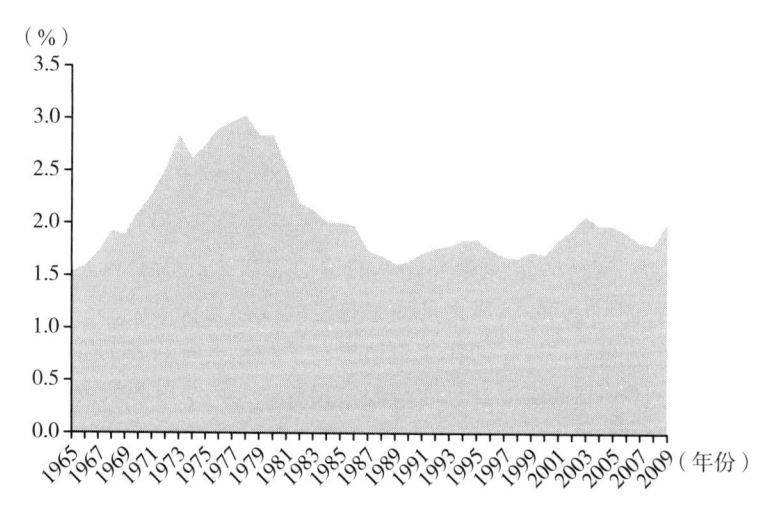

图32.4　1965~2009年医疗补助计划之外联邦面向州和地方政府的补助金占GDP的比重

资料来源：Historical Tables，Budget of the U.S. Government，Office of Management and Budget，2011。

让人稍感费解的是，补助金在20世纪90年代早期相对GDP小幅增长。那是一个受1990年和1993年重大预算交易所引发的财政紧缩时代，而资助多数非医疗补助计划补助金的自主拨款也在1990年通过《预算执行法》确立上限。不过，1990年的衰退可能产生一定的影响，在1990~1994年压低了GDP并快速提高了收入保障支出。

在共和党1994年接管众议院之后，美国又开始一段支出抑制和补助金对GDP比例轻微下滑的时期。但是当1998年预算盈余意外出现后，抑制措施被丢出了窗外。在共和党"入乡随俗"之后，国会在小布什的第一个任期内没采取什么措施抑制支出。当然，他们遇到了 2001 年衰退，导致当年收入保障支出的大幅增加。此外，因为"9·11 事件"，随后的阿富汗和伊拉克战争，安全和国防开支快速飙升。小布什总统第二任期内补助金相对 GDP 出现下滑，然后在奥巴马入主白宫第一年重拾增势——因为大衰退和经济刺激计划。

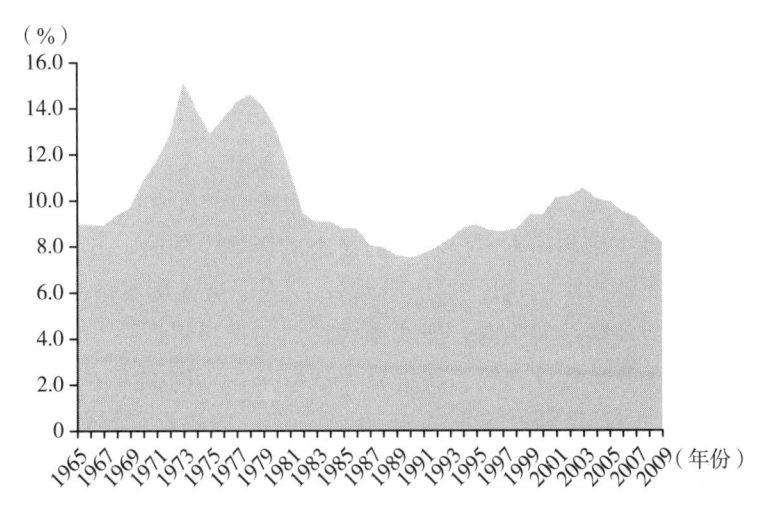

图 32.5　1965～2009 年医疗补助计划之外联邦面向州和地方政府的补助金占联邦政府总支出的比重

资料来源：Historical Tables，Budget of the U. S. Government，Office of Management and Budget，2011。

图 32.5 显示了非医疗补助补贴相对联邦总支出的百分比。它揭示出在里根和老布什主政的长期抑制期间，补助金比其他联邦支出受到了更严苛的对待。它们在小布什的第一个任期内相对其他开支有所增长，但到了 2009 年又出现回落，因为非补助金支出被刺激计划放大了。

关于旨在让联邦赤字回归控制所必需的长期财政紧缩对于非医疗补助计划补助金可能有何影响，我们能否在历史记录中找到任何线索？这将在一定程度上取决于当我们作为一个国家最终决定就长期预算问题采取行动时，支持政府或反对政府的力量是否处于国会控制中。但是公众对于赤字的日益关注和 2010 年选举中显现出来的对于增税的强烈反对似乎在政治上会有利于反对政府的力量，暗示对于赤字增加的反应可能会与 20 世纪 80 年代的情形类似。

如果财政紧缩成为应对金融危机的措施，补助金很可能会受到严重影响。我们将有必要快速采取行动，向投资人显示我们对于财政纪律是认真的。快速将社会保障和医疗补助计划回归控制将很困难，因为这样会扰乱退休规划。我们可以颁布社会保障和医疗补助的分步改革方案，但是金融和货币市场的参与者可能对我们实施此类改革缺乏信心。这把压力放到了几乎可即时加以控制的自主拨款上。非医疗补助计划补助金在这些情形中将命运多舛。

在长期财政紧缩时期，是否某些补助金相对其他更容易受影响？这是一个难以回答的问题。2001 年联邦预算有一些财政约束,建议三年内冻结非安全性自主拨款。随后,奥巴马政府进一步建议两年内冻结公务员工资。当支出增长必须减缓时,冻结或全面削减很常见。它避免了对计划的厚此薄彼。也就是说,你不必过多关注优先级。类似的策略出现在总统财政委员会的报告中。该报告推荐三年内冻结公务员工资、降低联邦公务人员规模,以及要求公务员为附加福利承担更大的份额。这些措施对州和地方政府的社会计划有多大影响还很难说。这些计划可能保持不变,只是用更少的公职人员去管理了。

然而,说某类支出较其他支出更容易削减也是实话。如果削减是必需的,那么政府更倾向于去削减投资。延期一个项目不会像缩减一个日常计划那样具有破坏性。这表明基础设施建设支出和研发支出将受到更大的影响。同时,政府还会倾向于削减那些面向政治上不够强大的选民的社会计划,这对于穷人可不是一个好消息。

最后,当预算改革最终发生时,削减哪些计划的选择将取决于计划的政治影响力和特别利益集团的支持程度。第二次世界大战以来,不同类型的补助金在不同时期大行其道。在 20 世纪 50 年代末期和 60 年代早期,关注点是州际高速公路系统。在这项计划几乎全部的历史中,它都是由一个专门的收入源(汽油税)提供资金。在 60 年代末期和 70 年代的大半时间里,有关"伟大社会"的计划发展迅速。1966~1978 年,面向收入保障的补助金每年增长 13%;面向社区发展的补助金也蓬勃发展,从不到 10 亿美元飙升到 45 亿美元——每年的增长率大大超过 20%。近些年,关注更多放在教育上,小布什总统提出了"不让一个孩子掉队"计划,奥巴马总统跟着提出了"力争上游"计划。任何类型的补助金在处于人气顶点时可能都难以对其进行大幅削减,但是人气会慢慢消逝。一方面,2010 年当选的许多财政保守人士可能建议取消教育部,显著弱化联邦政府在教育中的角色。而在另一方面,民意调查显示联邦在教育上的开支仍很受欢迎。[19]

权力下放和联邦预算

长期的财政紧缩是否会导致联邦政府将更多公共责任"下放"?上文提出针对许多活动的联邦财政支持可能会缩减,但是这不同于彻底放弃联邦政府在帮助(通过州和地方政府)提供大量公共产品和服务方面所扮演的角色。

有些因素有利于更大的权力下放,但也有很强的力量使这种下放不会发生。第一,下放肯定是一种约束联邦支出的方式,可以比社会保障和医疗保险改革更快速付诸实施。第二,联邦政府在过去数十年承担了越来越大的责任去资助一些在过去主要由州和地方政府资助的活动,现在有理由扭转这一趋势了。[20] 第三,联邦政府的政客们已习惯于享受他们从扩张的联邦角色中获得资源分配的权力,即便面临严重的预算压力时他们也不愿意放弃这种权力。2010 年当选的第 111 届国会议员中有许多传统主义者,同时还有约 100 名新的众议员——按历史标准来看是一次非常大的人员更新。许多新的共和党众议员(大约有 85 位)是极端财政保守主义者。在一定程度上，权力下放的命运将由新老阵营的冲突结果所决定。

这种结果还将主要取决于长期预算问题有多少可通过提高税收而解决，又有多少可通过削减开支增长而解决。它还将取决于我们在扼制医疗成本增长上能取得多大的成功。

更多权力下放的前景和轮廓将主要取决于长期联邦赤字问题具体如何解决。2010年，国家科学与公共管理学会公布了一份题为《选择国家的财政未来》[21]的委员会报告。报告提出四个选项组合方案以让联邦预算重回可持续道路上。在一套方案中，所有调整均来自预算的支出方面，而总税收负担依旧保持其长期历史水平。尽管该方案大幅度地将医疗开支降到了与人口老龄化趋势所要求的水平并通过减缓福利增长而非提高工资税解决了社会保障的财务问题，但它还是证明了必须对自主拨款采取一种严厉的态度，以确保让预算处于控制之下。

国防和非国防开支都不得不受到严格限制。在非国防支出方面，几乎一切都必须削减以避免增税，但除非将财政责任转移到州和地方政府，否则这不可能实现。开始时，州政府部分增加的财务负担假设将由整笔补助金覆盖，但是这些补助金会随时间慢慢减少。报告的附件提供了长长的联邦资助活动列表，这些活动最终将转移到州和地方政府身上。[22]

我们考察了为避免任何增税所需的支出改革的性质，这些改革似乎在政治上根本不可行。报告中提出的其他三套方案涉及一定的增税，[23]其中一个方案完全在预算的税收方面解决整个问题（将在后面讨论）。在联邦预算问题的某些部分可通过使用增税而解决时，权力下放就不那么必要了。但是这只有在社会保障经历一定程度改革和医疗成本支出增长减缓后才有可能。

当然会有论据（主要来自传统保守主义者）倾向于将责任"下放"。下面我们来看两个有趣的案例，分别关于地面交通和教育。

地面交通补助金

历史上，联邦政府通常在道路交通中扮演相对次要的角色，直到艾森豪威尔总统在20世纪50年代推动建设州际高速公路系统。当时，建设一套高效的全国综合高速公路系统有着强大的国家利益。但是几十年后，系统的演进弱化了强大联邦角色的支持论据。

支持高速公路的联邦补助金系统极其复杂，最大数额的资金是通过程式化的整笔补助金提供的。州政府身上背负着最小的贡献要求，而且这些要求很少有约束力。因此，不论它们自己在道路上投入多少，州政府都可以拿到同等数额的资金。理论上，高速公路整笔补助金并未鼓励道路建设和维护，差不多就是一笔一般收入共享补助金。然而与这种理论相反，实验证据表明，这种补助金确实鼓励了州政府道路支出。[24]但是鉴于补助金的特殊结构，此处无法保证它将继续在道路建设上产生明显的影响。

过去，补助金有着强烈的再分配元素，尝试通过均衡各州资助道路建设的能力来服务国家统筹。然而，在联邦汽油税上的支付大于高速公路补助金所得的州不断抱怨，程式化的再分配目的已大为弱化。

另一项重大变化是联邦高速公路的筹资方式。最初，联邦汽油税所带来的收入和联邦道路支出之间存在非常紧密的联系。针对这种类型的专用融资有许多反对意见。最重要的是，专用税不可能精确资助成本效益分析所确定的工程量。但是专用税也有可取的特性。让高速公路使用者资助大多数高速公路支出似乎也很公平。如果需要更多支出，它可以通过强迫增税而确保预算纪律。

联邦地面交通融资系统的所有可取特性已随着时间削弱了。汽油税收入和高速公路建设之间的关联也已因为将部分收入转用于大众交通和乙醇补贴（一段时期）而弱化。反税情绪导致自1993年后汽油税再无任何上调，在早些年，这项税至少会定期上调以反映通货膨胀。因为专用税收收入的不足，国会最近求助于一般收入（赤字）融资来资助高速公路系统，因此大大降低了旧系统中固有的预算纪律。总统的财政委员会建议对汽油税每加仑上调15美分以消除高速公路计划赤字，这暗示联邦支持当前的联邦高速公路计划，尽管它对其他类型的国内支出造成的压力减轻了。

关于联邦政府是否应支持公共交通也有疑问。当然，公共交通服务社会目的的（如降低污染和道路拥堵）的收益几乎都留在了当地社区。其他没有受益的地区的联邦纳税人应该承担这个财务负担吗？

因为地面交通补助金在服务国家目的方面不再有效，也因为这项计划的财政纪律日趋弱化，当前有争论将此类支出的责任和对联邦汽油税的控制转移到州和地方政府。因为汽油税不再完全资助计划的开支，这也相当于一种"赤字下移"策略。然而，尽管联邦高速公路补助金出资已没有之前那么大方，高速公路和公共交通责任的完全下放也不大可能发生，即使面临严重的联邦财政紧缩。地面交通一直是这样一个领域，政客们在此可通过为所在区争取项目而提高曝光。他们使用专项拨款将资金导向特定项目，他们可以出席动工仪式并剪彩。专项拨款在财政保守主义者中名声很坏，以至于有激烈讨论（主要在新当选的共和党议员和更资深的共和党当选议员之间）是否应在第112届国会中将其禁止。但是禁止专项拨款也不会阻止国会成员在普通拨款资助的高速公路项目启动仪式上剪彩。这里有必要强调，即使联邦政府对剩余部分有着严格的控制，联邦高速公路融资仍可大幅削减。

公共教育补助金

面向初等和中等教育的补助金引发了围绕地面交通项目相同类型的争论。保持受过良好教育的劳动人口符合国家利益，因为它有助于经济增长，就像拥有高效的综合高速公路系统符合国家利益一样。但是教育在过去主要是地方政府的管理领域，有说法认为本地选民对于社区学校需求更为了解。

联邦教育部直至1979年才成立。1965年，教育补助金不到10亿美元。但在1966年翻了一番，然后在接下来的14年里以每年超过11%的速率增长。它们在里根总统的第一任期内呈平稳状态，然后以每年超过7%的速度一直增长到2000年。

小布什总统将教育作为最高优先级工作之一，提出了"不让一个孩子掉队"计划。在他的第一个任期内，教育补助金每年增长12.5%。这种增长在小布什的第二个任期内减缓了，但是奥巴马总统选择增加教育资源作为其经济刺激计划的一部分。2008~2009年，教育补助金的增长速度达到了惊人的34.5%。这项援助中的一部分在2010年被延伸，据说是为了避免解雇教师，但更准确说是提供了一个工具，用于向州提供广义的财政援助。

联邦教育预算自1965年之后的巨量增长表明教育已成为一项重要的国家重点工作。但是，这种增长是伴随着联邦法规的要求而增长的。虽然地方和州政府依旧负责初等和中等教育的主要融资，联邦财务角色的提升和在教育政策上更大的权力代表了一种巨大变化，为教育开支的政治受欢迎度提供了证明。然而，这是一个比高速公路更具争议的领域。如之前所提到的，许多财政保守主义者希望废除联邦教育部，将责任转移到州和地方政府。地面交通和教育只是两个例子，其中大联邦的角色直到第二次世界大战后才出现，但是现在联邦的角色已大为巩固，联邦的政客们已不大可能将太多责任下放。类似的理由对于社会福利（多数直到20世纪70年代早期才归于联邦管理）、工人培训和许多其他活动同样适用。在这些领域中，虽然下放有很好的理由，但是却不大可能出现。

尽管整体下放可能不会考虑（虽然面对联邦财政紧缩），但必须再次强调，这不是说联邦政府将继续以近些年的水平支持高速公路和教育等活动。财务支持很可能将缩减。由于各类政府在此扮演着重要角色，完全终止财务支持是不可能的。

增加州和地方支出的无财源支持法律

要求州和地方政府满足某些社会目的而同时联邦政府不承担任何成本，这种想法对联邦的政客们非常有吸引力。这样，联邦政府似乎没花钱就把事办了。事实上，这种做法很有吸引力且经常发生，以至于州和地方政府要求针对此类活动的要求获得某种程序上的保护。在1995年的《无财源支持法令改革法》中，这种保护也扩展到了私营部门。

法律要求国会预算办公室就各委员会提交的方案给州和地方政府所带来的成本进行预估。1996年提交预估的阈值为5000万美元，后来随通货膨胀而增长，到2009年达到6900万美元。⑤实际上，国会预算办公室必须预估几乎所有法令的成本，看是否突破了阈值。

如果包含法令的提案提交到众议院或参议院，未提供足够的融资以覆盖法令要求的支出或收入损失，那么可对其提出程序异议。1996~2009年，只有11项包含法令的提案虽超出阈值成本而仍被通过。总量为这段时期所颁布的所有公共法律的1%。在11项提案中，只有一个提供了足够的资金以支付法令成本。

可以说在其他10个案例中，法律失败了，程序异议威胁未足以阻止无财源支持法令的通过。然而，无财源支持法令的支持者可能会反驳说，如果没有它将有更多的法令被通过。换句话说，他们认为这项规定已发挥有效阻遏的效果。对此，确实证明或反证都很难。实际通过的包含法令的法律固然要比委员会所提出的更少，可是在不包含法令的法律中情况也是如此。

可以肯定，联邦财政紧缩将大大增加通过无财源支持法令而实现某种社会目标的压力。国会是否会取消程序保护以方便自己这样干，我对此非常怀疑。这将导致州和地方政府的抗议。这项法律已长期嵌入在国会程序中，多数联邦立法者都知道强制州和地方政府做某事而不提供补偿是不对的。假设当前的程序保护得到保留，联邦财政压力可能将带来无财源支持法令一定程度的增加，但是此类活动在近些年给州和地方政府造成的成本很低，即使增加两倍或三倍也不会对州和地方预算造成太大影响。

必须强调，我讨论的是没有任何资金支持的法律。当联邦政府提供补助金时，它并不避讳规定它们该如何使用。举例来说，医疗补助受到严格控制。通常情况下，如果接受补助金的政府受到更少的控制，它们就可以更有效地使用这些补助金；如果联邦政府决定下放某些职能，很可能它会首先通过整笔补助金提供一定的支持，同时针对资金的使用提供相当的自由。不过，可以预料，补助金的支持将会随时间而减弱。

税收政策

如之前提到的，想要控制联邦预算赤字，税负肯定需要提高。维持税负稳定所必需的开支削减太过苛刻，在政治上不可行。然而，还可以肯定的是，在多大程度上解决赤字问题将受到开支增长减缓和税收增加两种观点激烈争论的影响。

提高税负可有四个广泛的选择：

（1）个人所得税、工资税、企业所得税和其他税率可简单提高，别的什么也不做；

（2）各种扣减和免除（有时称作漏洞）可有选择地取消；

（3）可以创建新的税收，如增值税或碳排放税；

（4）可以实施非常激进的收入税改革，基本取消个人和公司系统的所有扣减和免除，然后通过比现有法律中低得多的税率带来额外收入。

显然，四个选择可以组合使用，但是如果能采取一种非常激进的税收改革，其他措施就没有必要了。当然，任何有助于提高联邦税负的选择都会让州和地方税更为痛苦。

在之前提到的报告中，一个方案是如果支出计划保持不变，增税对于稳定国家债务将是必需的（某些医疗政策改革对于最终减缓支出增长是必需的，否则医疗成本将耗尽全部国民生产总值）。这个增税方案与避免任何增税的方案一样都是不可行的。这意味着到20世纪40年代，联邦税负将比过去五十年平均水平增加50%。虽然不可行，但探讨对于维持这样大的一个政府所必需的税收改革也是很有意思的。

该报告里设计了两套策略。在其中一套策略中，所有个人税率被按比例提高以支持增长的支出。然而，到 2020 年最高税率将达到 50%，鉴于我们当前税收结构中的低效率和不公平，这就是一个实际上限。2020 年之后，开征增值税，其税率不断提高，直到 2080 年达到 14.6%。

在另一项策略中，个人税收系统被彻底改革。所有扣减、免除和抵免被取消，那些有益于低收入者和鼓励储蓄的除外。而且，针对雇主提供的医疗保险的免除被保留下来，但是绝对限制在 2009 年医疗计划的平均成本。资本收益和股息的税率被限定在 15%。这样的改革可带来足够的收入以在初期继续支持高支出路径。改革后将有 10% 和 25% 两个税率等级，这些税率到 2020 年会稍加提高，但是最高税率仍将低于 30%。在此之后，税率会降低，因为改革后的税收结构引发收入快速增长。这部分是因为对于医疗保险免除的限制。如果不加抑制，免除的成本将因增长的医疗成本很快上涨。[26]

在报告限制支出增长的方案中，改革后系统的税率可不断降低，同时提供足够的收入以解决预算问题。这样的结果使激进式税收改革看上去很有吸引力。但是激进的税收改革在政治上也非常困难，因为它创造了那么多赢者和输者，输者是那些现在大量使用扣减、抵免和免除的人，他们对于改革的反对将比赢者的支持更为强烈。尽管激进的税收改革非常困难，但当国家最终面对其预算问题时，它也得加以考虑。改革对于保守主义者有一定的吸引力，因为它将边际税率保持在极低的水平，同时它对自由主义者也有一定的吸引力，因为税法当前的复杂性允许太多操纵并让富人只需支付极低的税率就能过关。

激进的联邦税收改革将对有收入税的州和地方造成很大压力，要求后者按联邦的规则来改造自己的系统。[27]这不一定会造成州和地方政府的收入流失，甚至能提高此类收入（如 1986 年那样），但它也能对州和地方系统造成破坏，带来额外的管理成本。

多数激进税收改革提议取消了州和地方税的扣减。这种扣减逃过了 1986 年最后一次激进式改革，但无法保证下一次也能幸免。有趣的是，总统的财政委员会提出的所有激进式税改提议都取消了州和地方税扣减，上文提到的报告和两党政策中心的一份报告（重建美国的未来）也是如此。[28]

州和地方税扣减显著减轻了给州和地方收入税和地产税带来的痛苦。按 2010 年流行的 35% 的最高联邦税率，1 美元的州或地方收入税或财产税只花费纳税人 65 美分。总统财政委员会还提议取消新发市政债券的利息免税，这将大大增加州和地方的借款成本。

即使国家选择避开激进式税改，还有许多提高收入的建议，包括有选择地取消某些税收扣减或将它们转变为税收抵免，或者采用分阶段退出或按比例削减的方式来提高收入。[29]这种局部性改革减少了州和地方扣减的价值，使当前的州和地方税水平更加沉重，增强了加税的阻力。

州和地方政府严重依赖销售税。2008 年，销售税在国家收入账户定义的经常性收入中占23%。如果联邦政府决定通过新税提高收入，那很可能就是消费税，如增值税⑩或能源税。增值税（尽管征收方式不同）适用于相似的税基，但与零售税的税基相比有着某些重要区别。如果联邦政府决定通过引入新的增值税而提高收入，在税基上将出现直接竞争，州和地方政府提高销售税税率会变得更加困难。能源税只影响部分销售税税基，但直接影响州提高汽油税的能力，在较小程度上也将影响其他销售环节产生的税。

联邦增值税所引发竞争的激烈程度将取决于其税率水平。该税率在头十年可以很低，如果它的目的只在于补充现有税收系统提供的收入。然而，某些提议希望通过设定相对较高的税率和使用其中的部分收入来降低个人和公司收入税税负，从而降低增值税的政治阻力。举例来说，格雷茨（Graetz）⑪建议设定15%的税率，并针对收入低于10万美元的个人取消收入税。这样的高税率将严重抑制州和地方政府从同一税基挤出更多收入的能力。

另一项截然不同的提议是开征增值税，并指定用于资助医疗开支。⑫因为如果医疗成本增长超出增值税税基的增长，那么增值税税率将必须提高，所以，该提议相当于创建了一个政治激励以抑制医疗成本增长的速率。一个大到足以支持医疗保险、医疗补助和医疗改革的增值税，会与州和地方销售税展开竞争。

相当大的联邦增值税在理论上是可行的，其部分收入会返还给州和地方政府以补偿它们在销售税上的竞争损失。澳大利亚就征收一项全国增值税，然后以一种再分配的形式将所有收入转移出去。⑬但是，今天美国还没有任何一项补助金明确为州和地方政府税收能力的差别而进行补偿的，尽管所需的数据支持没有问题（医疗补助有一种再分配效应，但只是因为它主要服务穷人）。⑭一种收入共享的增值税似乎与美国的传统不符。

联邦增值税的开征会鼓励各州开征各自的增值税并用它们来取代零售税吗？各州有充分的理由这么做。各州可以简单将增值税率捎带增长在联邦税率之上，从而降低管理成本。此外，多数零售税对很大比例的服务业实行免除。因为服务比物理商品制造增长更快，所以销售税收入往往落后于州经济的增长。增值税可以轻松覆盖几乎所有服务行业（金融服务带来了特别的问题，但并非不可克服）。除对最终消费课税之外，州和地方政府的零售税经常还对公司交易课税。这会在不同类型消费上造成不同、不公和低效的税负，因为在一些情形中，商品服务生产的投入将被课税，然后当它们在零售店出售时再次课税。增值税消除了企业对企业交易上的任何税负。尽管转移到增值税有这样的优势，特别是如果联邦政府这么做时，但是各州却少有兴趣向此转移。⑮

在管理新的联邦增值税和现有零售税系统中会有许多复杂的交叉。在一些情形中，联邦增值税的存在可能会改善零售税的管理。举例来说，联邦政府可能会协助减少偷税漏税。⑯

到此为止，我还未讨论最直接的提高联邦收入的方法，那就是简单提高现有系统中的税率。这可能是最直接的方法，但也是最不理想的方法。我们的个人所得税和公司所得税系统非常低效——因为高边际税率和无数的扣减、免除和抵免(它们降低了收入)。高税率和多重税收偏好会诱导人们基于税法而非经济考虑去做出经济决策。公司所得税尤其低效。多数经合组织国家已在降低他们的公司所得税。在30个经合组织国家中,美国有第二高的边际税率,但也有相对较低的平均税率——因为无数的扣减和免除。美国公司所得税的极度低效使联邦不太可能尝试通过提高公司所得税税率而增加收入。因此,针对各州商业税的竞争不会增加,除非美国着手进行根本性的公司所得税改革。

当前个人所得税的最高边际税率比过去一些时期要低,但是仍足以带来明显的不平等和低效。2010年,最高税率为35%。总统和国会在2010年12月同意将这一税率再维持两年。但是如果小布什政府允许对较富裕个人的减税政策执行到期,那么最高税率将提升到39.6%。医疗改革将对投资收入(包括资本收益)增加3.8%的税。㊼在一些情形中,最高税率将随着扣减的停止被推向更高水平。加上州所得税,最高边际税率会开始接近50%,在有地方所得税的地区,可能还会超出这一水平。随着税率上涨,对于避税方案的追求将增加,同时出现更多非法逃税。这样的前景将阻止联邦立法者通过提高当前系统中的所得税税率来增加收入,并会降低与州和地方在个人所得税方面竞争加剧的可能性。

结　　论

联邦预算政策必须做出更改,这一点是肯定的。否则,联邦赤字和债务会出现爆炸式增长。尽管可以说整个问题在于预算的支出方面,并主要是由于社会保障和医疗福利支出增长比税收收入增长得更快造成的,但很可能预算改革会影响几乎所有支出领域,总体税负将被迫上涨。有一句流行的政治口头禅就是:所有一切都必须拿到桌面上来。

然而,一旦一切被拿到桌面上,关于问题的解决应在多大程度上来自支出抑制或增加税收会出现激烈的争论,各项社会计划之间也会就有限的资源应如何分配而加剧竞争。在税收方面,争论将涉及我们是否需要新税和激进式税改,或者是否可通过提高现有系统的税率和堵住少数"漏洞"而继续维持。

就如何消除联邦赤字存在许多选择,很难肯定地说州和地方政府将在未来的预算战争中表现如何。但是,几乎可以肯定的是它们将经历巨大的痛苦。如果很大一部分联邦问题通过增税而解决,那么州或地方政府自己的增税努力将会非常困难。联邦增值税尤其会限制州和地方政府对零售课税的能力,取消面向州和地方税的联邦收入税扣减将让州和地方销售税、所得税和房产税变得更为痛苦。㊽

联邦税的显著增加将会多少减轻联邦预算支出的压力,但是同时很可能在补助金的约束方面受到限制。这包括面向医疗补助计划的补助金,不过希望不大。联邦预算压力可能会诱导联邦政府更积极地追求医疗成本控制措施,从而提高医疗补助计划的效率,州政府会得到一定的好处。不幸的是,医疗改革中包含的许多成本控制措施可能产生的影响非常不确定，国会预算办公室不愿假设这些措施将会带来显著的节省。⑱

尽管联邦政府倾向于将某些活动的责任"下放"，但考虑到联邦政客们真的很享受对这些活动的控制权力，这种倾向不会付诸实施。联邦的政客们也倾向于要求州和地方政府在没有任何补偿的前提下提供某些社会产品和服务，但是程序控制限制了这一活动，而且这些控制不太可能会取消。

各级政府可能经受的财政痛苦总量在一定程度上取决于联邦预算改革具体如何实施。如果能通过细致慎重的流程达成巨额预算交易，我们将有更多时间去设计和展开长期医疗和社会保障改革。这将减轻自主拨款的压力，后者资助了大多数非医疗补助计划补助金。如果任由财务危机去倒逼改革，快速行动将是必需的，这可能意味着更为巨大的酌情削减和增税。

尽管政府间财务系统将如何及何时改变是非常不确定的，但改变是不可避免的。州和地方政府应成为联邦预算改革的坚决拥护者。如果改革源自审慎的流程而非经济或政治危机，它们的利益将能够更容易得到保护。

注释

① 见本书萨莉·华莱士（Sally Wallace）的文章。
② Hood (2010)，127-141.
③ Congressional Budget Office (2010a).
④ 与大多数发达国家相比，在美国起的作用不明显，因为美债有一个不寻常的短期限。总数的30%每年需要再融资，这意味着，因为通胀利息成本会上升很快，将会侵蚀债务的实际价值。
⑤ 例如，不可能履行合同中资金方面的条款，国内服务行业薪酬缩水严重，更一般地，公共福利和工资遭到侵蚀。即使福利和工资与通货膨胀挂钩也会发生这种情况。没有任何指数机制能够克服恶性通货膨胀带来的货币贬值。
⑥ 对于发起救助合理原因，见 Bush（2010 年）。
⑦ 弗朗西斯在本书中论述了大衰退的深度。
⑧ Office of Management and Budget (2010).
⑨ Congressional Budget Office (2010a).
⑩ 上述部分的描述见 Palmer and Penner (2010)。
⑪ 不计利息，支出减少约 70% 和收入约增加 30%。见 National Commission on Fiscal Responsibility and Reform (2010)。
⑫ 英国的计划见 www.hm-treasury.gov.uk/spend_sr2010_documents.htm。
⑬ 全面的讨论见舍帕赫（本书）。
⑭ 总收入数据来自国民收入账户。根据统计局的数据，拨款的百分比略低于收入的百分比。统计局的数据包括州与地方政府养老金的收入。
⑮ Orszag (2010).
⑯ Congressional Budget Office. (2010c); Angeles (2010).
⑰ Gabrielli et al. (2009); Mayes (2007).
⑱ National Commission on Fiscal Responsibility and Reform (2010).
⑲ 福克斯新闻在 2006 年做过民意调查，美国民意研究中心在 1985~2006 年也做过类似的民意调查。

⑳Nivola（2007）。
㉑National Research Council and National Academy of Public Administration（2010）。
㉒报告的附录在以下网址获取 www. ourfiscalfuture. org。
㉓这两个方面涉及增税和支出增长率的降低，依政府规模大小差异而定。
㉔Dye and McGuire（1992）。
㉕Congressional Budget Office（2010b）。
㉖新的医疗改革法不包括保健品，但在 2018 年开始将征收"奢侈品税"。
㉗有些州仅仅增加一个附加税，从而增加纳税人的联邦税收负担。
㉘Bipartisan Policy Center, the Debt Reduction Task Force（2010）。
㉙州和地方税的税后成本取决于分项扣除是如何构建的。
㉚Bipartisan Policy Center, the Debt Reduction Task Force（2010）。
㉛Graetz（2008）。
㉜Burman（2008）。
㉝Perry（2010）。
㉞20 世纪 70 年代还有一次一般收入分享补助，但它并没有持续很长时间。Natha et al.（1977）。对于最近 50 个州和哥伦比亚特区的补助估算见 Yilmaz and Zahradnik（2008）。
㉟Hines（2003）and Ebel and Kalambokidis（2005）。
㊱McLure（2010）。
㊲National Research Council and National Academy of Public Administration（2010）。
㊳在没有征收所得税的州，个人可以被允许抵扣销售税。
㊴Palmer and Penner（2010）。

参考文献

Angeles, January（2010, October 21）. "Some Recent Reports Overstate the Effect on State Budgets of the Medicaid Expansions in the Health Reform Law." Center on Budget Policy and Priorities.

Bipartisan Policy Center, the Debt Reduction Task Force（2010）. "Restoring America's Future." http：// bipartisanpolicy. org/sites/default/files/FINAL％20DRTF％20 REPORT％2011. 16. 10. pdf.

Bowman, Karlyn, Rugg, Andrew, and Marsico, Jennifer（2010）. "Are Attitudes Changing about the Proper Role of the Federal Government?" AEI Public Opinion Studies, American Enterprise Institute for Public Policy Research. Accessed December 21, 2010, at http：//www. aei. org/docLib/RoleOfGovernment. pdf.

Burman, Leonard E.（2008）. "Testimony on a Blueprint for Tax Reform and Health Reform before the Senate Committee on Finance." Text from the Tax Policy Center, Urban Institute. http：//www. taxpolicycenter. org/UploadedPDF/901167 _ Burman _ reform. pdf.

Bush, George W.（2010）. *Decision Points*. New York：Crown.

Committee on Ways and Means（2004）. "2004 Green Book." US House of Representatives（108th Congress）, Committee on Ways and Means.

Congressional Budget Office（2010a）. "A Preliminary Analysis of the President's Budget and an Update of CBO's Budget and Economic Outlook." Congress of the United States, Congressional Budget Office.

Congressional Budget Office (2010b). "A Review of the CBO Activities in 2009 under the Unfunded Mandates Reform Act." Congress of the United States, Congressional Budget Office.

Congressional Budget Office (2010c). "H. R. 4872, Reconciliation Act of 2010 (Final Health Care Legislation): Cost Estimate for the Amendment in the Nature of a Substitute for H. R. 4872, Incorporating a Proposed Manager's Amendment Made Public on March 20, 2010." Congress of the United States, Congressional Budget Office.

Dye, Richard F., and Therese J. McGuire (1992, October). "The Effect of Earmarked Revenues on the Level and Composition of Expenditures." *Public Finance Quarterly* 20 (4): 543-556.

Ebel, Robert, and Laura Kalambokidis (2005). "Value-added Tax, State." In *The Encyclopedia of Taxation and Tax Policy*, edited by Joseph Cordes, Robert Ebel, and Jane Gravelle. Washington, DC: Urban Institute Press. 464-467.

Gabrielli, Andrea, Layon, A. Joseph, and Yu, Mihae (2009). *Civetta, Taylor & Kirby's Critical Care*. Philadelphia: Lippincott Williams & Wilkins.

Graetz, Michael (2008). 100 *Million Unnecessary Returns: A Simple, Fair, and Competitive Tax Plan for the United States*. New Haven: Yale University Press.

Hines, James R., Jr. (2003) "Michigan's Flirtation with the Single Business Tax". *In Michigan at the Millennium*, edited by Charles L. Ballard, Douglas C. Crake, Paul N. Courant, Ronald Fisher and Elizabeth R. Gerber. East Lansing: Michigan State University Press. 60-28.

Hood, John (2010, Summer). "How to Fix Medicaid." *National Affairs* 4: 127-141.

Mayes, Rick (2007, January). "The Origins, Development, and Passage of Medicare's Revolutionary Prospective Payment System." *Journal of the History of Medicine and Allied Sciences* 62 (1): 21-55.

McLure, Charles E. (2010). "How to Coordinate State and Local Sales Taxes with a Federal Value-Added Tax." *Tax Law Review* 63 (3): 639-704.

National Commission on Fiscal Responsibility and Reform (2010). "The Moment of Truth." Washington, DC.

National Research Council and National Academy of Public Administration (2010). *Choosing the Nation's Fiscal Future*. Committee on the Fiscal Future of the United States. Washington, DC: National Academics Press.

National State Association of Budget Officers (2009). "State Expenditure Report 2008." National State Association of Budget Officers.

Nathan, Richard P. Adams, Charles F. Jr., and associates with the assistance of Junean, Andre, and Fossett, James W. (1977). *Revenue Sharing: The Second Round*. Washington, DC: Brookings Institution.

Nivola, Pietro S. (2007, July). "Rediscovering Federalism." Issues in Governance Studies, no. 10, Brookings Institution. Accessed December 21, 2010, at http://www.brookings.edu/papers/2007/07governance_nivola.aspx.

Office of Management and Budget (2010). "Mid-Session Review: Budget of the US Government, Fiscal Year 2011." Office of Management and Budget.

Orszag, Peter (2010, September 18). "A Health Care Plan for Colleges." *New York Times*. http://www.nytimes.com/2010/09/19/opinion/19orszag.html?_r=1&ref=peter_orszag.

Palmer, John L., and Rudolph G. Penner (2010). *Have Recent Budget Policies Contributed to Long-Run Fiscal Stability?* Washington, DC: Urban Institute.

Perry, Victoria J. (2010). "International Experiences in Implementing VATs in Federal Jurisdictions: A Summary." *Tax Law Review* 63 (3): 623-638.

Yilmaz, Yesim, and Robert Zahradnik (2008). "Measuring the Fiscal Capacity of the District of Columbia: A Comparison of Revenue Capacity and Expenditure Need, FY 2005." *Annual Proceedings of the National Tax Association.* Washington, DC: National Tax Association.

第 33 章 实现州与地方财政的可持续性

罗伯特·B. 沃德（Robert B. Ward）

曹静韬 译

资源总是有限的——这很可能是经济学中最基本的法则。在政府预算中，稀缺概念意味着，我们所拥有的钱比政策制定者或者投票人所期望的要少。自美国建国以来，各州就一直在为实现有限的财政收入和几乎无限的财政支出间的平衡而努力着。[①]

该问题通常与当年的预算或者下一年的预算（一些州以两年为预算周期）联系在一起，在少数情况下，它也和未来某一年度或两个年度的预算有关。然而，在 21 世纪的前十年中，关注州与地方的财政的学者对不断凸显的长期的、结构上的不平衡现象发出了警告。"财政可持续性"概念的核心问题是：在未来的几十年中，可获得的财政收入的源流能否满足支出责任的需要。

这一概念可以通过多种方式进行分析，所以在本文中，我将首先总结关于财政可持续性的各种不同观点。接下来，简要地回顾州与地方财政最近的发展状况，其中要特别关注那些难以改变——考虑到这些支出的"权利"（entitlements）特征——政府支出责任，从而会对财政的可持续性带来风险。之后再论及预算文化的重要性。最后，分析州与地方政府的预算方法实现重大变革的可能途径——该变革可能由新的财务报告准则所引发，也可能是由州与地方政策制定者（或者是联邦政府）的某些举措所引发。

什么是财政可持续性？

"长期预算平衡"并不是一个新概念。财政监督者和公共政策专家早就已经开始探讨和研究"结构性"平衡的问题了，这意味着收入和支出不仅在当年要保持平衡，而且在未来几年内也是如此。[②]在刚刚跨入 21 世纪后的 2001 年，一场短期的全国性经济衰退使得各州的税收收入出人意料地急剧减少，由此引发了社会对财政可持续性的广泛关注。学者们越来越多地觉察到许多长期的发展趋势，如越来越高的医疗成本，养老金缺口和其他支出，以及有些税收收入的增长不能与其经济基础保持同步等。简单来说，长期预算平衡将"结构性平衡"的概念延伸至一个长期框架——一个几十年的框架而不只是几年的框架。人们越来越关心这一问题，其标志主要有：国家税收协会及其成员组织在 2008 年举办的一个会议，同年国家税收协会"财政可持续性工作组"的创立,还有最近几年以养老金和健康护理费用缺口为题的研究报告。

尽管对这一问题的一般理解比较清晰,但对不同的人而言,"财政可持续性"或许意味着不同的内容。本章仅仅讨论相对宽泛的"财政可持续性"概念。但是,读者应该意识到这些差异,这些差异可能会影响分析和研究的方向,甚至有可能影响到解决问题的不同途径。之后总结了"财政可持续性"的几种方法。

联邦会计准则咨询委员会负责为美国政府发布会计准则,其于 2009 年通过了准则第 36 号《为美国政府报告综合的、长期的财政预测》。总体来说,联邦会计准则咨询委员会认为,新的准则有助于综合财政报告的读者对"将来的预算资源能否足以维持公共服务,并偿还那些陆续到期的债务"做出评价。针对美国政府综合财务报告中的基本财务报表,新的准则要求其涵盖现行政策不变情况下的预计收入和非利息支出的现值,这些数据和预计国内生产总值的关系,以及与上一年相比这些收入和支出现值的变化情况。同时,该准则还要求提供必要的补充信息,包括出现财政缺口而补救措施延期可能带来的影响,以及在预计出现赤字或盈余情形下的不同趋势的情况。此外,该准则还要求其涵盖影响财政发展趋势的潜在假设条件和影响因素。这些规定从 2010 财年开始经三年过渡期后开始执行。③

政府会计准则委员会负责为大部分州与地方政府制定会计和财务报告准则,其于 2005 年开始研究在政府必须要处理的问题的某些公共财务报告引入财政可持续性的可能性问题。如果委员会最终在这一领域建立准则的话,该定义将有利于州与地方政府财务报告中以及其他方面的一些问题的解决。截至 2010 年底,政府会计准则委员会一直没有通过该术语的定义。一份早期在委员会研究中流传的草案提道:"财政的可持续性指的是一个政府为履行其当前的服务承诺并践行其到期财政责任,而不会造成因将其财政责任转移给未来时期而引起的利益不相称问题,而必须具备的创造资源流入的能力和意愿。"④政府会计准则委员会自此开始便一直在研究财政可持续性的关键概念及其构成的详细定义。

美国政府问责办公室对长时期内州与地方总体财政平衡状况进行了预测,其将"财政可持续性"定义为"政府部门用其当前收入满足其当前支出的能力"。⑤其他的标准制定机构也开始了对财政可持续性的研究。国际公共部门会计准则委员会使用了以下术语:

"从较高的层次来说,长期的财政可持续性报告涉及,在预计未来的一定时期内预期资源的流入,可以在多大程度上服务的提供能够保持现有水平,以及在何种程度上政府对公民在现有法律框架下的责任能够得到满意的评价"。⑥

一个非常好的简单定义是财政可持续性"和政府在维持其现行政策的同时保持其偿付能力有关"。⑦另外一种定义是"在州与地方层次上,财政可持续性是政府可以持续满足其财政责任的长期能力。它反映了确保公众需要的服务和资本可以得到持续供给的可用财政收入的充足程度"。⑧

对财政可持续性进行定义存在的一个问题是相关术语的变化。物理单位中对平衡性或不平衡性的测试,以及对"克""米"等单位的测量,都是以这些术语的固定、可测量的数值为基础的。一"克"永远是一"千克"的千分之一，而一"千克"又是一升水的质量。在正常情况下，该质量不会发生变化。"米"的定义和真空中的光速有关，这同样不会发生变化。而要对预算平衡的实质进行界定，无论从长期还是短期来看，本质上都需要有一个与之并列的、没有定值的元素。例如，我们很难设想，那些选举出或任命的官员——或者是研究人员（就该问题而言）——会如何确定"公众所需要的服务和资本的水平"，对于政府预算中每个子项目的水平来说，尤其难以确定。在"度量"这一层面上，同样难以设想的还有对政府"创造资源流入的意愿"的度量。这一概念与特定区域的预算文化有着必然的联系——预算文化是财政实践与可持续性最重要的要素之一（该问题将在本章后面的内容中进行论述）。但是，应该如何评价预算文化的属性呢？是通过选民的调查，还是由未来的民选官员决定？如果不能度量财政可持续性的这些要素的话，也就没办法对财政可持续性本身进行衡量。

对财政可持续性进行定义的另一个问题是支出或者收入——或者二者兼而有之——是否被看作是易受政策变化影响的指标。政府会计准则委员会早期的草案曾经引用上文提到的"当前的服务承诺"和"债务"概念，并将其作为要与第三个要素（"资源的流入"）进行平衡、而不考虑服务承诺变化可能性的要素。"债务"本质上是无法改变的，但州与地方政府却可以每年增加或者减少其提供的服务。

关于财政可持续性的财务报告

经过五年的研究和思考，政府会计准则委员会终于在2010年末实施了一项计划，这项计划可能为州与地方政府的财政可持续性报告设定新规则。由于在随后几年中还有着其他的工作计划，政府会计准则委员会在2012年前不太可能在该领域出台任何新的规则，不过在这之后却有可能出台。

但是，政府会计准则委员会的成员已经就以下问题达成了一致："对于使用者评价政府机构的财政可持续性而言，前瞻性的信息是十分必要的。"大家的讨论主要集中在以下几个主题："履行财政责任和承诺的能力、政府机构之间相互依赖的影响、政府机构运行环境的潜在影响、政府机构做出合理决策的能力和意愿等，都是使用者对政府机构的财政可持续性进行评价所需要的各类信息。"上述每一个主题又都包含着许多细分的内容。例如，对于"履行财政责任和承诺的能力"，其涉及的具体内容包括：债务及债务服务的信息、离职者的福利信息（包括退休金和离职后的其他福利）、资本资产和基础设施信息，以及关于政府契约责任的信息。[9]

回顾："权利"支出的增长

随着人口的增长而不断增加的服务需求，使得州与地方政府的支出不断增长；经济的增长带来了更多的财政资源，从而使其可以支持新的项目，以及扩大支出计划；社会的演进带来了更多对更高质量生活的期望——这种期望部分将由政府来满足。诸如"公务人员工会"之类的利益集团的影响力不断增加，从政府支出的增长中获得了更多的政治回报。与几十年前相比，如今的税收体系更加庞大、税基更加广泛，因此，很少出现整体财政收入急剧下降的状况。对许多现代的民选领导人来说，选民不断提高的期望以及在政治上愈加活跃的利益集团，都使如今的政策考量与几十年前相比产生了明显的不同。

比较经典的例证是公共教育。公共教育支出不论在上一个世纪前（1902年占全部支出的23%），还是在最近时期（到2008年占全部支出的29%），[⑩]都是州与地方支出中独一无二的最大领域。早在19世纪中期，鉴于社会意识的变化，各州政府就开始通过颁布法律等途径，建立起了免费的公共教育制度，并将其作为一项普遍的权利。过去几十年中，投入公立学校的资金几乎在持续地膨胀，这不仅是因为人口的膨胀，而且是因为税收收入基础的不断扩大——尤其是在收入和财产的征税价值方面。但是，支出的考虑必须与收入现实相一致。偶尔出现的经济衰退使税收减少，支出增长便会出现逆转。例如，从1929~1930学年到1933~1934学年，州与地方政府用于公立小学和中学的支出下降了25%。其原因并不是选民反对教育，也不是入学率急剧下降。相反，这却是因为税收收入（尤其是地方学区的财产税）的大幅下降。直到1940年，教育支出才恢复到大萧条以前的水平。[⑪]

不过，这只是当时的情形。在过去三四十年中，教育支出和某些其他支出对经济周期的反应已经没那么敏感了。尽管从更广泛的意义上来说，年度预算的增加会一直反映出经济实力。但是，联想到联邦政府的许多权利支出项目（entitlement programs），其中某些类别的支出越来越多地受到政治、人口和制度等因素的影响，当收入不能与支出保持同步增长时，这些因素会使支出的调整变得更加困难。除教育外，这方面最重要的例子——尽管各州的具体情况不同——还有公费医疗和公务人员的补助金（包括退休金和医疗福利）。

仍以教育为例。与20世纪30年代初相比，学校支出减少25%——这在今天是不可想象的。2009年和2010年初，州政府的税收收入出现了大萧条以来最快速度的下滑。然而，要将K-12*的总支出下降5%，或下降20世纪30年代初大萧条第一年下降水平的1/5，这似乎不大可能（由于公开数据的限制，至少在2011年之前，这样的结论还不太确定）。可以肯定的是，在经济大衰退对财政冲击最为严重的时候，联邦资金的大量注入对州和地方政府预算起到了缓冲作用。如今，大多数州的税基与80年前相比都更大，更有弹性，所以我们可以预期，支出弹性也会更大。但是，更为雄厚的税基及联邦政府批准的特殊资助，在很大程度上也反映了选民对公共服务的更高期望。

权利性支出的第二个例子是医疗补助计划，该计划占据了州政府用于公共医疗服务的大部分成本。尽管很多州在1965年该计划创建时对其非常欢迎，并将它看作从华盛顿接受新的援助的良机，但是，在短短的几年内，由于成本出人意料的攀升，

---

* K-12是指从幼儿园到12年级的中小学教育——译者注。

它们很快就改变了这一想法。例如，1968年——即在医疗补助计划引入纽约州的两年后——纽约州州长纳尔逊·A.洛克菲勒（Nelson A. Rockefeller）便签署法案，将该项目资金削减了大约3亿美元。到20世纪90年代之前，该计划持续增长的成本已经成为州预算中一个非常庞大的部分，从而促使各州付出了广泛的、反复的努力，通过采取"管理式医疗"（managed care）以及其他措施来限制该计划的支出。这种节约成本的措施已经取得了一些成绩。但是，如表33.1所示，医疗补助计划的支出仍在持续增长，不仅其绝对额在不断增加，其在州政府全部的收入和预算中所占的比重也在不断增加。正如对"供应商付款"的普查数据显示的那样，2008年，医疗补助计划支出占州财政收入的比重超过了22%，这与大约30年前的8.4%相比，有了大幅度的上升。相对于州政府的一般性支出，该项目已经从总支出的大约1/20增加到最近的1/8。

表33.1　　　州政府不断增长的医疗补助计划支出责任　　　单位：%

项　目	1977年	1992年	2008年
供应商付款占所有州的税收收入的比重	8.4	16.7	22.3
供应商付款占直接的一般性支出的比重	5.4	9.6	12.3

资料来源：作者根据美国人口调查局的数据计算得出。

根据普查数据，2008年州与地方政府总共花费了8680亿美元用于K-12教育或医疗补助计划的供应商付款制度。这笔支出加上用于医院支出的1290亿美元，州与地方预算中大约有41%都用到了医疗保健和教育领域。这些都是在选民调查中得到特别强烈支持的支出领域，而且，在这些支出领域，雇员和供应者的政治影响也已成为最为有力的因素。

20世纪后半期，州与地方政府的支出大幅增长——这主要反映在教育统计数据或者其他地方的信息中——其原因之一就是就业的增长和雇员补偿水平的显著提高。1955年，各州与地方政府（包括学区）有470万雇员，这占到了非农就业总数的9.3%。到1975年之前，这一比例几乎在持续上升，一直到1975年的15.5%。在随后的几十年里，这一比例下降了1~2个百分点（在大多数年份，雇员的绝对数量在增加，但是，就业总量的增加却更多）。在那场始于2008年的大范围经济衰退中，州与地方政府的工作岗位数量占就业岗位总量的比重再次上升到15%以上。但是，此后，州与地方的工作岗位数量由于受到巨大的财政压力而开始下降。⑫

截至2010年，各州与地方政府雇员的福利成本平均为每小时13.6美元，这比私人部门的平均水平多出了近2/3。在州与地方政府部门，福利支出占到了其雇员补偿总额的34%，而在私人企业中，这一比例才刚刚超过29%。与私人部门的员工相比，政府雇员的福利成本增长速度更快——无论从其支出的金额来看，还是从其占全部补助金额的比例来看，都是如此。⑬

当政府官员和外界的学者们分析财政可持续性问题时，两种主要的雇员福利——养老保险和医疗保险——成为他们所关注的核心主题。

美国大多数的州与地方政府都会为公众提供"固定收益养老金计划"。这与大部分的私人部门雇主形成了鲜明的对比：如果私人部门的雇主真的提供退休福利的话，他们一般也会将其变成诸如401K计划之类的"固定供款计划"。此外，与典型的私人部门企业和非营利机构相比，州与地方政府倾向于给雇员提供更加优厚的医疗保险——许多公共部门的退休人员会继续享受由雇主资助的医疗保险，而这种福利在私人部门却很难见到。如今，随着对财政可持续性关注的日益增加，人们对于这种福利的成本意识也越来越强，而且，这种成本意识已经成为人们关注财政可持续性的核心内容。

一份2010年的估计数据显示，各州为其雇员的退休福利（养老金和医疗保险）所预留出的资金和这些服务承诺的实际成本之间，存在着1万亿美元的缺口。[14]另一项研究则认为，仅各州的养老金一项，估计资金缺口就达3.2万亿美元。[15]除其他因素外，这两个估计数字的差异更多地反映了：对用于计算养老金负债的恰当精算程序，有着不同的评估方法。但是，相对于那些传统的关于债务（如债券以及其他债务）的报告来说，这两个数字都在各州正式认可的负债数额至少两倍以上。

这些数字有助于我们推断出：州政府（与地方政府雇员的福利结构大体相似）将面临相当大的财政新挑战。它们虽然说明了政府在多年基础上发布和管理年度预算所面临的环境，却无法具体说明其对预算带来的影响——例如，雇员和退休人员医疗福利成本的逐年增加，在多大程度上需要提高税收，或者在多大程度上排挤掉其他支出。

近些年来，有些州已经采取措施改变其养老金制度——减少收益，或者要求雇员缴纳较高的费用以享受固定收益计划，或者将固定收益转变为固定缴款制度。尽管如此，许多地区却并没有真正把握住"养老金和医疗福利会如何影响中长期视角下的年度预算"这一关键。这些补助成本仍然非常庞大，且在不断增加，对于年复一年的财政可持续性来说仍然是十分模糊的挑战。

如前所述，最近有一项新的要求，即州政府与大部分地方政府要估算并报告它们在退休人员医疗保险及其他福利方面的长期负债。这一要求极大地提高了公众对该成本的关注度。这些福利与许多州的公共养老金不同，它们通常并没有宪法或法律的保护。在政府不得不在雇员补助及其他支出之间进行权衡时，它们在一定程度上可能比养老金更容易受到快速变化因素的影响。

展望：明天可能更美好？

导致州与地方政府支出上涨的主要因素，加上限制税收收入增长的政治、经济和制度因素，为财政的可持续性设置了一道道的障碍。

美国政府问责办公室在其自2008年开始发布的一系列报告中指出，医疗保健支出对一般公众和州与地方政府雇员的影响:"州与地方政府面临财政压力的主要原因是医疗相关费用的持续增长。"⑯与许多其他学者一样,美国政府问责办公室已经预测到,医疗保健支出的需求将更为强烈,因为全国人口老龄化和医疗保健支出的增长速度普遍持续地超过了经济的整体扩张或经济的增长。

当然,也存在着许多不确定性,这些不确定性使对于医疗补助计划支出的精确估计充满了内在的风险。但是,几种主要的因素都显示出,用于公费医疗的支出压力有可能会增加。在由雇主资助的医疗保险中,私人部门工人的比例已经下降了,而且这一比例很有可能还会继续下降。2010年奥巴马总统签署了一项联邦医疗保健法案,该法案要求州政府将几百万以前没有资格享受医疗补助计划的居民纳入该计划中(尽管联邦政府的额外援助可以弥补至少一部分新增成本)。随着婴儿潮一代逐渐步入老年,越来越多的美国人将会寻求帮助以支付其养老院费用和其他长期护理费用。在一些州以及华盛顿特区,代表着医疗保健工作者的工会也已成为强有力的政治角色。医疗补助计划支出的发展趋势,本质上反映了更广泛的医疗保健市场上的成本变化,这一趋势已被证明难以改变——因为上述国家法律的出台已经证明了这一点。

各州不断地——尤其是在财政收入下滑时期——设法控制医疗补助计划的开支。但是,这样做却往往面临着非常复杂的状况,因为医疗补助计划中包含着各种重要的项目,这些项目包括针对低收入群体的一般医疗保险,针对老年人的长期护理服务,针对存在发育障碍人群的终身护理。由于各州每将一美元用于医疗补助计划,其就会收到一半或一半以上的联邦政府拨款,这就使各州减少了一定数额的自身支出,这可能意味着各州对医疗保健和其他项目整体支持的减少。最终,医疗补助计划越来越多地被看作一种和医疗保险非常相似、中产阶级甚至是较为富裕的美国人在需要时都可以享受的项目。这使对支出进行的任何限制都比该计划被看作是对穷人的援助时,面临着更多政治上的困难。

20世纪的后半期,由于"教育是实现个人和社会潜能的核心"的观点已经成为一种近乎普遍的理念,因而教育成为州与地方预算中最重要的内容。美国人越来越多地将教育视为在日益一体化的全球经济中促进国家发展的一项富有竞争力的必要条件。在未来的几十年中,这种理念很可能会继续保持下去,而且其重要程度会越来越强。一些经济学家认为,教育和其他公共部门的职业特别容易受到"成本病"的影响——尽管其雇员缺乏工作效率,但工资和薪金却依旧在上涨——因此这些部门对成本效益的调整非常抵制。

正如其他章节所详细描述的那样,对收入的限制是人们关注财政可持续性的一项关键内容。与落后的税收制度导致收入减少的临时方案相反,州与地方政府的税收总收入比人口和通货膨胀的增长速度更快,而且自20世纪70年代中期以来,其在国家经济产出中所占的份额基本没有发生变化。

如图33.1所示,在20世纪60年代早期,州政府的税收收入和地方政府的税收收入占GDP的比重都处于略低于4%的水平。从20世纪70年代中期到90年代初,由于医疗补助计划、教育以及其他项目的支出在不断增加,使得州政府税收收入占GDP的比重上涨到大约5.5%。随着支出的增加,州与地方政府的税收总收入上涨了1/3,其占GDP的比重从1961年的7.3%增至1973年的9.8%。从20世纪70年代中期起,州与地方政府的税收收入一直比较稳定,其占整体经济的比重一直保持在8.8%~9.8%。这些数字显示出州与地方官员在较长时间内所作出的几千项决策的整体政策走向。如果这些决策的最终结果被认为是代表了选民意愿的话——当选民的意愿通过其选出的代表得到充分表达的时候,那么,美国的纳税人可能在公共服务的需求和可接受的州与地方税收之间已经达到了一个平衡点。但是,这个平衡点可能会随时间的推移而变化——例如,在20世纪60年代和70年代初,选民对扩大社会安全网的偏好就带来了新的成本。

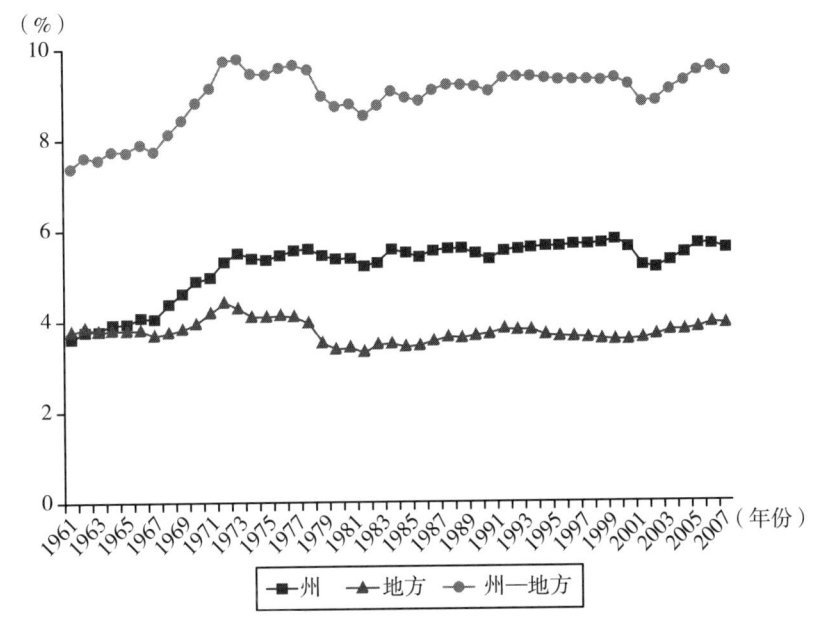

图33.1 1961~2008财年州与地方政府税收收入占GDP的比重

资料来源:US Census Bureau (tax revenue);Bureau of Economic Analysis (GDP)。

哪些因素会带来可持续的预算?

社会对州与地方财政可持续性不断加剧的担忧,主要源于这样一种观点:这些地区的民选官员往往不能有效地处理这一问题。事实上,支出增加和收入增长之间的缺口是导致预算不可持续的基本要素,而这些要素的变化也并非出于州与地方官员自己的意愿。相反,这些要素反映出的是来自几千个政府机关中个人的"有为"与"无为"。如果民选领导人要更为严肃地对待财政可持续性问题的话,那么,其动力来自哪里?其运作机制又是什么样的呢?

至少有两种可能的外部力量:来自联邦政府的财政压力,以及来自政府会计准则委员会的监管目标。另外可能的外力是预算文化的演变——各个行政辖区的预算文化都不相同,在选民的态度发生变化时,或者在政治精英进行机构改革时,预算文化也可能随之变化。

在过去的半个世纪中,联邦政府援助占州与地方政府财政收入的比重逐渐增加——从1960年的不到12%增加到2008年的20%左右(这部分收入中的大部分流入州政府,其中的一部分通过州政府流向了自治体和学区)。在一些项目支出的领域——如医疗保健、社会福利、特殊教育、交通运输、环境质量等领域,联邦资金往往是各州进行项目设计的最重要动力。即使来自华盛顿的援助只有少量的增加,也可能会使州政府出现重大的政策变化。例如,奥巴马政府的"力争上游"计划,就使各州在特许学校和教师评价方面的政策发生了重要的变化——即使州政府官员知道,这些变化并不一定能带来额外的援助,而且来自这项计划的任何一笔新资金在教育的总体支出中只有相对较少的数量。州长和立法机关普遍认为,他们对预算资源有着严格的限制,因此会优先考虑获得任何新的"免费"援助的机会。

许多学者认为,公平原则和其他方面的因素都要求联邦政府在资助国内公共服务方面发挥更大的作用。华盛顿在由次国家级行政辖区负担的成本中承担着越来越多的责任,这一事实至少回答了州与地方政府可持续性问题中非常重要的一部分。当然,在短期内,这样的状况基本不可能会进一步发展。然而,2012年以及之后的大选也可能会产生更加同情州政府困境的决策者。但是,即使在这种情况下,要将大部分的成本转移给华盛顿,也不太可能,除非联邦政府大幅扩大其自身的收入基础——或者开征新的税种,或者提高现行所得税的税率。近些年来,随着财政可持续性问题越来越多地受到人们的关注,共和党在国家层面上逐渐为"小政府、限支出"的思想所主导。在主要国家层面只有两个政党的局面中,有一个政党为这样的思想所主导,在这种情况下,要扩大联邦政府的税收并不容易。同样,将联邦政府新增的财政资源用于资助州政府,而不是用于国家预算赤字的增长,这样的做法必然会遭到许多国会议员的反对。但是,也不排除会有这种情况的出现。甚至连罗纳德·里根(Ronald Reagan),主张"小政府"的共和党人,也同意采取部分增税措施——不管是在他就任加利福尼亚州州长的时候,还是在他后来担任总统的时候。

如果"联邦政府大幅增加对各州的援助"的观点得到支持的话,就很有可能引发对"促进财政可持续性的新要求"的讨论。增加政府支出的批评者们希望能推动更为严格的"预算平衡"制度——他们可能会将该制度延伸到更长时间,以促进长期的财政可持续性——而不是现在所采取的一年期预算平衡制度。有的人可能会支持对州与地方政府的支出和税收制度施加新的、或者更为严格的限制。而更大规模的援助措施也可能会附有具体的政策要求,这些要求或者与具有更高成本效益的人员编制有关,或者与特殊教育学生分配的限制条件有关(特殊教育是K-12中一个成本非常昂贵的领域,在该领域联邦政府一直发挥着主要作用)。

由于长期以来一直存在着对"限制国家政府在各州财政事务中的权力"的争论,"联邦政府更多地参与各州财政事务"这件事就变得非常复杂。即使在华盛顿的影响力逐渐增强的一百年以后,各州仍然保留着自己的主权。国会对州政府施加的任何预算规定都会面临着人们依据宪法而进行的广泛质疑。可以想象,一场"大谈判"将会出现,通过这场"谈判",在州政府的政策制定者采取明确的措施、确保增加的援助不会导致其规模更大却依旧不平衡的预算的条件下,联邦政府将以其更为宽广的财政资源基础承担起与地方政府更多的成本。即使是这样一种州政府权力的自愿让渡,也很可能会受到来自反对者的挑战——他们或者反对限制州政府的权力,或者反对扩大联邦政府的职责。但是,这些问题还为时过早——直到("除非")出现"将这些选择方案纳入议事日程"的政治意愿。

除联邦政府的支出问题之外,国家税收政策也对州与地方政府有着深远的影响。2010年,对联邦政府税制改革的激烈讨论又一次出现。由于人们对国家巨额预算赤字和税法复杂性的关注持续升温,这一讨论很可能会继续下去。

国家层面可能采取的改革措施包括削减利率、拓宽联邦个人所得税和企业所得税的税基,就像1986年的改革一样(在随后的25年中,又实施了一系列的改革,这些改革措施提高了税率,增加了非常多的税收抵免项目和扣除项目,同时也增加了税法的复杂性)。另一种可能的选择是开征国家增值税,一种由企业根据其销售总收入和购进成本之间的差额缴纳的消费税。[17]上述所有的改革都会给州与地方政府财政的可持续性带来重要的影响:有的影响可能是积极的,有的影响可能是消极的,而且所有的影响都很难准确地预测。

由于在华盛顿与各州的关系上,很难找到一种统一适用的改革措施,因此,50个州政府的民选领导人(以及几千个地方政府机构的领导人)只能为实现其预算平衡而自寻出路。由于各州的预算办法和存在的问题各有不同,因此它们采取的方法也很可能千差万别。例如,加利福尼亚州可以打破"部分教育支出的强制性"和"实施增税措施的高门槛"之间这一"选民施加"的僵局吗?田纳西州、华盛顿州和其他六个州会和美国其他的州一起努力,使所得税成为其收入结构的核心吗?各州的民选官员——尤其是在那些政治文化鼓励其高消费的州——如何提供高质量的教育服务而不会使成本出现持续的、高于物价增长的上涨?

尽管国会可以对各州的预算方法施加广泛的影响,但州与地方会计财务报告的功能设定却是政府会计准则委员会的职责范围。正如本章前面所描述的那样,该委员会已经开始考虑,为政府的年度综合财务报告和其他公共文件设置一些新的标准。政府会计准则委员会的新规则可能会对州与地方政府带来重要的影响,最终为政策制定者、研究人员和公众提供重要的新信息。这个组织于2004年采取了一项相关的措施——发布了一项规则,这项规则要求提供关于退休人员医疗保险和其他退休福利的长期预估成本的公开报告。这一规则明显增加了人们对州与地方政府的特定资助领域及其财政可持续性问题的关注。

政府会计准则委员会的任何一项措施都会引发政策制定者和选民对财政稳定性

的关注。但是，仅仅提高长期预算挑战的透明度并不会带来任何的政策改变。政府会计准则委员会并不具备实施上的权威性。当审计人员遵照政府会计准则委员会的准则，从公平角度提出有关财务报表内容的意见时，对于该准则的遵从就需要通过各州自己的法律、相应的审计程序才能实现。如果政府会计准则委员会有一个关于财政可持续性的标准的话，许多州与地方政府都需要报告其长期支出规划超出长期收入规划的情况。仅仅有这样的透明度并不会直接带来财政实践的任何变化。例如，在纽约，这一点就得到了证实：纽约连续几年对多年份的缺口进行规划，却并没有促进预算的结构性平衡。但是，在其他条件都相同的情况下，对长期预算挑战关注度的提高至少会引发人们对政策选择的更长期思考。

预算文化的作用

州与地方政府预算的最终责任不在美国国会身上，也不在那些为会计和财政报告制定规则的人身上，而是在每个辖区内征收税款并将其用于相应支出的民选领导人和选民身上。这些人所做出的选择最终形成各州的预算文化。这种预算文化和自然环境、社会习惯、经济活动一样，在各个州、各个城市都不相同。

和政治文化（民选领导人和选民也是政治文化中的重要元素）一样，预算文化也很难进行衡量。非常明显，各个州与地方政府对财政政策的选择存在着很大的差异。例如，各州从纳税人处筹集的财政资源的整体水平，以及将这些资源在竞争性的项目和服务中进行分配的方式，都不相同。各州对预算平衡和财政可持续性进行评价的标准也不一样。

考虑预算文化差异性的方法之一是利用"典型支出系统"。"典型支出系统"的测量方法多年来一直为坦内瓦尔德（Tannenwald）、伊尔马兹（Yilmaz）等人所使用，其中包含着对于支出需求水平的测量——"一个州必须向其居民提供相当于国家平均水平的服务所需要花费的金额……例如，在其他条件相同的情况下，对于一个5~18岁人口占较大比例的州来说，其在教育方面的支出需求要高于拥有较少学龄儿童的州"。⑬那些实际花费高出支出需求的州常常被认为有着更高的"支出努力"程度。例如，密西西比州被认为在各州中有着最高的支出需求，但是其支出努力程度却属于最低层次。夏威夷州的公共支出需求在全国是最低的，但是，在用这种方法进行测量时，其支出努力程度却属于最高层次。

具体到各个州，这种评价方法有可能会、也有可能不会捕捉到其真实的需求信息和努力程度信息。但是，这种评价方法试图阐明的理念——各州政策选择的不同，并不能完全通过其经济资产和财政能力的差异来解释——是不可否认的。

因此，各州官员（想必也包括选民）对于预算过程，包括短期的预算平衡和长期的可持续性，重视程度也存在着不同。有的州但不是所有的州，已经开始利用宪法来限制债务、税收和支出，这些限制措施的严格程度并不相同。各州的宪法规定也存在差异，例如，各州赋予州长的在某一财年的预算缺口增大时扣押立法拨款的权力，就存在不同。⑲这种制度安排仅仅代表了预算文化的一个方面。此外，未形成书面文字的期望，以及民选领导人采取他人未采取过的措施的意愿也非常重要，有些甚至更加重要。近些年采取这些措施的例子包括新泽西州和印第安纳州：2009年，新泽西州的州长克里斯·克里斯蒂（Chris Christie）和印第安纳州的州长米奇·丹尼尔斯（Mitch Daniels）采取宪法限制的措施，大幅削减教育支出和其他支出，这些支出的削减规模超过了许多其他的州。在收支等式的"收入"方面，2009年，康涅狄格州和纽约州采取措施增加了其所得税。它们的措施和伊利诺伊州形成了鲜明的对比——伊利诺伊州虽然考虑了增税方法却并没有采取任何措施（也没有严格限制其支出），相反，其却借了几亿美元的债务以应付当前的支出，这很可能使其成为国内短期预算危机最严重的州。

民选领导做出选择或者拒绝做出选择，部分基于他们认为选民们有着怎样的意愿。但是，许多选民根本不关注任何公共事务——往往更关注国家和地方事务，而对州政府的政策却较少关注。预算平衡很少能成为公众最关心的问题，许多公民更多的是关心税收或者服务的水平（还有很多人关注如战争、经济的健康发展这样的问题）。国家的预算赤字会周期性地——如在1992年的总统选举中以及在2010年的国会选举中——引起选民的关注。但是，在州政府层面上，即使是这种分散化的关注，也很难找到。这可能是因为公民关注的更广泛趋势从中发挥着作用，如个人可接受的私人债务规模这样的问题。考虑到选民很少关心预算平衡问题，民选领导人常常忽视财政可持续性的现象也就不足为奇了。

在政府工作并且研究政府问题40年后，丹尼尔·帕特里克·莫伊尼汉（Daniel Patrick Moynihan）认为，他最重要的结论是："保守主义的核心真理是文化，而非政治决定着一个社会的成功；自由主义的核心真理是政治可以改变文化并使其得到拯救。因为这样的相互作用，我们现在的社会才成为各方面都比原来更好的一个社会。"⑳预算规则的改变促进了更长期的计划，从而有助于带来新的预算文化。这方面的例子有：将更多编制预算的权力由立法机关转移给州长——在避免财政危机方面，州长有着更多的政治影响，因而会对多年度预算平衡更感兴趣。

尽管各州官员对他们所面临财政问题的长期性几乎取得了共识，但是，现行的预算办法并不会促进多年度预算思维的形成，更不必说做计划了。有一半的州不对其本年度及以后年度的税收收入进行预测。有20个州对未来至少三年的财政收入进行部分预测。㉑但是，只有少数几个州对其预算是否整体平衡进行多年度预测。

全面的变革即将到来吗？

20世纪60年代，州政府进入了一个重要的增长和改变期。立法机关创立或扩展了众多项目，包括医疗补助计划、针对残疾儿童的特殊教育、环境保护等；同时，它们还实施了新的税收制度和新的公共服务收费制度。州政府的扩张是与其代表选举和政策制定程序的重大变革同时进行的，而且，州政府的扩张在某种程度上也为这些变革所驱动。立法机构变得更加"专业"，有更多的员工可以向州长提供专业知识和政治平衡政策——在之前的半个世纪中，州长办公室的影响力越来越大。由于法院对于立法机构席次重新分配的裁决，以及少数群体越来越多地参与政治，立法机构也变得更有代表性。

人们对于采取"大行动"可能会再次达成共识。考虑到财政的可持续性问题，选民的态度可能会发生转变，转而支持较高的税收。由于州与地方政府都在努力消除明显的、结构性的预算缺口，民选领导人会希望在预算收入和支出方面都进行改革。本章的其他部分已经分析过州与地方政府扩张其税收制度的障碍。在这里，它可能足以说明，州政府财政制度最后进行的改革——在20世纪60年代到70年代这段时间——主要是增加财政收入：

> 在这个认知不断更新的时代，州政府一直保持着专业化和集中化的发展趋势。1946年，立法的改革实现了州议会设定的目标。20世纪40年代，在亚瑟·范德比尔特（Arthur Vanderbilt）制定了规划之后，司法改革就开始了，但各州并没有开征任何新税种，而是继续将20世纪前几十年就已开征的所得税和销售税作为改革重点。20世纪60年代和70年代没有实现什么创新。落后的州意识到，改革早在前几十年就已经率先开始了，而且这些改革主要是为了实现"在20世纪的大部分时间里，引导州层面的改革者"的目标。②

如果一个"选民更多支持激进型州政府"的时代出现的话，有的州可能会开征新税种或增加所得税，而有的州则可能增加其销售税。房产税仍然会遭遇选民极度的愤怒和反对。如果有什么不同的话，那就是政治环境的发展可能会使收入来源——地方政府和学校预算中一个特别关键要素的增长而减少。

无论是否可以找到重要的新收入来源，州与地方政府的领导者都一定会继续努力减少其支出的增长。在州与地方政府，"如何促进改革的政治意愿"的难题和关于"如何改革"知识的缺乏问题交织在一起。在增加税收收入和其他税收收入方面，州与地方政府有着明确的方法：增加所得税和消费税的税率、拓宽这些税种的税基、提高大学收费和医疗服务的费率、对财产的拥有者和市政服务的消费者收取地方性规费。而在支出领域，削减服务则成为控制成本最明显的方法。但是，对于选民可以接受的服务削减程度，可能会有一定的限制——尤其是诸如医疗保险之类的公共服务，其越来越多地被认为是中产阶层和穷人的"权利"。在未来十年左右的时间里，医疗补助计划和其他医疗保健支出有可能会取代教育，成为州长和立法机关在平衡预算时必须满足的最大成本中心。公共财政性质的这种演变可能会产生难以预料的影响。

通过削减服务节省成本的另一个方法是：使政府资助的每个项目在成本上都更富有效率。在教育方面，这可能意味着，要改革K-12教育服务的提供方式。改革的方法可能包括：更少地雇用高工资的教师，更多地雇用低工资的教学助手；将重点放到基于技术的远程教育上；在一定时间内，减缓雇员补助（包括福利成本）的增长速度。在医疗保健方面，经济学家和其他人员已经找到了节省成本的方法，这些方法包括：减少高成本的临终医疗服务的规模；将日常保健从医院中分离出来并入低成本的社区保健中心；通过改善饮食和加强锻炼，增进健康状况。

对州与地方政府的政策制定者以及热心的公民来说，要决定并成功地实施这些改革，其面临的挑战至少和促进改革的政治意愿所面临的问题一样巨大。强大的利益集团可能会反对这些改革中的许多措施。例如，教师工会很可能会反对减少课堂教师的数量。同时，医院的所有者——董事会成员和工会也已经开始努力阻止将资源从他们的医疗机构转移到其他服务机构。

同时，公民和政策制度者也可以假定：还会出现一些目前不可预见的挑战。随着时间的推移，社会需求会发生变化，因此，也会出现新的服务和支出需求。举一个这种可能性的例子：对许多工人来说，国家和全球经济的变化已经使就业变得更加难以预测、也更加不可靠。这些变化带来了一个问题：国家的社会安全网是否应该扩大，以应对在任何时间可能出现的失业和未充分就业人员比例的潜在上升问题。如果是这样的话，在那些主要由州政府（或者州与地方政府）提供资助的社会福利项目中，任何公共服务的扩张都有可能发生。这些变化也有可能属于某些项目的范围——这些项目在州与地方政府的预算之外，却与预算使用同样的税基（如失业保险）。无论上述哪种变化，都会在一定程度上给财政的可持续性带来更多的挑战。

一直以来都是如此，各州度过了——在许多情况下，用"混过去"这个词可能更准确——预算问题持续存在的各个时期。从难以预测或者无法预测的角度讲，有着不同背景、不同意识形态的民选官员和委任官员以及专家们，都会面临着制定预算的挑战——这些预算既要提供基本的服务，又要筹集足够的收入以支付成本。2011年，许多州都采取措施从结构上改善了其财政稳定性。伊利诺伊州大幅提高了其个人所得税税率（从3%上升到了5%）和企业所得税税率（从4.8%上升到了7%）。许多州在预算支出方面采取了重要的措施。纽约州取消了长期存在的使教育和医疗保健支出增长超过物价上涨的法律规定。威斯康星州和俄亥俄州在集体谈判的法律方面进行了改革——这些法律有可能会限制雇员补助成本的未来增长。所有这些决策都是有争议的，其优缺点也都可以进行讨论。但是，不管在其他方面产生什么样的影响，这些措施都推动了特定的辖区向着财政可持续性的方向发展——在其他地区，这些措施有可能会被看作是预算压力推动进一步改革的结果。

什么才是利害攸关的？

公民、决策者、支持者以及研究人员可能会就政府预算的合适规模和性质进行争论。这些问题和"特定的收支政策是否可以持续"是两个不同的问题。通常情况下，呼声最高的支出和税收政策往往是不可持续的。事实上，财政可持续性问题的出现，正是因为民选领导人越来越多地对选民"增加支出却不增加收入"的愿望给予了肯定性的回应。

州与地方政府以不可持续的方式安排预算的时间越长，就越有可能出现不合意的结果。即使不能解决财政持续性问题，也不会导致州政府的歇业。同样，大部分的地方实体也会继续运转（虽然有一些实体会因为合并或其他措施而消失）。但是，如果不解决财政持续性问题，却几乎肯定会带来以下几方面的影响：

- 由于支出突发性的意外减少而导致社会服务的破坏，以及因此而导致的赤贫阶层和中高收入者之间不平等的加剧；
- 基础设施建设的减少会导致交通运输以及其他服务质量的下降，这些服务一直被认为是政府最基本的职能；
- 纳税人和服务使用者成本的增加，超过了其他方面所需的成本；
- 借款增加意味着，新增的资源被用于偿本付息而不是用于提供服务，而且当前的成本被转移给子孙后代。

州与地方政府拒绝或没有足够能力应对预算方面的挑战的一个表现是：其越来越多地将资本和金融资产换成货币，以满足当前的支出。有的辖区采取售卖或者抵押的方法，处置那些以前出于平衡预算目的而禁止动用的资产。这些措施使政府可以将支出维持在高于持续收入所能支持的水平上。但是，一旦这类非常规的收入被耗尽，民选官员和委任的官员就要另寻方法来平衡预算。同时，这些措施也会带来高额的债务、购买或租用办公室的新成本、替换固定资产的新支出，以及其他昂贵的代价。

如果已故经济学家曼瑟·奥尔森（Mancur Olson）的观点是正确的，即美国州与地方政府所面临的深层次问题可能部分源于这个国家的成功史。奥尔森认为，一个社会的政治稳定状态持续时间越长，就越有可能出现强大的特殊利益群体，这些利益群体会阻碍政府和整体经济的效率。㉓这一理论有助于解释州与地方政府在改革教育、医疗这类大型的、高成本的公共项目时难度为什么那么大。表面上，奥尔森的观点可能对理解大部分选民的态度（如已经阐明了对于平衡预算的偏好，却又不愿意支持限制消费或增加税收）没什么帮助。然而，奥尔森还建议说："有关集体物品的信息本身就是一个集体物品，因此它通常是很少的。当选民在不知道这些信息的情况下确定其理性战略的时候，利益集团或政治领袖就很有可能不采取符合选民利益的行动。"㉔

州与地方政府的民选领导人将不得不通过一种或多种方式来应对不断加大的财政挑战。他们会选择特定的方式，这种选择部分基于选民是否参与并非常了解有关州与地方政府预算的重大决策。州议会大厦中记者数量的急剧减少、报纸发行数量的快速下降有可能意味着，与10年前或者20年前相比，今天的大部分选民都不太了解州政府的政策事务。但可以肯定的是，网上的新闻和信息源，为有兴趣而且可以上网的读者提供了日益丰富的数据和政策讨论。㉕然而，这样的网站代表了一种媒体环境，这种媒体环境在过去的10年或20年中，变得更加的碎片化——在这种媒体环境中，有着浓厚兴趣的人可以变得知识非常渊博，而不感兴趣的人则只会收到很少的信息，因为他们找不到这些信息。多数选民对州与地方政府的财政问题可能仍然相对缺乏兴趣，除非该问题对服务、税收和公务员的影响严重到足以需要他们关注的地步——这种状况在一些辖区内已经开始出现，而且有可能很快出现在其他辖区。无论是通过他们的愤怒或他们的漠然，选民都会营造出一种环境——在该环境中，民选领导人会选择各种方法，来应对财政可持续性的挑战。

注释

本文中的选择性观察受到了洛克菲勒研究所高级研究员唐·博伊德（Don Boyd）和前主任理查德·P. 南森（Richard P. Nathan）著作的影响。作者也感谢该研究所的高级政策分析师露西·达达扬（Lucy Dadayan）给予的研究与数据方面的重要帮助。

① 在《联邦党人文集》中，亚历山大·汉密尔顿写道："税法徒劳地增加，加强政治管理的新方法徒劳地出台，公众的期望已经完全消失了，各州的国库仍然空空如也。"

② Gold（1995）.

③ Federal Accounting Standards Advisory Board（2009）.

④ Governmental Accounting Standards Board（2005）.

⑤ Government Accountability Office（2008）.

⑥ International Public Sector Accounting Standards Board（2008）.

⑦ Burnside（2004）.

⑧ Chapman（2008）.

⑨ 政府会计准则委员会正在进行这一领域的工作。读者可以通过 www.gasb.org 网站查看更新的信息。

⑩ 作者根据美国人口调查局的数据计算得出。

⑪ Snyder（1993）.

⑫ 作者根据美国劳工统计局的数据计算得出。但是，从 2008 年的最高值到 2011 年 3 月，州与地方政府的雇员数量开始下降，大约减少了 45 万个工作岗位。见 BLS News Release（2011 年 4 月 1 日），www.bls.gov.news.release/pdf。

⑬ 同上。

⑭ Pew Center on the States（2010）.

⑮ Novy-Marx and Rauh（2009）.

⑯ 此引用来自 Government Accountability Office（2010）。在美国政府问责办公室关于该问题的其他报告中也有类似的观点。

⑰ 如见 Gale and Harris（2010）。

⑱ 如见 Yilmaz et al.（2006），vi.

⑲ Ward（2010）.

⑳ Weisman（2009）.

㉑ http://www.ncsl.org/documents/fiscal/Projected_Revenue_Growth_in_FY_2011_and_Beyond.pdf.

㉒ Teaford（2002），196.

㉓ Olson（1982）.

㉔ 同上，52。

㉕ 关于州政府政策发展见 www. stateline. org。关于州政府在健康方面支出数据见 www. statehealthfacts. org。

参考文献

Burnside, Craig (2004). "Assessing New Approaches to Fiscal Sustainability Analysis." In *Debt Sustainability Analysis*. Washington, DC: World Bank.

Chapman, Jeffrey I. (2008, December). "State and Local Fiscal Sustainability: The Challenges." *Public Administration Review* Vol. 68, Issue Supplement.

Federal Accounting Standards Advisory Board (2009, September 28). "Reporting Comprehensive Long-Term Fiscal Projections for the U. S. Government: Statement of Federal Financial Accounting Standards 36." Washington, DC.

Gale, William G., and Benjamin H. Harris (2010, July). "A Value-Added Tax for the United States: Part of the Solution." Urban-Brookings Tax Policy Center.

Gold, Stephen D. (Ed.) (1995). *The Fiscal Crisis of the States: Lessons for the Future*. Washington, DC: Georgetown University Press.

Government Accountability Office (2008). "State and Local Fiscal Challenges: Rising Health Care Costs Drive Long-Term and Immediate Pressures."

Government Accountability Office (2010, July). "Fiscal Pressures Could Have Implications for Future Delivery of Intergovernmental Programs." Report GAO-10-899.

Governmental Accounting Standards Board (2005). "Minutes of Meetings, August 9-11." www. gasb. org.

Governmental Accounting Standards Board. Project Pages for "Economic Condition Reporting: Fiscal Sustainability." Updates available at www. gasb. org.

International Public Sector Accounting Standards Board (2008, March). *Long-Term Fiscal Sustainability Reporting*. New York: International Federation of Accountants.

Novy-Marx, Robert, and Joshua D. Rauh (2009). "The Liabilities and Risks of State-Sponsored Pension Plans." *Journal of Economic Perspectives* 23 (4): 191-210.

Olson, Mancur (1982). *The Rise and Decline of Nations: Economic Growth, Stagflation and Social Rigidities*. New Haven, CT: Yale University Press.

Pew Center on the States (2010, February). "The Trillion-Dollar Gap: Underfunded State Retirement Systems and the Roads to Reform." Washington, DC.

Snyder, Thomas D. (Ed.) (1993, January). 120 *Years of American Education: A Statistical Portrait*. National Center on Education Statistics.

Teaford, John C. (2002). *The Rise of the States: Evolution of American State Government*. Baltimore: Johns Hopkins University Press.

US Government Accountability Office. Various reports on state and local government fiscal challenges. Available via www. gao. gov.

Ward, Robert B. (2010, June 17). "Gubernatorial Powers to Address Budget Gaps during the Fiscal Year." Albany NY: Nelson A. Rockefeller Institute of Government.

Ward, Robert B. and Lucy Dadayan (2009). "State and Local Finance: Increasing Focus on Fiscal

Sustainability." *Publius: The Journal of Federalism* 39 (3).

Weisman, Steven R. (Ed.) (2009). *Daniel Patrick Moynihan: A Portrait in Letters of an American Visionary*. New York: Public Affairs.

Yilmaz, Yesim, Sonya Hoo, Matthew Nagowski, Kim Rueben, and Robert Tannenwald (2006). *Measuring Fiscal Disparities across the U.S. States: A Representative Revenue System/Representative Expenditure System Approach Fiscal Year* 2002. Washington, DC: Urban-Brookings Tax Policy Center and Fiscal Reserve Bank of Boston.

第 34 章　政府间补助制度

雷蒙德·C. 舍帕赫（Raymond C. Scheppach）

曹静韬　孙哲　译

联邦的补助一直是州与地方政府财政收入的一个主要组成部分。第二次世界大战后，这些补助金持续增长：20 世纪 40 年代后期，其占州与地方政府全部财政收入的比重不到 10%，到 70 年代早期，这一比重上升到 20% 以上。2008 年，联邦政府转移给州与地方政府的全部补助达到了 3990 亿美元，占州与地方政府当年全部财政收入的 20%，这一比重仅略低于 1978 年的 23%。[①] 在过去的 30 年时间里，最重要的变化是：在医疗补助计划不断增长的驱动下，医疗补助占联邦全部收入的比重由 12% 上升到了 20%。但是 2009 年，随着大衰退的出现和《美国复苏与再投资法案》及其延期政策的实施，联邦对州基金进行固定份额的援助却突然取消了。州与州之间未来的关系将出现明显的不同，这不仅是《美国复苏与再投资法案》政策的结果，同时也是 2010 年医疗卫生改革和《患者保护与平价医疗法案》实施的结果。

历史将把 2009~2010 年的两年时间当作是联邦、州和地方政府财政关系的一个转折点。为了在金融危机之后稳定美国经济，《美国复苏与再投资法案》及其延期政策为各州灵活的医疗补助计划投入了 1030 亿美元资金，为各州的教育基金投入了 480 亿美元，以促使各州限制预算削减和增加税收。此外，联邦政府还向州政府提供了 1000 亿美元的资金，用于交通、房屋节能改造，以及那些虽不灵活却已列于目前预算计划中支出的其他补助。2009~2010 年，联邦政府补助占州财政收入的比重显著增加，26.3% 上升到 34.7%。[②] 联邦政府的这些举措是其六年中对各州的第二次紧急财政救助。2003 年，联邦政府已经提供了 200 亿美元的救助：100 亿美元用于医疗补助计划，100 亿美元用于"经常性收入共享计划"。这两次财政救援计划为未来提供了清晰的信号。

但是，自相矛盾的是，就在联邦政府将 1030 亿美元投入医疗补助计划以帮助各州摆脱困境的同时，国会却又明显提高了医疗补助计划的负担——这是《患者保护与平价医疗法案》改革的一部分。甚至在大衰退之前，对于是否应该增加州政府的财政收入以满足这部分额外增加的资金需求，都是值得怀疑的；后来，这几乎已经成为不可能的事情。如果医疗卫生的法律不进行实质性修改的话，那么不仅需要联邦政府每隔几年就进行一次额外的财政救助，同时需要大幅削减教育和基础设施投资——而这会降低长期的生产能力和经济增长速度。

当人们回看 2010 年的政府间财政制度，尤其是其中不断受到重视的医疗补助计划时，当人们接下来追溯过去 30 年中反复出现的政策争议时，可以直观而清晰地看到：2009~2010年发生的事件成为"游戏规则的颠覆者"，它将完全改变联邦政府与州和地方政府之间未来的财政关系。

目前的政府间财政框架

州与地方政府的财政收入从1978年的7860亿美元增加到了2008年的2万亿美元。③就在2008年这一年，支出达到了最高规模，这就发生在金融危机来临之前。在2008年的财政收入中，有61%来自三个税种的一般税收收入：所得税、财产税和销售税；另外，有2510亿美元来自其他的税费，这部分收入可能被用在了某些特定类型的支出上（即这部分资金的使用存在着某种限制）。最后，联邦对州与地方政府的补助大约为3990亿美元，占州与地方政府2008年财政收入的20%。有趣的是，这一比重仅比1978年的23%略低（见图34.1）。

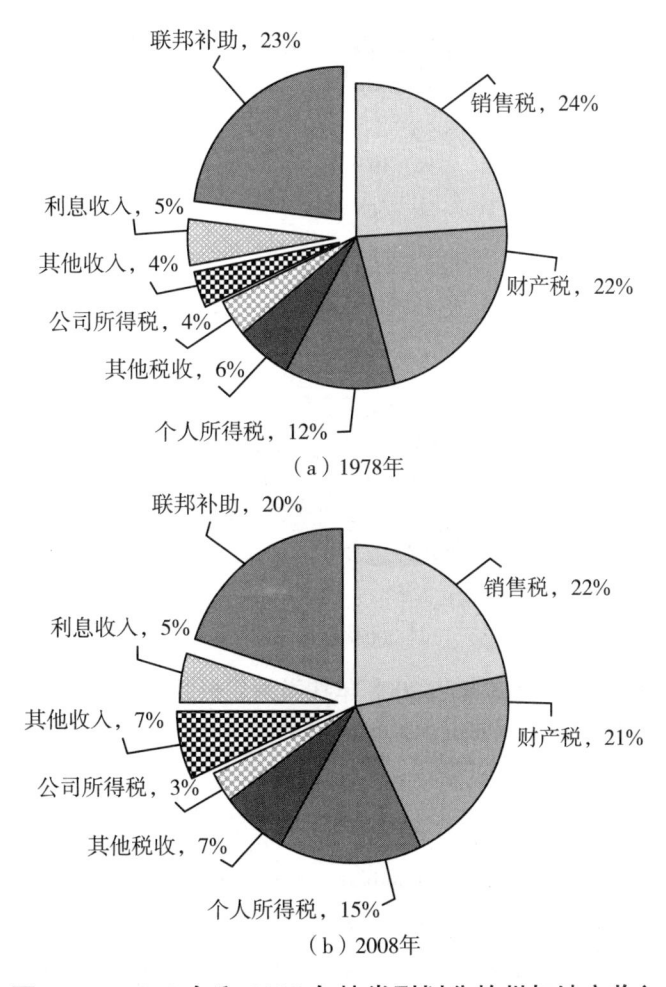

（a）1978年

联邦补助，23%
销售税，24%
利息收入，5%
其他收入，4%
公司所得税，4%
其他税收，6%
个人所得税，12%
财产税，22%

（b）2008年

联邦补助，20%
销售税，22%
利息收入，5%
其他收入，7%
公司所得税，3%
其他税收，7%
个人所得税，15%
财产税，21%

图34.1　1978年和2008年按类型划分的州与地方收入

资料来源：GAO analysis of historical data from the Bureau of Economic Analysis's National Income and Product Accounts.

1978～2008 年，州与地方政府的医疗卫生支出从 12% 上升到 20%（见图 34.2），而用于其他方面的许多支出占总支出的比例却下降了。在这一时间里，甚至连教育的支出都从 40% 下降到了 36%。从本质上来看，正是由于医疗补助计划的增长，才导致了医疗卫生支出的增加。

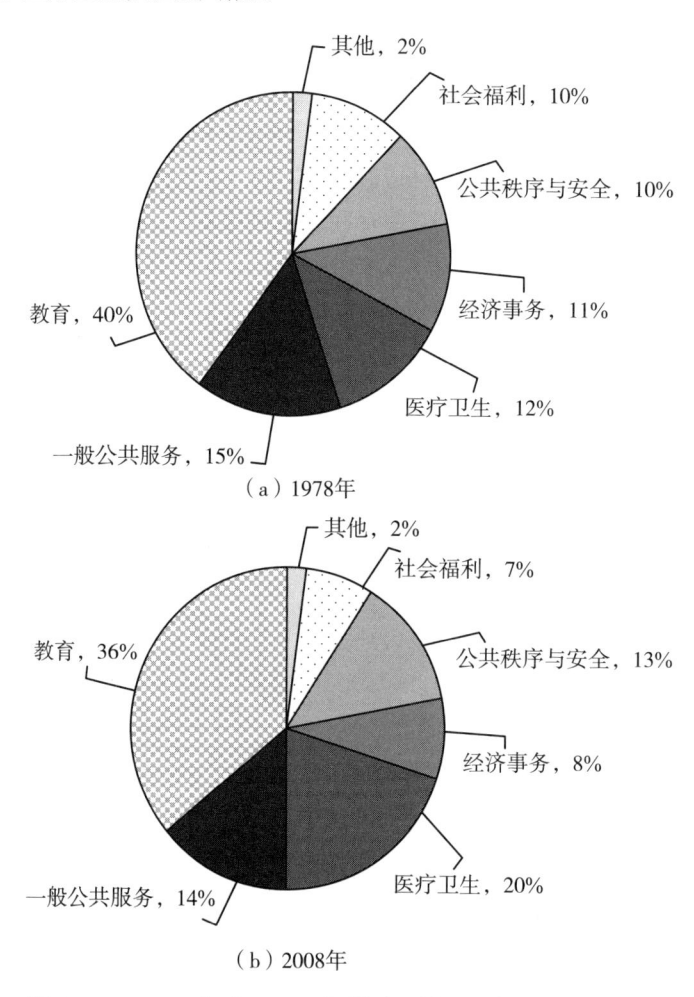

（a）1978年

其他，2%
社会福利，10%
公共秩序与安全，10%
经济事务，11%
医疗卫生，12%
一般公共服务，15%
教育，40%

（b）2008年

其他，2%
社会福利，7%
公共秩序与安全，13%
经济事务，8%
医疗卫生，20%
一般公共服务，14%
教育，36%

图 34.2　1978 年和 2008 年按类别划分的州与地方支出

资料来源：GAO analysis of historical data from the Bureau of Economic Analysis's National Income and Product Accounts。

这可以在图 34.3 中得到生动的反映。图 34.3 表明：医疗卫生补助占联邦补助的比重从 1978 年的 21% 上升到 2008 年的 57%，而教育补助所占的比重到 2008 年仅上升到 11%。医疗补助计划一直是个人的一项权利。它是由州管理的个人权利中仅有的一项重大计划，这是因为 1996 年，家庭抚养子女补助计划被贫困家庭临时援助计划所替代。④

在 2008 年的全部收入中，联邦政府给予州与地方政府的补助金额为 3990 亿美元，⑤其中的 2000 亿美元用于了医疗补助计划。如图 34.3 所示，联邦政府的医疗补

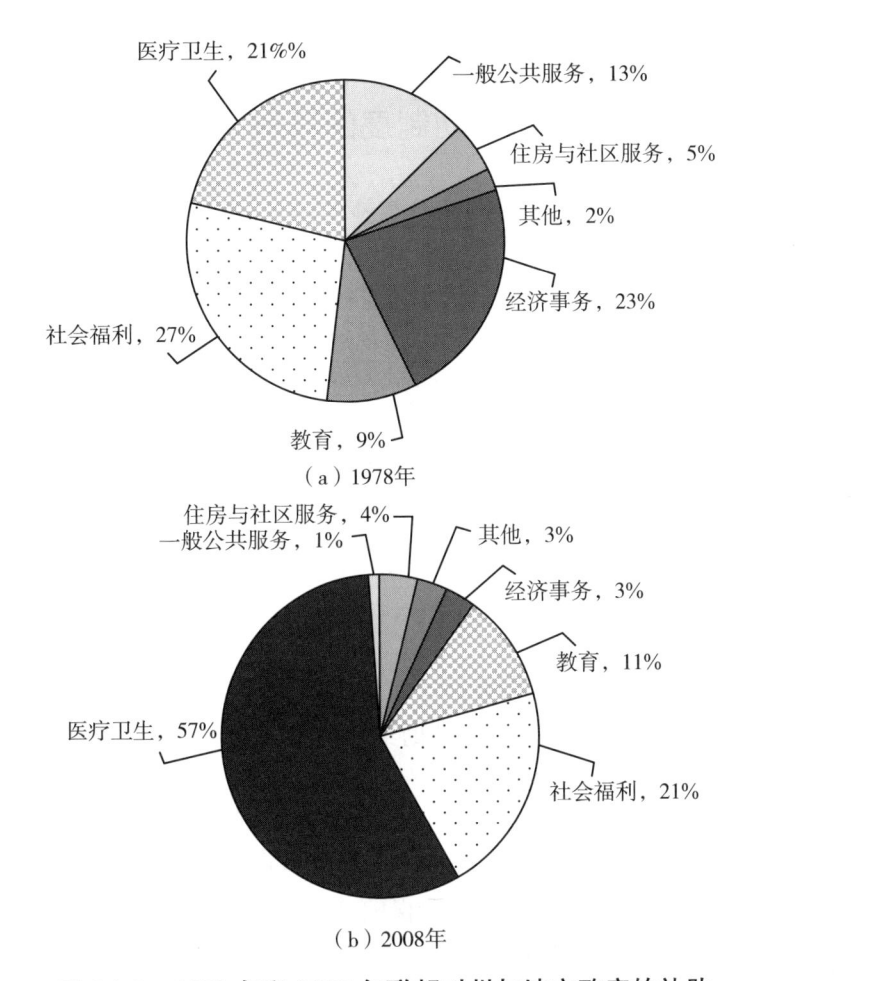

图 34.3　1978 年和 2008 年联邦对州与地方政府的补助

资料来源：GAO analysis of historical data from the Bureau of Economic Analysis's National Income and Product Accounts。

助计划和其他卫生计划补助从 1978 年的 21% 上升到了 2008 年的 57%，而除教育之外的其他功能支出却全部缩减了。另外有 500 亿美元被用于 14 项小的权利或法定项目，这些项目既包括贫困家庭临时援助计划这一整块补助，也包括儿童疫苗等项目。因此，还有 1500 亿美元用于几百项自由裁量补助。[6] 在这部分补助中，有一些是分类补助，这些补助对目标和用途进行了非常严格的限制。其他的都是整块补助，如社区发展整笔拨款，这种补助适用的范围很宽，通常是几种分类拨款的组合。此外，还有一些项目补助，这些补助适用的范围比分类补助更为狭窄，很可能还有时间限制。无论是分类补助还是整块补助，都可能要求州与地方政府进行配套，同时也会要求州与地方政府努力维持这一项目而禁止撤回其配套资金。最后，还有一种公式化补助，即补助资金通过一个公式来进行分配，如以一个州的人口数量或者个人收入为基础设定的公式。2008 年，比较大的公式化补助包括公路与运输（500 亿美元），住房计划（160 亿美元），特殊教育和适用于弱势群体的教育（分别为 140 亿美元和 110 亿美元)。⑦

补助制度的效率

因为要监督成百上千个小规模的分类补助项目,整个制度一直非常缺乏效率。许多州即使在补助涉及的领域并不需要额外的资金,而是在其他具有更高级别优先性的领域存在资金短缺的情况下,仍然接受补助资金。由于存在着各种各样的规定、需要满足的要求和审计程序,联邦政府以及州和地方政府的管理成本都非常高。而且,除了正常的审计之外,几乎没有绩效方面的要求。如果将补助项目缩减为 8 个或 10 个宽范围的整块补助计划(如基础设施建设、社会服务、教育和培训、经济发展等方面的计划),同时经过协商制定相应的绩效标准,并且通过豁免程序允许州与地方政府将不同整块补助计划的资金整合起来,补助制度将会非常具有效率。这种方法会使筹资规模明显削减,因为管理成本将会显著下降。

早期的补助计划

联邦和州第一个重要的健康补助计划是 1921 年的《谢珀德－唐纳法案》。这笔补助非常小,第一笔只有 5000 美元补助给州政府,而且州政府还要配套 5000 美元资金。在罗斯福新政期间,1935 年的《社会保障法案》的 11 章内容中有 2 章的规定使得补助计划明显扩大:第 5 章的补助用于母亲和儿童的保健;第 6 章的补助主要用于公共卫生。到 1936 年,联邦政府投入了 5000 多万美元的资金用于政府间补助,其中大部分用于低收入人群的医疗保健。⑧

1950 年,国会修改了《社会保障法案》,建立了医疗供应商付款制度。这项修正案准许将联邦给予州的补助,直接支付给医疗保健服务的提供者,这一制度主要针对低收入的养老院。另一项使得联邦补助作用明显扩大的法案是 1936 年通过的《科尔－米尔斯法案》,它采用综合打包收益的办法,建立了一项低收入群体的医疗保健计划。居民是否符合享受这一计划的条件,要通过经济情况调查来决定。

医疗补助计划

2008 年,医疗补助计划在联邦给予州与地方政府的全部补助中占据超过 50% 的比重。而且,它还在快速增长,现在已经占据了州平均预算的 22%。因此,了解它是如何发展变化的、有哪些因素导致了其快速增长,是非常关键的。

美国医疗保健补助不断扩张的主要推动力来自 20 世纪 50 年代末和 60 年代初。在经过了几次创建普遍的保健计划的尝试之后,联邦政府 1965 年通过了针对老年人的医疗保险计划,将其作为《社会保障法案》的一部分。医疗补助计划同时被创立,这一计划实质上是一种后来的想法。它既包括供应商付款制度,也包括《科尔－米尔斯法案》。也就是说,它可以直接向服务的提供者付款,也使那些经过经济情况调查确认符合条件的人受益。

医疗补助计划的最初成本预计为每年 2.38 亿美元。但是，到 1967 年，尽管只有 1/3 的州实施了这一计划，其支出也已超过了预计数的 57%，这主要是因为各州设立的符合条件的标准比较宽松。

在那段时间，许多美国公民都认为，最大的医疗保健问题已经解决了，因为老年人和穷人的需求已经得到了满足。仍有部分公民在继续推动更全民性的医疗服务。但是，如果没有全国范围的共识的话，医疗补助计划就变成了一个不能满足医疗保健需求的计划。在一段时间里，医疗补助计划涵盖了长期护理服务、给予残疾人的综合福利、给予那些虽不穷却没有保险的人的综合福利。尽管医疗补助计划的最初设计者并没有预想到，它将会成为长期护理服务的主要投资者，但是，长期护理服务今天已经成为这一计划的一个巨大的组成部分。2006 年，长期护理服务的支出已经达到了 1780 亿美元，占到了医疗补助计划的 40%。⑨长期护理服务如今已成为医疗补助计划中增长速度最快的部分，而且，随着人口变化，它将仍然保持最快的增长速度。

如果将医疗补助计划中的长期护理服务放到医疗保险中，这将是一项比较好的公共政策。这不仅可以给老年人提供持续的保健服务，而且会使那些同时享受医疗补助计划和医疗保险双重福利的人员数量大量减少。因为在目前的状况下，州政府和联邦政府在为同一个社会成员提供着并不协调的社会服务，既缺乏效率又非常混乱。之所以会产生效率缺乏的状况，是因为医疗补助计划和医疗保险的政策目标并不匹配，从而使不同层次的政府不能协调配合以减少成本。一个可以替代长期护理服务的方法是，制订一项单独的计划，这项计划有着单独的收入来源，这样就可以消除享受双重福利的现象。

同时，医疗补助计划的设计者也未能预计到，这一计划会扩展到覆盖那些虽不贫穷却没有保险的公民。在设计之初，这一计划仅是一项只限定于贫穷家庭和儿童的辅助计划。在后来的时间里，这种限定发生了松动，20 世纪 80 年代末，联邦政府开始允许各州将这一计划的适用范围扩展到儿童、孕妇和婴儿。1988 年，联邦政府的政策发生了变化，州政府原来可以选择扩展这一计划的范围，现在联邦政府却对其实施了"选择"和"法定"相结合的方式，这样就将这一计划的覆盖面在原来仅限于贫困群体的基础上，扩展到了所有的孕妇和儿童。州政府通常会争取更多的选择权，而抵制法定项目的覆盖范围。随着符合条件的人数以及福利水平的不断增加，医疗保健的成本不断增长，因此，在 20 世纪 80 年代和 90 年代，这一计划的扩张十分迅速。

如今，医疗补助计划覆盖了大约 5800 万人口（占全国人口的比重超过了 19%），这些人口主要可以分为三类不同的人群：低收入的妇女和儿童、残疾人、低收入的老人。妇女儿童群体的支出相对较少，而残疾人占长期护理服务的支出则相对较多。

在联邦和州的全部财政支出中，医疗补助计划的支出是最多的，2008 年这一支出达到了 3500 亿美元。其中，平均有 57% 是由联邦政府承担的，43% 由州政府承担。⑩州政府支付的份额大小取决于其人均收入的多少。因此，像密西西比这样人均收入较低的州，可能仅仅承担其23%的医疗补助计划成本；而像康涅狄格、纽约这样比较富裕的州，则要承担其50%的医疗补助计划成本——这已经达到了支出的上限。各州支付的份额每年都要进行调整。有趣的是，医疗补助计划是唯一一个由联邦和州共同完成的、将资金进行重新分配由富裕的州（基于较高的联邦税收收入）转移到低收入的州的重要计划。这一方案是在各州间基于公平而进行平衡的伟大政策之一。

从1965年到20世纪90年代中期，有的州部分扩展了医疗补助计划，先是各州通过其选择权进行扩展，然后由联邦政府通过"法定"的形式进行扩展。这一计划既设置了核心福利项目和选择性福利项目，又设置了这两类项目所适用的人群，但是，政治现实却是几乎不存在选择性福利项目。例如，基于家庭和社区的长期护理服务，就是一个名义上的选择性福利项目，在现实中却并没有实施。

各州对于医生的费用偿还率也存在着明显的不同，其医疗保险的平均偿还率大约是72%。⑪有的州（如加利福尼亚）对医生的医疗保险偿还率仅为56%。这是一个问题，对于全科医生来说，这问题尤其严重。在许多州，这已经成了人们接受医疗保健服务的一个现实障碍，因为医生并不愿意接受那些偿还率较低的项目。此外，每个州都有能力在各类人群中设置其自己的贫困线标准。

医疗补助计划已经成为一把"双刃剑"。20世纪80年代初期，由于这一计划有助于各州获得联邦政府为成本扩张所承担的份额，所以州政府还在支持这一计划，那时它们还拥有修订该计划适用条件的选择权。但是，到80年代末和90年代初，当这一计划逐渐成熟时，它却变成了州政府的"吃豆人游戏"：它吃掉了州政府每年的全部财政收入增量，尤其是在2000年至2008年这一时期。2008年，它花掉了州政府1460亿美元的财政资金和联邦政府1920亿美元的财政资金。如今，医疗补助计划支出平均占到了州政府预算的22%，这一比重略高于州政府用于小学和中学教育的支出。尽管各州已经采取了许多控制成本的措施，但是，要想对成本产生明显的影响却非常困难。如今，许多州都会认为，州政府的医疗补助计划支出与其对于小学教育、中学教育和基础设施建设的支出并不协调。

一直以来的政策争论

在过去的30年中，联邦对州与地方政府进行援助的适当结构一直是诸多争议的主题。在这一领域，有许多话题被多次提出，如将医疗补助计划变成一种整块补助，或者将一部分分类补助项目变成整块补助。

医疗补助计划

从联邦主义的观点来看，由联邦政府承担对老年人以及退休人员和没有工作的人的责任并管理诸如社会保障、医疗补助计划等项目，为其提供资金——这是比较恰当的。从逻辑上来说，也可以这样认为，州政府应该承担低收入群体的医疗保健服务，使这一服务项目可以与社会福利、职业培训、食品券等项目协调配合。管理某一项目的政府层次并不一定要和为此项目提供资金的政府层次相同。但是，一旦长期护理服务成为医疗补助计划的主要部分，其支出责任就不再有清晰的划分了，因为长期护理服务的绝大部分接受者都是老年人，而且许多其他的接受者都不是劳动人口。给予个人的长期护理服务和以家庭和社区为基础的护理服务——这两项服务的支出责任应该与联邦政府管理的其他针对老年人的项目整合在一起。

人们争论的另一个关键点是，医疗补助计划不应是一种权利项目，而应转化成一项由联邦给予州的整块补助。总的来说，要为一个正在快速增长的计划创造出一种整块补助项目是非常困难的，比如，如何形成提高效率的激励，联邦政府和各州之间如何公平地分担风险。尤其是在各州之间符合条件人口的增长率存在着明显的不同，医疗保健服务的成本存在较大差异的情况下，这一改革的困难更是巨大。

分类补助还是整块补助

这样的争论也一直存在：将多种分类补助项目转变成单一的整块补助项目，是否具有效率？这一方法有其内在的优越性，因为州政府通常愿意以资金的减少换取更大的灵活性。1981年，这一方法在实践中取得了巨大的成功：在罗纳德·里根总统的"新联邦主义"政策下，国会将价值80亿美元的77个分类补助项目转化成9个整块补助项目。⑫但是，在那段时间里，国会又增加了一些拨款计划，这些拨款计划限制了州的灵活性。而且，提供资金的政府层次也受到了进一步侵蚀，因为以前的拥护者们不再支持有着广泛用途的补助。

经常性收入共享计划

1972年10月20日，理查德·尼克松总统签署了创建经常性收入共享计划的法案，这一计划中1/3的资金提供给3.8万个地方政府，2/3的资金提供给50个州政府。1972~1986年，有870亿美元的资金投入州和地方政府，而对于这些资金如何使用却没有任何限制。这一计划的目的，既是为了减轻州和地方政府的财政压力，又是为了使政府部门更靠近那些决定着支出优先性的人。⑬但是，由于缺乏明确的目的，国会中对于这一一般性资金补助概念的支持力量逐渐减弱。2003年，国会又重拾这一概念，通过了一项200亿美元的财政援助计划，其中包括100亿美元的经常性收入共享计划和100亿美元的医疗补助计划援助。

大交易与福利改革

1982年，里根总统在其国情咨文中提出的"大交易"使共和党议员和各州州长大为震惊。他不仅对政府间关系的顺畅化十分感兴趣，而且对下放政府的决策权、削减联邦预算也非常有兴趣。里根希望由联邦政府承担医疗补助计划，作为交换，州政府则要承担家庭抚养子女补助计划和食品券项目，这两个项目都属于权利项目。

一个有意思的细节是，他同时要求将家庭抚养子女补助计划转化为整块补助（这一想法最终于1996年得以实现）。总统的倡议还包括恢复43个主要的分类补助项目，同时将联邦消费税中的280亿美元拨付给各州。⑭

　　回看这一"交易"，如果其得以实施的话，医疗保健项目的效率应该会提高，因为一个层级的政府会一直管理着两个最大的政府医疗保健项目，且居民符合双重条件而产生的许多问题会消失，这会使走向全民医疗服务的路途更加通畅。这一"交易"也会提高福利项目的效率，因为它会和各州的工作方案更好地结合起来。最重要的是，它很可能使各州从医疗补助计划的财政负担中摆脱出来，将精力集中于劳动力的教育和培训以及基础设施投资等领域。在如今的财政危机中，当许多州长回看这一"交易"时，很可能会问：为什么在1982年时州长们没有采纳这一计划呢？

　　1935年，作为《社会保障法案》的一部分，家庭抚养子女补助计划得以创立，以为那些带孩子的贫困妇女提供现金援助。每个州都设置了现金给付标准。这一计划多年来一直受到保守派的批评，这些保守派们认为，这项权利在接受该补助的家庭儿童中形成了一种依赖的恶性循环。1986年，威斯康星州的州长汤米·汤普森（Tommy Thompson）创立了一项计划。这项计划为那些接受儿童保健补助的家庭提供教育和培训方面的资金补助，以帮助那些家庭抚养子女补助计划的接受者找到工作。同时，这项计划对提供资金的时间进行了限制。在接下来的10年中，各州尝试着将时间限制和工作需求与家庭抚养子女补助计划绑定在一起，最终导致了贫困家庭临时援助计划的实施。⑮这是一项根本性的政策变化，因为它将一项进行现金援助的权利计划，变成了一项有着时间限制和工作要求的就业计划。它不仅包括教育、培训和儿童保健方面的援助，同时也为那些处于工作过渡期的人们提供医疗补助计划的帮助。民主党对于权利计划的支持逐渐遭到削弱，因为共和党越来越愿意接受这一提供教育、培训和儿童保健援助的方案，以帮助福利接受者顺利度过就业的过渡期。

经济大衰退

　　所谓的经济大衰退始于2007年12月，官方宣布其于2009年6月结束。这次大衰退对州政府带来了前所未有的直接影响。更重要的是，它将在未来的几年中持续产生影响。而且，由于2009年2月开始实施的《美国复苏与再投资法案》及其延期政策为各州提供了1510亿美元的灵活资金，因此，经济的大衰退对于联邦和州政府间的财政关系带来了巨大的影响。这是联邦政府在六年中给予州政府的第二次紧急财政援助。

　　全国州政府预算官员协会从1978年起便开始搜集州预算资料。自那时起到大衰退前，它只发现了州政府支出和收入的唯一一次实际的下降，这次下降发生在1983年，下降幅度不到1%。但是，在此次的大衰退中，州政府的财政收入连续五个季度下降，即从2008年的最后一个季度到2009年的最后一个季度，分别下降了4%、

12.2%、16.8%、11.5%和4%。直到2010年的第一季度，收入才开始增长，但增长幅度仅为2.5%，这主要是纽约州和加利福尼亚州税收大幅增加的结果。在2010年末本文写作之时，收入又有了连续两个季度的增长，增长幅度分别为2.3%和3.9%。[16]

三个阶段

对于以前几次衰退进行的分析清楚地表明，往往在宣布衰退结束后的1年、2年有时是3年之后，其对州政府产生的最大影响才会出现。第一个阶段的影响来自州政府税收收入（主要是所得税收入）的低迷，与此同时，在本轮经济周期的后期，失业率也达到了最高点。由于医疗补助计划成本的激增，收入下降对预算的影响进一步加重，这一状态大体上也发生在本轮经济周期的后期，发生在人们失去工作、寻找其他就业机会无望之后。直到那时，医疗补助计划的名单才开始出台——主要适用于儿童。

不幸的是，由于大衰退产生的影响深度和广度都非常大，因此可以预料到，在另外两个阶段，还会继续面临着州政府的财政问题。由于各州的财政收入要到2013年或者2014年才能达到其在2008年的水平，考虑到目前已经形成的"无就业复苏"状态，第二个阶段的影响将会出现。这实际上意味着，与1978～2008年年均6.5%的增长速度相比，州政府的财政收入在未来5年内都不会有任何增长。最后一个阶段的影响将会发生在2015～2018年这段时间，在这段时间里，各州不得不面对其已经延期的支出需求。这些需求的范围既包括管理信息系统的升级、结构的维护，又包括应急基金的重建，还包括增加对州养老基金的投入。后者将会是一笔巨大的开支，因为有的州在过去的几年中对养老基金几乎没有任何的资金投入，有的州甚至借用了养老信托基金。根据皮尤研究中心对各州所做的调查，在各州的养老保险基金和退休健康福利中，没有基金支持的债务如今已达到1万亿美元。

为满足预算平衡的要求，2008～2010年，各州削减了大约750亿美元的支出，增加了314亿美元的税费。如果联邦政府没有实施《美国复苏与再投资法案》及其延期政策的话，各州的减支增税现象将更加严重。

《美国复苏与再投资法案》

《美国复苏与再投资法案》的经济复苏政策将大约2460亿美元的资金转移给了州政府，或者通过各州投入到各州现有的项目，如公路建设和房屋的节能改造。[17]但是，在全部的资金中，用于有计划的医疗补助计划和教育基金的1350亿美元资金实际上是非常灵活的，因为联邦政府所注入的医疗补助计划资金允许州政府撤出其自身所匹配的资金，而这部分资金将根据需要重新分配至其他项目。类似地，教育资金也可以在小学教育、中学教育和高等教育间交叉使用。这部分资金占据了州预算的30%，因此，这些资金也是非常灵活的。但是，《美国复苏与再投资法案》中也包含"努力维护"的条款。州政府不能削减医疗补助计划的资格标准，或者将教育资金削减到以前年度水平之下。总之，《美国复苏与再投资法案》是非常有效率的。与许多以前的财政政策激励不同，它来得并不太晚；实际上，它来得非常及时，非常有助于稳定总体经济和州政府的财政支出。因为要平衡各自的预算，所以如果没有《美国复苏与再投资法案》的话，各州将会更多地减支和增税。这两种举措都是顺周期的行为，因而会使衰退的程度更深而且持续时间更长。联邦政府的资金使州政府的这类措施得到了限制。

医疗补助计划和教育的延期政策

在2010年8月休会之前，美国国会通过了总统签署的一份价值160亿美元为期2个季度的医疗补助计划延期政策，这项政策涵盖了从2011年1月1日到6月30日这段时间，或者一直延续到各州2011财政年度末。这项举措被看作各州通向2012财政年度的一座桥梁，到2012年，州政府的财政收入有希望出现回升。

教育支出的延期政策与《美国复苏与再投资法案》中最初的教育基金有着较大的不同。这项法案要求，必须将98%的资金通过各州投入地方学区中，这笔资金中的大部分将滚动到各州2012财政年度中。这项法案也要求各州对小学教育、中学教育和高等教育服务，必须遵守严格的"努力维护"要求，这就要求一些州在收到联邦政府的额外补助资金的同时，也要增加教育资金投入。由于财产价值下降的滞后性，地方政府的财产税收入并未像财政收入那样迅速地下降，同时地方政府也提高了税率，以在危机期间保持其财政收入。总之，各州的"努力维护"和联邦政府额外的教育资金补助结合在一起，为许多地方学区提供了充足的资金，而此时，其他的州和地方政府的优先性支出却并没有得到满足。《美国复苏与再投资法案》在2010年的这两项延期政策，为各州的2011财政年度提供了额外的资金，但是，如果经济复苏缓慢的话，其却会使2012财政年度在资金上出现一个明显的"悬崖"。

《美国复苏与再投资法案》中所有的灵活资金和延期的政策意味着，有1510亿美元的资金转移给了州政府，另外有100亿美元的资金通过州政府转移给了地方政府。尽管后者并没有直接援助州政府，但是由于其促进了地方政府和学区的稳定，因而减轻了州政府的一部分压力。

《美国复苏与再投资法案》的资金及其延期政策的目标是双重的：第一，促进整体经济的稳定（许多经济学家认为，应抵消各州可能采取的预算削减和增税措施，并将其作为最有效的宏观经济政策）；第二，帮助各州摆脱困境，使其能够正常运行提供公共服务——尤其是在教育服务领域（教育工作者通常代表着为民主党投票的群体）——并且使州政府可以继续为低收入的妇女和儿童提供医疗保健服务。

尽管许多人建议，应改变医疗补助计划中使联邦政府承担的份额进行自动调整的公式，使之成为一种反周期的政策——也就是说，在衰退期间出现失业率提高时，联邦政府应该提供更大份额的资金——这一方案却一直未被采纳。但是，在《美国复苏与再投资法案》中，各个州所接受的联邦政府提供的医疗补助计划资金份额平均提高了6.2%，对于那些失业率高于平均水平的州来说，其得到的补贴更多。如果我们观察一下，研究者们是否发现了这项实验的有效性，其是否使医疗补助计划变成了一种反周期的政策，这将会非常有意思。

如前所述，此次的《美国复苏与再投资法案》是继联邦政府前一次进行紧急救助之后的又一举措。2003年5月，联邦政府对州政府进行了200亿美元的财政援助。其中，联邦对各州医疗补助计划的资金匹配率提高了2.95%，这为各州带来了100亿美元的资金；另外的100亿美元则来自经常性收入共享计划。那是联邦政府第一次在经济衰退时期为医疗补助计划增加资金，它为联邦政府2009年对医疗补助计划的援助做好了铺垫。

"新常态"

如前所述，在经济大衰退之前，1978~2008年，州政府的财政收入年均增长率为6.5%。2005~2006年，由于许多拥有房产的人受到低利率和高房价的诱惑，将其房产的净值变成现钱花掉了，因此，这两年州财政收入的年增长率一跃而升至8.9%。这不仅加速了GDP的增长，而且使州政府增加了来自销售税和所得税的收入。⑱

但是，即使州政府的财政收入在这10年的后期可以从金融危机中复苏，州与地方政府财政收入的长期发展也不太可能达到过去30年中6.5%的增长速度。其原因在于，美国的经济增长将会更加缓慢，因为越来越多的联邦政府债务要求实施比较高的长期利率。美国上下三个层级的政府，都有着诸多的附加规定，都采用较高的税率，而且全球经济的竞争也日益加剧——这些因素都会减缓经济的增长。每个国家都试图通过货币贬值来获得经济利益，因此，汇率的波动也使得国际贸易环境更加变幻莫测，这也是可以预料到的。

2008~2010年，州政府已经采取以下措施：（1）重组而且整合了政府机构；（2）卖掉了州政府的资产；（3）加强了对房地产市场的管理，而且对许多政府机构和预算功能做了削减。尽管如此，在可预期的"新常态"收入来源下，州政府仍需要继续采取削减措施。各州如果要继续削减支出的话，就不得不重新检查并修订核心的公共服务（如小学教育、中学教育以及高等教育），并且重新设计这些服务的传送系统以保证其长期的可持续性。例如，对于从幼儿园到12年级的儿童教育（K-12），各学区需要理顺服务内容，并且需要寻找在不影响学生成绩的前提下降低成本的方法。各州可能还需要关闭那些未被充分利用的学校，合并那些学生数量较少的学区。对于其他的核心公共服务，也需要采取类似的策略。由于对退休人员的养老金和医疗补助计划福利还有着巨额的、未有基金支持的欠债，州政府的养老金必须要成为削减措施的一个重要部分，因为州政府养老金体系的大部分内容都是"固定收益"计划（这与"固定缴款"计划完全不同），雇员的缴款非常有限。只有通过这种重新的设计，州政府才有可能满足其平衡预算的要求，从而在已经变化了的环境中继续提供恰当的服务。

到2009财年，联邦政府的资金已经占到了州全部财政支出的26.3%。但是，到 2010 年，由于《美国复苏与再投资法案》及其延期政策的实施，以及州政府大幅度地削减支出，联邦政府的资金已经占到了州全部财政支出的 34.7%。⑩

医疗保健服务的改革

从杜鲁门政府到尼克松政府和克林顿政府，在经历了多次全民医疗改革的尝试之后，《患者保护与平价医疗法案》终于在 2010 年 3 月 23 日得以颁布。一方面，这一法案颁布的时间——经济大衰退期间——正是困难时期；另一方面，民主党人当时在众议院占据了大多数席位，而且在参议院也取得了除总统职位之外的多数席位，因而拥有政治优势。巴拉克·奥巴马（Barack Obama）总统一直在努力争取这件事。但是，正是有了国会山的民主党领导，才最终越过终点线推动了这项改革。他们为这一政治机遇等待了很长的时间。但是，这一法案在通过时，不管在众议院还是在参议院，却都没有共和党人的投票。尽管民主党和共和党之前在参议院有过几次谈判，但这些谈判都没有持续太长时间，民主党就决定推行这一法案。

自 2006 年起马萨诸塞州已经实施了四年医疗保健计划之后，这项新的医疗保健法律才得以成型。联邦政府和马萨诸塞州政府的医疗保健计划都包括：（1）对医疗保险进行限制；（2）要求居民个人购买健康保险；（3）规定大部分企业都要提供医疗保健；（4）扩展医疗补助计划；（5）为不具备享受医疗补助计划条件的低收入居民购买保险提供额外的资助；（6）建立一个马萨诸塞州的"连接器"，它类似于联邦政府的"交换体系"——在这个体系中，小企业、居民个人以及所有由联邦政府资助的人和未能纳入医疗补助计划的人，都可以在多种医疗计划中选择购买健康保险。但是，不管是马萨诸塞州的计划，还是国会颁布的方案，都没有设置任何严格的成本控制措施。这项已颁布的计划实质上是由参议院最初制定的，其对州政府相对有利，而且还为各州实施这一计划设置了保险费率，尽管如此，这项由众议院提出的计划却更多地体现了联邦政府的职能。从一个州的角度来看，其主要可以在以下三个领域实施这一计划：（1）医疗补助计划的扩张；（2）关于"交换体系"的决策；（3）医疗保险的逐渐退出。从联邦主义的观点来看，或者从联邦和州的财政关系角度看，前两个领域至关重要。

医疗补助计划的扩张

《患者保护与平价医疗法案》基本上让每一个收入小于或等于"目前规定的贫困标准收入的 138%"的居民，都有资格享受医疗补助计划。对于这部分新近获得补助资格的人——这些人的收入全都超出了目前各州规定的贫困标准，却小于或等于这一贫困标准的 138%，每个州在开始的几年中，都会收到联邦政府 100% 的补助，在之后较长的一段时间里，这一补助将下降到 90%。有的州（如马萨诸塞州和佛蒙特州）已经将这一计划的覆盖面扩展到了大部分的低收入居民，按照《患者保护与平价医疗法案》的规定，这些州将收到一笔"意外之财"，但是，许多州仍不得不承担此次扩张的一部分成本。国会预算办公室估计，各州在接下来的10年中，将不得不为此多支付200亿美元的资金。⑳

对于各州实际承担的成本，医疗补助计划的专家们一直在争论。有人认为，它将低于国会预算办公室估计的数字，但也有人认为会较之更高。还有这样一个问题：现在大约有1200万人符合条件，他们并没有加入医疗补助计划。国会预算办公室和其他人都假定，在《患者保护与平价医疗法案》得以实施的情况下，这些人也不会加入进来。但是，即使这些居民中只有20%加入进来的话，各州的成本也会非常高，因为他们将进入到州和联邦政府进行资金匹配的名单中，而不是由于新获得这一计划资格的人群而增加的匹配额。此外，所有的成本估计都假定，各州对于医生的费用偿还率都不会提高到目前的72%这一平均水平以上。而且，即使某一个州为了维持正常的医疗服务而对费用偿还率做出向上的边际调整的话，其成本也会非常巨大，因为这将会影响享受医疗补助计划的全部居民，而不仅仅是新获得这一资格的群体。

将医疗补助计划资格条件的分界点提高到贫困线标准的138%，并取消现有的项目——这些措施增加了1500万符合医疗补助计划条件的人口。这使整个计划的覆盖面扩大了大约一半。

人们有可能会认为，那些符合规定的贫困线标准的人100%都应该享受医疗补助计划，因为这些人是最弱势的群体，然而，那些薪水超过贫困线标准而未达到其138%的人被纳入医疗补助计划却主要是为了节省联邦政府的资金。基本上，有三种节省资金的途径。第一，平均而言，联邦政府减少了其成本，因为各州为新获得医疗补助计划资格的人口承担了10%的成本；第二，州政府对医生的医疗保险费用偿还率仅为72%；第三，如果这部分人口通过"交换体系"接受医疗保健服务的话，联邦政府将根据医疗保健的市场费率来给予补助，也就是说，其平均补助水平不仅高于医疗补助计划的费率，而且高于医疗保险的费率。

总之，按照《患者保护与平价医疗法案》，当各州处于最坏财政状况的时候，联邦政府至少在30年内要一直大幅增加支付给各州的医疗保健服务成本。这一长期的负担也将迫使各州削减教育和基础设施方面的资金。

联邦政府在经济大衰退期间援助各州的医疗补助计划1000多万亿美元的资金，同时，联邦政府也为未来短期和长期内可能发生的医疗补助计划危机做好了准备。各州避免大幅削减教育支出的唯一办法将会是，联邦政府每隔几年就对其进行持续的援助。

"交换体系"

正如《患者保护与平价医疗法案》中的医疗保健法律所构想的那样，交换体系仅仅是一个这样的场所：在这个场所里，那些未能从其工作或者从政府那里（通过医疗保险或者医疗补助计划）取得健康保险的人，可以从许多不同的计划中选择购买保险。它实际上为买者和卖者建立了一个有序的市场。正如这项法案所规定的那样，到2013年1月1日，州政府必须决定而且准备好由美国卫生与公众服务部为之决定，承担起创建健康保险交换体系的责任。如果州政府决定不设立这一交换体系的话，联邦政府将会为其设立。从州政府的角度看，这一决定中包含着许多重要的政治和政策问题。

一方面，非常多的共和党州长和州议员都在控诉联邦政府的"法定"保险政策和医疗补助计划的"法定"政策，因此他们不想实施这项法案。另一方面，工商业界和许多健康保健计划的提供者都希望州政府运行这个交换体系。一个关键的问题是，这个交换体系的适用资格制度必须与医疗补助计划的适用资格制度整合在一起，这就意味着，即使州政府的交换体系由联邦政府来管理的话，各个州也仍有责任建立起综合性的适用资格制度。如果一个州决定建立这种交换体系的话，那么它必须做出许多决策，例如，这个交换体系是否将成为州政府的一个组成部分，或者它是否是一个非营利组织。有可能在这个交换体系中购买保险的人将会是那些以前在个人市场购买保险的人、新近才受到资助的群体（也就是那些收入超过贫困线标准却不足其138%的人）以及小型企业。

按照联邦主义的观点，从长期来看，州政府关于交换体系的决定非常关键。如今，联邦政府所有针对低收入群体的计划都由州政府在管理——食品券、医疗补助计划、贫困家庭临时援助计划以及其他计划。这些计划可能由联邦政府提供100%的资金，或者联邦政府承担一定份额的财政责任（如医疗补助计划和贫困家庭临时援助计划），但是它们都是由州政府来管理的。

如果许多州都默认联邦政府来运作这一交换体系的话，这将是联邦政府第一次在某个州内为低收入群体来运作一个项目。如今，在（美国）国内的许多项目中，联邦政府管理的仅仅是那些针对老年人的项目，即医疗保险和社会保障。这可能会成为一个"游戏规则改变者"，因为它可能会使得联邦政府越来越多地涉足国内项目的管理。

一种新的责任

对于那些选择创建健康保险交换体系的州来说，其将为医疗保健的成本承担起新的责任。在《患者保护与平价医疗法案》完全实施之后，将会有7500万的居民享受医疗补助计划，有5000万到6000万的居民（或者更多）在交换体系中购买保险，有300万的居民享受到由州政府直接运行或进行监督的计划。这意味着，全国大约有1.3亿居民寄希望于州政府来控制医疗保健服务的成本。实际上，也可以这样认为：那些在交换体系中购买医疗保险的人对价格最为敏感，因为这些人涵盖了没有享受医疗补助计划补贴的群体、根本就不想购买医疗保健服务的年轻单身居民，以及小型企业。这些人将是对州政府控制成本呼声最大的群体。

如果将来成本的增加和国内生产总值的增长相近的话，州长和州议员们可能并不会有所动作。但是，如果健康保健服务成本的增长仍然保持年均8%、9%或者10%的话，各州的政治领导们就要呼吁进行成本控制了。成本控制的压力将会明显增大，因为联邦补助计划占州预算的比重很有可能会从22%一跃而升至28%，这不仅是医疗保健改革法案实施的结果，而且是因为州政府的其他计划在经济大衰退期间被削减了750亿美元。

这一新的责任很有可能会要求州政府根据医疗保健计划已经搜集的申请资料，创建起所有支付者的资料库。这些信息有助于州政府找到促使医疗保健成本增加的原因。例如，是核磁共振的数量或者每次核磁共振的成本在增加吗？哪些人的成本比较高？以这些信息为基础，州政府就可以开始召集利益相关者——从服务的提供者到小型企业——来讨论成本问题。久而久之，这将提高价格和质量的透明度、促进支付制度的改革、形成更多关于价格的规定，所有这些都有助于降低医疗保健的成本。各州必然一个接一个地对所有的支付者采取成本控制的措施，这一点越来越明显。联邦政府对医疗补助计划和医疗保险削减的那部分补助，只是转移给了其他的支付者，尽管如此，采用全员削减的方法也会限制这种转移。

关于《患者保护与平价医疗法案》的内容，可以得出以下三个主要的结论。第一，在州政府最不具备支付能力的时候，联邦政府将一项重要的支出责任转移给了州政府。将来，这会增加对联邦援助的需求，而且由于国家支付能力的缺乏，用于教育和基础设施建设方面的资金会明显减少。第二，如果州政府默认联邦政府运作健康保险交换体系的话，它也就向联邦政府管理其他低收入群体的计划打开了大门。那将会是对联邦主义一项基本原则的重要变革。第三，它将医疗保健成本的支出责任由联邦政府转移给了州政府：只有在州政府，这种由各类支付者共同负担成本的措施才能得以实施，因为所有的医疗保健都是地方性的公共服务。从长远来看，这会发挥积极的作用。

展　　望

由于医疗保健支出的膨胀，而且州与地方的税收制度是根据20世纪50年代形成的制造业经济建立的，而不是以21世纪高科技的、国际化的、服务导向型的经济为基础，所以州与地方政府几十年来一直存在结构性赤字。主要的"元凶"在于销售税：一般而言，它不适用于劳务，也不适用于通过互联网销售的货物，或者从互联网下载的资源。换句话说，各州只是对那些发展已经停滞的传统经济中的货物征税，而不对那些新经济中正在快速发展的劳务征税。尽管在过去的时间里，州与地方政府已经调整了税收和支出政策，但是，它们也开始越来越多地举债以维持自身的正常运行，而且对其养老金和退休人员的健康福利制度也积欠了巨额未有基金支持的债务。即使财政收入的增长速度恢复到6.5%这一1978~2008年这一时期的平均水平，要管理这些日益增加的债务，也会非常困难。但是，随着财政收入缓慢增长逐渐变成一种"新常态"——有可能在4%~5%之间——进行持续的预算削减便成为一件必要的事。

在《患者保护与平价医疗法案》颁布之前，美国政府问责办公室发布了一份报告。这份报告计算出：从现在到 2058 年，州与地方政府部门将不得不每年削减 12.3% 的支出，以消除结构性赤字。尽管这一比例看起来很高，但它却证明了，的确存在着规模巨大且在不断增长的结构性赤字。②

承担着由市政债券和其他债务、当前的医疗补助计划以及巨额未有基金支持的债务带来的不断增加的利息成本，州政府的财政收入将面临巨大的挑战。州政府已经没有能力容纳《患者保护与平价医疗法案》所规定的额外的医疗补助计划负担了。因此，未来的医疗保健改革基本上只有两种可能性：其一，大幅修改法律，以将州政府的财政负担限定在一定范围内；其二，如果按照当前制定的条款实施这一法案的话，那么联邦政府必须继续坚持每隔几年就向州政府进行医疗补助计划援助的政策——正如其在 2003 年和 2009 年时提供援助一样。即使如此，各州也必须持续减少其用于教育和基础设施方面的支出。

换句话说，州政府会越来越多地依赖联邦政府，因为其承担着的医疗补助计划的支出份额，会使其医疗补助计划的支出不断增加。很明显，这是对变革的一种促进，而各州所承担的医疗保健成本占其财政收入的比重也越来越大。同时，这在本质上也意味着，州政府所有形式的支出都会存在波动性和不确定性。

考虑到联邦政府的赤字规模，在未来十年内，联邦政府对州与地方政府的补助也会明显削减。支出的削减很可能会通过合并分类补助项目、取消小的补助项目、减少宽范围的整块补助项目来完成。尽管这些措施存在着政治上的困难，但是，由于这些项目都是（美国）国内可以自主支配的资金，因此，与国防支出或者社会保障体系中的其他主要权利项目、医疗补助计划和医疗保险等相比，这些项目的削减也会容易得多。

总之，改变未来联邦政府与州政府关系主要有四个以下四个趋势：

- 由于医疗补助计划的增长和《患者保护与平价医疗法案》的扩张，对州与地方政府而言，联邦的补助将成为其全部财政收入中一个明显增加的部分。州与地方政府将越来越依赖联邦政府。

- 联邦政府补助的结构将会发生明显的改变，对医疗保健的补助份额将明显增大，而对教育、培训、社会服务以及交通的补助份额将会变小。

- 由于医疗补助计划的扩张，联邦政府将继续采取每隔几年就进行短期援助的措施——正如其在 2003 年和 2009 年时提供援助一样，而且联邦政府的支持也会变得更加不稳定和不确定。

- 对于全部的三个层次的政府而言，其医疗保健支出都会增加，这会减少用于教育、培训和公共基础设施方面的公共投资。这反过来会降低国家的长期竞争力、生产能力、经济增长速度以及公民的实际工资和实际收入。

对国家而言，上述四个趋势都不会产生积极的作用。联邦政府医疗保健福利的扩张侵蚀了政府对人力资源和基础设施的投资。这使医疗保健服务的成本控制成为国家的当务之急。但是，要解决这一日益严重的问题，也可能需要另外一场国家金融危机。

注释

① US Government Accountability Office（2010）。美国政府问责局这份报告中的估计数是基于经济分析局（Bureau of Economic Analysis）关于国民收入和生产账户的定义做出的，其与预算的估计数存在少许差异。
② National Association of State Budget Officers（2010）。如果使用国民收入的定义和数据的话，截至2009年，联邦政府在所有州与地方政府财政收入中所承担的份额大概是25%。联邦政府的大部分援助都是直接提供给各州的，但是也有许多援助是通过州政府运行的项目提供给地方的。
③ US Government Accountability Office（2010）。
④ 尽管各州管理着食品券项目，但是只有管理成本（而不包括实际的收益支付）被认为是给予州政府的补助。
⑤ 医疗补助计划的补助总额包括联邦政府所支付的福利和州政府的管理成本。
⑥ 这些单个项目的预算处理与跨项目的预算处理存在着较大差异，但是，所有的这些项目都不同于逐年进行的自由裁量补助。
⑦ 自由裁量补助项目和法定项目基金未公布的估计数（2008 Federal Funds Information for State）。
⑧ Grogan and Smith（2008）。
⑨ Kaiser Commission on Medicaid and the Uninsured（2010）。
⑩ 同上。
⑪ Zuckerman, Williams, and Stockley（2009）。
⑫ Benton（1986）。
⑬ Canada（2003）。
⑭ Maguire（2009）。
⑮ Haskins（2008）。
⑯ Dadayan and Boyd（2010）。
⑰ 来自华盛顿特区全国州长协会未公布的估计数。
⑱ Pew Center on the States（2010）。
⑲ National Association of State Budget Officers（2010）。
⑳ 来自国会预算办公室的成本估计数。
㉑ US Government Accountability Office（July 2010）。

参考文献

Benton, J. Edwin (1986). "Economic Considerations and Reagan's New Federalism Swap Proposals." *Publius* 16 (2): 17-32.

Canada, Ben (2003). *Federal Grants to State and Local Governments: A Brief History*. Washington, DC: Congressional Research Service.

Dadayan, Lucy, and Donald Boyd (2010, November). *State Tax Revenues Rebound Further, Growing for the Third Straight Quarter*. Nelson A. Rockefeller Institute of Government. Albany: University of Albany, State University of New York.

Grogan, Colleen M., and Vernon K. Smith (2008). "From Charity Care to Medicaid: Governors, States and the Transformation of America's Health Care." In *A Legacy of Innovation: Governors and Public Policy*, edited by Ethan G. Sribnick. Philadelphia: University of Pennsylvania Press.

Haskins, Ron (2008). "Governors and the Development of American Social Policy." In *A Legacy of Innovation, Governors and Public Policy*, edited by Ethan G. Sribnick. Philadelphia: University of Pennsylvania Press.

Kaiser Commission on Medicaid and the Uninsured (2010, October). *Medicaid and Long-Term Care Services and Supports*. Fact sheet. Washington, DC: Kaiser Family Foundation.

Maguire, Stephen (2009). *General Revenue Sharing: Background and Analysis*. Washington, DC: Congressional Research Service.

National Association of State Budget Officers (NASBO) (2010). *The Fiscal Survey of the States*. Washington, DC: National Association of State Budget Officers.

Pew Center on the States (2010). *State Pensions and Retiree Health Benefits: The Trillion Dollar Gap*. Washington, DC: Pew Center on the States.

US Government Accountability Office (2010, July 30). *State and Local Governments: Fiscal Pressures Could Have Implications for Future Delivery of Intergovernmental Programs*. GAO Report no. 10-899. Washington, DC: US Government Accountability Office.

Zuckerman, Stephen, Aimee F. Williams, and Karen E. Stockley (2009). *Trends in Medicaid Physician Fees*, 2003-2008. Health Tracking Project Hope. Washington, DC. Available at www.healthaffairs.org.

第 35 章　步入而立之年的社区协会：各种选择的考虑

罗伯特·H. 纳尔逊（Robert H. Nelson）

黄芳娜 译　朱红伟 校

美国首例公寓项目——犹他州盐湖城的 Greystoke 的开发是在 1962 年。虽然房主协会和合作社存在已久，但直到 1970 年，美国的三种集体住房所有权形式只占美国住房市场的 1％。然而到了 2010 年，全美总计有超过 30 万个社区协会，居民超过 6000 万，占美国人口的 20％。[①] 1980～2000 年，美国半数新建住房在社区协会的私人治理下建设和管理。社区协会的崛起也许是过去半个世纪美国住房和地方治理的主要成果。[②]

作为美国人生活中新近出现的一种组织形式，到目前为止多数公共政策所关注的都与社区协会的组建、运行和维持的方式有关。社区协会的治理结构由土地开发商在居民（以下称为"单元房主"）入住之前就已设立。作为购买条件，新的买家必须同意这些治理条款。一旦他们成为房主，他们将承担起支付住宅单元分摊费的责任，并逐渐在协会治理中扮演更积极的角色。当开发完成，住宅单元售罄，开发商将撤出，由单元房主完全接管协会的控制和管理。[③] 然而，也可能存在一个较长的过渡期，在其他住宅单元已售出和入住期间，开发商仍将持有和出售住宅单元。对于开发商和单元房主们来说，要想公平地管理这一过渡时期可能会比较复杂，必须制定和设计相关法律和协会规则以监管最终控制权从开发商向单元房主移交的过程。

然而，随着社区协会步入而立之年，出现了一些值得重视的新问题。开发商和政策制定者现在需要更彻底地解决社区协会的合适寿命问题以及中期和可能的末期该如何处理。一些失败的社区协会现在是否应完全退出？如何实现？其他存在重大运营问题的社区协会应进行重组吗？重组的最佳机制是什么？

作为选择的终止或重组

对于某些社区协会而言，直接终止是一个有吸引力的选项。协会在履行财务责任方面可能面临越来越大的困难——来自单元房主分摊费的收入可能不足以弥补基本维护和其他成本上的开支；如果基础设施老化严重，可能还需要大笔资本支出，而这可能是单元房主或者无力或不愿承担的开支。社区协会的资产可能会老化，直至无法使用,从而降低了住宅单元的价值,并可能带来安全隐患和其他问题。当还有大笔房贷时,一些单元房主可能就干脆搬走,而非支付一大笔特别分摊费用。

在其他情形中,社区协会的单元房主可能直接认为协会不能代表他们的利益。④ 内部政治功能失调,或许因为缺乏自愿领导、存在大量临时租户(而非永久房主),或深层结构原因等(协会可能有着多样化的单元房主,公共服务利益和需求差别很大且彼此冲突,不可能达成共识)。⑤ 对此,单元房主的一个选择就是一个接一个地搬出。但是,如果不满意的房主数量足够多,直接终止协会可能更合理。一个有着新规则的新协会可以重新成立,或者在由房屋所有者组成的协会中,住宅单元可以直接转为个人所有。另一种可能是向开发商打包出售协会的一切——个人和集体拥有的全部资产。如果开发商出价够高,这对于协会的单元房主是一个有经济吸引力的选择。

长期而言,社区协会终止在很大程度上反映了变化的经济环境。随着时间的推移,社区协会资产的最初功能可能已经过时。举例来说,在最初建设时,一个住宅小区的社区协会可能与其区位比较适合。但是之后在附近开通了一个新的地铁车站,彻底改变了经济环境。一个新的大型公寓可能在土地利用上更为有利可图,能创造住宅小区高几倍的土地价值。单元房主或许能够通过集体出售和搬出而获得大笔意外收益。这对社区协会提出了新的过渡问题,包括现有协会的终止。随着时间的流逝,现有社区协会变得不合时宜,对于其所处环境而言越来越不经济。迄今为止,关于协会应如何终止其使命的规划和分析都还远远不够。

由美国全国统一州法委员会分别于 1980 年和 1982 年起草的《统一规划社区法案》(UPCA)和《统一共同利益所有权法案》(UCIOA)探索了社区协会直接终止的可能性。UPCA 和 UCIOA 模式为多个州部分采用,但多数州选择了制定其自己的社区协会法律制度。不管怎样,在美国,基于单元房主 80% 的自愿投票而实施的社区协会终止的案例还寥寥无几。

此外,UPCA 和 UCIOA 还探讨了社区协会资产(包括由个人和集体所有的资产)的完全出售——只在作为共管公寓组织单个建筑存在的情形中。然而,随着土地价值的变化,房主协会中会有许多单元房主(多层结构的"垂直"型公寓)发现整体出售(用于全新用途)有利可图。在此类情形中,一系列全新问题出现了,包括合适的协会终止决策流程、单元房主退出的速度和程序,以及在单元房主中分配协会出售收入的计算公式。

社区协会的破产

近期,重组或终止社区协会的问题更可能出现在破产申请情形中。过去,协会破产很少见。然而,随着住房市场的下滑和经济形势的整体恶化,近些年破产申请的数量开始增多。美国国内一些地区单元房主的银行止赎已很常见,造成单个房屋长时间空置。许多协会在从处于经济困境的居民那里收取分摊费遇到了困难。整体而言,自 2007 年开始,许多社区协会的财务状况迅速恶化,在一些情形中面临着破产的风险。

社区协会在高速增长的州主要有佛罗里达州、亚利桑那州、内华达州和加利福尼亚州。举例来说，1990年，美国所有社区协会中有19%在佛罗里达州，18%在加利福尼亚州。正是这些快速增长的州，其住房市场的衰退也最为严重。根据一项2010年的评估，亚利桑那州2/3的抵押权人遭遇"负资产"（即抵押的总额大于资产的价值），这让房主倾向于一走了之。同样截至2010年，预计10%的亚利桑那州社区协会或已放弃其住宅单元或因止赎被迫搬出。总体而言，如一位观察者所说，在亚利桑那州越来越多的房主协会的拖欠比率已达到警戒水平，使得一些"房主协会"面临破产的严重威胁。⑥

目前尚未有申请破产的社区协会总量方面的准确统计。但是，在佛罗里达州，关于破产申请的媒体报道已明显增多。⑦2009年，遗产公园（Legacy Park）社区协会申请破产，部分归因于拖欠康卡斯特电信公司10.5万美元的有线电视服务费。⑧在佛罗里达州的另一个案例中，迈阿密海滩的梅森格兰德（Maison Grande）公寓面临100万美元的债务，并有100个单元房主拖欠分摊费，最终在2009年申请破产。⑨然而对于佛罗里达州潜在的社区协会破产而言，这两个案例只是冰山一角，如果社区协会破产法明确和完善之后将尤为如此。在佛罗里达州的一家律师事务所，因为前来咨询破产申请的协会客户数量很多，事务所已开始一项针对破产收益和成本的全面研究。⑩

尽管至今在佛罗里达州只有少数社区协会申请破产，但更多新社区协会的开发商正走向破产。他们受到住房市场衰退的严重影响，一间2006年有望卖到20万美元的公寓单元现在只能卖到7.5万美元（一些情形中能低到2.5万美元）。在此类情形中，新公寓协会的开发商可能已售出部分公寓单元，直到现金枯竭仍有许多单元等待售出。破产法院受托人可能会将剩余未售单元打包出售，拿这些钱偿还债权人。举例来说，一个开发商欠债超过2200万美元，破产法院在2010年售出其超过6万平方米公寓单元、56个停车位，以及迈阿密市中心海湾大厦28层奥尼斯（Onyx）的15个仓储区域。针对此类商机，许多新公司应运而生，其中一个干脆冠名为"秃鹰"公寓（Condo Vultures），专门从佛罗里达州身处困境的社区协会购买空置住宅单元。⑪

如果社区协会本身（而非开发商）的破产开始变得普遍，针对协会的特殊情况而重新评估和制定破产法律就很有必要。当前的社区协会在法律上为非营利公司。因此，它们现在按联邦《破产法》第7章一般条款或第11章申请破产，前者要求公司的完全清算，后者要求重组（随后走出破产）。⑫然而，公司破产法律的条款主要针对私人企业法人情况而设计，对于社区协会难以适用。⑬举例来说，房主协会的单元房主在法律上相当于企业法人的股东，但是对房主协会的单元房主适用有限责任就不合适：房主协会不是企业型逐利团体，而更像一个服务单元房主的政府。

破产分析师克里斯汀·戴维森（Kristin Davidson）在2004年的一篇文章中评论认为，"《破产法》不适合处理有着过多债务的社区协会"，在当前适用于社区协会的破产程序下，许多案例中"不是居民因背负协会债务而不堪重负，就是债权人难以收回多少债款"。⑭鉴于前述案例以及由此所提出问题的复杂性，目前的法院判例还很少，破产法在实际适用于社区协会时还存在着广泛的不确定性。这对于破产的社区协会来说最为有利，某些重组或清算方案目前在破产法院那里还没有作为合法的选项。⑮

在就此类问题展开详细讨论之前，了解一些背景信息将会有所帮助，如简单回顾社区协会自20世纪70年代的快速发展和它们不寻常的公私特性组合。可以这样说，社区协会既是一个准私人机构，也是一个准公共机构。

重大社会发展

社区协会自20世纪60年代以来快速发展，这给美国的住房、资产权和地方政府的特性带来重大改变。⑯社区协会取代公共规划，将相邻土地利用的管理责任转移到一个新的私人团体，从而显著改变了整个美国在邻里开发方面的设计、建设和管理方式。在资产权方面，社区协会延续了公司所有权在19世纪晚期的扩展之路，后者见证了美国企业从主要由个人所有到主要由集体所有的转换。我们如今在美国住房所有权上看到了相似的转换，从主要由个人所有转到主要由集体所有（似乎也是未来的发展趋势）。

伴随社区协会的快速发展，许多美国地方政府出于实际需要而分权到邻里层级。目前在监督邻里土地使用管理和共同服务的提供方面，私人管理公司常常取代了原来地方公共雇员的角色。这也是基层治理和地方民主的一次大型试验。现在有大约200万美国人担任社区协会理事会成员（任期通常为2~3年）。对于其中一些人，这种经验可作为他们未来参与更广泛美国政治进程的跳板。

在20世纪50年代和70年代，美国的一项邻里运动主张将许多政府责任从县政府和市政府转移到单个邻里。当时的主要倡导者建议公共部门内的地方政府重组，但是这种重组从未发生。对于这样一种可能影响如此多现有地方政府和其居民的根本性变化，存在着太多制度阻力。相反，让许多人感到意外的是，私人邻里运动却取得了成功。治理责任向私人社区协会的转移快速改变了美国地方政府的组织和运作方式，将其分权到邻里层级并实现私有化。⑰

社区协会的运行

社区协会分为三类：房主协会、共管公寓和合作社，各自有着不同的法律形式。在房主协会中，单元房主个人拥有其住房，同时属于房主协会，后者是一个拥有和管理公共区域的非营利法人。在共管公寓中，公共区域由单元房主以"共同租赁"的形式所有，同时各个房主有权占有其单个单元。一些论者认为这种法律差别对于破产处理可能很重要，因为在共管公寓中单元房主与协会的法律分离度低，因此可能对于整个公寓协会的财务和其他责任可获得的保护更少。⑱

作为法律上的非营利法人,许多涉及社区协会方面的法律均来源于企业法人判例。这也影响到了州政府在设定法人治理条款、扩展治理结构、投票程序和其他许多问题中所扮演的重要角色。在有着很多社区协会的州(如佛罗里达州和加利福尼亚州),州立法机关经常性地修改州法律体制——有时似乎每年都要做重要修改,整体趋势倾向于增加州的监督。举例来说,在内华达州,州法律在1997年、1999年和2003年要求房主协会接受以下新的控制。⑲

- 协会可征收的罚款最高为100美元;
- 协会理事会在开始诉讼前必须获得其居民的批准;
- 理事会选举必须每两年举行一次,不允许代理投票;
- 基于未付罚款的止赎是不允许的;
- 需要对物业经理进行教育;
- 需要举办年度会议,议程要提前公布;
- 需要有协会理事会成员召集机制。

虽然有私人性质,但社区协会的职能在许多方面类似于政府组织形式。协会有权力征收"分摊费"——相当于一种私人税收。如果某单元房主未能支付分摊费,社区协会有权取消这个单元的赎取权;这种做法在协会与延期支付的单元房主之间造成普遍的紧张关系。社区协会可以控制外部资产使用的细节,如房子的油漆颜色、灌木能栽种在哪里、是否允许安装栅栏、草坪护理方式、停车位置等。这种权力规定于"条款、条件和限制"(CC&R)中,后者是单元房主已预先同意的治理文件(实际相当于邻里的"宪法")。社区协会小的可以如单栋建筑,大的可以如5万人的城市,但一般多为邻里规模,有200~400个的住宅单元,人口总量500~1000人。

社区协会还提供某些公共服务,可能包括典型的市政服务,如垃圾收集、街道修复和照明,以及积雪清理。许多协会还提供私人安全巡逻。估计10%~20%的协会有大门——所谓的封闭式社区。⑳协会还会修剪草坪和树木,维护由单元房主集体所有的公共区域。今天,许多的美国人在国家层面想要更少的政府管理,但在邻里层面,他们似乎想要更多。

协会经常提供和管理娱乐设施的使用,如游泳池、网球场和高尔夫球场,现在还有许多协会提供其他开放空间供人们散步、慢跑或休闲。协会通常还会举办一些公共活动,如社区聚餐、单身聚会或名人演讲。基本上,如果一项集体服务主要影响单个邻里,又无明显规模效益,那么在美国现在就很可能会由社区协会来提供。诚然,一些项目服务的实际提供者可能会是一个面向多个不同社区提供这些服务的外部私人承包商来完成。

社区协会:地方治理的转型

社区协会的快速扩张并非意味公共部门不再需要地方政府。但是在社区协会激增的地区,地方公共政府现在主要关注于覆盖更广泛地域范围的问题,如排水系统、给水系统、空气污染控制、干线道路,以及刑事司法判决。此类地方公共政府一般更大，通常是作为中心城市的自治体或处于中心城市郊区的富裕县政府。目前，学校一般多为公办，有限的规模效益（特别在小学层级）使得在很多情况下一个学校就可以来服务一个单独的社区协会。随着特许学校变得更普遍，很容易想象特许学校在未来（有时作为开发进程的一部分）将主要服务来自特定协会的小学生。

对于生活在东北部和中西部地区的人们，他们经常惊讶于社区协会在美国其他地区对于地方治理系统的巨大影响。东北部和中西部地区主要是在20世纪60年代之前开发起来的，因此许多地区没有社区协会（除了个别公寓）。然而，在南部和西部快速开发的新地区，社区协会大量激增，已经无处不在。在这些地区，包括一些州的大部分地区，如佛罗里达州、得克萨斯州、亚利桑那州、内华达州和加利福尼亚州，几乎所有新建大型居民开发项目都有社区协会。截至2004年，在加利福尼亚州，大约60%的新建住房都配有社区协会。[21]

美国新旧大都市区地方政府制度之间的巨大差异见表35.1。根据2007年政府普查结果可知，芝加哥都市区在公共部门共有570个一般目的地方政府（学区和其他特殊辖区不计）；底特律地区有215个地方政府；圣路易斯有397个；克里夫兰有167个。当然，并非所有地区都如此。布法罗都市区就只有65个一般目的的地方政府。部分原因是布法罗地区只有110万人，在20世纪也没有任何大规模市郊开发。因此，布法罗的人口多数处于从19世纪和20世纪早期延续下来的地方治理结构之下，主要居住在中心城市。

表35.1　大都市区一般目的的地方政府数量（县、市或镇）

城市名称	人口数量（万人）	地方政府部门数量（个）
布法罗	120	65
芝加哥	920	570
辛辛那提	200	253
克里夫兰	290	167
底特律	550	215
密尔沃基	170	94
明尼阿波利斯	300	339
费城	510	386
匹兹堡	240	464
圣路易斯	260	397
新的大都市区		
奥斯汀	120	52
洛杉矶	160	6
迈阿密	390	106

续表

城市名称	人数数量（万人）	地方政府部门数量（个）
新的大都市区		
奥兰多	160	40
菲尼克斯	330	35
达勒姆	120	30
圣迭戈	280	19
坦帕	240	39

资料来源：2007 Census of Government。

除了一些这样的特例，美国旧都市区具有一种通用模式。在郊区，有数以百计的自治体（在一些州还包括镇）提供更为本地化的服务。这些小型郊区自治体大多数只有一个或少数邻居。在中心城市，大型综合自治体常是在一百年或更久之前建立的。

然而，南部和西部的模式大不相同。自20世纪60年代起，内华达州一直是社区协会增长最快的州（在大衰退的经济下滑中也遭受严重的打击）。洛杉矶市区有160万人口，却只有6个地方政府。内华达州总共只有19个市，16个县。这是否意味内华达州居民对于地方层级的大政府有特殊偏好或他们不喜欢小政府？当然，答案正好相反。内华达州居民很喜欢在近邻事务上有政府的作用，只不过目前他们正通过社区协会这种私人方式实现分权化的治理。事实上，内华达州有着数以百计的社区协会。在那里，社区协会扮演着小型市政府在波士顿、纽约和芝加哥郊区以及多数东北部和中西部都市郊区所扮演的角色。在南部和西部，内华达州只是一个极端的例子，但类似的模式也见于这些地区的其他地方。

举例来说，在佛罗里达州，奥兰多都市区有210万人口，但只有40个一般目的地方政府。坦帕都市区有270万人口和39个地方政府。相比之下，辛辛那提有220万人口和253个地方政府。亚利桑那州更像内华达，全州只有90个市政府。中西部地区，明尼苏达州人口与亚利桑那州相当，但有854个自治市。此外，还有1788个市镇和乡镇，后者在功能上与市相当。菲尼克斯都市区有35个一般目的地方政府（包括2个县政府），而明尼阿波利斯都市区则有339个这样的政府单位。

现实意义

日益增加的私人地位对于地方政府的行为有着许多现实意义。在社区协会中，投票权是按资产所有权进行分配的。从这方面来看，在社区协会中拥有一个住宅单元就像在企业法人拥有股份。一种普遍安排是一个住宅单元一票。如果4个成人共享一个住宅单元，他们仍只有一票。而一个人如果拥有4个住宅单元就有4票。如果我在马萨诸塞州拥有一个住宅单元，并在那度过夏天，同时在佛罗里达州拥有另一个住宅单元并度过了冬天，那么我在两个地方都能投票。如果一个挪威人在佛罗里达州拥有一个住宅单元，那他也可以投票，不论是否是美国公民，与他在那里所停留的时间也没关系。

总体而言，除非为州法律所限制，社区协会的私人地位给它们提供了在内部运营和治理的很多方面具有更高程度的创新自由。一个不同之处是权利的适用，例如言论和结社自由。举例来说，社区协会可以禁止在草坪上树立政治广告牌，它也可以否定居民举行抗议游行的权利。大体来说，适用于公共语境的宪法权利可能不适用于社区协会。

我曾经从个人经历中认识到社区协会的更大灵活性。我的父亲属于弗吉尼亚州雪伦多亚河谷的一个社区协会。该协会在对其奠基文献中添加一项修正案时遇到了麻烦，尽管修正案并无任何争议。只是参加投票的单元房主的数量不足以满足通过的最低投票要求。社区协会想出了一个聪明的解决办法：将公投改为抽奖。[22] 有了这个新增激励，更多的单元房主出来投票，修正案通过了。这是一个提高投票率的实用策略，对于私人社区协会合法，但对于公共部门的地方政府可能就不合法了（在美国，市政府不得出钱让人们去公共选举中投票）。

再来看一个例子，其中出钱在公共部门可能不合法，但在私人领域就是合法的。假设一个新的便利店想要入驻社区。私人社区协会理论上可出售自己的权利，让便利店使用公共区域的合适位置。这只是私人部门一笔例行的权利买卖交易。如果一些单元房主受到不利影响，协会可从出售所得中拿一部分出来补偿他们。这样，整个邻里都可以受益于交通方便的店铺位置了。虽然此类交易至今仍然很少（如果有的话），但是耶鲁大学法学教授罗伯特·埃里克森（Robert Ellickson）已长期建议使用这种方法来解决邻里内部的"别在我家后院"矛盾。[23] 然而，在公共部门，这或许在理论上都不可能。规则修改为允许新的使用但不得用于出售，即使在双赢情形中，各方均同意并受益于权利的转移。[24]

提议的中期制度改革

社区协会出现在美国人生活中可向前追溯至少40年，现在到了总结经验并进行必要的制度变革来解决遇到的问题的时候了。如上面所指出的，面对越来越多的协会进入破产以及破产法在用于社区协会时所暴露出来的重大缺陷，表明需要对这一法律领域给予新的关注。在更广泛的层面，我们也可同时探讨可能的方法，借以让社区协会实现重组或终止。

通过破产而终止

如上面提到的，社区协会现在可根据联邦《破产法》第7章或第11章申请破产。据第7章内容，如同在商业部门中的传统应用，会考虑整个法人的清算。法人的资产将被组合出售以换取尽可能多的现金。在破产法院的监督下，出售收入在法人债权人间按债务优先性进行分配。在通常情况下，许多债权人只得到部分补偿，而处于次级地位的股票持有者将一无所得。

在法律上，房主协会适用于这类法人模式。房主协会相当于企业法人，而单元房主则是法人股东。如果发生了适用于第7章的破产，协会可能会被清算，公共区域和其他公共资产将被出售，单元房主将失去这些公共区域的所有权利。在有限法人责任条款下，单元房主可能仍将保有其个人住房。

然而，这个模式在房主协会情形中遇到了许多困难。协会的许多集体资产可能难以或无法与单个住宅单元分割。如何处理公共区域内协会拥有的一条用于服务沿路单元房主的街道？它对于房主之外的人有销售价值吗，谁会买它？同样地，被个人所有的由单元房所包围着的协会俱乐部、游泳池或网球场该怎么处理？一些公共区域可能适合开发，在新的用途中有重要价值。但是这些区域最高价值的开发可能与现有住宅不协调。即使单元房主在破产形势下被迫同意出售，这种不协调开发是否为公共规划法律所允许？这种混乱部分反映了一个事实，那就是社区协会既扮演私人政府的角色，又与企业法人有相似之处。

与公共性的自治体相比，社区协会的私人身份代表了一种较大的差异。如果自治体的职能和权限过时的话，我们很难（如果不是没有可能的话）将属于自治体和属于个人的资产一同出售。但是，社区协会可以选择终止并出售所有协会资产，包括集体和个人拥有的资产。虽然这种情况至今很少发生，但至少最近在西雅图确实出现了一宗这样出售方式案例。劳瑞尔顿（Laurelton）公寓占地6英亩，毗邻儿童医院和地区医疗中心。为了扩张，医院同意支付9300万美元购买该公寓全部资产，相当于每个单元房主61.4万美元，是单个住宅单元出售的近期均价（24.1万美元）的2.5倍。在2008年的投票中，120个单元房主支持所有公寓资产打包出售，3人反对，12人弃权。而在1990之前，华盛顿州要求此类交易必须获得全体一致同意，但是那年，州政府颁布一项法律，要求此类协会终止必须获得80%以上的支持票。然而，该法律只适用于随后建立的新协会。州立法机关通过在2008年修正法律解决了这一问题，允许类似劳瑞尔顿公寓出售方式这样的交易。㉕

在另一个案例中，康涅狄格州瓦林福德市的帕克（Parker）公寓的单元房主选择终止协会并出售所有住宅单元，也以80%的支持票获得州法律的批准。然而，在这个案例中，为了寻求所有资产的控制权，一家私人开发商已通过分次购买收购了80%的协会单元。然后，为了行使其在州法律下的权利，2008年8月，开发商将其意图通知剩余的22个单元房主，其中许多人并不想终止协会。如开发商的律师写道："作为80%单元的所有者，我的客户无须你或其他任何单元房主的合作即可完成这一切。"㉖

根据第7章的破产要求（通过破产法进行适当修改后）可能是实现完全终止的另一方式，无须对多数要求如此高的多数比例。不仅公共区域而且整个单元都可腾出并转移给新买家，后者会做重新开发。不可否认，这是一项破产法院可能不愿单方面提出的救济。在许多情形中，例如上面的西雅图案例，此类"完全"终止可能确实可行或对于所有人有经济吸引力。全新用途能带来足够的开发价值，能让债权人满意或为单元房主带来一笔意外之财，全社会也能从更为高效的土地使用中获益。即便事实并非如此，破产协会的完全终止可能也是解决债权人索债的唯一公平方法，同时可为单元房主留下一笔可观的现金。

如果社区协会的所有资产作为破产程序的一部分被打包出售，需有合适的规则以确定出售所得如何在债权人和单元房主之间进行分配。这大概将由破产法院来解决。在单元房主之间的公平分配会带来一些难题。协会中表决权分配所用到的公式可能不适合分配协会资产出售所获得的销售收入。举例来说，表决权可能按一单元一票分配，即使这些单元现在可能有着明显不同的销售价值。一些单元房主可能对其房屋进行了重新装修，其他房主可能任由其房屋破败。这些因素如何反映在单元房主分配公式中？

鉴于对于此类问题当前并无解答以及完全终止所面临的不确定法律前景，很少有（即使有的话）社区协会会根据《破产法》第 7 章申请清算。随着法律的明确和面向社区协会破产法律的制定完成，这种清算可能会有所增多。

社区协会重组

迄今为止，有限数量申请破产的社区协会几乎都是根据第 11 章内容进行的。在这些案例中，重大的不确定性仍然存在于第 11 章，并适用于社区协会。一个关键问题是单元房主在破产程序中可得到怎样的保护？破产法院能够或应该要求单元房主通过特别分摊的方式参与促成与债权人的最终和解吗？如果这种情况允许发生，那么许多单元房主可能面临着很大的意外财务负担。如果相反，单元房主在法律上免于承担此类单元房主分摊（其有限责任在房主协会情形中可能被解释为需要做出此类承担），债权人可能无法收回太多的欠债。社区协会的公共区域本身可能销售价值有限。破产法院是否可裁定单独出售公共区域以及这种出售在土地使用规划方面是否合理都是有待解决的问题。

更好的解决办法可能是允许债权人暂时接管协会，更换一些（或全部）理事会成员，至少多数新的理事由债权人挑选。由新的债权人主导的理事会可被授权经营游泳池、高尔夫球场和其他娱乐设施，可能还可以提高使用费。这一点对于俱乐部、停车场和其他可能的创收来源同样适用。在破产受托人的监督下，单元房主的分摊费可能也会提高，一些用于社区协会的维护与运营，一些用于偿付协会债务。当债权人获得破产法院所要求的偿付之后，理事会的控制权将退回给单元房主。然而，这里有必要重估运营规则和 CC&R 中的其他要素。如果协会破产部分原因来源于协会运营规则和程序的不合理，那么破产法院将可能有权重组协会，要求制定新的规则和程序。举例来说，如果协会对重新分摊的限制（可能需要超多数单元房主的赞成）导致协会基础设施的长期资金匮乏和维护不足，破产法院可能会取消这些限制。或者破产法院可能裁定从外部雇用管理公司（有限期限）来处理协会的某些日常事务。即使在协会事务中，理事会的选举和运营的内部规则在破产程序中也可能成为法院审视的对象。其目标是设立一套新的协会治理规则，防止协会在未来再次沦入破产境地。

其他新的终止和重组方式

破产的优势是当接近灾难的边缘时，破产法律允许甚至强迫采用激进的解决办法解决问题。然而，在许多情形中，在陷入困境之前采取行动可能更可取。有人可能说，社区协会本身就有重估其决策和其他治理规则与程序。多数CC&R也确实允许对协会的奠基文献进行修正。但是，如上面所提到的，高门槛得票数和其他障碍通常使得此类修正难以实现。一些社区协会已寻求改变有关资产获准用途的具体限制（如停车规则），但很少有社区协会通过按现有规则修正其"宪法"而对其内部治理系统成功进行根本性内部重组。

即使在根本性改变已经具备条件而且也众望所归的情况下，通常也需要一个敢于开拓的人物来推动才能实现。如果每个人都对参与集体行动不感兴趣（强烈的"搭便车"心理）的话，就没有多少单元房主愿意担此重任。㉗因此，在实践中，即使当他们遇到严重的运营问题而且全社区协会对此也有广泛共识，大多数协会也只会安于现状。

值得一提的是，一些协会确实在奠基文献中规定定期更新治理条款。加利福尼亚州尔湾市的私人社区大学公园（University Park）就在CC&R中要求，评审委员会每40年重新授权一次。如果审批当时没有获得单元房主的多数赞成，协会的土地使用限制将自动到期，如2008年所发生的，当时部分因为协会已几乎不知道其奠基文献的这个条款。㉘在佛罗里达州，一项1963年的法律要求某些社区协会必须每30年更新其限制，尽管迄今似乎很少有协会知晓并落实此项法律要求。㉙

然而，这些程序在应用上非常有限，有着任意的时间范围。认识到社区协会的情况可能发生显著变化，新的州法律在制定中方便了社区协会自主修改其与终止和重组有关的规则和程序。州还可监督此类修改，以确保每一个单元房主得到公平对待。但是，与其说是法院程序，这更像是负责监督社区协会相关事务的州机构的一项管理责任（许多州已有类似的机构）。

因此，州政府可能颁布新法律监督社区协会的终止。州法规会明确，终止选择可以包括整套协会资产（包括那些个人和集体所有的资产）的打包出售。经济动机，即单元房主总体价值中的大笔收益，通常会是推动力。但有关方面对于协会过去内部运作的强烈不满也可能产生影响。

启动协会的"完全"终止程序可能需要70%单元房主的赞成。州法律可能对于可接受的终止流程规定某些标准，包括在出售所得的分配中要公平对待所有的单元房主。州政府可能批准或不批准终止计划，还会要求获得较高的赞成票（可能需要80%的单元房主赞成）才能进行协会资产整体打包出售。

新的州法律还可以简化社区协会的内部重组，使得在危机或破产实际发生之前，可通过一个更为正常的程序实施重组。可能60%的单元房主赞成即可启动此类流程，而获得最终批准则需要 70% 的赞成。现有整套的 CC&R 需做重新审查。许多协会有着严格的限制，这种限制可能已不再获得多数单元房主的支持。人们对于一些社区协会理事会的"专制"行为有着广泛的抱怨。协会基本的运行规则应重新审定；收缴拖欠分摊费和罚款的程序也可能需要重新修订；选举程序（如代理投票）可能要重新评估。

面向社区协会的州法律假设社区应按企业法人而组织。然而，事实是社区协会也可执行许多更像地方政府的职能。因此，社区协会重组的范围也应该进一步扩展，在协会的治理结构上做出更为基础性的改变。[33] 也许有些协会喜欢在内部实行更大的权力分立，它们可能想要一个相当于民选"市长"的私人角色来管理协会的"执行团队"。这方面有广泛的创新自由，可从企业法人和公共治理模式中灵活借鉴经验。协会理事会成员现在为自愿担任，但在许多大型协会，他们未来可能领取薪水，包括一些外部理事会成员，他们可为协会带来宝贵的专业知识（到目前，只有单元房主可以成为理事会成员）。

重组社区协会

社区协会在美国新兴发展地区的广泛流行表明，协会模式可以更广泛地推广到传统地区。这可能需要建立新的法律权限以允许对现有相邻的社区协会进行改建。[31] 举例来说，一个原来同属于一个大型政治管辖权治理之下的相邻社区，现在决定要构建属于自己的政府。当前，它只能通过在邻里水平上的自治联合来创建一个邻里性的公共政府。即通过州法的修改使社区协会联合起来而建立私人政府。如上面所讨论的，社区协会相比公共政府可能有各种优势，正如它们也有某些劣势，在邻里分析其需求和最终治理形式选择时需要将之考虑在内。[32]

如新州法可能提供的，重组现有相邻的社区协会可进行如下操作。[33] 如果一群相邻的业主想创建他们自己的新的私人社区协会，他们可以收集请愿签名。如果有足够的相邻业主的签名，相邻业主代表和现有地方公共政府（通常比邻里性的政府大许多）将制定移交协议。协议将覆盖街道（某些可能移交给私人协会）、地方服务供应责任、管理机构分部、公用场地和其他娱乐区域，以及其他此类事宜。之后，在将信息向公众充分传达后，相邻的业主开始投票。如可能需要 80% 的业主赞成才能成立一个新的社区协会来管理邻里。

此类新社区协会的建立可能在刺激贫穷的内城和其他困境中的老市区邻里的再开发方面特别有帮助。此类地区的社区协会可提供全新等级的个人和投资安全。鉴于其私人身份所提供的新的法律灵活性，它甚至可以安装大门和门禁，从而成为一个内城的封闭社区。如果一个困境中的市区邻里可将潜在的威胁元素挡在外面，类似的许多邻里可能变得更具重新开发吸引力。如果任何人现在需要安装大门，它不装在郊区，而是在内城，投资会蜂拥而来。[34] 商业改良区（BID）就有社区协会的一些特性，现在已看到此类收益。[35] 但是与充分授权的社区协会相比，商业改良区的权力相对有限。

对凯洛案的新回应

2005年，最高法院对凯洛案（涉及康涅狄格州新伦敦市）的判决凸显了市区土地合并中会遇到的一些问题。土地征用权（法院所批准）的使用因为诸多因素可能会很麻烦。但是确实有时需要将大量的市区小块土地合并（可能涉及许多所有权），而且需要协调的私人土地开发将要在许多城市的老旧区域发生。然而，此类土地合并在当前的土地使用系统下非常困难。通常需要在合并过程中将单项资产逐个合并在一起，这一过程可能既漫长又烦琐，同时还可能在现有土地所有者间造成明显不公。投机者和坚持到最后的人经常从合并后得到的整块土地的总体价值中得到不成比例的补偿。

一个可能的解决办法就是通过对社区协会的改建来表明出售一个整体的相邻地区这样一个目的。㊱协会创立的目的实际上就是承担相邻业主们进行集体谈判的代理人的角色。如果它们从土地开发商那里得到足够高的报价，同时足够多数的单元房主赞成出售，那么协会将按完全终止规则被打包出售。这样当前的土地投机者问题，即提前购买一处位于社区的资产，然后坚持到最后而获得不成比例的收益可大大减少，而对于社区业主的财务回报将显著增加。通过促进大量小块社区土地的合并，以一种新的全面方式，与当前的零碎处理相反，私人再开发将显著增加。㊲通过这样一个将市区土地开发中的"外部性内在化"过程，美国城市土地利用的总体效率和市容市貌都将明显改进。

此外，与使用土地征用权进行土地合并相比，这个提议有两个重要优势：其一，完整合并土地的销售价格可直接在单元房主和潜在开发商之间协商；其二，接受或拒绝开发商报价的决定将由单元房主自己做出。相比之下，在土地征用权下，由市政府或其他公共政府单方面做出此类决定。如果社区居民感觉补偿不够或者本不想搬出而被政府强制赶出去，他们肯定会愤怒和不满。重组后的社区协会可将此类决定置于集体性的私人自愿基础之上（尽管协会中被否决的有限少数单元房主将会被迫搬出）。

然而，因为目前缺乏整个社区集体出售的程序，这就导致任何类似努力都要求房主们的一致同意。事实上，美国的一些社区已尝试按一致同意的基础自我组织起来集体出售他们的资产，其中一小部分已取得了成功。1988年，与弗吉尼亚州阿灵顿市克特兰相邻（临近一个新修地铁站）的全部24个房主联合起来集体向莫亚塔（Moyarta）公司出售他们全部资产。通过集体谈判，他们把房子的现有价值抬高了一倍。但是多数此类行动都因为缺乏一致同意无法创建集体谈判团队而最终失败。鉴于极高的交易成本，绝大多数本可以从集体谈判中显著受益的社区都从未在第一时间尝试自己组织起来。

地方治理作为"行业组织"中的经济问题

社区协会的私人身份在介入市区土地使用制度及其治理方面所带来的一个主要

优势就是其灵活性。与公共地方治理相比，私人地方治理的完全终止或重大重组都更容易操作。当私人治理时，可引入市场激励以推动和监督此类治理的改变过程。如果本章提出的一些提议（依赖于私人身份）能被采纳，利用新的私人治理结构，终止社区协会和将土地用于全新用途就会变得更容易。

许多评论者发现，美国的地方政府（甚至当它们名义上为公共时）实际运作更像一个私人单位。[38]出于许多目的的规划更像一种事实上的集体资产权，而非对公共产品的公共监管。[39]社区协会让私人身份具有了官方性质，因而赋予私人力量更大的能力去塑造地方治理系统。事实上，如果将地方治理视为一种私人活动，那么地方治理经济学也需作为"行业组织"的经济问题而重新理解，可运用一些经济学家长期以来在钢铁、汽车、计算机和许多其他私人行业研究中所用的分析工具进行分析。

交易成本和其他问题

在一般商业世界中，大公司通常会在市场竞争中胜过小公司。这些大型企业法人实际上是一种基于内部化的中央计划和管理的小型化私人"计划经济"。自奥利弗·威廉姆森（Oliver Williamson）在20世纪70年代的开创性工作以来，"新制度经济学"极大促进了人们对交易成本和其他经济力量，在产业内垂直和水平一体化方面所发挥的某些作用的认识。[40]

在一个大都市区的地方治理体系中，有着类似的交易成本和规模效益等经济问题，它们将影响各种治理成果的合意程度。一个大的地方治理单位或许能够以更低的成本提供给水和排污系统等服务，一个大的城市也许能获得各种专门化的专业知识。然而，一个大的城市也可能在其他方面遇到明显劣势。它可能难以创建一套正向激励系统以激励大城市的官僚机构。大的城市规模将涉及更为多元化的市民，因此在服务需求和城市服务的通用等级上存在更大的分歧。正如一位芝加哥市长在拒绝进一步扩展城市边界时曾说道："理想的城市应该是紧凑的。所有区域充分利用，所有政府分支的服务可以快速和高效地交付到每个地方。"对于任何"扩大芝加哥范围"的提议，合适的回应应该是"迅速和断然的拒绝"。[41]

小社区规模的治理可能也不理想。要求完全性的民主参与的时间负担和社区治理的其他交易成本对于每个房主可能会很大。服务交付方面的规模效益也可能无法实现。为了能够提供一个高质量独立物理环境社区的规模应足够大。一般而言，关于社区及其治理规模大小应在各种收益和成本之间权衡考虑。[42]

在纽约州，马其顿村在考虑解散其小型公共政府中采用了收益—成本的研究方法。一些责任可以被转移到更大的镇政府，其他责任可能由新成立的特别区接手。总体而言，研究预计通过终止村政府和取消或转移其职能，[43]马其顿的房主每人每年可节省204美元。然而，在研究之后，村民们在公投中以257对228否决了终止提议。这个例子说明，在投票人心里，就近保留一个小型村政府的好处明显大过了政府整合可能带来的财务收益。

更为灵活的地方调整过程

在一般商业公司中，每个投资人都是通过购买股票来加入的，而一个商业组织"公民身份"的变更则是通过购买和出售股票来完成的。因此，一个公司可以通过买下另一家公司的多数股票而接管后者的实体资产。合并与收购（以及剥离）在美国商业世界都是很常见的事情。所有这些所有权的变更都会带来一定的交易成本。不满公司现有运行方式的股东可通过在华尔街出售自己的股票而从组织中"退出"。

原则上，如同其他"工业"部门，美国地方政府"业务"的"行业组织"也可由市场竞争而决定。罗纳德·奥克森（Ronald Oakerson）就持此观点，他在20世纪80年代中期曾受美国政府间关系咨询委员会（ACIR）委托，对美国地方治理结构进行了研究。如他所说，"最重要的是创建、修改和解散'地方服务'供应单位的权力。供应方面的结构，包括供应单位的多样性，依赖于谁能行使这种权力以及在怎样的条件下行使"。[44] 这样，在许多不同规模和类型的地方政府间竞争选择最适合模式可推动地方治理系统的发展。

对于新地方政府的成立和简化边界调整过程所需的重大法律改变，奥克森研究的很少。尽管奥克森清楚认识到私人社区协会日趋流行，但他并没有提倡将它们作为新型灵活和竞争性邻里治理系统的首选形式。[45] 因为，社区协会私人身份的一大优势是它可更轻松地集成到一个更为市场化的地方治理系统中。[46] 如果社区协会的私人宪法制定得当，它可有力支持社区协会和其边界的日常扩展、收缩、终止或其他修改，就像一个私人企业随经济环境的变化而灵活采取行动一样。

举例来说，假设邻里中一个邻近的子群体想要离开，如果更多社区协会奠基文献中规定合适的社区子单位可私人"剥离"的话，这一过程就会很方便。法律上，这比公共部门当前针对子单位从现有市政府脱离的管理规则更容易实现。社区协会奠基文献中还可规定完善的程序以支持新区域的私人"收购"。至今少有社区协会考虑此类问题，这部分是因为美国的社区协会治理制度还相对较新。随着越来越多的社区协会步入中年，现在我们应该关注这些程序，以让地方私人治理边界和组织的必要改变能够实现。[47]

如此，我们就可以进一步接近奥克森对于通过试错流程来解决地方治理形式取舍的愿景。

除了当地市民对于公共产品和服务的明确偏好，没有完全客观的方式可供确定合适的供应单位组合。使用单个供应单位满足个人偏好的便利性随着社区偏好异质性而降低。同样，满足多样偏好的能力随着地方公共经济中供应单位数量的增加而增长（至少在某些时候）。供应单位的创建受组织和运营一个额外单元的预期交易成本所限制。交易成本包括市民参与的成本。选择需在更大的偏好满足（通过创建额外的供应单位获得）和更低的交易成本之间做出。市民们要面对一个只有他们可以决定的取舍。[48]

结　　论

社区协会代表了美国国内向集体私人住房所有权的重大转移（美国国内集体私人住房所有权转移的重大趋势），这种转移遵循了一百年前私人企业法人的发展路径。在许多方面，这些基于社区的组织针对许多传统由地方政府供应的服务提供了替代或补充。但是，随着经济和人口的变化，这类治理的"老化"过程也带来了种种问题。控制这些法人的特许、组织、治理和其他方面的法律已多次进行重大修订。这些改变来源于从各种企业所有权法人形式所获得的经验，以及对于商人、研究人员和其他观察者发现的问题和机遇所做出的回应。随着越来越多的社区协会不断"老化"，这个集体资产所有权领域将日益需要全面的回顾评价，也可能需要新的州法律和其他倡议去不断修正和回应新出现的问题与机遇。

注释

① 比较而言，2007 年政府普查结果显示，共有 89476 个地方政府，其中包括 19491 市，16519 个镇和 3033 个县，这些都在"一般政府范畴"之内。此外，还有 50432 个"特殊政府"，包括 13051 个学区和 37381 个各类特殊地区。
② Nelson (2005a).
③ Hyatt (1998).
④ Low (2003).
⑤ Alexander (1989).
⑥ Anderson (2010).
⑦ See Sigo (2010).
⑧ McClatchy-Tribune Information Services (2010).
⑨ Sheridan (2009).
⑩ 同上。
⑪ Holsman and Vanderhoof (2010).
⑫ Pinkerton (2009).
⑬ USCourts. gov (2010).
⑭ Davidson (2004)，583，631.
⑮ 戴维森（Davidson, 2004）提出，社区协会也适用《破产法》第 9 章。
⑯ McKenzie (1994); Dilger (1992); Barton and Silverman (1994); Hyatt (1998); Stabile (2000).
⑰ Nelson (2005a).
⑱ Davidson (2004).
⑲ 这是笔者根据当地报纸内容整理的表格。
⑳ Blakely and Snyder (1997).
㉑ Lyon (2004), iii.
㉒ 提交的每一份选票实际上变为彩票。一等奖为 300 美元，二等奖为 200 美元，三等奖为 100 美元。
㉓ Ellickson (1973).

㉔Fennell (2000).
㉕Pryne (2008).
㉖Prevost (2008).
㉗"搭便车"是从提供的公共产品和服务中受益,却并不为此支付费用。
㉘Bird (2008).
㉙Berger (2010).
㉚Nelson (2005a), Part V.
㉛Nelson (2005b); Nelson (1999).
㉜Nelson (2008).
㉝Nelson (2006).
㉞Norcross, McKenzie, and Nelson (2008).
㉟Nelson, McKenzie, and Norcross (2008).
㊱Nelson and Norcross (2009).
㊲Heller and Hills (2008).
㊳Popenoe (1985).
㊴Nelson (1977); Fischel (1985)。关于辖区间竞争与分权见 Tiebout (1956); Oates (1972, 2006)。
㊵Williamson (1975); Furubotn and Richter (1997).
㊶芝加哥市长卡特·H. 哈里森 (Carter H. Harrison) 1902 年评论引自 Jackson (1985), 150。
㊷Breton (1996).
㊸Curry (2008).
㊹Oakerson (1999), 81.
㊺同上,127, 85。
㊻同上,86。
㊼Liebmann (2000).
㊽Oakerson (1999), 115.

参考文献

Advisory Commission on Intergovernmental Relations. (1978). *Metropolitan America: Challenge to Federalism.* New York: Arno Press.

Alexander, Gregory S. (1989, November). "Dilemmas of Group Autonomy: Residential Associations and Community," *Cornell Law Review* 75: 1-61.

Anderson, J. Craig (2010, August 29). "Homeowners Associations Facing Own Crisis Amid Foreclosures." *The Arizona Republic.*

Barton, Stephen E., and Carol J. Silverman (Eds.) (1994). *Common Interest Communities: Private Governments and the Public Interest.* Berkeley: Institute of Governmental Studies Press, University of California.

Berger, Donna DiMaggio (2010, July 18). "Are Your HOA Governing Documents Set to Expire Soon?" *Sun Sentinel.*

Bird, Cameron. (2008, July 1). "Irvine Village Loses Architectural Control." *Orange County Register.*

Blakely, Edward J., and Mary Gail Snyder. (1997). *Fortress America: Gated Communities in the*

United States. Washington, DC: Brookings Institution Press.

Breton, Albert. (1996). *Competitive Governments: An Economic Theory of Politics and Public Finance*. New York: Cambridge University Press.

Briffault, Richard. (1996, May). "The Local Government Boundary Problem in Metropolitan Areas." *Stanford Law Review* 48: 1115-1171.

Curry, Tracey (2008, March 16). "Finally, It's Decision Time in Macedon." *Courier Journal*.

Davidson, Kristin L. (2004, Spring). "Bankruptcy Protection for Community Associations as Debtors." *Emory Bankruptcy Developments Journal* 20: 583-632.

Dilger, Robert Jay. (1992). *Neighborhood Politics: Residential Community Associations in American Governance*. New York: New York University Press.

Ellickson, Robert C. (1973, Summer). "Alternatives to Zoning: Covenants, Nuisance Rules, and Fines as Land Use Controls." *University of Chicago Law Review* 40: 681-781.

Fennell, Lee Anne (2000, October). "Hard Bargains and Real Steals: Land Use Exactions Revisited." *Iowa Law Review* 86: 1-85.

Fischel, William A. (1985). *The Economics of Zoning Laws: A Property Rights Approach to American Land Use Controls*. Baltimore: Johns Hopkins University Press.

Furubotn, Eirik G., and Rudolf Richter. (1997). *Institutions and Economic Theory: The Contribution of the New Institutional Economics*. Ann Arbor: University of Michigan Press.

Heller, Michael, and Rick Hills (2008, April). "Land Assembly Districts." *Harvard Law Review* 121 (6): 1467-1527.

Holsman, Melissa E., and Nadia Vanderhoof (2010, October 8). "Owners of Apartment-to-Condo Conversions Feel Burn of Mangled Economy." *PCPalm*.

Hyatt, Amanda G. (1966). *Transition from Developer Control*. 2nd ed., GAP Report 3. Alexandria, VA: Community Associations Institute.

Hyatt, Wayne S. (1998, Winter). "Common Interest Communities: Evolution and Reinvention." *John Marshall Law Review* 31: 303-395.

Jackson, Kenneth T. (1985). *Crabgrass Frontier: The Suburbanization of the United States*. New York: Oxford University Press.

Liebmann, George W. (2000, Winter). "Land Readjustment for America: A Proposal for a Statute." *The Urban Lawyer* 32 (1): 1-20.

Low, Setha. (2003). *Behind the Gates: Life, Security and the Pursuit of Happiness in Fortress America*. New York: Routledge.

Lyon, David W. (2004). "Foreword." In *Planned Developments in California: Private Communities and Public Life*, edited by Tracy W. Gordon. San Francisco: Public Policy Institute of California. iii-v.

McClatchy-Tribune Information Services (2010). http://www.mcclatchydc.com/2010/commentary.Legacy.html.

McKenzie, Evan. (1994). *Privatopia: Homeowner Associations and the Rise of Residential Private Government*. New Haven: Yale University Press.

Nelson, Robert H. (1977). *Zoning and Property Rights: An Analysis of the American System of Land Use Regulation*. Cambridge, MA: MIT Press.

Nelson, Robert H. (1999, Summer). "Privatizing the Neighborhood: A Proposal to Replace Zoning with Collective Private Property Rights to Existing Neighborhoods." *George Mason Law Review* 7: 827-880.

Nelson, Robert H. (2005a). *Private Neighborhoods and the Transformation of Local Government*. Washington, DC: Urban Institute Press.

Nelson, Robert H. (2005b, September/October). "Retro Metro." *Common Ground*.

Nelson, Robert H. (2006, November). "New Community Associations for Established Neighborhoods." *Review of Policy Research* 23.

Nelson, Robert H. (2008). "Community Associations: Decentralizing Local Government Privately." In *Fiscal Decentralization and Land Policies*, edited by Gregory K. Ingram and Yu-Hung Hong. Cambridge, MA: Lincoln Institute of Land Policy. 332-355.

Nelson, Robert H., Kyle McKenzie, and Eileen Norcross (2008). *Lessons from Business Improvement Districts: Building on Past Successes*. Arlington, VA: Mercatus Center, Policy Primer No. 5.

Nelson, Robert H., and Eileen Norcross (2009). *Moving Past Kelo: A New Institution for Land Assembly: Collective Neighborhood Bargaining Associations (CNBAs)*. Arlington, VA: Mercatus Center. Policy Comment No. 23.

Norcross, Eileen, Kyle McKenzie and Robert H. Nelson (2008). *From BIDs to RIDs: Creating Residential Improvement Districts*. Arlington, VA: Mercatus Center. Policy Comment No. 20.

Oakerson, Ronald J. (1999). *Governing Local Public Economies: Creating the Civic Metropolis*. Oakland, CA: Institute for Contemporary Studies Press.

Oates, Wallace E. (1972). *Fiscal Federalism*. New York: Harcourt Brace Jovanovich.

Oates, Wallace E. (2006). "The Many Faces of the Tiebout Model." In *The Tiebout Model at Fifty: Essays in Public Economics in Honor of Wallace Oates*, edited by William A. Fischel. Cambridge, MA: Lincoln Institute of Land Policy. 21-45.

Pinkerton, Trevor G. (2009). "Escaping the Death Spiral of Dues and Debt: Bankruptcy and Condominium Debtors." *Emory Bankruptcy Developments Journal* 26: 125-166.

Popenoe, David. (1985). *Private Pleasure, Public Plight: American Metropolitan Community Life in Comparative Perspective* New Brunswick, NJ: Transaction.

Prevost, Lisa (2008, September 28). "Condo Owners Forced to Sell." *New York Times*.

Pryne, Eric (2008, February 22). "Children's Hospital Agrees to Buy Condos." *Seattle Times*.

Shanklin, Mary (2010, August 19). "Homeowners Associations Buck Cable Bills." *Orlando Sentinel*.

Sheridan, Terry (2009, July 8). "Bankruptcy: $1 Million Debt Sends Condo Association into Chapter 11." *Daily Business Review*. http://www.dailybusinessreview.com/Web_Blog_Stories/2009/July/Maison_bankruptcy.html.

Sigo, Shelly (2010, February 10). "Dirt Bonds Drying Up in Florida." *The Bond Buyer*. http://www.bondbuyer.com/issues/119_276/Florida-CCD-defaults-report.

Stabile, Donald R. (2000). *Community Associations: The Emergence and Acceptance of a Quiet Innovation in Housing*. Westport, CT: Greenwood Press.

Stansel, Dean. (2002). *Interjurisdictional Competition and Local Economic Performance: A Cross-Sectional Examination of US Metropolitan Areas*. Fairfax, VA: Working Paper, Department of

Economics, George Mason University.

Tiebout, Charles M. (1956). "A Pure Theory of Local Expenditures." *Journal of Political Economy* 64 (4): 416-424.

US Courts. gov (2010). "Bankruptcy Basics: Process." Federal Courts website. http://www.uscourts.gov/FederalCourts/Bankruptcy/BankruptcyBasics/Process.aspx.

Williamson, Oliver E. (1975). *Markets and Hierarchies: Analysis and Antitrust Implications*. New York: Free Press.

索 引

A

Aaron, Henry 亚伦, 亨利 277, 476, 492
Abacus deal 证券欺诈交易 701, 721 注释 36
Abbot V 艾伯特五号 524
ACA (Affordable Health Care Act)《平价医疗法案》
Accountability 问责
    funds as 基金 792-793
    health care reform 医疗保险改革 953-954
Accounting standards, convergence of 会计准则趋同 803-804
ACIR. US Advisory Commission on Intergovernmental Relations 美国政府间关系咨询委员会 857-859
Activism 激进主义 857-859
    pension funds 养老基金 857-859
Actuarial Assumption 精算假设 853-854
    public employee pensions and investments 公共雇员养老金及投资 853-854
Actuarially acquired contribution (ARC) 精算缴款 853, 855-856, 863
Adequate yearly progress (AYP) 应达成年度进展 531
Adjusted gross income (AGI) 调整后总收入 304, 318
    personal income tax (PIT) 个人所得税 304, 318
    pension share in 养老金份额 326
Adopted budget 通过的预算 817-821
    revision to 修订 817-821
Aid to Families with Dependent Children (AFDC) 家庭抚养子女补助 164-165
    Patient Protection and Affordable Care Act of 2010 2010年《患者保护与平价医疗法案》164-165
Association of Government Accountants (AGAs) 政府会计师协会 164-165
Aging population 老龄化人口 164-165
    distribution 分布 164-165
    financial architecture of state and local governments 州和地方政府的财政架构 163-167, 173
    knowledge gap 知识缺口 480-483
    nation economy 国民经济 13
    personal income tax (PIT) 个人所得税 316-317
    implications for tax base 对税基的影响 316-317
    retiree health benefits 退休人员医疗福利 874

Agricultural credit, federal preemption 农业信贷，联邦优先 209
AICPA. American Institute of Certified Public Accountants 美国注册会计师协会 139
AFDC. Aid to Families with Dependent Children 家庭抚养子女补助 139
 conversion to TANF 转为对贫困家庭临时援助 939，946
 creation of 创建 550-551
 cutbacks 削减 551
AIP. Airport Improvement Program 机场改进计划 201，202
Airlines 航空公司 201，202
Airport and Airway Trust Fund 机场及航线信托基金 605
Airports 机场 605-607
 transportation finance 交通财政 605-607
 capital funding sources 资本金来源 607
 national airport system 国家机场系统 605
 operating revenues by size, distribution of 按营业收入大小分布 606
 passenger facility charge (PFC) 旅客设施使用费 605
Alabama 亚拉巴马州 72
 Constitution 宪法 72
  estate taxes 遗产税 72
  voting and procedural rules 投票和程序性规则 69
 local taxes 地方税 457
 personal income tax (PIT) 个人所得税 304
 real property tax 不动产税/房地产税 284
Alaska 阿拉斯加州
 Constitution, voting and procedural rules 宪法的投票和程序性规则 68-69
 corporate income taxes (CIT) 公司所得税，334
 defined contribution plans (mandatory) 设定缴款计划（强制性的）845，857
 permanent fund 永久基金 74
 state fuel taxes 州燃油税 745
All Handicapped Children Act《所有残疾儿童教育法案》530
Allianz Capital Partners 安联投资集团 737
Allocation function 配置职能 12，107-109
Allocation of expenditure responsibilities 支出责任划分 12
Alm, James 阿尔姆，詹姆斯 478
Alternative business taxes 选择性营业税 365-366
 business organizational form 企业组织形式 365-366
 distribution 分布 362-364
 efficiency 效率 361-362
 evaluation of 评估 359-372
  administration 管理 369-372
  benefit principle 受益原则 360
  compliance 遵从 369-372

　　　　fairness criterion 公平标准 361

　　　　neutrality 中性 361-367

　　　　rationale for business taxation 征收营业税的理由 359-361

　　　　revenue performance 收入绩效 367-369

　　extraction 开采 362-364

　　generally 通常 361-362

　　gross receipts taxes（GRTs）总收入税 362-367

　　imports and exports 进出口 364-365

　　interstate activity 州际活动 364-365

　　neutrality 中性

　　　　business organizational form 企业组织形式 365-366

　　　　distribution 分布 362-364

　　　　extraction 开采 362-364

　　　　generally 通常 361-362

　　　　gross receipts taxes（GRTs）总收入税 362-367

　　　　imports and exports 进出口 364-365

　　　　interstate activity 州际活动 364-365

　　　　overall assessment 总体评价 366-367

　　　　production 生产 362-364

　　　　value-added taxes（VATs）增值税 362-367

　　overall assessment 总体评价 366-367

　　production 生产 362-364

　　value-added taxes（VATs）增值税 362-367

Amazon.com 亚马逊网站 411

American Association for Higher Education 美国高等教育协会 526

American Association of Port Authorities 美国港务局协会 608

American Institute of Certified Public Accountants（AICPA）美国注册会计师协会

　　convergence of standards 准则趋同 804

　　timeliness of reports 报告及时性 800

American Recovery Act and Reinvestment Act of 2009（ARRA）2009年《美国复苏与再投资法案》

　　amount of aid 援助数量 721 注释 15

　　"budget cliff" 预算悬崖 468

　　Build America Bonds（BABs）建设美国债券 712

　　capital budgeting and spending 资本预算和支出 666-667

　　　　aggregate measures of capital spending 资本支出总量的衡量 666-667

　　　　impact of ARRA《美国复苏与再投资法案》的影响 659，674-676

　　　　jurisdiction-specific capital spendin 管辖区特定资本支出 669

　　　　output and employment，effection，产出与就业的影响 679 注释 35

　　decoupling from 脱钩 155，312，315

　　grant programs，funding 拨款项目资金 90

　　Great Recession（2007-2009）大衰退（2007~2009年）13，142

aid through ARRA 通过《美国复苏与再投资法案》的援助 246

social services safety net programs 社会服务安全网项目 27-28，542，561-578.

implementation of 执行 583，937

intergovernmental grant system federal-state 联邦—州政府间拨款制度 38-39，937，947-950

intergovernmental revenues 政府间收入 186-187

K-12 education，financial management 中小学教育的财务管理 536

maintenance of effort（MOE）provisions 努力维护条款 948

Medicaid 医疗补助 571-576

 figures 数据 560

resources directed by 以……为导向的资源 259，542，559

social services programs 社会服务项目 576-578

social services safety net programs 社会服务安全网项目 563

 federal assistance as percentage of GDP 联邦援助占国内生产总值的百分比 563

 Great Recession（2007-2009）大衰退（2007~2009 年）27-28，542

 modified safety net 改进的安全网 563-578

 overview 概述 561-578

 real state government taxes 州政府实际税收 561

 size of stimulus 刺激规模 562

 unemployment insurance，extension of 失业保险扩展 562

spend-down of funds 资金的合理花费项目 189

state tax administration 州税务管理 468

stimulus packages 经济刺激计划 468

Supplemental Nutrition Assistance Program（SNAP）营养补充援助计划 566-567

supplemental security income 补充性保障收入 567-568

tax credits 税收抵免 568-569

Temporary Assistance to Needy Families（TANF）贫困家庭临时援助计划 569-571

timeframe for 时间表 559

transportation finance 交通财政 619

Transportation Investment Generating Economic Recovery（TIGER）交通投资刺激经济方案 619

unemployment insurance，overview，失业保险概述 564-566

American Tax Policy Institute 美国税收政策研究所 397 注释 2

Antideficiency Act of 1906 1906 年《反超支法案》818

Arizona 亚利桑那州 961，967

 community associations 社区协会 961，967

 Constitution 宪法

  campaign financing 竞选融资 73

  initiative and referendum rules 倡议和公投规则 67

  state and local relations 州和地方关系 77

  voting and procedural rules 投票和程序性规则 69

 personal income tax（PIT）个人所得税 311

 property taxes 财产税 881

staff reductions 裁员 472

　　　tax system 税制 7

Arizona Department of Revenue 亚利桑那州税务局 472

Arkansas 阿肯色州 818

　　　budget 预算 818

　　　Constitution 宪法 63

　　　　　tax and expenditure limits（TELs）税收和支出限制 66

　　　personal income tax（PIT）个人所得税 318

　　　pull-back management 紧缩管理 837

　　　refinancing bond issue 发行再融资债券 723

Arkansas Public Employee Retirement System 阿肯色州公共雇员退休制度 849

Arlington，Virginia community associations 弗吉尼亚阿灵顿社区协会 976

ARRA.《美国复苏与再投资法案》46，48，59，83，199

ARSs. Auction-rate securities 拍卖利率债券 46，48，59，83，199

Articles of Confederation《邦联条例》46，48，59，83，199

Asian financial crisis 亚洲金融危机 698

Asset-backed commercial paper 资产担保商业票据 695

Association of Government Accountants（AGAs）政府会计师协会 800-801

Atlanta 亚特兰大 448

　　　homestead option sales tax（HOST）宅基地选择销售税 448

　　　local option sales tax（LOST）地方选择销售税 448

　　　municipal option sales tax（MOST）市政选择销售税 448

　　　rapid transit 高速交通 448

　　　sales taxes 销售税 448

Attic Maritime Association 阿提卡海事协会 778 注释 10

Auditing and tax gap 审计与税收缺口 476-478

Australia 澳大利亚 729

　　　transportation finance 交通财政 729

　　　value-added taxes（VATs）增值税 911

AYP. Adequate yearly progress 应达成年度进展 739

B

BABs. Build America Bonds 建设美国债券 739

Baby boomers 婴儿潮时期出生人群 739

Bain，Robert 贝恩，罗伯特 739

Balanced budget rules（BBRs）平衡预算规则 17-18，249，254-255

Balance sheet，state and local government sector，州和地方政府部门资产负债表 683-685

Bank of United States 美国银行 199

Bankruptcy 破产 32-33

　　　Chapter 7 of the Bankruptcy Code, community associations《破产法》第 7 章关于社区协会 962，969-971

　　　Chapter 9 of the Bankruptcy Code《破产法》第 9 章 763-770

alternatives to for states 州政府的备选方案 775-776
bondholders, status of payments to 债券持有者支付状况 767, 770
bonds and notes, treatment of 债券与票据处理 767
collective bargaining agreement 集体谈判协议 770
community association 社区协会 980
compensation of professionals 专业人员的补偿 765
contracts 合同 770
initiation of proceeding 启动程序 763-764
insolvent municipalities, limited to 受限于破产自治体 764-765
leases 租赁 770
maintenance of municipal services requirement 维护市政服务的需求 765
municipal bond debt, treatment of 市政债券债务处置 766-767
priorities, summary of 优先权总结 768-769
special revenues 专项收入 765-766, 780 注释 28
statutory liens 法定留置权 765-766

Chapter 11 of Bankruptcy Code, community associations《破产法》第 11 章关于社区协会 962
pension crisis 养老金危机 770-771
community associations 社区协会 960-962, 980 注释 7
termination by bankruptcy 因破产终止 969-971
and default (municipal) 违约（市）759-763

《Bankruptcy Code》破产法 487
Barrett, Katherine 巴雷特, 凯瑟琳 487
BBRs, Balanced budget rules 平衡预算规则
BEA. Bureau of Economic Analysis (BAE) 经济分析局
Behavior and revenue estimation 行为与收入估计 530
Bell, Terrel 特雷尔, 贝尔 530
Benefit principle, alternative business taxes, evaluation of 选择性营业税受益原则评估 360
Berkeley, transportation finance, 伯克利交通财政 618
Bernanke, Ben 伯南克, 本 730
BIDs. Business improvement district 商业改良区 702
The Big Short (Lewis)《大空头》（刘易斯）702
Big swap 里根刺激经济增长措施 946
Bipartisan Policy Center, debt Reduction Task Force, 两党政策中心减债工作组 380, 382, 910, 914
Block grant 一揽子拨款 945
categorical versus 分类对比 945
CCDBG. Child Care and Development Grant Block Grant 儿童保育和发展固定拨款 576
CCDBG program 儿童保育和发展固定拨款项目 576
Community Service Block Grants 社区服务一揽子拨款 576
housing and housing policy 住房和住房政策 631, 641-643
Social Service Bolck Grant 社会服务整体拨款 551
Temporary Assistance to Needy Families (TANF) 贫困家庭临时援助计划 562, 577, 939-940, 946

BLS. Bureau of Labor Statistics 美国劳工统计局 644

BNRT. Business net receipt tax 营业净收入税 644

Bond financing，housing 住房债券融资 644

 mortgage revenue bonds 抵押收益债券 644

 multifamily housing bonds 多户住房债券 644

 tax-exempt private activity bonds 免税个人活动债券 643-644

Bondholder，Chapter 9 of the Bankruptcy Code《破产法》第 9 章债权人 767，770

Bonds 债券 204

 Build America Bonds（BABs）建设美国债券 204

 corporate. see corporate bonds 公司。见公司债券 204

 financing. see bond financing 融资。见债券融资 204

 municipal. see municipal bonds 市政。见市政债券 204

 private activity bonds（PABs）私人活动债券 204

 sovereign states，issued by 由主权国家发行 204

Bonus depreciation 折旧奖励 328 注释 16

Book of Estimates（Congress）《概算书》260 注释 46

Borrowing 借款 74-75

 and debt limits 债务限额 74-75

 powers 权限 52-56

Boston 波士顿 967

 community associations 社区协会 967

 real property tax 不动产税 273

Bowles，Erskine 鲍尔斯，欧斯金 723 注释 71

Brandeis，Louis 布兰代斯，路易斯 3，465

Bridgeport，Connecticut 康涅狄格州，布里奇波特市 764，779-780

 Chapter 9 of the Bankruptcy Code《破产法》第 9 章 764，779-780

 debt default 债务违约 757，761

BSFs. Budget stabilization funds（BSFs）预算稳定基金 59

Budget and Accounting Act of 1921 1921 年《预算与会计法案》59

Budget and budgeting 预算和预算编制 36-37，929-930

 budgetary culture and fiscal sustainability 预算文化和财政可持续性 36-37，929-930

 deficits and value-added taxes（VATs）赤字和增值税 381-383

 expenditures 支出 873-875

 functional budget 功能预算 108

 policy，state 州政策 36，871-893

  specific state tax reforms 特定州税改革 882-885

  structural deficits，preventing 预防结构性赤字 885-890

  structural problems and solutions 结构性问题和解决方法 873-882

 reduction measures，state tax administration 州税削减措施管理 471

 revenues 收入 875-882

 strategies，state tax administration 州税务部门策略 468，469-470

sustainable 可持续的 926-928
Budget and Impoundment Control Act《预算与截留控制法案》59
Budget Control Act of 2011，2011 年《预算控制法案》397 注释 10
Buffalo，community association 布法罗社区协会 965-966
Build America Bonds（BABs）建设美国债券 715
　　　demise，brink of 到期 715
　　　and great recession 以及大衰退 688，692
　　　municipal issuance activity statistics 市政债券发行活动统计 190
　　　overview 概述 712-713
　　　recovery and reinvestment programs 复苏与再投资计划 729
　　　and stimulus act 经济刺激法案 78-79
　　　total sales 销售总额 713
Building permits and revenue estimation 建设许可与收入评估 506
Build-operate-transfer design-build-operate-maintain 建设－经营－转让/设计－建设－经营－维护 613
Build-own-operate 建设－所有－经营 614
Bureaucracy theory 官僚制理论 443
Bureau of economic analysis（BEA）经济分析局 665，667
　　　capital spending，aggregate measures of 资本支出总措施 665，667
　　　contract terms 合同条款 733
　　　generally 通常 154 注释 3
　　　intergovernmental grant program 政府间拨款计划 956 注释 1
　　　service production and employment 服务生产和就业 166
　　　state and local government consumption expenditures 州和地方政府消费性支出 587 注释 6
Bureau of labor statistic（BLS）美国劳工统计局 189
　　　on employment 关于就业 189
　　　public employee pensions and investments 公共雇员养老金和投资 844
　　　　　pension plan funding 养老计划基金 849
　　　　　plan structure 规划结构 845
Bush，George H. W. 布什，乔治·H. W. 901-902
Bush，George W. 布什，乔治·W. 614
　　　highway public-private partnerships（PPPs）高速公路公私合作关系 614
　　　impoundment authority 留置权力 819
　　　markets，commitment to 市场承诺 728-729
　　　nationalization of policy agenda 政策议程国家化 89-90
　　　No Child Left Behind program "不让一个孩子掉队"计划 903，906
　　　public education grants 公共教育拨款 906
Business cycle，policy options for dealing with 商业周期处理的政策选择 152-153
Business enterpriseentity taxation 企业经营实体税 975
Business improvement districts（BIDs）商业改良区 975
Business net receipts tax（BNRT）营业净收入税 354，365
Business organization，citizenship of 公民资格的商业组织 978

Business providers authorities and 供应商机构 201
Business purchases, retail sales and use taxation (RST) 企业采购、零售和使用税 418
Business-to-business sales tax 企业与企业间销售税 9

C

CAFR. Comprehensive annual financial report (CAFR) 综合年度财务报告 523
Cahill, Robinson 卡希尔, 鲁滨逊 523
California 加利福尼亚州 448
    Bradley-Burns uniform sales tax 布拉德利－伯恩斯统一销售税 448
    Build America Bonds (BABs) 建设美国债券 712
    business net receipts tax (BNRT) 营业净收入税 354, 365
    capital spending, aggregation measures of 资本支出总措施 665
    community associations 社区协会 961
    Constitution 宪法 67
        initiative and referendum rules 倡议和公投规则 67
        voting and procedural rules 投票和程序性规则 68
    fiscal crisis 财政危机 7-8
    fiscal sustainability 财政可持续性 927, 928
    forecasts of national economy 国民经济的预测 513 注释 16
    "Furlough Friday" 周五休假 472
    furlough of staff 员工休假 472-473
    Great Recession (2007-2009) 大衰退 (2007~2009 年) 7
    housing 住房 644
        bond financing 债券融资 644
        inclusionary zoning 包容性分区 646
    infrastructure 基础设施 745
    K-12 education, financing management 中小学教育财务管理 522, 527, 530
    personal income tax (PIT) 个人所得税 304, 310
    Professional Engineers in California Government 加利福尼亚政府的职业工程师 746-747
    Proposition 13 第 13 号提案 250, 257
        passage of 通过 250, 257
        and political gap 政治缺口 490
        tax revolt 抗税 464
    Proposition 25 第 25 号提案 892 注释 30
    Proposition 60 第 60 号提案 186
    public employee pensions and investments and Great Recession (2007-2009) 大衰退时期 (2007~2009 年) 公共雇员养老金和投资 861-862
    retail sales and use taxation (RST) 零售和使用税 409, 413
    sale tax 销售税 448
    school-funding lawsuits 学校经费诉讼 523, 524
    Self-Help Counties Coalition 自助郡县联盟 618
    state fuel taxes 州燃油税 745

  tax revolt 抗税 464

  tax system 税制 7-8

  transportation finance 交通财政 618

  warrants issued by 发行的认股权证 723 注释 62

California Board of Equalization 加利福尼亚州均等化委员会 473

California Commission on the 21st Century Economy 加利福尼亚州 21 世纪经济委员会 488-489

California Education Code《加利福尼亚州教育法案》778 注释 14

California Franchise Tax Board 加利福尼亚州税收特许权委员会 343

California Public Employee Retirement System（CALPERS）加利福尼亚州公共雇员退休制度 860

  "Double Bottom Line" program "双重底线"项目 858-859

California Senate Office of Oversight and Outcomes 加利福尼亚州参议院监督与结果办公室 473

California Senate Transportation and Housing Committee 加利福尼亚州参议院交通和住房委员会 744

Campaign financing 竞选资金 73-74

Canada 加拿大 400 注释 79

  HST rate 统一销售税税率 400 注释 79

  retail sales taxes（RSTs）零售销售税 398 注释 44

  revenues 收入 116

  value-added taxes（VATs）增值税 393

Canada Health Transfe 加拿大医疗转移支付 118

Capital Beltway 首都环线 734，741

Capital budgeting and spending 资本预算与支出 30，658-681

  accumulated value 累积价值 678 注释 26

  aggregate measures of capital spending 资本支出总量 665-668

  American Recovery and Reinvestment（ARRA）《美国复苏与再投资法案》659

  annual gross capital spending 年度资本支出总额 668

  capital flow 资金流量 669

  capital improvement plan（CIP）固定资产改进计划 662，673-674

  capital stock 股本 669，719 注释 1

  concept and practice 理念与实践 661-664

  fixed asset "flows" 固定资产 "流动" 670

  functional area, capital investment by 资本投资按功能分区 667

  grants-in-aid 补助款 678 注释 24

  inefficiency 低效率 663

  jurisdiction-specific capital spending 辖区专有的资本支出 668-671，678 注释 17

  levels 各级 665-673

  municipalities 市政公债 678 注释 25

  port authorities 港务局 664

  priorities, capital spending 资本支出优先权 671-673

  reforming capital budget-making 改革资本预算编制 673-674

  state and local governmental capital spending 州和地方政府资本支出 659-661

    functional categories, capital outlays by 资本支出按功能分类 661

total expenditures and capital outlays 总支出和资本投资 660

and stimulus (ARRA) 刺激 (《美国复苏与再投资法案》) 674-676

total net assets (TNA) 净资产总额 674-676

Capital flow 资本流动 669

Capital gains, state treatment of 州政府资本收益处理 317-318

Capital improvement plan (CIP) 固定资产改进计划 662, 673-674

Capital stock 股本 669, 719 注释 1

Carter, Jimmy 卡特, 吉米 530, 901

Cascading, retail sales and use taxation (RST) 零售和使用税叠加 418-419

Cash assistance programs 现金援助计划 553-554

    downturn in 下滑 553-554

    features of 特点 548

    generally 通常 545

    state and local budgets 州和地方预算 547

    state and local spending 州和地方支出 553, 554

Cash flows, governmentwide statement of 政府现金流量表 808

CBPP. Center on Budget and Policy Priorities 预算和政策优先研究中心 230

CCDBG. Child Care and Development Block Grant 儿童保育和发展固定拨款 230

CC&Rs. Conditions and restrictions 条件和限制 230

CDBF program. Community Development Block Grant program 社区发展一揽子拨款计划 230

CDCs. Community Development Corporations 社区开发公司 230

CDOs. Collateralized Debt Obligations 债务抵押债券 230

Center for Community Change Survey 社区变革研究调查中心 652 注释 53

Center on Budget and Policy Priorities (CBPP) 预算和政策优先研究中心 567

    on ARRA 关于《美国复苏与再投资法案》 567

    on defaults 违约 716

    earned income-tax credits 劳动所得税收抵免 586 注释 2

    reductions in per capita tax 人均减税 168

    state tax administration 州税务管理部门 468

CFTC. Commodity Futures Trading Commission 商品期货交易委员会 762-763

Chapter 7, 9 and 11 of the Bankruptcy Code《破产法》第 7 章、第 9 章和第 11 章 762-763

Charitable Trust's Center on the States 美国慈善信托基金中心 762-763

Chicago 芝加哥 965, 967

    community associations 社区协会 965, 967

    debt default 债务违约 757

    parking meters 停车计时器 742-745

    privatization of infrastructure decision-making processes 基础设施建设决策过程的私有化 737-738

Chicago Skyway 芝加哥高架路 614

    decision-making 决策 740

Child Care and Development Block Grant (CCDBG) 儿童保育和发展固定拨款 547, 648

    funding for, ARRA《美国经济复苏与再投资法案》资金 576

Children's Hospital and Regional Medical Center 儿童医院与区域性医疗中心 969

Child's Health Insurance Program (CHIP) 儿童健康保险计划 583

Child Support Enforcement 儿童抚养支持措施 562，576

    funding 基金 562，576

    recessions, generally, responses to 衰退的一般性应对 558

Child Tax Credit (CTC) 儿童税收抵免 562，568

    expansion of 扩大 562，568

    value of 价值 583

"Choice Neighborhoods Initiative" 自主社区选择资助计划 638

Christie, Chris 克里斯蒂，克里斯 929

CIP. Capital improvement plan 固定资产改进计划 730

CIT. Corporate income taxes 公司所得税 730

Citigroup 花旗集团 730

"City Fiscal Conditions" project 城市财政状况计划 665

Civil Rights Movement 民权运动 61

Civil War 美国南北战争 85

    and federalism 联邦主义 85

    and financial emergencies 财政紧急状况 776，777 注释 6

Cleveland 克利夫兰市 760

    bankruptcy 破产 760

    community associations 社区协会 965

    default 违约 760

    personal income tax (PIT) 个人所得税 303

Clinton, Bill 克林顿，比尔 950

    health care reform 医疗改革 950

    markets, commitment to 市场承诺 728-729

Closed-end matching transfers 封闭式配套转移支付 119

Clothing, retail sales and use taxation (RST) 服装，零售和使用税 420

Coercive federalism 强制型联邦主义 3, 11, 87, 90-91, 93-97,

COLAs. Cost-of-living adjustment 生活费用调整 702

CDOs. Collateralized Debt Obligations 债务抵押债券 702

Collection of tax, decrease in 减少征税 464

Collections data and revenue estimation 数据收集和收入评估 506

Collective bargaining agreements, bankruptcy 集体谈判协议，破产 770

Colorado 科罗拉多州 761，779-780 注释 23，779 注释 16

    bankruptcy 破产 761，779-780 注释 23，779 注释 16

    Constitution, sales and excise taxes 宪法，销售税和消费税 71

    infrastructure 基础设施 745

    retail sales and use taxation (RST) 零售和使用税 409

    Taxpayer Bill of Rights (TABOR)《纳税人权利法案》250，873，889

Combined equalization, transfers 均等化转移支付 128

Combined reporting requirement, corporate income taxes (CIT), 公司所得税联合申报 345
Commerce Clearing House 商业票据交换所 407
Commodity Futures Trading Commission (CFTC) 商品期货交易委员会 722 注释 57
    derivatives, regulation of 衍生产品规则 722 注释 57
    swaps, regulation of 掉期规则 722 注释 58
Community associations 社区协会 958-983
    bankruptcy 破产 960-962, 980 注释 7
    business improvement districts (BIDs) 商业改良区 975
    common services 商业服务 964-965
    conditions and restrictions (CC&Rs) 条件和限制 964, 971-973
    "Condo Vultures" "秃鹰公寓" 公司 962
    eminent domain 土地征用权 975-976
    evolution of 演化 39-40
    functioning of 功能 963-965
    general purpose local governments 一般性地方政府 966
    homeowners' associations 房主协会 969
    horizontal integration 水平整合 977
    institutional reforms 体制改革 968-976
        bankruptcy, termination by 破产, 终结 969-971
        eminent domain 土地征用权 975-976
    levy of assessment 征税的评估 964
    local governance, transformation of 地方政府转型 965-967
    not-in-my-backyard (NIMBY) 邻避效应 969
    practical implications 现实意义 967-968
    reorganization 重组 971-974
        as option 期权 959-962
    retrofitting community associations 改造社区协会 974-975
        as social development 社会发展 962-968
    termination 终止 969-974
        as option 期权 959-962
    vertical integration 垂直整合 977
    volunteer leadership, lack of 缺乏自愿领导 959
    voting rights 投票权 967
Community Development Block Grants (CDBG) program 社区发展一揽子拨款项目 576, 631, 641-642, 940-941
Community Development Corporations (CDCs) 社区开发公司 648-649
Community Services Block Grants 社区服务一揽子拨款 576
Competition for jobs and real property tax 就业竞争与不动产税 282
Compliance 遵从 369-372
    alternative business taxes, evaluation of 选择性营业税评估 369-372
    corporate income taxes (CIT) 公司所得税 369-372

retails sales and use taxation (RST) 零售税和使用税 413-414

and tax gap 税务缺口 477，479

Comprehensive annual financial report (CAFR) 综合年度财务报告 790

content of 内容 790

fund financial statements, removal from basic financial statements 基金财务报表, 从基础财务报表中移除 808-809

generally 通常 786，789

Conditional transfers 有条件转移支付 118-119

Conditions and restrictions (CC&Rs) 条件和限制 964，971-973

Condominiums 共管 962

"condo vultures" "秃鹰公寓" 公司 962

Conformity, tax. see Personal Income Tax (PIT); Corporate Income Tax, federal relationship 税收遵从度。见个人所得税, 公司所得税与联邦关系

Congress 国会 260 注释 46

Book of Estimates 《概算书》260 注释 46

elderly, assistance for 老年援助 86

tax treatment of, federal preemption 课征方式联邦优先 206-208

Congressional Budget and Impoundment Control Act of 1974 1974 年国会《预算与截留控制法案》819

Congressional Budget Office (CBO) 国会预算办公室 679 注释 35

ARRA, effect on output and employment《美国复苏与再投资法案》对产出和就业的影响 679 注释 35

on coercive federalism 强制性的联邦制 95

costs of contracts 合同成本 742

on debt accumulation 债务积累 3

forecasting 预测 502

on gross domestic product (GDP) 国内生产总值 896

health care reform 医疗改革 951

and Medicaid 医疗补助 899，913

structural deficit, preventing 预防结构性赤字 886

and value-added taxes (VATs) 增值税 381-383

Connecticut 康涅狄格州 929

fiscal sustainability 财政可持续性 929

local taxes 地方税收 457

Medicaid 医疗补助 944

other postemployment benefits (OPEB) 其他退休福利 852

personal income tax (PIT) 个人所得税 303，309

public employee pension and investments and Great Recession (2007-2009) 大衰退（2007～2009 年）的公共雇员养老金和投资 861

real property tax 不动产税 272-273

rental housing vouchers 租赁住房券 638

revenue diversity 收入多样性 430-431

Constitutional frameworks of finance 财政宪法框架 10，45-82

 amendments，Constitutional，宪法修正案 60-61

 apportionment 分配 51-52

 Articles of Confederation《邦联条例》46，48，59，83，199

 borrowing and debt limits 借贷限额 74-75

 borrowing powers 借款权 52-56

 campaign financing 竞选资金 73-74

 coinage 货币制度 56

 corporate taxes 公司税 73

 counterfeiting 伪造 56

 declarations of rights 权利宣言 64-65

 direct taxes 直接税 51-52

 earmarking 专款专用 73

 equality rights 平等权利 66-67

 estate taxes 遗产税 72

 excise taxes 消费税 71

 federal and state fiscal powers，*The Federalist* on《联邦党人文集》中关于联邦和州的财政权力 47-50

 fiscal powers，limits on 财政权力限制 47-50

  federal 联邦 56-57

  state 州 57-58

 historical origins 历史渊源 63-64

 income taxes 所得税 71-72

 initiative rules 倡议规则 67-68

 institutional integrity，fiscal guarantees of 机构完整，财政担保 59-60

 judicial provisions 司法条款 58-59

 power delegation 权力下放 46-47

 procedural rules 程序性规则 68-69

 provisions in Constitution 宪法条款 50

 public education 公共教育 73

 public finance，state Constitutional frameworks 公共财政的州宪法框架 62-63

 public purpose rule 公共目的规则 66

 rainy-day funds 应急基金 74

 referendum rules 公投规则 67-68

 sale taxes 销售税 71

 separation of powers 分权 59-60

 severance taxes 开采税 72

 specific aspects of state-local finance，constitutional provisions and limits 州和地方财政的特定方面，宪法规定和限制 69-78

  borrowing and debt limits 借贷限额 74-75

  campaign financing 竞选融资 73-74
  corporate taxes 公司税 73
  earmarking 专款专用 73
  estate taxes 遗产税 72
  excise taxes 消费税 71
  income taxes 所得税 71-72
  property taxes 财产税 69-71
  public education 公共教育 73
  rainy-day funds 应急基金 74
  sales taxes 销售税 71
  severance taxes 开采税 72
  state and local relationship 州和地方关系 76-77
  state budgeting 州预算编制 75-76
  trust funds 信托基金 74
spending powers 支出权力 52-56
state and local relations 州和地方关系 76-77
state budgeting 州预算编制 75-76
state fiscal powers, federal statutory and judicial restraints on 州财政权力，联邦法定和司法限制 78-79
state fiscal powers, limits on 州财政权力限制 64-69
  declarations of rights 权利宣言 64-65
  equality rights 平等权利 66-67
  initiative rules 倡议规则 67-68
  procedural rules 程序性规则 68-69
  public purpose rules 公共目的规则 66
  referendum rules 公投规则 67-68
  tax and expenditures limits (TELs) 税收和支出限制 65-66
  Taxpayer Bill of Rights (TABOR)《纳税人权利法案》65
  uniformity rights 权利统一 66-67
  voting rules 投票规则 68-69
tax and expenditure limits (TELs) 税收和支出限制 65-66
taxation 税收 52-56
  corporate taxes 公司税 73
  estate taxes 遗产税 72
  excise taxes 消费税 71
  income taxes 所得税 71-72
  with representation 表示 50-51
  sale taxes 销售税 71
  severance taxes 开采税 72
Taxpayer Bill of Rights (TABOR)《纳税人权利法案》65
trust funds 信托基金 74

  uniformity rights 权利统一 66-67

  voting rules 投票规则 68-69

Constitutional，US. 199 美国宪法，199

  Commerce and Import-Export Clauses of Article I 第 1 条关于商业和进出口条款 199

  Privileges and Immunities Clause of Article Ⅳ 第 4 条关于特权与豁免条款 199

  ratification of 批准 199

Consumer Expenditure Survey 消费者支出调查 420

Consumer Price Index（CPI）居民消费者价格指数 2，445，497，844

Consumer services，retail sales and use taxation（RST）消费者服务，零售和使用税 421

Consumption 消费 9

  spending，generally 一般支出 9

  subnational government（SNG）次国家级政府（州与地方政府）116

  taxes，coordinating federal and state 联邦和州的税收协调 387-396

Continental Army 大陆军 845

Continental Shelf，federal preemption 大陆架，联邦优先 205

Contracts，bankruptcy 合同，破产 770

Cooperation 合作、协作 493

Cooperative federalism 合作型联邦主义 11，29，85，90，92-93

Corporate bonds 公司债券 719 注释 11

  Aaa，interest rates on Aaa 级债券利率 719 注释 11

  Default rates of municipal bonds versus corporate bonds 市政债券和公司债券的违约率 704

Corporate income tax（CIT）企业所得税 20-21，333-351

  administration 管理 369-372

    costs 成本 334

  business income 营业收入 341

  compliance 遵从 369-372

  crisis of 危机 337

    tax incentives 税收激励 337-338

  double-weighted sales factor 双权重销售因素 339-340，346

  federal corporate income tax relationship 联邦公司所得税关系 342-343

  growth of 增长 335

  history of 历史 334-335

  income，corporation of 公司收入 343-344

  limited liability companies（LLCs）有限责任公司 21，341-342，352

  limited liability partnerships（LLPs）有限责任合伙 21，341-342

  opponents of 反对 336

  pass-through entities 转嫁实体 21，341-342

  rationale for 基本原理 335-337

  required reporting，failure to require 要求报告，不要求 340-341

  saving the corporate income tax 节约公司所得税 344-347

    double-weight factor 双权重因素 346

single-sales factor 单一销售因素 346

tax incentives, use of 税收激励的使用 347

three-factor formula, return to 三因素公式，返还 345-346，365

throwback rules 追溯法则 346-347

throw-out rules 舍弃法则 346-347

Uniform Division of Income for Tax Purposes Act（UDITPA）《应税所得统一分配法案》345

single-sales factor 单一销售因素 346

single-weighted sale factor 单一权重销售因素 339-340

tax incentives, use of 税收激励的使用 347

tax-planning opportunities 税收筹划机会 340-341

three-factor formula, return to 三因素公式，返还 345-346，365

throwback rules 追溯法则 346-347

throw-out rules 舍弃法则 346-347

Uniform Division of Income for Tax Purposes Act（UDITPA）《应税所得统一分配法案》339，345

uniformity, abandonment 放弃一致性 338-340

unitary business 单一业务 340

Corporate taxes. See Corporate income taxes（CIT）公司税。见公司所得税

Constitutional frameworks of finance 财政宪法框架 73

Corruption, susceptibility to 对腐败敏感度 702-703

Cost-of-living adjustments（COLAs）生活成本调整

actuarial assumptions 精算假设 854

and Great Recession（2007-2009）大衰退（2007~2009年）861

and pension structure 养老金结构 844

counterfeiting 伪造 56

Counties, state aid to 州对县的拨款 227

CPI. Consumer Price Index 居民消费者价格指数

Credit-rating agencies, 信用评级机构

conflict, inherent 内在冲突 701-702

corruption, susceptibility to 对腐败的敏感度 702-703

credit-rating models 信用评价模型 700-701

criticisms of 批评 699-703

conflict, inherent 内在冲突 701-702

corruption, susceptibility to 对腐败的敏感度 702-703

credit-rating models 信用评价模型 700-701

issuer-pays model 发行者支付模式 701-702

monopolies of opinion 舆论垄断 699-700

private contracts, role of ratings in 信用评级在私人合同中的作用 703

stale ratings 失去时效的评级 701

surveillance, poor 缺乏监管 701

described, 描述的 695-697

issuer-pays model 发行者支付模式 701-702

monopolies of opinion 舆论垄断 699-700

municipal rating model, recalibration 市政评级模型，校准 703-706

private contracts, role of ratings in 信用评级在私人合同中的作用 703

stale ratings 失去时效的评级 701

surveillance, poor 缺乏监管 701

Credit rating 信用评级

models 模型 700-701

stale ratings 失去时效的评级 701

Cross-border shopping 跨境购物 410

CTC. Child Tax Credit（CTC）儿童税收抵免

Cutbacks, federal spending 削减联邦支出 31

D

Data gap, state tax administration 州税务机构数据缺口 25，465-467

Davidson, Kristin 戴维森，克里斯汀 962

DB plans. Defined benefit（DB）plans 固定受益计划

DC plans. Defined contribution（DC）plans 固定缴款计划

Debt 债务

federal debt ceiling 联邦债务上限 61

federal debt growth 联邦债务增长 382，714，895，950

recovery, recession and 经济衰退与复苏 251-252

state debt, history 州债务历史 62

Debt Reduction Task Force 减债工作组 382

Decentralization. see Delegation, Devolution 分权。见授权、分权

decentralized federal system 分权的联邦制度 2，12，17，83-84，96，98，105-106

fiscal decentralization 财政分权 105-106

and education 教育 532

and public goods, local 地方公共产品 110

Decentralization Theorem 分权理论 12，110-111，113

Decision-making, infrastructure. see Privatization of infrastructure 基础设施决策。见基础设施私有化

Declarations of rights, Constitutional frameworks of finance 权利宣言，财政宪法框架 64-65

Default（municipal）违约（市政）

generally 通常 32-33

overview 概述 759-763

sub-sovereign debt default, causes and examples of 次主权债务违约的原因和事例 757-758

Defined benefit（DB）plans 固定受益计划

funding 资金 48，849

generally 通常 856

structure 结构 844

Defined contribution（DC）plans 固定缴款计划

failed plans 失败的计划 862

generally 通常 856-857

  hybrid plans 混合计划 863
  mandatory plans 指令性计划 845，857
  structure 结构 845
Delaware 特拉华州
  business activities tax（BAT）营业活动税 358
  Constitution，borrowing and fund limits 宪法对借贷和资金的限制 75
  income taxes 所得税 451
Delaware department for finance 特拉华州财政局 466
Demographic factors 人口因素
  financial architecture of state and local governments 州和地方的财政架构 14，163-168
    financial architecture of state and local governments 州和地方的财政架构 158-159
    impact of 影响 171-172
Denver 丹佛
  real property tax 不动产税 273
Depreciation，bonus 折旧奖励 328 注释 16
Derivatives，regulation of 对衍生品的监管 722 注释 57
Desigh-build 设计－建造 613
Desigh-build-finance-operate 设计－建造－融资－运营 613
Destination-based taxation 基于目的地征税 360，386，400，413-414
Delegation 授权
  power 权力 46，737，834，919
  financial 财政的，金融的 630，836
Devolution defined 分权定义 104，111，618
  federal budget and 联邦预算 903-907
    public education grants 公共教育拨款 906-907
    surface transportation grants 地面交通拨款 904-906
    housing and housing policy 住房和住房政策 640-641
  transportation finance 交通财政 618，904-906
Dillon's Rule 狄龙法则 46，76，79，177，603，621
Discrimination 歧视
  ports 港口 57
  taxation 税收 73，209
Distribution 分配
  aging population 人口老龄化 164-165
  airports，operating revenues by size 机场，按规模大小的营运收入 606
  alternative business taxes 选择性营业税 362-364
  expenditures 支出
    detailed distribution of expenditures and revenues 详细的支出和收入分配 162-163
    equalization，redistribution formula 均等化，再分配公式，126
  of functions among types of government 不同类型政府的功能 106-109
  K-12 education，percent distribution of revenue，中小学教育，收入分配的百分比 521

personal income 个人所得 166，167

population 人口 164-165

regional redistribution and state intergovernmental grant programs 地区再分配和州的政府间拨款项目 214-215

state intergovernmental grant programs, regional redistribution as reason 地区再分配作为州的政府间拨款项目的理由 214-215

user charges and fees 使用费

    distribution of current charges 现行收费的分配 440，442

District of Columbia 哥伦比亚特区

    Federal preemption of 联邦优先 204-206

    personal income tax 个人所得税（PIT）303，313

    sales taxes 销售税 878

Diversification. see local revenue diversification 多样化。见地方收入多样化

Dodd-Frank Wall Street Reform and Consumer Protection Act (Financial Reform Act)《多德－弗兰克华尔街改革和消费者保护法案》(《金融改革法案》)

    financial products 金融产品 709

    and Government Accountability Office 政府问责办公室 802

    municipal financial advisors 市政财务顾问 708-709

    and municipal securities 市政证券 709-710

    Municipal Securities Rulemaking Board (MSRB) 市政债券规则制定委员会（MSRB）

    passage of 通过 695，707

    SEC, expanded role for 证监会扩展的角色 707-708

    Tower Amendment《托尔修正案》710

Double-weighted sales factor 双权重销售因素

    corporate income taxes 公司所得税 339-340，346

Dual federalism 二元联邦制 11，16，84

E

Earmarking, Constitutional frameworks of finance 专款专用，财政宪法框架 73

Earned income tax credit (EITC) 工薪所得税抵免 311-313，327，329 注释 39

    generally 通常 568

    increase 增加 578

    social services programs 社会服务项目 546，547

    state and local spending 州和地方支出 556

    state EITCs 州工薪所得税抵免 312

    value of 价值 583

E-commerce 电子商务 184，336，352

E-commerce sales and revenue estimation 电子商务销售和收入估算 506

E-commerce sales tax 电子商务销售税 23

Economic conditions, financial reporting standards 经济条件下财务报告标准 798，810-812

Economic downturn of 2007-2009 2007～2009 年经济下滑

Economic efficiency 经济效率

criterion applied 应用准则 2，23，89，129，222，353，414，742

local revenue diversification 地方收入多样化 434，456

retail sales and use taxation 零售和使用税 23，413-414，420

Economic factors, financial architecture of state and local governments 经济因素，州和地方政府的财政架构 163-168

Economies of scale 规模经济 107-108，126-127

The Economist《经济学人》163，700

Education 教育

 fiscal sustainability 财政可持续性

  entitlement spending 法定支出 921

   forecasting 预期 925

 income taxes 所得税 455

 K-12, financial management 中小学财务管理 26-27，519-541

 as local government responsibility 作为地方政府责任 520-22

 user charges and fees 使用费 439-440

Education Trust 教育信托 526

Efficiency 效益 12，115

 alternative business taxes 选择性营业税

  evaluation of 演变 361-362

  generally 通常 361-362

 defined 定义 514 注释 31

 personal income tax (PIT) 个人所得税 305

 real property tax 房地产税 276

 retail sales and use taxation (RST) 零售和使用税 413-414，416-417

Eighth Amendment 第 8 条修正案 61

Eisenhower, Dwight D. 艾森豪威尔，德怀特·D. 904

Elasticity, gross receipts taxes 弹性，总收入税 373

Electricity, retail sales and use taxation (RST) 电力、零售和使用税 423

Electronic reporting 电子报告 799，810

Elementary and Secondary Education Act (ESEA)《初等和中等教育法案》530

Emergency Fund 应急基金 562

Emergency Shelter Grants 应急避难所拨款 576

Eminent domain, community associations 征用权，社区协会 975-976

Employee Retirement Income Security Act of 1974 (ERISA) 1974 年《雇员退休收入保障法案》846，850

 federal preemption 联邦优先 208

Employment 就业

 competition for jobs and real property tax 就业竞争和不动产税 282

 federal preemption 联邦优先 208-209

 Great Recession (2007-2009) 大衰退（2007～2009 年）500

 national economy 国民经济 140，142

trends 趋势 166-167
Emulation 竞争 108
EMU Stability and Growth Pact 欧洲货币联盟《稳定与增长公约》259
Energy assistance programs 能源援助计划
Energy tax, proposed 提议的能源税 910
Enron scandal 安然丑闻 698
Entering the 21th Century（World Development Report）《进入21世纪》（世界发展报告）105
Enterprise Community Partners 企业社区伙伴 649
Entitlement spending, fiscal sustainability 法定支出的财政可持续性 920-924
 health insurance 健康保险 923
 Medicaid 医疗补助 922-923
 pension plans 养老计划 923
 public education 公共教育 921
Entity taxation of business enterprises 企业经营实体税 21-22，352-379
 alternative business taxes, evaluation of 选择性营业税的评估 359-379
  administration，管理 369-72
  benefit principle 效益原则 360
  compliance 遵从 369-372
  efficiency 效率 361-362
  fairness criterion 公平标准 361
  neutrality 中性 361-367
  rationale for business taxation 企业税收基本原理 359-361
 Corporate income taxes（CIT）公司所得税 21-22，352-379
 current examples of business activity taxes 目前经营活动税的例子 358-359
 enforcement 执行，实施 372
 gross receipts taxes（GRTs）总收入税
  compliance and administration 遵从和管理 369-372
  described 描述的 354-356
  fairness criterion 公平标准 361
  levy 征收 360
  neutrality 中性 362-367
  overview 概述 353-359
  revenue performance 收入绩效 367-369
 taxonomy of business taxes 营业税分类 354
 value-added taxes（VAT）增值税
  compliance and administration 遵从和管理 369-372
  consumption variant 消费变量 357
  described 描述的 356-358
  destination-based 基于目的地 360
  neutrality 中性 362-367
  overview 概述 353-359

Equality rights, Constitutional frameworks of finance 平等的权利，财政宪法框架 66-67
Equalization formula, transfers 转移支付均等化公式 125-126
Equity 公平
 lawsuits, K-12 education 诉讼，中小学教育 523
 personal income tax (PIT) 个人所得税 305
 real property tax 不动产税 277-279
 taxation 税收 115
Ernst and Young 恩斯特和扬 414，635
Estate taxes 遗产税
 Constitutional frameworks of finance 财政宪法框架 72
 "pick up" taxes "搭便车"税收 95
Euromoney 欧洲货币 731
European Financial Stability Facility 欧洲财政稳定机制 774
European Union 欧盟 133-134
Excise taxes 消费税 71
 expenditure 支出
 assignment 分配 12
 equalization 均等化
 financial architecture of state and local governments 州和地方政府的财政架构 158
  current fiscal architecture 目前的财政架构 159-163
   detailed distribution of expenditures and revenues 详细的支出和收入分配 162-163
   per capita expenditures and revenues 人均支出和收入 160
 limits 限制 17
 local governments 地方政府 15，180-181
  across regions 跨地区 182
  by function 按功能 181
  growth of 增长 181-182
 reforms, structural problems and solutions 改革，结构性问题和解决方案 873-875
 tax expenditure scruitny 税式支出审查 888-889
 unfunded mandates increasing 无资金支持的授权增加 907-908
Expenditures equalization, transfers 转移支付支出均等化 119，120，123-128
 cost differences 成本差异 124-125
 cost disparities 成本差距 127-128
 economies of scale, impossible 规模经济，不可能 126-127
 equalization formula 均等化公式 125-126
 needs differences 需求差异 124
 redistribution formula 再分配公式 126
 stylized expenditure equalization 程式化的支出均等化 123-124，125
 X-inefficiencies X-无效率 127-128
Externalities, presence of 存在外部性 108
Extraction, alternative business taxes 开采，选择性营业税 362-364

F

FAA. Federal Aviation Administration 联邦航空管理局
Fair Market Rent (FMR) 公平的市场租金 638
Fairness criterion, alternative business taxes 公平标准, 选择性营业税 361
Fannie Mae. See Federal National Mortgage Association 房利美. 见联邦国家抵押贷款协会
Farm Loan Bank 农业贷款银行 56
Federal Accounting Standards Advisory Board (FASAB) 联邦会计准则咨询委员会 918
Federal Aviation Administration (FAA) 联邦航空管理局
Federal Deposit Insurance Corporation 联邦存款保险公司 706
Federal Employees Retirement Act (1920) 1920年《联邦雇员退休法案》 846
Federal employees, tax treatment of federal preemption 联邦雇员, 联邦优先的税务处理 206-208
Federal Highway Administration (FHWA) 联邦公路管理局
 Conditions and Performance Report 情况和绩效报告 598-599, 617
 costs of contracts 合同成本 743-744
 vehicle miles traveled, estimates of 车辆行驶里程的估计 244 注释 24
Federal Home Loan Mortgage Corporation (Freddie Mac) 联邦住房贷款抵押公司（房地美）56, 717
Federal Housing Administration 联邦住房委员会 626
Federalism 联邦制 11-12, 83-104
 challenges of 诸多挑战 87-95
  nationalization of policy agenda 政策议程国家化 89-95
 devolution, federal budget 授权, 联邦预算 903-907
 energy tax, proposed 能源税提案 910
 expenditures, unfunded mandates increasing 支出, 无资金支持的授权增加 907-908
 federal grants 联邦拨款 897-901
 future of 未来 36-37, 99-100, 894-916
  devolution, federal budget and 授权, 联邦预算 903-907
  energy tax, proposed 能源税提案 910
  federal grants 联邦拨款 897-901
  personal tax 个人税 912
  public education grants 公共教育拨款 906-907
  surface transportation grants 地面交通拨款 904-906
  tax policy 税收政策 908-912
  unfunded mandates 无资金支持的授权 907-908
  value-added tax (VAT) 增值税 908-912
 history 历史 84-87
 nationalization of policy agenda 政策议程国有化 89-95
  coercive federalism 强制型联邦主义 93-95
  cooperative federalism 合作型联邦主义 90-93
 personal tax 个人税 912
 public education grants 公共教育拨款 906-907
 surface transportation grants 地面交通拨款 904-906

tax policy 税收政策 908-912
trends 趋势 99
unfunded mandates 无资金支持的授权 907-908
value-added tax (VAT) 增值税 908-912

The Federalist《联邦党人文集》10
on federal and state fiscal powers 有关联邦和州的财政权力 11，47-50

Federal National Mortgage Association (Fannie Mae) 联邦国家抵押贷款协会（房利美）56，717

Federal Reserve Bank System 联邦储备银行系统 85

Federal Reserve Board 联邦储备委员会 283，721 注释 35

Federal Transit Administration 联邦运输管理局
public transit 公共交通 604

Federation of Tax Administrators (FTA) 税务管理者协会
data gap 数据缺口 465-467
knowledge gap 知识缺口 482
policy gap 政策缺口 487
resourse gap 资源缺口 470
revenue estimation 收入估计 513

Finance，importance of 金融重要性 12，105-136
allocation function 配置功能 12，107-109
expenditure assignments 支出分配 12
public goods 公共产品
divergencies for demand 需求差异 110-111，112
divergencies in cost of goods and services 商品和服务成本差异 111，113
local public goods，provision of 地方公共产品供给 109-113
revenue assignments 收入分配 12，113-117
transfers 转移支付 118-129
closed-end matching transfers 封闭式配套转移支付 119
conditional transfers 有条件转移支付 118-119
expenditure equalization 支出均衡 119，120，123-128
horizontal imbalance 横向失衡 118
horizontal versus vertical equalization 横向和纵向均等化 128-129
interjurisdictional spillovers 辖区间外溢 118
nonmatching transfers 无配套转移支付 119
open-ended transfers 开放式转移支付 118-119
resourse equalization 资源均等化 119，120
revenue equalization 收入均等化 120-123
unconditional transfers 无条件转移支付 118-119
vertical equalization 纵向均等化 128-129
vertical fiscal imbalance 纵向财政不平衡 118

Financial Accounting Standards Board (FASB) 财务会计准则委员会
compliance，generally 遵从，普遍地 785

convergence of standards 标准趋同 804
Financial architecture of state and local governments 州和地方的财政架构 13-14，156-175
 aging population 人口老龄化 163-167，173
 current fiscal architecture 当前财政架构 158-163
 demographic factors 人口统计因素 14，158-159，163-168
 economic factors 经济因素 163-168
 employment trends 就业趋势 166-167
 expenditures 支出
  current fiscal architecture 当前财政架构 159-163
  impacts 影响 158
  per capita expenditures and revenues 人均支出和收入 160
 impacts 影响 168-169
 institutional factors 制度因素 158-159
 outlook 展望 169-173
 pension financing 养老金融资 174 注释 15
 personal income distribution 个人收入分配 166，167
 purpose and scope 目的和范围 157
 reform options 改革的选择 169-173
Finance bubble 金融泡沫
 background of debt bubble 债务泡沫的背景 757
 bursting of 破裂 729-730
Financial control board 财务控制委员会 132 注释 7
Financial crisis（2007-2009）2009~2009 年金融危机
Financial emergencies 财政紧急状况 32-33，756-782
 background of debt bubble 债务泡沫的背景 757
 Chapter 9 of the Bankruptcy Code《破产法》第 9 章 763-770
 debt-restructuring mechanism，search for 寻求债务重组机制 758
 default（municipal）违约（市政）
 financially troubled states, dilemma facing 有财务问题的州面临两难 774-775
 pension crisis 养老金危机
  Chapter 11 of Bankruptcy Code《破产法》第 11 章 771
  mechanisms other than Chapter 9 第 9 章之外的其他机制 770-771
 sovereign debt resolution 主权债务解决 756
 sovereign debt resolution mechanism 主权债务解决机制 775-776
Financial management 财务管理
 bankruptcy 破产 32-33
 capital budgeting and spending 资本预算与支出 30，658-681
 default 违约 32-33
 financial emergencies 财政紧急状况 32-33，756-782
 financial markets and state and local governments 金融市场与州和地方政府 31，683-726
 financial reporting standards 财务报告准则 33-34，783-785

housing policy 住房政策 29-30，624-657
privatization of infrastructure 基础设施的私有化 31-32，727-755
pull-back management 紧缩管理 34-35，816-842
transportation finance 交通财政 28-29，594-623

Financial markets and state and local governments 金融市场与州和地方政府 31，683-726
asset-backed commercial paper 资产担保的商业票据 695
auction-rate securities（ARS）拍卖利率债券 688-689，694
balance sheet 资产负债表 683-685
changes in financial markets 金融市场的变动 710-712
credit-rating agencies 信用评级机构
credit ratings 信用评级
debt，payment of 清偿债务 715-716
default 违约 715-716
infrastructure 基础设施 683
interest rate swaps 利率互换 691-692
London Interbank Offered Rate（LIBOR）伦敦银行同业拆借利率 689
MSRB. Municipal Securities Rulemaking Board 市政债券规则制定委员会
municipal bonds 市政债券
by interest payment type 按利率支付类型 688
new capital and refunding 新资本与再融资 687
new issues 新发行的债券 687
municipal debt outstanding 未偿还的市政债券 684
municipal financial advisors 市政财务顾问 708-709
municipal rating model 市政评级模型 703-706
nongovernmental debt 非政府债务 685
precrisis years 危机前的年份 686-689
reforms 改革 706-707
structural concerns 结构性问题 714-715
uncertainty 不确定性 692-693

Financial reporting standards 财务报告准则 33-34，783-815
accountability，funds as 问责，资金 792-793
budgetary reporting in financial statements，decline of 财务报告中的预算报表，下滑 791-792
cash flow，governmentwide statement of 现金流，政府报表 808
convergence of accounting standards 会计准则的趋同 803-804
economic conditions 经济形势 798，810-812
electronic reporting 电子报告 810
emphases in reporting，changes 报告重点，变动 791-796
internal control mechanism，funds as 内部控制机制，资金 792-793
interperiod equity 跨期权益 793-796
FASB. Financial Accountings Standards Board 财务会计准则委员会
federal influence 联邦影响 802

financial-reporting objectives and financial statement objectives 财务报告目标和财务报表目标 785-786

fiscal sustainability 财政可持续性 920

forward-looking information 前瞻性信息 798，810-812

fund financial statements，removal from basic financial statements 基金财务报表，从基本财务报表中移除，808-809

future of government financial reporting 未来政府财务报告 805-807

GASB. Government Accounting Standards Board 政府会计准则委员会

government financial-reporting model，changes in 政府财务报告模式，变动 786-791

internal control mechanism，funds as 内部控制机制，资金 792-793

interperiod equity 跨期权益 793-796

modified accrual accounting，changes to 修正的权责发生制会计，改变 808

municipal bonds market 市政债券市场 803

nonmandatory financial statements 非强制性财务报表 786

standards setters for accounting 会计准则的制定者 785-786

Tower Amendment《托尔修正案》

Fiscal austerity 财政紧缩 36-37，933-934

Fiscal autonomy，local government finance 财政自主权，地方政府财政 191

Fiscal institutions 财政制度

Great Recession（2007-2009）and recovery 大衰退（2007～2009年）和经济复苏 17-18，246-267

alternatives to fiscal institutions 财政制度的选择 258-259

balanced budget rules 平衡预算规则 249，254-255

budget stabilization funds（BSF）预算稳定基金 252-253

debt restrictions 债务限制 251-252

effects of fiscal institutions 财政制度的影响 253-256

reasons for fiscal institutions 财政制度选择的多种原因 256-258

tax and expenditure limits 税收和支出的限制 250-251，257

Fiscally neutral reforms 财政中性改革 8

Fiscal notes，reforms 财政票据，改革 887-888

Fiscal powers，limits on 财政权力，限制

federal，对联邦 56-57

state 对州 57-58

Fiscal stress，pull-back management 财政压力，紧缩管理 34-35，816-842

Fiscal sustainability 财政可持续性 37-38，917-936

budgetary culture，role of 预算文化，角色 36-37，929-930

budgeting，sustainable 预算，可持续的 926-928

entitlement spending 法定支出 920-924

health insurance 医疗保险 923

medicaid 医疗补助 922-923

pension plans 养老金计划 923

public education 公共教育 921

failure of，impact of potential 失败潜在影响 933-934
federal expenditures 联邦支出 927-928
financial reporting 财务报告 920
forecasting 预测 924-926，930-933
health insurance 医疗保险 923
Medicaid 医疗补助
    entitlement spending 法定支出 922-923
    forecasting 预测 924-925
pension plans 养老金计划 923
public education 公共教育
    entitlement spending 法定支出 921
    forecasting 预测 925
value-added taxes（VAT）增值税 928

Fitch Ratings 惠誉评级 699，705

Florida 佛罗里达州
  Constitution，income taxes 宪法，所得税 72
  forecasts of national economy 国民经济预测 513 注释 16
  personal income taxes 个人所得税 880
  property taxes 财产税 881
  retail sales and use taxation（RST）零售和使用税 408，421
  revenue projections 收入预测 887
  sales tax 销售税 398
  tax system 税收制度 7

Florida Department of Revenue 佛罗里达州税务局 876-877

"Flypaper effect" 粘蝇纸效应 224

FMAP. Federal Medical Assistance Percentage 联邦医疗援助比例

FMR. Fair Market Rent 公平市场租金

Food and nutrition programs 食品与营养计划
  features of 特点 548-549

Food，retail sales and use taxation（RST）食物，零售和使用税 420，423

Forecasting 预测
  budget policy，state 州预算政策 36，871-893
    specific state tax reforms 具体的州税制改革 882-885
    structural deficits，preventing 预防结构性赤字 885-890
    structural problems and solutions 结构性问题与解决方案 873-882
  decentralization 分权 11-12
  federalism 联邦主义 36-37，99-100，894-916
  financial reporting standards 财务报告标准 805-807
  fiscal austerity 财政紧缩 36-37，933-934
  fiscal sustainability 财政可持续性 37-38，917-936
  intergovernmental grant system，federal-state 联邦—州政府间拨款制度 38-39，937-957

local government finance，profiles of 地方政府财政，概况 191-192
privatization of infrastructure 基础设施私有化 746-747
public employee pensions and investments 公共雇员养老金和投资 862-865
real property tax 不动产税 287-289
reforms 改革 36，871-893
　　special state tax reforms 具体的州税制改革 882-885
　　structural deficits，preventing 预防结构性赤字 885-890
　　structural problems and solutions 结构性问题与解决方案 873-882
revenue autonomy，federal preemption of 收入自主权，联邦优先 210
Foreclosure rates，local government finance，止赎率，地方政府财政 188
Foreign trade zones，federal preemption 外贸区，联邦优先 205
Formulas，transportation finance 公式，交通财政 618-619
Forward-looking information 前瞻性信息 798，810-812
　government accounting standards board（GASB）政府会计准则委员会 798
Foundation grants，K-12 education 基金会拨款，中小学教育 525
Franklin Bank 富兰克林银行 697
Franklin，Benjamin 富兰克林，本杰明 48
Fraud，prevention of 欺诈，预防 722
Freestanding Voucher Program 独立的教育券计划 638-639
Functional budget 功能预算 108
Fund financial statements，removal from basic financial statements 基金财务报表，从基本财务报表中移除，808-809

G

GAAP. Generally Accepted Accounting Principles 一般会计准则
GAO. Government Accountability Office 政府问责办公室
Garner，North Carilina 加纳，北卡罗来纳州
　user charges and fees 使用费 441-442
GASB. Government Accounting Standards Board 政府会计准则委员会
Generally accepted accounting principles（GAAP）一般会计准则
　capital budgeting and spending 资本预算与支出 669
　demand for financial statements 财务报表需求 787
　fund financial statements，removal from basic financial statements 基金财务报表，从基本财务报表中移除 809
　nonmandatory financial statements 非强制性财务报表 786
　other postemployment benefits（OPEB）其他退休福利 851
　reporting requirements 报告要求 784
General-purpose government 一般目的政府 177
General Revenue Sharing 一般收入分享 87，92
Georgia 佐治亚州
　budget 预算 818
　Governor's Office of Planning and Budget（OPB）州长计划与预算办公室 828

Homeowners Tax Relief Grant（HTRG）房主税收减免拨款 828，836

　　personal income tax（PIT）个人所得税 317

　　pull-back management 紧缩管理 816-817，821，827-830，835-836

　　tax burden 税收负担 451

Georgia State University 佐治亚州立大学 317

GF series 政府财政系列数据

Globalization，defined 全球化定义 105

Goldman Sachs 高盛投资公司 701

Goods versus services，revenue estimation 产品与服务，收入估计 505

Governing magazine《治理》杂志 487

Government Accountability Office（GAO）政府问责办公室

　　on fiscal capacity 关于财政能力 92

　　fiscal sustainability 财政可持续性

　　　　budgeting，sustainable 预算编制可持续的 926-927

　　　　forecasting 预测 924

　　health care costs 医疗保健费用 874

　　High Risk List 高风险列表 728，746

　　intergovernmental grant system，federal-state，联邦一州政府间拨款制度 954-955

　　Medicaid 医疗补助 573

　　other postemployment benefits（OPEB）其他退休福利 852

　　privatization of infrastructure，decision-making processes 基础设施私有化决策程序 737

　　public employee pensions and investments 公共雇员养老金和投资 844

　　on shortfalls 关于资金缺口 247

　　on state personal income taxes 关于州个人所得税 305

　　Tower Amendment《托尔修正案》802

Government Accounting Standards Board（GASB）政府会计准则委员会

　　actuarial assumptions 精算假设 853，854，863

　　capital budgeting and spending 资本预算与支出 719

　　Concepts Statement No.1 第1号概念，公告

　　　　accountability，importance of 责任，重要性 792

　　　　forward-looking information 前瞻性信息 798

　　　　interperiod equity 跨期股权 794-995

　　convergence of standards 标准趋同 804

　　current focus 目前焦点 796-801

　　　　economic condition/fiscal sustainability 经济状况/财政可持续性 798

　　　　electronic reporting 电子报告 799

　　　　forward-looking information 前瞻性信息 798

　　　　measurement and recognition 度量与识别 801

　　　　postemployment benefits 退休福利 797-798

　　　　timeliness of reports 报告的及时性 800-801

　　economic condition/fiscal sustainability 经济状况/财政可持续性 798

electronic reporting 电子报告 799，810

　　federal funding for 联邦基金 803

Government Accounting Standards Board 政府会计准则委员会

　　fiscal sustainability 财政可持续性

　　　　definition 定义 918-920

　　　　financial reporting standards 财务报告准则 920

　　forward-looking information 前瞻性信息 798，810-812

　　measurement and recognition 度量与识别 801

　　nonmandatory financial statements 非强制性财务报表 786

　　other postemployment benefits（OPEB）其他退休福利 851

　　postemployment benefits 退休福利 797-798

　　reporting requirements 报告要求 33-34，783-785

　　Statement No. 11 第 11 号公告 794

　　Statement No. 34 第 34 号公告

　　　　interperiod equity 跨期股权 795-796

　　　　measurement and recognition 度量与识别 801

　　　　model adopted in 被采用的模型 784

　　Statement No. 35 第 35 号公告 793

　　Statement No. 43 第 43 号公告 851，862

　　Statement No. 45 第 45 号公告 851，862

　　timeliness of reports 报告的及时性 800-801

Government Finance Officers Association（GFOA）政府财务官员协会 787，799，800，811

Government subsidies，privatization of infrastructure 政府补贴，基础设施私有化 741-743

Gramlich，Edward 格兰姆里奇，爱德华 91，246，259，721

Gramm-Rudman-Hollings Budget 格兰姆—拉德曼—霍林斯预算 901

Grant Anticipation Notes（GANs）预期拨款债券 615

Grant Anticipation Revenue Vehicles（GARVEEs）预期拨款收入债券 615

Grants and grant programs 拨款与拨款计划

　　cooperative federalism 合作型联邦主义 91-93

　　federal grants，future of 未来联邦拨款 897-901

　　　　Medicaid 医疗补助 897-900

　　　　non-Medicaid grants 非医疗补助项目的拨款 900-903

　　national economy 国民经济 147，148

　　public education grants 公共教育拨款 906-907

　　surface transportation grants 地面交通拨款 904-906

　　transportation finance 交通财政 618-619

Great Depression（1929-1933）大萧条（1929～1933 年）

　　bankruptcy 破产 33，759，776

　　credit crisis of 2007-2008 2007～2008 年的信贷危机 711-712

　　credit ratings 信用评级 697

　　default（municipal）违约（市政）759-763

extension of 延期 248
federalism 联邦主义 11
housing prices，fall in 房价下降 716-717
municipal bonds 市政债券 705
policy gap 政策缺口 487
property taxes 房产税 70，717
"Second New Deal" "第二次新政" 550
value-added taxes（VATs）增值税 396

Great Recession（2007-2009）大衰退（2007～2009 年）
  American Recovery and Reinvestment Act（ARRA）《美国复苏与再投资法案》13，142
    financial markets and state and local governments 金融市场与州和地方政府 716
    intergovernmental grant system, federal-state 联邦—州政府间拨款制度 38-39，937，947-950
    social services safety net 社会服务安全网
  bankruptcy 破产 32-33
  California 加利福尼亚 7
  capital budgeting and spending 资本预算与支出 30，665-673
    aggregate measures of capital spending 资本支出总计 665-668
    annual gross capital spending 年度总资本支出 668
    capital spending priorities 资本支出重点 671-673
    definition of Great Recession 大衰退的定义 677
    jurisdiction-specific capital spending 特定辖区的资本支出 668-671
    municipalities 市 678
    reforming capital budget-making 资本预算编制改革 673-674
    stimulus（ARRA）刺激（《美国复苏与再投资法案》）674-676
  corporate income taxes（CIT）公司所得税 20
  default 违约 32-33
  education extensions 教育扩张 948-949
  employment 就业 500
  financial architecture of state and local governments 州和地方的财政架构 13-14，168-169
  fiscal vulnerability 财政脆弱性 4
  health care programs 医疗保健计划 27-28，545.
  housing prices，fall in 房价下降 716-717
  impact of 冲击 7
  intergovernmental grant system, federal-state 联邦—州政府间拨款制度 38-39，937，947-950
    education extensions 教育扩张 948-949
    "new normal" "新常态" 949-950
    three stages of Recession 经济衰退的三个阶段 947-948
  key indicators 主要指标 497
  layoffs 裁员 15，559
  local governments 地方政府 188-189
  Medicaid 医疗救助 947-949

　　　　enrollment 登记 574-575
municipal bonds 市政债券
　　　　default rates 违约率 697
　　　　interest rate swaps 利率互换 691-692
　　　　municipal rating model 市政债券评级模型 703-706
"new normal" "新常态" 949-950
official dates of 官方日期 137
personal income 个人所得 499-500
personal income tax (PIT) 个人所得税 19-20，305-306，323-326
　　　　decline of personal income 个人所得的下降 323
　　　　loss of revenue 收入流失 325
　　　　retirement income 退休收入 326
　　　　revenue changes 收入变动 309
　　　　state policy changes 州政策的改变 306-309
　　　　state revenue performance 州财政收入绩效 306
　　　　tax base 税基 323-324
　　　　tax expenditures 税式支出 313
　　　　tax increases 税收增长 307，308，309
　　　　variation in tax revenue 税收收入变化 326
　　　　volatility short-run 短期波动 316，326
public employee pensions and investments 公共雇员养老金和投资 859-865
　　　　forecasting 预测 862-865
pull-back management 紧缩管理 816
real property tax 不动产税 19，272
　　　　revenue source, property tax as 收入来源，财产税 272
recession rather than depression 经济衰退而非不景气 716-718
recovery, institutions 恢复，制度 17-18，246-267
　　　　alternatives to fiscal institutions 财政制度的替代选择 258-259
　　　　balanced budget rules 平衡预算准则 249，254-255
　　　　budget stabilization funds (BSFs) 预算稳定基金 252-253
　　　　debt restrictions 债务限制 251-252
　　　　effects of fiscal institutions 财政制度的影响 253-256
　　　　tax and expenditure limits (TELs) 税收和支出限制 250-251，257
retail sales and use taxation (RST) 零售和使用税 408
revenue estimation 收入估计 25，497-516
　　　　state and local tax revenue 州与地方税收收入 498
severity of 严重性 6，7
social services safety net programs 社会服务安全网计划 27-28，542-593
　　　　changes to safety net 安全网的变化 582-586
　　　　before Great Recession 大衰退之前 550-558
　　　　implications for future 对未来的启示 584-586

state and local budgets，in context of 州与地方预算，背景 546-550

    state budgets 州预算 464

    state tax administration 州的税务管理 468

    three stages of Recession 经济衰退的三个阶段 947-948

    unemployment rate 失业率 559-560

Great Society initiative "伟大社会"倡议 11，550-551，900，903

Greece 希腊

    defaults，ancient Greece 违约，古希腊 778

    emergency funds 应急基金 774

Gross domestic product（GDP）国内生产总值

    American Recovery and Reinvestment Act（ARRA）《美国复苏与再投资法案》563

    contributions to 贡献 3

    education 教育 519

    federal debt 联邦债务 895-896

    federal grants 联邦拨款 897-901

    fiscal sustainability，Medicaid 财政可持续性，医疗补助 925

    forecasting 预测 502

    Great Recession（2007-2009）大衰退（2007～2009年）497，559

    health care costs 医疗保健费用 874

    Medicaid 医疗补助 897-900

    national economy 国民经济

        consumption and gross investment 消费与总投资 138

        contributor to 贡献 12-13，138-140

        expenditure，current 目前支出 139

        local government employment 地方政府雇员 140

        nonfarm employment 非农就业 139，140

        state and local receipts 州与地方收入 146-147

        tax receipts 税收收入 147

    "new normal" "新常态" 949

    retail sales and use taxation（RST）零售与使用税 409，424

    social services safety net programs 社会服务安全网计划 544

    value-added taxes（VATs）增值税 381-382

Gross receipts taxes（GRTs）总收入税

    compliance and administration 遵从与管理 369-372

    elasticity 弹性 373

    fairness criterion 公平标准 361

    levy 征收 360

    neutrality 中性 362-367

    retail sales and use taxation（RST）零售与使用税 413

    retail sales tax（RST），compared 零售税比较 355

    revenue performance 收入绩效 367-369

Gubernatorial withholding, pull-back management 州长预提，紧缩管理 834-837

H

Hamilton, Alexander 汉密尔顿，亚历山大
 and *Federalist* 与《联邦党人文集》47-50，79，198，935
 on taxation 关于征税 15-16，47-50，79
  and spending power 与支出能力 54

Harrisburg, Pennsylvania 哈里斯堡，宾夕法尼亚州
 debt default 债务违约 757-758，762，771，772

Harvard University 哈佛大学
 Joint Center for Housing Studies 住房研究联合中心 628

Hawaii 夏威夷
 Constitution 宪法
  borrowing and fund limits 借款与资金限制 75
  campaign financing 竞选融资 73
 General Excise Tax (GET) 一般消费税 409
 K-12 education, financial management 中小学教育，财务管理 538
 other postemployment benefits (OPEB) 其他退休福利 852
 personal income tax (PIT) 个人所得税 310
 retail sales and use taxation (RST) 零售与使用税 421
 state fuel taxes 州燃油税 745

Health care 医疗保健
 benefits, local government finance 福利，地方政府财政 190-191
 programs 计划
  features of 特点 548
  Great Recession 大衰退 27-28，545
 services, retail sales and use taxation (RST) 服务，零售与使用税 421

Health care reform 医保改革 950-954
 accountability 责任 953-954
 exchange 交易 952-953
 expenditures 支出 874-875
 Medicaid expansion 医疗补助计划扩张 951-952
 Patient Protection and Affordable Care Act of 2010 2010年《患者保护与平价医疗法案》950-954

Health insurance 健康保险
 employment-based, number of people with 基于就业的，人数 572
 fiscal sustainability 财政可持续性 923

Hempel, George 亨佩尔，乔治 717

Herfindahl index 赫芬达尔指数 430-433

Heterogeneity of preferences and circumstances 偏好与环境的一致性 108

Highways 公路
 market-based reforms 基于市场的改革 728-729

    transportation finance 交通财政 597-603, 732-736
        direct expenditures 直接支出 601
        intergovernmental transfers 政府间转移支付 602
        new-build facilities 新建设施 611-613
        percentage of revenue derived from user charges 使用者收费收入的比例 599
        private contractors as fourth branch of government 私人承包商作为政府第四分支 735-736
        public-private partnerships（PPPs）公私合作关系 610-613
        revenue raising 收入增长 601-602
        risk，bearing of 风险，承受 735-735
        toll facilities 收费设施 610
        tolls 通行费 599-600
        user fees 使用费 599-600
Highway Trust Fund 公路信托基金
    costs of contracts 合同成本 746
    grants and formulas 拨款与公式 619
    privatization of infrastructure 基础设施的私有化 728
    public transit 公共交通 604
HOME Investment Partnership Program，家庭投资合作关系计划 642-643
    and inclusionary zoning 与包容性分区 647
        Community Development Corporations（CDCs）社区开发公司 648
Homelessness 无家可归 629-630
Hoover Institution，Sanford University 胡佛研究所，斯坦福大学 388
HOPE VI program "希望之六"计划
    "Choice Neighborhoods Initiative" "选择社区倡议" 638
    and costs 与成本 639
    criticisms 评论 637
    design and construction，improvements 设计与施工，改进 636
    future of 未来 638
    lives of residents 居民的生活 637
    management of public housing 公共住房管理 636-637
    safety 安全性 636
Horizontal equity 横向公平 115
    local revenue diversification 地方收入多样化 433
Horizontal imbalance，transfers 横向不平衡，转移支付 118
Horizontal integration，community associations 横向整合，社区协会 977
Horizontal versus vertical equalization，transfers 横向与纵向均等化，转移支付 128-129
Hospitals，user charges and fees 医院，使用费与费用 439
Household income，taxes 家庭收入，税收 456
House Ways and Means Committee 众议院筹款委员会 846
Housing Act of 1974 1974 年《住房法案》638
Housing and energy assistance programs 住房和能源援助计划 546

索 引 ·851·

Housing and housing policy 住房与住房政策 29-30，624-657
    affordability of housing 住房负担能力 634
        explanation of 解释 627-629
        inclusionary zoning 包容性分区 645-649
        land-use restrictions 土地利用限制 629
        low-income housing，shortage of 低收入者住房短缺 628-629
    block grants 一揽子拨款 641-643
    bond financing 债券融资 643-644
        mortgage revenue bonds 抵押收益债券 644
        multifamily housing bonds 多户住房债券 644
        tax-exempt private activity bonds 免税个人活动债券 643-644
    bubble，bursting of 泡沫破裂 626，690
    Center for Community Change survey 社区变化调查中心 652
    Community Development Block Grants（CDBG）program 社区发展一揽子拨款计划 641-642
    economy，role of housing in 住房在经济方面的作用 625-626
    federal housing programs 联邦住房计划 630-640
        housing-related block grants 与住房相关的一揽子拨款 631
        overview of expenditures 支出概述 632
        public housing 公共住房 635
        public housing authorities（PHAs）公共住房局 630，635
        rental housing vouchers 租赁住房券 638-640
        state housing finance agencies（HFAs）州住房金融局 632
        tax and financial subsidies 税收和财政补贴 631-633
HOME Investment Partnership Program 家庭投资合作关系计划 29，631，642-643，647-649
    homelessness 无家可归 629-630
    home ownership rate 住房拥有率 626-627
    housing-related block grants 与住房相关的一揽子拨款 631
    housing trust funds 住房信托基金 644-645
        municipal and county 市政与郡县 652
    inclusionary zoning 包容性分区 645-649
        Community Development Corporations（CDCs）社区开发公司 648-649
        nonprofits and state and local programs 非营利组织与州和地方计划 646-647
    land-use restrictions 土地利用限制 629
    low-income housing，shortage of 低收入者住房短缺 628-629
    median size of owner-occupied homes 自住住房的中等面积 626
    nonprofit sector，state and local housing policy and 非营利部门，州和地方住房政策 640-649
        block grants 一揽子拨款 641-643
        bond financing 债券融资 643-644
        Community Development Block Grants（CDBG）program 社区发展一揽子拨款计划 641-642
        HOME Investment Partnership Program 家庭投资合作关系计划 642-643
        housing trust funds 住房信托基金 644-645

inclusionary zoning 包容性分区 645-649
prices，fall in 价格下降 716-717
public housing authorities（PHAs）公共住房局 630, 635
public housing, federal housing programs 公共住房，联邦住房计划 635
rental housing vouchers 租赁住房券 638-640
renters 承租人 626-627，633
  rental housing vouchers 租赁住房券 638-640
revenue estimation and housing market exposure 收入估计与住房市场开放程度 504
structure of 结构 650-651
tax and financial subsidies 税收和财政补贴 631-633

Housing Choice Voucher（HCV）program 住房选择券计划 639
Housing crisis 住房危机
 local government finance 地方政府财政 190
Housing trust funds 住房信托基金 644-645
 municipal and county 市政与郡县 652
HUD. US Department of Housing and Urban Development 美国住房和城市发展部
Hybrid plans 混合计划 863

I

IASB. International Accounting Standards Board 国际会计准则委员会
Idaho Tax Commission 爱达荷州税务委员会 479
IFRS. International Financial Reporting Standards 国际财务报告准则
Illinois 伊利诺伊州
 Build America Bonds（BABs）建设美国债券 712
 Constitution 宪法
  income taxes 所得税 72
  state and local relations 州与地方关系 76
 fiscal sustainability 财政可持续性 930
 personal income tax（PIT）个人所得税 303，880
IMF. International Monetary Fund 国际货币基金组织
Imports and exports 进口与出口
 alternative business taxes 选择性营业税 364-365
 value-added taxes（VATs）增值税 395
Impoundment authority 留置权 819，834-837
Inclusionary zoning 包容性分区 645-649
 Community Development Corporations（CDCs）社区开发公司 648-649
 nonprofits and state and local programs 非营利组织与州和地方计划 646-647
Income，corporation of 公司所得 343-344
Income taxes 所得税
 Constitutional frameworks of finance 财政宪法框架 71-72
 local revenue diversification 地方收入多样化
 revenue diversification 收入多样化 24，451-457

total taxes, as percentage of 占税收总收入比重 447
Indiana, fiscal sustainability 印第安纳州财政可持续性 929
Indiana Toll Road 印第安纳收费公路 614, 733-734, 740
Individualized Education Plan (IEP) 个性化教育计划 531
Individuals with Disabilities Education Act (IDEA)《残疾人教育法案》530
Information sharing, value-added taxes (VATs) 信息共享，增值税 394-395
Infrastructure 基础设施
 and financial markets 与金融市场 683
 roads and infrastructure program 道路与基础设施计划 148
 state infrastructure banks, transportation finance 州基础设施银行，交通财政 617
 United Kingdom 英国 74
Initiative rules, Constitutional frameworks of finance 公民提案规则，财政宪法框架 67-68
Innovative finance programs 创新融资计划
 public-private partnerships 公私合作关系
 transportation finance 交通财政 609
Institute on Taxation & Economic Policy 税收与经济政策研究所 450
Institutional factors, financial architecture of state and local governments 制度性因素，州与地方政府财政架构 158-159
Institutional integrity, fiscal guarantees of 制度完整性，财政担保 59-60
Institutional reforms, community associations 制度改革，社区协会
Interest rate swaps 利率互换 691-692
Intergovernmental grant system 政府间拨款制度
 federal-state 联邦—州 38-39, 937-957
 big swap 里根刺激经济增长措施 946
 early programs 早期计划 942
 efficiency of grants system 拨款制度的效率 942-944
  early programs 早期计划 942
  Medicaid 医疗补助 942-944
 existing framework 现存的框架 938-941
 federal grants to state and local government 联邦对州与地方政府的拨款 941
 forecasting 预测 954-955
 health care reform 医保改革 950-954
  accountability 问责 953-954
  exchange 交易 952-953
  Medicaid expansion 医疗补助计划扩张 951-952
  Patient Protection and Affordable Care Act of 2010 2010年《患者保护与平价医疗法案》950-954
 policy debates 政策辩论 944-946
  big swap 里根刺激经济增长措施 946
  block grants, categorical versus 一揽子拨款的分类 945
  Medicaid 医疗补助 944-945
  revenue sharing 收入分享 945

state and local expenditures by category 按类别的州与地方支出分类 940

state and local revenues by type 按类型的州与地方收入分类 939

Intergovernmental revenues, local government 政府间收入，地方政府 182，186-187

Intergovernmental transfers 政府间转移支付

Interjurisdictional spillovers, transfers 辖区间溢出效应，转移支付 118

Intermediate inputs, distortions from taxing 中间投入，征税带来的扭曲 416-419

Intermodal Transportation Efficiency Act (ISTEA)《多模式地面交通效率法案》148

Internal control mechanism, funds as 内部控制机制，基金 792-793

Internal Revenue Code (IRC)《国内税收法典》

and automatic conformity 自动一致 318

other postemployment benefits (OPEB) 其他退休福利 852

Internal Revenue Service (IRS) 国内收入署

knowledge gap 知识缺口 481

studies 研究 464

tax gap 税收缺口 474-476

International Accounting Standards Board (IASB) 国际会计准则委员会

compliance, generally 遵从，一般地 785

convergence of standards 标准的趋同 804

International Association of Assessing Officers 国际估税官协会 280

International Finance Council 国际金融委员会 735

International Financial Reporting Standards (IFRS) 国际财务报告准则 804

International Monetary Fund (IMF) 国际货币基金组织 247，258

International Public Sector Accounting Standards Board (IPSASB) 国际公共部门会计准则委员会 804，919

Internet 互联网

access, federal preemption 接入，联邦优先 202

sales, Internet-based 销售，基于互联网的

and retail sales and use taxation 零售与使用税 23，416，425，425

and revenue estimation 与收入估计 505

Internet Tax Freedom Act《互联网免税法案》78

Interperiod equity 跨期公平 793-796

Interstate activity, alternative business taxes 州际活动，选择性营业税 364-365

Interstate Highway System 州际公路 735

Interstate telecommunication, federal preemption 州际通信，联邦优先 202-204

Interstate trade 州际贸易

clearinghouse operations 票据清算交易 388

compensating VATs 补偿性增值税 388-389

dual VATs 双重增值税 389

revenue sharing 收入分享 388

tax sharing 税收分享 388

Interstate transportation, federal preemption 州际交通，联邦优先 202

Investments, public employees 投资，公共雇员

Iowa Department of Revenue 艾奥瓦州税务局 316

Iowa, personal income tax 艾奥瓦州个人所得税 317

IPSASB. International Public Sector Accounting Standards Board 国际公共部门会计准则委员会

IRC. Internal Revenue Code《国内税收法典》

Issuer-pays model, credit-rating agencies 卖方付费模式，信用评级机构 701-702

J

Japan Credit Rating Agency Ltd 日本信用评级公司 721

Japan's Lost Decade 日本失去的十年 248

Jefferson, Thomas 杰斐逊，托马斯 54

Johnson, Bruce 约翰逊，布鲁斯 488, 493

Johnson, Curtis 约翰逊，柯蒂斯 522

Johnson, Lyndon B. 约翰逊，林登·B.

 Great Society initiative "伟大社会"倡议 11, 550-551

 nationalization of policy agenda 政策议程的国家化 90

 "New Society" program "新社会"计划 87

 Jones, Jonathan 琼斯，乔纳森 450

Joint Committee on Taxation 税收联合委员会 514, 742

Judicial provisions, Constitutional frameworks of finance 司法条款，财政宪法框架 58-59

Jurisdiction-specific capital spending 辖区特定的资本支出 668-671

K

Kaiser Commission on Medicaid and the Uninsured 医疗补助计划及未参保者凯瑟委员会 573

Kansas 堪萨斯州

 budget stabilization funds (BSFs) 预算稳定基金 252

 Constitution, income taxes 宪法，所得税 72

 public employee pensions and investments and Great Recession (2007-2009) 公共雇员养老金与投资和大衰退（2007~2009年）860

Kentucky 肯塔基州

 corporate income taxes (CIT) 企业所得税 347

 income taxes 所得税 452

 Limited Liability Entity Tax 有限责任实体税收 359

 school-funding lawsuits 学校经费诉讼 523

Knowledge-based economy and real property tax 知识经济与不动产税 281-282

Knowledge gap, state tax administration 知识缺口，州税务管理 25, 480-483

K-12 education, financial management 中小学，财务管理 26-27, 519-541

 adequate yearly progress (AYP) 应达成年度进展 531

 challenges to education and finance 对教育与财务的挑战 536-537

 demographic challenges of states 州的人口挑战 527, 528-529

 English-language learners 英语学习者 526, 527

 equity lawsuits 股权诉讼 523

 expenditures, reforms 支出，改革 874

flat grants 统一拨款 525
　　foundation grants 基础拨款 525
income taxes 所得税 456
international education comparisons 教育国际比较 531-534
　　media and education 媒体与教育 535-536
　　percent distribution of revenue 收入的百分比分布 521
　　performance, educational 绩效，教育 527，530
　　provision of education, changing 教育提供变化 535-536
　　school-funding lawsuits 学校经费诉讼 523-525
　　source of revenues 收入来源 520
　　state aid 州补助 525-526
　　　　as percentage of K-12 revenue 占中小学收入的百分比 526
　　state role 州的作用 522-530
　　　　cost adjustments 成本调整 526
　　　　diversity among states 州的多样性 526-527
　　　　educational performance 教育绩效 527，530
　　　　equity lawsuits 股权诉讼 523
　　　　flat grants 统一拨款 525
　　　　foundation grants 基础拨款 525
　　　　school-funding lawsuits 学校经费诉讼 523-525
　　　　state aid 州补助 525-526
　　summary of school finance 学校财务概要 528-529
　　technology and change 技术与变化 536

L

"Laboratory" federalism "实验室"联邦主义 3
Land assembly, eminent domain for 土地征用，国家征用权 975-976
Land-use restrictions 土地利用限制 629
Language differences and equalization 语言差异与均等化 136
"The Law of Municipal Bonds" "市政债券法" 778
Layoffs 裁员
　　Great Recession (2007-2009) 大衰退（2007～2009年）559
　　local governments 地方政府 15
　　state tax administration 州税务管理 472
Leases 租赁
　　bankruptcy 破产 770
　　long-term lease arrangements 长期租赁协议 613
Legislation changes and revenue estimation 立法变化与收入估计 508-510
Lehman Brothers 雷曼兄弟 691，695
Levies 征税
　　community associations, assessments 社区协会，评估 964
　　gross receipts taxes (GRTs) 总收入税 360

real property tax，limits 不动产税，限制 284，293

retail sales and use taxation（RST）零售与使用税 413

Liabilities，local government finance 债务，地方政府财政 190-191

Liens 扣押权留置权

 Chapter 9 of the Bankruptcy Code《破产法》第 9 章 765-766

 federal preemption 联邦优先 209

Limited liability companies（LLCs）有限责任公司 21，341-342，352

Limited liability partnerships（LLPs）有限责任合伙企业 21，341-342

Lincoln，Abraham 林肯，亚伯拉罕 55

Local government finance，profiles of 地方政府财政，简介 14-15，176-197

 emerging issues in finance 新出现的财政问题 187-191

  fiscal autonomy 财政自治 191

  foreclosure rates 止赎率 188

  health care benefits 医保福利 190-191

  housing crisis 住房危机 190

  liabilities 债务 190-191

  mortgage default rates 抵押贷款违约率 188

  municipal debt finance 市政债券融资 189-190

  pensions 养老金 190-191

  recession 衰退 188-189

  retrenchment 削减 188-189

 expenditures 支出 15，180-181

  across regions 跨地区 182

  by function 按功能 181

  growth of 增长 181-182

 forecasting 预测 191-192

 forms of local government 地方政府的形式 177-179

 general-purpose government 一般目的政府 177

 health care benefits 医保福利 190-191

 housing crisis 住房危机 190

 legal structure of local government 地方政府的法律框架 177-180

 liabilities 债务 190-191

 mortgage default rates 抵押贷款违约率 188

 municipal debt finance 市政债券融资 189-190

 municipal government 市政府 177-178

 organization of local government 地方政府组织 177-180

 pensions 养老金 190-191

 property taxes 财产税 180

  as revenue source 作为收入来源 184-185

 retrenchment 削减 188-189

 revenues 收入 182-186

    growth in 增长 183-184
    intergovernmental revenues 政府间收入 182，186-187
    own-source revenues 自有来源收入 182
    sources 来源 182-183
    sources of growth 增长来源 183-184
    type，revenue source by 种类，按收入来源 185
    variations in 变化 184
  special districts 特区，特殊辖区 178-179
    revenues 收入 184，186
  townships 镇 178
  trends in spending and revenues 支出与收入的趋势 180-187
  by type 按类别 179
Local Initiatives Support Corporation（LISC）地方发展支持公司 649
Localization，defined 地方化，定义 105
Local revenue diversification 地方收入多样化 24，429-462
  counter arguments 相反观点 434-435
  economic efficiency 经济效率 434
  Herfindahl index 赫芬达尔指数 430-433
  horizontal equity 横向公平 433
  income taxes 所得税 451-457
    characteristics of 特点 452-457
    descriptions of 说明 453-455
    drawbacks 缺点 458
    education 教育 455
    household income 家庭收入 456
    reliance on 依赖于 451-452
  investment differences 投资差异 434
  level of diversification 多样化水平 430-432
  property tax, reduced reliance on 降低对财产税的依赖 432-433
  reasons for diversity 多样性的原因 432-435
  revenue capacity，capturing 收入能力，取得 432
  revenue diversity 收入多样性 430-432
  risk and return 风险与收益 434
  sales taxes，local 销售税，地方 446-451
    characteristics of 特点 449-451
    drawbacks 缺点 458
    limiting 限制 449
    property-tax base 财产税税基 450-451
    reliance on 依赖于 446-449
    total taxes 总税额 447
  stability revenue 收入稳定性 433

user charges and fees 使用费 24，435-446
　　current charges 目前收费 436-440，442
　　distribution of current charges 目前收费的分配 440，442
　　education 教育 439-440
　　examples of 示例 441
　　expansion of 扩展 445-446
　　potential 潜在的 445-446
　　feasibility 可行性 444
　　administrative 行政的 444
　　financed by 由……提供资金 439-442
　　hospitals 医院 439
　　importance of 重要性 458
　　marginal cost pricing 边际成本定价 446
　　own-source revenue 自有收入 437
　　current charges as percentage of 目前收费所占百分比 437
　　parks, entrance fees 公园，门票 444
　　reliance on 依赖于 435-439
　　setting levels of charges 设定收费水平 442-444
　　solid waste collection 固体废物收集 444
　　trends in 趋势 445
　　utility charges 公用事业设施收费 437-439，440，442
　　utiiity revenue 公用事业收入 436-437

London Club 伦敦俱乐部 775

London Interbank Offered Rate (LIBOR) 伦敦银行同业拆借利率 689

Long Beach, ports 长滩港口 607

Long-term lease arrangements 长期租赁安排 613

Los Angeles 洛杉矶 303
　　personal income tax (PIT) 个人所得税 303
　　ports 港口 607

Louisiana 路易斯安那州 329
　　personal income tax (PIT) 个人所得税 329
　　reforms 改革 883

Low Income Housing Tax Credit (LIHTC) 低收入阶层住房税收抵免
　　and affordability of housing 住房承受力 634
　　efficiency of tax shelter 避税的效率 634
　　Great Recession (2007-2009) 大衰退 (2007~2009年) 635
　　issues 问题 634
　　rental housing developments 租赁住房发展 633
　　"sunset" provisions "日落"条款 635
　　sustainability of housing 住房可持续性 634

Luxury tax 奢侈品税 914

M

Macquarie Bank 麦格理银行 51-52

Madison, James 麦迪逊，詹姆斯
 direct taxes 直接税 51-52
 ratification of Constitution 宪法的批准 199

Maine 缅因州 73
 Constitution, campaign financing 宪法，竞选融资 73
 personal income tax (PIT) 个人所得税 303
 property taxes 财产税 882
 reforms 改革 883
 revenue diversity 收入多元化 872
 tax increases 增税 872

Maintenance of effort (MOE) provisions 努力维护条款 948

Making Work Pay credit 工薪所得抵免 562

Management Watch list 管理监督清单 486

Marginal cost pricing, user charges and fees 边际成本定价，使用费 446

Marshall, John 马歇尔，约翰
 and Bank of the United States 美国银行 199
 tax immunities 税收豁免 53

Maryland 马里兰州
 and Bank of the United States 美国银行 199
 Constitution, declarations of rights 宪法，权利宣言 65
 income taxes 所得税 452, 457
 personal income tax (PIT) 个人所得税 303
 pull-back management 紧缩管理 837
 taxation 税收 16

Massachusetts 马萨诸塞州
community associations 社区协会 967
 Constitution, sales and excise taxes 宪法，销售税和消费税 63
 health care reform 医保改革 951
 housing, inclusionary zoning 住房，包容性分区 46
 K-12 education, financial management 中小学教育，财务管理 846
 pension plans, history 养老金计划历史 846
 sales taxes 销售税 398

"Matching principle" of public finance 公共财政"匹配原则" 113

sales taxes and economic activity 销售税和经济活动 450

McLure, Charles 麦克卢尔，查尔斯
 compensating VAT 补偿性增值税 388
 integrated sales tax 综合销售税 392-393
 on policy gap 政策缺口 488-489
 on state corporate income taxes 州公司所得税 344

Medicaid 医疗补助 922
  commitments for states, growing 对州的承诺，增长 922
  coverage 覆盖范围 587
  efficiency of 效率 942-944
  eligibility 资格 943
  enrollment 注册 574-575
    Great Recession (2007-2009) 大衰退（2007～2009 年）574-575
    semiannual changes in 半年变化 573
  entitlement spending 法定支出 558, 951-952
  expansion 扩展 558, 951-952
  expenditures 支出 586, 874
  fiscal sustainability 财政可持续性
    entitlement spending 法定支出 922-923
    forecasting 预测 924-925
  future of 未来 897-900, 913
  grants 拨款 562
  growth in program 计划的增长 955
  health care reform 医保改革 951-952
  history of 历史 551
  matching requirements 配套要求 93
    and national economy 国民经济 13, 144, 152
    policy debates 政策辩论 944-945
    as proxy for medical assistance 作为医疗补助的替代 553
  redistributive effect of 再分配效应 911
  reimbursement rates for physicians 对医师的偿付率 944
  as safety net programs program 安全网计划 547
  state and local budgets 州和地方预算 547
  statistics 统计 213
    on coverage 覆盖范围 43
Medical assistance 医疗援助 547
  state and local budgets 州和地方预算 547
  state and local spending 州和地方支出 552, 553
Medicare 医疗保险 899
  budget, proposed 预算，建议的 899
  safety net programs program 安全网计划 543-544
Miami, community associations 迈阿密社区协会 961-962
Michigan 密歇根州
  business activities tax (BAT) 营业活动税 356, 357
  Constitution 宪法 77
    sales and excise taxes 营业税和消费税 71
    state and local relations 州和地方关系 77

defined contribution plans（mandatory）固定缴款计划（强制的）845，857
　　　　personal income tax（PIT）个人所得税 303
　　　　real property tax 不动产税 284
　　　　reforms 改革 883
　　　　sales tax 销售税 398
　　　　school-funding lawsuits 学校经费诉讼
　　　　tax increases 增税 514
　　　　warrants issued by 发行认股权证 723
Michigan Business Tax 密歇根州营业税 345，358
Midwest 中西部
　　capital budgeting and spending 资本性预算编制和支出 664
　　community associations 社区协会 965，967
Migration 迁移 163
Minnesota 明尼苏达州
　　Commissioner of Management and Budget 管理和预算委员 825-826
　　community associations 社区协会 967
　　Constitution，public purpose rule 宪法，公共目的准则 66
　　K-12 education，financial management 中小学教育，财务管理 527
　　pull-back management 紧缩管理 821，824-827，834
Minnesota Department of Finance 明尼苏达州财政局 504
Mississippi 密西西比州 75
　　Constitution，borrowing and fund limits 宪法，借债和资金限制 75
　　retail sales and use taxation（RST）零售和使用税 407
Missouri 密苏里州
　　income taxes 所得税 451
　　personal income tax（PIT）个人所得税 317
Model Cities Program 示范城市计划 87
Modeling data and revenue estimation 模型数据和收入估算 506-507
Modernization，methods for 现代化方法 884-885
Modified accrual accounting，changes to 修订的权责发生制，变化 808
Montana 蒙大拿州
　　budget stabilization funds（BSFs）预算稳定基金 252
　　Constitution，sales and excise taxes 宪法，销售税和消费税 71
　　corporate income taxes（CIT）公司所得税 334
　　personal income tax（PIT）个人所得税 310
Moody's Analytics 穆迪分析 501，502
Moody's Investor Services 穆迪投资信用评级公司 699-700，758
Morrill Land Grant College Act《莫里尔赠地法案》85
Mortgage revenue bonds 抵押贷款收益债券 644
Mortgages 抵押贷款
　　default rates，local government finance 违约率，地方政府财政 188

subprime mortgage phenomenon 次级贷款现象 701
MTA. Minnesota Taxpayers Association 明尼苏达纳税人协会 644
MTC. Multistate Tax Commission 跨州税收委员会 644
Multiyear budgeting，reforms 多年期预算改革 886
Municipal Bankruptcy Amendments（1988）1988 年《市政破产修正案》766
Municipal bonds 市政债券
　　BABs encouraging 建设美国债券的促进作用 712
　　bankruptcy 破产 766-767
　　default 违约 757
　　　　rates of municipal bonds versus corporate bonds 市政债券与企业债券违约率对比 704
　　Great Recession 大衰退
　　　　collapse of bond insurers 债券保险公司的倒闭 690-691
　　　　default rates 违约率 697
　　　　initial meltdown 最初的经济崩溃 690
　　　　interest rate swaps 利率互换 691-692
　　　　municipal rating model 市政债券评级模型 703-706
　　interest payment type 根据利息支付类型 688
　　　market 市场
　　　　financial reporting standards 财务报告准则
　　new capital and refunding 新资本和再融资 687
　　　　new issues 新问题 687
　　　　recalibration，credit rating 重新校准，信用评级 703-706
　　　　total sales 销售总额 713
　　　　unrated 未评级的 721
Municipal credit market 市政信贷市场 189-190
Municipal debt finance 市政债务融资 189-190
　　Chapter 9 of the Bankruptcy Code《破产法》第 9 章 189-190
　　local government finance 地方政府财政 189-190
Municipal debt outstanding 未偿市政债务 684
Municipal entity，defined 市级实体，定义的 722
Municipal financial advisors 市政财务顾问 708-709
Municipal government 市政府 177-178
Municipalities，state aid to 州对市的援助 227
Municipal securities and Dodd-Frank Act 市政债券与《多德－弗兰克法案》707
Municipal Securities Rulemaking Board（MSRB）市政债券规则制定委员会
　　composition of board 董事会组成 709
　　expanded role for 扩展的作用 707-708
　　financial advisors 财务顾问 708-709
　　financial products 理财产品 709
　　Tower Amendment《托尔修正案》802
Musgrave，Peggy 马斯格雷夫，佩吉 343-344

Musgrave, Richard 马斯格雷夫，理查德 12
Theory of Public Finance《公共财政理论》106
MWP. Making Work Pay credit 工薪所得税抵免 904，909，910，914

N

National Academy of Public Administration 美国国家行政科学院 904，909，910，914
National Academy of Science 美国国家科学院 904，909，910
National Airport System, defined 美国国家机场系统，定义的 605
National Assessment of Educational Progress（NAEP）美国国家教育进展评估 527
National Association of Budget Officers（NASBC）美国预算官员协会 168，886
National Association of State Budget Officers（NASBO）美国州预算官员协会 665-666
 capital spending, aggregate measures of 资本支出总规模 665-666
 intergovernmental grant program 政府间拨款计划 956
 on Michigan budget cuts 密歇根州预算削减 509，514
 pull-back management 紧缩管理 820
 state tax administration 州税务局 465，468
National Association of State Chief Information Officers（NASCIO）美国州首席信息官协会 486
National Association of State Retirement Administrators（NASRA）美国州退休管理者协会 858
National Audit Office（NAO）英国国家审计署 741
National Bureau of Economic Research 美国国家经济研究局 559，677
National Center on State Legislatures 美国州立法机构中心 844
National Commission on Excellence in Education 美国优质教育委员会 530
National Commission on Fiscal Responsibility and Reform 美国财政责任与改革委员会 714，723
National Conference of State Legislatures（NCSL）美国州立法机构联合会
 on cost shifts 成本转移 211
 data gap 数据缺口 465
 pull-back management 紧缩管理 820，837
 restraints on state fiscal powers 对州财政权力的约束 78
 tax increases 增税 307
 tax revenues 税收收入 588
National Council on Government Accounting（NCGA）美国政府会计委员会
 model, criticisms 模式，批评 789—791
 Statement No. 1 第1号公告 793
  GAAP requirements 一般公认会计准则要求 793
 Statement No. 4, pensions and other Post employment benefits 第4号公告，养老金和其他退休后福利 793
National economy 国民经济 12-13，137-155
 business cycle, policy options for dealing with 商业周期，政策选择 152-153
 consumption and gross investment 消费和总投资 141
 counter cyclical federal aid 反周期联邦补助 148-149
 cyclical factors 周期性因素 140-143

  consumption and gross investment 消费和总投资 141

  employment, state and local government 就业，州和地方政府 142

  social benefits 社会福利 141，142，152

 employment 就业 140，142

 federal aid 联邦补助 148-149

 GDP 国内生产总值

  consumption and gross investment 消费和总投资 138

  expenditure, current 目前支出 39

  local government employment 地方政府雇员 140

  nonfarm employment 非农就业 139，140

  state and local receipts 州和地方收入 146-147

  state and local sector in relation to 相关州和地方部门 138-140

  tax receipts 税收收入 147

 government functions, changes in 政府职能变化 143-145

  local expenditures 地方支出 144，145

  state expenditures 州支出 143-144

 grants 拨款 147，148

 local expenditures 地方支出 144，145

 revenues 收入 145-151

  business cycle, policy options for dealing with 商业周期，政策选择 152

  local government own-source revenue composition 地方政府自有收入构成 150

  local government tax composition 地方政府税收构成 151

  state government own-source revenue composition 州政府自有收入构成 50

  state government tax composition 州政府税收构成 151

  state expenditures 州支出 143-144

National Income and Product Accounts（NIPAs）国民收入和产品账户

 capital spending aggregate measures of 资本性支出总额 665-666

 receipts and expenditures 收入和支出 154

Nationalization of policy agenda 政策议程的国家化 89-95

 coercive federalism 强制型联邦主义 93-95

 cooperative federalism 合作型联邦主义 90-93

National League of Cities 美国城市联盟

 "City Fiscal Conditions" project "城市财政状况"项目 665

National Research Council 美国国家科学研究委员会 914

National Tax Association（NTA）美国税收协会

 Fiscal Sustainability Working Group 财政可持续性工作组 918

National Tobacco Tax Association（NTTA）美国烟草税协会 466

Natural Resources and Outdoor Recreation Trust Fund 自然资源和户外休闲信托基金 63

Navigable waters, federal preemption 通航水域，联邦优先 205-206

NCGA. National Council on Government Accounting 美国政府会计委员会

NCLB Program. No Child Left Behind program "不让一个孩子掉队"计划

Nebraska 内布拉斯加州
  defined contribution plans（mandatory）固定缴款计划（强制性的）845，857
  personal income tax（PIT）个人所得税 303
  real property tax 不动产税 284
  tax increases 增税 872
Needs differences, transfers 需求差异，转移支付 124
Neighborhood Reinvestment Corporation 社区再投资公司 649
Neutrality 中性
  alternative business taxes 选择性营业税 365-366
    business organizational form 企业组织形式 365-366
    evaluation of 评估 361-367
    extraction 开采 362-364
    gross receipts taxes（GRTs）总收入税 362-367
    imports and exports 进出口 364-365
    interstate activity 州际活动 364-365
    overall assessment 整体评估 366-367
    production 生产 362-364
    value-added taxes（VATs）增值税 362-367
  retail sales and use taxation（RST）零售和使用税 413-414
1013 Nevada 内华达州
  Constitution 宪法
    sales and excise taxes 销售税和消费税 71
    severance taxes 开采税 72
    Interim Finance Committee（IFC）临时财务委员会 832-833
    K-12 education, financial management 中小学教育，财务管理 521
    personal income tax（PIT）个人所得税 880
    property taxes 财产税 881
    pull-back management 紧缩管理 821，832-834，836-837
    tax system 税收制度 7
Newark 纽瓦克 451
income taxes 所得税 451
personal income tax（PIT）个人所得税 303
New Deal（1933-1936）新政（1933～1936年）11
New England, K-12 education 新英格兰的中小学教育 522
New Hampshire 新罕布什尔州
  business enterprise tax（BET）营业企业税 359，368，370
  Constitution, state and local relations 宪法，州和地方关系 76
  corporate income taxes（CIT）公司所得税 334
  personal income tax（PIT）个人所得税 880
  real property tax 不动产税 272-273
  revenue diversity 收入多元化 431

school-funding lawsuits 学校经费诉讼 523
New Jersey 新泽西州
　　actuarially acquired contribution（ARC）精算缴款 863
　　Constitution，income taxes 宪法，所得税 72
　　corporate income taxes（CIT）公司所得税 347
　　fiscal sustainability 财政可持续性 929
　　housing 住宅
　　　　housing trust funds 住宅信托基金 652
　　　　inclusionary zoning 包容性分区 646
　　other postemployment benefits（OPEB）其他退休福利 852
　　personal income tax（PIT）个人所得税 303
　　Property Tax Relief Fund 财产税减免基金 72
　　real property tax 不动产税 272-273
　　retail sales and use taxation（RST）零售和使用税 420
　　revenue diversity 收入多元化 431
　　sales taxes 销售税 877
New Jersey Division of Taxation 新泽西州税务局 482
New Mexico 新墨西哥州
　　budget，authority 预算当局 820
　　Constitution，state and local relations 宪法，州和地方关系 76
　　gross receipts taxes（GRTs）总收入税 367
　　retail sales and use taxation（RST）零售和使用税 409，413
　　revenue diversity 收入多样化 432
　　severance tax permanent fund 开采税永久基金 74
"New Society" program "新社会"计划 87
"New Start" transit program "新起点"运输项目 597
New York City 纽约市
　　bankruptcy 破产 760，773
　　debt restructuring 债务重组 701
　　default 违约 760，773
　　fiscal crisis 财政危机 787，793
　　housing policy 住宅政策 649
　　income taxes 所得税 451，457
　　municipal bond market plight 市政债券市场困境 697
　　sales taxes 销售税 446
New York/New Jersey，ports 纽约/新泽西港口 607
New York（state）纽约（州）
　　budget，authority 预算当局 820
　　Build America Bonds（BABs）建设美国债券 712
　　Constitution，corporate taxes 宪法，公司税 73
　　corporate income taxes（CIT）公司所得税 347

fiscal sustainability 财政可持续性 928，929
　　forecasts of national economy 国民经济预测 513
　　income taxes 所得税 451，452
　　Medicaid 医疗补助 944
　　pull-back management 紧缩管理 821，830-832，834-836
　　real property tax 不动产税 273
　　retail sales and use taxation（RST）零售和使用税 420
　　revenue diversity 收入多样化 432
　　revenue projections 收入预测 887
　　Statement of Net Assets 净资产报表 797
　　vehicle miles of travel 机动车行驶里程 244
New York Times《纽约时报》858
NGOs 非政府组织 230
Niskanen，William 尼斯坎南，威廉姆 443
　　Nixon，Richard M. 尼克松，理查德·M. 94
　　　　coercive federalism 强制型联邦主义 94
　　　　federalism 联邦主义 11
　　　　health care reform 医保改革 950
　　　　impoundment authority 截留权 819
　　　　revenue sharing 收入分成 945
　　　　value-added tax 增值税 380
　　No Child Left Behind program（NCLB）"不让一个孩子掉队"计划
　　　　and Bush，George W. 布什，乔治·W. 903，906
　　　　and federalism 联邦主义 90，97
　　　　interjurisdictional spillovers 辖区间溢出效应 118
　　　　K-12 education，financial management 中小学教育，财务管理 527，531
　　Nonfarm employment 非农就业 139，140
　　Nongovernmental debt 非政府债务 685
　　Nonmatching transfers 非配套转移支付 119
　　　　North Carolina 北卡罗来纳州 74
　　　　　　Constitution 宪法 74
　　　　　　declarations of rights 权利宣言 65
　　　　　　tax and expenditure limits（TELs）税收和支出限制 65-66
　　　　Disaster Relief Reserve 救灾储备 823
　　　　Health and Wellness Trust Fund 卫生和健康信托基金 823
　　　　Lottery Reserve 彩票储备 823
　　　　Office of State Budget Management（OSBM）州预算管理办公室 823-824
　　　　personal income tax（PIT）个人所得税 318
　　　　pull-back management 紧缩管理 822-824，834，836
　　　　Tobacco Trust Fund 烟草信托基金 823
　　North Dakota 北达科他州

Constitution 宪法
  severance taxes 开采税 72
  trust funds 信托基金 74
 personal income tax (PIT) 个人所得税 318
Northeast 东北部
 personal income tax (PIT) 个人所得税 317
 real property tax 不动产税 19
Northwest Parkway 西北大道 614
Not-for-profit entities, retail sales and use taxation (RST) 非营利实体,零售和使用税 423

O

Oates, Wallace 奥茨,华莱士 107-108
 Decentralization Theorem 分权定理 12,111
Obama, Barack 奥巴马,巴拉克 902
 civil service pay, freezing of 公务员薪酬,冻结 902
 fiscal sustainability 财政可持续性 924
 Great Recession (2007-2009) 大衰退 (2007~2009 年) 561
 health care reform 医保改革 950
 highway public-private partnerships 公路公私合作 614
 national infrastructure bank 国家基础设施银行 728
 nationalization of policy agenda 政策议程的国家化 90
 Race to the Top 力争上游 903,926
 recovery and reinvestment programs 复苏和再投资计划 729
 transportation finance 交通财政 614,619
OECD. Organization for Economic Co-operation and Development 经济合作与发展组织
Office of Management and Budget (OMB) 管理与预算办公室 59
 forecasting GDP 国内生产总值预测 502
 technology gap 技术差距 486
Office of Municipal Securities 市政债券办公室 802
Office of Personnel Management (OPM) 人事管理办公室 482
Ohio 俄亥俄州
 Commercial activities tax (CAT) 商业活动税 354,358,360,368,372
 Constitution 宪法
  estate taxes 遗产税 72
  income taxes 所得税 72
  sales and excise taxes 销售和消费税 71
  severance taxes 开采税 72
 pass-through entities 转嫁实体 344
 personal income tax (PIT) 个人所得税 311
 real property tax 不动产税 284
Oklahoma 俄克拉何马州
 business activities tax (BAT) 营业活动税 358,359

Constitution, state and local relations 宪法，州和地方关系 76

Olson, Mancur 奥尔森，曼瑟尔 38，925

OMB. Office of Management and Budget 管理与预算办公室 118-119

OPFB. Other postemployment benefits 其他退休福利 118-119

Open-ended transfers 开放式转移支付 118-119

Operational accountability, defined 经营责任定义 787

Oregon 俄勒冈州

    bankruptcy 破产 780

    corporate income taxes (CIT) 公司所得税 334

    personal income tax (PIT) 个人所得税 303，310

    pull-back management 紧缩管理 837

    real property tax 不动产税 284

    tax increases 增税 872

    Taxpayer Bill of Rights (TABOR)《纳税人权利法案》250，872

    tax system 税收制度 8

Other postemployment benefits (OPEB) 其他退休福利

    future of 未来 806

    GASB standards 政府会计准则委员会准则 796-798

    liabilities 负债 719，862

    public employee pensions and investments 公共雇员养老金和投资 851-852

Own-source revenues 自有收入 182

    local government 地方政府 182

        composition 构成 150

        property tax 财产税 184，186

    personal income tax (PIT) 个人所得税 301-302

    user charges and fees 使用费 437

        current charges as percentage of 目前收费所占百分比 437

P

PABs. Private activity bonds 私人活动债券 522

Paris Club 巴黎俱乐部 775

Partnerships UK 英国合伙企业 741

Pass-through entities, corporate income taxes (CIT) 转嫁实体，公司所得税 21，341-342

Patient Protection and Affordable Care Act of 2010 2010年《患者保护与平价医疗法案》

    direct taxes 直接税 52

    individual mandate 个人授权 53

    intergovernmental grant system, federal-state 联邦—州政府间拨款制度 39，937，955

    role of states 州的作用 586

Pay-as-you-go policy (PAYGO) 现收现付制政策 873，889-890

"Pay-to-play" criticism, credit-rating agencies "购买支付权"的批评，信用评级机构 702

Penn Central Railroad 宾夕法尼亚中央铁路 697

Pennsylvania 宾夕法尼亚州

Act 法案 47，772

Constitution，voting and procedural rules 宪法，选举和程序规则 69

income taxes 所得税 452

personal income tax（PIT）个人所得税 303，880

retail sales and use taxation（RST）零售和使用税 407

Pennsylvania Turnpike 宾夕法尼亚收费公路 723，734-735

Pension crisis 养老金危机

 Chapter 11 of Bankruptcy Code《破产法》第 11 章 770-771

 mechanisms other than Chapter 9 第 9 章以外的机制 770-771

Pension obligation bonds（POBs）养老金债券 861

Pension plans 养老金计划 857-859

 actuarial assumptions 精算假设 853-854

 actuarially acquired contribution 精算缴款 853，855-856

 average contribution rates 平均缴款率 855

 contribution rate volatility 缴款率变动 854-856

 eligibility 资格 848-850

 fiscal sustainability 财政可持续性 923

 funding 资金 847-848

 history 历史 845-847

 investments 投资 848，850-851

 overview of state and local pension plans 州和地方养老金计划概述 846

 public employees 公共雇员 3，843-868.

 structure 结构 844-851

Personal income distribution 个人收入分配 166，167

Personal income tax（PIT）个人所得税 19-20，300-332

 administration 管理 305

 aging population，implications for tax base 老龄化人口，对税基的影响 316-317

 bonus depreciation 折旧奖励 328

 capital gains，state treatment of 资本利得，州的处理 317-318

 earned income tax credit（EITC）工薪所得税收抵免 311-313，327

 efficiency 效率 305

 equity 公平 305

 expansion of tax preferences 税收优惠的扩展 315

 future of 未来 912

 Great Recession（2007-2009）大衰退（2007～2009 年）305-306，323-326

  decline of personal income 个人收入下降 323

  loss of revenue 收入流失 325

  retirement income 退休收入 326

  revenue changes 收入变动 309

  revenue，changes in 收入变动 324-335

  state policy changes in response to 州政策变动 306-309

  state revenue performance during 州收入绩效 306
  tax base 税基 323-324
  tax expenditures 税式支出 313
  tax increases 增税 307，308，309
  variation in tax revenue 税收变化 326
  volatility short-run 短期波动 316，326
 long-term stability 长期稳定 303
 mechanics of 方法 303-304
 principles of 原则 304-306
 progressive taxation，shift toward 累进税，转向 309
 reforms，structural problems and solutions 改革，结构性问题和解决办法 879-881
 revenue elasticity 收入弹性 305
  as revenue source 收入来源 300-302
  own-source revenue 自有财源 301-302
 Social Security income 社会保障收入 316-317，326
 tax base 税基
  aging population，implications for tax base 老龄化人口，对税基的影响 316-317
  broadening 拓宽 314
 tax conformity 税收遵从 318-323
  automatic conformity 自动遵从 318
  fixed conformity 固定遵从 318
  rolling conformity 滚动遵从 318
  selective conformity 选择遵从 318
  tax base 税基 327
 tax expenditures 税式支出 313-315
 top income-tax-bracket，state thresholds 所得税最高档，州税的起征点 310
 withholding 预提 504
Pew Center on the States 皮尤中心
 fiscal crisis 财政危机 7
 fiscal pressure 财政压力 719
 intergovernmental grant system federal-state 联邦－州政府间拨款制度 948
 public employee pensions and investments 公共雇员养老金和投资 844
  contribution rate volatility 缴款率变动 855
  pension plan funding 养老金计划基金 848
Philadelphia 费城
 debt default 债务违约 757，761-762
 income taxes 所得税 456
 personal income tax（PIT）个人所得税 303
"Pick-up" estate taxes "搭便车"遗产税 95
Piggyback tax 附加税 117
Policy and revenuc cstimation 政策与收入估计 508-510

Policy gap, state tax administration 政策缺口, 州税务管理局 25, 487-489

Political gap, state tax administration 政治缺口, 州税务管理局 25, 489-492

Politics and recession of 2001 政治与2001年衰退 5

Population 人口 164-165

 distribution 分布 164-165

  state intergovernmental grant programs 州政府间拨款计划 240-242

   and road mileage 道路里程 237

Port authorities, capital budgeting and Spending 港务局, 资本预算和支出 664

Portland, Oregon 波特兰, 俄勒冈州

 capital spending priorities 资本性支出重点 672

Port of Miami tunnel 迈阿密港口隧道 730

Ports 港口

 discrimination 歧视 57

 transportation finance 交通财政 607-609

  inbound container TEUs 入境集装箱货柜 607

Postemployment benefits 离职后福利 555-556

 Government Accounting Standards Board (GASB) 政府会计标准委员会 796-798

Poverty 贫困

 Great Recession (2007-2009) 大衰退 (2007~2009年)

  effects on poverty 对贫困的影响 578-582

   figures 数据 560

 persons under poverty level 贫困线以下人口 579, 581

 rates 贫困率 579-580, 581

 safety-net spending per person 人均保障支出 582

Power delegation, US Constitution 授权, 美国宪法 46-47

Prescription drugs, retail sales and use taxation (RST) 处方药, 零售和使用税 423

Presidential provisions, Constitutional frameworks of finance 总统条款, 宪法财政框架 58-59

Private activity bonds (PABs) 私人活动债券

 tax-exempt 免税 643-644

 transportation finance 交通财政 615, 729, 741

Private contract-fee services 私人合同费服务 613

Private contracts, role of ratings in 私人契约, 评级的作用 703

Private goods 私人产品 133

Privatization of infrastructure 基础设施私有化 31-32, 727-755

 contract terms 合同条款 732-736

  risk, bearing of 风险, 承受 733-735

  Tax Code, driven by 税法, 被驱动 732-733

 costs of contracts 合同成本 741-746

  government subsidies 政府补贴 741-743

  limits on actions by public entities 对公共实体行为的限制 744-746

 decision-making processes 决策过程 737-741

  faulty information, based on 错误信息, 基础之上 738-741
  narrow processes 有限过程 737-738
 forecasting 预测 746-747
 government subsidies 政府补贴 741-743
 limits on actions by public entities 对公共实体行为的限制 744-746
 public and private finance 公共和私人融资 728-732
 risk, bearing of 风险, 承受 733-735
Procedural rules, Constitutional frameworks of finance 程序性规则, 财政宪法框架 68-69
Production, alternative business taxes 生产, 选择性营业税 362-364
Profiles of local government finance 地方政府融资概要
Progressivity 累进性 115
Property taxes 财产税
 decrease of 减少 15
 personal property, defined 个人财产, 定义的 280
 reforms, structural problems and solutions 改革, 结构性问题和解决方案 881-882
  as revenue source 作为收入来源 180, 184-185, 300
 sales taxes, property-tax base 销售税, 财产税税基 450-151
Public education 公共教育
 Constitutional frameworks of finance 财政宪法框架 73
 fiscal sustainability 财政可持续性
  entitlement spending 法定支出 921
  forecasting 预测 925
Public education grants 公共教育拨款 906-907
Public employee pensions and investments 公共雇员养老金和投资 35, 843-868
 actuarial assumptions 精算假设 853-854
 average contribution rates 平均缴款率 855
 contribution rate volatility 缴款率波动 854-856
 defined benefit (DB) plans 固定受益计划 856
 defined contribution (DC) plans 固定缴款计划 856-857
 eligibility 资格 848-850
  forecasting 预测 862-865
  pension obligation bonds (POBs) 养老金债券 861
investments 投资 848
other postemployment benefits (OPEB) 其他退休福利 851-852
overview of state and local pension plans 州和地方养老金计划概况 846
pension investments 养老金投资 850-851
pension plan funding 养老金计划资金 847-848
pension plan history 养老金计划的历史 845-847
plan structure 计划结构 844-851
 eligibility 资格 848-850
 investments 投资 848

pension investments 养老金投资 850-851

pension plan funding 养老金计划资金 847-848

pension plan history 养老金计划的历史 845-847

rules 规则 848-850

reform 改革 859-865

research 研究 851-859

actuarial assumptions 精算假设 853-854

contribution rate volatility 缴款率波动 854-856

defined benefit (DB) plans 固定受益计划 856

defined contribution (DC) plans 固定缴款计划 856-857

other postemployment benefits (OPEB) 其他退休福利 851-852

pension fund governance and activism 养老金治理和行动主义 857-859

rules 规则 848-850

Public finance, state Constitutional frameworks 公共财政，州宪法框架 62-63

Public Fund Survey 公共基金调查

actuarial assumptions 精算假设 854

contribution rate volatility 缴款率波动 855

eligibility and rules 资格和规则 848-849

pension plan funding 养老金计划资金 848

Public goods 公共品

local public goods, provision of 地方公共品，提供 109-113

national and local public goods, differences 国家和地方公共品差异 12，109-110

Public housing authorities (PHAs) 公共住房局

authorization of 授权 635

HOME Investment Partnership Program 家庭投资合作关系计划 643

Public-private partnerships (PPPs) 公私伙伴关系

annual volume decrease 年减少数量 730

debt, securitization of 债务，证券化 731-732

transportation finance 交通财政 609-614

build-operate-transfer/design-build-operate-maintain 建设—运营—移交/设计—建设—运营—维护 613

build-own-operate 建设—所有—运营 614

design-build 设计—建设 613

design-build-finance-operate 设计—建设—融资—运营 613

highways 公路 610-613，614

long-term lease arrangements 长期租赁协议 613

market-based reforms 市场化改革 729

new-build facilities 新建设施 611-613

private contract-fee services 私人合同费服务 613

transit facilities 交通设施 611-613

Public purpose rule, Constitutional frameworks of finance 公共目的规则，财政宪法框架 66

Public services, user charges and fees 公共服务,使用费 443
Public spending, benefits of 公共开支福利 133
Pull-back management 紧缩管理 34-35,816-842
 adopted budget, revisions to 通过的预算,修订 817-821
  institutional arrangements 制度安排 18-19
  legal dilemma 法律困境 819-820
 Arkansas 阿肯色州 837
 case studies 案例研究 821-834
  Georgia 佐治亚州 821,827-830,839
  Minnesota 明尼苏达州 821,824-827
  Nevada 内华达州 821,832-834
  New York 纽约州 821,830-832
  North Carolina 北卡罗来纳州 822-824
 context 背景 821-834
 Georgia 佐治亚州 821,827-830,835-836,839
 gubernatorial withholding 州长预提 834-37
 impoundment authorities 截留权 834-37
 Maryland 马里兰州 837
 Minnesota 明尼苏达州 821,824-827,834
 Nevada 内华达州 821,832-834,836-837
 North Carolina 北卡罗来纳州 822-824,834,836
 Oregon 俄勒冈州 837

Q

Quality Housing and Work Responsibility Act of 1998 1998年《住房质量和工作责任法案》639
Quill Corp. v. North Dakota 奎尔公司诉北达科他州案 353,398,411,422,424

R

Race to the Top 力争上游 903,926
Railroad Revitalization and Regulatory Reform Act《铁路复兴和改革管理法案》201
Rail service 铁路服务
 federal preemption 联邦优先 201,202
 public transit 公共交通 603
Rainy-day funds, Constitutional frameworks of finance 应急基金,财政宪法框架 74
Ramsey, Minnesota 拉姆齐,明尼苏达州
 user charges and fees 使用费 441-442
Rating and Investment Information, Inc. 评级和投资信息有限公司 720
Rating Reform Act of 2006 2006年《评级改革法案》699,720
Rationale for business taxation, alternative business taxes 营业税征收理由,选择性营业税 359-361
Reagan, Ronald W. 里根,罗纳德·W.
 education 教育 530
 federal grants 联邦拨款 901-902
 federalism 联邦主义 11,87

housing expenditures, cutbacks 住房支出削减 640

"new federalism" "新联邦主义" 945

and property taxes 财产税 70

Real property tax 不动产税 18-19，271-299

 assessment limits 评估的限制 285-287

 classification 分类 285

 forecasting 预测 287-289

 importance of residential property 住宅地产的重要性 280-281

  responses to 反应 283-287

 knowledge-based economy 知识经济 281-282

 levy limits 征税限制 284，293

 local revenues, as share of 地方收入占比 272

 revenue source, property tax as 收入来源，财产税 274-279

  efficiency 效率 276

  equity 公平 277-279

  neutrality 中立 276

  quarterly percentage change 季度百分比变化 275

  reliance on 依赖于 290

  stability, revenue 稳定，收入 274-275

 significant features of levies, state limits on 征税的重要特点，州的限制 293

 tax base, trends in 税基，趋势 279-283

  competition for jobs 就业竞争 282

  importance of residential property 住宅地产的重要性 280-281

  increasing residential share, factors contributing to 住宅比重上升，影响因素 281-283

   knowledge-based economy 知识经济 281-282

   preferential treatment 优惠待遇 282-283

 tax expenditure budget 税式支出预算 289

 tax rates 税率

  characteristics of 特点 274

  effective 效率 273，285，291

Rebudgeting 重编预算 818

Recalibration, municipal bonds 校准，市政债券 703-706

Reconstruction Finance Corporation（RFC）重建金融公司 711，723

Recovery, recession and fiscal institutions 复苏，经济衰退和财政制度 17-18，246-267

 alternatives to fiscal institutions 财政制度的替代 258-259

 balanced budget rules 平衡预算规则 249，254-255

 budget stabilization funds（BSFs）预算稳定基金 252-253

 debt restrictions 债务限制 251-252

 effects of fiscal institutions 财政制度的影响 253-256

 overview of institutions 制度概述 249-253

 reasons for fiscal institutions 财政制度的理由 256-258

tax and expenditure limits（TELs）税收和支出的限制 250-251，257

Redistribution formula，transfers 转移再分配公式 126

Referendum rules，Constitutional frameworks of finance 公投规则，财政宪法框架 67-68

Reforms 改革 36，871-893
- expenditures，tax expenditure scrutiny 支出，税式支出审查 888-889
- financial architecture of state and local governments 州和地方的财政架构 169-173
- fiscal notes 财政票据 887-888
- modernization，methods for 现代化方法 884-885
- multiyear budgeting 多年期预算 886
- PAYGO budgeting 现收现付预算编制 889-890
- public employee pensions and investments 公共雇员养老金和投资 859-865
- revenue projections 收入预测 887
- specific state tax reforms 特定州的税收改革 882-885
- structural deficits，preventing 预防结构性赤字 885-890
  - current services 现有服务 886-887
  - fiscal notes 财政票据 887-888
  - multiyear budgeting 多年期预算编制 886
  - PAYGO budgeting 现收现付预算编制 889-890
  - revenue projections 收入预测 887
  - tax expenditure scrutiny 税式支出审查 888-889
- structural problems and solutions 结构性问题和解决方案 873-882
  - expenditures 支出 873-875
  - revenues 收入 875-882
- tax expenditure scrutiny 税式支出审查 888-889

Regional Greenhouse Gas Initiative 区域温室气体计划 96

Regional redistribution and state intergovernmental grant programs 地区再分配和州政府间拨款项目 214-215

Regulations 规章 108

Remote commerce 远程商务
- retail sales and use taxation（RST）零售和使用税 410-412，421-423
- sales taxes 销售税 878-879

Reorganization，community associations 重组，社区协会 959-962，971-974

Required supplemental information（RSI）需要补充信息 790

Reserved Powers Adverse Actions 保留对不利行动的权力 745

Resource equalization，transfers 资源均等化，转移支付 119，120

Retail sales and use taxation（RST）零售和使用税 22-23，406-427
- business inputs 企业投入 386
- business purchases 企业购买 418
- cascading 叠加 418-419
- clothing 服装 420
- compliance 遵从 386

compliance concerns 遵从问题 413-414

consumer payments 消费者支付 414-415

consumer services 消费者服务 421

cross-border shopping 跨境购物 410

current sales tax structure 现行销售税结构 408-412

 cross-border shopping 跨境购物 410

 remote commerce 远程商务 410-412

 service consumption, growth in 服务消费增长 410

 tax base, legislative narrowing of 税基在立法上缩小 409-410

destination-based taxation 以目的为基础征税 386, 413-414

diversity, state 州多样性 387

e-commerce sales tax 电子商务销售税 23, 416

economic efficiency 经济效率 420

efficiency 效率 413-414, 416-417

exemptions of consumer good, limits 消费品豁免, 限制 420

expansion of taxation of services 税务服务的扩展 420-422

general sales tax, state adoption of 一般销售税, 州采用 407-408

goods and services, taxation of 商品和服务, 税收 385-386

gross receipts taxes (GRTs) 总收入税 355, 413

health care services 卫生保健服务 421

improvement opportunities 改进机会 385-387

inputs, taxation 投入品, 税收 426

intermediate inputs, distortions from taxing 中间投入品, 税收扭曲 416-419

Internet-based sales 网络销售 23, 416

levies on destination basis 以目的地为基础征税 413

local government concerns 当地政府关心的问题 387

narrow tax base, distortions from 窄税基, 扭曲 414-416

neutrality 中性 413-414

noncompliance with use taxes 不遵从使用税 411

not-for-profit entities 非营利性实体 423

other taxes, in context of 其他税收, 背景 412-419

 business purchases 企业购买 418

 cascading 叠加 418-419

 compliance concerns 遵从问题 413-414

 destination taxation 目的地税收 413-414

 efficiency 效率 413-414, 416-417

 gross receipts taxes (GRTs) 总收入税 413

 intermediate inputs, distortions from taxing 中间投入品, 税收扭曲 416-419

 levies on destination basis 以目的地为基础征税 413

 narrow tax base, distortions from 窄税基, 扭曲 414-416

 neutrality 中性 413-414

tax rates, optimal 税率，最优 416
value-added taxes（VATs）增值税 412
vertical integration 垂直整合 417-418
prescription drugs 处方药 423
reform，sales tax 销售税改革 419-423
consumer services 消费者服务 421
economic efficiency 经济效率 420
exemptions of consumer good，limits 消费品豁免，限制 420
expansion of taxation of services 税收服务的扩展 420-422
health care services 卫生保健服务 421
inputs，reduction of taxation of 投入品，减税 422
not-for-profit entities 非营利性实体 423
prescription drugs 处方药 423
remote transactions 远程交易 421-423
vertical equity 纵向公平 420
remote commerce 远程商务 410-412，421-423
service consumption，growth in 服务消费增长 410
tax base 税基
legislative narrowing of 立法上缩小 409-410
narrow tax base，distortions from 窄税基，扭曲 414-416
tax competition 税收竞争 426
tax rates, optimal 税率，最优 416
value-added taxes（VATs）增值税 412
vertical equity 纵向公平 420
vertical integration 纵向整并 417-418
Retirees and retirement 退休人员和退休
federal preemption 联邦优先 208-209
health benefits 健康津贴 891
income, Great Recession（2007-2009）收入，大衰退（2007~2009年）326
other post employment benefits（OPEB）其他退休福利 719，796-798
future of 未来的 806
GASB standards 政府会计准则委员会准则 796-797
liability 责任 719
Retrenchment，local government finance 紧缩，地方政府财政 188-189
Retrofitting community associations 改造社区协会 974-975
Revenue 收入
alternative business taxes，evaluation of 选择性营业税，评价 367-369
assignment 分配 12，113-117
centralized revenue collection 集中收入 216
diversification 多样化 24，429-462
equalization，transfers 均等化，转移支付 120-123

jurisdictions 辖区 121-123
financial architecture of state and local governments 州和地方的财政架构 158-159
　current fiscal architecture 目前的财政体系结构 159-163
　　detailed distribution of expenditures and revenues 详细的支出和收入分配 162-163
　　per capita expenditures and revenues 人均支出和收入 160
interest revenue, rise in 利息收入上升 155
local government 地方政府 182-186
　growth 增长 183-184
　intergovernmental revenues 政府间收入 182，186-187
　own-source revenues 自有收入 182
　sources of growth 增长来源 183-184
　type, revenue source by 类型，收入来源 185
　variations in 变化 184
local government own-source revenue composition 地方政府自有收入组成 150
local government tax composition 地方政府税收组成 151
national economy 国民经济 145-152
　GDP 国内生产总值 145-148
　local government own-source revenue composition 地方政府自有收入构成 150
　local government tax composition 地方政府税收组成 151
　state government own-source revenue composition 州政府自有收入组成 150
　state government tax composition 州政府税收组成 151
property tax as revenue source 房产税作为收入来源 300
sales taxes, as percentage of revenue 销售税，占收入的百分比 447
state government own-source revenue composition 州政府自有收入组成 150
state government tax composition 州政府税收组成 151
state intergovernmental grant programs, revenue collection and 州政府间拨款项目，收入征收 215-221
subsidiarity in taxation 税收权力下放原则 114，131
tax assignment 税收分配 113-114，133
transportation, state 州交通 125
Revenue agencies 收入机构 491
Revenue autonomy, federal preemption of 收入自主权，联邦优先 15-16，198-212
　agricultural credit 农业信贷 209
　airlines 航空公司 201，202
　bonds issued by sovereign states 主权国家发行的债券 204
　discrimination in taxation 税收歧视 209
　employment matters 就业问题 208-209
　ERISA《雇员退休收入保障法案》208
　federal employees, tax treatment of 联邦雇员，税收处理 206-208
　food stamp program 食品券计划 208
　forecasting 预测 210
　foreign trade zones 对外贸易区域 205

Internet access 互联网接入 202
interstate telecommunication 州际通信 202-204
interstate transportation 州际运输 202
navigable waters 通航水域 205-206
pension income 养老金收入 208
rail service 铁路服务 201，202
retirement 退休 208-209
tangible personal property, sales of 有形的个人财产，销售 204
territories 领土 204-206
transportation 运输 202
unemployment taxes 失业税 208
United States and its instrumentalities, federal preemption 美国及其机构，联邦优先 200

Revenue estimation 收入估计 25-26，497-516
  building permits 建筑许可 506
  change legislation 调整立法 508-510
  collections data 收集数据 506
  e-commerce sales 电子商务销售 506
  fitted versus actual of total revenue model 拟合的与实际的总收入模型 508
  forecast of state economy 州经济预测 502-506
    e-commerce sales 电子商务销售 506
    goods versus services 商品与服务 505
    housing market exposure 房地产市场风险 504
    imprimatur of independence 独立的认可 503
    Internet sales 网络销售 505
    personal income tax (PIT) withholding 个人所得税预缴 504
    sales tax 销售税 504
    services replacing goods 服务更换商品 505
    variable selection 变量选择 503-506
  goods versus services 商品与服务 505
  housing market exposure 房地产市场风险 504
  imprimatur of independence 独立的认可 503
  Internet sales 网络销售 505
  methods 方法 501-512
    fitted versus actual of total revenue model 拟合的与实际的总收入模型 508
    forecast of national economy, adoption of 国民经济预测，采用 501-502
    forecast of state economy 州经济预测 502-506
    modeling data 建模数据 506-507
    policy 政策 508-510
    range of result 结果范围 511-512
    reasonableness of results 结果的合理性 511
    tax legislation in 2008 2008年税收立法 510

testing results 测试结果 511-512

validation of results 结果验证 511

wages, fitted versus actual of total revenue model 工资，拟合的与实际的总收入模型 508

wages, forecast of total revenue model 工资，总收入预测模型 509

modeling data 建模数据 506-507

personal income tax (PIT) withholding 个人所得税扣缴 504

policy 政策 508-510

range of result 结果范围 511-512

reasonableness of results 结果的合理性 511

sales tax 销售税 504

state and local tax revenue 州和地方税收收入 498

testing results 测试结果 511-512

validation of results 结果验证 511

variable selection 变量选择 503-506

Revenue-raising 收入增加

corporate income taxes (CIT) 公司所得税 21-22, 351-353

entity taxation of business enterprises 企业经营实体税 21-22, 352-379

income taxes, revenue diversification 所得税，收入多样化 24, 451-457

local government, strategies 地方政府，策略 189

local revenue diversification 地方收入多样化 24, 429-462

personal income tax (PIT) 个人所得税 19-20, 300-332

real property tax 不动产税 18-19, 271-299

retail sales and use taxation 零售和使用税 23, 406-427

retail sales taxes (RSTs) 零售税 22-23, 385-387

revenue diversification 收入多样化 24, 429-462

revenue estimation 收入估计 25-26, 497-516

sales taxes, revenue diversification 销售税，收入多样化 24, 446-451

state tax administration 州税务管理 24-25, 463-496

value-added taxes (VATs) 增值税 22-23, 380-403

Revenue sharing aid to localities, state 对地方收入分享的援助，州 16-17

road ownership 道路所有权 234-235

transportation 运输 16-17, 234-239, 241

allocation methods 分配方法 236

correlation coefficients 相关系数 239

road ownership 道路所有权 234-235

state transportation grants 州交通拨款 235-239

state transportation revenues 州运输收入 235

Revenue structures and systems 收入结构和制度

corporate income taxes (CIT) 公司所得税 21-22

entity taxation of business enterprises 企业经营实体税 21-22, 352-379

income taxes, revenue diversification 所得税，收入多样化 24, 451-457

local revenue diversification 地方收入多样化 429-462

personal income tax（PIT）个人所得税 19-20，300-332

real property tax 不动产税 18-19，271-299

retail sales and use taxation（RSTs）零售和使用税 22-23，385-387，406-427

revenue diversification 收入多样化 24，429-462

 state tax administration 州税务管理 24-25，463-496

 user charges and fees 使用费 24，435-446

 value-added taxes（VATs）增值税 22-23，380-403

Rhode Island 罗得岛州

personal income tax（PIT）个人所得税 303

real property tax 不动产税 272

revenue diversity 收入多样性 431

Risk and return，local revenue diversification 风险和回报，地方收入多样化 434

Risk，privatization of infrastructure 风险，基础设施私有化 733-735

Roads，transportation finance 道路，交通财政 597-603

functions of 功能 598

local transportation 地方交通 603

Rockefeller Institute of Government 洛克菲勒政府研究院 481

Roosevelt，Franklin Delano 罗斯福，富兰克林·德拉诺 550，626

Royal Bank of Scotland 苏格兰皇家银行 733

S

Safe，Accountable，Flexible，Efficient Transportation Equity Act：A Legacy for Users（SAFETEA-LU Act）《安全负责、灵活高效的交通权益法案：给用户的馈赠》615，729

Safety workers，defined benefit（DB）plans 安全人员，固定收益计划 849

Salary，federal preemption 薪金，联邦优先 208-209

Sales taxes 销售税

Constitutional frameworks of finance 财政宪法框架 71

general sales tax，state adoption of 一般销售税，州采用 407-408

reforms，structural problems and solutions 改革，结构性问题和解决方案 876-879

 remote sales，taxing 远程销售，征税 878-879

 services，expanding sales tax to 服务，扩大销售税 876-878

revenue，decrease of 收入减少 15，188

revenue diversification 收入多元化 24，446-451

Samuelson，Paul 萨缪尔森，保罗

on efficiency 效率 12

on public goods 公共产品 109

San Francisco 旧金山

income taxes 所得税 451

personal income tax（PIT）个人所得税 303

public employee pensions and investments and Great Recession（2007-2009）公共雇员养老金和投资与大衰退（2007~2009年）863

索 引 ·885·

San Jose School District, bankruptcy 圣荷西学区，破产 760
Sarbanes-Oxley Act《萨班斯－奥克斯利法案》699
 credit-rating agencies, study of 信用评级机构，研究 720
Schwarzenegger, Arnold 施瓦辛格，阿诺德 472-473
Seattle, community associations 西雅图社区协会 969
Securities and Exchange Commission (SEC) 证券交易委员会
 derivatives, regulation of 衍生品，监管 722
 expanded role for 扩大的作用 707-708，722
 public employee pensions and investments 公共雇员养老金和投资 866
 Tower Amendment《托尔修正案》802-803
Securities Exchange Act of 1934 1934 年《证券交易法》
 Municipal Securities Rulemaking Board (MSRB) 市政债券规则制定委员会 708
Self-Help Counties Coalition, California 自助县联盟，加利福尼亚州 618
Separation of powers 三权分立 59-60
Services 服务
 replacing goods, and revenue estimation 替代商品，收入估计 505
 retail sales and use taxation (RST) 零售和使用税 410
 sales taxes, expanding to 销售税，扩大 876-878
Seventeenth Amendment 第 17 条修正案 85
Severance taxes 开采税 72
Shortfall, elimination of state tax administration 短缺，取消州税务管理 469-470
Single-sales factor, corporate income taxes 单一销售因素，公司所得税 346
Single-weighted sales factor, corporate income taxes 单一权重销售因素，公司所得税 339-340
Slave trading 奴隶贸易 56-57
Social Security 社会保障 35
 creation of 创建 846
 future of 未来的 895
 increase of benefits 福利增长 562
Social Security Act of 1935 1935 年《社会保障法案》550，942
Social Security income, personal income tax 社会保障收入，个人所得税 316-317，326
Social Services Block Grant 社会服务一揽子拨款 551
Social services programs 社会服务项目
 earned income tax credit (EITC) 工薪所得税收抵免 546，547
  state and local spending 州和地方支出 556
  state and local budgets 州和地方预算 547
Social services safety net programs 社会服务安全网项目
 categories of 分类 545-566
 changes to safety net 安全网的改变 582-586
 characteristics of 特点 548-549
 federal spending 联邦支出 543-544
 food and nutrition programs features of 食品和营养项目特点 548-549

Great Recession 大衰退 27-28，542-593
　　　　changes to safety net 安全网的改变 582-586
　　　　definition of social services safety net programs 社会服务安全网项目的定义 543-546
　　　　demand for safety net services，impact on 对安全网服务的需求，影响 559-560
　　　　implications for future 对未来的影响 584-586
　　　　poverty，effects on 贫困，影响 578-582
　　　　before Recession 经济衰退之前 550-558
　　　　state and local budgets，in context of 州和地方预算，背景 546-550
　　　　state capacity to finance services，impact on 州的服务融资能力，影响 561
　　　　state expenditures on 州支出 577
　　housing and energy assistance programs 住房和能源援助项目 546
　　implications for future 对未来的影响 584-586
　　inflation adjusted state and local spending 通货膨胀调整后的州和地方政府支出 552
　　modified safety net 修正后的安全网 563-578
　　national spending trends 国家支出趋势 551-556
　　　　inflation adjusted state and local spending 通货膨胀调整后的州和地方支出 552
　　public welfare expenditures 公共福利支出 547
　　recessions，generally，responses to 经济衰退的一般反应 556-558
　　state and local budgets，in context of 州和地方预算，背景 546-550
　　state and local spending 州和地方支出 543-544
　　state expenditures on 州支出 577
Survey of State and Local Government Finances（US Census Bureau）州和地方政府财政调查（美国统计局）546-550
　　tax credits，federal 联邦税收抵免 555-556
　　Temporary Assistance to Needy Families（TANF）贫困家庭临时援助 550
　　trends before Great Recession 大衰退前的趋势 550
　　unemployment insurance（UI）失业保险 564-566
Sociology of financial markets 金融市场社会学 702
Solid waste collection，user charges and fees 固体垃圾收集，使用费 444
South Carolina，pension investments 南卡罗来纳州，养老金投资 851
South Dakota 南达科他州 72
　　Constitution，estate taxes 宪法，遗产税 72
　　drinking age 饮酒年龄，55
　　personal income tax（PIT）个人所得税 880
Sovereign debt resolution 主权债务解决 756
Sovereign debt resolution mechanism（SDRM）主权债务解决机制 775-776
Sovereign states and nations，federal preemption 主权州和国家，联邦优先 204-206
Spending powers，Constitutional frameworks of finance 支出权，财政的宪法框架 52-56
Spillovers，state intergovernmental grant programs 溢出，地方政府间拨款项目 221，227
SSI. Supplemental Security Income 补充性保障收入
SSTP. Streamlines Sales Tax Project 简化销售税项目

Stabilization, state intergovernmental grant programs 稳定性，州政府间拨款计划 221
Staff 职员
 reductions 缩减
  across-the-board 全面 468
  state tax administration 州税务管理 472
 state tax administration 州税务管理 467
Standard & Poor's 标准普尔 758
Standard & Poor's 500 index 标准普尔 500 指数
 as key indicator 作为关键指标 497
 as monopoly of opinion 作为舆论垄断 699
State budgeting, Constitutional frameworks of finance 州预算，财政的宪法框架 75-76
State Child Health Insurance Program (SCHIP) 州儿童健康保险计划 547
State housing finance agencies (HFAs) 州住房金融局 632
State infrastructure banks (SIBs) 州基础设施银行 617
State intergovernmental grant programs 州政府间拨款项目 16-17，213-245
 amount of state aid 州援助金额 222-226
 counties, state aid to 州对县的援助 227
 federal-to-state government and state-to-local aid, 2000-2008 2000～2008 年联邦对州与州对地方援助 225
 "flypaper effect" 粘蝇纸效应 224
 general-purpose localities, magnitude and composition of state aid 一般目的地方政府，州援助的规模和结构 227-229
 growth of state aid 州援助的增长 227-229
 local governments, functional composition of state aid to 地方政府，州援助的功能性结构 228
 magnitude and composition of 规模和构成 222-229
  amount of state aid 州援助金额 222-226
  counties, state aid to 州对县的援助 227
  federal-to-state government and state-to-local aid, 2000-2008 2000～2008 年联邦对州与州对地方援助 225
  fiscal magnitude of state governments 州政府的财政规模 216，218-220
  "flypaper effect" 粘蝇纸效应 224
  general-purpose localities, magnitude and composition of state aid 一般目的地方政府，州援助的规模和结构 227-229
  growth of state aid 州援助的增长 227-229
  local governments, functional composition of state aid to 地方政府，州援助的功能性结构 228
  municipalities, state aid to 州对市的援助 227
  real state aid 真正的州援助 223
  revenue from states 来自州的收入 223
  unrestricted grants 无条件拨款 229
 matching grants 配套拨款 221
 municipalities, state aid to 州对市的援助 227

per capita allocation 人均分配 242

population 人口 240-242

real state aid 真正的州援助 223

reasons for grants 拨款理由 214-221

regional redistribution as reason 地区间再分配作为理由，214-215

revenue collection，efficiency as reason for 征收，以效率为理由 215-221

revenue from states 来自州的收入 223

spillovers as reason for 溢出效应作为理由 221，227

stabilization as reason for 稳定作为理由 221

structure of grants 拨款结构 221-222

unrestricted government support 非限制性政府支持 229-234

 general local government support 一般地方政府支持 231

 revenue sharing，structure of state 收入分享，州结构 231-234

State tax administration 州税务管理 24-25，463-496

across-the-board reductions 全面缩减 468

American Recovery and Reinvestment Act（ARRA）《美国复苏与再投资法案》468

budget reduction measures 预算缩减措施 471

budget strategies 预算策略 468，469-470

data gap 数据缺口 465-467

knowledge gap 知识缺口 25，480-483

policy gap 政策缺口，25，487-489

political gap 政治缺口 25，489-492

resource gap 资源缺口 25，467-474

 across-the-board reductions 全面缩减 468

 American Recovery and Reinvestment Act（ARRA）《美国复苏与再投资法案》468

 budget reductionmeasures 预算缩减措施 471

 budget strategies 预算策略 468，469-470

 shortfall，elimination of 消除缺口 469-470

 technology 技术 25，468

shortfall，elimination of 消除缺口 469-470

staffing 人员配置 467

staff reductions 裁员 472

tax gap 税收缺口 474-479

 auditing 审计 476-478

 compliance 遵从 477，479

 estimates in selected states 已选择的州的估计 475

 gross tax gap 总税收缺口 474

technology 技术 25，468

technology gap 技术缺口 25，483-486

 tax system modernization 税收制度现代化 485

 timeline of innovations 创新的时间表 484

Streamlined Sales Tax Initiative 简化销售税倡议 514
Streamlined Sales Tax Project (SSTP) 简化销售税项目 466
   policy gap 政策缺口 487
   and political gap 政治缺口 491
   remote sales 远程销售 878-879
   retail sales and use taxation 零售和使用税 411
   tax remote transactions 远程交易征税 422
Streets, transportation finance 街道，交通财政 597-603
Structural balance rules 结构性平衡规则 258
Stylized expenditure equalization 程式化的支出均等化 123-124, 125
Subnational government (SNG) 次国家级（州和地方）政府 107
   access of markets 市场的进入 719
   Constitutions 宪法 134
   consumption 消费 116
   grants 拨款 114
   primary education 基础教育 135
   revenue capacity 收入能力 135
   revenue-raising 收入增长 114-115
   revenues 收入 114-117
   tax policy 税收政策 115
   tax systems 税收制度 135
      transfers 转移支付 119-120
      production functions 生产职能 127
      revenue equalization 收入均等化 120-121
      stylized expenditure equalization 程式化的支出均等化 123-124, 125
Subprime mortgage phenomenon 次级抵押贷款现象 701, 721
Subsidiarity in taxation 税收权力下放原则 114, 131
Subsovereign debt default, causes and examples of 次主权债务违约，原因和实例 757-758
Supplemental Nutrition Assistance Program (SNAP) 营养补充援助计划
   federal preemption 联邦优先 208
   increase of benefits 福利增长 562
   recessions, generally, responses to 衰退的一般回应 557
   state and local spending 州和地方支出 555-556
Supplemental Security Income (SSI) program 补充性保障收入计划 567-568
Supremacy Clause 至上条款 16
Surface Transportation Authorization Act of 2009 2009 年《地面交通授权法案》728, 744, 746
Surface transportation grants 地面交通拨款 904-906
Surveillance, credit-rating agencies 监督，信用评级机构 701
Swaps, regulation of 互换，规制 709, 722

T

TABOR. Taxpayer Bill of Rights《纳税人权利法案》204
TANF. Temporary Assistance to Needy Families 贫困家庭临时援助计划
Tangible personal property, sales of 有形个人财产出售 204
Tax and expenditure limits（TELs）税收和支出限制 250-251，257
Constitutional frameworks of finance 财政宪法框架 65-66
Tax assignment 税收划分 113-114，133
Taxation 税收
  administration 管理
  apportionment 分配 51-52
  business enterprises, entity taxation of 企业经营实体税
  Constitutional frameworks of finance 财政宪法框架
    corporate taxes 公司税 73
    estate taxes 遗产税 72
    federal tax 联邦税 52-56
    income taxes 所得税 71-72
    sales taxes 销售税 71
  direct taxes 直接税 51-52
  discrimination in, federal preemption 歧视，联邦优先 209
  equity 公平 115
  federal employees, tax treatment of 联邦雇员的税务处理 206-208
  immunities 豁免 53
  lncome taxes 所得税 17
  limits 限制 17
  luxury tax 奢侈品税 914
  piggyback tax 附加税 117，914
  with representation 有代表 50-51
  returns 回报 476-477
  slave trading 奴隶贸易 56-57
  tax base 税基 115，159
  tax rate 税率 115
  telephone contacts with taxpayers 与纳税人的电话沟通 477
  vehicle taxes 车辆税 237
Tax competition 税收竞争 134
  distinction from Tiebout model 与蒂布特模型的差别 134
  retail sales and use taxation（RST）零售和使用税 426
Tax-exempt private activity bonds 免税个人活动债券 643-644
Tax expenditures 税式支出 108
  personal income tax（PIT）个人所得税 313-315
Tax gap 税收缺口 25，465
Tax incentives 税收激励

         corporate income taxes（CIT）公司所得税 347
            proliferation of 激增 464
    Tax legislation in 2008 and revenue estimation 2008年税收立法和收入预测 510
    Taxonomy of business taxes 营业税收的分类 354
    Taxpayer Bill of Rights（TABOR）《纳税人权利法案》65，250，872-873，889
    Tax planning，corporate income taxes（CIT）公司所得税税收筹划 340-341
    Tax Reform Act of 1986 1986年《税制改革法案》632
    Tax Relief，Unemployment Insurance Reauthorization and Job Creation Act《减税、失业保险重新授权和就业创造法案》381
    Tax sharing 税收分享 117
    Tax systems 税收制度
         incompatibility of 不相容性 8-9
         specific states 特定州 7-8
    Technology 技术 536
         and education，changes 和教育，改变 536
         state tax administration 州税务管理 25，468
             resource gap 资源缺口 25，468
             technology gap 技术缺口 25，483-486
         warehousing technology 仓储技术 477
    Telecommunication，federal preemption 电信，联邦优先 202-204
    Telephone contacts with taxpayers 与纳税人的电话沟通 477
    Temporary Assistance to Needy Families（TANF）贫困家庭临时援助计划
         block grants 一揽子拨款，562，577，939-940，946
         Emergency Fund 紧急基金 155
             approved federal spending under 得到批准的联邦支出 571
    expenditures 支出 588
         real per capita expenditures 实际人均支出 578
         recessions，generally，responses to 衰退的一般回应 557
         shrinking of 萎缩 585
         state and local budgets 州和地方预算 547
         state and local spending 州和地方支出 554-555
    Tennessee 田纳西州
         fiscal sustainability 财政可持续性
         retail sales and use taxation（RST）零售和使用税 408，409
         sales tax 销售税 448-449
    Tenth Amendment 第10条修正案 712，759，774，775
    Termination，community associations 终止，社区协会 959-962，969-974
         bankruptcy，termination by 破产，终止 969-971
    Territories，federal preemption 领地，联邦优先 204-206
    Texas 得克萨斯州
         corporate income taxes（CIT）公司所得税 339，342，345，347

personal income tax（PIT）个人所得税 880

　　retail sales and use taxation（RST）零售和使用税 413，421

Theory of Public Finance（Musgrave）《公共财政理论》（马斯格雷夫）106

Three-factor formula, corporate income taxes（CIT）三因素公式，公司所得税 345-346，365

Throwback rules, corporate income taxes（CIT）追溯原则，公司所得税 346-347

Throw-out rules, corporate income taxes（CIT）舍弃原则，公司所得税 346-347

Tiebout, Charles 蒂布特，查尔斯

　　national and local public goods, differences 国家和地方公共产品，区别 12，109

　　divergiencies for demand 需求差异 110-11，112

　　tax competition, distinction from Tiebout model 税收竞争，蒂布特模型 134

Total net assets（TNA）净资产总额 670，679

Tower Amendment《托尔修正案》

　　impact of 影响 722

　　municipal issuers 市政债券发行者 722

Townships 乡镇 178

Transfers 转移支付 118-129

　　closed-end matching transfers 封闭式配套转移支付 119

　　combined equalization 联合均等化 128

　　conditional transfers 有条件转移支付 118-119

　　expenditure equalization 支出均等化 119，120，123-128

　　　　cost differences 成本差异 124-125

　　　　cost disparities 成本差距 127-128

　　　　economies of scale, impossible 规模经济，不可能的 126-127

　　　　equalization formula 均等化公式 125-126

　　　　needs differences 需求差异 124

　　　　redistribution formula 再分配公式 126

　　　　stylized expenditure equalization 程式化的支出均等化 123-124，125

　　　　x-inefficiencies x-无效率 127-128

　　external items 外部项目 119

　　horizontal imbalance 横向失衡 118

　　horizontal versus vertical equalization 横向与纵向均衡 128-129

　　interjuristictional spillovers 辖区间溢出效应 118

　　nonmatching transfers 无配套转移支付 119

　　open-ended transfers 开放式转移支付 118-119

　　resource equalization 资源均等化 119，120

　　revenue equalization 收入均等化 120-123

　　　　unconditional transfers 无条件的转移支付 118-119

　　　　vertical equalization 纵向均等化 128-129

　　　　vertical fiscal imbalance 纵向财政不平衡 118

Transit facilities, public-private partnerships（PPPs）交通设施，公司合营 611-613

Transparency 透明度 210

Transportation and transportation finance 交通和交通财政 28-29，594-623
    airports 机场 605-607
        capital funding sources 资本金来源 607
        operating revenues by size，distribution of 按规模的运营收入，分布 606
        passenger facility charge（VFC）旅客设施使用费 605
    Australia 澳大利亚 729
    build-operate-transfer/design-build-operate-maintain 建设－运营－移交/设计－建设－运营－维护 613
    build-own-operate 建设－所有－运营 614
    contract terms 合同条款 732-736
    design-build 设计－建设 613
    design-build-finance-operate 设计－建设－融资－运营 613
    devolution 权力下放，分权 618，904-906
    expenditures by government unit 政府机关的支出 596
    federal government expenditures by mode 联邦政府支出方式 596
    federal preemption 联邦优先 202
    grants，federal allocations through 拨款，联邦分配 618-619
    grants state 拨款州 16-17，234-239，241
        allocation methods 分配方法 236
        correlation coefficients 相关系数 239
        road ownership 道路所有权 234-235
        state transportation grants 州交通拨款 235-239
        state transportation revenues 州交通收入 235
    highways 公路 597-603，732-736
        direct expenditures 直接支出 601
        expenditures 支出 599
        intergovernmental transfers 政府间转移支付 602
        new-build facilities 新建设施 611-613
        percentage of revenue derived from user charges 使用者收费占收入的比例 599
        public-private partnerships（PPPs）公私合营 610-613，614
        revenue raising 收入增长 601-602
        risk，bearing of 风险，承担 735-735
        toll facilities 收费设施 610
        toll 收费 599-600
        user fees 使用费 599-600
    innovative finance programs 创新融资项目 609
    intergovernmental transfers by mode 政府间转移支付方式 596
    long-term lease arrangements 长期租赁安排 613
    "New Start" transit program "新起点"运输项目 597
    overall view 全景 595-597
    ports 港口 607-609
        inbound container TEUs 入境集装箱货柜 607

　　　　top ports by shipment weight 按货物重量的港口 608
　　private contract-fee services 私人合同费服务 613
　　public-private partnerships（PPPs）公私合营 609-614
　　　　build-operate-transfer/design-build-operate-maintain 建设－运营－移交/设计－建设－运营－维护 613
　　　　build-own-operate 建设－所有－运营 614
　　　　design-build 设计－建设 613
　　　　design-build-finance-operate 设计－建设－融资－运营 613
　　　　highways 公路 610-613，614
　　　　long-term lease arrangements 长期租赁安排 613
　　　　new-build facilities 新建设施 611-613
　　　　private contract-fee services 私人合同费服务 613
　　　　transit facilities 交通设施 611-613
　　public transit 公共交通 603-605
　　　　nonpublic transit 非公共交通 603
　　　　rail systems 铁路系统 603
　　　　reveue sources 收入来源 604
　　roads 公路 597-603
　　　　functions of 功能 598
　　　　local transportation 地方交通 603
　　　　state infrastructure banks 州基础设施银行 617
　　streets 道路 597-603
Transportation finance 交通财政
　　formulas，federal allocations through 公式，联邦分配 618-619
Transportation Infrastructure Finance and Innovation Act（TIFIA）《交通基础设施融资和创新法案》616，741
Transportation Investment Generating Economic Recovery（TIGER）交通投资促进经济复苏 619
Treasury's General Fund 财政部一般基金 728，746
Treaty of Rome 《罗马公约》134
Troubled Asset Relief Program（TARP）问题资产救助计划 716-717
Truman，Harry 杜鲁门，哈里 950
Trust funds 信托基金 74
Twenty-Fourth Amendment 第 24 条修正案 60-61
Twenty-Seventh Amendment 第 27 条修正案 61

U

UCIOA. Uniform Common Interest Ownership Act《统一共同利益所有权法案》
UDITPA. Uniform Division of Income for Tax Purposes Act《统一分配应税所得法案》
UI. Unemployment insurance 失业保险 118-119
Unconditional transfers 无条件转移支付 118-119
Unemployment insurance（UI）失业保险 584
　　cutbacks 削减 584

extension of 延伸 562

filing for payments 申请付款 556

Unemployment taxes, federal preemption 失业保险税，联邦优先 208

Unfunded Mandates Reform Act (UMRA)《无经费授权改革法案》94，907

Uniform Certified Public Accountants Examination 注册会计师统一考试 804

Uniform Common Interest Ownership Act (UCIOA)《统一共同利益所有权法案》961

Uniform Division of Income for Tax Purposes Act (UDITPA)《统一分配应税所得法案》339，345

Uniformity 一致性

abandonment, corporate income taxes (CIT) 取消公司所得税 338-340

rights, Constitutional frameworks of finance 权利，财政宪法框架 66-67

Uniform Planned Community Act (UPCA)《统一规划社区法案》961

Unitary business, corporate income taxes (CIT) 单一业务，公司所得税 340

United Kingdom 英国

infrastructure 基础设施 32，727，740-741，746

Infrastructure UK 英国基础设施建设 74

National Audit Office (NAO) 英国国家审计署 741

Partnerships UK 英国伙伴关系 741

Unrestricted government support 非限制性政府扶持 229-234

general local government support 一般地方政府扶持 231

revenue sharing, structure of 收入分享，结构 231-234

US Census Bureau 美国统计局 163

aging of population 人口年龄 163

capital spending 资本支出 665

aggregate measures of 总量 665

housing 住房 626

Internet sales 网络销售 505

personal income tax (PIT) 个人所得税 316

public employee pensions and investments 公共雇员养老金和投资 844

pension plan funding 养老金计划基金 849

plan structure 计划结构 845

public welfare expenditures 公共福利支出 586-587

real property tax 不动产税 271，273，281

US Customs and Border Protection Bureau 美国国土安全部海关边境保护局 395

US Department of Agriculture 美国农业部 85

US Department of Education 美国教育部 210，530，906

US Department of Health and Human Services 美国卫生与公众服务部 952

US Department of Housing and Urban Development (HUD) 美国住房与城市发展部 631，650

US Department of Labor 美国劳工部 556，562

User charges and fees 使用费 24，435-436

current charges 目前收费 436-440，442

distribution of current charges 目前收费分布 440，442

education 教育 439-440
expansion of，potential 潜在的增长 445-446
feasibility，administrative 管理可行性 444
marginal cost pricing 边际成本定价 446
own-source revenue，current charges as percentage of 自有收入，目前收费占比 437
parks，entrance fees 停车场，入口收费 444
reliance on 依赖于 435-439
setting levels of charges 设定收费等级 442-444
solid waste collection 固体废弃物收集 444
trends in 趋势 445
utility charges 公用事业设施收费 437-439，440，442
utility revenue 公用事业设施收入 436-437

US Maritime Administration（MARAD）美国海事管理局 607-608
US Senate Banking Commission 美国参议院银行业委员会 700
US Supreme Court 美国最高法院
 and federalism 联邦主义 85
 intervention 干预 9
Utah 犹他州
 personal income tax（PIT）个人所得税 309
 sales tax 销售税 448
Utah Tax Commission 犹他州税务委员会 488
Utilities，user charges and fees 公共设施，使用费 437-439

V

Vallejo, California 瓦列霍市，加利福尼亚州 764，770，771，802
 Chapter 9 of the Bankruptcy Code《破产法》第 9 章 764，770，771，802
 debt default 债务违约 762-763
Valuation and property taxes 估值和财产税 70
Value-added taxes（VATs）增值税 383-385
 adopting a VATs 采用增值税 383-385
 budget deficits 预算赤字 381-383
 compensating VATs 补偿性增值税 388-389
 compliance 遵从
  and administration 和管理 369-372
  coordinating federal and state consumption taxes 协调联邦和州消费税 393-394
 consumption variant（CVATs）消费变量 357
 coordinating federal and state consumption taxes 协调联邦和州消费税 387-396
  compliance 遵从 393-394
  distance selling 远程销售 357
  harmonized sales tax 统一销售税 391
  information sharing 信息共享 394-395
  integrated sales tax 综合销售税 392-393

　　　　international imports，tax on 国际进口贸易，税收 395

　　　　interstate trade 州际贸易 388-390

　　　　local government sales taxes 地方销售税 395-396

　　　　state VATs 州增值税 392

　　　　tax base 税基 393

　　　　taxpayer registration 纳税人登记 394

　　　　tax rate 税率 393

　　described 说明 356-358

　　distance selling 远程销售 395

　　electronic commerce 电子商务 388

　　federal VAT for state and local governments 为州和地方征收的联邦增值税 22-23，380-403

　　　　adopting a VATs 采用增值税 383-385

　　　　and budget deficits 预算赤字 381-383

　　　　coordinating federal and state consumption taxes 协调联邦和州消费税 387-396

　　federal VAT，potential effect of 联邦增值税，潜在作用 891

　　fiscal sustainability 财政可持续性 928

　　harmonized sales tax 统一销售税 391

　　information sharing 信息共享 394-395

　　integrated sales tax 综合销售税 392-393

　　international imports，tax on 国际进口贸易，税收 395

　　interstate trade 州际贸易 387-396

　　　　compensating VATs 补偿性增值税 388-389

　　　　revenue sharing 收入分享 388

　　　　tax sharing 税收分享 388

　　local government sales taxes 地方销售税 395-396

　　neutrality 中性 362-367

　　retail sales and use taxation（RST）零售和使用税 412

　　revenue performance 收入绩效 367-369

　　revenue sharing 收入分享 388

　　state VATs 州增值税 392

　　tax base 税基 393

　　tax rate 税率 393

　　tax sharing 税收分享 388

Variable-rate-demand obligations（VRDOs）可变利率需求债券 688-689

VATs Information Exchange System（VIES）增值税信息交换系统 394-395

Vehicle taxes 车辆税 237

Vermont 佛蒙特州

　　Constitution，state and local relations 宪法，州和地方关系 76

　　K-12 education，financial management 中小学教育，财务管理 538

　　property taxes 财产税 882

　　retail sales and use taxation（RST）零售和使用税 407，408

Vertical equalization, transfers 纵向均等化转移支付 128-129

Vertical equity 纵向公平 115

Vertical fiscal imbalance, transfers 纵向财政不平衡，转移支付 118

Vertical integration 纵向整合，977

Veterans Administration 美国退伍军人管理局 626

Virginia 弗吉尼亚州
 school-funding lawsuits 学校经费诉讼 523

Virgin Islands, federal preemption 维尔京群岛，联邦优先 204-205

Volatility 波动性
 personal income tax (PIT) 个人所得税 305
 public employee pensions and investments, contribution rate volatility 公共雇员养老金和投资，缴款率波动 854-856

Voting 投票
 community associations 社区协会 967
 Constitutional frameworks of finance 财政宪法框架 68-69

W

Wages 工资
 fitted versus actual of total revenue model 拟合的与实际的总收入模型 508
 forecast of total revenue model 总收入预测模型 509

Wallingford, Connecticut 瓦林福德，康涅狄格州
 community associations 社区协会 970

Wall Street Journal《华尔街时报》513

Walsh, Michael 沃尔什，迈克尔 450

Warehousing technology 仓储技术 477

Washington 华盛顿
 Business & Occupation Tax (B&O) 营业和开业许可税 356, 358, 366-368
 Constitution, voting and procedural rules 宪法，投票和程序规则 68
 fiscal sustainability 财政可持续性 928
 personal income tax (PIT) 个人所得税 880
 retail sales and use taxation (RST) 零售和使用税 408, 411
 revenue diversity 收入差异 432
 tax increases 税收增长 872

Washington Post《华盛顿邮报》481

Washington Public Power Supply System (WPPSS) 华盛顿公共供电系统 697-698, 758, 760-761

Weighted average indirect tax rate 加权平均间接税率 418

West Virginia 西弗吉尼亚州
 corporate income taxes 公司所得税 345
 pension investments 养老金投资 851
 road ownership 道路所有权 235
 sales tax 销售税 450

Wisconsin 威斯康星州

education funding 教育基金 946

Income Tax Law of 1933 1933 年《所得税法》334

personal income tax（PIT）个人所得税 300

tax gap 税收缺口 475

Withholding, personal income tax（PIT）个人所得税预缴 504

World Development Report 世界发展报告

Entering the 21st Century《进入 21 世纪》105

Wyoming，state fuel taxes 怀俄明州，州能源税 745

X

X-inefficiencies，transfers X-无效率，转移支付 127-128

Y

Yemen，K-12 education 也门中小学教育 532

Z

Zimmerman，Joseph 齐默尔曼，约瑟夫 93

译 后 记

《牛津美国州与地方财政手册》（以下简称《手册》）从引进版权到正式出版，历经财政税务学院全体教师六年的艰辛劳动。《手册》翻译和出版的过程，也是我院集全院之力推进财政学科国际化的一个历程和缩影。

首都经济贸易大学财政税务学院从21世纪初开始，在从国内知名高校引进人才的同时，也积极推动财政学科的国际化，为学院教师提供学术上升的国际通道。在学校的支持下，学院有计划地将引进的年轻教师派遣到美国知名高校做访问学者，进行深入的学术交流，借此拓展了我院与世界知名高校财政学科的交流和联系。

2010～2011年，杨全社老师受学校公派，作为访问学者赴美国明尼苏达大学交流学习，结识了美国华盛顿哥伦比亚特区政府前副首席财务官兼特区政府收入分析办公室首席经济学家罗伯特·D. 埃贝尔博士，并保持了良好的学术联系。埃贝尔博士是美国和世界研究政府间财政关系的知名学者，一直致力于美国和世界其他国家政府间财政关系的研究，著述颇多。2012年，得知埃贝尔博士担任主编的《牛津美国州与地方财政手册》英文版出版，即向学院推荐翻译本手册。获得授权后，在财政系主任郎大鹏博士、副主任张立彦博士的具体组织安排下，财政税务学院全院老师积极投入本书的翻译工作。

众所周知，学术著作的翻译，是学术作品的二次创作，尤其是本书的手册性质，内容涉及面广，篇幅厚重，可以说是美国政府间财政关系的一部百科全书式的扛鼎之作。正是鉴于其学术和资料价值，财政税务学院全体教师从财政学科国际化的高度出发，不计个人得失，根据个人的研究方向和学术兴趣，各自承担了部分章节，投入了大量的时间和精力多次翻译校对，数易其稿，保障了翻译的质量。值得一提的是，张立彦翻译了本书的序言、前言、致谢及撰稿人部分；蔡秀云、张立彦、郎大鹏、曹静韬、何晴、黄芳娜、陈远燕、李林君和刘翔等老师在翻译之初，不辞辛苦，翻译了本书的索引部分，为整本书的翻译奠定了基础。由于大多数教师平时教学科研任务繁重，只能在寒暑假集中时间翻译和校对稿件。因此，本书耗时六个春秋，终成正果。在此，我也代表学院对全体教师的辛勤付出表示衷心的感谢。

《手册》的成功翻译和出版，有赖于学院前任院长、现在担任学校科研处处长姚东旭教授的大力支持，是他凭借着敏锐的学术眼光，引进了这部《手册》，精心组织和安排全院专业教师翻译这本书，并且与经济科学出版社协调了出版事宜。我们对姚东旭教授在这本书引进、翻译和出版中的付出表示衷心的感谢。

《手册》的翻译过程，也是学院学术力量的一次集结和对研究生培养的一次集训过程。很多研究生都在导师的带领下参与了《手册》初稿的翻译，既提高了英文水平，同时也接受了前沿的学术训练，掌握了政府间财政关系的最新学术成果，可谓是"一举多得"。

《手册》能够在中国出版，我们要感谢本书主编埃贝尔博士对我们的信任，将在中国翻译出版的重任交由首都经济贸易大学财政税务学院承担。埃贝尔博士在出版过程中在版权授予、文本提供、答疑解惑方面给予了有力的支持和帮助。我们对此心存感激。

《手册》的翻译和出版，得到了中国财经学术著作出版重镇——经济科学出版社的大力支持。感谢经济科学出版社总编辑李洪波先生和经济研究参考杂志社社长齐伟娜女士的大力支持与统筹安排。责任编辑江月博士在出版过程中，对翻译标准和过程自始至终给予了帮助，她对翻译工作精益求精的工作态度以及高超的英文水平是该书翻译质量的有力保障。

《手册》的翻译还得到了我国著名财政学家，中国财政学会副会长、中国财政科学研究院院长刘尚希研究员的关心和指导，刘院长在百忙之中拨冗为本书作序，对我们的翻译工作给予肯定。我们也借此机会对刘尚希院长长期以来对首都经济贸易大学财政学科发展的关心和支持表示衷心的感谢。

《手册》中文版出版之际，恰是中国重构政府间财政关系的关键时期，美国政府间财政关系一直是我国研究和借鉴的重要对象。"他山之石，可以攻玉"，我们衷心希望，本书的出版不仅在推动我国财政学科国际化交流方面能够尽一份力，更希望这本书能为中国政府间财政关系重构工作提供一份重要参考资料。

作为地处首都的地方财经院校，服务首都财政经济发展是我们的光荣职责，我们也愿意借《手册》中文版出版之际，持续推进我院在政府间财政关系和地方财政领域的研究以及与国内外同仁的合作与交流，为政府间财政关系和地方财政研究贡献出我们的微薄之力。

李红霞

博士、教授

首都经济贸易大学财政税务学院院长

2018 年 9 月

图字号：01-2018-7005

The Oxford Handbook of State and Local Government Finance © 2012 by Oxford University Press

OXFORD
UNIVERSITY PRESS

Oxford University Press, Inc., publishes works that further
Oxford University's objective of excellence
in research, scholarship, and education.

Oxford New York

Auckland Cape Town Dar es Salaam Hong Kong Karachi
Kuala Lumpur Madrid Melbourne Mexico City Nairobi
New Delhi Shanghai Taipei Toronto

With offices in

Argentina Austria Brazil Chile Czech Republic France Greece
Guatemala Hungary Italy Japan Poland Portugal Singapore
South Korea Switzerland Thailand Turkey Ukraine Vietnam

Copyright. 2012 by Oxford University Press

Published by Oxford University Press, Inc.
198 Madison Avenue, New York, New York 10016
www.oup.com

Oxford is a registered trademark of Oxford University Press

All rights reserved. No part of this publication may be reproduced,
stored in a retrieval system, or transmitted, in any form or by any means,
electronic, mechanical, photocopying, recording, or otherwise,
without the prior permission of Oxford University Press.

Library of Congress Cataloging-in-Publication Data
The Oxford handbook of state and local government finance/edited
By Robert D. Ebel and John E. Petersen.
p. cm.
Includes bibliographical references and index.
ISBN 978-0-19-976536-2 (cloth : alk. paper)
1. Finance, Public—United States—States—Handbooks, manuals, etc.
2. Local finance—United States—Handbooks, manuals, etc. 3. Intergovernmental fiscal
relations—United States—Handbooks, manuals, etc.
I. Ebel, Robert D. II. Petersen, John E. III. Title: Handbook of state
and local government finance.
HJ275.O94 2012
336'.01373—dc23
2011034089

The Oxford Handbook of State and Local Government Finance was originally
published in English in 2012. This translation is published by arrangement
with Oxford University Press. Economic Science Press is solely responsible for
this translation from the original work and Oxford University Press shall have
no liability for any errors, omissions or inaccuracies or ambiguities in such
translation or for any losses caused by reliance thereon.

©2018 中国大陆地区中文简体专有出版权属经济科学出版社
版权所有　翻印必究

图书在版编目（CIP）数据

牛津美国州与地方财政手册／（美）罗伯特·D. 埃贝尔，（美）约翰·E. 彼得森主编；首都经济贸易大学财政税务学院译．—北京：经济科学出版社，2022.8

书名原文：The Oxford Handbook of State and Local Government Finance

ISBN 978-7-5141-9932-1

Ⅰ.①牛⋯　Ⅱ.①罗⋯②约⋯③首⋯　Ⅲ.①地方财政-美国-手册　Ⅳ.①F817.127-62

中国版本图书馆 CIP 数据核字（2018）第 248611 号

责任编辑：江　月
责任校对：杨晓莹
责任印制：李　鹏

牛津美国州与地方财政手册

〔美〕罗伯特·D. 埃贝尔（Robert D. Ebel）
〔美〕约翰·E. 彼得森（John E. Petersen）　主编
首都经济贸易大学财政税务学院　译
经济科学出版社出版、发行　新华书店经销
社址：北京市海淀区阜成路甲 28 号　邮编：100142
总编部电话：010-88191217　发行部电话：010-88191522
网址：www.esp.com.cn
电子邮箱：esp@esp.com.cn
天猫网店：经济科学出版社旗舰店
网址：http://jjkxcbs.tmall.com
北京季蜂印刷有限公司印装
787×1092　16 开　58.25 印张　1250000 字
2022 年 8 月第 1 版　2022 年 8 月第 1 次印刷
ISBN 978-7-5141-9932-1　定价：218.00 元
(图书出现印装问题，本社负责调换．电话：010-88191510)
(版权所有　侵权必究　打击盗版　举报热线：010-88191661
QQ：2242791300　营销中心电话：010-88191537
电子邮箱：dbts@esp.com.cn)